Malte Pieper

Der Unverhältnismäßigkeitseinwand im Lichte der FRAND-Rechtsprechung

Zum Verhältnis des § 139 Abs. 1 S. 3 PatG zum kartellrechtlichen Zwangslizenzeinwand bei standardessentiellen Patenten

Malte Pieper

Der Unverhältnismäßigkeitseinwand im Lichte der FRAND-Rechtsprechung

Zum Verhältnis des § 139 Abs. 1 S. 3 PatG
zum kartellrechtlichen Zwangslizenzeinwand
bei standardessentiellen Patenten

Bibliografische Information der Deutschen Nationalbibliothek: Die Deutsche Nationalbibliothek verzeichnet diese Publikation in der Deutschen Nationalbibliografie; detaillierte bibliografische Daten sind im Internet über http://dnb.dnb.de abrufbar.

Zugl.: Köln, Univ., Diss., 2024

1. Auflage 2024

Verlag: BoD · Books on Demand GmbH, In de Tarpen 42, 22848 Norderstedt

Druck: Libri Plureos GmbH, Friedensallee 273, 22763 Hamburg

ISBN: 978-3-7597-8386-8

Inhaltsübersicht

Inhaltsverzeichnis

Abkürzungsverzeichnis

2G	Mobilfunkstandard der zweiten Generation
3G	Mobilfunkstandard der dritten Generation
3GPP	Third Generation Partnership Project
4G	Mobilfunkstandard der vierten Generation
5G	Mobilfunkstandard der fünften Generation
ANSI	American National Standards Institute
AEI, AAEI usw.	Anti-Enforcement-Injunction, Anti-Anti-Enforcement -Injunction usw.
ASI, AASI usw.	Anti-Suit-Injunction, Anti-Anti-Suit-Injunction usw.
BMJV	Bundesministerium der Justiz und für Verbraucherschutz
BSI	British Standards Institute
CD	Compact Disc
CEN	Comité Européen de Normalisation
CENELEC	Comité Européen de Normalisation Électrotechnique
DIN	Deutsches Institut für Normung
DiskE	Diskussionsentwurf des 2. PatMoG
DPMA	Deutsches Patent- und Markenamt
EPA	Europäisches Patentamt
ETSI	European Telecommunications Standards Institute
EU	Europäische Union
EVS	Enhanced Voice Services
FRAND	Fair, reasonable and non-discriminatory
GPRS	General Packet Radio Service
GSM	Global System for Mobile Communications
IEC	International Electrotechnical Commission
IEEE	Institute of Electrical and Electronics Engineers
IoT / IIoT	Internet of Things / Industrial Internet of Things
ISO	International Organisation for Standardization
IT	Informationstechnik
ITU	International Telecommunication Union (Internationale Fernmelde-union)
KI	Künstliche Intelligenz
LTE	Long Term Evolution
MPEG	Moving Pictures Experts Group
NDA	Non-Disclosure Agreement
NPE	Non-Practicing Entity/Entities
OEM	Original Equipment Manufacturer
PatMoG	Patentrechtsmodernisierungsgesetz
RefE	Referentenentwurf des 2. PatMoG
RegE	Regierungsentwurf des 2. PatMoG
SDO	Standard development organisation

SEP	Standardessentielle/s Patent/e
SSO	Standard-setting organisation
SSPPU	Smallest Saleable Patent-Practicing Unit
TC	Technical Committee
TCU	Telematic Control Unit
TT-GVO	Gruppenfreistellungsverordnung für Technologietransfer-Vereinbarungen
UMTS	Universal Mobile Telecommunications System
USB-C	Universal Serial Bus - Type C
WLAN	Wireless Local Area Network

Für sonstige Abkürzungen wird auf *Kirchner, Hildebert*, Abkürzungsverzeichnis der Rechtssprache, 10. Aufl., Berlin, Boston 2021 verwiesen.

Einleitung

A.   Problemstellung und Arbeitshypothese

Ein Smartphone enthält zahlreiche wertvolle Rohstoffe wie Kobalt, Nickel, Silber und Gold. Damit es aber funktioniert, bedarf es einer weiteren Ressource: Patente. Je nach Modell und Funktionsumfang kommt dabei eine vier- bis sechsstellige Zahl dieser Schutzrechte zusammen, deren technische Lehre ein Smartphone beim Telefonieren, Streamen, Surfen und Navigieren nutzt. Wer ein Smartphone z.B. herstellt oder vertreibt, muss für jedes dieser Patente eine Lizenz vom jeweiligen Patentinhaber erwerben, um nicht zum Patentverletzer zu werden.

Mit der zunehmenden Digitalisierung und Vernetzung von Alltagsgegenständen und industriellen Anwendungen gilt dies nicht mehr nur für den Bereich der Telekommunikation. Ein Haushaltsgerät wie z.B. eine Spülmaschine ermittelt mit Hilfe von Sensoren die optimale Spüldauer und Wassertemperatur. Ein Mähroboter erfasst die zu pflegende Rasenfläche vollautomatisch, erkennt Hindernisse und kommuniziert mit seiner Basisstation, zu der er rechtzeitig zum Aufladen seines Akkus zurückkehrt. Ein Auto ist nicht mehr nur die Summe von Antrieb und Karosserie, sondern enthält intelligente Technik, die unter anderem zu Fahrsicherheit, Navigation und Komfort beiträgt und zunehmend im wahrsten Sinne des Wortes das Steuer übernimmt.

Solche smarten Produkte, bei deren Einsatz angesichts vernetzter Funktionen auch vom Internet der Dinge (engl. Internet of Things = IoT) die Rede ist, begründen auch für Wirtschaftsteilnehmer aus bislang mit Telekommunikationspatenten nicht vertrauten Branchen die Notwendigkeit, die hinter den neuen Funktionalitäten ihrer Produkte stehenden Patente zu lizenzieren. Tun sie dies nicht, kann der Patentinhaber eine solche rechtswidrige Nutzung des Patents untersagen. Sein Mittel dafür ist der patentrechtliche Unterlassungsanspruch gemäß § 139 Abs. 1 PatG.

Die Verletzung eines Patents zu unterlassen, kann aber bedeuten, dass ein Produkt dauerhaft und vollständig vom Markt genommen werden muss, was erhebliche wirtschaftliche Auswirkungen auf den Verletzer haben kann. Betrifft das Patent nämlich eine Erfindung, die für ein technisches Gerät unverzichtbar ist, weil sie zwingende Voraussetzung für wichtige Funktionen des Produkts ist, so kann das Produkt zum einen nicht ohne diese Funktionen am Markt bestehen und zum anderen keine technische Lösung entwickelt werden, die das unverzichtbare Patent unter Beibehaltung der gleichen Funktionalität umgeht. Dies ist insbesondere dann der Fall, wenn bestimmte technische Funktionen und Anwendungsgebiete (z.B. die mobile Datennutzung) zur Gewährleistung des Zusammenspiels verschiedener Geräte oder einzelner Komponenten eines Geräts vereinheitlicht, also standardisiert wurden. Ein Smartphone oder ein smarter Alltagsgegenstand kann beispielsweise ohne die Nutzung bestimmter Mobilfunkstandards nicht mit anderen Geräten, Mobilfunkmasten oder allgemein den Diensten des Internets interagieren. Es wird ohne die Standardnutzung unbrauchbar oder zumindest wesentlicher marktrelevanter Eigenschaften beraubt und damit unverkäuflich. Ein Patent, das für einen Standard in diesem Sinne grundlegend und damit unverzichtbar ist, wird als standardessentielles Patent (SEP) bezeichnet.

Ein SEP verleiht seinem Inhaber damit nicht nur die Macht, die Patentnutzung selbst zu untersagen, sondern auch die Nutzung des gesamten Standards und damit der standardisierten Funktionen. Die dem SEP-Inhaber verliehene Machtstellung geht also über die reine Durchsetzung seines einzelnen Patents hinaus. Er kann damit Druck auf potentielle Lizenznehmer ausüben, der nicht allein auf der Innovationskraft seiner Erfindung beruht, sondern durch die Standardisierung vervielfacht wurde. Dies kann Patentnutzer dazu zwingen, überhöhte Lizenzgebühren zu akzeptieren. Der SEP-Inhaber hat damit eine durch die Standardisierung hervorgerufene überschießende Durchsetzungsmacht inne.

Um diese Machtstellung einzuhegen wird bei der Entwicklung von Standards, wenn diese nicht nur durch eine faktische Durchsetzung einer Technologie am Markt, sondern im Rahmen geplanter Standardbildungen durch sogenannte Standardisierungsorganisationen entstehen, von den Patentinhabern, die ihr Patent in einen Standard einbringen wollen, verlangt, dass diese eine sogenannte FRAND-Erklärung abgeben. Damit verspricht der Patentinhaber im Gegenzug für die Aufnahme seines Patents in den Standard die Lizenzierung dieses Patents an lizenzsuchende Wirtschaftsteilnehmer zu Bedingungen, die *fair, reasonable and non-discriminatory* (=FRAND), also fair, angemessen und diskriminierungsfrei sind.

Verstößt der SEP-Inhaber gegen diese FRAND-Lizenzierungspflicht und ist die ihm durch das SEP verliehene Machtstellung als marktbeherrschende Stellung im Sinne des Kartellrechts einzuordnen, so missbraucht er diese Stellung im Sinne des Art. 102 AEUV bzw. §§ 19, 20 GWB, wenn er sein SEP mit dem Unterlassungsanspruch durchzusetzen versucht. Dies kann der in Anspruch genommene Patentnutzer dem SEP-Inhaber im Patentverletzungsprozess entgegenhalten. Dieser sogenannte kartellrechtliche Zwangslizenzeinwand (auch: FRAND-Einwand) ist ein vor allem richterrechtlich entwickeltes Rechtsinstitut. Durch diese FRAND-Rechtsprechung wird der patentrechtliche Unterlassungsanspruch in seiner Durchsetzbarkeit im Verletzungsprozess eingeschränkt.

Lange Zeit stellte der kartellrechtliche Zwangslizenzeinwand das einzige erfolgversprechende Mittel des Patentverletzers dar, der durch Standardisierung hervorgerufenen überschießenden Durchsetzungsmacht des SEP-Inhabers zu begegnen. Dies änderte sich mit dem am 18.08.2021 inkraftgetretenen 2. Patentrechtsmodernisierungsgesetz (2. PatMoG),[1] durch das neben anderen Reformen des Patentrechts eine Einschränkung des Unterlassungsanspruchs bei Unverhältnismäßigkeit in das Patentgesetz eingefügt wurde. Dieser in § 139 Abs. 1 S. 3 PatG geregelte Unverhältnismäßigkeitseinwand besagt, dass der Unterlassungsanspruch ausgeschlossen ist, soweit

---

[1] Zweites Gesetz zur Vereinfachung und Modernisierung des Patentrechts (2. PatMoG) v. 10.08.2021, BGBl. 2021 I S. 3490.

die Inanspruchnahme aufgrund der besonderen Umstände des Einzelfalls und der Gebote von Treu und Glauben für den Verletzer oder Dritte zu einer unverhältnismäßigen, durch das Ausschließlichkeitsrecht nicht gerechtfertigten Härte führen würde.

Durch die Neuregelung ergeben sich Fragen hinsichtlich der Bedeutung des Unverhältnismäßigkeitseinwandes für die Verteidigung gegen den Unterlassungsanspruch des Patentinhabers in SEP-Fällen: Welches Verhältnis nimmt der Unverhältnismäßigkeitseinwand zum kartellrechtlichen Zwangslizenzeinwand ein? Sind etwaige kartellrechtliche Wertungen der FRAND-Rechtsprechung auch für den Unverhältnismäßigkeitseinwand von Belang? Wie ist § 139 Abs. 1 S. 3 PatG im FRAND-Kontext auszulegen? Gibt die Neuregelung dem Patentverletzer in SEP-Fällen überhaupt eine über die bisherige kartellrechtliche Bewertung hinausgehende Verteidigungsmöglichkeit an die Hand?

Die Arbeit geht diesen Fragen nach und analysiert, inwiefern nach dem Inkrafttreten des 2. PatMoG der durch Standardisierung hervorgerufenen überschießenden Durchsetzungsmacht des SEP-Inhabers mit Hilfe des Unverhältnismäßigkeitseinwands gemäß § 139 Abs. 1 S. 3 PatG im Verletzungsprozess begegnet werden kann. Sie untersucht im Zuge dessen, ob sich aus der FRAND-Rechtsprechung zum kartellrechtlichen Zwangslizenzeinwand Implikationen für die Auslegung des Unverhältnismäßigkeitseinwands in SEP-Fällen ergeben.

Sie vertritt die Arbeitshypothese, dass der Unverhältnismäßigkeitseinwand in SEP-Fällen im Lichte der FRAND-Rechtsprechung auszulegen ist. Das bedeutet, dass die beiden Einwände dem Grunde nach nebeneinander stehen, jedoch in der Auslegung des § 139 Abs. 1 S. 3 PatG parallel zur FRAND-Rechtsprechung vorzunehmende Wertungen zu beachten sind. Daraus ergibt sich, dass in SEP-Fällen allenfalls dann eine über den kartellrechtlichen Zwangslizenzeinwand hinausgehende Einschränkung des Unterlassungsanspruchs durch den Unverhältnismäßigkeitseinwand anzunehmen sein kann, wenn von der FRAND-Rechtsprechung im konkreten Fall nicht reflektierte, die Unverhältnismäßigkeit begründende Umstände hinzutreten.

B.   Stand von Forschung und Rechtsprechung

Während SEP in der Gesetzesbegründung zur Einführung des Unverhältnismäßigkeitseinwands keine Rolle spielten, wurden sie in der Literatur aus Anlass des Gesetzgebungsprozesses als eine von mehreren Fallgruppen einer möglichen Einschränkung des Unterlassungsanspruchs aus Unverhältnismäßigkeitsgründen in Erwägung gezogen.[2] In der Regel erfolgte die Betrachtung der

---

[2]   *Ohly*, GRUR 2021, 304, 307–308; *Stierle/Hofmann*, GRUR Int. 2022, 1123, 1135–1136; Busse/Keukenschrijver/*G. Werner*, § 139 PatG Rn. 91; Neben SEP betreffen die in der Regel untersuchten Fallgruppen die Verletzung eines Patents durch eine Einzelkomponente eines komplexen Produkts, die Geltendmachung des Patentrechts durch eine sogenannte non-practicing entity (NPE), das Auseinanderfallen von Verletzungs- und Rechtsbestandsverfahren (injunction gap) sowie die Betroffenheit der Interessen Dritter durch die Durchsetzung des Ausschließlichkeitsrechts.

Anwendung des § 139 Abs. 1 S. 3 PatG auf SEP dabei aber bloß als ein Aspekt von vielen im Rahmen einer Analyse sämtlicher potentieller Fallgruppen des Unverhältnismäßigkeitseinwands oder gar eines Überblicks über die gesamte Reform des Patentrechts, die neben dem Unverhältnismäßigkeitseinwand insbesondere auch Änderungen im Bereich des Rechtsbestandsverfahrens und des Geheimnisschutzes in Patentsachen mit sich brachte.[3] Im Unterschied dazu hervorzuheben ist ein Aufsatz von *Picht* und *Contreras*, der sich ausschließlich dem Unverhältnismäßigkeitseinwand in SEP-Fällen widmete.[4] Dies geschah aber vor allem rechtsvergleichend aus der Sicht des US-Rechts.

In der Aufsatz- und Kommentarliteratur[5] wird für das Thema dieser Arbeit, dem Verhältnis des Unverhältnismäßigkeitseinwands zum kartellrechtlichen Zwangslizenzeinwand, sowohl ein Nebeneinander der beiden Einwände vertreten[6] als auch eine abschließende Spezialität des Kartellrechtseinwands, sodass der Unverhältnismäßigkeitseinwand in SEP-Fällen verdrängt wäre.[7] Die seit Inkrafttreten des 2. PatMoG veröffentlichte Rechtsprechung deutscher Instanzgerichte wendet die beiden Einwände nebeneinander an, ohne dies aber methodisch herzuleiten.[8] Bei einem Nebeneinander der beiden Einwände – teilweise auch bei einer angenommenen Spezialität unter Einschränkung von deren Reichweite[9] – wird in Literatur und Rechtsprechung vor allem eine zusätzliche Berücksichtigung von Sachverhaltsumständen, die in der FRAND-Rechtsprechung keine Rolle spielen, im Rahmen des Unverhältnismäßigkeitseinwands für möglich gehalten. Im Umkehrschluss wird bei Fehlen solcher Umstände eine weiter als der kartellrechtliche Zwangslizenzeinwand reichende Verteidigungsmöglichkeit überwiegend verneint.[10]

---

3   Bspw.: *McGuire*, GRUR 2021, 775; *Ohly/Stierle*, GRUR 2021, 1229; *Stierle/Hofmann*, GRUR Int. 2022, 1123; *Schacht*, GRUR 2021, 440.

4   *Picht/Contreras*, GRUR Int. 2023, 435; Ansätze zu Unverhältnismäßigkeitserwägungen im FRAND-Kontext auch schon bei: *Picht*, GRUR 2019, 1097, 1101–1102.

5   Stand von Forschung und Rechtsprechung: Juni 2023.

6   *Ohly*, GRUR 2021, 304, 307; *Ohly/Stierle*, GRUR 2021, 1229, 1236; *Picht*, GRUR 2019, 1097, 1101–1102; *Picht/Contreras*, GRUR Int. 2023, 435, 441–442; *Stierle/Hofmann*, GRUR Int. 2022, 1123, 1136.

7   *Kühnen*, Hdb. Patentverletzung, Kap. D Rn. 586-587 (allerdings unter Beschränkung der Reichweite der Spezialität und Eröffnung der Möglichkeit einer weitergehenden Gesamtabwägung); *McGuire*, GRUR 2021, 775, 779.

8   Bspw.: LG Mannheim, Urt. v. 05.07.2022 – 2 O 75/21, GRUR-RS 2022, 29741, Rn. 99-107, 116-128 – *LTE-Mobilfunkstandard*; LG München I, Urt. v. 25.05.2022 – 7 O 14091/19, GRUR-RS 2022, 13480, Rn. 73-79, 91-157 – *Sprachsignalcodierer II*.

9   *Kühnen*, Hdb. Patentverletzung, Kap. D Rn. 586-587.

10   LG Mannheim, Urt. v. 05.07.2022 – 2 O 75/21, GRUR-RS 2022, 29741, Rn. 104-105 – *LTE-Mobilfunkstandard*; LG München I, Urt. v. 05.08.2022 – 21 O 8879/21, GRUR-RS 2022, 34498, Rn. 90-91 – *keepawake-message*; *Ohly*, GRUR 2021, 304, 307–308; *Ohly/Stierle*, GRUR 2021, 1229, 1236; *Stierle/Hofmann*, GRUR Int. 2022, 1123, 1136.

Ausführungen zur Frage, welche für den Unverhältnismäßigkeitseinwand maßgeblichen Umstände von der FRAND-Rechtsprechung erfasst werden und welche als hinzutretend zu betrachten sind, beschränken sich zumeist auf die beispielhafte Nennung einzelner Faktoren[11] oder bei gerichtlichen Entscheidungen auf urteilsinterne Verweise auf die jeweiligen Ausführungen zum kartellrechtlichen Zwangslizenzeinwand bei einzelnen Kriterien.[12] Eine Ausnahme bildet hier erneut der erwähnte Aufsatz von *Picht* und *Contreras*, in dem vor dem Hintergrund des US-Rechts auch einzelne Kriterien des Unverhältnismäßigkeitseinwands und deren Rolle im FRAND-Kontext betrachtet wurden.[13] Die Notwendigkeit weiterer Forschung zum Verhältnis des Unverhältnismäßigkeits- zum Kartellrechtseinwand wurde ausdrücklich benannt.[14]

Als umfassende monografische Untersuchungen des Unverhältnismäßigkeitseinwands im Kontext von dessen Kodifizierung im PatG sind die Arbeiten von *Schellhorn*[15], *Plagge*[16] und *Weideneder*[17] zu nennen. Während *Schellhorn* sich noch vor Veröffentlichung eines ersten Entwurfs zum 2. PatMoG allgemein mit der Rolle des Verhältnismäßigkeitsgrundsatzes beim patentrechtlichen Unterlassungsanspruch unter anderem im Rechtsvergleich mit den USA beschäftigte und die Kodifizierung einer Einschränkung unter Unverhältnismäßigkeitsgesichtspunkten ablehnte,[18] befasste er sich mit der FRAND-Rechtsprechung nur am Rande.[19] Zur Auslegung des § 139 Abs. 1 S. 3 PatG in SEP-Fällen konnte er sich noch nicht verhalten.

Plagge hat eine in Breite und Tiefe eingehende Untersuchung des patentrechtlichen Unterlassungsanspruchs, seiner Historie, seiner Reichweite und seiner Einschränkungsmöglichkeiten unter besonderer Berücksichtigung des Unverhältnismäßigkeitseinwands und seiner Kodifizierung vorgelegt.[20] Hinsichtlich des Verhältnisses zur FRAND-Rechtsprechung sprach er sich für ein Nebeneinander der beiden Einwände aus.[21] Aufgrund der thematischen Fokussierung der

---

[11] *Ohly/Stierle*, GRUR 2021, 1229, 1236; *Stierle/Hofmann*, GRUR Int. 2022, 1123, 1136.
[12] Bspw.: LG München I, Urt. v. 05.08.2022 – 21 O 8879/21, GRUR-RS 2022, 34498, Rn. 88, 90 – keepawake-message.
[13] *Picht/Contreras*, GRUR Int. 2023, 435, 445–450; Ansätze dazu auch schon bei: *Picht*, GRUR 2019, 1097, 1101–1102.
[14] *Ohly/Stierle*, GRUR 2021, 1229, 1236; *Picht*, GRUR 2019, 1097, 1102; *Stierle*, Mitt. 2020, 486, 489; *ders.*, GRUR 2022, 273, 274.
[15] *Schellhorn*, Der patentrechtliche Unterlassungsanspruch im Lichte des Verhältnismäßigkeitsgrundsatzes.
[16] *Plagge*, Der patentrechtliche Unterlassungsanspruch.
[17] *Weideneder*, Der Unterlassungsanspruch nach § 139 Abs. 1 PatG.
[18] *Schellhorn*, Der patentrechtliche Unterlassungsanspruch im Lichte des Verhältnismäßigkeitsgrundsatzes, S. 380.
[19] *Ders.*, Der patentrechtliche Unterlassungsanspruch im Lichte des Verhältnismäßigkeitsgrundsatzes, S. 295–306.
[20] *Plagge*, Der patentrechtliche Unterlassungsanspruch.
[21] *Ders.*, Der patentrechtliche Unterlassungsanspruch, S. 454–456.

Arbeit beließ es *Plagge* aber bei einer auch nach eigener Aussage „kurzen Übersicht der Grund-einordnung"[22] der FRAND-Rechtsprechung.[23] *Weideneder* analysierte § 139 Abs. 1 S. 3 PatG insbesondere mit Blick auf die verschiedenen Stadien des Gesetzgebungsprozesses und nahm eine Bewertung der Neuregelung in Hinsicht auf Gefahren und Auswirkungen des Unverhältnis-mäßigkeitseinwands für verschiedene Fallgruppen vor.[24] Im Zuge dessen stellte sie die FRAND-Rechtsprechung kursorisch vor[25] und plädierte für eine abschließende Spezialität des kartellrecht-lichen Zwangslizenzeinwands.[26]

Da sowohl *Plagge* als auch *Weideneder* aufgrund der Ausrichtung ihrer Arbeiten auf den pa-tentrechtlichen Unterlassungsanspruch und seine Einschränkung durch den Unverhältnismäßig-keitseinwand im Allgemeinen sämtliche zu § 139 Abs. 1 S. 3 PatG diskutierte Fallgruppen be-trachteten, mussten die FRAND-Rechtsprechung und ihre möglichen Auswirkungen auf den Un-verhältnismäßigkeitseinwand jeweils ein Randaspekt bleiben. Eine umfassende Untersuchung der vielschichtigen und ausdifferenzierten FRAND-Rechtsprechung und deren Verhältnis zu und Auswirkungen auf den Unverhältnismäßigkeitseinwand bei SEP fehlt. Gleiches gilt für die Ein-ordnung verschiedener für den Unverhältnismäßigkeitseinwand relevanter Kriterien im Kontext der FRAND-Rechtsprechung und den Implikationen der kartellrechtlichen Wertungen für die Auslegung des § 139 Abs. 1 S. 3 PatG bei SEP.

C.   Gang der Darstellung

Der erste Teil dieser Arbeit definiert, was ein SEP ausmacht und welche Arten von SEP-Sach-verhalten es gibt. Anschließend werden die bei SEP für den Patentverletzer drohenden Härten dargestellt, deren Ausgleich durch die verschiedenen rechtlichen Mittel in den darauffolgenden Teilen der Arbeit untersucht wird.

Der zweite Teil der Arbeit geht sodann der Frage nach, welche Lösungsmöglichkeiten das herkömmliche Patentrecht und das Zivilprozessrecht in Patentsachen für SEP-Fälle bislang be-reithalten. Dieser Teil stellt damit eine Bestandsaufnahme dar, welche Mittel ohne das Kartell-recht und außerhalb von Unverhältnismäßigkeitserwägungen die bei SEP möglichen Härten mil-dern könnten.

Der dritte Teil widmet sich der FRAND-Rechtsprechung zum kartellrechtlichen Zwangs-lizenzeinwand. Dabei werden verallgemeinerungsfähige Aspekte vor die Klammer gezogen, be-vor anschließend die Lösung der verschiedenen Arten von SEP-Sachverhalten untersucht wird. Es bedarf einer detaillierten Darstellung der Herleitung, Wirkungen und Voraussetzungen des

---

[22]   *Plagge*, Der patentrechtliche Unterlassungsanspruch, S. 387.
[23]   *Ders.*, Der patentrechtliche Unterlassungsanspruch, S. 387–396.
[24]   *Weideneder*, Der Unterlassungsanspruch nach § 139 Abs. 1 PatG.
[25]   *Dies.*, Der Unterlassungsanspruch nach § 139 Abs. 1 PatG, S. 210–213.
[26]   *Dies.*, Der Unterlassungsanspruch nach § 139 Abs. 1 PatG, S. 218–219.

kartellrechtlichen Zwangslizenzeinwands, um dessen Verhältnis zum Unverhältnismäßigkeits-einwand und seine Auswirkungen auf die bei § 139 Abs. 1 S. 3 PatG vorzunehmende Interessen-abwägung klären zu können.

Der vierte Teil befasst sich mit der Einschränkung des Unterlassungsanspruchs durch den neuen Unverhältnismäßigkeitseinwand gemäß § 139 Abs. 1 S. 3 PatG. Dafür müssen zunächst dessen rechtliche Grundlagen, seine Vorgeschichte in der Rechtsprechung und seine Genese in der Entwicklung des 2. PatMoG erörtert werden. Anschließend werden die Wirkungen der Neu-regelung untersucht und die Kriterien zur Bestimmung der Unverhältnismäßigkeit aufgezeigt. Danach wird die seit dem Inkrafttreten des 2. PatMoG ergangene Rechtsprechung zu § 139 Abs. 1 S. 3 PatG dargestellt.

Im fünften Teil wird die Anwendung des Unverhältnismäßigkeitseinwands auf SEP-Fälle un-tersucht. Dafür ist zunächst das Verhältnis des Unverhältnismäßigkeitseinwands zum kartell-rechtlichen Zwangslizenzeinwand zu erörtern, um zu klären, ob es in SEP-Fällen überhaupt zu einer Prüfung des § 139 Abs. 1 S. 3 PatG kommen kann. Sodann wird analysiert, welche Auswir-kungen Wertungen der FRAND-Rechtsprechung im Falle eines Nebeneinanders der beiden Ein-wände auf die Auslegung des Unverhältnismäßigkeitseinwands haben. Daran schließt sich die Anwendung der gewonnenen Erkenntnisse im Rahmen der Auslegung des Unverhältnismäßig-keitseinwands an. Darin ist zwischen der Konstellation eines begründeten und eines unbegründe-ten kartellrechtlichen Zwangslizenzeinwandes zu unterscheiden sowie eine Einordnung der Be-deutung der einzelnen Kriterien zur Bestimmung der Unverhältnismäßigkeit bei einer Auslegung im Lichte der FRAND-Rechtsprechung vorzunehmen.

1. Teil: Probleme bei uneingeschränkter Durchsetzung standardessentieller Patente

Um SEP-Sachverhalte und ihre spezifischen Herausforderungen an das Patentrecht beurteilen zu können, ist es notwendig zu verstehen, welche Eigenschaften ein Patent standardessentiell machen, warum Standards gebraucht werden und welche die Technologiebereiche sind, für die SEP eine besondere Relevanz entfalten und in denen auch in Zukunft patentrechtlich relevante Standardnutzungen vermehrt zu erwarten sind. Im Anschluss an die Darstellung dieser Grundlagen wird im Rahmen einer Typisierung von SEP-Fallkonstellationen gezeigt, dass im Zusammenhang von Standardisierungen auf der Sachverhaltsebene unterschiedliche Fallgestaltungen auftreten. Anschließend wird untersucht, welche Probleme SEP bei einem uneingeschränkten patentrechtlichen Unterlassungsanspruch mit sich bringen können.

A.   Standardessentialität und standardisierte Technologie

Ein SEP hebt sich von anderen Patenten durch seine Standardessentialität ab.[27] Die Begriffe *Standard* und *Essentialität* werden im Folgenden unabhängig von der noch vorzunehmenden Differenzierung nach den verschiedenen Typen von Standards[28] definiert.

I.   Standard

Ein Standard im für das Patentrecht relevanten technischen Kontext ist ein Regelwerk für eine dauerhaft vereinheitlichte, zur allgemeinen und wiederholten Nutzung bestimmten Lösung einer technischen Aufgabenstellung nach festgelegten Anforderungen.[29] Dieses Regelwerk muss nicht zwingend auf nur genau einen Lösungsweg festgelegt sein, der alle anderen Lösungswege ausschließt. Es kann auch optionale Elemente enthalten, die – dennoch nach festgelegten Kriterien und unter vorab definierten Bedingungen – je nach Gestaltung der Aufgabenstellung im Einzelfall zur Anwendung kommen.[30]

Solche Standards sind im Alltag von Verbrauchern aber auch in der Wirtschaft allgegenwärtig.[31] Sie reichen von technisch relativ simplen Standardisierungen wie der einheitlichen Gestaltung von Steckdosen bis zu umfangreichen Hard- und Softwarestandards beispielsweise der Te-

---

27   Bräutigam/Kraul/*Nack*, § 13 Rn. 2.
28   Dazu siehe: 1. Teil Kap. B. (S. 15 ff.).
29   *Martinez*, GRUR Int. 2019, 633; *Ullrich*, GRUR 2007, 817, 818.
30   *Kühnen*, Hdb. Patentverletzung, Kap. B Rn. 323.
31   *Baumann*, GRUR 2018, 145.

lekommunikationsindustrie, wie sie bei Funktionen wie WLAN, Bluetooth oder mobiler Kommunikation (z.B. nach den Standards 3G, 4G, 5G) zum Einsatz kommen.[32] Ein Standard legt also die Regeln fest, die ein Produkt, das eine standardisierte Funktion ausüben können soll, einhalten muss, um mit dem Standard kompatibel zu sein.

II. Essentialität

Eine solche Regel eines Standards kann in der technischen Lehre eines Patents bestehen, sodass das Regelwerk des Standards nicht eingehalten werden kann, ohne das Patent zu benutzen.[33] Das Patent ist dann für die Standardnutzung „unerlässlich"[34]. Eine bei einem nicht standardessentiellen Patent häufig mögliche Entwicklung einer alternativen Lösung für ein technisches Problem ohne Verzicht auf eine benötigte Produkteigenschaft kommt hier nicht in Betracht.[35] Ein Patentnutzer muss die für den Standard essentielle technische Lehre also mit seinem Produkt verwirklichen, wenn er ein bestimmtes Ergebnis erzielen möchte, z.B. wenn er eine bestimmte Funktion seiner Erzeugnisse anstrebt, ohne die diese am Markt tatsächlich nicht durchsetzungsfähig wären.[36]

So muss der Hersteller eines Mobiltelefons, das den Mobilfunkstandard LTE beherrschen soll, beispielsweise ein bestimmtes Patent, das der Versendung eines Synchronisierungssignals zugrunde liegt, benutzen.[37] Da der Verzicht auf die LTE-Funktionalität für den Hersteller aufgrund der Marktanforderungen keine Option ist, ist die Patentnutzung für ihn hier also „unabdingbar"[38] und „praktisch unverzichtbar"[39].

Ein Standard kann viele Tausend solch unerlässlicher Patente enthalten.[40] Standardisierte Technologie wiederum macht von zahlreichen solcher Standards Gebrauch,[41] was die Anzahl der für ein Produkt essentiellen Patente entsprechend erhöht.

---

[32] *Dornis*, WRP 2020, 540, 541; *Körber*, NZKart 2020, 493.

[33] *Arnold*, GRUR 2021, 123; Pfaff/Osterrieth/*Axster/Osterrieth*, A. Rn. 349; Berg/Mäsch/*Berg*, Art. 102 AEUV Rn. 116; *Dornis*, WRP 2020, 540, 541; *Fröhlich*, GRUR 2008, 205, 206; *Meier-Beck*, WuW 2021, 686, 689; Bräutigam/Kraul/*Nack*, § 13 Rn. 2; *Picht*, WuW 2018, 300, 304; BeckOK PatR/*Pitz*, § 139 PatG Rn. 203a.

[34] EuGH, Urt. v. 16.07.2015 – C-170/13, GRUR 2015, 764, Rn. 49 – *Huawei/ZTE*; BGH, Urt. v. 05.05.2020 – KZR 36/17, GRUR 2020, 961, Rn. 58 – *FRAND-Einwand I*.

[35] Europäische Kommission, Beschl. v. 29.04.2014 – C(2014) 2891 final, ABl. 2014 C350 S. 8, 8, Rn. 8; Haedicke/Timmann/*Bukow*, § 13 Rn. 320; *Mes*, PatG, § 9 PatG Rn. 122.

[36] BGH, Urt. v. 05.05.2020 – KZR 36/17, GRUR 2020, 961, Rn. 58 – *FRAND-Einwand I*; *Emmerich*, JuS 2010, 77, 78; *Kurtz/Straub*, GRUR 2018, 136; *Louven*, K&R 2018, 230, 235; *Meier-Beck*, FS Säcker (2021), 275, 276; Schuster/Grützmacher/*Sabellek*, § 1 PatG Rn. 37.

[37] LG Düsseldorf, Beschl. v. 21.03.2013 – 4b O 104/12, GRUR Int. 2013, 547, Rn. 3.

[38] *Louven*, NZKart 2018, 217, 221.

[39] *Dornis*, WRP 2020, 540, 541.

[40] *M.K. Dahm*, K&R 2015, 647; *Körber*, NZKart 2020, 493; FK KartellR/*Weyer*, § 19 GWB Rn. 309.

[41] *Treacy/Hunt*, GRUR Int. 2018, 91.

III. Vorteile von Standardisierung

Ist eine Technologie standardisiert, so bringt dies zahlreiche Vorteile mit sich, sodass Standardisierung an sich gesellschaftlich erwünscht ist.[42] Der zentrale Aspekt ist die Schaffung von Interoperabilität von Produkten oder Dienstleistungen durch Standards.[43] Dadurch ist gewährleistet, dass verschiedene Geräte oder verschiedene Teile eines Geräts oder einer technischen Einrichtung miteinander kompatibel sind und so eine „nahtlose[…] Funktionalität"[44] geschaffen werden kann.[45]

Interoperabilität gewährleistende Standards erleichtern Kooperationen verschiedener Hersteller und damit die arbeitsteilige Produktion von Gütern,[46] sodass einzelne Komponentenhersteller sich spezialisieren können.[47] Darüber hinaus können notwendige Investitionen und die damit verbundene Risikotragung auf mehrere Schultern verteilt werden.[48] Eine standardisierte Technologie ermöglicht dadurch Marktteilnehmern den Zugang zu einem Geschäftsbereich, ohne dass jeder Hersteller sämtliche für die umfassende Produktherstellung und -nutzung notwendigen Strukturen jeweils selbst aufbauen muss.[49] Produktions- und Transaktionskosten werden damit gesenkt.[50]

Des Weiteren eröffnet eine standardisierte Technologie Märkte und Wettbewerb auf den dem Standard nachgelagerten Produktmärkten[51] und sorgt für eine schnellere Durchsetzung neuer Technologie gegenüber einer möglicherweise schlechteren, aber am Markt etablierten alten Technologie.[52] Statt eines Kampfes um die Vorherrschaft auf der Ebene des Standards konzentriert sich das Wettbewerbsgeschehen auf die einen Standard nutzenden Produkte und deren Qualität

---

[42] LG Düsseldorf, Urt. v. 30.11.2006 – 4b O 508/05, juris, Rn. 118 – *Videosignal-Codierung I*; Haedicke/Timmann/*Haedicke*, § 1 Rn. 172.

[43] *Arnold*, GRUR 2021, 123; Pfaff/Osterrieth/*Axster/Osterrieth*, A. Rn. 350; Hoeren/Sieber/Holznagel/*Beckmann/Müller*, Teil 10 Rn. 115; *Dobler/Sattler*, FS Canenbley (2012), 138, 140; *Fröhlich*, GRUR 2008, 205, 206.

[44] *Dornis*, WRP 2020, 540, 541.

[45] *Fröhlich*, GRUR 2008, 205, 206; *Hufnagel*, FS Wiedemann (2020), 907, 908; *Podszun*, IIC 2019, 720, 734; *Vetter*, GRUR 2019, 704.

[46] Haedicke/Timmann/*Haedicke*, § 1 Rn. 172; Bräutigam/Kraul/*Steinmaurer*, § 3 Rn. 157-158.

[47] *Arnold*, GRUR 2021, 123.

[48] *Ders.*, GRUR 2021, 123.

[49] Haedicke/Timmann/*Haedicke*, § 1 Rn. 172; *Keßler/Palzer*, Mitt. 2020, 169, 170; *Koenig/Neumann*, WuW 2009, 382, 392; Bräutigam/Kraul/*Nack*, § 13 Rn. 3.

[50] *Dornis*, GRUR 2020, 690; *Fröhlich*, GRUR 2008, 205, 206; *Verbruggen/Lőrincz*, GRUR Int. 2002, 815, 818; MüKo WettbR Bd. I/*Wagner-von Papp*, Art. 101 AEUV Rn. 419.

[51] *Barthelmeß/Gauß*, WuW 2010, 626, 627; *Dornis*, GRUR 2020, 690; Haedicke/Timmann/*Haedicke*, § 1 Rn. 172; *Koenig/Neumann*, WuW 2009, 382, 392; MüKo WettbR Bd. I/*Wagner-von Papp*, Art. 101 AEUV Rn. 418.

[52] Pfaff/Osterrieth/*Axster/Osterrieth*, A. Rn. 350; Hoeren/Sieber/Holznagel/*Beckmann/Müller*, Teil 10 Rn. 115; MüKo WettbR Bd. I/*Wagner-von Papp*, Art. 101 AEUV Rn. 418.

und Preis.[53] Standards wirken so innovationsfördernd bei gleichzeitiger Senkung der Verbraucherpreise.[54] Beispielhaft ist hier der Bereich des Mobilfunks zu nennen, auf dem eine deutliche Steigerung von z.B. Datenübertragungsraten und Übertragungsqualität bei gleichzeitig sinkenden Preisen für Mobilfunkdienste und steigender Anzahl an Diensteanbietern und Endgeräteherstellern zu beobachten ist.[55]

Für Verbraucher ergibt sich aus der Vereinheitlichung von Technologie und den genannten Wettbewerbseffekten auf dem Produktmarkt neben niedrigeren Preisen zudem eine größere Auswahl, eine bessere Vergleichbarkeit und eine gestiegene Flexibilität, von dem Produkt eines Herstellers zum Produkt eines anderen Herstellers zu wechseln, ohne sich in eine vollständig neue Technikumgebung begeben zu müssen.[56] Eine Reduzierung von Parallelstrukturen sorgt dafür, dass Verbraucher insgesamt weniger unterschiedliche Produkte benötigen[57] und sich gleichzeitig sicher sein können, dass sie ihr standardisiertes Produkt überall und zu jedem Zweck nutzen können, wo der Standard gilt, ohne zusätzliche Anschaffungen tätigen zu müssen.[58]

Zur Veranschaulichung kann als Negativbeispiel einer fehlenden Vereinheitlichung der Bereich der Ladekabel von kleineren Elektronikgeräten, insbesondere Handyladekabel, genannt werden.[59] Oftmals werden für verschiedene Kleinstgeräte aufgrund unterschiedlicher Anschlüsse jeweils einzelne Ladekabel und damit verbundene Netzgeräte benötigt. Beim Kauf eines neuen Handys ist es möglich, dass das alte Ladekabel für das neue Gerät nicht geeignet ist und ein neues Kabel (mit)erworben werden muss. Dies verursacht zusätzliche Kosten und vermeidbaren Elektronikmüll. Mangels einer ausreichenden marktimmanenten Standardisierung hat dies den EU-Gesetzgeber dazu veranlasst, ab Herbst 2024 für zahlreiche Elektrogeräte den USB-C-Standard als einheitlichen Ladestandard festzulegen, um die Vorteile einer Vereinheitlichung in der EU zu realisieren.[60]

---

[53] *Arnold*, GRUR 2021, 123; *Barthelmeß/Gauß*, WuW 2010, 626, 627.

[54] LG Düsseldorf, Beschl. v. 21.03.2013 – 4b O 104/12, GRUR Int. 2013, 547, Rn. 32; Bräutigam/Kraul/*Nack*, § 13 Rn. 3.

[55] *Dornis*, GRUR 2020, 690; *Martinez*, GRUR Int. 2019, 633.

[56] England and Wales Court of Appeal, Urt. v. 23.10.2018 – [2018] EWCA Civ 2344, GRUR Int. 2019, 357, Rn. 3; *Dornis*, WRP 2020, 540, 541; *Koenig/Neumann*, WuW 2009, 382, 393; MüKo WettbR Bd. I/*Wagner-von Papp*, Art. 101 AEUV Rn. 418.

[57] *Dornis*, GRUR 2020, 690.

[58] *Arnold*, GRUR 2021, 123; *Verbruggen/Lörincz*, GRUR Int. 2002, 815, 818–819.

[59] *Baumann*, GRUR 2018, 145.

[60] Richtlinie (EU) 2022/2380 des Europäischen Parlaments und des Rates vom 23. November 2022 zur Änderung der Richtlinie 2014/53/EU über die Harmonisierung der Rechtsvorschriften der Mitgliedstaaten über die Bereitstellung von Funkanlagen auf dem Markt, ABl. 2022 L315 S. 30; *Deutsche Welle*, Kabelsalat ade – USB-C soll Standard in Handys werden, https://p.dw.com/p/40kGM (zuletzt abgerufen am 30.06.2023).

IV. Technologiebereiche mit hohem Standardisierungsgrad

In zahlreichen Technologiefeldern besteht angesichts der genannten Vorteile der Trend hin zu mehr Standardisierung.[61] Von besonderer Relevanz ist diese Entwicklung aber in den Bereichen Telekommunikation, digitale Kommunikation und allgemein in der Informationstechnik.[62] Das liegt daran, dass diese Bereiche in besonderem Maße auf die Vernetzung verschiedener technischer Komponenten, also Konnektivität, angewiesen sind, sodass eine einheitliche Standardnutzung gleichsam als gemeinsame „Digitalsprache"[63] zur Gewährleistung der Interoperabilität der Komponenten erforderlich ist.[64] Wer in dieser Sprache mitreden möchte, benutzt gezwungenermaßen zahlreiche potentiell patentgeschützte Technologien.

Ein Beispiel aus dem Bereich der Telekommunikation zeigt dies: Bis zu 35 % aller von 1990 bis 2017 weltweit eingereichten Patentanmeldungen beziehen sich auf Technologie, die in Smartphones zur Anwendung kommen kann[65] und ein großer Teil der in Smartphones implementierten Patente wiederum steht im Zusammenhang mit Standards.[66] Die Entwicklung ist dabei über die verschiedenen sogenannten Generationen von Mobilfunkstandards eindeutig: Der LTE-Standard, welcher der vierten Generation der Mobilfunkstandards zugeordnet wird, enthält fast doppelt so viele SEP wie der UMTS-Standard (dritte Generation) und nahezu viermal so viele SEP wie der GSM-Standard (zweite Generation).[67] Den nächsten Schritt in dieser Entwicklung markieren die Einführung und Verbreitung des 5G-Standards, der auf Grundlage der in diesen Standard inkorporierten Patente Kommunikation und Datenversand mit hohen Übertragungsraten und geringen Verzögerungen ermöglicht.[68]

In der durch technische Geräte vermittelten Kommunikation zwischen Menschen sind Standards also allgegenwärtig. Doch darauf beschränkt sich ihre Bedeutung nicht. Die Nutzung von Telekommunikationstechnik breitet sich über die klassischen Anwendungsfelder im Bereich des Mobilfunks und der Netzinfrastruktur aus und erstreckt sich durch die Digitalisierung und Vernetzung zahlreicher Wirtschaftszweige auf Bereiche, für die SEP der Informationstechnologie eine neue, größere Rolle spielen werden.[69]

---

[61] *De Castro/Wollgast/Accornero*, GRUR Int. 2018, 645, 651; *Hötte*, MMR 2009, 689.

[62] *Müller-Stoy*, jurisPR-WettbR 2015, Nr. 9, Anm. 1, A.; *v. Rospatt/Klopschinski*, FS 80 Jahre Patentgerichtsbarkeit in Düsseldorf (2016), 449, 463–464.

[63] *Keßler/Palzer*, Mitt. 2020, 169, 170.

[64] *Ann/Friedl*, Mitt. 2021, 145; Bräutigam/Kraul/*Bräutigam*, § 1 Rn. 36; *Melullis*, Mitt. 2016, 433; *Schönbohm/Ackermann-Blome*, GRUR Int. 2020, 578, 579.

[65] *WIPO*, World IP Report 2017, S. 18, 94.

[66] *Dies.*, World IP Report 2017, S. 110.

[67] *Dies.*, World IP Report 2017, S. 110.

[68] *Tsilikas*, GRUR Int. 2020, 885; *WIPO*, World IP Report 2022, S. 55.

[69] *Ann/Friedl*, Mitt. 2021, 145; *Conde Gallego/Drexl*, IIC 2019, 135, 137; *Heide*, InTeR 2021, 194, 201; *Ohly*, GRUR 2021, 304, 306; *Picht*, GRUR 2019, 11, 12; *Rektorschek*, Mitt. 2017, 438, 441; *Zhu/Kouskoutis*, GRUR 2019, 886.

Dies betrifft vor allem Anwendungsfälle des IoT, das auf (drahtlose) Kommunikation angewiesen ist.[70] Der Begriff IoT umschreibt Anwendungen, bei denen körperliche Gegenstände durch den Einsatz von Informations- und Kommunikationstechnologie miteinander und mit übergeordneten physischen und virtuellen Netzwerken verbunden werden, sodass diese Objekte als Sammler, Sender und Empfänger von Informationen selbst Teilnehmer der Kommunikation untereinander oder mit übergeordneten Steuerungseinheiten werden.[71] An die Stelle einer unmittelbar und ständig durch einen Menschen vorgenommenen Veranlassung und Steuerung solcher Kommunikationsvorgänge tritt ein eigenständiges Tätigwerden des jeweiligen Gegenstandes.[72] Ein mit diesen Fähigkeiten versehener und daher sozusagen intelligenter (Alltags-)Gegenstand wird auch als *smart product* bezeichnet.[73]

Ein Beispiel für den Einsatz smarter Produkte ist das sogenannte *smart home*: Damit ist gemeint, dass in einem Gebäude verschiedene Gegenstände des täglichen Lebens, wie z.B. Küchengeräte, elektrische Rollläden, Klima- und Heizungsanlagen, digital miteinander vernetzt sind, sodass vormals manuell auszuführende Arbeitsschritte automatisiert und aufeinander abgestimmt erfolgen.[74] Ziele des Einsatzes solcher intelligenter und interagierender Geräte und Anlagen sind unter anderem ein erhöhter Komfort, gesteigerte Sicherheit, die Senkung des Energieverbrauchs sowie die Unterstützung in Notfällen oder bei Hilfs- oder Pflegebedürftigkeit.[75] In diesem räumlich begrenzten Anwendungsfall sorgt beispielsweise die Heizungsanlage für eine bedarfsgerechte Wärmeregulierung in Anpassung an die An- und Abwesenheit der Bewohner eines *smart homes* und der automatische Rasensprenger registriert, wann der Rasenmähroboter unterwegs ist, sodass eine Bewässerung in dieser Zeit unterbleiben muss.

Aber auch in größeren Zusammenhängen lassen sich Koordinations- und Effizienzvorteile durch Automatisierung und Vernetzung erzielen. Ein Beispiel dafür sind intelligente Stromnetze (*smart grids*), die eine an Angebot und Bedarf orientierte Stromverteilung bereitstellen sollen.[76] Vorstellbar ist so auch eine Bewältigung von sich in immer dichter besiedelten urbanen Gebieten verstärkt stellenden Aufgaben der Verteilung von Ressourcen, Gewährleistung von Sicherheit und Koordination von individueller und kollektiver Mobilität im Sinne einer automatisierten und

---

[70] *Conde Gallego/Drexl*, IIC 2019, 135; *Hinojal/Mohsler*, GRUR 2019, 674, 681; *Schönbohm/Ackermann-Blome*, GRUR Int. 2020, 578, 579.

[71] *Conde Gallego/Drexl*, IIC 2019, 135, 136; Leupold/Wiebe/Glossner/*Eul*, Teil 10.2 Rn. 1; Bräutigam/Kraul/*Steinmaurer*, § 3 Rn. 21, 26-30.

[72] Bräutigam/Kraul/*Bräutigam*, § 1 Rn. 4; *Schmitz/Rammos*, InTeR 2016, 4; *Stechern*, IPRB 2021, 76.

[73] Bräutigam/Kraul/*Bräutigam*, § 1 Rn. 8; Leupold/Wiebe/Glossner/*Wiesner*, Teil 10.6 Rn. 2.

[74] Leupold/Wiebe/Glossner/*Kettner/Thorun*, Teil 10.4 Rn. 1-2; *Stechern*, IPRB 2021, 76, 77.

[75] Leupold/Wiebe/Glossner/*Kettner/Thorun*, Teil 10.4 Rn. 1-2.

[76] Leupold/Wiebe/Glossner/*Haselhorst*, Teil 10.3 Rn. 1; *Papastefanou*, IIC 2021, 989–990; Sassenberg/Faber/*vom Wege/Reichwein*, § 17 Rn. 16-18.

vernetzten *smart city*.[77] Unterstützt und begleitet werden kann dieser Prozess durch die Weiterentwicklung und Verbreitung des Einsatzes von Künstlicher Intelligenz (KI).[78]

Ein weiterer wesentlicher Teilbereich des IoT sind sogenannte *connected cars*.[79] Damit sind Automobile gemeint, die mit Einrichtungen ausgestattet sind, die eine Vernetzung des Autos über das Mobilfunknetz oder andere Netzwerktechnologien ermöglichen.[80] Die Anwendungsmöglichkeiten hierfür reichen von automatischen Notrufassistenten (genannt *eCall*), Freisprecheinrichtungen zum Telefonieren, Navigationsgeräten, Unterhaltungselektronik und sicherheits- oder komfortrelevanten Fahrassistenten sowie Fernwartungs- und Updatemöglichkeiten bis zu in Entwicklung befindlichen Technologien wie dem vollständig autonomen Fahren.[81] Für Letzteres ist die Konnektivität eines Autos grundlegende Voraussetzung.[82] Ein selbstfahrendes Auto muss in der Lage sein, mit anderen Autos in Verbindung zu treten (*car-to-car* oder *vehicle-to-vehicle*) und mit vernetzten Gegenständen in seiner direkten Umgebung zu kommunizieren oder Informationen auszutauschen (*car-to-X* oder *vehicle-to-anything*).[83] Das Auto wird vom reinen Fortbewegungsmittel zum „Smartphone On Wheels"[84] und damit „zum zentralen Knotenpunkt eines digitalen Wertschöpfungsnetzwerks"[85].

Die zunehmende Vernetzung zeigt sich aber auch schon auf der Ebene der Produktion und des Vertriebs von Gütern,[86] sodass im industriellen Zusammenhang auch vom *Industrial Internet of Things* (IIoT) oder der sogenannten Industrie 4.0 die Rede ist.[87] Hierbei werden Maschinen, verschiedene Gewerke sowie Bestell- und Fertigungsprozesse automatisiert und aufeinander abgestimmt.[88] Ziel einer solchen *smart factory* ist, neben einem optimierten Ressourceneinsatz, die

---

77   Leupold/Wiebe/Glossner/*Haselhorst*, Teil 10.3 Rn. 1, 3.

78   Bräutigam/Kraul/*Bräutigam*, § 1 Rn. 39; Leupold/Wiebe/Glossner/*Wiesner*, Teil 10.6 Rn. 2.

79   Leupold/Wiebe/Glossner/*Eul*, Teil 10.2 Rn. 1; *Kerber/Gill*, JIPITEC 10 (2019), 244, 248; *Kiparski/Sassenberg*, CR 2018, 596, 601.

80   *Arya*, GRUR Int. 2020, 365; Leupold/Wiebe/Glossner/*Eul*, Teil 10.2 Rn. 2; *R. Weisser/Färber*, MMR 2015, 506.

81   *Arya*, GRUR Int. 2020, 365, 366–367; Leupold/Wiebe/Glossner/*Eul*, Teil 10.2 Rn. 2, 13; *Kiparski/Sassenberg*, CR 2018, 596, 601; Röhricht/v. Westphalen/Haas/*Weidert/Bug*, Zulieferverträge in der Industrie 4.0 Rn. 1.

82   Leupold/Wiebe/Glossner/*Eul*, Teil 10.2 Rn. 2; Sassenberg/Faber/*Henseler-Unger*, § 1 Rn. 69; *R. Weisser/Färber*, MMR 2015, 506, 507.

83   *Arya*, GRUR Int. 2020, 365, 366; Leupold/Wiebe/Glossner/*Eul*, Teil 10.2 Rn. 20; *Keßler/Palzer*, Mitt. 2020, 169; *Kiparski/Sassenberg*, CR 2018, 596, 602; Kühne/Nack/*Kühne*, Kap. 1 Rn. 21.

84   *Greimel*, Toyota Unveils 'Smartphone On Wheels' Concept Car For Tokyo Show, https://www.autoweek.com/racing/nhra/a1979876/toyota-unveils-smartphone-wheels-concept-car-tokyo-show/ (zuletzt abgerufen am 30.06.2023).

85   *Keßler/Palzer*, Mitt. 2020, 169, 170.

86   *Rektorschek*, IPRB 2016, 38, 39; Röhricht/v. Westphalen/Haas/*Weidert/Bug*, Zulieferverträge in der Industrie 4.0 Rn. 1.

87   Bräutigam/Kraul/*Bräutigam*, § 1 Rn. 20; Leupold/Wiebe/Glossner/*Gronau/Rojahn*, Teil 10.1 Rn. 1, 6; *Mitterer/Wiedemann/Zwissler*, BB 2017, 3; *Wurzer/Grünewald*, Mitt. 2017, 205.

88   Sassenberg/Faber/*Marschollek/Wirwas*, § 19 Rn. 15; *Rektorschek*, IPRB 2016, 38, 39; Leupold/Wiebe/Glossner/*Wiesner*, Teil 10.6 Rn. 1-2.

Vorteile der Massenproduktion mit der Möglichkeit der Herstellung individualisierter Produkte durch den Einsatz von smarten und selbsttätig arbeitenden Maschinen zu verbinden.[89]

Im Zusammenhang mit den genannten neuen Nutzungsmöglichkeiten eignen sich die bisher im Mobilfunk gängigen Standards und ihre Weiterentwicklungen vor allem für IoT-Anwendungen mit hohen Leistungsanforderungen in Bezug auf Datenübertragung und Stabilität der Verbindung (z.B. *connected cars*, Industrie 4.0), während sich für Anwendungen mit geringeren Datenmengen und einer höheren Toleranz für Signalunterbrechungen (z.B. im Bereich *smart home*) neue und an diese Anwendungsfälle angepasste Standards herausbilden.[90]

Standards spielen also auch in der Entwicklung und Funktionsfähigkeit etwa von selbstfahrenden und vernetzten Autos, in der Industrie 4.0 und allgemein bei smarten Produkten des IoT eine große Rolle.[91] Das IoT ist neben der interpersonellen Telekommunikation ein relativ junger, aber maßgeblich betroffener Technologiebereich, in dem eine verbreitete Standardnutzung mit zahlreichen dafür relevanten SEP zu beobachten ist.[92] Angesichts eines für 2025 geschätzten weltweiten wirtschaftlichen Gesamtwerts des IoT von – je nach Rechenmodell – vier bis elf Billionen US-Dollar pro Jahr[93] besteht darin sowohl für Patentinhaber als auch -nutzer ein wirtschaftlich attraktives Betätigungsfeld. Standardisierungen werden mit fortschreitender Ausbreitung von Vernetzungserfordernissen über diverse Lebens- und Wirtschaftsbereiche hinweg[94] weiter an Relevanz zunehmen – und damit auch die Bedeutung von dafür benötigten Patenten, ihrer Lizenzierung und der Durchsetzung von Unterlassungsansprüchen in SEP-Sachverhalten.[95]

B. Typisierung von SEP-Sachverhalten

Im Zusammenhang mit Standardisierungen sind bereits auf Sachverhaltsebene verschiedene Fallgestaltungen zu differenzieren,[96] die sich danach unterscheiden, ob ein Patent standardessentiell ist oder nicht und ob und in welcher Form eine Lizenzerteilung an diesem Patent versprochen und/oder praktiziert wird. Daraus ergeben sich vier Fallgruppen: SEP mit einer sogenannten

---

[89] Bräutigam/Kraul/*Bräutigam*, § 1 Rn. 20; Leupold/Wiebe/Glossner/*Gronau/Rojahn*, Teil 10.1 Rn. 1; Sassenberg/Faber/*Marschollek/Wirwas*, § 19 Rn. 2, 4; *Wurzer/Grünewald*, Mitt. 2017, 205.

[90] *Conde Gallego/Drexl*, IIC 2019, 135, 138–140; Bräutigam/Kraul/*Steinmaurer*, § 3 Rn. 56, 62–66, 76.

[91] *Ann/Friedl*, Mitt. 2021, 145; Leupold/Wiebe/Glossner/*Eul*, Teil 10.2 Rn. 22; *Körber*, NZKart 2020, 493; Bräutigam/Kraul/*Nack*, § 13 Rn. 3; *WIPO*, World IP Report 2022, S. 55.

[92] *Wurzer/Grünewald*, Mitt. 2017, 205, 209.

[93] Bräutigam/Kraul/*Bräutigam*, § 1 Rn. 4; *Conde Gallego/Drexl*, IIC 2019, 135, 136.

[94] *Conde Gallego/Drexl*, IIC 2019, 135, 137.

[95] *Schönbohm/Ackermann-Blome*, GRUR Int. 2020, 578, 579.

[96] *Kühnen*, Hdb. Patentverletzung, Kap. E Rn. 252.

FRAND-Erklärung, SEP ohne FRAND-Erklärung, nicht-lizenzierte Patente und zwar auslizenzierte, aber standardfreie Patente.[97] Was genau darunter jeweils zu verstehen ist, wird im Folgenden für jede Fallgruppe separat erläutert.

I. SEP mit FRAND-Erklärung – De-iure-Standards

SEP mit FRAND-Erklärung bilden die mittlerweile am häufigsten anzutreffende[98] der hier vorzustellenden Fallgestaltungen. Bei diesen SEP wird der Standard, zu dem sie gehören, durch einen organisierten Verständigungsprozess im Rahmen einer sogenannten Standardisierungsorganisation geschaffen.[99] Diese Standardisierungsorganisationen werden den englischen Bezeichnungen *standard-setting organisation*[100] oder *standard development organisation*[101] folgend auch SSO oder SDO abgekürzt.[102]

1. Standardisierungsorganisationen – SSOs

Es gibt SSOs, die auf nationaler Ebene tätig sind, wie das Deutsche Institut für Normung (DIN), das American National Standards Institute (ANSI) oder das British Standards Institute (BSI), sowie international ausgerichtete SSOs wie das Comité Européen de Normalisation (CEN) oder die International Organisation for Standardization (ISO).[103] Daneben existieren zahlreiche SSOs, die sich auf bestimmte Themenfelder oder Technologiebereiche spezialisiert haben bzw. konzentrieren, z.B. das European Telecommunications Standards Institute (ETSI) und die Internationale Fernmeldeunion (ITU) im Bereich der Telekommunikation oder das Comité Européen de Normalisation Électrotechnique (CENELEC), die International Electrotechnical Commission (IEC)

---

[97]   Haedicke/Timmann/*Bukow*, § 13 Rn. 243-247.
[98]   Busse/Keukenschrijver/*McGuire*, § 24 PatG Rn. 106.
[99]   EuGH, Urt. v. 16.07.2015 – C-170/13, GRUR 2015, 764, Rn. 49 – *Huawei/ZTE*; England and Wales Court of Appeal, Urt. v. 23.10.2018 – [2018] EWCA Civ 2344, GRUR Int. 2019, 357, Rn. 3; *Haft*, FS 80 Jahre Patentgerichtsbarkeit in Düsseldorf (2016), 157, 159; Busse/Keukenschrijver/*McGuire*, § 24 PatG Rn. 106; Kamann/Ohlhoff/Völcker/*Raible*, 3. Teil § 30 Rn. 26; MüKo WettbR Bd. I/*Wagner-von Papp*, Art. 101 AEUV Rn. 352; *Wüsthof*, EWS 2015, 287.
[100]   *Dornis*, WRP 2020, 540, 541; *Treacy/Hunt*, GRUR Int. 2018, 91.
[101]   *Angwenyi/Barani*, GRUR Int. 2018, 204, 205; *Tsilikas*, GRUR Int. 2020, 885.
[102]   Ein inhaltlicher Unterschied ergibt sich durch die verschiedenen Bezeichnungen nicht. Im Folgenden wird einheitlich die Abkürzung SSO verwendet.
[103]   *Baumann*, GRUR 2018, 145.

und das Institute of Electrical and Electronics Engineers (IEEE) auf dem Feld der Elektrotechnik.[104] Darüber hinaus sind auch technologiebezogene Zusammenschlüsse mehrerer SSOs möglich. Auf diese Weise wurden im Third Generation Partnership Project (3GPP) die Mobilfunkstandards 2G, 3G, 4G und 5G von sieben SSOs gemeinsam entwickelt.[105]

Aufgrund seiner zentralen Rolle für die Standardisierung im Bereich der europäischen Telekommunikation hat das ETSI besondere Aufmerksamkeit erfahren.[106] Auch wenn es 1988 auf Initiative der Europäischen Kommission gegründet wurde[107] und zusammen mit dem CEN und dem CENELEC in der EU als offizielle Standardisierungsorganisation anerkannt ist,[108] handelt es sich dabei nicht um eine EU-Behörde, sondern um einen durch die Privatwirtschaft getragenen Zusammenschluss.[109] Insofern unterscheidet sich das ETSI nicht grundlegend von anderen SSOs.

2.   Standardisierungsprozedere

Die Standardbildung innerhalb einer SSO folgt einem in den jeweiligen Regelwerken der SSO festgelegten und für die Mitglieder der SSO verbindlichen, formalisierten Verfahren.[110] In der Regel steht am Anfang ein technisches Problem oder eine neue oder bislang unregulierte Technologie, für die ein Standard geschaffen werden soll. Die Mitglieder einer SSO sind dann aufgerufen, ihre technischen Lösungen einzubringen und davon umfasste Schutzrechte zu benennen.[111] Sogenannte Technische Komitees (*technical committees* = TC) beraten, testen und beschließen

---

[104]   MüKo WettbR Bd. I/*Eilmansberger/Bien*, Art. 102 AEUV Rn. 771; *Greinert/Karnath*, ISR 2018, 138, 139; Patentvertragsrecht/*Hauck/Zech*, § 11 Rn. 18; Schulte/*Rinken*, § 24 PatG Rn. 73.

[105]   *Martinez*, GRUR Int. 2019, 633–634.

[106]   MüKo WettbR Bd. I/*Eilmansberger/Bien*, Art. 102 AEUV Rn. 771; *Treacy/Hunt*, GRUR Int. 2018, 91; Auch ersichtlich anhand zahlreicher Veröffentlichungen, die rechtliche Problemstellungen im Kontext von SSOs regelmäßig am Beispiel vom ETSI erläutern. So u.a.: *Fröhlich*, GRUR 2008, 205; *Heitto*, CRi 2013, 188; *McGuire*, GRUR 2018, 128; *Stefanaki/Makris*, Mitt. 2022, 147; *L. Tochtermann*, JIPLP 16 (2021), 150.

[107]   LG Düsseldorf, Urt. v. 13.02.2007 – 4a O 124/05, BeckRS 2008, 7732, Rn. 41 – *Siemens/Amoi*; LG Düsseldorf, Urt. v. 11.12.2012 – 4a O 54/12, juris, Rn. 5; *ETSI*, History of ETSI, https://www.etsi.org/about/14-about/1468-our-history?jjj=1667229954214 (zuletzt abgerufen am 30.06.2023); *Verbruggen/Lörincz*, GRUR Int. 2002, 815, 821.

[108]   *Czychowski*, GRUR Int. 2021, 421, 422; MüKo WettbR Bd. I/*Eilmansberger/Bien*, Art. 102 AEUV Rn. 771; *Fröhlich*, GRUR 2008, 205, 206–207.

[109]   *L. Tochtermann*, GRUR 2020, 905, 906.

[110]   LG Düsseldorf, Urt. v. 11.12.2012 – 4a O 54/12, juris, Rn. 7-8; *Arnold*, GRUR 2021, 123–124; MüKo WettbR Bd. I/*Eilmansberger/Bien*, Art. 102 AEUV Rn. 772; *Martinez*, GRUR Int. 2019, 633, 634.

[111]   England and Wales Court of Appeal, Urt. v. 23.10.2018 – [2018] EWCA Civ 2344, GRUR Int. 2019, 357, Rn. 3; *Arnold*, GRUR 2021, 123–124; *Martinez*, GRUR Int. 2019, 633, 634.

anschließend den zu entwickelnden Standard und wählen die aus Sicht des jeweiligen Experten-gremiums technisch am besten geeignete Lösungsvariante aus.[112] Die finale Verabschiedung eines so gebildeten Standards führt zu einem „Freeze"[113] auf eine einheitliche Lösung.

Die SSOs sind in diesem Prozess auf die Mitwirkung ihrer Mitglieder und deren aktive Offenlegung von Schutzrechten angewiesen.[114] Auch prüfen SSOs weder ob die gemeldeten Patente rechtsbeständig noch ob sie tatsächlich standardessentiell sind.[115]

3. FRAND-Erklärung

Im Rahmen des beschriebenen Standardisierungsprozesses wird von den Patentinhabern, die ein Patent in den Standard einbringen möchten, die Abgabe einer unwiderruflichen FRAND-Erklärung für dieses Patent gegenüber der jeweiligen SSO eingefordert.[116] Mit dieser Erklärung verpflichtet sich der Patentinhaber für die volle Schutzdauer eines Patents,[117] jedem Lizenzsucher eine Lizenz zu erteilen, die fair, reasonable and non-discriminatory (=FRAND), also fair, angemessen und diskriminierungsfrei ist.[118] Diese Lizenzbereitschaftserklärung ist Bedingung für die Aufnahme in einen von einer SSO geschaffenen Standard.[119] Wird eine solche Erklärung nicht abgegeben, so wird das betroffene Patent im Standard nicht etabliert[120] und bei einer absoluten Unumgänglichkeit dieses Patents der Standardisierungsprozess sogar abgebrochen.[121]

Durch die obligatorische Selbstverpflichtung der Schutzrechtsinhaber soll erreicht werden, dass von SSOs gebildete Standards zu fairen, angemessenen und diskriminierungsfreien Bedingungen – also zu FRAND-Bedingungen – für etwaige Patentnutzer, die einen Standard mit ihren Produkten verwirklichen wollen, zugänglich sind.[122] Diese Verpflichtung zur FRAND-Lizenzierung und damit die Einordnung in die hier vorgestellte Fallgruppe gilt sowohl dann, wenn

---

[112] *Martinez*, GRUR Int. 2019, 633, 634; *Pusceddu*, IIC 2020, 559, 560.

[113] LG Mannheim, Urt. v. 10.03.2015 – 2 O 103/14, GRUR-RS 2015, 15918, Rn. 126.

[114] Berg/Mäsch/*Berg*, Art. 102 AEUV Rn. 116; Busse/Keukenschrijver/*McGuire*, § 24 PatG Rn. 94; *Pusceddu*, IIC 2020, 559, 560.

[115] *M.K. Dahm*, K&R 2015, 647; *Kurtz*, ZGE 2017, 491, 495; *L. Tochtermann*, GRUR 2020, 905, 907.

[116] EuGH, Urt. v. 16.07.2015 – C-170/13, GRUR 2015, 764, Rn. 51 – *Huawei/ZTE*; *Arnold*, GRUR 2021, 123–124; Pfaff/Osterrieth/*Axster/Osterrieth*, A. Rn. 349; Haedicke/Timmann/*Bukow*, § 13 Rn. 328.

[117] *Kühnen*, Hdb. Patentverletzung, Kap. E Rn. 382.

[118] LG Düsseldorf, Urt. v. 11.12.2012 – 4a O 54/12, juris, Rn. 8; Hoeren/Sieber/Holznagel/*Beckmann/Müller*, Teil 10 Rn. 215; *Leistner/Kleeberger*, GRUR 2020, 1241; Busse/Keukenschrijver/*McGuire*, § 24 PatG Rn. 107; Rechtswörterbuch/*Meinhardt*, Eintrag „FRAND".

[119] EuGH, Urt. v. 16.07.2015 – C-170/13, GRUR 2015, 764, Rn. 51 – *Huawei/ZTE*; Röhricht/v. Westphalen/Haas/*Brandi-Dohrn*, Lizenzverträge Rn. 66; *L. Tochtermann*, GRUR 2020, 905, 907.

[120] LG Düsseldorf, Urt. v. 11.12.2012 – 4a O 54/12, juris, Rn. 8; *Arnold*, GRUR 2021, 123–124; *Fröhlich*, GRUR 2008, 205, 211; *H. Richter/Slowinski*, IIC 2019, 4, 18.

[121] MüKo WettbR Bd. I/*Eilmansberger/Bien*, Art. 102 AEUV Rn. 772; *H. Richter/Slowinski*, IIC 2019, 4, 18.

[122] *Fröhlich*, GRUR 2008, 205, 207, 211; *Körber*, Standardessentielle Patente, S. 46–48; *Martinez*, GRUR Int. 2019, 633, 634.

die Lizenzierung eines SEP mit FRAND-Erklärung nach Verabschiedung des Standards bereits praktiziert wird, als auch, wenn die Lizenzerteilung zu FRAND-Bedingungen nur versprochen wurde, es aber noch zu keiner Lizenznahme gekommen ist.[123]

4.   Begriffsbestimmungen

Aufgrund des formalisierten Standardisierungsprozesses ist bei durch SSOs geformten Standards häufig von De-iure-Standards die Rede.[124] Diese Bezeichnung umfasst sowohl solche Standards, die auf eine gesetzgeberische rechtliche Vorgabe zurückgehen, aufgrund derer ein Standardisierungsprozess angestoßen wurde oder auf die er Bezug nimmt, als auch solche, die aus rein wirtschaftlichen Interessen von Mitgliedern einer SSO geschaffen wurden.[125]

Der Kritik, der Begriff *De-iure-Standard* könne den Eindruck erwecken, dass nur ein solcher Standard gemeint sei, der durch einen staatlichen Gesetzgeber vorgegeben sei und dadurch rechtliche Verbindlichkeit erhalte,[126] wird hier nicht gefolgt. *De-iure* bildet im Zusammenhang mit Standardisierungen das Gegenstück zu *de-facto* und drückt allein aus, dass sich ein Standard nicht rein tatsächlich am Markt entwickelt hat, sondern den Regeln – gleichsam den Gesetzen – einer SSO folgend entstanden ist. Alternativ vorgeschlagene Bezeichnungen wie „[f]ormelle Standards"[127] bringen zudem aufgrund der Nähe dieser Bezeichnung zu formellen Gesetzen keine größere Trennschärfe mit sich. Die Bezeichnung *De-iure-Standard* als auch international etablierter Ausdruck für im Rahmen einer SSO entstandene Standards, bei denen die Patentinhaber für ihre SEP eine FRAND-Erklärung abgegeben haben, erscheint somit in Anlehnung an die organisierte Normsetzung innerhalb einer SSO passend und wird in diesem Sinne in dieser Arbeit genutzt.[128]

Ebenfalls zu erläutern ist der Gebrauch der häufig anzutreffenden Bezeichnung *Industriestandard*. Die Verwendung dieses Begriffs erfolgt stark uneinheitlich: Auf der einen Seite wird er als

---

[123] *Kellenter/Verhauwen*, GRUR 2018, 761.
[124] *Dornis*, WRP 2020, 540, 541; *ders.*, GRUR 2020, 690, 698; Patentvertragsrecht/*Hauck/Zech*, § 11 Rn. 18; Busse/Keukenschrijver/*McGuire*, § 24 PatG Rn. 106; *Pusceddu*, IIC 2020, 559, 560; Kamann/Ohlhoff/Völcker/*Raible*, 3. Teil § 30 Rn. 26.
[125] Hoeren/Sieber/Holznagel/*Beckmann/Müller*, Teil 10 Rn. 114; MüKo WettbR Bd. I/*Eilmansberger/Bien*, Art. 102 AEUV Rn. 771.
[126] *Feller*, FRAND-Verpflichtungserklärung, S. 13; *Ullrich*, GRUR 2007, 817, 818.
[127] *Feller*, FRAND-Verpflichtungserklärung, S. 13.
[128] Zudem wird die lateinische Schreibweise ‚de-iure' der teilweise anzutreffenden Schreibweise ‚de-jure' vorgezogen, da auch hier der Gleichlauf zur stets lateinisch gehaltenen Schreibweise von ‚de-facto' eingehalten werden soll.

Synonym für einen Standard, der sich aus SEP ohne FRAND-Erklärung zusammensetzt, benutzt.[129] Von anderen wird er gleichbedeutend mit einem von SEP mit FRAND-Erklärung geprägten Standard gebraucht.[130] In dieser Arbeit wird die Bezeichnung *Industriestandard* aufgrund dieser Uneindeutigkeit daher vermieden.

II. SEP ohne FRAND-Erklärung – De-facto-Standards

Anders als bei De-iure-Standards entstehen sogenannte De-facto-Standards nicht im Rahmen eines festen Regeln folgenden Standardisierungsprozederes.[131] Wie es schon der Begriff *de-facto* ausdrückt, entwickelt sich ein solcher Standard vielmehr durch eine rein tatsächliche Durchsetzung einer bestimmten Technologie im Marktgeschehen.[132] Zum einen ist denkbar, dass ein besonders einflussreiches Unternehmen diese Technologie nutzt und andere Marktteilnehmer aufgrund der faktischen Übermacht dieses Unternehmens gezwungen sind, ihre Produkte daran auszurichten.[133] Zum anderen kann sich aber auch durch die Verwendung einer Technologie durch zahlreiche Unternehmen eine übliche Vorgehensweise oder Konvention und damit ein Standard herausbilden.[134] Dabei kann der Erfolg einer bestimmten Technologie in ihrer „technischen oder wirtschaftlichen Überlegenheit"[135], aber auch in „Netzwerkeffekte[n]"[136] oder einem geschickten Marketing begründet sein.[137] Auch Vereinbarungen zwischen mehreren Unternehmen – unterhalb des Organisationsgrads einer SSO – können zur Durchsetzung eines Branchenstandards beitragen.[138]

Ein De-facto-Standard bildet auch ohne die Festlegung in einem durch eine SSO geleiteten Normierungsprozess ein „von den Nachfragern wie eine Norm beachtetes Regelwerk"[139]. Ein Bestehen am Markt ist für einen Hersteller von auf diese Weise standardisierten Produkten ebenso

---

[129] MüKo WettbR Bd. I/*Eilmansberger/Bien*, Art. 102 AEUV Rn. 771; Immenga/Mestmäcker/*A. Fuchs*, Art. 102 AEUV Rn. 371; Erdmann/Rojahn/Sosnitza/*Mager/Heyers*, Kap. 6 Rn. 1774.

[130] LG Düsseldorf, Urt. v. 11.12.2012 – 4a O 54/12, juris, Rn. 194; Loewenheim/Meesen/Riesenkampff u.a./*Huttenlauch*, Art. 102 AEUV Rn. 267; *P. Tochtermann*, GRUR 2021, 377.

[131] *Dornis*, GRUR 2020, 690, 698; *Heim/Nikolic*, JIPITEC 10 (2019), 38, 44; *Martinez*, GRUR Int. 2019, 633.

[132] *Haft*, FS 80 Jahre Patentgerichtsbarkeit in Düsseldorf (2016), 157, 159–160; Busse/Keukenschrijver/*McGuire*, § 24 PatG Rn. 94; Kamann/Ohlhoff/Völcker/*Raible*, 3. Teil § 30 Rn. 25; *Pusceddu*, IIC 2020, 559, 560.

[133] *Verbruggen/Lörincz*, GRUR Int. 2002, 815, 819.

[134] *Treacy/Hunt*, GRUR Int. 2018, 91.

[135] Busse/Keukenschrijver/*McGuire*, § 24 PatG Rn. 106.

[136] MüKo WettbR Bd. I/*Eilmansberger/Bien*, Art. 102 AEUV Rn. 771.

[137] *Dornis*, WRP 2020, 540, 541.

[138] BGH, Urt. v. 13.07.2004 – KZR 40/02, GRUR 2004, 966 – *Standard-Spundfass*; Götting/Meyer/Vormbrock/*Samer*, § 9 Rn. 134.

[139] BGH, Urt. v. 05.05.2020 – KZR 36/17, GRUR 2020, 961, Rn. 57 – *FRAND-Einwand I*; LG München I, Urt. v. 30.09.2020 – 21 O 13026/19, juris, Rn. 247 – *Unterpixelwertinterpolation*.

wie bei einem De-iure-Standard nur noch bei Nutzung des Standards und der darin enthaltenen Patente möglich.[140] So war und ist beispielsweise der erfolgreiche Vertrieb von CDs faktisch davon abhängig, dass diese bestimmten Kompatibilitätserfordernissen entsprechen, die sich in der Branche durchgesetzt haben, sodass jeder Produzent von an diesem Standard ausgerichteten CDs eine Lizenz an den davon umfassten Patenten benötigt.[141]

Konsequenz der faktischen Bildung des Standards am Markt ist, dass Schutzrechtsinhaber von in einem solchen Standard enthaltenen SEP anders als bei De-iure-Standards in der Regel keine FRAND-Erklärung abgeben, wofür ohne die organisatorische Rahmung durch eine SSO für die Patentinhaber auch kein Anlass besteht. Dennoch kennzeichnet die Fallgruppe der SEP ohne FRAND-Erklärung als Teil eines De-facto-Standards, dass diese SEP bereits zumindest in einem bestimmten Umfang lizenziert werden oder sogar eine übliche Lizenzierungspraxis besteht, da die Technologie ohne die mit der Lizenzierung verbundene Verbreitung sonst oftmals gar nicht zum Standard geworden wäre.[142] Voraussetzung für eine Einordnung eines SEP ohne FRAND-Erklärung in die hier vorgestellte Fallgruppe ist also über die Zugehörigkeit zu einem De-facto-Standard hinaus, dass der Patentinhaber „bereits mindestens eine Lizenz"[143] erteilt hat, es sich also um ein sogenanntes auslizenziertes Patent handelt. Ist dies nicht der Fall, ist also eine Erstlizenzierung noch nicht geschehen, so ist das Patent unabhängig von seiner Standardessentialität in die Fallgruppe der nicht-lizenzierten Patente einzuordnen.

III. Nicht-lizenzierte Patente

Im Unterschied zu den auslizenzierten Patenten eines De-iure- oder De-facto-Standards zeichnet sich die dritte Fallgruppe dadurch aus, dass eine Lizenzierung noch nicht stattgefunden hat und auch nicht versprochen wurde.[144] Oft ist in dieser Konstellation die Lizenzierung vom Patentinhaber generell auch gar nicht gewollt.[145]

Kennzeichnend ist also, dass der Patentinhaber eine Lizenzierung allgemein und unabhängig von der Ausgestaltung etwaiger Lizenzierungsbedingungen verweigert und diese auch nicht im

---

[140] LG Mannheim, Urt. v. 18.02.2011 – 7 O 100/10, juris, Rn. 176 – *UMTS-fähiges Mobiltelefon II*; *Verbruggen/Lörincz*, GRUR Int. 2002, 815, 819.
[141] BGH, Urt. v. 06.05.2009 – KZR 39/06, GRUR 2009, 694 – *Orange-Book-Standard*; *Kellenter/Verhauwen*, GRUR 2018, 761, 762.
[142] *Kellenter/Verhauwen*, GRUR 2018, 761, 762.
[143] *Kellenter/Verhauwen*, GRUR 2018, 761; *Kühnen*, Hdb. Patentverletzung, Kap. E Rn. 312.
[144] *Kellenter/Verhauwen*, GRUR 2018, 761; *Kühnen*, Hdb. Patentverletzung, Kap. E Rn. 305.
[145] *Busche*, GRUR 2021, 157, 161; Schulte/*Rinken*, § 24 PatG Rn. 49.

Rahmen einer FRAND-Erklärung zugesichert hat.[146] Es ist also „tatsächlich noch kein Lizenzierungsmarkt eröffnet"[147]. Dabei möchte es der Patentinhaber auch belassen. Stellt ein Schutzrechtsinhaber eigene Produkte in einer Weise her, dass er sich Dritter im Rahmen eines arbeitsteiligen Produktionsprozesses bedient, an die einzelne Arbeitsschritte bloß ausgelagert sind, die sonst beim Schutzrechtsinhaber stattfinden würden und beliefern diese Dritten anschließend den Schutzrechtsinhaber mit den beauftragten Vor- oder Zwischenprodukten, so stellt dies keine Eröffnung eines Lizenzierungsmarkts dar, die aus der Fallgruppe der nicht-lizenzierten Patente herausführen würde.[148]

Unter die nicht-lizenzierten Patente können solche fallen, die keine SEP sind,[149] aber auch SEP ohne FRAND-Erklärung,[150] wenn ein Standard sich z.B. durch die Tätigkeit eines besonders einflussreichen Unternehmens ausnahmsweise ohne eine bisherige Lizenzierung am Markt durchgesetzt hat.[151] Für die Einsortierung in die hier vorgestellten vier Fallgruppen steht bei einer Nichtlizenzierung also nicht die Eigenschaft als standardessentielles oder standardfreies Patent im Vordergrund, sondern die Tatsache der Nichtlizenzierung und dass ggf. eine Lizenzierung vom Patentinhaber auch nicht gewollt ist.

IV. Auslizenzierte standardfreie Patente

Während die ersten drei genannten Fallgruppen Patente umfassen, die standardessentiell sind oder im Falle der nicht-lizenzierten Patente diese Fallgruppe solche SEP zumindest enthalten kann, zeichnet sich die vierte Fallkonstellation dadurch aus, dass hierunter ausschließlich standardfreie Patente fallen, also solche, deren technische Lehre nicht zu einem De-iure- oder De-facto-Standard gehört.[152] In Abgrenzung zu den nicht-lizenzierten Patenten muss hier zumindest eine Erstlizenzierung stattgefunden haben, das Patent also auslizenziert sein.[153] Im Grunde bezeichnet diese Fallgestaltung also den Normalfall eines außerhalb eines Standards liegenden Patents, für das der Patentinhaber bereits Lizenzen vergibt.

---

[146] *Kellenter/Verhauwen*, GRUR 2018, 761; *Kühnen*, Hdb. Patentverletzung, Kap. E Rn. 253; Schulte/*Rinken*, § 24 PatG Rn. 49.

[147] *Kühnen*, Hdb. Patentverletzung, Kap. E Rn. 253.

[148] Zum Designrecht: OLG Düsseldorf, Urt. v. 03.04.2019 – U (Kart) 6/18, BeckRS 2019, 25168, Rn. 46-48 – *KfZ-Ersatzteile*.

[149] OLG Düsseldorf, Urt. v. 29.04.2016 – 15 U 49/15, BeckRS 2016, 11303, Rn. 77.

[150] *Busche*, GRUR 2021, 157, 161.

[151] Vgl. in Bezug auf ein urheberrechtlich geschütztes Datenbankwerk: EuGH, Urt. v. 29.04.2004 – C-418/01, GRUR 2004, 524 – *IMS Health*.

[152] *Kühnen*, Hdb. Patentverletzung, Kap. E Rn. 314.

[153] *Kellenter/Verhauwen*, GRUR 2018, 761; *Kühnen*, Hdb. Patentverletzung, Kap. E Rn. 254.

C. Härten eines uneingeschränkten Unterlassungsanspruchs bei SEP

Wer eine patentgeschützte Erfindung ohne vorherige Lizenznahme benutzt und sich auch nicht auf eine gesetzliche Rechtfertigung oder Privilegierung seiner Nutzung z.B. nach §§ 11, 12 PatG (private Nutzung, Forschungsprivileg, Vorbenutzungsrecht etc.) berufen kann, benutzt die Erfindung widerrechtlich und verletzt damit das Patent.[154] Der Verletzer kann gemäß § 139 Abs. 1 S. 1, 2 PatG von dem Verletzten grundsätzlich auf Unterlassung künftiger Verletzungen in Anspruch genommen werden, wenn solche aufgrund des Verhaltens des Verletzers zu besorgen sind, also eine Wiederholungs- oder Erstbegehungsgefahr besteht.[155] Das gilt auch bei der Verletzung von SEP.[156] Bleibt es bei diesem Automatismus eines uneingeschränkten Unterlassungsanspruchs, bei dem auf eine Verletzung unweigerlich ein Ausschluss von der Nutzung folgt, können sich bei SEP daraus Härten für den Verletzer ergeben,[157] die im Folgenden dargestellt werden.

I. Wettbewerbsbeeinträchtigung und *hold-up*

Wer von der Nutzung eines SEP ausgeschlossen ist, weil er eine patentverletzende Benutzung unterlassen muss, darf das betroffene patentverletzende Produkt, also die vom Patentinhaber angegriffene Ausführungsform, nicht mehr produzieren oder vertreiben und erleidet somit wirtschaftliche Einbußen. Dabei handelt es sich zunächst um die übliche Folge einer Unterlassungsverpflichtung.[158] Das Problem ist dabei nicht die Ausschließungsbefugnis an sich, sondern entsteht, wenn dem Patentinhaber aufgrund der Einbindung seines Patents in den Standard eine größere Machtfülle zukommt, als ihm das Patent aus sich heraus zugesteht.[159] Dies geschieht bei SEP dadurch, dass dem Patentinhaber über das dem Schutz einer innovativen technischen Entwicklung dienende Monopolrecht an einer Technologie hinaus durch die Abhängigkeit der Nutzung eines Standards von dieser Erfindung oftmals auch die Kontrolle über eine Zutrittsvoraussetzung zu einem Markt in die Hand gegeben wird.[160]

---

[154] Benkard PatG/*Grabinski/Zülch/P. Tochtermann*, § 139 PatG Rn. 7.

[155] Benkard PatG/*dies.*, § 139 PatG Rn. 13, 27; im Anwendungsbereich des EPÜ: gemäß Art. 64 EPÜ i.V.m. § 139 Abs. 1 S. 1, 2 PatG.

[156] EuGH, Urt. v. 16.07.2015 – C-170/13, GRUR 2015, 764, Rn. 46, 53 – *Huawei/ZTE*; LG Düsseldorf, Beschl. v. 21.03.2013 – 4b O 104/12, GRUR Int. 2013, 547, Rn. 33; *Ann/Friedl*, Mitt. 2021, 145, 146.

[157] *Hofmann*, ZGE 2019, 249, 250.

[158] OLG Düsseldorf, Beschl. v. 17.06.2020 – 2 U 20/20, BeckRS 2020, 53138, Rn. 24-25.

[159] *Dornis*, GRUR 2020, 690; *A. Fuchs*, FS Ahrens (2016), 79, 82; *Heusch*, FS von Meibom (2010), 135, 147; *McGuire*, Mitt. 2018, 297, 304; MüKo WettbR Bd. I/*Wagner-von Papp*, Art. 101 AEUV Rn. 416.

[160] *Ann/Friedl*, Mitt. 2021, 145, 146; *Block/Rätz*, GRUR 2019, 797, 799; *A. Fuchs*, NZKart 2015, 429, 430; *Louven*, NZKart 2018, 217, 218.

Dem SEP-Inhaber steht im Standardisierungskontext durch diese Machtposition eine erweiterte Drohkulisse zur Verfügung, mit der er Lizenzverhandlungen missbräuchlich zu seinen Gunsten beeinflussen kann.[161] Er kann so bei uneingeschränkter Durchsetzbarkeit seines Ausschließlichkeitsrechts entweder Wettbewerber gänzlich vom Produktmarkt, auf dem das Patent genutzt werden muss, um wettbewerbsfähig zu sein, verdrängen oder von Nachfragern absolut oder im Vergleich zu anderen Lizenznehmern überhöhte Lizenzgebühren fordern, die diese in einer paritätischen Verhandlungssituation nicht akzeptiert hätten und die nicht die Innovationskraft und den Marktwert des Patents widerspiegeln.[162] Er erhält mehr als eine bloße Belohnung für seinen Beitrag zum technischen Fortschritt, indem er eine nicht durch das Patentrecht legitimierte sondern darüber hinausgehende Machtposition monetarisieren kann.[163]

Der SEP-Inhaber kann also seine ihm durch das Recht am Patent gewährte Monopolrechtsinhaberschaft ausnutzen, um den Wettbewerb zu seinen Gunsten zu beeinträchtigen oder gänzlich zu verhindern.[164] Der damit einhergehende Effekt, dass der Patentinhaber einen Lizenzsucher durch die drohende Durchsetzung des Unterlassungsanspruchs zur Annahme unangemessener Lizenzbedingungen – insbesondere überhöhter Lizenzgebühren – geradezu erpressen kann, wird *hold-up* genannt.[165] Durch einen bei einem solchen strategischen Einsatz des Unterlassungsanspruchs bewirkten *hold-up* werden gesellschaftlich erwünschte Innovationen behindert, indem Wettbewerb auf dem Produktmarkt ausgeschlossen oder Wettbewerber von vornherein von Investitionen in neue Produkte abgeschreckt werden.[166]

II.   Abhängigkeiten durch Lock-in-Effekte und *sunk costs*

Standards können Wettbewerb und Innovationen aber auch in anderer Weise verhindern oder beschränken.[167] Dies geschieht dadurch, dass ein Standard einen bestimmten Stand der Technik auf gewisse Weise zementiert, sodass Alternativlösungen aufgrund hoher Entwicklungskosten

---

[161]   England and Wales Court of Appeal, Urt. v. 23.10.2018 – [2018] EWCA Civ 2344, GRUR Int. 2019, 357, Rn. 5; *Arnold*, GRUR 2021, 123, 124; *Heusch*, FS von Meibom (2010), 135, 146.

[162]   BeckOK KartellR/*Greiling*, Art. 101 AEUV Rn. 406; *Gschwindt*, GRUR Int. 2021, 250, 254; *Podszun*, IIC 2019, 720, 727; *Y. Tang/C. Tang*, GRUR Int. 2020, 474; *H. Richter/Slowinski*, IIC 2019, 4, 20; *Vorozhevich*, WiRO 2019, 142, 143.

[163]   *Dornis*, WRP 2020, 688, 689; *Y. Tang/C. Tang*, GRUR Int. 2020, 474, 477, 481.

[164]   BGH, Urt. v. 05.05.2020 – KZR 36/17, GRUR 2020, 961, Rn. 55 – *FRAND-Einwand I.*

[165]   England and Wales High Court, Urt. v. 05.04.2017 – [2017] EWHC 711 (Pat), Rn. 92; *Angwenyi/Barani*, GRUR Int. 2018, 204; *Arnold*, GRUR 2021, 123, 124; *v. Meibom/Nack*, FS Straus (2009), 495, 511; *Podszun*, IIC 2019, 720, 727.

[166]   *Hofmann*, Der Unterlassungsanspruch als Rechtsbehelf, S. 349–350; *Podszun*, IIC 2019, 720, 727; *Y. Tang/C. Tang*, GRUR Int. 2020, 474, 477.

[167]   *Dornis*, GRUR 2020, 690; MüKo WettbR Bd. I/*Kerber/Schwalbe*, Grundlagen Rn. 382; von der Groeben/Schwarze/Hatje/*Schröter/Bartl*, Art. 102 AEUV Rn. 316.

und fehlender Absatzchancen am Markt wirtschaftlich unattraktiv sein können.[168] Produkthersteller können in eine vollständige Abhängigkeit von einem Standard und den darin enthaltenen SEP geraten.[169] Die Patentnutzer sind gewissermaßen in einem bestimmten Standard gefangen.[170] Man spricht vom Lock-in-Effekt.[171]

Verstärkt wird dieser Effekt, wenn der Patentnutzer bereits erhebliche irreversible Investitionen zur Nutzung einer bestimmten Technologie getätigt hat, welche er bei Aufgabe der Patent- und Standardnutzung nicht zurückgewinnen könnte, sodass sie verlorene Ausgaben – *sunk costs* – wären.[172] Eine ebensolche Wirkung haben prohibitiv hohe Wechsel- und Umstellungskosten, die die Weiternutzung des einmal eingeschlagenen Weges erzwingen.[173] Ein Weg, der unter Umständen – nämlich wenn der SEP-Inhaber eine FRAND-Erklärung abgegeben hat – möglicherweise auch deshalb eingeschlagen wurde, weil der Patentnutzer darauf vertrauen durfte, die patentgeschützte Lehre zu fairen, angemessenen und diskriminierungsfreien Bedingungen zu lizenzieren.[174]

Wenn dem Patentnutzer etwa durch einen erzwungenen Verkaufsstopp durch solche *sunk costs* und Lock-in-Effekte erhebliche wirtschaftliche Schäden drohen, erhöht sich das Hold-up-Potential eines uneingeschränkten patentrechtlichen Unterlassungsanspruchs.[175] Besonders deutlich tritt dessen Härte außerdem dann zu Tage, wenn bei besonders standardisierungsgeneigten Technologiebereichen wie der Telekommunikationsindustrie neben der Bindung an einen Standard zugleich auch eine besondere Schnelllebigkeit hinsichtlich der Produktzyklen besteht, also der Produkterfolg von einem schnellen Verkaufsstart abhängig ist, der durch eine Inanspruchnahme auf Unterlassung bedroht ist.[176]

III. Disparität bei Lizenzverhandlungen

Die geschilderte Machtposition des SEP-Inhabers und die Abhängigkeiten des an der Patentnutzung interessierten Wirtschaftsteilnehmers führen bei Lizenzverhandlungen zu dem gezeigten

---

[168] OLG Düsseldorf, Urt. v. 22.03.2019 – 2 U 31/16, BeckRS 2019, 6087, Rn. 118 – *Improving Handovers*; LG München I, Urt. v. 30.10.2020 – 21 O 11384/19, juris, Rn. 301 – *Lizenzverhandlung*; *Pusceddu*, IIC 2020, 559, 560; Haedicke/Timmann/*Zigann*, § 15 Rn. 425.
[169] *Dornis*, GRUR 2020, 690; MüKo WettbR Bd. I/*Kerber/Schwalbe*, Grundlagen Rn. 382.
[170] *Conde Gallego/Drexl*, IIC 2019, 135, 143–144.
[171] MüKo WettbR Bd. I/*Kerber/Schwalbe*, Grundlagen Rn. 382.
[172] *Conde Gallego/Drexl*, IIC 2019, 135, 143–144; *McGuire/Bartke*, Mitt. 2022, 377, 380; *Y. Tang/C. Tang*, GRUR Int. 2020, 474, 481.
[173] *Dornis*, GRUR 2020, 690; *Hofmann*, Der Unterlassungsanspruch als Rechtsbehelf, S. 348–350; *ders.*, ZGE 2019, 249, 250; *Y. Tang/C. Tang*, GRUR Int. 2020, 474, 481.
[174] EuGH, Urt. v. 16.07.2015 – C-170/13, GRUR 2015, 764, Rn. 53 – *Huawei/ZTE*.
[175] *Angwenyi/Barani*, GRUR Int. 2018, 204; *Hoffmann*, GRUR 2022, 286.
[176] Wiedemann/*Scholz*, § 22 Rn. 167.

„Marktungleichgewicht[…]"[177] zwischen dem Monopolrechtsinhaber und dem Lizenzsucher.[178] Ist ein Standard in einem besonders innovationsgeneigten Technologiebereich wie der Telekommunikation oder IT angesiedelt, so enthält dieser Standard zudem oftmals eine besonders große Anzahl von SEP.[179] Beispielsweise beanspruchen im Telekommunikationsstandard LTE gut 4.700 Patente eine Standardessentialität für sich.[180] Aus jedem dieser Patente droht dem Standardnutzer eine Inanspruchnahme als Verletzer, wenn er keine vollständige Lizenzierung vorweisen kann.[181] Die Disparität potenziert sich hier also.[182]

Durch die große Anzahl an SEP, die sich in ihren Schutzbereichen ggf. außerdem auch noch überlappen können, entstehen regelrechte Patentdickichte (*patent thickets*),[183] die den Markteintritt und die Kalkulation von dafür erforderlichen Kosten erschweren.[184] Außerdem droht ein sogenanntes *royalty stacking*, also dass Lizenzgebührenverpflichtungen gegenüber zahlreichen SEP-Inhabern in der Addition zu einer wirtschaftlich nicht mehr tragbaren Gesamtbelastung des Lizenznehmers führen.[185]

Zusätzlich bündeln viele SEP-Inhaber ihre Patente und bieten diese zur Lizenzierung nur als gesamtes Portfolio[186] oder gemeinsam mit anderen Patentinhabern in sogenannten Patentpools an.[187] Unter Patentpools sind „Zusammenschlüsse mehrerer Schutzrechtsinhaber zur gemeinsamen Lizenzierung der von ihnen gehaltenen Patente"[188] zu verstehen, welche die im Pool enthaltenen Schutzrechte in der Regel als Gesamtpaket an die Poolmitglieder und Dritte lizenzieren.[189] Solche Patentpools können relativ lose Zusammenschlüsse mehrerer Unternehmen sein, aber

---

[177] *Dornis*, WRP 2020, 688.
[178] *Heusch*, FS von Meibom (2010), 135, 147.
[179] LG Düsseldorf, Urt. v. 30.11.2006 – 4b O 508/05, juris, Rn. 118 – *Videosignal-Codierung I*; LG München I, Urt. v. 30.10.2020 – 21 O 11384/19, juris, Rn. 301 – *Lizenzverhandlung*; MüKo WettbR Bd. I/*Kerber/Schwalbe*, Grundlagen Rn. 595; *Kühnen*, Hdb. Patentverletzung, Kap. E Rn. 559.
[180] GA *Wathelet,* Schlussanträge v. 20.11.2014 – C-170/13, BeckRS 2014, 82403, Rn. 81.
[181] *Körber*, NZKart 2020, 493; Loewenheim/Meesen/Riesenkampff u.a./*Schweda*, Einführung Rn. 18.
[182] *Goddar*, GRUR 2021, 196, 199.
[183] Haedicke/Timmann/*Haedicke*, § 1 Rn. 226; MüKo WettbR Bd. I/*Kerber/Schwalbe*, Grundlagen Rn. 381.
[184] *Podszun*, IIC 2019, 720, 728.
[185] OLG Karlsruhe, Urt. v. 02.02.2022 – 6 U 149/20, GRUR-RS 2022, 9468, Rn. 20 – *Steuerkanalsignalisierung II*; *Dornis*, WRP 2020, 540, 542; *Schickedanz*, GRUR Int. 2009, 901, 902.
[186] BeckOK PatR/*Wilhelmi*, § 24 PatG Rn. 100.
[187] Haedicke/Timmann/*Bukow*, § 13 Rn. 291; *Groß*, Der Lizenzvertrag, Rn. 907; MüKo WettbR Bd. I/*Kerber/Schwalbe*, Grundlagen Rn. 381; *Schickedanz*, GRUR Int. 2009, 901–902.
[188] LG Düsseldorf, Urt. v. 30.11.2006 – 4b O 546/05, juris, Rn. 98 – *Videosignal-Codierung II*; *Kühnen*, Hdb. Patentverletzung, Kap. E Rn. 327.
[189] Technologietransfer-Leitlinien, Mitteilung der Europäischen Kommission v. 28.03.2014, ABl. 2014 C89 S. 3, Rn. 244; Haedicke/Timmann/*Bukow*, § 13 Rn. 291; Götting/Meyer/Vormbrock/*Götting*, § 6 Rn. 177; Wiedemann/*Klawitter*, § 14 Rn. 325; Schulte/*Rinken*, § 24 PatG Rn. 69.

auch eigens dafür gegründete Unternehmen, auf die unter Umständen sogar die in den Pool ein-gebrachten Patentrechte übertragen werden.[190] Mit der Lizenzvergabe kann in beiden Fällen ein Poolverwalter betraut sein, der nicht selbst Rechteinhaber sein muss.[191] Beispiel für einen Patent-pool ist die Verwaltung der Schutzrechte am Videoformatstandard MPEG.[192]

Ein solches Pooling von Rechten kann zwar die Gefahr des *royalty stacking* verringern[193] und dem Lizenzsucher eine effiziente Lizenznahme an einem Standard „aus einer Hand"[194] ermögli-chen.[195] Durch Portfolio- und Poollizenzierung und der damit verbundenen Steigerung des Orga-nisationsgrades und der Verhandlungsmasse aufseiten der Lizenzgeber kann aber ein Ungleich-gewicht zwischen den Lizenzgebern und dem Lizenznehmer verstärkt und der Wettbewerb der Poolmitglieder untereinander beschränkt werden.[196] Außerdem ist der Lizenzsucher bei einem Pool unter Umständen gezwungen, neben den von ihm gewünschten Lizenzierungen auch weitere zum Pool gehörende, aber von ihm gar nicht genutzte Patente zu lizenzieren.[197]

Eine Disparität bei Verhandlungen besteht außerdem oftmals auf der Ebene der den Parteien vorab zur Verfügung stehenden Informationen, anhand derer die auf den konkreten Fall passen-den Lizenzbedingungen bestimmt werden können.[198] In der Regel weiß schließlich nur der SEP-Inhaber, zu welchen Bedingungen er ein Patent bislang lizenziert hat. Diese Informations-asymmetrie kann den Lizenzsucher bei der Aushandlung der Vertragskonditionen zusätzlich ein-schränken, weil ihm schlicht eine Vergleichsgrundlage insbesondere hinsichtlich der akzeptablen Lizenzgebührenspanne fehlt.[199]

IV. Sonderkonstellation Patenthinterhalt

Speziell bei De-iure-Standards kann sich außerdem das Problem eines sogenannten Patenthinter-halts (*patent ambush*) ergeben.[200] Dies bezeichnet in diesem Kontext das Vorgehen eines SEP-

---

[190] *Groß*, Der Lizenzvertrag, Rn. 908; Patentvertragsrecht/*Hauck/Zech*, § 11 Rn. 2; Loewen-heim/Meesen/Riesenkampff u.a./*Schweda*, TT-GVO Einführung Rn. 15.
[191] Haedicke/Timmann/*Bukow*, § 13 Rn. 291; Patentvertragsrecht/*Hauck/Zech*, § 11 Rn. 2.
[192] Patentvertragsrecht/*Hauck/Zech*, § 11 Rn. 2; *Schickedanz*, GRUR Int. 2009, 901–902.
[193] *Dornis*, WRP 2020, 540, 542.
[194] *Kühnen*, Hdb. Patentverletzung, Kap. E Rn. 327, 585.
[195] *Fröhlich*, GRUR 2008, 205, 216–217.
[196] MüKo WettbR Bd. I/*Kerber/Schwalbe*, Grundlagen Rn. 381; *Melullis*, Mitt. 2016, 433, 439; *Schicke-danz*, GRUR Int. 2009, 901, 902, 904-905.
[197] LG Düsseldorf, Urt. v. 30.11.2006 – 4b O 546/05, juris, Rn. 110 – *Videosignal-Codierung II*; LG Düs-seldorf, Urt. v. 09.11.2018 – 4a O 17/17, BeckRS 2018, 35570, Rn. 314, 322; *Kühnen*, Hdb. Patentver-letzung, Kap. E Rn. 334-335.
[198] EuGH, Urt. v. 16.07.2015 – C-170/13, GRUR 2015, 764, Rn. 64 – *Huawei/ZTE*; *McGuire*, Mitt. 2018, 297, 304.
[199] EuGH, Urt. v. 16.07.2015 – C-170/13, GRUR 2015, 764, Rn. 64 – *Huawei/ZTE*; *Dornis*, WRP 2020, 540, 546.
[200] MüKo WettbR Bd. I/*Kerber/Schwalbe*, Grundlagen Rn. 595.

Inhabers, der im Rahmen einer bei einer SSO angesiedelten Standardisierung ein für den zu bildenden Standard relevantes SEP vorsätzlich verschweigt, um im Anschluss an die Standardbildung überhöhte Lizenzgebühren fordern zu können.[201]

Wird nämlich die technische Lehre des betroffenen SEP Teil des Standards und in der Praxis verwendet, ohne dass das SEP der SSO vorab offengelegt wurde,[202] so entgeht der SEP-Inhaber der Abgabe einer FRAND-Erklärung, gelangt aber trotzdem in die durch den Standard vermittelte Machtposition.[203] Bei rechtzeitiger Offenlegung der Standardrelevanz seines Patents hätte er eine FRAND-Erklärung abgeben müssen oder die technische Lehre des Patents wäre bei Verweigerung einer solchen Selbstverpflichtung von der SSO möglicherweise nicht zu einem Teil des Standards gemacht worden, da dies die Abgabe einer FRAND-Erklärung voraussetzt.[204] Der einen Patenthinterhalt begehende SEP-Inhaber möchte also die Vorteile der Standardisierung fruchtbar machen,[205] gleichzeitig aber keine Bindung zu einer fairen, angemessenen und diskriminierungsfreien Lizenzierung eingehen.[206]

Durch einen Patenthinterhalt kann sich ein SEP-Inhaber also potentiell in eine Situation bringen, in der Patentnutzer sich wiederum aufgrund der Abhängigkeit von einem Standard oder wegen bereits getätigter Investitionen zur Lizenznahme zu unangemessenen Bedingungen genötigt sehen, wenn ansonsten eine uneingeschränkte Inanspruchnahme auf Unterlassung droht.[207]

V.   Überschneidungen mit anderen Fallgruppen

In SEP-Fällen drohende Wettbewerbsbeeinträchtigungen, das Druckpotential einer Hold-up-Situation, die Abhängigkeiten durch Lock-in-Effekte und *sunk costs* sowie Disparitäten bei den Lizenzverhandlungen können in verschiedenen Konstellationen zusätzlich verstärkt bzw. auch durch weitere den zu beurteilenden Sachverhalt neben der SEP-Eigenschaft des Patents bestimmende Umstände verursacht werden. Im Zusammenhang mit möglichen Härten des Unterlassungsanspruchs werden hierbei vor allem die Fallgruppen der komplexen Produkte, des Tätigwerdens von sogenannten *non-practicing entities*, der Betroffenheit von Drittinteressen und des

---

[201] Europäische Kommission, Entscheidung v. 09.12.2009 – COMP/38.636, WuW 2010, 719, Rn. 27-28 – *Rambus*; LG Düsseldorf, Urt. v. 03.11.2015 – 4a O 144/14, BeckRS 2015, 19564, Rn. 113 – *Kommunikationsvorrichtung*; v. *Meibom/Nack*, FS Straus (2009), 495, 514; *Podszun*, IIC 2019, 720, 726.
[202] Schulte/*Rinken*, § 24 PatG Rn. 132.
[203] LG Düsseldorf, Urt. v. 07.06.2011 – 4b O 31/10, juris, Rn. 85; FK KartellR/*Weyer*, § 19 GWB Rn. 310.
[204] Siehe: 1. Teil Kap. B. I. 3. (S. 18 f.).
[205] Europäische Kommission, Entscheidung v. 09.12.2009 – COMP/38.636, WuW 2010, 719, Rn. 28 – *Rambus*; Wiedemann/*Scholz*, § 22 Rn. 169.
[206] Von der Groeben/Schwarze/Hatje/*Schröter/Bartl*, Art. 102 AEUV Rn. 316.
[207] MüKo WettbR Bd. I/*Kerber/Schwalbe*, Grundlagen Rn. 595; von der Groeben/Schwarze/Hatje/*Schröter/Bartl*, Art. 102 AEUV Rn. 316.

Auseinanderfallens von Verletzungs- und Rechtsbestandsverfahren diskutiert.[208] In diesen im Folgenden dargestellten Fallgestaltungen können die bei SEP festgestellten sowie darüber hinausgehende Härten zudem auch für sich genommen, also außerhalb von SEP-Sachverhalten, auftreten. Als solche eigenständige Fallgruppen möglicherweise ungerechtfertigter Härten des patentrechtlichen Unterlassungsanspruchs sind sie nicht Gegenstand dieser Arbeit.[209] Da es sich dabei aber um tatsächliche Elemente handelt, die auch in SEP-Fällen vorliegen können und die dann in die Beurteilung des Verhältnisses zwischen dem SEP-Inhaber und dem Patentverletzer unter Umständen mit einzubeziehen sind, bedarf es hier eines Überblicks darüber.

1.   Komplexe Produkte

Die erste Fallgestaltung betrifft Konstellationen, in denen ein Endprodukt aus einer großen Zahl an Einzelkomponenten zusammengesetzt ist.[210] Man spricht von einem komplexen Produkt.[211] Bei einem solchen Produkt nutzen bereits die Einzelkomponenten oftmals eine große Zahl an Patenten, sodass das Endprodukt von der technischen Lehre einer entsprechend großen Vielzahl von Patenten Gebrauch macht.[212] Die in früheren Zeiten häufig bestehende Konnexität einer bestimmten Erfindung mit einer klar definierten und auf bestimmte Anwendungen beschränkten Umsetzung in einem Produkt[213] ist dabei aufgehoben.[214] Ein komplexes Produkt setzt nicht nur eine Erfindung um, sondern nutzt mitunter eine bis zu sechsstellige Zahl von Patenten.[215] Beispiele dafür sind Mobiltelefone oder *connected cars*.[216]

Während sich aus dem Zusammenspiel der Komponenten die Eigenschaften und Vorteile des Gesamtprodukts ergeben, kann ein patentgeschützter Bestandteil des komplexen Produkts für sich genommen ein nur untergeordnetes Teilstück darstellen.[217] Jedes einzelne Teilstück kann

---

[208]   Bspw.: *Grabinski*, GRUR 2021, 200; *Schönbohm/Ackermann-Blome*, Mitt. 2020, 101; *Stierle*, GRUR 2019, 873.

[209]   Zu diesen Fallgruppen ausführlich: *Plagge*, Der patentrechtliche Unterlassungsanspruch, S. 183-198, 207-243; *Weideneder*, Der Unterlassungsanspruch nach § 139 Abs. 1 PatG, S. 175–209.

[210]   Benkard PatG/*Grabinski/Zülch/P. Tochtermann*, § 139 PatG Rn. 32j; *Harmsen*, GRUR 2021, 222, 224.

[211]   *Ohly*, GRUR Int. 2008, 787, 791; *Osterrieth*, GRUR 2018, 985.

[212]   *Heusch*, FS von Meibom (2010), 135, 145; MüKo WettbR Bd. I/*Kerber/Schwalbe*, Grundlagen Rn. 381; *Ohly*, GRUR Int. 2008, 787, 791; *Osterrieth*, GRUR 2018, 985; *Zhu/Kouskoutis*, GRUR 2019, 886.

[213]   *Schickedanz*, GRUR Int. 2009, 901, 905 nennt die Philips-Tonkassette, deren standardisierte Ausgestaltung von nur einem Patent geschützt war.

[214]   *Ohly*, GRUR Int. 2008, 787, 791; *Schönbohm/Ackermann-Blome*, Mitt. 2020, 101; *Stief*, PharmR 2023, 61, 62.

[215]   *Schönbohm/Ackermann-Blome*, Mitt. 2020, 101.

[216]   *Tilmann*, Mitt. 2020, 245, 250; *P. Tochtermann*, ZGE 2019, 362–363.

[217]   *Schickedanz*, GRUR Int. 2009, 901, 903; *Schönbohm/Ackermann-Blome*, Mitt. 2020, 101, 104; *Stierle*, GRUR 2019, 873, 876.

aber potentiell das gesamte Endprodukt blockieren, wenn ein Patentinhaber aus seinem eine Einzelkomponente betreffenden Patent gegen das Gesamtprodukt vorgeht.[218] Dies kann er auch tun, da neben der Herstellung von Einzelkomponenten auch Angebot und Vertrieb des Gesamtprodukts eigenständige, dem Patentinhaber vorbehaltene Nutzungen der patentgeschützten technischen Lehre darstellen.[219] Ist es dem Patentverletzer nicht möglich, die betroffene Komponente aus dem komplexen Produkt zu entfernen oder in einer den Schutzbereich des Patents umgehenden Weise umzugestalten, muss er das komplexe Gesamtprodukt insgesamt aus dem Verkehr nehmen.[220]

Dem Patentverletzer entstehen bei komplexen Produkten also mitunter erhebliche wirtschaftliche Schäden, denen auf Patentinhaberseite (nur) das Interesse am Schutz eines eine untergeordnete Komponente betreffenden Patents gegenübersteht.[221] Aufgrund der Vielzahl von in einem komplexen Produkt verbauten Komponenten und deren Herkunft aus Technologiebereichen, mit denen der Endprodukthersteller möglicherweise weniger gut vertraut ist als mit seinem das Endprodukt betreffenden Kerngeschäft, ist es für den Endprodukthersteller außerdem unter Umständen schwierig, vorab sämtliche genutzte Patente zu identifizieren und für eine Umgehungslösung oder Lizenzierung zu sorgen (Freedom-to-operate-Analyse).[222] Dem Unterlassungsanspruch des Patentinhabers wohnt damit ein durch das Patent an sich nicht legitimiertes Drohpotential inne, welches einen *hold-up* begünstigt.[223] Verzichten Hersteller in der Folge aus Vorsicht von vornherein auf möglicherweise patentverletzende Komponenten oder eine neuartige Kombination derselben, kann dies einen innovationshemmenden Effekt mit sich bringen.[224]

Komplexe Produkte finden sich ebenso wie SEP besonders häufig in der Telekommunikationsindustrie sowie in der Informationstechnik allgemein.[225] Mit der wachsenden Bedeutung von Telekommunikations- und Informationstechnik auch in anderen Wirtschaftsbereichen durch das

---

[218] *Helwig*, IPRB 2019, 34, 35; *Körber*, NZKart 2020, 493, 494; *McGuire*, GRUR 2021, 775, 777; *Ohly*, GRUR Int. 2008, 787, 791; *Osterrieth*, GRUR 2009, 540, 544; BeckOK PatR/*Pitz*, § 139 PatG Rn. 90a; *Stierle*, GRUR 2019, 873, 876; *Zhu/Kouskoutis*, GRUR 2019, 886.

[219] LG Düsseldorf, Urt. v. 31.03.2016 – 4a O 73/14, BeckRS 2016, 131580, Rn. 248; *Kühnen*, GRUR 2019, 665.

[220] *Heusch*, FS von Meibom (2010), 135, 145; *McGuire*, GRUR 2021, 775, 777; *Osterrieth*, GRUR 2009, 540, 542; *ders.*, GRUR 2018, 985, 986; *Schönbohm/Ackermann-Blome*, Mitt. 2020, 101, 104; *P. Tochtermann*, ZGE 2019, 362, 363.

[221] *Helwig*, IPRB 2019, 34, 35; *Osterrieth*, FS 80 Jahre Patentgerichtsbarkeit in Düsseldorf (2016), 415, 425; *Götting/Meyer/Vormbrock/Samer*, § 12 Rn. 26; *Zhu/Kouskoutis*, GRUR 2019, 886.

[222] *McGuire*, GRUR 2021, 775, 777; *Ohly*, GRUR Int. 2008, 787, 791; *Osterrieth*, GRUR 2018, 985; *Schickedanz*, GRUR Int. 2009, 901, 903–904; *Schönbohm/Ackermann-Blome*, Mitt. 2020, 101, 104; *Stierle*, GRUR 2019, 873, 876.

[223] MüKo WettbR Bd. I/*Kerber/Schwalbe*, Grundlagen Rn. 381; *Ohly*, GRUR Int. 2008, 787, 791, 793; *Y. Tang/C. Tang*, GRUR Int. 2020, 474, 481; *Stierle*, GRUR 2019, 873, 876; *Trimble*, GRUR Int. 2012, 514, 515.

[224] *Goddar*, GRUR 2021, 196, 199; *Osterrieth*, GRUR 2018, 985; *Subramanian*, IIC 2008, 419, 426.

[225] *Ohly*, GRUR Int. 2008, 787, 791; *Subramanian*, IIC 2008, 419, 426.

IoT werden auch vormals nicht besonders komplexe Produkte zu aus einer Vielzahl von Teilkomponenten zusammengesetzten Gegenständen.[226] Komplexe Produkte verwirklichen dabei in diesen vernetzungsbezogenen Bereichen automatisch auch eine Vielzahl von Standards und damit auch zahlreiche SEP.[227] Das Vorliegen eines komplexen Produkts trifft damit besonders häufig mit SEP-Fällen zusammen.

2. *Non-practicing entities*

Unter einer *non-practicing entity* (NPE) kann im Patentrecht zunächst einmal ein Akteur verstanden werden, der Inhaber eines Patents ist, selbst aber keine die technische Lehre des Patents verwirklichende Tätigkeit entfaltet, also insbesondere selbst keine patentnutzenden Produkte entwickelt, herstellt oder vertreibt.[228] Unter ein solches Begriffsverständnis fallen mitunter auch Universitäten oder andere Forschungseinrichtungen, Einzelerfinder oder kleinere Wirtschaftsteilnehmer, die von ihnen erzielten technischen Fortschritt zum Patent angemeldet haben und durch Dritte verwerten lassen, aber darüber hinaus nicht produzierend am Markt tätig sind.[229]

In der Regel zielt der Begriff NPE in der Diskussion um mögliche Härten eines uneingeschränkten Unterlassungsanspruchs vor allem aber auf reine Patentverwertungsgesellschaften (engl.: *patent assertion entities*) ab.[230] Darunter versteht man Unternehmen, die selbst nicht erfinderisch oder produzierend tätig werden, also weder eigene Innovationen hervorbringen, noch patentnutzende Produkte entwickeln, herstellen oder vertreiben, sondern bereits bestehende Patente Dritter aufkaufen, um mit der Lizenzierung dieser Patente an Patentnutzer Gewinne zu erzielen.[231] Zum Teil sind solche NPE auch aus zuvor produzierend am Markt tätigen Unternehmen hervorgegangen, die aber aus der eigenen patentnutzenden Herstellung von Produkten ausgestiegen sind.[232]

---

[226] *Osterrieth*, GRUR 2018, 985–986; *Schönbohm/Ackermann-Blome*, GRUR Int. 2020, 578, 579.
[227] *Treacy/Hunt*, GRUR Int. 2018, 91.
[228] *Hoffmann*, GRUR 2022, 286; *Kessler*, Mitt. 2020, 108–109; *Nikolic*, JIPLP 14 (2019), 477, 478; *Stierle*, GRUR 2019, 873, 875; *vom Feld/Hozuri*, FS Rojahn (2021), 209, 218.
[229] US Supreme Court, Urt. v. 15.05.2006 – 547 U.S. 388, GRUR Int. 2006, 782, 783 – *eBay/MercExchange*; *Kessler*, Mitt. 2020, 108, 109; *Uhrich*, ZGE 2009, 59, 60–61; *Zhu/Kouskoutis*, GRUR 2019, 886.
[230] Benkard PatG/*Grabinski/Zülch/P. Tochtermann*, § 139 PatG Rn. 32f; *Nikolic*, JIPLP 14 (2019), 477, 478; *Sergheraert/Marques*, Mitt. 2019, 9, 10.
[231] Immenga/Mestmäcker/*A. Fuchs*, Art. 102 AEUV Rn. 356b; Götting/Meyer/Vormbrock/*Götting*, § 6 Rn. 174; *Hofmann*, GRUR 2020, 915; *Ohly*, GRUR Int. 2008, 787; Götting/Meyer/Vormbrock/*Samer*, § 12 Rn. 26; *Schickedanz*, GRUR Int. 2009, 901; *Sikorski*, IIC 2022, 31, 49; *Uhrich*, ZGE 2009, 59, 60.
[232] *Kessler*, Mitt. 2011, 489, 491–492; *ders.*, Mitt. 2020, 108, 109; *Körber*, NZKart 2020, 493; *Kühnen*, Hdb. Patentverletzung, Kap. E Rn. 336.

Diese reinen Patentverwerter, denen als Patentinhaber grundsätzlich dieselben Rechte aus einem Patent zustehen wie produzierenden Patentinhabern,[233] können wiederum in zwei Gruppen unterteilt werden: Manche dieser Unternehmen beschränken sich im Kern darauf, Lizenzeinnahmen zu erzielen und setzen das Recht aus dem Patent in Bezug auf nicht-lizenzierte Produkte dazu durch, um ihren Verpflichtungen gegenüber ihren bereits vorhandenen Lizenznehmern gerecht zu werden und ihr Geschäftsmodell dadurch zu wahren, dass für Marktteilnehmer auch künftig ein Anreiz zur Lizenznahme besteht.[234] Anderen Akteuren wird vorgeworfen, das Ausschließlichkeitsrecht auszunutzen, um vor dem Hintergrund des drohenden Unterlassungsanspruchs und dessen wirtschaftlichen Folgen überhöhte Lizenzgebühren zu erpressen, ohne damit ein eigenes Produkt oder die Interessen eines Lizenznehmers vor der rechtswidrigen Nutzung durch den Patentverletzer bewahren zu wollen.[235] Solche NPE werden auch als Patenttrolle (*patent trolls*) bezeichnet.[236]

Allen NPE ist gemein, dass sie sich beim Vorgehen aus einem Patent in einer besonderen Machtposition befinden können, da sie mangels eigener Produktion keinen Gegenschlag eines Patentnutzers gegen die eigene wirtschaftliche Tätigkeit fürchten müssen, den dieser aus einem ihm gehörenden Patent gegen sie führen könnte.[237] Daraus ergibt sich auch, dass dem Patentnutzer in Verhandlungen mit der NPE die Möglichkeit zum Angebot einer Kreuzlizenzierung, also zur gegenseitigen Lizenzierung zwei Marktteilnehmern jeweils zustehender Patente,[238] fehlt, sodass sich dies nicht lizenzgebührenmindernd auswirken kann und somit als Teil der Verhandlungsmasse aufseiten des Patentnutzers ausfällt.[239] Darüber hinaus nutzen NPE, denen ein Auf-

---

[233] U.K. Supreme Court, Urt. v. 26.08.2020 – [2020] UKSC 37, GRUR Int. 2021, 174, Rn. 89 – *Unwired Planet/Huawei*; OLG Düsseldorf, Beschl. v. 20.07.2021 – 15 U 39/21, GRUR-RS 2021, 31565, Rn. 43; LG Düsseldorf, Urt. v. 31.03.2016 – 4a O 126/14, GRUR-RS 2016, 8040, Rn. 123 – *Hochfrequenzanteil*; Benkard PatG/*Grabinski/Zülch/P. Tochtermann*, § 139 PatG Rn. 32f; *Mes*, FS Hoffmann-Becking (2013), 821, 824–825.

[234] LG Mannheim, Urt. v. 27.02.2009 – 7 O 94/08, NJOZ 2009, 1458, 1461 – *UMTS-fähiges Mobiltelefon I*; *Kühnen*, Hdb. Patentverletzung, Kap. D Rn. 592; *Ohly*, GRUR Int. 2008, 787, 791; *Osterrieth*, GRUR 2009, 540, 544.

[235] *Köllner/Weber*, Mitt. 2014, 106–107; *Körber*, NZKart 2020, 493; *McGuire*, GRUR 2021, 775; *Ohly*, FS Ullrich (2009), 257, 261; *Osterrieth*, GRUR 2009, 540, 542, 544; *Subramanian*, IIC 2008, 419, 428.

[236] *Hofmann*, GRUR 2020, 915; *Kessler*, Mitt. 2011, 489; *v. Meibom/Nack*, FS Straus (2009), 495, 496–497; *Osterrieth*, GRUR 2009, 540; *Schickedanz*, GRUR Int. 2009, 901; *Schüll*, FS 80 Jahre Patentgerichtsbarkeit in Düsseldorf (2016), 489, 491.

[237] *Kurtz/Straub*, GRUR 2018, 136–137; *v. Meibom/Nack*, FS Straus (2009), 495, 500–501; *Osterrieth*, GRUR 2009, 540, 542; *Subramanian*, IIC 2008, 419, 427.

[238] *Wündisch/Bauer*, GRUR Int. 2010, 641, 642.

[239] OLG Karlsruhe, Urt. v. 23.03.2011 – 6 U 66/09, NJOZ 2011, 1080, 1084 – *FRAND-Grundsätze* (Mit dem Hinweis darauf, dass dieser Effekt nicht zwingend eintreten muss, da auch eine NPE Interesse an einer Kreuzlizenz haben kann, wenn diese die Erlaubnis der Unterlizenzierung enthält.); Immenga/Mestmäcker/*A. Fuchs*, Art. 102 AEUV Rn. 356b; *McGuire*, GRUR 2021, 775, 776; *Osterrieth*, GRUR 2009, 540, 542; *Subramanian*, IIC 2008, 419, 427.

treten als Patenttroll zugeschrieben wird, von bereits getätigten Investitionen oder drohenden Prozessrisiken geprägte Hold-up-Situationen aus, um unangemessene Lizenzgebühren durchzusetzen und daran sowie an Schadensersatzzahlungen für vergangene Nutzungen zu verdienen.[240] Der Unterlassungsanspruch dient dabei – so der Vorwurf – nicht dem Interesse an der Unterlassung durch das Gegenüber,[241] sondern dem Interesse, das Gegenüber in einen überhöht dotierten Lizenzvertrag zu drängen.[242]

Anknüpfungspunkt für das Hervorrufen einer möglicherweise übermäßigen Härte durch den Unterlassungsanspruch ist also weniger die Eigenschaft als NPE an sich, sondern vielmehr die Tatsache, dass ein Patent nicht praktiziert, sondern allein in missbräuchlicher, funktionswidriger Weise durchgesetzt wird.[243] Dadurch kann die patentgeschützte Lehre blockiert und damit Innovation verhindert werden.[244] Den durch die Durchsetzung eines nicht-praktizierten Patents anfallenden Transaktionskosten steht hierbei zudem kein wirtschaftlicher Mehrwert gegenüber.[245]

Bezogen auf Patentverletzungsprozesse in Deutschland in den Jahren 2013 bis 2017 traten in 19,5 % der Fälle NPE als Klägerinnen auf.[246] Gerade SEP bieten hierbei aufgrund der Verbreitung von Standards und der Bedeutung von SEP für die Herstellung standardkonformer Produkte für NPE ein attraktives Betätigungsfeld.[247] Bereits in den Jahren 2000 bis 2008 wurden 78 % der SEP-Verletzungsprozesse von NPE geführt.[248] Auch in jüngerer Zeit standen auf der Seite der SEP-Inhaber in zahlreichen SEP-Streitigkeiten NPE.[249] Dabei verbietet sich auch in SEP-Fällen eine pauschale Einordnung von NPE als Patenttroll bloß aufgrund ihrer NPE-Eigenschaft.[250] Diese Einordnung und damit die Frage, ob in SEP-Fällen durch das Auftreten einer NPE die

---

[240] *Cotter*, ZGE 2019, 293, 297; Immenga/Mestmäcker/*A. Fuchs*, Art. 102 AEUV Rn. 356b; *Ohly*, GRUR Int. 2008, 787, 795; *Rantasaari*, JIPITEC 11 (2020), 358, 362; *Sikorski*, IIC 2022, 31, 49; *Stierle*, GRUR 2019, 873, 875; *Subramanian*, IIC 2008, 419, 420.

[241] OLG Karlsruhe, Beschl. v. 11.05.2009 – 6 U 38/09, GRUR-RR 2010, 120, 122 – *Patentverwertungsgesellschaft*; OLG Karlsruhe, Beschl. v. 23.04.2015 – 6 U 44/15, GRUR-RR 2015, 326, Rn. 21 – *Mobiltelefone*.

[242] *Ohly*, FS Ullrich (2009), 257, 261–262; *Osterrieth*, GRUR 2009, 540, 542; *Schickedanz*, GRUR Int. 2009, 901, 902.

[243] *Hofmann*, GRUR 2021, 1142, 1143–1144; *Stierle*, Das nicht-praktizierte Patent, S. 251–255; *ders.*, GRUR 2019, 873, 875–876; *Uhrich*, ZGE 2009, 59, 60–61.

[244] FK KartellR/*Weyer*, § 19 GWB Rn. 318; *Hofmann*, GRUR 2020, 915, 916; *Stierle*, GRUR 2019, 873, 875–876.

[245] *Ohly*, GRUR Int. 2008, 787, 791.

[246] *Sergheraert/Marques*, Mitt. 2019, 9, 10–11.

[247] *Wurzer/Grünewald*, Mitt. 2017, 205, 210.

[248] *Contreras/Gaessler/Helmers u.a.*, Berkeley Tech. L.J. 32 (2017), 1457, 1472.

[249] Zum Beispiel die NPE Sisvel: BGH, Urt. v. 05.05.2020 – KZR 36/17, GRUR 2020, 961 – *FRAND-Einwand I*; BGH, Urt. v. 24.11.2020 – KZR 35/17, GRUR 2021, 585 – *FRAND-Einwand II*; Dazu schon: *Schickedanz*, GRUR Int. 2009, 901, 902.

[250] U.K. Supreme Court, Urt. v. 26.08.2020 – [2020] UKSC 37, GRUR Int. 2021, 174, Rn. 89 – *Unwired Planet/Huawei*; LG Düsseldorf, Urt. v. 24.04.2012 – 4b O 273/10, GRUR-RS 2012, 9682, Rn. 207 – *Zugriffsschwellenwert*; *Osterrieth*, GRUR 2009, 540.

Härten eines uneingeschränkten Unterlassungsanspruchs verstärkt werden, ist stark von den konkreten Sachverhaltsumständen im Einzelfall, insbesondere dem Verhalten und den übrigen geschäftlichen Interessen der NPE, abhängig und damit keinesfalls zwingend.

3. Drittinteressen

Die Unterlassungpflicht bezüglich der patentnutzenden Tätigkeit des Patentverletzers wirkt sich primär unmittelbar auf den Verletzer selbst aus, kann aber darüber hinaus mittelbar auch Dritte berühren, die ein Interesse daran haben, dass das untersagte Produkt weiterhin hergestellt oder vertrieben und damit die untersagte Patentnutzung fortgesetzt werden kann.[251] Wie bei den Auswirkungen auf den Verletzer selbst, geht es auch bei den betroffenen Drittinteressen in Bezug auf eine möglicherweise aus einem uneingeschränkten Unterlassungsanspruch hervorgehende übermäßige Härte nicht um die üblichen Auswirkungen der Unterlassungspflicht des Patentverletzers.[252]

Umstände, die Drittinteressen zum Faktor für die Durchsetzung eines nicht direkt gegen diese Dritten gerichteten Unterlassungsanspruchs machen können, können etwa im Bereich des Gesundheitswesens liegen: Sind Dritte auf den Bezug eines Medikaments oder eines anderen medizinischen Produkts unbedingt angewiesen und würde dieser bei Durchsetzung des Unterlassungsanspruchs gegen den Patentverletzer vereitelt, ohne dass eine zumutbare Alternative besteht oder geschaffen werden kann, drohen potentiell schwere Folgen für betroffene Patientengruppen.[253] Des Weiteren können gewichtige Drittinteressen auch bei der Außerbetriebnahme von (grund)versorgungsrelevanter Infrastruktur infolge einer untersagten Patentnutzung betroffen sein.[254] Dies betrifft neben den Bereichen des Verkehrs und der Logistik insbesondere auch die Telekommunikation und die Funktionsfähigkeit von Netzinfrastruktur in der Informationstechnik.[255] Denkbar ist auch die Beeinträchtigung staatlicher Einrichtungen und Dienste, sofern dies die Erfüllung öffentlicher Aufgaben oder die Funktionsfähigkeit staatlicher Stellen erheblich einschränken würde.[256]

In SEP-Fällen kann die durch Standardisierung beförderte Verbreitung einer technischen Lösung und die durch Interoperabilitätserfordernisse bedingte Ausschaltung von Alternativlösungen bei einem Wegfall der Nutzungsmöglichkeit eines dafür benötigten SEP dazu führen, dass Drittinteressen in besonderem Ausmaß beeinträchtigt werden. Denkbar ist dies gerade im Bereich der Telekommunikationsinfrastruktur, aber auch in der Gesundheitsversorgung, wenn beispielsweise

---

[251] *Stierle*, GRUR 2019, 873, 878.
[252] *Ohly/Stierle*, GRUR 2021, 1229, 1232.
[253] *Busche*, GRUR 2021, 157, 159; *Ohly/Stierle*, GRUR 2021, 1229, 1232; *Schacht*, GRUR 2021, 440, 445–446; *Schönbohm/Ackermann-Blome*, Mitt. 2020, 101, 104.
[254] *Stierle/Hofmann*, GRUR Int. 2022, 1123, 1132; *vom Feld/Hozuri*, FS Rojahn (2021), 209, 219.
[255] *Ohly/Stierle*, GRUR 2021, 1229, 1232.
[256] *Stierle*, GRUR 2019, 873, 878 Fn. 58.

die Funktionsfähigkeit von bei Untersuchungen oder Operationen eingesetzten (vernetzten) Maschinen und Computern betroffen ist.[257] Allerdings ist auch bei SEP nicht in jedem Nachteil für zum Beispiel von einem Lieferstopp von Geräten der Unterhaltungselektronik beeinträchtigte Kunden eines Patentverletzers eine besondere Härte für Dritte zu sehen.[258]

4. Auseinanderfallen von Verletzungs- und Rechtsbestandsverfahren – *Injunction gap*

Auch die üblichen Auswirkungen eines Unterlassungsurteils treffen den Verletzer dann besonders hart, wenn das Patent, auf dessen Grundlage die Unterlassungsverpflichtung ausgesprochen wurde, im Nachhinein widerrufen oder vernichtet wird.[259] Möglich ist dies, da im deutschen Patentsystem das sogenannte Trennungsprinzip gilt.[260] Demnach ist die Prüfung des Rechtsbestands eines Patents Teil eines von einem Verletzungsprozess separaten Verfahrens und wird nicht unmittelbar im Verletzungsprozess als Voraussetzung der Ansprüche des Patentinhabers geprüft.[261] Im Patentverletzungsprozess vor den ordentlichen Gerichten besteht lediglich die Voraussetzung, dass das Patent erteilt ist und noch in Kraft steht.[262]

Will ein im Patentverletzungsprozess Beklagter den Rechtsbestand des Patents angreifen, muss er dafür ein gesondertes Verfahren anstrengen.[263] Dies ist entweder innerhalb von neun Monaten nach Veröffentlichung der Patenterteilung als Einspruchsverfahren vor dem DPMA[264] (bei europäischen Patenten: EPA[265]) oder nach Ablauf dieser neun Monate als Nichtigkeitsverfahren vor dem BPatG möglich.[266] Im Erfolgsfalle für den Angreifer endet das Einspruchsverfahren mit dem Widerruf,[267] das Nichtigkeitsverfahren mit der Nichtigkeitserklärung des Patents.[268] Auch eine Teilvernichtung bzw. Teilaufrechterhaltung kann Ergebnis dieser Verfahren sein.[269]

---

[257] *Picht/Contreras*, GRUR Int. 2023, 435, 448.
[258] *Dies.*, GRUR Int. 2023, 435, 448.
[259] *Dijkman*, GRUR Int. 2021, 215, 217–218; *Osterrieth*, FS Fezer (2016), 1035, 1046; *Papier*, ZGE 2016, 431, 440; *Schönbohm/Ackermann-Blome*, Mitt. 2020, 101, 102, 104; *Stierle*, GRUR 2020, 262.
[260] *Engels/Wismeth*, GRUR 2021, 177–178; *Mes*, PatG, § 81 PatG Rn. 6; *Ohly/Stierle*, GRUR 2021, 1229, 1238.
[261] BGH, Urt. v. 06.03.1959 – I ZR 93/57, GRUR 1959, 320, 323–324 – *Moped-Kupplung*; BGH, Urt. v. 27.03.1979 – X ZR 34/75, GRUR 1979, 624, 625 – *Umlegbare Schießscheibe*; BGH, Urt. v. 17.02.1999 – X ZR 22/97, GRUR 1999, 914, 916 – *Kontaktfederblock*.
[262] BGH, Beschl. v. 12.11.2002 – X ZR 176/01, GRUR 2003, 550 – *Richterausschluss*; BGH, Beschl. v. 06.04.2004 – X ZR 272/02, GRUR 2004, 710, 711 – *Druckmaschinen-Temperierungssystem I*.
[263] BGH, Urt. v. 17.02.1999 – X ZR 22/97, GRUR 1999, 914, 916 – *Kontaktfederblock*.
[264] *Mes*, PatG, § 59 PatG Rn. 24, 30.
[265] Singer/Stauder/Luginbühl/*Bostedt*, Art. 99 EPÜ Rn. 33; Benkard EPÜ/*J. Ehlers*, Art. 99 EPÜ Rn. 24.
[266] Benkard PatG/*Hall/Nobbe*, § 81 PatG Rn. 26.
[267] *Mes*, PatG, § 59 PatG Rn. 112.
[268] Benkard PatG/*Kober-Dehm*, § 22 PatG Rn. 76.
[269] Benkard PatG/*Kober-Dehm*, § 22 PatG Rn. 77; *Mes*, PatG, § 59 PatG Rn. 111-112.

Aufgrund der in der Regel längeren Verfahrensdauer der Rechtsbestandsverfahren im Vergleich zu Patentverletzungsprozessen kann es zu einem Zeitraum kommen, in dem ein Unterlassungsurteil aus einem Patent bereits in der Welt ist, ohne dass dessen Rechtsbestand abschließend geklärt ist.[270] Dieser Abstand zwischen den in diesem Sinne auseinanderfallenden Verfahrensarten wird auch *injunction gap* genannt.[271] Wird im Patentverletzungsverfahren eine Unterlassungsverfügung bereits im Rahmen des einstweiligen Rechtsschutzes ausgesprochen, so kann sich diese Lücke im zeitlichen Sinne entsprechend vergrößern.

Eine schlechte Patentqualität und eine zu weitreichende Patenterteilung könnten einen Ausgleich auf der Ebene der Patentausübung erforderlich machen.[272] Dass der *injunction gap* kein theoretisches Problem ist, zeigt sich schon anhand der Vernichtungsquote von Patenten: Je nach betrachtetem Zeitraum wurden in der jüngeren Vergangenheit 70 bis 80 Prozent aller angegriffenen Patente ganz oder teilweise vernichtet.[273] Unabhängig davon, ob sich von dieser Vernichtungsquote ein Rückschluss auf eine mangelnde Patentqualität ziehen lässt,[274] bedeutet diese erhebliche Vernichtungswahrscheinlichkeit in Kombination mit der Tatsache, dass Rechtsbestandsangriffe häufig auch (erst) als Reaktion auf eine Verletzungsklage ausgeführt werden,[275] dass das zeitliche Auseinanderfallen von Verletzungs- und Rechtsbestandsverfahren für einen aus einem später vernichteten Patent verklagten Marktteilnehmer eine erhebliche Gefahr darstellt.[276]

Wenn nach einer Verurteilung im Verletzungsprozess bis zur Entscheidung über den Rechtsbestand eines Patents eine gewisse Zeit vergeht, in der das Unterlassungsurteil erstmal Bestand hat, dann wirkt sich dies insbesondere in Fällen aus, in denen eine während der jeweiligen Produktlebensdauer bestehende Verfügbarkeit von Produkten am Markt zum Erhalt von Marktanteilen oder zur Amortisierung von Investitionen notwendig ist.[277] Gerade wenn ein Produkt schnell aufeinanderfolgenden Produktzyklen unterliegt, also eine innovative Produktgeneration innerhalb kurzer Zeit durch eine erneute Weiterentwicklung abgelöst wird, ist eine rechtzeitige Klärung der Rechtsbestandsfrage schwer zu erreichen.[278] Somit trifft der *injunction gap* auch Nutzer

---

[270] *Ann*, Mitt. 2016, 245, 247; *Dijkman*, GRUR Int. 2021, 215; *Keussen*, GRUR 2021, 257, 258–259; *McGuire*, Mitt. 2022, 49, 50; *Meier-Beck*, GRUR 2015, 929, 931–932; *Ohly/Stierle*, GRUR 2021, 1229, 1238; *Pichlmaier*, Mitt. 2022, 241, 245; *Schönbohm/Ackermann-Blome*, Mitt. 2020, 101, 102; *Sergheraert/Marques*, Mitt. 2019, 9, 11–12.

[271] *Keussen*, GRUR 2021, 257, 259; *McGuire*, Mitt. 2022, 49, 50; *Sergheraert/Marques*, Mitt. 2019, 9, 11.

[272] *Osterrieth*, GRUR 2009, 540, 541.

[273] *Müller-Stoy/Giedke/Große-Ophoff*, GRUR 2022, 142; *Sergheraert/Marques*, Mitt. 2019, 9, 13.

[274] Kritisch: *Ann*, Mitt. 2016, 245, 251; *Hüttermann*, Mitt. 2016, 101; *Melullis*, Mitt. 2016, 433, 438.

[275] *Kessler/Niethammer/Seelig*, Mitt. 2018, 16, 18 führen an, dass dies in etwa der Hälfte aller Verletzungsprozesse der Fall ist; *Kühnen/Claessen*, GRUR 2013, 592, 594 führen ebenfalls eine Quote von ca. 50% an; *McGuire*, Mitt. 2022, 49, 51.

[276] *Dijkman*, GRUR Int. 2021, 215, 217–218, 226.

[277] *Köllner/Sergheraert/Hanganu*, Mitt. 2018, 8, 13.

[278] *Papier*, ZGE 2016, 431, 442.

von SEP, da in besonders standardisierungsgeneigten Technologiebereichen wie der Telekommunikation schnelle Produktzyklen häufig anzutreffen sind.

D. Überschießende Durchsetzungsmacht des SEP-Inhabers – Ein wachsendes Problem

Bleibt es bei einem uneingeschränkten Unterlassungsanspruch eines SEP-Inhabers, so kann ihm, wenn er die genannten Härten ausnutzt, eine nicht geringfügige durch die Standardisierung begünstigte „Hebelwirkung"[279] gegenüber dem eine Lizenz anstrebenden Patentnutzer zur Verfügung stehen. Ein Missbrauch dieser Macht ist für ihn wirtschaftlich attraktiv und bei fehlenden Abwehrmöglichkeiten durch einen Lizenzsucher für ihn ohne Risiko. Der Lizenzsucher wiederum hat ein veritables Interesse am Zugang zum Standard, ohne dass er dafür Lizenzgebühren entrichten möchte, die über den Wert des Patents hinausgehen.[280]

Dieser Gegensatz hat im Mobilfunkbereich zu den sogenannten „Smartphone Wars"[281] oder „patent wars"[282] geführt. Diese martialischen Begriffe umschreiben eine Vielzahl von patentrechtlichen Auseinandersetzungen vor allem um Mobilfunkpatente und die dafür zu entrichtenden Lizenzgebühren, bei denen sowohl auf Patentinhaber- als auch auf Verletzerseite Unternehmen aus dem Telekommunikationsbereich standen.[283]

Mit der Ausbreitung von Vernetzungserfordernissen auch außerhalb des Kernbereichs der IT- und Mobilfunktechnik im Bereich des IoT und insbesondere der Industrie 4.0 und der Vernetzung von Fahrzeugen weitet sich dieser Schlagabtausch auf diese Sektoren aus.[284] Die Abhängigkeit von Konnektivitätsstandards in diesen Sektoren birgt dabei das Risiko eines Missbrauchs der den SEP-Inhabern aufgrund der Standardisierung zukommenden Machtposition, wenn diese ihre Patente uneingeschränkt durchsetzen können.[285] Dabei werden nun Hersteller von Produkten mit SEP-spezifischen Fragestellungen konfrontiert, die damit bisher wenig zu tun hatten und sich zudem mangels eigener Patente aus dem Telekommunikationsbereich, die wiederum für den an sie herantretenden SEP-Inhaber aus der Telekommunikationsbranche interessant sein könnten, in einer geschwächten Verhandlungsposition befinden.[286]

---

[279] MüKo WettbR Bd. I/*Wagner-von Papp*, Art. 101 AEUV Rn. 416.
[280] *Gesmann-Nuissl*, InTeR 2020, 154, 168; MüKo WettbR Bd. II/*Wagner-von Papp*, § 1 GWB Rn. 356.
[281] *Keßler/Palzer*, Mitt. 2020, 169, 170.
[282] *Conde Gallego/Drexl*, IIC 2019, 135, 136.
[283] EuGH, Urt. v. 16.07.2015 – C-170/13, GRUR 2015, 764, Rn. 40 – *Huawei/ZTE*; *Podszun*, IIC 2019, 720, 724.
[284] *Conde Gallego/Drexl*, IIC 2019, 135, 136; *Keßler/Palzer*, Mitt. 2020, 169, 170; *Körber*, NZKart 2020, 493, 494; *Osterrieth*, GRUR 2018, 985–986.
[285] *Podszun*, IIC 2019, 720, 730–731.
[286] *Körber*, NZKart 2020, 493, 494; *Podszun*, IIC 2019, 720, 730–731; *Sonntag/Kalbfus*, GRUR-Prax 2018, 42.

Zusätzlich führt die durch Standardisierung geförderte Konnektivität und Interoperabilität von Bauteilen und Produkten in einem häufig arbeitsteilig aufgebauten Wirtschaftsumfeld zudem zur Entstehung von Verwertungsketten (auch: Wertschöpfungs- oder Lieferketten).[287] Dabei erfolgt der Produktions- und Vertriebsprozess eines Endprodukts nicht konzentriert durch einen einzigen Akteur, sondern erstreckt sich über mehrere Hersteller bzw. Zulieferer von Vor- und Zwischenprodukten, aus denen sich das Endprodukt zusammensetzt, und endet bei einem Endprodukthersteller oder -verkäufer, dem sogenannten *original equipment manufacturer* (OEM).[288] Auf jeder Ebene dieser oft zahlreiche Marktstufen umfassenden Kette erfolgt ein Wertschöpfungsschritt, der in Bezug auf die gesamte Verwertung jeweils von den Verarbeitungsschritten auf den vor- und nachgelagerten Ebenen anhängig ist.[289] In solchen Verwertungsketten treten vermehrt Streitigkeiten um die Frage auf, auf welcher Stufe dieser Ketten eine Lizenzierung von SEP erfolgen muss.[290]

Zwischen den Inhabern der meist aus dem Kommunikationsbereich stammenden SEP und den betroffenen Patentnutzern sind die – wenn man so will – „Patentkriege[…] 2.0"[291] daher im vollen Gange, wofür exemplarisch eine ganze Reihe an Prozessen steht, welche die SEP-Inhaber Nokia, Sharp und Conversant gegen den Automobilhersteller Daimler geführt haben.[292] Diesen „Car Wars"[293] könnten mit Blick auf die Industrie 4.0 schon bald die „Factory Wars"[294] um die Nutzung von SEP in Industrieanlagen und die potentielle Stilllegung derselben bei Verletzung von dafür unabdingbaren SEP folgen.[295]

Angesichts dieser sich fortsetzenden und ausweitenden Problematik einer durch ein SEP dem SEP-Inhaber verliehenen Durchsetzungsmacht, die über den Ausschluss von der reinen Patentnutzung hinaus zugleich den Ausschluss von der Nutzung des Standards bedeutet und insofern „überschießend[…]"[296] ist, bedarf es einer Untersuchung der Möglichkeiten, diese Machtposition

---

[287] *Kühnen*, GRUR 2019, 665.

[288] LG Düsseldorf, Beschl. v. 26.11.2020 – 4c O 17/19, GRUR-RS 2020, 32508, Rn. 2-7 – *Telematikkontrolleinheit*; LG Mannheim, Urt. v. 18.08.2020 – 2 O 34/19, GRUR-RS 2020, 20358, Rn. 3-9 – *Lizenz in Wertschöpfungskette*; Röhricht/v. Westphalen/Haas/*Weidert/Bug*, Zulieferverträge in der Industrie 4.0 Rn. 3.

[289] *Kühnen*, GRUR 2019, 665.

[290] *Körber*, NZKart 2020, 493, 494; *Kühnen*, GRUR 2019, 665.

[291] *Körber*, NZKart 2020, 493, 494.

[292] Siehe nur die Verfahren: LG Düsseldorf, Beschl. v. 26.11.2020 – 4c O 17/19, GRUR-RS 2020, 32508 – *Telematikkontrolleinheit*; LG Mannheim, Urt. v. 18.08.2020 – 2 O 34/19, GRUR-RS 2020, 20358 – *Lizenz in Wertschöpfungskette*; LG München I, Urt. v. 10.09.2020 – 7 O 8818/19, GRUR-RS 2020, 22577 – *LTE-Standard*; LG München I, Urt. v. 30.10.2020 – 21 O 11384/19, juris – *Lizenzverhandlung*.

[293] *Keßler/Palzer*, WRP 2020, 1205.

[294] *Dies.*, WRP 2020, 1205.

[295] Mit dem Bsp. einer Kraftwerksabschaltung: *Osterrieth*, FS 80 Jahre Patentgerichtsbarkeit in Düsseldorf (2016), 415, 425.

[296] *Hofmann*, GRUR 2020, 915, 923.

einzuschränken. Dabei geht es nicht um eine Entwertung der Patentinhaberschaft und der Ausschließungsbefugnis mit Verweis auf die Standardessentialität. Es muss vielmehr ein Ausgleich zwischen SEP-Inhaber und SEP-Nutzer gefunden werden, der bei Wahrung der berechtigten Verwertungsinteressen des SEP-Inhabers, zielgenau die benannten Härten behebt, um eine „Waffengleichheit"[297] in den Patentkriegen der Gegenwart und Zukunft zu schaffen.

---

[297] *Körber*, NZKart 2020, 493, 494.

2. Teil: Patent- und prozessrechtsimmanente Lösungen außerhalb von Unverhältnismäßigkeitserwägungen

Um zu ermitteln, inwiefern mögliche Härten der Durchsetzung eines SEP abgefedert werden können, liegt es nahe, zunächst einen Blick auf das herkömmliche patentrechtliche Repertoire zu werfen, welches zur Einschränkung des Rechts aus dem Patent in Betracht kommt. Dabei sind neben Lösungen des PatG auch zivilprozessuale Mittel zu berücksichtigen, mit denen im Erkenntnis- oder Zwangsvollstreckungsverfahren in Patentsachen möglichen Härten vorgebeugt oder begegnet werden kann.

A. Patentrechtliche Zwangslizenz gemäß § 24 PatG

Ein Pfeil im Köcher eines dem SEP-Inhaber gegenüberstehenden Verletzers könnte die patentrechtliche Zwangslizenz gemäß § 24 PatG sein.

I. Inhalt

Die patentrechtliche Zwangslizenz gewährt dem Begünstigten ein Benutzungsrecht an einer Erfindung, wenn der Patentinhaber die Lizenzierung unberechtigterweise verweigert und das öffentliche Interesse die Erteilung einer Nutzungsbefugnis gebietet.[298] Diese erfolgt in Gestalt einer nicht ausschließlichen Nutzungsbefugnis.[299] Der Zwangslizenznehmer ist einem einfachen vertraglichen Lizenznehmer gleichgestellt.[300] Die von der Zwangslizenz umfasste Nutzung ist ab dem Zeitpunkt der Wirksamkeit der Zwangslizenz somit nicht rechtswidrig.[301] Zuvor bereits erfolgte Nutzungen werden durch sie allerdings nicht legitimiert.[302]

---

[298] BGH, Urt. v. 05.12.1995 – X ZR 26/92, GRUR 1996, 190, 195 – *Polyferon*; BPatG, Urt. v. 07.06.1991 – 3 Li 1/90, GRUR 1994, 98, 99 – *Zwangslizenz*; Benkard PatG/*Kober-Dehm*, § 24 PatG Rn. 3, 28.

[299] Haedicke/Timmann/*Haedicke/Wollenschlaeger*, § 16 Rn. 297; *Mes*, PatG, § 24 PatG Rn. 43; BeckOK PatR/*Wilhelmi*, § 24 PatG Rn. 49.

[300] *Haase*, InTeR 2021, 154, 158; Büscher/Dittmer/Schiwy/*Kanz*, § 24 PatG Rn. 31; Benkard PatG/*Kober-Dehm*, § 24 PatG Rn. 3.

[301] BGH, Urt. v. 11.07.1995 – X ZR 99/92, GRUR 1996, 109, 111–112 – *Klinische Versuche*.

[302] *Ann*, PatR, § 34 Rn. 107; Busse/Keukenschrijver/*McGuire*, § 24 PatG Rn. 62; BeckOK PatR/*Wilhelmi*, § 24 PatG Rn. 51.

1. Erteilung und Reichweite

Um eine patentrechtliche Zwangslizenz zu erlangen, muss der Lizenzsucher diese gemäß § 81 Abs. 1 PatG in einem kontradiktorischen Verfahren vor dem BPatG und in der Berufungsinstanz dem BGH gegen den Patentinhaber erstreiten.[303] Wirksamkeit erlangt sie erst mit Rechtskraft des Urteils.[304] Eine auf dringende Ausnahmefälle beschränkte vorläufige Gestattung durch einstweilige Verfügung[305] sowie die Erklärung der vorläufigen Vollstreckbarkeit eines Erteilungsurteils sind aber gemäß § 85 PatG möglich.[306] Unabhängig davon, ob man die Rechtsstellung des die Zwangslizenz fordernden Lizenzsuchers bei Vorliegen der Erteilungsvoraussetzungen als subjektiv-öffentliches Recht auf Zwangslizenzerteilung gegen den Staat oder – angesichts der kontradiktorischen Ausgestaltung naheliegender – als privatrechtlichen Anspruch gegen den Patentinhaber ansieht,[307] stellt das erteilende Urteil (§ 84 Abs. 1 S. 1 PatG) einen rechtsgestaltenden Akt dar, durch den die Rechtsstellung des Patentinhabers hoheitlich eingeschränkt wird.[308] Einer Umsetzung durch einen Lizenzvertragsschluss bedarf es nicht.[309]

Vom Umfang und der Dauer her kann die patentrechtliche Zwangslizenz, je nach Antrag des Lizenzsuchers und sofern die Erteilungsvoraussetzungen dies decken, umfassend erteilt oder gemäß § 24 Abs. 6 S. 2 PatG mit Einschränkungen und Bedingungen versehen werden.[310] Jedenfalls ist sie gemäß § 24 Abs. 6 S. 3 PatG auf das hinsichtlich ihres Gestattungszwecks Notwendige zu beschränken.[311] So können beispielsweise nur bestimmte begrenzte Nutzungen von der Zwangslizenz umfasst, Kennzeichnungsauflagen zu erfüllen und Sicherheiten zu leisten sein.[312] Auch räumliche, zeitliche oder mengenmäßige Begrenzungen können in die Zwangslizenz aufgenommen werden.[313]

Der Rechtsnatur als nicht ausschließliche Benutzungsbefugnis entsprechend kann der Patentinhaber neben der patentrechtlichen Zwangslizenz weiterhin andere Patentnutzer lizenzieren oder

---

[303] Haedicke/Timmann/*Haedicke/Wollenschlaeger*, § 16 Rn. 306-307; Benkard PatG/*Kober-Dehm*, § 24 PatG Rn. 3, 28, 35; *Mes*, PatG, § 24 PatG Rn. 2.

[304] Benkard PatG/*Kober-Dehm*, § 24 PatG Rn. 36; Busse/Keukenschrijver/*McGuire*, § 24 PatG Rn. 91.

[305] BGH, Beschl. v. 26.02.1952 – I ZR 120/51, GRUR 8/9, 393, 394 – *Paladon*; BGH, Urt. v. 11.07.2017 – X ZB 2/17, Mitt. 2017, 403, Rn. 90 – *Raltegravir*; BPatG, Urt. v. 15.12.1995 – 3 LiQ 1/95, GRUR 1996, 870, 871 – *Ranitidinhydrochlorid*; *Holtorf/Traumann*, GRUR-Prax 2017, 105.

[306] Busse/Keukenschrijver/*McGuire*, § 24 PatG Rn. 91; BeckOK PatR/*Wilhelmi*, § 24 PatG Rn. 77.

[307] Dazu: *Ann*, PatR, § 34 Rn. 122-123; *Mes*, PatG, § 24 PatG Rn. 2; *Schulte*, GRUR 1985, 772, 777; BeckOK PatR/*Wilhelmi*, § 24 PatG Rn. 5, 48.

[308] Benkard PatG/*Kober-Dehm*, § 24 PatG Rn. 28.

[309] Büscher/Dittmer/Schiwy/*Kanz*, § 24 PatG Rn. 26; Busse/Keukenschrijver/*McGuire*, § 24 PatG Rn. 63.

[310] Haedicke/Timmann/*Haedicke/Wollenschlaeger*, § 16 Rn. 298; Benkard PatG/*Kober-Dehm*, § 24 PatG Rn. 29, 31; BeckOK PatR/*Wilhelmi*, § 24 PatG Rn. 49.

[311] Benkard PatG/*Kober-Dehm*, § 24 PatG Rn. 32; Busse/Keukenschrijver/*McGuire*, § 24 PatG Rn. 67.

[312] RG, Urt. v. 27.05.1918 – I 89/17, RGZ 93, 50, 51; RG, Urt. v. 20.01.1923 – I 324/21, RGZ 106, 214, 216 – *Platin*; BeckOK PatR/*Wilhelmi*, § 24 PatG Rn. 53-54.

[313] Benkard PatG/*Kober-Dehm*, § 24 PatG Rn. 31-32.

das Patent veräußern,[314] wobei das Zwangslizenzurteil gemäß § 99 PatG i.V.m. § 325 ZPO auch den Rechtsnachfolger trifft.[315] Der Zwangslizenznehmer unterliegt bei der Übertragung der Zwangslizenz an einen Dritten seinerseits aber den Beschränkungen des § 24 Abs. 7 PatG, insbesondere der Kopplung einer solchen Veräußerung an die Übertragung des erfindungsnutzenden Betriebs.[316]

2. Vergütung und Beendigung

Ebenso wie gegenüber einem vertraglichen Lizenznehmer hat der Patentinhaber gemäß § 24 Abs. 6 S. 4 PatG einen Anspruch auf Lizenzgebührenentrichtung und eine diese vorbereitende Rechnungslegung durch den Zwangslizenznehmer.[317] Die Vergütung wird im die Zwangslizenz erteilenden Urteil verbindlich festgelegt.[318] Diese Festsetzung gewährt jedoch keinen vollstreckbaren Titel.[319] Die Vergütung ist vielmehr vor den ordentlichen Gerichten mittels Leistungsklage geltend zu machen.[320]

Die Höhe der festzusetzenden Gebühr muss nach den Umständen des Einzelfalles angemessen sein und sich am wirtschaftlichen Wert der Zwangslizenz orientieren.[321] Anhaltspunkt können bereits erteilte vergleichbare Lizenzen des Patentinhabers sowie branchenübliche Vergütungssätze bieten.[322] Bei späteren wesentlichen Veränderungen der für die Vergütungshöhe maßgeblichen Umstände kommt eine Anpassung gemäß § 24 Abs. 6 S. 5 PatG in Betracht.[323]

Entfallen die Umstände, die die Erteilung einer Zwangslizenz gestützt haben, dauerhaft, so kann der Patentinhaber gemäß § 24 Abs. 6 S. 6 PatG die Rücknahme der Zwangslizenz verlangen.[324] Ansonsten können die Parteien auf vertraglichem Wege einvernehmlich eine Beendigung herbeiführen.[325] Ohne weiteres Zutun endet die Zwangslizenz mit dem Erreichen ihres im

---

[314] Haedicke/Timmann/*Haedicke/Wollenschlaeger*, § 16 Rn. 320.

[315] Benkard PatG/*Kober-Dehm*, § 24 PatG Rn. 38.

[316] Busse/Keukenschrijver/*McGuire*, § 24 PatG Rn. 82; *Mes*, PatG, § 24 PatG Rn. 42.

[317] BPatG, Urt. v. 21.11.2017 – 3 Li 1/16 (EP), GRUR 2018, 803, Rn. 22 – *Isentress II*; *Ann*, PatR, § 34 Rn. 132; BeckOK PatR/*Wilhelmi*, § 24 PatG Rn. 84.

[318] BGH, Urt. v. 11.07.2017 – X ZB 2/17, Mitt. 2017, 403, Rn. 28 – *Raltegravir*; Haedicke/Timmann/*Haedicke/Wollenschlaeger*, § 16 Rn. 301.

[319] Benkard PatG/*Kober-Dehm*, § 24 PatG Rn. 33, 36; Schulte/*Rinken*, § 24 PatG Rn. 32; BeckOK PatR/*Wilhelmi*, § 24 PatG Rn. 56, 78.

[320] Benkard PatG/*Kober-Dehm*, § 24 PatG Rn. 36; *Meurer*, GRUR 1936, 18, 19.

[321] BGH, Urt. v. 11.07.2017 – X ZB 2/17, Mitt. 2017, 403, Rn. 28 – *Raltegravir*; Haedicke/Timmann/*Haedicke/Wollenschlaeger*, § 16 Rn. 302; Busse/Keukenschrijver/*McGuire*, § 24 PatG Rn. 73.

[322] BGH, Urt. v. 11.07.2017 – X ZB 2/17, Mitt. 2017, 403, Rn. 28 – *Raltegravir*; BPatG, Urt. v. 21.11.2017 – 3 Li 1/16 (EP), GRUR 2018, 803, Rn. 37 – *Isentress II*.

[323] Busse/Keukenschrijver/*McGuire*, § 24 PatG Rn. 79; *Mes*, PatG, § 24 PatG Rn. 40.

[324] *Ann*, PatR, § 34 Rn. 136; Büscher/Dittmer/Schiwy/*Kanz*, § 24 PatG Rn. 36; Schulte/*Rinken*, § 24 PatG Rn. 35.

[325] Benkard PatG/*Kober-Dehm*, § 24 PatG Rn. 46.

Erteilungsurteil ggf. definierten zeitlichen Endes, dem Erlöschen des Patents z.B. durch Schutzrechtsablauf gemäß § 16 PatG oder ab dem Zeitpunkt einer Vernichtung des Patents in einem Rechtsbestandsverfahren.[326] Sie wird bedeutungslos, wenn sich herausstellt, dass der Lizenzsucher das zwangslizenzierte Patent doch nicht benutzt.[327]

In der Regel nicht möglich – auch nicht im Falle der Verletzung von Pflichten, z.B. der Vergütungszahlung, durch den Zwangslizenznehmer – ist eine einseitige Lösung von der Zwangslizenz durch Rücktritt oder Kündigung seitens des Patentinhabers.[328] Dieser hat die Pflichterfüllung des Zwangslizenznehmers im Zweifel unter Beschreiten des Rechtsweges durchzusetzen.[329]

3.   Wirkung im Patentverletzungsprozess

Mit Blick auf den Unterlassungsanspruch – aber auch in Bezug auf weitere Ansprüche des Patentinhabers – bedeutet die durch die Erteilung der patentrechtlichen Zwangslizenz bestehende Rechtmäßigkeit der Nutzung, dass dem Patentinhaber der Ausschluss des Patentnutzers von der Benutzung im Rahmen der patentrechtlichen Zwangslizenz versagt bleibt.[330] Allerdings gilt dies erst ab dem Zeitpunkt der Wirksamkeit der Zwangslizenz bzw. dem Erlass einer dieser insofern vorgreifenden einstweiligen Verfügung im Zwangslizenzverfahren. Das bloße Vorliegen der Erteilungsvoraussetzungen gewährt dem Verletzer daher keinen patentrechtlichen Zwangslizenzeinwand im Verletzungsprozess.[331] Ein solcher Einwand widerspräche der Tatsache, dass die Erteilung der Nutzungsbefugnis im Zwangslizenzverfahren ein rechtsgestaltender Akt ist, der aber nicht auf zuvor erfolgte Nutzungen zurückwirkt.[332] Zudem könnte der Lizenzsucher die patentgeschützte Lehre vorerst nutzen, ohne der mit der Zwangslizenzerteilung einhergehenden Vergütungspflicht zu unterliegen.[333] Mangels Vorgreiflichkeit einer bloß ab ihrem Wirksamkeitszeitpunkt in die Zukunft wirkenden patentrechtlichen Zwangslizenzerteilung kommt auch eine Aussetzung des Verletzungsverfahrens gemäß § 148 ZPO nicht in Betracht.[334]

---

[326]   Haedicke/Timmann/*Haedicke/Wollenschlaeger*, § 16 Rn. 328; Busse/Keukenschrijver/*McGuire*, § 24 PatG Rn. 84, 86; BeckOK PatR/*Wilhelmi*, § 24 PatG Rn. 67.

[327]   Benkard PatG/*Kober-Dehm*, § 24 PatG Rn. 46.

[328]   Busse/Keukenschrijver/*McGuire*, § 24 PatG Rn. 87; BeckOK PatR/*Wilhelmi*, § 24 PatG Rn. 68.

[329]   Benkard PatG/*Kober-Dehm*, § 24 PatG Rn. 46.

[330]   Haedicke/Timmann/*Haedicke/Wollenschlaeger*, § 16 Rn. 296; Benkard PatG/*Kober-Dehm*, § 24 PatG Rn. 28; *Meurer*, GRUR 1936, 18; BeckOK PatR/*Wilhelmi*, § 24 PatG Rn. 83.

[331]   OLG Frankfurt a.M., Urt. v. 25.04.1949 – 2/1U 239/48, BlPMZ 1949, 330, 332; *A. Fuchs*, FS Büscher (2018), 621, 635; *Plagge*, Der patentrechtliche Unterlassungsanspruch, S. 464–465; *Stierle*, GRUR 2017, 383, 384; *ders.*, Das nicht-praktizierte Patent, S. 301.

[332]   OLG Frankfurt a.M., Urt. v. 25.04.1949 – 2/1U 239/48, BlPMZ 1949, 330, 332–333; *Stierle*, GRUR 2019, 873, 882.

[333]   OLG Frankfurt a.M., Urt. v. 25.04.1949 – 2/1U 239/48, BlPMZ 1949, 330, 332.

[334]   OLG Karlsruhe, Beschl. v. 26.02.1953 – 3 W 71/53, GRUR 1956, 436; Cepl/Voß/*Cepl*, § 148 ZPO Rn. 24; Benkard PatG/*Grabinski/Zülch/P. Tochtermann*, § 139 PatG Rn. 108; Büscher/Dittmer/Schiwy/*Kanz*, § 139 PatG Rn. 155; *Plagge*, Der patentrechtliche Unterlassungsanspruch, S. 465–

II. Erteilungsvoraussetzungen

Angesichts der geschilderten Beschränkung der Ausschließungsbefugnis des Patentinhabers ab Eintritt der Wirksamkeit stellt die patentrechtliche Zwangslizenz einen intensiven Eingriff in das gemäß Art. 14 GG und Art. 17 Abs. 2 EUGRCh geschützte Eigentumsrecht[335] des Patentinhabers dar.[336] Zugleich beinhaltet § 24 PatG eine dem Grundsatz des Gesetzesvorbehalts genügende und der Sozialbindung des Eigentums dienende Ausgestaltung der Eigentumsposition.[337] Eine patentrechtliche Zwangslizenz kann daher nur unter den Voraussetzungen des § 24 PatG, der wiederum völkerrechtliche Vorgaben aus Art. 31 TRIPS sowie Vorgaben der unionsrechtlichen Biopatentrichtlinie[338] widerspiegelt, erteilt werden.[339]

1. Grundtatbestand des § 24 Abs. 1 PatG

§ 24 PatG regelt in seinem ersten Absatz den Grundtatbestand der patentrechtlichen Zwangslizenz, nach dem eine Zwangslizenz für eine eigene gewerbsmäßige Benutzung eines erteilten Patents verlangt werden kann, wenn sich der Lizenzsucher erfolglos um eine Lizenzierung bemüht hat und die Erteilung im öffentlichen Interesse geboten ist.[340]

a) Eigene gewerbsmäßige Benutzung eines erteilten Patents

Gemäß § 24 Abs. 6 S. 1 PatG kommt eine patentrechtliche Zwangslizenz nur an einem bereits erteilten Patent infrage.[341] Eine durch den Patentinhaber vor Erteilung der Zwangslizenz bereits getätigte einfache oder auch ausschließliche Lizenzierung an andere Patentnutzer hindert die

---

466; Haedicke/Timmann/*Zigann*, § 15 Rn. 481; a.A.: *Nieder*, Mitt. 2001, 400, 401–402; BeckOK PatR/*Wilhelmi*, § 24 PatG Rn. 85-86.

[335] Bzgl. Art. 14 GG: BVerfG, Beschl. v. 15.01.1974 – BvL 5/706/70; BvL 9/70, GRUR 1974, 142, 144; BVerfG, Beschl. v. 10.05.2000 – 1 BvR 1864/95, GRUR 2001, 43, 44 – *Klinische Versuche*; bzgl. Art. 17 Abs. 2 EUGRCh: EuGH, Urt. v. 16.07.2015 – C-170/13, GRUR 2015, 764, Rn. 42 – *Huawei/ZTE*.

[336] BPatG, Urt. v. 07.06.1991 – 3 Li 1/90, GRUR 1994, 98, 100 – *Zwangslizenz*; BPatG, Urt. v. 31.08.2016 – 3 LiQ 1/16 (EP), GRUR 2017, 373, Rn. 113 – *Isentress I*; *Busche*, GRUR 2021, 157, 159; *Melullis*, GRUR 2021, 294, 295–296.

[337] BGH, Urt. v. 05.12.1995 – X ZR 26/92, GRUR 1996, 190, 192 – *Polyferon*; Haedicke/Timmann/*Haedicke/Wollenschlaeger*, § 16 Rn. 261; *Melullis*, GRUR 2021, 294, 296; BeckOK PatR/*Wilhelmi*, § 24 PatG Rn. 5.

[338] Richtlinie 98/44/EG des Europäischen Parlaments und des Rates vom 6. Juli 1998 über den rechtlichen Schutz biotechnologischer Erfindungen, ABl. 1998 L213 S. 13.

[339] Benkard PatG/*Kober-Dehm*, § 24 PatG Rn. 3.

[340] *Melullis*, GRUR 2021, 294.

[341] *Mes*, PatG, § 24 PatG Rn. 7; Schulte/*Rinken*, § 24 PatG Rn. 7.

Zwangslizenzerteilung nicht.[342] Von der Rechtsbeständigkeit des fraglichen Patents ist im Zwangslizenzverfahren auszugehen.[343]

Der Lizenzsucher muss mit der von ihm verlangten patentrechtlichen Zwangslizenz eine eigene gewerbsmäßige Benutzung legitimieren wollen, also selbst die Erfindung in technischer Hinsicht nutzen wollen und können.[344] Der Einsatz von Dritten ist dadurch nicht ausgeschlossen, die durch die Zwangslizenz gewährte Nutzungsmöglichkeit muss aber für eigene Rechnung und nicht ausschließlich zugunsten Dritter oder nicht wirtschaftlicher Zwecke geschehen.[345] Außer in offensichtlichen Fällen oder bei rechtskräftiger entgegenstehender Feststellung ist für die Zwangslizenzerteilung irrelevant, ob die beabsichtigte Tätigkeit das Patent überhaupt verletzt.[346] Davon ist für das Zwangslizenzverfahren vielmehr in der Regel auszugehen.[347] Auch ob eine Nutzung erst noch beabsichtigt oder bereits erfolgt ist, ist für die Zwangslizenzerteilung nicht von Bedeutung.[348]

b) Erfolgloses Bemühen um Lizenzierung

Der Lizenzsucher muss sich gemäß § 24 Abs. 1 Nr. 1 PatG innerhalb eines angemessenen Zeitraums erfolglos um eine Lizenzierung zu angemessenen geschäftsüblichen Bedingungen bemüht haben. Dieses Bemühen um eine Einigung ist eine materiell-rechtliche und keine (nur) prozessuale Voraussetzung der patentrechtlichen Zwangslizenz.[349] Maßgeblicher Zeitpunkt zur Beurteilung des Vorliegens dieser Anforderung ist der Schluss der letzten mündlichen Verhandlung.[350]

---

[342] RG, Urt. v. 30.11.1929 – I 76/29, RGZ 126, 266, 271 – *Teigauflageplatte*; BGH, Urt. v. 05.12.1995 – X ZR 26/92, GRUR 1996, 190, 195 – *Polyferon*.

[343] BPatG, Urt. v. 31.08.2016 – 3 LiQ 1/16 (EP), GRUR 2017, 373, Rn. 34 – *Isentress I*; Benkard PatG/*Kober-Dehm*, § 24 PatG Rn. 9.

[344] RG, Urt. v. 26.11.1930 – I 295/28, RGZ 130, 360, 361–362 – *Gleisrückmaschine III*; BPatG, Urt. v. 31.08.2016 – 3 LiQ 1/16 (EP), GRUR 2017, 373, Rn. 35 – *Isentress I*; Busse/Keukenschrijver/*McGuire*, § 24 PatG Rn. 16.

[345] RG, Urt. v. 08.11.1913 – I 153/13, RGZ 83, 274, 276 – *Quecksilbergleichrichter*; RG, Urt. v. 26.11.1930 – I 295/28, RGZ 130, 360, 362 – *Gleisrückmaschine III*; Haedicke/Timmann/*Haedicke/Wollenschlaeger*, § 16 Rn. 268.

[346] Busse/Keukenschrijver/*McGuire*, § 24 PatG Rn. 18.

[347] RG, Urt. v. 24.01.1934 – I 37/33, RGZ 143, 223, 228 – *Tonaufnahmeverfahren*; BPatG, Urt. v. 31.08.2016 – 3 LiQ 1/16 (EP), GRUR 2017, 373, Rn. 35 – *Isentress I*; Schulte/*Rinken*, § 24 PatG Rn. 9.

[348] RG, Urt. v. 30.11.1929 – I 76/29, RGZ 126, 266, 269–270 – *Teigauflageplatte*; Benkard PatG/*Kober-Dehm*, § 24 PatG Rn. 11; Busse/Keukenschrijver/*McGuire*, § 24 PatG Rn. 17.

[349] BGH, Urt. v. 04.06.2019 – X ZB 2/19, Mitt. 2019, 400, Rn. 20 – *Alirocumab*; BPatG, Urt. v. 31.08.2016 – 3 LiQ 1/16 (EP), GRUR 2017, 373, Rn. 31 – *Isentress I*; Busse/Keukenschrijver/*McGuire*, § 24 PatG Rn. 19; *Stierle*, GRUR 2017, 383.

[350] BGH, Urt. v. 11.07.2017 – X ZB 2/17, Mitt. 2017, 403, Rn. 19 – *Raltegravir*; BGH, Urt. v. 04.06.2019 – X ZB 2/19, Mitt. 2019, 400, Rn. 20 – *Alirocumab*; *Marx*, GRUR 2021, 288, 290; Schulte/*Rinken*, § 24 PatG Rn. 10; *Stierle*, GRUR 2020, 30, 31.

Das Bemühen des Lizenzsuchers kann also grundsätzlich sowohl vor als auch während des Zwangslizenzverfahrens erfolgen. Es muss sich aber über einen angemessenen Zeitraum erstrecken, sodass ein im Prozess begonnenes Bemühen nicht ausreicht, wenn es zur Unzeit quasi „in letzter Minute"[351] erfolgt, sodass ein hinreichend aussichtsreiches Bemühen nicht festgestellt werden kann.[352]

Zweck der Voraussetzung des erfolglosen Bemühens ist es, sicherzustellen, dass der intensive Eingriff der Zwangslizenzerteilung nur dann erfolgt, wenn der Patentinhaber tatsächlich eine Lizenzierung unberechtigterweise verweigert hat.[353] Dafür ist nach den Umständen des Einzelfalls zu beurteilen, ob der Lizenzsucher die Lizenzierung in angemessenem Umfang und über einen angemessenen Zeitraum hinweg angestrebt hat.[354] Bemühungen eines konzernverbundenen Unternehmens, das Lizenzverhandlungen für den gesamten Konzern führt, sind dem Lizenzsucher zuzurechnen.[355] Scheinverhandlungen und Verzögerungsstrategien sind nicht zulässig.[356] Verweigert der Patentinhaber eine Lizenzerteilung endgültig, muss der Lizenzsucher allerdings keine weiteren und insofern sinnlosen Versuche einer Lizenzerlangung unternehmen.[357]

Das Bemühen muss auf eine Patentnutzung zu angemessenen geschäftsüblichen Bedingungen gerichtet sein. Dafür hat ein Angebot des Lizenzsuchers auf Basis der jeweils branchenüblichen Lizenzbedingungen zu erfolgen und eine der Höhe nach angemessene Lizenzgebühr vorzusehen, die aber nicht exakt beziffert werden muss, sondern auch in das Ermessen des Patentinhabers gestellt werden kann.[358] Für die Angemessenheit der Lizenzgebühr kommt es bei Angabe einer solchen regelmäßig als bloßen Vorschlag anzusehenden Gebühr darauf an, dass sie in einem wirtschaftlich vertretbaren Rahmen liegt, nicht, dass sie der in der Folge bei der Zwangslizenzerteilung vom Gericht als angemessen festgesetzten Lizenzgebühr entspricht.[359] Ob eine Sicherheitsleistung angeboten werden muss, ist nach der Streichung einer ausdrücklichen Regelung dieses Aspekts aus dem Gesetzestext eine Frage der angemessenen Bedingungen im Einzelfall.[360] Kar-

---

[351] BGH, Urt. v. 11.07.2017 – X ZB 2/17, Mitt. 2017, 403, Rn. 19 – *Raltegravir*.

[352] BGH, Urt. v. 11.07.2017 – X ZB 2/17, Mitt. 2017, 403, Rn. 19 – *Raltegravir*; BGH, Urt. v. 04.06.2019 – X ZB 2/19, Mitt. 2019, 400, Rn. 20-21 – *Alirocumab*; BPatG, Urt. v. 06.09.2018 – 3 LiQ 1/18 (EP), Mitt. 2019, 117, 119 – *Praluent*; *Bacher*, FS Rojahn (2021), 133, 137.

[353] BGH, Urt. v. 04.06.2019 – X ZB 2/19, Mitt. 2019, 400, Rn. 19 – *Alirocumab*; Benkard PatG/*Kober-Dehm*, § 24 PatG Rn. 12; *Marx*, GRUR 2021, 288, 290.

[354] BGH, Urt. v. 11.07.2017 – X ZB 2/17, Mitt. 2017, 403, Rn. 19 – *Raltegravir*; BGH, Urt. v. 04.06.2019 – X ZB 2/19, Mitt. 2019, 400, Rn. 20-21 – *Alirocumab*.

[355] BPatG, Urt. v. 31.08.2016 – 3 LiQ 1/16 (EP), GRUR 2017, 373, Rn. 37 – *Isentress I*.

[356] BPatG, Urt. v. 31.08.2016 – 3 LiQ 1/16 (EP), GRUR 2017, 373, Rn. 42 – *Isentress I*; Haedicke/Timmann/*Haedicke/Wollenschlaeger*, § 16 Rn. 272.

[357] BGH, Urt. v. 04.06.2019 – X ZB 2/19, Mitt. 2019, 400, Rn. 24 – *Alirocumab*; *Marx*, GRUR 2021, 288, 291; *Mes*, PatG, § 24 PatG Rn. 12.

[358] Benkard PatG/*Kober-Dehm*, § 24 PatG Rn. 13a; Busse/Keukenschrijver/*McGuire*, § 24 PatG Rn. 22.

[359] Benkard PatG/*Kober-Dehm*, § 24 PatG Rn. 13a; Busse/Keukenschrijver/*McGuire*, § 24 PatG Rn. 22.

[360] Haedicke/Timmann/*Haedicke/Wollenschlaeger*, § 16 Rn. 275.

tellrechtliche Vorgaben für ausbeutungs- und diskriminierungsfreie Lizenzierungen sowie für deren Aushandlung[361] sind – auch wenn gewisse Parallelen hinsichtlich der beim Lizenzsucher zu fordernden Lizenzbereitschaft bestehen dürften – für das Vorliegen eines hinreichenden Bemühens um eine angemessene Lizenzierung nicht maßgeblich.[362]

c)   Öffentliches Interesse

Nach § 24 Abs. 1 Nr. 2 PatG muss das öffentliche Interesse die Erteilung einer Zwangslizenz gebieten. Das öffentliche Interesse ist ein auslegungsbedürftiger unbestimmter Rechtsbegriff, der einer abschließenden Definition nicht zugänglich ist.[363] Es unterliegt im Laufe der Zeit und je nach den Umständen des Einzelfalls mitunter maßgeblichen Veränderungen, die zu einer abweichenden Gewichtung der Interessen des Patentinhabers auf der einen und dem öffentlichen Interesse der Allgemeinheit auf der anderen Seite führen können.[364] Ältere Entscheidungen, insbesondere aus Reichsgerichtszeiten, bieten daher keinen unreflektiert zu übernehmenden Maßstab.[365]

Die Tatsache allein, dass der Patentinhaber mit dem Patent ein Ausschließlichkeitsrecht innehat und damit eine Monopolstellung einnehmen kann, kann ein öffentliches Interesse an einer Zwangslizenzierung nicht begründen.[366] Andere von der Nutzung der patentgeschützten Lehre auszuschließen ist gerade ein Wesensmerkmal des durch das Patent verliehenen Rechts.[367] Das öffentliche Interesse kann nur dann überwiegen, wenn besondere Umstände bestehen, hinter denen das Interesse des Patentinhabers an der Ausschließungsbefugnis zurücktreten muss.[368] Eine Missbräuchlichkeit der Verweigerung einer Lizenzierung durch den Patentinhaber kann dabei

---

[361] Dazu im 3. Teil und insb. nach: EuGH, Urt. v. 16.07.2015 – C-170/13, GRUR 2015, 764 – *Huawei/ZTE*; BGH, Urt. v. 06.05.2009 – KZR 39/06, GRUR 2009, 694 – *Orange-Book-Standard*.

[362] BPatG, Urt. v. 31.08.2016 – 3 LiQ 1/16 (EP), GRUR 2017, 373, Rn. 53-58 – *Isentress I*; *Holtorf/Traumann*, GRUR-Prax 2018, 295, 296; Benkard PatG/*Kober-Dehm*, § 24 PatG Rn. 13a; Busse/Keukenschrijver/*McGuire*, § 24 PatG Rn. 21; *J. Weisser*, GWR 2017, 134, 135.

[363] BGH, Urt. v. 05.12.1995 – X ZR 26/92, GRUR 1996, 190, 192 – *Polyferon*; BGH, Urt. v. 11.07.2017 – X ZB 2/17, Mitt. 2017, 403, Rn. 38 – *Raltegravir*; *Holzapfel*, Mitt. 2004, 391, 392; Busse/Keukenschrijver/*McGuire*, § 24 PatG Rn. 29.

[364] BGH, Urt. v. 05.12.1995 – X ZR 26/92, GRUR 1996, 190, 192 – *Polyferon*; BPatG, Urt. v. 07.06.1991 – 3 Li 1/90, GRUR 1994, 98, 100 – *Zwangslizenz*.

[365] BGH, Urt. v. 05.12.1995 – X ZR 26/92, GRUR 1996, 190, 192 – *Polyferon* (mit Beispielen aus Reichsgerichtsentscheidungen der Jahre 1913-1936); Busse/Keukenschrijver/*McGuire*, § 24 PatG Rn. 29.

[366] BGH, Urt. v. 05.12.1995 – X ZR 26/92, GRUR 1996, 190, 192 – *Polyferon*; BPatG, Urt. v. 31.08.2016 – 3 LiQ 1/16 (EP), GRUR 2017, 373, Rn. 62 – *Isentress I*; Schulte/*Rinken*, § 24 PatG Rn. 12.

[367] BGH, Urt. v. 05.12.1995 – X ZR 26/92, GRUR 1996, 190, 192 – *Polyferon*; BGH, Urt. v. 11.07.2017 – X ZB 2/17, Mitt. 2017, 403, Rn. 38 – *Raltegravir*.

[368] BGH, Urt. v. 05.12.1995 – X ZR 26/92, GRUR 1996, 190, 192 – *Polyferon*; BGH, Urt. v. 11.07.2017 – X ZB 2/17, Mitt. 2017, 403, Rn. 38 – *Raltegravir*; BPatG, Urt. v. 31.08.2016 – 3 LiQ 1/16 (EP), GRUR 2017, 373, Rn. 62 – *Isentress I*; BPatG, Urt. v. 06.09.2018 – 3 LiQ 1/18 (EP), Mitt. 2019, 117, 120 – *Praluent*.

eine Rolle spielen, ist aber keine zwingende Voraussetzung.[369] Als besondere Umstände kommen insbesondere „technische, wirtschaftliche, sozialpolitische und medizinische Gesichtspunkte"[370] in Betracht.[371] Ob diese eine Zwangslizenzerteilung gerade an diesen Lizenzsucher rechtfertigen, ist im Einzelfall unter Berücksichtigung der widerstreitenden Interessen und des Grundsatzes der Verhältnismäßigkeit zu eruieren.[372]

aa) Technische Aspekte

In technischer Hinsicht soll der Entwicklungsfortschritt nicht durch ein Patent blockiert werden.[373] Gerade in für die Allgemeinheit besonders relevanten Technologiebereichen und bei bedeutsamen Erfindungen besteht ein grundsätzliches Interesse an der Fortentwicklung technischer Errungenschaften.[374] Allerdings wird nach heutiger Rechtslage eine solche Interessenlage vor allem den mittlerweile kodifizierten Sonderfällen für von einem anderen Patent abhängige Erfindungen oder Sortenschutzrechte gemäß § 24 Abs. 2 und 3 PatG unterfallen.[375]

bb) Wirtschaftliche Aspekte

Unter wirtschaftlichen Gesichtspunkten kann eine mangelhafte Deckung des inländischen Bedarfs mit bestimmten Produkten eine Rolle spielen.[376] Auch dafür steht aber mittlerweile eine gesonderte Normierung nach § 24 Abs. 5 PatG bereit. Ob die bloße Ersparnis teurerer Importe[377] oder die Ermöglichung einer wirtschaftlicheren Arbeitsweise[378] ein öffentliches Interesse in wirtschaftlicher Hinsicht begründen können, ist nach heutiger marktwirtschaftlicher Betrachtung zweifelhaft.[379]

---

[369] BGH, Urt. v. 05.12.1995 – X ZR 26/92, GRUR 1996, 190, 192 – *Polyferon; Buhrow/J.B. Nordemann*, GRUR Int. 2005, 407, 409; *Mes*, PatG, § 24 PatG Rn. 14.

[370] BGH, Urt. v. 05.12.1995 – X ZR 26/92, GRUR 1996, 190, 192–193 – *Polyferon.*

[371] Benkard PatG/*Kober-Dehm*, § 24 PatG Rn. 17; Busse/Keukenschrijver/*McGuire*, § 24 PatG Rn. 27.

[372] BGH, Urt. v. 05.12.1995 – X ZR 26/92, GRUR 1996, 190, 193 – *Polyferon*; BGH, Urt. v. 13.07.2004 – KZR 40/02, GRUR 2004, 966, 967 – *Standard-Spundfass*; BGH, Urt. v. 11.07.2017 – X ZB 2/17, Mitt. 2017, 403, Rn. 37-38 – *Raltegravir*; BPatG, Urt. v. 31.08.2016 – 3 LiQ 1/16 (EP), GRUR 2017, 373, Rn. 62-64 – *Isentress I*; *Melullis*, GRUR 2021, 294, 296.

[373] RG, Beschl. v. 11.02.1903 – I 291/02, RGZ 54, 4, 5; RG, Urt. v. 08.11.1913 – I 153/13, RGZ 83, 274, 278 – *Quecksilbergleichrichter.*

[374] RG, Urt. v. 08.11.1913 – I 153/13, RGZ 83, 274, 277 – *Quecksilbergleichrichter*; Benkard PatG/*Kober-Dehm*, § 24 PatG Rn. 18.

[375] Haedicke/Timmann/*Haedicke/Wollenschlaeger*, § 16 Rn. 281; Benkard PatG/*Kober-Dehm*, § 24 PatG Rn. 18.

[376] RG, Urt. v. 27.05.1918 – I 89/17, RGZ 93, 50, 53.

[377] RG, Urt. v. 20.01.1923 – I 324/21, RGZ 106, 214, 216 – *Platin.*

[378] RG, Urt. v. 26.11.1930 – I 295/28, RGZ 130, 360, 363, 367 – *Gleisrückmaschine III.*

[379] Haedicke/Timmann/*Haedicke/Wollenschlaeger*, § 16 Rn. 282.

Eine kartellrechtlich relevante Wettbewerbsbeschränkung kann hingegen ein Argument für das öffentliche Interesse an einer Zwangslizenz sein.[380] Das Interesse an einem funktionierenden Wettbewerb ist jedoch mit dem öffentlichen Interesse im Sinne des § 24 PatG nicht gleichzusetzen.[381] Eine Wettbewerbsbeschränkung ist weder notwendig, um ein öffentliches Interesse im Sinne der Norm zu begründen, noch reicht sie allein für die Annahme desselben aus.[382]

cc) Sozialpolitische Aspekte

In sozialpolitischer Hinsicht wurden drohende Betriebsschließungen und die damit verbundene Erhöhung der Arbeitslosenzahlen berücksichtigt, wobei dies unter dem Eindruck der sozialen Probleme infolge des ersten Weltkrieges bzw. der Weltwirtschaftskrise des Jahres 1929 und der Folgejahre geschah.[383] Eher in heutige Zeiten übertragbar sind die Annahme eines öffentlichen Interesses an einer erhöhten Sicherheit am Arbeitsplatz[384] sowie Verbesserungen der Hygiene in der Produktion von Lebensmitteln.[385] Fragen des Umwelt- und Klimaschutzes können hier in Zukunft möglicherweise ebenfalls eine Zwangslizenzerteilung rechtfertigen.[386]

dd) Medizinische Aspekte

Der Schwerpunkt der Fälle patentrechtlicher Zwangslizenzen lag in jüngerer Zeit jedoch bei Patenten im Arzneimittelbereich und somit bei der Begründung des öffentlichen Interesses nach medizinischen Gesichtspunkten.[387] Hierbei kann das Interesse Dritter, die als Patienten auf die Verfügbarkeit eines bestimmten Medizinprodukts angewiesen sind, ein öffentliches Interesse im

---

[380] Benkard PatG/*Kober-Dehm*, § 24 PatG Rn. 19.

[381] KK KartellR/*Busche*, Art. 102 AEUV Rn. 186.

[382] BGH, Urt. v. 13.07.2004 – KZR 40/02, GRUR 2004, 966, 967 – *Standard-Spundfass*; Buhrow/J.B. *Nordemann*, GRUR Int. 2005, 407, 409; MüKo WettbR Bd. II/*M. Wolf*, § 19 GWB Rn. 15.

[383] RG, Urt. v. 11.03.1926 – I 243.244/25, RGZ 113, 115, 118; RG, Urt. v. 24.01.1934 – I 37/33, RGZ 143, 223, 226 – *Tonaufnahmeverfahren*.

[384] RG, Beschl. v. 11.02.1903 – I 291/02, RGZ 54, 4.

[385] RG, Urt. v. 30.11.1929 – I 76/29, RGZ 126, 266, 270 – *Teigauflageplatte*; Busse/Keukenschrijver/*McGuire*, § 24 PatG Rn. 35; *Melullis*, GRUR 2021, 294, 298.

[386] *Ann*, PatR, § 34 Rn. 109; Haedicke/Timmann/*Haedicke/Wollenschlaeger*, § 16 Rn. 283.

[387] BGH, Urt. v. 11.07.2017 – X ZB 2/17, Mitt. 2017, 403 – *Raltegravir*; BGH, Urt. v. 04.06.2019 – X ZB 2/19, Mitt. 2019, 400 – *Alirocumab*; BPatG, Urt. v. 31.08.2016 – 3 LiQ 1/16 (EP), GRUR 2017, 373 – *Isentress I*; BPatG, Urt. v. 21.11.2017 – 3 Li 1/16 (EP), GRUR 2018, 803 – *Isentress II*; BPatG, Urt. v. 06.09.2018 – 3 LiQ 1/18 (EP), Mitt. 2019, 117 – *Praluent*.

Sinne des § 24 Abs. 1 Nr. 2 PatG begründen.[388] Dafür bedarf es keiner gesundheitlichen Betroffenheit der Gesellschaft in der Breite.[389] Es genügen die Belange auch kleinerer Patientengruppen, insbesondere wenn für diese ohne das infrage stehende Medikament besonders hohe Risiken bestünden.[390]

Es besteht jedoch kein öffentliches Interesse an der Verfügbarkeit einer Arznei, wenn eine vergleichbare Alternative am Markt erhältlich ist.[391] An einer Gleichwertigkeit anderer Medikamente fehlt es aber, wenn das bezüglich der Zwangslizenz infrage stehende Medikament besondere therapeutische Eigenschaften, eine bessere Wirksamkeit oder geringere Nebenwirkungen aufweist.[392] Insbesondere bei einer durch das fragliche Arzneimittel erreichten statistisch relevanten Reduzierung des Risikos, an einer Krankheit zu versterben, kann ein öffentliches Interesse an der Verfügbarkeit bejaht werden.[393] Je schwerer eine Krankheit und je schlechter die vorhandenen Behandlungsmöglichkeiten, desto eher sind auch nur geringe Vorteile durch ein bestimmtes Medikament in der Abwägung zu berücksichtigen.[394] Gibt es Alternativen, ist in die Abwägung einzubeziehen, welche Gefahren eine Medikamentenumstellung für Patienten mit sich bringt, sodass eine Weiterbehandlung gerade mit dem infrage stehenden Medikament im öffentlichen Interesse geboten sein kann.[395]

2.   Sonderfälle

Für bestimmte Fallgestaltungen sehen § 24 Abs. 2-5 PatG sowie die EU-Zwangslizenzverordnung[396] weitere Grundlagen für eine patentrechtliche Zwangslizenz vor.

---

[388]   BGH, Urt. v. 05.12.1995 – X ZR 26/92, GRUR 1996, 190, 193 – *Polyferon*; BPatG, Urt. v. 31.08.2016 – 3 LiQ 1/16 (EP), GRUR 2017, 373, Rn. 99 – *Isentress I*; Busche, GRUR 2021, 157, 159.

[389]   Busse/Keukenschrijver/*McGuire*, § 24 PatG Rn. 32.

[390]   BGH, Urt. v. 11.07.2017 – X ZB 2/17, Mitt. 2017, 403, Rn. 49 – *Raltegravir*; *Mes*, PatG, § 24 PatG Rn. 19.

[391]   BGH, Urt. v. 03.06.1970 – X ZB 10/70, GRUR 1972, 471, 472 – *Cafilon*; BGH, Urt. v. 05.12.1995 – X ZR 26/92, GRUR 1996, 190, 193 – *Polyferon*; BGH, Urt. v. 11.07.2017 – X ZB 2/17, Mitt. 2017, 403, Rn. 39 – *Raltegravir*; BGH, Urt. v. 04.06.2019 – X ZB 2/19, Mitt. 2019, 400, Rn. 32 – *Alirocumab*.

[392]   BGH, Urt. v. 05.12.1995 – X ZR 26/92, GRUR 1996, 190, 193 – *Polyferon*; BGH, Urt. v. 11.07.2017 – X ZB 2/17, Mitt. 2017, 403, Rn. 39 – *Raltegravir*; BGH, Urt. v. 04.06.2019 – X ZB 2/19, Mitt. 2019, 400, Rn. 32 – *Alirocumab*; *Bacher*, FS Rojahn (2021), 133, 138.

[393]   BGH, Urt. v. 04.06.2019 – X ZB 2/19, Mitt. 2019, 400, Rn. 33-35 – *Alirocumab* (Hier wurde eine statistisch relevante Senkung der Mortalitätsrate aber verneint.).

[394]   Benkard PatG/*Kober-Dehm*, § 24 PatG Rn. 21.

[395]   BGH, Urt. v. 11.07.2017 – X ZB 2/17, Mitt. 2017, 403, Rn. 64-71 – *Raltegravir*.

[396]   Verordnung (EG) Nr. 816/2006 des Europäischen Parlaments und des Rates vom 17. Mai 2006 über Zwangslizenzen für Patente an der Herstellung von pharmazeutischen Erzeugnissen für die Ausfuhr in Länder mit Problemen im Bereich der öffentlichen Gesundheit, ABl. 2006 L157 S. 1.

a)   Abhängige Erfindung oder Sortenschutzrecht, § 24 Abs. 2, 3 PatG

Der Inhaber eines Patents oder eines Sortenschutzrechtes, der für die Verwertung seines Rechts zwingend auf die Nutzung eines älteren Patents angewiesen ist, kann eine patentrechtliche Zwangslizenz beanspruchen, wenn er sich erfolglos um eine Lizenzierung bemüht hat und wenn seine Erfindung bzw. Pflanzenzüchtung im Vergleich mit dem älteren Patent einen wichtigen technischen Fortschritt von erheblicher wirtschaftlicher Bedeutung aufweist.[397] Für das Vorliegen eines solchen Fortschritts kommt es darauf an, ob die Erfindung eine über die üblichen Anforderungen der Neuheit und des erfinderischen Schritts hinaus überdurchschnittliche Bereicherung im Vergleich zum im entsprechenden Fachbereich Vorbekannten darstellt.[398] Die erhebliche wirtschaftliche Bedeutung muss dabei objektiv und nicht nur für den Lizenzsucher vorliegen.[399] Eines darüber hinausgehenden öffentlichen Interesses bedarf es nicht.[400]

b)   Halbleitertechnologie, § 24 Abs. 4 PatG

Für Erfindungen auf dem Gebiet der Halbleitertechnologie definiert § 24 Abs. 4 PatG im Einklang mit Art. 31 lit. c TRIPS zwei zu den Anforderungen des Grundtatbestands aus § 24 Abs. 1 PatG hinzutretende Voraussetzungen: Zusätzlich erforderlich sind ein kartellrechtswidriges Verhalten des Patentinhabers und die Erforderlichkeit der patentrechtlichen Zwangslizenz zur Behebung desselben.[401] Die Kartellrechtswidrigkeit muss außerhalb des Zwangslizenzverfahrens durch die zuständige Kartellbehörde bzw. in einem gerichtlichen Verfahren, in dem der Patentinhaber gegen eine daraus folgende Untersagung der wettbewerbswidrigen Praxis vorgeht, bereits festgestellt sein.[402] An diese Feststellung ist das BPatG im Verfahren um die patentrechtliche Zwangslizenz gebunden, hat aber – neben den ohnehin zu beachtenden Voraussetzungen des § 24 Abs. 1 PatG – zu prüfen, ob die patentrechtliche Zwangslizenz zur Beseitigung der kartellrechtswidrigen Praxis erforderlich ist.[403]

---

[397]   Benkard PatG/*Kober-Dehm*, § 24 PatG Rn. 22, 25; *Mes*, PatG, § 24 PatG Rn. 20-22.
[398]   *Leitzen/Kleinevoss*, Mitt. 2005, 198, 202; Busse/Keukenschrijver/*McGuire*, § 24 PatG Rn. 48.
[399]   Büscher/Dittmer/Schiwy/*Kanz*, § 24 PatG Rn. 18; *Leitzen/Kleinevoss*, Mitt. 2005, 198, 203; BeckOK PatR/*Wilhelmi*, § 24 PatG Rn. 37.
[400]   *Ann*, PatR, § 34 Rn. 116; *Goddar*, GRUR 2021, 196, 197; Busse/Keukenschrijver/*McGuire*, § 24 PatG Rn. 43.
[401]   Haedicke/Timmann/*Haedicke/Wollenschlaeger*, § 16 Rn. 292; BeckOK PatR/*Wilhelmi*, § 24 PatG Rn. 40.
[402]   Benkard PatG/*Kober-Dehm*, § 24 PatG Rn. 26; Busse/Keukenschrijver/*McGuire*, § 24 PatG Rn. 59.
[403]   *Mes*, PatG, § 24 PatG Rn. 27; BeckOK PatR/*Wilhelmi*, § 24 PatG Rn. 41.

c) Unzureichende Inlandsversorgung, § 24 Abs. 5 PatG

§ 24 Abs. 5 PatG legt fest, dass eine patentrechtliche Zwangslizenz unter den Voraussetzungen des Grundtatbestands des Abs. 1 erteilt werden kann, um die Inlandsversorgung mit dem patentierten Erzeugnis sicherzustellen, wenn der Patentinhaber die patentierte Erfindung nicht oder nicht überwiegend im Inland ausübt. Dabei sind aber Importe einer Ausübung im Inland gemäß § 24 Abs. 5 S. 2 PatG gleichzustellen. Daraus ergibt sich, dass eine patentrechtliche Zwangslizenz aus Gründen mangelnder Inlandsversorgung dann nicht erteilt werden kann, wenn eine vollständige oder überwiegende inländische Produktion oder entsprechende Importe des Patentinhabers bestehen.[404] Eine mit Blick auf die Inlandsversorgung erteilte Zwangslizenz muss geeignet sein, die inländische Versorgung zu verbessern und auf diese gerichtet sein, diese aber nicht komplett abdecken.[405]

d) EU-Zwangslizenzverordnung

Für den Bereich pharmazeutischer Produkte kann unabhängig von § 24 PatG eine Zwangslizenz nach der EU-Zwangslizenzverordnung erteilt werden, wenn diese Erzeugnisse in besonders wenig entwickelte oder wirtschaftsschwache Länder ohne eigene nennenswerte medizinische Produktion oder zur Bekämpfung dortiger Defizite im Bereich der öffentlichen Gesundheit ausgeführt werden sollen.[406] Zuvor müssen in der Regel Lizenzierungsbemühungen gescheitert sein.[407] Zuständig ist in Deutschland in erster Instanz gemäß §§ 65, 85a PatG auch hier das BPatG.[408] Angesichts hoher Produktionskosten in Deutschland ist eine solche Zwangslizenz zur Ausfuhr in Länder mit niedrigem Preisniveau allerdings für Produzenten, die in andere Weltregionen ausweichen können, in der Regel wirtschaftlich uninteressant.[409]

III. Bedeutung für SEP-Fälle

Die patentrechtliche Zwangslizenz ist in der Praxis ein selten bemühtes und noch seltener erfolgreiches Mittel zur Einhegung der Ausschließungsbefugnis des Patentinhabers.[410] Soweit ersichtlich hat das BPatG seit seiner Errichtung 1961 erst in zwei Fällen die Voraussetzungen der

---

[404] *Ann*, PatR, § 34 Rn. 88; Benkard PatG/*Kober-Dehm*, § 24 PatG Rn. 27.

[405] Büscher/Dittmer/Schiwy/*Kanz*, § 24 PatG Rn. 22; Benkard PatG/*Kober-Dehm*, § 24 PatG Rn. 27.

[406] Haedicke/Timmann/*Haedicke/Wollenschlaeger*, § 16 Rn. 330; Schulte/*Rinken*, § 24 PatG Rn. 39, 42; *Stierle*, JZ 2021, 71, 76; BeckOK PatR/*Wilhelmi*, § 24 PatG Rn. 89.

[407] Benkard PatG/*Kober-Dehm*, § 24 PatG Rn. 49; *Krauß*, Mitt. 2007, 250, 251; *Mes*, PatG, § 24 PatG Rn. 51.

[408] *Mes*, PatG, § 24 PatG Rn. 54; Schulte/*Rinken*, § 24 PatG Rn. 46.

[409] *Beyerlein*, PharmR 2007, 271, 272.

[410] Götting/Meyer/Vormbrock/*Götting*, § 6 Rn. 166; Haedicke/Timmann/*Haedicke/Wollenschlaeger*, § 16 Rn. 263; Benkard PatG/*Kober-Dehm*, § 24 PatG Rn. 4; *Pfanner*, GRUR Int. 1985, 357, 371.

Zwangslizenz als gegeben[411] bzw. glaubhaft gemacht[412] angesehen. Im ersten Fall lehnte der BGH in der Berufung eine Zwangslizenzerteilung entgegen dem BPatG jedoch ab.[413] Die Entscheidung im zweiten Fall bestätigte er.[414] Jenseits der geringen zahlenmäßig erfassbaren tatsächlichen Beanspruchung des Instruments der patentrechtlichen Zwangslizenz durch Lizenzsucher ist aber eine mittelbare Wirkung der Zwangslizenz im Sinne einer Förderung der Lizenzierungsbereitschaft des Patentinhabers vor dem Hintergrund der ansonsten drohenden Möglichkeit einer Zwangslizenzierung nicht auszuschließen.[415]

Die geringe zahlenmäßige Bedeutung lässt sich mit den durch die beschriebenen Voraussetzungen durchaus hohen Hürden für die Zwangslizenzerteilung, die der Eingriffsintensität in das Ausschließlichkeitsrecht des Patentinhabers Tribut zollen, erklären.[416] Insbesondere das öffentliche Interesse an der Erteilung macht dem Interesse des Patentinhabers gegenüberstehende Belange von solchem Gewicht erforderlich, dass diese den Grundrechtseingriff durch Erteilung einer Zwangslizenz rechtfertigen.[417] In Betracht kommen solche Belange – wie das Fallmaterial der jüngeren Zeit zeigt – heutzutage vor allem im Arzneimittelsektor, wenn gewichtige Rechtsgüter wie das Leben und die Gesundheit Eingang in die Abwägung finden.[418]

Diese hohen Voraussetzungen verhindern es auch, dass die patentrechtliche Zwangslizenz bei SEP eine Rolle als Mittel zur Abfederung von SEP-spezifischen Problemen bei der uneingeschränkten Durchsetzung des patentrechtlichen Unterlassungsanspruchs spielt. Insbesondere können bei SEP mögliche Wettbewerbsbeeinträchtigungen bei der Beurteilung eines öffentlichen Interesses, wie beschrieben, zwar berücksichtigt werden, erfüllen die Erteilungsvoraussetzungen der Zwangslizenz aber nicht ohne Weiteres. Ausdrückliche Erteilungsvoraussetzung ist die wettbewerbsrechtliche Relevanz nur im Sonderfall der Halbleitertechnologie, wobei diese Voraussetzung zur Anforderung des öffentlichen Interesses zusätzlich hinzutritt.

Zudem kommt die patentrechtliche Zwangslizenz angesichts ihrer Wirkung erst ab rechtskräftiger Erteilung oder bei Erlass einer entsprechenden einstweiligen Verfügung im Zwangslizenz-

---

[411] BPatG, Urt. v. 07.06.1991 – 3 Li 1/90, GRUR 1994, 98 – *Zwangslizenz*.

[412] Im Rahmen einer vorläufigen Gestattung gemäß § 85 PatG durch einstweilige Verfügung: BPatG, Urt. v. 31.08.2016 – 3 LiQ 1/16 (EP), GRUR 2017, 373 – *Isentress I*.

[413] BGH, Urt. v. 05.12.1995 – X ZR 26/92, GRUR 1996, 190 – *Polyferon*.

[414] BGH, Urt. v. 11.07.2017 – X ZB 2/17, Mitt. 2017, 403 – *Raltegravir*; *Bacher*, FS Rojahn (2021), 133, 135; *A. Fuchs*, FS Büscher (2018), 621.

[415] *Ann*, PatR, § 34 Rn. 107; *Beier*, GRUR 1998, 185, 189; *Buhrow/J.B. Nordemann*, GRUR Int. 2005, 407, 409; *Pfanner*, GRUR Int. 1985, 357, 371.

[416] *Busche*, GRUR 2021, 157, 159; Haedicke/Timmann/*Haedicke/Wollenschlaeger*, § 16 Rn. 263; Büscher/Dittmer/Schiwy/*Kanz*, § 24 PatG Rn. 3; Busse/Keukenschrijver/*McGuire*, § 24 PatG Rn. 9; *Scheffler*, GRUR 2003, 97, 99.

[417] BPatG, Urt. v. 31.08.2016 – 3 LiQ 1/16 (EP), GRUR 2017, 373, Rn. 113, 122 – *Isentress I*; *Holtorf/Traumann*, GRUR-Prax 2019, 416; *Scheffler*, GRUR 2003, 97, 99.

[418] *Fock*, IPRB 2017, 242, 244; *Holtorf/Traumann*, GRUR-Prax 2017, 437; *dies.*, GRUR-Prax 2018, 295, 296–297; *Sakowski*, Mitt. 2017, 409, 410; *Slowinski*, IIC 2018, 125, 129.

verfahren als Verteidigungsmittel im Patentverletzungsprozess selbst bei Vorliegen ihrer Voraussetzungen vorher nicht infrage. Ein Verletzer hat im Standardisierungskontext wegen der häufig großen Anzahl an SEP in einem Standard von der Verletzung eines bestimmten SEP aber nicht zwingend Kenntnis.[419] Wenn er erst durch Mitteilung des Patentinhabers vor dem Hintergrund eines drohenden Verletzungsprozesses oder gar durch die Klageerhebung von der angeblichen Verletzung erfährt, nützt ihm die Möglichkeit der patentrechtlichen Zwangslizenz in dieser Situation der Inanspruchnahme durch den Patentinhaber nur etwas, wenn es ihm gelingt, eine einstweilige Verfügung im Zwangslizenzverfahren zu erstreiten, deren hohe Voraussetzungen nur in Ausnahmefällen gegeben sind.

Somit kann die Zwangslizenz im Überschneidungsbereich mit weiteren, die Standardisierungsproblematik verstärkenden Faktoren, insbesondere bei der Betroffenheit von Drittinteressen im medizinischen Bereich, zwar auch bei SEP heranzuziehen sein. Auf die besondere Situation von SEP und die durch Standardisierungen verursachten Probleme ist die patentrechtliche Zwangslizenz – mag sie an sich bei Vorliegen ihrer Voraussetzungen ein wirkmächtiges Mittel zur Einschränkung der patentinhaberseitigen Befugnisse sein – schlicht nicht zugeschnitten.

B. Lizenzbereitschaftserklärung gemäß § 23 PatG

Anders als bei der gegen den Willen des Patentinhabers erteilten patentrechtlichen Zwangslizenz handelt es sich beim Instrument der Lizenzbereitschaftserklärung im Sinne des § 23 PatG um eine vom Patentinhaber initiierte Selbstbeschränkung.[420]

I. Inhalt

Gemäß § 23 Abs. 1 PatG kann sich der Patentanmelder oder der im Patentregister als Patentinhaber Eingetragene[421] gegenüber dem DPMA schriftlich bereiterklären, jedermann die Benutzung der Erfindung gegen Zahlung einer angemessenen Vergütung zu gestatten.[422]

---

[419] EuGH, Urt. v. 16.07.2015 – C-170/13, GRUR 2015, 764, Rn. 62 – *Huawei/ZTE*.
[420] Busse/Keukenschrijver/*McGuire*, § 23 PatG Rn. 12.
[421] Im Folgenden einheitlich und der Diktion der weiteren Absätze des § 23 PatG folgend: der Patentinhaber.
[422] BPatG, Beschl. v. 28.03.2017 – 7 W (pat) 22/15, GRUR 2017, 1025, 1026 – *Rücknahme der Lizenzbereitschaftserklärung II*.

1. Wirkung der Lizenzbereitschaftserklärung

Mit der Lizenzbereitschaftserklärung verzichtet der Patentinhaber teilweise auf sein Recht, andere von der Nutzung der geschützten technischen Lehre auszuschließen.[423] Somit handelt es sich bei der Lizenzbereitschaftserklärung gemäß § 23 PatG um eine Verfügung mit materiell-rechtlicher, das Schutzrecht beschränkender Wirkung.[424]

Zeigt ein Nutzungsinteressent in der Folge dem Patentinhaber seine Nutzungsabsicht an, so entsteht gemäß § 23 Abs. 3 S. 4 PatG mit dieser Benutzungsanzeige das die angezeigte Nutzung legitimierende Nutzungsrecht nach Art eines Lizenzverhältnisses.[425] Das Nutzungsrecht umfasst eine einfache, nicht ausschließliche Lizenz für die angezeigte Benutzung.[426] Es entsteht *ex nunc*, sodass vorher erfolgte Nutzungen rechtswidrig bleiben.[427] Eines gesonderten Lizenzvertragsschlusses bedarf es zur Begründung dieses gesetzlich definierten, aber privatrechtlich einzuordnenden und vergütungspflichtigen Schuldverhältnisses (Legalschuldverhältnis) nicht.[428] Wegen des durch die Lizenzbereitschaftserklärung getätigten Teilverzichts auf seine Ausschließlichkeitsbefugnisse steht dem Patentinhaber kein Ablehnungsrecht in Reaktion auf eine Benutzungsanzeige zu.[429] Ebenso kann der Patentinhaber bei in Kraft stehender Lizenzbereitschaftserklärung keine ausschließliche Lizenz mehr erteilen.[430]

Für den Patentinhaber ermäßigen sich gemäß § 23 Abs. 1 S. 1 PatG kraft Gesetz die nach dem Eingang der Lizenzbereitschaftserklärung beim DPMA anfallenden Jahresgebühren, die dort für die Aufrechterhaltung des Patents gemäß § 17 PatG entrichtet werden müssen.[431] Diese Ermäßigung gilt nicht für andere Verfahrensgebühren oder die bei europäischen Patenten anfallenden Gebühren des EPA.[432]

---

[423] BPatG, Beschl. v. 23.11.1976 – 4 W (pat) 79/76, GRUR 1977, 662; BPatG, Beschl. v. 20.03.1996 – 4 W (pat) 45/95, GRUR 1996, 477.

[424] BPatG, Beschl. v. 23.11.1976 – 4 W (pat) 79/76, GRUR 1977, 662; BPatG, Beschl. v. 24.07.1981 – 4 W (pat) 63/80, BlPMZ 1982, 129, 130.

[425] LG Düsseldorf, Urt. v. 13.06.2001 – 4 O 204/00, InstGE 1, 33, 35 – *Mehrfachkontaktanordnung*; Benkard PatG/*Kober-Dehm*, § 23 PatG Rn. 8; *Kühnen*, Hdb. Patentverletzung, Kap. E Rn. 757.

[426] Benkard PatG/*Kober-Dehm*, § 23 PatG Rn. 12; BeckOK PatR/*Wilhelmi*, § 23 PatG Rn. 26.

[427] LG Düsseldorf, Urt. v. 13.06.2001 – 4 O 204/00, InstGE 1, 33, 36 – *Mehrfachkontaktanordnung*; *Kühnen*, Hdb. Patentverletzung, Kap. E Rn. 759.

[428] *Mes*, PatG, § 23 PatG Rn. 9; Schulte/*Rinken*, § 23 PatG Rn. 21.

[429] BPatG, Beschl. v. 09.07.2003 – 10 W (pat) 93/99, BlPMZ 2004, 193, 195 – *Rücknahme der Lizenzbereitschaftserklärung I*; *Eggert*, GRUR 1972, 231; Schulte/*Rinken*, § 23 PatG Rn. 21.

[430] Benkard PatG/*Kober-Dehm*, § 23 PatG Rn. 9; BeckOK PatR/*Wilhelmi*, § 23 PatG Rn. 19.

[431] BPatG, Beschl. v. 28.03.2017 – 7 W (pat) 22/15, GRUR 2017, 1025, 1026 – *Rücknahme der Lizenzbereitschaftserklärung II*; Busse/Keukenschrijver/*McGuire*, § 23 PatG Rn. 30.

[432] Benkard PatG/*Kober-Dehm*, § 23 PatG Rn. 3a, 7; Büscher/Dittmer/Schiwy/*Lunze*, § 23 PatG Rn. 4.

2. Vergütung und Beendigung

Mit der Berechtigung zur Nutzung geht für den Lizenznehmer gemäß § 23 Abs. 3 S. 4 PatG die Pflicht zur kalendervierteljährlichen Rechnungslegung und Vergütungszahlung einher.[433] Die Lizenzgebührenhöhe kann durch Einigung zwischen dem Patentinhaber und dem Patentnutzer zustande kommen, aber auch gemäß § 23 Abs. 4 PatG auf Antrag durch das DPMA festgesetzt werden.[434] Zudem können Streitigkeiten über die Höhe einer angemessenen Vergütung auch vor den ordentlichen Gerichten etwa im Zusammenhang mit einer Zahlungsklage ausgetragen werden.[435] Kommt es zu einer Festsetzung durch das DPMA, so ist diese für die Parteien allerdings auch im Rechtsstreit vor den ordentlichen Gerichten hinsichtlich der Höhe der Gebühr verbindlich.[436]

Die angemessene Vergütungshöhe hängt von den jeweiligen Umständen im Einzelfall ab.[437] Das Interesse des Patentinhabers an einer seine Erfindung und ihre Veröffentlichung honorierenden Vergütung und die Belange des Patentnutzers, seiner Geschäftstätigkeit in wirtschaftlicher Weise nachgehen zu können, sind in einen gerechten Ausgleich zu bringen.[438] Dabei sind insbesondere der wirtschaftliche Wert der Erfindung, der Umfang der beabsichtigten Benutzung und die Zahl derer, die das Patent ebenfalls nutzen, zu berücksichtigen.[439] Lizenzsätze aus vergleichbaren Lizenzverträgen können für die Festsetzung der Vergütung Anhaltspunkte bieten.[440]

Verletzt der Patentnutzer seine Rechnungslegungs- und Vergütungspflicht, so hat der Patentinhaber ihm gemäß § 23 Abs. 3 S. 6 PatG eine angemessene Nachfrist zu setzen und kann erst nach deren fruchtlosem Ablauf die Weiterbenutzung der Erfindung verbieten.[441] Ist die Vergütungshöhe allerdings noch nicht vereinbart oder festgesetzt, so berechtigt eine Nichtzahlung der

---

[433] *Ann*, PatR, § 34 Rn. 1, 22; BeckOK PatR/*Wilhelmi*, § 23 PatG Rn. 28-29.

[434] Benkard PatG/*Kober-Dehm*, § 23 PatG Rn. 12-13; *L. Tochtermann*, GRUR 2020, 905, 909.

[435] LG Mannheim, Urt. v. 29.07.1955 – 7 O 27/55, GRUR 1956, 412; Busse/Keukenschrijver/*McGuire*, § 23 PatG Rn. 51; BeckOK PatR/*Wilhelmi*, § 23 PatG Rn. 33.

[436] Benkard PatG/*Kober-Dehm*, § 23 PatG Rn. 13; Busse/Keukenschrijver/*McGuire*, § 23 PatG Rn. 51.

[437] BGH, Beschl. v. 15.06.1967 – Ia ZB 13/66, GRUR 1967, 655, 657 – *Altix*.

[438] BGH, Beschl. v. 15.06.1967 – Ia ZB 13/66, GRUR 1967, 655, 657 – *Altix*; BeckOK PatR/*Wilhelmi*, § 23 PatG Rn. 38.

[439] BGH, Beschl. v. 15.06.1967 – Ia ZB 13/66, GRUR 1967, 655, 658–659 – *Altix*; Schulte/*Rinken*, § 23 PatG Rn. 28.

[440] BGH, Beschl. v. 15.06.1967 – Ia ZB 13/66, GRUR 1967, 655, 658–659 – *Altix* (Im vom BGH entschiedenen Fall waren die offengelegten Vergleichsverträge dafür allerdings ungeeignet.); Busse/Keukenschrijver/*McGuire*, § 23 PatG Rn. 44.

[441] LG Düsseldorf, Urt. v. 13.06.2001 – 4 O 204/00, InstGE 1, 33, 36 – *Mehrfachkontaktanordnung*; *Mes*, PatG, § 23 PatG Rn. 14.

Vergütung den Patentinhaber nicht zu diesem Vorgehen.[442] Eine Nachfristsetzung kann bei ernsthafter und endgültiger Verweigerung der Pflichterfüllung entbehrlich sein, wobei ein Bestreiten der Benutzung im Verletzungsprozess an sich noch keine solche Weigerung darstellt.[443]

Möchte der Patentinhaber seine Lizenzbereitschaft im Sinne des § 23 PatG nicht aufrechterhalten, so kann er die Lizenzbereitschaftserklärung gemäß § 23 Abs. 7 PatG zurücknehmen.[444] Allerdings ist dies nur solange möglich, wie dem Patentinhaber noch keine Benutzung wirksam angezeigt wurde.[445] Nimmt der Patentinhaber seine Lizenzbereitschaft zurück, entfällt die ihm zuvor zugutekommende Jahresgebührenermäßigung rückwirkend.[446] Versäumt er eine Nachzahlung dieser Gebühren im Rahmen der in § 23 Abs. 7 S. 3, 4 PatG genannten Fristen, so erlischt sein Patent gemäß § 20 Abs. 1 Nr. 2 PatG.[447]

3.   Wirkung im Patentverletzungsprozess

Wegen des teilweisen Verzichts auf sein Verbotsrecht durch die Lizenzbereitschaftserklärung kann der Patentinhaber nicht gegen Benutzungen vorgehen, die ihm vorab angezeigt wurden und im Rahmen des so entstandenen Benutzungsrechts daher rechtmäßig erfolgen.[448] Einem im Verletzungsprozess verfolgten, diese Benutzungen betreffenden Abwehranspruch kann der beklagte Patentnutzer das durch die Lizenzbereitschaftserklärung und die Benutzungsanzeige zustande gekommene Lizenzverhältnis entgegenhalten.[449] Vor Benutzungsanzeige erfolgte Nutzungen unterliegen aber weiterhin dem Verbotsrecht des Patentinhabers, sodass solche Nutzungen betreffende Ansprüche (z.B. auf Schadensersatz) weiterhin durchgesetzt werden können.[450]

---

[442]   OLG Nürnberg, Urt. v. 18.07.1995 – 3 U 1166/95, GRUR 1996, 48, 49; BeckOK PatR/*Wilhelmi*, § 23 PatG Rn. 30.

[443]   LG Düsseldorf, Urt. v. 13.06.2001 – 4 O 204/00, InstGE 1, 33, 36–37 – *Mehrfachkontaktanordnung*; *Kühnen*, Hdb. Patentverletzung, Kap. E Rn. 760.

[444]   BPatG, Beschl. v. 28.03.2017 – 7 W (pat) 22/15, GRUR 2017, 1025, 1026 – *Rücknahme der Lizenzbereitschaftserklärung II*.

[445]   BPatG, Beschl. v. 09.07.2003 – 10 W (pat) 93/99, BlPMZ 2004, 193, 194–195 – *Rücknahme der Lizenzbereitschaftserklärung I*; BPatG, Beschl. v. 28.03.2017 – 7 W (pat) 22/15, GRUR 2017, 1025 – *Rücknahme der Lizenzbereitschaftserklärung II*.

[446]   BPatG, Beschl. v. 28.03.2017 – 7 W (pat) 22/15, GRUR 2017, 1025, 1026 – *Rücknahme der Lizenzbereitschaftserklärung II*; Benkard PatG/*Kober-Dehm*, § 23 PatG Rn. 10a.

[447]   *Ann*, PatR, § 34 Rn. 18; Busse/Keukenschrijver/*McGuire*, § 23 PatG Rn. 55.

[448]   OLG Nürnberg, Urt. v. 18.07.1995 – 3 U 1166/95, GRUR 1996, 48–49; Benkard PatG/*Kober-Dehm*, § 23 PatG Rn. 4, 12; *Mes*, PatG, § 23 PatG Rn. 9.

[449]   OLG Nürnberg, Urt. v. 18.07.1995 – 3 U 1166/95, GRUR 1996, 48–49 (hier allerdings im Kontext eines Vorgehens gegen eine unberechtigte Abnehmerverwarnung); LG Düsseldorf, Urt. v. 13.06.2001 – 4 O 204/00, InstGE 1, 33, 35 – *Mehrfachkontaktanordnung*; Busse/Keukenschrijver/*McGuire*, § 23 PatG Rn. 40.

[450]   LG Düsseldorf, Urt. v. 13.06.2001 – 4 O 204/00, InstGE 1, 33, 36–37 – *Mehrfachkontaktanordnung*; *Kühnen*, Hdb. Patentverletzung, Kap. E Rn. 759; Busse/Keukenschrijver/*McGuire*, § 23 PatG Rn. 40.

II. Wirksamkeitsvoraussetzungen

Damit der Patentnutzer Inhaber eines Nutzungsrechts auf Grundlage des § 23 PatG werden kann, bedarf es des wirksamen Zusammenspiels zweier Erklärungen, nämlich der Erklärung der Lizenzbereitschaft durch den Patentinhaber und der Anzeige der Benutzung durch den Nutzungsinteressenten.

1. Erklärung der Lizenzbereitschaft

Eine wirksame Lizenzbereitschaftserklärung kann sowohl für ein bereits erteiltes Patent als auch für eine Patentanmeldung erklärt werden.[451] Erklärungsbefugt ist nach § 23 Abs. 1 S. 1 PatG alleinig der Patentanmelder bzw. der später als Patentinhaber im Patentregister Eingetragene.[452] Die inhaltliche Verfügungswirkung tritt aber nur ein, wenn der formal Erklärungsbefugte auch materiell am Patent berechtigt ist.[453]

Die Lizenzbereitschaftserklärung hat gemäß § 23 Abs. 1 S. 1 PatG schriftlich im Sinne des § 126 BGB gegenüber dem DPMA zu erfolgen.[454] Nach §§ 125a PatG, 130a ZPO ist aber eine Einreichung als elektronisches Dokument zulässig.[455] Gemäß § 23 Abs. 1 S. 2 PatG wird die Lizenzbereitschaftserklärung im Patentregister eingetragen und im Patentblatt veröffentlicht.[456] Die Wirksamkeit der Lizenzbereitschaftserklärung als einseitige, amtsempfangsbedürftige Willenserklärung besteht bereits ab ihrem Zugang beim DPMA.[457] Dies ist also der maßgebliche Zeitpunkt für den Beginn der Ermäßigung der nächsten fälligen Jahresgebühren.[458]

Inhaltlich muss die Erklärung zum Ausdruck bringen, dass die Bereitschaft besteht, eine Benutzung durch jedermann gegen angemessene Vergütung zu erlauben.[459] Einer juristisch exakten Benennung dieser Bereitschaft oder einer Anlehnung der Erklärung an den Gesetzeswortlaut des § 23 PatG bedarf es nicht.[460] Eine Erklärung unter Vorbehalt des Widerrufs oder unter anderen

---

[451]   Benkard PatG/*Kober-Dehm*, § 23 PatG Rn. 5; Busse/Keukenschrijver/*McGuire*, § 23 PatG Rn. 6.

[452]   BeckOK PatR/*Wilhelmi*, § 23 PatG Rn. 13.

[453]   *Ann*, PatR, § 34 Rn. 13; *Kühnen*, Hdb. Patentverletzung, Kap. E Rn. 758; str.: für Maßgeblichkeit der rein formalen Legitimation: Benkard PatG/*Kober-Dehm*, § 23 PatG Rn. 5; BeckOK PatR/*Wilhelmi*, § 23 PatG Rn. 13.

[454]   BPatG, Beschl. v. 20.03.1996 – 4 W (pat) 45/95, GRUR 1996, 477.

[455]   Benkard PatG/*Kober-Dehm*, § 23 PatG Rn. 6; Busse/Keukenschrijver/*McGuire*, § 23 PatG Rn. 20.

[456]   BPatG, Beschl. v. 23.11.1976 – 4 W (pat) 79/76, GRUR 1977, 662; *Mes*, PatG, § 23 PatG Rn. 6.

[457]   BPatG, Beschl. v. 24.07.1981 – 4 W (pat) 63/80, BlPMZ 1982, 129, 130; Busse/Keukenschrijver/*McGuire*, § 23 PatG Rn. 19, 28.

[458]   BPatG, Beschl. v. 24.07.1981 – 4 W (pat) 63/80, BlPMZ 1982, 129, 130; Benkard PatG/*Kober-Dehm*, § 23 PatG Rn. 6c, 7.

[459]   BPatG, Beschl. v. 23.11.1976 – 4 W (pat) 79/76, GRUR 1977, 662; BeckOK PatR/*Wilhelmi*, § 23 PatG Rn. 9.

[460]   BPatG, Beschl. v. 23.11.1976 – 4 W (pat) 79/76, GRUR 1977, 662.

Bedingungen ist allerdings nicht möglich.[461] Ebenfalls unzulässig ist eine Lizenzbereitschaftserklärung gemäß § 23 Abs. 2 PatG, wenn eine ausschließliche Lizenz im Patentregister vermerkt bzw. ein Antrag auf Eintragung eines solchen Vermerks gestellt ist.[462] Da eine ausschließliche Lizenz vor dem Hintergrund des § 15 Abs. 3 PatG aufgrund des Prioritätsgrundsatzes im Ergebnis ein über § 23 PatG vermitteltes Nutzungsrecht und damit die Funktion der Regelung hindern würde, kann auch ohne einen Vermerk oder Eintragungsantrag der ausschließlichen Lizenz im Patentregister eine Lizenzbereitschaftserklärung ihre Wirkung nicht mehr entfalten und ist daher ebenso unzulässig.[463]

Von der Lizenzbereitschaftserklärung gemäß § 23 PatG zu unterscheiden ist die unverbindliche Lizenzinteresseerklärung eines Patentinhabers gegenüber dem DPMA.[464] Letztere ist gesetzlich nicht geregelt und wurde vom DPMA durch Mitteilung vom 01.07.1985 eingeführt.[465] Sie dient lediglich zu Informationszwecken und entfaltet keine rechtliche Wirkung.[466] Mit der unverbindlichen Lizenzinteresseerklärung teilt der Patentinhaber dem DPMA lediglich mit, dass er einfache oder ausschließliche Lizenzen vergeben möchte, was sodann im Patentregister vermerkt und im Patentblatt veröffentlicht wird, aber jederzeit widerruflich ist.[467] Nutzungsinteressenten können so auf eine Lizenzierungsmöglichkeit aufmerksam werden.[468]

2. Anzeige der Benutzung

Eine das Nutzungsrecht ingangsetzende und insofern rechtsgestaltende Benutzungsanzeige ist gemäß § 23 Abs. 3 S. 1 PatG für Nutzungen ab der Eintragung der Lizenzbereitschaftserklärung und während der gesamten Schutzdauer des Patents und dem Fortbestand der Lizenzbereitschaftserklärung formlos möglich.[469] Sie erfolgt gegenüber dem Patentinhaber, nicht gegenüber dem DPMA.[470] Nach § 23 Abs. 3 S. 2 PatG gilt die Anzeige bei Absendung eines eingeschriebenen Briefes als bewirkt.[471] Die Anzeige muss die Art und Weise der Benutzung angeben,

---

[461] BPatG, Beschl. v. 23.07.1975 – 4 W (pat) 30/74, GRUR 1976, 418, 419; BeckOK PatR/*Wilhelmi*, § 23 PatG Rn. 12.

[462] Busse/Keukenschrijver/*McGuire*, § 23 PatG Rn. 17; *Mes*, PatG, § 23 PatG Rn. 5.

[463] *Ann*, PatR, § 34 Rn. 13; Benkard PatG/*Kober-Dehm*, § 23 PatG Rn. 5, 9; Busse/Keukenschrijver/*McGuire*, § 23 PatG Rn. 18; BeckOK PatR/*Wilhelmi*, § 23 PatG Rn. 19.

[464] *Mes*, PatG, § 23 PatG Rn. 2; Schulte/*Rinken*, § 23 PatG Rn. 5.

[465] DPMA, Mitteilung v. 12.06.1985 – Nr. 8/85, BlPMZ 1985, 197.

[466] Benkard PatG/*Kober-Dehm*, § 23 PatG Rn. 18; *Reinelt*, GRUR 1986, 504, 506; BeckOK PatR/*Wilhelmi*, § 23 PatG Rn. 4.

[467] DPMA, Mitteilung v. 12.06.1985 – Nr. 8/85, BlPMZ 1985, 197; Benkard PatG/*Kober-Dehm*, § 23 PatG Rn. 18.

[468] DPMA, Mitteilung v. 12.06.1985 – Nr. 8/85, BlPMZ 1985, 197; *Reinelt*, GRUR 1986, 504, 506.

[469] Benkard PatG/*Kober-Dehm*, § 23 PatG Rn. 11; BeckOK PatR/*Wilhelmi*, § 23 PatG Rn. 21, 23.

[470] Benkard PatG/*Kober-Dehm*, § 23 PatG Rn. 11; Schulte/*Rinken*, § 23 PatG Rn. 22.

[471] BPatG, Beschl. v. 09.07.2003 – 10 W (pat) 93/99, BlPMZ 2004, 193, 194 – *Rücknahme der Lizenzbereitschaftserklärung I*; Büscher/Dittmer/Schiwy/*Lunze*, § 23 PatG Rn. 8.

§ 23 Abs. 3 S. 3 PatG.[472] Das Benutzungsrecht entsteht nur für die darin beschriebenen Benutzungen.[473] Die Beschreibung kann sich auf eine Benutzung im vollen Umfang des Patents oder auf eine Teilnutzung, auf bestimmte Nutzungshandlungen oder örtlich, zeitlich oder für bestimmte Zwecke begrenzte Nutzungen beziehen.[474] Eine Änderung für zukünftige Nutzungen durch spätere erneute Benutzungsanzeige ist möglich.[475] Eine Benutzungsanzeige ist – mit Wirkung allein für zukünftige Nutzungshandlungen – auch zulässig, wenn die Benutzung bereits aufgenommen wurde.[476]

III. Bedeutung für SEP-Fälle

Die Möglichkeit der Lizenzbereitschaftserklärung nach § 23 PatG zielt vor allen Dingen darauf ab, Erfinder, die keine eigene ausreichende Gelegenheit und Mittel haben, die Erfindung zu verwerten oder für deren Bekanntheit zu sorgen, mit potentiellen Nutzern zusammenzubringen, sodass die geschützte Lehre auch in der tatsächlichen Umsetzung Eingang in den technischen Fortschritt finden kann.[477] Allerdings bringt ein über § 23 PatG vermitteltes Nutzungsrecht mit sich, dass Benutzer nicht abschätzen können, wie viele und welche Konkurrenten ebenfalls darauf zurückgreifen werden, was sich in der Lizenzgebühr, die sie zu zahlen bereit sind, niederschlagen kann.[478] Insgesamt wird die Bedeutung der Lizenzbereitschaftserklärung nach § 23 PatG für die Verwertung von Patenten als gering eingeschätzt.[479]

Selbstverständlich kann auch für ein SEP grundsätzlich eine solche Lizenzbereitschaftserklärung abgegeben werden. Allerdings ist eine bei De-iure-Standards abgegebene FRAND-Erklärung, die zwar inhaltlich auch eine Bereitschaft zur Lizenzerteilung zum Ausdruck bringt, keine Lizenzbereitschaftserklärung im Sinn des § 23 PatG.[480] Das ergibt sich schon daraus, dass sie nicht gegenüber dem DPMA sondern gegenüber einer SSO abgegeben wird.[481] Sie durchläuft

---

[472] BPatG, Beschl. v. 09.07.2003 – 10 W (pat) 93/99, BlPMZ 2004, 193, 194 – *Rücknahme der Lizenzbereitschaftserklärung I*; Schulte/*Rinken*, § 23 PatG Rn. 23.

[473] Busse/Keukenschrijver/*McGuire*, § 23 PatG Rn. 38; BeckOK PatR/*Wilhelmi*, § 23 PatG Rn. 26.

[474] BPatG, Beschl. v. 09.07.2003 – 10 W (pat) 93/99, BlPMZ 2004, 193, 194 – *Rücknahme der Lizenzbereitschaftserklärung I*; OLG Nürnberg, Urt. v. 18.07.1995 – 3 U 1166/95, GRUR 1996, 48–49; BeckOK PatR/*Wilhelmi*, § 23 PatG Rn. 24.

[475] Busse/Keukenschrijver/*McGuire*, § 23 PatG Rn. 38.

[476] LG Düsseldorf, Urt. v. 13.06.2001 – 4 O 204/00, InstGE 1, 33, 36 – *Mehrfachkontaktanordnung*; *Kühnen*, Hdb. Patentverletzung, Kap. E Rn. 759; a.A.: *Mes*, PatG, § 23 PatG Rn. 12.

[477] *Eggert*, GRUR 1972, 231; Benkard PatG/*Kober-Dehm*, § 23 PatG Rn. 2.

[478] *Eggert*, GRUR 1972, 231–232; Busse/Keukenschrijver/*McGuire*, § 23 PatG Rn. 3; *Vorwerk*, GRUR 1973, 63, 65.

[479] *Ann*, PatR, § 34 Rn. 7-8; *Eggert*, GRUR 1972, 231, 232–233; Busse/Keukenschrijver/*McGuire*, § 23 PatG Rn. 4; *Oppenländer*, GRUR 1977, 362, 370.

[480] *Kellenter*, GRUR 2021, 246, 248; Busse/Keukenschrijver/*McGuire*, § 23 PatG Rn. 13; *L. Tochtermann*, GRUR 2020, 905, 909.

[481] *Kellenter*, GRUR 2021, 246, 248.

damit auch nicht das für Lizenzbereitschaftserklärungen nach § 23 Abs. 1 S. 2 PatG vorgesehene behördliche Eintragungs- und Veröffentlichungsverfahren.[482] Ein Auskunfts- und Vergütungsanspruch nach § 23 Abs. 3 S. 5 PatG und eine Festsetzung der Lizenzgebührenhöhe durch das DPMA nach § 23 Abs. 4, 5 PatG kommen nicht in Betracht.[483] Im Gegensatz zu der nach § 23 Abs. 7 PatG zurücknehmbaren Lizenzbereitschaftserklärung erfolgt die FRAND-Erklärung zudem unwiderruflich.[484] Ohne gesonderte Lizenzbereitschaftserklärung gegenüber dem DPMA ist die Regelung des § 23 PatG also auch bei SEP mit FRAND-Erklärung nicht anwendbar.

Angesichts der Bedeutung eines dauerhaften und verlässlichen Zugangs zu patentgeschützten Standards ist die Lizenzbereitschaftserklärung nach § 23 PatG aufgrund der Möglichkeit der Rücknahme auch kein adäquates Mittel zur Einhegung der patentinhaberseitigen Machtposition. Ganz zu schweigen davon, dass der Patentnutzer davon abhängig wäre, dass der SEP-Inhaber überhaupt den Weg der in der Praxis selten bemühten Selbstbeschränkung nach § 23 PatG wählt.

C. Benutzungsanordnung gemäß § 13 PatG

Ein weiteres Mittel zur Einschränkung der Machtstellung des Patentinhabers kann die Benutzungsanordnung gemäß § 13 PatG darstellen. Der Staat greift hierbei mittels anordnendem Hoheitsakt in das vom Eigentumsschutz nach Art. 14 GG und Art. 17 Abs. 2 EUGRCh erfasste Ausschließlichkeitsrecht des Patentinhabers ein.[485]

I. Inhalt

Gemäß § 13 Abs. 1 PatG kann eine staatliche Benutzungsanordnung durch die Bundesregierung im Interesse der öffentlichen Wohlfahrt (§ 13 Abs. 1 S. 1 PatG) und durch oder im Auftrag einer obersten Bundesbehörde im Interesse der Sicherheit des Bundes (§ 13 Abs. 1 S. 2 PatG) ergehen.[486]

1. Einschränkung der Patentwirkung

Grundsätzlich wirkt der Patentschutz auch gegenüber dem Staat, der ohne entsprechende Befugnis nicht von einer patentgeschützten Erfindung Gebrauch machen oder Dritte mit der Nutzung

---

[482]   Busse/Keukenschrijver/*McGuire*, § 23 PatG Rn. 15.
[483]   *Kellenter*, GRUR 2021, 246, 248.
[484]   EuGH, Urt. v. 16.07.2015 – C-170/13, GRUR 2015, 764, Rn. 51 – *Huawei/ZTE*; LG Düsseldorf, Urt. v. 11.12.2012 – 4a O 54/12, juris, Rn. 8.
[485]   Benkard PatG/*Scharen*, § 13 PatG Rn. 1.
[486]   BGH, Urt. v. 21.02.1989 – X ZR 53/87, GRUR 1990, 997, 999 – *Ethofumesat*.

beauftragen darf.[487] Im Rahmen einer Benutzungsanordnung, die vorsieht, dass die Erfindung auch ohne Zustimmung des Patentinhabers genutzt werden darf, tritt die Wirkung des Patents, das aber in seinem Bestand unangetastet bleibt, jedoch nicht ein.[488] Der Patentinhaber sowie weitere durch die Anordnung beeinträchtigte am Patent Berechtigte (z.B. ein ausschließlicher Lizenznehmer) haben die von der Benutzungsanordnung umfasste Nutzung zu dulden.[489] Sie können die patentgeschützte Lehre aber selbst weiterhin benutzen.[490]

Es handelt sich bei der Benutzungsanordnung um einen Verwaltungsakt, der die von ihm erfassten Nutzungen insbesondere hinsichtlich der Art und Dauer der Benutzungserlaubnis benennen muss.[491] Ist die Anordnung wirksam ergangen, so kann die von ihr umfasste Nutzung sowohl durch den Staat selbst als auch durch von ihm beauftragte Private vorgenommen werden.[492] Jedoch muss sich diese Nutzung auf das jeweilige Anordnungsinteresse beziehen und darf über die Belange der öffentlichen Wohlfahrt oder der Sicherheit des Bundes hinaus nicht für gewerbliche Zwecke erfolgen.[493] § 13 PatG ermöglicht eine Nutzung ausschließlich im Sinne des Gemeinwohls, nicht zur Verbesserung der patentrechtlichen Stellung eines Patentnutzers.[494]

Wirksamkeit erlangt eine Benutzungsanordnung, die im Interesse der öffentlichen Wohlfahrt ergeht, erst, wenn sie dem im Patentregister als Patentinhaber Eingetragenen gemäß § 13 Abs. 3 S. 3 PatG mitgeteilt wird.[495] Erfolgt eine Benutzungsanordnung im Interesse der Sicherheit des Bundes, so wird sie ohne Benachrichtigung des Patentinhabers mit Erlass wirksam.[496] Eine Mitteilung an den Patentinhaber sieht § 13 Abs. 3 S. 4 PatG dann erst vor, wenn die anordnende oder einen entsprechenden Anordnungsauftrag erteilende oberste Bundesbehörde Kenntnis davon erlangt, dass die Erfindung im Rahmen der Benutzungsanordnung tatsächlich benutzt wurde.[497] Diese erst nachträglich angesiedelte Benachrichtigungspflicht trägt dem bei

---

[487] BGH, Urt. v. 21.09.1978 – X ZR 56/77, GRUR 1979, 48, 49–50 – *Straßendecke*; BGH, Urt. v. 21.02.1989 – X ZR 53/87, GRUR 1990, 997, 999 – *Ethofumesat*; für das Urheberrecht: BGH, Urt. v. 16.01.1992 – I ZR 36/90, GRUR 1993, 37, 39 – *Seminarkopien*.

[488] BGH, Urt. v. 21.02.1989 – X ZR 53/87, GRUR 1990, 997, 999 – *Ethofumesat*; *Bühling*, FS Rojahn (2021), 141, 148; Schulte/*Rinken*, § 13 PatG Rn. 5.

[489] BeckOK PatR/*Ensthaler*, § 13 PatG Rn. 5-6; Busse/Keukenschrijver/*Keukenschrijver*, § 13 PatG Rn. 13.

[490] BeckOK PatR/*Ensthaler*, § 13 PatG Rn. 5; *S. Fuchs*, IPRB 2020, 116, 118; *Lunze/Rektorschek*, PharmR 2021, 629, 631.

[491] Busse/Keukenschrijver/*Keukenschrijver*, § 13 PatG Rn. 14, 16-17; Benkard PatG/*Scharen*, § 13 PatG Rn. 3.

[492] OLG Frankfurt a.M., Urt. v. 25.04.1949 – 2/1U 239/48, BlPMZ 1949, 330, 331; Benkard PatG/*Scharen*, § 13 PatG Rn. 7.

[493] OLG Frankfurt a.M., Urt. v. 25.04.1949 – 2/1U 239/48, BlPMZ 1949, 330, 331; *S. Fuchs*, IPRB 2020, 116, 118; *Helwig*, IPRB 2022, 11, 13; Busse/Keukenschrijver/*Keukenschrijver*, § 13 PatG Rn. 16.

[494] Benkard PatG/*Scharen*, § 13 PatG Rn. 7.

[495] OLG Frankfurt a.M., Urt. v. 25.04.1949 – 2/1U 239/48, BlPMZ 1949, 330, 331.

[496] Busse/Keukenschrijver/*Keukenschrijver*, § 13 PatG Rn. 15.

[497] Schulte/*Rinken*, § 13 PatG Rn. 9; Benkard PatG/*Scharen*, § 13 PatG Rn. 5.

Betroffenheit der Sicherheit des Bundes in Betracht kommenden besonderen Eil- oder Geheimhaltungsbedürfnis Rechnung.[498]

2. Ansprüche des Anordnungsunterworfenen

Unabhängig davon, ob in der genannten Einschränkung der Patentwirkung eine Enteignung gesehen[499] oder dieser staatliche Eingriff nur als eine die Sozialbindung des Eigentums verwirklichende Inhalts- und Schrankenbestimmung verstanden wird, hat der Patentinhaber oder anderweitig am Patent Berechtigte jedenfalls einen beiden Auslegungsmöglichkeiten gerecht werdenden Ausgleichsanspruch gemäß § 13 Abs. 3 S. 1 PatG. Hiernach besteht ein Anspruch auf angemessene Vergütung gegen die Bundesrepublik Deutschland.[500] Dies gilt auch dann, wenn die Benutzung durch Dritte erfolgt.[501] Nach § 13 Abs. 3 S. 2 PatG entscheiden im Streitfall über die Höhe des Anspruchs die ordentlichen Gerichte.[502]

Die Höhe der Vergütung richtet sich nach den Umständen des Einzelfalls, wobei die Interessen der Allgemeinheit und des Anordnungsunterworfenen in einen gerechten Ausgleich zu bringen sind.[503] Dabei ist insbesondere der Umfang und die Bedeutung der infolge der Benutzungsanordnung vorgenommenen Benutzungshandlungen maßgeblich.[504] Es ist zu beachten, dass dieser Anspruch kein Schadensersatzanspruch ist, sondern eine Entschädigung für das erbrachte Sonderopfer der Nutzungsduldung.[505] Eine Abdeckung jeglicher Einbußen muss daher nicht erreicht werden.[506] In der Regel ist der Ausgleich des Eingriffs durch eine Vergütung nach den Grundsätzen der Lizenzanalogie zu gewährleisten.[507]

Ist eine Benutzungsanordnung ergangen, ohne dass die Anordnungsvoraussetzungen vorlagen oder erfolgt ein staatlicher Eingriff gänzlich ohne eine Benutzungsanordnung, sodass der Eingriff rechtswidrig ist, so hat der am Patent Berechtigte grundsätzlich einen der Höhe nach dem Vergütungsanspruch entsprechenden Entschädigungsanspruch aus enteignungsgleichem Eingriff gegen

---

[498]   Benkard PatG/*Scharen*, § 13 PatG Rn. 5.
[499]   So die ganz hM: *Ann*, PatR, § 34 Rn. 141; BeckOK PatR/*Ensthaler*, § 13 PatG Rn. 4; Busse/Keukenschrijver/*Keukenschrijver*, § 13 PatG Rn. 6; *Körner*, GRUR 1970, 387, 389; *Mes*, PatG, § 13 PatG Rn. 1; *von der Osten*, GRUR 1958, 465, 471.
[500]   *Ann*, PatR, § 34 Rn. 139; *Mes*, PatG, § 13 PatG Rn. 6.
[501]   *Lenz/Kieser*, NJW 2002, 401, 402; Benkard PatG/*Scharen*, § 13 PatG Rn. 14.
[502]   *Ann*, PatR, § 34 Rn. 143; *Lunze/Rektorschek*, PharmR 2021, 629, 631.
[503]   BeckOK PatR/*Ensthaler*, § 13 PatG Rn. 16; Benkard PatG/*Scharen*, § 13 PatG Rn. 14.
[504]   Benkard PatG/*Scharen*, § 13 PatG Rn. 14-15.
[505]   Schulte/*Rinken*, § 13 PatG Rn. 12; Benkard PatG/*Scharen*, § 13 PatG Rn. 15.
[506]   *Lenz/Kieser*, NJW 2002, 401, 402.
[507]   *S. Fuchs*, IPRB 2020, 116, 118; Busse/Keukenschrijver/*Keukenschrijver*, § 13 PatG Rn. 18; *Lunze/Rektorschek*, PharmR 2021, 629, 631.

den Staat.[508] Allerdings hat der belastete Patentberechtigte vorrangig gegen die staatliche Maßnahme, etwa die rechtswidrige Benutzungsanordnung, vorzugehen und kann nicht eine rechtswidrige Maßnahme dulden, um stattdessen die Entschädigung zu beanspruchen.[509] Eine rechtswidrige Benutzungsanordnung ist demnach vorrangig auf dem Verwaltungsrechtsweg anzufechten.[510] Gemäß § 13 Abs. 2 PatG besteht bei Anordnung durch die Bundesregierung oder eine oberste Bundesbehörde eine Sonderzuständigkeit des BVerwG.[511] Im Übrigen gelten die allgemeinen Regeln der VwGO.[512] Ist die sich daraus ergebende Anfechtungsfrist bereits abgelaufen, weil z.B. die Benutzungsanordnung durch Entfall ihrer Voraussetzungen erst nachträglich rechtswidrig geworden ist, so ist die Aufhebung der Benutzungsanordnung durch Antrag bei der anordnenden Behörde und ggf. nachfolgend durch Verpflichtungsklage zu begehren.[513]

3.   Wirkung im Patentverletzungsprozess

Greift der Staat in Ausübung hoheitlicher Gewalt im Über-Unterordnungsverhältnis in das Recht des Patentinhabers ein, so ist dieser auf den Verwaltungsrechtsweg verwiesen und kann einen Unterlassungsanspruch vor einem ordentlichen Gericht ohnehin nicht geltend machen.[514] Bei anderen Handlungen des Staates (z.B. verwaltungsprivatrechtlichem Handeln oder sogenannten fiskalischen Hilfsgeschäften) oder bei Benutzungen durch beauftragte private Dritte, bei denen der Zivilrechtsweg eröffnet ist,[515] erfolgt eine von einer Benutzungsanordnung gedeckte Patentnutzung rechtmäßig.[516] Abwehransprüchen des Patentinhabers kann die Einschränkung der Patentwirkung durch die Benutzungsanordnung also im Verletzungsprozess entgegengehalten werden, sodass sie im von der Benutzungsanordnung betroffenen Umfang unbegründet sind.[517]

---

[508]   BeckOK PatR/*Ensthaler*, § 13 PatG Rn. 19; Busse/Keukenschrijver/*Keukenschrijver*, § 13 PatG Rn. 7; Schulte/*Rinken*, § 13 PatG Rn. 13.

[509]   Busse/Keukenschrijver/*Keukenschrijver*, § 13 PatG Rn. 19; Benkard PatG/*Scharen*, § 13 PatG Rn. 18.

[510]   *Bühling*, FS Rojahn (2021), 141, 149; Busse/Keukenschrijver/*Keukenschrijver*, § 13 PatG Rn. 20.

[511]   BeckOK PatR/*Ensthaler*, § 13 PatG Rn. 17; *Mes*, PatG, § 13 PatG Rn. 5.

[512]   *Ann*, PatR, § 34 Rn. 142.

[513]   Benkard PatG/*Scharen*, § 13 PatG Rn. 11.

[514]   RG, Urt. v. 28.06.1911 – I 585/09, RGZ 77, 14, 17–18; RG, Urt. v. 22.06.1912 – I 74/12, RGZ 79, 427, 428–429; Schulte/*Rinken*, § 13 PatG Rn. 13.

[515]   RG, Urt. v. 06.10.1939 – I 15/39, RGZ 161, 387, 390–391; BGH, Urt. v. 16.01.1992 – I ZR 36/90, GRUR 1993, 37, 39 – *Seminarkopien*.

[516]   *Bühling*, FS Rojahn (2021), 141, 149; Busse/Keukenschrijver/*Keukenschrijver*, § 13 PatG Rn. 16; Benkard PatG/*Scharen*, § 13 PatG Rn. 7.

[517]   RG, Urt. v. 03.03.1928 – I 242/27, RGZ 120, 264, 267; *C. Richter*, Mitt. 2021, 1, 2; Schulte/*Rinken*, § 13 PatG Rn. 5.

II. Anordnungsvoraussetzungen

Den Bestimmungen des Art. 31 TRIPS folgend[518] kann eine Benutzungsanordnung nur unter engen Voraussetzungen erlassen werden, nämlich nur im Interesse der öffentlichen Wohlfahrt oder der Sicherheit des Bundes und aufgrund der Bindung des Staates an die Ausübung pflichtgemäßen Anordnungsermessens nur dann, wenn die Anordnung auch tatsächlich erforderlich ist.[519]

1. Öffentliche Wohlfahrt

Die öffentliche Wohlfahrt ist nicht mit dem öffentlichen Interesse im Sinne des § 24 PatG gleichzusetzen, sondern enger zu verstehen.[520] Das Interesse der öffentlichen Wohlfahrt zielt auf Fälle ab, in denen der Staat in Ausübung seiner Schutzfunktion gefordert ist, einen Notstand abzuwehren bzw. das grundlegende Wohl seiner Bürger zu gewährleisten.[521] Solche Notstandssituationen umfassen z.B. Naturkatastrophen, Seuchen und andere erhebliche Lebens- oder Gesundheitsgefahren.[522]

Zur Wahrung der öffentlichen Wohlfahrt erklärt § 13 Abs. 1 S. 1 PatG allein die Bundesregierung gemäß Art. 62 GG für zuständig.[523] Eine Delegation an einen oder mehrere Minister ist nicht möglich.[524] Eine Ausnahme statuiert § 5 Abs. 2 Nr. 5 IfSG, der im Rahmen der COVID-19-Pandemie normiert wurde und bei einer durch den Bundestag festgestellten epidemischen Lage von nationaler Tragweite den Bundesgesundheitsminister zum Erlass einer Benutzungsanordnung hinsichtlich der Bekämpfung von Versorgungsengpässen etwa mit Arznei- und Medizinprodukten im Interesse der öffentlichen Wohlfahrt oder der Sicherheit des Bundes ermächtigt.[525]

2. Sicherheit des Bundes

Eine Anordnung im Interesse der Sicherheit des Bundes kann in Fällen der Abwehr von inneren und äußeren Gefahren erlassen werden.[526] Dabei sind Fälle erfasst, bei denen ein polizeiliches

---

[518] *Bühling*, FS Rojahn (2021), 141, 148; Busse/Keukenschrijver/*Keukenschrijver*, § 13 PatG Rn. 5; *C. Richter*, Mitt. 2021, 97, 98.

[519] *Ann*, PatR, § 34 Rn. 137-138.

[520] Busse/Keukenschrijver/*Keukenschrijver*, § 13 PatG Rn. 8; *Mes*, PatG, § 13 PatG Rn. 3; *Metzger/Zech*, GRUR 2020, 561, 565.

[521] *Metzger/Zech*, GRUR 2020, 561, 565; Benkard PatG/*Scharen*, § 13 PatG Rn. 4.

[522] *Mes*, PatG, § 13 PatG Rn. 3.

[523] *Mes*, PatG, § 13 PatG Rn. 3; Schulte/*Rinken*, § 13 PatG Rn. 8.

[524] BeckOK PatR/*Ensthaler*, § 13 PatG Rn. 8; Benkard PatG/*Scharen*, § 13 PatG Rn. 3.

[525] *S. Fuchs*, IPRB 2020, 116, 117; *Haase*, InTeR 2021, 154, 156; *Helwig*, IPRB 2022, 11–12; *Metzger/Zech*, GRUR 2020, 561, 565; *C. Richter*, Mitt. 2021, 1, 2; *Stierle*, JZ 2021, 71, 75.

[526] BeckOK PatR/*Ensthaler*, § 13 PatG Rn. 9; Busse/Keukenschrijver/*Keukenschrijver*, § 13 PatG Rn. 10; Schulte/*Rinken*, § 13 PatG Rn. 7.

oder militärisches Handeln notwendig ist, aber auch Situationen, in denen in sonstiger Weise die Abwehr vergleichbarer Gefahren erfolgen soll, die die Sicherheit des Bundes betreffen.[527] Denkbare Zwecke sind neben der Landesverteidigung und Terrorabwehr der Zivil- und Katastrophenschutz.[528]

Zuständig für die Anordnung ist nach § 13 Abs. 1 S. 2 PatG die jeweils sachlich zuständige oberste Bundesbehörde, die aber auch eine nachgeordnete Stelle beauftragen kann.[529] Angesichts des Anordnungszwecks kommen als oberste Bundesbehörden insbesondere das Bundesverteidigungs-, das Bundesinnen- und das Bundesgesundheitsministerium in Betracht.[530]

3. Erforderlichkeit

Jede Benutzungsanordnung ist auf das unbedingt Erforderliche unter anderem hinsichtlich des Umfangs, der Art und der Dauer der Benutzung zu begrenzen.[531] Eine Benutzungsanordnung darf nicht erlassen werden, wenn der Anordnungszweck auf andere Weise in gleichem Maße erreicht werden kann.[532] In Betracht kommt als milderes Mittel z.B. die Anwendung allgemeinen Ordnungsrechts zur Gefahrenabwehr.[533] Zudem ist eine Benutzungsanordnung nicht erforderlich, wenn der Patentinhaber zu einer Lizenzierung zu nicht grob unbilligen Bedingungen bereit ist.[534] Daher sind, sofern die besondere Eilbedürftigkeit dies nicht verbietet, zunächst Lizenzierungsbemühungen zu unternehmen.[535] Auch eine patentrechtliche Zwangslizenz nach § 24 PatG kann aufgrund ihrer Wirkung wie eine einfache Lizenz inter partes im Vergleich zur zeitweisen Aufhebung der Patentwirkung nach § 13 PatG ein milderes Mittel darstellen.[536]

---

[527] *Mes*, PatG, § 13 PatG Rn. 4; Benkard PatG/*Scharen*, § 13 PatG Rn. 6.

[528] BeckOK PatR/*Ensthaler*, § 13 PatG Rn. 9.

[529] Busse/Keukenschrijver/*Keukenschrijver*, § 13 PatG Rn. 12.

[530] Benkard PatG/*Scharen*, § 13 PatG Rn. 5.

[531] BeckOK PatR/*Ensthaler*, § 13 PatG Rn. 11; *Lunze/Rektorschek*, PharmR 2021, 629, 630; Benkard PatG/*Scharen*, § 13 PatG Rn. 8.

[532] *Bühling*, FS Rojahn (2021), 141, 151; *Haase*, InTeR 2021, 154, 157; *Lunze/Rektorschek*, PharmR 2021, 629, 630; *Metzger/Zech*, GRUR 2020, 561, 565; *Stierle*, JZ 2021, 71, 75.

[533] Busse/Keukenschrijver/*Keukenschrijver*, § 13 PatG Rn. 9; Benkard PatG/*Scharen*, § 13 PatG Rn. 4.

[534] *Haase*, InTeR 2021, 154, 157; *Metzger/Zech*, GRUR 2020, 561, 565.

[535] *Haase*, InTeR 2021, 154, 157; *Metzger/Zech*, GRUR 2020, 561, 565; *C. Richter*, Mitt. 2021, 1, 4; Benkard PatG/*Scharen*, § 13 PatG Rn. 4.

[536] *Bühling*, FS Rojahn (2021), 141, 151; *Lunze/Rektorschek*, PharmR 2021, 629, 630; *Metzger/Zech*, GRUR 2020, 561, 565; *Stierle*, JZ 2021, 71, 75.

III. Bedeutung für SEP-Fälle

Die Benutzungsanordnung nach § 13 PatG ist in der Praxis von untergeordneter, allenfalls psychologischer, also die Lizenzierungsbereitschaft von Patentinhabern fördernder Bedeutung.[537] Soweit ersichtlich wurde sie seit dem zweiten Weltkrieg noch nie eingesetzt.[538] Eine gelegentlich angeführte[539] Entscheidung des OLG Frankfurt a.M. zu einem durch einen britischen Offizier in der Nachkriegszeit zur Herstellung von Dieselrammen erteilten Befehl beschäftigt sich zwar mit dem Rechtsinstitut der Benutzungsanordnung, hält aber gerade fest, dass der Befehl keine solche Anordnung war.[540] Eine gewisse Beachtung – ohne dass es aber zu einer Anordnung in Bezug auf einschlägige Arzneimittel- oder Impfstoffpatente kam – erhielt die Regelung im Rahmen einer Häufung von Anschlägen mit Milzbranderregern im Jahr 2001[541] sowie während der COVID-19-Pandemie ab 2020.[542]

In Bezug auf SEP ist die Regelung angesichts ihrer hohen Anordnungsvoraussetzungen, der mit ihr verbundenen Eingriffsintensität und der Notwendigkeit des Anordnungserlasses für jedes einzelne Patent eines ggf. umfassenden Standards zugunsten eines jeden die Nutzung begehrenden Lizenzsuchers keine allgemein passende Lösung. Der Standardnutzer wäre vom Tätigwerden des Staates abhängig und müsste für eine rechtmäßige Nutzung den Erlass der Benutzungsanordnung zu seinen Gunsten und ggf. deren Anfechtung durch den Patentinhaber im verwaltungsrechtlichen Verfahren abwarten.[543] Zudem kommt eine Benutzungsanordnung nur in Betracht, wenn ein Zugriff auf das Patent unter Inanspruchnahme einer Lizenz nicht möglich wäre. Häufig ist der Lizenzierungsmarkt bei SEP, insbesondere bei Vorliegen einer FRAND-Erklärung, aber grundsätzlich eröffnet. Des Weiteren ist bei Fehlen einer aus dem Gemeinwohl erwachsenden Eilbedürftigkeit ein kartellbehördliches oder kartellprivatrechtliches Vorgehen vorrangig in Betracht zu ziehen, um eine möglicherweise kartellrechtlich gebotene, aber vom SEP-Inhaber verweigerte Lizenzierung zu erzwingen. Die Benutzungsanordnung kann nicht dazu eingesetzt werden, um den gewerblichen Interessen einzelner Marktteilnehmer am Zugang zu einem Standard Vorschub zu leisten.

---

[537] BeckOK PatR/*Ensthaler*, § 13 PatG Rn. 3; Busse/Keukenschrijver/*Keukenschrijver*, § 13 PatG Rn. 4; *Lenz/Kieser*, NJW 2002, 401, 402; *C. Richter*, Mitt. 2021, 1, 2.

[538] Busse/Keukenschrijver/*Keukenschrijver*, § 13 PatG Rn. 4.

[539] *Mes*, PatG, § 13 PatG Rn. 1; *C. Richter*, Mitt. 2021, 1, 2; Büscher/Dittmer/Schiwy/*Trimborn*, § 13 PatG Rn. 1.

[540] OLG Frankfurt a.M., Urt. v. 25.04.1949 – 2/1U 239/48, BlPMZ 1949, 330–331; Busse/Keukenschrijver/*Keukenschrijver*, § 13 PatG Rn. 4 Fn. 6.

[541] *Lenz/Kieser*, NJW 2002, 401.

[542] *Bühling*, FS Rojahn (2021), 141, 148–151; *S. Fuchs*, IPRB 2020, 116; *Haase*, InTeR 2021, 121; *ders.*, InTeR 2021, 154; *Lunze/Rektorschek*, PharmR 2021, 629–631; *Metzger/Zech*, GRUR 2020, 561; *C. Richter*, Mitt. 2021, 1; *ders.*, Mitt. 2021, 97; *Schmidt*, Mitt. 2022, 320.

[543] *C. Richter*, Mitt. 2021, 1, 3.

D. Aussetzung des Verletzungsverfahrens gemäß § 148 ZPO bei vorgreiflichem Rechtsbestandsverfahren

Der Besonderheit des deutschen Patentrechtssystems, dass Verletzungs- und Rechtsbestandsverfahren voneinander getrennt sind (Trennungsprinzip), wird mit dem prozessualen Mittel der Aussetzung des Verletzungsrechtsstreits nach § 148 ZPO begegnet, um widerstreitende Entscheidungen zu vermeiden.[544]

I. Inhalt

Zwar kann ein Verletzer dem Patentinhaber mögliche Zweifel am Rechtsbestand des Patents nicht als zur Klageabweisung führende Einrede im Verletzungsprozess direkt entgegenhalten.[545] Eine Prognose über die voraussichtliche Vernichtung bzw. den Widerruf eines Patents kann sich auf den Verletzungsprozess dennoch durch eine Aussetzung desselben auswirken.[546] Dies ist auch verfassungsrechtlich geboten, da der aus dem Rechtsstaatsprinzip gemäß Art. 20 Abs. 3 GG und dem Rechtsschutzgebot gemäß Art. 19 Abs. 4 GG abgeleitete Justizgewährungsanspruch[547] seinen Ausdruck nicht nur in der Möglichkeit des Angriffs auf das Patent im Rechtsbestandsverfahren findet.[548] Er erfordert vielmehr auch, dass die Tatsache, dass in einem solchen Angriff zugleich eine Verteidigung gegen ein Vorgehen des Patentinhabers aus dem Patent liegen kann, im Verletzungsverfahren angemessen berücksichtigt werden muss.[549]

Diese Berücksichtigung erfolgt von Amts wegen durch das Verletzungsgericht, welches nach pflichtgemäßen Ermessen über die Aussetzung entscheidet und diese per Beschluss anordnet.[550]

---

[544] BGH, Beschl. v. 16.09.2014 – X ZR 61/13, GRUR 2014, 1237, 1238 – *Kurznachrichten*; Haedicke/Timmann/*Bukow*, § 13 Rn. 180.

[545] BGH, Beschl. v. 12.11.2002 – X ZR 176/01, GRUR 2003, 550 – *Richterausschluss*; BGH, Beschl. v. 06.04.2004 – X ZR 272/02, GRUR 2004, 710, 711 – *Druckmaschinen-Temperierungssystem I*; *Engels/Wismeth*, GRUR 2021, 177; *Fock/Bartenbach*, Mitt. 2010, 155, 156; *Klepsch/Büttner*, FS 80 Jahre Patentgerichtsbarkeit in Düsseldorf (2016), 281; *Scharen*, Mitt. 2018, 369, 372.

[546] BGH, Beschl. v. 16.09.2014 – X ZR 61/13, GRUR 2014, 1237, Rn. 4 – *Kurznachrichten*; *Deichfuß*, GRUR 2022, 33–34; *Rogge*, GRUR Int. 1996, 386.

[547] BVerfG, Beschl. v. 02.03.1993 – 1 BvR 249/92, NJW 1993, 1635.

[548] BGH, Beschl. v. 16.09.2014 – X ZR 61/13, GRUR 2014, 1237, Rn. 4 – *Kurznachrichten*; OLG Düsseldorf, Urt. v. 08.04.2021 – 2 U 13/20, GRUR-RS 2021, 8206, Rn. 77 – *Halterahmen II*; Benkard PatG/*Grabinski/Zülch/P. Tochtermann*, § 139 PatG Rn. 106.

[549] BGH, Beschl. v. 16.09.2014 – X ZR 61/13, GRUR 2014, 1237, Rn. 4 – *Kurznachrichten*; OLG Düsseldorf, Urt. v. 08.04.2021 – 2 U 13/20, GRUR-RS 2021, 8206, Rn. 77 – *Halterahmen II*; Benkard PatG/*Grabinski/Zülch/P. Tochtermann*, § 139 PatG Rn. 106; Schulte/*D. Voß*, § 139 PatG Rn. 309; Eine mangelnde Berücksichtigung vor dem Hintergrund von Art. 6 EMRK und Art. 47 EUGRCh beleuchtend: *Dijkman*, GRUR Int. 2021, 215; *ders.*, GRUR 2022, 857.

[550] Cepl/Voß/*Cepl*, § 148 ZPO Rn. 78, 85; MüKo ZPO Bd. 1/*Fritsche*, § 148 ZPO Rn. 14.

Eine Beantragung der Aussetzung durch eine Partei stellt lediglich eine Anregung dar, eine Aussetzung in Betracht zu ziehen.[551] Kommt es zu einer Aussetzung, so endet diese qua Gesetz mit der (rechtskräftigen) Erledigung des Rechtsbestandsverfahrens oder durch einen Beschluss über die Aufhebung der Aussetzungsanordnung gemäß § 150 ZPO durch das Verletzungsgericht.[552] Ebenso kann der Aussetzungsbeschluss ein Ereignis benennen (z.B. das Vorliegen der erstinstanzlichen Rechtsbestandsentscheidung unabhängig vom Bestehen der Rechtskraft), mit dessen Eintritt die Aussetzung ohne weiteres Zutun durch Gericht und Parteien endet.[553]

Die Wirkung einer Aussetzung ist in § 249 ZPO geregelt.[554] Demnach stoppt die Aussetzung den Lauf prozessualer Fristen, welche mit dem Ende der Aussetzung von neuem beginnen.[555] Zudem sind Prozesshandlungen der Parteien, die während der andauernden Aussetzung vorgenommen werden und die Hauptsache betreffen, gegenüber dem Prozessgegner relativ unwirksam.[556] Das gleiche gilt für Handlungen des Gerichts, sofern ihnen Außenwirkung zukommt.[557] Der Verletzungsprozess wird also pausiert, um eine Entscheidung über die Rechtsbeständigkeit in einem parallelen Einspruchs- oder Nichtigkeitsverfahren abzuwarten.

II. Aussetzungsvoraussetzungen

Grundlegende Voraussetzung für eine Aussetzung ist die Vorgreiflichkeit eines anderen anhängigen Verfahrens.[558] Besteht diese, liegt es im Ermessen des Verletzungsgerichts, das Verfahren auszusetzen.[559]

---

[551] Cepl/Voß/*Cepl*, § 148 ZPO Rn. 77; Musielak/Voit/*Stadler*, § 148 ZPO Rn. 8.
[552] Cepl/Voß/*Cepl*, § 148 ZPO Rn. 86, 91; MüKo ZPO Bd. 1/*Fritsche*, § 148 ZPO Rn. 18.
[553] Cepl/Voß/*Cepl*, § 148 ZPO Rn. 86, 92, 161; *Kühnen*, Hdb. Patentverletzung, Kap. E Rn. 1004, 1028; BeckOK PatR/*U. Voß*, Vor §§ 139–142b PatG Rn. 193.
[554] MüKo ZPO Bd. 1/*Fritsche*, § 148 ZPO Rn. 18; Musielak/Voit/*Stadler*, § 148 ZPO Rn. 9.
[555] Cepl/Voß/*Cepl*, § 249 ZPO Rn. 7; Musielak/Voit/*Stadler*, § 249 ZPO Rn. 2; BeckOK PatR/*U. Voß*, Vor §§ 139–142b PatG Rn. 193.
[556] BGH, Beschl. v. 11.01.2023 – XII ZB 538/21, BeckRS 2023, 2319, Rn. 11; Cepl/Voß/*Cepl*, § 249 ZPO Rn. 18; MüKo ZPO Bd. 1/*Stackmann*, § 249 ZPO Rn. 14-15.
[557] Cepl/Voß/*Cepl*, § 249 ZPO Rn. 20; MüKo ZPO Bd. 1/*Stackmann*, § 249 ZPO Rn. 19-20.
[558] Haedicke/Timmann/*Bukow*, § 13 Rn. 186; Musielak/Voit/*Stadler*, § 148 ZPO Rn. 6.
[559] OLG Karlsruhe, Beschl. v. 02.01.2019 – 6 W 69/18, GRUR-RR 2019, 145, Rn. 13 – *Empfangsanordnung*; Musielak/Voit/*Stadler*, § 148 ZPO Rn. 8.

1. Vorgreiflichkeit

Vorgreiflichkeit besteht allgemein, wenn in einem anderen Verfahren über ein Rechtsverhältnis entschieden wird, dass Vorfrage des auszusetzenden Prozesses ist und über das im auszusetzenden Prozess nicht entschieden werden kann.[560] Dies kann in Bezug auf ein Klagepatent im Verletzungsprozess der Fall sein, wenn dieses in einem Rechtsbestandsverfahren angegriffen wird.[561] Der Angriff kann durch den Verletzer oder durch Dritte erfolgen.[562] Allerdings muss die Rechtsbeständigkeit des Patents für den Verletzungsprozess entscheidungserheblich sein, woran es fehlt, wenn die Klage bereits aus anderen Gründen keinen Erfolg hat, was also vorrangig zu prüfen ist.[563] Nur im Ausnahmefall besonders unklarer und nur aufwendig aufzuklärender Umstände kann es aus prozessökonomischen Gründen gerechtfertigt sein, andere Abweisungsgründe hintenanzustellen und den Verletzungsrechtsstreit zunächst wegen der möglichen Vernichtung des Patents im Rechtsbestandsverfahren auszusetzen.[564]

2. Aussetzungsermessen

Seiner Aussetzungsentscheidung hat das Verletzungsgericht sämtliche Umstände des Einzelfalls und die widerstreitenden Interessen der Parteien zugrunde zu legen.[565] Dem Anliegen des Beklagten, nicht aus einem später vernichteten Patent verurteilt zu werden, steht insbesondere entgegen, dass das Ausschließlichkeitsrecht des Patentinhabers nicht ohne Weiteres faktisch im Wege der Aussetzung suspendiert werden darf.[566]

---

[560] MüKo ZPO Bd. 1/*Fritsche*, § 148 ZPO Rn. 5.
[561] BGH, Urt. v. 19.04.2011 – X ZR 124/10, GRUR 2011, 848, Rn. 20 – *Mautberechnung*; *Fock/Bartenbach*, Mitt. 2010, 155, 156; Busse/Keukenschrijver/*Kaess*, § 140 PatG Rn. 7.
[562] OLG Karlsruhe, Beschl. v. 02.01.2019 – 6 W 69/18, GRUR-RR 2019, 145, Rn. 23 – *Empfangsanordnung*; LG München I, Beschl. v. 12.02.1954 – 7 O 111/53, GRUR 1956, 209, 210; Cepl/Voß/*Cepl*, § 148 ZPO Rn. 53; *v. Maltzahn*, GRUR 1985, 163, 164.
[563] *Fock/Bartenbach*, Mitt. 2010, 155, 157–158; *Klepsch/Büttner*, FS 80 Jahre Patentgerichtsbarkeit in Düsseldorf (2016), 281, 282; *Kühnen*, Hdb. Patentverletzung, Kap. E Rn. 916.
[564] OLG Düsseldorf, Beschl. v. 09.03.2016 – 15 U 11/14, BeckRS 2016, 6348, Rn. 40 – *Eigendrehfrequenz*; Busse/Keukenschrijver/*Kaess*, § 140 PatG Rn. 7; *Kühnen*, Hdb. Patentverletzung, Kap. E Rn. 918; BeckOK PatR/*U. Voß*, Vor §§ 139–142b PatG Rn. 181.
[565] Cepl/Voß/*Cepl*, § 148 ZPO Rn. 65-66; *Fock/Bartenbach*, Mitt. 2010, 155, 160; *Klepsch/Büttner*, FS 80 Jahre Patentgerichtsbarkeit in Düsseldorf (2016), 281, 282; *Reimann/Kreye*, FS Tilmann (2003), 587, 590; Schulte/*D. Voß*, § 139 PatG Rn. 309.
[566] OLG Düsseldorf, Urt. v. 21.12.2006 – 2 U 58/05, GRUR-RR 2007, 259, 262 – *Thermocycler*; OLG Karlsruhe, Urt. v. 13.07.2016 – 6 U 93/14, BeckRS 2016, 127659, Rn. 50; LG Mannheim, Urt. v. 04.03.2016 – 7 O 96/14, GRUR-RS 2016, 6527, Rn. 128; LG München I, Beschl. v. 12.02.2015 – 7 O 9443/12, GRUR-RS 2015, 7460, Rn. 71 – *Google Maps*; Haedicke/Timmann/*Bukow*, § 13 Rn. 182.

Eine Aussetzung hängt daher maßgeblich von den Erfolgsaussichten des Rechtsbestandsverfahrens ab.[567] Es bedarf einer hinreichenden Wahrscheinlichkeit des Widerrufs bzw. der Vernichtung des Patents im Einspruchs- bzw. Nichtigkeitsverfahren.[568] Der Grad der Wahrscheinlichkeit hängt davon ab, in welcher Instanz sich der Verletzungsprozess befindet.[569] Ist abzusehen, dass das Rechtsbestandsverfahren erfolglos verlaufen wird, bedarf es keiner Aussetzung.[570] Eine Ausnahme davon bildet der Fall eines voraussichtlich erfolglosen Einspruchsverfahrens, wenn wiederum hinreichend wahrscheinlich ist, dass eine anschließende Nichtigkeitsklage Erfolg haben wird, weil eine Entgegenhaltung besteht, die nur im Nichtigkeitsverfahren ausschlaggebend sein kann.[571]

a) Aussetzungsmaßstab in der ersten Instanz

Für eine Aussetzung ist im ersten Rechtszug eine überwiegende Wahrscheinlichkeit des Erfolgs des Rechtsbestandsangriffs zu fordern.[572] Eine solche ist bei einem Rechtsbestandsangriff, der sich darauf stützt, die Neuheit oder erfinderische Tätigkeit in Bezug auf die patentgegenständliche Lehre in Zweifel zu ziehen, nur dann anzunehmen, wenn ein im Verletzungsverfahren vorgelegter Stand der Technik, der dem Patent näher steht als der im Patenterteilungsverfahren bereits berücksichtigte Stand der Technik, das Patent neuheitsschädlich vorwegnimmt oder sich für die Anerkennung der Erfindungshöhe keine vernünftigen Erwägungen mehr finden lassen.[573]

---

[567] BGH, Urt. v. 19.04.2011 – X ZR 124/10, GRUR 2011, 848, Rn. 21 – *Mautberechnung*; Benkard PatG/*Grabinski/Zülch/P. Tochtermann*, § 139 PatG Rn. 106; *Kaess*, GRUR 2009, 276, 277; *Rogge*, GRUR Int. 1996, 386, 387.

[568] BGH, Beschl. v. 16.09.2014 – X ZR 61/13, GRUR 2014, 1237, Rn. 4 – *Kurznachrichten*; LG Mannheim, Urt. v. 19.08.2016 – 7 O 19/16, GRUR-RS 2016, 19467, Rn. 72 – *Sekundärstation*; LG München I, Beschl. v. 12.02.1954 – 7 O 111/53, GRUR 1956, 209, 210; Schulte/*D. Voß*, § 139 PatG Rn. 309.

[569] *Burrichter*, FS 80 Jahre Patentgerichtsbarkeit in Düsseldorf (2016), 79, 80; *Fock/Bartenbach*, Mitt. 2010, 155, 157; Schulte/*D. Voß*, § 139 PatG Rn. 309.

[570] *Mes*, PatG, § 139 PatG Rn. 383.

[571] BGH, Urt. v. 19.04.2011 – X ZR 124/10, GRUR 2011, 848, Rn. 21 – *Mautberechnung*; Busse/Keukenschrijver/*Kaess*, § 140 PatG Rn. 19; *Mes*, PatG, § 139 PatG Rn. 374.

[572] BGH, Beschl. v. 16.09.2014 – X ZR 61/13, GRUR 2014, 1237, Rn. 4 – *Kurznachrichten*; LG Düsseldorf, Urt. v. 05.02.2002 – 4a O 33/01, juris, Rn. 142 – *Sportschuhsohle*; LG München I, Beschl. v. 12.02.2015 – 7 O 9443/12, GRUR-RS 2015, 7460, Rn. 71 – *Google Maps*; *Kühnen*, Hdb. Patentverletzung, Kap. E Rn. 928; zum Teil ist auch von einer hohen Wahrscheinlichkeit die Rede, wobei nach beiden Formulierungen eine insgesamt zurückhaltende Bejahung der hinreichenden Vernichtungswahrscheinlichkeit erfolgt: OLG Düsseldorf, Urt. v. 14.06.2007 – 2 U 135/05, NJOZ 2008, 2831, 2835 – *Brandschutzvorrichtung*.

[573] BGH, Beschl. v. 11.11.1986 – X ZR 56/85, GRUR 1987, 284 – *Transportfahrzeug*; OLG Düsseldorf, Urt. v. 21.12.2006 – 2 U 58/05, GRUR-RR 2007, 259, 262 – *Thermocycler*; OLG Düsseldorf, Urt. v. 14.06.2007 – 2 U 135/05, NJOZ 2008, 2831, 2835 – *Brandschutzvorrichtung*; LG Düsseldorf, Urt. v. 20.12.1994 – 4 O 357/93, BlPMZ 1995, 121, 127 – *Hepatitis-C-Virus*; LG Düsseldorf, Urt. v. 05.02.2002 – 4a O 33/01, juris, Rn. 142 – *Sportschuhsohle*.

Wurde der im Rechtsbestandsverfahren entgegengehaltene Stand der Technik bereits im Erteilungsverfahren berücksichtigt, spricht dies grundsätzlich gegen eine Aussetzung.[574] Gleiches gilt, wenn das Rechtsbestandsverfahren im ersten Rechtszug keinen Erfolg hatte[575] oder der Verletzer einen zeitigen Angriff des Rechtsbestands unterlassen hat.[576] Spiegelbildlich sprechen beispielsweise ein Widerruf bzw. eine Vernichtung des Patents im ersten Rechtszug[577] oder auf die fehlende Schutzfähigkeit hindeutende im Rechtsbestandsverfahren ergangene Beweisbeschlüsse oder Vertagungen zur ergänzenden Stellungnahme[578] für eine Aussetzung.[579]

Anhaltspunkte für die Rechtsbestandsprognose können sich für das Verletzungsgericht auch aus dem im Nichtigkeitsverfahren zu erteilenden qualifizierten Hinweis gemäß § 83 PatG ergeben.[580] Mit diesem weist das BPatG die Parteien frühestmöglich auf die für die Entscheidung maßgeblichen Gesichtspunkte hin.[581] Im Wege des 2. PatMoG wurde hierfür eine Soll-Frist von sechs Monaten nach Zustellung der Klage eingefügt.[582] Der Hinweis, der dem Verletzungsgericht von Amts wegen übermittelt werden soll,[583] ersetzt zwar nicht die eigene Entscheidungsfindung des Verletzungsgerichts, kann von diesem bei entsprechendem Inhalt aber in seiner Ermessensausübung herangezogen werden.[584]

---

[574] Haedicke/Timmann/*Bukow*, § 13 Rn. 194; *Fock/Bartenbach*, Mitt. 2010, 155, 158; BeckOK PatR/*U. Voß*, Vor §§ 139–142b PatG Rn. 185.

[575] OLG Düsseldorf, Urt. v. 02.02.2017 – 2 U 49/16, GRUR-RS 2017, 102026, Rn. 53 – *Schraubimplantat*; Cepl/Voß/*Cepl*, § 148 ZPO Rn. 133; Busse/Keukenschrijver/*Kaess*, § 140 PatG Rn. 11.

[576] LG Düsseldorf, Urt. v. 05.02.2002 – 4a O 33/01, juris, Rn. 143-145 – *Sportschuhsohle*; LG Düsseldorf, Urt. v. 21.12.2017 – 4c O 54/16, GRUR-RS 2017, 140636, Rn. 97 – *Zahnimplantat*; LG Mannheim, Urt. v. 04.03.2016 – 7 O 96/14, GRUR-RS 2016, 6527, Rn. 129; *Kaess*, GRUR 2009, 276, 277.

[577] OLG München, Beschl. v. 17.09.2002 – 6 W 2153/02, InstGE 3, 62, 63 – *Aussetzung bei Nichtigkeitsurteil II*; LG München I, Beschl. v. 08.07.2002 – 21 O 19288/98, InstGE 3, 62 – *Aussetzung bei Nichtigkeitsurteil I*; LG München I, Beschl. v. 12.02.2015 – 7 O 9443/12, GRUR-RS 2015, 7460, Rn. 72 – *Google Maps*; *Ann*, PatR, § 36 Rn. 73; Busse/Keukenschrijver/*Kaess*, § 140 PatG Rn. 16.

[578] *Kühnen*, Hdb. Patentverletzung, Kap. E Rn. 948, 950; Schulte/*D. Voß*, § 139 PatG Rn. 310.

[579] Weitere für bzw. gegen eine Aussetzung sprechende Sachverhaltsumstände siehe: *Kühnen*, Hdb. Patentverletzung, Kap. E Rn. 937-959; Schulte/*D. Voß*, § 139 PatG Rn. 310-311.

[580] *Chakraborty*, FS 80 Jahre Patentgerichtsbarkeit in Düsseldorf (2016), 101, 103; Busse/Keukenschrijver/*Kaess*, § 140 PatG Rn. 16; *Kühnen*, Hdb. Patentverletzung, Kap. E Rn. 928, 947; *Rödiger*, IPRB 2021, 195, 197.

[581] *Burrichter*, FS 80 Jahre Patentgerichtsbarkeit in Düsseldorf (2016), 79, 81; BeckOK PatR/*Kubis/Konertz*, § 83 PatG Rn. 71; Schulte/*Voit*, § 83 PatG Rn. 4.

[582] *McGuire*, Mitt. 2022, 49, 51; *Meckel*, GRUR-Prax 2021, 585; Schulte/*Voit*, § 83 PatG Rn. 5-6.

[583] BeckOK PatR/*Kubis/Konertz*, § 83 PatG Rn. 73a.

[584] LG München I, Urt. v. 25.05.2022 – 7 O 14091/19, GRUR-RS 2022, 13480, Rn. 161 – *Sprachsignalcodierer II*; *Burrichter*, FS 80 Jahre Patentgerichtsbarkeit in Düsseldorf (2016), 79, 86–87; Cepl/Voß/*Cepl*, § 148 ZPO Rn. 128; *Chakraborty*, FS 80 Jahre Patentgerichtsbarkeit in Düsseldorf (2016), 101, 104–106; *Kühnen*, Hdb. Patentverletzung, Kap. E Rn. 947, insb. Fn. 1458; *Meckel*, GRUR-Prax 2021, 585, 586; *Mes*, PatG, § 139 PatG Rn. 384.

b) Aussetzungsmaßstab in der zweiten Instanz

Der insgesamt recht restriktive Aussetzungsmaßstab im ersten Rechtszug gilt ebenso in der zweiten Instanz, wenn die Berufungsinstanz abweichend von einer Klageabweisung in der ersten Instanz zu einer Verurteilung des Beklagten kommt.[585]

Ist der Beklagte im erstinstanzlichen Verletzungsverfahren verurteilt worden, gilt ein gelockerter Aussetzungsmaßstab.[586] In das Aussetzungsermessen ist in diesem Fall einzustellen, dass der Kläger durch eine Aussetzung im zweiten Rechtszug an der Durchsetzung seines Ausschließlichkeitsrechts grundsätzlich nicht gehindert ist, da er seinen Titel aus der ersten Instanz im Rahmen der vorläufigen Vollstreckbarkeit gegen Sicherheitsleistung gemäß § 709 ZPO realisieren kann.[587] Daher genügt für eine Aussetzung eine einfache Wahrscheinlichkeit des Erfolgs des Rechtsbestandsverfahrens.[588] Der Bejahung dieser Wahrscheinlichkeit steht die Tatsache allein, dass der dem Rechtsbestandsangriff zugrunde liegende Stand der Technik schon im Erteilungsverfahren berücksichtigt wurde, nicht zwingend entgegen.[589] Die bloße Möglichkeit der Vernichtung ist jedoch auch hier nicht ausreichend.[590] Zudem ist zu beachten, dass ein auf ein erstmalig während des Verfahrens im zweiten Rechtszug des Verletzungsverfahrens angestrengtes Rechtsbestandsverfahren abstellendes Aussetzungsverlangen ein neues tatsächliches Vorbringen darstellt, welches nur nach Maßgabe des § 531 ZPO zugelassen werden kann.[591]

---

[585]   Haedicke/Timmann/*Bukow*, § 13 Rn. 203; *Fock/Bartenbach*, Mitt. 2010, 155, 161; *Klepsch/Büttner*, FS 80 Jahre Patentgerichtsbarkeit in Düsseldorf (2016), 281, 284; *Kühnen*, Hdb. Patentverletzung, Kap. E Rn. 963.

[586]   OLG Düsseldorf, Beschl. v. 07.12.1995 – 2 U 214/94, Mitt. 1997, 257, 258 – *Steinknacker*; OLG Düsseldorf, Urt. v. 20.06.2002 – 2 U 81/99, GRUR-RR 2002, 369, 377 – *Haubenstretchautomat*; OLG Düsseldorf, Urt. v. 14.06.2007 – 2 U 135/05, NJOZ 2008, 2831, 2835 – *Brandschutzvorrichtung*; OLG Karlsruhe, Urt. v. 13.07.2016 – 6 U 93/14, BeckRS 2016, 127659, Rn. 50.

[587]   OLG Düsseldorf, Beschl. v. 07.12.1995 – 2 U 214/94, Mitt. 1997, 257, 258 – *Steinknacker*; OLG Düsseldorf, Urt. v. 21.12.2006 – 2 U 58/05, GRUR-RR 2007, 259, 263 – *Thermocycler*; *Fock/Bartenbach*, Mitt. 2010, 155, 161; Schulte/*D. Voß*, § 139 PatG Rn. 313.

[588]   OLG Düsseldorf, Urt. v. 21.12.2006 – 2 U 58/05, GRUR-RR 2007, 259, 263 – *Thermocycler*; *Klepsch/Büttner*, FS 80 Jahre Patentgerichtsbarkeit in Düsseldorf (2016), 281, 284.

[589]   OLG Düsseldorf, Beschl. v. 07.12.1995 – 2 U 214/94, Mitt. 1997, 257, 258 – *Steinknacker*; Cepl/Voß/*Cepl*, § 148 ZPO Rn. 122.

[590]   OLG Düsseldorf, Urt. v. 21.12.2006 – 2 U 58/05, GRUR-RR 2007, 259, 263 – *Thermocycler*; OLG Karlsruhe, Urt. v. 13.07.2016 – 6 U 93/14, BeckRS 2016, 127659, Rn. 50.

[591]   *Kühnen*, Hdb. Patentverletzung, Kap. E Rn. 911; Schulte/*D. Voß*, § 139 PatG Rn. 313; BeckOK PatR/*U. Voß*, Vor §§ 139–142b PatG Rn. 189; a.A.: Cepl/Voß/*Cepl*, § 148 ZPO Rn. 75.

c) Aussetzungsmaßstab in der Revisionsinstanz

Eine Aussetzung im Revisionsverfahren vor dem BGH, auch und insbesondere im Verfahrensstadium des Verfahrens über eine Nichtzulassungsbeschwerde,[592] kommt ebenfalls unter erleichterten Voraussetzungen in Betracht.[593] Zwar sind auch hier das Interesse an einer einheitlichen Entscheidungspraxis und das Interesse des Klägers an einem zügigen Verfahrensabschluss gegeneinander abzuwägen, sodass ein erst bedeutend nach Abschluss des zweitinstanzlichen Verfahrens begonnenes Rechtsbestandsverfahren beispielsweise gegen eine Aussetzung spricht.[594] Allerdings ist der BGH sowohl in Verletzungs- als auch in Rechtsbestandsverfahren letztinstanzlich tätig.[595] Daher ist eine Aussetzung des Verletzungsverfahrens im Sinne einer einheitlichen Entscheidung in Bezug auf das Klagepatent in diesem Stadium des Verletzungsprozesses häufig angebracht.[596]

III. Berücksichtigung der Rechtsbestandsprognose bei einstweiligen Verfügungen

Eine Aussetzung nach § 148 ZPO ist im Verfahren über den Erlass einer einstweiligen Verfügung gemäß §§ 935, 940 ZPO wegen der dem Verfügungsverfahren immanenten Eilbedürftigkeit und Vorläufigkeit nicht möglich.[597] Eine (negative) Rechtsbestandsprognose ist im Verfügungsverfahren aber dennoch alles andere als bedeutungslos: Für den Erlass einer einstweiligen Verfügung bedarf es eines Verfügungsanspruchs und eines Verfügungsgrundes.[598] Letzterer besteht nur, wenn eine Interessenabwägung den Erlass einer Verfügung als dringlich geboten erscheinen lässt.[599] Im Patentrecht setzt dies voraus, dass das Verletzungsgericht davon ausgeht, dass das

---

[592] BGH, Beschl. v. 06.04.2004 – X ZR 272/02, GRUR 2004, 710, 711 – *Druckmaschinen-Temperierungssystem I*; BGH, Beschl. v. 28.09.2011 – X ZR 68/10, GRUR 2012, 93 – *Klimaschrank*.

[593] Cepl/Voß/*Cepl*, § 148 ZPO Rn. 123; Benkard PatG/*Grabinski/Zülch/P. Tochtermann*, § 139 PatG Rn. 106.

[594] BGH, Beschl. v. 28.09.2011 – X ZR 68/10, GRUR 2012, 93–94 – *Klimaschrank*; Busse/Keukenschrijver/*Kaess*, § 140 PatG Rn. 21.

[595] Cepl/Voß/*Cepl*, § 148 ZPO Rn. 123; Benkard PatG/*Grabinski/Zülch/P. Tochtermann*, § 139 PatG Rn. 106; *Rogge*, GRUR Int. 1996, 386, 390.

[596] Busse/Keukenschrijver/*Kaess*, § 140 PatG Rn. 21; *Kühnen*, Hdb. Patentverletzung, Kap. E Rn. 966; Schulte/*D. Voß*, § 139 PatG Rn. 314.

[597] *Bacher*, FS Ahrens (2016), 333, 335; Cepl/Voß/*Cepl*, § 148 ZPO Rn. 7; MüKo ZPO Bd. 1/*Fritsche*, § 148 ZPO Rn. 2; Musielak/Voit/*Stadler*, § 148 ZPO Rn. 2; BeckOK PatR/*U. Voß*, Vor §§ 139–142b PatG Rn. 179.

[598] *Husemann*, Mitt. 2022, 317; Cepl/Voß/*U. Voß*, § 940 ZPO Rn. 17.

[599] OLG Frankfurt a.M., Urt. v. 13.08.1981 – 6 U 83/81, GRUR 1981, 905, 907 – *Schleifwerkzeug*; OLG Karlsruhe, Urt. v. 08.07.2009 – 6 U 61/09, GRUR-RR 2009, 442, 443 – *Vorläufiger Rechtsschutz*; OLG Karlsruhe, Urt. v. 23.09.2015 – 6 U 52/15, GRUR-RR 2015, 509, Rn. 35 – *Ausrüstungssatz*; LG Mannheim, Urt. v. 27.02.2009 – 7 O 29/09, juris, Rn. 39 – *VA-LCD-Fernseher II*; *Scharen*, Mitt. 2018, 369, 377; Cepl/Voß/*U. Voß*, § 940 ZPO Rn. 65.

Patent sich als rechtsbeständig erweisen wird, sodass eine der Verfügung widersprechende Entscheidung in der Hauptsache nicht ernstlich zu erwarten ist.[600]

Es ist eine Prognoseentscheidung im Einzelfall vorzunehmen.[601] Diese kann sich im Rahmen des Eilrechtsschutzes aufgrund der notwendigen rechtlichen Bewertung technischer Sachverhalte ohne einen dem Hauptsacheverfahren entsprechenden vorbereitenden Schriftsatzaustausch schwierig gestalten.[602] Zudem besteht die Gefahr, mit einer einstweiligen Verfügung aus einem sich später als nicht schutzfähig erweisenden Patent besonders große Schäden beim vermeintlichen Patentverletzer zu verursachen.[603] In der obergerichtlichen Rechtsprechung wird daher insbesondere dem Umstand, ob das Patent bereits in einem erstinstanzlichen Einspruchs- oder Nichtigkeitsverfahren aufrechterhalten wurde, erhebliche Bedeutung beigemessen.[604] Insgesamt ist die Erlasspraxis als eher zurückhaltend zu beurteilen.[605]

Das LG München I sah in dem Blick auf den Abschluss und den Ausgang des erstinstanzlichen Rechtsbestandsverfahrens einen Verstoß gegen Art. 9 Abs. 1 der Durchsetzungsrichtlinie[606] der EU,[607] der den Mitgliedstaaten einen effektiven einstweiligen Rechtsschutz zum

---

[600] OLG Düsseldorf, Urt. v. 29.04.2010 – 2 U 126/09, GRUR-RS 2010, 15862, Rn. 14 – *Harnkatheterset*; OLG Düsseldorf, Urt. v. 21.01.2016 – 2 U 50/15, BeckRS 2016, 9775, Rn. 92; OLG Hamburg, Urt. v. 19.04.2001 – 3 U 231/00, GRUR-RR 2002, 244, 245 – *Spannbacke*; OLG München, Urt. v. 12.12.2019 – 6 U 4009/19, GRUR-RS 2019, 36743, Rn. 61 – *Elektrische Anschlussklemme*; *Buriánek*, GRUR-Prax 2020, 122; *Scharen*, Mitt. 2018, 369, 377–378.

[601] OLG Düsseldorf, Urt. v. 29.04.2010 – 2 U 126/09, GRUR-RS 2010, 15862, Rn. 16 – *Harnkatheterset*; *Lenz*, GRUR 2008, 1042, 1043; *Meier-Beck*, GRUR 2023, 603, 605.

[602] OLG Düsseldorf, Urt. v. 29.05.2008 – 2 W 47/07, BeckRS 2008, 10724, Rn. 28 – *Olanzapin*; OLG Düsseldorf, Urt. v. 29.04.2010 – 2 U 126/09, GRUR-RS 2010, 15862, Rn. 15 – *Harnkatheterset*; OLG Frankfurt a.M., Urt. v. 27.03.2003 – 6 U 215/02, GRUR-RR 2003, 263 – *mini flexiprobe*; OLG Karlsruhe, Urt. v. 23.09.2015 – 6 U 52/15, GRUR-RR 2015, 509, Rn. 36 – *Ausrüstungssatz*.

[603] OLG Düsseldorf, Urt. v. 29.05.2008 – 2 W 47/07, BeckRS 2008, 10724, Rn. 28 – *Olanzapin*; OLG Düsseldorf, Urt. v. 29.04.2010 – 2 U 126/09, GRUR-RS 2010, 15862, Rn. 15 – *Harnkatheterset*; OLG Karlsruhe, Urt. v. 27.04.1988 – 6 U 13/88, GRUR 1988, 900, 901 – *Dutralene*; *Lenz*, GRUR 2008, 1042, 1045.

[604] OLG Düsseldorf, Urt. v. 29.05.2008 – 2 W 47/07, BeckRS 2008, 10724, Rn. 31 – *Olanzapin*; OLG Düsseldorf, Urt. v. 29.04.2010 – 2 U 126/09, GRUR-RS 2010, 15862, Rn. 17, 20-21 – *Harnkatheterset*; OLG Karlsruhe, Urt. v. 23.09.2015 – 6 U 52/15, GRUR-RR 2015, 509, Rn. 41 – *Ausrüstungssatz*; OLG München, Urt. v. 12.12.2019 – 6 U 4009/19, GRUR-RS 2019, 36743, Rn. 61 – *Elektrische Anschlussklemme*; anders noch: OLG München, Urt. v. 26.07.2012 – 6 U 1260/12, BeckRS 2012, 16104; OLG München, Urt. v. 18.05.2017 – 6 U 3039/16, GRUR-RS 2017, 118983; ebenso: OLG Braunschweig, Urt. v. 21.12.2011 – 2 U 61/11, GRUR-RR 2012, 97, 98 – *Scharniere auf Hannovermesse*; LG Hamburg, Urt. v. 22.11.2021 – 315 O 211/21, GRUR-RS 2021, 38014, Rn. 39.

[605] *Deichfuß*, GRUR 2022, 33, 37; *ders.*, GRUR 2022, 800; Benkard PatG/*Grabinski/Zülch/P. Tochtermann*, § 139 PatG Rn. 150; *Keßler/Palzer*, EuZW 2022, 562.

[606] Richtlinie 2004/48/EG des Europäischen Parlaments und des Rates vom 29. April 2004 zur Durchsetzung der Rechte des geistigen Eigentums in der Fassung der Berichtigung vom 2. Juni 2004, ABl. 2004 L195 S. 16 (Ursprungsfassung in ABl. 2004 L157 S. 45).

[607] LG München I, Beschl. v. 19.01.2021 – 21 O 16782/20, GRUR 2022, 466, Rn. 11-14 – *Rechtsbestand im Verfügungsverfahren*; *Gajeck*, GRUR-Prax 2021, 95, 96; *Pichlmaier*, GRUR 2021, 557, 559–560; *Wuttke*, Mitt. 2021, 78, 79.

Schutz der Rechte des geistigen Eigentums auferlegt.[608] Es rief daher den EuGH im Wege des Vorlageverfahrens an.[609] Ein die Schutzfähigkeit des Patents bestätigendes Rechtsbestandsverfahren sei eine von der Richtlinie nicht vorgesehene zusätzliche Voraussetzung für den Verfügungserlass.[610] Der EuGH stimmte dem in der Entscheidung *Phoenix Contact/Harting* zu, indem er befand, dass eine nationale Rechtsprechung, die den Erlass einer einstweiligen Verfügung daran knüpft, dass das fragliche Patent in einem erstinstanzlichen Rechtsbestandsverfahren aufrechterhalten worden ist, mit Art. 9 Abs. 1 der Durchsetzungsrichtlinie nicht vereinbar sei.[611]

Schlussfolgerungen aus der Entscheidung des EuGH sind allerdings nur mit Vorsicht zu ziehen: Der EuGH entschied unter der Annahme, dass das Verletzungsgericht im Verfügungsverfahren von einer positiven Rechtsbestandsprognose ausgeht.[612] Sei dies der Fall, stelle die Verweigerung des einstweiligen Rechtsschutzes entgegen dieser Positivprognose mit starrem Verweis auf den fehlenden Abschluss eines erstinstanzlichen Rechtsbestandsverfahrens eine nicht vorgesehene zusätzliche Voraussetzung für die Gewährung einstweiligen Rechtsschutzes und mithin einen Unionsrechtsverstoß dar.[613] Dem kann man an sich zustimmen. Allerdings sieht die obergerichtliche Rechtsprechung in Deutschland dies überhaupt nicht so vor.[614]

Vielmehr ist das absolvierte kontradiktorische Rechtsbestandsverfahren zwar ein zentrales Argument und mitunter der Ausgangspunkt der auch nach der Durchsetzungsrichtlinie vorgesehenen Einzelfallabwägung.[615] Besondere sachverhaltsabhängige Aspekte sind aber darüber hinaus in die Abwägung einzustellen, sodass eine einstweilige Verfügung auch nach der bisherigen obergerichtlichen Rechtsprechung ohne eine die Rechtsbeständigkeit feststellende Instanzentscheidung erlassen werden kann.[616] Auch die oftmals anzutreffende Formulierung, dass es für

---

[608] OLG Düsseldorf, Urt. v. 29.05.2008 – 2 W 47/07, BeckRS 2008, 10724, Rn. 29 – *Olanzapin*; LG Mannheim, Urt. v. 27.02.2009 – 7 O 29/09, juris, Rn. 41 – *VA-LCD-Fernseher II*; *Lenz*, GRUR 2008, 1042, 1044.

[609] LG München I, Beschl. v. 19.01.2021 – 21 O 16782/20, GRUR 2022, 466 – *Rechtsbestand im Verfügungsverfahren*.

[610] LG München I, Beschl. v. 19.01.2021 – 21 O 16782/20, GRUR 2022, 466, Rn. 15 – *Rechtsbestand im Verfügungsverfahren*; *Pichlmaier*, GRUR 2021, 557, 560.

[611] EuGH, Urt. v. 28.04.2022 – C-44/21, Mitt. 2022, 274, Rn. 54 – *Phoenix Contact/Harting*.

[612] EuGH, Urt. v. 28.04.2022 – C-44/21, Mitt. 2022, 274, Rn. 24, 33-34 – *Phoenix Contact/Harting*; OLG München, Urt. v. 06.10.2022 – 6 U 3044/22, GRUR-RS 2022, 46292, Rn. 6 – *Aminopyridin*; Benkard PatG/*Grabinski/Zülch/P. Tochtermann*, § 139 PatG Rn. 152b; *Heinze*, GRUR 2022, 1795, 1796.

[613] EuGH, Urt. v. 28.04.2022 – C-44/21, Mitt. 2022, 274, 33-34, 54 – *Phoenix Contact/Harting*; *Stierle*, Mitt. 2022, 277, 278.

[614] *V. Czettritz*, PharmR 2022, 501, 503; *Deichfuß*, GRUR 2022, 33, 39; *Kühnen*, Hdb. Patentverletzung, Rn. 81, 91.

[615] *Kühnen*, Hdb. Patentverletzung, Kap. G Rn. 56-57; *Stierle*, Mitt. 2022, 277, 278–279; Cepl/Voß/*U. Voß*, § 940 ZPO Rn. 144-145.

[616] OLG Düsseldorf, Urt. v. 30.09.2010 – 2 U 47/10, GRUR-RR 2011, 81, 82 – *Gleitsattelscheibenbremse II*; OLG München, Urt. v. 12.12.2019 – 6 U 4009/19, GRUR-RS 2019, 36743, Rn. 61 – *Elektrische Anschlussklemme*; LG Düsseldorf, Urt. v. 21.09.2022 – 4b O 23/22, GRUR-RS 2022, 32773, Rn. 109-110 – *Katheter-Umstellung*; *Kühnen*, GRUR 2021, 468, 469.

eine einstweilige Verfügung im Patentrecht in der Regel eines erfolgreich absolvierten kontradiktorischen Rechtsbestandsverfahren bedürfe, wovon nur in Ausnahmefällen abgewichen werde,[617] ändert nichts daran, dass auch bislang eine abwägende Gesamtbetrachtung durch das Verletzungsgericht anzustellen war.[618]

Zum Beispiel kann es für eine positive Rechtsbestandsprognose sprechen, wenn die Existenz namhafter Lizenznehmer oder die Tatsache, dass das Patent lange Zeit unangegriffen geblieben ist, zeigen, dass das Patent in Fachkreisen für rechtsbeständig gehalten wird.[619] Ebenfalls kommt eine Verfügung eher in Betracht, wenn der Antragsgegner oder ein gleichwertiger Wettbewerber bereits am Erteilungsverfahren (z.B. durch Eingaben nach § 43 Abs. 3 S. 3 PatG) beteiligt war, sodass dieses bereits kontradiktorischen Charakter hatte und die gegen eine Schutzfähigkeit sprechenden Aspekte bereits berücksichtigt werden konnten.[620] Zudem ist eine Verfügung zu erlassen, wenn ein Zuwarten für den Patentinhaber unzumutbar ist.[621] Dies kann exemplarisch der Fall sein, wenn ein Generikahersteller mit verhältnismäßig geringem Aufwand und Risiko einen großen, kaum reversiblen Schaden beim Originalhersteller eines Medikaments verursachen kann[622] oder der Ablauf der Schutzdauer eines Verfügungspatents unmittelbar bevorsteht.[623] Auch ein

---

[617] OLG Düsseldorf, Urt. v. 29.05.2008 – 2 W 47/07, BeckRS 2008, 10724, Rn. 31-32 – *Olanzapin*; OLG Düsseldorf, Urt. v. 29.04.2010 – 2 U 126/09, GRUR-RS 2010, 15862, Rn. 20 – *Harnkatheterset*; OLG München, Urt. v. 12.12.2019 – 6 U 4009/19, GRUR-RS 2019, 36743, Rn. 61, 68 – *Elektrische Anschlussklemme*.

[618] OLG Düsseldorf, Urt. v. 01.03.2007 – 2 U 98/06, GRUR-RR 2007, 219 – *Kleinleistungsschalter*; LG Düsseldorf, Urt. v. 15.12.2022 – 4a O 91/22, GRUR-RS 2022, 41026, Rn. 112-113 – *Solarzelle II*; *Böhler*, GRUR 2011, 965, 971; *Deichfuß*, GRUR 2022, 33, 36–37; *Lenz*, GRUR 2008, 1042, 1044, 1046; Cepl/Voß/*U. Voß*, § 940 ZPO Rn. 145.

[619] OLG Düsseldorf, Urt. v. 29.04.2010 – 2 U 126/09, GRUR-RS 2010, 15862, Rn. 20 – *Harnkatheterset*; OLG Düsseldorf, Urt. v. 17.01.2013 – 2 U 87/12, GRUR-RR 2013, 236, 240 – *Flupirtin-Maleat*; *Kaess*, GRUR 2009, 276, 279.

[620] OLG Düsseldorf, Urt. v. 29.04.2010 – 2 U 126/09, GRUR-RS 2010, 15862, Rn. 20 – *Harnkatheterset*; OLG Düsseldorf, Urt. v. 11.01.2018 – 15 U 66/17, GRUR-RS 2018, 1291, Rn. 45 – *Rasierklingen*; OLG München, Urt. v. 12.12.2019 – 6 U 4009/19, GRUR-RS 2019, 36743, Rn. 61 – *Elektrische Anschlussklemme*.

[621] OLG Düsseldorf, Urt. v. 29.04.2010 – 2 U 126/09, GRUR-RS 2010, 15862, Rn. 20 – *Harnkatheterset*; OLG Düsseldorf, Urt. v. 15.03.2019 – 2 U 61/18, GRUR 2020, 272, Rn. 7 – *Hydroxysubstituierte Azetidinone*; OLG München, Urt. v. 12.12.2019 – 6 U 4009/19, GRUR-RS 2019, 36743, Rn. 61 – *Elektrische Anschlussklemme*.

[622] OLG Düsseldorf, Urt. v. 17.01.2013 – 2 U 87/12, GRUR-RR 2013, 236, 240 – *Flupirtin-Maleat*; OLG Düsseldorf, Urt. v. 15.03.2019 – 2 U 61/18, GRUR 2020, 272, Rn. 8 – *Hydroxysubstituierte Azetidinone*; OLG Düsseldorf, Urt. v. 23.02.2023 – 2 U 116/22, GRUR-RS 2023, 5166, Rn. 25 – *Fumarsäureester*; OLG München, Urt. v. 06.10.2022 – 6 U 3044/22, GRUR-RS 2022, 46292, Rn. 8 – *Aminopyridin*; Cepl/Voß/*U. Voß*, § 940 ZPO Rn. 131; eine sorgfältige Prüfung, ob dies wirklich in jedem Generika-Fall zutrifft fordernd: *Stief/Meyer*, PharmR 2022, 425, 433–434.

[623] OLG Düsseldorf, Urt. v. 29.05.2008 – 2 W 47/07, BeckRS 2008, 10724, Rn. 62 – *Olanzapin*; OLG Düsseldorf, Urt. v. 11.01.2018 – 15 U 66/17, GRUR-RS 2018, 1291, Rn. 46-47 – *Rasierklingen*; OLG

qualifizierter Hinweis des BPatG ist, wenn dieser vorliegt, durch das Verletzungsgericht in seine Entscheidung maßgeblich mit einzubeziehen.[624]

Dass der EuGH von einer Rechtsprechung ausging, die nicht so zu verstehen ist, wie es der EuGH zugrunde legte,[625] ist auf den Vorlagebeschluss des LG München I zurückzuführen.[626] Dessen Darstellung der Rechtsprechungslage wird zu Recht als unzutreffend und unvollständig kritisiert.[627] Das LG München I beschrieb die obergerichtliche Rechtsprechung als starres Regel-Ausnahme-Verhältnis mit einer geringen Anzahl abschließend fixierter Sonderfälle,[628] sodass der EuGH die Existenz einer unzulässigen zusätzlichen Voraussetzung annehmen musste.[629] Vor diesem Hintergrund kann in der EuGH-Entscheidung keine Abkehr von der deutschen obergerichtlichen Rechtsprechung gesehen werden.[630] Es kann auch nicht daraus gefolgert werden, dass die bloße Erteilung des Patents und dessen Verletzung für den Erlass einer einstweiligen Verfügung ohne Dringlichkeitsabwägung unter Durchführung einer Prognoseentscheidung über den Rechtsbestand ausreichen würde.[631]

Allenfalls stellt die Entscheidung eine Erinnerung der Verletzungsgerichte daran dar, die anzustellende Rechtsbestandsprognose im Verfügungsverfahren nicht zu holzschnittartig auf das erstinstanzliche Rechtsbestandsverfahren zu stützen und insbesondere eine einstweilige Verfügung nicht mit einem bloßen Verweis auf das Fehlen eines solchen Verfahrens zu verweigern, sondern eine alle Belange berücksichtigende Abwägungsentscheidung zu treffen.[632] Die in der Rechtsprechung entwickelten Regelbeispiele für den Erlass oder Nichterlass einer einstweiligen

---

Düsseldorf, Urt. v. 15.03.2019 – 2 U 61/18, GRUR 2020, 272, Rn. 9 – *Hydroxysubstituierte Azetidinone*; LG Düsseldorf, Urt. v. 20.12.2022 – 4c O 62/22, GRUR-RS 2022, 39801, Rn. 77-78 – *Viskositätserhöhendes Mittel I*; weitere Fallgruppen bei: *Kühnen*, Hdb. Patentverletzung, Kap. G Rn. 60-79.

[624] OLG München, Urt. v. 06.10.2022 – 6 U 3044/22, GRUR-RS 2022, 46292, Rn. 9 – *Aminopyridin*.

[625] LG Düsseldorf, Urt. v. 26.01.2023 – 4a O 83/22, GRUR-RS 2023, 2438, Rn. 41-42 – *RRMS-Therapie II* (ebenso die sieben Parallelentscheidungen RRMS-Therapie III-IX, auf deren gesonderte Zitation hier verzichtet wird); *Deichfuß*, GRUR 2022, 800, 802; *Kühnen*, Hdb. Patentverletzung, Kap. G Rn. 81.

[626] *V. Czettritz*, PharmR 2022, 501, 502–503; *Hauck/K. Werner*, GRUR-Prax 2022, 335, 336; *Keßler/Palzer*, EuZW 2022, 562, 566; *Meier-Beck*, GRUR 2023, 603; *Stierle*, Mitt. 2022, 277, 279.

[627] *Deichfuß*, GRUR 2022, 33, 36; *Kühnen*, GRUR 2021, 468–469; *Meier-Beck*, GRUR 2023, 603, 604.

[628] *Deichfuß*, GRUR 2022, 33, 37–38.

[629] *V. Czettritz*, PharmR 2022, 501, 503; *Deichfuß*, GRUR 2022, 800, 802; *Meier-Beck*, GRUR 2023, 603, 604.

[630] *V. Czettritz*, PharmR 2022, 501, 503; *Deichfuß*, GRUR 2022, 800, 802; *Kühnen*, Hdb. Patentverletzung, Kap. G Rn. 81; a.A.: LG München I, Beschl. v. 20.07.2022 – 7 O 6982/22, GRUR-RS 2022, 39515, Rn. 49; LG München I, Urt. v. 16.12.2022 – 21 O 12582/22, GRUR-RS 2022, 44524, Rn. 86 – *Haarschneidegerät*.

[631] LG Düsseldorf, Urt. v. 22.09.2022 – 4b O 54/22, GRUR-RS 2022, 26959, Rn. 61-62 – *MS-Therapie III*; LG Düsseldorf, Urt. v. 26.01.2023 – 4a O 83/22, GRUR-RS 2023, 2438, Rn. 40 – *RRMS-Therapie II*; *v. Czettritz*, PharmR 2022, 501, 503; *Kühnen*, GRUR 2021, 468, 469; *Meier-Beck*, GRUR 2023, 603, 606.

[632] *Gesmann-Nuissl*, InTeR 2022, 112, 125; ähnlich: *Stierle*, Mitt. 2022, 277, 278, der darüber hinaus darin eine methodische Neuausrichtung hin zu einer flexibilisierten Abwägungsentscheidung sieht; zustimmend: *Heinze*, GRUR 2022, 1795, 1798–1799.

Verfügung sind letztlich durch eben solche Abwägungsentscheidungen entstanden, berücksichtigen sowohl die Schwierigkeit der Beurteilung technisch komplexer Sachverhalte im Verfügungsverfahren als auch die Gefahr einer späteren Vernichtung des Patents und tragen eine interessengerechte Entscheidungsfindung bei entsprechender Berücksichtigung des jeweiligen Einzelfalls nach wie vor.[633]

Auch nach *Phoenix Contact/Harting* bedarf es also für das Bestehen eines Verfügungsgrundes einer durch das Verletzungsgericht anzustellenden Interessenabwägung. Eine einstweilige Verfügung ist auch danach zu verweigern, wenn das Verletzungsgericht zu einer negativen Prognose über den Rechtsbestand kommt.[634] Selbst wenn man mit dem LG München I in der Folge der EuGH-Entscheidung davon ausgehen würde, dass der Ausgangspunkt der Prognose der mit der Erteilung des Patents zu vermutende Rechtsbestand des Patents sei, der sodann erschüttert werden könne,[635] wäre eine Abwägung der Einzelfallumstände, um zu einem Prognoseergebnis über den Rechtsbestand zu kommen, möglich und notwendig.[636] In jedem Fall finden Zweifel am Rechtsbestand eines Patents somit richtigerweise nach wie vor auch im Verfügungsverfahren ihre Berücksichtigung.[637]

IV. Bedeutung für SEP-Fälle

Im Rahmen der Aussetzung des Verfahrens – und im einstweiligen Rechtsschutz mittels der genannten Abwägungsmöglichkeit im Verfügungsgrund – kann möglichen Härten bei Auseinanderfallen von Verletzungs- und Rechtsbeständigkeitsverfahren begegnet werden. Dies gilt auch, wenn ein SEP streitgegenständliches Patent ist.[638] Je nach betroffenem Standard ist es allenfalls denkbar, dass sich die Rechtsbestandsprognose aufgrund der technischen Komplexität schwierig

---

[633] OLG Düsseldorf, Urt. v. 04.03.2021 – 2 U 25/20, GRUR-RR 2021, 249, Rn. 18 – *Cinacalcet II*; *Kühnen*, GRUR 2021, 468, 469; *Musmann*, GRUR 2023, 155, 157; Cepl/Voß/*U. Voß*, § 940 ZPO Rn. 145; *Wündisch/Gaul*, GRUR-Prax 2021, 466, 468–469.

[634] LG Düsseldorf, Urt. v. 21.09.2022 – 4b O 23/22, GRUR-RS 2022, 32773, Rn. 111 – *Katheter-Umstellung*; *v. Czettritz*, PharmR 2022, 501, 503; *Meier-Beck*, GRUR 2023, 603, 607–608.

[635] LG München I, Urt. v. 29.09.2022 – 7 O 4716/22, GRUR-RS 2022, 26511, Rn. 68 – *Fingolimod*; LG München I, Urt. v. 27.10.2022 – 7 O 10295/22, GRUR 2023, 152, Rn. 60-61 – *Bortezomib*; LG München I, Urt. v. 16.12.2022 – 21 O 12582/22, GRUR-RS 2022, 44524, Rn. 87 – *Haarschneidegerät*; LG München I, Urt. v. 01.03.2023 – 7 O 1792/23, GRUR-RS 2023, 9384, Rn. 93; *Pichlmaier*, GRUR 2021, 557, 560; *Westermeyer/Müller-Stoy*, Mitt. 2023, 257, 259–260.

[636] *Hauck*, GRUR-Prax 2021, 127, 129; *Heinze*, GRUR 2022, 1795, 1799; *Musmann*, GRUR 2023, 155, 156; *Westermeyer/Müller-Stoy*, Mitt. 2023, 257, 260–261.

[637] *Meier-Beck*, GRUR 2023, 603, 608.

[638] Siehe z.B. die zwischenzeitliche Aussetzung des Verletzungsverfahrens in der Sache FRAND-Einwand II: BGH, Beschl. v. 17.07.2018 – KZR 35/17, BeckRS 2018, 18292.

gestaltet. Dies kann dazu führen, dass ein nicht technisch fachkundig besetztes Verletzungsgericht eine hinreichende Vernichtungswahrscheinlichkeit nicht feststellen kann, sodass eine Aussetzung nicht in Betracht kommt.[639]

Nicht von der Hand zu weisen ist allerdings, dass der Anteil der Verfahrensaussetzungen nach § 148 ZPO hinter der Vernichtungsquote im Rechtsbestandsverfahren regelmäßig zurückbleibt.[640] Es kommt also in gewissem Umfang zu (zumindest erstinstanzlichen) Verurteilungen aus später widerrufenen bzw. vernichteten Patenten.[641] Für die Zwecke dieser Arbeit ist allerdings lediglich festzustellen, dass sich die Härten einer Verurteilung im Verletzungsverfahren bei nicht abschließend geklärtem Rechtsbestand vor dem Hintergrund der existierenden Möglichkeit der Aussetzung des Verletzungsrechtsstreits nicht in erster Linie aus der Durchsetzung eines uneingeschränkten Unterlassungsanspruchs an sich ergeben. Es verwirklicht sich vielmehr ein grundsätzliches Risiko des in Deutschland bestehenden Trennungsprinzips.[642] Die entstehenden Härten resultieren aus der unterschiedlichen Verfahrensdauer und einer nur unvollkommenen Synchronisation von Verletzungs- und Rechtsbestandsverfahren.[643] Will man diesen Härten begegnen, ist an diesem Punkt anzusetzen,[644] wie es der Gesetzgeber mit der Sechs-Monats-Frist für den qualifizierten Hinweis bereits beabsichtigt hat.[645]

Einer Einschränkung des Unterlassungsanspruchs bedarf es zur Berücksichtigung einer (negativen) Rechtsbestandsprognose über die Aussetzung im Hauptsacheverfahren und die Abwägungsmöglichkeit im Verfügungsgrund im einstweiligen Rechtsschutz hinaus nicht. Auch für SEP stehen also mit Blick auf möglicherweise durchgreifende Zweifel am Rechtsbestand eines Patents grundsätzlich taugliche – im Einzelnen sicherlich optimierbare – Mittel zur Vermeidung ungerechtfertigter Härten zur Verfügung.

---

[639] *Kühnen*, Hdb. Patentverletzung, Kap. E Rn. 939.

[640] *Dijkman*, GRUR Int. 2021, 215, 220; *Klepsch/Büttner*, FS 80 Jahre Patentgerichtsbarkeit in Düsseldorf (2016), 281, 289; *Kühnen/Claessen*, GRUR 2013, 592, 594; *G. Werner/Wuttke*, GRUR-Prax 2020, 1, 2, die als einen Grund dafür aber auch den nach ihrer Auffassung oft unzureichenden aussetzungsbegründenden Vortrag der Parteien ausmachen.

[641] *Dijkman*, GRUR Int. 2021, 215, 217–218; *McGuire*, Mitt. 2022, 49, 50; *Stierle*, GRUR 2020, 262; *Zhu/Kouskoutis*, GRUR 2019, 886, 887.

[642] *McGuire*, Mitt. 2022, 49, 51; *Ohly/Stierle*, GRUR 2021, 1229, 1238; *Osterrieth*, GRUR 2009, 540, 543; *Stierle*, GRUR 2019, 873, 883–884.

[643] *Deichfuß*, GRUR 2022, 33–35; *Keussen*, GRUR 2021, 257, 258–259; *Ohly/Stierle*, GRUR 2021, 1229, 1238–1239.

[644] *Engels/Wismeth*, GRUR 2021, 177, 178.

[645] BT-Drs. 19/25821, S. 51; *Ohly/Stierle*, GRUR 2021, 1229.

E. Zwangsvollstreckungsrecht

Jenseits des Erkenntnisverfahrens sind die auf der Ebene der Zwangsvollstreckung zur Verfügung stehenden Mittel zu untersuchen, welche die Durchsetzungsmacht des Patentinhabers einschränken können. Die Ausschließungswirkung eines (erstinstanzlich) erstrittenen Unterlassungstitels könnte auf diesem Wege möglicherweise abgemildert werden, sodass ein uneingeschränkt gewährter Unterlassungsanspruch nicht auch automatisch uneingeschränkt durchgesetzt werden könnte.[646] In Betracht kommen die für eine vorläufige Vollstreckung zu leistende Sicherheit nach § 709 ZPO, der Schutzantrag zugunsten des Unterlassungsschuldners gemäß § 712 ZPO, die einstweilige Einstellung der Zwangsvollstreckung gemäß §§ 719 Abs. 1, 707 ZPO bzw. § 719 Abs. 2 ZPO und eine Kompensation durch den Ersatz von Vollstreckungsschäden nach § 717 Abs. 2 ZPO bzw. die Abschöpfung von Bereicherungen nach § 717 Abs. 3 ZPO.

I. Sicherheitsleistung gemäß § 709 ZPO

Ist ein Urteil noch nicht rechtskräftig, aber dem Regelfall der §§ 708, 709 ZPO folgend für vorläufig vollstreckbar erklärt, so ist, wenn keiner der in § 708 ZPO genannten Fälle vorliegt,[647] gemäß § 709 ZPO die vorläufige Vollstreckbarkeit nur gegen Sicherheitsleistung anzuordnen.[648] Damit wird sichergestellt, dass dem Vollstreckungsschuldner ein durch die Vollstreckung entstandener Schaden ersetzt werden kann, wenn das der Vollstreckung zugrunde liegende Urteil in der nächsten Instanz ganz oder teilweise keinen Bestand hat.[649]

---

[646] *McGuire*, GRUR 2021, 775, 782.

[647] Berufungsurteile in vermögensrechtlichen Streitigkeiten sind nach § 708 Nr. 10 ZPO ohne Sicherheitsleistung vorläufig vollstreckbar, sodass die Relevanz der Sicherheitsleistung nur für erstinstanzliche vorläufig vollstreckbare Urteile besteht.

[648] Cepl/Voß/*Lunze*, § 708 ZPO Rn. 2; Bei einstweiligen Verfügungen liegt die Anordnung einer Vollziehungssicherheit im Ermessen des Gerichts, § 938 ZPO.

[649] OLG Düsseldorf, Urt. v. 04.05.2006 – 2 U 112/05, NJOZ 2007, 451, 454 – *Sicherheitsleistung/Kaffeepads*; MüKo ZPO Bd. 2/*Götz*, § 709 ZPO Rn. 2; *Hessel/Schellhorn*, GRUR 2017, 672; *Kühnen*, Hdb. Patentverletzung, Kap. H Rn. 12; Musielak/Voit/*Lackmann*, § 709 ZPO Rn. 3.

Demzufolge ist die Höhe der Sicherheitsleistung am nach § 717 Abs. 2 ZPO ersatzfähigen voraussichtlichen Vollstreckungsschaden auszurichten.[650] Der Streitwert des Erkenntnisverfahrens ist dabei Ausgangspunkt der Ermittlung der Sicherheitshöhe.[651] Auf entsprechendes – oftmals in gleicher Weise auch den Streitwert betreffendes[652] – substantiiertes Vorbringen des Verletzers im Erkenntnisverfahren hin kann aber auch eine (deutlich) darüberhinausgehende Summe festgelegt werden,[653] die neben Umsatzeinbußen beispielsweise auch Aufwendungen umfassen kann, die getätigt werden müssen, um ein Produkt wieder an den Markt zu bringen und durch die Vollstreckung verloren gegangene Marktanteile zurückzugewinnen.[654] Wurde die Sicherheit aus Sicht des Vollstreckungsschuldners zu niedrig angesetzt, kann er gemäß § 718 ZPO in der Berufungsinstanz beantragen, dass über die vorläufige Vollstreckbarkeit vorab entschieden und die Höhe der Sicherheitsleistung angepasst wird.[655] Allerdings kann dies nicht auf streitiges Vorbringen gestützt werden, welches im ersten Rechtszug bereits hätte vorgetragen werden können.[656]

Die Art und Weise, wie die Sicherheit geleistet werden kann, richtet sich nach § 108 ZPO, wonach eine Sicherheitsleistung, wenn nichts Abweichendes bestimmt ist, durch Hinterlegung des Sicherungsbetrages bei der jeweils zuständigen Hinterlegungsstelle oder Beibringung einer Bankbürgschaft erbracht werden kann.[657] Von der Anordnung einer Sicherheitsleistung kann nach § 710 ZPO auf Antrag abgesehen werden, wenn der Vollstreckungsgläubiger eine Sicherheitsleistung objektiv nicht erbringen kann und es unbillig wäre, aus diesem Grunde dem Urteil die vorläufige Vollstreckbarkeit faktisch zu nehmen.[658] Dies stellt insbesondere bei juristischen

---

[650] OLG Karlsruhe, Urt. v. 10.10.2018 – 6 U 82/18, BeckRS 2018, 30052, Rn. 22 – *Drucker*; LG Düsseldorf, Urt. v. 31.03.2016 – 4a O 126/14, GRUR-RS 2016, 8040, Rn. 294 – *Hochfrequenzanteil*; LG Düsseldorf, Urt. v. 18.07.2017 – 4a O 27/17, GRUR-RS 2017, 121430, Rn. 124 – *Blasenkatheter-Set*; MüKo ZPO Bd. 2/*Götz*, § 709 ZPO Rn. 4.

[651] OLG Düsseldorf, Urt. v. 04.05.2006 – 2 U 112/05, NJOZ 2007, 451, 455 – *Sicherheitsleistung/Kaffeepads*; OLG Düsseldorf, Urt. v. 02.02.2012 – 2 U 91/11, GRUR-RR 2012, 304, 305 – *Höhe des Vollstreckungsschadens*; OLG Karlsruhe, Urt. v. 13.09.2017 – 6 U 34/17, Mitt. 2018, 294, Rn. 13; Haedicke/Timmann/*Chakraborty/Haedicke*, § 15 Rn. 643; Cepl/Voß/*Lunze*, § 709 ZPO Rn. 6, 8.

[652] OLG Düsseldorf, Urt. v. 02.02.2012 – 2 U 91/11, GRUR-RR 2012, 304, 305 – *Höhe des Vollstreckungsschadens*.

[653] Cepl/Voß/*Lunze*, § 709 ZPO Rn. 8-9.

[654] OLG Düsseldorf, Urt. v. 04.05.2006 – 2 U 112/05, NJOZ 2007, 451, 454 – *Sicherheitsleistung/Kaffeepads*; OLG Düsseldorf, Urt. v. 02.02.2012 – 2 U 91/11, GRUR-RR 2012, 304, 305 – *Höhe des Vollstreckungsschadens*; OLG Karlsruhe, Urt. v. 25.11.2020 – 6 U 104/18, GRUR-RS 2020, 56869, Rn. 215 – *Steuerkanalsignalisierung I*; LG Düsseldorf, Urt. v. 18.07.2017 – 4a O 27/17, GRUR-RS 2017, 121430, Rn. 126 – *Blasenkatheter-Set*; *Kühnen*, Hdb. Patentverletzung, Kap. H Rn. 13.

[655] Haedicke/Timmann/*Chakraborty/Haedicke*, § 15 Rn. 680-681; Benkard PatG/*Grabinski/Zülch/P. Tochtermann*, § 139 PatG Rn. 156d.

[656] OLG Düsseldorf, Urt. v. 02.02.2012 – 2 U 91/11, GRUR-RR 2012, 304 – *Höhe des Vollstreckungsschadens*; OLG Karlsruhe, Urt. v. 13.09.2017 – 6 U 34/17, Mitt. 2018, 294, Rn. 9, 11; a.A.: OLG Köln, Urt. v. 17.11.1999 – 6 U 162/99, GRUR 2000, 253 – *Anhebung der Sicherheitsleistung*.

[657] MüKo ZPO Bd. 2/*Götz*, § 709 ZPO Rn. 3; Cepl/Voß/*Lunze*, § 709 ZPO Rn. 10-12.

[658] MüKo ZPO Bd. 2/*Götz*, § 710 ZPO Rn. 1; Cepl/Voß/*Lunze*, § 710 ZPO Rn. 3.

Personen auf der Gläubigerseite allerdings einen Ausnahmefall dar und ist nicht allein deswegen einschlägig, wenn zur Stellung der Sicherheit eine Kreditaufnahme oder anderweitige Deckungsmaßnahmen zur Zwischenfinanzierung notwendig und möglich sind.[659]

Erlangt der Patentinhaber im Patentverletzungsprozess in erster Instanz also einen Unterlassungstitel, so hat er zur Vollstreckung desselben in aller Regel eine Sicherheitsleistung nach § 709 S. 1 ZPO zu erbringen.[660] Die wirtschaftliche Belastung, diese überhaupt aufzubringen, sowie die Aussicht, bei einem Unterliegen in der nächsten Instanz des als Sicherheit geleisteten Betrags verlustig werden zu können, stellen gerade dann einen wirksamen Hemmschuh für die Durchsetzung des Unterlassungstitels dar, wenn die Vollstreckung beim Patentnutzer hohe wirtschaftliche Schäden verursacht.[661] Der materiell-rechtlich bestehende Unterlassungsanspruch erfährt auf der Vollstreckungsebene somit eine durchaus wirksame, durch den vollstreckungsrechtlichen Sicherungsmechanismus bedingte Einschränkung.

II. Schutzantrag gemäß § 712 ZPO

Befürchtet der Patentnutzer im Falle der vorläufigen Vollstreckung eines Unterlassungsanspruchs nicht zu ersetzende Nachteile, so kann er gemäß § 712 ZPO einen Schuldnerschutzantrag stellen.[662] Der Antrag muss im Verfahren der jeweiligen Instanz gestellt werden, vor deren Entscheidung der Patentnutzer Vollstreckungsschutz begehrt.[663] Mithilfe des Schuldnerschutzantrags kann dem Vollstreckungsschuldner gestattet werden, die Vollstreckung durch Sicherheitsleistung abzuwenden, es kann eine Vollstreckbarkeit gegen Sicherheitsleistung angeordnet werden, wenn eine solche gemäß § 708 ZPO nicht vorgesehen war und es kann die vorläufige Vollstreckbarkeit beschränkt oder sogar vollständig versagt werden.[664]

Ein dem Patentnutzer durch die Vollstreckung drohender unersetzlicher Nachteil im Sinne des § 712 ZPO muss über die Nachteile hinausgehen, die der Vollstreckung eines patentrechtlichen Unterlassungsanspruchs innewohnen.[665] Es genügt daher nicht allein, wenn die Vollstreckung zur Einstellung der Produktion des patentverletzenden Produkts, zur Pflichtverletzung und

---

[659] Cepl/Voß/*Lunze*, § 710 ZPO Rn. 4.
[660] *Kühnen*, Hdb. Patentverletzung, Kap. H Rn. 10.
[661] *McGuire*, GRUR 2021, 775, 782.
[662] OLG Düsseldorf, Urt. v. 30.10.2014 – 2 U 10/14, BeckRS 2015, 1825, Rn. 77; Cepl/Voß/*Lunze*, § 712 ZPO Rn. 1.
[663] BGH, Beschl. v. 25.09.2018 – X ZR 76/18, GRUR 2018, 1295, Rn. 4 – *Werkzeuggriff*; BGH, Beschl. v. 26.03.2019 – X ZR 171/18, BeckRS 2019, 6784, Rn. 6; MüKo ZPO Bd. 2/*Götz*, § 712 ZPO Rn. 2; Musielak/Voit/*Lackmann*, § 712 ZPO Rn. 3.
[664] OLG Düsseldorf, Urt. v. 31.10.2019 – 2 U 35/19, BeckRS 2019, 31401, Rn. 4; MüKo ZPO Bd. 2/*Götz*, § 712 ZPO Rn. 4-5; *Kühnen*, Hdb. Patentverletzung, Kap. H Rn. 79.
[665] OLG Düsseldorf, Urt. v. 30.10.2014 – 2 U 10/14, BeckRS 2015, 1825, Rn. 77; OLG Düsseldorf, Urt. v. 31.10.2019 – 2 U 35/19, BeckRS 2019, 31401, Rn. 5; LG Düsseldorf, Urt. v. 03.11.2015 – 4a O 93/14, BeckRS 2016, 4073, Rn. 155-156 – *Datenaufruf-Trägerdienst*.

Schadensersatzpflicht gegenüber Vertragspartnern, zum Verlust von Marktanteilen oder Reputationsschäden führt.[666] Kommt durch die Vollstreckung aber der gesamte Geschäftsbetrieb des Schuldners zum Erliegen und führt dies hinreichend sicher feststellbar in die Insolvenz des Schuldners, können darin unersetzliche Nachteile gesehen werden.[667]

Allerdings muss darüber hinaus das Interesse des Patentnutzers an der Abwendung der Vollstreckung auch gegenüber dem Vollstreckungsinteresse des Patentinhabers überwiegen.[668] Die Abwägung ist dabei im Ausgangspunkt nicht im völligen Gleichgewicht. Grundsätzlich ist das Vollstreckungsinteresse angesichts des nur für eine begrenzte zeitliche Dauer geschützten Patents vorrangig.[669] Schließlich ist der Vollstreckungsschuldner bereits durch die Sicherheitsleistung nach § 709 ZPO und den Schadensersatzanspruch gemäß § 717 Abs. 2 ZPO geschützt.[670] Hinsichtlich einer drohenden Insolvenz ist zu berücksichtigen, inwiefern der Patentnutzer von der Produktion der angegriffenen Ausführungsform abhängig ist,[671] ob es kurzfristige Ausweichmöglichkeiten gibt[672] und ob der Patentnutzer sich ggf. um eine vorübergehende Lizenzierung zu bemühen hat.[673]

Ist der Patentinhaber eine NPE, so kann – nicht muss! – das Interesse an der Vollstreckung gemindert sein, weil dem Patentinhaber durch die Präsenz der angegriffenen Ausführungsformen des Verletzers am Markt keine Beeinträchtigung eigener Produkte droht.[674] Das ist aber nicht

---

666 OLG Düsseldorf, Urt. v. 28.06.2007 – 2 U 22/06, juris, Rn. 111 – *Fahrbare Betonpumpe*; OLG Düsseldorf, Urt. v. 31.10.2019 – 2 U 35/19, BeckRS 2019, 31401, Rn. 5, 10; LG Düsseldorf, Urt. v. 03.11.2015 – 4a O 93/14, BeckRS 2016, 4073, Rn. 156 – *Datenaufruf-Trägerdienst*; LG Düsseldorf, Urt. v. 03.11.2015 – 4a O 144/14, BeckRS 2015, 19564, Rn. 158 – *Kommunikationsvorrichtung*.

667 OLG Düsseldorf, Urt. v. 31.10.2019 – 2 U 35/19, BeckRS 2019, 31401, Rn. 5, 10; MüKo ZPO Bd. 2/*Götz*, § 712 ZPO Rn. 3; Benkard PatG/*Grabinski/Zülch/P. Tochtermann*, § 139 PatG Rn. 156c; Cepl/Voß/*Lunze*, § 712 ZPO Rn. 4.

668 Cepl/Voß/*Lunze*, § 712 ZPO Rn. 2.

669 OLG Düsseldorf, Urt. v. 16.11.1978 – 2 U 15/78, GRUR 1979, 188, 189 – *Flachdachabläufe*; LG Düsseldorf, Urt. v. 24.04.2012 – 4b O 273/10, GRUR-RS 2012, 9682, Rn. 255 – *Zugriffsschwellenwert*; *G. Werner/Wuttke*, GRUR-Prax 2020, 1, 3.

670 LG Düsseldorf, Urt. v. 09.11.2018 – 4a O 15/17, BeckRS 2018, 33825, Rn. 269 – *Dekodierungsvorrichtung*; Cepl/Voß/*Lunze*, § 712 ZPO Rn. 1; *U. Voß*, FS 80 Jahre Patentgerichtsbarkeit in Düsseldorf (2016), 573, 578–579.

671 OLG Düsseldorf, Urt. v. 16.11.1978 – 2 U 15/78, GRUR 1979, 188, 189 – *Flachdachabläufe*.

672 OLG Düsseldorf, Urt. v. 16.11.1978 – 2 U 15/78, GRUR 1979, 188, 189 – *Flachdachabläufe*; *Kühnen*, Hdb. Patentverletzung, Kap. H Rn. 84.

673 OLG Düsseldorf, Urt. v. 16.11.1978 – 2 U 15/78, GRUR 1979, 188, 189 – *Flachdachabläufe*; Cepl/Voß/*Lunze*, § 712 ZPO Rn. 5, 7; *U. Voß*, FS 80 Jahre Patentgerichtsbarkeit in Düsseldorf (2016), 573, 591–592.

674 *U. Voß*, FS 80 Jahre Patentgerichtsbarkeit in Düsseldorf (2016), 573, 591; a.A.: Cepl/Voß/*Lunze*, § 712 ZPO Rn. 4a.

ohne Weiteres anzunehmen und insbesondere nicht der Fall, wenn das Ausbleiben der Vollstreckung die Position der NPE als Lizenzgeber schwächt.[675] Aufgrund der Fokussierung des Vollstreckungsrechts auf das konkrete Verhältnis zwischen Schuldner und Gläubiger kommt zudem eine Berücksichtigung von Drittinteressen im Rahmen des § 712 ZPO nicht in Betracht.[676]

Der Schutzantrag gemäß § 712 ZPO ist aufgrund der geschilderten hohen Hürden der Gewährung von Vollstreckungsschutz nur im Ausnahmefall erfolgversprechend.[677] Bei entsprechendem wirtschaftlichen Drohpotential des Unterlassungsanspruchs mit Blick auf eine bei Vollstreckung desselben sicher anzunehmende wirtschaftliche Vernichtung des Patentnutzers kann er jedoch ein geeignetes Mittel zur Verhinderung solcher Einschnitte beim Patentnutzer darstellen.[678]

III. Einstweilige Einstellung der Zwangsvollstreckung gemäß §§ 719 Abs. 1, 707 ZPO bzw. § 719 Abs. 2 ZPO

Ein weiteres Mittel, um einem aus einer vorläufig vollstreckbaren Entscheidung vorgehenden Patentinhaber zumindest vorerst Einhalt zu gebieten, ist die einstweilige Einstellung der Zwangsvollstreckung.

1. Einstweilige Einstellung in der Berufungsinstanz

Die Zwangsvollstreckung kann, wenn gegen ein vorläufig vollstreckbares erstinstanzliches Urteil Berufung eingelegt ist, durch das Berufungsgericht gegen Sicherheitsleistung oder bei Glaubhaftmachung nicht zu ersetzender Nachteile und gleichzeitig fehlender Leistungsfähigkeit des Vollstreckungsschuldners ohne Sicherheitsleistung gemäß §§ 719 Abs. 1, 707 ZPO auf Antrag eingestellt werden.[679]

---

[675] *U. Voß*, FS 80 Jahre Patentgerichtsbarkeit in Düsseldorf (2016), 573, 591.
[676] OLG Düsseldorf, Urt. v. 16.11.1978 – 2 U 15/78, GRUR 1979, 188, 189 – *Flachdachabläufe*; OLG Düsseldorf, Urt. v. 31.10.2019 – 2 U 35/19, BeckRS 2019, 31401, Rn. 5, 7; LG Mannheim, Urt. v. 02.05.2012 – 2 O 240/11, BeckRS 2012, 11804, F.; *Kühnen*, Hdb. Patentverletzung, Kap. H Rn. 84; *U. Voß*, FS 80 Jahre Patentgerichtsbarkeit in Düsseldorf (2016), 573, 577–578.
[677] OLG Düsseldorf, Urt. v. 16.11.1978 – 2 U 15/78, GRUR 1979, 188, 189 – *Flachdachabläufe*; OLG Düsseldorf, Urt. v. 28.06.2007 – 2 U 22/06, juris, Rn. 109 – *Fahrbare Betonpumpe*; Haedicke/Timmann/*Chakraborty/Haedicke*, § 15 Rn. 679; Cepl/Voß/*Lunze*, § 712 ZPO Rn. 1, 4a; *U. Voß*, FS 80 Jahre Patentgerichtsbarkeit in Düsseldorf (2016), 573, 574; *G. Werner/Wuttke*, GRUR-Prax 2020, 1, 3.
[678] *U. Voß*, FS 80 Jahre Patentgerichtsbarkeit in Düsseldorf (2016), 573, 596.
[679] Benkard PatG/*Grabinski/Zülch/P. Tochtermann*, § 139 PatG Rn. 156; Musielak/Voit/*Lackmann*, § 707 ZPO Rn. 9; Cepl/Voß/*Lunze*, § 707 ZPO Rn. 6-8.

Das Berufungsgericht hat bei dieser Entscheidung in Ausübung pflichtgemäßen Einstellungs-ermessens die entgegenstehenden Interessen im Einzelfall abzuwägen.[680] Dabei sind die gesetz-liche Wertung eines grundsätzlichen Vorrangs der vorläufigen Vollstreckbarkeit und das durch die Sicherheitsleistung gemäß § 709 ZPO bereits eingezogene Sicherheitsnetz des Vollstre-ckungsschuldners zu berücksichtigen.[681] Zudem fällt die begrenzte Schutzdauer von Patenten zu-gunsten des Vollstreckungsgläubigers ins Gewicht.[682] Eine einstweilige Einstellung der Zwangs-vollstreckung verlangt also das Vorliegen besonderer Umstände, die diese rechtfertigen.[683]

So kommt eine Einstellung insbesondere in Betracht, wenn das erstinstanzliche Urteil nach der gebotenen summarischen Prüfung voraussichtlich keinen Bestand haben wird.[684] Dies ist der Fall, wenn es evident fehlerhaft ist, was auf Grundlage der für die erstinstanzliche Entscheidung maßgeblichen tatsächlichen Feststellungen und rechtlichen Erwägungen beurteilt werden muss.[685] Alternative Begründungen, die das Ergebnis der erstinstanzlichen Entscheidung tragen würden, bleiben außer Acht,[686] wenn sie nicht ausnahmsweise offenkundig hervortreten.[687] Der nur auf die Verhinderung einer vorläufigen Vollstreckung aus einem offensichtlich fehlerhaften Urteil gerichtete Zweck der Entscheidung über die einstweilige Einstellung der Zwangsvollstre-ckung verhindert eine tiefergehende, das Berufungsverfahren teilweise oder ganz vorwegneh-mende Befassung.[688]

---

[680] OLG Düsseldorf, Beschl. v. 07.07.2008 – 2 U 90/06, juris, Rn. 2 – *Herzklappenringprothese*; OLG Karlsruhe, Beschl. v. 23.04.2015 – 6 U 44/15, GRUR-RR 2015, 326, Rn. 14 – *Mobiltelefone*; Mu-sielak/Voit/*Lackmann*, § 707 ZPO Rn. 6; Cepl/Voß/*Lunze*, § 707 ZPO Rn. 11-12.

[681] OLG Düsseldorf, Beschl. v. 07.07.2008 – 2 U 90/06, juris, Rn. 2 – *Herzklappenringprothese*; OLG Karlsruhe, Beschl. v. 23.04.2015 – 6 U 44/15, GRUR-RR 2015, 326, Rn. 14 – *Mobiltelefone*; OLG Karlsruhe, Beschl. v. 14.09.2022 – 6 U 212/22, GRUR-RS 2022, 29740, Rn. 7; Benkard PatG/*Grabin-ski/Zülch/P. Tochtermann*, § 139 PatG Rn. 156.

[682] BGH, Beschl. v. 20.06.2000 – X ZR 88/00, GRUR 2000, 862–863 – *Spannvorrichtung*; OLG Düssel-dorf, Beschl. v. 07.07.2008 – 2 U 90/06, juris, Rn. 2 – *Herzklappenringprothese*.

[683] OLG Karlsruhe, Beschl. v. 23.04.2015 – 6 U 44/15, GRUR-RR 2015, 326, Rn. 14 – *Mobiltelefone*; Cepl/Voß/*Lunze*, § 707 ZPO Rn. 12.

[684] OLG Düsseldorf, Beschl. v. 07.04.2008 – 2 U 116/07, juris, Rn. 3 – *Sicherheitsschaltgerät*; OLG Düs-seldorf, Beschl. v. 07.07.2008 – 2 U 90/06, juris, Rn. 2 – *Herzklappenringprothese*; OLG Karlsruhe, Beschl. v. 23.04.2015 – 6 U 44/15, GRUR-RR 2015, 326, Rn. 14 – *Mobiltelefone*; OLG München, Beschl. v. 09.04.2019 – 6 U 4653/18, GRUR-RS 2019, 41076, Rn. 105 – *Analog-digital-Wandler*.

[685] OLG Karlsruhe, Beschl. v. 13.10.2014 – 6 U 118/14, GRUR-RR 2015, 50, Rn. 11 – *Leiterbahnstruk-turen*; Cepl/Voß/*Lunze*, § 719 ZPO Rn. 4.

[686] OLG Karlsruhe, Beschl. v. 13.10.2014 – 6 U 118/14, GRUR-RR 2015, 50, Rn. 11 – *Leiterbahnstruk-turen*; OLG München, Beschl. v. 09.04.2019 – 6 U 4653/18, GRUR-RS 2019, 41076, Rn. 105, 107 – *Analog-digital-Wandler*.

[687] OLG Düsseldorf, Beschl. v. 13.01.2016 – 15 U 65/15, GRUR-RS 2016, 1679, Rn. 5; *Kühnen*, Hdb. Patentverletzung, Kap. H Rn. 49.

[688] OLG Düsseldorf, Beschl. v. 13.01.2016 – 15 U 65/15, GRUR-RS 2016, 1679, Rn. 5; OLG Karlsruhe, Beschl. v. 23.04.2015 – 6 U 44/15, GRUR-RR 2015, 326, Rn. 15 – *Mobiltelefone*.

Ein weiterer Fall, in dem das Pendel zugunsten einer Einstellung ausschlagen kann, besteht, wenn der Vollstreckungsschuldner darlegen und glaubhaft machen kann, dass ihm durch die Vollstreckung irreversible Schäden drohen, die über die üblichen Wirkungen einer Zwangsvollstreckung hinausgehen.[689] Wie beim Vollstreckungsschutzantrag sind die Anforderungen hier allerdings hoch.[690] Schädigungen Dritter sind in der Bemessung eines über normale Vollstreckungsfolgen hinausgehenden unersetzlichen Schadens nicht mit einzubeziehen.[691]

Darüber hinaus kann in die Abwägung eingestellt werden, ob in dem Rechtsstreit Gesichtspunkte, welche im ersten Rechtszug nicht berücksichtigt wurden, zu beachten sind, nach denen der Rechtsstreit als offen zu bezeichnen ist.[692] Wird ein Patent nach Verurteilung des Verletzers in der ersten Instanz im Rechtsbestandsverfahren für nichtig erklärt, ist im Berufungsrechtszug eine einstweilige Einstellung der Zwangsvollstreckung in der Regel geboten.[693] Dahingegen lässt eine NPE-Eigenschaft des Vollstreckungsgläubigers allein dessen Vollstreckungsinteresse nicht zurücktreten.[694] Ergeben sich aus der Gesamtschau der Umstände aber Anhaltspunkte, dass aufgrund der fehlenden eigenen produzierenden Tätigkeit der NPE ein gemindertes Vollstreckungsinteresse besteht, kann dies im Zusammenspiel beispielsweise mit einer hohen Schädigung beim Vollstreckungsschuldner für eine Einstellung sprechen.[695]

2. Einstweilige Einstellung in der Revisionsinstanz

Eine einstweilige Einstellung der Zwangsvollstreckung eines Berufungsurteils in der Revisionsinstanz ist nach den erhöhten Voraussetzungen des § 719 Abs. 2 ZPO auf Antrag möglich, wenn dem Vollstreckungsschuldner ein nicht zu ersetzender Nachteil droht und der Einstellung ein

---

[689] OLG Düsseldorf, Beschl. v. 07.04.2008 – 2 U 116/07, juris, Rn. 3 – *Sicherheitsschaltgerät*; OLG Düsseldorf, Beschl. v. 07.07.2008 – 2 U 90/06, juris, Rn. 2 – *Herzklappenringprothese*; OLG Karlsruhe, Beschl. v. 23.04.2015 – 6 U 44/15, GRUR-RR 2015, 326, Rn. 14 – *Mobiltelefone*.

[690] *Gajeck*, GRUR-Prax 2022, 685, 687; Cepl/Voß/*Lunze*, § 707 ZPO Rn. 21.

[691] *Kühnen*, Hdb. Patentverletzung, Kap. H Rn. 64; Cepl/Voß/*Lunze*, § 707 ZPO Rn. 27.

[692] OLG Düsseldorf, Beschl. v. 01.07.2009 – 2 U 51/08, GRUR-RR 2010, 122, 123–124 – *prepaid telephone calls*; *Kühnen*, Hdb. Patentverletzung, Kap. H Rn. 47.

[693] BGH, Beschl. v. 16.09.2014 – X ZR 61/13, GRUR 2014, 1237, Rn. 5 – *Kurznachrichten*; OLG Düsseldorf, Beschl. v. 07.07.2008 – 2 U 90/06, juris, Rn. 3-4 – *Herzklappenringprothese*; Haedicke/Timmann/*Chakraborty/Haedicke*, § 15 Rn. 670; *Kühnen*, Hdb. Patentverletzung, Kap. H Rn. 54 (zu weiteren Einflussmöglichkeiten von Vorgängen im Rechtsbestandsverfahren auf die Einstellungsentscheidung: Rn. 55-63).

[694] OLG Düsseldorf, Beschl. v. 13.01.2016 – 15 U 65/15, GRUR-RS 2016, 1679, Rn. 11; OLG Karlsruhe, Beschl. v. 29.08.2016 – 6 U 57/16, BeckRS 2016, 16061, Rn. 43 – *Übertragungssystem*; OLG Karlsruhe, Beschl. v. 14.09.2022 – 6 U 212/22, GRUR-RS 2022, 29740, Rn. 49-52; *Scharen*, Mitt. 2018, 369, 376.

[695] OLG Karlsruhe, Beschl. v. 11.05.2009 – 6 U 38/09, GRUR-RR 2010, 120, 122 – *Patentverwertungsgesellschaft*; OLG Karlsruhe, Beschl. v. 23.04.2015 – 6 U 44/15, GRUR-RR 2015, 326, Rn. 21-23 – *Mobiltelefone*; OLG Karlsruhe, Beschl. v. 14.09.2022 – 6 U 212/22, GRUR-RS 2022, 29740, Rn. 50, 53; Haedicke/Timmann/*Chakraborty/Haedicke*, § 15 Rn. 672.

überwiegendes Interesse des Vollstreckungsgläubigers nicht entgegensteht.[696] Auch hier müssen die drohenden Nachteile über die üblichen Vollstreckungsfolgen hinausgehen.[697]

Während es für eine Einstellung der Zwangsvollstreckung in der Berufungsinstanz unschädlich ist, wenn in der ersten Instanz ein Schutzantrag nach § 712 ZPO nicht gestellt wurde,[698] ist die einstweilige Einstellung der Zwangsvollstreckung nach § 719 Abs. 2 ZPO in der Revisionsinstanz im Regelfall zu versagen, wenn ein möglicher und zumutbarer Schutzantrag, der eine Würdigung der Umstände mit Blick auf das Vorliegen eines unersetzlichen Nachteils durch eine Tatsacheninstanz ermöglicht hätte, nicht in der Berufungsinstanz gestellt und begründet wurde.[699] Eine Ausnahme gilt bei Nichtigkeitserklärung des Patents vor dem BPatG, da der mangelnde Rechtsbestand des Patents einem Urteil im Verletzungsverfahren unabhängig von dessen Instanzenzug die Grundlage entzieht und damit die Unterscheidung zwischen § 719 Abs. 1 und Abs. 2 ZPO hinfällig macht, sodass hier auch in der Revisionsinstanz die Zwangsvollstreckung analog §§ 719 Abs. 1, 707 ZPO einzustellen ist.[700]

IV.   Kompensation gemäß § 717 Abs. 2 ZPO bzw. § 717 Abs. 3 ZPO

Eine weitere Einschränkung auf vollstreckungsrechtlicher Ebene erfährt die Bewegungsfreiheit des Patentinhabers beim Vorgehen aus vorläufig vollstreckbaren Urteilen durch die in § 717 ZPO vorgesehenen Ausgleichsansprüche. Die sich daraus ergebende Haftung für die Vollstreckung eines vorläufigen Titels „auf eigene Gefahr"[701] muss der Patentinhaber bei der Abwägung, ob der Weg einer vorläufigen Vollstreckung gegangen werden soll, jedenfalls in seine Rechnung einstellen.[702]

1.   Schadensersatz gemäß § 717 Abs. 2 ZPO

Vollstreckt der Vollstreckungsgläubiger aus einem vorläufig vollstreckbaren erstinstanzlichen Urteil und wird dieses später aufgehoben oder abgeändert, so haftet er gegenüber dem Vollstreckungsschuldner nach § 717 Abs. 2 ZPO verschuldensunabhängig auf Schadensersatz für durch

---

[696] BGH, Beschl. v. 20.06.2000 – X ZR 88/00, GRUR 2000, 862 – *Spannvorrichtung*; MüKo ZPO Bd. 2/*Götz*, § 719 ZPO Rn. 11; Benkard PatG/*Grabinski/Zülch/P. Tochtermann*, § 139 PatG Rn. 156b.

[697] BGH, Beschl. v. 20.06.2000 – X ZR 88/00, GRUR 2000, 862 – *Spannvorrichtung*; Cepl/Voß/*Lunze*, § 719 ZPO Rn. 16.

[698] MüKo ZPO Bd. 2/*Götz*, § 719 ZPO Rn. 6; Cepl/Voß/*Lunze*, § 719 ZPO Rn. 3.

[699] BGH, Beschl. v. 08.07.2014 – X ZR 61/13, GRUR 2014, 1028, Rn. 3-5 – *Nicht zu ersetzender Nachteil*; Benkard PatG/*Grabinski/Zülch/P. Tochtermann*, § 139 PatG Rn. 156b.

[700] BGH, Beschl. v. 16.09.2014 – X ZR 61/13, GRUR 2014, 1237, Rn. 7-10 – *Kurznachrichten*; Haedicke/Timmann/*Chakraborty/Haedicke*, § 15 Rn. 676; Cepl/Voß/*Lunze*, § 719 ZPO Rn. 14.

[701] BGH, Urt. v. 03.07.1997 – IX ZR 122/96, NJW 1997, 2601, 2603.

[702] *Hessel/Schellhorn*, GRUR 2017, 672, 673; *Kühnen/Grunwald*, GRUR-Prax 2018, 569–570.

die Vollstreckung entstandene Schäden oder zur Abwendung der Vollstreckung getätigte Leistungen.[703] Die Ausgestaltung als Garantiehaftung ist vor dem Hintergrund der dem Vollstreckungsgläubiger durch die vorläufige Vollstreckung zukommenden Vorteile und zum Ausgleich der dem Vollstreckungsschuldner dadurch entstehenden Nachteile gerechtfertigt.[704]

Damit ein Schaden aufgrund der vorläufigen Vollstreckung entstanden sein kann, müssen die Vollstreckungsvoraussetzungen der erstinstanzlichen Entscheidung, also insbesondere die Erbringung der Sicherheitsleistung nach § 709 ZPO, erfüllt sein, sodass der Schaden auf den Vollstreckungsdruck des Gläubigers hin entsteht.[705] Unterlässt der Vollstreckungsschuldner die Patentnutzung vor dem Vorliegen der Vollstreckungsvoraussetzungen oder obwohl der Patentinhaber mitgeteilt hat, dass er von einer Vollstreckung (vorerst) absehen wird, ist ein auf diesem Wege angefallener Schaden nicht kausal durch die Zwangsvollstreckung entstanden.[706]

Problematisch ist bei der Bestimmung des durch eine vollstreckte Unterlassungspflicht entstandenen Schadens aber vor allen Dingen die Bezifferung der konkreten Schadenshöhe.[707] Muss der Patentverletzer im Rahmen der Vollstreckung eine zuvor bestehende und einigermaßen gefestigte Marktpräsenz aufgeben, so können die Schäden anhand von Umsatz- und Gewinnverlusten, Rückrufkosten und Schadensersatzpflichten gegenüber Abnehmern oder Zulieferern zwar einigermaßen zuverlässig benannt werden.[708] Auch Entwicklungs- oder Lizenzierungskosten für Ausweichtechnik zum Verbleib am Markt unter Nutzung einer Umgehungslösung können hierbei ersatzfähig sein.[709] War der Patentverletzer aber noch nicht oder nur sehr kurz am Markt tätig, ist die Schadensdarlegung für den Vollstreckungsschuldner ungleich schwieriger.[710] Genügt er seiner Darlegungslast nicht, geht er leer aus, sodass § 717 Abs. 2 PatG seine beabsichtigte Wirkung,

---

[703] BGH, Urt. v. 05.05.2011 – IX ZR 176/10, GRUR 2011, 758, Rn. 10 – *Rückzahlung der Lizenzgebühr*; Benkard PatG/*Grabinski/Zülch/P. Tochtermann*, § 139 PatG Rn. 160f; Bei einstweiligen Verfügungen richtet sich die Schadensersatzpflicht für Vollziehungsschäden nach § 945 ZPO.

[704] OLG Düsseldorf, Urt. v. 08.01.2015 – 2 U 142/08, GRUR-RS 2015, 1826, Rn. 34; MüKo ZPO Bd. 2/*Götz*, § 717 ZPO Rn. 7-8; Cepl/Voß/*Lunze*, § 717 ZPO Rn. 4.

[705] BGH, Urt. v. 30.11.1995 – IX ZR 115/94, GRUR 1996, 812–813 – *Unterlassungsurteil gegen Sicherheitsleistung*; BGH, Urt. v. 16.12.2010 – Xa ZR 66/10, GRUR 2011, 364, Rn. 19-21 – *Steroidbeladene Körner*; MüKo ZPO Bd. 2/*Götz*, § 717 ZPO Rn. 15; *Grunwald*, Mitt. 2013, 530, 531; *Kühnen/Grunwald*, GRUR-Prax 2018, 569, 570.

[706] BGH, Urt. v. 30.11.1995 – IX ZR 115/94, GRUR 1996, 812, 813 – *Unterlassungsurteil gegen Sicherheitsleistung*; BGH, Urt. v. 16.12.2010 – Xa ZR 66/10, GRUR 2011, 364, Rn. 19 – *Steroidbeladene Körner*; OLG Düsseldorf, Urt. v. 08.01.2015 – 2 U 142/08, GRUR-RS 2015, 1826, Rn. 41, 48; *Kühnen/Grunwald*, GRUR-Prax 2018, 569, 570.

[707] *Hessel/Schellhorn*, GRUR 2017, 672, 674; Cepl/Voß/*Lunze*, § 717 ZPO Rn. 15.

[708] *Grunwald*, Mitt. 2013, 530, 531–532; Cepl/Voß/*Lunze*, § 717 ZPO Rn. 15.

[709] OLG Düsseldorf, Urt. v. 08.01.2015 – 2 U 142/08, GRUR-RS 2015, 1826, Rn. 34-38; *Allekotte*, GRUR-Prax 2014, 119, 120; *Grunwald*, Mitt. 2013, 530, 532–533; *Hessel/Schellhorn*, GRUR 2017, 672, 675–676; *Kühnen*, Hdb. Patentverletzung, Kap. I Rn. 55; *Kühnen/Grunwald*, GRUR-Prax 2018, 569, 571; a.A.: *Mes*, GRUR 2011, 368.

[710] *Hessel/Schellhorn*, GRUR 2017, 672, 674; Cepl/Voß/*Lunze*, § 717 ZPO Rn. 15.

den durch eine Unterlassungsverpflichtung verursachten Einschnitt in die Geschäftstätigkeit des Patentnutzers zu kompensieren, in diesen Fällen verfehlen kann.[711]

2. Bereicherungsausgleich gemäß § 717 Abs. 3 ZPO

Wird aus einem Berufungsurteil im Sinne von § 708 Nr. 10 ZPO oder aus einem erstinstanzlichen Urteil nach erfolgter Bestätigung in der Berufung vorläufig vollstreckt, haftet der Vollstreckungsgläubiger bei späterer Aufhebung oder Abänderung nicht auf Schadensersatz, sondern ist nur nach § 717 Abs. 3 ZPO zum Bereicherungsausgleich verpflichtet.[712] Der Patentinhaber hat also das auf Grundlage des Urteils Erlangte zurückzugewähren.[713] Dass das Erlangte unter Vollstreckungsdruck geleistet wurde, ist hier nicht Voraussetzung.[714] Da eine Unterlassung nicht gegenständlich herausgegeben werden kann, ist Wertersatz nach § 818 Abs. 2 BGB zu leisten.[715] Ein Berufen auf Entreicherung gemäß § 818 Abs. 3 BGB kommt nach Maßgabe des § 717 Abs. 3 S. 4 ZPO i.V.m. § 818 Abs. 4 BGB nicht in Betracht.[716]

Der Wert der erlangten Unterlassung spiegelt sich in den Vorteilen wieder, die der Patentinhaber durch die Abwesenheit des Patentnutzers vom Markt erzielen konnte.[717] Diese liegen regelmäßig darin, dass der Patentinhaber Geschäfte tätigen konnte, die er bei Konkurrenz durch den Patentnutzer nicht oder nicht in gleich vorteilhafter Weise hätte abschließen können.[718] Abschöpfen lassen sich diese Vorteile durch Wertersatz in Höhe einer fiktiven Lizenzgebühr (Lizenzanalogie)[719] oder durch Herausgabe der vom Patentinhaber erzielten Gewinne.[720]

Aus der Möglichkeit der Abschöpfung des Gewinns des vorläufig vollstreckenden Patentinhabers über § 717 Abs. 3 ZPO ergibt sich, dass ein Patentnutzer über den Bereicherungsausgleich besser dastehen kann als im Rahmen der eigentlich strengeren Schadensersatzpflicht des Vollstreckungsgläubigers nach § 717 Abs. 2 ZPO bei einem erstinstanzlichen Urteil.[721] Bei Letzterem kann nicht der Gewinn des vollstreckenden Patentinhabers als Schaden verlangt werden, sondern nur ein möglicherweise niedrigerer und dazu noch oftmals schwer darzulegender entgangener

---

[711] *Hessel/Schellhorn*, GRUR 2017, 672, 674; Cepl/Voß/*Lunze*, § 717 ZPO Rn. 5, 15.

[712] BGH, Urt. v. 25.10.1977 – VI ZR 166/75, NJW 1978, 163–164; *Nieder*, GRUR 2013, 32; *vom Stein*, GRUR 1970, 157.

[713] *Kühnen/Grunwald*, GRUR-Prax 2018, 569, 571; Cepl/Voß/*Lunze*, § 717 ZPO Rn. 23; *Nieder*, GRUR 2013, 32.

[714] BGH, Urt. v. 05.05.2011 – IX ZR 176/10, GRUR 2011, 758, Rn. 18 – *Rückzahlung der Lizenzgebühr*; *Grunwald*, Mitt. 2013, 530, 536.

[715] *Nieder*, GRUR 2013, 32, 34; *vom Stein*, GRUR 1970, 157, 159.

[716] MüKo ZPO Bd. 2/*Götz*, § 717 ZPO Rn. 30; Musielak/Voit/*Lackmann*, § 717 ZPO Rn. 16.

[717] Cepl/Voß/*Lunze*, § 717 ZPO Rn. 23.

[718] *Kühnen*, Hdb. Patentverletzung, Kap. I Rn. 47, 76.

[719] *Kühnen/Grunwald*, GRUR-Prax 2018, 569, 571; Cepl/Voß/*Lunze*, § 717 ZPO Rn. 24; *Nieder*, GRUR 2013, 32, 34.

[720] *Kühnen*, Hdb. Patentverletzung, Kap. I Rn. 43–44, 76.

[721] *Kühnen*, Hdb. Patentverletzung, Kap. I Rn. Rn. 44; Cepl/Voß/*Lunze*, § 717 ZPO Rn. 15.

Gewinn des Patentnutzers.[722] Diese paradoxe Situation lässt sich allerdings dadurch auflösen, dass dem Patentnutzer bei einer vorläufigen Vollstreckung aus einem erstinstanzlichen Urteil neben dem Schadensersatzanspruch aus § 717 Abs. 2 ZPO auch ein Bereicherungsausgleich zugesprochen wird, der sich jedenfalls mit Eintritt der Rechtskraft einer das erstinstanzliche Urteil aufhebenden Entscheidung aus § 818 Abs. 1 S. 1 Alt. 1 BGB ergibt.[723]

V. Bedeutung für SEP-Fälle

Die untersuchten vollstreckungsrechtlichen Mittel, die das Vorgehen aus einem vorläufig vollstreckbaren Unterlassungstitel einschränken können, erfüllen diese Funktion im Rahmen ihres Anwendungsbereichs und ihrer Reichweite auch bei der Durchsetzung von SEP.

Insbesondere die Festsetzung einer Sicherheitsleistung nach § 709 ZPO in Verbindung mit der drohenden Ersatzpflicht von Vollstreckungsschäden nach § 717 Abs. 2 ZPO kann ein deutliches Hemmnis in der Vollstreckung aus erstinstanzlichen Urteilen aus SEP darstellen.[724] Denn die Eigenschaft eines Patents als standardessentiell bedingt oftmals, dass mit der Unterlassung der Patentnutzung zugleich die Einstellung der Produktion und des Vertriebs nicht nur eines einzelnen patentverletzenden Bauteils, sondern eines ggf. in großer Stückzahl hergestellten, den Standard nutzenden komplexen Gesamtprodukts einhergeht.[725]

Entsprechend hoch stellt sich ein potentieller Vollstreckungsschaden und damit die zu leistende Sicherheit für die vorläufige Vollstreckung dar.[726] So setzte beispielsweise das LG Mannheim in einem Verfahren eines Inhabers eines Telekommunikationspatents gegen einen Automobilhersteller wegen der mit der Unterlassung verbundenen Produktions- und Vertriebseinschränkungen mehrerer Pkw-Modellreihen eine Sicherheit von 7 Milliarden Euro fest.[727] Eine solche Summe als Sicherheitsleistung, die auch für einen solventen und kreditwürdigen SEP-Inhaber schwer aufzubringen sein dürfte, vermag die Durchsetzungsmacht des SEP-Inhabers wirksam einzuschränken.

---

[722] *Kühnen*, Hdb. Patentverletzung, Kap. I Rn. 44.

[723] *Kühnen*, Hdb. Patentverletzung, Kap. I Rn. 45-48; unter Verweis auf § 812 Abs. 1 S. 2 BGB ebenso die Anwendbarkeit des Bereicherungsrechts neben § 717 Abs. 2 ZPO bejahend: BGH, Urt. v. 26.10.2006 – IX ZR 147/04, NZI 2007, 740, Rn. 22-24.

[724] *McGuire*, GRUR 2021, 775, 782; *L. Tochtermann*, ZGE 2019, 257, 270.

[725] LG München I, Urt. v. 10.09.2020 – 7 O 8818/19, GRUR-RS 2020, 22577, Rn. 248 – *LTE-Standard*; LG München I, Urt. v. 30.10.2020 – 21 O 11384/19, juris, Rn. 449 – *Lizenzverhandlung*.

[726] LG Mannheim, Urt. v. 18.08.2020 – 2 O 34/19, GRUR-RS 2020, 20358, Rn. 259 – *Lizenz in Wertschöpfungskette*.

[727] LG Mannheim, Urt. v. 18.08.2020 – 2 O 34/19, GRUR-RS 2020, 20358 – *Lizenz in Wertschöpfungskette*; *Kamlah/Rektorschek*, Mitt. 2021, 307, 313; *Wuttke*, Mitt. 2020, 555, 556.

Entgegen einer zwischenzeitlich vom LG München I geäußerten Ansicht ist die Sicherheits-leistung in SEP-Fällen auch tatsächlich an den durch einen Produktions- und Verkaufsstopp ein-tretenden Schäden auszurichten.[728] Das LG München I nahm an, dass bei grundsätzlicher Lizenzierungsbereitschaft des SEP-Inhabers der Patentverletzer im Rahmen einer Schadensmin-derungspflicht gemäß § 254 BGB verpflichtet sei, statt eine Zwangsvollstreckung über sich erge-hen zu lassen, einen Lizenzvertrag mit dem SEP-Inhaber abzuschließen, sodass es in Fällen, die denen des vom LG Mannheim entschiedenen Falls ähnelten, auf eine Sicherheitsleistung von (nur) 5,5 Millionen bzw. 18 Millionen Euro kam.[729]

Allerdings besteht eine solche Pflicht zur Lizenznahme aus einer Schadensminderungspflicht nicht.[730] Die Obliegenheit eines Lizenzvertragsabschlusses zur Schadensminderung wäre ein er-heblicher Eingriff in die Privatautonomie, würde den Patentverletzer in einen von ihm mög-licherweise nicht für angemessen gehaltenen Lizenzvertrag zwingen und die Möglichkeit des Be-schreitens des weiteren Rechtswegs verkürzen.[731] Dies überschreitet die Grenze des im Rahmen einer Schadensminderungspflicht Zumutbaren.[732] Dementsprechend setzte das OLG München im Anschluss die Sicherheitsleistung auf die in diesem Fall durch den Verkaufsstopp anzunehmende Summe von 1,637 Milliarden Euro hoch.[733]

Während das Instrument der Sicherheitsleistung in SEP-Fällen also wirksam zum Einsatz kommt, werden Vollstreckungsschutzanträge gemäß § 712 ZPO zwar auch in diesem Kontext gestellt, aber regelmäßig mit Verweis auf die nicht über den üblichen Effekt einer Unterlassungs-pflicht hinausgehenden Folgen oder die bestehende Absicherung durch die Vollstreckungssicher-heit abgewiesen.[734] In Bezug auf existenzvernichtende Extremfälle wohnt der Regelung aller-dings durchaus ein bislang wohl ungenutztes und einen entsprechenden Parteivortrag voraus-setzendes Potential inne.[735]

---

[728] OLG München, Urt. v. 17.12.2020 – 6 U 6389/20, (unveröffentlicht), II. C) 1. cc) (2) (b).
[729] LG München I, Urt. v. 10.09.2020 – 7 O 8818/19, GRUR-RS 2020, 22577, Rn. 243-255 – *LTE-Stan-dard*; LG München I, Urt. v. 30.09.2020 – 21 O 3891/19, GRUR-RS 2020, 54658, Rn. 240-248 – *Connected Cars*; LG München I, Urt. v. 30.10.2020 – 21 O 11384/19, juris, Rn. 448-450 – *Lizenzver-handlung*.
[730] OLG München, Urt. v. 17.12.2020 – 6 U 6389/20, (unveröffentlicht), II. C) 1. cc) (2).
[731] OLG München, Urt. v. 17.12.2020 – 6 U 6389/20, (unveröffentlicht), II. C) 1. cc) (2) (a).
[732] OLG München, Urt. v. 17.12.2020 – 6 U 6389/20, (unveröffentlicht), II. C) 1. cc) (2) (a).
[733] OLG München, Urt. v. 17.12.2020 – 6 U 6389/20, (unveröffentlicht), Tenor I.; OLG München, Beschl. v. 22.09.2021 – 11 W 1179/21, BeckRS 2021, 27162, Rn. 4.
[734] LG Düsseldorf, Urt. v. 03.11.2015 – 4a O 93/14, BeckRS 2016, 4073, Rn. 155-156 – *Datenaufruf-Trägerdienst* (1. Instanz des Verfahrens FRAND-Einwand I); LG Düsseldorf, Urt. v. 03.11.2015 – 4a O 144/14, BeckRS 2015, 19564, Rn. 157-158 – *Kommunikationsvorrichtung* (1. Instanz des Verfahrens FRAND-Einwand II); LG Mannheim, Urt. v. 18.08.2020 – 2 O 34/19, GRUR-RS 2020, 20358, Rn. 260 – *Lizenz in Wertschöpfungskette* (bei einer Vollstreckungssicherheit i.H.v. 7 Milliarden Euro).
[735] Für eine Absenkung der Eingriffsschwelle des § 712 ZPO im Patentrecht plädierend: *Zhu/Kouskoutis*, GRUR 2019, 886, 888–891.

Die einstweilige Einstellung der Zwangsvollstreckung nach §§ 719 Abs. 1, 707 ZPO kommt hingegen auch in SEP-Fällen zum Einsatz.[736] Allerdings gebietet die bloß summarische Prüfung der Erfolgsaussichten der Berufung des Patentnutzers, dass eine Einstellung nur in Betracht kommt, wenn die Beurteilung durch das Gericht der Vorinstanz erkennen lässt, dass dieses sich nicht hinreichend mit der SEP-spezifischen Fallkonstellation auseinandergesetzt hat oder seine rechtliche Würdigung evident fehlerhaft ist.[737]

F. Zwischenfazit zu den patent- und prozessrechtsimmanenten Lösungen in SEP-Fällen

Die vorstehenden Erörterungen zeigen, dass die untersuchten patent- und prozessrechtsimmanenten Ansätze überschießende Durchsetzungsmacht des Patentinhabers in SEP-Fällen nicht ausreichend verhindern können. Sowohl die patentrechtliche Zwangslizenz nach § 24 PatG, als auch die Lizenzbereitschaftserklärung gemäß § 23 PatG, als auch die Benutzungsanordnung nach § 13 PatG sind auf die SEP-spezifischen Fallgestaltungen nicht zugeschnitten und kommen aufgrund ihrer hohen Anwendbarkeitsvoraussetzungen in der Regel nicht zum Tragen. Lediglich bei Hinzutreten betroffener Drittinteressen, insbesondere im gesundheitlich-medizinischen Bereich, können die patentrechtliche Zwangslizenz und die Benutzungsanordnung in Ausnahmefällen in Betracht kommen.[738] Ebenso können die Aussetzung des Verletzungsverfahrens nach § 148 ZPO sowie die Berücksichtigung der Rechtsbestandsprognose im Verfügungsverfahren nur bei der systembedingten Härte des *injunction gap* ansetzen.

Lediglich durch das Zwangsvollstreckungsrecht kann in SEP-Fällen eine wirksame Einschränkung auf der Vollstreckungsebene erreicht werden.[739] Insbesondere eine bei SEP aufgrund der Vollstreckungsfolgen potentiell hohe Vollstreckungssicherheit beschränkt hier die Durchsetzungsmacht des SEP-Inhabers wirksam. Allerdings setzt dies nicht auf der materiell-rechtlichen Ebene an, sodass der Druck auf den Patentnutzer, eine Lizenzierung zu überhöhten Lizenzgebühren einzugehen, im Erkenntnisverfahren unvermittelt besteht, weil in diesem Zeitpunkt etwaige vollstreckungsrechtliche Beschränkungen der Durchsetzungsmacht noch ungewiss sind. Zudem hindern die untersuchten vollstreckungsrechtlichen Einschränkungen nur die vorläufige

---

[736] OLG Düsseldorf, Beschl. v. 13.01.2016 – 15 U 65/15, GRUR-RS 2016, 1679; OLG Karlsruhe, Beschl. v. 08.09.2016 – 6 U 58/16, BeckRS 2016, 17467 – *Dekodiervorrichtung*; Cepl/Voß/*Lunze*, § 719 ZPO Rn. 8.

[737] OLG Düsseldorf, Beschl. v. 09.05.2016 – 15 U 36/16, GRUR-RS 2016, 9323, Rn. 6-8; OLG Karlsruhe, Beschl. v. 14.09.2022 – 6 U 212/22, GRUR-RS 2022, 29740, Rn. 34, 44; *Gajeck*, GRUR-Prax 2022, 685, 686.

[738] *McGuire*, GRUR 2021, 775, 781.

[739] *McGuire*, GRUR 2021, 775, 782; *Plagge*, Der patentrechtliche Unterlassungsanspruch, S. 456; *Tilmann*, Mitt. 2020, 245, 250.

Vollstreckbarkeit vor Eintritt von Rechtskraft, nicht aber darüber hinaus.[740] Auch betroffene Drittinteressen sind, wie gezeigt, in diesem Rahmen nicht berücksichtigungsfähig.[741]

Das gezeigte patent- und prozessrechtliche Repertoire allein genügt also in der Gesamtschau nicht, um die unerwünschten Härten eines uneingeschränkten Unterlassungsanspruchs bei SEP hinreichend und zielgenau auszugleichen.

---

[740] *Stierle*, GRUR 2019, 873, 884.
[741] *Schönbohm/Ackermann-Blome*, Mitt. 2020, 101, 104; *vom Feld/Hozuri*, FS Rojahn (2021), 209, 217.

3. Teil: Einschränkung des patentrechtlichen Unterlassungsanspruchs durch den kartellrechtlichen Zwangslizenzeinwand – Die FRAND-Rechtsprechung

Über die patentrechtlichen Möglichkeiten zur Einhegung eines grundsätzlich bestehenden Unterlassungsanspruchs des Patentinhabers hinaus hat sich in Bezug auf SEP eine Rechtsprechung entwickelt, die eine kartellrechtlich motivierte Einschränkung des patentrechtlichen Unterlassungsanspruchs zum Inhalt hat. Sie gewährt dem Patentverletzer unter bestimmten Voraussetzungen den sogenannten kartellrechtlichen Zwangslizenzeinwand – auch FRAND-Einwand genannt.[742]

Diese FRAND-Rechtsprechung ist Gegenstand des dritten Teils dieser Arbeit. Dabei werden zunächst die verallgemeinerungsfähigen Grundlagen des kartellrechtlichen Zwangslizenzeinwandes dargelegt. Anschließend erfolgt eine anhand der im ersten Teil vorgestellten Fallkonstellationen[743] differenzierende Untersuchung derjenigen Voraussetzungen dieses Einwands, welche sich je nach Fallgestaltung unterscheiden können. Die Untersuchung beginnt dabei mit der derzeit bedeutendsten – weil häufigsten[744] – Fallgruppe, nämlich der SEP mit FRAND-Erklärung (De-iure-Standards) und folgt dann einer Sortierung absteigend nach dem Organisationsgrad der Standardisierung. Nach den aus einem organisierten Normungsverfahren hervorgegangenen De-iure-Standards folgen also die SEP ohne FRAND-Erklärung, die nur *de facto* am Markt zu einem Standard geworden sind und für die ein Lizenzierungsmarkt eröffnet ist. Anschließend folgen die Patente, für die noch nicht einmal ein Lizenzierungsmarkt besteht (nicht-lizenzierte Patente), die aber sowohl standardfrei als auch standardessentiell sein können. Die vierte Fallgruppe bilden dann die zwar auslizenzierten, aber in jedem Fall standardfreien Patente.[745] Den Abschluss des dritten Teils bildet eine Einordnung dieser kartellrechtlichen Lösung in Bezug auf die im ersten Teil vorgestellten problematischen Sachverhalte.

Zur FRAND-Rechtsprechung gehört in dieser Arbeit – sofern nicht ausdrücklich anders ausgewiesen – die Rechtsprechung deutscher Gerichte und der EU-Gerichte unter Einbeziehung der

---

[742] Siehe z.B.: EuGH, Urt. v. 16.07.2015 – C-170/13, GRUR 2015, 764 – *Huawei/ZTE*; BGH, Urt. v. 13.07.2004 – KZR 40/02, GRUR 2004, 966 – *Standard-Spundfass*; BGH, Urt. v. 06.05.2009 – KZR 39/06, GRUR 2009, 694 – *Orange-Book-Standard*; BGH, Urt. v. 05.05.2020 – KZR 36/17, GRUR 2020, 961 – *FRAND-Einwand I*; BGH, Urt. v. 24.11.2020 – KZR 35/17, GRUR 2021, 585 – *FRAND-Einwand II*.

[743] Siehe: 1. Teil Kap. B. (S. 15 ff.).

[744] Busse/Keukenschrijver/*McGuire*, § 24 PatG Rn. 106.

[745] Gleichzeitig folgt diese Sortierung aufsteigend den – wie gezeigt werden wird – aus Sicht des Patentverletzers steigenden Anforderungen an die Voraussetzungen des kartellrechtlichen Zwangslizenzeinwandes innerhalb der Fallgruppen, die sich auf SEP beziehen. Der nicht-SEP-bezogene Fall des kartellrechtlichen Zwangslizenzeinwands bei auslizenzierten standardfreien Patenten folgt anschließend.

damit zusammenhängenden Diskussion in der Literatur. Die einzelstaatliche Rechtsprechung anderer Staaten wird nur punktuell einfließen, weil ein Rechtsvergleich nicht Gegenstand dieser Arbeit ist.[746]

Zudem muss sich die vorliegende Untersuchung hinsichtlich der kartellrechtlichen Einschränkungen des Patentrechts auf den kartellrechtlichen Zwangslizenzeinwand als diejenige kartellrechtliche Lösung beschränken, die für die Einschränkung des patentrechtlichen Unterlassungsanspruchs in Patentverletzungsstreitigkeiten im Zusammenhang mit SEP unmittelbar relevant ist. Eine Untersuchung weiterer kartellrechtlich möglicherweise sanktionierbarer Handlungen von Patentinhabern z.B. im Zusammenhang mit dem originären oder derivativen Erwerb eines Schutzrechts und dessen Aufrechterhaltung,[747] der Gestaltung von Patentanmeldungen zu Sperr- und Blockadezwecken[748] oder Absprachen mit Wettbewerbern zu Verzögerungszwecken[749] sowie eine Berücksichtigung kartellbehördlicher Regulierungs- und Eingriffsmöglichkeiten geht über den Untersuchungsgegenstand hinaus.

A. Grundlagen des kartellrechtlichen Zwangslizenzeinwands

Mit dem kartellrechtlichen Zwangslizenzeinwand macht der Patentverletzer zu seiner Verteidigung gegen ein vom Patentinhaber erhobenes Unterlassungsverlangen geltend, dass der Patentinhaber mit diesem Vorgehen eine marktbeherrschende Stellung im Sinne des Kartellrechts missbrauche.[750] Er bestreitet mit diesem Einwand also nicht die mangels Lizenzierung rechtswidrige Nutzung des Patents, sondern hält dem Patentinhaber entgegen, dass dieser selbst bei Vorliegen einer solchen Verletzung durch ein kartellrechtliches Verbot an der Geltendmachung seines Unterlassungsanspruchs gehindert sei.[751]

---

[746] Siehe dazu bspw.: *Schmauder*, Missbräuchliche Ausnutzung von FRAND-unterworfenen SEPs im US-Kartellrecht.

[747] Dazu: EuGH, Urt. v. 06.12.2012 – C-457/10 P, BeckRS 2012, 82567 – *AstraZeneca*; EuG, Urt. v. 10.07.1990 – T-51/89, Slg. 1990, II-309 – *Tetra Pak* (Missbrauch durch derivativen Erwerb zum Ausbau einer marktbeherrschenden Stellung); Zur potentiellen fusionskontrollrechtlichen Relevanz von Patenterwerb und -lizenzierung: Haedicke/Timmann/*Haedicke*, § 1 Rn. 239-258.

[748] Zu Sperr- und Blockadepatenten: *Slotwinski*, Der strategische Einsatz von Patenten; Zur sogenannten Divisional-Game-Problematik: *Foss-Solbrekk*, IIC 2022, 1007.

[749] Zur sogenannten Pay-for-delay-Problematik: EuGH, Urt. v. 30.01.2020 – C-307/18, BeckRS 2020, 490 – *Generics (UK)*; EuGH, Urt. v. 25.03.2021 – C-591/16 P, NZKart 2021, 291 – *Lundbeck*; *Gschwindt*, GRUR Int. 2021, 250.

[750] EuGH, Urt. v. 16.07.2015 – C-170/13, GRUR 2015, 764, Rn. 52-53 – *Huawei/ZTE*; BGH, Urt. v. 06.05.2009 – KZR 39/06, GRUR 2009, 694, Rn. 27 – *Orange-Book-Standard*; MüKo WettbR Bd. I/*Eilmansberger/Bien*, Art. 102 AEUV Rn. 770; Paschke/Berlit/Meyer/Kröner/*Paschke*, Teil 2 Kap. 4 Abschn. 18 Rn. 27; BeckOK PatR/*Wilhelmi*, § 24 PatG Rn. 113.

[751] BGH, Urt. v. 06.05.2009 – KZR 39/06, GRUR 2009, 694, Rn. 24, 27 – *Orange-Book-Standard*; Haedicke/Timmann/*Bukow*, § 13 Rn. 260; Kamann/Ohlhoff/Völcker/*Raible*, 3. Teil § 30 Rn. 20-21. Mit

Wann die Voraussetzungen dieser nicht-technischen Verteidigung[752] gegen einen patentrechtlichen Unterlassungsanspruch gegeben sind, ist fallgruppenspezifisch zu untersuchen. Es lassen sich jedoch einige Fragen über die Fallgruppen hinweg allgemein beantworten, sodass diese hier vorgezogen werden. Dazu gehören die rechtliche Herleitung des kartellrechtlichen Zwangslizenzeinwandes, inklusive seiner Zulässigkeit als Verteidigungsmittel im Patentverletzungsprozess, sowie die Wirkung auf patentrechtliche Ansprüche bei Begründetheit des Einwands. Außerdem ist die grundlegende Voraussetzung der marktbeherrschenden Stellung fallgruppenübergreifend zu analysieren. Hinsichtlich des Vorliegens eines Missbrauchs einer solchen marktbeherrschenden Stellung können dann die Gemeinsamkeiten herausgestellt werden, während die genauere Betrachtung der Missbrauchsvoraussetzungen den Betrachtungen der einzelnen Fallgruppen vorbehalten bleibt.

I. Rechtliche Herleitung

Eine ausdrückliche gesetzliche Normierung des kartellrechtlichen Zwangslizenzeinwandes gegen den patentrechtlichen Unterlassungsanspruch findet sich weder im Patentgesetz noch in den unionsrechtlichen oder nationalen kartellrechtlichen Verboten aus Art. 101 AEUV, § 1 GWB bzw. Art. 102 AEUV, §§ 19, 20 GWB. Zunächst muss also erläutert werden, woraus sich ein solcher Einwand herleiten lässt.

1. Herleitungslinien

Zur dogmatischen Begründung des kartellrechtlichen Zwangslizenzeinwandes werden zwei Herleitungslinien herangezogen.[753] Eine Ansicht stellt unmittelbar auf den Verstoß gegen das Kartellrecht durch die Durchsetzung des Unterlassungsanspruchs ab: Stelle eine Lizenzverweigerung einen Verstoß gegen das Missbrauchsverbot aus Art. 102 AEUV bzw. §§ 19, 20 GWB dar, so sei auch das darauf folgende Vorgehen des Patentinhabers zur Durchsetzung des patentrechtlichen Unterlassungsanspruchs missbräuchlich und damit kartellrechtswidrig.[754] Schließlich würde sonst ein Anspruch durchgesetzt, der bei kartellrechtskonformem Vorgehen des Patentinhabers

---

[752] dem kartellrechtlichen Zwangslizenzeinwand gesteht der vermeintliche Verletzer die rechtswidrige Nutzung freilich auch nicht zu, sondern dies ist ggf. Gegenstand separater Einwendungen.
Lehment/Eßer, GRUR-Prax 2019, 429.

[753] *Kühnen*, Hdb. Patentverletzung, Kap. E Rn. 260-261; Schulte/*Rinken*, § 24 PatG Rn. 50.

[754] EuGH, Urt. v. 16.07.2015 – C-170/13, GRUR 2015, 764, Rn. 54 – *Huawei/ZTE*; BGH, Urt. v. 06.05.2009 – KZR 39/06, GRUR 2009, 694, Rn. 27 – *Orange-Book-Standard*; BGH, Urt. v. 05.05.2020 – KZR 36/17, GRUR 2020, 961, Rn. 68-69 – *FRAND-Einwand I*; Götting/Meyer/Vormbrock/*Samer*, § 9 Rn. 131; Schulte/*Rinken*, § 24 PatG Rn. 50.

untergegangen wäre, weil dem Lizenzsucher eine Lizenz erteilt worden wäre, die er dem Unterlassungsanspruch hätte entgegenhalten können.[755]

Eine andere Ansicht verhilft dem kartellrechtlichen Missbrauchsverbot im Patentverletzungsprozess mittelbar über den sogenannten Dolo-agit-Einwand aus den Grundsätzen von Treu und Glauben gemäß § 242 BGB zur Geltung.[756] Danach handelt arglistig und damit rechtsmissbräuchlich, wer etwas fordert, was sofort wieder zurückgewährt werden muss (lat.: *dolo agit, qui petit, quod statim redditurus est*).[757] Eine solche Rechtsmissbräuchlichkeit liege vor, wenn dem Unterlassungsanspruch des Patentinhabers ein spiegelbildlicher kartellrechtlicher Anspruch des Patentverletzers auf Erteilung einer Lizenz an dem Patent entgegenstünde.[758] Dann würde der Patentinhaber mit der Durchsetzung des Unterlassungsanspruchs ein Verbot erzwingen, dessen Gegenstand er in Form der Erlaubnis durch Erteilung einer Lizenz sofort wieder gestatten müsste.[759] Der Lizenzsucher habe bei einem Verstoß des Patentinhabers gegen das kartellrechtliche Missbrauchsverbot einen solchen spiegelbildlichen kartellrechtlichen Abwehranspruch gegen den Patentinhaber aus § 33 Abs. 1 GWB i.V.m. Art. 102 AEUV bzw. §§ 19, 20 GWB.[760] Dieser Anspruch sei ein verschuldensunabhängiger Anspruch auf Unterlassung der Lizenzverweigerung, was mangels anderer Erfüllungsmöglichkeit dieses Begehrens auf einen Lizenzierungsanspruch zu angemessenen Bedingungen hinauslaufe.[761] Dieser kartellrechtliche Lizenzerteilungsanspruch könne dem Patentinhaber sodann über den Dolo-agit-Einwand nach § 242 BGB entgegengehalten werden.[762]

---

[755] BGH, Urt. v. 06.05.2009 – KZR 39/06, GRUR 2009, 694, Rn. 27 – *Orange-Book-Standard*; OLG Düsseldorf, Urt. v. 20.01.2011 – 2 U 92/10, WuW 2011, 401, 402; *Kühnen*, Hdb. Patentverletzung, Kap. E Rn. 261; Schulte/*Rinken*, § 24 PatG Rn. 50.

[756] BGH, Urt. v. 06.05.2009 – KZR 39/06, GRUR 2009, 694, Rn. 24 – *Orange-Book-Standard*; LG Düsseldorf, Urt. v. 04.08.2011 – 4b O 54/10, Mitt. 2012, 238, 241 – *MPEG-2-Standard XXIII*; Pfaff/Osterrieth/*Axster/Osterrieth*, A. Rn. 351; Büscher/Dittmer/Schiwy/*Kanz*, § 139 PatG Rn. 18; *Kühnen*, Hdb. Patentverletzung, Kap. E Rn. 260; Kamann/Ohlhoff/Völcker/*Raible*, 3. Teil § 30 Rn. 21.

[757] Jauernig/*Mansel*, § 242 BGB Rn. 39; MüKo BGB Bd. II/*Schubert*, § 242 BGB Rn. 560; BeckOK PatR/*Wilhelmi*, § 24 PatG Rn. 113.

[758] Pfaff/Osterrieth/*Axster/Osterrieth*, A. Rn. 351; *Kühnen*, Hdb. Patentverletzung, Kap. E Rn. 260; Kamann/Ohlhoff/Völcker/*Raible*, 3. Teil § 30 Rn. 20.

[759] BGH, Urt. v. 06.05.2009 – KZR 39/06, GRUR 2009, 694, Rn. 24 – *Orange-Book-Standard*; *Kühnen*, FS Tilmann (2003), 513, 514; Kamann/Ohlhoff/Völcker/*Raible*, 3. Teil § 30 Rn. 21; Götting/Meyer/Vormbrock/*Samer*, § 9 Rn. 131; MüKo BGB Bd. II/*Schubert*, § 242 BGB Rn. 568; kritisch: *Maaßen*, Normung, Standardisierung und Immaterialgüterrechte, S. 257–258; *Maume*, Der kartellrechtliche Zwangslizenzeinwand im Patentverletzungsprozess, S. 101–102.

[760] BGH, Urt. v. 13.07.2004 – KZR 40/02, GRUR 2004, 966, 969 – *Standard-Spundfass*; Hoeren/Sieber/Holznagel/*Beckmann/Müller*, Teil 10 Rn. 214; BeckOK PatR/*Wilhelmi*, § 24 PatG Rn. 113.

[761] MüKo WettbR Bd. II/*M. Wolf*, § 19 GWB Rn. 208; in Bezug auf den Zugang zu Daten: *Louven*, NZKart 2018, 217, 221.

[762] LG Düsseldorf, Beschl. v. 21.03.2013 – 4b O 104/12, GRUR Int. 2013, 547, Rn. 12; LG Düsseldorf, Urt. v. 12.12.2013 – 4b O 87/12, juris, Rn. 128; MüKo WettbR Bd. I/*Eilmansberger/Bien*, Art. 102 AEUV Rn. 770; Wiedemann/*Lübbert/Schöner*, § 23 Rn. 168.

Beide Herleitungslinien gründen zentral in der Kartellrechtswidrigkeit einer Lizenzverweigerung des Patentinhabers, aus der sich die Missbräuchlichkeit der Durchsetzung des patentrechtlichen Unterlassungsanspruchs ergibt. Der Unterschied der beiden Ansichten liegt lediglich in der Frage, ob die Kartellrechtswidrigkeit unmittelbar als Einwand in den Patentverletzungsprozess eingeführt werden kann oder ob sie nur mittelbar über die Brücke des Dolo-agit-Einwands zulässig ist. Auch Letzteres ist ein Kartellrechtseinwand. Dem § 242 BGB kommt auch nach dieser Ansicht keine vom Kartellrecht abweichende Bedeutung zu. Beide Ansätze sind somit „letztlich sachlich gleichgelagert"[763]. Ein inhaltlicher Unterschied ergibt sich im Ergebnis und hinsichtlich der Voraussetzungen des kartellrechtlichen Zwangslizenzeinwandes nicht.[764]

2.   Gesetzliche Anknüpfungspunkte im Kartellrecht

Der kartellrechtliche Zwangslizenzeinwand knüpft also in jedem Fall an einen Verstoß des Patentinhabers gegen ein kartellrechtliches Verbot an. Dabei kommen das Verbot des Missbrauchs einer marktbeherrschenden Stellung nach Art. 102 AEUV, §§ 19, 20 GWB (Missbrauchsverbot) und das Verbot wettbewerbsbeschränkender Vereinbarungen nach Art. 101 AEUV, § 1 GWB (Kartellverbot) in Betracht.[765]

a)   Art. 102 AEUV, §§ 19, 20 GWB

Ganz überwiegend wird das Missbrauchsverbot gemäß Art. 102 AEUV, §§ 19, 20 GWB als maßgeblicher Anknüpfungspunkt des Zwangslizenzeinwandes im Kartellrecht gesehen.[766]

---

[763]   Schulte/*Rinken*, § 24 PatG Rn. 50.
[764]   *Kühnen*, Hdb. Patentverletzung, Kap. E Rn. 261-262; Schulte/*Rinken*, § 24 PatG Rn. 50.
[765]   *Mes*, PatG, § 9 PatG Rn. 131; Schulte/*Rinken*, § 24 PatG Rn. 48; Ob darüber hinaus bei De-iure-Standards eine Anknüpfung an eine sich unabhängig vom Kartellrecht aus der FRAND-Erklärung ergebende vertragliche Verpflichtung denkbar ist, kann hier zunächst offenbleiben, da es hier um die gesetzlichen Grundlagen des kartellrechtlichen Zwangslizenzeinwandes, nicht eines vertraglichen Einwandes geht. Die Bejahung einer möglichen vertraglichen Verpflichtung würde sich insbesondere bei der Frage nach dem Erfordernis einer marktbeherrschenden Stellung auswirken und wird daher dort behandelt. Siehe dazu: 3. Teil Kap. A III. 4. (S. 137 ff.).
[766]   EuGH, Urt. v. 05.10.1988 – C-238/87, NJW 1990, 628, Rn. 9 – *Volvo*; EuGH, Urt. v. 06.04.1995 – C-241/91 P, C-242/91 P, GRUR Int. 1995, 490, Rn. 50 – *Magill*; EuGH, Urt. v. 26.11.1998 – C-7/97, MMR 1999, 348, Rn. 37 – *Bronner*; EuGH, Urt. v. 29.04.2004 – C-418/01, GRUR 2004, 524, Rn. 35 – *IMS Health*; EuGH, Urt. v. 16.07.2015 – C-170/13, GRUR 2015, 764, Rn. 53-54 – *Huawei/ZTE*; BGH, Urt. v. 13.07.2004 – KZR 40/02, GRUR 2004, 966, 969 – *Standard-Spundfass*; BGH, Urt. v. 06.05.2009 – KZR 39/06, GRUR 2009, 694, Rn. 27 – *Orange-Book-Standard*; Götting/Meyer/Vormbrock/*Allekotte/Blumenröder*, § 10 Rn. 67; Pfaff/Osterrieth/*Axster/Osterrieth*, A. Rn. 349; Haedicke/Timmann/*Bukow*, § 13 Rn. 242; MüKo WettbR Bd. I/*Eilmansberger/Bien*, Art. 102 AEUV Rn. 770; *Kühnen*, Hdb. Patentverletzung, Kap. E Rn. 267, 312; Kamann/Ohlhoff/Völcker/*Raible*, 3. Teil § 30 Rn. 17; Schulte/*Rinken*, § 24 PatG Rn. 60; BeckOK PatR/*Wilhelmi*, § 24 PatG Rn. 95-96.

aa) Ausbeutungs- und Diskriminierungsverbot

Einem marktbeherrschenden Patentinhaber ist es nach dem Missbrauchsverbot untersagt, Lizenzsucher mittels unangemessener Lizenzgebühren und -bedingungen auszubeuten oder durch sachgrundlose Ungleichbehandlungen hinsichtlich der Lizenzvergabe oder -konditionen bzw. deren Verweigerung zu diskriminieren.[767]

Auf unionsrechtlicher Ebene werden der Ausbeutungsmissbrauch in Art. 102 Abs. 2 lit. a AEUV[768] und das Diskriminierungsverbot in Art. 102 Abs. 2 lit. c AEUV[769] angeführt. Über den Wortlaut dieser Regelbeispiele hinaus kann ein Missbrauch in diesem Sinne aber auch auf die Generalklausel des Art. 102 Abs. 1 AEUV gestützt werden.[770] Art. 102 AEUV erfasst alle Fallgruppen von Patenten, also sowohl nicht-lizenzierte Schutzrechte[771] als auch jene, bei denen ein Lizenzierungsmarkt eröffnet ist, also Patente in bereits auslizenzierten De-iure- und De-facto-Standards sowie auslizenzierte standardfreie Patente.[772]

Im deutschen Kartellrecht ergibt sich der Ausbeutungsmissbrauch aus § 19 Abs. 2 Nr. 2 GWB.[773] Das Diskriminierungsverbot findet sich in § 19 Abs. 2 Nr. 1 und Nr. 3 GWB.[774] Auch hier ist ein Rückgriff auf die Generalklausel nach § 19 Abs. 1 GWB möglich.[775] § 20 GWB erstreckt das Missbrauchsverbot in Teilen auf nicht marktbeherrschende, sondern nur marktstarke Unternehmen.[776] Diese Normen im deutschen Kartellrecht beziehen sich allerdings nur auf Patente, bei denen ein Lizenzierungsmarkt eröffnet ist.[777] Bezüglich der nicht-lizenzierten Patente besteht im deutschen Recht mit § 19 Abs. 2 Nr. 4 GWB eine gesonderte Normierung von vollständigen Lizenzverweigerungen. Ob sich daraus nach deutschem Kartellrecht eine Grundlage für den kartellrechtlichen Zwangslizenzeinwand in dieser Fallgruppe ergeben

---

[767] LG Düsseldorf, Urt. v. 30.11.2006 – 4b O 508/05, juris, Rn. 8 – *Videosignal-Codierung I*; *Kühnen*, Hdb. Patentverletzung, Kap. E Rn. 312.

[768] Hoeren/Sieber/Holznagel/*Beckmann/Müller*, Teil 10 Rn. 194.

[769] BGH, Urt. v. 05.05.2020 – KZR 36/17, GRUR 2020, 961, Rn. 81 – *FRAND-Einwand I*; Paschke/Berlit/Meyer/Kröner/*Paschke*, Teil 2 Kap. 4 Abschn. 18 Rn. 51.

[770] Pfaff/Osterrieth/*Axster/Osterrieth*, A. Rn. 323; Berg/Mäsch/*Berg*, Art. 102 AEUV Rn. 55.

[771] EuGH, Urt. v. 29.04.2004 – C-418/01, GRUR 2004, 524 – *IMS Health*; EuG, Urt. v. 17.09.2007 – T-201/04, BeckRS 2007, 70806 – *Microsoft I*; Götting/Meyer/Vormbrock/*Allekotte/Blumenröder*, § 10 Rn. 65.

[772] EuGH, Urt. v. 16.07.2015 – C-170/13, GRUR 2015, 764, Rn. 53-54 – *Huawei/ZTE*; *Kühnen*, Hdb. Patentverletzung, Kap. E Rn. 312.

[773] MüKo WettbR Bd. I/*Eilmansberger/Bien*, Art. 102 AEUV Rn. 770; *Kühnen*, Hdb. Patentverletzung, Kap. E Rn. 312, 321.

[774] BGH, Urt. v. 05.05.2020 – KZR 36/17, GRUR 2020, 961, Rn. 81 – *FRAND-Einwand I*; *Kühnen*, Hdb. Patentverletzung, Kap. E Rn. 312; BeckOK PatR/*Wilhelmi*, § 24 PatG Rn. 96.

[775] Hoeren/Sieber/Holznagel/*Beckmann/Müller*, Teil 10 Rn. 194; BeckOK PatR/*Wilhelmi*, § 24 PatG Rn. 96.

[776] *Bechtold/Bosch*, GWB, § 20 GWB Rn. 2.

[777] *Kühnen*, Hdb. Patentverletzung, Kap. E Rn. 312.

kann, wird im entsprechenden Sachzusammenhang im Kapitel zu den nicht-lizenzierten Patenten erörtert.[778]

bb) Verhältnis von deutschem und unionsrechtlichem Missbrauchsverbot

Die Missbrauchsverbote gemäß Art. 102 AEUV und §§ 19, 20 GWB setzen voraus, dass ein Unternehmen seine marktbeherrschende Stellung missbraucht.[779] Art. 102 AEUV erfordert eine solche marktbeherrschende Stellung auf dem EU-Binnenmarkt oder einem wesentlichen Teil desselben und zusätzlich die Eignung des Missbrauchs, den Handel zwischen den Mitgliedsstaaten zu beeinträchtigen.[780] Dieses Erfordernis der Zwischenstaatlichkeit grenzt den Anwendungsbereich von Art. 102 AEUV von den §§ 19, 20 GWB ab.[781]

Die Eignung zur Beeinträchtigung des Handels zwischen den Mitgliedsstaaten liegt laut EuGH und EuG vor, wenn sich unter Berücksichtigung der Gesamtheit objektiver rechtlicher oder tatsächlicher Umstände mit hinreichender Wahrscheinlichkeit voraussehen lässt, dass eine Verhaltensweise den Handel zwischen den Mitgliedsstaaten unmittelbar oder mittelbar, tatsächlich oder potentiell beeinflussen kann.[782] Die möglichen Beeinträchtigungen müssen spürbar sein.[783] Es ist nicht erforderlich, dass die Beeinträchtigung bereits eingetreten ist, sondern es genügt die Eignung, eine solche hervorzurufen.[784]

Eine Verhaltensweise, die über mehrere Mitgliedsstaaten hinweg praktiziert wird und sich dort auch auswirkt, erfüllt das Zwischenstaatlichkeitskriterium in aller Regel.[785] Aber auch bei der Beschränkung eines Verhaltens auf einen Mitgliedsstaat kann eine Zwischenstaatlichkeit konstatiert werden, wenn sich der Marktmachtmissbrauch etwa durch die Abschottung eines nationalen Marktes oder die Behinderung eines staatenübergreifend tätigen Wettbewerbers auf den

---

[778] Siehe: 3. Teil Kap. D. II. (S. 305 ff.).

[779] Immenga/Mestmäcker/*A. Fuchs*, Art. 102 AEUV Rn. 2; MüKo WettbR Bd. II/*M. Wolf*, § 19 GWB Rn. 1.

[780] Berg/Mäsch/*Berg*, Art. 102 AEUV Rn. 5; Grabitz/Hilf/Nettesheim/*Jung*, Art. 102 AEUV Rn. 2; Paschke/Berlit/Meyer/Kröner/*Paschke*, Teil 2 Kap. 4 Abschn. 18 Rn. 1.

[781] Berg/Mäsch/*Berg*, Art. 102 AEUV Rn. 125; MüKo WettbR Bd. I/*Eilmansberger/Bien*, Art. 102 AEUV Rn. 819; Haedicke/Timmann/*Haedicke*, § 1 Rn. 144.

[782] EuGH, Urt. v. 30.06.1966 – C-56/65, Slg. 1966, 284, 303 – *Société Technique Minière/Maschinenbau Ulm*; EuGH, Urt. v. 13.07.1966 – C-56/64, C-58/64, Slg. 1966, 325, 389–390 – *Grundig*; EuG, Urt. v. 06.07.2000 – T-62/98, Slg. 2000, II-2707, Rn. 179 – *Volkswagen*.

[783] MüKo WettbR Bd. I/*Eilmansberger/Bien*, Art. 102 AEUV Rn. 819; Immenga/Mestmäcker/*A. Fuchs*, Art. 102 AEUV Rn. 24.

[784] EuGH, Urt. v. 06.04.1995 – C-241/91 P, C-242/91 P, GRUR Int. 1995, 490, Rn. 69 – *Magill*; MüKo WettbR Bd. I/*Eilmansberger/Bien*, Art. 102 AEUV Rn. 819.

[785] Berg/Mäsch/*Berg*, Art. 102 AEUV Rn. 128; Immenga/Mestmäcker/*A. Fuchs*, Art. 102 AEUV Rn. 24.

zwischenstaatlichen Handel auswirken kann.[786] Die Zwischenstaatlichkeit wird recht niedrigschwellig bejaht[787] und ist bei patentrechtlichen Sachverhalten aufgrund der drohenden Marktabschottung und meist grenzüberschreitend tätiger Marktteilnehmer häufig zu bejahen.[788]

Ist der Anwendungsbereich des Art. 102 AEUV eröffnet, können gemäß § 22 Abs. 3 GWB i.V.m. Art. 3 Abs. 1, 2 VO Nr. 1/2003[789] daneben die §§ 19, 20 GWB angewendet werden. Es gilt aber ein Anwendungsvorrang des Unionsrechts, der nur bei strengeren nationalen Missbrauchsvorschriften durchbrochen wird.[790] Allerdings wurden die deutschen Kartellrechtsvorschriften im Bereich des Missbrauchsverbots weitgehend an das europäische Recht angeglichen,[791] sodass von einem grundsätzlichen Gleichlauf der Vorschriften auszugehen ist.[792] Die Missbrauchsvoraussetzungen in Bezug auf den kartellrechtlichen Zwangslizenzeinwand haben sich zudem maßgeblich anhand von Entscheidungen zu Art. 102 AEUV und weitgehend losgelöst vom Wortlaut von dessen Regelbeispielen entwickelt.[793]

Aufgrund dieses Gleichlaufs und der stark am Unionsrecht orientierten Entwicklung der Voraussetzungen des Missbrauchsverbots erübrigt sich eine gesonderte Darstellung der Voraussetzungen des kartellrechtlichen Zwangslizenzeinwandes nach Art. 102 AEUV auf der einen und §§ 19, 20 GWB auf der anderen Seite.[794] Sofern eine Differenzierung notwendig ist, wird darauf hingewiesen. Ebenso verzichtet diese Arbeit darauf, bei jeder Nennung das konkrete Regelbeispiel der Art. 102 AEUV, §§ 19, 20 GWB auszuweisen, es sei denn, es kommt auf den exakten Teil einer der Vorschriften an. Aufgrund der Rückgriffsmöglichkeit auf die jeweilige Generalklausel und der häufig vom Wortlaut der Normen losgelösten Entwicklung der Voraussetzungen des kartellrechtlichen Zwangslizenzeinwandes ist ein allgemeiner Bezug auf Art. 102 AEUV, §§ 19, 20 GWB in der Regel ausreichend und zweckdienlich.

---

[786]   EuGH, Urt. v. 31.05.1979 – C-22/78, Slg. 1979, 1869, 1898–1900 – *Hugin*; Immenga/Mestmäcker/*A. Fuchs*, Art. 102 AEUV Rn. 23, 24; von der Groeben/Schwarze/Hatje/*Schröter/Bartl*, Art. 102 AEUV Rn. 331, 333; Calliess/Ruffert/*Weiß*, Art. 101 AEUV Rn. 125.

[787]   Berg/Mäsch/*Berg*, Art. 102 AEUV Rn. 125; Calliess/Ruffert/*Weiß*, Art. 101 AEUV Rn. 125.

[788]   Haedicke/Timmann/*Haedicke*, § 1 Rn. 144.

[789]   Verordnung (EG) Nr. 1/2003 des Rates vom 16. Dezember 2002 zur Durchführung der in den Artikeln 81 und 82 des Vertrags niedergelegten Wettbewerbsregeln, Abl. 2003 L1 S. 1.

[790]   Erdmann/Rojahn/Sosnitza/*Bartenbach/Kunzmann*, Kap. 9 Rn. 319-320; Calliess/Ruffert/*Weiß*, Art. 101 AEUV Rn. 20.

[791]   Erdmann/Rojahn/Sosnitza/*Bartenbach/Kunzmann*, Kap. 9 Rn. 321; Haedicke/Timmann/*Haedicke*, § 1 Rn. 144.

[792]   *Bechtold/Bosch*, GWB, § 19 GWB Rn. 100; Busse/Keukenschrijver/*McGuire*, § 15 PatG Rn. 342.

[793]   EuGH, Urt. v. 29.04.2004 – C-418/01, GRUR 2004, 524 – *IMS Health*; EuGH, Urt. v. 16.07.2015 – C-170/13, GRUR 2015, 764 – *Huawei/ZTE*; MüKo WettbR Bd. II/*M. Wolf*, § 19 GWB Rn. 35a-35b.

[794]   Busse/Keukenschrijver/*McGuire*, § 15 PatG Rn. 342.

b) Art. 101 AEUV, § 1 GWB

Neben dem Missbrauchsverbot wird in Bezug auf De-iure-Standards gelegentlich auch das Verbot wettbewerbsbeschränkender Vereinbarungen gemäß Art. 101 AEUV, § 1 GWB als kartellrechtlicher Anknüpfungspunkt für den Einwand, der Patentinhaber verstoße mit der Geltendmachung seines patentrechtlichen Unterlassungsanspruchs gegen Kartellrecht, angeführt.[795]

Dem liegt die Überlegung zugrunde, dass bei De-iure-Standards durch die Standardisierung im Rahmen einer SSO eine vom Regelungsbereich des Art. 101 AEUV, § 1 GWB erfasste Vereinbarung zwischen Wettbewerbern, nämlich den zum Standard beitragenden Mitgliedern der SSO, getroffen wird, die ihre Kartellrechtskonformität nur dadurch erlangt, dass allen potentiellen Anwendern eine Mitwirkung an einem transparenten Standardisierungsprozess möglich sein muss, eine Verpflichtung der Beteiligten zur Einhaltung des Standards nicht begründet und vor allem Dritten ein Zugang zum jeweiligen Standard zu FRAND-Bedingungen eröffnet wird.[796] Erst die Abgabe einer FRAND-Erklärung bewirkt also eine Freistellung vom Kartellverbot i.S.v. Art. 101 Abs. 3 AEUV bzw. § 2 GWB.[797]

Verstößt ein Patentinhaber anschließend gegen die FRAND-Lizenzierungspflicht, so sei den Vertretern dieser Ansicht zufolge die Lizenzverweigerung und die darauffolgende Geltendmachung seines Unterlassungsanspruchs nicht isoliert zu sehen, sondern ihre wettbewerbsbeschränkende Wirkung sei vielmehr untrennbar mit dem Standardisierungsprozess verbunden.[798] Der Patentinhaber handele dadurch Art. 101 AEUV, § 1 GWB zuwider, was dem Lizenzsucher das Berufen auf den kartellrechtlichen Zwangslizenzeinwand auch in Anknüpfung an diese Normen ermögliche.[799]

Zwar ist eine parallele Anwendung von Missbrauchsverbot und Kartellverbot im Kartellrecht grundsätzlich möglich.[800] Der Anknüpfung des kartellrechtlichen Zwangslizenzeinwandes an das Kartellverbot gemäß Art. 101 AEUV, § 1 GWB stehen aber erhebliche Bedenken entgegen: Zum

---

[795] LG Mannheim, Beschl. v. 21.11.2014 – 7 O 23/14, GRUR-RS 2015, 10955, Rn. 20-21; *Haft*, FS 80 Jahre Patentgerichtsbarkeit in Düsseldorf (2016), 157, 170–173; *Mes*, PatG, § 9 PatG Rn. 131; Grabitz/Hilf/Nettesheim/*Schroeder*, Art. 101 AEUV Rn. 645.

[796] *Barthelmeß/Gauß*, WuW 2010, 626, 628; *Block*, Mitt. 2017, 97, 98–99; *Koenig/Neumann*, WuW 2009, 382, 385–389; *Louven*, NZKart 2018, 217, 222; *Lundqvist*, EuCML 2018, 146, 152–153; Busse/Keukenschrijver/*McGuire*, § 24 PatG Rn. 114; Grabitz/Hilf/Nettesheim/*Schroeder*, Art. 101 AEUV Rn. 639, 645.

[797] LG Mannheim, Beschl. v. 21.11.2014 – 7 O 23/14, GRUR-RS 2015, 10955, Rn. 22; *Koenig/Neumann*, WuW 2009, 382, 393; *Mes*, PatG, § 9 PatG Rn. 131; *Nieder*, GRUR 2018, 666.

[798] *Barthelmeß/Gauß*, WuW 2010, 626, 629–630; Grabitz/Hilf/Nettesheim/*Schroeder*, Art. 101 AEUV Rn. 645.

[799] LG Mannheim, Beschl. v. 21.11.2014 – 7 O 23/14, GRUR-RS 2015, 10955, Rn. 20-21; *Barthelmeß/Gauß*, WuW 2010, 626, 629–630, 633-634; *Mes*, PatG, § 9 PatG Rn. 131.

[800] EuG, Urt. v. 10.07.1990 – T-51/89, Slg. 1990, II-309, Rn. 21-25 – *Tetra Pak*; Pfaff/Osterrieth/*Axster/Osterrieth*, A. Rn. 303-305; Büscher/Dittmer/Schiwy/*Trimborn*, § 15 PatG Rn. 30.

einen ist das Vorgehen eines Patentinhabers gegen einen Patentverletzer ein einseitiges Verhalten, welches nicht von Art. 101 AEUV, § 1 GWB erfasst wird,[801] sodass eine ursprünglich kartellrechtskonform zustande gekommene Standardvereinbarung dadurch nicht kartellrechtswidrig wird. Zum anderen würde auch eine kartellrechtswidrige Standardvereinbarung lediglich zur Nichtigkeit der Standardvereinbarung gemäß Art. 101 Abs. 2 AEUV und § 1 GWB i.V.m. § 134 BGB führen.[802] Die Nichtigkeit der Standardvereinbarung hat aber nicht die Unzulässigkeit der Durchsetzung des patentrechtlichen Unterlassungsanspruchs zur Folge, sodass Art. 101 AEUV, § 1 GWB dem Patentverletzer kein Abwehrmittel gegen ein solches Vorgehen des Patentinhabers an die Hand geben.[803] Anknüpfungspunkt des kartellrechtlichen Zwangslizenzeinwandes im Kartellrecht ist daher allein das Missbrauchsverbot nach Art. 102 AEUV, §§ 19, 20 GWB.

3. Zulässigkeit als Verteidigungsmittel im Patentverletzungsprozess

Der aus dem Missbrauch einer marktbeherrschenden Stellung durch eine Lizenzverweigerung des Patentinhabers erwachsende Lizenzierungsanspruch des Patentverletzers hat vor allem als Verteidigungsmittel beklagter Patentverletzer Bedeutung erlangt.[804] Da dabei der Patentverletzer dem klagenden Patentinhaber eine Pflicht aus dem Kartellrecht in einem Verfahren, in dem es um die Verletzung des Patentrechts geht, entgegenhält,[805] stellt sich die Frage, ob eine solche Zwangslizenzierung auf kartellrechtlicher Basis im Rahmen eines Patentverletzungsprozesses uneingeschränkt möglich ist.

---

[801] LG Düsseldorf, Urt. v. 19.01.2016 – 4b O 49/14, GRUR-RS 2016, 128144, Rn. 242; *A. Fuchs*, FS Ahrens (2016), 79, 83; *Körber*, Standardessentielle Patente, S. 57–58; *Kühnen*, Hdb. Patentverletzung, Kap. E Rn. 410; *Loest/Bartlik*, ZWeR 2008, 41, 49; *Picht*, GRUR Int. 2014, 1, 7.

[802] LG Düsseldorf, Urt. v. 19.01.2016 – 4b O 49/14, GRUR-RS 2016, 128144, Rn. 242; LG Mannheim, Urt. v. 04.03.2016 – 7 O 96/14, GRUR-RS 2016, 6527, Rn. 122; *Kühnen*, Hdb. Patentverletzung, Kap. E Rn. 268, 410; *Maume/Tapia*, GRUR Int. 2010, 923, 927–928.

[803] LG Düsseldorf, Urt. v. 24.04.2012 – 4b O 273/10, GRUR-RS 2012, 9682, Rn. 222-224 – *Zugriffsschwellenwert*; LG Düsseldorf, Urt. v. 19.01.2016 – 4b O 49/14, GRUR-RS 2016, 128144, Rn. 242; LG Mannheim, Urt. v. 11.03.2016 – 7 O 26/14, BeckRS 2016, 132323, Rn. 153-154; *Kühnen*, Hdb. Patentverletzung, Kap. E Rn. 268, 410.

[804] *Kühnen*, GRUR 2019, 665, 666; *Meier-Beck*, WuW 2021, 686, 689; *Treacy/Hunt*, GRUR Int. 2018, 91.

[805] Haedicke/Timmann/*Bukow*, § 13 Rn. 242; *Kühnen*, Hdb. Patentverletzung, Kap. E Rn. 252; *Mes*, PatG, § 24 Rn. 45.

a) Verhältnis von Kartell- und Patentrecht

Eine Einschränkung der Geltendmachung kartellrechtlicher Einwände im Patentverletzungsprozess könnte sich ergeben, wenn das Patentrecht einen bestimmten Regelungsbereich im Zusammenhang mit Patenten aus dem Zugriff des Kartellrechts herausnähme. Das Patentrecht könnte gegenüber dem Kartellrecht vollständig oder teilweise „immun"[806] sein.

Wenn Patentrecht und Kartellrecht aufeinandertreffen, besteht auf den ersten Blick ein „Spannungsverhältnis"[807] zwischen den Regelungszielen der beiden Materien. Das Patentrecht gewährt dem Patentinhaber ein Ausschließlichkeitsrecht, aus dem sich ein Monopol des Schutzrechtsinhabers bei der Vermarktung dieses Rechtes ergeben kann.[808] Darin kann eine Wettbewerbsbeschränkung liegen, der das Kartellrecht gerade entgegenwirken möchte.[809]

Diesen Konflikt löste die frühere Rechtslage vor der 7. GWB-Novelle[810] im damaligen § 17 GWB mit der sogenannten Inhaltstheorie zugunsten des Patentrechts.[811] § 17 GWB a.F. normierte in Bezug auf Lizenzverträge, dass dem Lizenznehmer auferlegte Beschränkungen nur kartellrechtswidrig seien, sofern sie über den Inhalt des Schutzrechtes hinausgehen. Zum Inhalt des Schutzrechtes zählte der § 17 Abs. 1 GWB a.F. ausdrücklich zahlreiche Aspekte auf, die für die wirtschaftliche Verwertung eines Schutzrechtes maßgeblich sind, z.B. Bestimmungen hinsichtlich der örtlichen und zeitlichen Reichweite der Lizenzierung. Innerhalb des Inhalts eines Schutzrechts waren nach der Inhaltstheorie Wettbewerbsbeschränkungen zulässig.[812] Die 7. GWB-Novelle schaffte diese Regelung im Zuge einer Anpassung des GWB an das europäische Wettbewerbsrecht ab.[813] Die Inhaltstheorie ist damit nicht mehr maßgeblich.[814]

Die Inhaltstheorie wurde abgelöst durch den unionsrechtlichen Ansatz, Patentrecht und Kartellrecht durch eine die Umstände des Einzelfalls betrachtende Abwägung der widerstreitenden Interessen in Einklang zu bringen.[815] Dabei kann der Inhalt des Schutzrechtes nach wie vor in

---

806 *Götting*, LMK 2004, 226, 228; Götting/Meyer/Vormbrock/*ders.*, § 6 Rn. 126; Haedicke/Timmann/*Haedicke*, § 1 Rn. 141.
807 Pfaff/Osterrieth/*Axster/Osterrieth*, A. Rn. 349; Busse/Keukenschrijver/*McGuire*, § 15 PatG Rn. 329; *P. Tochtermann*, GRUR 2021, 377; So auch zum Verhältnis des Urheberrechts zum Kartellrecht: *Fangmann*, ZUM 2021, 220, 223.
808 BGH, Urt. v. 13.07.2004 – KZR 40/02, GRUR 2004, 966, 968 – *Standard-Spundfass*.
809 LG Frankfurt a.M., Urt. v. 12.07.2001 – 2/3 O 628/00, ZUM-RD 2002, 94, 98; Busse/Keukenschrijver/*McGuire*, § 15 PatG Rn. 329; Büscher/Dittmer/Schiwy/*Schmoll*, Kap 17 Rn. 53.
810 Siebtes Gesetz zur Änderung des Gesetzes gegen Wettbewerbsbeschränkungen v. 07.07.2005, BGBl. 2005 I S. 1954.
811 Haedicke/Timmann/*Haedicke*, § 1 Rn. 141; Zur damaligen Kritik an der Inhaltstheorie: *Heinemann*, Immaterialgüterschutz in der Wettbewerbsordnung, S. 147–153.
812 Haedicke/Timmann/*Haedicke*, § 1 Rn. 141; *Heinemann*, Immaterialgüterschutz in der Wettbewerbsordnung, S. 143.
813 Götting/Meyer/Vormbrock/*Götting*, § 6 Rn. 164; *Heinemann*, GRUR 2006, 705, 706.
814 Haedicke/Timmann/*Haedicke*, § 1 Rn. 141; *Heinemann*, GRUR 2006, 705, 706.
815 Götting/Meyer/Vormbrock/*Götting*, § 6 Rn. 164-165; Loewenheim/Meesen/Riesenkampff u.a./*J.B. Nordemann*, 3. Teil Rn. 11.

dem Sinne eine Rolle spielen, dass dem sogenannten spezifischen Schutzgegenstand eines Rechts in der Abwägung eine besondere Bedeutung zukommt.[816] So ist zu unterscheiden, ob durch eine kartellrechtliche Einwirkung der Bestand des Schutzrechtes oder nur dessen Ausübung betroffen ist, wobei nur die Ausübung des Patentrechts durch das Kartellrecht eingeschränkt werden kann.[817]

Vor diesem Hintergrund lässt sich feststellen, dass die Spannung zwischen dem Patentrecht und dem Kartellrecht aufgelöst werden kann, ohne dass das Patentrecht vom Kartellrecht abzuschirmen ist.[818] Dies ist mit Rücksicht auf die Regelungsziele der beiden Rechtsgebiete auch gar nicht nötig. Auf den zweiten Blick entschärft sich nämlich das Spannungsverhältnis dadurch, dass Patent- und Kartellrecht auch gleichgerichtete Ziele verfolgen. Beide Rechtsbereiche fördern Innovation und Wettbewerb.[819] Das Patentrecht unterbindet dabei innerhalb seines Wirkungskreises zwar den eine Innovation nachahmenden Imitationswettbewerb,[820] schafft dadurch aber erst den Belohnungsanreiz, die Innovation überhaupt zu entwickeln.[821] Zugleich eröffnet der Patentschutz einen Substitutionswettbewerb darum, technische Lösungen durch neue Erfindungen zu ersetzen.[822] Das Patentrecht dient folglich wie das Kartellrecht auch der Wettbewerbsförderung.[823] Patent- und Kartellrecht stehen also nicht in einem sich gegenseitig ausschließenden oder widerstreitenden Verhältnis, sondern verhalten sich bezüglich der Wettbewerbs- und Innovationsförderung komplementär.[824]

Die beiden Rechtsgebiete sind unter Berücksichtigung des jeweils anderen Bereichs auszulegen.[825] Das Kartellrecht hat dabei „die grundlegenden Wertungen"[826] des Patentrechts zu respektieren, während das Patentrecht eine Einschränkung durch das Kartellrecht hinnehmen muss,

---

[816] Götting/Meyer/Vormbrock/*Götting*, § 6 Rn. 165.

[817] Röhricht/v. Westphalen/Haas/*Brandi-Dohrn*, Lizenzverträge Rn. 49; *Gschwindt*, GRUR Int. 2021, 250, 253; Busse/Keukenschrijver/*McGuire*, § 15 PatG Rn. 329.

[818] Loewenheim/Meesen/Riesenkampff u.a./*J.B. Nordemann*, 3. Teil Rn. 121.

[819] Immenga/Mestmäcker/*A. Fuchs*, TT-GVO Allgemeines Rn. 1; *Gschwindt*, GRUR Int. 2021, 250, 253–254; Loewenheim/Meesen/Riesenkampff u.a./*J.B. Nordemann*, 3. Teil Rn. 9; MüKo WettbR Bd. I/*M. Wolf*, Grundlagen Rn. 1158.

[820] Haedicke/Timmann/*Haedicke*, § 1 Rn. 140; *Jaecks/Dörmer*, FS Säcker (2006), 97; Loewenheim/Meesen/Riesenkampff u.a./*J.B. Nordemann*, 3. Teil Rn. 9.

[821] Loewenheim/Meesen/Riesenkampff u.a./*Meessen/Kersting*, Einführung Rn. 136; Büscher/Dittmer/Schiwy/*Schmoll*, Kap 17 Rn. 53.

[822] BGH, Urt. v. 13.07.2004 – KZR 40/02, GRUR 2004, 966, 968 – *Standard-Spundfass*; OLG Düsseldorf, Urt. v. 08.10.2008 – U (Kart) 42/06, juris, Rn. 136 – *Druckerpatrone II*; Wiedemann/*Klawitter*, § 14 Rn. 4; Loewenheim/Meesen/Riesenkampff u.a./*J.B. Nordemann*, 3. Teil Rn. 9.

[823] OLG Düsseldorf, Beschl. v. 12.01.2021 – 2 W 19/20, GRUR-RR 2021, 145, Rn. 49 – *Eierverpackungen*; Haedicke/Timmann/*Haedicke*, § 1 Rn. 140.

[824] *Heinemann*, WuW 2021, 446, 447; Busse/Keukenschrijver/*McGuire*, § 15 PatG Rn. 329; *Ohly*, GRUR Int. 2008, 787, 793.

[825] Haedicke/Timmann/*Haedicke*, § 1 Rn. 142.

[826] MüKo WettbR Bd. II/*M. Wolf*, § 19 GWB Rn. 14.

wenn die Ausübung des Patentrechts zu einer nicht mehr gerechtfertigten Wettbewerbsbe-schränkung führt.[827] Auf eben dieser Ausübungsebene ist im Patentverletzungsprozess Raum für kartellrechtliche Einwände.[828] Stellt die Durchsetzung des patentrechtlichen Unterlassungsan-spruchs also einen Missbrauch einer marktbeherrschenden Stellung dar, kann dies auf kartell-rechtlicher Grundlage eingeschränkt werden.[829]

b) Anforderungen aus § 229 BGB

Allerdings könnte ein beklagter Patentverletzer hinsichtlich seiner kartellrechtlichen Einwände darauf zu verweisen sein, dass er diese vor Aufnahme der Patentnutzung erst aktiv gerichtlich durchsetzen müsse, um eine Lizenz an dem Klagepatent zu erstreiten, welche er dann einer etwa-igen patentrechtlichen Unterlassungsklage entgegenhalten könnte.[830] Die Aufnahme der Nutzung eines Patents ohne vorherige Lizenznahme sah der Kartellsenat des OLG Düsseldorf in einer Entscheidung aus dem Jahr 2002 als eine nach dem Rechtsgedanken des § 229 BGB missbilligte Selbsthilfe an.[831] Dies stehe der Geltendmachung des kartellrechtlichen Zwangslizenzeinwandes im Patentverletzungsprozess entgegen.[832]

Die Selbsthilfe nach § 229 BGB ist ein Rechtfertigungsgrund, der den Zugriff eines An-spruchsinhabers auf eine Sache legitimiert, wenn ansonsten die Verwirklichung des Anspruchs gefährdet würde und die Inanspruchnahme hoheitlicher Hilfe nicht rechtzeitig zu einer Sicherung des Anspruchs führen würde.[833] Ein Patentnutzer, der unter diesen Voraussetzungen auf ein Pa-

---

[827] EuGH, Urt. v. 05.10.1988 – C-238/87, NJW 1990, 628, Rn. 9 – *Volvo*; EuGH, Urt. v. 06.04.1995 – C-241/91 P, C-242/91 P, GRUR Int. 1995, 490, Rn. 50 – *Magill*; BGH, Urt. v. 13.07.2004 – KZR 40/02, GRUR 2004, 966, 968 – *Standard-Spundfass*; *Busche*, FS Tilmann (2003), 645, 650–651; Haedi-cke/Timmann/*Haedicke*, § 1 Rn. 142.

[828] *Gschwindt*, GRUR Int. 2021, 250, 253; *Jaecks/Dörmer*, FS Säcker (2006), 97, 98; BeckOK PatR/*Pitz*, § 139 PatG Rn. 200.

[829] BGH, Urt. v. 06.05.2009 – KZR 39/06, GRUR 2009, 694, Rn. 22, 26 – *Orange-Book-Standard*; *Díaz-Marta*, GRUR Int. 2021, 153, 155.

[830] *Jaecks/Dörmer*, FS Säcker (2006), 97, 106–109; *v. Merveldt*, WuW 2004, 19, 20; *Rombach*, FS Hirsch (2008), 311, 322; in urheberrechtlichem Kontext: BGH, Urt. v. 05.07.2001 – I ZR 311/98, NJW 2002, 896, 899 – *Spiegel-CD-ROM*; OLG Dresden, Urt. v. 28.01.2003 – 14 U 1990/01, GRUR 2003, 601, 603–604; von den beiden letztgenannten Entscheidungen abweichend aber später: BGH, Urt. v. 06.05.2009 – KZR 39/06, GRUR 2009, 694, Rn. 22, 34 – *Orange-Book-Standard*; OLG Dresden, Urt. v. 15.12.2009 – 14 U 818/09, NJOZ 2010, 1117, 1119.

[831] OLG Düsseldorf, Urt. v. 28.06.2002 – U (Kart) 18/01, BeckRS 2002, 17394, Rn. 51 – *Spundfass*; *v. Merveldt*, WuW 2004, 19, 21–22.

[832] OLG Düsseldorf, Urt. v. 28.06.2002 – U (Kart) 18/01, BeckRS 2002, 17394, Rn. 51 – *Spundfass*; *v. Merveldt*, WuW 2004, 19, 21.

[833] Schulze/Dörner/Ebert u.a./*Dörner*, §§ 229-231 BGB Rn. 2-3; MüKo BGB Bd. I/*Grothe*, § 229 BGB Rn. 3-5; *Kühnen*, FS Tilmann (2003), 513–514.

tent zugreifen würde, beginge aufgrund dieser Rechtfertigung also schon keine rechtswidrige patentverletzende Handlung.[834] Nun liegen bei einem Patentverletzer, der sich nicht um eine vorherige Lizenznahme bemüht hat, die Voraussetzungen des § 229 BGB tatsächlich in der Regel nicht vor. Dies führt aber nur zu der Konsequenz, dass die Patentnutzung rechtswidrig ist.[835] Darüber hinaus lassen sich aus dem Nichtvorliegen der Voraussetzungen des Selbsthilferechts keine weiteren Schlussfolgerungen ziehen.[836] Nur weil der Zugriff auf die geschützte technische Lehre sich nicht durch ein Selbsthilferecht rechtfertigen lässt, heißt dies nicht, dass dem Versuch des Patentinhabers, diesen Zugriff mittels seines Unterlassungsanspruchs zu unterbinden, nicht der bestehende Lizenzierungsanspruch des Patentnutzers entgegengehalten werden kann.[837] Die Rechtswidrigkeit der Nutzung des Patents sperrt den kartellrechtlichen Zwangslizenzeinwand nicht.[838]

c) Anforderungen aus Art. 31 TRIPS

Zum Teil wird vertreten, dass sich beim kartellrechtlichen Zwangslizenzeinwand eine aus Art. 31 lit. a und lit. i TRIPS abzuleitende völkerrechtliche Notwendigkeit ergebe, dass ein solches Nutzungsrecht hoheitlich beschieden werden müsse.[839] Art. 31 lit. a TRIPS schreibt bei Nutzung eines Patents ohne Zustimmung des Rechtsinhabers eine Prüfung im Einzelfall vor. Art. 31 lit. i TRIPS mahnt eine unabhängige Nachprüfbarkeit einer zugunsten einer solchen Nutzungsberechtigung ergehenden Entscheidung an.

Zwar stellt auch bei grundlegender Bereitschaft des Patentinhabers zur FRAND-Lizenzierung die Nutzungsaufnahme ohne vorherige Lizenzierung eine Nutzung ohne die Zustimmung des Patentinhabers i.S.d. Art. 31 TRIPS dar. Ein erfolgreicher kartellrechtlicher Zwangslizenzeinwand würde dem Patentinhaber die Duldung einer konkreten Patentnutzung aufzwingen. Jedenfalls sind die Anforderungen aus Art. 31 lit. a und lit. i TRIPS im Patentverletzungsprozess durch die Entscheidung des Verletzungsgerichts über den kartellrechtlichen Zwangslizenzeinwand und den diesem zugrunde liegenden Lizenzierungsanspruch aber gewahrt.[840] Denn eine Überprüfung

---

[834] LG Düsseldorf, Urt. v. 30.11.2006 – 4b O 508/05, juris, Rn. 107 – *Videosignal-Codierung I*; Schulze/Dörner/Ebert u.a./*Dörner*, §§ 229-231 BGB Rn. 6; *Kühnen*, Hdb. Patentverletzung, Kap. E Rn. 259.

[835] LG Düsseldorf, Urt. v. 30.11.2006 – 4b O 546/05, juris, Rn. 88-89 – *Videosignal-Codierung II*; *Kühnen*, FS Tilmann (2003), 513, 514.

[836] LG Düsseldorf, Urt. v. 30.11.2006 – 4b O 546/05, juris, Rn. 89 – *Videosignal-Codierung II*; *Kühnen*, Hdb. Patentverletzung, Kap. E Rn. 260; *Nägele/Jacobs*, WRP 2009, 1062, 1070.

[837] *Kühnen*, FS Tilmann (2003), 513, 514.

[838] BGH, Urt. v. 06.05.2009 – KZR 39/06, GRUR 2009, 694, Rn. 24, 26 – *Orange-Book-Standard*; LG Düsseldorf, Urt. v. 30.11.2006 – 4b O 546/05, juris, Rn. 89 – *Videosignal-Codierung II*.

[839] *Rombach*, FS Hirsch (2008), 311, 322.

[840] BGH, Urt. v. 06.05.2009 – KZR 39/06, GRUR 2009, 694, Rn. 28 – *Orange-Book-Standard*; v. *Meibom/Nack*, FS Straus (2009), 495, 510–511; *Picht*, GRUR Int. 2014, 1, 6.

durch staatliche Gerichte im Einzelfall findet durch die Prüfung des Einwands im Prozess um die Patentverletzung statt. Auch ohne vorherige Durchsetzung des Lizenzierungsanspruchs unter Inanspruchnahme eines behördlichen oder gerichtlichen Verfahrens ist die Geltendmachung des kartellrechtlichen Zwangslizenzeinwands als Einwand gegen den Unterlassungsanspruch im Patentverletzungsprozess also zulässig.[841]

d) Verhältnis zur Zwangslizenz nach § 24 PatG – *Standard-Spundfass*

Gegen die Zulässigkeit des kartellrechtlichen Zwangslizenzeinwandes im Patentverletzungsprozess könnte zuletzt vorgebracht werden, das Patentrecht biete mit der patentrechtlichen Zwangslizenz gemäß § 24 PatG eine abschließende Regelung für eine Nutzungsgestattung ohne Lizenzvertragsabschluss zwischen Patentinhaber und Patentnutzer.[842]

In seiner Entscheidung *Standard-Spundfass* aus dem Jahr 2004 hat sich der BGH mit dieser Frage beschäftigt.[843] In diesem Verfahren ging der Inhaber eines Patents für ein standardisiertes Spundfass mit durch eine spezielle Formung des Deckels und der darin eingelassenen Öffnung optimierten Restentleerungseigenschaften gegen den Vertreiber eines patentverletzenden Spundfasses vor. Das Spundfass war zuvor durch eine brancheninterne, aber nicht im Rahmen einer SSO vermittelte Absprache in der Chemieindustrie zum De-facto-Standard geworden. Die darin enthaltene patentgeschützte technische Lehre wurde vom Patentinhaber an andere Unternehmen teils entgeltlich, teils unentgeltlich lizenziert. Dem beklagten Patentverletzer wurde eine Lizenzierung vollständig verweigert. Dieser machte sodann geltend, der Patentinhaber sei zur Lizenzerteilung verpflichtet, da ein nicht dem Standard entsprechendes Spundfass auf dem Markt nicht wettbewerbsfähig sei und er durch die Lizenzverweigerung gegenüber den anderen Marktteilnehmern diskriminiert werde.[844]

Der BGH entschied, dass der kartellrechtlich begründete Einwand des Patentverletzers nicht durch eine Sperrwirkung des § 24 PatG ausgeschlossen sei.[845] Dem ist zuzustimmen. Es besteht kein „Exklusivitätsverhältnis"[846] zwischen dem in einem kartellrechtlichen Lizenzierungsanspruch gründenden Zwangslizenzeinwand eines möglicherweise diskriminierten Lizenzsuchers

---

[841] BGH, Urt. v. 06.05.2009 – KZR 39/06, GRUR 2009, 694, Rn. 22, 26 – *Orange-Book-Standard*; OLG Karlsruhe, Urt. v. 13.12.2006 – 6 U 174/02, GRUR-RR 2007, 177, 179; *Heinemann*, ZWeR 2005, 198, 200; *ders.*, LMK 2009, 286659; *Kühnen*, Hdb. Patentverletzung, Kap. E Rn. 258; *Nägele/Jacobs*, WRP 2009, 1062, 1070; *Wirtz/Holzhäuser*, WRP 2004, 683, 693–694.

[842] *Beier*, GRUR 1998, 185, 194–195.

[843] BGH, Urt. v. 13.07.2004 – KZR 40/02, GRUR 2004, 966 – *Standard-Spundfass*.

[844] BGH, Urt. v. 13.07.2004 – KZR 40/02, GRUR 2004, 966 – *Standard-Spundfass*; *McGuire*, Mitt. 2018, 297.

[845] BGH, Urt. v. 13.07.2004 – KZR 40/02, GRUR 2004, 966, 967 – *Standard-Spundfass*; *Götting*, LMK 2004, 226, 227.

[846] Haedicke/Timmann/*Bukow*, § 13 Rn. 254.

im Prozess vor dem Verletzungsgericht und der vor dem BPatG zu erstreitenden patentrechtlichen Zwangslizenz.[847]

Die Voraussetzungen der patentrechtlichen Zwangslizenz nach § 24 PatG werden bei einem solchen Nebeneinander nicht durch die kartellrechtliche Zwangslizenz unterlaufen, da diese sowohl andere Voraussetzungen als auch eine andere Zielrichtung als die patentrechtliche Zwangslizenz hat.[848] Das für § 24 PatG zentral maßgebliche öffentliche Interesse nimmt vor allen Dingen „technische, wirtschaftliche, sozialpolitische und medizinische Gesichtspunkte"[849] in den Blick und ist nicht gleichbedeutend mit dem durch das Kartellrecht verfolgten Interesse an einem funktionierenden Wettbewerbsgeschehen.[850] Der kartellrechtliche Zwangslizenzeinwand ist dahingegen auf die effektive Einhegung eines seine marktbeherrschende Stellung missbrauchenden Patentinhabers gerichtet.[851] Während die patentrechtliche Zwangslizenz einen Marktmachtmissbrauch weder voraussetzt noch bei Vorliegen eines solchen Missbrauchs zwingend zu erteilen ist, kommt ein kartellrechtlicher Lizenzierungsanspruch nur in Betracht, wenn der Patentinhaber als marktbeherrschendes Unternehmen Normadressat der Art. 102 AEUV, §§ 19, 20 GWB ist und seine Marktmacht missbraucht.[852]

Eine Ausnahme von der grundsätzlich bestehenden Unabhängigkeit der patentrechtlichen Zwangslizenz von wettbewerbsrechtlichen Erwägungen besteht, wie gezeigt,[853] nur für patentierte Erfindungen im Bereich der Halbleitertechnologie.[854] Während hierbei die Erteilung einer patentrechtlichen Zwangslizenz durch das BPatG gemäß § 24 Abs. 4 PatG an einen zuvor kartellbehördlich festgestellten und ggf. in der Überprüfung dieser behördlichen Entscheidung gerichtlich bestätigten Kartellverstoß geknüpft ist, kann daneben aber ein Kartellverstoß im Rahmen des kartellrechtlichen Zwangslizenzeinwandes im Patentverletzungsprozess berücksichtigt

---

847   OLG Düsseldorf, Urt. v. 28.06.2002 – U (Kart) 18/01, BeckRS 2002, 17394, Rn. 45 – *Spundfass*; Haedicke/Timmann/*Bukow*, § 13 Rn. 254; *Heinemann*, ZWeR 2005, 198, 201; *Jaecks/Dörmer*, FS Säcker (2006), 97, 98–99; *Kühnen*, Hdb. Patentverletzung, Rn. 265; Erdmann/Rojahn/Sosnitza/*Mager/Heyers*, Kap. 6 Rn. 1771; *Mes*, PatG, § 24 PatG Rn. 44; BeckOK PatR/*Wilhelmi*, § 24 PatG Rn. 95.

848   BGH, Urt. v. 13.07.2004 – KZR 40/02, GRUR 2004, 966, 967 – *Standard-Spundfass*; KK KartellR/*Busche*, Art. 102 AEUV Rn. 186; *Jaecks/Dörmer*, FS Säcker (2006), 97, 98–99; Busse/Keukenschrijver/*McGuire*, § 24 PatG Rn. 41; *Nägele/Jacobs*, WRP 2009, 1062, 1064; Götting/Meyer/Vormbrock/*Samer*, § 9 Rn. 131; MüKo WettbR Bd. II/*M. Wolf*, § 19 GWB Rn. 15.

849   BGH, Urt. v. 05.12.1995 – X ZR 26/92, GRUR 1996, 190, 192–193 – *Polyferon*; BGH, Urt. v. 13.07.2004 – KZR 40/02, GRUR 2004, 966, 967 – *Standard-Spundfass*.

850   KK KartellR/*Busche*, Art. 102 AEUV Rn. 186; Wiedemann/*Lübbert/Schöner*, § 23 Rn. 167; Rombach, FS Hirsch (2008), 311, 312.

851   BGH, Urt. v. 13.07.2004 – KZR 40/02, GRUR 2004, 966, 967 – *Standard-Spundfass*; Wiedemann/*Lübbert/Schöner*, § 23 Rn. 167; *Mes*, PatG, § 24 Rn. 45.

852   BGH, Urt. v. 13.07.2004 – KZR 40/02, GRUR 2004, 966, 967 – *Standard-Spundfass*; MüKo WettbR Bd. II/*M. Wolf*, § 19 GWB Rn. 15.

853   Siehe: 2. Teil Kap. A. II. 2. b) (S. 51).

854   BGH, Urt. v. 13.07.2004 – KZR 40/02, GRUR 2004, 966, 967 – *Standard-Spundfass*.

werden.[855] Das bei Erteilung einer patentrechtlichen Zwangslizenz zuzusprechende Benutzungs-recht am Patent dient auch hier der Wahrung des öffentlichen Interesses im Sinne des § 24 Abs. 1 PatG, welches im Bereich der Halbleitertechnologie eben nur dann gegenüber dem Interesse des Patentinhabers überwiegt, wenn Kartellrechtsrelevanz hinzutritt,[856] während der kartellrechtliche Zwangslizenzeinwand die Verhinderung von Wettbewerbsbeschränkungen bei missbräuchlicher Durchsetzung der Rechte aus dem Patent bezweckt.[857] § 24 PatG sperrt die Gel-tendmachung des kartellrechtlichen Zwangslizenzeinwandes im Patentverletzungsprozess also auch hier nicht.

e)   Lizenzierungsklage und Zwangslizenzeinwand

Der kartellrechtliche Zwangslizenzeinwand bietet, wie gezeigt, ein Verteidigungsmittel im Pa-tentverletzungsprozess. Allerdings ist auch eine Durchsetzung des dem Einwand zugrunde lie-genden kartellrechtlichen Lizenzierungsanspruchs aus § 33 Abs. 1 GWB i.V.m. Art. 102 AEUV, §§ 19, 20 GWB durch eine aktive Klage auf Lizenzierung denkbar.[858] Im Rahmen einer solchen Klage besteht die gleiche kartellrechtliche Pflichtenstellung des Patentinhabers wie beim Einsatz des Lizenzierungsanspruchs als Verteidigungsmittel.[859] Im Kontext dieser Arbeit und der Unter-suchung des kartellrechtlichen Zwangslizenzeinwands als Verteidigungsmittel ist im Hinblick auf eine aktive separate Klage im Folgenden lediglich die Frage relevant, ob diese Klage des Lizenzsuchers Einfluss auf den Verletzungsprozess und damit auf den darin erhobenen Zwangs-lizenzeinwand hat.[860]

---

[855] Haedicke/Timmann/*Haedicke/Wollenschlaeger*, § 16 Rn. 293; BeckOK PatR/*Wilhelmi*, § 24 PatG Rn. 41; a.A.: Busse/Keukenschrijver/*McGuire*, § 24 PatG Rn. 95 , die auf dem Gebiet der Halbleitertech-nologie keinen Raum für eine kartellrechtliche Zwangslizenz sieht.

[856] *A. Fuchs*, FS Büscher (2018), 621, 632; Haedicke/Timmann/*Haedicke/Wollenschlaeger*, § 16 Rn. 292.

[857] Haedicke/Timmann/*Bukow*, § 13 Rn. 254.

[858] LG Düsseldorf, Beschl. v. 21.03.2013 – 4b O 104/12, GRUR Int. 2013, 547, Rn. 41; *Kühnen*, GRUR 2019, 665, 667–669; Busse/Keukenschrijver/*McGuire*, § 24 PatG Rn. 121; *Wirtz/Holzhäuser*, WRP 2004, 683, 692–693.

[859] *Kühnen*, Hdb. Patentverletzung, Kap. E Rn. 553; *Meier-Beck*, FS Säcker (2021), 275, 282.

[860] Zu den sich darüber hinaus bzgl. einer isolierten Klage stellenden Fragen hinsichtlich der Anforderun-gen an den Klageantrag, zum Gerichtsstand, zur Vollstreckbarkeit und der bei SEP mit FRAND-Erklä-rung zu erhebenden Angebotsklage siehe: *Kühnen*, Hdb. Patentverletzung, Kap. E Rn. 549-556; *ders.*, GRUR 2019, 665, 667–669.

aa) Torpedo-Gefahr

Wird eine Lizenzierungsklage vor Anhängigkeit des Verletzungsprozesses in einem anderen EU-Mitgliedsstaat erhoben, so könnte eine Pflicht des Verletzungsgerichts nach Art. 29 Abs. 1 EuGVVO[861] bestehen, den Rechtsstreit auszusetzen und sich ggf. nach Art. 29 Abs. 3 EuGVVO für unzuständig zu erklären.[862] Art. 29 EuGVVO schreibt dies für den Fall vor, dass derselbe Streitgegenstand zwischen denselben Parteien vor unterschiedlichen Gerichten verschiedener EU-Mitgliedsstaaten anhängig gemacht wird.[863] Selbst bei Unzuständigkeit des zuerst angerufenen ausländischen Gerichts kann das inländische Verfahren mittels einer solchen sogenannten Torpedo-Klage für lange Zeit blockiert werden, wenn eine Unzuständigkeitsentscheidung des ausländischen Gerichts aufgrund langer Verfahrensdauer auf sich warten lässt.[864]

Allerdings sind für die Ermittlung des Streitgegenstands nur die vom Kläger geltend gemachten Ansprüche zu berücksichtigen. Einwendungen des Beklagten bleiben außer vor.[865] Zwar bringt der kartellrechtliche Zwangslizenzeinwand mit sich, dass inhaltlich die gleichen kartellrechtlichen Fragen wie bei der aktiven Lizenzierungsklage im Laufe des Prozesses erörtert werden müssen, es bleibt aber dabei, dass im Patentverletzungsprozess die Ansprüche des Patentinhabers wegen Patentverletzung und im Lizenzierungsprozess der kartellrechtliche Anspruch des Lizenzsuchers den jeweiligen Streitgegenstand darstellen, sodass unterschiedliche Streitgegenstände bestehen und Art. 29 EuGVVO der Durchführung des Patentverletzungsprozesses im Inland nicht entgegensteht.[866]

Das gleiche gilt, wenn ein Lizenzsucher im EU-Ausland eine Klage auf Feststellung eines kartellrechtswidrigen Missbrauchs einer marktbeherrschenden Stellung des Patentinhabers durch dessen Vorgehen aus seinem Patent erhebt.[867] Auch dieser Torpedo geht also ins Leere.

bb) Aussetzung

Eine Lizenzierungsklage kann aber auf anderem Wege Einfluss auf den Verlauf eines Verletzungsprozesses nehmen, in welchem der kartellrechtliche Zwangslizenzeinwand als Verteidigungsmittel eine Rolle spielt. Das Verletzungsgericht kann den Verletzungsprozess nach § 148 ZPO mit Blick auf die Lizenzierungsklage aussetzen, wenn diese für die Verletzungsklage

---

[861] Verordnung (EU) Nr. 1215/2012 des Europäischen Parlaments und des Rates vom 12. Dezember 2012 über die gerichtliche Zuständigkeit und die Anerkennung und Vollstreckung von Entscheidungen in Zivil- und Handelssachen – EuGVVO, ABl. 2012 L351 S. 1.

[862] Cepl/Voß/*Cepl*, § 148 ZPO Rn. 31-32.

[863] Cepl/Voß/*ders.*, § 148 ZPO Rn. 32.

[864] Cepl/Voß/*Cepl*, § 148 ZPO Rn. 41, 43; Musielak/Voit/*Stadler/Krüger*, Art. 29 EuGVVO Rn. 6a.

[865] EuGH, Urt. v. 08.05.2003 – C-111/01, EuZW 2003, 542, Rn. 32; Musielak/Voit/*Stadler/Krüger*, Art. 29 EuGVVO Rn. 6.

[866] *Kühnen*, GRUR 2019, 665, 669.

[867] *Ders.*, Hdb. Patentverletzung, Kap. E Rn. 283.

vorgreiflich ist.[868] Bei der Ausübung seines Aussetzungsermessens hat das Gericht neben den Erfolgsaussichten der Lizenzierungsklage insbesondere die zeitlichen Abläufe zu berücksichtigen.[869] Ist die Lizenzierungsklage bereits vor Beginn des Verletzungsprozesses erhoben oder wird sie in einem Zeitpunkt erhoben, in dem ein kartellrechtlicher Zwangslizenzeinwand im Verletzungsprozess als Verteidigungsmittel beachtet werden müsste, so spricht dies für eine Aussetzung. Erfolgt die Lizenzierungsklage erst zu einem Zeitpunkt, zu dem ein entsprechender Vortrag im Verletzungsprozess beispielsweise unter Beachtung des prozessualen Verspätungsrechts nicht mehr berücksichtigt werden kann, so ist von einer Aussetzung regelmäßig abzusehen.[870]

Daneben kann eine Aussetzung des Patentverletzungsprozesses außerdem nach Art. 16 Abs. 1 S. 2, 3 VO Nr. 1/2003 erforderlich sein.[871] Dies ist der Fall, wenn der Lizenzsucher neben dem Zwangslizenzeinwand im Verletzungsprozess eine vermeintliche Kartellrechtsverletzung durch den Patentinhaber auch bei der EU-Kommission zur Überprüfung angemahnt hat und diese in der Folge ein Kartellverfahren eingeleitet hat, in welchem sie bezüglich des gleichen Sachverhalts[872] eine konkrete Entscheidung in Aussicht gestellt hat, die für den Verletzungsprozess vorgreiflich wäre.[873]

cc) Anti-Suit-Injunction

Im Rahmen einer vom Lizenzsucher im Ausland angestrengten Lizenzierungsklage kann es dazu kommen, dass der Lizenzsucher im Wege einer einstweiligen Verfügung eine sogenannte Anti-Suit-Injunction (ASI) erwirkt. Mit diesem Instrument soll dem Patentinhaber ein Vorgehen aus seinem Patent vor einem anderen Gericht bis zum Abschluss des Lizenzierungsprozesses untersagt werden.[874] Eine Wirksamkeit dieser Anordnung im Inland würde einen vom Patentinhaber angestrengten Verletzungsprozess vorerst zum Erliegen bringen. Zu einer Prüfung des kartellrechtlichen Zwangslizenzeinwands im inländischen Patentverletzungsprozess käme es in der Folge nicht.

---

[868] *Kühnen*, Hdb. Patentverletzung, Kap. E Rn. 557; Es gelten die allgemeinen Regeln zur Vorgreiflichkeit, insbesondere dass die Klage nicht bereits aus einem anderen Grunde abzuweisen ist.; Allgemein dazu: 2. Teil Kap. D. II. 1. (S. 70).

[869] *Kühnen*, Hdb. Patentverletzung, Kap. E Rn. 557.

[870] *Ders.*, GRUR 2019, 665, 669.

[871] *Bechtold/Bosch/Brinker*, EU-KartR, Art. 16 VO Nr. 1/2003 Rn. 8; Fuchs/Weitbrecht/*Weitbrecht*, § 15 Rn. 106-107; so schon vor der Kodifizierung in Art. 16 VO Nr. 1/2003: EuGH, Urt. v. 28.02.1991 – C-234/89, BeckRS 2004, 75294, Rn. 47, 52 – *Delimitis*.

[872] Cepl/Voß/*Cepl*, § 148 ZPO Rn. 19; Fuchs/Weitbrecht/*Weitbrecht*, § 15 Rn. 108.

[873] Cepl/Voß/*Cepl*, § 148 ZPO Rn. 19; *Kühnen*, Hdb. Patentverletzung, Kap. E Rn. 626-630.

[874] OLG München, Urt. v. 12.12.2019 – 6 U 5042/19, GRUR 2020, 379 – *Anti-Suit-Injunction*; *Ehlgen*, GRUR 2020, 383; *Heitto*, CRi 2021, 190, 192; *Kiefer/Walesch*, Mitt. 2022, 97, 98; *Wuttke*, Mitt. 2020, 495, 501.

Innerhalb der deutschen Gerichtsbarkeit scheitert ein solches im Inland beantragtes Prozessführungsverbot allerdings am Prozessprivileg, das es grundsätzlich erlaubt, selbst letztlich nicht bestehende Ansprüche gerichtlich geltend zu machen[875] und das den Inanspruchgenommenen auf die Verteidigung im jeweiligen Prozess verweist, sodass es für eine ASI am Rechtsschutzbedürfnis fehlt.[876] Auch im Geltungsbereich der EuGVVO gilt dies aufgrund des Prinzips der Gleichwertigkeit der Gerichtsstände der EU-Mitgliedsstaaten.[877] Eine relevante Einschränkung des Patentverletzungsprozesses durch eine solche ASI droht also nur bei Fällen mit Bezug zu Drittstaaten.[878] In der Praxis zeigt sich die Problematik insbesondere bei Streitigkeiten um FRAND-Lizenzen, die parallel zu einer rechtlichen Auseinandersetzung in europäischen Jurisdiktionen auch in den USA oder in China geführt werden, wo es möglich ist, einem Beklagten eine parallele Prozessführung z.B. vor einem deutschen Patentverletzungsgericht zu untersagen.[879]

Schaut man nur auf die Rechtslage in Deutschland, ist der Patentinhaber allerdings auch vor einer in einem Drittstaat erwirkten ASI geschützt, da ein ausländisches Gericht mit dem Erlass einer ASI in die eigenständige Zuständigkeitsbestimmung deutscher Gerichte und damit in deutsche Hoheitsrechte eingreift, sodass eine Zustellung der ASI in Deutschland nach Art 13 Abs. 1 HZÜ verweigert werden kann und muss und die ASI damit in Deutschland nicht vollstreckbar ist.[880] Dem auch im außereuropäischen Ausland wirtschaftlich agierenden Patentinhaber ist damit aber nicht geholfen, da er auch ohne in Deutschland vollstreckbare ASI an deren Inhalt faktisch weltweit gebunden ist, weil ihm bei einem Verstoß bedeutende Strafzahlungen im Erlassstaat drohen.[881]

---

[875] BGH, Urt. v. 14.01.1965 – KZR 9/63, GRUR 1965, 381, 385 – *Weinbrand*; BGH, GSZ, Beschl. v. 15.07.2005 – GSZ 1/04, GRUR 2005, 882, 884 – *Unberechtigte Schutzrechtsverwarnung*; Während die prozessuale Geltendmachung nicht verhindert werden kann, sind deliktische Schadensersatzansprüche bei unberechtigter Geltendmachung nicht ausgeschlossen.

[876] OLG Düsseldorf, Urt. v. 07.02.2022 – 2 U 25/21, GRUR-RS 2022, 1209, Rn. 19-22 – *Ausländisches Prozessführungsverbot*.

[877] EuGH, Urt. v. 27.04.2004 – C-159/02, EuZW 2004, 468, Rn. 24-31 – *Turner*; EuGH, Urt. v. 10.02.2009 – C-185/07, NJW 2009, 1655, Rn. 28-32 – *Allianz SpA*; OLG Düsseldorf, Urt. v. 07.02.2022 – 2 U 25/21, GRUR-RS 2022, 1209, Rn. 23 – *Ausländisches Prozessführungsverbot*; *Grunwald*, GRUR-Prax 2020, 47; *Keßler/Palzer*, Mitt. 2020, 169, 170; *v. Meibom/Pitz*, FS Rojahn (2021), 305, 308–309.

[878] *Ehlgen*, GRUR 2020, 383, 384.

[879] *Kühnen*, Hdb. Patentverletzung, Kap. E Rn. 286.

[880] OLG Düsseldorf, Beschl. v. 10.01.1996 – 3 VA 11/95, ZIP 1996, 294, 295–296; LG München I, Urt. v. 02.10.2019 – 21 O 9333/19, BeckRS 2019, 25536, Rn. 53-54; *v. Meibom/Pitz*, FS Rojahn (2021), 305, 307.

[881] LG München I, Urt. v. 25.02.2021 – 7 O 14276/20, BeckRS 2021, 1995, Rn. 130-131; *Kiefer/Walesch*, Mitt. 2022, 97, 99; *Wuttke*, Mitt. 2020, 495, 501.

Vor dem Hintergrund dieser Problemlage gewähren deutsche Patentverletzungsgerichte wiederum per einstweiliger Verfügung Schutzanordnungen gegen ausländische Prozessführungsverbote – sogenannte Anti-Anti-Suit-Injunctions (AASI).[882] Anspruchsgrundlage für eine AASI zur Abwehr eines in einer ASI zu sehenden Eingriffs in das als sonstiges absolutes Recht geschützte Immaterialgüterrecht an dem betroffenen Patent sind die §§ 823 Abs. 1, 1004 Abs. 1 S. 1 BGB analog.[883] Zwar wird auf diesem Wege auf den ersten Blick scheinbar widersprüchlich ein Prozessführungsverbot zur Bekämpfung eines anderen Prozessführungsverbots mit der Begründung, dass ein Prozessführungsverbot unzulässig sei, erlassen.[884] Allerdings verbietet die AASI nicht die Prozessführung im Ausland per se (wie es die ASI tut), sondern richtet sich nur gegen die begleitende ASI.[885] Jedenfalls aber ist eine AASI mit Blick auf die durch die ASI beeinträchtigten nationalen und unionsrechtlichen Grundrechte des Patentinhabers auf Gewährleistung seines geistigen Eigentums und auf effektiven Rechtsschutz gerechtfertigt.[886]

Ist von der vom ausländischen Gericht erlassenen ASI zudem wiederum ein Verbot einer AASI – also eine Anti-Anti-Anti-Suit-Injunction (AAASI) – umfasst, so ist auf dieser Grundlage auch eine Anti-Anti-Anti-Anti-Suit-Injunction (AAAASI) möglich.[887] Gleiches gilt auf der Ebene der Vollstreckung in Bezug auf einstweilige Durchsetzungsverbote, also Anti-Enforcement-Injunctions (AEI).[888] Ist eine ASI bzw. AEI von einem ausländischen Gericht noch nicht erlassen, kommt auch eine vorbeugende AASI bzw. AAEI in Betracht, wobei dies nach der Rechtsprechung des OLG Düsseldorf daran geknüpft ist, dass eine ASI bzw. AEI gegen den SEP-

---

[882] OLG Düsseldorf, Urt. v. 07.02.2022 – 2 U 25/21, GRUR-RS 2022, 1209 – *Ausländisches Prozessführungsverbot*; OLG München, Urt. v. 12.12.2019 – 6 U 5042/19, GRUR 2020, 379 – *Anti-Suit-Injunction*.

[883] OLG München, Urt. v. 12.12.2019 – 6 U 5042/19, GRUR 2020, 379, Rn. 55 – *Anti-Suit-Injunction*; LG Düsseldorf, Urt. v. 15.07.2021 – 4c O 75/20, BeckRS 2021, 44966, Rn. 21-22; LG München I, Urt. v. 02.10.2019 – 21 O 9333/19, BeckRS 2019, 25536, Rn. 51; *Kiefer/Walesch*, Mitt. 2022, 97, 100; Schulte/*Rinken*, § 24 PatG Rn. 104.

[884] *Ehlgen*, GRUR 2020, 383; *Hoppe/Donle/Holtz*, GRUR-RR 2021, 409, 420; *Nielen/Zorr*, GRUR-Prax 2020, 73, 74–75; *Wuttke*, Mitt. 2020, 495, 501.

[885] OLG Düsseldorf, Urt. v. 07.02.2022 – 2 U 25/21, GRUR-RS 2022, 1209, Rn. 25 – *Ausländisches Prozessführungsverbot*; LG München I, Urt. v. 02.10.2019 – 21 O 9333/19, BeckRS 2019, 25536, Rn. 73-74; abweichend das ausländische Hauptsacheverfahren dennoch als berührt ansehend: OLG München, Urt. v. 12.12.2019 – 6 U 5042/19, GRUR 2020, 379, Rn. 59-60 – *Anti-Suit-Injunction*.

[886] OLG Düsseldorf, Urt. v. 07.02.2022 – 2 U 25/21, GRUR-RS 2022, 1209, Rn. 25 – *Ausländisches Prozessführungsverbot*; OLG München, Urt. v. 12.12.2019 – 6 U 5042/19, GRUR 2020, 379, Rn. 67-71 – *Anti-Suit-Injunction*; LG Düsseldorf, Urt. v. 15.07.2021 – 4c O 75/20, BeckRS 2021, 44966, Rn. 25-26, 28.

[887] LG Düsseldorf, Urt. v. 15.07.2021 – 4c O 75/20, BeckRS 2021, 44966, Rn. 27; LG München I, Urt. v. 25.02.2021 – 7 O 14276/20, BeckRS 2021, 1995, Rn. 141.

[888] OLG Düsseldorf, Urt. v. 07.02.2022 – 2 U 25/21, GRUR-RS 2022, 1209, Rn. 43 – *Ausländisches Prozessführungsverbot*; LG München I, Urt. v. 24.06.2021 – 7 O 36/21, BeckRS 2021, 17662, Rn. 43; *Kiefer/Walesch*, Mitt. 2022, 97, 99.

Inhaber bereits beantragt ist oder eine Beantragung nach den Umständen des Sachverhalts in einem in der Regel bereits anhängigen Hauptsacheverfahren in einer das Instrument der ASI bzw. AEI bereithaltenden Jurisdiktion hinreichend sicher in naher Zukunft zu erwarten ist,[889] während das LG München I einen die Eingriffsschwelle stark vorverlagernden großzügigeren Ansatz verfolgt.[890]

Eine Beeinträchtigung des Verletzungsprozesses in seinem Bestand und seiner Fortführung ist durch eine eine Lizenzierungsklage begleitende ASI also aufgrund der Nichtvollstreckbarkeit einer ausländischen ASI und der Möglichkeit, eine AASI zu erwirken, in rechtlicher Hinsicht nicht zu befürchten. Dass darüber hinaus wirtschaftliche und strategische Gesichtspunkte für den SEP-Inhaber eine Rolle spielen, die ihn zu einer Klagerücknahme in Deutschland bewegen, wenn ein ausländisches Gericht eine deutsche AASI ignoriert, ist eine durch die eine ASI erlassenden und durchsetzenden ausländischen Gerichte geschaffene Tatsache, die aber die rechtliche Beurteilung einer ASI bzw. AASI an sich vor einem deutschen Gericht unberührt lässt.[891] Die Prüfung der Verletzungsklage und des dieser entgegengehaltenen kartellrechtlichen Zwangslizenzeinwands vor einem deutschen Verletzungsgericht wird durch eine ausländische ASI jedenfalls auf rechtlicher Ebene nicht verhindert.[892] Die Auswirkung, die der Einsatz einer ASI durch den Lizenzsucher auf den Erfolg des kartellrechtlichen Zwangslizenzeinwands hat, ist wiederum eine Frage des Vorliegens der Voraussetzungen desselben und wird an gegebener Stelle erläutert.[893]

II. Wirkung auf den patentrechtlichen Unterlassungsanspruch

Nachdem im vorstehenden Abschnitt hergeleitet wurde, dass der kartellrechtliche Zwangslizenzeinwand basierend auf einem Verstoß des Patentinhabers gegen das Missbrauchsverbot aus Art. 102 AEUV, §§ 19, 20 GWB als Verteidigungsmittel im Patentverletzungsprozess zulässig ist, ist nun zu zeigen, welche Wirkung der Einwand im Erfolgsfalle auf die Durchsetzung des vom Patentinhaber geltend gemachten Unterlassungsanspruchs aus § 139 Abs. 1 PatG hat.

---

[889] OLG Düsseldorf, Urt. v. 07.02.2022 – 2 U 25/21, GRUR-RS 2022, 1209, Rn. 32, 49 – *Ausländisches Prozessführungsverbot*; *Kühnen*, Hdb. Patentverletzung, Kap. E Rn. 289-299.

[890] LG München I, Urt. v. 25.02.2021 – 7 O 14276/20, BeckRS 2021, 1995, Rn. 142-150.

[891] OLG Düsseldorf, Urt. v. 07.02.2022 – 2 U 25/21, GRUR-RS 2022, 1209, Rn. 31 – *Ausländisches Prozessführungsverbot*; *Kühnen*, Hdb. Patentverletzung, Kap. E Rn. 298.

[892] *Grunwald*, GRUR-Prax 2020, 47.

[893] Siehe: 3. Teil Kap. B. IV. 2. c) (S. 202 f.).

1. Kartellrechtseinwand als materiell-rechtliches und dilatorisches Durchsetzungshindernis

Mit Hilfe des Unterlassungsanspruchs aus § 139 Abs. 1 PatG kann der Patentinhaber grundsätzlich jeden ohne eine entsprechende Erlaubnis handelnden Patentnutzer von der Nutzung der patentgeschützten technischen Lehre ausschließen.[894] Kann dem Patentinhaber erfolgreich der kartellrechtliche Zwangslizenzeinwand entgegengehalten werden, so stoßen die Befugnisse des Patentinhabers zur Durchsetzung seines Ausschließlichkeitsrechts an eine sachliche Beschränkung ihrer Reichweite auf der Grundlage entgegenstehender Wertungen aus dem Kartellrecht.[895] Diese materiell-rechtliche Beschränkung betrifft die Ausübung des Unterlassungsanspruchs, sodass dieser in seinem Bestand unangetastet bleibt, aber in seiner Durchsetzung gehemmt ist.[896] Der kartellrechtliche Zwangslizenzeinwand stellt für den Unterlassungsanspruch mithin ein kartellrechtliches, materiell-rechtliches Durchsetzungshindernis dar.[897]

Für die Klage des Patentinhabers auf Unterlassung bedeutet dies, dass der kartellrechtliche Zwangslizenzeinwand im Rahmen der Begründetheit als materiell-rechtlicher Einwand zu berücksichtigen ist.[898] Eine zunächst vertretene Ansicht, die Unterlassungsklage verfolge bei Vorliegen der Voraussetzungen des kartellrechtlichen Zwangslizenzeinwands prozessfremde Zwecke und sei daher mangels Rechtsschutzbedürfnis bereits unzulässig,[899] wurde in der späteren Praxis auch von ihren damaligen Vertretern aufgegeben.[900]

Zugleich handelt es sich beim kartellrechtlichen Zwangslizenzeinwand um ein Durchsetzungshindernis, welches, auch wenn es einmal besteht, nicht zwingend dauerhaft Bestand hat.[901] Der von *Kühnen* hierzu angeführte Vergleich mit der Klage eines Werkunternehmers auf

---

[894] *Mes*, PatG, § 139 PatG Rn. 42.

[895] EuGH, Urt. v. 16.07.2015 – C-170/13, GRUR 2015, 764, Rn. 46-47 – *Huawei/ZTE*; *Dornis*, GRUR 2020, 690.

[896] BeckOGK/*Kähler*, § 242 BGB Rn. 530; *Kühnen*, FS 80 Jahre Patentgerichtsbarkeit in Düsseldorf (2016), 311, 312.

[897] OLG Düsseldorf, Urt. v. 30.03.2017 – 15 U 66/15, GRUR 2017, 1219, Rn. 220 – *Mobiles Kommunikationssystem*; Busse/Keukenschrijver/*G. Werner*, § 139 PatG Rn. 231.

[898] LG Mannheim, Beschl. v. 23.10.2009 – 7 O 125/09, juris, Rn. 69; LG Mannheim, Urt. v. 04.03.2016 – 7 O 96/14, GRUR-RS 2016, 6527, Rn. 59; *Kellenter/Verhauwen*, GRUR 2018, 761, 762; *Kühnen*, Hdb. Patentverletzung, Kap. E Rn. 262.

[899] LG München I, Urt. v. 20.12.2018 – 7 O 10495/17, BeckRS 2018, 33489, Rn. 99-113 – *Niederspannungs-Hüllkurvenverfolger I*; LG München I, Urt. v. 31.01.2019 – 7 O 14456/17, BeckRS 2019, 703, Rn. 49-60.

[900] Den kartellrechtlichen Zwangslizenzeinwand nun in der Begründetheit behandelnd z.B.: LG München I, Urt. v. 10.09.2020 – 7 O 8818/19, GRUR-RS 2020, 22577 – *LTE-Standard*.

[901] OLG Düsseldorf, Urt. v. 30.03.2017 – 15 U 66/15, GRUR 2017, 1219, Rn. 220 – *Mobiles Kommunikationssystem*.

eine noch nicht fällige Werklohnforderung,[902] deren Fälligkeit – zumindest im Anwendungsbereich der Geschäftsbedingungen der VOB/B – die Erteilung einer Schlussrechnung voraussetzt,[903] verdeutlicht, was dies für den kartellrechtlichen Zwangslizenzeinwand bedeutet: So wie der Werkunternehmer durch die Erteilung einer Schlussrechnung dem Durchsetzungshindernis der mangelnden Fälligkeit den Boden entziehen kann,[904] so kann der Patentinhaber durch Erfüllung seiner kartellrechtlichen Pflichten das Durchsetzungshindernis des kartellrechtlichen Zwangslizenzeinwands beseitigen.[905] Es besteht also ein potentiell vorrübergehendes – mithin nicht peremptorisches sondern nur dilatorisches – Durchsetzungshindernis.[906]

2. Keine Lizenzierungswirkung

Anders als die Bezeichnung als Zwangslizenzeinwand vermuten lassen könnte, kommt dem kartellrechtlichen Zwangslizenzeinwand über die Rolle als Durchsetzungshindernis nicht die Wirkung zu, dass auf Grundlage eines erfolgreichen kartellrechtlichen Zwangslizenzeinwands durch das Gericht die Erteilung einer Lizenz zugunsten des Patentverletzers ausgeurteilt wird.[907]

Auch kommt es nicht zum Eintritt von Erschöpfung hinsichtlich der im Zeitraum des bestehenden Durchsetzungshindernis patentverletzend produzierten oder vertriebenen Ausführungsformen, sodass diese Nutzungshandlungen rechtswidrig bleiben.[908] Um Lizenznehmer zu werden und die Wirkungen einer Lizenz (ggf. auch für vergangene Benutzungshandlungen während des Bestands des Durchsetzungshindernisses) herbeizuführen, muss der Lizenzsucher nach wie vor eine vertragliche Lizenz gemäß § 15 PatG mit dem Patentinhaber schließen.[909] Dass der Patentinhaber einem kartellrechtlichen Zwang zum Abschluss dieses Lizenzvertrages unterliegt, hindert nicht die sodann durch die Lizenzierung eintretende Erschöpfung, da in einer solchen Lizenz eine Zustimmung des Patentinhabers im Sinne des für die Erschöpfungswirkung erforderlichen freiwilligen Inverkehrbringens eines patentnutzenden Erzeugnisses zu sehen ist.[910]

---

[902] *Kühnen*, Hdb. Patentverletzung, Kap. E Rn. 262.
[903] BGH, Urt. v. 09.10.1986 – VII ZR 249/85, NJW 1987, 382, 383; BGH, Urt. v. 11.02.1999 – VII ZR 399/97, NJW 1999, 1867.
[904] BGH, Urt. v. 11.02.1999 – VII ZR 399/97, NJW 1999, 1867.
[905] *Kühnen*, Hdb. Patentverletzung, Kap. E Rn. 262-263.
[906] OLG Düsseldorf, Beschl. v. 29.06.2017 – 15 U 41/17, GRUR-RS 2017, 120339, Rn. 20; Schulte/*Rinken*, § 24 PatG Rn. 51.
[907] LG Mannheim, Urt. v. 10.03.2015 – 2 O 103/14, GRUR-RS 2015, 15918, Rn. 152-153; Busse/Keukenschrijver/*McGuire*, § 15 PatG Rn. 166.
[908] LG Mannheim, Urt. v. 10.03.2015 – 2 O 103/14, GRUR-RS 2015, 15918, Rn. 152-153.
[909] Busse/Keukenschrijver/*McGuire*, § 15 PatG Rn. 166.
[910] MüKo WettbR Bd. I/*M. Wolf*, Grundlagen Rn. 1128-1129.

3. Von Amts wegen zu berücksichtigende Einwendung

Unabhängig davon, ob man den kartellrechtlichen Zwangslizenzeinwand über § 242 BGB herleitet oder direkt auf das Entgegenhalten eines kartellrechtlichen Verbots abstellt,[911] bestehen keine Anforderungen an die Erhebung des Zwangslizenzeinwands im Sinne einer ausdrücklichen Geltendmachung als Einrede im materiell-rechtlichen Sinne: Zum einen sind aus dem Grundsatz von Treu und Glauben hergeleitete Verteidigungsmittel bei entsprechendem Tatsachenvortrag im Prozess von Amts wegen zu berücksichtigen.[912] Zum anderen ergibt sich das gleiche daraus, dass ein gegen ein kartellrechtliches Verbot verstoßendes Verhalten bei entsprechender sich aus dem Tatsachenvortrag der Parteien ergebender Kenntnis des Gerichts der diesen Kartellrechtsverstoß begründenden Tatsachen nicht gerichtlich angeordnet werden darf.[913]

Wenn im Zusammenhang mit dem kartellrechtlichen Zwangslizenzeinwand gelegentlich die Bezeichnung als Einrede verwendet wird,[914] so geschieht dies im Zusammenhang mit der Bedeutung als Gegenvorbringen im Prozess, mithin im Sinne des prozessualen, weitgefassten Einredebegriffs. So muss der kartellrechtliche Zwangslizenzeinwand etwa nicht im Rahmen der Klageschrift des Patentinhabers vorsorglich entkräftet werden, da zunächst der Patentverletzer zu den Voraussetzungen des Einwands vorzutragen hat.[915] Der kartellrechtliche Zwangslizenzeinwand ist also eine von Amts wegen zu berücksichtigende Einwendung, die das Gericht bei entsprechendem Tatsachenvortrag – aber auch nur dann[916] – zu berücksichtigen hat.

Die durchsetzungshemmende Wirkung des kartellrechtlichen Zwangslizenzeinwands ist eine den Patentverletzer begünstigende Rechtsfolge, sodass die Voraussetzungen des kartellrechtlichen Zwangslizenzeinwands grundsätzlich von diesem darzulegen und zu beweisen sind.[917] Im Einzelnen kann es aber zu Abweichungen von diesem Grundsatz kommen, worauf im Zusammenhang mit den jeweiligen Voraussetzungen unter Berücksichtigung der unterschiedlichen Sachverhaltskonstellationen eingegangen wird.

---

[911] Dazu: 3. Teil Kap. A. I. 1. (S. 97 ff.).

[912] BGH, Urt. v. 12.07.1951 – III ZR 168/50, NJW 1951, 917; BGH, Beschl. v. 25.05.2011 – IV ZR 191/09, NJW 2011, 3149, Rn. 7; MüKo BGB Bd. II/*Schubert*, § 242 BGB Rn. 167.

[913] BGH, Urt. v. 06.05.2009 – KZR 39/06, GRUR 2009, 694, Rn. 27 – *Orange-Book-Standard*; Büscher/Dittmer/Schiwy/*Kanz*, § 139 PatG Rn. 20.

[914] OLG Düsseldorf, Urt. v. 30.03.2017 – 15 U 66/15, GRUR 2017, 1219, Rn. 220 – *Mobiles Kommunikationssystem*; Haedicke/Timmann/*Bukow*, § 13 Rn. 242; Büscher/Dittmer/Schiwy/*Kanz*, § 139 PatG Rn. 20; *McGuire*, Mitt. 2018, 297, 298; *Mes*, PatG, § 24 PatG Rn. 45.

[915] *Kühnen*, Hdb. Patentverletzung, Kap. E Rn. 284.

[916] BGH, Urt. v. 12.07.1951 – III ZR 168/50, NJW 1951, 917 ("falls nach dem von den Parteien vorgetragenen Sachverhalt").

[917] OLG Düsseldorf, Urt. v. 30.03.2017 – 15 U 66/15, GRUR 2017, 1219, Rn. 130, 177 – *Mobiles Kommunikationssystem*; LG Mannheim, Urt. v. 25.11.2016 – 7 O 44/16, BeckRS 2016, 127663, Rn. 63; *Kühnen*, Hdb. Patentverletzung, Kap. E Rn. 280, 284.

4. Klageabweisung als derzeit unbegründet

Konsequenz der Eigenschaft als materiell-rechtliches und dilatorisches Durchsetzungshindernis, dessen künftiger Wegfall oder Fortbestand im Zeitpunkt der Entscheidung über den Unterlassungsanspruch noch ungewiss ist, ist, dass die Klage eines Patentinhabers bei einem erfolgreichen kartellrechtlichen Zwangslizenzeinwand nicht als endgültig unbegründet, sondern als derzeit unbegründet abzuweisen ist.[918] Zuvor muss allerdings ausgeschlossen sein, dass die Klage nicht aus einem anderen Grund – etwa der Feststellung, dass das Klagepatent durch die angegriffene Ausführungsform nicht verletzt wurde – endgültig abgewiesen werden kann.[919]

Wird eine Klage als derzeit unbegründet abgewiesen und fallen die Voraussetzungen des kartellrechtlichen Zwangslizenzeinwandes nachträglich weg, so steht die Klageabweisung als derzeit unbegründet auch bei bereits eingetretener Rechtskraft des ersten Urteils einer erneuten Klageerhebung und einer erfolgreichen Durchsetzung des patentrechtlichen Unterlassungsanspruchs in einem zweiten Prozess nicht im Wege.[920] Die Rechtskraft des Ersturteils kann allerdings in Bezug auf andere Aspekte, insb. die Feststellung der Patentverletzung durch die angegriffene Ausführungsform, für den zweiten Prozess von Bedeutung sein, sodass der Beklagte, wenn er eine endgültige Abweisung z.B. mangels Patentverletzung anstrebt, gegen eine als bloß derzeit unbegründet abgewiesene Klage mit einem Rechtsmittel vorgehen muss.[921]

III. Marktbeherrschende Stellung als Grundvoraussetzung

Über alle Fallgruppen standardfreier oder standardessentieller Patente mit oder ohne FRAND-Erklärung hinweg besteht für den kartellrechtlichen[922] Zwangslizenzeinwand die Grundvoraus-

---

[918] OLG Düsseldorf, Urt. v. 30.03.2017 – 15 U 66/15, GRUR 2017, 1219, Rn. 220 – *Mobiles Kommunikationssystem*; OLG Karlsruhe, Urt. v. 30.10.2019 – 6 U 183/16, GRUR 2020, 166, Rn. 86 – *Datenpaketverarbeitung*; LG Düsseldorf, Urt. v. 11.07.2018 – 4c O 77/17, BeckRS 2018, 25099, Rn. 118; LG Mannheim, Urt. v. 12.09.2002 – 7 O 35/02, BeckRS 2009, 87787, B. III. 2.; LG Mannheim, Urt. v. 21.08.2020 – 2 O 136/18, GRUR-RS 2020, 26457, Rn. 52; Busse/Keukenschrijver/*McGuire*, § 24 PatG Rn. 117; *Picht*, ZGE 2019, 324, 326.

[919] *Kühnen*, Hdb. Patentverletzung, Kap. E Rn. 263 Fn. 397; Schulte/*Rinken*, § 24 PatG Rn. 51; so auch in einem staatshaftungsrechtlichen Fall entsprechend: BGH, Urt. v. 07.09.2017 – III ZR 618/16, BeckRS 2017, 127260, Rn. 23 – *Amtlicher Lageplan*.

[920] BGH, Urt. v. 11.02.1999 – VII ZR 399/97, NJW 1999, 1867; Haedicke/Timmann/*Bukow*, § 13 Rn. 413; *Hoppe/Donle*, GRUR-RR 2018, 393, 398; *Picht*, GRUR 2019, 1097, 1098; Schulte/*Rinken*, § 24 PatG Rn. 51; BeckOK PatR/*Wilhelmi*, § 24 PatG Rn. 116a.

[921] *Kühnen*, Hdb. Patentverletzung, Kap. E Rn. 263; so auch: BGH, Urt. v. 07.09.2017 – III ZR 618/16, BeckRS 2017, 127260, Rn. 23 – *Amtlicher Lageplan*; anders bzgl. vorgreiflich beurteilter Rechtsfragen wohl im Werkvertragsrecht: BGH, Beschl. v. 22.09.2016 – V ZR 4/16, NJW 2017, 893, Rn. 13-14.

[922] Ob darüber hinaus ein vertraglicher FRAND-Einwand besteht, der möglicherweise keine marktbeherrschende Stellung erfordert, ist eine andere Frage, die unter 3. Teil Kap. A. III. 4. (S. 137 ff.) erörtert wird.

setzung, dass der Patentinhaber, dem der Einwand entgegengehalten werden soll, durch das jeweilige Patent auf einem bestimmten Markt eine marktbeherrschende Stellung im Sinne des Kartellrechts innehaben muss.[923] Nur dann ist er überhaupt Normadressat des kartellrechtlichen Missbrauchsverbots.[924]

1. Marktabgrenzung

Um eine marktbeherrschende Stellung feststellen zu können, muss zunächst in einem ersten Schritt der relevante Markt bestimmt und zu anderen Märkten hin abgegrenzt werden.[925] Erst wenn der zu betrachtende Markt definiert ist, kann ermittelt werden, welche Wettbewerbsverhältnisse auf diesem Markt herrschen und ob ein Unternehmen darin eine wettbewerbsschädliche Dominanz entwickelt hat.[926]

a) Kartellrechtliche Grundlagen – Bedarfsmarktkonzept

Die Marktabgrenzung erfolgt in sachlicher, räumlicher und zeitlicher Hinsicht.[927] Es gilt herauszufinden, welche Güter oder Dienstleistungen in einem bestimmten geographisch begrenzten Gebiet innerhalb eines potentiell relevanten Zeitraums Teil eines zusammengehörigen Marktes sind.[928]

aa) Sachliche Marktabgrenzung

Der sachlichen Marktabgrenzung kommt dabei die größte Bedeutung zu, da sich die sachliche Marktdefinition stark auf die räumlichen und zeitlichen Grenzen dieses Marktes auswirkt.[929]

---

[923] LG Düsseldorf, Urt. v. 28.06.2018 – 4a O 23/17, GRUR-RS 2018, 15429, Rn. 149; LG Düsseldorf, Urt. v. 02.07.2019 – 4a O 98/17, GRUR-RS 2019, 41061, Rn. 87; *Mes*, PatG, § 9 PatG Rn. 122; Schulte/*Rinken*, § 24 PatG Rn. 53.

[924] *Conde Gallego/Drexl*, IIC 2019, 135, 141; *Fock/Meyer zu Riemsloh*, IPRB 2020, 205, 206; *Rastemborski*, Mitt. 2020, 420.

[925] Pfaff/Osterrieth/*Axster/Osterrieth*, A. Rn. 308; *Bechtold/Bosch*, GWB, § 18 GWB Rn. 5; Loewenheim/Meesen/Riesenkampff u.a./*J.B. Nordemann*, 3. Teil Rn. 123; Schuster/Grützmacher/*C. Wolf*, Art. 102 AEUV Rn. 4.

[926] Berg/Mäsch/*Berg*, Art. 102 AEUV Rn. 12.

[927] *Bechtold/Bosch/Brinker*, EU-KartR, Art. 102 AEUV Rn. 10; KK KartellR/*Busche*, Art. 102 AEUV Rn. 12; MüKo WettbR Bd. I/*Füller*, Art. 102 AEUV Rn. 73.

[928] *Bechtold/Bosch/Brinker*, EU-KartR, Art. 102 AEUV Rn. 10; MüKo WettbR Bd. I/*Füller*, Art. 102 AEUV Rn. 73.

[929] KK KartellR/*Busche*, Art. 102 AEUV Rn. 12.

Der relevante sachliche Markt wird mit Hilfe des Bedarfsmarktkonzepts abgegrenzt.[930] Dieses stellt auf die Substituierbarkeit von Gütern oder Dienstleistungen für einen bestimmten Bedarf ab.[931] Nach der ständigen Rechtsprechung gehören solche Erzeugnisse oder Dienstleistungen zu einem Markt, die sich aufgrund ihrer Merkmale zur Befriedigung eines gleichbleibenden Bedarfs besonders eignen und mit anderen Erzeugnissen oder Dienstleistungen außerhalb dieses Marktes nur in geringem Maße oder gar nicht austauschbar sind.[932] Innerhalb eines Marktes wiederum werden die jeweiligen Erzeugnisse oder Dienstleistungen hinsichtlich ihrer Eigenschaften, Preise und ihres Verwendungszweckes zur Deckung eines bestimmten Bedarfs als funktionell austauschbar angesehen.[933] Beurteilt wird dies aus Sicht der Marktgegenseite.[934] Bei der Beurteilung von Anbietermärkten wird also auf die Sicht der Nachfrager,[935] bei der Beurteilung von Nachfragemärkten mithin auf die Sicht der Anbieter abgestellt.[936]

Ausgangspunkt der Betrachtung zur Analyse der Austauschbarkeit stellen die objektiven Produkteigenschaften und der Verwendungszweck dar.[937] Aber auch die Marktstruktur, bestehende Marktzutrittsschranken und Präferenzen der Nachfrager sind zu berücksichtigen.[938] Dem Produktpreis kommt in der Regel im Zusammenhang mit besonderen Qualitätsmerkmalen oder der Einordnung in ein bestimmtes Produktsegment – z.B. bei Luxusartikeln – Bedeutung zu.[939] Es

---

[930] BGH, Urt. v. 13.07.2004 – KZR 40/02, GRUR 2004, 966, 967 – *Standard-Spundfass*; BGH, Urt. v. 05.05.2020 – KZR 36/17, GRUR 2020, 961, Rn. 57 – *FRAND-Einwand I*; OLG Düsseldorf, Urt. v. 12.05.2022 – 2 U 13/21, GRUR-RS 2022, 11779, Rn. 139 – *Signalsynthese II*; Loewenheim/Meesen/Riesenkampff u.a./*Bergmann/Fiedler*, Art. 102 AEUV Rn. 38; MüKo WettbR Bd. I/*Füller*, Art. 102 AEUV Rn. 90.

[931] Immenga/Mestmäcker/*A. Fuchs*, Art. 102 AEUV Rn. 48; FK KartellR/*Klein/Stühmeier*, AT B. Rn. 39; Schulte/*Rinken*, § 24 PatG Rn. 54.

[932] EuGH, Urt. v. 21.02.1973 – C-6/72, NJW 1973, 966, 968 – *Continental Can*; EuGH, Urt. v. 14.02.1978 – C-27/76, Slg. 1978, 207, Rn. 11, 22 – *United Brands*; EuGH, Urt. v. 13.02.1979 – C-85/76, Slg. 1979, 461, Rn. 28 – *Hoffmann-La Roche*; EuGH, Urt. v. 11.12.1980 – C-31/80, GRUR Int. 1981, 315, Rn. 25 – *L'Oréal*; EuGH, Urt. v. 03.07.1991 – C-62/86, Slg. 1991, I-3359, Rn. 51 – *AKZO*; EuGH, Urt. v. 26.11.1998 – C-7/97, MMR 1999, 348, Rn. 33 – *Bronner*; BGH, Beschl. v. 24.10.1995 – KVR 17/94, GRUR Int. 1997, 637, 638 – *Backofenmarkt*; BGH, Urt. v. 13.07.2004 – KZR 40/02, GRUR 2004, 966, 967 – *Standard-Spundfass*; BGH, Urt. v. 05.05.2020 – KZR 36/17, GRUR 2020, 961, Rn. 57 – *FRAND-Einwand I*.

[933] Schwarze/Becker/Hatje/Schoo/*Brinker*, Art. 102 AEUV Rn. 7; FK KartellR/*Klein/Stühmeier*, AT B. Rn. 39; Schulte/*Rinken*, § 24 PatG Rn. 54.

[934] *Bechtold/Bosch*, GWB, § 18 GWB Rn. 6-8; Schwarze/Becker/Hatje/Schoo/*Brinker*, Art. 102 AEUV Rn. 7; Immenga/Mestmäcker/*A. Fuchs*, Art. 102 AEUV Rn. 49.

[935] Immenga/Mestmäcker/*A. Fuchs*, Art. 102 AEUV Rn. 49.

[936] KK KartellR/*Busche*, Art. 102 AEUV Rn. 14; Paschke/Berlit/Meyer/Kröner/*Paschke*, Teil 2 Kap. 4 Abschn. 16 Rn. 6.

[937] Loewenheim/Meesen/Riesenkampff u.a./*Bergmann/Fiedler*, Art. 102 AEUV Rn. 38; Immenga/Mestmäcker/*A. Fuchs*, Art. 102 AEUV Rn. 48.

[938] EuGH, Urt. v. 23.01.2018 – C-179/18, NZKart 2018, 84, Rn. 51 – *F. Hoffmann-La Roche*; EuGH, Urt. v. 30.01.2020 – C-307/18, BeckRS 2020, 490, Rn. 129 – *Generics (UK)*; Schwarze/Becker/Hatje/Schoo/*Brinker*, Art. 102 AEUV Rn. 7.

[939] *Bechtold/Bosch*, GWB, § 18 GWB Rn. 14.

bedarf bei der Analyse der Austauschbarkeit keiner vollständig kongruenten Ersetzbarkeit, sondern letztlich einer wertenden Beurteilung mit Blick auf die adäquate Bedarfsdeckung.[940]

bb) Räumliche Marktabgrenzung

Ergänzend zur sachlichen Marktabgrenzung wird der relevante Markt auch räumlich abgegrenzt, um zu ermitteln, auf welchem Gebiet die sachlich zu einem Markt gehörenden Produkte oder Dienstleistungen auch geographisch einem Markt zuzuordnen sind.[941]

Kennzeichnend für einen einheitlichen geographischen Markt ist eine hinreichende Homogenität der Wettbewerbsbedingungen für den Vertrieb der relevanten Produkte bzw. Dienstleistungen.[942] Die Wettbewerbsbedingungen müssen in einem räumlich zusammengehörigen Markt also für jeden Marktteilnehmer objektiv vergleichbar sein, sodass keine Beschränkungen – z.B. in Form von kulturellen Besonderheiten, staatlichen Zöllen oder Monopolen – bestehen, die dazu führen, dass ein Produkt oder eine Dienstleistung trotz sachlicher Austauschbarkeit nur räumlich begrenzt nachgefragt wird.[943] Auch diese geographische Grenzziehung richtet sich danach, bis zu welchem Grad die Marktgegenseite Produkte oder Dienstleistungen für einen bestimmten Bedarf als – in diesem Fall in räumlicher Hinsicht – funktionell austauschbar ansieht.[944]

cc) Zeitliche Marktabgrenzung

Eine untergeordnete Rolle nimmt die zeitliche Marktabgrenzung ein. Sie erlangt nur dann Bedeutung, wenn ein sachlich und räumlich definierter Markt nur temporär besteht, z.B. durch saisonal begrenzte Verfügbarkeiten von Produkten.[945] Lassen sich diese Beschränkungen wegen einer bestehenden sachlichen Austauschbarkeit nicht schon in der Abgrenzung des sachlich relevanten Marktes berücksichtigen, verändern sich aber die Wettbewerbsbedingungen im zeitlichen Verlauf erheblich, so ist diese für die Marktmacht eines Unternehmens potentiell einflussreiche Dynamik bei der Marktabgrenzung durch die Beachtung zeitlicher Grenzen einzubeziehen.[946]

---

[940] Berg/Mäsch/*Berg*, Art. 102 AEUV Rn. 14; Schuster/Grützmacher/*C. Wolf*, Art. 102 AEUV Rn. 8.

[941] *Bechtold/Bosch/Brinker*, EU-KartR, Art. 102 AEUV Rn. 10; MüKo WettbR Bd. I/*Füller*, Art. 102 AEUV Rn. 73.

[942] EuGH, Urt. v. 14.02.1978 – C-27/76, Slg. 1978, 207, Rn. 10-11 – *United Brands*; Loewenheim/Meesen/Riesenkampff u.a./*Bergmann/Fiedler*, Art. 102 AEUV Rn. 105.

[943] KK KartellR/*Busche*, Art. 102 AEUV Rn. 33.

[944] *Bechtold/Bosch*, GWB, § 18 GWB Rn. 25; Loewenheim/Meesen/Riesenkampff u.a./*Bergmann/Fiedler*, Art. 102 AEUV Rn. 106.

[945] *Bechtold/Bosch/Brinker*, EU-KartR, Art. 102 AEUV Rn. 10.

[946] Loewenheim/Meesen/Riesenkampff u.a./*Bergmann/Fiedler*, Art. 102 AEUV Rn. 110-111.

b) Relevanter Markt bei Patenten

Stellt sich die Frage nach einer möglichen marktbeherrschenden Stellung eines Inhabers eines Immaterialgüterrechts, so werden auch in diesem Kontext die vorgestellten kartellrechtlichen Methoden und insbesondere das Bedarfsmarktkonzept zur Abgrenzung des relevanten Marktes angewandt.[947]

aa) Sachlicher Markt

Im Kontext des kartellrechtlichen Zwangslizenzeinwandes im Patentverletzungsprozess geht es um die Frage, ob der Patentinhaber bei der Lizenzierung seines Schutzrechts eine marktbeherrschende Stellung missbraucht, sodass der sachlich relevante Markt der Lizenzvergabemarkt ist.[948] Ob dieser Markt auf die Lizenzierung des betroffenen Patents beschränkt ist und somit das jeweilige Patent einen eigenen, abgeschlossenen Lizenzvergabemarkt eröffnet, beurteilt sich danach, ob aus Sicht der Marktgegenseite eine Austauschbarkeit der technischen Lehre des Patents durch eine andere technische Lösung besteht.[949] Im Rahmen dieser Betrachtung nehmen der Patentinhaber die Rolle des Anbieters und auf der Marktgegenseite die Patentnutzer die Rolle der Nachfrager ein.[950]

Ist die Nutzung des Patents für die Nachfrageseite unerlässlich, um für den Produktmarkt notwendige Funktionen und insbesondere technische Standards umzusetzen und besteht keine Umgehungsmöglichkeit der technischen Lehre durch eine abweichende technische Produktgestaltung mittels alternativer Technologien, so besteht aus Sicht der Patentnutzer keine Substituierbarkeit des maßgeblichen Patents.[951] Ein solches unerlässliches und unumgängliches Patent

---

[947] Haedicke/Timmann/*Haedicke*, § 1 Rn. 203; Immenga/Mestmäcker/*A. Fuchs*, Art. 102 AEUV Rn. 63a; MüKo WettbR Bd. I/*M. Wolf*, Grundlagen Rn. 1211.

[948] BGH, Urt. v. 13.07.2004 – KZR 40/02, GRUR 2004, 966, 967–968 – *Standard-Spundfass*; BGH, Urt. v. 05.05.2020 – KZR 36/17, GRUR 2020, 961, Rn. 57-58 – *FRAND-Einwand I*; OLG Düsseldorf, Urt. v. 30.03.2017 – 15 U 66/15, GRUR 2017, 1219, Rn. 128 – *Mobiles Kommunikationssystem*; OLG Karlsruhe, Urt. v. 13.12.2006 – 6 U 174/02, GRUR-RR 2007, 177, 179.

[949] Immenga/Mestmäcker/*A. Fuchs*, Art. 102 AEUV Rn. 63a; *Meyer*, FS 80 Jahre Patentgerichtsbarkeit in Düsseldorf (2016), 377, 384; Wiedemann/*Wiedemann*, § 23 Rn. 27.

[950] OLG Düsseldorf, Urt. v. 30.03.2017 – 15 U 66/15, GRUR 2017, 1219, Rn. 128 – *Mobiles Kommunikationssystem*; LG Düsseldorf, Urt. v. 07.05.2020 – 4c O 44/18, GRUR-RS 2020, 12599, Rn. 116; LG München I, Urt. v. 30.09.2020 – 21 O 13026/19, juris, Rn. 251 – *Unterpixelwertinterpolation*.

[951] BGH, Urt. v. 13.07.2004 – KZR 40/02, GRUR 2004, 966, 967–968 – *Standard-Spundfass*; BGH, Urt. v. 05.05.2020 – KZR 36/17, GRUR 2020, 961, Rn. 58 – *FRAND-Einwand I*; BGH, Urt. v. 24.11.2020 – KZR 35/17, GRUR 2021, 585, Rn. 50 – *FRAND-Einwand II*; OLG Düsseldorf, Urt. v. 12.05.2022 – 2 U 13/21, GRUR-RS 2022, 11779, Rn. 139-140 – *Signalsynthese II*.

führt folglich zur Existenz eines eigenen sachlich abgrenzbaren Lizenzvergabemarkts.[952] Die Annahme eines solchen Marktes ist unabhängig davon, ob tatsächlich bereits Lizenzen an dem Patent vergeben wurden.[953]

Kein auf ein Patent beschränkter Lizenzvergabemarkt besteht im Umkehrschluss, wenn gleichwertige, nicht von diesem Patent abhängige technische Lösungen bestehen, die mit der patentnutzenden Lösung in Wettbewerb treten können.[954] Kann beispielsweise ein Medikament, das einen patentgeschützten Wirkstoff enthält, durch ein einen anderen Wirkstoff enthaltendes Medikament mit gleichem Anwendungsbereich substituiert werden, so besteht kein abgeschlossener auf das Patent bezogener sachlicher Markt.[955] Dahingegen ist ein eigener Lizenzvergabemarkt anzunehmen, wenn ein Standard die Nutzung eines Patents zwar nur als optional vorsieht, aber faktisch keine patentfreie Alternative besteht, sodass eine Umgehung der Option nicht zur Verfügung steht.[956]

bb) Räumlicher Markt

Bei einem auf die Lizenzierung eines Patents beschränkten sachlichen Markt kann die räumliche Marktgrenze trotz territorialer Begrenzung des Geltungsbereichs von Patenten über diesen geographischen Bereich hinausgehen.[957] Dies ist der Fall, wenn der Patentinhaber relevanten Einfluss auf die Markttätigkeit von Patentnutzern und damit auf die Wettbewerbsbedingungen auch außerhalb dieses Territoriums nehmen kann, indem er die Einfuhr von patentnutzenden Produkten in den Geltungsbereich des Patents unterbindet.[958]

---

[952] *Kurtz/Straub*, GRUR 2018, 136; Loewenheim/Meesen/Riesenkampff u.a./*J.B. Nordemann*, 3. Teil Rn. 128; FK KartellR/*Weyer*, § 19 GWB Rn. 285.

[953] EuGH, Urt. v. 29.04.2004 – C-418/01, GRUR 2004, 524, Rn. 44 – *IMS Health*; EuG, Urt. v. 17.09.2007 – T-201/04, BeckRS 2007, 70806, Rn. 335 – *Microsoft I*; MüKo WettbR Bd. I/*M. Wolf*, Grundlagen Rn. 1213.

[954] LG Düsseldorf, Urt. v. 07.05.2020 – 4c O 44/18, GRUR-RS 2020, 12599, Rn. 116; LG Düsseldorf, Urt. v. 21.12.2021 – 4c O 42/20, GRUR-RS 2021, 50360, Rn. 97 – *Bildrekonstruierung*; Schulte/*Rinken*, § 24 PatG Rn. 55; MüKo WettbR Bd. I/*M. Wolf*, Grundlagen Rn. 1211.

[955] MüKo WettbR Bd. I/*M. Wolf*, Grundlagen Rn. 1211.

[956] BGH, Urt. v. 24.11.2020 – KZR 35/17, GRUR 2021, 585, Rn. 50 – *FRAND-Einwand II*; *Kühnen*, Hdb. Patentverletzung, Kap. E Rn. 271.

[957] MüKo WettbR Bd. I/*M. Wolf*, Grundlagen Rn. 1211.

[958] *Meyer*, FS 80 Jahre Patentgerichtsbarkeit in Düsseldorf (2016), 377, 389; MüKo WettbR Bd. I/*M. Wolf*, Grundlagen Rn. 1211.

cc)   Zeitlicher Markt

In zeitlicher Hinsicht ist die Abgrenzung eines Marktes bei gewerblichen Schutzrechten nicht zwingend an die Schutzdauer des jeweiligen Schutzrechtes gekoppelt.[959] Diese Aussage bezieht sich aber auf einen Markt, in dem ein das Schutzrecht selbst nutzender Schutzrechtsinhaber mit eigenen Produkten am Markt auftritt und eine Marktstellung erwirbt, die er in diesem Produktmarkt mit seinen Produkten auch nach Ablauf der Schutzdauer durch seine etablierte Stellung an diesem Markt aufrechterhalten kann.[960]

Beim hier sachlich relevanten Lizenzvergabemarkt endet aber die Verhinderungsposition des vormaligen Ausschließungsberechtigten mit Ablauf der Schutzdauer des Patents,[961] sodass eine Lizenznahme für Patentnutzer nicht mehr erforderlich ist und der Lizenzvergabemarkt zeitlich auf diese Schutzdauer beschränkt ist.

2.   Marktbeherrschung

Ist der relevante Markt definiert, so wird im zweiten Schritt untersucht, ob der potentielle Normadressat des kartellrechtlichen Missbrauchsverbots auf diesem Markt eine marktbeherrschende Stellung einnimmt.

a)   Kartellrechtliche Grundlagen

Eine marktbeherrschende Stellung besteht nach der ständigen unionsrechtlichen Rechtsprechung, wenn ein Unternehmen eine wirtschaftliche Machtstellung einnimmt, die es in die Lage versetzt, die Aufrechterhaltung eines wirksamen Wettbewerbs auf dem relevanten Markt zu verhindern, indem sie ihm die Möglichkeit verschafft, sich seinen Konkurrenten, seinen Kunden und letztlich den Verbrauchern gegenüber in nennenswertem Umfang unabhängig zu verhalten.[962] Dies umfasst über Fälle eines absoluten Monopols, also einer vollständigen Ausfüllung des Marktes durch einen Anbieter,[963] hinaus auch Situationen, in denen ein gewisser Wettbewerb zwar vorhanden

---

[959]   KK KartellR/*Busche*, Art. 102 AEUV Rn. 38; Immenga/Mestmäcker/*A. Fuchs*, Art. 102 AEUV Rn. 70.
[960]   KK KartellR/*Busche*, Art. 102 AEUV Rn. 38; Immenga/Mestmäcker/*A. Fuchs*, Art. 102 AEUV Rn. 70.
[961]   BGH, Urt. v. 05.05.2020 – KZR 36/17, GRUR 2020, 961, Rn. 65 – *FRAND-Einwand I.*
[962]   EuGH, Urt. v. 14.02.1978 – C-27/76, Slg. 1978, 207, Rn. 65-66 – *United Brands*; EuGH, Urt. v. 13.02.1979 – C-85/76, Slg. 1979, 461, Rn. 38 – *Hoffmann-La Roche*; EuGH, Urt. v. 19.04.2012 – C-549/10 P, BeckRS 2012, 80746, Rn. 38 – *Tomra*; EuGH, Urt. v. 06.12.2012 – C-457/10 P, BeckRS 2012, 82567, Rn. 175 – *AstraZeneca*; EuG, Urt. v. 17.09.2007 – T-201/04, BeckRS 2007, 70806, Rn. 229 – *Microsoft I.*
[963]   Paschke/Berlit/Meyer/Kröner/*Paschke*, Teil 2 Kap. 4 Abschn. 16 Rn. 8.

ist, ein Unternehmen aber in der Gesamtschau in der Lage ist, diesen Wettbewerb zu kontrollieren.[964]

Eine solche Dominanz kann darin liegen, dass das Unternehmen die Wettbewerbsbedingungen maßgeblich beeinflussen und dadurch einen freien Wettbewerb verhindern kann oder dass es sich aufgrund seiner Stellung im Markt von den Wettbewerbsbedingungen entkoppelt verhalten kann.[965] Die in einem funktionierenden Markt vorhandene Kontrolle des Verhaltens eines Marktteilnehmers fehlt in Bezug auf den Marktbeherrscher in einer solchen Situation oder ist zu schwach ausgeprägt, als dass dieser sein Verhalten danach ausrichten müsste.[966]

Ob einem Unternehmen ein von den Wettbewerbsbedingungen und dem Einfluss der Marktgegenseite unabhängiges Verhalten am Markt möglich ist, es also eine marktbeherrschende Stellung innehat, ergibt sich aus einem Zusammenspiel mehrerer Faktoren, die jeweils einzeln nicht zu einer Marktbeherrschung führen müssen, aber in der Gesamtschau eine marktbeherrschende Stellung vermitteln.[967] Prägendes Kriterium für die Beurteilung der Stellung eines Unternehmens in einem Markt ist der Marktanteil.[968] Bei einem besonders hohen Marktanteil, insbesondere ab 50 Prozent, kann von einer marktbeherrschenden Stellung ausgegangen werden, wenn nicht außergewöhnliche Umstände dies relativieren.[969] Außerdem sind unter anderem die Marktstruktur, das Verhalten des Unternehmens am Markt sowie die Eigenschaften des möglicherweise marktbeherrschenden Unternehmens zu berücksichtigen.[970] Auch die Verfügungsmacht über Know-how, Kapital oder Rohstoffe kann in die Beurteilung einbezogen werden.[971]

Im Unionsrecht stellt Art. 102 AEUV zudem die Anforderung, dass die marktbeherrschende Stellung auf dem Binnenmarkt oder einem wesentlichen Teil desselben bestehen muss.[972] Als

---

[964] Schwarze/Becker/Hatje/Schoo/*Brinker*, Art. 102 AEUV Rn. 11; Schuster/Grützmacher/*C. Wolf*, Art. 102 AEUV Rn. 23.

[965] EuGH, Urt. v. 13.02.1979 – C-85/76, Slg. 1979, 461, Rn. 39 – *Hoffmann-La Roche*; Loewenheim/Meesen/Riesenkampff u.a./*Bergmann/Fiedler*, Art. 102 AEUV Rn. 116; Paschke/Berlit/Meyer/Kröner/*Paschke*, Teil 2 Kap. 4 Abschn. 18 Rn. 7.

[966] Pfaff/Osterrieth/*Axster/Osterrieth*, A. Rn. 306; *Bechtold/Bosch*, GWB, § 18 GWB Rn. 33; KK KartellR/*Busche*, Art. 102 AEUV Rn. 42, 45.

[967] EuGH, Urt. v. 13.02.1979 – C-85/76, Slg. 1979, 461, Rn. 39 – *Hoffmann-La Roche*; EuGH, Urt. v. 06.12.2012 – C-457/10 P, BeckRS 2012, 82567, Rn. 175 – *AstraZeneca*; Schuster/Grützmacher/*C. Wolf*, Art. 102 AEUV Rn. 24.

[968] EuGH, Urt. v. 13.02.1979 – C-85/76, Slg. 1979, 461, Rn. 39 – *Hoffmann-La Roche*; Calliess/Ruffert/*Weiß*, Art. 102 AEUV Rn. 10.

[969] EuGH, Urt. v. 03.07.1991 – C-62/86, Slg. 1991, I-3359, Rn. 60 – *AKZO*; Wiedemann/*Klawitter*, § 14 Rn. 373.

[970] MüKo WettbR Bd. I/*Eilmansberger/Bien*, Art. 102 AEUV Rn. 229; Streinz/*Kruis*, Art. 102 AEUV Rn. 21.

[971] Schwarze/Becker/Hatje/Schoo/*Brinker*, Art. 102 AEUV Rn. 11.

[972] Berg/Mäsch/*Berg*, Art. 102 AEUV Rn. 25; Loewenheim/Meesen/Riesenkampff u.a./*Bergmann/Fiedler*, Art. 102 AEUV Rn. 176.

wesentlicher Teil des Binnenmarkts kann das Gebiet eines einzelnen Staates oder sogar ein Teilgebiet eines Mitgliedsstaates genügen.[973] Dies richtet sich nach der wirtschaftlichen Bedeutung des jeweiligen Gebiets für den Gesamtmarkt und die Verwirklichung der Ziele eines freien Binnenmarktes.[974] Das Gebiet der Bundesrepublik Deutschland stellt einen wesentlichen Teil des Binnenmarktes dar, sodass der Binnenmarktbezug des Art. 102 AEUV bei einer marktbeherrschenden Stellung in Deutschland erfüllt ist.[975]

Im deutschen Recht ist der Begriff der Marktbeherrschung in § 18 Abs. 1 GWB dergestalt definiert, dass ein Unternehmen marktbeherrschend ist, wenn es auf dem relevanten Markt ohne Wettbewerber ist, keinem wesentlichen Wettbewerb ausgesetzt ist oder eine im Verhältnis zu seinen Wettbewerbern überragende Marktstellung einnimmt. Diese Legaldefinition wird letztlich übereinstimmend mit der unionsrechtlichen Begriffsbestimmung der Marktbeherrschung verstanden, sodass das europäische und das deutsche Recht – mit Ausnahme des unionsrechtlichen Erfordernis des Binnenmarkbezugs – hier grundsätzlich deckungsgleich sind.[976] Zusätzlich erfasst das deutsche Recht über § 20 GWB den Missbrauch einer zwar nicht marktbeherrschenden aber marktstarken Stellung, bei der ein Unternehmen von einem anderen Unternehmen derart abhängig ist, dass es mangels zumutbarer Alternativen auf das marktstarke Unternehmen angewiesen ist.[977]

b)   Marktbeherrschung bei Monopolrechtsinhaberschaft

Mit Blick auf den relevanten Lizenzvergabemarkt, könnte man bei einem Schutzrecht, bei dem der Schutzrechtsinhaber im Ausgangspunkt alleinbefugt ist, Lizenzen an dem Schutzrecht zu vergeben,[978] versucht sein, von einer solchen Monopolrechtsinhaberschaft auf eine hundertprozentige Marktbeherrschung zu schließen und die Normadressatenschaft eines jeden Schutzrechtsinhabers hinsichtlich des Missbrauchsverbots zu bejahen. Ein Schutzrecht verleiht aber zunächst einmal nur ein rechtliches Monopol in Form eines ausschließlichen Nutzungsrechts, welches

---

[973] EuGH, Urt. v. 26.11.1998 – C-7/97, MMR 1999, 348, Rn. 36 – *Bronner*; MüKo WettbR Bd. I/*Eilmansberger/Bien*, Art. 102 AEUV Rn. 261; Immenga/Mestmäcker/*A. Fuchs*, Art. 102 AEUV Rn. 67; Streinz/*Kruis*, Art. 102 AEUV Rn. 27.

[974] Berg/Mäsch/*Berg*, Art. 102 AEUV Rn. 26; Loewenheim/Meesen/Riesenkampff u.a./*Bergmann/Fiedler*, Art. 102 AEUV Rn. 177; Wiedemann/*Scholz*, § 22 Rn. 35.

[975] BGH, Urt. v. 05.05.2020 – KZR 36/17, GRUR 2020, 961, Rn. 66 – *FRAND-Einwand I*; LG Düsseldorf, Urt. v. 11.05.2021 – 4b O 83/19, GRUR-RS 2021, 27668, Rn. 171; *Bechtold/Bosch/Brinker*, EU-KartR, Art. 102 AEUV Rn. 20; Schulte/*Rinken*, § 24 PatG Rn. 53.

[976] Loewenheim/Meesen/Riesenkampff u.a./*J.B. Nordemann*, 3. Teil Rn. 123; Paschke/Berlit/Meyer/Kröner/*Paschke*, Teil 2 Kap. 4 Abschn. 16 Rn. 8.

[977] *Bechtold/Bosch*, GWB, § 20 GWB Rn. 11; Loewenheim/Meesen/Riesenkampff u.a./*J.B. Nordemann*, 3. Teil Rn. 134.

[978] *Bartenbach*, Patentlizenz- u. Know-how-Vertrag, Rn. 1; KK KartellR/*Busche*, Art. 102 AEUV Rn. 187; BeckOK PatR/*Loth/Hauck*, § 15 PatG Rn. 38.

nicht automatisch mit einem wettbewerbsrechtlich relevanten wirtschaftlichen Monopol gleich-zusetzen ist.[979] Es schützt vor rechtsverletzender Imitation, berechtigt den Schutzrechtsinhaber aber nicht dazu, einen substituierenden Produktwettbewerb zu unterbinden.[980] Die Inhaberschaft an einem Ausschließlichkeitsrecht, z.B. aus einem Patent, begründet also für sich gesehen noch keine marktbeherrschende Stellung auf dem maßgeblichen Lizenzvergabemarkt.[981]

Das Ausschließlichkeitsrecht kann aber bei Hinzutreten weiterer Voraussetzungen eine marktbeherrschende Stellung verschaffen.[982] Dies ist der Fall, wenn das Schutzrecht seinem In-haber die Möglichkeit vermittelt, den Wettbewerb auf einem dem Lizenzvergabemarkt nachge-lagerten Markt zu verhindern.[983] Über die marktbeherrschende Stellung entscheidet also nicht die Ausschließungsbefugnis des Schutzrechtsinhabers an sich, sondern die Bedeutung dieser Befug-nis für den Wettbewerb.[984] Führt also die dem Patent innewohnende Befugnis des Patentinhabers, das Patent betreffende Nutzungshandlungen zu verbieten, zu einer Unterbindung wirksamen Wettbewerbs auf dem nachgelagerten Produktmarkt der potentiell patentnutzenden Erzeugnisse, so verschafft dies dem Patentinhaber eine marktbeherrschende Stellung auf dem Lizenzvergabe-markt.[985]

Kann ein Produkthersteller eine am Markt zwar wesentliche Produktfunktion aber in zumut-barer Weise durch die Lizenzierung anderer Patente oder im Wege der Entwicklung einer tech-nischen Umgehungslösung anbieten, ist also ein (potentieller) Substitutionswettbewerb möglich, so vermittelt das Patent keine marktbeherrschende Stellung.[986] Ebenfalls zu berücksichtigen ist, wenn ein anderes Unternehmen trotz des bestehenden Patentschutzes beschließt, patentnutzend

---

[979] Loewenheim/Meesen/Riesenkampff u.a./*Bergmann/Fiedler*, Art. 102 AEUV Rn. 122; Immenga/Mest-mäcker/*A. Fuchs*, Art. 102 AEUV Rn. 353; Erdmann/Rojahn/Sosnitza/*Mager/Heyers*, Kap. 6 Rn. 1763.

[980] LG München I, Urt. v. 30.09.2020 – 21 O 13026/19, juris, Rn. 246 – *Unterpixelwertinterpolation*; Bunte/*Bulst*, Art. 102 AEUV Rn. 267.

[981] EuGH, Urt. v. 06.04.1995 – C-241/91 P, C-242/91 P, GRUR Int. 1995, 490, Rn. 46 – *Magill*; EuGH, Urt. v. 06.12.2012 – C-457/10 P, BeckRS 2012, 82567, Rn. 186 – *AstraZeneca*; EuG, Urt. v. 13.07.2022 – T-886/19, BeckRS 2022, 16383, Rn. 73 – *Design Light & Led*; BGH, Urt. v. 13.07.2004 – KZR 40/02, GRUR 2004, 966, 967 – *Standard-Spundfass*; BGH, Urt. v. 05.05.2020 – KZR 36/17, GRUR 2020, 961, Rn. 56 – *FRAND-Einwand I*; Loth/*Hauck*, § 20 GebrMG Rn. 19; *Kühnen*, FS Til-mann (2003), 513, 517; Busse/Keukenschrijver/*McGuire*, § 24 PatG Rn. 103.

[982] EuGH, Urt. v. 06.12.2012 – C-457/10 P, BeckRS 2012, 82567, Rn. 186 – *AstraZeneca*; BGH, Urt. v. 13.07.2004 – KZR 40/02, GRUR 2004, 966, 967 – *Standard-Spundfass*; OLG Hamburg, Urt. v. 16.02.2017 – 3 U 15/15, GRUR-RR 2017, 352, Rn. 138 – *TV-Untertitel*.

[983] EuGH, Urt. v. 06.04.1995 – C-241/91 P, C-242/91 P, GRUR Int. 1995, 490, Rn. 47 – *Magill*; EuGH, Urt. v. 06.12.2012 – C-457/10 P, BeckRS 2012, 82567, Rn. 186 – *AstraZeneca*; BGH, Urt. v. 03.03.2009 – KZR 82/07, NJW-RR 2010, 392, Rn. 25-27 – *Reisestellenkarte*.

[984] Loewenheim/Meesen/Riesenkampff u.a./*J.B. Nordemann*, 3. Teil Rn. 127; FK KartellR/*Weyer*, § 19 GWB Rn. 287.

[985] BGH, Urt. v. 05.05.2020 – KZR 36/17, GRUR 2020, 961, Rn. 65 – *FRAND-Einwand I*; LG Düsseldorf, Urt. v. 07.05.2020 – 4c O 44/18, GRUR-RS 2020, 12599, Rn. 116; LG Düsseldorf, Urt. v. 18.06.2020 – 4b O 91/18, GRUR-RS 2020, 55053, Rn. 142.

[986] Bunte/*Bulst*, Art. 102 AEUV Rn. 267; Erdmann/Rojahn/Sosnitza/*Mager/Heyers*, Kap. 6 Rn. 1763; Schulte/*Rinken*, § 24 PatG Rn. 55; FK KartellR/*Weyer*, § 19 GWB Rn. 287.

in den Markt einzutreten und das Patent anzugreifen und dazu auch aus eigener Kraft in der Lage ist, sodass das Patent keine „unüberwindliche Marktzutrittsschranke[…]"[987] darstellt und die wettbewerbsbeeinflussende Position des Patentinhabers potentiell gemindert ist.[988]

Aufgrund der Abhängigkeit der marktbeherrschenden Stellung von den Bedingungen am Markt ist es möglich, dass sich eine marktbeherrschende Stellung eines Patentinhabers erst im Laufe des Bestehens eines Patents entwickelt oder auch eine zunächst bestehende marktbeherrschende Stellung wieder wegfällt.[989] Läuft die Schutzdauer eines Patents ab, so endet mangels weiterer Ausschließungsbefugnis auf dem nachgelagerten Produktmarkt die marktbeherrschende Stellung auf dem Lizenzvergabemarkt.[990]

c)   Marktbeherrschung bei SEP

Im Zusammenhang mit standardessentiellen und standardfreien Patenten ist eine differenzierte Betrachtung notwendig: Die Standardessentialität eines Patents ist zum einen keine notwendige Bedingung für die Inhaberschaft einer marktbeherrschenden Stellung.[991] Die, wie gezeigt, allein entscheidende Ermöglichung der Verhinderung wirksamen Wettbewerbs auf dem nachgelagerten Produktmarkt kann sich auch bei standardfreien Patenten schon aus der technischen oder wirtschaftlichen Überlegenheit der patentgeschützten Lehre ergeben.[992] Zugleich ergibt sich auch bei bestehender Standardessentialität kein Automatismus für eine marktbeherrschende Stellung des SEP-Inhabers.[993] Die Standardessentialität ist also auch keine hinreichende Bedingung für die Existenz einer Marktbeherrschung durch den SEP-Inhaber.[994]

---

[987]   EuGH, Urt. v. 30.01.2020 – C-307/18, BeckRS 2020, 490, Rn. 45 – *Generics (UK)*.

[988]   EuGH, Urt. v. 30.01.2020 – C-307/18, BeckRS 2020, 490, Rn. 45-50 – *Generics (UK)*; *Kühnen*, Hdb. Patentverletzung, Kap. E Rn. 273.

[989]   *Kühnen*, Hdb. Patentverletzung, Kap. E Rn. 281.

[990]   BGH, Urt. v. 05.05.2020 – KZR 36/17, GRUR 2020, 961, Rn. 65 – *FRAND-Einwand I*; OLG Düsseldorf, Urt. v. 23.12.2020 – 15 U 77/19, GRUR-RS 2020, 37066, Rn. 80-81 – *Decodieranordnung*; LG Düsseldorf, Urt. v. 28.06.2018 – 4a O 23/17, GRUR-RS 2018, 15429, Rn. 161; *Kühnen*, Hdb. Patentverletzung, Kap. E Rn. 272; Schulte/*Rinken*, § 24 PatG Rn. 55.

[991]   OLG Düsseldorf, Urt. v. 30.03.2017 – 15 U 66/15, GRUR 2017, 1219, Rn. 129 – *Mobiles Kommunikationssystem*; LG Düsseldorf, Urt. v. 18.06.2020 – 4b O 91/18, GRUR-RS 2020, 55053, Rn. 144; Wiedemann/*Klawitter*, § 14 Rn. 413.

[992]   OLG Düsseldorf, Urt. v. 30.03.2017 – 15 U 66/15, GRUR 2017, 1219, Rn. 129 – *Mobiles Kommunikationssystem*; LG Düsseldorf, Urt. v. 18.06.2020 – 4b O 91/18, GRUR-RS 2020, 55053, Rn. 144; LG Düsseldorf, Urt. v. 02.07.2019 – 4a O 98/17, GRUR-RS 2019, 41061, Rn. 90; *Kühnen*, Hdb. Patentverletzung, Kap. E Rn. 314.

[993]   *Mes*, PatG, § 9 PatG Rn. 122; *P. Tochtermann*, GRUR 2021, 377, 380; Busse/Keukenschrijver/*G. Werner*, § 139 PatG Rn. 233; *Wüsthof*, EWS 2015, 287, 288.

[994]   OLG Düsseldorf, Urt. v. 30.03.2017 – 15 U 66/15, GRUR 2017, 1219, Rn. 129 – *Mobiles Kommunikationssystem*; LG Düsseldorf, Urt. v. 02.07.2019 – 4a O 98/17, GRUR-RS 2019, 41061, Rn. 90; Wiedemann/*Klawitter*, § 14 Rn. 413.

Es ist also auch bei SEP zu untersuchen, ob der Patentinhaber durch das SEP in der Lage ist, auf einem dem Lizenzierungsmarkt nachgelagerten Produktmarkt einen wirksamen Wettbewerb zu verhindern.[995] Dabei ergibt sich aus der Eigenschaft der Standardessentialität auch keine Indizwirkung im Sinne einer widerlegbaren Vermutung für das Vorliegen einer marktbeherrschenden Stellung.[996] Denn selbst wenn die Nutzung des SEP für die Standardkonformität eines Produkts an sich erforderlich ist, so bedeutet dies keine zwingende Ausschaltung jeglichen Substitutionswettbewerbs. Entscheidend ist vielmehr die Bedeutung des SEP für die Wettbewerbschancen eines Marktteilnehmers am Produktmarkt im Einzelfall.[997]

aa)   SEP als Marktzutrittsvoraussetzung

Denkbar ist, dass ein Marktteilnehmer ohne die Nutzung eines bestimmten SEP überhaupt nicht mit seinen Erzeugnissen am Produktmarkt auftreten kann, da an dem Markt ausschließlich standardnutzende und aus dem relevanten Standard explizit auch dieses SEP verwendende Produkte teilhaben können.[998] Dies kann sich daraus ergeben, dass die Nutzung der Lehre des SEP aus technischen Gründen Zugangsbedingung für die Marktteilnahme ist, aber auch dann, wenn seine technische Wirkung zwar die grundsätzliche Marktteilnahme nicht verhindert, aber Funktionen betrifft, ohne die die Interoperabilität und Kompatibilität in der jeweiligen standardisierten technischen Umgebung gefährdet wäre.[999] Ein Smartphone, das grundlegende und alternativlose Datenübertragungs- und Kommunikationsstandards mangels Nutzungsmöglichkeit eines dafür unbedingt notwendigen SEP nicht erfüllen kann, hat keine Teilnahmemöglichkeit am Markt.[1000]

---

[995] *Leistner/Kleeberger*, GRUR 2020, 1241, 1244.

[996] OLG Düsseldorf, Urt. v. 30.03.2017 – 15 U 66/15, GRUR 2017, 1219, Rn. 129 – *Mobiles Kommunikationssystem*; LG Düsseldorf, Urt. v. 02.07.2019 – 4a O 98/17, GRUR-RS 2019, 41061, Rn. 90; LG Düsseldorf, Urt. v. 21.12.2021 – 4c O 42/20, GRUR-RS 2021, 50360, Rn. 98 – *Bildrekonstruierung*; a.A.: GA *Wathelet,* Schlussanträge v. 20.11.2014 – C-170/13, BeckRS 2014, 82403, Rn. 57-58; Der EuGH nahm dazu keine Stellung, da die marktbeherrschende Stellung in dem ihm vorgelegten Verfahren unstreitig war.

[997] OLG Düsseldorf, Urt. v. 30.03.2017 – 15 U 66/15, GRUR 2017, 1219, Rn. 129 – *Mobiles Kommunikationssystem*; LG Düsseldorf, Urt. v. 21.12.2021 – 4c O 42/20, GRUR-RS 2021, 50360, Rn. 98 – *Bildrekonstruierung.*

[998] LG Düsseldorf, Urt. v. 18.06.2020 – 4b O 91/18, GRUR-RS 2020, 55053, Rn. 143; *Ehlenz*, NZKart 2020, 470, 471; von der Groeben/Schwarze/Hatje/*Schröter/Bartl*, Art. 102 AEUV Rn. 316; Wiedemann/*Wiedemann*, § 23 Rn. 27.

[999] OLG Düsseldorf, Urt. v. 30.03.2017 – 15 U 66/15, GRUR 2017, 1219, Rn. 129 – *Mobiles Kommunikationssystem*; LG Düsseldorf, Urt. v. 13.07.2017 – 4a O 154/15, GRUR-RS 2017, 132078, Rn. 163; LG Düsseldorf, Urt. v. 21.12.2021 – 4c O 42/20, GRUR-RS 2021, 50360, Rn. 98 – *Bildrekonstruierung*; Schulte/*Rinken*, § 24 PatG Rn. 56.

[1000] OLG Düsseldorf, Urt. v. 30.03.2017 – 15 U 66/15, GRUR 2017, 1219, Rn. 132-134 – *Mobiles Kommunikationssystem.*

Gleiches gilt bei rechtlichen Marktzutrittsvoraussetzungen, also wenn die Nutzung eines bestimmten Standards in einer Weise gesetzlich vorgeschrieben ist, dass nur die Erfüllung des Standards den rechtlichen Vorgaben genügt.[1001]

Die Möglichkeit, ein solches SEP zu nutzen, ist in diesem Fall also Vorbedingung, überhaupt Wettbewerbschancen am Produktmarkt wahrnehmen zu können, und stellt damit eine Marktzutrittsvoraussetzung dar.[1002] Somit hat der Inhaber eines solchen SEP die Macht, den Wettbewerb am Produktmarkt entscheidend zu beeinflussen.[1003] Eine marktbeherrschende Stellung eines solchen SEP-Inhabers ist anzunehmen.[1004]

bb)   Wettbewerbsfähigkeit begründendes SEP

Kontrolliert ein SEP-Inhaber durch die Zugangsgewährung oder -verweigerung zur Nutzung eines SEP zwar nicht den Zutritt zu einem Markt an sich, so kann der Zugang zur Nutzung des SEP dennoch Voraussetzung sein, dass ein Produktanbieter am Markt wettbewerbsfähig sein kann.[1005] Dies ist denkbar, wenn ein Markt zwar keine geschlossene standardisierte Umgebung darstellt, sondern auch Produkte umfasst, die außerhalb des betreffenden Standards operieren, ein Produktangebot außerhalb des Standards aber nur einen Nischenmarkt eröffnet.[1006] Ein solches Nischenprodukt ist also grundlegend mit standardnutzenden Produkten interoperabel, lässt aber Funktionen vermissen, welche die weit überwiegende Anzahl von Produkten (z.B. etwa 70 Prozent[1007]) am Markt aufweist und die für die wirtschaftliche Konkurrenzfähigkeit bedeutsam sind.[1008]

Ein Beispiel dafür sind Geräte zum Abspielen von Videoinhalten (Tablets, Fernseher etc.), bei denen bei fehlender Nutzung eines dafür relevanten SEP eines modernen Decodierstandards, der eine besonders effiziente Datenübertragung und hohe Bildqualität ermöglicht, ein solches Gerät keinen ins Gewicht fallenden Absatzmarkt finden kann, weil es den Qualitätserwartungen

---

[1001] *Verbruggen/Lőrincz*, GRUR Int. 2002, 815, 819.

[1002] Wiedemann/*Klawitter*, § 14 Rn. 412; Busse/Keukenschrijver/*G. Werner*, § 139 PatG Rn. 233.

[1003] *Kellenter/Verhauwen*, GRUR 2018, 761, 765; BeckOK PatR/*Wilhelmi*, § 24 PatG Rn. 102.

[1004] OLG Düsseldorf, Urt. v. 30.03.2017 – 15 U 66/15, GRUR 2017, 1219, Rn. 129 – *Mobiles Kommunikationssystem*; *Mes*, PatG, § 9 PatG Rn. 122; Busse/Keukenschrijver/*G. Werner*, § 139 PatG Rn. 233.

[1005] LG Düsseldorf, Urt. v. 26.03.2015 – 4b O 140/13, GRUR-RS 2015, 15911, Rn. 118; LG München I, Urt. v. 30.09.2020 – 21 O 13026/19, juris, Rn. 252-253 – *Unterpixelwertinterpolation*.

[1006] LG Düsseldorf, Urt. v. 21.12.2021 – 4c O 42/20, GRUR-RS 2021, 50360, Rn. 101 – *Bildrekonstruierung*; *Kühnen*, Hdb. Patentverletzung, Kap. E Rn. 277; *Meyer*, FS 80 Jahre Patentgerichtsbarkeit in Düsseldorf (2016), 377, 388.

[1007] *Kühnen*, Hdb. Patentverletzung, Kap. E Rn. 277.

[1008] *Kellenter/Verhauwen*, GRUR 2018, 761, 765; *Kühnen*, Hdb. Patentverletzung, Kap. E Rn. 277.

der Verbraucher nicht mehr entspricht.[1009] Ein solches Gerät könnte zwar durch die Nutzung anderer Standards eine grundlegende Kompatibilität herstellen. Damit einher ginge aber ein für die Absatzchancen am Markt bedeutsamer Qualitätsverlust.[1010] Gerade in schnelllebigen Technologiemärkten ist die Nutzung der technisch modernsten Lösung aber wettbewerbsentscheidend.[1011] Gleiches gilt für Standards, deren Erfüllung für die Verwendung von Anwendungen bedeutender Anbieter wie Google oder Apple erforderlich ist, und ohne die beispielsweise ein Smartphone nur mit einem alternativen Betriebssystem genutzt werden könnte, wofür nur ein Nischenmarkt besteht.[1012]

Betrachtet man bei solchen SEP nun nur die Beherrschungspotentiale, die das SEP dem Patentinhaber gegenüber dem gesamten Markt hinsichtlich des generellen Marktzutritts verleiht, so könnte man anhand der grundsätzlichen Möglichkeit, in den Markt oder einen Teil davon einzutreten, eine marktbeherrschende Stellung verneinen. Die relative Macht, die der SEP-Inhaber gegenüber einem einzelnen Patentnutzer hätte, bliebe außen vor.[1013] Die Schwelle zur Marktbeherrschung bei SEP-Inhaberschaft wäre mit der Voraussetzung einer absoluten Marktzutrittskontrolle recht hoch angesetzt.[1014] Der BGH verfolgt diesen Ansatz[1015] und begründet dies damit, dass die Machtstellung des SEP-Inhabers nur seiner Verbietungsmacht hinsichtlich patentnutzender Produkte entspringt, hinsichtlich derer durch die drohende rechtliche Inanspruchnahme eine Marktzutrittsschranke besteht.[1016] Nicht entscheidend sei aber die relative Verhandlungsmacht bei dem Aushandeln von Lizenzkonditionen, die einen Produktanbieter möglicherweise zwingen könnte, einen Lizenzvertrag zu nicht marktüblichen Bedingungen abzuschließen.[1017]

Es ist richtig, dass eine mächtige Verhandlungsposition bei Lizenzverhandlungen eher Folge als Ursache einer Marktbeherrschung ist, die sich in der Tat daraus ergibt, dass der SEP-Inhaber den Wettbewerb auf dem Produktmarkt durch die Geltendmachung seines Ausschließlichkeitsrechts verhindern kann.[1018] Eine sich daraus ergebende wirtschaftliche Abhängigkeit eines Nachfragers und die damit einhergehende relative Überlegenheit in einem vertikalen Anbieter-Nach-

[1009] LG Düsseldorf, Urt. v. 21.12.2021 – 4c O 42/20, GRUR-RS 2021, 50360, Rn. 101-103 – *Bildrekonstruierung*.
[1010] LG Düsseldorf, Urt. v. 21.12.2021 – 4c O 42/20, GRUR-RS 2021, 50360, Rn. 103 – *Bildrekonstruierung*.
[1011] LG Düsseldorf, Urt. v. 26.03.2015 – 4b O 140/13, GRUR-RS 2015, 15911, Rn. 119.
[1012] LG Düsseldorf, Urt. v. 11.05.2021 – 4b O 83/19, GRUR-RS 2021, 27668, Rn. 177-184.
[1013] BGH, Urt. v. 05.05.2020 – KZR 36/17, GRUR 2020, 961, Rn. 62 – *FRAND-Einwand I*.
[1014] *Picht*, GRUR 2020, 972.
[1015] BGH, Urt. v. 05.05.2020 – KZR 36/17, GRUR 2020, 961, Rn. 61-63 – *FRAND-Einwand I*.
[1016] BGH, Urt. v. 05.05.2020 – KZR 36/17, GRUR 2020, 961, Rn. 63 – *FRAND-Einwand I*.
[1017] BGH, Urt. v. 05.05.2020 – KZR 36/17, GRUR 2020, 961, Rn. 63 – *FRAND-Einwand I*.
[1018] EuGH, Urt. v. 16.07.2015 – C-170/13, GRUR 2015, 764, Rn. 52 – *Huawei/ZTE*.

frager-Verhältnis ist aber als Merkmal für das Bestehen einer marktbeherrschenden Stellung eines Anbieters anerkannt.[1019] Bei der Analyse der Marktstruktur als Kriterium zur Ermittlung einer marktbeherrschenden Stellung ist auch die Marktgegenseite zu betrachten.[1020] Ergibt eine solche Relativbetrachtung eine gewichtige Gegenmacht auf der Nachfrageseite, so schwächt dies die Marktposition des Anbieters.[1021] Ist die Verhandlungsposition des Anbieters gegenüber der Marktgegenseite hingegen stark, insbesondere wenn Nachfrager keine wirtschaftlich sinnvollen Ausweichmöglichkeiten haben, so spricht dies für eine marktbeherrschende Stellung.[1022]

Übertragen auf die Situation bei SEP bedeutet dies, dass auch ohne die Inhaberschaft eines eine Marktzutrittsschranke darstellenden SEP die Macht, einen Produktanbieter auf einen Nischenmarkt zu verbannen, auf dem er wirtschaftlich nicht bestehen kann, ebenfalls eine marktbeherrschende Stellung begründet.[1023] Die Produktanbieter haben in einer solchen Situation, in der auch absehbar ist, dass aus der Nische nicht der neue Mehrheitsmarkt werden kann, nämlich keine entgegenwirkende Nachfragemacht inne, sondern sind vom SEP-Inhaber abhängig.

Die relative Machtdifferenz wirkt sich dann auch auf den gesamten Markt aus. Aus der Nische heraus lässt sich schließlich kein ausreichender Wettbewerbsdruck aufbauen. Wenn der Produktanbieter den relevanten Markt in der Folge gar nicht erst betritt oder auf dem Markt mangels Marktanteil keine Rolle als relevanter Wettbewerber einnehmen kann, verringert dies den Wettbewerb auf dem Produktmarkt, dem andere, das fragliche SEP nutzende Produktanbieter ausgesetzt sind.[1024] Die Wirkung eines SEP, dessen Nutzung eine Marktzutrittsvoraussetzung darstellt, und die Wirkung eines SEP, dessen Nutzung zwar den Zutritt zum Markt theoretisch nicht verhindert, aber das ein konkurrenzfähiges Angebot erst ermöglicht, ist folglich die gleiche: Ohne die Nutzung des SEP kann der Produktanbieter kein relevanter Wettbewerber auf dem Produktmarkt werden.[1025] Bei marktzutrittsrelevanten SEP scheitert er am Zugang zum Markt schlechthin, bei die Wettbewerbsfähigkeit begründenden SEP am Zugang zum wettbewerbsrelevanten Teil des Marktes.

[1019] EuGH, Urt. v. 11.11.1986 – C-226/84, BeckRS 2004, 72421, Rn. 9 – *British Leyland*; EuGH, Urt. v. 06.04.1995 – C-241/91 P, C-242/91 P, GRUR Int. 1995, 490, Rn. 47 – *Magill*; KK KartellR/*Busche*, Art. 102 AEUV Rn. 42; Immenga/Mestmäcker/*A. Fuchs*, Art. 102 AEUV Rn. 85.

[1020] KK KartellR/*Busche*, Art. 102 AEUV Rn. 62; MüKo WettbR Bd. I/*Eilmansberger/Bien*, Art. 102 AEUV Rn. 238; Calliess/Ruffert/*Weiß*, Art. 102 AEUV Rn. 13.

[1021] Bunte/*Bulst*, Art. 102 AEUV Rn. 79; MüKo WettbR Bd. I/*Eilmansberger/Bien*, Art. 102 AEUV Rn. 238.

[1022] Immenga/Mestmäcker/*A. Fuchs*, Art. 102 AEUV Rn. 101.

[1023] OLG Düsseldorf, Urt. v. 30.03.2017 – 15 U 66/15, GRUR 2017, 1219, Rn. 129 – *Mobiles Kommunikationssystem*; LG Düsseldorf, Urt. v. 13.07.2017 – 4a O 154/15, GRUR-RS 2017, 132078, Rn. 163; LG München I, Urt. v. 30.09.2020 – 21 O 13026/19, juris, Rn. 252-253 – *Unterpixelwertinterpolation*; Schulte/*Rinken*, § 24 PatG Rn. 56.

[1024] *Kühnen*, Hdb. Patentverletzung, Kap. E Rn. 277.

[1025] OLG Düsseldorf, Urt. v. 30.03.2017 – 15 U 66/15, GRUR 2017, 1219, Rn. 129 – *Mobiles Kommunikationssystem*.

Auch bei den SEP der letztgenannten Gruppe ist also eine marktbeherrschende Stellung zu bejahen.[1026]

cc) Keine Marktbeherrschung trotz SEP-Eigenschaft

Während Standards oft eine Vielzahl von SEP enthalten, so nimmt nicht jedes SEP im Standard eine zentrale Rolle ein.[1027] In der Regel gibt es in einem Standard neben einigen SEP, die für ein standardkonformes Produkt tatsächlich unverzichtbar sind, auch solche SEP, die eine nur geringe Bedeutung für die Funktionsfähigkeit und Interoperabilität der Endprodukte darstellen oder in der praktischen Umsetzung des Standards überhaupt nicht oder nur optional genutzt werden.[1028] Ein Produkthersteller kann durchaus ein im Grundsatz standardkonformes Produkt anbieten, ohne sämtliche SEP in einem Standard nutzen zu müssen. Wenn er dabei bestimmte Funktionen nicht bedient oder sie mittels nicht im Standard vorgesehener Alternativlösungen vorhält und dies Funktionen betrifft, die für die Mehrheit der Abnehmer seiner Produkte von keiner oder nur geringer Relevanz sind, so ist das Fehlen der standardkonformen Ausführung der Funktionen kein Faktor im Wettbewerb der Produktanbieter.[1029] In einem solchen Fall vermittelt ein SEP, das eine solch untergeordnete Rolle für den Erfolg eines Produkts am Markt darstellt, keine marktbeherrschende Stellung.[1030]

Daneben können auf einem Markt mehrere Standards oder verschiedene Generationen desselben Standards miteinander konkurrieren oder es kann Wettbewerb zwischen standardkonformen und standardfreien Produkten bestehen, sodass der SEP-Inhaber nicht in der Lage ist, den Wettbewerb maßgeblich zu beeinträchtigen.[1031] Das LG Düsseldorf hatte beispielsweise einen Fall zu entscheiden, in dem ein Patent für das Abspielen von HD-DVDs und Blu-ray Discs in einem Abspielgerät, welches ein Soundsystem mit sieben Lautsprechern unterstützte (7-Kanal-HD-Receiver), standardessentiell war.[1032] Das SEP wurde aber für Abspielgeräte, die lediglich mit Soundsystemen mit nur fünf Lautsprechern kompatibel waren (5-Kanal-HD-Receiver), nicht

---

[1026] OLG Düsseldorf, Urt. v. 30.03.2017 – 15 U 66/15, GRUR 2017, 1219, Rn. 129 – *Mobiles Kommunikationssystem*; LG Düsseldorf, Urt. v. 18.06.2020 – 4b O 91/18, GRUR-RS 2020, 55053, Rn. 143; LG Düsseldorf, Urt. v. 21.12.2021 – 4c O 42/20, GRUR-RS 2021, 50360, Rn. 98 – *Bildrekonstruierung*; *Kühnen*, Hdb. Patentverletzung, Kap. E Rn. 277.

[1027] LG Düsseldorf, Urt. v. 26.03.2015 – 4b O 140/13, GRUR-RS 2015, 15911, Rn. 111; LG Düsseldorf, Urt. v. 28.03.2019 – 4b O 144/16, BeckRS 2019, 17809, Rn. 118 – *Codierverfahren*; Schulte/*Rinken*, § 24 PatG Rn. 56.

[1028] *Kühnen*, Hdb. Patentverletzung, Kap. E Rn. 275; *Picht*, WuW 2018, 234, 238.

[1029] *Kühnen*, Hdb. Patentverletzung, Kap. E Rn. 278.

[1030] LG Düsseldorf, Urt. v. 26.03.2015 – 4b O 140/13, GRUR-RS 2015, 15911, Rn. 118; LG Düsseldorf, Urt. v. 28.03.2019 – 4b O 144/16, BeckRS 2019, 17809, Rn. 118 – *Codierverfahren*; *Kamlah/Rektorschek*, Mitt. 2021, 307, 309.

[1031] *Conde Gallego/Drexl*, IIC 2019, 135, 143; *Y. Tang/C. Tang*, GRUR Int. 2020, 474, 483.

[1032] LG Düsseldorf, Urt. v. 02.07.2019 – 4a O 98/17, GRUR-RS 2019, 41061, Rn. 92.

benötigt.[1033] Das LG Düsseldorf verneinte die marktbeherrschende Stellung des SEP-Inhabers, da er auf dem Produktmarkt für entsprechende Abspielgeräte, die einem gemeinsamen Markt zuzuordnen waren,[1034] mangels Einwirkungsmöglichkeit auf den Vertrieb von 5-Kanal-HD-Receivern keinen wettbewerbsverhindernden Einfluss hatte.[1035]

Dahingegen stellt die Abgabe einer FRAND-Erklärung für ein SEP keine einer etwaigen marktbeherrschenden Stellung eines SEP-Inhabers entgegenstehende Tatsache dar.[1036] Auch wenn sich der SEP-Inhaber zu einer Lizenzierung nach FRAND-Grundsätzen verpflichtet hat, was seine Verbietungsmöglichkeiten auf dem Produktmarkt bei tatsächlicher Umsetzung dieser Verpflichtung wegen der dann bestehenden und ihm entgegenhaltbaren Lizenzverträge mindern würde, schließt die Abgabe der FRAND-Erklärung nicht aus, dass er diese Verpflichtung missachtet, sodass er nach wie vor eine potentiell wettbewerbsverhindernde und damit marktbeherrschende Stellung einnehmen kann.[1037]

3.   Beweislast

Ob dem Patentinhaber eine marktbeherrschende Stellung zukommt, ist vom Patentverletzer, der den kartellrechtlichen Zwangslizenzeinwand erhebt, darzulegen und zu beweisen.[1038] Der Patentverletzer beruft sich mit dem kartellrechtlichen Zwangslizenzeinwand auf eine Einschränkung der ansonsten bestehenden Ausschließungsbefugnis des SEP-Inhabers, sodass ihm die Normadressatenschaft des Patentinhabers hinsichtlich des Missbrauchsverbots bei Bestehen einer marktbeherrschenden Stellung zugutekäme, woraus sich nach allgemeinen Grundsätzen seine Beweispflichtigkeit für das Bestehen derselben ergibt.[1039]

Dem Gericht muss es auf Grundlage des Tatsachenvortrags des Verletzers möglich sein, das Vorliegen einer marktbeherrschenden Stellung auf dem relevanten Markt zu überprüfen.[1040] Es bedarf für eine hinreichende Substantiierung also über die Behauptung des Vorliegens einer

---

[1033] LG Düsseldorf, Urt. v. 02.07.2019 – 4a O 98/17, GRUR-RS 2019, 41061, Rn. 98.

[1034] LG Düsseldorf, Urt. v. 02.07.2019 – 4a O 98/17, GRUR-RS 2019, 41061, Rn. 93-97.

[1035] LG Düsseldorf, Urt. v. 02.07.2019 – 4a O 98/17, GRUR-RS 2019, 41061, Rn. 98.

[1036] LG München I, Urt. v. 30.10.2020 – 21 O 11384/19, juris, Rn. 295 – *Lizenzverhandlung*; FK KartellR/*Weyer*, § 19 GWB Rn. 287.

[1037] LG München I, Urt. v. 30.10.2020 – 21 O 11384/19, juris, Rn. 295 – *Lizenzverhandlung*.

[1038] OLG Düsseldorf, Beschl. v. 17.11.2016 – 15 U 66/15, BeckRS 2016, 21067, Rn. 2; OLG Düsseldorf, Urt. v. 30.03.2017 – 15 U 66/15, GRUR 2017, 1219, Rn. 130 – *Mobiles Kommunikationssystem*; Wiedemann/*Klawitter*, § 14 Rn. 413; *Leistner/Kleeberger*, GRUR 2020, 1241, 1244; *Meyer*, FS 80 Jahre Patentgerichtsbarkeit in Düsseldorf (2016), 377, 390; *Rastemborski*, Mitt. 2020, 420.

[1039] LG Düsseldorf, Urt. v. 26.03.2015 – 4b O 140/13, GRUR-RS 2015, 15911, Rn. 111; *Kühnen*, Hdb. Patentverletzung, Kap. E Rn. 280.

[1040] LG Düsseldorf, Urt. v. 18.06.2020 – 4b O 91/18, GRUR-RS 2020, 55053, Rn. 145; *Kühnen*, Hdb. Patentverletzung, Kap. E Rn. 280.

marktbeherrschenden Stellung hinaus des Vortrags von konkreten Tatsachen, welche die entsprechende Feststellung unter Anwendung der geschilderten rechtlichen Beurteilungskriterien erlauben.[1041]

4. Erfordernis der marktbeherrschenden Stellung bei De-iure-Standards – Vertragliche Dimension der FRAND-Erklärung

Neben dem kartellrechtlichen Zwangslizenzeinwand könnte man bei De-iure-Standards auf Grundlage der durch den SEP-Inhaber abgegebenen FRAND-Erklärung auch eine vertragliche Verpflichtung zur Lizenzierung nach FRAND-Bedingungen und mithin einen vertraglichen FRAND-Einwand annehmen.[1042] Dann könnte das Erfordernis der marktbeherrschenden Stellung für diesen vertragsrechtlichen Einwand bei SEP mit FRAND-Erklärung entfallen.[1043] Dies setzt allerdings voraus, dass man zum einen eine vertragliche Dimension der FRAND-Erklärung bejaht und zum anderen, dass diese vertragliche Verpflichtung über das kartellrechtlich Geschuldete hinausgeht.[1044]

Die Frage nach dem Bestehen einer vertraglichen Verpflichtung hängt von der Rechtsnatur der FRAND-Erklärung ab. Diese wiederum ist abhängig vom jeweilig anwendbaren Recht.[1045]

a) Rechtsnatur nach deutschem Recht

Nach deutschem Recht[1046] kommen verschiedene Rechtsinstitute für die Einordnung der Rechtsnatur der FRAND-Erklärung in Betracht.[1047]

[1041] OLG Düsseldorf, Urt. v. 30.03.2017 – 15 U 66/15, GRUR 2017, 1219, Rn. 130 – *Mobiles Kommunikationssystem*; LG Düsseldorf, Urt. v. 18.06.2020 – 4b O 91/18, GRUR-RS 2020, 55053, Rn. 145; *Marx*, GRUR 2021, 288; Schulte/*Rinken*, § 24 PatG Rn. 57.

[1042] *Leistner/Kleeberger*, GRUR 2020, 1241, 1242; *H. Richter/Slowinski*, IIC 2019, 4, 18; stellvertretend für die Annahme eines vertraglichen FRAND-Einwands im angloamerikanischen Rechtsraum: England and Wales High Court, Urt. v. 05.04.2017 – [2017] EWHC 711 (Pat), Rn. 723-724.

[1043] *Leistner/Kleeberger*, GRUR 2022, 1261, 1269; *Jacob*, Mitt. 2020, 97, 100.

[1044] *P. Tochtermann*, GRUR 2021, 377, 380.

[1045] Pfaff/Osterrieth/*Axster/Osterrieth*, A. Rn. 350; Haedicke/Timmann/*Bukow*, § 13 Rn. 333; *L. Tochtermann*, GRUR 2020, 905, 907.

[1046] Hier wird nicht die Rechtsnatur einer konkreten FRAND-Erklärung einer bestimmten SSO untersucht, wofür die internationalprivatrechtliche Bestimmung des anwendbaren Rechts der Untersuchung des jeweiligen Sachrechts voranzustellen wäre. Es geht vielmehr um die Untersuchung der allgemeinen Möglichkeit eines vertraglichen FRAND-Einwands, wofür hier zunächst die Möglichkeit nach deutschem Recht als dem Schutzlandrecht für in Deutschland wirkende Patente und dem Recht des Gerichtsstands eines deutschen Patentstreitgerichts untersucht wird. Ob und wann andere Rechtsordnungen anwendbar sind und zu anderen Ergebnissen kommen können, wird im Anschluss erläutert.

[1047] *Czychowski*, GRUR Int. 2021, 421, 424; *McGuire*, GRUR 2018, 128, 129; *Vetter*, GRUR 2019, 704, 705.

Die FRAND-Erklärung könnte eine dinglich wirkende Einschränkung des Ausschließlichkeitsrechts des Patentinhabers durch einen partiellen Verzicht auf das Patent, einen Verzicht auf den Unterlassungsanspruch oder eine Verfügung zugunsten Dritter darstellen. Solche dinglichen Wirkungen sind allerdings abzulehnen.[1048] Bei der Verfügung zugunsten Dritter ergibt sich dies schon daraus, dass diese dem deutschen Recht grundsätzlich fremd ist.[1049] Auch ein dinglich wirkender Verzicht kann nicht angenommen werden: Ein Verzicht auf das Patent ist nur im Ganzen und durch schriftliche Erklärung an das DPMA gemäß § 20 Abs. 1 Nr. 1 PatG möglich, was bei einer FRAND-Erklärung nicht erfolgt.[1050] Ebenso stellt eine FRAND-Erklärung keine ebenfalls gegenüber dem DPMA abzugebende Lizenzbereitschaftserklärung i.S.v. § 23 PatG dar, sodass auch kein dinglich wirkender Verzicht auf den Unterlassungsanspruch im Sinne dieser Norm anzunehmen ist.[1051] Über diese Verzichtsmöglichkeiten hinaus sieht das deutsche Recht mit Blick auf eine Verfügung über das Patent nur die Übertragung des gesamten Patents nach § 15 Abs. 1 PatG i.V.m. §§ 413, 398 BGB, die Bestellung eines Nießbrauchs oder Pfandrechts nach § 15 Abs. 1 S. 2 PatG i.V.m. §§ 1068, 1069 BGB bzw. §§ 1273, 1274 BGB oder die Einräumung von Nutzungsrechten durch Lizenzerteilung gemäß § 15 Abs. 2 PatG vor.[1052] Dieser *numerus clausus* ist abschließend.[1053] Aufgrund des bestehenden Typenzwangs sind die genannten Normen auch nicht analogiefähig.[1054] Es fehlt dem Patentinhaber auch schlicht die Rechtsmacht, über das ihm staatlich verliehene und gesetzlich ausgestaltete Patent und seine Wirkungen über die genannten gesetzlich vorgesehenen Fälle hinaus zu verfügen.[1055]

Eine FRAND-Erklärung könnte aber eine unmittelbare Lizenzerteilung i.S.v. § 15 Abs. 2 PatG durch Einräumung einer unmittelbar wirksamen positiven Lizenz an jeden

---

[1048] LG Düsseldorf, Urt. v. 07.06.2011 – 4b O 31/10, juris, Rn. 97; LG Düsseldorf, Urt. v. 24.04.2012 – 4b O 273/10, GRUR-RS 2012, 9682, Rn. 161 – *Zugriffsschwellenwert*; LG Mannheim, Urt. v. 27.02.2009 – 7 O 94/08, NJOZ 2009, 1458, 1461–1462 – *UMTS-fähiges Mobiltelefon I*; *Dornis*, GRUR 2020, 690, 692–693; *Hauck*, WRP 2013, 1446, 1449–1450; *Kellenter*, GRUR 2021, 246, 248; *L. Tochtermann*, GRUR 2020, 905, 914.

[1049] RG, Urt. v. 27.04.1907 – V 434/06, RGZ 66, 97, 99–100; BGH, Urt. v. 29.01.1964 – V ZR 209/61, NJW 1964, 1124, 1125; BGH, Urt. v. 08.07.1993 – IX ZR 222/92, NJW 1993, 2617; LG Düsseldorf, Urt. v. 24.04.2012 – 4b O 273/10, GRUR-RS 2012, 9682, Rn. 161 – *Zugriffsschwellenwert*; LG Mannheim, Urt. v. 18.02.2011 – 7 O 100/10, juris, Rn. 167 – *UMTS-fähiges Mobiltelefon II*.

[1050] LG Mannheim, Urt. v. 27.02.2009 – 7 O 94/08, NJOZ 2009, 1458, 1462 – *UMTS-fähiges Mobiltelefon I*; *Kellenter*, GRUR 2021, 246, 248.

[1051] *Dornis*, GRUR 2020, 690, 692–693; *Eckel*, NZKart 2017, 469, 472; *Feller*, FRAND-Verpflichtungserklärung, S. 145–146; *Kellenter*, GRUR 2021, 246, 248; *Tapia*, IPRs, Technical Standards and Licensing Practices (FRAND) in the Telecommunications Industry, S. 22–23.

[1052] LG Düsseldorf, Urt. v. 07.06.2011 – 4b O 31/10, juris, Rn. 97; LG Mannheim, Urt. v. 27.02.2009 – 7 O 94/08, NJOZ 2009, 1458, 1462 – *UMTS-fähiges Mobiltelefon I*; *Kellenter*, GRUR 2021, 246, 247–248.

[1053] LG Mannheim, Urt. v. 27.02.2009 – 7 O 94/08, NJOZ 2009, 1458, 1462 – *UMTS-fähiges Mobiltelefon I*; *Kellenter*, GRUR 2021, 246, 247.

[1054] *Dornis*, GRUR 2020, 690, 692–693; *Kellenter*, GRUR 2021, 246, 248.

[1055] *Kellenter*, GRUR 2021, 246, 248.

Nutzungsinteressierten bzw. ein durch bloße Benutzungsaufnahme annehmbares Angebot an eine unbestimmte Vielzahl von Lizenzsuchern (*offerta ad incertas personas*), einen solchen Lizenzvertrag abzuschließen, sein.[1056] Der SEP-Inhaber möchte aber weder ohne Kenntnis seines Vertragspartners in die Pflichtenstellung eines Lizenzgebers eintreten, noch ist er bereit, ein Nutzungsrecht an jedermann zu erteilen, ohne dass sein Lizenzgebührenanspruch gesichert wäre, sodass dies abzulehnen ist.[1057]

Des Weiteren wäre ein schuldrechtlich wirkender Verzicht auf die Ausübung des Unterlassungsanspruchs, etwa in Form eines drittbegünstigenden *pactum de non petendo*, also dem schuldrechtlichen Versprechen, das Verbotsrecht nicht durchzusetzen, denkbar.[1058] Der Patentinhaber verspricht aber mit der FRAND-Erklärung nicht, auf die Ausübung des Unterlassungsanspruchs zu verzichten, sondern nur, einen Lizenzvertrag zu FRAND-Bedingungen abzuschließen.[1059] Es ist nicht Zweck der FRAND-Erklärung, dass der Patentinhaber sich seines einzigen Mittels, auf eine Lizenznahme durch einen Patentnutzer hinzuwirken,[1060] beraubt,[1061] was schließlich dazu führen würde, dass es gerade nicht mehr zu einer Lizenznahme käme, die aber durch die FRAND-Erklärung ja gerade begünstigt werden soll.[1062]

Erst recht stellt die FRAND-Erklärung kein *covenant not to sue* dar, bei dem der Patentinhaber über ein bloßes *pactum de non petendo* hinaus[1063] der Patentnutzung in Erschöpfungswirkung begründender Weise zustimmt.[1064] Auch eine Erschöpfungswirkung durch das bloße Einbringen in den Standard ist trotz der damit verbundenen Vorteile für den SEP-Inhaber nicht anzunehmen.[1065]

[1056] *Körber*, Standardessentielle Patente, S. 44–46; *Maume/Tapia*, GRUR Int. 2010, 923, 927.

[1057] LG Düsseldorf, Urt. v. 07.06.2011 – 4b O 31/10, juris, Rn. 97; LG Düsseldorf, Urt. v. 24.04.2012 – 4b O 273/10, GRUR-RS 2012, 9682, Rn. 173 – *Zugriffsschwellenwert*; LG Düsseldorf, Beschl. v. 21.03.2013 – 4b O 104/12, GRUR Int. 2013, 547, Rn. 43; Haedicke/Timmann/*Bukow*, § 13 Rn. 338; *Dornis*, GRUR 2020, 690, 694; *A. Fuchs*, FS Ahrens (2016), 79, 87–88; *Mes*, PatG, § 9 PatG Rn. 118.

[1058] LG Düsseldorf, Urt. v. 13.02.2007 – 4a O 124/05, BeckRS 2008, 7732, Rn. 44 – *Siemens/Amoi*; Nägele/Jacobs, WRP 2009, 1062, 1075.

[1059] EuGH, Urt. v. 16.07.2015 – C-170/13, GRUR 2015, 764, Rn. 51-54 – *Huawei/ZTE*; GA *Wathelet*, Schlussanträge v. 20.11.2014 – C-170/13, BeckRS 2014, 82403, Rn. 50, 60; LG Düsseldorf, Urt. v. 07.06.2011 – 4b O 31/10, juris, Rn. 97; LG Düsseldorf, Urt. v. 24.04.2012 – 4b O 273/10, GRUR-RS 2012, 9682, Rn. 174 – *Zugriffsschwellenwert*; LG Düsseldorf, Urt. v. 19.01.2016 – 4b O 49/14, GRUR-RS 2016, 128144, Rn. 243; *Mes*, PatG, § 9 PatG Rn. 118; Busse/Keukenschrijver/*McGuire*, § 24 PatG Rn. 110.

[1060] BGH, Urt. v. 05.05.2020 – KZR 36/17, GRUR 2020, 961, Rn. 70 – *FRAND-Einwand I*.

[1061] *Kühnen*, Hdb. Patentverletzung, Kap. E Rn. 395; Schulte/*Rinken*, § 24 PatG Rn. 93.

[1062] Haedicke/Timmann/*Bukow*, § 13 Rn. 339; *Y. Tang/C. Tang*, GRUR Int. 2020, 474, 478.

[1063] Zu der Unterscheidung: Busse/Keukenschrijver/*McGuire*, § 15 PatG Rn. 122-123.

[1064] BGH, Urt. v. 24.01.2023 – X ZR 123/20, GRUR 2023, 474, Rn. 43, 48-50 – *CQI-Bericht II*.

[1065] *Hilty/Slowinski*, GRUR Int. 2015, 781, 786; für eine entsprechende Anwendung des Erschöpfungsgrundsatzes aber: *Hauck*, WRP 2013, 1446, 1451-1452.

Als schuldrechtliche Verpflichtung durch die FRAND-Erklärung käme schließlich ein auf eine Lizenzierung gerichteter Vertrag zugunsten Dritter gemäß § 328 BGB[1066] oder ein Vorvertrag zugunsten Dritter[1067] in Betracht, aus dem sich für einen lizenzsuchenden Dritten ein Anspruch auf Lizenzerteilung ergeben könnte. Dann müsste die FRAND-Erklärung und die damit verbundene Aufnahme in den Standard, also das Rechtsverhältnis zwischen der SSO und dem SEP-Inhaber, als ein solcher drittbegünstigender Vertrag anzusehen sein. Allerdings beinhaltet die FRAND-Erklärung zum einen nur eine grundsätzliche Absichtserklärung, der es nach deutschem Verständnis am Rechtsbindungswillen im Hinblick auf einen quasi automatischen Abschluss eines Lizenzvertrags mit einem jeden Lizenzinteressierten durch Schaffung eines direkten Anspruchs auf Lizenzerteilung i.S.v. § 328 BGB fehlt.[1068] Zum anderen mag zwar der aus einem solchen Vertrag Berechtigte noch bestimmbar sein,[1069] die übrigen *essentialia negotii* einer solchen vom Dritten einforderbaren Lizenzierung sind allerdings derart unbestimmt,[1070] dass nicht anzunehmen ist, dass Dritte dem SEP-Inhaber durch einen unmittelbaren Anspruch auf Lizenzerteilung aus einem Vertrag oder Vorvertrag zugunsten Dritter die Erfüllung seiner Pflichten als Lizenzgeber und die Lizenzerteilung ohne Rücksicht auf die Person des Lizenznehmers aufdrängen können.[1071]

Es bleibt festzuhalten, dass nach Ausschluss der genannten Rechtsinstitute eine FRAND-Erklärung im deutschen Recht nur eine *invitatio ad offerendum* darstellt.[1072] Der SEP-Inhaber erklärt rein deklaratorisch, dass er beabsichtigt, die kartellrechtlichen Pflichten einzuhalten und erklärt sich zu Lizenzverhandlungen bereit, ohne sich durch diese Erklärung bereits schuldrechtlich

---

[1066] *Feller*, FRAND-Verpflichtungserklärung, S. 150–161; *Hilty/Slowinski*, GRUR Int. 2015, 781, 788; *Maume/Tapia*, GRUR Int. 2010, 923, 927.

[1067] *Eckel*, NZKart 2017, 469, 472–473; *Heitkamp*, FRAND-Bedingungen bei SEP, S. 112–113; *Maaßen*, Normung, Standardisierung und Immaterialgüterrechte, S. 320–321; *Palzer*, EuZW 2015, 702, 703–704; *Tapia*, IPRs, Technical Standards and Licensing Practices (FRAND) in the Telecommunications Industry, S. 50.

[1068] LG Düsseldorf, Urt. v. 24.04.2012 – 4b O 273/10, GRUR-RS 2012, 9682, Rn. 174 – *Zugriffsschwellenwert*; Haedicke/Timmann/*Bukow*, § 13 Rn. 338; *Haedicke*, GRUR Int. 2017, 661, 663–664; *Kellenter*, FS Mes (2009), 199, 202–203; Busse/Keukenschrijver/*McGuire*, § 24 PatG Rn. 110; *Müller*, GRUR 2012, 686, 687–688; Schulte/*Rinken*, § 24 PatG Rn. 93.

[1069] *Eckel*, NZKart 2017, 469, 472; *Hilty/Slowinski*, GRUR Int. 2015, 781, 788; zur Anforderung der Bestimmbarkeit des Drittbegünstigten: MüKo BGB Bd. III/*Gottwald*, § 328 BGB Rn. 24.

[1070] *Hauck*, WRP 2013, 1446, 1450; *Nägele/Jacobs*, WRP 2009, 1062, 1075; dies als unschädlich ansehend: *Maume/Tapia*, GRUR Int. 2010, 923, 927; eine Bestimmbarkeit nur im Ausnahmefall annehmend: OLG Karlsruhe, Urt. v. 23.03.2011 – 6 U 66/09, NJOZ 2011, 1080, 1081–1083 – *FRAND-Grundsätze*; *Eckel*, NZKart 2017, 469, 472–473.

[1071] Haedicke/Timmann/*Bukow*, § 13 Rn. 338; *Mes*, PatG, § 9 PatG Rn. 118.

[1072] LG Düsseldorf, Urt. v. 07.06.2011 – 4b O 31/10, juris, Rn. 97; LG Düsseldorf, Urt. v. 19.01.2016 – 4b O 49/14, GRUR-RS 2016, 128144, Rn. 243; *Block*, Mitt. 2017, 97, 100–101; *Kellenter*, GRUR 2021, 246, 247; Busse/Keukenschrijver/*McGuire*, § 24 PatG Rn. 110; *Müller*, GRUR 2012, 686, 687.

binden zu wollen.[1073] Eine vertragliche Verpflichtung und ein damit einhergehender vertragsrechtlicher FRAND-Einwand ist nach deutschem Recht daher abzulehnen.

b) Abweichende Rechtsnatur nach anderen Rechtsordnungen

Möglicherweise ist das deutsche Recht aber nicht von vornherein die zur Anwendung berufene Rechtsordnung, sodass es nicht ohne Weiteres bei dem Ergebnis einer fehlenden vertragsrechtlichen Wirkung verbleibt.

aa) Notwendigkeit einer differenzierenden Anknüpfung

Es wird vertreten, dass die FRAND-Erklärung nach dem Schutzlandprinzip (*lex loci protectionis*)[1074] stets dem Recht des Staates unterliegt, für dessen Territorium der Schutz aus dem betreffenden Patent in Anspruch genommen wird.[1075] Auf diesem Wege könnte es bei einem deutschen Patent oder dem deutschen Teil eines europäischen Patents zur Anwendung des deutschen Rechts mit dem bereits beschriebenen Resultat kommen.[1076]

Allerdings ist hier eine Differenzierung zwischen mehreren, internationalprivatrechtlich ggf. unterschiedlich anzuknüpfenden Beurteilungsgegenständen vorzunehmen.[1077] So gelten für die Beurteilung patentrechtlicher, kartellrechtlicher und vertragsrechtlicher Aspekte unterschiedliche Kollisionsnormen zur Bestimmung des anwendbaren Rechts.[1078] Das in Art. 8 Abs. 1 Rom II-VO niedergelegte Schutzlandprinzip gilt zweifelsohne für den durch das Patentrecht definierten Bestand, Inhalt und die Wirkung eines Patents sowie für die Möglichkeit, darüber zu verfügen und es dinglich zu beschränken.[1079] Eine etwaige dingliche Wirkung einer FRAND-Erklärung wäre also nach dem Schutzlandprinzip zu beurteilen.[1080]

[1073] LG Düsseldorf, Urt. v. 04.08.2011 – 4b O 54/10, Mitt. 2012, 238, 241–242 – *MPEG-2-Standard XXIII*; LG Düsseldorf, Urt. v. 19.01.2016 – 4b O 49/14, GRUR-RS 2016, 128144, Rn. 243; LG Mannheim, Urt. v. 27.02.2009 – 7 O 94/08, NJOZ 2009, 1458, 1463 – *UMTS-fähiges Mobiltelefon I*; Haedicke/Timmann/*Bukow*, § 13 Rn. 340; *Gärtner/Vormann*, Mitt. 2009, 440, 444; *Kellenter/Verhauwen*, GRUR 2018, 761, 763; *Kühnen*, GRUR 2019, 665, 668.

[1074] MüKo BGB Bd. XIII/*Drexl*, Art. 8 Rom II-VO Rn. 10.

[1075] LG Düsseldorf, Urt. v. 24.04.2012 – 4b O 273/10, GRUR-RS 2012, 9682, Rn. 156-160 – *Zugriffsschwellenwert*; LG Düsseldorf, Urt. v. 11.12.2012 – 4a O 54/12, juris, Rn. 167-169; LG Mannheim, Urt. v. 18.02.2011 – 7 O 100/10, juris, Rn. 160-162 – *UMTS-fähiges Mobiltelefon II*; *Kühnen*, Hdb. Patentverletzung, Kap. E Rn. 409.

[1076] *Mes*, PatG, § 9 PatG Rn. 118.

[1077] *Czychowski*, GRUR Int. 2021, 421, 422; *Leistner/Kleeberger*, GRUR 2020, 1241, 1243.

[1078] *Leistner/Kleeberger*, GRUR 2022, 1261, 1262; BeckOK PatR/*Wilhelmi*, § 24 PatG Rn. 107a.

[1079] *Czychowski*, GRUR Int. 2021, 421, 422; *Kellenter*, GRUR 2021, 246, 247; MüKo BGB Bd. XIII/*Martiny*, Art. 4 Rom I-VO Rn. 250.

[1080] LG Düsseldorf, Urt. v. 24.04.2012 – 4b O 273/10, GRUR-RS 2012, 9682, Rn. 157 – *Zugriffsschwellenwert*; *Beyer*, GRUR 2021, 1008; *Leistner/Kleeberger*, GRUR 2022, 1261, 1262; *L. Tochtermann*, GRUR 2020, 905, 909.

Davon zu unterscheiden ist die Beurteilung kartellrechtlicher Fragen und die Möglichkeit und Voraussetzungen eines kartellrechtlichen Zwangslizenzeinwands. Das darauf anwendbare Recht bestimmt sich gemäß Art. 6 Abs. 3 lit. a Rom II-VO nach dem Recht des Staates, auf dessen Gebiet sich ein Kartellrechtsverstoß auswirkt (Auswirkungsprinzip).[1081] Auch hinsichtlich der kartellrechtlichen Beurteilung kommt es bei einem in Deutschland wirkenden und damit die Basis für eine marktbeherrschende Stellung bildenden Patent also auf das deutsche Recht an.[1082]

Bei der Frage nach einer möglichen vertragsrechtlichen Wirkung einer FRAND-Erklärung geht es aber gerade nicht um deren kartellrechtliche Bedeutung oder etwaige auf das Patent selbst einwirkende dingliche Aspekte.[1083] Es ist zwischen einer etwaigen verfügenden und einer verpflichtenden Wirkung einer FRAND-Erklärung zu unterscheiden.[1084] Für die schuldrechtlich verpflichtende Dimension der FRAND-Erklärung ist allein das Vertragsstatut (*lex contractus*) entscheidend.[1085]

bb) Ermittlung des Vertragsstatuts

Bei der Suche nach dem anwendbaren Vertragsrecht ist zu beachten, dass das auf die FRAND-Erklärung, mithin das Vertragsverhältnis zwischen dem SEP-Inhaber und der SSO, anwendbare Recht ermittelt werden muss und nicht – wie gelegentlich geschehen[1086] – das auf einen zwischen dem SEP-Inhaber und einem Lizenzsucher abzuschließenden bzw. abgeschlossenen Lizenzvertrag anwendbare Recht.[1087] Es geht ja gerade darum, ob sich aus dem schuldrechtlichen Verhältnis zwischen dem SEP-Inhaber und der SSO ein Anspruch eines Lizenzsuchers auf den Abschluss eines solchen Lizenzvertrages mit dem SEP-Inhaber ergibt.

Für die Ermittlung des anwendbaren Vertragsrechts gilt gemäß Art. 3 Nr. 1 lit. b EGBGB die Rom I-VO.[1088] Eine FRAND-Erklärung ist ein vertragliches Schuldverhältnis im Sinne der Verordnung, da es hierfür genügt, wenn eine Partei gegenüber einer anderen Partei eine rechtliche

---

[1081] *Czychowski*, GRUR Int. 2021, 421, 422; MüKo BGB Bd. XIII/*Wurmnest*, Art. 6 Rom I-VO Rn. 221, 277.

[1082] *Dornis*, GRUR 2020, 690, 691–692; MüKo BGB Bd. XIII/*Drexl*, Art. 8 Rom II-VO Rn. 262.

[1083] *Leistner/Kleeberger*, GRUR 2020, 1241, 1242–1243; *dies.*, GRUR 2022, 1261, 1262.

[1084] *Beyer*, GRUR 2021, 1008; *Kellenter*, GRUR 2021, 246, 247; *Leistner/Kleeberger*, GRUR 2022, 1261, 1262.

[1085] MüKo BGB Bd. XIII/*Drexl*, Art. 8 Rom II-VO Rn. 271; *Leistner/Kleeberger*, GRUR 2022, 1261, 1269; Busse/Keukenschrijver/*McGuire*, § 24 PatG Rn. 108.

[1086] LG Düsseldorf, Urt. v. 24.04.2012 – 4b O 273/10, GRUR-RS 2012, 9682, Rn. 169 – *Zugriffsschwellenwert*; LG Mannheim, Beschl. v. 23.10.2009 – 7 O 125/09, juris, Rn. 93-94.

[1087] *Czychowski*, GRUR Int. 2021, 421, 422; *Leistner/Kleeberger*, GRUR 2022, 1261, 1262–1263; *McGuire*, GRUR 2018, 128, 130; *P. Tochtermann*, GRUR 2021, 377, 379.

[1088] *Beyer*, GRUR 2021, 1008, 1009; *Leistner/Kleeberger*, GRUR 2022, 1261, 1263 (auch zur zeitlichen Anwendbarkeit ab dem 17.12.2009 und dem davor geltenden Recht); *McGuire*, GRUR 2018, 128, 131.

Verpflichtung eingeht.[1089] Darüber hinaus enthält die Vereinbarung zwischen dem SEP-Inhaber und der SSO nicht nur die FRAND-Lizenzbereitschaftserklärung des SEP-Inhabers, sondern als Gegenleistung auch die Verpflichtung der SSO, das SEP in den Standard aufzunehmen.[1090]

Nach Art. 3 Abs. 1 Rom I-VO gilt vorrangig das von den Parteien gewählte Recht.[1091] Enthält eine FRAND-Erklärung oder das dieser FRAND-Erklärung zugrunde liegende und von ihr in Bezug genommene Regelwerk der SSO eine wirksame Rechtswahl, so bestimmt sich die vertragliche Bedeutung und der schuldrechtliche Inhalt einer FRAND-Erklärung nach der gewählten Rechtsordnung.[1092]

Besteht keine Rechtswahl, ist nach Art. 4 Rom I-VO anzuknüpfen.[1093] Da eine FRAND-Erklärung keiner der in Art. 4 Abs. 1 Rom I-VO genannten Vertragstypen entspricht, ist gemäß Art. 4 Abs. 2 Rom I-VO das Recht des Sitzes der Partei anzuwenden, deren Leistung für den Vertrag charakteristisch ist.[1094] Auch hier ist es wichtig, dass nicht auf die Rolle des SEP-Inhabers als Lizenzgeber gegenüber einem Patentnutzer abzustellen ist,[1095] sondern auf das Vertragsverhältnis zwischen dem SEP-Inhaber und der SSO. Dabei ist das gesamte Verhältnis zwischen diesen beiden in den Blick zu nehmen und die sozio-ökonomisch bedeutsamste Leistung, die den Zweck des Vertrages ausmacht, als charakteristisch für den Vertrag zu bestimmen.[1096]

Auch wenn die Erklärung der Lizenzbereitschaft durch den Patentinhaber hier ins Auge springt, so ist sie im Standardisierungsprozess letztlich nur Mittel zum Zweck zur kartellrechtskonformen Aufnahme in den Standard.[1097] Die maßgebliche Leistung ist die Aufnahme in den Standard und in die dazugehörigen Datenbanken, da die Standardsetzung das prägende Ziel des Zusammenwirkens darstellt.[1098] Diese Leistung erbringt die SSO, sodass deren Sitz nach Art. 4 Abs. 2 Rom I-VO maßgeblich ist. Lehnt man die Ermittelbarkeit einer charakteristischen Leistung ab, so ergäbe sich unter Anwendung des Art. 4 Abs. 4 Rom I-VO nichts anderes.[1099] Die demnach zu ermittelnde engste Verbindung besteht bei der Vereinbarung zur Aufnahme in einen

---

[1089] EuGH, Urt. v. 17.09.2002 – C-334/00, EuZW 2002, 655, Rn. 22-23 – *Tacconi*; EuGH, Urt. v. 20.01.2005 – C-27/02, NJW 2005, 811, Rn. 50 – *Engler*; *Czychowski*, GRUR Int. 2021, 421, 422–423; *Dornis*, GRUR 2020, 690, 692.

[1090] *Leistner/Kleeberger*, GRUR 2022, 1261, 1265.

[1091] MüKo BGB Bd. XIII/*Martiny*, Art. 3 Rom I-VO Rn. 8.

[1092] *L. Tochtermann*, GRUR 2020, 905, 907; *McGuire*, GRUR 2018, 128, 131.

[1093] MüKo BGB Bd. XIII/*Martiny*, Art. 4 Rom I-VO Rn. 1.

[1094] *Beyer*, GRUR 2021, 1008, 1012; MüKo BGB Bd. XIII/*Martiny*, Art. 4 Rom I-VO Rn. 174; Pfaff/Osterrieth/*Pfaff/Nagel*, A. Rn. 104.

[1095] So aber: LG Mannheim, Beschl. v. 23.10.2009 – 7 O 125/09, juris, Rn. 95.

[1096] BT-Drs. 10/503, S. 52–53; *Beyer*, GRUR 2021, 1008, 1012; *Leistner/Kleeberger*, GRUR 2022, 1261, 1264–1265; MüKo BGB Bd. XIII/*Martiny*, Art. 4 Rom I-VO Rn. 176.

[1097] LG Düsseldorf, Urt. v. 19.01.2016 – 4b O 49/14, GRUR-RS 2016, 128144, Rn. 243; *Leistner/Kleeberger*, GRUR 2022, 1261, 1265; *L. Tochtermann*, GRUR 2020, 905, 910–911.

[1098] *Leistner/Kleeberger*, GRUR 2022, 1261, 1265–1266.

[1099] *Dies.*, GRUR 2022, 1261, 1266–1268.

Standard ebenfalls zum Sitz der SSO.[1100] Dieses Ergebnis wird auch dadurch gestützt, dass ein Abstellen auf den Sitz des jeweiligen SEP-Inhabers häufig zu einer der Funktionsfähigkeit eines Standards entgegenstehenden Zersplitterung des auf ein und dieselbe FRAND-Vereinbarung einer SSO anwendbaren Rechts führen würde, wenn die an einem Standard mitwirkenden SEP-Inhaber ihren Sitz in unterschiedlichen Staaten haben.[1101] Eine Abweichung über eine offensichtlich engere Verbindung zum Schutzlandrecht des jeweiligen Patents nach Art. 4 Abs. 3 Rom I-VO ist aufgrund des Ausnahmecharakters dieser Anknüpfung abzulehnen, die nur einschlägig ist, wenn die Regelanknüpfung zu einem scheinbar zufälligen Ergebnis führt, das in keiner sachlichen Beziehung zu dem Vertragsverhältnis steht.[1102]

Nach dem Gesagten kann es also zur Anwendbarkeit einer anderen als der deutschen Rechtsordnung kommen. Beispielsweise beim ETSI ist eine wirksame Rechtswahl zugunsten des französischen Rechts anzunehmen.[1103] Demnach stellt die FRAND-Erklärung eine *stipulation pour autrui* gemäß Art. 1205-1209 Code Civil dar.[1104] Diese entspricht in etwa einem Vertrag zugunsten Dritter im deutschen Recht, ist damit aber nicht gleichzusetzen und legt einen anderen Maßstab an die Auslegung einer Erklärung als verbindliches Versprechen an einen Dritten und die Bestimmtheit der wesentlichen Vertragsbedingungen an.[1105] Nach französischem Verständnis kann daher in einer FRAND-Erklärung ein verbindliches Versprechen gesehen werden, eine Lizenz an interessierte Lizenzsucher zu FRAND-Bedingungen zu erteilen.[1106] Ein Lizenzsucher hat

---

[1100] *Leistner/Kleeberger*, GRUR 2022, 1261, 1267–1268; *Maaßen*, Normung, Standardisierung und Immaterialgüterrechte, S. 269; *Straus*, GRUR Int. 2011, 469, 476; so auch nach Schweizer IPR: *Brunner*, sic! 2019, 1, 5.

[1101] *Leistner/Kleeberger*, GRUR 2022, 1261, 1266; *Straus*, GRUR Int. 2011, 469, 476.

[1102] In Bezug auf Patentlizenzverträge so auch: *Beyer*, GRUR 2021, 1008, 1014–1015.

[1103] OLG Karlsruhe, Urt. v. 30.10.2019 – 6 U 183/16, GRUR 2020, 166, Rn. 124 – *Datenpaketverarbeitung*; LG München I, Urt. v. 30.10.2020 – 21 O 11384/19, juris, Rn. 385 – *Lizenzverhandlung*; *Dornis*, GRUR 2020, 690, 692; MüKo BGB Bd. XIII/*Drexl*, Art. 8 Rom II-VO Rn. 271; *Kellenter*, GRUR 2021, 246, 247; *McGuire*, GRUR 2018, 128, 131; *Straus*, GRUR Int. 2011, 469, 475–476; *L. Tochtermann*, GRUR 2020, 905, 907–908; *P. Tochtermann*, GRUR 2021, 377, 379.

[1104] So die hM in Frankreich: *Caron*, CCE 2013, n° 7-8, 7, 8–9; sich dem anschließend: England and Wales High Court, Urt. v. 05.04.2017 – [2017] EWHC 711 (Pat), Rn. 139, 146 (Darstellung der französischen Diskussion in Rn. 98-146); OLG Karlsruhe, Urt. v. 30.10.2019 – 6 U 183/16, GRUR 2020, 166, Rn. 124 – *Datenpaketverarbeitung*; LG München I, Urt. v. 30.10.2020 – 21 O 11384/19, juris, Rn. 385 – *Lizenzverhandlung*; *Hess*, NZKart 2022, 437, 440; *Kellenter*, GRUR 2021, 246, 247; *McGuire*, GRUR 2018, 128, 131–132; *L. Tochtermann*, GRUR 2020, 905, 908; *P. Tochtermann*, GRUR 2021, 377, 379–380.

[1105] *Caron*, CCE 2013, n° 7-8, 7, 10; *McGuire*, GRUR 2018, 128, 131–132; *L. Tochtermann*, GRUR 2020, 905, 908; bezüglich der Möglichkeit im französischen Recht, dass die Lizenzgebühr bei Abschluss eines Vertrages noch nicht bestimmt oder bestimmbar muss: *Straus*, GRUR Int. 2011, 469, 478–479.

[1106] LG München I, Urt. v. 30.10.2020 – 21 O 11384/19, juris, Rn. 385 – *Lizenzverhandlung*; *Kellenter*, GRUR 2021, 246, 247; *McGuire*, GRUR 2018, 128, 131–132.

dann einen direkten schuldrechtlichen Anspruch auf treugemäß geführte Verhandlungen und Abschluss eines FRAND-Lizenzvertrages.[1107]

Beispiele für SSOs, bei denen keine Rechtswahl stattfindet, sind die Organisationen ITU, ISO und IEC.[1108] Bei diesen bestimmt sich daher das anwendbare Recht nach ihrem Sitz. Dieser befindet sich bei den drei genannten Organisationen in Genf, sodass das Schweizer Recht anzuwenden ist.[1109] Dieses sieht in der FRAND-Erklärung eine schuldrechtliche Verpflichtung im Sinne eines Vertrags zugunsten eines Dritten gemäß Art. 112 Schweizerisches Obligationenrecht, mit jedem Lizenzinteressierten Verhandlungen über eine FRAND-Lizenzierung nach Treu und Glauben gemäß Art. 2 Abs. 1 Schweizerisches Zivilgesetzbuch zu führen.[1110]

Diese Beispiele, die hier nur ausschnitthaft die Rechtslage für einige wenige SSOs darstellen können, zeigen, dass es bei Anwendbarkeit anderer Rechtsordnungen dazu kommen kann, dass eine vertragliche Verpflichtung aus der FRAND-Erklärung – anders als nach deutschem Recht – anzunehmen und ein vertraglicher FRAND-Einwand nach diesen Rechtsordnungen möglich ist.

c) Inhalt einer möglichen vertraglichen FRAND-Verpflichtung

Es stellt sich bei Annahme einer vertraglichen Pflichtenstellung des SEP-Inhabers aus der FRAND-Erklärung in der Folge die Frage, welchen Inhalt diese Verpflichtung hat. Die Auslegung der Verpflichtung richtet sich dabei nach der jeweilig anwendbaren Rechtsordnung.[1111] Wird im Verhältnis zwischen dem SEP-Inhaber und der SSO keine ausdrückliche Regelung getroffen, bestimmt sich der Inhalt in der Regel nach dem, was der gemeinsame Wille der beteiligten Parteien war.[1112] So bestimmen es bzgl. des oben beispielhaft ermittelten französischen bzw. schweizerischen Rechts auch die Auslegungsregeln des Art. 1188 Code Civil bzw. Art. 18 Schweizerisches Obligationenrecht.[1113] Diese entsprechen in etwa dem Maßstab der §§ 133, 157 BGB im deutschen Recht.[1114]

Nur wenn die Auslegung ergibt, dass der SEP-Inhaber sich über das kartellrechtlich ohnehin Geschuldete hinaus verpflichten wollte, sind Prüfung und Nachweis der marktbeherrschenden

---

[1107] *Czychowski*, GRUR Int. 2021, 421, 424–425; *McGuire*, GRUR 2018, 128, 131; *L. Tochtermann*, GRUR 2020, 905, 908.

[1108] *Leistner/Kleeberger*, GRUR 2022, 1261, 1264.

[1109] *Brunner*, sic! 2019, 1, 5; *Leistner/Kleeberger*, GRUR 2022, 1261, 1268.

[1110] *Brunner*, sic! 2019, 1, 6-7, 14-15; *Leistner/Kleeberger*, GRUR 2022, 1261, 1268.

[1111] *Dornis*, GRUR 2020, 690, 692; *L. Tochtermann*, GRUR 2020, 905, 908; *P. Tochtermann*, GRUR 2021, 377.

[1112] LG Düsseldorf, Urt. v. 19.01.2016 – 4b O 49/14, GRUR-RS 2016, 128144, Rn. 243; *Dornis*, GRUR 2020, 690, 693; *Kühnen*, Hdb. Patentverletzung, Kap. E Rn. 398.

[1113] *Czychowski*, GRUR Int. 2021, 421, 424; *Dornis*, GRUR 2020, 690, 693; *Leistner/Kleeberger*, GRUR 2022, 1261, 1268.

[1114] *Dornis*, GRUR 2020, 690, 693.

Stellung entbehrlich. Dabei muss die Situation im Zeitpunkt des Abschlusses der FRAND-Vereinbarung zwischen dem SEP-Inhaber und der SSO in den Blick genommen werden.[1115] Zu diesem Zeitpunkt hatte der Patentinhaber die volle ihm nach dem Patentgesetz zur Verfügung stehende und sowohl durch die Eigentumsgarantie nach Art. 14 GG[1116] und Art. 17 Abs. 2 EUGRCh[1117] als auch hinsichtlich der gerichtlichen Durchsetzung im Wege der Rechtsschutzgarantie aus Art. 19 Abs. 4, 20 Abs. 3 GG[1118] und Art. 47 EUGRCh[1119] geschützte Ausschließungsbefugnis aus dem Patent inne.[1120] Es ist anzunehmen, dass er diese Befugnis im geringstmöglichen Umfang beschränken möchte, nämlich nur soweit dies unbedingt erforderlich ist, um von der Einbringung in den Standard zu profitieren.[1121]

Sowohl der Patentinhaber als auch die SSO wollen die Etablierung eines funktionsfähigen Standards erreichen, haben aber kein Interesse an einer über rechtliche Erfordernisse hinausgehenden Pflichtenstellung.[1122] Um sich rechtskonform zu verhalten, ist die Abgabe einer FRAND-Erklärung zur Vermeidung einer kartellrechtswidrigen Absprache im Sinne von Art. 101 AEUV bzw. § 1 GWB – wie bereits gezeigt[1123] – notwendig.[1124] Da zu diesem Zeitpunkt nicht sicher ist, ob das jeweilige SEP des Patentinhabers tatsächlich zu einer marktbeherrschenden Stellung im Sinne von Art. 102 AEUV bzw. § 19 GWB führen wird, ist nicht anzunehmen, dass der Patentinhaber im Rahmen einer Erklärung, die er abgibt, um Kartellrechtskonformität herzustellen, mehr preisgeben möchte, als das Kartellrecht von ihm verlangt.[1125]

In der Regel ist also davon auszugehen, dass die FRAND-Erklärung – auch wenn sie nach ausländischen Rechtsordnungen eine vertragliche Grundlage für einen FRAND-Einwand bilden

---

[1115] *Kühnen*, Hdb. Patentverletzung, Kap. E Rn. 398-399; *P. Tochtermann*, GRUR 2021, 377, 380.

[1116] BVerfG, Beschl. v. 15.01.1974 – BvL 5/706/70; BvL 9/70, GRUR 1974, 142, 144; BVerfG, Beschl. v. 10.05.2000 – 1 BvR 1864/95, GRUR 2001, 43, 44 – *Klinische Versuche*; Jarass/Pieroth GG/*Jarass*, Art. 14 GG Rn. 8.

[1117] Streinz/*Streinz*, Art. 17 EUGRCh Rn. 25.

[1118] Jarass/Pieroth GG/*Jarass*, Art. 20 GG Rn. 128-129.

[1119] Streinz/*Streinz*, Art. 47 EUGRCh Rn. 7.

[1120] EuGH, Urt. v. 16.07.2015 – C-170/13, GRUR 2015, 764, Rn. 57-59 – *Huawei/ZTE*; GA *Wathelet*, Schlussanträge v. 20.11.2014 – C-170/13, BeckRS 2014, 82403, Rn. 61, 66; *Kühnen*, Hdb. Patentverletzung, Kap. E Rn. 383, 398.

[1121] *Dornis*, GRUR 2020, 690, 694; *D. Voß/Fehre*, FS 80 Jahre Patentgerichtsbarkeit in Düsseldorf (2016), 559, 565; unter Hinzuziehung des Gedankens der Zweckübertragungslehre: *Kühnen*, Hdb. Patentverletzung, Kap. E Rn. 398; Schulte/*Rinken*, § 24 PatG Rn. 94, 97; kritisch dazu: *McGuire*, GRUR 2018, 128, 134, Fn. 80.

[1122] *Dornis*, GRUR 2020, 690, 694.

[1123] Siehe: 3. Teil Kap. A. I. 2. b) (S. 103 f.).

[1124] LG Düsseldorf, Urt. v. 19.01.2016 – 4b O 49/14, GRUR-RS 2016, 128144, Rn. 239-240; *Bechtold/Bosch/Brinker*, EU-KartR, Art. 101 AEUV Rn. 195; Loewenheim/Meesen/Riesenkampff u.a./*Huttenlauch*, Art. 102 AEUV Rn. 267.

[1125] *Kühnen*, Hdb. Patentverletzung, Kap. E Rn. 399; Schulte/*Rinken*, § 24 PatG Rn. 95; *P. Tochtermann*, GRUR 2021, 377, 380.

kann – die Pflichtenstellung des Patentinhabers inhaltlich nicht über das kartellrechtlich Geschuldete hinaus verändert.[1126] Der Patentinhaber verpflichtet sich unter der Bedingung, dass sein SEP ihm tatsächlich eine marktbeherrschende Stellung verleiht, sodass das Vorliegen derselben auch bei einem vertraglich begründeten FRAND-Einwand nachzuweisende Voraussetzung ist.[1127] Ebenso ein Gleichlauf mit dem Kartellrecht besteht aus den gleichen Gründen bei der Beurteilung dessen, was FRAND ist.[1128] Es ist auch hierbei nicht anzunehmen, dass der Patentinhaber sich weitergehend verpflichten möchte, als es das Kartellrecht einem Marktbeherrscher vorgibt.[1129]

Zu betonen ist, dass sich aus einer konkreten FRAND-Erklärung Abweichendes ergeben kann, wenn sie entsprechende ausdrückliche Vereinbarungen enthält oder die Auslegung im Einzelfall dies nach der jeweiligen Rechtsordnung ergibt.[1130] Die hier erfolgte Einordnung kann nur eine Grundannahme des gemeinsamen Willens der Beteiligten treffen, sofern die Fallgestaltung keine Besonderheiten aufweist. Eine abschließende Beurteilung ist angesichts der Vielzahl an möglichen anwendbaren Rechtsordnungen und Erklärungsgestaltungen nicht möglich.

Aber auch bei bloßem Nachvollzug des Kartellrechts ist eine FRAND-Erklärung nicht bedeutungslos.[1131] Sie mag zwar hinsichtlich der Reichweite der Verpflichtung deklaratorisch sein und nach deutschem Recht auch keinen zusätzlichen Rechtsgrund für einen FRAND-Einwand darstellen. Nach ausländischen Rechtsordnungen kann sie aber konstitutiven Charakter hinsichtlich einer vertraglichen Verpflichtung dem Grunde nach haben, sodass der kartellrechtliche Anspruch

---

[1126] BGH, Urt. v. 05.05.2020 – KZR 36/17, GRUR 2020, 961, Rn. 81 – *FRAND-Einwand I*; LG Düsseldorf, Urt. v. 24.04.2012 – 4b O 273/10, GRUR-RS 2012, 9682, Rn. 174 – *Zugriffsschwellenwert*; LG München I, Urt. v. 30.10.2020 – 21 O 11384/19, juris, Rn. 385 – *Lizenzverhandlung*; *Baumann*, GRUR 2018, 145, 146; *Kellenter*, FS Mes (2009), 199, 210; Schulte/*Rinken*, § 24 PatG Rn. 92.

[1127] OLG Düsseldorf, Beschl. v. 17.11.2016 – 15 U 66/15, BeckRS 2016, 21067, Rn. 2; LG Düsseldorf, Urt. v. 19.01.2016 – 4b O 49/14, GRUR-RS 2016, 128144, Rn. 243; Haedicke/Timmann/*Bukow*, § 13 Rn. 341; *Haedicke*, GRUR Int. 2017, 661, 663–664; *Keßler/Palzer*, WRP 2020, 1205, 1206; *Kühnen*, Hdb. Patentverletzung, Kap. E Rn. 399; Schulte/*Rinken*, § 24 PatG Rn. 94-96; *P. Tochtermann*, GRUR 2021, 377, 380–381; a.A.: *Jacob*, Mitt. 2020, 97, 100; *Leistner/Kleeberger*, GRUR 2020, 1241, 1245–1246; *McGuire*, GRUR 2018, 128, 134.

[1128] Genaueres zum FRAND-Maßstab siehe unter: 3. Teil Kap. B. V. (S. 227 ff.).

[1129] BGH, Urt. v. 05.05.2020 – KZR 36/17, GRUR 2020, 961, Rn. 81 – *FRAND-Einwand I*; OLG Düsseldorf, Urt. v. 30.03.2017 – 15 U 66/15, GRUR 2017, 1219, Rn. 176 – *Mobiles Kommunikationssystem*; LG Düsseldorf, Urt. v. 24.04.2012 – 4b O 273/10, GRUR-RS 2012, 9682, Rn. 186-187 – *Zugriffsschwellenwert*; LG Mannheim, Urt. v. 24.01.2017 – 2 O 131/16, BeckRS 2017, 156266, Rn. 94; Haedicke/Timmann/*Bukow*, § 13 Rn. 397; *Kühnen*, Hdb. Patentverletzung, Kap. E Rn. 411, 419; Schulte/*Rinken*, § 24 PatG Rn. 97; a.A.: England and Wales High Court, Urt. v. 05.04.2017 – [2017] EWHC 711 (Pat), Rn. 153; *Hess*, NZKart 2022, 437, 441; *Kurtz/Straub*, GRUR 2018, 136, 140–141; GA *Wathelet,* Schlussanträge v. 20.11.2014 – C-170/13, BeckRS 2014, 82403, Rn. 48, 70-74 (Der GA unterscheidet in Rn. 48 wohl zwischen unangemessenen und eindeutig überhöhten (also missbräuchlichen) Lizenzgebühren, sieht dann aber in Rn. 74 auch in unangemessenen Gebühren eine kartellrechtlich relevante Missbräuchlichkeit. Der EuGH unterschied in seinem darauffolgenden Urteil nicht, hatte aber auch nicht über die Frage eines vertraglichen Einwands zu entscheiden.).

[1130] *P. Tochtermann*, GRUR 2021, 377, 380–381.

[1131] *Block*, Mitt. 2017, 97, 101; *Kühnen*, Hdb. Patentverletzung, Kap. E Rn. 408.

unter Umständen „aufgedoppelt"[1132] wird.[1133] Soweit die FRAND-Erklärung als deklaratorischer Nachvollzug des Kartellrechts zu verstehen ist, so schließt dies zudem nicht aus, dass der FRAND-Erklärung Bedeutung für die kartellrechtliche Beurteilung der Anspruchsdurchsetzung durch den SEP-Inhaber zukommt,[1134] da dabei der vertrauenserweckende Charakter der FRAND-Erklärung zu berücksichtigen ist.[1135] Nicht zuletzt ist auch die Möglichkeit der wirksamen Wahl der anwendbaren Rechtsordnung durch die FRAND-Erklärung ein konstitutives Element.[1136]

Die FRAND-Erklärung macht also durchaus einen Unterschied, die marktbeherrschende Stellung ersetzt sie indes in der Regel nicht. Auch bei De-iure-Standards bildet die marktbeherrschende Stellung also die Grundvoraussetzung für einen erfolgreichen FRAND-Einwand.

IV. Missbrauch der marktbeherrschenden Stellung – Differenzierung der Voraussetzungen nach dem Lizenzierungsverhalten

Eine marktbeherrschende Stellung allein führt jedoch nicht zu einer kartellrechtlichen Sanktionierung aus Art. 102 AEUV bzw. §§ 19, 20 GWB.[1137] Dem Marktbeherrscher wird nicht seine Marktmacht vorgeworfen, sondern deren Missbrauch.[1138] Voraussetzung des kartellrechtlichen Zwangslizenzeinwandes ist also auch, dass der Patentinhaber seine marktbeherrschende Stellung missbraucht hat.[1139]

1. Missbräuchliches Verhalten im Kartellrecht

Der EuGH beschreibt die missbräuchliche Ausnutzung einer marktbeherrschenden Stellung als einen objektiven Begriff, der auf die Verhaltensweisen eines Unternehmens in beherrschender Stellung abstellt. Missbräuchlich seien solche Verhaltensweisen, die auf einem Markt, auf dem der Grad an Wettbewerb gerade wegen der Anwesenheit des fraglichen Unternehmens bereits geschwächt sei, die Aufrechterhaltung des auf dem Markt noch bestehenden Wettbewerbs oder die Entwicklung des Wettbewerbs durch den Einsatz von anderen Mitteln behindern würden als

---

[1132] *McGuire*, GRUR 2018, 128, 135.

[1133] *L. Tochtermann*, GRUR 2020, 905, 911.

[1134] Siehe zum Einfluss auf die Verteilung der kartellrechtlich gebotenen Verhaltenspflichten unter 3. Teil Kap. B. I. 3. (S. 154 ff.).

[1135] EuGH, Urt. v. 16.07.2015 – C-170/13, GRUR 2015, 764, Rn. 53 – *Huawei/ZTE*; *Keßler/Palzer*, WRP 2020, 1205, 1206; *Kühnen*, Hdb. Patentverletzung, Kap. E Rn. 408; *P. Tochtermann*, GRUR 2021, 377, 382.

[1136] *McGuire*, GRUR 2018, 128, 135.

[1137] Calliess/Ruffert/*Weiß*, Art. 102 AEUV Rn. 30.

[1138] EuGH, Urt. v. 09.11.1983 – C-322/81, Slg. 1983, 3461, Rn. 57 – *Michelin*; KK KartellR/*Busche*, Art. 102 AEUV Rn. 43.

[1139] *Block/Rätz*, GRUR 2019, 797, 800; Busse/Keukenschrijver/*McGuire*, § 15 PatG Rn. 371.

denjenigen eines normalen Produkt- oder Dienstleistungswettbewerbs auf der Grundlage der Leistungen der Wirtschaftsteilnehmer.[1140]

Ein marktbeherrschendes Unternehmen darf sich also zum einen keiner anderen Mittel als derer des Leistungswettbewerbs bedienen.[1141] Darüber hinaus kommt ihm zum anderen aber auch im Rahmen des Leistungswettbewerbs eine besondere Verantwortung zu, den (Rest-)Wettbewerb, der allein aufgrund der Anwesenheit eines marktbeherrschenden Unternehmens auf dem Markt gefährdet sein kann, durch sein Verhalten nicht zu beeinträchtigen.[1142] Dabei braucht es keine verwerfliche oder wettbewerbsschädigende subjektive Absicht des Marktbeherrschers.[1143] Die Rechtmäßigkeit eines Verhaltens nach anderen Normen hindert nicht die Beurteilung als missbräuchlich im kartellrechtlichen Sinne.[1144]

Das Missbrauchsverbot soll also sowohl Verhaltensweisen erfassen, die dem marktbeherrschenden Unternehmen nur aufgrund seiner Stellung im Markt und der sich daraus ergebenden fehlenden Einhegung seines Verhaltensspielraums möglich sind,[1145] als auch solche Verhaltensweisen, die zwar auch zum Repertoire des Leistungswettbewerbs eines nicht den Markt beherrschenden Unternehmens gehören, aber bei Durchführung durch einen Marktbeherrscher den Wettbewerb gefährden können.[1146]

[1140] EuGH, Urt. v. 13.02.1979 – C-85/76, Slg. 1979, 461, Rn. 91 – *Hoffmann-La Roche*; EuGH, Urt. v. 03.07.1991 – C-62/86, Slg. 1991, I-3359, Rn. 69 – *AKZO*; EuGH, Urt. v. 19.04.2012 – C-549/10 P, BeckRS 2012, 80746, Rn. 17 – *Tomra*; EuGH, Urt. v. 06.12.2012 – C-457/10 P, BeckRS 2012, 82567, Rn. 74 – *AstraZeneca*; EuGH, Urt. v. 16.07.2015 – C-170/13, GRUR 2015, 764, Rn. 45 – *Huawei/ZTE*; EuGH, Urt. v. 30.01.2020 – C-307/18, BeckRS 2020, 490, Rn. 148 – *Generics (UK)*; EuGH, Urt. v. 12.05.2022 – C-377/20, EuZW 2022, 749, Rn. 67-68 – *ENEL/AGCM*; EuGH, Urt. v. 12.01.2023 – C-42/21 P, BeckRS 2023, 87, Rn. 77 – *Gleisabbau in Litauen*.

[1141] EuGH, Urt. v. 03.07.1991 – C-62/86, Slg. 1991, I-3359, Rn. 70 – *AKZO*; EuGH, Urt. v. 06.12.2012 – C-457/10 P, BeckRS 2012, 82567, Rn. 75 – *AstraZeneca*.

[1142] EuGH, Urt. v. 09.11.1983 – C-322/81, Slg. 1983, 3461, Rn. 57 – *Michelin*; EuGH, Urt. v. 06.09.2017 – C-413/14, EuZW 2017, 850, Rn. 134-135 – *Intel*; EuGH, Urt. v. 30.01.2020 – C-307/18, BeckRS 2020, 490, Rn. 153 – *Generics (UK)*; EuG, Urt. v. 10.07.1990 – T-51/89, Slg. 1990, II-309, Rn. 37 – *Tetra Pak*; EuG, Urt. v. 01.04.1993 – T-65/89, Slg. 1993, II-389, Rn. 67 – *BPB*; BGH, Urt. v. 05.05.2020 – KZR 36/17, GRUR 2020, 961, Rn. 72 – *FRAND-Einwand I*.

[1143] *Bechtold/Bosch/Brinker*, EU-KartR, Art. 102 AEUV Rn. 39; Berg/Mäsch/*Berg*, Art. 102 AEUV Rn. 40; KK KartellR/*Busche*, Art. 102 AEUV Rn. 80; Schuster/Grützmacher/*C. Wolf*, Art. 102 AEUV Rn. 1.

[1144] EuGH, Urt. v. 06.12.2012 – C-457/10 P, BeckRS 2012, 82567, Rn. 132 – *AstraZeneca*; EuGH, Urt. v. 12.05.2022 – C-377/20, EuZW 2022, 749, Rn. 67 – *ENEL/AGCM*.

[1145] KK KartellR/*Busche*, Art. 102 AEUV Rn. 77, 79; Calliess/Ruffert/*Weiß*, Art. 102 AEUV Rn. 30.

[1146] *Bechtold/Bosch/Brinker*, EU-KartR, Art. 102 AEUV Rn. 34; MüKo WettbR Bd. II/*M. Wolf*, § 19 GWB Rn. 34.

2. Erfordernis außergewöhnlicher Umstände bei Immaterialgüterrechten

Bei der Beurteilung der Missbräuchlichkeit als Voraussetzung des kartellrechtlichen Zwangslizenzeinwands gegen die Durchsetzung eines Unterlassungsanspruchs aus einem Patent ist zu beachten, dass die Befugnis, andere von der Nutzung auszuschließen, zum substanziellen Kern von Immaterialgüterrechten gehört.[1147] Auch wenn ein Patent einem Unternehmen eine marktbeherrschende Stellung vermittelt, ist die sich aus dem Schutzrecht ergebende Ausschließungsbefugnis vom grundrechtlichen Eigentumsschutz nach Art. 14 GG bzw. Art. 17 Abs. 2 EUGRCh und der Rechtsschutzgarantie aus Art. 19 Abs. 4, 20 Abs. 3 GG bzw. Art. 47 EUGRCh umfasst.[1148] Hierbei soll den Rechten des geistigen Eigentums nach der Durchsetzungsrichtlinie[1149] ein hohes Schutzniveau zukommen.[1150] Die Ausübung des Rechts aus einem Patent stellt an sich im Normalfall daher keinen Missbrauch einer marktbeherrschenden Stellung dar.[1151]

Den Interessen des Patentinhabers stehen aber das im Rahmen der Berufsfreiheit bzw. der unternehmerischen Freiheit nach Art. 12 GG[1152] bzw. Art. 16 EUGRCh[1153] geschützte Interesse des Patentnutzers, sich möglichst ungehindert am Markt bewegen zu können, und das kartellrechtliche Ziel der Gewährleistung eines freien Leistungswettbewerbs entgegen.[1154]

[1147] EuGH, Urt. v. 05.10.1988 – C-53/87, NJW 1990, 627, Rn. 11 – *Renault*; EuGH, Urt. v. 05.10.1988 – C-238/87, NJW 1990, 628, Rn. 8 – *Volvo*; BGH, Urt. v. 13.07.2004 – KZR 40/02, GRUR 2004, 966, 968 – *Standard-Spundfass*; Busse/Keukenschrijver/*McGuire*, § 24 PatG Rn. 103.

[1148] EuGH, Urt. v. 16.07.2015 – C-170/13, GRUR 2015, 764, Rn. 46 – *Huawei/ZTE*; LG München I, Urt. v. 20.12.2018 – 7 O 10495/17, BeckRS 2018, 33489, Rn. 101 – *Niederspannungs-Hüllkurvenverfolger I*; Loewenheim/Meesen/Riesenkampff u.a./*Huttenlauch*, Art. 102 AEUV Rn. 291; Wiedemann/*Scholz*, § 22 Rn. 166-167.

[1149] Richtlinie 2004/48/EG des Europäischen Parlaments und des Rates vom 29. April 2004 zur Durchsetzung der Rechte des geistigen Eigentums in der Fassung der Berichtigung vom 2. Juni 2004, ABl. 2004 L195 S. 16 (Ursprungsfassung in ABl. 2004 L157 S. 45), EG 10.

[1150] EuGH, Urt. v. 16.07.2015 – C-170/13, GRUR 2015, 764, Rn. 57 – *Huawei/ZTE*; EuG, Urt. v. 13.07.2022 – T-886/19, BeckRS 2022, 16383, Rn. 85 – *Design Light & Led*.

[1151] EuGH, Urt. v. 06.04.1995 – C-241/91 P, C-242/91 P, GRUR Int. 1995, 490, Rn. 49 – *Magill*; EuGH, Urt. v. 29.04.2004 – C-418/01, GRUR 2004, 524, Rn. 35 – *IMS Health*; EuGH, Urt. v. 16.07.2015 – C-170/13, GRUR 2015, 764, Rn. 46 – *Huawei/ZTE*; EuGH, Urt. v. 30.01.2020 – C-307/18, BeckRS 2020, 490, Rn. 150 – *Generics (UK)*; BGH, Urt. v. 05.05.2020 – KZR 36/17, GRUR 2020, 961, Rn. 69 – *FRAND-Einwand I*; Loewenheim/Meesen/Riesenkampff u.a./*J.B. Nordemann*, 3. Teil Rn. 135; BeckOK PatR/*Wilhelmi*, § 24 PatG Rn. 97.

[1152] Jarass/Pieroth GG/*Jarass*, Art. 12 GG Rn. 11-12.

[1153] Streinz/*Streinz*, Art. 16 EUGRCh Rn. 6.

[1154] EuGH, Urt. v. 16.07.2015 – C-170/13, GRUR 2015, 764, Rn. 42 – *Huawei/ZTE*; GA *Wathelet,* Schlussanträge v. 20.11.2014 – C-170/13, BeckRS 2014, 82403, Rn. 59; LG Düsseldorf, Urt. v. 26.03.2015 – 4b O 140/13, GRUR-RS 2015, 15911, Rn. 107; *Kühnen*, Hdb. Patentverletzung, Kap. E Rn. 398.

Es muss also eine Abwägung zwischen den sich gegenüberstehenden Rechtspositionen stattfinden.[1155] Allgemein lässt sich dabei festhalten, dass die Durchsetzung eines Immaterialgüterrechts nur unter außergewöhnlichen Umständen als Missbrauch einer marktbeherrschenden Stellung angesehen werden kann.[1156] Diese Umstände müssen zu der durch das Patent vermittelten Position hinzutreten, sodass der Patentinhaber sein Ausschließlichkeitsrecht in einer Weise durchsetzt, die über das durch die dem Patent zugrunde liegende Erfindungsleistung gerechtfertigte Maß hinausgeht und den Wettbewerb gefährdet.[1157]

3. Differenzierung nach dem Lizenzierungsverhalten

Wann das Vorliegen außergewöhnlicher Umstände anzunehmen ist und somit die Abwägung zugunsten des Patentnutzers ausgeht, lässt sich nicht pauschal beantworten.[1158] Bei der notwendigen Differenzierung nach den unterschiedlichen Sachverhaltskonstellationen[1159] kommt es neben der Standardessentialität oder Standardfreiheit eines Patents[1160] vor allem darauf an, ob für ein Patent bereits ein Lizenzierungsmarkt besteht, weil der Patentinhaber bereits Lizenzen daran vergeben hat, ob er eine FRAND-Erklärung abgegeben hat oder ob bislang keine Lizenzierung stattgefunden hat und eine solche auch nicht durch eine FRAND-Erklärung versprochen wurde.[1161] Hat der Patentinhaber sein Patent selbst „zu Markte getragen"[1162], so treffen ihn andere Verpflichtungen als bei generell unterbliebener Lizenzierung.[1163] Wurde eine FRAND-Erklärung abgegeben, hat der Patentinhaber berechtigte Erwartungen geweckt, die ohne eine FRAND-Erklärung nicht bestünden.[1164] Das Vorliegen besonderer Umstände und damit die Voraussetzungen des kartellrechtlichen Zwangslizenzeinwandes hinsichtlich der Missbräuchlichkeit der Durchsetzung des

---

[1155] EuGH, Urt. v. 16.07.2015 – C-170/13, GRUR 2015, 764, Rn. 42 – *Huawei/ZTE*; GA *Wathelet,* Schlussanträge v. 20.11.2014 – C-170/13, BeckRS 2014, 82403, Rn. 59; LG München I, Urt. v. 30.10.2020 – 21 O 11384/19, juris, Rn. 299-300 – *Lizenzverhandlung.*

[1156] EuGH, Urt. v. 06.04.1995 – C-241/91 P, C-242/91 P, GRUR Int. 1995, 490, Rn. 50 – *Magill*; EuGH, Urt. v. 29.04.2004 – C-418/01, GRUR 2004, 524, Rn. 35 – *IMS Health*; EuGH, Urt. v. 16.07.2015 – C-170/13, GRUR 2015, 764, Rn. 47 – *Huawei/ZTE*; *Bechtold/Bosch*, GWB, § 19 GWB Rn. 48; Loewenheim/Meesen/Riesenkampff u.a./*Huttenlauch*, Art. 102 AEUV Rn. 291.

[1157] BGH, Urt. v. 13.07.2004 – KZR 40/02, GRUR 2004, 966, 968 – *Standard-Spundfass*; LG Mannheim, Urt. v. 18.02.2011 – 7 O 100/10, juris, Rn. 176 – *UMTS-fähiges Mobiltelefon II*; MüKo WettbR Bd. I/*M. Wolf*, Grundlagen Rn. 1217.

[1158] BGH, Urt. v. 13.07.2004 – KZR 40/02, GRUR 2004, 966, 968 – *Standard-Spundfass*.

[1159] Siehe: 1. Teil Kap. B. (S. 15 ff.).

[1160] LG München I, Urt. v. 20.12.2018 – 7 O 10495/17, BeckRS 2018, 33489, Rn. 368 – *Niederspannungs-Hüllkurvenverfolger I.*

[1161] *Kühnen*, Hdb. Patentverletzung, Kap. E Rn. 304; Schulte/*Rinken*, § 24 PatG Rn. 49.

[1162] *Busche*, GRUR 2021, 157, 161.

[1163] *Busche*, GRUR 2021, 157, 161; *Kühnen*, Hdb. Patentverletzung, Kap. E Rn. 304; *Rüting*, GRUR-Prax 2013, 382.

[1164] EuGH, Urt. v. 16.07.2015 – C-170/13, GRUR 2015, 764, Rn. 53 – *Huawei/ZTE*.

patentrechtlichen Unterlassungsanspruchs unterscheiden sich also je nach Sachverhaltskonstellation insbesondere anhand des vom Patentinhaber betriebenen Lizenzierungsverhaltens.[1165]

B. SEP mit FRAND-Erklärung – De-iure-Standards

Zur Fallkonstellation der SEP, bei denen der Patentinhaber im Rahmen eines Standardisierungsprozesses gegenüber einer SSO eine FRAND-Erklärung abgegeben hat, hat der EuGH die grundlegenden Voraussetzungen zur Bestimmung eines missbräuchlichen Verhaltens des Patentinhabers bei der Durchsetzung des Unterlassungsanspruchs in der Sache *Huawei/ZTE* entwickelt.[1166]

I. *Huawei/ZTE*-Urteil des EuGH

Mit der Beurteilung der Missbräuchlichkeit der Durchsetzung von SEP eines De-iure-Standards beschäftigte sich der EuGH erstmals im Jahr 2015 im Rahmen eines Vorlageverfahrens nach Art. 267 AEUV.[1167]

1. Einordnung der Sachverhaltskonstellation

In dem zugrunde liegenden Verfahren vor dem LG Düsseldorf standen sich die für das Urteil namensgebenden Parteien Huawei Technologies Co Ltd. (Huawei) und die ZTE Corp./ZTE Deutschland GmbH (ZTE) gegenüber.[1168] Huawei warf ZTE die Verletzung eines von Huawei gehaltenen Patents durch den Vertrieb patentnutzender Mobiltelefone vor.[1169]

Dieses Patent stammte aus dem LTE-Standard und war von Huawei am 04.03.2009 bei der SSO ETSI unter Abgabe einer FRAND-Erklärung als standardessentiell gemeldet worden.[1170] Der LTE-Standard ist ein Mobilfunkstandard und umfasste im Zeitpunkt des Verfahrens vor dem EuGH über 4.700 SEP.[1171]

Das streitgegenständliche Patent von Huawei, das der Versendung eines für den LTE-Standard notwendigen Synchronisierungssignals zugrunde liegt, war dabei als tatsächlich standardessentiell einzustufen, sodass eine Umgehung ohne Verlust einer marktzugangsrelevanten Funktion

---

[1165] *Kühnen*, Hdb. Patentverletzung, Kap. E Rn. 304; MüKo WettbR Bd. I/*M. Wolf*, Grundlagen Rn. 1240.
[1166] EuGH, Urt. v. 16.07.2015 – C-170/13, GRUR 2015, 764 – *Huawei/ZTE*.
[1167] GA *Wathelet*, Schlussanträge v. 20.11.2014 – C-170/13, BeckRS 2014, 82403, Rn. 1-2.
[1168] EuGH, Urt. v. 16.07.2015 – C-170/13, GRUR 2015, 764 – *Huawei/ZTE*.
[1169] EuGH, Urt. v. 16.07.2015 – C-170/13, GRUR 2015, 764 – *Huawei/ZTE*; LG Düsseldorf, Beschl. v. 21.03.2013 – 4b O 104/12, GRUR Int. 2013, 547, Rn. 6, 10.
[1170] EuGH, Urt. v. 16.07.2015 – C-170/13, GRUR 2015, 764 – *Huawei/ZTE*; GA *Wathelet*, Schlussanträge v. 20.11.2014 – C-170/13, BeckRS 2014, 82403, Rn. 4-5; LG Düsseldorf, Beschl. v. 21.03.2013 – 4b O 104/12, GRUR Int. 2013, 547, Rn. 5.
[1171] EuGH, Urt. v. 16.07.2015 – C-170/13, GRUR 2015, 764, Rn. 40 – *Huawei/ZTE*.

nicht möglich war.[1172] Der EuGH hatte also über einen Sachverhalt zu entscheiden, welcher der Fallkonstellation der SEP mit FRAND-Erklärung im Rahmen eines durch eine SSO normierten De-iure-Standards entsprang.

2. Ausgangssituation und Verfahrensgang

Huawei machte mit Klage vom 28.04.2011 Ansprüche auf Unterlassung, Rechnungslegung und Rückruf sowie die Feststellung der Schadensersatzpflicht geltend.[1173] Vorangegangene Verhandlungen zwischen den Parteien waren nach dem Austausch divergierender Vorstellungen hinsichtlich der Lizenzbedingungen aber ohne konkret ergangene Lizenzvertragsangebote erfolglos geblieben.[1174]

Die rechtliche Frage, wegen der das LG Düsseldorf in der Folge den EuGH anrief, betraf die Voraussetzungen eines Missbrauchs einer marktbeherrschenden Stellung gemäß Art. 102 AEUV durch die Geltendmachung von patentrechtlichen Ansprüchen durch einen marktbeherrschenden SEP-Inhaber in der beschriebenen Fallkonstellation.[1175] Dass Huawei eine marktbeherrschende Stellung innehatte, war unstreitig und nicht Teil der Vorlage.[1176]

Für die Fallgruppe der SEP ohne FRAND-Erklärung[1177] hatte der BGH in seiner *Orange-Book-Standard*-Entscheidung von 2009 geurteilt, dass ein Patentnutzer, bevor ein Missbrauch durch den SEP-Inhaber infrage kommt, ein unbedingtes und annahmefähiges Angebot an den SEP-Inhaber zu unterbreiten, ab Nutzungsaufnahme über die Nutzung abzurechnen und die sich daraus ergebenden Zahlungen bzw. entsprechende Sicherheiten zu leisten hat.[1178] Die EU-Kommission hatte in einer Pressemitteilung vom 21.12.2012 zu einem kartellrechtlichen Verfahren zwischen Samsung und Apple mit Bezug zum 3G-Mobilfunkstandard jedoch verlauten lassen, dass bei SEP mit FRAND-Erklärung lediglich die Verhandlungsbereitschaft des Patentnutzers, eine Lizenznahme zu FRAND-Bedingungen auszuhandeln, genüge, um die Durchsetzung des Unterlassungsanspruchs des Patentinhabers als missbräuchlich zu beurteilen.[1179]

[1172] EuGH, Urt. v. 16.07.2015 – C-170/13, GRUR 2015, 764, Rn. 49-50 – *Huawei/ZTE*; LG Düsseldorf, Beschl. v. 21.03.2013 – 4b O 104/12, GRUR Int. 2013, 547, Rn. 3.

[1173] EuGH, Urt. v. 16.07.2015 – C-170/13, GRUR 2015, 764 – *Huawei/ZTE*; LG Düsseldorf, Beschl. v. 21.03.2013 – 4b O 104/12, GRUR Int. 2013, 547, Rn. 1.

[1174] EuGH, Urt. v. 16.07.2015 – C-170/13, GRUR 2015, 764 – *Huawei/ZTE*; LG Düsseldorf, Beschl. v. 21.03.2013 – 4b O 104/12, GRUR Int. 2013, 547, Rn. 7.

[1175] EuGH, Urt. v. 16.07.2015 – C-170/13, GRUR 2015, 764, Rn. 41 – *Huawei/ZTE*; GA *Wathelet*, Schlussanträge v. 20.11.2014 – C-170/13, BeckRS 2014, 82403, Rn. 2; MüKo WettbR Bd. I/*Eilmansberger/Bien*, Art. 102 AEUV Rn. 776.

[1176] EuGH, Urt. v. 16.07.2015 – C-170/13, GRUR 2015, 764, Rn. 43 – *Huawei/ZTE*; *Wüsthof*, EWS 2015, 287, 288.

[1177] Im Einzelnen dazu unter: 3. Teil Kap. C. (S. 281 ff.).

[1178] BGH, Urt. v. 06.05.2009 – KZR 39/06, GRUR 2009, 694, Rn. 29 – *Orange-Book-Standard*.

[1179] *Europäische Kommission*, Pressemitteilung vom 21.12.2012 (IP/12/1448), https://ec.europa.eu/commission/presscorner/detail/de/IP_12_1448 (zuletzt abgerufen am 30.06.2023), S. 1; Diesen Maßstab

Das LG Düsseldorf stellte fest, dass mangels Angebot durch ZTE die Kriterien des BGH nicht erfüllt waren,[1180] eine Verhandlungsbereitschaft im Sinne der Mitteilung der EU-Kommission aber durchaus anzunehmen war.[1181] Dem Ansatz der EU-Kommission, bloße Verhandlungsbereitschaft genügen zu lassen, stand es dabei aufgrund dessen Missbrauchspotential und Konturlosigkeit allerdings kritisch gegenüber.[1182] Angesichts dieser unterschiedlichen Auslegungsmöglichkeiten des Missbrauchsverbots, der ungeklärten Situation hinsichtlich der Fallgruppe der De-iure-Standards und der grundlegenden Bedeutung vor dem Hintergrund der zunehmenden Verbreitung von patentnutzenden Standards, legte das LG Düsseldorf den Fall mit Beschluss vom 21.03.2013 dem EuGH gem. Art. 267 AEUV vor.[1183]

3.   Entscheidung

Das Urteil in der Sache *Huawei/ZTE* erging am 16.07.2015 durch die fünfte Kammer des EuGH.[1184] Aufgrund eines sprachlichen Fehlers in der deutschen Fassung des Urteils wurde dieses mit Berichtigungsbeschluss vom 15.12.2015 gemäß Art. 103 Abs. 1 der Verfahrensordnung des EuGH korrigiert.[1185]

a)   Vorgehensweise des EuGH und zugrunde liegende Wertungen

Der EuGH gruppierte bei der Beantwortung der Vorlagefragen die im Ausgangsverfahren geltend gemachten Ansprüche nach dem Kriterium, ob deren Geltendmachung geeignet ist, sich unmittelbar auf die Verfügbarkeit konkurrierender Produkte am Markt auszuwirken.[1186] Demnach befasste er sich mit den Ansprüchen auf Unterlassung und Rückruf auf der einen Seite und separat mit den Ansprüchen auf Rechnungslegung und Schadensersatz auf der anderen Seite.[1187] Bei den letztgenannten Ansprüchen verneinte er eine Missbräuchlichkeit der Geltendmachung eines SEP

---

später in einem Verfahren gegen Motorola wiederholend: *dies.*, Pressemitteilung vom 06.05.2013 (IP/13/406), https://ec.europa.eu/commission/presscorner/detail/de/IP_13_406 (zuletzt abgerufen am 30.06.2023), S. 1.

[1180]   LG Düsseldorf, Beschl. v. 21.03.2013 – 4b O 104/12, GRUR Int. 2013, 547, Rn. 25-28.
[1181]   LG Düsseldorf, Beschl. v. 21.03.2013 – 4b O 104/12, GRUR Int. 2013, 547, Rn. 29-30.
[1182]   LG Düsseldorf, Beschl. v. 21.03.2013 – 4b O 104/12, GRUR Int. 2013, 547, Rn. 39.
[1183]   LG Düsseldorf, Beschl. v. 21.03.2013 – 4b O 104/12, GRUR Int. 2013, 547, Rn. 51-52.
[1184]   EuGH, Urt. v. 16.07.2015 – C-170/13, GRUR 2015, 764 – *Huawei/ZTE*.
[1185]   EuGH, Beschl. v. 15.12.2015 – C-170/13 REC, BeckRS 2015, 126888, Rn. 2: Korrigiert wurden der erste Gedankenstrich des Tenors und Rn. 71 der Entscheidungsgründe.
[1186]   EuGH, Urt. v. 16.07.2015 – C-170/13, GRUR 2015, 764, Rn. 52, 73-74 – *Huawei/ZTE*; GA *Wathelet*, Schlussanträge v. 20.11.2014 – C-170/13, BeckRS 2014, 82403, Rn. 100, 102; *Block*, GRUR 2017, 121.
[1187]   EuGH, Urt. v. 16.07.2015 – C-170/13, GRUR 2015, 764, Rn. 44, 72 – *Huawei/ZTE*.

mit FRAND-Erklärung durch den SEP-Inhaber mangels Einflussmöglichkeit auf den Wettbewerb.[1188] Bei den Ansprüchen auf Unterlassung und Rückruf hielt der EuGH eine Missbräuchlichkeit der Geltendmachung aber für möglich, da diese sich unmittelbar auf die Verfügbarkeit von Produkten im Wettbewerb auswirken könnten.[1189]

Der EuGH betonte dabei die Bedeutung der Ansprüche des Patentinhabers für die Ausübung seines Ausschließlichkeitsrechts und den damit verbundenen und grundrechtlich abgesicherten Schutz des Immaterialgüterrechts an sich.[1190] Allerdings gab er auch vor, dass zu berücksichtigen sei, dass in der betrachteten Fallkonstellation das Patent im Rahmen eines Standardisierungsprozesses einer SSO Teil eines Standards und damit für die standardkonforme Produktherstellung unerlässlich geworden sei.[1191]

Zudem unterstrich der EuGH die Besonderheit, dass die Aufnahme in den Standard nur im Gegenzug zur Abgabe einer unwiderruflichen Erklärung des Patentinhabers, Dritten Lizenzen zu FRAND-Bedingungen zu erteilen, erfolgt sei.[1192] Diese FRAND-Erklärung wecke laut EuGH bei Dritten die berechtigte Erwartung, dass der SEP-Inhaber ihnen tatsächlich FRAND-Lizenzen erteilen werde, sodass ihr eine vertrauensbegründende Wirkung zukomme, die der Geltendmachung der Ansprüche auf Unterlassung und Rückruf entgegengehalten werden könne.[1193]

b)   Die *Huawei/ZTE*-Kriterien

Auf dieser Basis entschied der EuGH, dass bestimmte, die entgegenstehenden Interessen ausbalancierende Kriterien zu beachten seien, damit die Anspruchsgeltendmachung nicht als missbräuchlich anzusehen ist.[1194] Diese „Anforderungen"[1195] legte er in einer Abfolge von Verhandlungsschritten dar, die dem EuGH zufolge grundsätzlich vor einer gerichtlichen Geltendmachung zu durchlaufen seien:[1196]

[1188]   EuGH, Urt. v. 16.07.2015 – C-170/13, GRUR 2015, 764, Rn. 74-76 – *Huawei/ZTE*; GA *Wathelet*, Schlussanträge v. 20.11.2014 – C-170/13, BeckRS 2014, 82403, Rn. 101-102.
[1189]   EuGH, Urt. v. 16.07.2015 – C-170/13, GRUR 2015, 764, Rn. 52-54 – *Huawei/ZTE*.
[1190]   EuGH, Urt. v. 16.07.2015 – C-170/13, GRUR 2015, 764, Rn. 46, 52, 57-58 – *Huawei/ZTE*; GA *Wathelet*, Schlussanträge v. 20.11.2014 – C-170/13, BeckRS 2014, 82403, Rn. 61-62.
[1191]   EuGH, Urt. v. 16.07.2015 – C-170/13, GRUR 2015, 764, Rn. 49-50, 52 – *Huawei/ZTE*; GA *Wathelet*, Schlussanträge v. 20.11.2014 – C-170/13, BeckRS 2014, 82403, Rn. 71.
[1192]   EuGH, Urt. v. 16.07.2015 – C-170/13, GRUR 2015, 764, Rn. 51 – *Huawei/ZTE*.
[1193]   EuGH, Urt. v. 16.07.2015 – C-170/13, GRUR 2015, 764, Rn. 53-54 – *Huawei/ZTE*.
[1194]   EuGH, Urt. v. 16.07.2015 – C-170/13, GRUR 2015, 764, Rn. 55, 59 – *Huawei/ZTE*.
[1195]   EuGH, Urt. v. 16.07.2015 – C-170/13, GRUR 2015, 764, Rn. 59 – *Huawei/ZTE*.
[1196]   EuGH, Urt. v. 16.07.2015 – C-170/13, GRUR 2015, 764, Rn. 61, 71 – *Huawei/ZTE*; EuGH, Beschl. v. 15.12.2015 – C-170/13 REC, BeckRS 2015, 126888, Rn. 2 (Durch die sprachliche Korrektur wird ersichtlich, dass sich die Anforderung der vorprozessualen Durchführung nicht nur auf den ersten Verhandlungsschritt bezieht.).

In einem ersten Schritt müsse der SEP-Inhaber dem Patentverletzer einen Verletzungshinweis erteilen.[1197] Da es bei einem Standard, bei dem eine hohe Zahl an SEP besteht, sein könne, dass einem insoweit gutgläubigen Patentnutzer nicht bekannt sei, dass er ein SEP verletze,[1198] sei eine solche Verletzungsanzeige unter Nennung des aus Sicht des Patentinhabers verletzten SEP und der Angabe der verletzenden Benutzung erforderlich.[1199]

In Reaktion auf diesen Hinweis habe der Patentverletzer durch eine Lizenzbereitschaftserklärung darzutun, dass er gewillt sei, seine Patentnutzung durch einen Lizenzvertragsschluss zu legitimieren, wobei diese Lizenzierungsbitte auf den Abschluss eines Vertrags zu FRAND-Bedingungen gerichtet sein müsse.[1200]

Daraufhin sei es Sache des SEP-Inhabers dem Lizenzsucher ein FRAND-Angebot, also ein konkretes schriftliches Angebot eines Lizenzvertrags zu FRAND-Konditionen unter Angabe der Lizenzgebühr und ihres Zustandekommens zu machen.[1201] Dem SEP-Inhaber die Vorlage eines solchen Angebots aufzubürden, rechtfertige sich aus Sicht des EuGH durch dessen Versprechen zur FRAND-Lizenzierung aus der FRAND-Erklärung und berücksichtige den Informationsvorsprung des Patentinhabers hinsichtlich bereits geschlossener vergleichbarer Lizenzverträge, wenn solche weder als Einzelverträge mit anderen Patentnutzern noch als Standardlizenzverträge öffentlich einsehbar seien.[1202]

Im vierten Schritt des Prozederes müsse der Patentverletzer auf das Angebot des Patentinhabers sorgfaltsgemäß, branchenüblich und treugemäß reagieren.[1203] Insbesondere dürfe der Verletzer „keine Verzögerungstaktik verfolg[en]"[1204]. Die Reaktion müsse nicht zwangsläufig in der Annahme des Angebots bestehen, sondern könne auch eine Ablehnung desselben darstellen. Dann aber müsse der Verletzer dem SEP-Inhaber unter Einhaltung einer kurz zu bemessenen Frist ein konkretes, schriftliches FRAND-Gegenangebot unterbreiten.[1205]

Lehne der Patentinhaber dieses Gegenangebot ab, entstehe für den das Patent bereits nutzenden Lizenzsucher die Verpflichtung, dem SEP-Inhaber eine Abrechnung über die Patentnutzung zu erteilen und eine branchenübliche Sicherheitsleistung, etwa durch Hinterlegung oder Beibringung einer Bankgarantie, zu leisten.[1206]

[1197] EuGH, Urt. v. 16.07.2015 – C-170/13, GRUR 2015, 764, Rn. 60-61 – *Huawei/ZTE*.

[1198] GA *Wathelet*, Schlussanträge v. 20.11.2014 – C-170/13, BeckRS 2014, 82403, Rn. 81, 82.

[1199] EuGH, Urt. v. 16.07.2015 – C-170/13, GRUR 2015, 764, Rn. 61-62 – *Huawei/ZTE*.

[1200] EuGH, Urt. v. 16.07.2015 – C-170/13, GRUR 2015, 764, Rn. 63 – *Huawei/ZTE*.

[1201] EuGH, Urt. v. 16.07.2015 – C-170/13, GRUR 2015, 764, Rn. 63 – *Huawei/ZTE*.

[1202] EuGH, Urt. v. 16.07.2015 – C-170/13, GRUR 2015, 764, Rn. 64 – *Huawei/ZTE*; GA *Wathelet*, Schlussanträge v. 20.11.2014 – C-170/13, BeckRS 2014, 82403, Rn. 86; *M.K. Dahm*, MMR 2015, 602, 603; Schulte/*Rinken*, § 24 PatG Rn. 112.

[1203] EuGH, Urt. v. 16.07.2015 – C-170/13, GRUR 2015, 764, Rn. 65 – *Huawei/ZTE*.

[1204] EuGH, Urt. v. 16.07.2015 – C-170/13, GRUR 2015, 764, Rn. 65 – *Huawei/ZTE*.

[1205] EuGH, Urt. v. 16.07.2015 – C-170/13, GRUR 2015, 764, Rn. 66 – *Huawei/ZTE*.

[1206] EuGH, Urt. v. 16.07.2015 – C-170/13, GRUR 2015, 764, Rn. 67 – *Huawei/ZTE*.

Zu guter Letzt könne bei fortbestehender Uneinigkeit über die Vertragsbedingungen eine Entscheidungsfindung über eine von beiden Parteien einvernehmlich zu beantragende Drittbestimmung der Lizenzkonditionen erfolgen.[1207]

c) System wechselseitiger Verhaltensobliegenheiten und Initiativlast des SEP-Inhabers

Der EuGH gab in seiner Entscheidung mit den *Huawei/ZTE*-Kriterien ein „Verhaltensregime"[1208] vor, welches aufgrund seiner schrittweisen Struktur auch als „Roadmap für FRAND-Fälle"[1209], „FRAND-Mechanismus"[1210], „Fahrplan für FRAND-Lizenzverhandlungen"[1211] oder wegen der abwechselnd genannten Verpflichtungen der Parteien als „FRAND Ping Pong"[1212] bezeichnet wurde. Er entwarf damit „ein austariertes System wechselseitiger Verhaltensobliegenheiten"[1213]. Diese ergeben sich für den marktbeherrschenden SEP-Inhaber aus seiner kartellrechtlichen Bindung, seine Stellung nicht zu missbrauchen.[1214] Für den Patentnutzer entstehen sie einerseits aus seiner Verpflichtung zur „Rechtstreue"[1215], welche ihn anhält, den Zustand der rechtswidrigen Benutzung des fremden Patents durch eine nutzungslegitimierende Lizenzierung schnellstmöglich zu beenden.[1216] Andererseits erwachsen seine Obliegenheiten aus dem Umstand, dass die kartellrechtliche Pflichtenstellung des Patentinhabers nur gegenüber einem redlich am Vertragsschluss mitwirkenden, mithin lizenzwilligen Patentnutzer besteht.[1217]

Ob der Patentinhaber seine marktbeherrschende Stellung missbraucht oder zu Recht gegen einen nicht lizenzbereiten Verletzer vorgeht, ergibt sich nach diesem System wechselseitiger Obliegenheiten aus einer Betrachtung sowohl des Verhaltens des SEP-Inhabers als auch des Verhaltens des Verletzers.[1218] Beide Parteien müssen die ihnen obliegenden Verhandlungsschritte vor-

---

[1207] EuGH, Urt. v. 16.07.2015 – C-170/13, GRUR 2015, 764, Rn. 68 – *Huawei/ZTE*; Pfaff/Osterrieth/*Axster/Osterrieth*, A. Rn. 361.

[1208] *Leistner/Kleeberger*, GRUR 2020, 1241, 1242.

[1209] *Heinemann*, GRUR 2015, 855, 856.

[1210] Haedicke/Timmann/*Bukow*, § 13 Rn. 325.

[1211] *Nielen/Zorr*, GRUR-Prax 2020, 73.

[1212] *Kellenter/Verhauwen*, GRUR 2018, 761, 765.

[1213] LG München I, Urt. v. 30.09.2020 – 21 O 3891/19, GRUR-RS 2020, 54658, Rn. 124 – *Connected Cars*; LG München I, Urt. v. 30.10.2020 – 21 O 11384/19, juris, Rn. 302 – *Lizenzverhandlung*.

[1214] EuGH, Urt. v. 16.07.2015 – C-170/13, GRUR 2015, 764, Rn. 55, 59 – *Huawei/ZTE*; P. Tochtermann, GRUR 2022, 1121.

[1215] *P. Tochtermann*, GRUR 2022, 1121.

[1216] LG München I, Urt. v. 30.10.2020 – 21 O 11384/19, juris, Rn. 334 – *Lizenzverhandlung*.

[1217] OLG Karlsruhe, Urt. v. 30.10.2019 – 6 U 183/16, GRUR 2020, 166, Rn. 94 – *Datenpaketverarbeitung*; LG München I, Urt. v. 30.10.2020 – 21 O 11384/19, juris, Rn. 307 – *Lizenzverhandlung*.

[1218] LG Mannheim, Urt. v. 17.11.2016 – 7 O 19/16, BeckRS 2016, 108197, Rn. 49; *A. Fuchs*, NZKart 2015, 429; *Leistner/Kleeberger*, GRUR 2020, 1241, 1242.

nehmen, um ihren jeweiligen Beitrag zu einer Verhandlungslösung zu leisten und sich auf etwaige Verfehlungen des anderen berufen zu können.[1219] Dadurch wird für die Parteien ein Anreiz geschaffen, an einer interessenausgleichenden Einigung mitzuwirken,[1220] sodass letztlich ein Szenario redlich geführter Vertragsverhandlungen, das Verhandlungen unter freien Wettbewerbsbedingungen möglichst nahe kommen soll, gefördert wird.[1221] Die Idee dahinter ist, dass FRAND-Bedingungen am ehesten ermittelt und erreicht werden können, wenn die beteiligten Akteure diese untereinander aushandeln.[1222] Im Idealfall kommt es auf diesem Verhandlungswege schon zu einer Annahme entweder des FRAND-Angebots des Patentinhabers oder des FRAND-Gegenangebots des Lizenzsuchers und damit zu einem Lizenzvertragsschluss, der die Auseinandersetzung befriedet und ein gerichtliches Verfahren überflüssig macht.[1223]

Um eine zu einem FRAND-Lizenzvertragsschluss führende Verhandlung „auf Augenhöhe"[1224] zu ermöglichen, müssen „Informationsasymmetrien"[1225] aufgelöst, also vor allem ein „Informationsdefizit"[1226] aufseiten des Patentverletzers ausgeglichen werden.[1227] Denn dem Patentverletzer ist möglicherweise weder die Nutzung des Patents anfänglich bewusst, noch verfügt er in der Regel über die notwendigen Informationen über bereits bestehende Lizenzierungen.[1228] Außerdem darf der Lizenzsucher aufgrund der FRAND-Erklärung des Patentinhabers auf eine FRAND-Lizenzierung vertrauen,[1229] für deren Verhandlung er aber meist auf Informationen aus der Sphäre des SEP-Inhabers angewiesen ist.[1230] Um dem zu begegnen, statuierte der EuGH mit

---

[1219] Pfaff/Osterrieth/*Axster/Osterrieth*, A. Rn. 362; *Kellenter/Verhauwen*, GRUR 2018, 761, 765.

[1220] *Buntscheck*, NZKart 2015, 521, 525; *Dornis*, WRP 2020, 540, 545.

[1221] LG Düsseldorf, Urt. v. 12.12.2018 – 4b O 15/17, BeckRS 2018, 38610, Rn. 161.

[1222] LG München I, Urt. v. 30.09.2020 – 21 O 3891/19, GRUR-RS 2020, 54658, Rn. 124 – *Connected Cars*; LG München I, Urt. v. 30.10.2020 – 21 O 11384/19, juris, Rn. 302 – *Lizenzverhandlung*; *Ehlenz*, NZKart 2020, 470, 471.

[1223] Haedicke/Timmann/*Bukow*, § 13 Rn. 323.

[1224] LG Düsseldorf, Urt. v. 31.03.2016 – 4a O 126/14, GRUR-RS 2016, 8040, Rn. 133 – *Hochfrequenzanteil*; LG Mannheim, Urt. v. 02.03.2018 – 7 O 18/17, BeckRS 2017, 151104, Rn. 57; *McGuire*, Mitt. 2018, 297, 304.

[1225] *Dornis*, WRP 2020, 540, 546.

[1226] *McGuire*, Mitt. 2018, 297, 304.

[1227] *Dornis*, WRP 2020, 540, 545–546; *Ehlenz*, NZKart 2020, 470, 471; *McGuire*, Mitt. 2018, 297, 304.

[1228] EuGH, Urt. v. 16.07.2015 – C-170/13, GRUR 2015, 764, Rn. 61-64 – *Huawei/ZTE*.

[1229] EuGH, Urt. v. 16.07.2015 – C-170/13, GRUR 2015, 764, Rn. 53, 64 – *Huawei/ZTE*; *Kühnen*, Hdb. Patentverletzung, Kap. E Rn. 431.

[1230] LG Mannheim, Urt. v. 02.03.2018 – 7 O 18/17, BeckRS 2017, 151104, Rn. 53.

dem Verletzungshinweis und dem darauffolgenden Prozedere zum einen eine Pflicht zur Benachrichtigung und Anhörung des Patentverletzers.[1231] Zum anderen legte er dem SEP-Inhaber die Initiativlast hinsichtlich der Vorlage eines FRAND-Angebots auf.[1232]

II. Folgeurteile des BGH – *FRAND-Einwand I* und *FRAND-Einwand II*

In den Urteilen vom 05.05.2020 (*FRAND-Einwand I*)[1233] und vom 24.11.2020 (*FRAND-Einwand II*)[1234] bekam der Kartellsenat des BGH erstmals die Gelegenheit, sich zu den vom EuGH aufgestellten Verhandlungsobliegenheiten und deren Auslegung zu verhalten.[1235] Da die beiden Entscheidungen, die zwischen den gleichen Prozessparteien in parallel geführten Verfahren ergingen,[1236] in engem Zusammenhang zueinander stehen und das zweite Urteil oftmals auf das erste verweist,[1237] werden sie im Folgenden gemeinsam vorgestellt.

1. Einordnung der Sachverhaltskonstellation

In beiden Verfahren warf die patentinhabende Sisvel International S.A. (Sisvel) zwei Vertriebsgesellschaften des Haier-Konzerns (Haier) die Verletzung eines Patents aus dem Telekommunikationsbereich durch den Vertrieb von Mobiltelefonen und Tablets in Deutschland bzw. das Angebot solcher Geräte auf der Internationalen Funkausstellung in Berlin vor.[1238]

[1231] EuGH, Urt. v. 16.07.2015 – C-170/13, GRUR 2015, 764, Rn. 60 – *Huawei/ZTE*; *Habich*, WuW 2021, 282, 283; *Hofmann*, ZUM 2017, 102, 105.

[1232] EuGH, Urt. v. 16.07.2015 – C-170/13, GRUR 2015, 764, Rn. 63 – *Huawei/ZTE*; OLG Düsseldorf, Beschl. v. 13.01.2016 – 15 U 66/15, GRUR-RS 2016, 1680, Rn. 15; *Kühnen*, Hdb. Patentverletzung, Kap. E Rn. 431.

[1233] BGH, Urt. v. 05.05.2020 – KZR 36/17, GRUR 2020, 961 – *FRAND-Einwand I*.

[1234] BGH, Urt. v. 24.11.2020 – KZR 35/17, GRUR 2021, 585 – *FRAND-Einwand II*.

[1235] *Gesmann-Nuissl*, InTeR 2020, 154, 167; *Körber*, NZKart 2020, 493–494; Während bei den Landgerichten und Oberlandesgerichten die jeweiligen Patentkammern bzw. -senate in FRAND-Fällen auch als Kartellkammern bzw. -senate auftreten, besteht beim BGH eine Zuständigkeit des besonderen Kartellsenats und nicht des für Patentsachen zuständigen X. Senats. Es bestehen aber teilweise personelle Überschneidungen zwischen beiden Senaten. Der Patentsenat scheint der Rechtsprechung des Kartellsenats in FRAND-Einwand I und II jedenfalls zuzustimmen, indem er im Rahmen einer Zurückverweisung an ein Berufungsgericht in einer späteren Entscheidung mit anderem inhaltlichen Schwerpunkt hinsichtlich der Prüfung des kartellrechtlichen Zwangslizenzeinwands auf die Maßgaben der FRAND-Einwand-Urteile verweist: BGH, Urt. v. 24.01.2023 – X ZR 123/20, GRUR 2023, 474, Rn. 79 – *CQI-Bericht II*.

[1236] *Kamlah/Rektorschek*, Mitt. 2021, 154.

[1237] BGH, Urt. v. 24.11.2020 – KZR 35/17, GRUR 2021, 585, Rn. 49, 53, 84, 88, 94, 136 – *FRAND-Einwand II*.

[1238] BGH, Urt. v. 05.05.2020 – KZR 36/17, GRUR 2020, 961, 962 – *FRAND-Einwand I*; BGH, Urt. v. 24.11.2020 – KZR 35/17, GRUR 2021, 585, 586 – *FRAND-Einwand II*; OLG Düsseldorf, Urt. v. 30.03.2017 – 15 U 66/15, GRUR 2017, 1219 – *Mobiles Kommunikationssystem*.

Streitgegenständlich waren Patente aus den Mobilfunkstandards GPRS[1239] bzw. UMTS[1240]. Die Patente betreffen den Aufbau von Anrufverbindungen über mobile Datenübertragung[1241] bzw. die Wiederherstellung einer unterbrochenen Verbindung in einem Mobilfunknetz.[1242] Sie sind für die Standardnutzung unumgänglich, mithin standardessentiell im Sinne einer Marktzutrittsvoraussetzung.[1243] Beide De-iure-Standards werden von der SSO ETSI verwaltet.[1244] Ursprünglicher Patentinhaber war das Unternehmen Nokia.[1245] Sisvel, eine vor allem im Elektro- und Telekommunikationstechnikbereich tätige NPE,[1246] erwarb die Patente mit Wirkung vom 08.08.2012[1247] bzw. 01.10.2012[1248] und gab am 10.04.2013 für beide Patente eine eigene FRAND-Erklärung gegenüber ETSI ab.[1249] Wie im Verfahren *Huawei/ZTE* ging es also auch in den Verfahren vor dem BGH um die Fallkonstellation der SEP mit FRAND-Erklärung.

2.   Ausgangssituation und Verfahrensgang

Im Dezember 2012 trat Sisvel erstmals an den Haier-Konzern heran, woraufhin die beiden Parteien Lizenzverhandlungen begannen, in deren Rahmen sie verschiedene Lizenzvertragsangebote austauschten.[1250] Eine Einigung konnte aber nicht erreicht werden und auch die während der anschließenden gerichtlichen Verfahren fortgeführten Verhandlungen blieben ergebnislos.[1251]

Sisvel klagte auf Unterlassung, Auskunft, Rechnungslegung, Vernichtung, Rückruf und Schadensersatzpflichtfeststellung und obsiegte zunächst vor dem LG Düsseldorf, welches den Klagen

---

[1239] BGH, Urt. v. 05.05.2020 – KZR 36/17, GRUR 2020, 961, 962 – *FRAND-Einwand I*.
[1240] BGH, Urt. v. 24.11.2020 – KZR 35/17, GRUR 2021, 585, 586 – *FRAND-Einwand II*.
[1241] BGH, Urt. v. 05.05.2020 – KZR 36/17, GRUR 2020, 961, Rn. 10 – *FRAND-Einwand I*.
[1242] BGH, Urt. v. 24.11.2020 – KZR 35/17, GRUR 2021, 585, Rn. 11 – *FRAND-Einwand II*.
[1243] BGH, Urt. v. 05.05.2020 – KZR 36/17, GRUR 2020, 961, Rn. 59 – *FRAND-Einwand I*; BGH, Urt. v. 24.11.2020 – KZR 35/17, GRUR 2021, 585, Rn. 50 – *FRAND-Einwand II*.
[1244] BGH, Urt. v. 05.05.2020 – KZR 36/17, GRUR 2020, 961, 962 – *FRAND-Einwand I*; BGH, Urt. v. 24.11.2020 – KZR 35/17, GRUR 2021, 585, 586 – *FRAND-Einwand II*.
[1245] BGH, Urt. v. 24.11.2020 – KZR 35/17, GRUR 2021, 585, 586 – *FRAND-Einwand II*.
[1246] *Sadrak*, IPRB 2018, 105, 106; *Wahl/Foerstl*, GRUR Int. 2021, 99.
[1247] BGH, Urt. v. 05.05.2020 – KZR 36/17, GRUR 2020, 961, 962 – *FRAND-Einwand I*.
[1248] BGH, Urt. v. 24.11.2020 – KZR 35/17, GRUR 2021, 585, 586 – *FRAND-Einwand II*.
[1249] BGH, Urt. v. 05.05.2020 – KZR 36/17, GRUR 2020, 961, 962 – *FRAND-Einwand I*; BGH, Urt. v. 24.11.2020 – KZR 35/17, GRUR 2021, 585, 586 – *FRAND-Einwand II*.
[1250] OLG Düsseldorf, Urt. v. 30.03.2017 – 15 U 66/15, GRUR 2017, 1219, 1220 – *Mobiles Kommunikationssystem*; LG Düsseldorf, Urt. v. 03.11.2015 – 4a O 93/14, BeckRS 2016, 4073, Rn. 13 – *Datenaufruf-Trägerdienst*; LG Düsseldorf, Urt. v. 03.11.2015 – 4a O 144/14, BeckRS 2015, 19564, Rn. 11 – *Kommunikationsvorrichtung*.
[1251] OLG Düsseldorf, Urt. v. 30.03.2017 – 15 U 66/15, GRUR 2017, 1219, 1220 – *Mobiles Kommunikationssystem*; LG Düsseldorf, Urt. v. 03.11.2015 – 4a O 93/14, BeckRS 2016, 4073, Rn. 13-14 – *Datenaufruf-Trägerdienst*; LG Düsseldorf, Urt. v. 03.11.2015 – 4a O 144/14, BeckRS 2015, 19564, Rn. 11-12 – *Kommunikationsvorrichtung*.

am 03.11.2015 stattgab.[1252] Das Landgericht wies den kartellrechtlichen Zwangslizenzeinwand Haiers zurück, da Haier die vom EuGH vorgegebenen Obliegenheiten eines Patentverletzers mangels hinreichender Lizenzbereitschaft, deren Fehlen das LG Düsseldorf auf eine unzureichende Erfüllung der Gegenangebots- und Sicherheitsleistungsobliegenheit stützte, nicht erfüllt habe.[1253]

Das OLG Düsseldorf kam in seinen Urteilen vom 30.03.2017 hingegen zu dem Ergebnis, dass die Klagen auf Unterlassung, Vernichtung und Rückruf sowie die auf Angaben zu Kosten und Gewinnen gerichteten Anträge auf Auskunft und Rechnungslegung aufgrund des als erfolgreich zu wertenden kartellrechtlichen Zwangslizenzeinwands Haiers als derzeit unbegründet abzuweisen waren, während es im Übrigen beim Ergebnis des landgerichtlichen Urteils blieb.[1254] In Bezug auf *FRAND-Einwand I* wurde außerdem dem Schutzdauerablauf des Klagepatents durch entsprechende Einschränkung der Ansprüche und Erledigungserklärung hinsichtlich des Unterlassungsanspruchs Rechnung getragen.[1255] Bei der Beurteilung des kartellrechtlichen Zwangslizenzeinwands bejahte das OLG Düsseldorf die Lizenzbereitschaft Haiers, an die keine hohen Anforderungen zu stellen seien.[1256] Es sah in der Folge zunächst Sisvel zur Abgabe eines FRAND-Angebots in der Pflicht, bevor es auf ein Gegenangebot ankomme, konnte in den erfolgten Angeboten Sisvels aber kein FRAND-Bedingungen genügendes Angebot feststellen.[1257]

Im parallel zu den Verletzungsverfahren ausgetragenen Nichtigkeitsverfahren kam es hinsichtlich des *FRAND-Einwand I* zugrunde liegenden Patents zu einer Teilnichtigkeitserklärung durch Urteil des BPatG vom 06.10.2017,[1258] welche der Patentsenat des BGH mit Urteil vom 10.03.2020 bestätigte.[1259] Die geltend gemachten Ansprüche verfolgte Sisvel danach nur in Bezug auf die weiterhin in Kraft stehende Fassung des Patents weiter.[1260]

[1252] LG Düsseldorf, Urt. v. 03.11.2015 – 4a O 93/14, BeckRS 2016, 4073, Rn. 33-35 – *Datenaufruf-Trägerdienst*; LG Düsseldorf, Urt. v. 03.11.2015 – 4a O 144/14, BeckRS 2015, 19564, Rn. 33-35 – *Kommunikationsvorrichtung*.

[1253] LG Düsseldorf, Urt. v. 03.11.2015 – 4a O 93/14, BeckRS 2016, 4073, Rn. 87–89, 102-103 – *Datenaufruf-Trägerdienst*; LG Düsseldorf, Urt. v. 03.11.2015 – 4a O 144/14, BeckRS 2015, 19564, Rn. 80–82, 95-96 – *Kommunikationsvorrichtung*.

[1254] BGH, Urt. v. 05.05.2020 – KZR 36/17, GRUR 2020, 961, 962 – *FRAND-Einwand I*; BGH, Urt. v. 24.11.2020 – KZR 35/17, GRUR 2021, 585, 586 – *FRAND-Einwand II*; BGH, Beschl. v. 17.07.2018 – KZR 35/17, BeckRS 2018, 18292, Rn. 4; OLG Düsseldorf, Urt. v. 30.03.2017 – 15 U 66/15, GRUR 2017, 1219, Rn. 61-62 – *Mobiles Kommunikationssystem*.

[1255] BGH, Urt. v. 05.05.2020 – KZR 36/17, GRUR 2020, 961, 962 – *FRAND-Einwand I*; OLG Düsseldorf, Urt. v. 30.03.2017 – 15 U 66/15, GRUR 2017, 1219, Rn. 221 – *Mobiles Kommunikationssystem*.

[1256] OLG Düsseldorf, Urt. v. 30.03.2017 – 15 U 66/15, GRUR 2017, 1219, Rn. 150–153 – *Mobiles Kommunikationssystem*.

[1257] OLG Düsseldorf, Urt. v. 30.03.2017 – 15 U 66/15, GRUR 2017, 1219, Rn. 142, 165-166 – *Mobiles Kommunikationssystem*.

[1258] BPatG, Urt. v. 06.10.2017 – 6 Ni 10/15 (EP), 6 Ni 57/16 (EP), BeckRS 2017, 157762, Rn. 22.

[1259] BGH, Urt. v. 10.03.2020 – X ZR 44/18, GRUR-RS 2020, 10340.

[1260] BGH, Urt. v. 05.05.2020 – KZR 36/17, GRUR 2020, 961, 962 – *FRAND-Einwand I*.

Das in *FRAND-Einwand II* streitgegenständliche Patent wurde vom BPatG mit Urteil vom 14.02.2018 für nichtig erklärt,[1261] durch die Berufungsentscheidung des Patentsenats des BGH mit Urteil vom 28.04.2020 aber aufrechterhalten.[1262] Der Kartellsenat hatte das Verfahren *FRAND-Einwand II* mit Beschluss vom 17.07.2018 nach § 148 ZPO bis zu dieser Entscheidung des Patentsenats ausgesetzt.[1263]

3. Entscheidungen

Eine Patentverletzung der jeweils in Kraft stehenden Patentfassungen stellte der BGH fest.[1264] Er sah jedoch die Voraussetzungen des kartellrechtlichen Zwangslizenzeinwands nicht als gegeben an, sodass er die landgerichtlichen Urteile weitestgehend wiederherstellte.[1265] Der BGH nahm wie die Vorinstanzen zwar eine marktbeherrschende Stellung Sisvels während der Patentschutzdauer an,[1266] konnte aber keinen Missbrauch dieser marktbeherrschenden Stellung erkennen.[1267]

a) Wechselseitige Verhaltensobliegenheiten

Der BGH zeigte unter Verweis auf *Huawei/ZTE* und die darin dargelegten Verhaltensobliegenheiten auf, dass ein marktbeherrschender Patentinhaber missbräuchlich handele, wenn er seiner Verantwortung aus der marktbeherrschenden Stellung, einem lizenzbereiten Patentnutzer eine FRAND-gemäße Lizenzerteilung zu ermöglichen, nicht gerecht werde.[1268] Aus dieser Verantwortung des SEP-Inhabers in Verbindung mit dem möglichen Informationsdefizit des Patentverletzers ergäben sich die Verhaltensobliegenheiten des Patentinhabers in Form des Verletzungshinweises und des FRAND-Angebots und damit einhergehende Informationspflichten.[1269]

Aufseiten des Patentverletzers leitete der BGH dessen Verhaltensobliegenheiten aus den Mitwirkungspflichten eines lizenzwilligen Patentnutzers ab, gegenüber welchem die Pflichtenstellung des Patentinhabers überhaupt nur bestehe.[1270] Die Erfüllung dieser Obliegenheiten bemesse

---

[1261] BPatG, Urt. v. 14.02.2018 – 6 Ni 15/15 (EP), 6 Ni 56/16 (EP), BeckRS 2018, 3545, Rn. 16, 165.

[1262] BGH, Urt. v. 28.04.2020 – X ZR 35/18, GRUR-RS 2020, 15602.

[1263] BGH, Beschl. v. 17.07.2018 – KZR 35/17, BeckRS 2018, 18292, Rn. 7, 14.

[1264] BGH, Urt. v. 05.05.2020 – KZR 36/17, GRUR 2020, 961, Rn. 9, 36, 43 – *FRAND-Einwand I*; BGH, Urt. v. 24.11.2020 – KZR 35/17, GRUR 2021, 585, Rn. 10 – *FRAND-Einwand II*.

[1265] BGH, Urt. v. 05.05.2020 – KZR 36/17, GRUR 2020, 961, Rn. 8, 47 – *FRAND-Einwand I*; BGH, Urt. v. 24.11.2020 – KZR 35/17, GRUR 2021, 585, Rn. 9, 44 – *FRAND-Einwand II*.

[1266] BGH, Urt. v. 05.05.2020 – KZR 36/17, GRUR 2020, 961, Rn. 54 – *FRAND-Einwand I*; BGH, Urt. v. 24.11.2020 – KZR 35/17, GRUR 2021, 585, Rn. 49 – *FRAND-Einwand II*.

[1267] BGH, Urt. v. 05.05.2020 – KZR 36/17, GRUR 2020, 961, Rn. 67 – *FRAND-Einwand I*; BGH, Urt. v. 24.11.2020 – KZR 35/17, GRUR 2021, 585, Rn. 52 – *FRAND-Einwand II*.

[1268] BGH, Urt. v. 05.05.2020 – KZR 36/17, GRUR 2020, 961, Rn. 72 – *FRAND-Einwand I*; BGH, Urt. v. 24.11.2020 – KZR 35/17, GRUR 2021, 585, Rn. 53 – *FRAND-Einwand II*.

[1269] BGH, Urt. v. 05.05.2020 – KZR 36/17, GRUR 2020, 961, Rn. 73-78 – *FRAND-Einwand I*.

[1270] BGH, Urt. v. 05.05.2020 – KZR 36/17, GRUR 2020, 961, Rn. 80-83 – *FRAND-Einwand I*.

sich danach, „was eine vernünftige Partei, die an dem erfolgreichen, beiderseits interessengerechten Abschluss der Verhandlungen interessiert ist [...] jeweils tun würde"[1271].

Außerdem erwähnte der BGH in Anknüpfung an seine vor *Huawei/ZTE* zu einem De-facto-Standard ergangene Entscheidung in der Sache *Orange Book Standard*, dass ein Kartellrechtsverstoß des marktbeherrschenden Patentinhabers auch dann vorliege, wenn der Patentverletzer über seine sich aus *Huawei/ZTE* ergebenden Obliegenheiten hinaus von vornherein bereits ein unbedingtes und annahmefähiges Lizenzvertragsangebot abgebe, dessen Ablehnung missbräuchlich wäre.[1272]

b)   Missbräuchlichkeit durch Zugangsverweigerung

Die Missbräuchlichkeit liegt laut BGH in der Verweigerung, dem Anspruch eines lizenzwilligen Patentnutzers, einen FRAND-Lizenzvertrag abzuschließen, nachzukommen.[1273] Der BGH verglich die Lizenzverweigerung mit Fällen, in denen ein Marktbeherrscher die Belieferung eines Abnehmers oder den Zugang zu einer von ihm kontrollierten Infrastruktur verweigert, und sah den Missbrauch in der unberechtigten Zurückweisung eines begehrten Zugangs – in diesem Fall des Zugangs zur patentgeschützten technischen Lehre.[1274]

Die Zurückweisung könne in Form einer vollständigen Verweigerung an sich vorliegen, aber auch durch das Festhalten an unangemessenen Vertragskonditionen, sodass zwar nicht pauschal der Zugang an sich, aber der Zugang zu FRAND-Bedingungen verweigert werde.[1275] Außerdem folgerte der BGH aus dieser Anknüpfung an die Zugangsverweigerung, dass sowohl die Klageerhebung entgegen der Lizenz- und damit Zugangsgewährungspflicht als auch „die Weiterverfolgung der Klageansprüche"[1276] missbräuchlich sein könne.[1277]

[1271] BGH, Urt. v. 24.11.2020 – KZR 35/17, GRUR 2021, 585, Rn. 59 – *FRAND-Einwand II*.
[1272] BGH, Urt. v. 05.05.2020 – KZR 36/17, GRUR 2020, 961, Rn. 71 – *FRAND-Einwand I*; unter Verweis auf: BGH, Urt. v. 06.05.2009 – KZR 39/06, GRUR 2009, 694, Rn. 27, 29 – *Orange-Book-Standard*.
[1273] BGH, Urt. v. 24.11.2020 – KZR 35/17, GRUR 2021, 585, Rn. 54, 66 – *FRAND-Einwand II*.
[1274] BGH, Urt. v. 24.11.2020 – KZR 35/17, GRUR 2021, 585, Rn. 54 – *FRAND-Einwand II*; BGH, Beschl. v. 11.12.2012 – KVR 7/12, NJW 2013, 1095, Rn. 15 – *Fährhafen Puttgarden II*; *Meier-Beck*, WuW 2021, 686, 689.
[1275] BGH, Urt. v. 24.11.2020 – KZR 35/17, GRUR 2021, 585, Rn. 54 – *FRAND-Einwand II*; BGH, Beschl. v. 24.09.2002 – KVR 15/01, GRUR 2003, 169, 172 – *Fährhafen Puttgarden I*.
[1276] BGH, Urt. v. 24.11.2020 – KZR 35/17, GRUR 2021, 585, Rn. 81 – *FRAND-Einwand II*.
[1277] BGH, Urt. v. 24.11.2020 – KZR 35/17, GRUR 2021, 585, Rn. 79-83 – *FRAND-Einwand II*.

c)   Hohe Anforderungen an die Lizenzbereitschaftserklärung des Verletzers

In den entschiedenen Fällen verneinte der BGH die Missbräuchlichkeit des klageweisen Vorgehens von Sisvel aber, da er Haier nicht als lizenzbereiten Patentnutzer ansah.[1278] Die Lizenzbereitschaft des Verletzers nahm der BGH als Grundvoraussetzung für die Aushandlung von FRAND-Bedingungen in den Fokus seiner Betrachtung und warnte vor einer möglichen Hinhaltetaktik eines eigentlich nicht lizenzwilligen Patentverletzers durch die Berufung auf den kartellrechtlichen Zwangslizenzeinwand.[1279] Der Patentinhaber müsse die Lizenznahme niemandem aufdrängen und habe hierfür auch keine rechtliche Handhabe, sodass ihm gegenüber einem lizenzunwilligen Patentverletzer nur die Durchsetzung seiner Ansprüche verbleibe.[1280]

Die Lizenzbereitschaft des Verletzers dürfe sich nicht in einer einmaligen Lizenzbereitschaftserklärung erschöpfen, sondern müsse als fortdauerndes Verlangen stets aufrechterhalten werden.[1281] Nach dem erfolgten Verletzungshinweis genüge es nicht, wenn der Verletzer sich bereit zeige, den Abschluss eines Lizenzvertrages zu erwägen oder in Verhandlungen darüber einzutreten, ob und unter welchen Voraussetzungen ein Vertragsschluss für ihn in Betracht komme, sondern der Patentverletzer habe sich seinerseits klar und eindeutig bereit zu erklären, mit dem Patentinhaber einen Lizenzvertrag zu FRAND-Bedingungen abzuschließen und in der Folge zielgerichtet an den Lizenzvertragsverhandlungen mitzuwirken.[1282] Der BGH zitierte diesbezüglich in seiner Entscheidung *FRAND-Einwand I* den England and Wales High Court mit den Worten „a willing licensee must be one willing to take a FRAND licence on whatever terms are in fact FRAND"[1283] und stimmte diesem Maßstab zu.[1284] Damit setzte der BGH die Anforderungen an die Lizenzbereitschaft des Patentnutzers hoch an.[1285]

4.   Verhältnis zu *Huawei/ZTE*

Wie sich die Entscheidungen des BGH in die Linie des EuGH in *Huawei/ZTE* einfügen, wird unterschiedlich beurteilt: Die Befürworter loben, dass der BGH durch eine ausführliche Befas-

---

[1278] BGH, Urt. v. 05.05.2020 – KZR 36/17, GRUR 2020, 961, Rn. 90-91 – *FRAND-Einwand I*; BGH, Urt. v. 24.11.2020 – KZR 35/17, GRUR 2021, 585, Rn. 85-86 – *FRAND-Einwand II*.

[1279] BGH, Urt. v. 05.05.2020 – KZR 36/17, GRUR 2020, 961, Rn. 80-82 – *FRAND-Einwand I*; BGH, Urt. v. 24.11.2020 – KZR 35/17, GRUR 2021, 585, Rn. 57-58, 67 – *FRAND-Einwand II*.

[1280] BGH, Urt. v. 05.05.2020 – KZR 36/17, GRUR 2020, 961, Rn. 70 – *FRAND-Einwand I*.

[1281] BGH, Urt. v. 24.11.2020 – KZR 35/17, GRUR 2021, 585, Rn. 66-68, 77 – *FRAND-Einwand II*.

[1282] BGH, Urt. v. 05.05.2020 – KZR 36/17, GRUR 2020, 961, Rn. 83 – *FRAND-Einwand I*; BGH, Urt. v. 24.11.2020 – KZR 35/17, GRUR 2021, 585, Rn. 57 – *FRAND-Einwand II*.

[1283] England and Wales High Court, Urt. v. 05.04.2017 – [2017] EWHC 711 (Pat), Rn. 708.

[1284] BGH, Urt. v. 05.05.2020 – KZR 36/17, GRUR 2020, 961, Rn. 83 – *FRAND-Einwand I*; *Wuttke*, Mitt. 2020, 553, 554.

[1285] *Bohusch*, jurisPR-WettbR 2020, Nr. 8, Anm. 3, B. 2.; *Kamlah/Rektorschek*, Mitt. 2021, 307; *Rastemborski*, Mitt. 2020, 420, 421.

sung und sorgfältige Begründung eine rechtssichere Handhabung der Voraussetzungen des kartellrechtlichen Zwangslizenzeinwands durch die Instanzgerichte ermögliche.[1286] Die Linie des BGH sei eine Präzisierung der Voraussetzungen aus *Huawei/ZTE*,[1287] verschaffe Klarheit[1288] und ermögliche dabei dennoch die Betrachtung des Einzelfalls.[1289]

Hinsichtlich der Verpflichtung des SEP-Inhabers, im Falle einer marktbeherrschenden Stellung der daraus erwachsenden Verantwortung gerecht zu werden, und bezüglich der Begründung der Missbräuchlichkeit der Lizenzverweigerung in Parallele zu anderen Fällen der Zugangsverweigerung wurde in der Folge die dazugehörige Argumentation auch von in anderen Fragen den *FRAND-Einwand*-Entscheidungen kritisch gegenüberstehenden Gerichten[1290] übernommen.[1291] Dies geschieht zu Recht, da der BGH mit diesen Argumentationslinien die Legitimation der Einschränkung des Ausschließlichkeitsrechts des Patentinhabers in kartellrechtlich fundierter Weise vertiefte.[1292]

Auf der anderen Seite werden die Entscheidungen durchaus im Konflikt mit *Huawei/ZTE* gesehen: So entferne der BGH sich von den dort eingeführten Vorgaben.[1293] Durch die Konzentration auf die an die Lizenzbereitschaft des Verletzers zu knüpfenden Voraussetzungen finde eine deutliche Verschiebung in der Betrachtung der Verhaltensobliegenheiten statt, sodass die vom EuGH aufgestellten Verhandlungsschritte und die beim Patentinhaber verortete Initiativlast zum Teil in ihr Gegenteil verkehrt werden könnten.[1294] Die vom BGH an die Lizenzbereitschaft geknüpften Anforderungen seien schlicht unangemessen hoch.[1295] Zudem setze sich der BGH mit der vom EuGH in den Fokus genommenen vertrauenserweckenden Wirkung der FRAND-Erklärung nicht näher auseinander.[1296]

Der BGH sah seine Entscheidungen in einer Linie mit *Huawei/ZTE* und befand insbesondere, dass die Frage nach dem Vorliegen der Lizenzbereitschaft die Anwendung des Unionsrechts im Einzelfall betreffe, nicht aber eine ungeklärte Auslegungsfrage und sah daher ausdrücklich keine

---

[1286] *Bohusch*, jurisPR-WettbR 2020, Nr. 8, Anm. 3, C.; *Gesmann-Nuissl*, InTeR 2020, 154, 168; *Müller-Stoy*, jurisPR-WettbR 2021, Nr. 3, Anm. 2, A.

[1287] *Bohusch*, jurisPR-WettbR 2020, Nr. 8, Anm. 3, A.; *Gesmann-Nuissl*, InTeR 2020, 154, 168.

[1288] *Kellenter*, WuW 2020, 485, 486.

[1289] *Müller-Stoy*, jurisPR-WettbR 2021, Nr. 3, Anm. 2, A.

[1290] OLG Düsseldorf, Urt. v. 12.05.2022 – 2 U 13/21, GRUR-RS 2022, 11779, Rn. 182 – *Signalsynthese II*.

[1291] OLG Düsseldorf, Urt. v. 12.05.2022 – 2 U 13/21, GRUR-RS 2022, 11779, Rn. 148-150 – *Signalsynthese II*.

[1292] Siehe nur: EuGH, Urt. v. 09.11.1983 – C-322/81, Slg. 1983, 3461, Rn. 57 – *Michelin*; sowie: BGH, Beschl. v. 11.12.2012 – KVR 7/12, NJW 2013, 1095, Rn. 15 – *Fährhafen Puttgarden II*.

[1293] *Kamlah/Rektorschek*, Mitt. 2021, 154, 155; *Rastemborski*, Mitt. 2020, 420, 422.

[1294] *Fock/Meyer zu Riemsloh*, IPRB 2020, 205, 207; *Kamlah/Rektorschek*, Mitt. 2021, 154, 156; *dies.*, Mitt. 2021, 307, 308.

[1295] *Kühnen*, Hdb. Patentverletzung, Kap. E Rn. 466.

[1296] *Rastemborski*, Mitt. 2020, 420, 421; *Wahl/Foerstl*, GRUR Int. 2021, 99, 101.

Notwendigkeit einer Vorlage der Verfahren zum EuGH.[1297] Dies mag den Vorgaben des EuGH zur Vorlagepflicht bzw. dem Absehen von der Vorlage eines Verfahrens noch entsprechen,[1298] vor dem Hintergrund einer im Vergleich zu *Huawei/ZTE* durchaus feststellbaren Schwerpunktverschiebung[1299] wäre eine Vorlage aber für eine europaweit einheitliche Rechtsfortbildung zielführend gewesen.[1300] Dass in der Instanzrechtsprechung unionsrechtlicher Klärungsbedarf besteht, zeigt auch ein Vorlagebeschluss des LG Düsseldorf, welches dem EuGH unter anderem Fragen zu den Anforderungen an die Lizenzbereitschaft des Verletzers vorlegte.[1301] Das Verfahren erledigte sich allerdings aufgrund einer Einigung der Parteien.[1302]

Die Entscheidungen des BGH werfen also Kontroversen auf bzw. vermögen einige auch vorher vorhandene Diskussionen um *Huawei/ZTE* nicht zu befrieden. Festgehalten werden kann in jedem Fall, dass die Linie des BGH bedeutend patentinhaberfreundlicher daherkommt, als die auf die Verhaltensweisen des Patentinhabers fokussierende Entscheidung *Huawei/ZTE*.[1303] Bei allen Bedenken, ob diese Auslegung vor dem Hintergrund der *Huawei/ZTE*-Roadmap korrekt ist, stellen die Urteile des BGH aber keine grundlegende Abkehr von den *Huawei/ZTE*-Kriterien, sondern eine „Ausformung"[1304] derselben auf der Subsumtionsebene dar. Somit wird sich auch der Aufbau der weiteren Bearbeitung an diesen Kriterien orientieren. Die Vereinbarkeit von *FRAND-Einwand I* und *FRAND-Einwand II* mit *Huawei/ZTE* hinsichtlich der Anforderungen an die Lizenzbereitschaft sowie weitere in den BGH-Urteilen enthaltene Aussagen zu den einzelnen Kriterien werden daher an den entsprechenden Stellen im jeweils inhaltlich passenden Kontext thematisiert bzw. konkretisiert.

III. Beurteilungszeitpunkt der *Huawei/ZTE*-Kriterien und Präklusionsfragen

Vor einer Befassung mit den *Huawei/ZTE*-Kriterien im Einzelnen muss ermittelt werden, welcher Zeitpunkt für die Beurteilung dieser Kriterien überhaupt heranzuziehen ist. Infrage kommen der

---

[1297] BGH, Urt. v. 24.11.2020 – KZR 35/17, GRUR 2021, 585, Rn. 63-68, 77-78, 87, 95, 138 – *FRAND-Einwand II*.
[1298] EuGH, Urt. v. 06.10.1982 – C-283/81, NJW 1983, 1257, 1258 – *C.I.L.F.I.T.*; EuGH, Urt. v. 06.10.2021 – C-561/19, NJW 2021, 3303, Rn. 33-39 – *Consorzio*.
[1299] *Fock/Meyer zu Riemsloh*, IPRB 2020, 205, 207; *Hoppe/Donle/Holtz*, GRUR-RR 2021, 409, 413.
[1300] *Dornis*, WuB 2021, 411, 412.
[1301] LG Düsseldorf, Beschl. v. 26.11.2020 – 4c O 17/19, GRUR-RS 2020, 32508 – *Telematikkontrolleinheit*.
[1302] *Dornis*, WuB 2021, 411, 412; *P. Tochtermann*, GRUR 2022, 1121, 1122.
[1303] *Kamlah/Rektorschek*, Mitt. 2021, 307, 308; *Picht*, GRUR 2020, 972; *Rastemborski*, Mitt. 2020, 420, 423.
[1304] LG Düsseldorf, Urt. v. 21.12.2021 – 4c O 42/20, GRUR-RS 2021, 50360, Rn. 109 – *Bildrekonstruierung*.

Zeitpunkt unmittelbar vor der Klageerhebung oder der Schluss der letzten mündlichen Verhandlung.[1305] Der maßgebliche Zeitpunkt entscheidet darüber, wann eine Verhaltensobliegenheit mit Blick auf einen Gerichtsprozess noch erfüllt werden kann bzw. inwiefern ihre erst nach Klageerhebung erfolgte Erfüllung als verspätet und damit für den Prozess präkludiert gelten kann.

Diese Frage nach der Nachholbarkeit im Prozess ist nicht zu verwechseln mit der Frage, ob eine späte Ausführung (und damit auch Nachholung) einer Obliegenheit – unabhängig davon, ob diese Verzögerung schon vor oder erst im Prozess besteht – dieser Obliegenheit noch materiell gerecht wird, also ob z.B. eine verzögerte Reaktion des Patentverletzers auf den Verletzungshinweis den Anforderungen an die Lizenzbereitschaft genügt oder ob der Verletzer als lizenzunwillig anzusehen ist.[1306] Bei der Ermittlung des Beurteilungszeitpunkts geht es nicht um die Frage, wie ein zu berücksichtigendes Verhalten zu bewerten ist, sondern ob ein Verhalten überhaupt Berücksichtigung finden kann.

1. Vorprozessuale Verhaltensobliegenheiten nach *Huawei/ZTE*

Der EuGH entwirft in *Huawei/ZTE* das Modell einer vorprozessualen Erfüllung der Verhaltensobliegenheiten.[1307] Ausdrücklich ist in seinem Urteil die Rede von der Obliegenheit, „[v]or der gerichtlichen Geltendmachung“[1308] bzw. „vor Erhebung der Klage“[1309] entsprechende Schritte zur Ermöglichung von Verhandlungen einzuleiten. Die Formulierung des Urteils in Rn. 61 und Rn. 63 („zum einen [...]. Zum anderen [...]“[1310]) und die Urteilsberichtigung, die einen Bezugsfehler bzw. eine zumindest missverständliche Positionierung der Angabe zum maßgeblichen Zeitpunkt korrigierte,[1311] machen deutlich, dass sich das Erfordernis der vorprozessualen Erfüllung nicht nur auf den Verletzungshinweis bezieht, sondern zumindest auch auf das FRAND-Angebot des Patentinhabers und den dazwischenliegenden Schritt der Lizenzbereitschaftserklärung des Verletzers.[1312] Demnach müssten diese Schritte vor Klageerhebung absolviert werden, sodass es nur zu einer nicht missbräuchlichen Klageerhebung kommen könnte, wenn diese

[1305] *Kühnen*, Hdb. Patentverletzung, Kap. E Rn. 469–470, 493, 497; Zum Begriff der Klageerhebung im unionsrechtlichen Kontext sogleich im folgenden Unterabschnitt.
[1306] LG München I, Urt. v. 30.09.2020 – 21 O 13026/19, juris, Rn. 269-271 – *Unterpixelwertinterpolation*; Auf die materielle Bewertung verspäteter Obliegenheitserfüllungen wird bei den einzelnen Kriterien eingegangen.
[1307] EuGH, Urt. v. 16.07.2015 – C-170/13, GRUR 2015, 764, Rn. 61, 71 – *Huawei/ZTE*; EuGH, Beschl. v. 15.12.2015 – C-170/13 REC, BeckRS 2015, 126888, Rn. 2.
[1308] EuGH, Urt. v. 16.07.2015 – C-170/13, GRUR 2015, 764, Rn. 61 – *Huawei/ZTE*.
[1309] EuGH, Urt. v. 16.07.2015 – C-170/13, GRUR 2015, 764, Rn. 71 – *Huawei/ZTE*; EuGH, Beschl. v. 15.12.2015 – C-170/13 REC, BeckRS 2015, 126888, Rn. 2.
[1310] EuGH, Urt. v. 16.07.2015 – C-170/13, GRUR 2015, 764, Rn. 61-63 – *Huawei/ZTE*.
[1311] EuGH, Beschl. v. 15.12.2015 – C-170/13 REC, BeckRS 2015, 126888, Rn. 2.
[1312] LG Mannheim, Urt. v. 01.07.2016 – 7 O 209/15, GRUR-RS 2016, 18389, Rn. 69 – *Funkkommunikationssystem*; LG Mannheim, Urt. v. 25.11.2016 – 7 O 44/16, BeckRS 2016, 127663, Rn. 81.

Schritte und folglich auch die damit verbundenen Vertragsverhandlungen zuvor erfolglos absolviert wurden.[1313]

Der genaue Unterscheidungszeitpunkt ist wegen der Unterschiedlichkeit der Regelungen zur Klageerhebung in den Mitgliedsstaaten der EU dabei unionsrechtsautonom zu bestimmen.[1314] Auf die Klageerhebung und Rechtshängigkeit durch Zustellung der Klageschrift gemäß §§ 253 Abs. 1, 261 Abs. 1 ZPO kommt es daher nicht an.[1315] Maßgeblich ist der Zeitpunkt, in dem der klagende Patentinhaber alles Erforderliche getan hat, um den Zivilprozess in Gang zu setzen und es (abseits von Möglichkeiten zur Klagerücknahme) nicht mehr zu seiner Disposition steht, dass der Zivilprozess beginnt.[1316] Nach deutschem Zivilprozessrecht ist dies der Fall, wenn die Klage eingereicht und der Gerichtskostenvorschuss nach §§ 6, 12 Abs. 1 S. 1 GKG gezahlt ist.[1317]

Diesen Zeitpunkt ansetzend beurteilten nach der Entscheidung des EuGH einige Instanzgerichte eine danach erfolgte Erfüllung von Obliegenheiten als nicht rechtzeitig und für den laufenden Prozess als von vorneherein präkludiert.[1318] Die durch eine Klage herbeigeführte Drucksituation eines laufenden Verfahrens sei nicht mit der vom EuGH vorgesehenen Konzeption einer Lizenzverhandlung auf Augenhöhe vereinbar.[1319]

Der Patentinhaber könne seine Obliegenheiten nicht im Prozess nachholen, sondern müsse die Klage zurücknehmen und zunächst das Verhandlungsprozedere mit dem Patentverletzer

---

[1313] *Kühnen*, Hdb. Patentverletzung, Kap. E Rn. 469; *Kurtz*, ZGE 2017, 491, 501–502; Schulte/*Rinken*, § 24 PatG Rn. 112; *Sadrak*, IPRB 2018, 105, 109.

[1314] LG Mannheim, Urt. v. 25.11.2016 – 7 O 44/16, BeckRS 2016, 127663, Rn. 82; *Kühnen*, Hdb. Patentverletzung, Kap. E Rn. 470.

[1315] LG Düsseldorf, Urt. v. 31.03.2016 – 4a O 126/14, GRUR-RS 2016, 8040, Rn. 134 – *Hochfrequenzanteil*; LG Mannheim, Urt. v. 25.11.2016 – 7 O 44/16, BeckRS 2016, 127663, Rn. 82.

[1316] LG Düsseldorf, Urt. v. 31.03.2016 – 4a O 126/14, GRUR-RS 2016, 8040, Rn. 132-133 – *Hochfrequenzanteil*; LG Düsseldorf, Urt. v. 13.07.2017 – 4a O 154/15, GRUR-RS 2017, 132078, Rn. 195; *Kühnen*, Hdb. Patentverletzung, Kap. E Rn. 470.

[1317] LG Düsseldorf, Urt. v. 31.03.2016 – 4a O 126/14, GRUR-RS 2016, 8040, Rn. 132 – *Hochfrequenzanteil*; LG Düsseldorf, Urt. v. 13.07.2017 – 4a O 154/15, GRUR-RS 2017, 132078, Rn. 195; *Kellenter*, FS 80 Jahre Patentgerichtsbarkeit in Düsseldorf (2016), 255, 261; Schulte/*Rinken*, § 24 PatG Rn. 103.

[1318] LG Düsseldorf, Urt. v. 31.03.2016 – 4a O 126/14, GRUR-RS 2016, 8040, Rn. 132-133 – *Hochfrequenzanteil*; LG Mannheim, Urt. v. 01.07.2016 – 7 O 209/15, GRUR-RS 2016, 18389, Rn. 69 – *Funkkommunikationssystem*.

[1319] LG Düsseldorf, Urt. v. 31.03.2016 – 4a O 126/14, GRUR-RS 2016, 8040, Rn. 132-133 – *Hochfrequenzanteil*; LG Düsseldorf, Urt. v. 13.07.2017 – 4a O 154/15, GRUR-RS 2017, 132078, Rn. 202; LG Mannheim, Urt. v. 01.07.2016 – 7 O 209/15, GRUR-RS 2016, 18389, Rn. 69 – *Funkkommunikationssystem*.

durchlaufen.[1320] Bei einer Erfüllung seiner Obliegenheiten in diesem Rahmen, ohne dass ein Lizenzvertrag zustande käme, stünde ihm anschließend eine erneute Klage offen.[1321] Die Nachholbarkeit von Verhaltensobliegenheiten des Patentinhabers wurde in diesen Entscheidungen also nur außerprozessual als möglich angesehen.[1322]

Eine innerprozessuale Nachholung von Obliegenheiten durch den Patentverletzer könne zwar dafür sorgen, dass der Patentinhaber weiterhin eine FRAND-Lizenzierung schulde, wirke sich aber wie bei einer Nachholung der Obliegenheiten des Patentinhabers nicht auf den laufenden Prozess aus, bis ein solcher Lizenzvertrag geschlossen sei, und stelle damit kein Durchsetzungshindernis für den Unterlassungsanspruch mehr dar.[1323] Allenfalls könne ein innerprozessuales Verhalten des Patentverletzers die Bewertung des vorprozessualen Verhaltens bestätigen, nicht aber die vorprozessuale Erfüllung der Obliegenheiten des Patentverletzers ersetzen.[1324]

Lediglich in sogenannten Übergangsfällen, also bei im Zeitpunkt des *Huawei/ZTE*-Urteils und der zuvor veröffentlichten Schlussanträge des Generalanwalts schon laufenden Verfahren, wurde eine Nachholbarkeit im Prozess für möglich gehalten.[1325] Zwar sind Entscheidungen des EuGH *ex tunc* und nicht erst in Neuverfahren zu berücksichtigen, sodass aufgrund des Anwendungsvorrangs des Unionsrechts auch kein Vertrauensschutz bezüglich einer bisherigen mitgliedsstaatlichen Handhabung besteht.[1326] Auch die ansonsten eine Nachholbarkeit zum damaligen Zeitpunkt ablehnenden Gerichte ließen diese in Übergangsfällen unter Verweis auf die Berücksichtigung von Einzelfallumständen bei der Beurteilung der *Huawei/ZTE*-Kriterien aber zu.[1327]

[1320] LG Düsseldorf, Urt. v. 31.03.2016 – 4a O 126/14, GRUR-RS 2016, 8040, Rn. 143 – *Hochfrequenzanteil*; LG Düsseldorf, Urt. v. 13.07.2017 – 4a O 154/15, GRUR-RS 2017, 132078, Rn. 198; LG Mannheim, Urt. v. 11.03.2016 – 7 O 26/14, BeckRS 2016, 132323, Rn. 84.

[1321] LG Düsseldorf, Urt. v. 13.07.2017 – 4a O 154/15, GRUR-RS 2017, 132078, Rn. 198, 212; LG Mannheim, Urt. v. 11.03.2016 – 7 O 26/14, BeckRS 2016, 132323, Rn. 84.

[1322] LG Düsseldorf, Urt. v. 13.07.2017 – 4a O 154/15, GRUR-RS 2017, 132078, Rn. 198.

[1323] LG Düsseldorf, Urt. v. 31.03.2016 – 4a O 126/14, GRUR-RS 2016, 8040, Rn. 240 – *Hochfrequenzanteil*.

[1324] LG Mannheim, Urt. v. 25.11.2016 – 7 O 44/16, BeckRS 2016, 127663, Rn. 85.

[1325] LG Düsseldorf, Urt. v. 03.11.2015 – 4a O 93/14, BeckRS 2016, 4073, Rn. 92-93 – *Datenaufruf-Trägerdienst*; LG Düsseldorf, Urt. v. 31.03.2016 – 4a O 126/14, GRUR-RS 2016, 8040, Rn. 137 – *Hochfrequenzanteil*; LG Mannheim, Urt. v. 04.03.2016 – 7 O 96/14, GRUR-RS 2016, 6527, Rn. 62; *Kellenter*, FS 80 Jahre Patentgerichtsbarkeit in Düsseldorf (2016), 255, 260.

[1326] BVerfG, Beschl. v. 06.07.2010 – 2 BvR 2661/06, NJW 2010, 3422, Rn. 83-84 – *Honeywell*; OLG Düsseldorf, Beschl. v. 09.05.2016 – 15 U 35/16, GRUR-RS 2016, 9322, Rn. 19; OLG Düsseldorf, Beschl. v. 17.11.2016 – 15 U 66/15, BeckRS 2016, 21067, Rn. 3; OLG Karlsruhe, Beschl. v. 31.05.2016 – 6 U 55/16, BeckRS 2016, 10660, Rn. 22 – *Informationsaufzeichnungsmedium*; Schulte/*Rinken*, § 24 PatG Rn. 100.

[1327] LG Düsseldorf, Urt. v. 31.03.2016 – 4a O 126/14, GRUR-RS 2016, 8040, Rn. 142 – *Hochfrequenzanteil*; LG Mannheim, Urt. v. 04.03.2016 – 7 O 96/14, GRUR-RS 2016, 6527, Rn. 73-77.

2. Beurteilung im Zeitpunkt des Schlusses der letzten mündlichen Verhandlung

Eine Präklusion von Tatsachen sowie darauf beruhenden Angriffs- und Verteidigungsmitteln nach dem Zeitpunkt der Klageeinreichung und der Zahlung des Gerichtskostenvorschusses steht im Konflikt mit der allgemeinen zivilprozessualen Regel, dass der maßgebliche Beurteilungszeitpunkt im Prozess grundsätzlich der Schluss der letzten mündlichen Tatsachenverhandlung ist.[1328] Dies gilt europaweit.[1329] Vor diesem Hintergrund stellt sich die Frage, ob das vom EuGH entwickelte Modell der grundsätzlich vorprozessual zu erfüllenden Verhaltensobliegenheiten eine Nachholung im Prozess wirklich ausschließt.

Der genannte Wortlaut der Entscheidung *Huawei/ZTE* scheint zunächst eindeutig in Richtung einer nur vorprozessualen Erfüllbarkeit zu deuten,[1330] jedoch weist auch der EuGH darauf hin, dass stets eine Berücksichtigung der Einzelfallumstände erforderlich ist.[1331] Vor dem Hintergrund, dass Art. 102 AEUV mit dem Missbrauchsverbot ein konkretes Gefährdungsdelikt enthält,[1332] erklärt sich das Abstellen des EuGH auf die Klageerhebung, mit der dadurch eintretenden Gefahr einer Wettbewerbsbeschränkung schon durch die Klageerhebung.[1333] Allerdings ist bei Verfehlen der idealerweise vorprozessualen Erfüllung der Verhaltensobliegenheiten dadurch nicht ausgeschlossen, dass diese Gefährdungslage innerprozessual wieder beseitigt wird, was dann auch Berücksichtigung in der Beurteilung im Patentverletzungsprozess finden muss.[1334] Nicht zuletzt ist zu beachten, dass das vorlegende LG Düsseldorf nach der Missbräuchlichkeit der gerichtlichen Geltendmachung fragte[1335] und der EuGH dies als Frage nach der Missbräuchlichkeit der Erhebung einer Verletzungsklage verstand,[1336] sodass er die Missbräuchlichkeit in diesem Zeitpunkt beleuchtete, ohne Aussagen über eine Nachholbarkeit zu machen.[1337]

[1328] BGH, Urt. v. 17.02.1982 – IV b ZR 657/80, NJW 1982, 1147, 1148; BGH, Urt. v. 11.03.1983 – V ZR 287/81, NJW 1984, 126, 127; OLG Karlsruhe, Urt. v. 30.10.2019 – 6 U 183/16, GRUR 2020, 166, Rn. 111 – *Datenpaketverarbeitung*; MüKo ZPO Bd. 1/*Gottwald*, § 322 ZPO Rn. 139; Musielak/Voit/*Musielak*, § 322 ZPO Rn. 28.

[1329] *Kühnen*, Hdb. Patentverletzung, Kap. E Rn. 493.

[1330] Siehe: EuGH, Urt. v. 16.07.2015 – C-170/13, GRUR 2015, 764, Rn. 61, 71 – *Huawei/ZTE*.

[1331] EuGH, Urt. v. 16.07.2015 – C-170/13, GRUR 2015, 764, Rn. 56, 70 – *Huawei/ZTE*; OLG Düsseldorf, Beschl. v. 09.05.2016 – 15 U 35/16, GRUR-RS 2016, 9322, Rn. 21-22; OLG Karlsruhe, Urt. v. 30.10.2019 – 6 U 183/16, GRUR 2020, 166, Rn. 109 – *Datenpaketverarbeitung*.

[1332] EuG, Urt. v. 30.01.2007 – T-340/03, Slg. 2007, II-107, Rn. 226 – *France Télécom*; *Block/Rätz*, GRUR 2019, 797, 800; *Kühnen*, FS 80 Jahre Patentgerichtsbarkeit in Düsseldorf (2016), 311, 319–320.

[1333] OLG Düsseldorf, Beschl. v. 09.05.2016 – 15 U 35/16, GRUR-RS 2016, 9322, Rn. 22; *Kühnen*, Hdb. Patentverletzung, Kap. E Rn. 497; Schulte/*Rinken*, § 24 PatG Rn. 105.

[1334] OLG Düsseldorf, Beschl. v. 09.05.2016 – 15 U 35/16, GRUR-RS 2016, 9322, Rn. 22; OLG Karlsruhe, Urt. v. 30.10.2019 – 6 U 183/16, GRUR 2020, 166, Rn. 109 – *Datenpaketverarbeitung*; Schulte/*Rinken*, § 24 PatG Rn. 105.

[1335] LG Düsseldorf, Beschl. v. 21.03.2013 – 4b O 104/12, GRUR Int. 2013, 547, 1. Vorlagefrage.

[1336] EuGH, Urt. v. 16.07.2015 – C-170/13, GRUR 2015, 764, Rn. 44, 72 – *Huawei/ZTE*.

[1337] *Kellenter/Verhauwen*, GRUR 2018, 761, 766.

Überdies entspräche es weder dem auf Verhandlungsförderung ausgerichteten Konzept der *Huawei/ZTE*-Roadmap[1338] noch der Prozessökonomie, wenn Verhandlungen während des Prozesses zunächst ohne Auswirkungen blieben und der Patentinhaber eine Klage zunächst zurücknehmen müsste, um dann nach außerprozessualer Erfüllung der Verhaltensobliegenheiten unter Umständen die gleiche Klage erneut zu erheben.[1339] Auch entspricht es dem Sinn und Zweck von Art. 102 AEUV, wenn eine potentielle Wettbewerbsgefährdung so schnell wie möglich, also auch innerprozessual, durch Nachholung der Verpflichtungen beseitigt werden kann.[1340]

Eine übermäßige Drucksituation durch den laufenden Prozess, sodass eine gleichberechtigte Verhandlungsführung ob der drohenden Verurteilung gefährdet wäre, ergibt sich aus der Nachholbarkeit zudem nicht, da beiden Seiten eine Nachholung ihrer Obliegenheiten im Prozess möglich ist und so – auch angesichts der üblichen Dauer von Verletzungsprozessen[1341] – Lizenzverhandlungen parallel zum und im Prozess möglich sind und der Verletzer einer Verurteilung durch Erfüllung seiner Obliegenheiten entgehen kann.[1342] Insbesondere wenn man dem Lizenzsucher eine Nachholung versagen würde, sodass er verurteilt würde, erwüchse aus dem dann bestehenden Unterlassungstitel erst recht eine Verhandlungen erschwerende Drucksituation.[1343]

Auch die gegenteilige Befürchtung, dass aufgrund der Nachholmöglichkeit Parteien generell vorprozessuale Verhandlungen verweigern und sich erst im Prozess verhandlungsbereit zeigen,[1344] scheint unbegründet.[1345] Zum einen wird der Patentinhaber angesichts der begrenzten Schutzdauer seines Patents auch vorprozessual schon an einer möglichst baldigen Lizenzierung interessiert sein und daher entsprechende Verhandlungsschritte einleiten. Solange er seine Obliegenheiten aber nicht erfüllt, kann er bei scheiternder Lizenzierung mangels Durchsetzbarkeit nicht auf seinen Unterlassungsanspruch zurückgreifen.[1346] Zum anderen ist für den Zeitraum vor der Erfüllung seiner Obliegenheiten sein Schadensersatzanspruch auf eine FRAND-Lizenzgebühr beschränkt, sodass ihm eine möglicherweise lukrativere Gewinnabschöpfung verwehrt

---

[1338] OLG Karlsruhe, Urt. v. 25.11.2020 – 6 U 104/18, GRUR-RS 2020, 56869, Rn. 122 – *Steuerkanalsignalisierung I*.

[1339] OLG Düsseldorf, Beschl. v. 09.05.2016 – 15 U 35/16, GRUR-RS 2016, 9322, Rn. 20; LG Düsseldorf, Urt. v. 11.07.2018 – 4c O 72/17, BeckRS 2018, 20333, Rn. 130; Haedicke/Timmann/*Bukow*, § 13 Rn. 402; *Picht*, ZGE 2019, 324, 326.

[1340] OLG Düsseldorf, Beschl. v. 09.05.2016 – 15 U 35/16, GRUR-RS 2016, 9322, Rn. 23.

[1341] OLG Düsseldorf, Beschl. v. 09.05.2016 – 15 U 35/16, GRUR-RS 2016, 9322, Rn. 24.

[1342] OLG Düsseldorf, Beschl. v. 09.05.2016 – 15 U 35/16, GRUR-RS 2016, 9322, Rn. 24; Schulte/*Rinken*, § 24 PatG Rn. 105.

[1343] LG Düsseldorf, Beschl. v. 26.11.2020 – 4c O 17/19, GRUR-RS 2020, 32508, Rn. 33 – *Telematikkontrolleinheit*; *Kühnen*, Hdb. Patentverletzung, Kap. E Rn. 495.

[1344] LG Mannheim, Urt. v. 25.11.2016 – 7 O 44/16, BeckRS 2016, 127663, Rn. 81.

[1345] OLG Düsseldorf, Beschl. v. 09.05.2016 – 15 U 35/16, GRUR-RS 2016, 9322, Rn. 25; *Kühnen*, Hdb. Patentverletzung, Kap. E Rn. 498; Schulte/*Rinken*, § 24 PatG Rn. 105.

[1346] OLG Karlsruhe, Urt. v. 25.11.2020 – 6 U 104/18, GRUR-RS 2020, 56869, Rn. 122 – *Steuerkanalsignalisierung I*.

bleibt.[1347] Dazu kommt die Gefahr eines kartellbehördlichen Vorgehens gegen den säumigen Patentinhaber wegen einer missbräuchlichen Geltendmachung des Unterlassungsanspruchs.[1348]

Der Patentverletzer wiederum ginge mit einem Verzögern der Lizenzierungsbereitschaft bis zu einem Prozess das Risiko ein, dass seine innerprozessual geäußerte Lizenzierungsbitte im Kontext der gesamten Verhandlungshistorie als Ausdruck einer Verzögerungstaktik und nicht im Sinne einer echten Lizenzwilligkeit gewertet wird.[1349] Die Berücksichtigung innerprozessualen Verhaltens sagt also noch nichts darüber aus, wie es letztlich zu bewerten ist. Dass es bei der Bewertung in die Waagschale fällt, erlaubt noch keine abschließende Beurteilung, wie schwer es wiegt, also ob es vorangegangene Verzögerungen aufwiegt. Wenn aber dann eine tatsächlich bestehende, wenn auch erst später eingetretene Lizenzbereitschaft feststellbar ist, dann besteht folglich auch der Anspruch des Verletzers auf Lizenzierung und dieser ist auch dann zu berücksichtigen, wenn seine Voraussetzungen erst spät geschaffen werden.[1350]

Eine Nachholbarkeit ergibt sich auch aus der vom BGH in *FRAND-Einwand II* gezogenen Parallele zu anderen Fällen der Zugangsverweigerung: Wenn der Grund für die Missbräuchlichkeit in der Verweigerung des Zugangs zum Patent zu sehen ist,[1351] sodass nicht nur die Klageerhebung als Anknüpfungspunkt einer missbräuchlichen Verhaltensweise in Betracht kommt, sondern auch die Weiterverfolgung der Klageansprüche, dann muss auch das Verhalten der Parteien im Prozess zur Beurteilung der Missbräuchlichkeit Berücksichtigung finden können.[1352]

[1347] *Kühnen*, Hdb. Patentverletzung, Kap. E Rn. 493, 498.

[1348] OLG Düsseldorf, Beschl. v. 09.05.2016 – 15 U 35/16, GRUR-RS 2016, 9322, Rn. 25; *Kühnen*, Hdb. Patentverletzung, Kap. E Rn. 498; Schulte/*Rinken*, § 24 PatG Rn. 105.

[1349] BGH, Urt. v. 24.11.2020 – KZR 35/17, GRUR 2021, 585, Rn. 83 – *FRAND-Einwand II*; OLG Karlsruhe, Urt. v. 30.10.2019 – 6 U 183/16, GRUR 2020, 166, Rn. 116 – *Datenpaketverarbeitung*; LG München I, Urt. v. 10.09.2020 – 7 O 8818/19, GRUR-RS 2020, 22577, Rn. 152 – *LTE-Standard*; LG München I, Urt. v. 30.09.2020 – 21 O 3891/19, GRUR-RS 2020, 54658, Rn. 136-137 – *Connected Cars*; LG München I, Urt. v. 30.09.2020 – 21 O 13026/19, juris, Rn. 276 – *Unterpixelwertinterpolation*.

[1350] BGH, Urt. v. 24.11.2020 – KZR 35/17, GRUR 2021, 585, Rn. 82 – *FRAND-Einwand II*; OLG Düsseldorf, Urt. v. 30.03.2017 – 15 U 66/15, GRUR 2017, 1219, Rn. 158 – *Mobiles Kommunikationssystem*; OLG Karlsruhe, Urt. v. 30.10.2019 – 6 U 183/16, GRUR 2020, 166, Rn. 110 – *Datenpaketverarbeitung*; *Kühnen*, Hdb. Patentverletzung, Kap. E Rn. 516.

[1351] BGH, Beschl. v. 11.12.2012 – KVR 7/12, NJW 2013, 1095, Rn. 15 – *Fährhafen Puttgarden II*; BGH, Urt. v. 24.11.2020 – KZR 35/17, GRUR 2021, 585, Rn. 54 – *FRAND-Einwand II*.

[1352] BGH, Urt. v. 24.11.2020 – KZR 35/17, GRUR 2021, 585, Rn. 79-83 – *FRAND-Einwand II*; OLG Karlsruhe, Urt. v. 30.10.2019 – 6 U 183/16, GRUR 2020, 166, Rn. 109 – *Datenpaketverarbeitung*; Schulte/*Rinken*, § 24 PatG Rn. 105.

Alles in allem spricht vieles dafür, eine Nachholung im Prozess zuzulassen.[1353] Die Einleitung eines Gerichtsprozesses bewirkt also weder eine formelle noch eine materielle Präklusion inner-prozessualer Obliegenheitserfüllungen.[1354] Weder ist das Vorbringen der Parteien nur aufgrund des zwischenzeitlichen Prozessbeginns aber ohne prozessrechtlich beachtliche Verspätung gemäß § 296 ZPO zurückzuweisen, noch hat das nachgeholte Verhalten bei der Beurteilung der materiellen Rechtslage grundsätzlich außen vor zu bleiben.[1355]

Ihre Grenzen findet die grundsätzliche Nachholbarkeit aber nach Maßgabe des prozessualen Verspätungsrechts gemäß §§ 296, 296a, 530, 531 ZPO,[1356] welches bei prozessrechtlich relevanten Verzögerungen innerhalb des Gerichtsprozesses nach allgemeinen Regeln zu einer formellen Präklusion führen kann.[1357] Abgesehen davon kann die Verhandlung zwischen den Parteien während des Prozesses durch eine Moderation des Gerichts gefördert werden.[1358] Dazu kann sich das Gericht entsprechender richterlicher Hinweise nach § 139 ZPO oder Schriftsatzfristen bedienen.[1359] Eine Ruhendstellung des Verfahrens nach §§ 251 S. 1, 249 Abs. 1, 2 ZPO[1360] ist nicht erforderlich und widerspricht dem Leitbild des EuGH[1361] und des BGH[1362], Verzögerungen durch die zielgerichtete Erfüllung beiderseitiger Mitwirkungspflichten zu vermeiden.[1363]

[1353] OLG Düsseldorf, Beschl. v. 17.11.2016 – 15 U 66/15, BeckRS 2016, 21067, Rn. 7; OLG Karlsruhe, Urt. v. 30.10.2019 – 6 U 183/16, GRUR 2020, 166, Rn. 107-108 – *Datenpaketverarbeitung*; OLG Karlsruhe, Urt. v. 25.11.2020 – 6 U 104/18, GRUR-RS 2020, 56869, Rn. 118 – *Steuerkanalsignalisierung I*; LG Düsseldorf, Beschl. v. 26.11.2020 – 4c O 17/19, GRUR-RS 2020, 32508, Rn. 33 – *Telematikkontrolleinheit*; LG München I, Urt. v. 10.09.2020 – 7 O 8818/19, GRUR-RS 2020, 22577, Rn. 152 – *LTE-Standard*; a.A.: Gerechtshof Den Haag, Urt. v. 02.07.2019 – 200.219.487/01, GRUR Int. 2020, 174, Rn. 4.15-4.21 – *Philips/Wiko*.

[1354] OLG Düsseldorf, Beschl. v. 17.11.2016 – 15 U 66/15, BeckRS 2016, 21067, Rn. 7.

[1355] OLG Düsseldorf, Urt. v. 30.03.2017 – 15 U 66/15, GRUR 2017, 1219, Rn. 157 – *Mobiles Kommunikationssystem*; OLG Karlsruhe, Urt. v. 25.11.2020 – 6 U 104/18, GRUR-RS 2020, 56869, Rn. 121 – *Steuerkanalsignalisierung I*; Schulte/*Rinken*, § 24 PatG Rn. 115.

[1356] Details dazu: *Kühnen*, Hdb. Patentverletzung, Rn. 503–509, 517; *ders.*, FS 80 Jahre Patentgerichtsbarkeit in Düsseldorf (2016), 311, 323–327.

[1357] OLG Düsseldorf, Urt. v. 08.10.2008 – U (Kart) 42/06, juris, Rn. 145 – *Druckerpatrone II*; LG Düsseldorf, Urt. v. 21.12.2021 – 4c O 42/20, GRUR-RS 2021, 50360, Rn. 234 – *Bildrekonstruierung*; Haedicke/Timmann/*Bukow*, § 13 Rn. 305, 403; *Kühnen*, Hdb. Patentverletzung, Rn. 503, 517.

[1358] *Kühnen*, Hdb. Patentverletzung, Rn. 496; Schulte/*Rinken*, § 24 PatG Rn. 105; BeckOK PatR/*Wilhelmi*, § 24 PatG Rn. 114a (unter Verweis auf § 278 Abs. 1 ZPO).

[1359] *Kühnen*, FS 80 Jahre Patentgerichtsbarkeit in Düsseldorf (2016), 311, 319.

[1360] Dies mit Verweis auf die Drucksituation eines laufenden Prozesses verlangend: OLG Karlsruhe, Urt. v. 30.10.2019 – 6 U 183/16, GRUR 2020, 166, Rn. 114 – *Datenpaketverarbeitung*; LG Mannheim, Urt. v. 10.11.2017 – 7 O 28/16, GRUR-RR 2018, 273, Rn. 87 – *Funkstation*; LG Mannheim, Urt. v. 28.09.2018 – 7 O 165/16, BeckRS 2018, 31743, Rn. 69 – *FRAND-Angebote*.

[1361] EuGH, Urt. v. 16.07.2015 – C-170/13, GRUR 2015, 764, Rn. 65 – *Huawei/ZTE*.

[1362] BGH, Urt. v. 05.05.2020 – KZR 36/17, GRUR 2020, 961, Rn. 81-83 – *FRAND-Einwand I*.

[1363] *Rastemborski*, Mitt. 2020, 420, 422–423; Schulte/*Rinken*, § 24 PatG Rn. 115 Fn. 276.

Die *Huawei/ZTE*-Kriterien sind nach alledem also im Zeitpunkt des Schlusses der letzten mündlichen Verhandlung zu beurteilen.[1364]

3. Nachholung nach rechtskräftigem Urteil

Werden Verhaltensobliegenheiten erst nach einem rechtskräftigen Urteil erfüllt, geschieht dies allerdings ebenfalls nicht vergeblich: Wurde eine Klage aufgrund eines erfolgreichen kartellrechtlichen Zwangslizenzeinwandes rechtskräftig abgewiesen und holt der Patentinhaber seine Obliegenheiten anschließend nach, so kann er aufgrund der Klageabweisung als nur derzeit unbegründet ohne hindernde entgegenstehende Rechtskraft[1365] in derselben Sache erneut klagen.[1366]

Holt der Patentverletzer nach einer rechtskräftigen Verurteilung seine Obliegenheiten nach, ohne dass es zu einer Lizenzierung kommt, so kann er seinen dann bestehenden Lizenzierungsanspruch im Wege der Vollstreckungsabwehrklage gemäß § 767 ZPO gegen die Vollstreckung des Unterlassungstitels einwenden.[1367] Eine dafür erforderliche erst nachträglich entstandene Einwendung besteht, obwohl der Verletzer bereits rechtzeitig vor einer Verurteilung ausreichende Lizenzierungsbemühungen hätte unternehmen können: Der Einwand entsteht nämlich erst, wenn der Patentinhaber auf die (nachprozessual erfolgten) Bekundungen der Lizenzwilligkeit des Verletzers seinerseits nicht seinen Obliegenheiten entsprechend reagiert, was sich aufgrund der zeitlichen Abfolge bei nachprozessualer Nachholung erst im Anschluss an das ergangene Unterlassungsurteil zeigt.[1368]

IV. Die *Huawei/ZTE*-Kriterien im Einzelnen

Der EuGH hat in seinem Urteil *Huawei/ZTE* in nur acht Randnummern die Verhaltensobliegenheiten der beiden Parteien skizziert.[1369] Diese oben bereits genannten Schritte[1370] bedürfen der weiteren Ausdifferenzierung.

[1364] OLG Düsseldorf, Beschl. v. 09.05.2016 – 15 U 35/16, GRUR-RS 2016, 9322, Rn. 23; OLG Karlsruhe, Urt. v. 30.10.2019 – 6 U 183/16, GRUR 2020, 166, Rn. 111 – *Datenpaketverarbeitung*; LG München I, Urt. v. 30.09.2020 – 21 O 3891/19, GRUR-RS 2020, 54658, Rn. 136 – *Connected Cars*; *Kellenter/Verhauwen*, GRUR 2018, 761, 762; *Kühnen*, FS 80 Jahre Patentgerichtsbarkeit in Düsseldorf (2016), 311, 318.

[1365] Dazu: 3. Teil Kap. A. II. 4. (S. 120).

[1366] LG Mannheim, Urt. v. 04.03.2016 – 7 O 96/14, GRUR-RS 2016, 6527, Rn. 60-61; *Kühnen*, Hdb. Patentverletzung, Kap. E Rn. 510.

[1367] *Dornis*, WRP 2020, 540, 547 Fn. 87; *Kühnen*, Hdb. Patentverletzung, Kap. E Rn. 512-514.

[1368] *Kühnen*, Hdb. Patentverletzung, Kap. E Rn. 514.

[1369] EuGH, Urt. v. 16.07.2015 – C-170/13, GRUR 2015, 764, Rn. 61-68 – *Huawei/ZTE*.

[1370] Siehe: 3. Teil Kap. B. I. 3. b) (S. 155 ff.).

1. Verletzungshinweis des Patentinhabers

Die Anforderungen an den Verletzungshinweis sind an seinem Zweck auszurichten, einen angesichts der Vielzahl von SEP in einem Standard möglicherweise gutgläubigen Patentverletzer über seine rechtswidrige Patentnutzung aufzuklären, um diesem eine seinen Lizenzierungswunsch zum Ausdruck bringende Reaktionsmöglichkeit zu geben.[1371]

a) Gegenstand des Hinweises

Der Hinweis muss das SEP, das der Patentinhaber verletzt sieht, sowie Angaben zur Verletzungshandlung enthalten.[1372] Diese Informationen liegen einem SEP-Inhaber, der gegen einen Verletzer vorgehen möchte, ohne Weiteres vor.[1373]

Um das SEP eindeutig zu identifizieren, ist dieses in der Regel mit der Veröffentlichungsnummer zu benennen.[1374] Die Angabe einer Anmeldenummer, anhand derer ein Patent durch einfache Registerrecherche ermittelt werden kann, genügt ebenfalls,[1375] wenn klar wird, dass die Benutzung eines auch tatsächlich erteilten Patents adressiert wird.[1376] Die Identifikation des fraglichen SEP kann auch über einen Verweis auf eine beispielsweise im Internet vorgehaltene Aufstellung der relevanten SEP im Rahmen eines Standardlizenzvertrages erfolgen, dessen Abschluss der Patentinhaber dem Verletzer zur Legitimierung der Patentnutzung vorschlägt.[1377] Weist der Patentinhaber allerdings lediglich auf ein im Ausland parallel existierendes Schutzrecht hin, nicht aber auf dasjenige inländische Patent, um das es im Streitfalle geht, so genügt dies mit Blick auf die territoriale Begrenzung von Patentwirkungen und möglicherweise unterschiedliche

---

[1371] EuGH, Urt. v. 16.07.2015 – C-170/13, GRUR 2015, 764, Rn. 60-63 – *Huawei/ZTE*; BGH, Urt. v. 05.05.2020 – KZR 36/17, GRUR 2020, 961, Rn. 74 – *FRAND-Einwand I*; Haedicke/Timmann/*Bukow*, § 13 Rn. 356.

[1372] EuGH, Urt. v. 16.07.2015 – C-170/13, GRUR 2015, 764, Rn. 61 – *Huawei/ZTE*; BGH, Urt. v. 05.05.2020 – KZR 36/17, GRUR 2020, 961, Rn. 85 – *FRAND-Einwand I*; LG Mannheim, Urt. v. 05.07.2022 – 2 O 75/21, GRUR-RS 2022, 29741, Rn. 118 – *LTE-Mobilfunkstandard*.

[1373] GA *Wathelet*, Schlussanträge v. 20.11.2014 – C-170/13, BeckRS 2014, 82403, Rn. 84; BGH, Urt. v. 05.05.2020 – KZR 36/17, GRUR 2020, 961, Rn. 74 – *FRAND-Einwand I*.

[1374] OLG Düsseldorf, Urt. v. 30.03.2017 – 15 U 66/15, GRUR 2017, 1219, Rn. 143 – *Mobiles Kommunikationssystem*; LG Düsseldorf, Urt. v. 11.07.2018 – 4c O 72/17, BeckRS 2018, 20333, Rn. 104; LG Mannheim, Urt. v. 29.01.2016 – 7 O 66/15, GRUR-RS 2016, 4228, Rn. 48 – *Steuerkanal*.

[1375] LG Mannheim, Urt. v. 02.03.2021 – 2 O 131/19, GRUR-RS 2021, 6244, Rn. 122; *Kühnen*, Hdb. Patentverletzung, Kap. E Rn. 449.

[1376] *Kühnen*, Hdb. Patentverletzung, Kap. E Rn. 449 (dort in Rn. 450-451 auch zur Berücksichtigung von noch in Anmeldung befindlichen Patenten, die im Laufe der Lizenzverhandlungen erteilt werden).

[1377] LG Düsseldorf, Urt. v. 09.11.2018 – 4a O 15/17, BeckRS 2018, 33825, Rn. 175, 177 – *Dekodierungsvorrichtung*; LG München I, Urt. v. 09.09.2021 – 7 O 15350/19, GRUR-RS 2021, 23157, Rn. 114-119 – *Sprachsignalcodierer*; LG München I, Urt. v. 25.05.2022 – 7 O 14091/19, GRUR-RS 2022, 13480, Rn. 116 – *Sprachsignalcodierer II*; a.A. wohl: LG Düsseldorf, Urt. v. 21.12.2021 – 4c O 42/20, GRUR-RS 2021, 50360, Rn. 116 – *Bildrekonstruierung*.

rechtliche Beurteilungen von Verletzungssachverhalten in unterschiedlichen Jurisdiktionen nicht.[1378]

Die Angaben zur Verletzungshandlung müssen die angegriffene(n) Ausführungsform(en) und die Art und Weise der Benutzung enthalten.[1379] Letzteres beschränkt sich auf die Benennung der Nutzungsform im Sinne des § 9 PatG (Herstellen, Anbieten, Inverkehrbringen usw.) und bedarf keiner technischen oder rechtlichen Erläuterung hinsichtlich der patentnutzenden Funktion der angegriffenen Ausführungsform oder der Rolle des Patents im Standard.[1380] Der SEP-Inhaber kann dem Verletzungshinweis eine in der Regel tabellarische Gegenüberstellung der Patentansprüche oder maßgeblicher Teile davon mit den technischen Funktionalitäten des Standards (*Claim Charts*)[1381] beifügen und damit die Verletzungshandlung beschreiben – rechtlich notwendig ist dies allerdings nicht.[1382] Bringt der Verletzer ein Folgemodell der angegriffenen Ausführungsform auf den Markt, erstreckt sich der Verletzungshinweis auf dieses, wenn er zum Vorgängermodell erging, aber die Aktualisierung keine grundlegend neuen Fragen zum Verletzungssachverhalt aufwirft.[1383]

Der Verletzungshinweis informiert den Verletzer also lediglich über den vorgeworfenen Verletzungssachverhalt, während der Verletzer die Bewertung dieses Vorwurfs für die angegriffene Ausführungsform und die Abwägung seiner Handlungsoptionen selbst vorzunehmen hat.[1384] Der

---

[1378] *Kühnen*, Hdb. Patentverletzung, Kap. E Rn. 455.

[1379] BGH, Urt. v. 05.05.2020 – KZR 36/17, GRUR 2020, 961, Rn. 85 – *FRAND-Einwand I*; OLG Düsseldorf, Urt. v. 30.03.2017 – 15 U 66/15, GRUR 2017, 1219, Rn. 143 – *Mobiles Kommunikationssystem*.

[1380] BGH, Urt. v. 05.05.2020 – KZR 36/17, GRUR 2020, 961, Rn. 85 – *FRAND-Einwand I*; OLG Düsseldorf, Urt. v. 30.03.2017 – 15 U 66/15, GRUR 2017, 1219, Rn. 143 – *Mobiles Kommunikationssystem*; OLG Karlsruhe, Urt. v. 09.12.2020 – 6 U 103/19, GRUR-RS 2020, 41067, Rn. 242; LG Düsseldorf, Urt. v. 11.07.2018 – 4c O 72/17, BeckRS 2018, 20333, Rn. 104; LG Mannheim, Urt. v. 18.08.2020 – 2 O 34/19, GRUR-RS 2020, 20358, Rn. 126 – *Lizenz in Wertschöpfungskette*; a.A. noch: LG Mannheim, Urt. v. 29.01.2016 – 7 O 66/15, GRUR-RS 2016, 4228, Rn. 48 – *Steuerkanal*; LG Mannheim, Urt. v. 04.03.2016 – 7 O 96/14, GRUR-RS 2016, 6527, Rn. 52.

[1381] LG Mannheim, Urt. v. 04.03.2016 – 7 O 96/14, GRUR-RS 2016, 6527, Rn. 52; *Hinojal/Mohsler*, GRUR 2019, 674, 675; BeckOK PatR/*Wilhelmi*, § 24 PatG Rn. 114a.

[1382] BGH, Urt. v. 05.05.2020 – KZR 36/17, GRUR 2020, 961, Rn. 85 – *FRAND-Einwand I*; OLG Düsseldorf, Beschl. v. 17.11.2016 – 15 U 66/15, BeckRS 2016, 21067, Rn. 5; OLG Düsseldorf, Urt. v. 30.03.2017 – 15 U 66/15, GRUR 2017, 1219, Rn. 143 – *Mobiles Kommunikationssystem*; OLG Karlsruhe, Urt. v. 30.10.2019 – 6 U 183/16, GRUR 2020, 166, Rn. 101 – *Datenpaketverarbeitung*; *Kellenter*, FS 80 Jahre Patentgerichtsbarkeit in Düsseldorf (2016), 255, 259; Cepl/Voß/*Nielen*, § 138 ZPO Rn. 46.

[1383] OLG Düsseldorf, Urt. v. 30.03.2017 – 15 U 66/15, GRUR 2017, 1219, Rn. 148 – *Mobiles Kommunikationssystem*; *Kühnen*, Hdb. Patentverletzung, Kap. E Rn. 455; Schulte/*Rinken*, § 24 PatG Rn. 101.

[1384] BGH, Urt. v. 05.05.2020 – KZR 36/17, GRUR 2020, 961, Rn. 85 – *FRAND-Einwand I*; OLG Düsseldorf, Urt. v. 30.03.2017 – 15 U 66/15, GRUR 2017, 1219, Rn. 143 – *Mobiles Kommunikationssystem*; OLG Karlsruhe, Urt. v. 30.10.2019 – 6 U 183/16, GRUR 2020, 166, Rn. 101 – *Datenpaketverarbeitung*; *Kühnen*, Hdb. Patentverletzung, Kap. E Rn. 448; Busse/Keukenschrijver/*G. Werner*, § 139 PatG Rn. 233.

BGH bestätigte in *FRAND-Einwand I* diesen Ansatz, an den Verletzungshinweis keine allzu hohen Anforderungen zu stellen,[1385] sodass in Kombination mit der diesbezüglich insgesamt mittlerweile recht einheitlichen Instanzrechtsprechung ein Stück weit Rechtssicherheit geschaffen ist.[1386]

b) Formale Voraussetzungen

Eine besondere Form sieht der EuGH für den Verletzungshinweis nicht vor.[1387] In den Schlussanträgen des Verfahrens *Huawei/ZTE* verlangt der Generalanwalt, dass der Verletzungshinweis „schriftlich und mit Gründen versehen"[1388] erfolgt, wobei er die Begründung der Verletzung mit der Benennung des fraglichen SEP und Angaben zur Verletzungshandlung beschreibt.[1389] Diese Angaben verlangt auch der EuGH, während er im Gegensatz zur Erwähnung der Schriftlichkeit bezüglich des FRAND-Angebots und des FRAND-Gegenangebots beim Verletzungshinweis nicht auf eine Schriftform eingeht.[1390] Ohnehin würde eine Schriftlichkeit bloße Textform nach § 126b BGB verlangen und nicht die Schriftform des § 126 BGB, da es auf die Funktion des § 126 BGB, den Aussteller eindeutig zu identifizieren, nicht ankommt.[1391] Vor dem Hintergrund des Informationszwecks des Verletzungshinweises scheint selbst eine Textform für den Hinweis auch nicht zwingend notwendig. In der Praxis wird der Hinweis aus Gründen der Nachweisbarkeit sinnvollerweise aber regelmäßig schriftlich erfolgen.[1392]

Der Verletzungshinweis ist nicht mit einer Abmahnung gleichzusetzen und bedarf nicht deren Voraussetzungen.[1393] Der Hinweis kann zusammen mit oder in Gestalt einer Berechtigungsanfrage ergehen.[1394] Es bedarf aufgrund des Hinweischarakters weder der Androhung einer Klage oder anderen Konsequenz noch muss eine Frist gesetzt werden.[1395]

[1385] BGH, Urt. v. 05.05.2020 – KZR 36/17, GRUR 2020, 961, Rn. 85 – *FRAND-Einwand I*; *Rastemborski*, Mitt. 2020, 420, 421.
[1386] *Kellenter*, WuW 2020, 485, 486.
[1387] U.K. Supreme Court, Urt. v. 26.08.2020 – [2020] UKSC 37, GRUR Int. 2021, 174, Rn. 151 – *Unwired Planet/Huawei*.
[1388] GA *Wathelet,* Schlussanträge v. 20.11.2014 – C-170/13, BeckRS 2014, 82403, Rn. 84.
[1389] GA *Wathelet,* Schlussanträge v. 20.11.2014 – C-170/13, BeckRS 2014, 82403, Rn. 84.
[1390] EuGH, Urt. v. 16.07.2015 – C-170/13, GRUR 2015, 764, Rn. 61, 63, 66 – *Huawei/ZTE*.
[1391] Zur Schriftlichkeit beim FRAND-Angebot: OLG Düsseldorf, Urt. v. 30.03.2017 – 15 U 66/15, GRUR 2017, 1219, Rn. 169 – *Mobiles Kommunikationssystem*; Schulte/*Rinken*, § 24 PatG Rn. 113.
[1392] Haedicke/Timmann/*Bukow*, § 13 Rn. 356.
[1393] OLG Düsseldorf, Urt. v. 30.03.2017 – 15 U 66/15, GRUR 2017, 1219, Rn. 143 – *Mobiles Kommunikationssystem*; Haedicke/Timmann/*Bukow*, § 13 Rn. 356; Wiedemann/*Klawitter*, § 14 Rn. 418; Schulte/*Rinken*, § 24 PatG Rn. 101; den Verletzungshinweis insofern ungenau als Abmahnung bezeichnend: LG Mannheim, Urt. v. 27.11.2015 – 2 O 106/14, BeckRS 2015, 20077, Rn. 140 – *Stochastisches Rauschen*.
[1394] *Kellenter*, FS 80 Jahre Patentgerichtsbarkeit in Düsseldorf (2016), 255, 259; *Lubitz*, NZKart 2017, 618, 620; Schulte/*Rinken*, § 24 PatG Rn. 101; BeckOK PatR/*Wilhelmi*, § 24 PatG Rn. 114a.
[1395] *Kühnen*, Hdb. Patentverletzung, Kap. E Rn. 448; a.A.: *Cordes/Gelhausen*, Mitt. 2015, 426, 432.

Der Verletzungshinweis kann, da, wie gezeigt, eine innerprozessuale Nachholung möglich ist,[1396] auch durch die Klageschrift erfolgen.[1397] Möglich ist auch eine Benachrichtigung durch eine Klage auf Auskunft und Rechnungslegung sowie auf Schadensersatz oder Feststellung der Schadensersatzpflicht, die erst später um den Anspruch auf Unterlassung und ggf. die Ansprüche auf Vernichtung und Rückruf erweitert wird.[1398] Ebenso kann mit dem Verletzungshinweis gleichzeitig auch schon ein FRAND-Angebot des Patentinhabers ergehen, sodass Verletzungshinweis und FRAND-Angebot zusammenfallen.[1399]

Adressat des Verletzungshinweises ist der Patentverletzer.[1400] Allerdings genügt die Verletzungsanzeige gegenüber einem konzernverbundenen Unternehmen und insbesondere einer Muttergesellschaft, wenn sich aus dem Vorverhalten der Verletzerseite oder den Umständen ergibt, dass von einer konzerninternen Weiterleitung bzw. konzernweit wirkenden Entgegennahme der Erklärung sicher ausgegangen werden darf.[1401] Erklärender der Verletzungsanzeige kann neben dem Patentinhaber oder ausschließlichen Lizenznehmer, wenn dieser das Lizenzierungsrecht innehat,[1402] ebenfalls ein konzernverbundenes Unternehmen und insbesondere die jeweilige Muttergesellschaft sein.[1403] Zudem ist die Erklärung durch einen Stellvertreter, insbesondere einen bevollmächtigten Verwalter eines Patentpools, möglich.[1404]

Der SEP-Inhaber trägt die Darlegungs- und Beweislast hinsichtlich des Zugangs eines hinreichenden Verletzungshinweises.[1405]

[1396] Siehe: 3. Teil Kap. B. III. 2. (S. 170 ff.).

[1397] OLG Düsseldorf, Beschl. v. 17.11.2016 – 15 U 66/15, BeckRS 2016, 21067, Rn. 7; OLG Düsseldorf, Urt. v. 22.03.2019 – 2 U 31/16, BeckRS 2019, 6087, Rn. 233 – *Improving Handovers*; OLG Karlsruhe, Urt. v. 09.12.2020 – 6 U 103/19, GRUR-RS 2020, 41067, Rn. 246.

[1398] LG Düsseldorf, Urt. v. 11.07.2018 – 4c O 72/17, BeckRS 2018, 20333, Rn. 108; LG München I, Urt. v. 09.09.2021 – 7 O 15350/19, GRUR-RS 2021, 23157, Rn. 121 – *Sprachsignalcodierer*; LG München I, Urt. v. 25.05.2022 – 7 O 14091/19, GRUR-RS 2022, 13480, Rn. 119 – *Sprachsignalcodierer II*; *Müller-Stoy*, jurisPR-WettbR 2015, Nr. 9, Anm. 1, D.

[1399] LG Düsseldorf, Urt. v. 11.07.2018 – 4c O 72/17, BeckRS 2018, 20333, Rn. 106; LG München I, Urt. v. 30.09.2020 – 21 O 3891/19, GRUR-RS 2020, 54658, Rn. 147 – *Connected Cars*; *Kühnen*, Hdb. Patentverletzung, Kap. E Rn. 448.

[1400] EuGH, Urt. v. 16.07.2015 – C-170/13, GRUR 2015, 764, Rn. 61 – *Huawei/ZTE*.

[1401] BGH, Urt. v. 05.05.2020 – KZR 36/17, GRUR 2020, 961, Rn. 89 – *FRAND-Einwand I*; OLG Düsseldorf, Beschl. v. 17.11.2016 – 15 U 66/15, BeckRS 2016, 21067, Rn. 5; OLG Düsseldorf, Urt. v. 30.03.2017 – 15 U 66/15, GRUR 2017, 1219, Rn. 145 – *Mobiles Kommunikationssystem*; OLG Karlsruhe, Urt. v. 30.10.2019 – 6 U 183/16, GRUR 2020, 166, Rn. 100 – *Datenpaketverarbeitung*; *Buntscheck*, NZKart 2015, 521, 522; *Kellenter/Verhauwen*, GRUR 2018, 761, 766.

[1402] *Kühnen*, Hdb. Patentverletzung, Kap. E Rn. 431.

[1403] LG Düsseldorf, Urt. v. 11.07.2018 – 4c O 72/17, BeckRS 2018, 20333, Rn. 105.

[1404] LG Düsseldorf, Urt. v. 09.11.2018 – 4a O 15/17, BeckRS 2018, 33825, Rn. 168-174 – *Dekodierungsvorrichtung*; LG Düsseldorf, Urt. v. 08.01.2019 – 4c O 12/17, BeckRS 2019, 3125, Rn. 149; LG Düsseldorf, Urt. v. 07.05.2020 – 4c O 69/18, GRUR-RS 2020, 12601, Rn. 179-184.

[1405] LG Düsseldorf, Urt. v. 13.07.2017 – 4a O 154/15, GRUR-RS 2017, 132078, Rn. 174; LG Düsseldorf, Urt. v. 11.07.2018 – 4c O 72/17, BeckRS 2018, 20333, Rn. 107; Haedicke/Timmann/*Bukow*, § 13 Rn. 395; Schulte/*Rinken*, § 24 PatG Rn. 107.

c) Entbehrlichkeit

Der Verletzungshinweis ist dann entbehrlich, wenn seine Erteilung eine „nutzlose Förmelei"[1406] darstellen würde, wobei die Hürde dafür hoch anzusetzen[1407] und der Patentinhaber hinsichtlich der die Entbehrlichkeit begründenden Umstände darlegungs- und beweisbelastet ist.[1408]

Da es darum geht, dass dem Verletzer seine unbefugte Patentnutzung bewusstgemacht wird, erübrigt sich eine Anzeige der Verletzung, wo dieses Bewusstsein bereits ohne Zweifel besteht.[1409] Voraussetzung dafür ist aber, dass die Kenntnis des Verletzers von der Benutzung sicher feststeht, sodass er eine Unkenntnis nicht vorbringen könnte, ohne selbst rechtsmissbräuchlich zu handeln.[1410] Eine Kenntnis von der Verletzung eines Patents kann sich aus den Verlautbarungen des Verletzers,[1411] der unbestreitbar eindeutigen Offensichtlichkeit der Verletzung eines Standardkerns[1412], im Falle der Anschlusslizenzierung[1413] sowie aus dem Einlassen auf Lizenzverhandlungen über ein erteiltes Patent[1414] oder ein in Erteilung befindliches, aber von den Parteien wie ein erteiltes Schutzrecht behandeltes Patent[1415] ergeben.

[1406] LG Düsseldorf, Urt. v. 09.11.2018 – 4a O 15/17, BeckRS 2018, 33825, Rn. 160 – *Dekodierungsvorrichtung*; *Kühnen*, Hdb. Patentverletzung, Kap. E Rn. 453.

[1407] LG Düsseldorf, Urt. v. 09.11.2018 – 4a O 15/17, BeckRS 2018, 33825, Rn. 160 – *Dekodierungsvorrichtung*; LG Düsseldorf, Urt. v. 11.05.2021 – 4b O 83/19, GRUR-RS 2021, 27668, Rn. 198; *Kühnen*, Hdb. Patentverletzung, Kap. E Rn. 453.

[1408] Haedicke/Timmann/*Bukow*, § 13 Rn. 358, 395; *Keßler/Palzer*, WRP 2020, 1205, 1207; Schulte/*Rinken*, § 24 PatG Rn. 107.

[1409] GA *Wathelet*, Schlussanträge v. 20.11.2014 – C-170/13, BeckRS 2014, 82403, Rn. 84; OLG Düsseldorf, Urt. v. 30.03.2017 – 15 U 66/15, GRUR 2017, 1219, Rn. 145 – *Mobiles Kommunikationssystem*; KK KartellR/*Busche*, Art. 102 AEUV Rn. 190; MüKo WettbR Bd. I/*Eilmansberger/Bien*, Art. 102 AEUV Rn. 782.

[1410] OLG Düsseldorf, Urt. v. 30.03.2017 – 15 U 66/15, GRUR 2017, 1219, Rn. 145 – *Mobiles Kommunikationssystem*; LG Düsseldorf, Urt. v. 09.11.2018 – 4a O 15/17, BeckRS 2018, 33825, Rn. 160 – *Dekodierungsvorrichtung*; BeckOK PatR/*Wilhelmi*, § 24 PatG Rn. 114a.

[1411] KK KartellR/*Busche*, Art. 102 AEUV Rn. 190; Immenga/Mestmäcker/*A. Fuchs*, Art. 102 AEUV Rn. 365; *Kühnen*, Hdb. Patentverletzung, Kap. E Rn. 454; Schulte/*Rinken*, § 24 PatG Rn. 102.

[1412] MüKo WettbR Bd. I/*Eilmansberger/Bien*, Art. 102 AEUV Rn. 782; *Kühnen*, Hdb. Patentverletzung, Kap. E Rn. 454; Schulte/*Rinken*, § 24 PatG Rn. 102.

[1413] *Dorn*, GRUR-Prax 2017, 497, 498; MüKo WettbR Bd. I/*Eilmansberger/Bien*, Art. 102 AEUV Rn. 782; BeckOK PatR/*Wilhelmi*, § 24 PatG Rn. 114a.

[1414] LG Düsseldorf, Urt. v. 09.11.2018 – 4a O 15/17, BeckRS 2018, 33825, Rn. 175-179 – *Dekodierungsvorrichtung*; *Kühnen*, Hdb. Patentverletzung, Kap. E Rn. 454.

[1415] *Kühnen*, Hdb. Patentverletzung, Kap. E Rn. 451.

2.   Lizenzbereitschaftserklärung des Verletzers

Die Durchsetzung eines Unterlassungsanspruchs kann nur gegenüber einem lizenzbereiten Patentnutzer aufgrund eines Verstoßes gegen eine Lizenzierungspflicht missbräuchlich sein.[1416] Daher verlangt der EuGH, dass der Patentnutzer seine Bereitschaft, einen FRAND-Lizenzvertrag zu schließen, bekundet.[1417]

a)   Qualifizierte oder allgemeine Lizenzbereitschaft? – Gesamtbetrachtung vs. Konsekutivität

Die inhaltlichen Anforderungen an die Lizenzbereitschaftserklärung werden sehr unterschiedlich bemessen.[1418] Einigkeit herrscht noch bei der allgemeinen Aussage, es dürfe sich bei der Lizenzbereitschaftserklärung nicht um ein bloßes „Lippenbekenntnis"[1419] handeln, dem keine belastbare und damit ernstzunehmende Lizenzbereitschaft zugrunde liege.[1420] Auf welchem Wege dies zu bestimmen ist und wie hoch die Hürde zum Erreichen einer ausreichenden Lizenzwilligkeit ist, ist allerdings stark umstritten. Dabei haben sich zwei Lager herausgebildet: Die eine Seite möchte vor allem den Patentverletzer in den Blick nehmen und im Rahmen einer Gesamtbetrachtung seines Verhaltens ermitteln, ob er qualifiziert lizenzbereit ist.[1421] Die andere Sichtweise interpretiert die *Huawei/ZTE*-Kriterien als konsekutiv aufeinanderfolgende Schritte, in deren Rahmen es auf der Ebene der Lizenzbereitschaftserklärung zunächst nur einer allgemeinen Lizenzbereitschaft bedarf.[1422]

[1416]   EuGH, Urt. v. 16.07.2015 – C-170/13, GRUR 2015, 764, Rn. 58, 63 – *Huawei/ZTE*; BGH, Urt. v. 06.05.2009 – KZR 39/06, GRUR 2009, 694, Rn. 30 – *Orange-Book-Standard*; BGH, Urt. v. 05.05.2020 – KZR 36/17, GRUR 2020, 961, Rn. 70 – *FRAND-Einwand I*.
[1417]   EuGH, Urt. v. 16.07.2015 – C-170/13, GRUR 2015, 764, Rn. 63 – *Huawei/ZTE*.
[1418]   *Hess*, NZKart 2022, 437, 438; *Müller-Stoy*, jurisPR-WettbR 2020, Nr. 2, Anm. 4, C.
[1419]   OLG Düsseldorf, Beschl. v. 14.07.2021 – 2 U 13/21, GRUR-RS 2021, 27667, Rn. 9 – *Signalsynthese I*; OLG Düsseldorf, Urt. v. 12.05.2022 – 2 U 13/21, GRUR-RS 2022, 11779, Rn. 182 – *Signalsynthese II*; *Kühnen*, Hdb. Patentverletzung, Kap. E Rn. 461, 464.
[1420]   OLG Düsseldorf, Beschl. v. 14.07.2021 – 2 U 13/21, GRUR-RS 2021, 27667, Rn. 9 – *Signalsynthese I*; OLG Düsseldorf, Urt. v. 12.05.2022 – 2 U 13/21, GRUR-RS 2022, 11779, Rn. 182 – *Signalsynthese II*; OLG Karlsruhe, Urt. v. 25.11.2020 – 6 U 104/18, GRUR-RS 2020, 56869, Rn. 124 – *Steuerkanalsignalisierung I*; OLG Karlsruhe, Urt. v. 02.02.2022 – 6 U 149/20, GRUR-RS 2022, 9468, Rn. 150 – *Steuerkanalsignalisierung II*.
[1421]   OLG Karlsruhe, Urt. v. 02.02.2022 – 6 U 149/20, GRUR-RS 2022, 9468, Rn. 146-148, 151-154 – *Steuerkanalsignalisierung II*; LG Mannheim, Urt. v. 18.08.2020 – 2 O 34/19, GRUR-RS 2020, 20358, Rn. 130-131, 140 – *Lizenz in Wertschöpfungskette*; LG München I, Urt. v. 10.09.2020 – 7 O 8818/19, GRUR-RS 2020, 22577, Rn. 130-131, 142-144, 154-157 – *LTE-Standard*.
[1422]   OLG Düsseldorf, Urt. v. 30.03.2017 – 15 U 66/15, GRUR 2017, 1219, Rn. 166-167 – *Mobiles Kommunikationssystem*; OLG Düsseldorf, Urt. v. 12.05.2022 – 2 U 13/21, GRUR-RS 2022, 11779, Rn. 182 – *Signalsynthese II*.

aa) Qualifizierte Lizenzbereitschaft im Wege einer verletzerorientierten Gesamtbetrachtung

Vertreter einer vor allem auf die Obliegenheiten des Lizenzsuchers fokussierten Gesamtbetrachtung sind in der Instanzgerichtsbarkeit vor allem das OLG Karlsruhe, das LG Mannheim und das LG München I.

(1) Vollständiger Einbezug des Gegenangebots auf Ebene der Lizenzbereitschaftserklärung

Dieser Ansicht nach stellen die *Huawei/ZTE*-Kriterien nur „eine Art Verhaltenstest"[1423] gleichsam eines vorbildhaften, aber nicht starren Musters dar, das zum einen eine Verhandlungslösung befördern und zum anderen Informationsasymmetrien ausgleichen soll.[1424] Eine schrittweise Abhandlung der Kriterien lehnt diese Ansicht aber ab.[1425] Zwar geht auch diese Ansicht durchaus davon aus, dass es einer Überprüfung der FRAND-Konformität des Lizenzangebots des Patentinhabers erst bedarf, wenn der Patentnutzer als lizenzwillig anzusehen ist,[1426] sie stellt aber zur Bemessung der Lizenzwilligkeit eine Gesamtbetrachtung an, bei der auch bereits das verletzerseitige Gegenangebot und dessen FRAND-Konformität vollumfänglich auf der Ebene der Lizenzbereitschaft zu berücksichtigen seien.[1427] Somit sei die tatsächliche FRAND-Konformität des Angebots des Patentinhabers erst zu prüfen, wenn das Gegenangebot des Patentnutzers erwiesenermaßen FRAND ist.[1428]

[1423] LG Mannheim, Urt. v. 04.03.2016 – 7 O 96/14, GRUR-RS 2016, 6527, Rn. 65.

[1424] OLG Karlsruhe, Urt. v. 09.12.2020 – 6 U 103/19, GRUR-RS 2020, 41067, Rn. 262-263; *Meier-Beck*, WuW 2021, 686, 689.

[1425] OLG Karlsruhe, Urt. v. 09.12.2020 – 6 U 103/19, GRUR-RS 2020, 41067, Rn. 261-264; LG München I, Urt. v. 10.09.2020 – 7 O 8818/19, GRUR-RS 2020, 22577, Rn. 144 – *LTE-Standard*; LG München I, Urt. v. 30.09.2020 – 21 O 3891/19, GRUR-RS 2020, 54658, Rn. 136 – *Connected Cars*.

[1426] LG Mannheim, Urt. v. 10.03.2015 – 2 O 103/14, GRUR-RS 2015, 15918, Rn. 148; LG München I, Urt. v. 10.09.2020 – 7 O 8818/19, GRUR-RS 2020, 22577, Rn. 127 – *LTE-Standard*; LG München I, Urt. v. 30.09.2020 – 21 O 13026/19, juris, Rn. 261 – *Unterpixelwertinterpolation*.

[1427] LG Mannheim, Urt. v. 18.08.2020 – 2 O 34/19, GRUR-RS 2020, 20358, Rn. 130, 140 – *Lizenz in Wertschöpfungskette*; LG Mannheim, Urt. v. 21.08.2020 – 2 O 136/18, GRUR-RS 2020, 26457, Rn. 121; LG München I, Urt. v. 10.09.2020 – 7 O 8818/19, GRUR-RS 2020, 22577, Rn. 154-157 – *LTE-Standard*; LG München I, Urt. v. 30.09.2020 – 21 O 13026/19, juris, Rn. 270 – *Unterpixelwertinterpolation*.

[1428] LG Mannheim, Urt. v. 21.08.2020 – 2 O 136/18, GRUR-RS 2020, 26457, Rn. 120-121, 141; LG München I, Urt. v. 30.10.2020 – 21 O 11384/19, juris, Rn. 319 – *Lizenzverhandlung*.

Die Abgabe eines FRAND-gemäßen Gegenangebots bestätige die Lizenzwilligkeit und sei Voraussetzung für die Annahme einer nicht nur vorgeschobenen Bereitschaft zur FRAND-Lizenznahme.[1429] Die Lizenzbereitschaft habe nicht nur punktuell vorzuliegen, sondern sei fortgesetzt aufrechtzuerhalten,[1430] sodass der Verletzer sich nicht darauf zurückziehen dürfe, die FRAND-Konformität des Angebots des Patentinhabers anzugreifen.[1431] Daher sei bereits auf der Ebene der Lizenzbereitschaft nicht nur das Verhalten des Verletzers nach Erhalt des Verletzungshinweises zu berücksichtigen, sondern der gesamte Zeitraum der Lizenzverhandlungen in den Blick zu nehmen.[1432] Die Gegenangebotsabgabe sei letztlich nichts anderes als ein Ausdruck der ernsthaften Lizenzbereitschaft des Verletzers, welche Grundvoraussetzung des kartellrechtlichen Zwangslizenzeinwands sei.[1433]

Jedenfalls wenn das Angebot des Patentinhabers nicht offensichtlich FRAND-widrig sei, habe der Verletzer ein eigenes Angebot vorzulegen, dass FRAND-Bedingungen tatsächlich entsprechen müsse.[1434] Eine Informationsasymmetrie bestehe unter diesen Umständen nicht mehr.[1435] Der Verletzer sei im Sinne der Verhandlungsförderung in die Pflicht zu nehmen, ein FRAND-Gegenangebot abzugeben, auch wenn das Angebot des Patentinhabers nicht vollumfänglich FRAND sei.[1436]

Dabei ist zu beachten, dass auch diese Ansicht – entgegen eines früheren Ansatzes des LG Mannheim[1437] – nicht von einer bloßen Evidenzkontrolle des FRAND-Angebots des Patentinhabers ausgeht, wenn dieses im dritten Schritt der *Huawei/ZTE*-Kriterien auf seine tatsächliche

---

[1429] OLG Karlsruhe, Beschl. v. 12.02.2021 – 6 U 130/20, GRUR-RS 2021, 9325, Rn. 36, 39 – *Wurzelsequenzordnung*.

[1430] OLG Karlsruhe, Beschl. v. 12.02.2021 – 6 U 130/20, GRUR-RS 2021, 9325, Rn. 36 – *Wurzelsequenzordnung*; LG München I, Urt. v. 05.08.2022 – 21 O 8879/21, GRUR-RS 2022, 34498, Rn. 107 – *keepawake-message*.

[1431] OLG Karlsruhe, Urt. v. 02.02.2022 – 6 U 149/20, GRUR-RS 2022, 9468, Rn. 153 – *Steuerkanalsignalisierung II*.

[1432] LG München I, Urt. v. 10.09.2020 – 7 O 8818/19, GRUR-RS 2020, 22577, Rn. 142-143 – *LTE-Standard*; LG München I, Urt. v. 05.08.2022 – 21 O 8879/21, GRUR-RS 2022, 34498, Rn. 108 – *keepawake-message*.

[1433] LG Mannheim, Urt. v. 27.11.2015 – 2 O 106/14, BeckRS 2015, 20077, Rn. 155 – *Stochastisches Rauschen*.

[1434] OLG Karlsruhe, Urt. v. 25.11.2020 – 6 U 104/18, GRUR-RS 2020, 56869, Rn. 129 – *Steuerkanalsignalisierung I*; LG München I, Urt. v. 25.05.2022 – 7 O 14091/19, GRUR-RS 2022, 13480, Rn. 105 – *Sprachsignalcodierer II*.

[1435] OLG Karlsruhe, Urt. v. 25.11.2020 – 6 U 104/18, GRUR-RS 2020, 56869, Rn. 129, 131 – *Steuerkanalsignalisierung I*; LG Mannheim, Urt. v. 21.08.2020 – 2 O 136/18, GRUR-RS 2020, 26457, Rn. 121.

[1436] OLG Karlsruhe, Urt. v. 25.11.2020 – 6 U 104/18, GRUR-RS 2020, 56869, Rn. 131-132 – *Steuerkanalsignalisierung I*; LG München I, Urt. v. 25.05.2022 – 7 O 14091/19, GRUR-RS 2022, 13480, Rn. 105 – *Sprachsignalcodierer II*.

[1437] LG Mannheim, Urt. v. 29.01.2016 – 7 O 66/15, GRUR-RS 2016, 4228, Rn. 49 – *Steuerkanal*; LG Mannheim, Urt. v. 04.03.2016 – 7 O 96/14, GRUR-RS 2016, 6527, Rn. 53.

FRAND-Konformität zu überprüfen ist.[1438] Dies ist eine andere Frage, nämlich die der generellen gerichtlichen Prüfungsdichte der FRAND-Konformität von Angeboten im Patentverletzungsprozess.[1439] Auf der Ebene der Lizenzwilligkeit (zweiter Schritt) stellt sich diese Frage auch nach dieser Ansicht trotz der gesamtbetrachtenden Sichtweise noch nicht.[1440] Das Angebot des Patentinhabers wird hier nur in den Blick genommen, wenn es darum geht, ob ein Anlass zur Abgabe eines Gegenangebots besteht und dafür wird es für ausreichend gehalten, wenn das Angebot nicht offensichtlich FRAND-widrig ist.[1441]

Diese Ansicht verlangt also eine sich andauernd manifestierende und auch durch ein tatsächlich FRAND-gemäßes Gegenangebot zum Ausdruck kommende, mithin qualifizierte Lizenzbereitschaft des Patentnutzers.[1442]

(2) Einordnung von *FRAND-Einwand I* und *FRAND-Einwand II*

Der BGH legt sich in *FRAND-Einwand I* und *FRAND-Einwand II* zwar nicht ausdrücklich fest, was die Charakteristik der *Huawei/ZTE*-Kriterien als konsekutive Verhandlungsschritte oder Grundlage für eine obliegenheitsübergreifende Gesamtbetrachtung, also die Reihenfolge der Prüfung der *Huawei/ZTE*-Kriterien angeht.[1443] Er nimmt aber die Lizenzbereitschaft und insbesondere auch die „jeweilige[…] Reaktion"[1444] des Verletzers in den Mittelpunkt seiner Betrachtung und stellt daran hohe Anforderungen.[1445]

Die Lizenzbereitschaftserklärung sei „kein Selbstzweck"[1446]. Die bloß allgemeine Bereitschaft zur Lizenznahme genüge nicht, sondern der Lizenzsucher müsse seine „ernsthafte und vorbehaltlose"[1447] Lizenzwilligkeit „klar und eindeutig"[1448] zum Ausdruck bringen und „auch in der

---

[1438] OLG Karlsruhe, Urt. v. 25.11.2020 – 6 U 104/18, GRUR-RS 2020, 56869, Rn. 130 – *Steuerkanalsignalisierung I*.

[1439] Dazu: 3. Teil Kap. B. IV. 3. a) bb) (S. 207 f.).

[1440] LG München I, Urt. v. 09.09.2021 – 7 O 15350/19, GRUR-RS 2021, 23157, Rn. 108 – *Sprachsignalcodierer*.

[1441] OLG Karlsruhe, Urt. v. 25.11.2020 – 6 U 104/18, GRUR-RS 2020, 56869, Rn. 131 – *Steuerkanalsignalisierung I*; *G. Werner/Wuttke*, GRUR-Prax 2020, 1, 3.

[1442] OLG Karlsruhe, Beschl. v. 12.02.2021 – 6 U 130/20, GRUR-RS 2021, 9325, Rn. 36 – *Wurzelsequenzordnung*; LG München I, Urt. v. 10.09.2020 – 7 O 8818/19, GRUR-RS 2020, 22577, Rn. 130-131 – *LTE-Standard*.

[1443] *P. Tochtermann*, GRUR 2022, 1121–1122.

[1444] BGH, Urt. v. 05.05.2020 – KZR 36/17, GRUR 2020, 961, Rn. 79 – *FRAND-Einwand I*.

[1445] BGH, Urt. v. 05.05.2020 – KZR 36/17, GRUR 2020, 961, Rn. 79-83 – *FRAND-Einwand I*; BGH, Urt. v. 24.11.2020 – KZR 35/17, GRUR 2021, 585, Rn. 77 – *FRAND-Einwand II*; *Hess*, NZKart 2022, 437, 438; *Kellenter*, WuW 2020, 485, 486; *Picht*, GRUR 2020, 972; *P. Tochtermann*, GRUR 2022, 1121–1122.

[1446] BGH, Urt. v. 05.05.2020 – KZR 36/17, GRUR 2020, 961, Rn. 83 – *FRAND-Einwand I*.

[1447] BGH, Urt. v. 05.05.2020 – KZR 36/17, GRUR 2020, 961, Rn. 95 – *FRAND-Einwand I*.

[1448] BGH, Urt. v. 05.05.2020 – KZR 36/17, GRUR 2020, 961, Rn. 83 – *FRAND-Einwand I*; BGH, Urt. v. 24.11.2020 – KZR 35/17, GRUR 2021, 585, Rn. 57 – *FRAND-Einwand II*.

Folge zielgerichtet an den Lizenzvertragsverhandlungen mitwirken"[1449], um seine Bereitschaft zu belegen, eine Lizenz zu FRAND-Bedingungen abzuschließen, wie auch immer diese letztlich aussehen mögen.[1450]

Selbst bei einem offensichtlich FRAND-widrigen Angebot des Patentinhabers sei der Verletzer gehalten, den Patentinhaber darüber aufzuklären, warum das Angebot evident unzureichend sei.[1451] Die *Huawei/ZTE*-Kriterien sieht der BGH letztlich nur als einen *safe harbour* des Patentinhabers an, innerhalb dessen jedenfalls kein Missbrauch vorliege.[1452] Darüber hinaus könne sich ein Missbrauch oder eine Nichtmissbräuchlichkeit aber auch aus davon abweichenden Gesichtspunkten ergeben, wenn die Umstände des Einzelfalls und eine die Interessen der Parteien abwägende Betrachtung dies rechtfertige.[1453]

Insgesamt wird also deutlich, dass der BGH die gesamtbetrachtende Sichtweise vorzieht und ebenfalls qualifizierte Anforderungen an die Lizenzwilligkeit des Nutzers stellt.[1454] Er ist daher dieser Ansicht zuzuordnen.

(3) Verortung der Verantwortlichkeit für den Vertragsschluss beim Verletzer

Sowohl der BGH als auch in der Folge die genannten Instanzgerichte legen ihren Entscheidungen die Annahme zugrunde, dass der Patentverletzer primär in der Verantwortung stehe, seine rechtswidrige Nutzung durch eine FRAND-Lizenznahme zu beenden.[1455] Es wird die Gefahr betont,

---

[1449] BGH, Urt. v. 05.05.2020 – KZR 36/17, GRUR 2020, 961, Rn. 83 – *FRAND-Einwand I*; BGH, Urt. v. 24.11.2020 – KZR 35/17, GRUR 2021, 585, Rn. 57 – *FRAND-Einwand II*.

[1450] BGH, Urt. v. 05.05.2020 – KZR 36/17, GRUR 2020, 961, Rn. 83, 98 – *FRAND-Einwand I*; England and Wales High Court, Urt. v. 05.04.2017 – [2017] EWHC 711 (Pat), Rn. 708; zustimmend: OLG Karlsruhe, Urt. v. 25.11.2020 – 6 U 104/18, GRUR-RS 2020, 56869, Rn. 124 – *Steuerkanalsignalisierung I*; LG München I, Urt. v. 10.09.2020 – 7 O 8818/19, GRUR-RS 2020, 22577, Rn. 130-131 – *LTE-Standard*.

[1451] BGH, Urt. v. 24.11.2020 – KZR 35/17, GRUR 2021, 585, Rn. 71 – *FRAND-Einwand II*; OLG Karlsruhe, Urt. v. 02.02.2022 – 6 U 149/20, GRUR-RS 2022, 9468, Rn. 152, 164 – *Steuerkanalsignalisierung II*.

[1452] BGH, Urt. v. 24.11.2020 – KZR 35/17, GRUR 2021, 585, Rn. 65 – *FRAND-Einwand II*; so auch: U.K. Supreme Court, Urt. v. 26.08.2020 – [2020] UKSC 37, GRUR Int. 2021, 174, Rn. 153 – *Unwired Planet/Huawei*.

[1453] BGH, Urt. v. 24.11.2020 – KZR 35/17, GRUR 2021, 585, Rn. 65 – *FRAND-Einwand II*; *Rätz*, GRUR-Prax 2021, 174.

[1454] *Kamlah/Rektorschek*, Mitt. 2021, 154, 155; *Keßler/Palzer*, WRP 2020, 1205, 1207.

[1455] BGH, Urt. v. 05.05.2020 – KZR 36/17, GRUR 2020, 961, Rn. 80 – *FRAND-Einwand I*; BGH, Urt. v. 24.11.2020 – KZR 35/17, GRUR 2021, 585, Rn. 55, 58, 67 – *FRAND-Einwand II*; OLG Karlsruhe, Urt. v. 09.12.2020 – 6 U 103/19, GRUR-RS 2020, 41067, Rn. 253; OLG Karlsruhe, Urt. v. 02.02.2022 – 6 U 149/20, GRUR-RS 2022, 9468, Rn. 151 – *Steuerkanalsignalisierung II*; LG Mannheim, Urt. v. 02.03.2021 – 2 O 131/19, GRUR-RS 2021, 6244, Rn. 127; LG München I, Urt. v. 30.09.2020 – 21 O 13026/19, juris, Rn. 278 – *Unterpixelwertinterpolation*; *Kamlah/Rektorschek*, Mitt. 2021, 154, 156.

das ein Patentverletzer die Lizenznahme verzögern könne, um von der Patentnutzung zu profitieren und einer Unterlassungsverurteilung bei nahendem Schutzrechtsablauf möglicherweise ganz zu entgehen.[1456] Die dann nur bestehende rückwirkende Schadensersatzpflicht stelle keine Abschreckung dar, weil der wirtschaftliche Anreiz, einen gesamten Standard mit zahlreichen Patenten nutzen zu können, die Gefahr einer Schadensersatzverurteilung aus einzelnen Klagepatenten weit überwiege.[1457]

Außerdem wird die Bedeutung des FRAND-Angebots des Patentinhabers im System der Verhaltensobliegenheiten als eher gering angesehen. Es sei lediglich Ausgangspunkt der Verhandlungen,[1458] biete Anhaltspunkte für die Beurteilung der sich in der daraufhin folgenden Reaktion des Verletzers zeigenden Lizenzbereitschaft[1459] und liefere dem Verletzer die ihm bis dahin fehlenden Informationen, die ihm die Abgabe eines FRAND-gemäßen Gegenangebots ermöglichten.[1460] Ein Missbrauch des Patentinhabers liege nicht in der Abgabe eines FRAND-widrigen Angebots, sondern erst in einer finalen Zugangsverweigerung zur patentgeschützten Erfindung,[1461] welche ihre Relevanz aber nur entfalten könne, wenn eine andauernde Lizenzbereitschaft des Verletzers feststellbar sei.[1462]

[1456] BGH, Urt. v. 05.05.2020 – KZR 36/17, GRUR 2020, 961, Rn. 82 – *FRAND-Einwand I*; BGH, Urt. v. 24.11.2020 – KZR 35/17, GRUR 2021, 585, Rn. 67, 77 – *FRAND-Einwand II*; OLG Karlsruhe, Urt. v. 09.12.2020 – 6 U 103/19, GRUR-RS 2020, 41067, Rn. 251-252; *Meier-Beck*, WuW 2021, 686, 690; *ders.*, FS Säcker (2021), 275, 287.

[1457] BGH, Urt. v. 05.05.2020 – KZR 36/17, GRUR 2020, 961, Rn. 82 – *FRAND-Einwand I*.

[1458] BGH, Urt. v. 05.05.2020 – KZR 36/17, GRUR 2020, 961, Rn. 83 – *FRAND-Einwand I*; BGH, Urt. v. 24.11.2020 – KZR 35/17, GRUR 2021, 585, Rn. 69-70 – *FRAND-Einwand II*; OLG Karlsruhe, Urt. v. 25.11.2020 – 6 U 104/18, GRUR-RS 2020, 56869, Rn. 131 – *Steuerkanalsignalisierung I*.

[1459] BGH, Urt. v. 05.05.2020 – KZR 36/17, GRUR 2020, 961, Rn. 81, 83 – *FRAND-Einwand I*; BGH, Urt. v. 24.11.2020 – KZR 35/17, GRUR 2021, 585, Rn. 68, 71-74 – *FRAND-Einwand II*; OLG Karlsruhe, Urt. v. 09.12.2020 – 6 U 103/19, GRUR-RS 2020, 41067, Rn. 254, 260; LG Mannheim, Urt. v. 21.08.2020 – 2 O 136/18, GRUR-RS 2020, 26457, Rn. 125-126; LG München I, Urt. v. 09.09.2021 – 7 O 15350/19, GRUR-RS 2021, 23157, Rn. 123 – *Sprachsignalcodierer*.

[1460] OLG Karlsruhe, Urt. v. 25.11.2020 – 6 U 104/18, GRUR-RS 2020, 56869, Rn. 131 – *Steuerkanalsignalisierung I*.

[1461] BGH, Urt. v. 24.11.2020 – KZR 35/17, GRUR 2021, 585, Rn. 76 – *FRAND-Einwand II*; LG München I, Urt. v. 09.09.2021 – 7 O 15350/19, GRUR-RS 2021, 23157, Rn. 95 – *Sprachsignalcodierer*; *Meier-Beck*, WuW 2021, 686, 689.

[1462] BGH, Urt. v. 24.11.2020 – KZR 35/17, GRUR 2021, 585, Rn. 66, 68 – *FRAND-Einwand II*; OLG Karlsruhe, Urt. v. 09.12.2020 – 6 U 103/19, GRUR-RS 2020, 41067, Rn. 251; OLG Karlsruhe, Urt. v. 02.02.2022 – 6 U 149/20, GRUR-RS 2022, 9468, Rn. 148 – *Steuerkanalsignalisierung II*; LG München I, Urt. v. 09.09.2021 – 7 O 15350/19, GRUR-RS 2021, 23157, Rn. 100 – *Sprachsignalcodierer*.

bb) Allgemeine Lizenzbereitschaft in einem System konsekutiver Verhandlungsschritte

In der Rechtsprechung des OLG Düsseldorf und des LG Düsseldorf wird hingegen ein Ansatz verfolgt, der die *Huawei/ZTE*-Kriterien als grundsätzlich konsekutive Verhandlungsschritte begreift.[1463]

(1) Unterscheidung zwischen allgemeiner und konkreter Lizenzbereitschaft

Nach dieser Ansicht hat der EuGH mit den von ihm aufgestellten Verhaltensobliegenheiten ein System geschaffen, in dem aufeinander aufbauende und einander nachfolgende Verhandlungsschritte bei ihrer Befolgung einen prozeduralisierten Interessenausgleich bewirken.[1464] Dabei entstehe die Obliegenheit der jeweils nächsten Stufe erst, wenn die vorangegangene Obliegenheit vollständig erfüllt sei.[1465] Daraus folge, dass nach Erteilung eines Verletzungshinweises durch den Patentinhaber, auf den hin eine Lizenzbereitschaftserklärung erfolge, zunächst der Patentinhaber am Zuge sei, ein vollumfänglich FRAND-gemäßes Angebot vorzulegen, bevor es auf die tatsächliche FRAND-Konformität des verletzerseitigen Gegenangebots überhaupt ankomme.[1466] In dieser Abfolge der *Huawei/ZTE*-Kriterien sei auf der jeweiligen Stufe der dem Verletzer obliegenden Verhaltenspflichten zwischen der allgemeinen und der konkreten Lizenzbereitschaft zu unterscheiden.[1467]

Auf der Ebene der Lizenzbereitschaftserklärung sei eine allgemeine Lizenzbereitschaft, eine FRAND-Lizenz einzugehen, notwendig, aber auch ausreichend.[1468] Es müsse lediglich ergründet

---

[1463] OLG Düsseldorf, Urt. v. 30.03.2017 – 15 U 66/15, GRUR 2017, 1219, Rn. 166-167 – *Mobiles Kommunikationssystem*; OLG Düsseldorf, Urt. v. 12.05.2022 – 2 U 13/21, GRUR-RS 2022, 11779, Rn. 182 – *Signalsynthese II*; LG Düsseldorf, Urt. v. 09.11.2018 – 4a O 15/17, BeckRS 2018, 33825, Rn. 150 – *Dekodierungsvorrichtung*.

[1464] OLG Düsseldorf, Beschl. v. 13.01.2016 – 15 U 65/15, GRUR-RS 2016, 1679, Rn. 18; OLG Düsseldorf, Urt. v. 30.03.2017 – 15 U 66/15, GRUR 2017, 1219, Rn. 167 – *Mobiles Kommunikationssystem*.

[1465] OLG Düsseldorf, Beschl. v. 13.01.2016 – 15 U 65/15, GRUR-RS 2016, 1679, Rn. 18; LG Düsseldorf, Urt. v. 09.11.2018 – 4a O 15/17, BeckRS 2018, 33825, Rn. 150 – *Dekodierungsvorrichtung*; LG Düsseldorf, Urt. v. 18.06.2020 – 4b O 91/18, GRUR-RS 2020, 55053, Rn. 154; Schulte/*Rinken*, § 24 PatG Rn. 114.

[1466] OLG Düsseldorf, Beschl. v. 13.01.2016 – 15 U 65/15, GRUR-RS 2016, 1679, Rn. 18-20; OLG Düsseldorf, Urt. v. 30.03.2017 – 15 U 66/15, GRUR 2017, 1219, Rn. 164-167 – *Mobiles Kommunikationssystem*; Haedicke/Timmann/*Bukow*, § 13 Rn. 326, 411; MüKo WettbR Bd. I/*Eilmansberger/Bien*, Art. 102 AEUV Rn. 786; *Kleindienst*, Bestimmung angemessener Gebühren für FRAND-Lizenzen an SEP, S. 211–212.

[1467] OLG Düsseldorf, Urt. v. 12.05.2022 – 2 U 13/21, GRUR-RS 2022, 11779, Rn. 182 – *Signalsynthese II*; *Kühnen*, Hdb. Patentverletzung, Kap. E Rn. 463.

[1468] OLG Düsseldorf, Urt. v. 12.05.2022 – 2 U 13/21, GRUR-RS 2022, 11779, Rn. 182 – *Signalsynthese II*; *Kühnen*, Hdb. Patentverletzung, Kap. E Rn. 463.

werden, ob der Verletzer den Willen aufbringe, Lizenznehmer des SEP-Inhabers zu werden.[1469] Ob er auf ein sodann vom Patentinhaber zu erteilendes, FRAND-Bedingungen genügendes Angebot mit der dann relevanten konkreten Lizenzbereitschaft reagiert hat, spiele hier noch keine Rolle.[1470] Für die Auslösung der FRAND-Angebotspflicht des Patentinhabers genüge eine pauschale Lizenzbereitschaftserklärung, die sich noch nicht zu möglichen Lizenzbedingungen verhalten müsse.[1471]

Die allgemeine Lizenzbereitschaft des Patentverletzers kann nach dieser Ansicht als eine Art „Einfallstor"[1472] für den Austausch von Verhandlungspositionen betrachtet werden, sodass dem Patentinhaber bei ihrem Fehlen die Ausarbeitung eines gegenüber einem lizenzunwilligen Verletzer sinnlosen FRAND-Angebots erspart bleibt.[1473] Sie ist aber auch nach dieser Ansicht nicht als substanzlose Äußerung im luftleeren Raum zu verstehen: Auch diese Ansicht verlangt eine ernstgemeinte, von einem tatsächlichen Willen getragene und im Verhalten des Patentverletzers zum Ausdruck kommende und fortdauernde Lizenzwilligkeit als Grundlage des Lizenzierungsanspruchs des Verletzers.[1474] Zeige sich, dass die geäußerte Bereitschaft, Lizenznehmer werden zu wollen, offensichtlich keine echte allgemeine Lizenzbereitschaft darstelle, sondern vielmehr einer ernsthaften und endgültigen Lizenzverweigerung gleichkomme, die nur zu Verzögerungszwecken mit einer bloß behaupteten Lizenzbereitschaft verschleiert werde, so löse eine solche nur vorgebliche Bereitschaft auch nicht die FRAND-Angebotspflicht des Patentinhabers aus.[1475] Es müsse eine zwar allgemeine, aber wirkliche Bereitschaft bestehen, über die Lizenznahme zu

---

[1469] OLG Düsseldorf, Urt. v. 12.05.2022 – 2 U 13/21, GRUR-RS 2022, 11779, Rn. 182 – *Signalsynthese II*; *Kühnen*, Hdb. Patentverletzung, Kap. E Rn. 463.

[1470] OLG Düsseldorf, Urt. v. 12.05.2022 – 2 U 13/21, GRUR-RS 2022, 11779, Rn. 182 – *Signalsynthese II*; *Kühnen*, Hdb. Patentverletzung, Kap. E Rn. 463.

[1471] OLG Düsseldorf, Beschl. v. 17.11.2016 – 15 U 66/15, BeckRS 2016, 21067, Rn. 9; OLG Düsseldorf, Urt. v. 30.03.2017 – 15 U 66/15, GRUR 2017, 1219, Rn. 152 – *Mobiles Kommunikationssystem*; LG Düsseldorf, Urt. v. 31.03.2016 – 4a O 126/14, GRUR-RS 2016, 8040, Rn. 149 – *Hochfrequenzanteil*; LG Düsseldorf, Urt. v. 21.12.2021 – 4c O 42/20, GRUR-RS 2021, 50360, Rn. 121 – *Bildrekonstruierung*.

[1472] *P. Tochtermann*, GRUR 2022, 1121, 1122.

[1473] LG Düsseldorf, Beschl. v. 26.11.2020 – 4c O 17/19, GRUR-RS 2020, 32508, Rn. 35 – *Telematikkontrolleinheit*; LG Düsseldorf, Urt. v. 21.12.2021 – 4c O 42/20, GRUR-RS 2021, 50360, Rn. 120 – *Bildrekonstruierung*; *Kühnen*, Hdb. Patentverletzung, Kap. E Rn. 462; *Wuttke*, Mitt. 2020, 553, 554.

[1474] LG Düsseldorf, Urt. v. 07.05.2020 – 4c O 44/18, GRUR-RS 2020, 12599, Rn. 309-310; LG Düsseldorf, Urt. v. 11.05.2021 – 4b O 83/19, GRUR-RS 2021, 27668, Rn. 278, 281; LG Düsseldorf, Urt. v. 21.12.2021 – 4c O 42/20, GRUR-RS 2021, 50360, Rn. 126 – *Bildrekonstruierung*; *Kühnen*, Hdb. Patentverletzung, Kap. E Rn. 457, 464.

[1475] OLG Düsseldorf, Beschl. v. 17.11.2016 – 15 U 66/15, BeckRS 2016, 21067, Rn. 9; OLG Düsseldorf, Urt. v. 12.05.2022 – 2 U 13/21, GRUR-RS 2022, 11779, Rn. 180, 183 – *Signalsynthese II*; *Kühnen*, Hdb. Patentverletzung, Kap. E Rn. 461, 464.

verhandeln, was beispielsweise durch das unnachgiebige Beharren auf einem bestimmten Lizenzierungsmodell konterkariert werde.[1476]

Erst wenn – entlang der weiteren Schritte der *Huawei/ZTE*-Kriterien – das Angebot des Patentinhabers als tatsächlich FRAND befunden wurde, komme es auf die konkrete Lizenzbereitschaft des Verletzers an, auf diese ihm aufgezeigten FRAND-Lizenzbedingungen einzugehen.[1477] Das FRAND-Angebot des Patentinhabers sei in diesem Stadium der Verhandlungen dann alleiniger „Prüfstein"[1478] für diese konkrete Lizenzwilligkeit.[1479] Möchte der Verletzer dieses FRAND-Angebot in der ihm vorgelegten Form nicht annehmen, so sei er erst dann verpflichtet, ein tatsächlich FRAND-gemäßes Gegenangebot abzugeben.[1480] Erst an dieser Stelle, also wenn im dritten Schritt der *Huawei/ZTE*-Kriterien festgestellt werden konnte, dass das Angebot des Patentinhabers FRAND-Bedingungen tatsächlich entspricht, komme es im vierten Schritt des Prozederes zu einer vollumfänglichen Prüfung der FRAND-Konformität des Gegenangebots des Verletzers.[1481]

(2)   Teilweiser Einbezug der Abgabe eines Gegenangebots

Legt man eine streng formalistisch zu verstehende Konsekutivität zugrunde, wäre das Gegenangebot des Verletzers und die Tatsache, ob er ein solches abgegeben hat oder nicht, auf der Ebene der Lizenzbereitschaftserklärung in keiner Weise berücksichtigungsfähig. Mit einmaliger Abgabe einer Lizenzbereitschaftserklärung wäre das darauffolgende Verhalten des Verletzers irrelevant, bis es zur Abgabe eines tatsächlich FRAND-Bedingungen entsprechenden Lizenzangebots des Patentinhabers kommt.[1482]

Aber auch aufseiten der Vertreter der konsekutiven Ansicht wird die Notwendigkeit gesehen, dass die Lizenzwilligkeit nicht rein punktuell vorliegen, sondern bis zum entscheidungserheblichen Zeitpunkt des Schlusses der letzten mündlichen Verhandlung fortbestehen muss.[1483] Es sei daher auch der weitere Verlauf der Verhandlungen im Anschluss an die Lizenzbereitschaftserklärung in den Blick zu nehmen, um die Äußerung der Lizenzwilligkeit auf ihre Ernsthaftigkeit hin zu verifizieren.[1484] Das tatsächliche Verhalten könne belegen, dass die zwar formal geäußerte

---

[1476]   OLG Düsseldorf, Urt. v. 12.05.2022 – 2 U 13/21, GRUR-RS 2022, 11779, Rn. 183 – *Signalsynthese II*; *Kühnen*, Hdb. Patentverletzung, Kap. E Rn. 464.

[1477]   OLG Düsseldorf, Urt. v. 12.05.2022 – 2 U 13/21, GRUR-RS 2022, 11779, Rn. 182 – *Signalsynthese II*.

[1478]   *Kühnen*, Hdb. Patentverletzung, Kap. E Rn. 462.

[1479]   *Ders.*, Hdb. Patentverletzung, Kap. E Rn. 462, 467.

[1480]   *Ders.*, Hdb. Patentverletzung, Kap. E Rn. 462.

[1481]   OLG Düsseldorf, Urt. v. 22.03.2019 – 2 U 31/16, BeckRS 2019, 6087, Rn. 236 – *Improving Handovers*.

[1482]   LG Düsseldorf, Urt. v. 13.07.2017 – 4a O 154/15, GRUR-RS 2017, 132078, Rn. 181-183.

[1483]   LG Düsseldorf, Urt. v. 07.05.2020 – 4c O 44/18, GRUR-RS 2020, 12599, Rn. 309; LG Düsseldorf, Urt. v. 11.05.2021 – 4b O 83/19, GRUR-RS 2021, 27668, Rn. 278.

[1484]   LG Düsseldorf, Urt. v. 07.05.2020 – 4c O 44/18, GRUR-RS 2020, 12599, Rn. 309-310; LG Düsseldorf, Urt. v. 21.12.2021 – 4c O 42/20, GRUR-RS 2021, 50360, Rn. 126 – *Bildrekonstruierung*.

Lizenzbereitschaftserklärung letztlich nicht von einem echten allgemeinen Lizenzwillen getragen werde.[1485] Andersherum könne das Verhalten des Verletzers das (ggf. auch erst mit Verspätung vorliegende) Bestehen der Lizenzbereitschaft belegen, wenn damit die Ernsthaftigkeit des Lizenzierungswunsches erkennbar hervortrete.[1486]

Ein vom Verletzer formuliertes Gegenangebot könne als eine solche Manifestierung der Lizenzbereitschaft berücksichtigt werden, wenn es rechtzeitig und damit insbesondere in Bezug auf einen laufenden Verletzungsprozess und dessen Verhandlungstermine nicht zur Unzeit vorgelegt werde und nicht offensichtlich FRAND-widrig sei.[1487] Offensichtlich FRAND-widrig sei das Gegenangebot dann, wenn es in sich schon nicht schlüssig und nachvollziehbar sei[1488] und daher seinem Inhalt nach offensichtlich nicht der Verhandlung eines Lizenzvertrages zwischen den Parteien zugrunde gelegt werden könne.[1489] Das Gegenangebot spreche nicht für die allgemeine Lizenzwilligkeit des Verletzers, wenn es offensichtlich nur dazu diene, den Patentverletzer hinzuhalten und die Lizenzierung zu verzögern.[1490] Es könne in diesem Falle vielmehr die Lizenzunwilligkeit des Verletzers belegen.[1491]

Auch die Vertreter der konsekutiven Ansicht beziehen das Gegenangebot bei der Bemessung der allgemeinen Lizenzbereitschaft also unter Umständen mit ein. Dies geschieht jedoch nur, um die allgemeine Lizenzbereitschaft zu verifizieren oder als bloß vorgeschoben zu enttarnen.[1492] In keinem Fall ist nach dieser Ansicht die FRAND-Gemäßheit des Gegenangebots vollumfänglich

---

[1485] OLG Düsseldorf, Beschl. v. 14.07.2021 – 2 U 13/21, GRUR-RS 2021, 27667, Rn. 9 – *Signalsynthese I*; OLG Düsseldorf, Urt. v. 12.05.2022 – 2 U 13/21, GRUR-RS 2022, 11779, Rn. 152 – *Signalsynthese II*; LG Düsseldorf, Urt. v. 11.05.2021 – 4b O 83/19, GRUR-RS 2021, 27668, Rn. 278, 281; LG Düsseldorf, Urt. v. 21.12.2021 – 4c O 42/20, GRUR-RS 2021, 50360, Rn. 126 – *Bildrekonstruierung*.

[1486] OLG Düsseldorf, Urt. v. 30.03.2017 – 15 U 66/15, GRUR 2017, 1219, Rn. 164 – *Mobiles Kommunikationssystem*; OLG Düsseldorf, Beschl. v. 14.07.2021 – 2 U 13/21, GRUR-RS 2021, 27667, Rn. 9 – *Signalsynthese I*; OLG Düsseldorf, Urt. v. 12.05.2022 – 2 U 13/21, GRUR-RS 2022, 11779, Rn. 152 – *Signalsynthese II*.

[1487] OLG Düsseldorf, Beschl. v. 14.07.2021 – 2 U 13/21, GRUR-RS 2021, 27667, Rn. 9, 15 – *Signalsynthese I*; OLG Düsseldorf, Beschl. v. 20.07.2021 – 15 U 39/21, GRUR-RS 2021, 31565, Rn. 27-29; OLG Düsseldorf, Urt. v. 12.05.2022 – 2 U 13/21, GRUR-RS 2022, 11779, Rn. 152, 171-172 – *Signalsynthese II*.

[1488] OLG Düsseldorf, Urt. v. 12.05.2022 – 2 U 13/21, GRUR-RS 2022, 11779, Rn. 173-179 – *Signalsynthese II*; LG Düsseldorf, Urt. v. 21.12.2021 – 4c O 42/20, GRUR-RS 2021, 50360, Rn. 158 – *Bildrekonstruierung*.

[1489] OLG Düsseldorf, Urt. v. 12.05.2022 – 2 U 13/21, GRUR-RS 2022, 11779, Rn. 179 – *Signalsynthese II*.

[1490] OLG Düsseldorf, Beschl. v. 14.07.2021 – 2 U 13/21, GRUR-RS 2021, 27667, Rn. 9 – *Signalsynthese I*; OLG Düsseldorf, Urt. v. 12.05.2022 – 2 U 13/21, GRUR-RS 2022, 11779, Rn. 152 – *Signalsynthese II*.

[1491] OLG Düsseldorf, Urt. v. 30.03.2017 – 15 U 66/15, GRUR 2017, 1219, Rn. 164 – *Mobiles Kommunikationssystem*; OLG Düsseldorf, Urt. v. 12.05.2022 – 2 U 13/21, GRUR-RS 2022, 11779, Rn. 179 – *Signalsynthese II*.

[1492] In einem Fall eines die Lizenzwilligkeit verifizierenden Gegenangebots dies in diesem begrenzten Umfang heranziehend: LG Düsseldorf, Urt. v. 21.12.2021 – 4c O 42/20, GRUR-RS 2021, 50360, Rn. 158 – *Bildrekonstruierung*.

auf der Ebene der Lizenzbereitschaftserklärung und damit vor der FRAND-Konformität des Angebots des Patentinhabers zu prüfen.[1493]

cc)   Stellungnahme

Die beiden Ansichten können aufgrund ihrer unterschiedlichen Interpretation der vom EuGH vorgegebenen Prüfung der Lizenzbereitschaft des Verletzers zu abweichenden Ergebnissen führen, sodass der Streit hier zu entscheiden ist.

(1)   Wechselseitige Verhaltensobliegenheiten als prozeduralisierter Interessenausgleich

Das konsekutive Verständnis wird durch den Wortlaut der EuGH-Entscheidung gestützt.[1494] Die Verhaltensobliegenheiten werden im *Huawei/ZTE*-Urteil sprachlich abwechselnd dargestellt:[1495] Dem Patentinhaber obliegt es, „zum einen"[1496] einen Verletzungshinweis zu erteilen. Dann, „nachdem"[1497] der Verletzer seine Lizenzbereitschaft „zum Ausdruck gebracht hat"[1498], hat der Patentinhaber „[z]um anderen"[1499] ein FRAND-Angebot zu machen. Der Verletzer hat „hingegen"[1500] sorgfalts- und treugemäß „zu reagieren"[1501]. Bei Nichtannahme des „ihm unterbreitete[n] Angebot[s]"[1502] hat er ein „Gegenangebot"[1503] zu machen. Eine Sicherheitsleistung obliegt dem Verletzer, wenn und „ab dem Zeitpunkt, zu dem sein Gegenangebot abgelehnt wurde"[1504]. Kommt es dazu, dass „nach dem Gegenangebot"[1505] Uneinigkeit besteht, so folgt die Möglichkeit

---

[1493] OLG Düsseldorf, Beschl. v. 13.01.2016 – 15 U 65/15, GRUR-RS 2016, 1679, Rn. 20-21; OLG Düsseldorf, Urt. v. 30.03.2017 – 15 U 66/15, GRUR 2017, 1219, Rn. 164-167 – *Mobiles Kommunikationssystem*; LG Düsseldorf, Urt. v. 21.12.2021 – 4c O 42/20, GRUR-RS 2021, 50360, Rn. 158 – *Bildrekonstruierung*.
[1494] OLG Düsseldorf, Urt. v. 30.03.2017 – 15 U 66/15, GRUR 2017, 1219, Rn. 167 – *Mobiles Kommunikationssystem*.
[1495] EuGH, Urt. v. 16.07.2015 – C-170/13, GRUR 2015, 764, Rn. 61-68 – *Huawei/ZTE*.
[1496] EuGH, Urt. v. 16.07.2015 – C-170/13, GRUR 2015, 764, Rn. 61 – *Huawei/ZTE*.
[1497] EuGH, Urt. v. 16.07.2015 – C-170/13, GRUR 2015, 764, Rn. 63 – *Huawei/ZTE*.
[1498] EuGH, Urt. v. 16.07.2015 – C-170/13, GRUR 2015, 764, Rn. 63 – *Huawei/ZTE*.
[1499] EuGH, Urt. v. 16.07.2015 – C-170/13, GRUR 2015, 764, Rn. 63 – *Huawei/ZTE*.
[1500] EuGH, Urt. v. 16.07.2015 – C-170/13, GRUR 2015, 764, Rn. 65 – *Huawei/ZTE*.
[1501] EuGH, Urt. v. 16.07.2015 – C-170/13, GRUR 2015, 764, Rn. 65 – *Huawei/ZTE*.
[1502] EuGH, Urt. v. 16.07.2015 – C-170/13, GRUR 2015, 764, Rn. 66 – *Huawei/ZTE*.
[1503] EuGH, Urt. v. 16.07.2015 – C-170/13, GRUR 2015, 764, Rn. 66 – *Huawei/ZTE*.
[1504] EuGH, Urt. v. 16.07.2015 – C-170/13, GRUR 2015, 764, Rn. 67 – *Huawei/ZTE*.
[1505] EuGH, Urt. v. 16.07.2015 – C-170/13, GRUR 2015, 764, Rn. 68 – *Huawei/ZTE*.

der Drittbestimmung. Der EuGH nutzt also zahlreiche eine zeitliche Abfolge und eine aufeinander aufbauende Wechselbeziehung intendierende Bezeichnungen, die das in den *Huawei/ZTE*-Kriterien verkörperte und simulierte Hin und Her einer Vertragsverhandlung verdeutlichen.[1506]

Dass ein umfassend FRAND-gemäßes Gegenangebot erst eine Rolle spielen kann, wenn das Angebot des Patentinhabers tatsächlich FRAND ist, und das Gegenangebot nicht schon umfassend auf der Ebene der Lizenzbereitschaftserklärung zu prüfen ist, bringt der EuGH ebenfalls zum Ausdruck:[1507] Der Patentinhaber hat ein „Lizenzangebot zu FRAND-Bedingungen zu unterbreiten"[1508]. Seine FRAND-Erklärung rechtfertigt es, von ihm „ein solches Angebot"[1509] zu verlangen. „[A]uf dieses Angebot"[1510], also das Angebot des Patentinhabers zu FRAND-Bedingungen,[1511] erfolgt dann laut EuGH die Reaktion des Verletzers. Nicht zuletzt vermitteln die Begriffe *Angebot* und *Gegenangebot* schon semantisch eine gewisse Sortierung.

Würde man das Gegenangebot bereits vor dem Angebot im Rahmen der Lizenzbereitschaftserklärung auf seine tatsächliche FRAND-Konformität prüfen und damit den zweiten und den vierten Schritt der *Huawei/ZTE*-Kriterien miteinander verschmelzen, so würde der vierte Schritt überflüssig, da er schon an zweiter Stelle – vor dem dritten Schritt – vorausgesetzt würde.[1512] Dies ließe sich aber nicht damit vereinbaren, dass der EuGH erst in Reaktion auf das FRAND-Angebot des Patentinhabers und nicht schon nach dessen Verletzungshinweis ein Lizenzvertragsangebot vom Verletzer verlangt, woraus sich ergibt, dass nach dem FRAND-Angebot des Patentinhabers mehr vom Verletzer verlangt wird als nach dem Verletzungshinweis.[1513] Dieser Unterschied wird bei einem Vorziehen der FRAND-Prüfung des Gegenangebots nivelliert.[1514]

An der Auslegung nach konsekutivem Verständnis und der Ermittlung des Bestehens eines missbräuchlichen Verhaltens entlang der Verhaltensobliegenheiten ändert auch die Betonung der Bedeutung von Einzelfallumständen durch den EuGH[1515] nichts.[1516] Der EuGH erwähnt dies nämlich im Kontext der vom Patentinhaber zur kartellrechtskonformen Durchsetzung seiner An-

---

[1506] *Sadrak*, IPRB 2018, 105, 108.

[1507] OLG Düsseldorf, Urt. v. 30.03.2017 – 15 U 66/15, GRUR 2017, 1219, Rn. 167 – *Mobiles Kommunikationssystem*; *Hess*, NZKart 2022, 437, 439.

[1508] EuGH, Urt. v. 16.07.2015 – C-170/13, GRUR 2015, 764, Rn. 63 – *Huawei/ZTE*.

[1509] EuGH, Urt. v. 16.07.2015 – C-170/13, GRUR 2015, 764, Rn. 64 – *Huawei/ZTE*.

[1510] OLG Düsseldorf, Urt. v. 30.03.2017 – 15 U 66/15, GRUR 2017, 1219, Rn. 65 – *Mobiles Kommunikationssystem*.

[1511] OLG Düsseldorf, Beschl. v. 13.01.2016 – 15 U 65/15, GRUR-RS 2016, 1679, Rn. 18.

[1512] *Wuttke*, Mitt. 2020, 553, 555; *ders.*, Mitt. 2020, 555, 556.

[1513] *Wuttke*, Mitt. 2020, 553, 554.

[1514] LG Düsseldorf, Urt. v. 21.12.2021 – 4c O 42/20, GRUR-RS 2021, 50360, Rn. 121 – *Bildrekonstruierung*.

[1515] EuGH, Urt. v. 16.07.2015 – C-170/13, GRUR 2015, 764, Rn. 56 – *Huawei/ZTE*; unter Verweis auf: EuGH, Urt. v. 27.03.2012 – C-209/10, EuZW 2012, 540, Rn. 26 – *Post Danmark* (zu Verdrängungspreisen).

[1516] A.A.: BGH, Urt. v. 24.11.2020 – KZR 35/17, GRUR 2021, 585, Rn. 63-65 – *FRAND-Einwand II*.

sprüche zu erfüllenden Bedingungen, „durch die ein gerechter Ausgleich der betroffenen Interessen gewährleistet werden soll"[1517]. Im Anschluss betont er die Bedeutung und Schutzwürdigkeit des geistigen Eigentums und dass auch die FRAND-Erklärung diesen Schutz nicht obsolet mache.[1518] Der Patentinhaber habe aber „besondere Anforderungen zu beachten"[1519]. Diese Anforderungen und Bedingungen führt der EuGH sodann in den *Huawei/ZTE*-Kriterien aus.[1520] Diese Kriterien konkretisieren und prozeduralisieren den vom EuGH vorgesehenen Interessenausgleich.[1521] Somit gibt der EuGH den „Verhaltensfahrplan"[1522] für die Interessenabwägung bereits vor. Sie findet gerade in der Abfolge der Verhaltenskriterien ihren Ausdruck.[1523] In der jeweiligen Auslegung der vom EuGH in der von ihm genannten Reihenfolge zu erfüllenden Kriterien können zudem sämtliche Umstände des Einzelfalls hinreichend berücksichtigt werden, ohne dass es einer Abweichung von der Roadmap des EuGH bedarf.

(2)   Verantwortung und Initiativlast des Patentinhabers

Innerhalb dieses Systems wechselseitiger Verhaltensobliegenheiten sind – anders als der BGH meint[1524] – an die Lizenzbereitschaftserklärung keine zu hohen Anforderungen zu stellen.[1525] Zuvörderst spricht auch dafür der Urteilswortlaut selbst: Anders als in Bezug auf die anderen Verhaltensobliegenheiten des Patentinhabers[1526] und des Patentverletzers[1527] tätigt der EuGH zur Lizenzbereitschaftserklärung keine weiteren Ausführungen, die besondere Anforderungen – insbesondere eine qualifizierte Lizenzbereitschaft – enthalten könnten.[1528] Er erwähnt die Lizenzbereitschaftserklärung bloß in einem Nebensatz als zu absolvierenden Schritt vor Unterbreitung des

---

[1517] EuGH, Urt. v. 16.07.2015 – C-170/13, GRUR 2015, 764, Rn. 55 – *Huawei/ZTE*.

[1518] EuGH, Urt. v. 16.07.2015 – C-170/13, GRUR 2015, 764, Rn. 57-59 – *Huawei/ZTE*.

[1519] EuGH, Urt. v. 16.07.2015 – C-170/13, GRUR 2015, 764, Rn. 59 – *Huawei/ZTE*.

[1520] EuGH, Urt. v. 16.07.2015 – C-170/13, GRUR 2015, 764, Rn. 60-68 – *Huawei/ZTE*.

[1521] OLG Düsseldorf, Beschl. v. 13.01.2016 – 15 U 65/15, GRUR-RS 2016, 1679, Rn. 18; OLG Düsseldorf, Urt. v. 30.03.2017 – 15 U 66/15, GRUR 2017, 1219, Rn. 167 – *Mobiles Kommunikationssystem*; *Hofmann*, ZUM 2017, 102, 104–105; *P. Tochtermann*, GRUR 2022, 1121, 1123; BeckOK PatR/*Wilhelmi*, § 24 PatG Rn. 113.

[1522] *Picht*, WuW 2018, 234.

[1523] *P. Tochtermann*, GRUR 2022, 1121, 1124.

[1524] BGH, Urt. v. 05.05.2020 – KZR 36/17, GRUR 2020, 961, Rn. 83 – *FRAND-Einwand I*.

[1525] OLG Düsseldorf, Urt. v. 30.03.2017 – 15 U 66/15, GRUR 2017, 1219, Rn. 152 – *Mobiles Kommunikationssystem*; LG Düsseldorf, Urt. v. 21.12.2021 – 4c O 42/20, GRUR-RS 2021, 50360, Rn. 121 – *Bildrekonstruierung*; *Lubitz*, NZKart 2017, 618, 620.

[1526] EuGH, Urt. v. 16.07.2015 – C-170/13, GRUR 2015, 764, Rn. 61-64 – *Huawei/ZTE*.

[1527] EuGH, Urt. v. 16.07.2015 – C-170/13, GRUR 2015, 764, Rn. 65-67 – *Huawei/ZTE*.

[1528] *Wuttke*, Mitt. 2020, 555, 556.

patentinhaberseitigen Angebots.[1529] Das EuG erwähnt in einem Urteil, in dem es auf die *Huawei/ZTE*-Kriterien Bezug nimmt und diese bis zum Schritt des Gegenangebots auflistet, die Lizenzbereitschaftserklärung nicht einmal.[1530]

Wichtiger aber noch ist Folgendes: Der EuGH sieht die Verantwortung für das erste FRAND-Bedingungen genügende Angebot beim Patentinhaber, da er bei diesem zum einen einen Informationsvorteil annimmt[1531] und zum anderen den Patentinhaber an seiner vertrauenserweckenden FRAND-Erklärung festhält.[1532] Diese zentralen Wertungen der EuGH-Entscheidung würden missachtet und stünden inhaltsleer da, wenn es für ausreichend erachtet würde, dass der Patentinhaber irgendein Angebot abgibt, um die FRAND-Gegenangebotsobliegenheit des Verletzers auszulösen, und eine umfassende FRAND-Prüfung des Gegenangebots daher schon in die Bewertung der Lizenzwilligkeit einfließen könnte.[1533]

Die vom EuGH beschriebene Informationsasymmetrie wird durch ein rein formal bestehendes, nicht FRAND-Anforderungen genügendes Angebot des Patentinhabers – anders als die eine Gesamtbetrachtung vertretenden Gerichte meinen[1534] – nicht ohne Weiteres behoben.[1535] Während der BGH das anfängliche Informationsgefälle als Grund für das Bestehen der Obliegenheiten des Patentinhabers aber immerhin noch anerkennt,[1536] findet der durch die FRAND-Erklärung begründete Vertrauenstatbestand in den *FRAND-Einwand*-Entscheidungen überhaupt keinen Niederschlag.[1537] Gerade die durch die FRAND-Erklärung „geweckten berechtigten Erwartungen"[1538] sind es aber, die den EuGH zu seiner Lastenverteilung veranlassen.[1539] Der EuGH formuliert explizit, dass die FRAND-Erklärung zwar die Ausübung des Ausschließlichkeitsrechts nicht aushöhlen könne, sie es aber rechtfertige, den Patentinhaber zur Beachtung besonderer Anforderungen zu verpflichten.[1540] Somit sieht der EuGH die Verantwortung für die Ermöglichung des Zustandekommens eines Lizenzvertrages primär beim Patentinhaber.[1541] Dieser muss genau aus diesem Grund zunächst seiner Verantwortung dadurch gerecht werden, dass er mit einem

---

[1529] EuGH, Urt. v. 16.07.2015 – C-170/13, GRUR 2015, 764, Rn. 63 – *Huawei/ZTE*.

[1530] EuG, Urt. v. 13.07.2022 – T-886/19, BeckRS 2022, 16383, Rn. 86 – *Design Light & Led*.

[1531] EuGH, Urt. v. 16.07.2015 – C-170/13, GRUR 2015, 764, Rn. 64 – *Huawei/ZTE*.

[1532] EuGH, Urt. v. 16.07.2015 – C-170/13, GRUR 2015, 764, Rn. 53-54, 64 – *Huawei/ZTE*.

[1533] OLG Düsseldorf, Urt. v. 30.03.2017 – 15 U 66/15, GRUR 2017, 1219, Rn. 167 – *Mobiles Kommunikationssystem*; *Kühnen*, Hdb. Patentverletzung, Kap. E Rn. 462.

[1534] OLG Karlsruhe, Urt. v. 25.11.2020 – 6 U 104/18, GRUR-RS 2020, 56869, Rn. 131 – *Steuerkanalsignalisierung I*; OLG Karlsruhe, Urt. v. 09.12.2020 – 6 U 103/19, GRUR-RS 2020, 41067, Rn. 263.

[1535] LG Düsseldorf, Urt. v. 18.06.2020 – 4b O 91/18, GRUR-RS 2020, 55053, Rn. 250-251.

[1536] BGH, Urt. v. 05.05.2020 – KZR 36/17, GRUR 2020, 961, Rn. 75 – *FRAND-Einwand I*.

[1537] *Rastemborski*, Mitt. 2020, 420, 421; *Wahl/Foerstl*, GRUR Int. 2021, 99, 101.

[1538] EuGH, Urt. v. 16.07.2015 – C-170/13, GRUR 2015, 764, Rn. 54 – *Huawei/ZTE*.

[1539] EuGH, Urt. v. 16.07.2015 – C-170/13, GRUR 2015, 764, Rn. 59, 64 – *Huawei/ZTE*; *Kühnen*, Hdb. Patentverletzung, Kap. E Rn. 462, 467.

[1540] EuGH, Urt. v. 16.07.2015 – C-170/13, GRUR 2015, 764, Rn. 59 – *Huawei/ZTE*.

[1541] *Kühnen*, Hdb. Patentverletzung, Kap. E Rn. 467.

tatsächlich FRAND-konformen Angebot eine Verhandlungsgrundlage schafft, auf deren Basis eine Lizenzierung erfolgen kann.[1542]

Wenn der BGH auf die Gefahren eines sich auf der Verantwortung des Patentinhabers ausruhenden und die Verhandlungen verzögernden Verletzers verweist,[1543] verkennt er, dass der Patentinhaber einem solchen Verhalten nicht schutzlos ausgeliefert ist, da er durch Abgabe eines in seinen Verantwortungsbereich fallenden FRAND-Angebots den Weg für die Durchsetzung seines Unterlassungsanspruchs frei machen kann.[1544] Der BGH stellt sich diesem Argument mit Verweis auf die Abhängigkeit der FRAND-Konformität vorab erfolgter Verhandlungen ausdrücklich entgegen[1545] und meint, dass vom Patentinhaber deshalb vorab kein FRAND-Angebot erwartet werden könne und das Angebot des Patentinhabers nur als Startschuss für eben diese Verhandlungen diene.[1546] Diese Schlussfolgerung ist mit der vom EuGH aufgestellten Anforderung, dass der Patentinhaber „gemäß seiner gegenüber der Standardisierungsorganisation übernommenen Verpflichtung ein konkretes schriftliches Lizenzangebot zu FRAND-Bedingungen zu unterbreiten"[1547] hat, nicht vereinbar.

Die tatsächliche Schwierigkeit, ex ante ein FRAND-Bedingungen genügendes Angebot vorzulegen, beseitigt nicht die vom EuGH gesehene Verpflichtung des SEP-Inhabers, ein solches Angebot zu unterbreiten. Diese Verpflichtung würde auch nicht etwaige Verhandlungen obsolet machen.[1548] Ein FRAND-Angebot vorauszusetzen, bedeutet nicht, in einem FRAND-widrigen Angebot automatisch und unverrückbar einen Missbrauch zu sehen, obwohl dieser in der von einer Durchsetzung des Ausschließlichkeitsrechts zum Ausdruck kommenden Zugangsverweigerung liegt.[1549] Es kann vielmehr sein und ist sehr wahrscheinlich, dass ein erstes Angebot sich ex post als FRAND-widrig herausstellt, weil es Aspekte aus der Sphäre des Patentnutzers noch nicht ausreichend berücksichtigen kann, von denen der Patentinhaber schlicht keine Kenntnis hat.[1550] Wie bereits gezeigt,[1551] kann aber eine noch nicht erfüllte Obliegenheit auch später nachgeholt werden. Die Erfüllung der Obliegenheit zur Abgabe eines FRAND-Angebots wird im Zeitpunkt des Schlusses der letzten mündlichen Verhandlung bewertet und muss dann erfüllt sein, um den Unterlassungsanspruch bei fehlendem Gegenangebot trotz Ablauf einer dafür zu gewährenden

---

[1542] *Kühnen*, Hdb. Patentverletzung, Kap. E Rn. 467.

[1543] BGH, Urt. v. 05.05.2020 – KZR 36/17, GRUR 2020, 961, Rn. 82 – *FRAND-Einwand I*.

[1544] *Kühnen*, Hdb. Patentverletzung, Kap. E Rn. 467; Schulte/*Rinken*, § 24 PatG Rn. 109; *Wirtz/Holzhäuser*, WRP 2004, 683, 693.

[1545] BGH, Urt. v. 24.11.2020 – KZR 35/17, GRUR 2021, 585, Rn. 75 – *FRAND-Einwand II*.

[1546] BGH, Urt. v. 24.11.2020 – KZR 35/17, GRUR 2021, 585, Rn. 70-74 – *FRAND-Einwand II*.

[1547] EuGH, Urt. v. 16.07.2015 – C-170/13, GRUR 2015, 764, Rn. 63 – *Huawei/ZTE*.

[1548] So aber: BGH, Urt. v. 24.11.2020 – KZR 35/17, GRUR 2021, 585, Rn. 73 – *FRAND-Einwand II*.

[1549] BGH, Urt. v. 24.11.2020 – KZR 35/17, GRUR 2021, 585, Rn. 76 – *FRAND-Einwand II*, der dies als Argument gegen eine FRAND-Angebotspflicht aufführt.

[1550] Diese Problematik hervorhebend: BGH, Urt. v. 24.11.2020 – KZR 35/17, GRUR 2021, 585, Rn. 70 – *FRAND-Einwand II*.

[1551] Siehe: 3. Teil Kap. B. III. 2. (S. 170 ff.).

Frist durchsetzbar zu machen.[1552] Einem Austausch von Verhandlungsstandpunkten und -angeboten steht die Pflichtenstellung des Patentinhabers also nicht entgegen, sondern fördert diese vielmehr.

Äußert der Verletzer sich auf ein Angebot des Patentinhabers nicht hinreichend oder bringt er keine Aspekte vor, die für die FRAND-Konformität von Bedeutung wären, so kann dieses Verhalten zum einen belegen, dass seiner Lizenzbereitschaftserklärung kein allgemeiner Lizenzwille zugrunde lag.[1553] Zum anderen finden ungenannte Aspekte, die einem beurteilenden Gericht dann mangels Vorbringen schließlich auch nicht zwingend bekannt sind, im Zweifel keinen Eingang in die Beurteilung des FRAND-Maßstabes im konkreten Fall, sodass das Angebot des Patentinhabers für diesen Fall vom Gericht im Rückblick auf die Verhandlungen als FRAND angesehen werden kann. Zumindest wird das Gericht Aspekte, die sich der Kenntnis des Patentinhabers entziehen und im Laufe der Verhandlungen auch nicht vom Verletzer vorgebracht werden, nicht ohne entsprechenden richterlichen Hinweis zur Begründung der FRAND-Widrigkeit heranziehen.[1554] Entgegen der Meinung des BGH hat der Patentinhaber also jederzeit die Möglichkeit, sich durch eigene Verhandlungsbemühungen und insbesondere seine Angebotsabgabe vor einer unsanktionierten Verzögerungstaktik des Verletzers zu schützen.[1555]

Der Ansatz des BGH, vor allem den Verletzer in der Pflicht zu sehen und an dessen Lizenzwilligkeit hohe Anforderungen zu stellen, stellt im Vergleich zu *Huawei/ZTE* eine deutliche Verlagerung der Initiativlast weg vom Patentinhaber hin zum Verletzer dar[1556] und ist daher eine mit den Wertungen der EuGH-Entscheidungen nicht zu vereinbarende Interpretation.[1557] Auch die Anlehnung an den englischen Maßstab des „willing licensee"[1558] als eines Lizenznehmers, der eine FRAND-Lizenz anstrebe, welche Bedingungen auch immer tatsächlich FRAND seien,[1559] begegnet angesichts der Unterschiede zwischen dem englischen *Common Law* und dem kontinentaleuropäischen *Civil Law* sowie der von der deutschen Handhabung abweichenden Urteilspraxis englischer Gerichte erheblichen Zweifeln.[1560] Legt man den strengen Maßstab des BGH

[1552] *Kühnen*, Hdb. Patentverletzung, Kap. E Rn. 477-478.
[1553] LG Düsseldorf, Urt. v. 21.12.2021 – 4c O 42/20, GRUR-RS 2021, 50360, Rn. 126 – *Bildrekonstruierung*.
[1554] Zur richterlichen Hinweispflicht hinsichtlich des FRAND-Maßstabes: *Kühnen*, Hdb. Patentverletzung, Kap. E Rn. 478.
[1555] *Ders.*, Hdb. Patentverletzung, Kap. E Rn. 467, 476-479.
[1556] *Fock/Meyer zu Riemsloh*, IPRB 2020, 205, 206–207; *Kamlah/Rektorschek*, Mitt. 2021, 307, 308; *Kleindienst*, Bestimmung angemessener Gebühren für FRAND-Lizenzen an SEP, S. 211–212; *Sadrak*, IPRB 2018, 105, 108; *Wuttke*, Mitt. 2020, 553, 554–555.
[1557] *Hess*, NZKart 2022, 437, 438; zumindest ein deutliches Entfernen von den EuGH-Vorgaben annehmend: *Wuttke*, Mitt. 2020, 555, 556.
[1558] England and Wales High Court, Urt. v. 05.04.2017 – [2017] EWHC 711 (Pat), Rn. 708.
[1559] BGH, Urt. v. 05.05.2020 – KZR 36/17, GRUR 2020, 961, Rn. 83 – *FRAND-Einwand I*.
[1560] Dazu: *Hess*, NZKart 2022, 437, 439, der insbesondere darauf hinweist, dass englische Gerichte zum einen im Prozess eine FRAND-Gebühr festsetzen und zum anderen Unterlassungsverfügungen erlas-

an, so steigt für den Verletzer das Risiko, als lizenzunwillig angesehen und verurteilt zu werden.[1561] Dies erhöht die Wahrscheinlichkeit, dass Verletzer sich notgedrungen auf Lizenzkonditionen einlassen, die nicht FRAND sind und denen sie bei Verhandlungen auf Augenhöhe nicht zugestimmt hätten.[1562]

Bei all den geäußerten Bedenken hinsichtlich der BGH-Entscheidungen ist nicht zu verschweigen, dass der Wertung des BGH, dass die Lizenzbereitschaft des Lizenznehmers Grundlage für den kartellrechtlichen Zwangslizenzeinwand sei,[1563] an sich zuzustimmen ist.[1564] Lediglich den daraus abgeleiteten und insofern überzogenen Anforderungen ist nicht beizupflichten. Der BGH hat Recht, wenn er meint, dass Maßstab der Prüfung dasjenige [sei], was eine vernünftige Partei, die an dem erfolgreichen, beiderseits interessengerechten Abschluss der Verhandlungen interessiert ist, zur Förderung dieses Ziels in einem bestimmten Verhandlungsstadium jeweils tun würde.[1565] Dieser Maßstab muss dann aber auch vor dem Hintergrund des jeweiligen Stadiums auf der Roadmap der Verhaltensobliegenheiten jeweils gebildet werden, was bedeutet, dass auf der Ebene der Lizenzbereitschaftserklärung keine Überfrachtung der zu erfüllenden Anforderungen anzunehmen ist.[1566] Ohne eine ausreichende Rückkopplung der Betrachtung der Lizenzbereitschaft an die vom EuGH vorgegebenen Verhaltensobliegenheiten besteht die Gefahr, dass die Lizenzwilligkeit mangels Proceduralisierung ihrer Voraussetzungen konturlos und aufgrund starker Wertungsabhängigkeit ein nur wenig leistungsfähiges Kriterium wird.[1567] Diejenigen Wertungen des BGH, denen dem Grunde nach zugestimmt werden kann, können folglich im an *Huawei/ZTE* orientierten Ansatz einer konsekutiven Betrachtung der Verhaltensobliegenheiten am besten zur Geltung kommen.

---

sen, die unter der aufschiebenden Bedingung der Verweigerung der Annahme dieser Lizenzbedingungen stehen; *Kamlah/Rektorschek*, Mitt. 2021, 307, 309 zeigen auf, dass die englischen Gerichte den FRAND-Maßstab nicht aus dem Kartellrecht, sondern aus dem Common Law und seinen Methoden herleiten.

[1561] *Fock/Meyer zu Riemsloh*, IPRB 2020, 205, 207; *Kamlah/Rektorschek*, Mitt. 2021, 307, 308.
[1562] *Kamlah/Rektorschek*, Mitt. 2021, 154, 156.
[1563] BGH, Urt. v. 24.11.2020 – KZR 35/17, GRUR 2021, 585, Rn. 59 – *FRAND-Einwand II*; *Habich*, WuW 2021, 282, 284.
[1564] LG Düsseldorf, Urt. v. 21.12.2021 – 4c O 42/20, GRUR-RS 2021, 50360, Rn. 122 – *Bildrekonstruierung*.
[1565] BGH, Urt. v. 24.11.2020 – KZR 35/17, GRUR 2021, 585, Rn. 59 – *FRAND-Einwand II*.
[1566] LG Düsseldorf, Urt. v. 21.12.2021 – 4c O 42/20, GRUR-RS 2021, 50360, Rn. 122-124 – *Bildrekonstruierung*.
[1567] *P. Tochtermann*, GRUR 2022, 1121, 1123.

(3)　Rolle des Gegenangebots

Dass der konsekutiven Ansicht – entgegen entsprechender Vorwürfe[1568] – kein unnötig starrer Formalismus zugrunde liegt, der dazu einlädt, stur auf der Nichterfüllung der Obliegenheiten des Gegenübers zu beharren, zeigt die Möglichkeit, auch nach dieser Ansicht das Gegenangebot hinsichtlich des Vorliegens oder Nichtvorliegens seiner offensichtlichen FRAND-Widrigkeit zur Widerlegung oder Verifizierung der Lizenzwilligkeit heranzuziehen. Der Verletzer kann zur Erklärung der Lizenzbereitschaft eben nicht nur vordergründig eine Scheinerklärung abgeben und ansonsten eine Verzögerungstaktik verfolgen.[1569]

Allerdings bedarf diese Rechtsprechung einer Ergänzung, um auch die Fälle zu erfassen, in denen gar kein Gegenangebot abgegeben wurde: Soweit ersichtlich hat das OLG Düsseldorf – aufgrund des von ihm zu entscheidenden Fallmaterials – das Gegenangebot zum einen in einem Fall in den Blick genommen, in dem eine Lizenzbereitschaft angenommen wurde und das abgegebene Gegenangebot keinen Anlass zur Annahme einer Lizenzunwilligkeit gab.[1570] Zum anderen bezog es das Gegenangebot in einem Fall ein, in dem eine Lizenzwilligkeit nicht festgestellt werden konnte und auch ein sodann ergangenes Gegenangebot, welches verzögert abgegeben wurde und offensichtlich nicht FRAND war, nicht für eine Lizenzwilligkeit sprach.[1571]

Wenn ein solches abgegebenes Gegenangebot herangezogen werden kann, um zu zeigen, dass der Verletzer lizenzwillig oder nicht lizenzwillig ist, so muss erst recht auch in einem Fall, wo der Verletzer trotz entsprechenden Anlasses und Ablauf einer angemessenen Frist[1572] ein Gegenangebot noch nicht mal abgegeben hat, in der fehlenden Abgabe eines Gegenangebotes ein Indiz für die fehlende allgemeine Lizenzbereitschaft gesehen werden können.[1573] Ein Anlass zur Abgabe eines Gegenangebotes besteht, wenn der SEP-Inhaber ein Angebot abgegeben hat, das nicht

---

[1568]　LG München I, Urt. v. 30.09.2020 – 21 O 3891/19, GRUR-RS 2020, 54658, Rn. 136 – *Connected Cars*.

[1569]　OLG Düsseldorf, Beschl. v. 14.07.2021 – 2 U 13/21, GRUR-RS 2021, 27667, Rn. 9 – *Signalsynthese I*; LG Düsseldorf, Urt. v. 18.06.2020 – 4b O 91/18, GRUR-RS 2020, 55053, Rn. 247.

[1570]　OLG Düsseldorf, Urt. v. 30.03.2017 – 15 U 66/15, GRUR 2017, 1219, Rn. 153-164 – *Mobiles Kommunikationssystem*.

[1571]　OLG Düsseldorf, Urt. v. 12.05.2022 – 2 U 13/21, GRUR-RS 2022, 11779, Rn. 151-179 – *Signalsynthese II*.

[1572]　Zur Frist für die Abgabe eines Gegenangebots siehe: 3. Teil Kap. B. IV. 4. b) (S. 216 f.).

[1573]　Die Missbräuchlichkeit bei trotz ergangenem Angebot fehlendem Gegenangebot ebenfalls ausschließend: EuG, Urt. v. 13.07.2022 – T-886/19, BeckRS 2022, 16383, Rn. 87 – *Design Light & Led*; Den formalen Aspekt, ob ein Gegenangebot abgegeben wurde, als Abwägungsaspekt erwähnend: LG Düsseldorf, Urt. v. 21.12.2021 – 4c O 42/20, GRUR-RS 2021, 50360, Rn. 124 – *Bildrekonstruierung*.

offensichtlich FRAND-widrig ist, mithin Grundlage für eine Verhandlung sein kann.[1574] Ein Angebot oder Gegenangebot bzw. der darauf bezogene streitige Sachvortrag, der einer prozessualen Präklusion unterliegt, ist einer Nichtabgabe gleichzusetzen.[1575]

Daraus ergeben sich die der Übersichtlichkeit wegen im Folgenden zusammengefassten Fallkonstellationen, in denen die Abgabe des Gegenangebots auch bei konsekutiver Betrachtung der Verhandlungsschritte teilweise in die Bewertung der allgemeinen Lizenzwilligkeit einbezogen werden kann.[1576] Der Einbezug des Gegenangebots oder dessen Nichtabgabe erfolgt dabei stets in dem Sinne, dass dies für oder gegen eine Lizenzwilligkeit sprechen kann, ohne dass das Gegenangebot der alleinige dafür entscheidende Faktor wäre.

Hat der Patentverletzer kein Gegenangebot abgegeben (Anhang, Fig. 1), so spricht dies gegen das Vorliegen einer allgemeinen Lizenzbereitschaft, wenn der Patentinhaber ein Angebot abgegeben hat, das nicht offensichtlich FRAND-widrig ist, und eine angemessene Frist für die Abgabe eines Gegenangebots verstrichen ist. Hat der Patentinhaber ebenfalls kein Angebot abgegeben oder nur ein Angebot, das offensichtlich FRAND-widrig ist, spricht die Nichtabgabe eines Gegenangebots nicht gegen die allgemeine Lizenzwilligkeit, da es an der Verhandlungsgrundlage von Seiten des Patentinhabers fehlt.

Hat der Patentverletzer ein Gegenangebot abgegeben (Anhang, Fig. 2), dies rechtzeitig getan und ist es nicht offensichtlich FRAND-widrig, kann es die Ernsthaftigkeit einer Lizenzierungsbitte untermauern. Hat der Patentverletzer zwar ein Gegenangebot abgegeben, dies aber verzögert bzw. zu Unzeiten getan oder ist es zwar möglicherweise rechtzeitig ergangen, aber jedenfalls offensichtlich FRAND-widrig, spricht dies gegen das Vorliegen einer allgemeinen Lizenzwilligkeit. Da der Verletzer, der ein Gegenangebot abgibt, nicht schlechter gestellt werden kann als ein Verletzer, der trotz Anlasses überhaupt gar kein Gegenangebot abgibt, und es auch hier einer Verhandlungsgrundlage von Seiten des Patentinhabers bedarf, muss auch hier in den Fällen, in denen ein verzögertes und/oder offensichtlich FRAND-widriges Gegenangebot gegen eine allgemeine Lizenzwilligkeit sprechen kann, ein zumindest nicht offensichtlich FRAND-widriges Angebot des Patentinhabers vorliegen.

Bezieht man das Verhalten der Parteien im Verlauf der Verhandlungen auf diese Weise zur Ermittlung der allgemeinen Lizenzwilligkeit des Verletzers mit ein, so führt dies dazu, dass unter Umständen auf dieser Ebene bereits geprüft wird, ob Angebot und Gegenangebot offensichtlich FRAND-widrig sind. Der konsekutive Charakter der Verhaltensobliegenheiten wird dem Grundsatz nach aber beibehalten: Immer, wenn der Einbezug des Gegenangebots zulasten des Verletzers geht (Nichtabgabe eines Gegenangebots trotz Anlass, verzögerte Abgabe, offensichtliche

---

[1574] Im Ergebnis so auch: OLG Karlsruhe, Urt. v. 25.11.2020 – 6 U 104/18, GRUR-RS 2020, 56869, Rn. 131 – *Steuerkanalsignalisierung I*.

[1575] Musielak/Voit/*M. Huber*, § 296 ZPO Rn. 37.

[1576] Zur Veranschaulichung dieser Konstellationen sind im Anhang unter Fig. 1 und Fig. 2 zwei Schaubilder zu finden (S. 483 f.).

FRAND-Widrigkeit des Gegenangebots), muss ein zumindest nicht offensichtlich FRAND-widriges Angebot des Patentinhabers vorliegen. Ohne ein Angebot des Patentinhabers oder wenn dieses offensichtlich FRAND-widrig ist, fällt ein nicht abgegebenes Gegenangebot dem Verletzer nicht zur Last. Nur wenn der Verletzer durch sein rechtzeitiges und nicht offensichtlich FRAND-widriges Gegenangebot die Ernsthaftigkeit seiner Lizenzbitte unterstreichen kann, bedarf es an dieser Stelle noch keines Blicks auf das Angebot des Patentinhabers, da dem Verletzer ohnehin auch eine überobligatorische Abgabe eines Gegenangebots zugutekäme.

In keinem Fall führt die Begutachtung des Angebots und des Gegenangebots mit Blick auf offensichtlich FRAND-widrige Aspekte oder die Nichtabgabe in diesem Zusammenhang zu einer Absenkung oder Anhebung der Anforderungen an die Lizenzwilligkeit des Verletzers.[1577] Die Heranziehung erfolgt nur zur Verifizierung der Lizenzwilligkeit oder zur Enttarnung einer bloß behaupteten Lizenzierungsbereitschaft.[1578]

Das Angebot des Patentinhabers ist also auch bei diesem begrenzten Einbezug des Gegenangebots auf der Ebene der Lizenzwilligkeit Dreh- und Angelpunkt der (hier nur auf offensichtliche FRAND-Widrigkeiten gerichteten) Betrachtung des Gegenangebots.[1579] Erst nachdem die allgemeine Lizenzwilligkeit bejaht wurde, ist die FRAND-Konformität des Angebots des Patentinhabers umfassend zu prüfen und nur wenn diese festgestellt wurde, kann es auf die umfassende FRAND-Konformität des Gegenangebots ankommen.

Für die Praxis ermöglicht diese Betrachtung eine Vorsortierung: Offensichtliche Fälle können ohne Einstieg in die umfassende Prüfung der FRAND-Konformität von Angebot und Gegenangebot entschieden werden.[1580] Nur wenn bis dahin eine grundsätzliche Verhandlungsbereitschaft beider Parteien festgestellt werden konnte, wird der Verletzungsprozess mit einer detaillierten FRAND-Prüfung belastet.[1581]

[1577] Vor einer Absenkung der Anforderungen warnend: LG Düsseldorf, Urt. v. 21.12.2021 – 4c O 42/20, GRUR-RS 2021, 50360, Rn. 125 – *Bildrekonstruierung*.

[1578] So in einem Fall eines die Lizenzwilligkeit stützenden nicht offensichtlich FRAND-widrigen Gegenangebots prüfend: LG Düsseldorf, Urt. v. 21.12.2021 – 4c O 42/20, GRUR-RS 2021, 50360, Rn. 158 – *Bildrekonstruierung*.

[1579] Vor einem Außerachtlassen des Angebots des Patentinhabers warnend: *P. Tochtermann*, GRUR 2022, 1121, 1124.

[1580] Eine vorgeschaltete Evidenzkontrolle befürwortend: Wiedemann/*Klawitter*, § 14 Rn. 416.

[1581] *Hess*, NZKart 2022, 437, 440; Ebenfalls eine solche „Zwei-Stufen-Prüfung" (allerdings im Rahmen einer gesamtbetrachtenden Ansicht) fordernd: *Kellenter/Verhauwen*, GRUR 2018, 761, 770 (Die auch auf den Vorteil verweisen, dass gerade in den Fällen, in denen die Parteien grundsätzlich verhandlungsbereit sind, ein großes Vergleichspotential besteht, was im Sinne des verhandlungsfördernden Ansatzes des EuGH ist.).

(4) Fazit

Ein mit den geschilderten Differenzierungen ausgestattetes konsekutives Vorgehen scheint womöglich komplizierter aufgebaut zu sein als der Verweis auf eine Gesamtbetrachtung. Sie wahrt aber die Wertungen der EuGH-Rechtsprechung, belässt die Initiativlast richtigerweise beim Patentinhaber, berücksichtigt die Notwendigkeit steter Verhandlungsbereitschaft beider Parteien und führt zu einzelfallgerechten Ergebnissen, ohne einen klaren Leitfaden für die praktische Umsetzung vermissen zu lassen. Nach hier vertretener Ansicht sind die *Huawei/ZTE*-Kriterien daher als konsekutive Verhandlungsschritte zu verstehen, nach denen sich die Missbräuchlichkeit der Durchsetzung des patentrechtlichen Unterlassungsanspruchs eines marktbeherrschenden Patentinhabers bei De-iure-Standards richtet.

b) Formale Voraussetzungen

Die Erklärung der Lizenzbereitschaft ist formlos und auch konkludent möglich.[1582] Sie kann auch mit der Klageerwiderung mitgeteilt werden.[1583] Gegenstand der Lizenzbereitschaft muss (nur) das Patent sein, zu welchem der Patentinhaber den Verletzungshinweis erteilt hat und das er klageweise geltend macht.[1584] Eine Abgabe der Lizenzbereitschaftserklärung ist durch den Patentverletzer oder dessen Muttergesellschaft möglich, wenn die konzernverbundene Tochter und deren Patentnutzung von der Erklärung der Muttergesellschaft umfasst ist.[1585]

Dem Patentverletzer ist eine gewisse Bewertungs- und Überlegungsfrist zuzugestehen.[1586] Die Länge dieses Zeitraums bemisst sich nach der Komplexität oder Eindeutigkeit des Einzelfalls[1587] und hängt auch davon ab, welchen Einblick der Verletzer in die relevante Technik bereits hat und

---

[1582] OLG Düsseldorf, Urt. v. 30.03.2017 – 15 U 66/15, GRUR 2017, 1219, Rn. 152 – *Mobiles Kommunikationssystem*; OLG Düsseldorf, Urt. v. 12.05.2022 – 2 U 13/21, GRUR-RS 2022, 11779, Rn. 152 – *Signalsynthese II*.

[1583] OLG Düsseldorf, Urt. v. 22.03.2019 – 2 U 31/16, BeckRS 2019, 6087, Rn. 233 – *Improving Handovers*.

[1584] Haedicke/Timmann/*Bukow*, § 13 Rn. 359; *Kühnen*, Hdb. Patentverletzung, Kap. E Rn. 458.

[1585] OLG Düsseldorf, Urt. v. 30.03.2017 – 15 U 66/15, GRUR 2017, 1219, Rn. 154 – *Mobiles Kommunikationssystem*; Haedicke/Timmann/*Bukow*, § 13 Rn. 360; *Kühnen*, Hdb. Patentverletzung, Kap. E Rn. 457.

[1586] Immenga/Mestmäcker/*A. Fuchs*, Art. 102 AEUV Rn. 365; *Kühnen*, Hdb. Patentverletzung, Kap. E Rn. 448, 468.

[1587] OLG Düsseldorf, Urt. v. 30.03.2017 – 15 U 66/15, GRUR 2017, 1219, Rn. 151 – *Mobiles Kommunikationssystem*; LG Düsseldorf, Urt. v. 31.03.2016 – 4a O 126/14, GRUR-RS 2016, 8040, Rn. 150 – *Hochfrequenzanteil*; LG Mannheim, Urt. v. 25.11.2016 – 7 O 44/16, BeckRS 2016, 127663, Rn. 75; LG München I, Urt. v. 30.09.2020 – 21 O 3891/19, GRUR-RS 2020, 54658, Rn. 140 – *Connected Cars*; Wiedemann/*Klawitter*, § 14 Rn. 419; Schulte/*Rinken*, § 24 PatG Rn. 108; a.A.: *Cordes/Gelhausen*, Mitt. 2015, 426, 432, die eine starre Frist von einem Monat vorschlagen.

nehmen kann.[1588] Der Verletzer muss sich um eine zeitige Beschaffung der Informationen bemühen, die er benötigt, um zu entscheiden, ob er eine Lizenz nehmen möchte oder sich dagegen entscheidet, weil er z.B. von vorneherein schon keine Verletzung des Patents erkennen kann oder einem Angriff auf den Rechtsbestand des Patents hinreichende Erfolgsaussichten zuschreibt.[1589] Je mehr der dafür relevanten Informationen der Verletzungshinweis bereits enthält, desto kürzer kann die Überlegungsfrist ausfallen.[1590] Im Regelfall kann eine Frist von zwei Monaten als ausreichend angesehen werden.[1591] Jedenfalls nach drei oder mehr Monaten wird eine erst dann erfolgte Reaktion als verspätet gewertet.[1592]

Eine verspätete Lizenzbereitschaftserklärung bedeutet aber keinen endgültigen Ausschluss der Annahme der Lizenzbereitschaft.[1593] Da eine Verzögerung aber auf eine Lizenzunwilligkeit hindeuten kann, bedarf es im Anschluss daran eines verstärkten Bemühens des Lizenzsuchers, einen Lizenzvertrag zustande zu bringen und so die entstandene Verzögerung wieder aufzuholen.[1594] Bloßes Bestreiten mit Nichtwissen,[1595] der schlichte Verweis auf fehlende Informationen[1596] oder Erklärungs- und Gegenangebotsabgaben zur Unzeit kurz vor oder nur aus Anlass

---

[1588] Immenga/Mestmäcker/*A. Fuchs*, Art. 102 AEUV Rn. 365; *Kühnen*, Hdb. Patentverletzung, Kap. E Rn. 468; *Kurtz*, ZGE 2017, 491, 503.

[1589] *Kühnen*, Hdb. Patentverletzung, Kap. E Rn. 468.

[1590] OLG Düsseldorf, Urt. v. 30.03.2017 – 15 U 66/15, GRUR 2017, 1219, Rn. 151 – *Mobiles Kommunikationssystem*; LG Düsseldorf, Urt. v. 31.03.2016 – 4a O 126/14, GRUR-RS 2016, 8040, Rn. 150 – *Hochfrequenzanteil*; Wiedemann/*Klawitter*, § 14 Rn. 419.

[1591] OLG Karlsruhe, Urt. v. 30.10.2019 – 6 U 183/16, GRUR 2020, 166, Rn. 104 – *Datenpaketverarbeitung*; *Kühnen*, Hdb. Patentverletzung, Kap. E Rn. 468; Schulte/*Rinken*, § 24 PatG Rn. 108; Busse/Keukenschrijver/*G. Werner*, § 139 PatG Rn. 233.

[1592] BGH, Urt. v. 05.05.2020 – KZR 36/17, GRUR 2020, 961, Rn. 92 – *FRAND-Einwand I*; OLG Düsseldorf, Beschl. v. 09.05.2016 – 15 U 35/16, GRUR-RS 2016, 9322, Rn. 27; OLG Düsseldorf, Urt. v. 30.03.2017 – 15 U 66/15, GRUR 2017, 1219, Rn. 151 – *Mobiles Kommunikationssystem*; LG Düsseldorf, Urt. v. 31.03.2016 – 4a O 126/14, GRUR-RS 2016, 8040, Rn. 152 – *Hochfrequenzanteil*; LG Mannheim, Urt. v. 27.11.2015 – 2 O 106/14, BeckRS 2015, 20077, Rn. 146 – *Stochastisches Rauschen*.

[1593] OLG Düsseldorf, Beschl. v. 17.11.2016 – 15 U 66/15, BeckRS 2016, 21067, Rn. 10; OLG Düsseldorf, Urt. v. 30.03.2017 – 15 U 66/15, GRUR 2017, 1219, Rn. 156-158 – *Mobiles Kommunikationssystem*; OLG Karlsruhe, Urt. v. 09.12.2020 – 6 U 103/19, GRUR-RS 2020, 41067, Rn. 254; LG München I, Urt. v. 30.09.2020 – 21 O 3891/19, GRUR-RS 2020, 54658, Rn. 141 – *Connected Cars*.

[1594] BGH, Urt. v. 24.11.2020 – KZR 35/17, GRUR 2021, 585, Rn. 62 – *FRAND-Einwand II*; OLG Düsseldorf, Beschl. v. 20.07.2021 – 15 U 39/21, GRUR-RS 2021, 31565, Rn. 21; LG München I, Urt. v. 10.09.2020 – 7 O 8818/19, GRUR-RS 2020, 22577, Rn. 152 – *LTE-Standard*; LG München I, Urt. v. 20.10.2022 – 7 O 13016/21, GRUR-RS 2022, 34108, Rn. 113.

[1595] OLG Düsseldorf, Beschl. v. 20.07.2021 – 15 U 39/21, GRUR-RS 2021, 31565, Rn. 23; LG München I, Urt. v. 17.02.2023 – 21 O 4140/21, GRUR-RS 2023, 11247, Rn. 225-226 – *Mehrbaum-Unterteilungsinformation*.

[1596] OLG Düsseldorf, Beschl. v. 20.07.2021 – 15 U 39/21, GRUR-RS 2021, 31565, Rn. 18; LG Mannheim, Urt. v. 11.03.2016 – 7 O 26/14, BeckRS 2016, 132323, Rn. 149.

eines Gerichtsprozesses oder dessen Abschluss[1597] sprechen in der Regel gegen ein ausreichendes Bemühen, die vorherigen Versäumnisse wieder aufzuwiegen.[1598]

Die Darlegungs- und Beweislast für den rechtzeitigen Zugang der Lizenzbereitschaftserklärung bzw. deren ausreichende Nachholung trägt der Patentverletzer.[1599]

c) Fälle offensichtlicher Lizenzunwilligkeit

Unabhängig davon, ob man eine allgemeine oder eine qualifizierte Lizenzbereitschaft verlangt, gibt es einige Verhaltensweisen des Verletzers, die auf eine Lizenzunwilligkeit in der Regel klar schließen lassen:

So darf die Lizenzbereitschaftserklärung nicht unter die Bedingung gestellt werden, dass das Patent überhaupt verletzt, standardessentiell oder rechtsbeständig ist.[1600] Es ist zwar zulässig, wenn der Verletzer diese Aspekte neben den Lizenzierungsbemühungen rügt und das Patent bzw. den Verletzungsvorwurf diesbezüglich angreift oder sich dies im Lizenzvertrag vorbehält.[1601] Die Lizenzbereitschaft selbst muss aber unbedingt vorliegen und darf daher nicht nur für den Fall erklärt werden, dass das Patent genutzt wird sowie standardessentiell und rechtsbeständig ist.[1602]

Ebenfalls Zeugnis von der fehlenden Lizenzwilligkeit legt der Verletzer ab, wenn er bereits im Besitz einer Lizenz war und diese Position wieder hergegeben hat.[1603] Dies kann der Fall sein,

---

[1597] OLG Karlsruhe, Urt. v. 09.12.2020 – 6 U 103/19, GRUR-RS 2020, 41067, Rn. 270, 273; LG Mannheim, Urt. v. 02.03.2021 – 2 O 131/19, GRUR-RS 2021, 6244, Rn. 147, 154; LG München I, Urt. v. 09.09.2021 – 7 O 15350/19, GRUR-RS 2021, 23157, Rn. 154 – *Sprachsignalcodierer*.

[1598] OLG Düsseldorf, Beschl. v. 20.07.2021 – 15 U 39/21, GRUR-RS 2021, 31565, Rn. 18, 23; OLG Karlsruhe, Urt. v. 09.12.2020 – 6 U 103/19, GRUR-RS 2020, 41067, Rn. 270, 273; LG München I, Urt. v. 09.09.2021 – 7 O 15350/19, GRUR-RS 2021, 23157, Rn. 154 – *Sprachsignalcodierer*.

[1599] LG Düsseldorf, Urt. v. 13.07.2017 – 4a O 154/15, GRUR-RS 2017, 132078, Rn. 178; Haedicke/Timmann/*Bukow*, § 13 Rn. 396; *Kühnen*, Hdb. Patentverletzung, Kap. E Rn. 488; Schulte/*Rinken*, § 24 PatG Rn. 110.

[1600] BGH, Urt. v. 05.05.2020 – KZR 36/17, GRUR 2020, 961, Rn. 96 – *FRAND-Einwand I*; OLG Düsseldorf, Urt. v. 30.03.2017 – 15 U 66/15, GRUR 2017, 1219, Rn. 163 – *Mobiles Kommunikationssystem*; LG Düsseldorf, Urt. v. 18.06.2020 – 4b O 30/18, GRUR-RS 2020, 62235, Rn. 194; LG München I, Urt. v. 25.05.2022 – 7 O 14091/19, GRUR-RS 2022, 13480, Rn. 97, 124-126 – *Sprachsignalcodierer II*.

[1601] EuGH, Urt. v. 16.07.2015 – C-170/13, GRUR 2015, 764, Rn. 69 – *Huawei/ZTE*; BGH, Urt. v. 24.11.2020 – KZR 35/17, GRUR 2021, 585, Rn. 95 – *FRAND-Einwand II*; LG Düsseldorf, Urt. v. 31.03.2016 – 4a O 126/14, GRUR-RS 2016, 8040, Rn. 122 – *Hochfrequenzanteil*; *Mes*, PatG, § 9 PatG Rn. 130.

[1602] BGH, Urt. v. 05.05.2020 – KZR 36/17, GRUR 2020, 961, Rn. 96 – *FRAND-Einwand I*; LG München I, Urt. v. 09.09.2021 – 7 O 15350/19, GRUR-RS 2021, 23157, Rn. 127-128 – *Sprachsignalcodierer*.

[1603] *LG München I*, Hinweise zur Handhabung des kartellrechtlichen Zwangslizenzeinwandes nach Huawei v. ZTE innerhalb des Münchner Verfahrens in Patentstreitsachen, https://www.justiz.bayern.de/media/images/behoerden-und-gerichte/landgerichte/muenchen1/hinweise_frand_und_münchner_verfahren_stand_februar_2020_.pdf (zuletzt abgerufen am 30.06.2023), Ziffer IV. 1.; *Kühnen*, Hdb. Patentverletzung, Kap. E Rn. 486.

wenn der Verletzer einen bestehenden Lizenzvertrag kündigt oder seine schuldhafte Verletzung von Vertragspflichten zu einer Beendigung des Vertragsverhältnisses führt.[1604] Damit beweist der Verletzer in der Regel, dass er an einer Lizenzierung nicht ernsthaft interessiert ist.

Schließlich ist derjenige Verletzer als offensichtlich lizenzunwillig anzusehen, der im Ausland eine ASI[1605] erwirkt oder damit in ernstzunehmender Weise droht, die dem Patentinhaber die Inanspruchnahme gerichtlichen Rechtsschutzes am Ort des Patentverletzungsprozesses verbietet.[1606] Eine im Inland möglicherweise vom Patentinhaber erstrittene AASI ändert daran wegen der Gefahr, dass das ausländische Gericht eine (weitere) Rechtsverfolgung durch den Patentinhaber dennoch sanktioniert, nichts.[1607] Hat der Verletzer eine ASI noch nicht beantragt oder angedroht, bestehen aber im Einzelfall dafür Anzeichen, dass der Verletzer ein solches Prozessführungsverbot erfolgreich beantragen könnte, so hat sich der Verletzer auf Anfrage des Patentinhabers eindeutig zu erklären, dass er keine ASI beantragen wird, um nicht als lizenzunwillig angesehen zu werden.[1608] Anlasslos muss sich der Verletzer zur Möglichkeit der Beantragung einer ASI aber nicht erklären.[1609] Eine Klage, die der Verletzer im Ausland erhebt und in deren Rahmen er eine ASI beantragen könnte, belegt an sich noch nicht die fehlende Lizenzbereitschaft.[1610] Auch ergibt sich aus einer ASI, die der Verletzer gegen einen Dritten in der Vergangenheit erwirkt hat, keine Lizenzunwilligkeit gegenüber einem anderen Patentinhaber in einem späteren Verfahren.[1611]

[1604] *LG München I*, Hinweise zur Handhabung des kartellrechtlichen Zwangslizenzeinwandes nach Huawei v. ZTE innerhalb des Münchner Verfahrens in Patentstreitsachen, https://www.justiz.bayern.de/media/images/behoerden-und-gerichte/landgerichte/muenchen1/hinweise_frand_und_münchner_verfahren__stand_februar_2020_.pdf (zuletzt abgerufen am 30.06.2023), Ziffer IV. 1.; *Kühnen*, Hdb. Patentverletzung, Kap. E Rn. 486.

[1605] Zu Begriff und Problematik siehe: 3. Teil Kap. A. I. 3. e) cc) (S. 113 ff.).

[1606] OLG Düsseldorf, Urt. v. 07.02.2022 – 2 U 25/21, GRUR-RS 2022, 1209, Rn. 31 – *Ausländisches Prozessführungsverbot*; LG Düsseldorf, Urt. v. 15.07.2021 – 4c O 75/20, BeckRS 2021, 44966, Rn. 37; LG München I, Urt. v. 25.02.2021 – 7 O 14276/20, BeckRS 2021, 1995, Rn. 146; LG München I, Urt. v. 24.06.2021 – 7 O 36/21, BeckRS 2021, 17662, Rn. 37.

[1607] *Kühnen*, Hdb. Patentverletzung, Kap. E Rn. 460.

[1608] LG Düsseldorf, Urt. v. 15.07.2021 – 4c O 75/20, BeckRS 2021, 44966, Rn. 38-39; LG Düsseldorf, Urt. v. 21.12.2021 – 4c O 42/20, GRUR-RS 2021, 50360, Rn. 153 – *Bildrekonstruierung*.

[1609] OLG Düsseldorf, Urt. v. 07.02.2022 – 2 U 25/21, GRUR-RS 2022, 1209, Rn. 33 – *Ausländisches Prozessführungsverbot*; LG Düsseldorf, Urt. v. 21.12.2021 – 4c O 42/20, GRUR-RS 2021, 50360, Rn. 152 – *Bildrekonstruierung*; a.A.: LG München I, Urt. v. 25.02.2021 – 7 O 14276/20, BeckRS 2021, 1995, Rn. 146 (demnach Zusicherung, keine ASI beantragen zu wollen, schon nach erfolgtem Verletzungshinweis erforderlich).

[1610] LG Düsseldorf, Urt. v. 21.12.2021 – 4c O 42/20, GRUR-RS 2021, 50360, Rn. 145-149 – *Bildrekonstruierung*.

[1611] LG München I, Urt. v. 20.10.2022 – 7 O 13016/21, GRUR-RS 2022, 34108, Rn. 111.

3. FRAND-Angebot des Patentinhabers

Im dritten Schritt des *Huawei/ZTE*-Prozederes obliegt es dem Patentinhaber, ein FRAND-Angebot abzugeben.[1612] Da dieser Verpflichtung neben dem möglichen Informationsdefizit aufseiten des Verletzers vor allem zugrunde liegt, dass der Patentinhaber seiner gegebenen FRAND-Zusage gerecht werden muss,[1613] gilt dies auch dann, wenn ein Informationsdefizit tatsächlich gar nicht vorliegt.[1614]

a) Inhalt des Angebots

Das Angebot muss zum einen hinreichend konkret sein, was insbesondere heißt, dass die Lizenzgebühr und die Art und Weise der Berechnung dieser Gebühr angegeben werden müssen.[1615] Zum anderen muss es FRAND-Bedingungen genügen.[1616]

aa) Konkretes Angebot

Die Anforderung, dass ein konkretes Angebot vorgelegt werden muss, erfordert ein Angebot, das eine gewisse Regelungsdichte und -tiefe aufweist.[1617] Es muss daher Lizenzbedingungen enthalten, die alle in der jeweiligen Branche üblichen Regelungsinhalte abdecken.[1618] Der Inhalt und die Modalitäten des Lizenzvertrages müssen klar und verständlich offenbart sein.[1619]

Das FRAND-Angebot ist als Angebot im wirtschaftlichen Sinne zu verstehen und bereitet den rechtlich wirksamen Vertragsschluss vor.[1620] Es muss kein Angebot im Sinne des § 145 BGB sein, auf das hin der Verletzer durch bloße Zustimmung den Lizenzvertrag zustande bringen

---

[1612] EuGH, Urt. v. 16.07.2015 – C-170/13, GRUR 2015, 764, Rn. 63 – *Huawei/ZTE*.

[1613] EuGH, Urt. v. 16.07.2015 – C-170/13, GRUR 2015, 764, Rn. 64 – *Huawei/ZTE*; OLG Düsseldorf, Beschl. v. 13.01.2016 – 15 U 66/15, GRUR-RS 2016, 1680, Rn. 17; Wiedemann/*Klawitter*, § 14 Rn. 409; Schulte/*Rinken*, § 24 PatG Rn. 112; BeckOK PatR/*Wilhelmi*, § 24 PatG Rn. 114c.

[1614] *Kühnen*, Hdb. Patentverletzung, Kap. E Rn. 431; a.A.: *Kellenter/Verhauwen*, GRUR 2018, 761, 765.

[1615] EuGH, Urt. v. 16.07.2015 – C-170/13, GRUR 2015, 764, Rn. 63 – *Huawei/ZTE*; LG Düsseldorf, Urt. v. 21.12.2021 – 4c O 42/20, GRUR-RS 2021, 50360, Rn. 161 – *Bildrekonstruierung*.

[1616] EuGH, Urt. v. 16.07.2015 – C-170/13, GRUR 2015, 764, Rn. 63 – *Huawei/ZTE*.

[1617] Haedicke/Timmann/*Bukow*, § 13 Rn. 364; *Kühnen*, Hdb. Patentverletzung, Kap. E Rn. 439.

[1618] OLG Düsseldorf, Beschl. v. 17.11.2016 – 15 U 66/15, BeckRS 2016, 21067, Rn. 13; LG Düsseldorf, Urt. v. 18.06.2020 – 4b O 91/18, GRUR-RS 2020, 55053, Rn. 160; *Kellenter*, FS 80 Jahre Patentgerichtsbarkeit in Düsseldorf (2016), 255, 262; Wiedemann/*Klawitter*, § 14 Rn. 409.

[1619] *Kühnen*, Hdb. Patentverletzung, Kap. E Rn. 440.

[1620] *Block/Rätz*, GRUR 2019, 797, 800–801, die daraus allerdings verringerte Anforderungen an die Regelungsdichte herleiten, was angesichts der Informationspflichten des Patentinhabers nicht überzeugt.

könnte.[1621] Es muss daher auch noch nicht die Namen der Vertragsparteien enthalten oder unterschrieben sein.[1622] Es muss aber in dem Sinne annahmefähig sein, dass es aufgrund seiner Vollständigkeit und Regelungsdichte als tragfähige Basis eines Lizenzvertragsschlusses dienen kann.[1623]

Es bedarf dafür insbesondere der Angabe einer Lizenzgebühr und ihres Zustandekommens.[1624] Zunächst einmal setzt dies die Bezifferung eines Lizenzsatzes (inkl. einer möglichen Abstaffelung) und der für diesen maßgeblichen Bezugsgröße voraus.[1625] Damit ist der Anforderung an die Erläuterung der Art und Weise der Berechnung aber noch nicht Genüge getan.[1626] Würde die Angabe der Art und Weise der Berechnung nur diese Parameter meinen, müsste das Angebot als Lizenzgebühr schon einen festen Betrag enthalten.[1627] Dies ist aber bei einem Vertrag über zukünftige Patentnutzungen nicht bezifferbar.[1628] Die Angaben zu Lizenzsatz und Bezugsgröße erfüllen also nur die Anforderung der Angabe einer Lizenzgebühr. Die Informationspflicht über die Art und Weise der Berechnung beinhaltet darüber hinaus die Obliegenheit des SEP-Inhabers darzulegen, wie er in kartellrechtskonformer Weise zu diesen Bestimmungsgrößen für

---

[1621] LG Düsseldorf, Urt. v. 09.11.2018 – 4a O 15/17, BeckRS 2018, 33825, Rn. 153 – *Dekodierungsvorrichtung*; LG Düsseldorf, Urt. v. 21.12.2021 – 4c O 42/20, GRUR-RS 2021, 50360, Rn. 161 – *Bildrekonstruierung*; *Block/Rätz*, GRUR 2019, 797, 800–801.

[1622] LG Düsseldorf, Urt. v. 09.11.2018 – 4a O 15/17, BeckRS 2018, 33825, Rn. 153 – *Dekodierungsvorrichtung*; LG Düsseldorf, Urt. v. 21.12.2021 – 4c O 42/20, GRUR-RS 2021, 50360, Rn. 161 – *Bildrekonstruierung*; LG Mannheim, Urt. v. 04.03.2016 – 7 O 96/14, GRUR-RS 2016, 6527, Rn. 98.

[1623] OLG Düsseldorf, Beschl. v. 17.11.2016 – 15 U 66/15, BeckRS 2016, 21067, Rn. 13; LG Düsseldorf, Urt. v. 21.12.2021 – 4c O 42/20, GRUR-RS 2021, 50360, Rn. 161 – *Bildrekonstruierung*; LG Mannheim, Urt. v. 10.11.2017 – 7 O 28/16, GRUR-RR 2018, 273, Rn. 84 – *Funkstation*.

[1624] OLG Düsseldorf, Urt. v. 30.03.2017 – 15 U 66/15, GRUR 2017, 1219, Rn. 169 – *Mobiles Kommunikationssystem*.

[1625] OLG Düsseldorf, Urt. v. 30.03.2017 – 15 U 66/15, GRUR 2017, 1219, Rn. 169 – *Mobiles Kommunikationssystem*; LG Düsseldorf, Urt. v. 31.03.2016 – 4a O 126/14, GRUR-RS 2016, 8040, Rn. 191 – *Hochfrequenzanteil*.

[1626] OLG Düsseldorf, Beschl. v. 17.11.2016 – 15 U 66/15, BeckRS 2016, 21067, Rn. 19; OLG Karlsruhe, Urt. v. 30.10.2019 – 6 U 183/16, GRUR 2020, 166, Rn. 122 – *Datenpaketverarbeitung*; LG Mannheim, Urt. v. 01.07.2016 – 7 O 209/15, GRUR-RS 2016, 18389, Rn. 67-68 – *Funkkommunikationssystem*.

[1627] OLG Düsseldorf, Urt. v. 22.03.2019 – 2 U 31/16, BeckRS 2019, 6087, Rn. 241 – *Improving Handovers*; *Kühnen*, Hdb. Patentverletzung, Kap. E Rn. 441.

[1628] OLG Düsseldorf, Urt. v. 22.03.2019 – 2 U 31/16, BeckRS 2019, 6087, Rn. 241 – *Improving Handovers*; *Kühnen*, Hdb. Patentverletzung, Kap. E Rn. 441.

die Lizenzgebührenberechnung gekommen ist, mithin warum sein Angebot als FRAND anzusehen ist.[1629] Auf diese Weise erhält der Verletzer die benötigten Informationen, um einen Lizenzvertragsschluss zu erwägen oder ein FRAND-konformes Gegenangebot zu machen.[1630]

Die Begründungstiefe hinsichtlich der FRAND-Konformität des patentinhaberseitigen Angebots richtet sich nach den Einzelfallumständen[1631] und insbesondere danach, von welchen Kenntnissen des Verletzers der Patentinhaber hinsichtlich des betroffenen Lizenzierungsumfelds ausgehen darf.[1632] Einer mathematisch exakten, formelhaften Herleitung bedarf es nicht.[1633] Im Rahmen der Darlegung der Umstände, die das Lizenzangebot als FRAND erscheinen lassen, kann vor allen Dingen ein Vergleich mit zuvor bereits an andere Lizenznehmer erteilten Lizenzen notwendig sein.[1634] Dafür bedarf es einer grundsätzlich vollständigen Offenlegung der bisherigen in Bezug auf das maßgebliche Produkt erfolgten Lizenzierungspraxis des Patentinhabers auf dem relevanten Markt, um dem Verletzer eine umfassende Einschätzung der FRAND-Konformität der angebotenen Lizenzbedingungen im Vergleich zur bisherigen vergleichbaren Vertragspraxis zu ermöglichen[1635] und einer selektiven, dem Patentinhaber günstigen Offenlegung vorzubeugen.[1636] Bei einer tatsächlich „ausschließlich gelebten und von Dritten akzeptierten"[1637] Lizenzpraxis des

---

[1629] OLG Düsseldorf, Beschl. v. 17.11.2016 – 15 U 66/15, BeckRS 2016, 21067, Rn. 19; OLG Düsseldorf, Urt. v. 22.03.2019 – 2 U 31/16, BeckRS 2019, 6087, Rn. 241 – *Improving Handovers*; OLG Karlsruhe, Urt. v. 30.10.2019 – 6 U 183/16, GRUR 2020, 166, Rn. 121-122 – *Datenpaketverarbeitung*; *Hauck/Kamlah*, GRUR Int. 2016, 420, 424; *Kühnen*, GRUR 2019, 665, 668.

[1630] OLG Düsseldorf, Urt. v. 22.03.2019 – 2 U 31/16, BeckRS 2019, 6087, Rn. 241 – *Improving Handovers*; OLG Karlsruhe, Urt. v. 30.10.2019 – 6 U 183/16, GRUR 2020, 166, Rn. 122 – *Datenpaketverarbeitung*; OLG Karlsruhe, Urt. v. 25.11.2020 – 6 U 104/18, GRUR-RS 2020, 56869, Rn. 127-128 – *Steuerkanalsignalisierung I*; *Habich*, WuW 2021, 282, 285.

[1631] BGH, Urt. v. 05.05.2020 – KZR 36/17, GRUR 2020, 961, Rn. 79 – *FRAND-Einwand I*; OLG Karlsruhe, Urt. v. 30.10.2019 – 6 U 183/16, GRUR 2020, 166, Rn. 123 – *Datenpaketverarbeitung*; LG Düsseldorf, Urt. v. 11.07.2018 – 4c O 72/17, BeckRS 2018, 20333, Rn. 150.

[1632] *Conde Gallego/Drexl*, IIC 2019, 135, 152; *Kühnen*, Hdb. Patentverletzung, Kap. E Rn. 446.

[1633] LG Düsseldorf, Urt. v. 31.03.2016 – 4a O 126/14, GRUR-RS 2016, 8040, Rn. 193 – *Hochfrequenzanteil*; LG Düsseldorf, Urt. v. 13.07.2017 – 4a O 154/15, GRUR-RS 2017, 132078, Rn. 231; Schulte/*Rinken*, § 24 PatG Rn. 113.

[1634] OLG Düsseldorf, Urt. v. 30.03.2017 – 15 U 66/15, GRUR 2017, 1219, Rn. 169 – *Mobiles Kommunikationssystem*; OLG Düsseldorf, Urt. v. 22.03.2019 – 2 U 31/16, BeckRS 2019, 6087, Rn. 242 – *Improving Handovers*; OLG Karlsruhe, Urt. v. 30.10.2019 – 6 U 183/16, GRUR 2020, 166, Rn. 123 – *Datenpaketverarbeitung*; LG Düsseldorf, Urt. v. 13.07.2017 – 4a O 154/15, GRUR-RS 2017, 132078, Rn. 231-232; LG München I, Urt. v. 30.09.2020 – 21 O 13026/19, juris, Rn. 321 – *Unterpixelwertinterpolation*.

[1635] Einzelheiten zum Vergleichsmaßstab und dessen Umfang siehe: 3. Teil Kap. B. V. 1. b) (S. 233 ff.).

[1636] LG Düsseldorf, Urt. v. 13.07.2017 – 4a O 154/15, GRUR-RS 2017, 132078, Rn. 233, 265; *Kühnen*, Hdb. Patentverletzung, Kap. E Rn. 446, 596; *Sabellek*, GRUR 2023, 945, 948–949; a.A.: OLG Karlsruhe, Urt. v. 30.10.2019 – 6 U 183/16, GRUR 2020, 166, Rn. 123 – *Datenpaketverarbeitung* (nur hinreichend belastbare Darlegung der wesentlichen Vertragsbedingungen gefordert).

[1637] OLG Karlsruhe, Urt. v. 30.10.2019 – 6 U 183/16, GRUR 2020, 166, Rn. 123 – *Datenpaketverarbeitung*.

Patentinhabers mittels Standardlizenzverträgen genügt die Vorlage dieses Standardlizenzvertrages samt der Einordnung, dass das Standardlizenzprogramm auch dem konkreten Verletzer angeboten wird.[1638] Darüber hinaus sind Gerichtsentscheidungen, die zu den bestehenden Lizenzverträgen ergangen sind, vorzulegen,[1639] wobei sich dies sinnvollerweise auf solche Entscheidungen beschränken muss, die für den Verletzer nicht ohne Weiteres ohnehin ersichtlich sind.[1640]

bb) Tatsächliche FRAND-Konformität – Volle Prüfungsdichte

Das LG Mannheim vertrat im Anschluss an das *Huawei/ZTE*-Urteil des EuGH die Ansicht, dass der Frage, ob das Angebot des Patentinhabers FRAND-Bedingungen entspricht, im Patentverletzungsprozess nicht im vollen Umfang nachzugehen ist.[1641] Was FRAND ist, sei im Rahmen von Verhandlungen zwischen den Parteien zu ermitteln und in Bezug auf die Kartellrechtskonformität der Durchsetzung des Unterlassungsanspruchs im Verletzungsprozess nicht vollumfänglich zu überprüfen.[1642] Das Gericht habe lediglich im Rahmen einer summarischen Prüfung eine negative Evidenzkontrolle durchzuführen, also zu ermitteln, ob das Angebot des Patentinhabers evident FRAND-widrig ist oder nicht.[1643]

Dieser Ansatz wurde von anderen Gerichten zu Recht abgelehnt.[1644] Geht es um die Prüfung der Voraussetzungen des FRAND-Angebots auf der dritten Ebene der *Huawei/ZTE*-Roadmap, so bedarf es einer umfassenden Feststellung der tatsächlichen FRAND-Konformität des Angebots

---

[1638] OLG Karlsruhe, Urt. v. 30.10.2019 – 6 U 183/16, GRUR 2020, 166, Rn. 123 – *Datenpaketverarbeitung*; OLG Karlsruhe, Urt. v. 25.11.2020 – 6 U 104/18, GRUR-RS 2020, 56869, Rn. 128 – *Steuerkanalsignalisierung I*; LG Düsseldorf, Urt. v. 07.05.2020 – 4c O 44/18, GRUR-RS 2020, 12599, Rn. 159; *Kellenter*, FS 80 Jahre Patentgerichtsbarkeit in Düsseldorf (2016), 255, 262.

[1639] LG Düsseldorf, Urt. v. 13.07.2017 – 4a O 154/15, GRUR-RS 2017, 132078, Rn. 234-235.

[1640] *Kühnen*, Hdb. Patentverletzung, Kap. E Rn. 597 Fn. 940.

[1641] LG Mannheim, Urt. v. 29.01.2016 – 7 O 66/15, GRUR-RS 2016, 4228, Rn. 46-49 – *Steuerkanal*; LG Mannheim, Urt. v. 04.03.2016 – 7 O 96/14, GRUR-RS 2016, 6527, Rn. 50-53.

[1642] LG Mannheim, Urt. v. 29.01.2016 – 7 O 66/15, GRUR-RS 2016, 4228, Rn. 47, 49 – *Steuerkanal*; LG Mannheim, Urt. v. 04.03.2016 – 7 O 96/14, GRUR-RS 2016, 6527, Rn. 51, 53.

[1643] LG Mannheim, Urt. v. 29.01.2016 – 7 O 66/15, GRUR-RS 2016, 4228, Rn. 49 – *Steuerkanal*; LG Mannheim, Urt. v. 04.03.2016 – 7 O 96/14, GRUR-RS 2016, 6527, Rn. 53.

[1644] OLG Düsseldorf, Urt. v. 30.03.2017 – 15 U 66/15, GRUR 2017, 1219, Rn. 170 – *Mobiles Kommunikationssystem*; OLG Karlsruhe, Beschl. v. 31.05.2016 – 6 U 55/16, BeckRS 2016, 10660, Rn. 26-27 – *Informationsaufzeichnungsmedium*; OLG Karlsruhe, Beschl. v. 08.09.2016 – 6 U 58/16, BeckRS 2016, 17467, Rn. 34 – *Dekodiervorrichtung*; Busse/Keukenschrijver/*G. Werner*, § 139 PatG Rn. 232; BeckOK PatR/*Wilhelmi*, § 24 PatG Rn. 114b.

des Patentinhabers.[1645] Die Bestimmung dessen, was FRAND ist, ist im Verletzungsprozess vollständig gerichtlich überprüfbar.[1646] Nur ein tatsächlich FRAND-gemäßes Angebot erfüllt schließlich die Angebotsobliegenheit des Patentinhabers,[1647] die zudem maßgeblich auf dem in der FRAND-Erklärung gegebenen Versprechen der FRAND-Lizenzierung beruht.[1648] Der Verletzungsprozess kann von dieser Prüfung nicht entlastet werden, da sich der kartellrechtlich relevante Missbrauch gerade darin zeigt, dass der Patentinhaber die Lizenzierung zu FRAND-Bedingungen nicht ermöglicht.[1649] Um dies zu konstatieren, muss aber die FRAND-Konformität bei voller Prüfungsdichte inhaltlich kontrolliert werden.[1650] Eine umfassende gerichtliche Prüfung erhöht außerdem den Anreiz, eine Verhandlungslösung zu finden und nicht auf ein überhöhtes Angebot zu setzen, das die richterliche FRAND-Prüfung nicht bestehen kann.[1651]

b) Formale Voraussetzungen

Das Angebot muss schriftlich ergehen.[1652] Es genügt die Textform im Sinne des § 126b BGB, sodass auch ein Angebot etwa per Telefax oder E-Mail ausreicht.[1653] Da das Angebot für den Verletzer verständlich sein muss, ist es in dessen Muttersprache oder einer gemeinsamen Korrespondenzsprache, etwa auf Englisch, zu verfassen.[1654] Es bedarf einer Unterbreitung des Angebots an den Verletzer,[1655] sodass das bloße Bereithalten eines Standardlizenzvertrages auf einer Website ohne Übermittlung desselben an den Verletzer noch nicht der Angebotsobliegenheit genügt.[1656] Die Angaben zur Art und Weise der Berechnung der Lizenzgebühr, welche die Begründung der FRAND-Konformität aus Sicht des Patentinhabers enthalten, dürfen aber in einem vom

---

[1645] OLG Düsseldorf, Urt. v. 30.03.2017 – 15 U 66/15, GRUR 2017, 1219, Rn. 170 – *Mobiles Kommunikationssystem*; OLG Karlsruhe, Urt. v. 25.11.2020 – 6 U 104/18, GRUR-RS 2020, 56869, Rn. 130 – *Steuerkanalsignalisierung I*; *Kurtz*, ZGE 2017, 491, 504–505.

[1646] OLG Düsseldorf, Urt. v. 22.03.2019 – 2 U 31/16, BeckRS 2019, 6087, Rn. 140 – *Improving Handovers*; *Kurtz/Straub*, GRUR 2018, 136, 141.

[1647] OLG Düsseldorf, Urt. v. 22.03.2019 – 2 U 31/16, BeckRS 2019, 6087, Rn. 236 – *Improving Handovers*.

[1648] Wiedemann/*Klawitter*, § 14 Rn. 416; *Lubitz*, NZKart 2017, 618, 621–622; Schulte/*Rinken*, § 24 PatG Rn. 114.

[1649] OLG Karlsruhe, Beschl. v. 31.05.2016 – 6 U 55/16, BeckRS 2016, 10660, Rn. 27 – *Informationsaufzeichnungsmedium*; OLG Karlsruhe, Beschl. v. 08.09.2016 – 6 U 58/16, BeckRS 2016, 17467, Rn. 36 – *Dekodiervorrichtung*.

[1650] OLG Karlsruhe, Beschl. v. 08.09.2016 – 6 U 58/16, BeckRS 2016, 17467, Rn. 36 – *Dekodiervorrichtung*; *Kurtz*, ZGE 2017, 491, 504–505; *Lubitz*, NZKart 2017, 618, 622.

[1651] *Dornis*, WRP 2020, 540, 544; Schulte/*Rinken*, § 24 PatG Rn. 114.

[1652] EuGH, Urt. v. 16.07.2015 – C-170/13, GRUR 2015, 764, Rn. 63 – *Huawei/ZTE*.

[1653] OLG Düsseldorf, Urt. v. 30.03.2017 – 15 U 66/15, GRUR 2017, 1219, Rn. 169 – *Mobiles Kommunikationssystem*; Schulte/*Rinken*, § 24 PatG Rn. 113.

[1654] *Kühnen*, Hdb. Patentverletzung, Kap. E Rn. 437 Fn. 706.

[1655] EuGH, Urt. v. 16.07.2015 – C-170/13, GRUR 2015, 764, Rn. 63 – *Huawei/ZTE*.

[1656] LG Düsseldorf, Urt. v. 09.11.2018 – 4a O 15/17, BeckRS 2018, 33825, Rn. 228 – *Dekodierungsvorrichtung*; *Kühnen*, Hdb. Patentverletzung, Kap. E Rn. 433; Schulte/*Rinken*, § 24 PatG Rn. 112.

übrigen Vertragswerk getrennten Begleitschreiben übermittelt werden.[1657] Sie müssen dem Verletzer zeitgleich mit der Angebotsübermittlung zur Verfügung stehen,[1658] wofür es diesbezüglich auch reicht, wenn mit dem Angebot ein Hinweis auf eine Konformitätsbegründung ergeht, die auf einer Website des Anbietenden oder des verwaltenden Patentpools abrufbar ist.[1659]

Nach dem Vorliegen der Lizenzbereitschaftserklärung ist dem Patentinhaber eine gewisse Zeitspanne zur Erstellung des Angebots einzuräumen,[1660] andererseits muss der Verletzer auf das Angebot auch noch reagieren können.[1661] Im Rahmen eines Gerichtsprozesses kann ein verspätetes Angebot bzw. der damit verbundene streitige Sachvortrag wegen eines Verstoßes gegen die Prozessförderungspflicht prozessual unbeachtlich sein.[1662] Auch wenn grundsätzlich schon das erste unterbreitete Angebot des Patentinhabers FRAND sein muss,[1663] besteht die Möglichkeit der Nachholung, sodass bei der Betrachtung von Angebot und Gegenangebot im Zeitpunkt des Schlusses der letzten mündlichen Verhandlung auch das jeweils letzte Angebot Gegenstand der FRAND-Prüfung sein kann.[1664]

Unter den gleichen Voraussetzungen wie beim Verletzungshinweis[1665] kann das Angebot an eine Muttergesellschaft des Verletzers ergehen.[1666] Auch für die Abgabe des Angebots gelten die zum Verletzungshinweis getätigten Ausführungen,[1667] sodass insbesondere eine Angebotsabgabe durch einen Patentpoolverwalter möglich ist.[1668]

Der SEP-Inhaber trägt die Darlegungs- und Beweislast für den Zugang des Angebots beim Verletzer.[1669] Einhergehend mit seinen Begründungspflichten hinsichtlich der FRAND-Eigenschaften des Angebots ist nach überzeugender Ansicht der Patentinhaber auch bezüglich der tatsächlichen FRAND-Konformität, also der Angemessenheit und Diskriminierungsfreiheit des Angebots primär darlegungs- und beweisbelastet.[1670] Eine Feststellung der FRAND-Konformität des

---

[1657] OLG Düsseldorf, Beschl. v. 17.11.2016 – 15 U 66/15, BeckRS 2016, 21067, Rn. 13; LG Düsseldorf, Urt. v. 13.07.2017 – 4a O 154/15, GRUR-RS 2017, 132078, Rn. 228.

[1658] LG Düsseldorf, Urt. v. 13.07.2017 – 4a O 154/15, GRUR-RS 2017, 132078, Rn. 228.

[1659] LG Düsseldorf, Urt. v. 21.12.2021 – 4c O 42/20, GRUR-RS 2021, 50360, Rn. 166 – *Bildrekonstruierung*.

[1660] *Kühnen*, Hdb. Patentverletzung, Kap. E Rn. 476.

[1661] LG Düsseldorf, Urt. v. 13.07.2017 – 4a O 154/15, GRUR-RS 2017, 132078, Rn. 210, 239, 269-270.

[1662] *Kühnen*, Hdb. Patentverletzung, Kap. E Rn. 503-504.

[1663] Haedicke/Timmann/*Bukow*, § 13 Rn. 355; *Kühnen*, Hdb. Patentverletzung, Kap. E Rn. 476.

[1664] Haedicke/Timmann/*Bukow*, § 13 Rn. 355; *Kellenter/Verhauwen*, GRUR 2018, 761, 771; *Kühnen*, Hdb. Patentverletzung, Kap. E Rn. 477; Schulte/*Rinken*, § 24 PatG Rn. 117.

[1665] Siehe: 3. Teil Kap. B. IV. 1. b) (S. 177 f.).

[1666] LG Düsseldorf, Urt. v. 03.11.2015 – 4a O 144/14, BeckRS 2015, 19564, Rn. 89-90 – *Kommunikationsvorrichtung*; LG Mannheim, Urt. v. 04.03.2016 – 7 O 96/14, GRUR-RS 2016, 6527, Rn. 97.

[1667] Siehe: 3. Teil Kap. B. IV. 1. b) (S. 177 f.).

[1668] LG Düsseldorf, Urt. v. 12.12.2018 – 4b O 15/17, BeckRS 2018, 38610, Rn. 190; LG Düsseldorf, Urt. v. 08.01.2019 – 4c O 12/17, BeckRS 2019, 3125, Rn. 149.

[1669] *Kühnen*, Hdb. Patentverletzung, Kap. E Rn. 487; Schulte/*Rinken*, § 24 PatG Rn. 113.

[1670] LG Düsseldorf, Urt. v. 11.07.2018 – 4c O 72/17, BeckRS 2018, 20333, Rn. 100, 176; Benkard PatG/*Grabinski/Zülch/P. Tochtermann*, § 139 PatG Rn. 189; *Kühnen*, Hdb. Patentverletzung, Kap. E

Angebots ist dem Patentinhaber in die Beweispflichtigkeit auslösender Weise günstig, da die FRAND-Konformität Teil der Obliegenheit des Patentinhabers zur FRAND-Angebotsabgabe ist.[1671] Die Abgabe der FRAND-Erklärung durch den Patentinhaber rechtfertigt die Erwartung des Rechtsverkehrs an eine durch den Patentinhaber ermöglichte FRAND-Lizenzierung und damit auch dessen primäre Darlegungs- und Beweisverpflichtung.[1672] Eine nach der Gegenansicht vertretene nur sekundäre Darlegungslast hinsichtlich der FRAND-Konformität[1673] ist daher abzulehnen.

Es wird über die genannte Beweisbelastung hinaus vertreten, dass der Patentinhaber die FRAND-Konformität seines Angebots bereits in der Klageschrift darlegen müsse, sodass der kartellrechtliche Zwangslizenzeinwand bei De-iure-Standards kein Gegenrecht darstelle, zu welchem der Patentinhaber erst auf entsprechenden Vortrag des Verletzers hin Stellung nehmen müsste.[1674] Allerdings besteht die kartellrechtliche Verpflichtung des Patentinhabers, auch wenn er eine FRAND-Erklärung abgegeben hat, nur bei Bestehen einer marktbeherrschenden Stellung. Diese ist vom Verletzer darzulegen und zu beweisen.[1675] Erst auf den diesbezüglichen Vortrag hin – wenn der Patentinhaber also überhaupt Adressat des kartellrechtlichen Missbrauchsverbots ist – hat der Patentinhaber auch bei SEP mit FRAND-Erklärung zur Kartellrechtskonformität seines Verhaltens vorzutragen.[1676] Auch bei De-iure-Standards und der hier vertretenen Begründungs- und Beweisbelastung des SEP-Inhabers behält der kartellrechtliche Zwangslizenzeinwand also seinen Einwandcharakter und erfordert entsprechendes Gegenvorbringen des Verletzers.

Rn. 487; *McGuire*, Mitt. 2018, 297, 306; *Cepl/Voß/Nielen*, § 138 ZPO Rn. 47; *Ohly/Stierle*, GRUR 2021, 1229, 1239; *P. Tochtermann*, GRUR 2021, 377, 381; *Wuttke*, Mitt. 2018, 107, 112–113; offenlassend, aber mit Blick auf die im konkreten Fall nach französischem Recht auszulegende FRAND-Erklärung zu einer Beweisbelastung des Patentinhabers tendierend, da Art. 1353 Abs. 2 Code Civil die Beweislast für die Erfüllung einer Verpflichtung dem Schuldner auferlegt: OLG Karlsruhe, Urt. v. 30.10.2019 – 6 U 183/16, GRUR 2020, 166, Rn. 124 – *Datenpaketverarbeitung*.

[1671] *Kühnen*, Hdb. Patentverletzung, Kap. E Rn. 487; *McGuire*, Mitt. 2018, 297, 306; *Wuttke*, Mitt. 2018, 107, 112–113.

[1672] *P. Tochtermann*, GRUR 2021, 377, 381.

[1673] BGH, Urt. v. 05.05.2020 – KZR 36/17, GRUR 2020, 961, Rn. 76 – *FRAND-Einwand I*; OLG Düsseldorf, Urt. v. 30.03.2017 – 15 U 66/15, GRUR 2017, 1219, Rn. 177 – *Mobiles Kommunikationssystem*; LG Düsseldorf, Urt. v. 18.06.2020 – 4b O 30/18, GRUR-RS 2020, 62235, Rn. 247, 252; LG Mannheim, Urt. v. 10.11.2017 – 7 O 28/16, GRUR-RR 2018, 273, Rn. 91 – *Funkstation*; LG München I, Urt. v. 17.02.2023 – 21 O 4140/21, GRUR-RS 2023, 11247, Rn. 162 – *Mehrbaum-Unterteilungsinformation*; *Dornis*, WRP 2020, 688, 694; *Rastemborski*, Mitt. 2020, 420, 422.

[1674] *Kühnen*, Hdb. Patentverletzung, Kap. E Rn. 427.

[1675] Siehe: 3. Teil Kap. A. III. 3. (S. 136 f.).

[1676] So auch: *Kühnen*, Hdb. Patentverletzung, Rn. 284 (anders aber in Rn. 427).

c)   Geheimnisschutz

Um seiner FRAND-Angebotsverpflichtung und der damit verbundenen Darlegungs- und Beweislast zu genügen, hat der Patentinhaber mitunter Lizenzverträge, die er mit Dritten geschlossen hat, dem Verletzer zu offenbaren.[1677] Schon die FRAND-Erklärung des Patentinhabers bringt ein Transparenzgebot mit sich, da es dem Patentinhaber obliegt, dem Verletzer diejenigen Informationen mitzuteilen, die dieser zur Überprüfung und Verhandlung eines FRAND-Lizenzvertrages benötigt.[1678] Der Verletzer hat mit Blick auf den in Art. 103 Abs. 1 GG verbrieften Anspruch auf rechtliches Gehör ein berechtigtes Interesse an einem grundsätzlich öffentlichen Verfahren und der Kenntnis derjenigen Umstände, aufgrund derer ein klägerischer Anspruch zuerkannt wird oder nicht.[1679]

Diese Offenlegungspflichten können in Konflikt mit Geheimhaltungsinteressen des Patentinhabers stehen.[1680] Dabei kommt zum einen das Interesse des Patentinhabers an der Geheimhaltung eigener Geschäfts- und Betriebsgeheimnisse vor dem Verletzer oder Dritten in Betracht.[1681] Zum anderen kann der Patentinhaber aus Verschwiegenheitsverpflichtungen mit seinen bisherigen Lizenznehmern an der Offenlegung dieser Drittlizenzverträge gehindert sein.[1682] Für den Patentinhaber kann sich damit die Situation ergeben, dass er nur die Wahl hat, entweder ein Geschäftsgeheimnis zu offenbaren und damit ggf. gegen eine Geheimhaltungspflicht oder zumindest sein eigenes Geheimhaltungsinteresse zu verstoßen oder aber an der Geheimhaltung festzuhalten, dann aber mangels substantiiertem Vortrag zur FRAND-Konformität seines Angebots[1683] seinen Unterlassungsanspruch nicht durchsetzen zu können.[1684] Auch aufseiten des Verletzers kann es

---

[1677]   OLG Düsseldorf, Urt. v. 30.03.2017 – 15 U 66/15, GRUR 2017, 1219, Rn. 177 – *Mobiles Kommunikationssystem*; OLG Karlsruhe, Urt. v. 30.10.2019 – 6 U 183/16, GRUR 2020, 166, Rn. 123 – *Datenpaketverarbeitung*; Haedicke/Timmann/*Bukow*, § 13 Rn. 405; *Kühnen*, Hdb. Patentverletzung, Kap. E Rn. 596; *Picht*, ZGE 2021, 133, 134–135.

[1678]   OLG Düsseldorf, Beschl. v. 25.04.2018 – 2 W 8/18, BeckRS 2018, 7036, Rn. 19 – *Akteneinsicht im FRAND-Verfahren*; LG Düsseldorf, Urt. v. 18.06.2020 – 4b O 91/18, GRUR-RS 2020, 55053, Rn. 196; LG München I, Beschl. v. 13.08.2019 – 7 O 3890/19, BeckRS 2019, 18148, Rn. 9; *Kurtz/Straub*, GRUR 2018, 136, 137.

[1679]   BGH, Beschl. v. 14.01.2020 – X ZR 33/19, GRUR 2020, 327, Rn. 20-23 – *Akteneinsicht XXIV*; OLG Düsseldorf, Beschl. v. 24.09.2008 – 2 W 57/08, BeckRS 2009, 9220; OLG Düsseldorf, Beschl. v. 25.04.2018 – 2 W 8/18, BeckRS 2018, 7036, Rn. 8 – *Akteneinsicht im FRAND-Verfahren*; OLG München, Beschl. v. 08.11.2004 – 29 W 2601/04, NJW 2005, 1130–1131 – *Anlagenkonvolut*; *Marx*, GRUR 2021, 288, 289.

[1680]   *Augenstein*, FS 80 Jahre Patentgerichtsbarkeit in Düsseldorf (2016), 25, 27–28; Haedicke/Timmann/*Bukow*, § 13 Rn. 405; *Picht*, ZGE 2021, 133, 135–137; *L. Tochtermann*, GRUR 2020, 905, 914.

[1681]   *Haedicke*, Mitt. 2018, 249; *Hinojal/Mohsler*, GRUR 2019, 674, 676–677; *L. Tochtermann*, GRUR 2020, 905, 914; *Tsilikas*, GRUR Int. 2020, 885, 888.

[1682]   *Haedicke*, Mitt. 2018, 249; *Hinojal/Mohsler*, GRUR 2019, 674, 677–678; *Hüttermann*, GRUR Int. 2019, 1148; *L. Tochtermann*, GRUR 2020, 905, 914.

[1683]   *Kühnen*, Hdb. Patentverletzung, Kap. E Rn. 601.

[1684]   *Haedicke*, Mitt. 2018, 249; *Ohly/Stierle*, GRUR 2021, 1229, 1239; Schulte/*D. Voß*, § 145a PatG Rn. 3.

im Rahmen der Reaktion auf ein FRAND-Angebot und der verletzerseitigen Gegenangebots-obliegenheit zur Notwendigkeit kommen, eigentlich geheimhaltungsbedürftige Informationen offenzulegen.[1685]

Im Zuge des 2. PatMoG wurde § 145a PatG eingeführt, der die §§ 16-20 GeschGehG für entsprechend anwendbar erklärt, auch wenn keine Geschäftsgeheimnisstreitsache nach der Legaldefinition des § 16 Abs. 1 GeschGehG vorliegt.[1686] Diese Regelungen ermöglichen die Anordnung verschiedener geheimnisschützender Maßnahmen (Geheimhaltungsanordnung, Beschränkung des Personenkreises) und damit einen vertraulichkeitswahrenden Vortrag geheimhaltungsbedürftiger Tatsachen im Patentverletzungsprozess.[1687] Ein Verletzungsprozess, in dessen Rahmen ein kartellrechtlicher Zwangslizenzeinwand eine Rolle spielt, ist aufgrund seines sachlichen Gehalts trotz Zuständigkeit eines Kartellspruchkörpers als Patentstreitsache anzusehen und fällt damit in den Anwendungsbereich des § 145a PatG.[1688] Die in Drittlizenzverträgen enthaltenen Informationen stellen bei FRAND-Lizenzverträgen regelmäßig schutzfähige Geschäftsgeheimnisse im Sinne des § 2 Nr. 1 GeschGehG dar.[1689] Neben den genannten Vorschriften des GeschGehG bleiben Geheimhaltungsmaßnahmen aus anderen Normen, insbesondere der §§ 172-174 GVG, anwendbar.[1690] Die möglichen Schutzmaßnahmen zur Geheimniswahrung im Prozess[1691] sind also maßgeblich erweitert worden.[1692]

Vor der Einführung des § 145a PatG wurde bislang der Abschluss einer vertragsstrafebewährten Vertraulichkeitsvereinbarung (engl.: Non-Disclosure Agreement, NDA) und deren rechtzeitige Anbahnung als Bestandteil der Verhandlungspflichten lizenzwilliger Parteien angesehen.[1693] Aufgrund der Gesetzesänderung sind die diesbezüglich ergangenen Gerichtsentscheidungen allerdings nur noch bedingt aussagekräftig.[1694] Soweit die Maßnahmen der §§ 16-20 GeschGehG im Prozess zur Geheimhaltung ausreichend sind, ist der Abschluss einer Vertraulichkeitsvereinbarung auch nach FRAND-Maßstäben zumindest für den innerprozessualen Bereich nicht mehr erforderlich.[1695]

[1685] *Haedicke*, Mitt. 2018, 249, 250; *Hinojal/Mohsler*, GRUR 2019, 674, 676.

[1686] Benkard PatG/*P. Tochtermann*, § 145a PatG Rn. 1; Schulte/*D. Voß*, § 145a PatG Rn. 1, 3.

[1687] *Bacher*, GRUR 2021, 1341, 1346; *Ohly/Stierle*, GRUR 2021, 1229, 1239–1240; Schulte/*D. Voß*, § 145a PatG Rn. 3.

[1688] *Kühnen*, GRUR 2020, 576, 577; *Ohly/Stierle*, GRUR 2021, 1229, 1240; *Picht*, ZGE 2021, 133, 157; a.A.: *Zhu/Popp*, GRUR 2020, 338, 344–345.

[1689] BeckOK PatR/*Kircher*, § 145a PatG Rn. 19; *Kühnen*, Hdb. Patentverletzung, Kap. D Rn. 130, 147.

[1690] BeckOK PatR/*Kircher*, § 145a PatG Rn. 58-61; *Kühnen*, Hdb. Patentverletzung, Kap. D Rn. 119, 182, 191; *McGuire*, Mitt. 2022, 49, 57–58; Benkard PatG/*P. Tochtermann*, § 145a PatG Rn. 25.

[1691] Siehe zum Ganzen im Detail: *Kühnen*, Hdb. Patentverletzung, Kap. D Rn. 115-257 (insb. zu FRAND-Fällen: Rn. 128-135, 147, 212-213, 255-257).

[1692] *Kühnen*, Hdb. Patentverletzung, Kap. D Rn. 130; *Ohly/Stierle*, GRUR 2021, 1229, 1240.

[1693] OLG Düsseldorf, Beschl. v. 14.12.2016 – 2 U 31/16, BeckRS 2016, 114380, Rn. 5; LG Düsseldorf, Urt. v. 13.07.2017 – 4a O 154/15, GRUR-RS 2017, 132078, Rn. 182, 245-247.

[1694] *Kühnen*, Hdb. Patentverletzung, Kap. D Rn. 130.

[1695] BeckOK PatR/*Kircher*, § 145a PatG Rn. 19.

Es steht den Parteien überdies und für vorprozessuale Verhandlungen für einen effektiven Geheimnisschutz notwendigerweise frei, weiterhin Vertraulichkeitsvereinbarungen abzuschließen.[1696] Der Mitwirkungs- und Verhandlungspflicht eines lizenzwilligen Verletzers dürfte es entsprechen, jedenfalls solchen Geheimhaltungsmaßnahmen zuzustimmen, die innerprozessual über § 145a PatG i.V.m. §§ 16-20 GeschGehG angeordnet werden können.[1697] Ein Verletzer, der eine solche Vereinbarung vorprozessual nicht abschließt, gibt jedenfalls Anlass zur Klageerhebung im Sinne des § 93 ZPO.[1698]

Außerdem gilt, dass, solange und sofern ein entsprechender Geheimnisschutz nicht erreicht werden kann, etwa weil der Verletzer eine solche von ihm geschuldete Vertraulichkeitsvereinbarung verweigert und die prozessualen Geheimhaltungsmittel des GeschGehG vor Prozessbeginn noch nicht zur Verfügung stehen, die Vortragslast des Patentinhabers zu reduzieren ist.[1699] Dies befreit ihn nicht von der Begründungsobliegenheit hinsichtlich der FRAND-Konformität seines Angebots.[1700] Er hat jedoch nur insoweit vorzutragen, wie es ihm unter Wahrung seiner Geheimnisschutzinteressen möglich ist.[1701] Zugleich muss er den offenbarungsfähigen Teil der ihm zur Verfügung stehenden Informationen möglichst weit ausschöpfen und hat geheimhaltungsbedürftige Aspekte zumindest in andeutender Weise zu umschreiben.[1702] Kann er so die FRAND-Konformität seines Angebots nach diesem reduzierten Anforderungsmaßstab hinreichend substantiiert begründen, hat er seine Obliegenheit erfüllt[1703] und löst damit die Reaktionspflicht des Verletzers aus, sich konkret lizenzwillig zu zeigen und bei Ablehnung des Angebots ein FRAND-Gegenangebot abzugeben.[1704]

[1696] *Kühnen*, Hdb. Patentverletzung, Kap. D Rn. 127; Samer/*Rubusch*, § 4 Rn. 127; Benkard PatG/*P. Tochtermann*, § 145a PatG Rn. 23.

[1697] *Kühnen*, Hdb. Patentverletzung, Kap. D Rn. 127, 130-131.

[1698] *Ders.*, Hdb. Patentverletzung, Kap. D Rn. 127.

[1699] OLG Düsseldorf, Beschl. v. 18.07.2017 – 2 U 23/17, BeckRS 2017, 118314, Rn. 18; LG Düsseldorf, Urt. v. 13.07.2017 – 4a O 154/15, GRUR-RS 2017, 132078, Rn. 183, 243; *Hinojal/Mohsler*, GRUR 2019, 674, 677; *Kühnen*, Hdb. Patentverletzung, Kap. D Rn. 133; *Picht*, ZGE 2021, 133, 140–141.

[1700] OLG Düsseldorf, Beschl. v. 18.07.2017 – 2 U 23/17, BeckRS 2017, 118314, Rn. 18; LG Düsseldorf, Urt. v. 13.07.2017 – 4a O 154/15, GRUR-RS 2017, 132078, Rn. 244.

[1701] LG Düsseldorf, Urt. v. 13.07.2017 – 4a O 154/15, GRUR-RS 2017, 132078, Rn. 183; *Kühnen*, Hdb. Patentverletzung, Kap. D Rn. 133.

[1702] OLG Düsseldorf, Beschl. v. 18.07.2017 – 2 U 23/17, BeckRS 2017, 118314, Rn. 18; LG Düsseldorf, Urt. v. 13.07.2017 – 4a O 154/15, GRUR-RS 2017, 132078, Rn. 244; *Kühnen*, Hdb. Patentverletzung, Kap. D Rn. 133.

[1703] LG Düsseldorf, Urt. v. 13.07.2017 – 4a O 154/15, GRUR-RS 2017, 132078, Rn. 243.

[1704] OLG Düsseldorf, Beschl. v. 18.07.2017 – 2 U 23/17, BeckRS 2017, 118314, Rn. 18; *Kühnen*, Hdb. Patentverletzung, Kap. D Rn. 133.

4. Reaktion des Verletzers und FRAND-Gegenangebot

Auf das FRAND-gemäße Angebot des Patentinhabers hat der Verletzer sorgfalts- und treugemäß sowie unter Einhaltung von Branchenüblichkeiten zu reagieren und jegliches Taktieren zur Verzögerung der Lizenznahme zu unterlassen.[1705] Der Verletzer hat die Wahl, das FRAND-Angebot anzunehmen oder abzulehnen. Lehnt er es aber ab, muss er ein FRAND-Gegenangebot machen, um sich die Möglichkeit des kartellrechtlichen Zwangslizenzeinwands zu erhalten.[1706]

a) Inhalt des Gegenangebots

Die inhaltlichen Anforderungen an das Gegenangebot decken sich dem Grunde nach mit den geschilderten Anforderungen[1707] an das Angebot,[1708] sodass hier nur noch einige Aspekte zu ergänzen sind, die sich aus der gegenangebotsspezifischen Perspektive ergeben.

aa) Konkretes Gegenangebot

Auch das Gegenangebot muss konkret sein.[1709] Der Verletzer muss sich mit dem FRAND-Angebot auseinandersetzen und etwaige Abweichungen erklären und begründen, warum der Inhalt seines Gegenangebots FRAND-gemäß ist.[1710] Darin zeigt sich seine konkrete Lizenzbereitschaft, auf die es hier nun ankommt.[1711] Wie die Lizenzbereitschaftserklärung darf auch das Gegenangebot nicht unter die Bedingung der Verletzung, Standardessentialität oder Rechtsbeständigkeit des Patents gestellt werden.[1712]

Aus der Anforderung, ein konkretes Gegenangebot zu unterbreiten, ergibt sich die grundsätzliche Notwendigkeit, die Lizenzgebühr nach der beim Angebot beschriebenen Art konkret anzugeben. Die dafür notwendigen Kenntnisse hat der Verletzer mit einem tatsächlich FRAND-gemäßen Angebot des Patentinhabers und dessen Begründung erhalten.[1713] Wenn der Verletzer die Bestimmung der Lizenzgebühr einem Dritten gemäß §§ 317-319 BGB überlassen möchte, so genügt dies den Anforderungen an ein konkretes Gegenangebot nicht, da so die Nennung einer

---

[1705] EuGH, Urt. v. 16.07.2015 – C-170/13, GRUR 2015, 764, Rn. 65 – *Huawei/ZTE*; BGH, Urt. v. 24.11.2020 – KZR 35/17, GRUR 2021, 585, Rn. 71-72 – *FRAND-Einwand II*.

[1706] EuGH, Urt. v. 16.07.2015 – C-170/13, GRUR 2015, 764, Rn. 66 – *Huawei/ZTE*.

[1707] Siehe: 3. Teil Kap. B. IV. 3. a) (S. 204 ff.).

[1708] Haedicke/Timmann/*Bukow*, § 13 Rn. 383; *Kühnen*, Hdb. Patentverletzung, Kap. E Rn. 472; Schulte/*Rinken*, § 24 PatG Rn. 117; BeckOK PatR/*Wilhelmi*, § 24 PatG Rn. 115.

[1709] EuGH, Urt. v. 16.07.2015 – C-170/13, GRUR 2015, 764, Rn. 66 – *Huawei/ZTE*.

[1710] *Habich*, WuW 2021, 282, 286–287; *Kühnen*, Hdb. Patentverletzung, Kap. E Rn. 472.

[1711] OLG Düsseldorf, Urt. v. 12.05.2022 – 2 U 13/21, GRUR-RS 2022, 11779, Rn. 182 – *Signalsynthese II*.

[1712] LG Düsseldorf, Urt. v. 31.03.2016 – 4a O 126/14, GRUR-RS 2016, 8040, Rn. 197 – *Hochfrequenzanteil*; *Kühnen*, Hdb. Patentverletzung, Kap. E Rn. 475.

[1713] *Dornis*, WRP 2020, 540, 546.

konkreten Lizenzgebührenberechnung vermieden wird, bis zur Drittbestimmung wiederum eine Verzögerung eintritt und eine Drittbestimmung vom EuGH erst für den Zeitraum nach einem Scheitern der Verhandlungen vorgesehen ist.[1714] Wird eine Lizenzgebühr im Gegenangebot konkret genannt, ist hingegen eine vorgesehene spätere Angemessenheitsüberprüfung durch einen Dritten zulässig.[1715] Im Gegensatz zur abzulehnenden Bestimmung durch einen Dritten ohne eigene Gebührenfestlegung wird es als ausreichend angesehen, wenn im Gegenangebot zwar keine konkrete Lizenzgebühr angegeben wird, deren Bestimmung aber gemäß § 315 BGB in das Ermessen des Patentinhabers gestellt wird.[1716]

bb) Gegenangebot im FRAND-Korridor

Die Tatsache, dass es keinen Zwang zur Annahme eines FRAND-Angebots des Patentinhabers gibt, sondern dem Verletzer ein FRAND-Gegenangebot zugestanden wird,[1717] zeigt, dass der EuGH davon ausgeht, dass sowohl das Angebot als auch das Gegenangebot trotz darin zu erwartender inhaltlicher Abweichungen beide FRAND sein können.[1718] Somit ist nicht eine genau be-

---

[1714] LG Düsseldorf, Urt. v. 31.03.2016 – 4a O 126/14, GRUR-RS 2016, 8040, Rn. 226-227 – *Hochfrequenzanteil*; LG Mannheim, Urt. v. 27.11.2015 – 2 O 106/14, BeckRS 2015, 20077, Rn. 164 – *Stochastisches Rauschen*; LG Mannheim, Urt. v. 18.08.2020 – 2 O 34/19, GRUR-RS 2020, 20358, Rn. 167-169 – *Lizenz in Wertschöpfungskette*; LG München I, Urt. v. 30.09.2020 – 21 O 3891/19, GRUR-RS 2020, 54658, Rn. 166 – *Connected Cars*; *Kellenter/Verhauwen*, GRUR 2018, 761, 768; Schulte/*Rinken*, § 24 PatG Rn. 117.

[1715] LG Düsseldorf, Urt. v. 31.03.2016 – 4a O 126/14, GRUR-RS 2016, 8040, Rn. 216-220, 227 – *Hochfrequenzanteil*.

[1716] *LG München I*, Hinweise zur Handhabung des kartellrechtlichen Zwangslizenzeinwandes nach Huawei v. ZTE innerhalb des Münchner Verfahrens in Patentstreitsachen, https://www.justiz.bayern.de/media/images/behoerden-und-gerichte/landgerichte/muenchen1/hinweise_frand_und_münchner_verfahren__stand_februar_2020_.pdf (zuletzt abgerufen am 30.06.2023), Ziffer IV. 1.; *Kellenter*, FS 80 Jahre Patentgerichtsbarkeit in Düsseldorf (2016), 255, 274; *Rastemborski*, GRUR-Prax 2021, 315; jedenfalls darin eine qualifizierte Lizenzbereitschaft sehend: OLG Karlsruhe, Beschl. v. 12.02.2021 – 6 U 130/20, GRUR-RS 2021, 9325, Rn. 44-47 – *Wurzelsequenzordnung*.

[1717] EuGH, Urt. v. 16.07.2015 – C-170/13, GRUR 2015, 764, Rn. 66 – *Huawei/ZTE*.

[1718] *Kühnen*, Hdb. Patentverletzung, Kap. E Rn. 474, 480 Fn. 780; *McGuire*, Mitt. 2018, 297, 302; *Picht*, WuW 2018, 300, 303; *ders.*, Mitt. 2019, 146, 148.

zifferte Lizenzgebühr oder eine bestimmte Vertragsgestaltung singulär als FRAND einzuordnen.[1719] Vielmehr gib es einen Korridor an FRAND-gemäßen Lizenzgebühren und -bedingungen.[1720] Dabei besteht dieser Korridor sowohl im Hinblick auf eine gewisse Bandbreite von Lizenzgebühren als auch hinsichtlich des möglichen Gestaltungsspielraums sonstiger Lizenzbedingungen (z.B. Laufzeit, Geltungsbereich).[1721] In einem solchen als FRAND anzuerkennenden Spektrum müssen sich Angebot und Gegenangebot bewegen, um FRAND-gemäß zu sein,[1722] dürfen diesen Bereich aber auch zu ihren Gunsten ausschöpfen.[1723] Die FRAND-Konformität des Gegenangebots unterliegt der vollen gerichtlichen Prüfung.[1724]

b) Formale Voraussetzungen

Zur vom EuGH angeordneten Schriftlichkeit des Gegenangebots,[1725] zur Nachholbarkeit sowie zu den Absendern und Adressaten gelten die zum FRAND-Angebot getätigten Ausführungen entsprechend.[1726]

In zeitlicher Hinsicht gibt der EuGH eine Gegenangebotsabgabe „innerhalb einer kurzen Frist"[1727] vor. Diese Frist bestimmt sich nach den Umständen des Einzelfalls und ist an den üblichen Reaktionszeiträumen bei vergleichbaren Lizenzverhandlungen auszurichten.[1728] Insbesondere die Komplexität des Lizenzangebots des Patentinhabers und dessen Schutzrechtsumfang

---

[1719] BGH, Beschl. v. 11.12.2012 – KVR 7/12, NJW 2013, 1095, Rn. 30 – *Fährhafen Puttgarden II*; BGH, Urt. v. 24.11.2020 – KZR 35/17, GRUR 2021, 585, Rn. 70 – *FRAND-Einwand II*; OLG Karlsruhe, Urt. v. 30.10.2019 – 6 U 183/16, GRUR 2020, 166, Rn. 95 – *Datenpaketverarbeitung*; LG München I, Urt. v. 30.09.2020 – 21 O 3891/19, GRUR-RS 2020, 54658, Rn. 158 – *Connected Cars*; *Block/Rätz*, GRUR 2019, 797–799; *Kamlah/Rektorschek*, Mitt. 2021, 307, 312.

[1720] BGH, Urt. v. 24.11.2020 – KZR 35/17, GRUR 2021, 585, Rn. 70 – *FRAND-Einwand II*; OLG Karlsruhe, Beschl. v. 08.09.2016 – 6 U 58/16, BeckRS 2016, 17467, Rn. 37 – *Dekodiervorrichtung*; LG Düsseldorf, Urt. v. 13.07.2017 – 4a O 154/15, GRUR-RS 2017, 132078, Rn. 222; *Dornis*, WRP 2020, 540, 546; FK KartellR/*Weyer*, § 19 GWB Rn. 326.

[1721] OLG Düsseldorf, Beschl. v. 17.11.2016 – 15 U 66/15, BeckRS 2016, 21067, Rn. 14; OLG Karlsruhe, Urt. v. 25.11.2020 – 6 U 104/18, GRUR-RS 2020, 56869, Rn. 126 – *Steuerkanalsignalisierung I*; LG Mannheim, Urt. v. 18.08.2020 – 2 O 34/19, GRUR-RS 2020, 20358, Rn. 142 – *Lizenz in Wertschöpfungskette*; *Picht*, WuW 2018, 300, 303; so auch: England and Wales Court of Appeal, Urt. v. 23.10.2018 – [2018] EWCA Civ 2344, GRUR Int. 2019, 357, Rn. 121.

[1722] Zur Problematik, wenn Angebot und Gegenangebot FRAND sind, sogleich unter: 3. Teil Kap. B. IV. 6. (S. 221 ff.).

[1723] EuG, Urt. v. 27.06.2012 – T-167/08, BeckRS 2012, 81337, Rn. 95 – *Microsoft II*; *Ehlenz*, NZKart 2020, 470, 472; *Kühnen*, Hdb. Patentverletzung, Kap. E Rn. 474.

[1724] *Lubitz*, NZKart 2017, 618, 622; Schulte/*Rinken*, § 24 PatG Rn. 117.

[1725] EuGH, Urt. v. 16.07.2015 – C-170/13, GRUR 2015, 764, Rn. 66 – *Huawei/ZTE*.

[1726] Siehe: 3. Teil Kap. B IV. 3. b) (S. 208 ff.).

[1727] EuGH, Urt. v. 16.07.2015 – C-170/13, GRUR 2015, 764, Rn. 66 – *Huawei/ZTE*.

[1728] LG München I, Urt. v. 30.09.2020 – 21 O 13026/19, juris, Rn. 277-279 – *Unterpixelwertinterpolation*; Immenga/Mestmäcker/*A. Fuchs*, Art. 102 AEUV Rn. 367; *Kühnen*, Hdb. Patentverletzung, Kap. E Rn. 473.

können für die Länge der zuzugestehenden Prüfungs- und Überlegungsfrist maßgeblich sein.[1729] Als regelmäßige Orientierungsfrist bei durchschnittlichem Komplexitätsgrad und Fehlen besonderer Umstände wird der Zeitraum von zwei Monaten genannt.[1730] Besteht zwischen den Parteien bis zu diesem Verhandlungszeitpunkt ein regelmäßiger Austausch und haben sich dabei bestimmte Reaktionszeiträume eingespielt, so kann sich die Gegenangebotsfrist für den jeweiligen Fall auch an diesen ggf. längeren Zeiträumen orientieren.[1731]

Der Verletzer hat seine von einer Verzögerungstaktik freie Reaktion und bei Ablehnung des FRAND-Angebots des Patentinhabers insbesondere den rechtzeitigen Zugang und die FRAND-Konformität seines Gegenangebots darzulegen und zu beweisen.[1732]

5. Abrechnung und Sicherheitsleistung

Lehnt der Patentinhaber das Gegenangebot des Verletzers ab, so muss ein Verletzer, der das Patent bereits ohne legitimierende Lizenzierung nutzt, ab dem Zeitpunkt der Ablehnung über seine Patentnutzung abrechnen und eine angemessene und branchenübliche Sicherheit leisten.[1733] Unterlässt der Verletzer die ihm obliegende Abrechnung und Sicherheitsleistung, so kann er sich nicht auf den kartellrechtlichen Zwangslizenzeinwand berufen.[1734] Die Darlegungs- und Beweislast für eine pflichtgemäße Abrechnung und Sicherheitsleistung liegt beim Verletzer.[1735]

a) Entstehung der Obliegenheit

Ist nach der Abgabe eines FRAND-Angebots durch den Patentinhaber und der Abgabe eines FRAND-Gegenangebots des Patentinhabers kein Lizenzvertrag zustande gekommen, so sieht der EuGH ab dem Zeitpunkt, wo dies feststeht, also wenn der Patentinhaber das Gegenangebot ablehnt, ein Sicherungsbedürfnis zugunsten des Patentinhabers, nachdem dieser zuvor durch die

---

[1729] Immenga/Mestmäcker/*A. Fuchs*, Art. 102 AEUV Rn. 367; *Kellenter/Verhauwen*, GRUR 2018, 761, 768; *Kühnen*, Hdb. Patentverletzung, Kap. E Rn. 473.

[1730] Haedicke/Timmann/*Bukow*, § 13 Rn. 385; *Kellenter/Verhauwen*, GRUR 2018, 761, 768.

[1731] LG Düsseldorf, Urt. v. 21.12.2021 – 4c O 42/20, GRUR-RS 2021, 50360, Rn. 134 – *Bildrekonstruierung*.

[1732] Haedicke/Timmann/*Bukow*, § 13 Rn. 398; *Kühnen*, Hdb. Patentverletzung, Kap. E Rn. 488.

[1733] EuGH, Urt. v. 16.07.2015 – C-170/13, GRUR 2015, 764, Rn. 67 – *Huawei/ZTE*.

[1734] LG Düsseldorf, Urt. v. 03.11.2015 – 4a O 93/14, BeckRS 2016, 4073, Rn. 110 – *Datenaufruf-Trägerdienst*; LG Mannheim, Urt. v. 11.03.2016 – 7 O 26/14, BeckRS 2016, 132323, Rn. 133; *Kellenter*, FS 80 Jahre Patentgerichtsbarkeit in Düsseldorf (2016), 255, 266; Schulte/*Rinken*, § 24 PatG Rn. 119.

[1735] Haedicke/Timmann/*Bukow*, § 13 Rn. 398; *Kühnen*, Hdb. Patentverletzung, Kap. E Rn. 524; Schulte/*Rinken*, § 24 PatG Rn. 119.

Erfüllung seiner Obliegenheiten im Rahmen des *Huawei/ZTE*-Prozederes ausreichende Bemühungen gezeigt hat, eine Lizenzierung zu ermöglichen.[1736] Sind das Angebot oder das Gegenangebot nicht FRAND, so kommt es auf eine Sicherheitsleistung gar nicht an.[1737]

Die Sicherheit ist ab dem Moment der Entstehung der Obliegenheit ohne weitere Aufforderung unverzüglich zu erbringen.[1738] Da die Obliegenheit erst im Zeitpunkt der Ablehnung des Gegenangebots durch den Patentinhaber entsteht, muss die Sicherheitsleistung nicht vorab auf Verdacht vorbereitet werden.[1739] Nur wenn eine Ablehnung bereits sicher absehbar ist, kann Anlass für solche Vorbereitungshandlungen bestehen.[1740] Erfolgt eine Abrechnung und Sicherheitsleistung verspätet, ist eine Nachholung im Rahmen des prozessual Möglichen zu gestatten.[1741]

Auch wenn die Sicherheitsleistungsobliegenheit dazu dient, den Patentinhaber vor Insolvenzrisiken aufseiten des Verletzers zu schützen,[1742] besteht sie unabhängig von einer tatsächlichen Bedrohung der Vergütungsinteressen des Patentinhabers auch bei einer gesicherten finanziellen Leistungsfähigkeit des Verletzers.[1743] Eine bereits entstandene Pflicht zur Sicherheitsleistung entfällt nicht durch das Einstellen der Benutzung.[1744]

b)   Abrechnungs- und sicherungsrelevanter Zeitraum

Die Verpflichtung zur Abrechnung und Sicherheitsleistung wird vom EuGH explizit im Zusammenhang mit vergangenen Benutzungshandlungen genannt.[1745] Allerdings beschränkt sie sich

---

[1736] LG Mannheim, Urt. v. 11.03.2016 – 7 O 26/14, BeckRS 2016, 132323, Rn. 140; *Kühnen*, Hdb. Patentverletzung, Kap. E Rn. 519.

[1737] Haedicke/Timmann/*Bukow*, § 13 Rn. 389; *Kühnen*, Hdb. Patentverletzung, Kap. E Rn. 519.

[1738] LG Düsseldorf, Urt. v. 31.03.2016 – 4a O 126/14, GRUR-RS 2016, 8040, Rn. 235 – *Hochfrequenzanteil*; *Kellenter*, FS 80 Jahre Patentgerichtsbarkeit in Düsseldorf (2016), 255, 266; *Kellenter/Verhauwen*, GRUR 2018, 761, 770.

[1739] *Kühnen*, Hdb. Patentverletzung, Kap. E Rn. 520; Schulte/*Rinken*, § 24 PatG Rn. 119; a.A.: LG Düsseldorf, Urt. v. 03.11.2015 – 4a O 144/14, BeckRS 2015, 19564, Rn. 98 – *Kommunikationsvorrichtung*; LG Düsseldorf, Urt. v. 31.03.2016 – 4a O 126/14, GRUR-RS 2016, 8040, Rn. 235 – *Hochfrequenzanteil*.

[1740] *Kühnen*, Hdb. Patentverletzung, Kap. E Rn. 520.

[1741] *Ders.*, Hdb. Patentverletzung, Kap. E Rn. 523.

[1742] LG Mannheim, Urt. v. 11.03.2016 – 7 O 26/14, BeckRS 2016, 132323, Rn. 140.

[1743] *Kühnen*, Hdb. Patentverletzung, Kap. E Rn. 518.

[1744] LG Mannheim, Urt. v. 04.03.2016 – 7 O 96/14, GRUR-RS 2016, 6527, Rn. 113; LG Mannheim, Urt. v. 11.03.2016 – 7 O 26/14, BeckRS 2016, 132323, Rn. 142.

[1745] EuGH, Urt. v. 16.07.2015 – C-170/13, GRUR 2015, 764, Rn. 67 – *Huawei/ZTE*; *Kellenter*, FS 80 Jahre Patentgerichtsbarkeit in Düsseldorf (2016), 255, 267.

nicht auf den von der Benutzungsaufnahme bis zur Vornahme der Sicherheitsleistung verstriche-nen Zeitraum.[1746] Absehbare weitere Benutzungen bis zu einem anzunehmenden Lizenzvertrags-schluss sind ebenfalls von der Sicherheit zu umfassen.[1747] Wird im weiteren Verlauf ersichtlich, dass die Sicherheitsleistung zu niedrig bemessen war, so ist sie aufzustocken.[1748]

Eine Beschränkung auf eine einmalige Sicherheitsleistung für die Vergangenheit ist *Hua-wei/ZTE* nicht zu entnehmen.[1749] Vielmehr deutet die Formulierung, dass die Sicherheit „ab dem Zeitpunkt"[1750] der Ablehnung des Gegenangebots erbracht werden muss und „unter anderem"[1751] vergangene Benutzungshandlungen umfassen muss, darauf hin, dass auch zukünftige Patent-nutzungen umfasst sein können. In den Schlussanträgen des Generalanwalts ist ausdrücklich von einer Sicherheit „für die zurückliegende und zukünftige Nutzung des SEP"[1752] die Rede,[1753] die allerdings erst ab dem Zeitpunkt der Anrufung eines Gerichts oder Schiedsgerichts zu leisten sei.[1754] Der EuGH sah einen Sicherungsbedarf schon ab der Ablehnung des Gegenangebots.[1755] Er wollte das Schutzniveau des Patentinhabers also durch die Wahl eines früheren Zeitpunkts im Vergleich zu den Schlussanträgen des Generalanwalts erhöhen und nicht etwa durch den Aus-schluss künftiger Nutzungen verringern.

Auch ist nicht ersichtlich, warum der Zeitpunkt der Sicherheitsleistung eine solche Zäsur dar-stellen soll, dass die auf die Ablehnung des Gegenangebots hin erfolgte Sicherheitsleistung nur für bis zu diesem Zeitpunkt erfolgte Nutzungen zu erbringen wäre. Würde man dies annehmen, käme man zu dem sinnwidrigen Ergebnis, dass es im Interesse des Patentinhabers liegen könnte, die Ablehnung des Gegenangebots im Rahmen des kartellrechtlich Zulässigen herauszuzögern,

---

[1746] *LG München I*, Hinweise zur Handhabung des kartellrechtlichen Zwangslizenzeinwandes nach Huawei v. ZTE innerhalb des Münchner Verfahrens in Patentstreitsachen, https://www.justiz.bayern.de/me-dia/images/behoerden-und-gerichte/landgerichte/muenchen1/hinweise_frand_und_münchner_verfah-ren__stand_februar_2020_.pdf (zuletzt abgerufen am 30.06.2023), Ziffer IV. 1.; Immenga/Mestmä-cker/*A. Fuchs*, Art. 102 AEUV Rn. 368.

[1747] *Kühnen*, Hdb. Patentverletzung, Kap. E Rn. 519; a.A.: *Kellenter*, FS 80 Jahre Patentgerichtsbarkeit in Düsseldorf (2016), 255, 267 (Es bestehe keine in die Zukunft gerichtete Pflicht, sondern lediglich eine Pflicht zur regelmäßigen Aufstockung der Sicherheit jeweils für die dann wiederum vergangenen Zeit-räume).

[1748] OLG Karlsruhe, Urt. v. 09.12.2020 – 6 U 103/19, GRUR-RS 2020, 41067, Rn. 273; Immenga/Mest-mäcker/*A. Fuchs*, Art. 102 AEUV Rn. 368; *Kühnen*, Hdb. Patentverletzung, Kap. E Rn. 519; Schulte/*Rinken*, § 24 PatG Rn. 119; i.E. auch: *Kellenter*, FS 80 Jahre Patentgerichtsbarkeit in Düssel-dorf (2016), 255, 267; *Kellenter/Verhauwen*, GRUR 2018, 761, 770.

[1749] *Kühnen*, Hdb. Patentverletzung, Kap. E Rn. 519.

[1750] EuGH, Urt. v. 16.07.2015 – C-170/13, GRUR 2015, 764, Rn. 67 – *Huawei/ZTE*.

[1751] EuGH, Urt. v. 16.07.2015 – C-170/13, GRUR 2015, 764, Rn. 67 – *Huawei/ZTE*.

[1752] GA *Wathelet*, Schlussanträge v. 20.11.2014 – C-170/13, BeckRS 2014, 82403, Rn. 93.

[1753] *Körber*, WRP 2015, 1167, 1170.

[1754] GA *Wathelet*, Schlussanträge v. 20.11.2014 – C-170/13, BeckRS 2014, 82403, Rn. 93.

[1755] EuGH, Urt. v. 16.07.2015 – C-170/13, GRUR 2015, 764, Rn. 67 – *Huawei/ZTE*; *Wüsthof*, EWS 2015, 287, 288.

um eine spätere und damit höhere Sicherheitsleistung zu erreichen. Letztlich gewährt der Patentinhaber einem lizenzierungsfrei das Patent nutzenden Verletzer eine Art unfreiwilligen, unbesicherten Kredit bzw. der Verletzer verschafft sich durch die vergütungsfreie Nutzung zeitweise einen Kostenvorteil und vermeidet Liquiditätsabflüsse durch Lizenzgebührenzahlungen. Wenn der EuGH ab dem Zeitpunkt der Ablehnung des Gegenangebots den Patentinhaber als sicherungsbedürftig ansieht, so ist nicht anzunehmen, dass er ihm für zukünftige Benutzungen erneut zumuten möchte, dem Verletzer diese Vorteile für die Zukunft ohne ausreichende Absicherung zu gewähren.

c) Art der Sicherheit

Der EuGH verlangt eine branchenübliche Sicherheitsleistung und nennt beispielhaft die Möglichkeit einer Bankgarantie oder einer Hinterlegung.[1756] Es ist aber auch jede andere Art der Sicherheitsleistung möglich, sofern eine ausreichende Sicherung des finanziellen Interesses des Patentinhabers besteht[1757] und der Verletzer die Sicherheit nicht einseitig – etwa durch die Möglichkeit der Rücknahme einer hinterlegten Sicherheit, auf die folglich zu verzichten ist[1758] – unterlaufen kann.

d) Höhe der Sicherheitsleistung

Die Sicherheit hat für eine branchenübliche Sicherung des Patentinhabers angemessen zu sein.[1759] Um die Ermittlung einer angemessenen Höhe einer solchen Sicherheit zu ermöglichen, besteht die Verpflichtung zur Abrechnung, durch die der Verletzer Auskunft über seine Benutzung zu erteilen hat.[1760] Für die Kalkulation der Sicherheitsleistung sind dann das FRAND-Angebot und das FRAND-Gegenangebot heranzuziehen, aus denen sich Anhaltspunkte für die Berechnung des Sicherungsbetrags in Abhängigkeit von den relevanten Benutzungshandlungen gewinnen lassen.[1761] Im Zweifel ist es aufgrund des Sicherungsinteresses des Patentinhabers gerechtfertigt,

---

[1756] EuGH, Urt. v. 16.07.2015 – C-170/13, GRUR 2015, 764, Rn. 67 – *Huawei/ZTE*.

[1757] LG Mannheim, Urt. v. 11.03.2016 – 7 O 26/14, BeckRS 2016, 132323, Rn. 143; Haedicke/Timmann/*Bukow*, § 13 Rn. 387; *Kühnen*, Hdb. Patentverletzung, Kap. E Rn. 518.

[1758] Haedicke/Timmann/*Bukow*, § 13 Rn. 387; *Kühnen*, Hdb. Patentverletzung, Kap. E Rn. 518.

[1759] EuGH, Urt. v. 16.07.2015 – C-170/13, GRUR 2015, 764, Rn. 67 – *Huawei/ZTE*.

[1760] EuGH, Urt. v. 16.07.2015 – C-170/13, GRUR 2015, 764, Rn. 67 – *Huawei/ZTE*; Haedicke/Timmann/*Bukow*, § 13 Rn. 387, 392; BeckOK PatR/*Wilhelmi*, § 24 PatG Rn. 116.

[1761] *LG München I*, Hinweise zur Handhabung des kartellrechtlichen Zwangslizenzeinwandes nach Huawei v. ZTE innerhalb des Münchner Verfahrens in Patentstreitsachen, https://www.justiz.bayern.de/media/images/behoerden-und-gerichte/landgerichte/muenchen1/hinweise_frand_und_münchner_verfahren__stand_februar_2020_.pdf (zuletzt abgerufen am 30.06.2023), Ziffer IV. 1.; Haedicke/Timmann/*Bukow*, § 13 Rn. 389; *Kühnen*, Hdb. Patentverletzung, Kap. E Rn. 521; Schulte/*Rinken*, § 24 PatG Rn. 119.

eine Sicherheitsleistung zu verlangen, die sich am jeweils höheren Betrag, der sich zumeist aus dem Angebot des Patentinhabers ergeben dürfte, orientiert und nicht bei einem aus dem verletzerseitigen Gegenangebot errechneten Betrag stehen zu bleiben.[1762] Die Höhe der Sicherheitsleistung kann nicht einer zukünftigen Bestimmung durch einen Dritten überlassen werden, sodass bis zur Drittbestimmung überhaupt keine Sicherheit geleistet würde.[1763]

Verhandeln die Parteien eine über das Schutzgebiet des Klagepatents hinausgehende Lizenzierung, ist die Sicherheitsleistung aufgrund des Territorialitätsprinzips derart zu begrenzen, dass nur eine Sicherheit für Patentnutzungen geleistet werden muss, die durch das Klagepatent auch unterbunden werden könnten.[1764] Mithin ist der Sicherheitsleistung nur der angemessene Lizenzsatz für inländische Benutzungen im territorial begrenzten Geltungsbereich des Klagepatents zugrunde zu legen.[1765]

6.   Drittbestimmung bei FRAND-Patt

Trotz aller Lizenzierungsbemühungen kann es sein, dass es nicht zu einem Vertragsschluss zwischen den Parteien kommt.[1766] Für diesen Fall hält der EuGH die Möglichkeit der einvernehmlichen Beantragung einer Drittbestimmung durch eine unabhängige Stelle bereit, der die Aufgabe zukommt, innerhalb einer kurz zu bemessenden Frist die Lizenzbedingungen vorzugeben.[1767] Auch wenn der EuGH die Drittbestimmung nur in Bezug auf die Lizenzgebühren nennt, muss sich dies aufgrund der Abhängigkeit der Gebühren von den sonstigen Lizenzbedingungen auf das gesamte Vertragswerk beziehen, was auch dadurch deutlich wird, dass der EuGH zuvor von der fehlenden Einigung über „die Einzelheiten der FRAND-Bedingungen"[1768] spricht.[1769]

[1762] LG Mannheim, Urt. v. 11.03.2016 – 7 O 26/14, BeckRS 2016, 132323, Rn. 143; *Cordes/Gelhausen*, Mitt. 2015, 426, 432; *Kellenter*, FS 80 Jahre Patentgerichtsbarkeit in Düsseldorf (2016), 255, 268; Schulte/*Rinken*, § 24 PatG Rn. 118.

[1763] LG Düsseldorf, Urt. v. 31.03.2016 – 4a O 126/14, GRUR-RS 2016, 8040, Rn. 237 – *Hochfrequenzanteil*.

[1764] Haedicke/Timmann/*Bukow*, § 13 Rn. 391; *Kühnen*, Hdb. Patentverletzung, Kap. E Rn. 522.

[1765] *LG München I*, Hinweise zur Handhabung des kartellrechtlichen Zwangslizenzeinwandes nach Huawei v. ZTE innerhalb des Münchner Verfahrens in Patentstreitsachen, https://www.justiz.bayern.de/media/images/behoerden-und-gerichte/landgerichte/muenchen1/hinweise_frand_und_münchner_verfahren__stand_februar_2020_.pdf (zuletzt abgerufen am 30.06.2023), Ziffer IV. 1.; Haedicke/Timmann/*Bukow*, § 13 Rn. 391; *Kühnen*, Hdb. Patentverletzung, Kap. E Rn. 522; a.A.: LG Mannheim, Urt. v. 11.03.2016 – 7 O 26/14, BeckRS 2016, 132323, Rn. 138-141 (Eine solche beschränkte Abrechnung sei nicht üblich und führe zu Parallelklagen in anderen Jurisdiktionen).

[1766] EuGH, Urt. v. 16.07.2015 – C-170/13, GRUR 2015, 764, Rn. 68 – *Huawei/ZTE*.

[1767] EuGH, Urt. v. 16.07.2015 – C-170/13, GRUR 2015, 764, Rn. 68 – *Huawei/ZTE*.

[1768] EuGH, Urt. v. 16.07.2015 – C-170/13, GRUR 2015, 764, Rn. 68 – *Huawei/ZTE*.

[1769] *Kühnen*, Hdb. Patentverletzung, Kap. E Rn. 481.

a) Pattsituation

Relevant wird eine Drittbestimmung bei fehlendem Lizenzvertragsschluss nur in dem Fall, in dem sowohl das Angebot als auch das Gegenangebot jeweils FRAND-Bedingungen entsprechen und der Verletzer ordnungsgemäß abgerechnet und Sicherheit geleistet hat.[1770] Dass der EuGH dies voraussetzt, wird nicht nur durch die im Urteil zuvor geschilderten Verhaltensobliegenheiten[1771] deutlich, sondern auch dadurch, dass der EuGH nur ein Scheitern der Verhandlungen wegen „Einzelheiten"[1772] des Lizenzvertragswerks zum Anlass einer Drittbestimmung nimmt, nicht aber ein Scheitern wegen der fehlenden FRAND-Konformität des Angebots oder des Gegenangebots bzw. einer unzureichenden Sicherheitsleistung. Fehlt es an einem dieser Schritte, so folgt daraus bei einer Verfehlung des Patentinhabers schon die Missbräuchlichkeit der Klage, bei einer Verfehlung des Verletzers die Durchsetzbarkeit des Anspruchs.[1773]

Haben beide Parteien ihre jeweiligen Obliegenheiten des *Huawei/ZTE*-Prozederes erfüllt, ohne zu einer Einigung zu kommen, so stehen sich zwei FRAND-konforme Vertragsangebote gegenüber, die beide jeweils einen kartellrechtskonformen Lizenzvertragsinhalt böten.[1774] Es besteht ein Patt, dessen Auflösung es zur Entscheidung über die Durchsetzbarkeit des Unterlassungsanspruchs des Patentinhabers bedarf.[1775]

b) Auflösung stets zugunsten einer Partei

Es wird zum einen vertreten, dass bei einem FRAND-Patt immer dem Patentinhaber der Vorzug zu geben sei, sodass sein Unterlassungsanspruch in dieser Situation stets durchsetzbar sei.[1776] Begründet wird dies damit, dass der Patentinhaber alle seine ihm durch das Kartellrecht auferlegten Obliegenheiten erfüllt habe, sodass er nicht missbräuchlich handele und daher nicht in der Ausübung seines Ausschließlichkeitsrechts einzuschränken sei.[1777] Es sei Sache des Verletzers,

---

[1770] Haedicke/Timmann/*Bukow*, § 13 Rn. 412.

[1771] EuGH, Urt. v. 16.07.2015 – C-170/13, GRUR 2015, 764, Rn. 61-67 – *Huawei/ZTE*.

[1772] EuGH, Urt. v. 16.07.2015 – C-170/13, GRUR 2015, 764, Rn. 68 – *Huawei/ZTE*.

[1773] *Kellenter/Verhauwen*, GRUR 2018, 761, 771; *Kühnen*, Hdb. Patentverletzung, Kap. E Rn. 480; Schulte/*Rinken*, § 24 PatG Rn. 118.

[1774] *Hauck*, GRUR-Prax 2016, 58; Wiedemann/*Klawitter*, § 14 Rn. 416.

[1775] *Herr/Rinkel*, GRUR-Prax 2020, 93, 95; *McGuire*, Mitt. 2018, 297, 302.

[1776] England and Wales Court of Appeal, Urt. v. 23.10.2018 – [2018] EWCA Civ 2344, GRUR Int. 2019, 357, Rn. 124-127; LG München I, Urt. v. 30.09.2020 – 21 O 13026/19, juris, 313 – *Unterpixelwertinterpolation*; *Kellenter/Verhauwen*, GRUR 2018, 761, 771; Wiedemann/*Klawitter*, § 14 Rn. 416; Busse/Keukenschrijver/*G. Werner*, § 139 PatG Rn. 233.

[1777] England and Wales Court of Appeal, Urt. v. 23.10.2018 – [2018] EWCA Civ 2344, GRUR Int. 2019, 357, Rn. 124-127; *Kellenter/Verhauwen*, GRUR 2018, 761, 771; Busse/Keukenschrijver/*G. Werner*, § 139 PatG Rn. 233.

den Zustand der rechtswidrigen Benutzung des Patents zu beenden und ein FRAND-gemäßes Angebot des Patentinhabers anzunehmen.[1778]

Zum anderen wird vertreten, dass im Falle eines Patts der Verletzer wiederum alle seine Obliegenheiten erfülle und somit der Durchsetzbarkeit des Unterlassungsanspruchs dieses *Huawei/ZTE*-konforme Verhalten entgegenhalten könne.[1779]

Beide Ansichten sind problematisch: Allein aus der Tatsache, dass beide Lösungen der Situation für sich beanspruchen können, der jeweils zu Begünstigende habe alle seine Obliegenheiten erfüllt, ergibt sich, dass sich aus den bis dahin erfolgten wechselseitigen Verhandlungsobliegenheiten kein eindeutiger Schluss ziehen lässt.[1780] Es ist gerade Wesensmerkmal des FRAND-Patts, dass sich die beiderseitigen Obliegenheitserfüllungen neutralisieren.

Für die Bevorzugung des Patentinhabers und gegen ein Ausschlagen des Pendels in Richtung des Verletzers spricht zwar, dass die Einschränkung des Rechts aus dem Patent aufgrund des Eingriffs in die sich aus dem Schutzrecht ergebende Ausschließungsbefugnis nur im Ausnahmefall erfolgen sollte.[1781] Bei einer Neutralisierung durch Erfüllung der vom Kartellrecht vorgesehenen Obliegenheiten könnte es also bei der Grundwertung des Patentrechts, also der Durchsetzbarkeit des Unterlassungsanspruchs, bleiben. Allerdings ist einer solchen Entscheidung zugunsten des Patentinhabers im Falle eines FRAND-Patts entgegenzuhalten, dass damit die Gegenangebotsmöglichkeit des Verletzers entwertet würde.[1782] Der Patentinhaber könnte mit seinem Angebot auf den oberen Rand des FRAND-Korridors zielen in der Gewissheit, ein niedrigeres Gegenangebot verstreichen lassen und dann seinen Unterlassungsanspruch durchsetzen zu können.[1783] Das entspricht nicht dem verhandlungsorientierten Ansatz aus *Huawei/ZTE*. Eine eindeutige Entscheidung zugunsten einer Seite allein auf Grundlage der bis zu diesem Punkt erfolgten Obliegenheitserfüllung lässt sich also nicht treffen.

c)   Auflösung durch Drittbestimmung

Der EuGH bleibt auch nicht nach der Sicherheitsleistung nach Ablehnung des verletzerseitigen Gegenangebots stehen, sondern schlägt für den Fall der fehlenden Einigung eine Drittbestimmung vor.[1784] Wird diese durchgeführt und führt sie zum Lizenzvertragsschluss, ist das Patt durch die Drittbestimmung behoben worden. Wird keine Drittbestimmung durchgeführt oder scheitert diese, so stellt sich die Frage, wie dies vom Verletzungsgericht zu bewerten ist.

[1778] LG München I, Urt. v. 30.09.2020 – 21 O 13026/19, juris, 278, 313 – *Unterpixelwertinterpolation*.
[1779] *McGuire*, Mitt. 2018, 297, 308.
[1780] *Dornis*, WRP 2020, 540, 547.
[1781] KK KartellR/*Busche*, Art. 102 AEUV Rn. 188.
[1782] *Dornis*, WRP 2020, 540, 547; Schulte/*Rinken*, § 24 PatG Rn. 118.
[1783] *Dornis*, WRP 2020, 540, 547; *Hess*, NZKart 2022, 437, 438; Schulte/*Rinken*, § 24 PatG Rn. 118.
[1784] EuGH, Urt. v. 16.07.2015 – C-170/13, GRUR 2015, 764, Rn. 68 – *Huawei/ZTE*.

An dieser Stelle wird vertreten, dass die Drittbestimmung bei Scheitern der vorherigen Verhandlungen zwingend zu absolvieren sei.[1785] Es sei davon auszugehen, dass eine lizenzierungswillige Partei einer Drittbestimmung zustimme, sodass eine Verweigerung ohne triftigen Grund zum Unterliegen im Verletzungsprozess führe.[1786] Aufgrund der vom EuGH aufgestellten Anforderung, dass die vermittelnde Stelle eine Entscheidung innerhalb einer kurzen Frist fällen muss,[1787] müssten die Parteien einen neutralen Schiedsrichter oder Mediator bestimmen, bei dem eine schnelle Entscheidungsfindung zu erwarten sei und sie müssten auf eine Anfechtbarkeit der schiedsrichterlichen Entscheidung verzichten.[1788] Soll ein staatliches Gericht, z.B. das Verletzungsgericht, diese Rolle einnehmen, so sei ein Rechtsmittelverzicht zu vereinbaren.[1789] Die Anforderungen an eine begründete Verweigerung einer Drittbestimmung seien streng zu bemessen, sodass nur zwingende Sachgründe die Ablehnung einer Drittbestimmung legitimieren könnten.[1790] Kann eine Drittbestimmung ausnahmsweise abgelehnt werden, so müsse das Gericht ermitteln, wem das Scheitern des gesamten Verhandlungsprozesses anzulasten sei.[1791] Dabei könne eine Entscheidung des Verletzungsrechtsstreits zugunsten des Patentinhabers etwa deswegen fallen, weil der Patentinhaber ein legitimes Interesse daran habe, an seinem bisherigen in seinem Angebot zum Ausdruck gebrachten Lizenzmodell festzuhalten.[1792]

Andere lehnen einen solchen Zwang zur Drittbestimmung ab.[1793] Es sei dem Wortlaut der EuGH-Entscheidung, in der von einer „Möglichkeit"[1794] der Parteien und einer Beantragung „im

---

[1785] *Kühnen*, Hdb. Patentverletzung, Kap. E Rn. 483; zustimmend: MüKo WettbR Bd. I/*Eilmansberger/Bien*, Art. 102 AEUV Rn. 786.

[1786] *Kühnen*, Hdb. Patentverletzung, Kap. E Rn. 483; in Zusammenhang mit der Prüfung der Lizenzbereitschaft im Rahmen der von diesen Gerichten vertretenen Gesamtbetrachtung die Ablehnung bzw. das Nichtaufgreifen einer vorgeschlagenen Drittbestimmung als Anzeichen einer Lizenzunwilligkeit anführend: OLG Karlsruhe, Urt. v. 09.12.2020 – 6 U 103/19, GRUR-RS 2020, 41067, Rn. 285; LG München I, Urt. v. 30.10.2020 – 21 O 11384/19, juris, Rn. 337 – *Lizenzverhandlung*.

[1787] EuGH, Urt. v. 16.07.2015 – C-170/13, GRUR 2015, 764, Rn. 68 – *Huawei/ZTE*.

[1788] *Kühnen*, Hdb. Patentverletzung, Kap. E Rn. 481-482.

[1789] *Ders.*, Hdb. Patentverletzung, Kap. E Rn. 482.

[1790] *Ders.*, Hdb. Patentverletzung, Kap. E Rn. 483 Fn. 786.

[1791] *Ders.*, Hdb. Patentverletzung, Kap. E Rn. 485.

[1792] *Kühnen*, Hdb. Patentverletzung, Kap. E Rn. 485; mit dieser Argumentation bereits die FRAND-Konformität eines Gegenangebots im konkreten Fall ablehnend: OLG Karlsruhe, Urt. v. 02.02.2022 – 6 U 149/20, GRUR-RS 2022, 9468, Rn. 205 – *Steuerkanalsignalisierung II*.

[1793] LG München I, Urt. v. 30.09.2020 – 21 O 13026/19, juris, Rn. 313 – *Unterpixelwertinterpolation*; *Cordes/Gelhausen*, Mitt. 2015, 426, 432; *Hess*, NZKart 2022, 437, 440; *Kellenter*, FS 80 Jahre Patentgerichtsbarkeit in Düsseldorf (2016), 255, 273; *Kellenter/Verhauwen*, GRUR 2018, 761, 771; Schulte/*Rinken*, § 24 PatG Rn. 118; Busse/Keukenschrijver/*G. Werner*, § 139 PatG Rn. 233 Fn. 808.

[1794] EuGH, Urt. v. 16.07.2015 – C-170/13, GRUR 2015, 764, Rn. 68 – *Huawei/ZTE*.

gegenseitigen Einvernehmen"[1795] die Rede sei, keine Verpflichtung zur Drittbestimmung zu entnehmen.[1796] Wenn die Ablehnung, die Lizenzbedingungen einer abschließenden und unanfechtbaren Drittbestimmung durch einen privaten Schiedsrichter zu überlassen, dazu führe, dass das Verletzungsgericht die Klage des Patentinhabers abwiese bzw. den Einwand des Verletzers zurückwiese, verstoße dies zudem gegen den Justizgewährungsanspruch.[1797]

Sofern dies nicht ohnehin von Vertretern der Ansicht, dass ein FRAND-Patt stets zugunsten des Patentinhabers aufzulösen sei, vorgebracht wird,[1798] werden dann verschiedene Ansätze genannt, um das Patt aufzulösen: So sei etwa der FRAND-Maßstab immer enger zu ziehen, um das Angebot zu ermitteln, dass bei einem strengeren Maßstab nicht mehr FRAND sei.[1799] Außerdem wird vorgeschlagen, dass das Verletzungsgericht eine eigene FRAND-Vertragsgestaltung festsetzen solle und dann werde ermittelt, welches Angebot der Parteien näher an dieser gerichtlichen Vertragsgestaltung liege.[1800] Zudem wird eine gerichtliche Festsetzung eines vermittelnden Vertragsvorschlags vorgeschlagen (ohne dass die Parteien diese unter Verzicht auf Rechtsmittel beantragen müssten), welche die Parteien dann ohne triftigen Grund nicht ablehnen dürften.[1801]

Diese Ansätze finden weder eine Verankerung in *Huawei/ZTE* noch können sie aus anderen Gründen als Lösungsansatz überzeugen: Die ersten beiden Ansätze haben gemein, dass sie versuchen, herauszukristallisieren und ggf. durch das Gericht bestimmen zu lassen, welches Angebot sozusagen FRAND-gemäßer ist. Es stimmt aber nicht mit der Konzeptionierung von FRAND als Korridor und der Ausgestaltung einer kartellrechtlichen Missbrauchskontrolle überein, wenn eine staatliche Stelle, ohne von den Parteien dazu berufen worden zu sein, trotz Angemessenheit der von den Parteien vorgelegten Angebote ihre Entscheidung auf die Einschätzung stützt, was noch angemessener sein soll.[1802] Außerdem wird bei allen drei genannten Ansätzen bei einer Festlegung durch das Gericht (ohne Rechtsmittelverzicht) aufgrund des gegebenen Instanzenzugs eine Verzögerung in Kauf genommen, die der EuGH durch einen kurzfristig entscheidenden Schiedsrichter[1803] gerade vermeiden wollte.[1804]

[1795] EuGH, Urt. v. 16.07.2015 – C-170/13, GRUR 2015, 764, Rn. 68 – *Huawei/ZTE*.

[1796] *Hess*, NZKart 2022, 437, 440; *Kellenter*, FS 80 Jahre Patentgerichtsbarkeit in Düsseldorf (2016), 255, 273; *Kellenter/Verhauwen*, GRUR 2018, 761, 771.

[1797] *Kellenter*, FS 80 Jahre Patentgerichtsbarkeit in Düsseldorf (2016), 255, 273; *Kellenter/Verhauwen*, GRUR 2018, 761, 771; Schulte/*Rinken*, § 24 PatG Rn. 118; Busse/Keukenschrijver/*G. Werner*, § 139 PatG Rn. 233 Fn. 808.

[1798] LG München I, Urt. v. 30.09.2020 – 21 O 13026/19, juris, Rn. 313 – *Unterpixelwertinterpolation*; *Kellenter/Verhauwen*, GRUR 2018, 761, 771; Busse/Keukenschrijver/*G. Werner*, § 139 PatG Rn. 233.

[1799] *Dornis*, WRP 2020, 540, 547–548 (in Anlehnung an das Rechtsinstitut des offer-to-compromise aus dem kalifornischen Zivilprozessrecht).

[1800] *Hess*, NZKart 2022, 437, 440.

[1801] Schulte/*Rinken*, § 24 PatG Rn. 118.

[1802] EuG, Urt. v. 27.06.2012 – T-167/08, BeckRS 2012, 81337, Rn. 95 – *Microsoft II* (in Bezug auf angemessene Vergütungssätze im Rahmen eines Korridors angemessener Vergütungen).

[1803] EuGH, Urt. v. 16.07.2015 – C-170/13, GRUR 2015, 764, Rn. 68 – *Huawei/ZTE*.

[1804] *Kühnen*, Hdb. Patentverletzung, Kap. E Rn. 482.

Es ist zuzugeben, dass die Formulierung des EuGH in Bezug auf die Drittbestimmung wenig verpflichtend daherkommt.[1805] Allerdings zieht der EuGH die Möglichkeit zweier sich gegenüberstehender, FRAND-konformer Angebote durch die Möglichkeit der Entgegnung des FRAND-Angebots mit einem FRAND-Gegenangebot in Betracht, sieht bei Ablehnung des Gegenangebots eine Sicherung des Patentinhabers vor und verweist „[i]m Übrigen"[1806] auf die Drittbestimmung.[1807] Die Lösung des Patts über eine Drittbestimmung ist neben der Sicherheitsleistung des Verletzers die einzige Maßnahme, die der EuGH beim Scheitern der Verhandlungen trotz zweier FRAND-Angebote nennt.[1808] Wenn eine solche Möglichkeit zur Drittbestimmung vom EuGH explizit vorgeschlagen wird, so kann von einem lizenzierungswilligen Patentinhaber und einem lizenzierungswilligen Verletzer verlangt werden, dass er diese Möglichkeit ergreift und sich dieser nur bei wichtigem Grund verschließt.[1809] Das vom EuGH genannte „Einvernehmen"[1810] findet seinen Niederschlag in der einvernehmlich zu treffenden Wahl des Schiedsrichters, der schiedsgerichtlichen Vorgehensweise usw.

Auch der Justizgewährungsanspruch wird ausreichend gewahrt: Das Verletzungsgericht beurteilt die Obliegenheitserfüllung durch die Parteien abschließend und in diesem Zuge auch die FRAND-Konformität der beiderseitigen Angebote sowie bei einem Patt das Verhalten in Bezug auf eine Drittbestimmung und die Legitimität von Verweigerungsgründen. Es besteht kein genereller Anspruch auf eine gerichtliche Festsetzung von optimierten FRAND-Lizenzbedingungen, wenn sich die Parteien nicht auf einen Lizenzvertrag einigen.

So wie es bei den vorhergehenden Obliegenheiten auch das Anliegen der Parteien sein muss, zu zeigen, dass sie ihre Obliegenheiten jeweils erfüllen, während der Prozessgegner die ihm obliegenden Schritte nicht erfüllt habe,[1811] so muss beim Nichtzustandekommen einer Drittbestimmung ebenfalls das Scheitern am jeweils anderen bei ausreichendem eigenen Bemühen aufgezeigt werden. Entsprechend hat der Patentinhaber die Verweigerung der Drittbestimmung durch den Verletzer und der Verletzer andersherum die Verweigerung durch den Patentinhaber bei jeweils ausreichendem eigenen Bemühen um eine Verständigung darzulegen und zu beweisen.[1812] Die Darlegungs- und Beweislast hinsichtlich etwaiger eine Verweigerung rechtfertigender triftiger Sachgründe trifft den sich jeweils damit entlastenden Part, aus dessen Sphäre ein solcher Grund auch stammt und dem dieser günstig ist.[1813]

[1805] *Kühnen*, Hdb. Patentverletzung, Kap. E Rn. 483.

[1806] EuGH, Urt. v. 16.07.2015 – C-170/13, GRUR 2015, 764, Rn. 68 – *Huawei/ZTE*.

[1807] EuGH, Urt. v. 16.07.2015 – C-170/13, GRUR 2015, 764, Rn. 66-68 – *Huawei/ZTE*.

[1808] *Kühnen*, Hdb. Patentverletzung, Kap. E Rn. 483.

[1809] *Ders.*, Hdb. Patentverletzung, Kap. E Rn. 483.

[1810] EuGH, Urt. v. 16.07.2015 – C-170/13, GRUR 2015, 764, Rn. 68 – *Huawei/ZTE*.

[1811] *Meier-Beck*, WuW 2021, 686, 690.

[1812] *Kühnen*, Hdb. Patentverletzung, Kap. E Rn. 487-488.

[1813] A.A. scheinbar: *ders.*, Hdb. Patentverletzung, Rn. 487-488 (Auch die Sachwidrigkeit der Verweigerung des Verletzers scheint nach der dortigen Formulierung in die Beweislast des Patentinhabers (und andersherum) einbezogen zu sein).

Die Drittbestimmung stellt nach diesem Verständnis den sechsten Schritt des *Huawei/ZTE*-Prozederes dar, durch den der Verhandlungsprozess in jedem Fall zu einem Ende kommt.

V. Was ist FRAND? – Die Bestimmung von FRAND-Lizenzbedingungen und -gebühren

Der EuGH entnimmt Art. 102 AEUV eine Lizenzierungspflicht des Patentinhabers zu FRAND-Bedingungen.[1814] Zu einer FRAND-gemäßen Lizenzierung hat der SEP-Inhaber sich durch seine FRAND-Erklärung gegenüber einer SSO verpflichtet, was die berechtigte Erwartung bei Lizenzsuchern weckt, dass eine FRAND-Lizenz auch tatsächlich erteilt wird.[1815] Das Angebot des Patentinhabers und das Gegenangebot des Verletzers im Rahmen des Lizenzierungsprozederes müssen FRAND sein.[1816] Alle Überlegungen hinsichtlich der kartellrechtskonformen Geltendmachung des Unterlassungsanspruchs unter Beachtung der *Huawei/ZTE*-Kriterien führen am Ende also zu der Frage: Was ist FRAND?

Der EuGH gibt in *Huawei/ZTE* zu der Frage, was FRAND-gemäß ist, neben den Verhaltensobliegenheiten keinen Maßstab zur Bestimmung von FRAND-Lizenzbedingungen und -gebühren vor.[1817] Auch die SSOs, welche die FRAND-Erklärungen der SEP-Inhaber entgegennehmen, definieren dies nicht.[1818] Letzteres wäre aufgrund der häufig stark patentinhaberlastigen Mitgliederstruktur der meisten SSOs auch nicht unproblematisch bzw. von den Gerichten nicht unreflektiert hinzunehmen.[1819]

Das Akronym FRAND besteht mit fair, reasonable and non-discriminatory, also fair, angemessen und diskriminierungsfrei, aus unbestimmten Rechtsbegriffen.[1820] Diese sind auslegungsbedürftig, wobei alle Umstände des konkreten Falles zu berücksichtigen sind, woraus sich eine starke Einzelfallabhängigkeit des Inhalts von FRAND ergibt.[1821] Welche Vertragsbedingungen und Lizenzgebühren fair, angemessen und diskriminierungsfrei sind, kann sich je nach betroffenem Markt, Geltungszeitraum, Gegenstand und Umfang der Lizenzierung und den beteiligten

---

[1814] EuGH, Urt. v. 16.07.2015 – C-170/13, GRUR 2015, 764, Rn. 54 – *Huawei/ZTE*.

[1815] EuGH, Urt. v. 16.07.2015 – C-170/13, GRUR 2015, 764, Rn. 51, 53 – *Huawei/ZTE*.

[1816] EuGH, Urt. v. 16.07.2015 – C-170/13, GRUR 2015, 764, Rn. 63, 66 – *Huawei/ZTE*.

[1817] *M.K. Dahm*, K&R 2015, 647, 648; *McGuire*, Mitt. 2018, 297, 302.

[1818] Dies monierend: GA *Wathelet*, Schlussanträge v. 20.11.2014 – C-170/13, BeckRS 2014, 82403, Rn. 11; *Greinert/Karnath*, ISR 2018, 138, 139; *Heinemann*, GRUR 2015, 855, 859; Wiedemann/*Wiedemann*, § 23 Rn. 207.

[1819] *McGuire*, Mitt. 2018, 297, 302; *Picht*, GRUR 2019, 1097, 1103.

[1820] LG München I, Urt. v. 30.09.2020 – 21 O 13026/19, juris, Rn. 319 – *Unterpixelwertinterpolation*; *McGuire*, Mitt. 2018, 297, 308.

[1821] BGH, Urt. v. 05.05.2020 – KZR 36/17, GRUR 2020, 961, Rn. 81 – *FRAND-Einwand I*; *McGuire*, Mitt. 2018, 297, 308; *L. Tochtermann*, GRUR 2020, 905, 912.

Vertragsparteien unterscheiden.[1822] Eine abstrakte und allgemeingültige Definition von FRAND, aus der sich mit mathematischer Genauigkeit ein Regelset an Lizenzbedingungen und -gebühren für alle denkbaren Situationen entnehmen lässt, ist also nicht möglich.[1823] Die Hoffnung, eine Formel oder Tabelle zu entwickeln, aus der sich ergibt, was FRAND ist, muss aufgrund dieser Einzelfallabhängigkeit enttäuscht werden.[1824]

Dem Inhalt von FRAND kann man sich losgelöst vom konkreten Fall nur nähern. Der so entstehende Maßstab ist mit Blick auf das Ziel eines Ausgleichs der potentiell wettbewerbsverfälschenden Marktmacht des SEP-Inhabers im jeweiligen Fall dann konkretisierungsbedürftig.[1825] Dabei kann für die Ermittlung des konkreten Vertragsinhalts eine Abgrenzung, was im Einzelfall nicht FRAND ist, hilfreich sein.[1826] Mit Blick auf die Vermeidung von nicht gerechtfertigten Verzögerungen sind im gewissen Rahmen pauschalisierende Wertungen und Schätzungen zulässig und notwendig.[1827]

Im Folgenden werden die verallgemeinerungsfähigen Aspekte der Anforderungen an eine FRAND-Lizenzierung dargestellt. Dafür werden die Einzelbestandteile des Akronyms FRAND, nämlich *fair/reasonable* und *non-discriminatory* analysiert und Methoden zur Lizenzgebührenberechnung vorgestellt. Das Element *non-discriminatory* wird vor dem Bestandteil *fair/reasonable* dargestellt, weil die Diskriminierungsfreiheit häufig im Zentrum der Betrachtung steht[1828] und eine Befassung mit dem Element *fair/reasonable* bei vorliegender Diskriminierung überflüssig machen kann.[1829] Im Rahmen des Diskriminierungsverbots bieten zudem Verträge mit anderen Lizenznehmern – wie gezeigt werden wird – einen Vergleichsmaßstab für die Feststellung einer Ungleichbehandlung, während vergleichbare Verträge für die Darlegung einer Unangemessenheit allenfalls ein Indiz sein können.[1830] Eine Diskriminierung kann also auf dieser

---

[1822] LG Mannheim, Urt. v. 18.08.2020 – 2 O 34/19, GRUR-RS 2020, 20358, Rn. 142 – *Lizenz in Wertschöpfungskette*; *McGuire*, Mitt. 2018, 297, 306, 308.

[1823] BGH, Urt. v. 24.11.2020 – KZR 35/17, GRUR 2021, 585, Rn. 59 – *FRAND-Einwand II*; OLG Karlsruhe, Urt. v. 30.10.2019 – 6 U 183/16, GRUR 2020, 166, Rn. 95 – *Datenpaketverarbeitung*; LG München I, Urt. v. 30.09.2020 – 21 O 13026/19, juris, Rn. 319 – *Unterpixelwertinterpolation*; *Dornis*, WRP 2020, 688, 691; *Ehlenz*, NZKart 2020, 470, 472; *Loth/Hauck*, § 20 GebrMG Rn. 21; *Kühnen*, Hdb. Patentverletzung, Rn. 586; Dies beobachtet auch die EU-Kommission: Mitteilung der Kommission an das Europäische Parlament, den Rat und den Europäischen Wirtschafts- und Sozialausschuss vom 29.11.2017 über den Umgang der EU mit standardessenziellen Patenten, COM(2017) 712 final, S. 8.

[1824] *Ehlenz*, NZKart 2020, 470, 472; *Picht*, GRUR 2019, 1097, 1101.

[1825] GA *Wathelet*, Schlussanträge v. 20.11.2014 – C-170/13, BeckRS 2014, 82403, Rn. 40; BGH, Urt. v. 05.05.2020 – KZR 36/17, GRUR 2020, 961, Rn. 81 – *FRAND-Einwand I*; LG München I, Urt. v. 30.09.2020 – 21 O 13026/19, juris, Rn. 319 – *Unterpixelwertinterpolation*; *McGuire*, Mitt. 2018, 297, 308; *L. Tochtermann*, GRUR 2020, 905, 912.

[1826] *Meier-Beck*, WuW 2021, 686, 690.

[1827] *Kühnen*, Hdb. Patentverletzung, Rn. 558–560, 586.

[1828] OLG Düsseldorf, Urt. v. 22.03.2019 – 2 U 31/16, BeckRS 2019, 6087, Rn. 237 – *Improving Handovers*; *Kühnen*, Hdb. Patentverletzung, Rn. 420.

[1829] LG Düsseldorf, Urt. v. 18.06.2020 – 4b O 91/18, GRUR-RS 2020, 55053, Rn. 251.

[1830] Dazu: 3. Teil Kap. B. V. 1. b) (S. 233 ff.) und 3. Teil Kap. B. V. 2. b) (S. 244 f.).

Grundlage häufig eindeutiger und einfacher festgestellt werden, sodass es auch deswegen sinnvoll erscheint, mit diesem Kriterium zu beginnen.

1. Non-discriminatory

Der SEP-Inhaber ist bei der Lizenzierung zu FRAND-Bedingungen verpflichtet, das Diskriminierungsverbot gemäß Art. 102 Abs. 1, Abs. 2 lit. c AEUV bzw. § 19 Abs. 1, Abs. 2 Nr. 1 und 3 GWB zu beachten.[1831] Auch wenn man annimmt, dass der FRAND-Erklärung eine vertragliche Bedeutung zukommen kann, so ergibt sich daraus, wie gezeigt,[1832] in der Regel kein vom Kartellrecht abweichender Maßstab zur Feststellung einer Diskriminierung.[1833]

a) Voraussetzungen des kartellrechtlichen Diskriminierungsverbots

Das kartellrechtliche Diskriminierungsverbot untersagt eine Ungleichbehandlung von gleichzubehandelnden Lizenzsuchern, wenn diese unterschiedliche Behandlung geeignet ist, die Wettbewerbsposition des Lizenzsuchers nachteilig zu beeinträchtigen, und keine sachliche Rechtfertigung besteht.[1834]

aa) Ungleichbehandlung

Ein an das Diskriminierungsverbot gebundener Marktbeherrscher muss Gleiches gleich behandeln, also gleichartigen Handelspartnern bei gleichwertiger Leistung gleiche Bedingungen anbieten.[1835] Handelspartner sind als gleichartig zu betrachten, wenn sie im Verhältnis zum marktbeherrschenden Unternehmen nach ihrer wirtschaftlichen Funktion dieselben Aufgaben erfüllen.[1836] Für die Beurteilung der Gleichwertigkeit der Leistung kommt es auf die Gleichwertigkeit der

---

[1831] BGH, Urt. v. 05.05.2020 – KZR 36/17, GRUR 2020, 961, Rn. 81 – *FRAND-Einwand I*.

[1832] Siehe: 3. Teil Kap. A III. 4. c) (S. 145 ff.).

[1833] BGH, Urt. v. 05.05.2020 – KZR 36/17, GRUR 2020, 961, Rn. 81 – *FRAND-Einwand I*; OLG Düsseldorf, Urt. v. 30.03.2017 – 15 U 66/15, GRUR 2017, 1219, Rn. 176 – *Mobiles Kommunikationssystem*.

[1834] OLG Düsseldorf, Beschl. v. 17.11.2016 – 15 U 66/15, BeckRS 2016, 21067, Rn. 15; *Bechtold/Bosch/Brinker*, EU-KartR, Art. 102 AEUV Rn. 75; Hoeren/Sieber/Holznagel/*Beckmann/Müller*, Teil 10 Rn. 197.

[1835] OLG Düsseldorf, Urt. v. 30.03.2017 – 15 U 66/15, GRUR 2017, 1219, Rn. 173 – *Mobiles Kommunikationssystem*; Berg/Mäsch/*Berg*, Art. 102 AEUV Rn. 69; KK KartellR/*Busche*, Art. 102 AEUV Rn. 132-135; Loewenheim/Meesen/Riesenkampff u.a./*Huttenlauch*, Art. 102 AEUV Rn. 204; Streinz/*Kruis*, Art. 102 AEUV Rn. 51; Paschke/Berlit/Meyer/Kröner/*Paschke*, Teil 2 Kap. 4 Abschn. 18 Rn. 51.

[1836] BGH, Beschl. v. 21.02.1995 – KVR 10/94, GRUR 1995, 618, 619–620 – *Importarzneimittel*; BGH, Urt. v. 13.07.2004 – KZR 40/02, GRUR 2004, 966, 968 – *Standard-Spundfass*.

Leistung des marktbeherrschenden Unternehmens an, der bei einer Ungleichbehandlung unterschiedliche Gegenleistungen der Handelspartner gegenüberstehen.[1837] Die Gleichwertigkeit der Leistung des marktbeherrschenden Unternehmens ist dabei aus Sicht der Marktgegenseite, also der Handelspartner, zu betrachten.[1838]

Bietet ein marktbeherrschender Patentinhaber einem Lizenzsucher eine Patentlizenz an, die sich nach den Lizenzbedingungen und -gebühren von den Vertragsbedingungen vergleichbarer bisheriger Lizenznehmer unterscheidet, so liegt eine im vorgenannten Sinne relevante Ungleichbehandlung vor.[1839] Eine Ungleichbehandlung kann aber auch in einer vollständigen Verweigerung einer Lizenz oder dem Abbruch von bisher bestehenden Vertragsbeziehungen gegenüber einem Lizenzsucher bestehen, während anderen vergleichbaren Lizenzsuchern Lizenzen (weiterhin) gewährt werden.[1840] Daneben kann auch eine selektive Durchsetzung des Unterlassungsanspruchs gegenüber nur manchen Verletzern eine Ungleichbehandlung darstellen.[1841] Gleiches gilt, wenn an sich gleiche Vertragsbedingungen nur ungleich durchgesetzt werden, indem etwa nur gegenüber manchen Lizenznehmern eine vollständige Eintreibung der geschuldeten Gebühren stattfindet.[1842]

bb) Potentielle Wettbewerbsbeeinträchtigung

Die unterschiedliche Behandlung muss zu einer Benachteiligung des diskriminierten Lizenzsuchers im Wettbewerb gegenüber anderen Lizenznehmern, denen eine Lizenz zu besseren Bedingungen oder überhaupt erteilt wird, führen.[1843] Nur wenn die Lizenzierungspraxis des marktbeherrschenden Patentinhabers auf eine Verzerrung des Wettbewerbs zwischen anderen Lizenznehmern und dem schlechter behandelten Lizenzsucher auf dem Produktmarkt gerichtet ist, besteht daher ein kartellrechtlich relevanter Missbrauch.[1844]

[1837] KK KartellR/*Busche*, Art. 102 AEUV Rn. 135; Paschke/Berlit/Meyer/Kröner/*Paschke*, Teil 2 Kap. 4 Abschn. 18 Rn. 51.

[1838] Berg/Mäsch/*Berg*, Art. 102 AEUV Rn. 69.

[1839] LG Düsseldorf, Urt. v. 30.11.2006 – 4b O 546/05, juris, Rn. 144 – *Videosignal-Codierung II*; KK KartellR/*Busche*, Art. 102 AEUV Rn. 132; Schulte/*Rinken*, § 24 PatG Rn. 63.

[1840] Loewenheim/Meesen/Riesenkampff u.a./*Huttenlauch*, Art. 102 AEUV Rn. 210; Schulte/*Rinken*, § 24 PatG Rn. 63; MüKo WettbR Bd. II/*Westermann*, § 19 GWB Rn. 44.

[1841] OLG Düsseldorf, Beschl. v. 17.11.2016 – 15 U 66/15, BeckRS 2016, 21067, Rn. 41; LG Düsseldorf, Urt. v. 30.11.2006 – 4b O 546/05, juris, Rn. 144 – *Videosignal-Codierung II*; Schulte/*Rinken*, § 24 PatG Rn. 64; BeckOK PatR/*Wilhelmi*, § 24 PatG Rn. 103.

[1842] Haedicke/Timmann/*Bukow*, § 13 Rn. 290.

[1843] EuGH, Urt. v. 19.04.2018 – C-525/16, EuZW 2018, 541, Rn. 24 – *MEO*; BGH, Urt. v. 08.02.2022 – KZR 89/20, BeckRS 2022, 7004, Rn. 27 – *Regionalfaktoren I*; MüKo WettbR Bd. I/*Eilmansberger/Bien*, Art. 102 AEUV Rn. 432; *Horstkotte/Wingerter*, IWRZ 2018, 270.

[1844] EuGH, Urt. v. 19.04.2018 – C-525/16, EuZW 2018, 541, Rn. 25, 27 – *MEO*; OLG Düsseldorf, Beschl. v. 17.06.2020 – 2 U 20/20, BeckRS 2020, 53138, Rn. 21; *Kühnen*, Hdb. Patentverletzung, Kap. E Rn. 317.

Diese Ausrichtung des Lizenzierungsverhaltens ist objektiv zu ermitteln, sodass es nicht auf die subjektive Absicht des marktbeherrschenden Unternehmens ankommt oder einer besonderen Schädigungsabsicht bedarf.[1845] Es muss auch keine bereits eingetretene Verschlechterung der Position des ungleich behandelten Lizenzsuchers im Wettbewerb festgestellt werden.[1846] Die unterschiedliche Lizenzierungspraxis des Patentinhabers muss vielmehr geeignet sein, die Wettbewerbsposition des unterschiedlich behandelten Lizenzsuchers zu beeinträchtigen.[1847] Eine solche potentielle Wettbewerbsbeeinträchtigung besteht, wenn die Lizenzierungspraxis Kosten, Gewinne oder andere maßgebliche Geschäftsinteressen des unterschiedlich behandelten Lizenzsuchers beeinflusst.[1848] Dieser Einfluss muss für den Lizenzsucher eine nachteilige Wirkung entfalten können, sodass eine Berufung auf das Diskriminierungsverbot ausscheidet, wenn die Ungleichbehandlung den sich darauf berufenden Verletzer nur privilegiert.[1849]

Bietet der Patentinhaber einem Lizenzsucher Bedingungen an, die dazu führen, dass dieser für einen vergleichbaren Lizenzierungsumfang eine höhere Lizenzgebühr als andere Lizenznehmer zahlen muss, so ist eine potentielle Wettbewerbsbeeinträchtigung zu bejahen.[1850] Die von einem Lizenznehmer entrichteten Lizenzgebühren fließen in die Berechnung des Preises des patentnutzenden Produkts ein und stellen damit einen Kostenfaktor dar, der den Produktpreis und die Gewinnmarge des Patentnutzers und damit dessen Wettbewerbschancen beeinflusst.[1851] Auch selektive Durchsetzungspraktiken, welche den nicht in Anspruch genommenen Wettbewerbern letztlich eine kostenfreie Nutzung ermöglichen,[1852] und vollständige Lizenzverweigerungen sind geeignet, die Wettbewerbsposition des Lizenzsuchers zu beeinträchtigen. Ohne maßgeblichen Einfluss in dieser Hinsicht bleiben meist aber Vereinbarungen über das anzuwendende Recht oder

---

[1845] EuGH, Urt. v. 12.05.2022 – C-377/20, EuZW 2022, 749, Rn. 60-63 – *ENEL/AGCM*.

[1846] EuGH, Urt. v. 19.04.2018 – C-525/16, EuZW 2018, 541, Rn. 27 – *MEO*; EuG, Urt. v. 17.09.2007 – T-201/04, BeckRS 2007, 70806, Rn. 561 – *Microsoft I*; BGH, Urt. v. 06.07.2021 – KZR 11/18, GRUR 2021, 1552, Rn. 17-18 – *wilhelm.tel*; BGH, Urt. v. 21.9.2021 – KZR 88/20, EuZW 2022, 169, Rn. 43 – *Trassenentgelte II*; Schuster/Grützmacher/*C. Wolf*, Art. 102 AEUV Rn. 61.

[1847] EuGH, Urt. v. 19.04.2018 – C-525/16, EuZW 2018, 541, Rn. 37 – *MEO*; BGH, Urt. v. 06.07.2021 – KZR 11/18, GRUR 2021, 1552, Rn. 17-18 – *wilhelm.tel*; *Kühnen*, Hdb. Patentverletzung, Kap. E Rn. 313, 317, 411; Schulte/*Rinken*, § 24 PatG Rn. 63.

[1848] EuGH, Urt. v. 19.04.2018 – C-525/16, EuZW 2018, 541, Rn. 37 – *MEO*; OLG Düsseldorf, Beschl. v. 17.06.2020 – 2 U 20/20, BeckRS 2020, 53138, Rn. 21; *Hemler*, EuZW 2018, 544, 545.

[1849] OLG Düsseldorf, Beschl. v. 17.06.2020 – 2 U 20/20, BeckRS 2020, 53138, Rn. 11-12; LG Düsseldorf, Urt. v. 07.05.2020 – 4c O 44/18, GRUR-RS 2020, 12599, Rn. 217.

[1850] LG Düsseldorf, Urt. v. 18.06.2020 – 4b O 91/18, GRUR-RS 2020, 55053, Rn. 245.

[1851] OLG Düsseldorf, Urt. v. 22.03.2019 – 2 U 31/16, BeckRS 2019, 6087, Rn. 124 – *Improving Handovers*; LG Düsseldorf, Urt. v. 18.06.2020 – 4b O 91/18, GRUR-RS 2020, 55053, Rn. 245; *Kühnen*, Hdb. Patentverletzung, Kap. E Rn. 391.

[1852] LG Düsseldorf, Urt. v. 30.11.2006 – 4b O 546/05, juris, Rn. 144 – *Videosignal-Codierung II*; LG München I, Urt. v. 30.09.2020 – 21 O 13026/19, juris, Rn. 341 – *Unterpixelwertinterpolation*.

den Gerichtsstand, sodass eine Eignung zur Wettbewerbsbeeinträchtigung durch diese in der Regel ausscheidet.[1853]

cc) Keine sachliche Rechtfertigung

Eine potentiell wettbewerbsbeeinträchtigende Ungleichbehandlung stellt keine unzulässige Diskriminierung dar, wenn sie sachlich gerechtfertigt ist.[1854] Ob ein sachlicher Grund eine Ungleichbehandlung legitimiert, ist im Wege einer Abwägung der betroffenen Interessen unter Einbezug der auf den freien und unverfälschten Wettbewerb gerichteten Zielsetzung des Kartellrechts zu ermitteln.[1855] Auch ein marktbeherrschendes Unternehmen darf nach wirtschaftlichen Gesichtspunkten Differenzierungen vornehmen.[1856] Eine Verpflichtung zu einem schematischen „Einheitstarif[…]"[1857] für alle Geschäftspartner gibt es nicht.[1858] Das Diskriminierungsverbot ist „keine allgemeine Meistbegünstigungsklausel"[1859], aus der jeder Marktteilnehmer die Gewährung günstigster Bedingungen herleiten könnte.[1860]

In die Abwägung, ob ein sachlicher Grund gegeben ist, hat einzufließen, dass der SEP-Inhaber durch die eine konkurrierende technische Lösung ausschließende Standardisierung begünstigt wird, was die Anforderungen an die sachliche Rechtfertigung einer Ungleichbehandlung erhöht.[1861] Auch die Stetigkeit und Dauer einer bestimmten Lizenzierungspraxis sprechen gegen

---

[1853] OLG Düsseldorf, Beschl. v. 17.06.2020 – 2 U 20/20, BeckRS 2020, 53138, Rn. 17, 22; *Kühnen*, Hdb. Patentverletzung, Kap. E Rn. 318; Schulte/*Rinken*, § 24 PatG Rn. 63.

[1854] BGH, Urt. v. 06.07.2021 – KZR 11/18, GRUR 2021, 1552, Rn. 14 – *wilhelm.tel*; OLG Düsseldorf, Urt. v. 30.03.2017 – 15 U 66/15, GRUR 2017, 1219, Rn. 173 – *Mobiles Kommunikationssystem*; Loewenheim/Meesen/Riesenkampff u.a./*Huttenlauch*, Art. 102 AEUV Rn. 206.

[1855] StRspr.: BGH, Urt. v. 19.03.1996 – KZR 1/95, GRUR 1996, 808, 810 – *Pay-TV-Durchleitung*; BGH, Urt. v. 07.12.2010 – KZR 5/10, NJW-RR 2011, 774, Rn. 23 – *Entega II*; BGH, Urt. v. 12.04.2016 – KZR 30/14, NZKart 2016, 374, Rn. 48 – *NetCologne I*; BGH, Urt. v. 03.12.2019 – KZR 29/17, GRUR 2020, 767, Rn. 36 – *NetCologne II*; BGH, Urt. v. 05.05.2020 – KZR 36/17, GRUR 2020, 961, Rn. 102 – *FRAND-Einwand I*; BGH, Urt. v. 24.11.2020 – KZR 11/19, GRUR 2021, 631, Rn. 25 – *Radio Cottbus I*; BGH, Urt. v. 06.07.2021 – KZR 11/18, GRUR 2021, 1552, Rn. 14 – *wilhelm.tel*.

[1856] BGH, Urt. v. 13.07.2004 – KZR 40/02, GRUR 2004, 966, 969 – *Standard-Spundfass*; BGH, Urt. v. 12.04.2016 – KZR 30/14, NZKart 2016, 374, Rn. 48 – *NetCologne I*; BGH, Urt. v. 24.11.2020 – KZR 11/19, GRUR 2021, 631, Rn. 26 – *Radio Cottbus I*; *Drexl*, FS Bornkamm (2014), 131, 145.

[1857] BGH, Urt. v. 05.05.2020 – KZR 36/17, GRUR 2020, 961, Rn. 81 – *FRAND-Einwand I*.

[1858] BGH, Urt. v. 05.05.2020 – KZR 36/17, GRUR 2020, 961, Rn. 81 – *FRAND-Einwand I*; *Block/Rätz*, GRUR 2019, 797, 799; *Kamlah/Rektorschek*, Mitt. 2021, 307, 312.

[1859] BGH, Urt. v. 13.07.2004 – KZR 40/02, GRUR 2004, 966, 969 – *Standard-Spundfass*.

[1860] BGH, Urt. v. 13.07.2004 – KZR 40/02, GRUR 2004, 966, 969 – *Standard-Spundfass*; BGH, Urt. v. 03.12.2019 – KZR 29/17, GRUR 2020, 767, Rn. 36 – *NetCologne II*; BGH, Urt. v. 06.07.2021 – KZR 11/18, GRUR 2021, 1552, Rn. 15 – *wilhelm.tel*.

[1861] OLG Düsseldorf, Urt. v. 30.03.2017 – 15 U 66/15, GRUR 2017, 1219, Rn. 174 – *Mobiles Kommunikationssystem*; LG Düsseldorf, Urt. v. 30.11.2006 – 4b O 546/05, juris, Rn. 136 – *Videosignal-Codierung II*; *Dornis*, GRUR 2020, 690, 697; *Kühnen*, Hdb. Patentverletzung, Kap. E Rn. 316; Schulte/*Rinken*, § 24 PatG Rn. 63.

eine Abweichung von derselben.[1862] Eine Beeinträchtigung des Wettbewerbs zwischen den Lizenznehmern ist möglichst zu vermeiden.[1863] Allerdings ist dem SEP-Inhaber eine unternehmerisch vernünftige Reaktion auf die Marktbedingungen im Einzelfall erlaubt.[1864] In einer unterschiedlichen Behandlung kann gerade ein im konkreten Fall angemessener Interessenausgleich liegen.[1865] Als Rechtfertigungsgründe ausgeschlossen sind aber wettbewerbsfremde und willkürliche Motive für eine Ungleichbehandlung.[1866] Jenseits solcher vom Kartellrecht missbilligter Gründe besteht für den Patentinhaber ein gewisser Beurteilungsspielraum.[1867] Geht eine Abweichung in der angebotenen Lizenzierung auf tatsächliche Unterschiede im Lizenzierungssachverhalt zurück und bildet diese angemessen ab, so werden die Anforderungen an eine sachliche Rechtfertigung erfüllt.[1868]

b) Vergleichsmaßstab für die Diskriminierung

Zur Beurteilung der Frage, ob ein Lizenzangebot diskriminierend ist, benötigt man Vergleichsmaterial. Dieses setzt sich aus den vom marktbeherrschenden SEP-Inhaber für das fragliche Patent und die betroffene Produktgruppe zuvor geschlossenen und noch in Kraft stehenden Lizenzverträgen mit Dritten zusammen.[1869] Weicht ein Lizenzangebot in potentiell wettbewerbsbeeinträchtigender Weise und ohne sachlichen Grund von der bisherigen Lizenzierungspraxis ab, so liegt eine verbotene Diskriminierung vor.[1870]

[1862] OLG Karlsruhe, Urt. v. 23.03.2011 – 6 U 66/09, NJOZ 2011, 1080, 1085 – *FRAND-Grundsätze*; Haedicke/Timmann/*Bukow*, § 13 Rn. 273; *Kühnen*, Hdb. Patentverletzung, Kap. E Rn. 316; Schulte/*Rinken*, § 24 PatG Rn. 63.

[1863] BGH, Urt. v. 12.04.2016 – KZR 30/14, NZKart 2016, 374, Rn. 48 – *NetCologne I*; BGH, Urt. v. 03.12.2019 – KZR 29/17, GRUR 2020, 767, Rn. 37 – *NetCologne II*; BGH, Urt. v. 06.07.2021 – KZR 11/18, GRUR 2021, 1552, Rn. 16 – *wilhelm.tel*.

[1864] BGH, Urt. v. 13.07.2004 – KZR 40/02, GRUR 2004, 966, 969 – *Standard-Spundfass*; BGH, Urt. v. 05.05.2020 – KZR 36/17, GRUR 2020, 961, Rn. 102 – *FRAND-Einwand I*.

[1865] BGH, Urt. v. 13.07.2004 – KZR 40/02, GRUR 2004, 966, 969 – *Standard-Spundfass*; BGH, Urt. v. 12.04.2016 – KZR 30/14, NZKart 2016, 374, Rn. 48 – *NetCologne I*.

[1866] BGH, Urt. v. 13.07.2004 – KZR 40/02, GRUR 2004, 966, 969 – *Standard-Spundfass*; BGH, Urt. v. 03.12.2019 – KZR 29/17, GRUR 2020, 767, Rn. 37 – *NetCologne II*; LG Leipzig, Urt. v. 27.05.2008 – 5 O 757/06, juris, Rn. 67 – *Optischer Datenträger*.

[1867] OLG Düsseldorf, Urt. v. 30.03.2017 – 15 U 66/15, GRUR 2017, 1219, Rn. 173-175 – *Mobiles Kommunikationssystem*; LG Düsseldorf, Urt. v. 07.05.2020 – 4c O 44/18, GRUR-RS 2020, 12599, Rn. 206; Haedicke/Timmann/*Bukow*, § 13 Rn. 272; *Kühnen*, Hdb. Patentverletzung, Kap. E Rn. 411.

[1868] KK KartellR/*Busche*, Art. 102 AEUV Rn. 135; *Kühnen*, Hdb. Patentverletzung, Kap. E Rn. 411, 413.

[1869] OLG Düsseldorf, Urt. v. 22.03.2019 – 2 U 31/16, BeckRS 2019, 6087, Rn. 123, 237, 242 – *Improving Handovers*; *McGuire*, Mitt. 2018, 297, 305.

[1870] OLG Düsseldorf, Urt. v. 22.03.2019 – 2 U 31/16, BeckRS 2019, 6087, Rn. 237 – *Improving Handovers*; LG Düsseldorf, Urt. v. 13.07.2017 – 4a O 154/15, GRUR-RS 2017, 132078, Rn. 265.

aa) Anforderungen an Drittlizenzverträge

Den Vergleichsmaßstab bilden aber zum einen nur Verträge, die vom Patentinhaber ebenfalls als Marktbeherrscher in kartellrechtskonformer Weise geschlossen wurden.[1871] Solche Verträge, die zu Zeiten geschlossen wurden, in denen der Patentinhaber keine marktbeherrschende Stellung innehatte und damit auch nicht dem kartellrechtlichen Missbrauchsverbot unterlag, kommen zur Maßstabsbildung nicht infrage.[1872] Verträge, die zwar bei Bestehen der marktbeherrschenden Stellung abgeschlossen wurden, aber selbst durch einen Marktmachtmissbrauch zustande gekommen sind, können als Ergebnis rechtlich verbotenen Verhaltens ebenfalls nicht berücksichtigt werden.[1873]

Zum anderen müssen die unter Marktbeherrschung und in kartellrechtskonformer Weise abgeschlossenen und damit grundsätzlich relevanten Altverträge noch in Kraft stehen.[1874] Maßgeblicher Zeitpunkt ist für den Unterlassungsanspruch der Zeitpunkt des Schlusses der letzten mündlichen Verhandlung und für den Schadensersatz- und Rechnungslegungsanspruch der Zeitraum, für den die (unbegrenzte) Erfüllung dieser Ansprüche begehrt wird.[1875] Lizenzverträge, die infolge eines Ablaufs der Geltungsdauer oder nach wirksamer Kündigung und Ablauf der Kündigungsfrist bereits beendet sind, bleiben mangels Einflusses auf die aktuelle und künftige Wettbewerbssituation ebenfalls außen vor.[1876]

bb) Bindung an ein Lizenzierungsmodell

Daraus ergibt sich, dass eine Diskriminierung bei der Lizenzvergabe an den ersten Lizenznehmer des Patentinhabers unter Kartellrechtsbindung mangels Vergleichsmaterials nicht in Betracht kommt.[1877] Ab der zweiten Lizenzierung des SEP aber bindet das Diskriminierungsverbot den marktbeherrschenden Patentinhaber und bildet den Rahmen dessen, was FRAND sein kann.[1878]

[1871] OLG Düsseldorf, Urt. v. 22.03.2019 – 2 U 31/16, BeckRS 2019, 6087, Rn. 242-243 – *Improving Handovers*; *Kühnen*, Hdb. Patentverletzung, Kap. E Rn. 281, 418.

[1872] *Kühnen*, Hdb. Patentverletzung, Kap. E Rn. 281.

[1873] OLG Düsseldorf, Urt. v. 22.03.2019 – 2 U 31/16, BeckRS 2019, 6087, Rn. 242 – *Improving Handovers*; *Kühnen*, Hdb. Patentverletzung, Kap. E Rn. 418, 566.

[1874] OLG Düsseldorf, Urt. v. 22.03.2019 – 2 U 31/16, BeckRS 2019, 6087, Rn. 123 – *Improving Handovers*; Schulte/*Rinken*, § 24 PatG Rn. 64.

[1875] OLG Düsseldorf, Urt. v. 22.03.2019 – 2 U 31/16, BeckRS 2019, 6087, Rn. 123 – *Improving Handovers*; *Kühnen*, Hdb. Patentverletzung, Kap. E Rn. 387-388.

[1876] OLG Düsseldorf, Urt. v. 22.03.2019 – 2 U 31/16, BeckRS 2019, 6087, Rn. 243 – *Improving Handovers*; LG Düsseldorf, Urt. v. 11.05.2021 – 4b O 23/20, GRUR-RS 2021, 46275, Rn. 222; *Kühnen*, Hdb. Patentverletzung, Kap. E Rn. 387-388; Schulte/*Rinken*, § 24 PatG Rn. 64.

[1877] OLG Düsseldorf, Urt. v. 22.03.2019 – 2 U 31/16, BeckRS 2019, 6087, Rn. 237 – *Improving Handovers*; *Kühnen*, Hdb. Patentverletzung, Kap. E Rn. 281, 418, 420.

[1878] OLG Düsseldorf, Urt. v. 22.03.2019 – 2 U 31/16, BeckRS 2019, 6087, Rn. 237, 242 – *Improving Handovers*; OLG Karlsruhe, Urt. v. 02.02.2022 – 6 U 149/20, GRUR-RS 2022, 9468, Rn. 205 – *Steuerkanalsignalisierung II*.

Vergleichsmaßstab ist nicht etwa ein – ohnehin wegen der Einzelfallbezogenheit schwerlich zu errechnender – Durchschnitt der Altlizenzverträge, sondern jede einzelne bereits erfolgte Lizenzierung.[1879] Bereits die Abweichung von nur einem abgeschlossenen Lizenzvertrag ist rechtfertigungsbedürftig.[1880]

Der Patentinhaber entscheidet sich also mit der ersten Lizenzvergabe für ein Lizenzierungsmodell.[1881] Das Lizenzierungsmodell kann mehrere nach sachlichen und wettbewerbskonformen Kriterien unterscheidende Vertragskonzepte für verschiedene Lizenzierungssachverhalte enthalten (z.B. ein Nebeneinander von Pool- und Einzellizenzen) und der Patentinhaber muss in der Folge die Lizenzvergabe nach diesen Kriterien vornehmen.[1882] Eine gewisse Kategorienbildung durch Pauschalierung der Kriterien ist dabei zuzulassen, da der Patentinhaber ein berechtigtes Interesse daran hat, seine Lizenzvergabe handhabbar und nicht unendlich kleinteilig zu gestalten.[1883] Das Lizenzierungsmodell bindet den Patentinhaber hinsichtlich der maßgeblichen Lizenzbedingungen und in Bezug auf die Höhe der Lizenzgebühr.[1884] Das gilt auch, wenn die Lizenzgebühr bei der Erstlizenzierung nicht am oberen Rand eines angemessenen Gebührenkorridors lag und ohne Verstoß gegen das Missbrauchsverbot höher festgelegt hätte werden können.[1885] Sobald ein maßgeblicher Erstlizenzvertrag besteht, besteht auch die Bindung daran durch das Diskriminierungsverbot.[1886]

Gegen eine Bindung der Höhe nach und in Bezug auf Einzelheiten der Lizenzierung wird vorgebracht, dass dadurch der Handlungsspielraum des Patentinhabers über die Maßen eingeschränkt werde.[1887] Die bisherige Lizenzierung sei nur ein „Näherungswert"[1888], der für eine

---

[1879] OLG Düsseldorf, Urt. v. 22.03.2019 – 2 U 31/16, BeckRS 2019, 6087, Rn. 242 – *Improving Handovers*; *Kühnen*, Hdb. Patentverletzung, Kap. E Rn. 411, 443.

[1880] OLG Düsseldorf, Urt. v. 30.03.2017 – 15 U 66/15, GRUR 2017, 1219, Rn. 179 – *Mobiles Kommunikationssystem*; LG Düsseldorf, Urt. v. 13.07.2017 – 4a O 154/15, GRUR-RS 2017, 132078, Rn. 265.

[1881] OLG Düsseldorf, Urt. v. 22.03.2019 – 2 U 31/16, BeckRS 2019, 6087, Rn. 237 – *Improving Handovers*; OLG Düsseldorf, Beschl. v. 14.07.2021 – 2 U 13/21, GRUR-RS 2021, 27667, Rn. 18 – *Signalsynthese I*; OLG Karlsruhe, Urt. v. 02.02.2022 – 6 U 149/20, GRUR-RS 2022, 9468, Rn. 205 – *Steuerkanalsignalisierung II*.

[1882] OLG Düsseldorf, Beschl. v. 14.07.2021 – 2 U 13/21, GRUR-RS 2021, 27667, Rn. 18-19 – *Signalsynthese I*; *Kühnen*, Hdb. Patentverletzung, Kap. E Rn. 417; Paschke/Berlit/Meyer/Kröner/*Paschke*, Teil 2 Kap. 4 Abschn. 18 Rn. 51.

[1883] *Kühnen*, Hdb. Patentverletzung, Kap. E Rn. 417.

[1884] OLG Düsseldorf, Urt. v. 22.03.2019 – 2 U 31/16, BeckRS 2019, 6087, Rn. 237 – *Improving Handovers*; *Kühnen*, Hdb. Patentverletzung, Kap. E Rn. 420.

[1885] OLG Düsseldorf, Urt. v. 22.03.2019 – 2 U 31/16, BeckRS 2019, 6087, Rn. 237 – *Improving Handovers*; LG Düsseldorf, Urt. v. 18.06.2020 – 4b O 91/18, GRUR-RS 2020, 55053, Rn. 251; *Kühnen*, Hdb. Patentverletzung, Kap. E Rn. 420-421.

[1886] OLG Düsseldorf, Urt. v. 22.03.2019 – 2 U 31/16, BeckRS 2019, 6087, Rn. 237 – *Improving Handovers*; LG Düsseldorf, Urt. v. 18.06.2020 – 4b O 91/18, GRUR-RS 2020, 55053, Rn. 251.

[1887] *L. Tochtermann*, GRUR 2020, 905, 912–913.

[1888] *Dies.*, GRUR 2020, 905, 912.

„Plausibilitätsprüfung"[1889] der FRAND-Konformität des Lizenzangebots herangezogen werden könne.[1890] Es bestehe bei einer zu starken Bindung an die bisherige Lizenzierungspraxis die Gefahr, dass bei veränderten Marktbedingungen eine dann nicht mehr passende Gebührenstruktur und -höhe perpetuiert werde.[1891]

Dieser Kritik ist nicht zu folgen. Sofern die Voraussetzungen des Diskriminierungsverbots gegeben sind, handelt der Patentinhaber schlicht nicht FRAND-konform. Innerhalb dieser Voraussetzungen wird bereits berücksichtigt, ob eine Abweichung von der bisherigen Lizenzierung möglicherweise nur unerheblich und damit schon gar nicht geeignet ist, eine Wettbewerbsbeeinträchtigung zu verursachen. Es bedarf also keiner Aufweichung der Bindung im Sinne einer bloßen Plausibilisierung durch Drittlizenzverträge, wenn unmaßgebliche Einzelheiten im neuen Lizenzvertrag anders geregelt werden sollen. Außerdem bietet der Prüfungspunkt der sachlichen Rechtfertigung ausreichend Raum für eine Anpassung von Vertragsbedingungen an veränderte Marktgegebenheiten und zur Berücksichtigung der berechtigten Interessen des Patentinhabers. Den von den Kritikern vorgebrachten Bedenken, durch die grundsätzlich umfassende Bindung an die vorherige Lizenzierung würden Innovationsanreize genommen und sich ändernde Marktverhältnisse nicht ausreichend darstellbar,[1892] lässt sich also im Rahmen der Voraussetzungen des Diskriminierungsverbots begegnen, ohne das ein Anlass besteht, die Reichweite und Bedeutung des Vergleichsmaßstabs einzuschränken.

Darüber hinaus ist auch der Vergleichsmaßstab nicht unveränderlich: Durch die Einschränkung, dass nur in Kraft stehende Verträge maßgeblich sind, hat der Patentinhaber es von Anfang an in der Hand, von Zeit zu Zeit sein Lizenzierungsmodell anzupassen.[1893] Dazu muss er dafür sorgen, dass zu einem bestimmten Zeitpunkt alle bisherigen Lizenzverträge beendet sind, sodass ab diesem Zeitpunkt die Verfolgung eines auch grundlegend geänderten Lizenzierungsmodells möglich ist, welches sich dann nicht am Diskriminierungsverbot messen lassen muss.[1894] Dies kann der Patentinhaber über von Anfang an im Lizenzvertrag vereinbarte Laufzeiten erreichen, die so gestaltet sind, dass alle Verträge zu einem bestimmen Zeitpunkt enden.[1895] Dass später dazukommende Lizenznehmer dann nur einen Lizenzvertrag mit kürzerer Dauer abschließen können, ist mit Blick auf das berechtigte Interesse des Patentinhabers an einem einheitlichen Beendigungszeitpunkt gerechtfertigt.[1896] Wettbewerblich relevant ist ohnehin nur, dass zur gleichen

---

[1889] *L. Tochtermann*, GRUR 2020, 905, 912.

[1890] *Dies.*, GRUR 2020, 905, 912–913.

[1891] *Dornis*, GRUR 2020, 690, 696–697.

[1892] *Ders.*, GRUR 2020, 690, 696–697.

[1893] OLG Düsseldorf, Urt. v. 22.03.2019 – 2 U 31/16, BeckRS 2019, 6087, Rn. 243 – *Improving Handovers*.

[1894] OLG Düsseldorf, Urt. v. 22.03.2019 – 2 U 31/16, BeckRS 2019, 6087, Rn. 243 – *Improving Handovers*; *Kühnen*, Hdb. Patentverletzung, Kap. E Rn. 422.

[1895] OLG Düsseldorf, Urt. v. 22.03.2019 – 2 U 31/16, BeckRS 2019, 6087, Rn. 243 – *Improving Handovers*; *Dornis*, GRUR 2020, 690, 697; *Kühnen*, Hdb. Patentverletzung, Kap. E Rn. 422.

[1896] OLG Düsseldorf, Urt. v. 22.03.2019 – 2 U 31/16, BeckRS 2019, 6087, Rn. 243 – *Improving Handovers*; *Kühnen*, Hdb. Patentverletzung, Kap. E Rn. 422.

Zeit am Markt keine ungerechtfertigten Unterschiede in der Lizenzierung bestehen und jedem Lizenznehmer auch im Anschluss an eine Beendigung des Lizenzvertrags ein Folgevertrag zu den dann neuen wiederum einheitlichen Bedingungen offensteht.[1897] Hat der Patentinhaber die Vereinbarung eines über alle Verträge hinweg einheitlichen Beendigungszeitpunkts versäumt, bleibt ihm zur Anpassung des Vergleichsmaßstabs nur die Möglichkeit, bestehende Verträge im Rahmen des Möglichen abzuändern.[1898] Dazu bedarf es dann allerdings entsprechender Änderungsklauseln in diesen Verträgen, Möglichkeiten zur Änderungskündigung oder des Vorliegens der Voraussetzungen der Störung der Geschäftsgrundlage nach § 313 BGB.[1899]

c)   Zulässige Differenzierungen

Auch wenn der Patentinhaber, wie vorstehend gezeigt, grundsätzlich an sein Lizenzierungsmodell dem Inhalt und der Höhe nach gebunden ist, so kann er, weil das Diskriminierungsverbot eben keine Meistbegünstigungsklausel bereithält, auch unter dieser Prämisse durchaus flexibel auf unterschiedliche Lizenzierungssachverhalte reagieren. Dabei kann er, wie die folgenden Beispiele zeigen, sowohl seinen legitimen geschäftlichen Interessen als auch dem Gebot der sachlichen Rechtfertigung von Ungleichbehandlungen gerecht werden, wobei den Umständen des Einzelfalls jeweils Rechnung zu tragen ist.[1900]

aa)   Berücksichtigung von Risikobereitschaft und Gegenleistung

Es ist anerkannt, dass der Patentinhaber günstige Konditionen im Rahmen eines sogenannten „Early Bird-Discount[s]"[1901] oder „Incentive Programm[s]"[1902] gewähren darf, sodass eine sachliche Rechtfertigung für höhere Lizenzgebühren bei später dazustoßenden Lizenznehmern besteht.[1903] Mit einem Rabatt für Lizenznehmer, die einen Lizenzvertrag bereits abschließen, obwohl beispielsweise ein Standard noch nicht etabliert ist oder ein entsprechender Markt für die standardnutzenden Produkte noch nicht besteht oder gerade erst im Aufbau befindlich ist, vergütet der Patentinhaber das durch die frühen Lizenznehmer eingegangene Risiko und schafft legiti-

---

[1897]   OLG Düsseldorf, Urt. v. 22.03.2019 – 2 U 31/16, BeckRS 2019, 6087, Rn. 243 – *Improving Handovers*.
[1898]   OLG Düsseldorf, Urt. v. 22.03.2019 – 2 U 31/16, BeckRS 2019, 6087, Rn. 238 – *Improving Handovers*; *Dornis*, GRUR 2020, 690, 697.
[1899]   OLG Düsseldorf, Urt. v. 22.03.2019 – 2 U 31/16, BeckRS 2019, 6087, Rn. 238 – *Improving Handovers*; *Kühnen*, Hdb. Patentverletzung, Kap. E Rn. 421, 423.
[1900]   Haedicke/Timmann/*Bukow*, § 13 Rn. 376.
[1901]   Haedicke/Timmann/*ders.*, § 13 Rn. 375.
[1902]   LG Düsseldorf, Urt. v. 07.05.2020 – 4c O 44/18, GRUR-RS 2020, 12599, Rn. 246.
[1903]   LG Düsseldorf, Urt. v. 07.05.2020 – 4c O 44/18, GRUR-RS 2020, 12599, Rn. 246-248; *Kühnen*, Hdb. Patentverletzung, Kap. E Rn. 412.

merweise Anreize für eine Investition in die patentgeschützte Technologie durch die frühe Lizenznahme.[1904] Ebenfalls eine Rechtfertigung für einen Rabatt stellt es dar, wenn ein früher Lizenznehmer dem Patentinhaber den Einstieg in einen Markt ermöglichen soll, indem er dem Patentinhaber als Referenz dient.[1905] In all diesen Fällen steht der günstigeren Lizenz des früheren Lizenznehmers im Grunde eine Gegenleistung oder zumindest eine Risikobereitschaft gegenüber, die ein späterer Lizenznehmer gerade nicht erbringt.

Nach einem ähnlichen Prinzip sind Unterscheidungen gerechtfertigt, wenn in einem früheren Lizenzvertrag Kreuzlizenzen enthalten sind, der Vergleichslizenznehmer also dem Patentinhaber im Gegenzug für die Lizenzierung des SEP seinerseits Patente lizenziert.[1906] Kommt eine vergleichbare Kreuzlizenzierung durch den Lizenzsucher, der eine Diskriminierung geltend macht, nicht in Betracht, kann sich dies gerechtfertigterweise in den Lizenzgebühren niederschlagen.[1907] Das Gleiche gilt für Erschöpfungssachverhalte, die einem Vergleichslizenznehmer zugutekommen, dem späteren Lizenzsucher aber nicht.[1908]

Auch eine Unterscheidung zwischen Pauschallizenzen und anderen Lizenzformen ist möglich: Nimmt ein Lizenznehmer eine Pauschallizenz, durch die er eine von der tatsächlichen Benutzung unabhängige Vergütungssumme zahlt, so trägt er das Verwertungsrisiko.[1909] Während eine solche Risikoübernahme einem Lizenznehmer nicht aufgezwungen werden kann,[1910] stellt die Übernahme, wenn sie erfolgt, einen Grund dar, günstigere Bedingungen zu gewähren als bei einer risikoärmeren Stück- oder Umsatzlizenz, bei der die Vergütung in Abhängigkeit von der tatsächlichen Benutzung bzw. der damit erzielten Umsätze erfolgt.[1911]

[1904] LG Düsseldorf, Urt. v. 31.03.2016 – 4a O 126/14, GRUR-RS 2016, 8040, Rn. 181 – *Hochfrequenzanteil*; Haedicke/Timmann/*Bukow*, § 13 Rn. 375.

[1905] Haedicke/Timmann/*Bukow*, § 13 Rn. 375; *Kühnen*, Hdb. Patentverletzung, Kap. E Rn. 412.

[1906] LG Leipzig, Urt. v. 27.05.2008 – 5 O 757/06, juris, Rn. 68 – *Optischer Datenträger*; LG München I, Urt. v. 30.09.2020 – 21 O 13026/19, juris, Rn. 332 – *Unterpixelwertinterpolation*; *M.K. Dahm*, MMR 2015, 602, 603.

[1907] LG München I, Urt. v. 30.09.2020 – 21 O 13026/19, juris, Rn. 332 – *Unterpixelwertinterpolation*; Haedicke/Timmann/*Bukow*, § 13 Rn. 375; *Kühnen*, Hdb. Patentverletzung, Kap. E Rn. 412.

[1908] OLG Düsseldorf, Beschl. v. 17.11.2016 – 15 U 66/15, BeckRS 2016, 21067, Rn. 37; Haedicke/Timmann/*Bukow*, § 13 Rn. 375; *Kühnen*, Hdb. Patentverletzung, Kap. E Rn. 412.

[1909] Haedicke/Timmann/*Bukow*, § 13 Rn. 375.

[1910] *Kühnen*, Hdb. Patentverletzung, Kap. E Rn. 412 Fn. 642, Rn. 612.

[1911] Haedicke/Timmann/*Bukow*, § 13 Rn 375; *Kühnen*, Hdb. Patentverletzung, Kap. E Rn. 412, 424; Die Möglichkeit einer Diskriminierung durch Abweichen von einer bisher an Wettbewerber erteilten Pauschallizenz nur für möglich haltend, wenn der Unterschied mehr als nur geringfügig ist, obwohl die preisbildenden Faktoren vergleichbar sind: LG München I, Urt. v. 19.04.2023 – 21 O 1890/22, GRUR-RS 2023, 24247, Rn. 154-159 – *Tonalitätsschätzung*.

bb) Rabattsysteme und Abrechnungsmodalitäten

Zudem können Mengenrabatte oder Kappungsgrenzen ab einer bestimmten Stückzahl oder Gebührengrenze sachlich gerechtfertigt sein.[1912] Werden diese allen Lizenznehmern angeboten, besteht rechtlich gesehen eine Gleichbehandlung.[1913] Faktisch aber kann sich eine Bevorzugung großer Marktteilnehmer ergeben, welche wettbewerbsrechtlich problematisch sein kann, sodass solche Vergünstigungen im Einzelfall mit Vorsicht betrachtet werden müssen.[1914] Dies gilt insbesondere vor dem Hintergrund, dass sich aus solchen Rabatten erhebliche Kostenvorteile ergeben können[1915] und bei etablierten SEP, die ohnehin genutzt werden müssen, eine Anreizwirkung durch Rabattsysteme ggf. nicht erforderlich ist.[1916] Sind die jeweiligen Vergünstigungen aber so ausgestaltet, dass die relevanten Grenzen nicht nur von einigen wenigen Wettbewerbern erreicht werden können, so liegt mit der Anknüpfung an den wirtschaftlichen Erfolg ein wettbewerbsrechtlich unbedenkliches Unterscheidungskriterium vor.[1917]

Ebenfalls sachlich begründet können Ratenzahlungsabreden oder die Vereinbarung der Anrechnung anderweitig geschuldeter Zahlungen sein, wenn die Gebührenhöhe im Ausgangspunkt unberührt bleibt.[1918] Auch bloße Abrechnungsvereinfachungen durch Bildung eines Durchschnitts an Gebühren für verschiedene Produkte in unterschiedlichen Preisklassen oder geographischen Gebieten auf Grundlage der Gesamtzahl der Nutzungen und der Annahme einer üblichen Verteilung auf die verschiedenen Segmente („blended rates"[1919]) sind in der Regel zulässig.[1920]

cc) Im Lizenzierungsmodell vorgesehene Differenzierungen

Sieht das Lizenzierungsmodell des Patentinhabers vor, dass er nach objektiven Kriterien je nach Sachverhalt unterscheidend entweder bilateral eine nationale Einzellizenz an seinem Schutzrecht oder eine weltweite Lizenz über einen Patentpool erteilt oder auch einen dieser Fälle als Regelfall vorsieht und hat er dies in der Vergangenheit auch tatsächlich so praktiziert, stellt dies ebenfalls

---

[1912] OLG Karlsruhe, Urt. v. 25.11.2020 – 6 U 104/18, GRUR-RS 2020, 56869, Rn. 155-157 – *Steuerkanalsignalisierung I*; Haedicke/Timmann/*Bukow*, § 13 Rn. 375; *Kühnen*, Hdb. Patentverletzung, Kap. E Rn. 413; *McGuire*, Mitt. 2018, 297, 305.

[1913] LG Düsseldorf, Urt. v. 09.11.2018 – 4a O 17/17, BeckRS 2018, 35570, Rn. 356.

[1914] Haedicke/Timmann/*Bukow*, § 13 Rn. 375.

[1915] LG Düsseldorf, Urt. v. 07.05.2020 – 4c O 44/18, GRUR-RS 2020, 12599, Rn. 262.

[1916] *Kühnen*, Hdb. Patentverletzung, Kap. E Rn. 413.

[1917] LG Düsseldorf, Urt. v. 09.11.2018 – 4a O 17/17, BeckRS 2018, 35570, Rn. 355-356.

[1918] LG Düsseldorf, Urt. v. 09.11.2018 – 4a O 17/17, BeckRS 2018, 35570, Rn. 343; *Kühnen*, Hdb. Patentverletzung, Kap. E Rn. 413.

[1919] LG Düsseldorf, Urt. v. 07.05.2020 – 4c O 44/18, GRUR-RS 2020, 12599, Rn. 219.

[1920] LG Düsseldorf, Urt. v. 07.05.2020 – 4c O 44/18, GRUR-RS 2020, 12599, Rn. 219-221.

einen Rechtfertigungsgrund für eine unterschiedliche Lizenzierung dar.[1921] Mehrere Varianten von Lizenzierungen können also nebeneinander in gerechtfertigter Weise bestehen.[1922] Der Patentinhaber muss nicht darüber hinaus auch noch Mischlösungen anbieten, die z.B. einen Teil des Pools für einen internationalen aber geographisch dennoch begrenzten Bereich enthalten.[1923] Gleiches gilt für Unterscheidungen hinsichtlich der Lizenzierung entweder konzernweit bzw. an die jeweilige Muttergesellschaft oder an einzelne Tochtergesellschaften.[1924]

dd) Staatlicher Einfluss

Ein Rechtfertigungsgrund für eine Ungleichbehandlung liegt des Weiteren vor, wenn ein früherer Vertrag nur deshalb einem anderen Lizenznehmer ermöglicht wurde, weil sich der Patentinhaber dazu durch hoheitlichen Druck eines Staates genötigt sah.[1925] Auch wenn faktisch die durch diesen staatlichen Druck begünstigten Lizenznehmer unter günstigeren Konditionen als die Nicht-Profiteure am Markt agieren können, stellt es eine legitime Reaktion des Patentinhabers auf die Lizenzierungsumstände dar, wenn er es vorgezogen hat, dem von einem Staat protegierten früheren Lizenznehmer günstige Konditionen anzubieten, als wirtschaftliche Nachteile in dem entsprechenden Land zu erleiden oder eine Nutzung gänzlich ohne Vergütung hinnehmen zu müssen.[1926] Die unterschiedlichen Lizenzbedingungen sind in einem solchen Falle nicht dem Patentinhaber anzulasten, sondern Folge der wettbewerbsverzerrenden Praktik eines Staates. Diese wirkt letztlich wie eine staatliche Subvention für den begünstigten Lizenznehmer, welche der Patentinhaber nicht gegenüber weiteren Lizenznehmern durch Gewährung der gleichen Begünstigungen ausgleichen muss.

Ebenso rechtfertigt es Unterschiede in der Lizenzierung, wenn ein Patentinhaber neben seiner üblichen Lizenzierungspraxis außerdem Lizenzverträge abgeschlossen hat, zu deren Abschluss und Ausgestaltung er durch gerichtliches Urteil oder Vergleich gezwungen war.[1927] Die fehlende eigenverantwortliche unternehmerische Gestaltung gerichtlich angeordneter Bedingungen, (vermeintlich) bestehende Rechtspflichten und der Einfluss von Risikoabwägungen hinsichtlich eines

---

[1921] OLG Düsseldorf, Beschl. v. 14.07.2021 – 2 U 13/21, GRUR-RS 2021, 27667, Rn. 18-19 – *Signalsynthese I*; OLG Düsseldorf, Urt. v. 12.05.2022 – 2 U 13/21, GRUR-RS 2022, 11779, Rn. 159-160 – *Signalsynthese II*.

[1922] LG Düsseldorf, Urt. v. 11.05.2021 – 4b O 83/19, GRUR-RS 2021, 27668, Rn. 236.

[1923] LG Düsseldorf, Urt. v. 11.09.2008 – 4a O 81/07, NJOZ 2009, 930, 943 – *MPEG2-Standard-Lizenzvertrag*; *Kühnen*, Hdb. Patentverletzung, Kap. E Rn. 328.

[1924] LG Düsseldorf, Urt. v. 09.11.2018 – 4a O 17/17, BeckRS 2018, 35570, Rn. 347-349.

[1925] BGH, Urt. v. 05.05.2020 – KZR 36/17, GRUR 2020, 961, Rn. 102 – *FRAND-Einwand I*; OLG Karlsruhe, Urt. v. 13.12.2006 – 6 U 174/02, GRUR-RR 2007, 177, 180; *Kühnen*, Hdb. Patentverletzung, Kap. E Rn. 413.

[1926] BGH, Urt. v. 05.05.2020 – KZR 36/17, GRUR 2020, 961, Rn. 102 – *FRAND-Einwand I*.

[1927] OLG Düsseldorf, Urt. v. 22.03.2019 – 2 U 31/16, BeckRS 2019, 6087, Rn. 239 – *Improving Handovers*; *Kühnen*, Hdb. Patentverletzung, Kap. E Rn. 425.

ungewissen Prozessausgangs lassen die Abweichung von einem solchen Lizenzvertrag als gerechtfertigt erscheinen.[1928]

ee) Selektive Rechtsdurchsetzung

Bei einer Ungleichbehandlung durch selektive Rechtsdurchsetzung nur gegenüber manchen Verletzern kann eine Rechtfertigung darin bestehen, dass dem Patentinhaber die Patentnutzung durch die nicht belangten Verletzer nicht bekannt war und nicht bekannt sein musste oder die unterlassene Rechtsverfolgung angesichts des geringen Umfangs der vorgeworfenen Benutzung oder mangelnder Rechtsschutzmöglichkeiten in der jeweils maßgeblichen Jurisdiktion nicht zuzumuten war.[1929] Die Zumutbarkeitsschwelle ist vor dem Hintergrund des Diskriminierungsverbots allerdings nicht zu hoch anzusetzen.[1930]

Daneben kann ein strategisches Vorgehen unter Nutzung möglicherweise eingeschränkter personeller und finanzieller Kapazitäten die selektive Durchsetzung zeitweise legitimieren.[1931] Geht der Patentinhaber zunächst gegen einige repräsentative Marktteilnehmer vor, um anschließend weitere Lizenzabschlüsse vor dem Hintergrund der dann bereits geführten Prozesse effizienter zu erreichen oder sein Kostenrisiko bei Unterliegen zu verringern, ist auch dies eine Unterscheidung anhand sachlich nachvollziehbarer Kriterien.[1932]

2. Fair/reasonable

Neben dem Erfordernis der Diskriminierungsfreiheit (*non-discriminatory*) besteht die Anforderung, zu angemessenen Bedingungen (*fair/reasonable*) zu lizenzieren. Gleiche aber unangemessene Lizenzbedingungen, die lediglich zu einer Gleichheit in Unangemessenheit führen würden, sind also nicht ausreichend.[1933]

[1928] OLG Düsseldorf, Urt. v. 22.03.2019 – 2 U 31/16, BeckRS 2019, 6087, Rn. 239 – *Improving Handovers*; *Kühnen*, Hdb. Patentverletzung, Kap. E Rn. 425.

[1929] LG Düsseldorf, Urt. v. 30.11.2006 – 4b O 546/05, juris, Rn. 144 – *Videosignal-Codierung II*; LG Düsseldorf, Urt. v. 07.05.2020 – 4c O 44/18, GRUR-RS 2020, 12599, Rn. 214; *Kühnen*, Hdb. Patentverletzung, Kap. E Rn. 319.

[1930] LG Düsseldorf, Urt. v. 30.11.2006 – 4b O 546/05, juris, Rn. 144 – *Videosignal-Codierung II*; LG Düsseldorf, Urt. v. 11.07.2018 – 4c O 72/17, BeckRS 2018, 20333, Rn. 155; Schulte/*Rinken*, § 24 PatG Rn. 64.

[1931] LG Düsseldorf, Urt. v. 11.07.2018 – 4c O 72/17, BeckRS 2018, 20333, Rn. 155; LG Düsseldorf, Urt. v. 07.05.2020 – 4c O 44/18, GRUR-RS 2020, 12599, Rn. 214; *Kühnen*, Hdb. Patentverletzung, Kap. E Rn. 319.

[1932] LG Düsseldorf, Urt. v. 11.07.2018 – 4c O 72/17, BeckRS 2018, 20333, Rn. 155; LG Düsseldorf, Urt. v. 09.11.2018 – 4a O 17/17, BeckRS 2018, 35570, Rn. 265-266; LG Düsseldorf, Urt. v. 07.05.2020 – 4c O 44/18, GRUR-RS 2020, 12599, Rn. 214; LG München I, Urt. v. 30.09.2020 – 21 O 13026/19, juris, Rn. 341 – *Unterpixelwertinterpolation*.

[1933] *McGuire*, Mitt. 2018, 297, 305.

Die Voraussetzung der Angemessenheit wird einheitlich durch das Begriffspaar *fair/reasonable* ausgedrückt.[1934] Auch wenn vereinzelt der Begriff *fair* eher auf das Verfahren zur Herstellung angemessener Lizenzbedingungen im Sinne eines „prozedurale[n] Interessenausgleich[s]"[1935] bezogen wird, während *reasonable* sich auf das angemessene Ergebnis beziehen soll,[1936] ist in der Anwendung eine solche Unterscheidung nicht notwendig.[1937] Keine der Anforderungen, die sich aus dem Begriff *fair* ziehen lassen können, lässt sich nicht auch aus dem Terminus *reasonable* herleiten.[1938] Die im US-amerikanischen Rechtsbereich gängige Abkürzung RAND, die ohne das Fairness-Element auskommt, unterscheidet sich inhaltlich nicht von FRAND.[1939]

Ohnehin wird wie bei der Diskriminierungsfreiheit auch das Element *fair/reasonable* durch das kartellrechtliche Missbrauchsverbot ausgefüllt,[1940] was, wie gezeigt,[1941] in der Regel auch bei Annahme einer vertraglichen Dimension der FRAND-Erklärung gilt.[1942] Eine Bindung an allgemeine Gerechtigkeitserwägungen, die über die Verpflichtung zur kartellrechtskonformen, also ausbeutungs- und diskriminierungsfreien Lizenzierung hinausgeht, besteht regelmäßig nicht.[1943] Daran ändert sich auch nichts, wenn man das englische *reasonable* nicht mit *angemessen*, sondern mit *zumutbar* übersetzt.[1944] Der Maßstab des kartellrechtlichen Ausbeutungsmissbrauchs füllt das Element *fair/reasonable* unabhängig von der deutschen Übersetzung aus. Die Lizenzierung zu FRAND-Bedingungen muss im Hinblick auf das Begriffspaar *fair/reasonable* also ausbeutungsfrei im Sinne von Art. 102 Abs. 1, Abs. 2 lit. a AEUV bzw. § 19 Abs. 1, Abs. 2 Nr. 2 GWB erfolgen.[1945]

[1934] *Ann/Friedl*, Mitt. 2021, 145, 147.

[1935] *McGuire*, Mitt. 2018, 297, 304.

[1936] *Dies.*, Mitt. 2018, 297, 304–305.

[1937] *Ann/Friedl*, Mitt. 2021, 145, 147; *Greinert/Karnath*, ISR 2018, 138, 139.

[1938] US District Court for the Northern District of Illinois, Eastern Division, Urt. v. 22.06.2012 – 869 F. Supp. 2d 901 (2012), 912 – *Apple/Motorola* („the word ‚fair' adds nothing to ‚reasonable' and ‚nondiscriminatory'").

[1939] England and Wales High Court, Urt. v. 05.04.2017 – [2017] EWHC 711 (Pat), Rn. 89; *Dornis*, GRUR 2020, 690, 692 Fn. 34; *Kleindienst*, Bestimmung angemessener Gebühren für FRAND-Lizenzen an SEP, S. 12–13; *Leistner/Kleeberger*, GRUR 2020, 1241, 1241 Fn. 1.

[1940] OLG Düsseldorf, Beschl. v. 17.11.2016 – 15 U 66/15, BeckRS 2016, 21067, Rn. 15.

[1941] Siehe: 3. Teil Kap. A. III. 4. c) (S. 145 ff.).

[1942] Haedicke/Timmann/*Bukow*, § 13 Rn. 342; Schulte/*Rinken*, § 24 PatG Rn. 97.

[1943] *Kühnen*, Hdb. Patentverletzung, Kap. E Rn. 419.

[1944] So z.B.: LG Düsseldorf, Urt. v. 19.01.2016 – 4b O 49/14, GRUR-RS 2016, 128144, Rn. 243.

[1945] Pfaff/Osterrieth/*Axster/Osterrieth*, A. Rn. 325; *Kühnen*, Hdb. Patentverletzung, Kap. E Rn. 321; Paschke/Berlit/Meyer/Kröner/*Paschke*, Teil 2 Kap. 4 Abschn. 18 Rn. 23.

a) Voraussetzungen des kartellrechtlichen Ausbeutungsmissbrauchs

§ 19 Abs. 2 Nr. 2 GWB definiert den Ausbeutungsmissbrauch als die Forderung von Entgelten oder sonstigen Geschäftsbedingungen, die von denjenigen abweichen, die sich bei wirksamem Wettbewerb mit hoher Wahrscheinlichkeit ergeben hätten. Die von Art. 102 Abs. 2 lit. a AEUV genannte Erzwingung unangemessener Preise oder sonstiger Geschäftsbedingungen meint nichts anderes.[1946] Maßgeblich ist, ob das marktbeherrschende Unternehmen Vertragsbedingungen erzielt, die es bei einem funktionierenden Wettbewerb nicht hätte erzielen können.[1947] Die vom Marktbeherrscher in dem von ihm dominierten Markt erzielbaren Konditionen sind also mit den von einem Unternehmen auf einem vergleichbaren, nicht durch ein marktbeherrschendes Unternehmen beeinträchtigten hypothetischen Markt erzielbaren Vertragsbedingungen (sogenannte „Als-Ob-Wettbewerbslage"[1948]) zu vergleichen.[1949]

Nicht jede Abweichung von einem absolut ausgeglichenen Idealvertragswerk ist dabei entscheidend. Für eine Ausbeutung bedarf es einer gewissen Erheblichkeit.[1950] Wer bloß ein schlechtes Geschäft abschließt, wird nicht automatisch ausgebeutet. Stehen aber die für die Vertragserfüllung relevanten Pflichten in einem solchen Missverhältnis, dass die dadurch bestehende Vorteilserlangung des Marktbeherrschers ein Ausmaß erreicht, das darauf zurückgeführt werden kann, dass der Marktbeherrscher diese Vorteile offensichtlich nur aufgrund seiner marktbeherrschenden Stellung durchsetzen konnte, so ist ein Ausbeutungsmissbrauch anzunehmen.[1951] Zur Beurteilung eines solchen Missverhältnisses bedarf es einer Interessenabwägung unter Berücksichtigung der Marktbedingungen und des Verhältnismäßigkeitsgrundsatzes sowie der Zielsetzung des Kartellrechts, effektiven Wettbewerb zu ermöglichen.[1952] Ein sachlicher Grund kann auch beim Ausbeutungsmissbrauch ein ansonsten anzunehmendes Missverhältnis im Rahmen dieser Abwägung rechtfertigen.[1953]

[1946] *Bechtold/Bosch/Brinker*, EU-KartR, Art. 102 AEUV Rn. 44; KK KartellR/*Busche*, Art. 102 AEUV Rn. 85.

[1947] EuGH, Urt. v. 14.02.1978 – C-27/76, Slg. 1978, 207, Rn. 248 – *United Brands*; LG Düsseldorf, Urt. v. 31.03.2016 – 4a O 126/14, GRUR-RS 2016, 8040, Rn. 159 – *Hochfrequenzanteil*; *Bechtold/Bosch*, GWB, § 19 GWB Rn. 55; Streinz/*Kruis*, Art. 102 AEUV Rn. 29.

[1948] MüKo WettbR Bd. II/*M. Wolf*, § 19 GWB Rn. 84.

[1949] *Bechtold/Bosch*, GWB, § 19 GWB Rn. 55; MüKo WettbR Bd. II/*M. Wolf*, § 19 GWB Rn. 83.

[1950] *Bechtold/Bosch*, GWB, § 19 GWB Rn. 55.

[1951] KK KartellR/*Busche*, Art. 102 AEUV Rn. 85; Immenga/Mestmäcker/*A. Fuchs*, Art. 102 AEUV Rn. 186; *Kühnen*, Hdb. Patentverletzung, Kap. E Rn. 321; Schuster/Grützmacher/*C. Wolf*, Art. 102 AEUV Rn. 36.

[1952] *Bechtold/Bosch/Brinker*, EU-KartR, Art. 102 AEUV Rn. 46; KK KartellR/*Busche*, Art. 102 AEUV Rn. 85, 90.

[1953] BGH, Beschl. v. 09.11.1982 – KVR 9/81, NJW 1984, 1116–1117 – *Gemeinsamer Anzeigenteil*; LG Düsseldorf, Urt. v. 21.12.2021 – 4c O 42/20, GRUR-RS 2021, 50360, Rn. 198 – *Bildrekonstruierung*; *Bechtold/Bosch*, GWB, § 19 GWB Rn. 56.

Ein marktbeherrschender Patentinhaber darf also auch im Rahmen des Verbots des Ausbeutungsmissbrauchs seine berechtigten Geschäftsinteressen wahrnehmen, unterliegt aber aufgrund seiner marktbeherrschenden Stellung der kartellrechtlichen Bindung, Konditionen zu gewähren, die dem Lizenznehmer eine Wettbewerbsteilnahme ermöglichen und ihn nicht unbillig beeinträchtigen.[1954] Dabei ist stets der Lizenzvertrag in seiner Gesamtheit zu betrachten.[1955]

b) Indizwirkung von Drittlizenzverträgen

Hat ein Patentinhaber in der Vergangenheit bereits Lizenzverträge mit Dritten für vergleichbare Produktmärkte abgeschlossen, so kann dies ein Anhaltspunkt dafür sein, dass der übereinstimmende Inhalt dieser Verträge am Markt als angemessen akzeptiert wird.[1956] Insbesondere wenn bereits eine große Anzahl an Verträgen besteht und ein Lizenzmodell oder ein Standardlizenzvertrag eine gängige Praxis darstellt, kann dies darauf hindeuten, dass die darin enthaltenen Bedingungen denen eines beherrschungsfreien Als-Ob-Wettbewerbs entsprechen.[1957] Vor allem Drittlizenzverträge mit wirtschaftlich bedeutsamen Marktteilnehmern, die dem Patentinhaber eine gewisse Nachfragemacht entgegenzusetzen haben, können eine solche Indizwirkung entfalten.[1958]

Andererseits kann es auch sein, dass schon die bisherigen Lizenznehmer den Bedingungen des Drittlizenzvertrages nur wegen der Marktmacht des Patentinhabers zugestimmt haben.[1959] Ist dies der Fall oder ist es zumindest nicht auszuschließen, so ergibt sich aus solchen Drittlizenzverträgen keine Vermutungswirkung für die Angemessenheit der Bedingungen.[1960] Sie verlieren aber nicht vollständig ihren Wert für die Ermittlung dessen, was angemessen ist: Wird dargelegt, dass auf das missbräuchliche Zustandekommen des Drittlizenzvertrages durch entsprechende Zu-

---

[1954] KK KartellR/*Busche*, Art. 102 AEUV Rn. 90; Schuster/Grützmacher/*C. Wolf*, Art. 102 AEUV Rn. 36.

[1955] Schulte/*Rinken*, § 24 PatG Rn. 127.

[1956] LG Düsseldorf, Urt. v. 13.07.2017 – 4a O 154/15, GRUR-RS 2017, 132078, Rn. 231; LG Düsseldorf, Urt. v. 09.11.2018 – 4a O 17/17, BeckRS 2018, 35570, Rn. 269; LG Mannheim, Urt. v. 09.11.2007 – 7 O 115/05, NJOZ 2008, 960, 977; LG München I, Urt. v. 30.09.2020 – 21 O 13026/19, juris, Rn. 326 – *Unterpixelwertinterpolation*; Schulte/*Rinken*, § 24 PatG Rn. 68; *Wehler/Rastemborski*, Mitt. 2022, 514, 516.

[1957] LG Düsseldorf, Urt. v. 31.03.2016 – 4a O 126/14, GRUR-RS 2016, 8040, Rn. 172 – *Hochfrequenzanteil*; LG Düsseldorf, Urt. v. 21.12.2021 – 4c O 42/20, GRUR-RS 2021, 50360, Rn. 199 – *Bildrekonstruierung*; *Kühnen*, Hdb. Patentverletzung, Kap. E Rn. 322, 445, 566.

[1958] LG Düsseldorf, Urt. v. 31.03.2016 – 4a O 126/14, GRUR-RS 2016, 8040, Rn. 171 – *Hochfrequenzanteil*.

[1959] LG Düsseldorf, Urt. v. 31.03.2016 – 4a O 126/14, GRUR-RS 2016, 8040, Rn. 169 – *Hochfrequenzanteil*; Schulte/*Rinken*, § 24 PatG Rn. 127.

[1960] *Kühnen*, Hdb. Patentverletzung, Kap. E Rn. 566.

oder Abschläge oder andere Korrekturen im aktuellen Vertragsangebot reagiert wurde, kann der Drittlizenzvertrag Ausgangspunkt der Ermittlung von FRAND-Bedingungen sein.[1961]

Bestehen missbrauchsfreie Drittlizenzverträge nur in Bezug auf andere sachlich relevante Märkte als dem Markt, um den es im aktuellen Lizenzvertragsangebot geht, fehlt es an einer Indizwirkung für den konkreten Produktmarkt.[1962] Kann den Unterschieden in den jeweiligen Marktbedingungen mit entsprechenden Vertragsanpassungen begegnet werden, spricht allerdings auch hier nichts dagegen, den marktfremden Vertrag der Angemessenheitskontrolle als Anhaltspunkt zugrunde zu legen. Existieren sowohl missbrauchsfrei zustande gekommene Drittlizenzverträge, die sich auf andere Märkte beziehen, als auch Drittlizenzverträge, die sich auf den für ein zu betrachtendes Lizenzvertragsangebot beziehen, aber missbräuchlich zustande gekommen sind, kann es im Einzelfall sachgerechter sein, entweder den missbrauchsfreien, aber sachfremden Vertrag oder auch den ausbeuterischen, aber sachnäheren Vertrag heranzuziehen.[1963] Entscheidend wird sein, welches Vertragswerk besser geeignet ist, durch vorzunehmende Anpassungen das Vergleichshindernis (also die Sachfremde bzw. die Missbräuchlichkeit) zu überwinden.

Daneben können Branchenüblichkeiten ein Indiz für die Angemessenheit von Lizenzbedingungen darstellen,[1964] wenn sich daraus eine feststellbare bestehende Übung ergibt, die wiederum nicht selbst durch den Missbrauch von Marktmacht entstanden ist.[1965] Insbesondere wenn es an missbrauchsfrei zustande gekommenen Drittlizenzverträgen des SEP-Inhabers fehlt, kann ein Rückgriff auf Branchenübliches zur Einschätzung der Angemessenheit erforderlich sein.[1966]

c) Vertragsgestaltungen vor dem Hintergrund des Ausbeutungsverbots

Um eine konkrete Vorstellung davon zu vermitteln, was im Kontext von Patentlizenzen als angemessene Bedingung oder als ausbeuterisch angesehen werden kann, werden im Folgenden beispielhaft einige Vertragsgestaltungen mit Blick auf das Verbot des Ausbeutungsmissbrauchs vorgestellt. Dabei stehen die dabei erzielbaren Erkenntnisse stets unter dem Vorbehalt der Berücksichtigung der Umstände eines jeden Einzelfalls und des Kontexts des jeweiligen gesamten Lizenzvertragswerks.

[1961] LG Düsseldorf, Urt. v. 11.07.2018 – 4c O 72/17, BeckRS 2018, 20333, Rn. 176; *Kühnen*, Hdb. Patentverletzung, Kap. E Rn. 566.

[1962] LG Düsseldorf, Urt. v. 21.12.2021 – 4c O 42/20, GRUR-RS 2021, 50360, Rn. 201 – *Bildrekonstruierung*.

[1963] *Kühnen*, Hdb. Patentverletzung, Kap. E Rn. 566.

[1964] U.K. Supreme Court, Urt. v. 26.08.2020 – [2020] UKSC 37, GRUR Int. 2021, 174, Rn. 62 – *Unwired Planet/Huawei*; LG Düsseldorf, Urt. v. 21.12.2021 – 4c O 42/20, GRUR-RS 2021, 50360, Rn. 228-229 – *Bildrekonstruierung*; BeckOK PatR/*Wilhelmi*, § 24 PatG Rn. 100.

[1965] *Kühnen*, Hdb. Patentverletzung, Kap. E Rn. 568.

[1966] Schulte/*Rinken*, § 24 PatG Rn. 122.

aa) Preishöhenmissbrauch

Der marktbeherrschende Patentinhaber kann seine marktbeherrschende Stellung dadurch in ausbeuterischer Weise missbrauchen, dass er überhöhte Lizenzgebühren verlangt.[1967] Sein Schutzrecht rechtfertigt nur eine der jeweiligen Nutzung angemessene Bepreisung[1968] und nicht die Abschöpfung von Entgelten, die nicht auf dem Wert der Benutzung basieren, sondern sich aus dem „strategischen Wert"[1969] der marktbeherrschenden Stellung ergeben.[1970] Andererseits ist es dem SEP-Inhaber nicht verwehrt, den jeweiligen FRAND-Korridor auszuschöpfen.[1971] *Fair/reasonable* ist nicht mit *preisgünstig* gleichzusetzen.[1972] Eine Lizenzgebühr ist überhöht, wenn sie den Preis, der bei wirksamem Wettbewerb zustande gekommen wäre, in erheblichem Maße und ohne sachliche Rechtfertigung überschreitet.[1973] Die Berechnung einer dies berücksichtigenden FRAND-Lizenzgebühr wird in einem separaten Unterabschnitt behandelt.[1974]

Das LG München I vertritt in seiner jüngeren Rechtsprechung, dass die Geltendmachung eines Preishöhenmissbrauchs im Rahmen des kartellrechtlichen Zwangslizenzeinwandes nur in krassen Ausnahmefällen möglich sei.[1975] Im Regelfall stehe das Interesse des Patentinhabers an einer schnellen Durchsetzung des Unterlassungsanspruchs der Ermittlung des kartellrechtskonformen Preises entgegen.[1976] Der Lizenzsucher sei auf kartellrechtliche Verfahrenswege zu verweisen, welche er, wenn er lizenzwillig sei, im Zweifel vor Aufnahme der Patentnutzung zu beschreiten habe.[1977] Kartellrechtlich sei nur der legale Zugang zur patentgeschützten Lehre relevant, sodass der Lizenzsucher auch die Möglichkeit habe, einen aus seiner Sicht missbräuchlichen

---

[1967] Pfaff/Osterrieth/*Axster/Osterrieth*, A. Rn. 326; Hoeren/Sieber/Holznagel/*Beckmann/Müller*, Teil 10 Rn. 194.

[1968] EuGH, Urt. v. 04.10.2011 – C-403/08, C-429/08, EuZW 2012, 466, Rn. 107-109 – *Football Association Premier League und Murphy*.

[1969] EuG, Urt. v. 27.06.2012 – T-167/08, BeckRS 2012, 81337, Rn. 142 – *Microsoft II*.

[1970] EuG, Urt. v. 27.06.2012 – T-167/08, BeckRS 2012, 81337, Rn. 142 – *Microsoft II*; *Ann/Friedl*, Mitt. 2021, 145, 147; FK EU-Recht/*Brömmelmeyer*, Art. 102 AEUV Rn. 124.

[1971] *Kühnen*, Hdb. Patentverletzung, Kap. E Rn. 421; Busse/Keukenschrijver/*McGuire*, § 24 PatG Rn. 120.

[1972] *Heim/Nikolic*, JIPITEC 10 (2019), 38, 54.

[1973] EuGH, Urt. v. 14.02.1978 – C-27/76, Slg. 1978, 207, Rn. 248 – *United Brands*; EuGH, Urt. v. 13.07.1989 – C-395/87, GRUR Int. 1990, 622, Rn. 38 – *Tournier*; LG Düsseldorf, Urt. v. 18.06.2020 – 4b O 91/18, GRUR-RS 2020, 55053, Rn. 180; LG Leipzig, Urt. v. 27.05.2008 – 5 O 757/06, juris, Rn. 63 – *Optischer Datenträger*; *Bechtold/Bosch*, GWB, § 19 GWB Rn. 55-56; Schulte/*Rinken*, § 24 PatG Rn. 66.

[1974] Siehe: 3. Teil Kap. B. V. 3. (S. 255 ff.).

[1975] LG München I, Urt. v. 19.04.2023 – 21 O 1890/22, GRUR-RS 2023, 24247, Rn. 180 – *Tonalitätsschätzung*; LG München I, Urt. v. 19.04.2023 – 21 O 1910/22, GRUR-RS 2023, 18036, Rn. 209 – *Rahmenlöschung*.

[1976] LG München I, Urt. v. 19.04.2023 – 21 O 1890/22, GRUR-RS 2023, 24247, Rn. 178 – *Tonalitätsschätzung*.

[1977] LG München I, Urt. v. 19.04.2023 – 21 O 1890/22, GRUR-RS 2023, 24247, Rn. 180 – *Tonalitätsschätzung*.

Preis zunächst einmal zu akzeptieren und die Frage des Preishöhenmissbrauchs anschließend vor eine Kartellstreitkammer zu bringen.[1978]

Die Ansicht des LG München I führt allerdings in gewisser Weise dazu, dass bei einem wegen überhöhten Lizenzgebühren FRAND-widrigen Angebot des Patentinhabers die Geltendmachung des darauf gestützten kartellrechtlichen Zwangslizenzeinwands entgegen der allgemein anerkannten Zulässigkeit des Einwands im Patentverletzungsprozess ausgeschlossen wird. Zudem ist nicht zu erkennen, warum das Interesse des Patentinhabers an der zügigen Patentrechtsdurchsetzung für sich genommen genügen soll, eine kartellrechtswidrige Durchsetzung zu missbräuchlichen Lizenzgebühren zu legitimieren. Auch der EuGH stellt die Lizenzgebühr und ihre Berechnung als wesentlichen Inhalt des FRAND-Angebots des SEP-Inhabers in sein *Huawei/ZTE*-Prozedere ausdrücklich mit ein.[1979] Dem Verletzer zu verweigern, die FRAND-Widrigkeit einer überhöhten Lizenzgebühr geltend zu machen und aus der Nutzungsaufnahme durch den Verletzer auf die Lizenzunwilligkeit desselben zu schließen, weil ein lizenzwilliger Nutzer zunächst kartellgerichtlich den FRAND-konformen Preis hätte feststellen lassen, schneidet ihm einen wesentlichen Teil seiner Verteidigungsmöglichkeiten, die ihm der EuGH im Rahmen des kartellrechtlichen Zwangslizenzeinwands zuspricht, ab. Etwas anderes mag nur gelten, wenn die Berufung auf den Preishöhenmissbrauch derart verzögert oder erst nach jahrelangen Verhandlungen erstmalig kurz vor Abschluss des Prozesses erfolgt,[1980] sodass sie sich selbst als rechtsmissbräuchliche Geltendmachung einer Verteidigungsposition darstellt. Das gilt aber für jeden Einwand des Verletzers und setzt voraus, dass man ihm – richtigerweise und unionsrechtskonform – diese Verteidigungsmöglichkeit grundsätzlich einräumt. Dem LG München I ist daher hier nicht zu folgen.

bb) Einzellizenz oder Portfolio-/Poollizenz

Ebenso wie eine im Lizenzierungsmodell angelegte Differenzierung bezüglich der Erteilung von Einzel- oder Poollizenzen eine Ungleichbehandlung rechtfertigen kann, stellt es keine Ausbeutung dar, wenn ein Patentinhaber entweder eine Lizenz nur an einem Patent anbietet oder alternativ an einem gesamten Patentpaket, also einem von einem Patentinhaber gehaltenen Portfolio oder einem von mehreren Patentinhabern mit ihren jeweiligen Patenten bestückten Pool.[1981]

[1978] LG München I, Urt. v. 19.04.2023 – 21 O 1890/22, GRUR-RS 2023, 24247, Rn. 182 – *Tonalitätsschätzung*.

[1979] EuGH, Urt. v. 16.07.2015 – C-170/13, GRUR 2015, 764, Rn. 63 – *Huawei/ZTE*.

[1980] LG München I, Urt. v. 19.04.2023 – 21 O 1890/22, GRUR-RS 2023, 24247, Rn. 178-179 – *Tonalitätsschätzung*.

[1981] OLG Düsseldorf, Beschl. v. 17.11.2016 – 15 U 66/15, BeckRS 2016, 21067, Rn. 21; OLG Düsseldorf, Urt. v. 12.05.2022 – 2 U 13/21, GRUR-RS 2022, 11779, Rn. 159-160 – *Signalsynthese II*; LG Düsseldorf, Urt. v. 30.11.2006 – 4b O 546/05, juris, Rn. 100 – *Videosignal-Codierung II*.

Ebenfalls unbedenklich ist es, eine Lizenzierungsvariante als Normalfall zu behandeln.[1982] Auch wenn in einem konkreten Rechtsstreit nur ein bestimmtes Patent als Klagepatent im Fokus der Betrachtung steht, besteht keine generelle Verpflichtung des Patentinhabers eine Lizenzierung auf dieses Patent zu beschränken und andere ebenfalls zur Standardnutzung notwendige Patente unberücksichtigt zu lassen.[1983]

Das Pooling von Patenten kann dabei durchaus eine vor dem Hintergrund des Kartellverbots des Art. 101 Abs. 1 AEUV bzw. § 1 GWB relevante Vereinbarung zwischen Unternehmen darstellen.[1984] Davon befreit auch nicht die Gruppenfreistellungsverordnung für Technologietransfer-Vereinbarungen (TT-GVO)[1985], da diese mangels Technologietransfer im Sinne der TT-GVO auf die Poolbildung und wegen der Beteiligung von mehr als zwei Vertragspartnern und häufig auch dem Überschreiten von vorgesehenen Marktanteilsschwellen auch auf Lizenzvertragsschlüsse durch den Pool nicht anwendbar ist.[1986] Ist ein Pool aber für alle an der Mitwirkung Interessierten offen, vereinigt er – wie im Falle von SEP – für eine Nutzung komplementäre, also einander ergänzende Technologien, erlaubt er die Entwicklung konkurrierender Lösungen und begrenzt er den Zugang zu den Poolschutzrechten nicht nur auf Poolmitglieder, so unterliegt er aufgrund des Effizienzgewinns durch eine einheitliche Lizenzierung entweder schon gar nicht dem Kartellverbot oder jedenfalls der Freistellung nach Art. 101 Abs. 3 AEUV bzw. § 2 GWB.[1987] Das Angebot einer insofern nicht nur erlaubten, sondern für die Rechtmäßigkeit eines solchen Pools sogar konstitutiven Poollizenzierung ist daher an sich auch nicht missbräuchlich.

Ein Ausbeutungsmissbrauch kann sich bei Poollizenzen aber ergeben, wenn im Rahmen eines Standardisierungsprozesses bei einer SSO ohne technische Notwendigkeit patentierte Lösungen in den Standard eingeflossen sind, obwohl eine schutzrechtsfreie Lösung zur Verfügung stand, und der Patentinhaber dies veranlasst hat, um die an ihn zu entrichtenden Lizenzgebühren in die

---

[1982] OLG Düsseldorf, Beschl. v. 14.07.2021 – 2 U 13/21, GRUR-RS 2021, 27667, Rn. 19 – *Signalsynthese I.*

[1983] BGH, Urt. v. 05.05.2020 – KZR 36/17, GRUR 2020, 961, Rn. 77-78 – *FRAND-Einwand I*; *Meier-Beck*, FS Säcker (2021), 275, 284–285.

[1984] Patentvertragsrecht/*Hauck/Zech*, § 11 Rn. 24.

[1985] Verordnung (EU) Nr. 316/2014 der Kommission vom 21. März 2014 über die Anwendung von Artikel 101 Absatz 3 des Vertrages über die Arbeitsweise der Europäischen Union auf Gruppen von Technologietransfer-Vereinbarungen, ABl. 2014 L93 S. 17.

[1986] Immenga/Mestmäcker/*A. Fuchs*, TT-GVO Allgemeines Rn. 74; *Groß*, Der Lizenzvertrag, Rn. 622; Patentvertragsrecht/*Hauck/Zech*, § 11 Rn. 33; Busse/Keukenschrijver/*McGuire*, § 15 PatG Rn. 347; MüKo WettbR Bd. I/*Nagel*, TT-GVO Einleitung Rn. 47.

[1987] Technologietransfer-Leitlinien, Mitteilung der Europäischen Kommission v. 28.03.2014, ABl. 2014 C89 S. 3, Rn. 245, 261, 265; LG Düsseldorf, Urt. v. 30.11.2006 – 4b O 508/05, juris, Rn. 119-121 – *Videosignal-Codierung I*; LG Mannheim, Urt. v. 09.11.2007 – 7 O 115/05, NJOZ 2008, 960, 975–976; LG München I, Urt. v. 30.10.2020 – 21 O 11384/19, juris, Rn. 380 – *Lizenzverhandlung*; Immenga/Mestmäcker/*A. Fuchs*, TT-GVO Allgemeines Rn. 74-82; Patentvertragsrecht/*Hauck/Zech*, § 11 Rn. 25-30; Loewenheim/Meesen/Riesenkampff u.a./*Schweda*, TT-GVO Einführung Rn. 28-36.

Höhe zu treiben.[1988] Allerdings müsste dem Patentinhaber zum einen ein solcher Einfluss auf die Standardisierung und zum anderen ein systematisches, über Einzelfälle hinausgehendes Vorgehen in dieser Hinsicht nachgewiesen werden.[1989]

Ausbeutend ist das Angebot einer Poollizenzierung auch dann, wenn dabei Patente in die Lizenzierung eingebunden werden sollen, die bei Erfüllung des Standards gar nicht benutzt werden müssen.[1990] Auch hier ist aber Voraussetzung, dass erkennbar wird, dass der Patentinhaber mit diesem Angebot systematisch die Lizenzgebühren steigern möchte.[1991] Einzelne möglicherweise nicht standardessentielle und nicht genutzte Patente hindern die Kartellrechtskonformität eines Portfolios/Pools nicht.[1992] Außerdem kann sich der Verletzer nur auf die mangelnde Standardessentialität und damit einhergehende Nichtnutzung berufen, wenn er die von ihm monierten standardfreien Patente auch tatsächlich nicht benutzt.[1993]

Vor dem Hintergrund des Ausbeutungsmissbrauchs kann die Vergabe einer Einzellizenz statt einer Poollizenz zudem notwendig werden, wenn der Lizenznehmer nennenswerte Teile der im Pool enthaltenen Schutzrechte bereits lizenziert hat.[1994] Um eine Doppelbelastung zu vermeiden, kann aber auch eine Poollizenz mit Doppellizenzierungen berücksichtigenden Ausgleichsklauseln geschlossen werden.[1995] Durch diese muss festgelegt werden, in welchen Fällen und in welchem Umfang mehrfach in Rechnung gestellte Lizenzgebühren angerechnet, abgezogen oder erstattet werden.[1996] Ebenso darf der Austritt eines Poolmitglieds aus einem Pool nicht dazu führen, dass der Lizenznehmer anschließend weiterhin die Poollizenzgebühr an den Pool und für in der Poollizenz bereits enthaltene Patente zusätzlich eine Einzellizenzgebühr an den ausgetretenen

---

[1988] LG Düsseldorf, Urt. v. 30.11.2006 – 4b O 546/05, juris, Rn. 108 – *Videosignal-Codierung II*; Haedicke/Timmann/*Bukow*, § 13 Rn. 294; *Kühnen*, Hdb. Patentverletzung, Kap. E Rn. 331.

[1989] LG Düsseldorf, Urt. v. 30.11.2006 – 4b O 546/05, juris, Rn. 108 – *Videosignal-Codierung II*; *Kühnen*, Hdb. Patentverletzung, Kap. E Rn. 332-333; Schulte/*Rinken*, § 24 PatG Rn. 73.

[1990] LG Düsseldorf, Urt. v. 30.11.2006 – 4b O 546/05, juris, Rn. 110 – *Videosignal-Codierung II*; LG Düsseldorf, Urt. v. 09.11.2018 – 4a O 17/17, BeckRS 2018, 35570, Rn. 314; Haedicke/Timmann/*Bukow*, § 13 Rn. 292; *Kühnen*, Hdb. Patentverletzung, Kap. E Rn. 334; *Kurtz*, ZGE 2017, 491, 506.

[1991] LG Düsseldorf, Urt. v. 30.11.2006 – 4b O 546/05, juris, Rn. 110 – *Videosignal-Codierung II*; LG Mannheim, Urt. v. 09.11.2007 – 7 O 115/05, NJOZ 2008, 960, 977; *Kühnen*, Hdb. Patentverletzung, Kap. E Rn. 335.

[1992] OLG Karlsruhe, Urt. v. 09.12.2020 – 6 U 103/19, GRUR-RS 2020, 41067, Rn. 309-310; Schulte/*Rinken*, § 24 PatG Rn. 74.

[1993] LG Düsseldorf, Urt. v. 30.11.2006 – 4b O 546/05, juris, Rn. 110 – *Videosignal-Codierung II*; LG Düsseldorf, Urt. v. 09.11.2018 – 4a O 17/17, BeckRS 2018, 35570, Rn 322; *Kühnen*, Hdb. Patentverletzung, Kap. E Rn. 335.

[1994] OLG Düsseldorf, Beschl. v. 14.07.2021 – 2 U 13/21, GRUR-RS 2021, 27667, Rn. 14 – *Signalsynthese I*; LG Düsseldorf, Urt. v. 21.12.2021 – 4c O 42/20, GRUR-RS 2021, 50360, Rn. 172 – *Bildrekonstruierung*.

[1995] LG Düsseldorf, Urt. v. 21.12.2021 – 4c O 42/20, GRUR-RS 2021, 50360, Rn. 179-181 – *Bildrekonstruierung*.

[1996] LG Düsseldorf, Urt. v. 21.12.2021 – 4c O 42/20, GRUR-RS 2021, 50360, Rn. 180, 185-191 – *Bildrekonstruierung*.

Patentinhaber zahlen muss, sodass Letzterer in einem auf den Poolaustritt folgenden eigenen Vertragsangebot die bestehende Lizenzierung berücksichtigen muss.[1997]

cc) Welt- und konzernweite Lizenz

Mit Blick auf die geographische Reichweite der Lizenzierung kann es zu dem Konflikt kommen, dass der Patentinhaber eine weltweite Lizenz anstrebt, das in einem Rechtsstreit relevante Klagepatent aber nur auf dem Gebiet eines Nationalstaates Geltung entfaltet.[1998] Gerade bei weltweit gültigen Standards stoßen hier das Interesse an einer globalen Auflösung einer Patentstreitigkeit und das patentrechtliche Territorialitätsprinzip aufeinander.[1999] Eine (in der Regel für den Lizenznehmer kostengünstigere) bloß nationale Lizenzierung hätte zur Folge, dass der Patentinhaber in jedem einzelnen Land, in dem ein Parallelpatent in Kraft steht gegen Nutzungen des Verletzers vorgehen müsste, was bei einem international in Kraft stehenden Standard kaum möglich wäre.[2000] Es ist daher häufig branchenüblich, eine bestimmte technische Lehre weltweit zu lizenzieren.[2001] Der Patentnutzer muss dies bei Üblichkeit hinnehmen und wird dadurch auch nicht unangemessen benachteiligt, da auch er redlicherweise ein Interesse daran hat, seine gesamte internationale Tätigkeit zu legitimieren.[2002] Anpassungsbedarf an bestimmte geographisch begrenzte Räume besteht also nur, wenn der Lizenzsucher darlegen kann, dass seine Tätigkeit in von der Branchenüblichkeit abweichender, atypischer Weise auf ein bestimmtes Lizenzgebiet beschränkt ist.[2003]

Der Angemessenheit einer weltweiten Lizenzierung steht die Begrenzung der Wirkung eines Klagepatents auf eine bestimmte Jurisdiktion und die auf die EU begrenzte Geltung des europäischen Kartellrechts nicht entgegen.[2004] Zwar kann aus einem bestimmten Patent immer nur die

---

[1997] *Kühnen*, Hdb. Patentverletzung, Kap. E Rn. 336 (ausführlich zur Austrittsproblematik: Kap. E Rn. 336-344).

[1998] Haedicke/Timmann/*Bukow*, § 13 Rn. 284.

[1999] *Arnold*, GRUR 2021, 123; *Keßler/Palzer*, Mitt. 2022, 27; *Picht*, Mitt. 2019, 146, 151.

[2000] U.K. Supreme Court, Urt. v. 26.08.2020 – [2020] UKSC 37, GRUR Int. 2021, 174, Rn. 36, 166 – *Unwired Planet/Huawei*; BGH, Urt. v. 24.11.2020 – KZR 35/17, GRUR 2021, 585, Rn. 118 – *FRAND-Einwand II*; *Arnold*, GRUR 2021, 123.

[2001] BGH, Urt. v. 05.05.2020 – KZR 36/17, GRUR 2020, 961, Rn. 78 – *FRAND-Einwand I*; LG Mannheim, Urt. v. 04.03.2016 – 7 O 96/14, GRUR-RS 2016, 6527, Rn. 97; *Block/Rätz*, GRUR 2019, 797.

[2002] BGH, Urt. v. 05.05.2020 – KZR 36/17, GRUR 2020, 961, Rn. 78 – *FRAND-Einwand I*; LG Mannheim, Urt. v. 11.03.2016 – 7 O 26/14, BeckRS 2016, 132323, Rn. 134; *Kühnen*, Hdb. Patentverletzung, Kap. E Rn. 583; *Nestler/Ordosch*, GRUR-Prax 2012, 372, 374.

[2003] BGH, Urt. v. 05.05.2020 – KZR 36/17, GRUR 2020, 961, Rn. 78 – *FRAND-Einwand I*; OLG Düsseldorf, Beschl. v. 17.11.2016 – 15 U 66/15, BeckRS 2016, 21067, Rn. 42; Haedicke/Timmann/*Bukow*, § 13 Rn. 378; *Kellenter*, FS 80 Jahre Patentgerichtsbarkeit in Düsseldorf (2016), 255, 277.

[2004] LG Düsseldorf, Urt. v. 31.03.2016 – 4a O 126/14, GRUR-RS 2016, 8040, Rn. 189 – *Hochfrequenzanteil*; *Kühnen*, Hdb. Patentverletzung, Kap. E Rn. 584.

Unterlassung einer Nutzung in der jeweiligen Jurisdiktion verlangt werden und ein Schadensersatzanspruch ist nur bezüglich des in diesem Nationalstaat eingetretenen Schadens zu gewähren.[2005] Besteht aber die Pflicht des Patentinhabers, das nationale und europäische Kartellrecht zu beachten, so kann ein kartellrechtskonformes Verhalten in der weltweiten Auflösung des Lizenzierungskonflikts liegen.[2006]

Gleiches gilt für die konzernumfassende Lizenzierung eines Patents: Ist es üblich, eine Lizenz an die jeweilige Konzernmutter oder ein bestimmtes Tochterunternehmen, das Lizenzierungssachverhalte für den gesamten Konzern üblicherweise regelt, zu erteilen, so ist dies FRAND.[2007] Nur so ist gewährleistet, dass es innerhalb eines Konzerns nicht zu einer für den Patentinhaber nicht mehr nachvollziehbaren Vermengung von lizenzierten und nicht-lizenzierten Nutzungen kommt.[2008] Der Ausschluss bestimmter Geschäftsbereiche (z.B. des Großhandelsgeschäfts), in denen der Lizenzsucher oder ein Tochterunternehmen tätig ist, und die damit verbundene Begrenzung auf einzelne Geschäftsbereiche (z.B. Endkundengeschäft), ist hingegen unangemessen.[2009]

dd) Anpassungsklauseln

Der Schutzrechtsbestand eines lizenzierten Patentportfolios oder -pools kann im Laufe der Zeit variieren.[2010] So fallen Patente durch nachträglich festgestellte Nichtigkeit oder den Ablauf der Schutzdauer aus der Menge der zu lizenzierenden Patente heraus oder es kommen in einem erstinstanzlichen Nichtigkeitsverfahren für nichtig gehaltene Patente durch eine Wiederherstellung in der nächsten Instanz hinzu.[2011] Um die Lizenzgebühr bei solchen Schwankungen an den tatsächlichen Bestand an lizenzierungspflichtigen Patenten anpassen zu können, bedarf es in einem FRAND-Vertrag einer darauf gerichteten Anpassungsklausel.[2012] Diese muss nicht bei jeder Änderung der in Kraft stehenden Patentanzahl eine Anpassung vorsehen, sondern nur bei spürbaren

---

[2005] U.K. Supreme Court, Urt. v. 26.08.2020 – [2020] UKSC 37, GRUR Int. 2021, 174, Rn. 86-87, 90 – *Unwired Planet/Huawei.*

[2006] LG Düsseldorf, Urt. v. 31.03.2016 – 4a O 126/14, GRUR-RS 2016, 8040, Rn. 189 – *Hochfrequenzanteil*; Haedicke/Timmann/*Bukow*, § 13 Rn. 284, 298; *Jestaedt*, GRUR 2009, 801, 804; *Kühnen*, Hdb. Patentverletzung, Kap. E Rn. 584.

[2007] BGH, Urt. v. 24.11.2020 – KZR 35/17, GRUR 2021, 585, Rn. 116-123 – *FRAND-Einwand II*; LG Düsseldorf, Urt. v. 11.09.2008 – 4a O 81/07, NJOZ 2009, 930, 952–953 – *MPEG2-Standard-Lizenzvertrag*; *Kühnen*, Hdb. Patentverletzung, Kap. E Rn. 583.

[2008] LG Düsseldorf, Urt. v. 09.11.2018 – 4a O 15/17, BeckRS 2018, 33825, Rn. 219 – *Dekodierungsvorrichtung.*

[2009] LG Düsseldorf, Urt. v. 11.07.2018 – 4c O 72/17, BeckRS 2018, 20333, Rn. 177-182.

[2010] Haedicke/Timmann/*Bukow*, § 13 Rn. 273.

[2011] *Kühnen*, Hdb. Patentverletzung, Kap. E Rn. 576.

[2012] U.K. Supreme Court, Urt. v. 26.08.2020 – [2020] UKSC 37, GRUR Int. 2021, 174, Rn. 64 – *Unwired Planet/Huawei*; OLG Düsseldorf, Beschl. v. 17.11.2016 – 15 U 66/15, BeckRS 2016, 21067, Rn. 32,

Abweichungen vom Ursprungszustand, da nur eine wesentliche Veränderung im Schutzrechtsbestand eine vorher angemessene Lizenzgebühr unangemessen macht.[2013]

Offensichtlich FRAND-widrig ist es daher, eine an einem vollwertigen Portfolio bemessene Lizenzgebühr auch dann noch in vollem Umfang zu verlangen, wenn auch nur ein einziges Patent aus dem Portfolio noch gültig ist.[2014] Auf eine Anpassungsklausel kann hingegen verzichtet werden, wenn von Anfang an eine Gebührenkalkulation aufgestellt wird, die das Risiko des sich verändernden Schutzrechtsbestands gleichmäßig auf beide Parteien verteilt, sodass es Zeiten gibt, in denen der Lizenznehmer ein umfangreiches Portfolio zu günstigen Bedingungen lizenzieren kann, er dafür aber im weiteren Verlauf auch bei abnehmendem Schutzrechtsbestand gleichbleibende Gebühren zahlt.[2015]

ee)   Nichtangriffs- und Rückzahlungsklauseln

Der EuGH hält in *Huawei/ZTE* fest, dass es dem Verletzer erlaubt ist, neben den Verhandlungen über eine FRAND-Lizenzierung oder nach Abschluss eines FRAND-Vertrages die Rechtsbeständigkeit eines SEP anzugreifen.[2016] Demnach sind Klauseln, mit denen sich der Lizenznehmer verpflichtet, das lizenzierte Patent nicht anzugreifen, nicht FRAND, da sonst dieses Recht unterlaufen würde.[2017]

Dass Nichtangriffsklauseln kartellrechtlich missbilligt sind, ergibt sich auch aus Art. 5 Abs. 1 lit. b TT-GVO, der Nichtangriffsverpflichtungen von der kartellrechtlichen Freistellung ausnimmt.[2018] Zwar ist die TT-GVO bei Lizenzverträgen von SEP-Inhabern wegen des Überschreitens von Marktanteilsschwellen in der Regel nicht anwendbar.[2019] Die Wertung, dass eigentlich schutzunfähige Patente angegriffen werden können müssen, da sie ansonsten innovationshemmende Wirkung haben,[2020] ist aber die gleiche wie in *Huawei/ZTE*.

43; OLG Karlsruhe, Urt. v. 09.12.2020 – 6 U 103/19, GRUR-RS 2020, 41067, Rn. 315; Haedicke/Timmann/*Bukow*, § 13 Rn. 370; *Kühnen*, Hdb. Patentverletzung, Kap. E Rn. 576.

[2013] OLG Düsseldorf, Beschl. v. 17.11.2016 – 15 U 66/15, BeckRS 2016, 21067, Rn. 32; OLG Karlsruhe, Urt. v. 25.11.2020 – 6 U 104/18, GRUR-RS 2020, 56869, Rn. 168 – *Steuerkanalsignalisierung I*; *Díaz-Marta*, GRUR Int. 2021, 153, 156; *Groß*, Der Lizenzvertrag, Rn. 945.

[2014] LG Mannheim, Urt. v. 28.09.2018 – 7 O 165/16, BeckRS 2018, 31743, Rn. 64 – *FRAND-Angebote*.

[2015] LG Düsseldorf, Urt. v. 09.11.2018 – 4a O 17/17, BeckRS 2018, 35570, Rn. 360-364; Schulte/*Rinken*, § 24 PatG Rn. 124.

[2016] EuGH, Urt. v. 16.07.2015 – C-170/13, GRUR 2015, 764, Rn. 69 – *Huawei/ZTE*.

[2017] Busse/Keukenschrijver/*McGuire*, § 24 PatG Rn. 119; *Picht*, WuW 2018, 300, 304; MüKo WettbR Bd. I/*M. Wolf*, Grundlagen Rn. 1240.

[2018] *Bechtold/Bosch/Brinker*, EU-KartR, Art. 5 TT–GVO Rn. 8; KK KartellR/*Herrmann*, Art. 5 TT-GVO Rn. 17; MüKo WettbR Bd. I/*Nagel*, Art. 5 TT-GVO Rn. 7.

[2019] Röhricht/v. Westphalen/Haas/*Brandi-Dohrn*, Lizenzverträge Rn. 34; KK KartellR/*Herrmann*, Art. 5 TT-GVO Rn. 24; Loewenheim/Meesen/Riesenkampff u.a./*Schweda*, Art. 5 TT-GVO Rn. 234.

[2020] MüKo WettbR Bd. I/*Nagel*, Art. 5 TT-GVO Rn. 7.

Aus diesem Grund ist auch für die Beurteilung der FRAND-Konformität von Kündigungsklauseln, die einer Nichtangriffsklausel gleichkommen können, der gesetzgeberischen Entscheidung zu folgen, in der seit 2014 geltenden Fassung des Art. 5 Abs. 1 lit. b TT-GVO im Gegensatz zur vorherigen Fassung keine Rückausnahme mehr für die Kündigung einfacher Lizenzen durch den Patentinhaber im Falle des Angriffs auf das Schutzrecht vorzusehen.[2021] Solche Kündigungsrechte des Patentinhabers verhindern wie eine Nichtangriffsklausel die Anfechtung des Patents, da der Lizenznehmer auf die Lizenzierung des SEP angewiesen ist. Sie sind daher unangemessen.[2022] Das gleiche gilt für ein ebenso wirkungsgleiches freies Widerrufsrecht des Patentinhabers, mit dem der Patentinhaber unter anderem im Falle eines Angriffs auf das Patent, die Lizenzierung jederzeit widerrufen kann.[2023]

Wird ein Patent vernichtet, so wird ein Lizenznehmer regelmäßig zwar für die Zukunft von der Lizenzgebührenpflicht befreit, eine Rückzahlung der bis dahin geleisteten Lizenzgebühren besteht aber nicht, da der Lizenznehmer bis zur Nichtigkeitserklärung von der vom Wettbewerb grundsätzlich respektierten Eigenschaft als Lizenznehmer eines formell in Kraft stehenden Schutzrechts profitiert hat.[2024] Auch wenn sich die technische Lösung durch die Standardisierung durchgesetzt hat und nicht durch eine Behauptung im Wettbewerb und jeder lizenzwillige Nutzer Anspruch auf eine Lizenzierung hätte,[2025] gilt diese Wertung bei SEP ebenfalls. Der Lizenznehmer muss im Gegensatz zu den Nicht-Lizenznehmern keine Inanspruchnahme durch den Patentinhaber mehr fürchten.[2026] Zwar können Nicht-Lizenznehmer den kartellrechtlichen Zwangslizenzeinwand erheben, müssen aber auch die damit einhergehenden Unsicherheiten in Kauf nehmen und lizenzwillig sein. Der Lizenznehmer kann zudem aufgrund des Lizenzvertrages Vorteile im arbeitsteiligen Wirtschaftsleben realisieren, da er bei einer delegierten Herstellung beispielsweise einem Hersteller zusichern kann, dass die Rechtslage hinsichtlich der Rechte Dritter geklärt

---

[2021] *Bechtold/Bosch/Brinker*, EU-KartR, Art. 5 TT–GVO Rn. 9; BeckOK PatR/*Loth/Hauck*, § 15 PatG Rn. 127; MüKo WettbR Bd. I/*Nagel*, Art. 5 TT-GVO Rn. 11-12.

[2022] Haedicke/Timmann/*Bukow*, § 13 Rn. 386; Wiedemann/*Klawitter*, § 14 Rn. 288; *Nieder*, GRUR 2018, 666, 669; *Picht*, WuW 2018, 300, 304; Schulte/*Rinken*, § 24 PatG Rn. 80; Loewenheim/Meesen/Riesenkampff u.a./*Schweda*, Art. 5 TT-GVO Rn. 239; *Stief*, PharmR 2021, 573, 575; auf Grundlage der alten Fassung der TT-GVO noch anders: OLG Karlsruhe, Beschl. v. 23.01.2012 – 6 U 136/11, GRUR-RR 2012, 124, 125 – *GPRS-Zwangslizenz I*; kritisch gegenüber der Entscheidung des OLG Karlsruhe auch zur Rechtslage vor Änderung der TT-GVO: *Kühnen*, Hdb. Patentverletzung, Kap. E Rn. 356-357.

[2023] OLG Karlsruhe, Urt. v. 09.12.2020 – 6 U 103/19, GRUR-RS 2020, 41067, Rn. 316-320.

[2024] StRspr: RG, Urt. v. 21.11.1914 – I 119/14, RGZ 86, 45, 56; BGH, Urt. v. 12.04.1957 – I ZR 1/56, GRUR 1957, 595, 596 – *Verwandlungstisch*; BGH, Urt. v. 17.10.1968 – KZR 11/66, GRUR 1969, 409, 410 – *Metallrahmen*; BGH, Urt. v. 26.06.1969 – X ZR 52/66, GRUR 1969, 677, 678 – *Rüben-Verladeeinrichtung*; BGH, Urt. v. 25.01.1983 – X ZR 47/82, GRUR 1983, 237, 238–239 – *Brückenlegepanzer*.

[2025] Dies gegen eine Übertragbarkeit dieses Gedankens auf SEP anführend: *Herrlinger*, GRUR 2012, 740, 741; *Meier-Beck*, FS Tolksdorf (2014), 115, 122; *Reimann/Hahn*, FS von Meibom (2010), 373, 384.

[2026] BGH, Urt. v. 25.01.1983 – X ZR 47/82, GRUR 1983, 237, 239 – *Brückenlegepanzer*.

ist.[2027] Die schon vom Reichsgericht getroffene Wertung, dass eine Rückzahlung ausgeschlossen ist, weil „[e]in ungültiges Patent, daß [sic!] niemals angefochten wird, [...] so viel wert [ist], wie ein unanfechtbares"[2028], sodass bis zur Nichtigkeitserklärung eine die Entgeltzahlung legitimierende Gegenleistung bestand,[2029] gilt auch bei Standardessentialität eines Patents. Somit ist ein Rückforderungsrecht auch bei SEP abzulehnen.[2030] Aufgrund der bestehenden Üblichkeit des Verbleibs gezahlter Lizenzgebühren beim Lizenzgeber trotz Patentvernichtung kann eine Rückzahlungsklausel in einem FRAND-Lizenzvertrag nicht verlangt werden.[2031]

ff)   Regelung vergangener Nutzungen

Für den Inhalt eines Lizenzvertrags stellt sich außerdem die Frage, wie sich dieser zu den durch den Verletzer bereits vorgenommenen Nutzungen verhalten muss. Zwar ist der SEP-Inhaber nicht verpflichtet, die vergangenen Nutzungshandlungen im Lizenzvertrag zu regeln.[2032] Er muss sich aber auch nicht auf ein Vertragswerk einlassen, welches eine solche Regelung nicht enthält, darf einen Einbezug einer solchen Regelung also verlangen, ohne ausbeuterisch zu handeln.[2033] Ist der Verletzer nur zu einer Vereinbarung in Bezug auf Zeiträume ab dem Lizenzvertragsschluss bereit, so verlangt er letztlich eine „Freistellung für die Vergangenheit"[2034]. Ein Ausklammern bereits erfolgter Nutzungshandlungen aus dem Lizenzvertrag birgt die Gefahr einer Anreizwirkung, einen Lizenzvertragsschluss aufzuschieben und genügt damit nicht dem FRAND-Grundsatz einer vertragsschlussfördernden Mitwirkung.[2035]

[2027] BGH, Urt. v. 25.01.1983 – X ZR 47/82, GRUR 1983, 237, 239 – *Brückenlegepanzer*.
[2028] RG, Urt. v. 21.11.1914 – I 119/14, RGZ 86, 45, 56.
[2029] RG, Urt. v. 21.11.1914 – I 119/14, RGZ 86, 45, 56; BGH, Urt. v. 25.01.1983 – X ZR 47/82, GRUR 1983, 237, 239 – *Brückenlegepanzer*.
[2030] Haedicke/Timmann/*Bukow*, § 13 Rn. 276; *Kühnen*, Hdb. Patentverletzung, Kap. E Rn. 475.
[2031] LG Düsseldorf, Urt. v. 31.03.2016 – 4a O 126/14, GRUR-RS 2016, 8040, Rn. 197 – *Hochfrequenzanteil*; Haedicke/Timmann/*Bukow*, § 13 Rn. 276; *Kühnen*, Hdb. Patentverletzung, Kap. E Rn. 475.
[2032] OLG Karlsruhe, Urt. v. 09.12.2020 – 6 U 103/19, GRUR-RS 2020, 41067, Rn. 302.
[2033] OLG Düsseldorf, Urt. v. 12.05.2022 – 2 U 13/21, GRUR-RS 2022, 11779, Rn. 177 – *Signalsynthese II*; LG Düsseldorf, Urt. v. 11.09.2008 – 4a O 81/07, NJOZ 2009, 930, 953 – *MPEG2-Standard-Lizenzvertrag*; LG Mannheim, Urt. v. 09.12.2011 – 7 O 122/11, Mitt. 2012, 120, Rn. 89-92; *Kühnen*, Hdb. Patentverletzung, Kap. E Rn. 358, 389.
[2034] OLG Düsseldorf, Urt. v. 12.05.2022 – 2 U 13/21, GRUR-RS 2022, 11779, Rn. 177 – *Signalsynthese II*.
[2035] OLG Düsseldorf, Urt. v. 12.05.2022 – 2 U 13/21, GRUR-RS 2022, 11779, Rn. 177 – *Signalsynthese II*; LG Düsseldorf, Urt. v. 11.09.2008 – 4a O 81/07, NJOZ 2009, 930, 953 – *MPEG2-Standard-Lizenzvertrag*.

gg)   Gerichtsstand, Rechtswahl und Kreuzlizenzen

Gerichtsstandsvereinbarungen zugunsten eines in vergleichbaren Patentstreitverfahren oder Lizenzverträgen üblichen Gerichtsstandorts sind in der Regel angemessen.[2036] Das gleiche gilt für Rechtswahlklauseln zugunsten eines rechtsstaatlichen Standards genügenden zur Anwendung berufenen Rechts.[2037]

Die Vereinbarung von Kreuzlizenzen in Bezug auf die vom Patentinhaber und vom Lizenzsucher jeweils gehaltenen SEP ist an sich unter Angemessenheitsgesichtspunkten nicht zu beanstanden und kann aufgrund von Effizienzgewinnen und der Verminderung von Transaktionskosten zu positiven Wettbewerbseffekten führen.[2038] Eine erzwungene Kopplung der Lizenzierung an eine Gegenlizenzierung (insb. auch von Nicht-SEP des Verletzers) oder das Fehlen einer Absenkung der Lizenzgebühr, die dem Wert der Gegenlizenzierung Rechnung trägt, können eine Ausbeutung aber begründen.[2039]

3.   Lizenzgebührenberechnung

Auch wenn die übrigen Lizenzbedingungen ebenso angemessen und diskriminierungsfrei ausgestaltet sein müssen wie die Lizenzgebühr und ihre Gestaltung sich selbstverständlich auf die Lizenzgebührenhöhe auswirkt, so ist die Frage, welche Vergütung der Lizenznehmer am Ende für die Patentnutzung zahlen muss bzw. wie viel der Patentinhaber verlangen kann, in der Praxis von zentralem Interesse.[2040] Im Folgenden werden die zentralen Leitlinien und Methoden[2041] für die Bestimmung von FRAND-Lizenzgebühren vorgestellt.[2042]

Hierfür seien die bereits hergeleiteten Erkenntnisse in Erinnerung gerufen, dass es stets eine gewisse Bandbreite an FRAND-gemäßen Lizenzgebühren geben kann, eine Annäherung über

---

[2036]   OLG Düsseldorf, Beschl. v. 17.06.2020 – 2 U 20/20, BeckRS 2020, 53138, Rn. 17; *Kühnen*, Hdb. Patentverletzung, Kap. E Rn. 325.

[2037]   *Kühnen*, Hdb. Patentverletzung, Kap. E Rn. 326.

[2038]   Patentvertragsrecht/*Hauck/Zech*, § 11 Rn. 1, 5; MüKo WettbR Bd. I/*Kerber/Schwalbe*, Grundlagen Rn. 381.

[2039]   LG Düsseldorf, Urt. v. 13.02.2007 – 4a O 124/05, BeckRS 2008, 7732, Rn. 46-49 – *Siemens/Amoi*.

[2040]   *Groß*, Der Lizenzvertrag, Rn. 98; *Kurtz/Straub*, GRUR 2018, 136.

[2041]   Dazu und zu den zahlreichen weiteren teilweise vertretenen Berechnungsansätzen: *Ann/Friedl*, Mitt. 2021, 145; *Dornis*, WRP 2020, 540; *ders.*, WRP 2020, 688; Immenga/Mestmäcker/*A. Fuchs*, Art. 102 AEUV Rn. 176-179; *Kurtz/Straub*, GRUR 2018, 136; *Nestler/Ordosch*, GRUR-Prax 2012, 372; *Tsilikas*, GRUR Int. 2020, 885; MüKo WettbR Bd. II/*M. Wolf*, § 19 GWB Rn. 92-117; zu den im US-Recht herangezogenen sogenannten Georgia-Pacific-Factors: US District Court for the Southern District of New York, Urt. v. 28.05.1970 – 318 F. Supp. 1116 (1970) – *Georgia Pacific*.

[2042]   Über die hier vorgestellten zentralen Leitlinien hinaus wurde die Thematik auch schon von speziell auf die Gebührenberechnung von FRAND-Lizenzen ausgerichteten monografischen Untersuchungen durchdrungen: *Heitkamp*, FRAND-Bedingungen bei SEP; *Kleindienst*, Bestimmung angemessener Gebühren für FRAND-Lizenzen an SEP; einen Vorschlag für eine automatisierte Lizenzberechnung auf Basis der Blockchain-Technologie präsentierend: *Block*, FRAND-Lizenzierung & Transaktionskosten.

wertende, keine mathematische Präzision erfordernde Betrachtungen zulässig ist und den Umständen des Einzelfalls stets Rechnung getragen werden muss. Bereits erfolgte Lizenzierungen können hierbei sowohl einen Maßstab für die Frage der Diskriminierung als auch ein Indiz für die Angemessenheit darstellen. Zudem ist eine Überschreitung des FRAND-Rahmens im Sinne des Ausbeutungsmissbrauchs nur bei einer erheblichen Abweichung von einem in einem marktbeherrschungsfreien Als-Ob-Wettbewerb zu unterstellenden Preisniveau anzunehmen.

a)   Stück-, Umsatz- oder Pauschallizenz

Eine Lizenzgebühr wird in der Regel anhand eines Lizenzsatzes, der auf eine bestimmte Bezugsgröße angewendet wird, berechnet.[2043] Als Bezugsgröße kommen insbesondere die Menge an patentnutzenden Gegenständen (Stücklizenz) oder der damit erzielte Umsatz (Umsatzlizenz) in Betracht.[2044] Unabhängig von einer konkreten Bezugsgröße einmalig oder in bestimmten Zeitabständen wiederkehrend zu leistende Zahlungen sind hingegen das Merkmal einer Pauschallizenz.[2045]

Eine Pauschallizenz birgt für den Lizenznehmer die Gefahr einer Zahlungsverpflichtung, der keine entsprechende Patentnutzung gegenübersteht, sodass er alleine das Risiko einer hinter den Erwartungen zurückbleibenden Verwertung trägt.[2046] Aufgrund dieser den Lizenznehmer einseitig belastenden Risikoverteilung ist eine Pauschallizenz nicht gegen den Willen des Lizenznehmers als FRAND-Lizenz möglich.[2047]

Stück- und Umsatzlizenzen sowie Variationen und Kombinationen dieser Lizenzformen mit anderen Lizenzgestaltungen (z.B. gestaffelte Lizenzsätze, Mindest- und Höchstlizenzen, Gewinnbeteiligungen)[2048] sind für die Vereinbarung FRAND-konformer Lizenzgebühren hingegen grundsätzlich taugliche Gestaltungen.[2049]

Jedoch wird vorgebracht, dass eine Stücklizenz, die in der Regel anhand eines industrieweiten durchschnittlichen Stückpreises eines Produkts und ihrer Natur nach nicht nach dem im konkreten Fall damit erzielten Umsatz berechnet wird,[2050] eine Benachteiligung von Anbietern darstelle, die

---

[2043] *Körber*, Standardessentielle Patente, S. 87; Haedicke/Timmann/*Nestler*, § 19 Rn. 82.
[2044] *Groß*, Der Lizenzvertrag, Rn. 103, 111; Haedicke/Timmann/*Nestler*, § 19 Rn. 82.
[2045] *Groß*, Der Lizenzvertrag, Rn. 113.
[2046] Haedicke/Timmann/*Bukow*, § 13 Rn. 375.
[2047] *Kühnen*, Hdb. Patentverletzung, Kap. E Rn. 612.
[2048] *Groß*, Der Lizenzvertrag, Rn. 109, 114, 117, 118-120; Haedicke/Timmann/*Nestler*, § 19 Rn. 82.
[2049] OLG Karlsruhe, Urt. v. 02.02.2022 – 6 U 149/20, GRUR-RS 2022, 9468, Rn. 204 – *Steuerkanalsignalisierung II*; LG Düsseldorf, Urt. v. 30.11.2006 – 4b O 546/05, juris, Rn. 115 – *Videosignal-Codierung II*.
[2050] OLG Karlsruhe, Urt. v. 02.02.2022 – 6 U 149/20, GRUR-RS 2022, 9468, Rn. 204 – *Steuerkanalsignalisierung II*.

ausschließlich im niedrigeren Preissegment eines patentnutzenden Produkts tätig seien.[2051] Dies ermögliche Unternehmen, die zumindest auch in den höheren Preissegmenten tätig sind, einen Wettbewerbsvorteil.[2052] Ohne Zweifel nimmt ein fixer Lizenzbetrag pro Stück bei einem günstigen Produkt einen größeren Anteil am Verkaufspreis ein als bei einem teureren Produkt. Allerdings stellt dies einen Kostenfaktor dar, der von jedem Produkthersteller wie jeder andere Kostenfaktor auch in seiner Preiskalkulation berücksichtigt werden muss.[2053] Insofern besteht kein erkennbarer Unterschied zum Einbezug von anderen ebenfalls über verschiedene Preissegmente gleichbleibenden Kostenbestandteilen wie der ab einem gewissen Grad nicht mehr reduzierbaren Kosten für Transport, Rohstoffe etc. Gerade weil eine Stücklizenz einen für alle Wettbewerber identischen Kostenfaktor darstellt, ist sie wettbewerblich neutral.[2054]

Will ein Lizenznehmer ausschließlich ein niedriges Preissegment bedienen, so muss er die Wirtschaftlichkeit seines Geschäftsmodells durch eigene Leistungen (effiziente Unternehmensstruktur, Kostenvorteile im Massengeschäft etc.) erreichen. Er kann dies nicht auf Kosten des Patentinhabers ermöglichen.[2055] Das Interesse bestimmter Hersteller und Verbraucher an möglichst günstigen Preisen reicht darüber hinaus nicht so weit, dass es nicht marktfähige und damit wettbewerbsschädliche Dumpingpreise schützen würde.[2056] Der Patentinhaber muss also nicht mit Rücksicht auf das Geschäftsmodell des Lizenznehmers von einer sich am industrieweiten Durchschnittspreis orientierenden Stücklizenzierung Abstand nehmen.[2057] Sie ist vielmehr ein taugliches Instrument, um eine FRAND-konforme Gleichbehandlung und angemessene Vergütung zu erzielen.

[2051] LG Mannheim, Urt. v. 21.08.2020 – 2 O 136/18, GRUR-RS 2020, 26457, Rn. 143-144; *Kurtz/Straub*, GRUR 2018, 136, 138.

[2052] LG Mannheim, Urt. v. 21.08.2020 – 2 O 136/18, GRUR-RS 2020, 26457, Rn. 144.

[2053] *Kühnen*, Hdb. Patentverletzung, Kap. E Rn. 610.

[2054] OLG Karlsruhe, Urt. v. 02.02.2022 – 6 U 149/20, GRUR-RS 2022, 9468, Rn. 178 – *Steuerkanalsignalisierung II*; LG Düsseldorf, Urt. v. 11.09.2008 – 4a O 81/07, NJOZ 2009, 930, 946 – *MPEG2-Standard-Lizenzvertrag*.

[2055] *Kühnen*, GRUR 2019, 665, 670.

[2056] LG Mannheim, Urt. v. 21.08.2020 – 2 O 136/18, GRUR-RS 2020, 26457, Rn. 137; *Kühnen*, GRUR 2019, 665, 670.

[2057] OLG Karlsruhe, Urt. v. 02.02.2022 – 6 U 149/20, GRUR-RS 2022, 9468, Rn. 181-182 – *Steuerkanalsignalisierung II*; LG München I, Urt. v. 20.10.2022 – 7 O 13016/21, GRUR-RS 2022, 34108, Rn. 133-137; *Kühnen*, Hdb. Patentverletzung, Kap. E Rn. 610; ebenfalls die FRAND-Konformität einer einheitlichen Stücklizenzsumme über verschiedene Preissegmente hinweg als FRAND ansehend: England and Wales High Court, Urt. v. 16.03.2023 – [2023] EWHC 539 (Pat), GRUR-RS 2023, 7536, 247, 291 – *InterDigital/Lenovo*.

b)   Endprodukt oder *smallest saleable patent-practicing unit*

Für die Gebührenberechnung entscheidend ist neben dem Lizenzsatz und der gewählten Bezugsgröße das der Gebührenberechnung zugrunde zu legende patentnutzende Produkt.[2058] Bei einem komplexen patentnutzenden Endprodukt, in das Bestandteile eingefügt werden, die für sich genommen schon die technische Lehre des Patents verwirklichen, stellt sich die Frage, ob sich die Lizenzgebühr am Endprodukt zu orientieren hat oder am eingefügten Bestandteil, also der kleinsten handelbaren patentnutzenden Einheit (*smallest saleable patent-practicing unit* = SSPPU).[2059] Eine Ausrichtung am Endprodukt führt – wenn nicht der Lizenzsatz entsprechend reduziert wird – aufgrund des in aller Regel höheren Endproduktverkaufspreises zu höheren Lizenzgebühren als eine Berechnung anhand der SSPPU.[2060]

Für ein Zugrundelegen der SSPPU wird angeführt, dass dies zum einen die Berechnung vereinfache, zum anderen dem jeweiligen Einzelnutzen eines Patents am besten gerecht werde und verhindere, dass der Patentinhaber an nachgelagerter Wertschöpfung und Innovation zu Unrecht partizipiere.[2061] Jedoch kann das Einfügen in ein zusammengesetztes Endprodukt nicht außen vor bleiben, da der Wert einer Lizenzierung daran zu bemessen ist, welcher wirtschaftliche Nutzen der Patentnutzung letztlich am Markt zukommt (*entire market value*).[2062] Würde man die SSPPU zugrunde legen, so bliebe die Patentnutzung durch das Endprodukt, die eine eigenständige, geschützte Nutzung darstellt, unberücksichtigt und damit unvergütet.[2063] Nicht zuletzt bewirkt eine Betrachtung von Einzelkomponenten nicht ohne Weiteres eine Vereinfachung der Berechnung.[2064]

Demnach ist beispielsweise bei der Verwirklichung einer patentgeschützten Lehre durch ein Auto, welches mit einer Telematik-Kontrolleinheit (*telematic control unit* = TCU), die Mobilfunkfunktionen des Autos ermöglicht, versehen ist, nicht auf den Einkaufspreis der TCU abzustellen.[2065] Der Nutzen des Patents liegt bei dieser konkreten Anwendung in der Mobilfunkfunktionalität des Autos, sodass der Wert der Patentnutzung für den Kunden in Bezug auf das

---

[2058] *Dornis*, WRP 2020, 688, 691.

[2059] LG Mannheim, Urt. v. 18.08.2020 – 2 O 34/19, GRUR-RS 2020, 20358, Rn. 142-143 – *Lizenz in Wertschöpfungskette*; *Körber*, NZKart 2020, 493, 494.

[2060] *Martinez*, GRUR Int. 2019, 633, 639.

[2061] *Dornis*, WRP 2020, 688, 691–692; *Körber*, Standardessentielle Patente, S. 88–95.

[2062] LG Mannheim, Urt. v. 18.08.2020 – 2 O 34/19, GRUR-RS 2020, 20358, Rn. 142-143 – *Lizenz in Wertschöpfungskette*; LG München I, Urt. v. 30.10.2020 – 21 O 11384/19, juris, Rn. 353 – *Lizenzverhandlung*; *Kühnen*, GRUR 2019, 665, 670.

[2063] LG Mannheim, Urt. v. 18.08.2020 – 2 O 34/19, GRUR-RS 2020, 20358, Rn. 143 – *Lizenz in Wertschöpfungskette*; LG München I, Urt. v. 30.09.2020 – 21 O 3891/19, GRUR-RS 2020, 54658, Rn. 164 – *Connected Cars*; *Kühnen*, GRUR 2019, 665, 671.

[2064] LG Mannheim, Urt. v. 18.08.2020 – 2 O 34/19, GRUR-RS 2020, 20358, Rn. 143 – *Lizenz in Wertschöpfungskette*.

[2065] LG München I, Urt. v. 30.09.2020 – 21 O 3891/19, GRUR-RS 2020, 54658, Rn. 163-164 – *Connected Cars*; LG München I, Urt. v. 30.10.2020 – 21 O 11384/19, juris, Rn. 353 – *Lizenzverhandlung*.

Auto besteht.[2066] Somit ist der Lizenzgebührenberechnung richtigerweise das patentnutzende Endprodukt zugrunde zu legen.[2067]

c) Gebührenermittlung nach dem Vergleichsmarktkonzept

Da sich die Angemessenheit einer Lizenzgebühr danach beurteilt, ob sie im Rahmen eines in einem beherrschungsfreien Als-Ob-Wettbewerb erzielbaren Lizenzgebührenkorridors liegt und der Patentinhaber zu einer diskriminierungsfreien Lizenzierung verpflichtet ist, eignet sich vorrangig das kartellrechtliche Vergleichsmarktkonzept zur Bestimmung einer FRAND-Gebühr bzw. Überprüfung der FRAND-Konformität einer von einer Partei angebotenen Lizenzgebühr.[2068] Das Vergleichsmarktkonzept richtet den Blick auf sachlich, räumlich oder zeitlich vergleichbare Märkte, in denen ein (möglichst) wirksamer Wettbewerb herrscht oder herrschte.[2069]

Nach dem sachlichen Vergleichsmarktkonzept wird die beherrschungsfreie Preisgestaltung und Preisbildung ähnlicher Produkte des Marktbeherrschers oder seiner Wettbewerber zu Rate gezogen.[2070] Bezogen auf die Lizenzierung von Patenten muss also auf die Lizenzierung von solchen Patenten abgestellt werden, die in ihrer Bedeutung für das patentnutzende Produkt bzw. den Standard dem zu beurteilenden Patent gleichstehen und auf einem anderen Markt keine Marktbeherrschung begründen.[2071] Das räumliche Vergleichsmarktkonzept betrachtet hingegen die Lizenzierung des jeweiligen infrage stehenden Patents auf einem anderen räumlich getrennten und nicht von Marktbeherrschung bestimmten Markt.[2072] Das zeitliche Vergleichsmarktkonzept

---

[2066] LG München I, Urt. v. 30.09.2020 – 21 O 3891/19, GRUR-RS 2020, 54658, Rn. 163-164 – *Connected Cars*; LG München I, Urt. v. 30.10.2020 – 21 O 11384/19, juris, Rn. 353 – *Lizenzverhandlung*.

[2067] LG Mannheim, Urt. v. 18.08.2020 – 2 O 34/19, GRUR-RS 2020, 20358, Rn. 142 – *Lizenz in Wertschöpfungskette*; LG München I, Urt. v. 30.10.2020 – 21 O 11384/19, juris, Rn. 353 – *Lizenzverhandlung*; *Kühnen*, GRUR 2019, 665, 671; *Martinez*, GRUR Int. 2019, 633, 639.

[2068] OLG Düsseldorf, Beschl. v. 17.11.2016 – 15 U 66/15, BeckRS 2016, 21067, Rn. 16; LG Mannheim, Urt. v. 09.11.2007 – 7 O 115/05, NJOZ 2008, 960, 978; *Bechtold/Bosch*, GWB, § 19 GWB Rn. 57; *Kühnen*, Hdb. Patentverletzung, Kap. E Rn. 322, 591; Schulte/*Rinken*, § 24 PatG Rn. 66; *Tsilikas*, GRUR Int. 2020, 885, 886; BeckOK PatR/*Wilhelmi*, § 24 PatG Rn. 100; ebenso: England and Wales High Court, Urt. v. 16.03.2023 – [2023] EWHC 539 (Pat), GRUR-RS 2023, 7536 – *InterDigital/Lenovo*.

[2069] LG Düsseldorf, Urt. v. 30.11.2006 – 4b O 546/05, juris, Rn. 116 – *Videosignal-Codierung II*; *Bechtold/Bosch*, GWB, § 19 GWB Rn. 57; Immenga/Mestmäcker/*A. Fuchs*, Art. 102 AEUV Rn. 180; Paschke/Berlit/Meyer/Kröner/*Paschke*, Teil 2 Kap. 4 Abschn. 17 Rn. 33; Schulte/*Rinken*, § 24 PatG Rn. 66.

[2070] *Bechtold/Bosch*, GWB, § 19 GWB Rn. 58; Immenga/Mestmäcker/*A. Fuchs*, Art. 102 AEUV Rn. 183; Loewenheim/Meesen/Riesenkampff u.a./*Huttenlauch*, Art. 102 AEUV Rn. 189.

[2071] *Kühnen*, Hdb. Patentverletzung, Kap. E Rn. 594.

[2072] *Bechtold/Bosch*, GWB, § 19 GWB Rn. 58; Schwarze/Becker/Hatje/Schoo/*Brinker*, Art. 102 AEUV Rn. 23; Immenga/Mestmäcker/*A. Fuchs*, Art. 102 AEUV Rn. 181; MüKo WettbR Bd. I/*Kerber/Schwalbe*, Grundlagen Rn. 579.

schaut auf frühere erfolgte Lizenzierungen des gleichen Patents auf dem gleichen Markt und vergleicht die Preise unter dem Gesichtspunkt, ob eine möglicherweise erfolgte Preiserhöhung unter funktionierenden Wettbewerbsbedingungen hätte zustande kommen können.[2073]

Bei allen drei Spielarten des Vergleichsmarktkonzepts können, wenn auf passenden Vergleichsmärkten ebenfalls kein wirksamer Wettbewerb vorhanden ist oder zwar mehr Wettbewerb herrscht als auf dem zu beurteilenden Markt, aber dennoch kein vollständig intakter Wettbewerb besteht, solche Märkte dennoch vergleichsweise herangezogen werden,[2074] wobei dann entsprechende Zu- oder Abschläge vorzunehmen sind.[2075] Mit solchen Anpassungen kann auch (bei beherrschungsfreien wie bei nicht beherrschungsfreien Vergleichsmärkten) auf tatsächliche Unterschiede der an sich vergleichbaren Märkte reagiert werden.[2076] Aufgrund der generellen Schwierigkeit, verschiedene Märkte miteinander zu vergleichen und der Gefahr, dass möglicherweise wettbewerbswidrig zustande gekommene Lizenzgebühren durch eine Übernahme perpetuiert werden, erfordert die Anwendung des Vergleichsmarktkonzepts immer eine wertende Überprüfung der daraus ableitbaren Ergebnisse.[2077] Bei Bedarf sind sich ihrer Höhe nach am Grad der Unwägbarkeiten orientierende Sicherheitszuschläge vorzunehmen.[2078]

Wurde das fragliche Patent oder Patentportfolio in der Vergangenheit bereits lizenziert, so sind die in Bezug auf das konkrete Patent bzw. Patentportfolio oder wesentliche Teile dessen bereits geschlossenen Lizenzvereinbarungen vorrangig heranzuziehen.[2079] Sind diese beherrschungsfrei abgeschlossen worden, kann vermutet werden, dass die darin enthaltenen Lizenzgebühren angemessen sind.[2080] Es sind dann nur noch Anpassungen vorzunehmen, die sich aus Besonderheiten des Lizenzierungssachverhalts ergeben.[2081] Hinsichtlich der bisherigen Lizenzierung bestehen die im Rahmen der Anforderungen an das FRAND-Angebot des Patentinhabers bereits geschilderten Vorlagepflichten.[2082]

[2073] EuGH, Urt. v. 11.11.1986 – C-226/84, BeckRS 2004, 72421, Rn. 25-30 – *British Leyland*; *Bechtold/Bosch*, GWB, § 19 GWB Rn. 58; Immenga/Mestmäcker/*A. Fuchs*, Art. 102 AEUV Rn. 184; MüKo WettbR Bd. I/*Kerber/Schwalbe*, Grundlagen Rn. 579.

[2074] MüKo WettbR Bd. II/*M. Wolf*, § 19 GWB Rn. 93.

[2075] Immenga/Mestmäcker/*A. Fuchs*, Art. 102 AEUV Rn. 181.

[2076] *Bechtold/Bosch*, GWB, § 19 GWB Rn. 59; KK KartellR/*Busche*, Art. 102 AEUV Rn. 87; Paschke/Berlit/Meyer/Kröner/*Paschke*, Teil 2 Kap. 4 Abschn. 17 Rn. 33; MüKo WettbR Bd. II/*M. Wolf*, § 19 GWB Rn. 99-103.

[2077] LG Düsseldorf, Urt. v. 09.11.2018 – 4a O 17/17, BeckRS 2018, 35570, Rn. 269; *Bechtold/Bosch*, GWB, § 19 GWB Rn. 59; *Kühnen*, Hdb. Patentverletzung, Kap. E Rn. 595; *Nestler/Ordosch*, GRUR-Prax 2012, 372, 373.

[2078] MüKo WettbR Bd. II/*M. Wolf*, § 19 GWB Rn. 106.

[2079] England and Wales High Court, Urt. v. 05.04.2017 – [2017] EWHC 711 (Pat), Rn. 179; *Kühnen*, Hdb. Patentverletzung, Kap. E Rn. 593.

[2080] LG Düsseldorf, Urt. v. 09.11.2018 – 4a O 17/17, BeckRS 2018, 35570, Rn. 269; *Kühnen*, Hdb. Patentverletzung, Kap. E Rn. 593; *Tsilikas*, GRUR Int. 2020, 885, 889.

[2081] EuGH, Urt. v. 13.07.1989 – C-395/87, GRUR Int. 1990, 622, Rn. 46 – *Tournier*; Immenga/Mestmäcker/*A. Fuchs*, Art. 102 AEUV Rn. 196; *Kühnen*, Hdb. Patentverletzung, Kap. E Rn. 593.

[2082] Siehe: 3. Teil Kap. B. IV. 3. (S. 204 ff.).

In jedem Fall ist zu beachten, dass die Lizenzierung eines SEP auch dann ausbeuterisch sein kann, wenn dadurch die Grenze dessen überschritten wird, was an Lizenzgebühren auf einem bestimmten Produkt lasten kann, ohne dass es seine Marktgängigkeit einbüßt.[2083] Nutzt ein Produkt zahlreiche SEP aus einem oder mehreren Standards, so führt eine einfache Addition aller für sich genommen möglicherweise angemessenen Lizenzgebühren häufig zu einer überhöhten Gesamtlizenzbelastung des Produkts (*royalty stacking*).[2084] Ist dieses Limit erreicht, muss eine Kappung der jeweils einzelnen Lizenzgebühr stattfinden.[2085]

Dies ist jedoch nur erforderlich, wenn die zulässige Gesamtlizenzbelastung in der konkreten Lizenzierungssituation bereits erreicht ist, also der Verletzer bereits Lizenzgebühren an Dritte zahlt oder aufgrund bereits angemeldeter Ansprüche in unmittelbarer Zukunft zahlen wird.[2086] Einer Berechnung des theoretischen Anteils des Patentinhabers, würden alle Lizenzgebühren für das Produkt gezahlt, obwohl dies in der Praxis nicht der Fall ist, bedarf es bei einer Ableitung der Lizenzgebühren aus dem Vergleichsmarktkonzept nicht.[2087] Ergeben vergleichbare Konstellationen, dass eine bestimmte Lizenzgebühr im Wettbewerb als angemessen akzeptiert ist, so besteht kein Anspruch des Lizenzsuchers darauf, weniger zu zahlen, nur weil andere Patentinhaber möglicherweise und völlig ungewiss in Zukunft auch Ansprüche anmelden könnten.[2088] Sollte in der Folge einer zukünftigen Beanspruchung durch Dritte die Höchstbelastungsgrenze des Produkts jedoch überschritten werden, so hat dann eine Anpassung der Lizenzgebühren zu erfolgen.[2089] Es kann dafür bereits eine Anpassungs- bzw. Kappungsklausel im Lizenzvertrag vereinbart werden.[2090]

[2083] LG Düsseldorf, Urt. v. 19.01.2016 – 4b O 49/14, GRUR-RS 2016, 128144, Rn. 156; Haedicke/Timmann/*Bukow*, § 13 Rn. 302; *Goddar*, GRUR 2021, 196, 199; *Nieder*, GRUR 2018, 666, 667; BeckOK PatR/*Wilhelmi*, § 24 PatG Rn. 100.

[2084] OLG Karlsruhe, Urt. v. 02.02.2022 – 6 U 149/20, GRUR-RS 2022, 9468, Rn. 20 – *Steuerkanalsignalisierung II*; Schulte/*Rinken*, § 24 PatG Rn. 67.

[2085] LG Düsseldorf, Urt. v. 13.02.2007 – 4a O 124/05, BeckRS 2008, 7732, Rn. 50-56 – *Siemens/Amoi*; Haedicke/Timmann/*Bukow*, § 13 Rn. 302; *Kühnen*, Hdb. Patentverletzung, Kap. E Rn. 593.

[2086] LG Düsseldorf, Urt. v. 13.02.2007 – 4a O 124/05, BeckRS 2008, 7732, Rn. 53 – *Siemens/Amoi*; *Kühnen*, Hdb. Patentverletzung, Kap. E Rn. 323, 593; *Nieder*, GRUR 2018, 666, 668; Schulte/*Rinken*, § 24 PatG Rn. 67; *Wuttke*, Mitt. 2018, 107, 113; a.A.: *Dornis*, WRP 2020, 688, 695; *Kurtz/Straub*, GRUR 2018, 136, 141–142.

[2087] *Nieder*, GRUR 2018, 666, 668; Schulte/*Rinken*, § 24 PatG Rn. 67; *Wuttke*, Mitt. 2018, 107, 113.

[2088] *Nieder*, GRUR 2018, 666, 668.

[2089] LG Düsseldorf, Urt. v. 13.02.2007 – 4a O 124/05, BeckRS 2008, 7732, Rn. 54 – *Siemens/Amoi*.

[2090] OLG Düsseldorf, Beschl. v. 17.11.2016 – 15 U 66/15, BeckRS 2016, 21067, Rn. 44; LG Düsseldorf, Urt. v. 11.09.2008 – 4a O 81/07, NJOZ 2009, 930, 949–950 – *MPEG2-Standard-Lizenzvertrag*; *Dornis*, WRP 2020, 540, 543–544; *Kühnen*, Hdb. Patentverletzung, Kap. E Rn. 323.

d) Gebührenermittlung bei fehlender Vergleichsgrundlage

Nicht immer bestehen geeignete Vergleichsmärkte. Oft bestehen nur Vergleichsmärkte mit Verzerrungen durch fehlenden Wettbewerb, sodass eine Ableitung von angemessenen Lizenzgebühren daraus bei wertender Betrachtung nicht möglich ist.[2091] Es muss sodann der Wert der Lizenzierung des Patents oder Patentportfolios festgestellt werden, der diesem in Anbetracht des patentnutzenden Produkts zugeordnet werden kann.[2092] Mangels Vermutung für die Angemessenheit einer bestimmten (ggf. höheren) Lizenzgebühr ist hier von Anfang an der jeweilige Anteil an der zulässigen Gesamtlizenzbelastung (Pro-rata-Lizenzgebühr) zu errechnen.[2093]

Dafür ist die zulässige Gesamtlizenzbelastung eines Produkts zu ermitteln und dieser Wert sodann auf die auf dem Produkt lastenden Patente zu verteilen (sogenannte Top-Down-Berechnung).[2094] Dieser relative Lizenzanteil stellt dann den Lizenzsatz dar, der auf die jeweilige Bezugsgröße anzuwenden ist.[2095] Allerdings würde ein simpler Quotient aus der ermittelten maximalen Gesamtlizenzbelastung und der Patentanzahl die Relevanz der jeweiligen Patente für das Produkt bzw. den Standard unberücksichtigt lassen.[2096] Jedes einzelne Patent auf seinen Nutzen hinsichtlich des Produkts zu überprüfen, ist aber schlicht nicht umsetzbar.[2097]

Es bedarf also einer Einordnung der Patente in Kohorten, die bei der Verteilung der Gesamtlizenzsumme unterschiedliche Gewichtungen erfahren.[2098] Dabei sind Patente, die für das Produkt in jedem Fall unverzichtbar sind, höher einzuordnen als bloß optional oder für untergeordnete Funktionen zu verwendende Patente.[2099] Für die Wettbewerbsfähigkeit völlig irrelevante Patente oder vom konkreten Produkt nicht genutzte Patente eines Standards stehen auf der niedrigsten

---

[2091] *Ann/Friedl*, Mitt. 2021, 145, 149; *Kühnen*, Hdb. Patentverletzung, Kap. E Rn. 606.

[2092] Haedicke/Timmann/*Bukow*, § 13 Rn. 367; *Kühnen*, Hdb. Patentverletzung, Kap. E Rn. 607-608.

[2093] LG München I, Urt. v. 30.10.2020 – 21 O 11384/19, juris, Rn. 342 – *Lizenzverhandlung*; Haedicke/Timmann/*Bukow*, § 13 Rn. 367-369; *M.K. Dahm*, K&R 2015, 647, 648; *Kurtz/Straub*, GRUR 2018, 136; *Tsilikas*, GRUR Int. 2020, 885, 886.

[2094] England and Wales High Court, Urt. v. 05.04.2017 – [2017] EWHC 711 (Pat), Rn. 178; LG München I, Urt. v. 30.10.2020 – 21 O 11384/19, juris, Rn. 342 – *Lizenzverhandlung*; Haedicke/Timmann/*Bukow*, § 13 Rn. 367; *Dornis*, WRP 2020, 540, 543; *Kühnen*, Hdb. Patentverletzung, Kap. E Rn. 559, 608; *Kurtz/Straub*, GRUR 2018, 136; *Tsilikas*, GRUR Int. 2020, 885, 886.

[2095] LG München I, Urt. v. 30.10.2020 – 21 O 11384/19, juris, Rn. 342 – *Lizenzverhandlung*.

[2096] *Dornis*, WRP 2020, 688, 695–696; *Nieder*, GRUR 2018, 666, 668; *Treacy/Hunt*, GRUR Int. 2018, 91, 94; *Tsilikas*, GRUR Int. 2020, 885, 891.

[2097] England and Wales High Court, Urt. v. 05.04.2017 – [2017] EWHC 711 (Pat), Rn. 182; *Kühnen*, Hdb. Patentverletzung, Kap. E Rn. 608; Schulte/*Rinken*, § 24 PatG Rn. 129; *Tsilikas*, GRUR Int. 2020, 885, 891.

[2098] *Kühnen*, Hdb. Patentverletzung, Kap. E Rn. 609, 613; Schulte/*Rinken*, § 24 PatG Rn. 129.

[2099] *Dornis*, WRP 2020, 688, 695–696; *Kühnen*, Hdb. Patentverletzung, Kap. E Rn. 609; Schulte/*Rinken*, § 24 PatG Rn. 129; *Tsilikas*, GRUR Int. 2020, 885, 891; a.A.: *Kurtz/Straub*, GRUR 2018, 136, 139–140, die alle SEP wegen der sich daraus ergebenden Ausschließungsbefugnis vom Standard als gleich viel Wert und damit auf einer Stufe ansehen, was aber unberücksichtigt lässt, dass verschiedene SEP in durchaus unterschiedlicher Wertigkeit zum Standard beitragen.

Stufe und sind nicht zu vergüten.[2100] Gleiches gilt für als standardessentiell deklarierte, aber tatsächlich nicht standardessentielle und insofern überdeklarierte Patente, die tatsächlich nicht genutzt werden.[2101] Entlang dieser Wertungen wird eine zustimmungswürdige Einteilung in drei Gruppen vorgeschlagen: unverzichtbare Patente, optionale/untergeordnete Patente, irrelevante/ungenutzte Patente.[2102] Lassen sich im Einzelfall davon abweichende und gleichzeitig praktikable Gruppierungen vornehmen, steht einer darüberhinausgehenden Differenzierung aber nichts im Wege. Die zur Verfügung stehende zulässige Gesamtlizenzbelastung ist sodann nach einem im Einzelfall zu bestimmenden Wertverhältnis der Patentgruppen zueinander auf die Patente umzulegen.[2103]

VI. FRAND-Lizenzierung in der Verwertungskette

Wird ein SEP entlang einer Verwertungskette[2104] sowohl von einem oder mehreren Vorprodukten als auch vom Endprodukt genutzt, verletzen bei fehlender Lizenzierung sowohl die Zulieferer als auch der OEM, also der Hersteller oder Vertreiber des Endprodukts, das Patent.[2105] Grundsätzlich ist ein Patentinhaber in seiner Entscheidung, gegen welchen Patentverletzer er vorgehen möchte, frei.[2106]

Ist ein Patentverletzer auf einer nachgelagerten Verwertungsstufe, insbesondere der OEM, nicht zu einer eigenen Lizenzierung bereit, sodass ihm bei einer Inanspruchnahme durch den SEP-Inhaber der kartellrechtliche Zwangslizenzeinwand nicht originär in eigener Person zusteht, sondern verweist er auf seine Zulieferer, so ist zu ergründen, ob er sich auf einen von den Zulieferern abgeleiteten kartellrechtlichen Zwangslizenzeinwand berufen kann.[2107] Dahinter steht die Frage, ob der Patentinhaber eine Lizenzierung zu FRAND-Bedingungen missbrauchsfrei nur

---

[2100] *Kühnen*, Hdb. Patentverletzung, Kap. E Rn. 609.

[2101] LG München I, Urt. v. 30.10.2020 – 21 O 11384/19, juris, Rn. 352 – *Lizenzverhandlung*.

[2102] *Kühnen*, Hdb. Patentverletzung, Kap. E Rn. 609; Schulte/*Rinken*, § 24 PatG Rn. 129.

[2103] Ein Berechnungsbeispiel findet sich bei: *Kühnen*, Hdb. Patentverletzung, Kap. E Rn. 613 (Der vom Patentinhaber und Patentnutzer als Grundlage dieser Berechnung zu leistende Sachvortrag wird dort in den Rn. 614-624 erläutert.).

[2104] Zum Aufbau einer Verwertungskette siehe: 1. Teil Kap. D. (S. 37 ff.).

[2105] LG Düsseldorf, Urt. v. 31.03.2016 – 4a O 73/14, BeckRS 2016, 131580, Rn. 248; *Kühnen*, GRUR 2019, 665.

[2106] BGH, Urt. v. 14.05.2009 – I ZR 98/06, GRUR 2009, 856, Rn. 61 – *Tripp-Trapp-Stuhl*; OLG Karlsruhe, Beschl. v. 23.04.2015 – 6 U 44/15, GRUR-RR 2015, 326, Rn. 18 – *Mobiltelefone*; LG Düsseldorf, Urt. v. 31.03.2016 – 4a O 73/14, BeckRS 2016, 131580, Rn. 248; LG Mannheim, Urt. v. 10.03.2015 – 2 O 103/14, GRUR-RS 2015, 15918, Rn. 158; LG München I, Urt. v. 30.09.2020 – 21 O 13026/19, juris, Rn. 343 – *Unterpixelwertinterpolation*.

[2107] LG Mannheim, Urt. v. 18.08.2020 – 2 O 34/19, GRUR-RS 2020, 20358, Rn. 132, 203 – *Lizenz in Wertschöpfungskette*.

auf eine bestimmte Ebene einer Verwertungskette begrenzen darf oder ob diese allen Lizenzinteressierten unabhängig von der Stellung in der Verwertungskette zusteht.[2108]

Dabei präferieren die bei vernetzten Produkten, bei denen häufig mehrstufige Wertschöpfungsketten bestehen, oftmals aus dem Telekommunikationsbereich stammenden Patentinhaber in der Regel eine Lizenzierung auf OEM-Ebene, da sie sich von einer Lizenzierung auf dieser Marktstufe höhere Erlöse und solvente Lizenznehmer versprechen und dies der Üblichkeit im Telekommunikationssektor entspricht.[2109] Die in Anspruch genommenen OEM sehen dies naturgemäß anders. Einen Verletzungsprozess zwischen Nokia und Daimler um die Nutzung eines Telekommunikationspatents durch eine in von Daimler produzierte Kfz eingebaute TCU[2110] eines Zulieferers nahm das LG Düsseldorf nach einer Anregung des Bundeskartellamts[2111] im Jahr 2020 zum Anlass, den EuGH u.a. mit der Verwertungskettenproblematik zu befassen.[2112] Zu einer Entscheidung des EuGH kam es aufgrund einer Einigung der Parteien, die den Rechtsstreit beendete, nicht.[2113] Der im Folgenden dargestellte Streit ist also nach wie vor aktuell.

1. Top-Level-Lizenzierung – Access-to-all-Ansatz

Es wird vertreten, dass die Lizenzierung in einer Verwertungskette auf die oberste Ebene (*top-level*) begrenzt werden dürfe, sodass der OEM, will er den kartellrechtlichen Zwangslizenzeinwand erfolgreich vorbringen, selbst dessen Voraussetzungen schaffen müsse und sich nicht darauf zurückziehen könne, seine Zulieferer seien lizenzwillig.[2114] Den Zulieferern wiederum stehe ein eigener Lizenzierungsanspruch nicht zu.[2115] Ihnen sei anstelle einer eigenen Lizenzierung

---

[2108] *Martinez*, GRUR Int. 2019, 633; *Verhauwen/Gerstein*, GRUR-Prax 2020, 362.

[2109] *Kamlah/Rektorschek*, Mitt. 2021, 307, 313; *Körber*, NZKart 2020, 493, 494; *Martinez*, GRUR Int. 2019, 633, 634.

[2110] Dazu: 3. Teil Kap. B. V. 3. b) (S. 258 f.).

[2111] Die Stellungnahme des BKartA vom 18.06.2020 (Az. P-66/20) ist unveröffentlicht, wird aber wiedergegeben bei: *Hoppe/Donle*, GRUR-RR 2020, 465, 470; *Verhauwen/Gerstein*, GRUR-Prax 2020, 362–363.

[2112] LG Düsseldorf, Beschl. v. 26.11.2020 – 4c O 17/19, GRUR-RS 2020, 32508 – *Telematikkontrolleinheit*; *Brambrink*, GRUR-Prax 2021, 81.

[2113] *Dornis*, WuB 2021, 411, 412; *P. Tochtermann*, GRUR 2022, 1121, 1122.

[2114] LG Mannheim, Urt. v. 10.03.2015 – 2 O 103/14, GRUR-RS 2015, 15918, Rn. 150-152; LG München I, Urt. v. 10.09.2020 – 7 O 8818/19, GRUR-RS 2020, 22577, Rn. 158-159 – *LTE-Standard*; letztlich offenlassend: LG Mannheim, Urt. v. 18.08.2020 – 2 O 34/19, GRUR-RS 2020, 20358, Rn. 203-208 – *Lizenz in Wertschöpfungskette* (Der abgeleitete Einwand wird nur deshalb abgelehnt, weil die Zulieferer aufgrund einer nicht am Endprodukt ausgerichteten Lizenzgebührenberechnung nicht als lizenzwillig angesehen wurden und ein Verweis auf sie schon daher unzulässig war.).

[2115] LG München I, Urt. v. 10.09.2020 – 7 O 8818/19, GRUR-RS 2020, 22577, Rn. 165, 169 – *LTE-Standard*; *Martinez*, GRUR Int. 2019, 633, 635–636.

bloß Zugang zur patentgeschützten Technologie zu verschaffen (*access-to-all*).[2116] Dies erfolge über den zu lizenzierenden OEM, dessen „verlängerte[…] Werkbank"[2117] die Zulieferer darstellten und von dem die Zulieferer eine Verwendungserlaubnis, sogenannte „Have-made-Rechte"[2118], herleiten könnten, die sie einer Inanspruchnahme durch den Patentinhaber entgegenhalten könnten.[2119]

Dieser Access-to-all-Ansatz, der dem SEP-Inhaber eine Top-Level-Lizenzierung ermöglicht und den OEM in die Pflicht nimmt, verringere Transaktionskosten.[2120] Es sei bei Mobilfunkpatenten auf die Branchenüblichkeit der Telekommunikationsbranche abzustellen, die eine Top-Level-Lizenzierung vorsehe.[2121] Berechnungsgrundlage für die Lizenzgebühr stelle stets das Endprodukt am Ende der Verwertungskette dar.[2122]

2. Multi-Level-Lizenzierung – License-to-all-Ansatz

Die Gegenansicht nimmt eine Pflicht des marktbeherrschenden SEP-Inhabers zur FRAND-Lizenzierung auch auf Ebene der Zulieferer und damit auf allen Ebenen der Verwertungskette (*multi-level*) an.[2123] Grundsätzlich sei jedem lizenzinteressierten Wirtschaftsteilnehmer, der das Patent nutzen möchte, eine FRAND-Lizenznahme zu ermöglichen (*license-to-all*).[2124] Diese Li-

---

[2116] LG Mannheim, Urt. v. 10.03.2015 – 2 O 103/14, GRUR-RS 2015, 15918, Rn. 157-158; LG München I, Urt. v. 10.09.2020 – 7 O 8818/19, GRUR-RS 2020, 22577, Rn. 165 – *LTE-Standard*; *Borghetti/Nikolic/Petit*, European Competition Journal 17 (2021), 205, 249–253; *Martinez*, GRUR Int. 2019, 633, 636–637; *B. Huber*, Why the ETSI IPR Policy Does Not and Has Never Required Compulsory "License to All": A Rebuttal to Karl Heinz Rosenbrock, https://papers.ssrn.com/sol3/papers.cfm?abstract_id=3038447 (zuletzt abgerufen am 30.06.2023); offenlassend: LG Mannheim, Urt. v. 18.08.2020 – 2 O 34/19, GRUR-RS 2020, 20358, Rn. 220 – *Lizenz in Wertschöpfungskette*.

[2117] LG München I, Urt. v. 10.09.2020 – 7 O 8818/19, GRUR-RS 2020, 22577, Rn. 186 – *LTE-Standard*.

[2118] LG München I, Urt. v. 30.09.2020 – 21 O 3891/19, GRUR-RS 2020, 54658, Rn. 175 – *Connected Cars*.

[2119] LG München I, Urt. v. 10.09.2020 – 7 O 8818/19, GRUR-RS 2020, 22577, Rn. 171 – *LTE-Standard*; LG München I, Urt. v. 30.09.2020 – 21 O 3891/19, GRUR-RS 2020, 54658, Rn. 175 – *Connected Cars*; *Borghetti/Nikolic/Petit*, European Competition Journal 17 (2021), 205, 251; *Martinez*, GRUR Int. 2019, 633, 636.

[2120] *Martinez*, GRUR Int. 2019, 633, 639.

[2121] LG München I, Urt. v. 10.09.2020 – 7 O 8818/19, GRUR-RS 2020, 22577, Rn. 164 – *LTE-Standard*.

[2122] LG München I, Urt. v. 30.09.2020 – 21 O 3891/19, GRUR-RS 2020, 54658, Rn. 163-164 – *Connected Cars*; LG München I, Urt. v. 30.10.2020 – 21 O 11384/19, juris, Rn. 353 – *Lizenzverhandlung*.

[2123] LG Düsseldorf, Urt. v. 31.03.2016 – 4a O 73/14, BeckRS 2016, 131580, Rn. 249; *Dornis*, WRP 2020, 688, 692–693; *Hufnagel*, FS Wiedemann (2020), 907, 913; *Kühnen*, GRUR 2019, 665.

[2124] OLG Karlsruhe, Beschl. v. 23.04.2015 – 6 U 44/15, GRUR-RR 2015, 326, Rn. 18 – *Mobiltelefone*; LG Düsseldorf, Urt. v. 31.03.2016 – 4a O 73/14, BeckRS 2016, 131580, Rn. 213; *Kühnen*, GRUR 2019, 665–666; *Verhauwen/Gerstein*, GRUR-Prax 2020, 362, 364; BeckOK PatR/*Wilhelmi*, § 24 PatG Rn.

zenzierungsmöglichkeit auch auf Ebene der Zulieferer laufe aber ins Leere, wenn der SEP-Inhaber bei noch nicht bestehender Lizenzierung von Zulieferern und somit auch noch nicht eingetretener Erschöpfungswirkungen entlang der Verwertungskette den Unterlassungsanspruch gegenüber dem OEM ungeachtet des Lizenzierungsanspruchs der Zulieferer durchsetzen könnte.[2125] Bestünde diese Durchsetzungsmöglichkeit, beeinträchtige dies den lizenzwilligen Zulieferer auch dadurch in seinen Marktzugangsmöglichkeiten, dass ein Patentnutzer auf einer nachgelagerten Stufe der Verwertungskette bei drohender Inanspruchnahme durch den Patentinhaber von einem Bezug der Zuliefererprodukte typischerweise absehen würde.[2126] Daher sei dem OEM bzw. jedem Marktteilnehmer auf einer nachgelagerten Verwertungsstufe die Möglichkeit zuzusprechen, sich bei Bestehen der Voraussetzungen des kartellrechtlichen Zwangslizenzeinwandes in der Person eines Zulieferers auf diesen vom Zulieferer abgeleiteten Einwand zu berufen.[2127]

Erfolge eine Lizenzierung auf Zuliefererebene, so sei als Grundlage der Lizenzgebührenberechnung dennoch das Endprodukt des OEM heranzuziehen.[2128] Komme die Verwendung in unterschiedlich wertigen Endprodukten in Betracht, sei die Lizenzgebühr nach den jeweiligen Endprodukten zu differenzieren oder bei mangelnder Zuordnungsmöglichkeit ein Mittelwert anzusetzen.[2129] Die damit auf allen Ebenen der Lizenzierung gleichbleibende Lizenzgebühr stelle somit einen durchlaufenden Posten dar, der über die verschiedenen Marktstufen hinweg letztlich auch dem OEM in Rechnung gestellt werde.[2130] Im Gegenzug dafür habe der Patentinhaber die patentnutzende Weiterverwendung auf den folgenden Ebenen der Verwertungskette zu gestatten.[2131] Infolge der Lizenzierung sei somit auf den nachgelagerten Marktstufen von einer Erschöpfung des Patentrechts auszugehen.[2132]

111; *Rosenbrock*, Why the ETSI IPR Policy Requires Licensing to All, https://www.fair-standards.org/wp-content/uploads/2017/08/Why-the-ETSI-IPR-Policy-Requires-Licensing-to-All_Karl-Heinz-Rosenbrock_2017.pdf (zuletzt abgerufen am 30.06.2023).

[2125] LG Düsseldorf, Urt. v. 31.03.2016 – 4a O 73/14, BeckRS 2016, 131580, Rn. 211; *Kühnen*, Hdb. Patentverletzung, Kap. E Rn. 359; Schulte/*Rinken*, § 24 PatG Rn. 83.

[2126] OLG Karlsruhe, Beschl. v. 23.04.2015 – 6 U 44/15, GRUR-RR 2015, 326, Rn. 18 – *Mobiltelefone*; LG Düsseldorf, Urt. v. 31.03.2016 – 4a O 73/14, BeckRS 2016, 131580, Rn. 210-211; *Hufnagel*, FS Wiedemann (2020), 907, 914.

[2127] OLG Karlsruhe, Beschl. v. 23.04.2015 – 6 U 44/15, GRUR-RR 2015, 326, Rn. 16, 18 – *Mobiltelefone*; LG Düsseldorf, Urt. v. 31.03.2016 – 4a O 73/14, BeckRS 2016, 131580, Rn. 209-211; LG Düsseldorf, Beschl. v. 26.11.2020 – 4c O 17/19, GRUR-RS 2020, 32508, Rn. 29 – *Telematikkontrolleinheit*.

[2128] LG Düsseldorf, Beschl. v. 26.11.2020 – 4c O 17/19, GRUR-RS 2020, 32508, Rn. 28 – *Telematikkontrolleinheit*; LG Mannheim, Urt. v. 18.08.2020 – 2 O 34/19, GRUR-RS 2020, 20358, Rn. 142-143 – *Lizenz in Wertschöpfungskette*; *Kühnen*, GRUR 2019, 665, 671; a.A.: *Dornis*, WRP 2020, 688, 691–692.

[2129] *Kühnen*, GRUR 2019, 665, 672.

[2130] *Ders.*, GRUR 2019, 665, 671–672.

[2131] LG Düsseldorf, Beschl. v. 26.11.2020 – 4c O 17/19, GRUR-RS 2020, 32508, Rn. 21-23 – *Telematikkontrolleinheit*; *Kühnen*, GRUR 2019, 665, 670–671.

[2132] LG Düsseldorf, Beschl. v. 26.11.2020 – 4c O 17/19, GRUR-RS 2020, 32508, Rn. 22-23 – *Telematikkontrolleinheit*; *Kühnen*, GRUR 2019, 665, 670–671.

3. Stellungnahme

Dem Access-to-all-Ansatz ist zuzugestehen, dass über das Kartellrecht Zugang zur patentgeschützten und standardisierten Technologie gewährleistet werden soll. Jedoch ist eine Zugangsverschaffung über eine bloße Ableitung von einem OEM unvollkommen.[2133] Der Zulieferer kann nur in Abhängigkeit von einem OEM patentnutzend tätig werden.[2134] Er ist ohne Einfluss auf das Lizenzierungsverhalten des OEM, muss aber darauf setzen, dass der OEM eine Lizenzierung vornehmen wird bzw. muss sich über diese stets informieren.[2135] Insbesondere eine Produktion ohne vorherige Festlegung auf einen bestimmten Abnehmer und damit eine freie Marktteilnahme wird dem Zulieferer unmöglich gemacht oder ist zumindest mit erheblichen Risiken versehen.[2136] Diesen Risiken kann der Zulieferer nur durch eine eigene Lizenzierung begegnen.[2137] Zugang, wie ihn das Kartellrecht einfordert, ist am effektivsten durch eine eigene Lizenzierungsmöglichkeit zu erreichen und erfordert daher einen eigenen Lizenzierungsanspruch im Sinne des Licenseto-all-Ansatzes.[2138] Die Lizenzierung an prinzipiell jeden lizenzwilligen Lizenzsucher entspricht auch dem mit der FRAND-Erklärung abgegebenen Versprechen des SEP-Inhabers.[2139]

Der Zulieferer hat in der Regel auch einen wesentlich besseren Einblick in die von ihm produzierten Waren und deren patentnutzenden Eigenschaften, sodass er im Gegensatz zum OEM der geeignetere Ansprechpartner für Lizenzverhandlungen ist.[2140] Zeigt sich der Zulieferer lizenzbereit, so sind ihm gegenüber die sich aus *Huawei/ZTE* ergebenden Verhandlungsschritte durchzuführen, wobei die Verletzungsanzeige des Patentinhabers entfallen kann, wenn der Zulieferer bereits ausreichend informiert ist.[2141] Über eine in diesem Fall möglicherweise obsolete Verletzungsanzeige des Patentinhabers und die Lizenzbereitschaftserklärung des Verletzers hinaus

---

[2133] *Dornis*, WRP 2020, 688, 693; *Kamlah/Rektorschek*, Mitt. 2021, 307, 313.

[2134] LG Düsseldorf, Beschl. v. 26.11.2020 – 4c O 17/19, GRUR-RS 2020, 32508, Rn. 20 – *Telematikkontrolleinheit*; *Kamlah/Rektorschek*, Mitt. 2021, 307, 313.

[2135] *Kühnen*, GRUR 2019, 665, 666; *Verhauwen/Gerstein*, GRUR-Prax 2020, 362, 363–364.

[2136] LG Düsseldorf, Beschl. v. 26.11.2020 – 4c O 17/19, GRUR-RS 2020, 32508, Rn. 20 – *Telematikkontrolleinheit*; *Dornis*, WRP 2020, 688, 693; *Kamlah/Rektorschek*, Mitt. 2021, 307, 313.

[2137] LG Düsseldorf, Beschl. v. 26.11.2020 – 4c O 17/19, GRUR-RS 2020, 32508, Rn. 19-20, 24 – *Telematikkontrolleinheit*; *Kühnen*, GRUR 2019, 665, 666; *Verhauwen/Gerstein*, GRUR-Prax 2020, 362, 363–364.

[2138] LG Düsseldorf, Urt. v. 31.03.2016 – 4a O 73/14, BeckRS 2016, 131580, Rn. 211; LG Düsseldorf, Beschl. v. 26.11.2020 – 4c O 17/19, GRUR-RS 2020, 32508, Rn. 19 – *Telematikkontrolleinheit*; *Sonntag/Kalbfus*, GRUR-Prax 2018, 42, 43.

[2139] LG Düsseldorf, Beschl. v. 26.11.2020 – 4c O 17/19, GRUR-RS 2020, 32508, Rn. 19 – *Telematikkontrolleinheit*; *Verhauwen/Gerstein*, GRUR-Prax 2020, 362, 364; zu den am Beispiel der ETSI-FRAND-Erklärung vorgebrachten Wortlautargumenten, die sich jeweils für und gegen beide Lösungsansätze in Stellung bringen lassen und insofern wenig Erkenntnisgewinn (schon gar nicht über ETSI-Standards hinaus) bringen: *Martinez*, GRUR Int. 2019, 633, 635–636.

[2140] LG Düsseldorf, Beschl. v. 26.11.2020 – 4c O 17/19, GRUR-RS 2020, 32508, Rn. 24 – *Telematikkontrolleinheit*; *Körber*, NZKart 2020, 493, 494; *Verhauwen/Gerstein*, GRUR-Prax 2020, 362, 364.

[2141] LG Düsseldorf, Urt. v. 31.03.2016 – 4a O 73/14, BeckRS 2016, 131580, Rn. 215-216.

statuiert der EuGH keine weiteren Voraussetzungen für die Auslösung der FRAND-Angebots-pflicht des Patentinhabers, aus denen sich eine Einschränkung des Kreises der Lizenzberechtigten ergeben könnte.[2142]

Dass der SEP-Inhaber im Vergleich zu einer Lizenzierung auf OEM-Ebene unter Umständen mit einer größeren Zahl an Lizenznehmern verhandeln muss und dadurch möglicherweise höhere Transaktionskosten hat, rechtfertigt eine selektive Lizenzierung nur auf der letzten Stufe der Verwertungskette nicht. Darüber hinaus ist es je nach Wirtschaftszweig schon fraglich, ob eine Lizenzierung des OEM für den SEP-Inhaber überhaupt einen Effizienzvorteil und niedrigere Transaktionskosten mit sich bringt: Besteht eine Marktkonzentration auf bestimmte Hersteller auf Zuliefererebene, sodass wenige Zulieferer eine weitaus größere Zahl an Abnehmern beliefern (so z.B. bei Baseband-Computerchips), verringert sich durch eine Lizenzierung auf Zuliefererebene sogar die Zahl der zu schließenden Lizenzverträge.[2143]

Zudem ist die Branchenüblichkeit einer Top-Level-Lizenzierung in der Mobilfunkindustrie für die Lizenzierung von Mobilfunkpatenten in Produkten außerhalb dieser Branche nicht ohne Weiteres maßgeblich. Sie stellt in Bezug auf ohne Lizenz agierende Zulieferer letztlich eine Abweichung von dem schuldrechtlichen Grundsatz dar, dass der Veräußerer eine sach- und rechtsmängelfreie Leistung schuldet.[2144] Es ist zwar richtig, dass auch nicht die Branchenüblichkeit der jeweiligen Produktkategorie, etwa der Automobilindustrie, in der eine Lizenzierung durch Zulieferer üblich ist,[2145] automatisch Platz greift.[2146] Eine Entscheidung für die Üblichkeiten des Sektors, aus dem das Patent stammt, ergibt sich daraus aber auch nicht. Vielmehr besteht in der Lizenzierung von Mobilfunkpatenten in anderen Sektoren noch keine feststellbare Branchenüblichkeit. Zwar existieren mittlerweile zumindest in der Automobilindustrie gewisse Tendenzen der Autohersteller, Poollizenzen auf OEM-Ebene zu nehmen.[2147] Dies steht den OEM nach beiden Ansätzen zur Lösung der Verwertungskettenproblematik selbstverständlich auch offen. Vor

---

[2142] EuGH, Urt. v. 16.07.2015 – C-170/13, GRUR 2015, 764, Rn. 61-63 – *Huawei/ZTE*; *Kühnen*, GRUR 2019, 665, 666.

[2143] LG Düsseldorf, Beschl. v. 26.11.2020 – 4c O 17/19, GRUR-RS 2020, 32508, Rn. 25 – *Telematikkontrolleinheit*; *Dornis*, WRP 2020, 688, 693.

[2144] *Kamlah/Rektorschek*, Mitt. 2021, 307, 313; *Verhauwen/Gerstein*, GRUR-Prax 2020, 362, 364.

[2145] LG Düsseldorf, Beschl. v. 26.11.2020 – 4c O 17/19, GRUR-RS 2020, 32508, Rn. 24 – *Telematikkontrolleinheit*; LG München I, Urt. v. 30.09.2020 – 21 O 3891/19, GRUR-RS 2020, 54658, Rn. 178 – *Connected Cars*; *Kamlah/Rektorschek*, Mitt. 2021, 307, 313.

[2146] LG Mannheim, Urt. v. 18.08.2020 – 2 O 34/19, GRUR-RS 2020, 20358, Rn. 180 – *Lizenz in Wertschöpfungskette*; LG München I, Urt. v. 10.09.2020 – 7 O 8818/19, GRUR-RS 2020, 22577, Rn. 164 – *LTE-Standard*; LG München I, Urt. v. 30.09.2020 – 21 O 3891/19, GRUR-RS 2020, 54658, Rn. 179-181 – *Connected Cars*.

[2147] LG Mannheim, Urt. v. 18.08.2020 – 2 O 34/19, GRUR-RS 2020, 20358, Rn. 181 – *Lizenz in Wertschöpfungskette*; LG München I, Urt. v. 30.09.2020 – 21 O 3891/19, GRUR-RS 2020, 54658, Rn. 178 – *Connected Cars*; LG München I, Urt. v. 30.10.2020 – 21 O 11384/19, juris, Rn. 330 – *Lizenzverhandlung*.

dem Hintergrund zahlreicher Rechtsstreitigkeiten zwischen Patentinhabern und Automobilherstellern[2148] ist aber zweifelhaft, ob dies als branchenweit akzeptiert und als Maßstab für eine in einem beherrschungsfreien Als-Ob-Wettbewerb zustande gekommene Branchenüblichkeit herangezogen werden kann.

Des Weiteren ist es richtig, auch im Rahmen des License-to-all-Ansatzes die Lizenzgebühren anhand des OEM-Endprodukts zu bemessen. Bemisst man die Lizenzgebühr bei einer Lizenzierung eines alle Komponenten und das Endprodukt selbst herstellenden Lizenzsuchers, also bei einer einstufigen Lizenzierung außerhalb einer Verwertungskette, nach dem Endprodukt und nicht nach einer darin enthaltenen SSPPU,[2149] so muss auch in einer Verwertungskette das Endprodukt der Kette das maßgebliche Produkt darstellen,[2150] für das die Zuliefererprodukte letztlich nur SSPPU sind. Würde die Lizenzgebühr anhand des Produkts eines Zulieferers bemessen und diesem eine solche Lizenz erteilt, so würde dies dem Patentinhaber die ihm zustehende Verwertungsmöglichkeiten auf nachgelagerten Marktstufen aufgrund der mit der Lizenzierung auf Zuliefererebene einhergehenden Erschöpfungswirkung entlang der Verwertungskette abschneiden.[2151] Die an sich patentrechtsrelevante Nutzung auf einer nachgelagerten Marktstufe ist aber auch vom Schutzrecht des Patentinhabers umfasst und somit vergütungsrelevant.[2152]

Dass die nachgelagerte Nutzung in der Gebührenbemessung zu berücksichtigen ist, zeigt sich ergänzend auch in einer vergleichenden Betrachtung einer auf mehrstufige Produktionsketten bezogenen Regelung aus dem Sortenschutzrecht. Dort sehen Art. 13 Abs. 3 GSortV[2153] und § 10 Abs. 1 Nr. 2 SortSchG die sogenannte Kaskadenlösung vor.[2154] Demnach ist möglichst bereits gegen eine nicht legitimierte Verwendung von Sortenbestandteilen bzw. von Vermehrungsmaterial einer Sorte vorzugehen.[2155] Eine Geltendmachung in Bezug auf daraus hervorgehendes

---

[2148] *Keßler/Palzer*, Mitt. 2020, 169, 170; *Schmid-Petersen*, IPRB 2021, 2, 3 („Serie von Patentklagen"); *Verhauwen/Gerstein*, GRUR-Prax 2020, 362 („Großauseinandersetzung").

[2149] Siehe: 3. Teil Kap. B. V. 3. b) (S. 258 f.).

[2150] *Kühnen*, GRUR 2019, 665, 670–671.

[2151] LG Düsseldorf, Beschl. v. 26.11.2020 – 4c O 17/19, GRUR-RS 2020, 32508, Rn. 28 – *Telematikkontrolleinheit*; LG Mannheim, Urt. v. 18.08.2020 – 2 O 34/19, GRUR-RS 2020, 20358, Rn. 143 – *Lizenz in Wertschöpfungskette*; *Kühnen*, GRUR 2019, 665, 671.

[2152] LG Düsseldorf, Beschl. v. 26.11.2020 – 4c O 17/19, GRUR-RS 2020, 32508, Rn. 28 – *Telematikkontrolleinheit*; LG Mannheim, Urt. v. 18.08.2020 – 2 O 34/19, GRUR-RS 2020, 20358, Rn. 142 – *Lizenz in Wertschöpfungskette*.

[2153] Verordnung (EG) Nr. 2100/94 des Rates vom 27. Juli 1994 über den gemeinschaftlichen Sortenschutz, ABl. 1994 L227 S. 1.

[2154] BT-Drs. 13/7038, S. 13; OLG Düsseldorf, Urt. v. 22.06.2022 – 15 U 38/21, GRUR 2022, 1586, Rn. 79 – *Zustimmungsrecht des Sortenschutzinhabers*; Metzger/Zech/*Godt*, § 10 SortSchG Rn. 40.

[2155] OLG Düsseldorf, Urt. v. 22.06.2022 – 15 U 38/21, GRUR 2022, 1586, Rn. 80 – *Zustimmungsrecht des Sortenschutzinhabers*; *Keukenschrijver*, SortSch, § 10 SortSchG Rn. 43.

Erntegut bzw. Erzeugnisse ist zum Schutze der Ernährungssicherheit der Allgemeinheit nur möglich, wenn auf vorheriger Stufe keine Gelegenheit zur Geltendmachung bestand.[2156] Diese Regelung beschränkt bereits die Reichweite des Sortenschutzrechtes des Schutzrechtsinhabers[2157] auf einen eingeschränkten Sekundärschutz,[2158] der nur besteht, wenn zum Zeitpunkt der Verwendung des Ausgangsmaterials gegen diese Verwendung (z.B. mangels Kenntnis davon) nicht vorgegangen werden konnte.[2159] Der Sortenschutzinhaber soll bei einer möglichen Lizenzierung auf Ebene des Ausgangsmaterials an der Wertschöpfung auf nachgelagerten Verwertungsstufen gerade nicht partizipieren, indem er z.B. nicht gegen die Verwendung einer ggf. geringen Menge an Vermehrungsmaterial vorgeht, um eine Lizenzierung zu erzielen, die sich an der daraus hervorgehenden, möglicherweise über mehrere Jahre unter Verwendung der gleichen Ausgangspflanze erzeugten größeren Menge an Früchten oder anderem Erntegut bemisst.[2160]

Eine solche Regelung besteht im PatG gerade nicht.[2161] Ist nun der Patentinhaber aus kartellrechtlichen Gründen gehalten, einen Zulieferer zu lizenzieren, was ihm bei dessen Lizenzbereitschaft auch möglich ist, so erstreckt sich die Wirkung des Patentschutzes dennoch auch dann auf die eigenständigen Patentnutzungen auf nachgelagerten Verwertungsstufen.[2162] Im Gegensatz zum Sortenschutzrecht ist das Verwertungsrecht des Patentinhabers bei Möglichkeit (und ggf. Pflicht) der Geltendmachung auf einer vorgelagerten Verwertungsstufe nicht auf Ebene des Schutzumfangs des Schutzrechts eingeschränkt, sodass eine Partizipation an der nachgelagerten Verwertung des Patents gerechtfertigt ist.

Infolge des vorzugswürdigen License-to-all-Ansatzes ist es dem OEM bei Inanspruchnahme durch den Patentinhaber also möglich, auf die Lizenzwilligkeit seiner Zulieferer zu verweisen und somit einen abgeleiteten kartellrechtlichen Zwangslizenzeinwand geltend zu machen.[2163] Dafür ist vom OEM bei Bedarf eine konkrete Benennung der Zulieferer zu erwarten, die den Patentinhaber in die Lage versetzt, das *Huawei/ZTE*-Prozedere gegenüber den Zulieferern in Gang zu

---

[2156] EuGH, Urt. v. 19.12.2019 – C-176/18, GRUR 2020, 176, Rn. 29, 32 – *CVVP/Adolfo Juan Martínez Sanchís*; *Leßmann/Würtenberger*, SortSchR, § 3 Rn. 12-13.

[2157] BT-Drs. 13/7038, S. 13.

[2158] EuGH, Urt. v. 20.10.2011 – C-140/10, GRUR 2012, 49, Rn. 26 – *Greenstar-Kanzi Europe*; EuGH, Urt. v. 19.12.2019 – C-176/18, GRUR 2020, 176, Rn. 24 – *CVVP/Adolfo Juan Martínez Sanchís*.

[2159] OLG Düsseldorf, Urt. v. 22.06.2022 – 15 U 38/21, GRUR 2022, 1586, Rn. 66-75 – *Zustimmungsrecht des Sortenschutzinhabers*; *Keukenschrijver*, SortSch, § 10 SortSchG Rn. 43.

[2160] OLG Düsseldorf, Urt. v. 22.06.2022 – 15 U 38/21, GRUR 2022, 1586, Rn. 90 – *Zustimmungsrecht des Sortenschutzinhabers*; LG Düsseldorf, Urt. v. 04.05.2021 – 4c O 32/20, GRUR-RS 2021, 23500, Rn. 32, 36 – *Winterweizen*; LG München I, Urt. v. 30.09.2021 – 33 O 10927/20, GRUR-RS 2021, 55643, Rn. 60 – *Sommergerste*.

[2161] Allgemein in Bezug auf den gewerblichen Rechtsschutz außerhalb des Sortenschutzrechts: LG Düsseldorf, Urt. v. 04.05.2021 – 4c O 32/20, GRUR-RS 2021, 23500, Rn. 36 – *Winterweizen*.

[2162] LG Düsseldorf, Beschl. v. 26.11.2020 – 4c O 17/19, GRUR-RS 2020, 32508, Rn. 28 – *Telematikkontrolleinheit*; *Kühnen*, GRUR 2019, 665, 671.

[2163] LG Düsseldorf, Beschl. v. 26.11.2020 – 4c O 17/19, GRUR-RS 2020, 32508, Rn. 29 – *Telematikkontrolleinheit*; *Hufnagel*, FS Wiedemann (2020), 907, 914–915.

setzen.[2164] Kommt es auf mehreren Stufen einer Verwertungskette zu Lizenznahmen von lizenz-suchenden Zulieferern ist der Patentinhaber selbstverständlich nicht berechtigt, die am End-produkt ausgerichtete Lizenzgebühr mehrfach geltend zu machen (sogenanntes *double-dip-ping*).[2165] Er muss vielmehr bei seinen Lizenzierungen bereits erfolgte Lizenzvertragsabschlüsse, Erschöpfungssachverhalte und ggf. auch Kreuzlizenzierungen berücksichtigen.[2166]

VII. Bindung des Rechtsnachfolgers an FRAND-Pflichten

Wenn ein SEP-Inhaber für ein Patent eine FRAND-Erklärung abgegeben hat und dieses Patent später veräußert, so stellt sich die Frage, ob seine Verpflichtung zur FRAND-Lizenzierung auf den Patenterwerber übergeht. Gibt der Erwerber eine eigene FRAND-Erklärung ab, besteht die FRAND-Bindung zumindest dem Grunde nach jedenfalls daraus.[2167] Fehlt es jedoch an einer er-werberseitigen FRAND-Erklärung, so könnte ein vom Erwerber sodann verklagter Verletzer dem Erwerber den kartellrechtlichen Zwangslizenzeinwand nur in gleicher Weise wie zuvor dem Ver-äußerer entgegenhalten, wenn der Erwerber mit dem Patenterwerb wie vorher der Veräußerer an die FRAND-Lizenzierungspflicht gebunden ist.[2168]

In der Zielsetzung besteht insofern Einigkeit, dass die Pflichtenstellung des Veräußerers mit der Veräußerung nicht ersatzlos untergehen darf.[2169] Anderenfalls ließe sich die FRAND-Zu-gangsmöglichkeit für Marktteilnehmer zum Standard durch Patentübertragungen vereiteln.[2170] Erwerber könnten von den Vorteilen der Einbindung des Patents in einen De-iure-Standard pro-fitieren, ohne die Verpflichtungen, denen der Veräußerer noch unterlag, zu übernehmen.[2171] Dies würde einer missbräuchlichen Übertragungspraxis Tür und Tor öffnen und der Erwerberseite, auf der sich häufig rein patentverwertende NPE befinden,[2172] eine potenziell wettbewerbsschädliche

---

[2164] LG Mannheim, Urt. v. 18.08.2020 – 2 O 34/19, GRUR-RS 2020, 20358, Rn. 215-216 – *Lizenz in Wertschöpfungskette*.

[2165] LG München I, Urt. v. 30.09.2020 – 21 O 3891/19, GRUR-RS 2020, 54658, Rn. 171 – *Connected Cars*; *Kühnen*, Hdb. Patentverletzung, Kap. E Rn. 589.

[2166] LG Düsseldorf, Urt. v. 11.07.2018 – 4c O 72/17, BeckRS 2018, 20333, Rn. 164; LG Düsseldorf, Be-schl. v. 26.11.2020 – 4c O 17/19, GRUR-RS 2020, 32508, Rn. 26 – *Telematikkontrolleinheit*.

[2167] Schulte/*Rinken*, § 24 PatG Rn. 99; *P. Tochtermann*, GRUR 2021, 377, 381.

[2168] OLG Düsseldorf, Urt. v. 22.03.2019 – 2 U 31/16, BeckRS 2019, 6087, 120, 122, 124 – *Improving Handovers*.

[2169] OLG Düsseldorf, Urt. v. 22.03.2019 – 2 U 31/16, BeckRS 2019, 6087, Rn. 124 – *Improving Handovers*; *Dornis*, GRUR 2020, 690, 691; *Kühnen*, Hdb. Patentverletzung, Kap. E Rn. 391; *Leistner/Kleeberger*, GRUR 2020, 1241, 1244; *Nikolic*, Licensing SEP, S. 67; *P. Tochtermann*, GRUR 2021, 377, 381–382.

[2170] OLG Düsseldorf, Urt. v. 22.03.2019 – 2 U 31/16, BeckRS 2019, 6087, Rn. 124 – *Improving Handovers*; OLG Karlsruhe, Urt. v. 25.11.2020 – 6 U 104/18, GRUR-RS 2020, 56869, Rn. 177 – *Steuerkanalsig-nalisierung I*; *Nikolic*, Licensing SEP, S. 67–68.

[2171] LG Mannheim, Urt. v. 28.09.2018 – 7 O 165/16, BeckRS 2018, 31743, Rn. 61 – *FRAND-Angebote*.

[2172] So auch im für die Frage des Pflichtenübergangs bekannten Improving-Handovers-Verfahren: OLG Düsseldorf, Urt. v. 22.03.2019 – 2 U 31/16, BeckRS 2019, 6087 – *Improving Handovers*.

Machtposition einräumen.[2173] Lizenznehmer, die vor der Patentübertragung eine FRAND-Lizenz erworben haben, stünden besser da als Lizenznehmer, die sich nach der Patentveräußerung auf eine im Zweifel ungünstigere Lizenz einlassen müssten.[2174]

Während das Ziel also klar ist, ist der Weg dorthin umstritten. Das gewünschte Ergebnis allein stellt ohnehin noch keine Rechtsgrundlage für einen solchen Pflichtenübergang dar. Als Grundlage kommen aber patentrechtlich-dingliche, schuldrechtliche und kartellrechtliche Herleitungen in Betracht.[2175]

1. Übergang durch quasi-dingliche Beschränkung des SEP

Im Verfahren *Improving Handovers*, in dem die NPE *Unwired Planet*, die das standardessentielle Klagepatent vom ehemaligen Mobiltelefonanbieter *Ericsson* erworben hatte, gegen ein patentnutzendes Smartphone des Herstellers *Huawei* vorging,[2176] vertrat das OLG Düsseldorf einen patentrechtlich-dinglichen Ansatz.[2177] Demnach gehe die FRAND-Verpflichtung des Veräußerers ohne Weiteres unmittelbar und unabdingbar auf den rechtsnachfolgenden Patenterwerber über.[2178] Der Erwerber sei dem Grunde und der Höhe nach genauso verpflichtet wie der Veräußerer und an dessen Lizenzierungspraxis weiterhin gebunden.[2179] Der Grund dafür liege darin, dass „die FRAND-Zusage die Rechte aus dem Patent [...] unwiderruflich und somit gleichsam ,dinglich'"[2180] beschränke und definiere.[2181]

Zwar sei das Patent in seiner rechtlichen Substanz der Dispositionsbefugnis des Patentinhabers grundsätzlich entzogen, dieser könne aber wirksam auf die Ausübung seines Ausschließlichkeitsrechts verzichten.[2182] Im Falle der FRAND-Erklärung verzichte der erklärende Patentinhaber im Austausch für die Einbindung des Patents in den Standard auf sein die Ausübung seines Ausschließlichkeitsrechts betreffendes Recht zur Nichtlizenzierung.[2183] Die sich daraus ergebende Pflicht zur FRAND-Lizenzierung laste „sachgebunden [...], nämlich gegenständlich auf dem

---

[2173] OLG Düsseldorf, Urt. v. 22.03.2019 – 2 U 31/16, BeckRS 2019, 6087, Rn. 124 – *Improving Handovers*.
[2174] OLG Düsseldorf, Urt. v. 22.03.2019 – 2 U 31/16, BeckRS 2019, 6087, Rn. 124 – *Improving Handovers*; *Kühnen*, Hdb. Patentverletzung, Kap. E Rn. 391.
[2175] *Leistner/Kleeberger*, GRUR 2020, 1241, 1244; *L. Tochtermann*, GRUR 2020, 905, 907.
[2176] *Dornis*, GRUR 2020, 690, 691; *Vetter*, GRUR 2019, 704, 705.
[2177] OLG Düsseldorf, Urt. v. 22.03.2019 – 2 U 31/16, BeckRS 2019, 6087, Rn. 118 – *Improving Handovers*; hierzu und zum Folgenden ebenso: *Kühnen*, Hdb. Patentverletzung, Rn. 383-393.
[2178] OLG Düsseldorf, Urt. v. 22.03.2019 – 2 U 31/16, BeckRS 2019, 6087, Rn. 117 – *Improving Handovers*.
[2179] OLG Düsseldorf, Urt. v. 22.03.2019 – 2 U 31/16, BeckRS 2019, 6087, Rn. 120-123 – *Improving Handovers*.
[2180] OLG Düsseldorf, Urt. v. 22.03.2019 – 2 U 31/16, BeckRS 2019, 6087, Rn. 118 – *Improving Handovers*.
[2181] OLG Düsseldorf, Urt. v. 22.03.2019 – 2 U 31/16, BeckRS 2019, 6087, Rn. 118 – *Improving Handovers*.
[2182] OLG Düsseldorf, Urt. v. 22.03.2019 – 2 U 31/16, BeckRS 2019, 6087, Rn. 119 – *Improving Handovers*.
[2183] OLG Düsseldorf, Urt. v. 22.03.2019 – 2 U 31/16, BeckRS 2019, 6087, Rn. 118-119 – *Improving Handovers*.

SEP"[2184]. Bei einer Veräußerung könne der Erwerber nicht mehr erlangen als dem Veräußerer zustand,[2185] sodass das Patent nur in seiner durch die FRAND-Erklärung beschränkten Form erworben werden könne, wodurch die Lizenzierungsverpflichtung zu FRAND-Bedingungen unverändert und selbsttätig mit dem Patenterwerb übergehe.[2186] Nach dieser Ansicht unterliegt die FRAND-Erklärung durch dieses quasi-dingliche Anhaften am Patent einer Art Sukzessionsschutz, wie er in § 15 Abs. 3 PatG für erteilte Lizenzen geregelt ist.[2187]

Diese Lösung ist aus dogmatischen Gründen abzulehnen.[2188] Eine mögliche patentrechtlich-dingliche Wirkung der FRAND-Erklärung ist nach dem Schutzlandprinzip nach deutschem Recht zu beurteilen.[2189] Das deutsche Recht kennt aber keine dingliche Einschränkung des Rechts aus dem Patent durch eine FRAND-Erklärung und gewährt dieser auch keinen Sukzessionsschutz.[2190] Wie bereits im Zusammenhang mit der Rechtsnatur der FRAND-Erklärung gezeigt,[2191] besteht ein abschließender sachenrechtlicher *numerus clausus* der dinglich wirkenden Einwirkungsmöglichkeiten auf das Patent.[2192] Diese Einwirkungsmöglichkeiten sind wie auch der Sukzessionsschutz des § 15 Abs. 3 PatG als Sonderregelungen nicht analogiefähig.[2193] Ein Verzicht auf die Ausübung des Rechts zur Nichtlizenzierung durch die FRAND-Erklärung kann somit auch bei Unwiderruflichkeit dieses Verzichts keine dingliche Wirkung entfalten.[2194]

[2184] OLG Düsseldorf, Urt. v. 22.03.2019 – 2 U 31/16, BeckRS 2019, 6087, Rn. 124 – *Improving Handovers*.

[2185] OLG Düsseldorf, Urt. v. 22.03.2019 – 2 U 31/16, BeckRS 2019, 6087, Rn. 118 – *Improving Handovers*; ebenso: U.K. Supreme Court, Urt. v. 26.08.2020 – [2020] UKSC 37, GRUR Int. 2021, 174, Rn. 89 – *Unwired Planet/Huawei*.

[2186] OLG Düsseldorf, Urt. v. 22.03.2019 – 2 U 31/16, BeckRS 2019, 6087, Rn. 118, 120 – *Improving Handovers*.

[2187] *Czychowski*, GRUR Int. 2021, 421, 422; BeckOK PatR/*Wilhelmi*, § 24 PatG Rn. 107a.

[2188] *Belbl*, Strategische Patentübertragungen von SEP, S. 133–139; *Dornis*, GRUR 2020, 690, 692–693; *Kellenter*, GRUR 2021, 246, 247–248; *Leistner/Kleeberger*, GRUR 2020, 1241, 1247; Schulte/*Rinken*, § 24 PatG Rn. 99; *L. Tochtermann*, GRUR 2020, 905, 909–910; *P. Tochtermann*, GRUR 2021, 377, 381–382.

[2189] *Dornis*, GRUR 2020, 690, 692; *Kellenter*, GRUR 2021, 246, 247–248; *Leistner/Kleeberger*, GRUR 2022, 1261, 1262; *L. Tochtermann*, GRUR 2020, 905, 910; *P. Tochtermann*, GRUR 2021, 377, 382.

[2190] *Dornis*, GRUR 2020, 690, 692–693; *Kellenter*, GRUR 2021, 246, 248; Busse/Keukenschrijver/*McGuire*, § 24 PatG Rn. 110, 114; *L. Tochtermann*, GRUR 2020, 905, 909–910; *P. Tochtermann*, GRUR 2021, 377, 382; *Vetter*, GRUR 2019, 704, 706.

[2191] Siehe: 3. Teil Kap. A. III. 4. a) (S. 137 ff.).

[2192] *Dornis*, GRUR 2020, 690, 693; *Kellenter*, GRUR 2021, 246, 247–248.

[2193] LG Mannheim, Urt. v. 27.02.2009 – 7 O 94/08, NJOZ 2009, 1458, 1463 – *UMTS-fähiges Mobiltelefon I*; *Dornis*, GRUR 2020, 690, 693; Benkard PatG/*Grabinski/Zülch/P. Tochtermann*, § 139 PatG Rn. 192; *Kellenter*, GRUR 2021, 246, 248.

[2194] *Kellenter*, GRUR 2021, 246, 248–249; *L. Tochtermann*, GRUR 2020, 905, 910–911.

Zwar setzte das OLG Düsseldorf das Wort *dinglich* in Anführungszeichen, bezeichnet die Beschränkung als *gleichsam* dinglich[2195] und betonte, dass es die *Ausübung* des Rechts als betroffen ansehe.[2196] Dennoch schrieb es der FRAND-Erklärung mit der Annahme einer gegenständlich anhaftenden Sachgebundenheit der FRAND-Verpflichtung, durch die das Patent nur noch in einer beschränkten Form bestehe,[2197] eine Rechtswirkung zu, die sachenrechtlichen Charakter hat.[2198] Der Charme dieser Lösung besteht in der durch sie gebotenen Kontinuität und der damit einhergehenden Rechtssicherheit.[2199] Allein es fehlt an einer für eine solche Rechtswirkung angesichts der Bedeutung der Eigentumsfreiheit und nach sachenrechtlichen Grundsätzen zwingenden gesetzlichen Verankerung eines solchen Übergangs kraft dinglicher oder quasi-dinglicher Beschränkung des Rechts aus dem Patent.[2200]

2.   Schuldrechtliche Verpflichtung zur Übertragung der FRAND-Bindung

Da eine dingliche Wirkung der FRAND-Erklärung also ausscheidet, kann sie allenfalls eine schuldrechtliche Bindung des ursprünglichen Patentinhabers erzeugen.[2201] Nimmt man eine vertragliche Bedeutung der FRAND-Erklärung ggf. nach einer ausländischen Rechtsordnung an,[2202] so kann sich je nach anwendbarer Rechtsordnung und Wortlaut der FRAND-Erklärung daraus eine schuldrechtliche Verpflichtung zur Übertragung der FRAND-Bindung bei Patentveräußerung ergeben.[2203] Dies beurteilt sich nach dem auf die FRAND-Erklärung jeweils anwendbaren Vertragsstatut.[2204] Der Patentinhaber muss dann bei einer Veräußerung des Patents den Erwerber vertraglich dazu verpflichten, in die bestehende Pflichtenstellung einzutreten.[2205] Unterlässt der Veräußerer diese Weitergabebemühungen, macht er sich gegenüber einem Lizenzsucher, der ansonsten eine FRAND-Lizenzierung hätte beanspruchen können, schadensersatzpflichtig.[2206]

Erfolgt eine Patentveräußerung ohne schuldrechtliche Übertragung der FRAND-Verpflichtung, wird zum Teil angenommen, dass der gesamte Vorgang wegen eines Verstoßes gegen

---

[2195] OLG Düsseldorf, Urt. v. 22.03.2019 – 2 U 31/16, BeckRS 2019, 6087, Rn. 118 – *Improving Handovers*.
[2196] OLG Düsseldorf, Urt. v. 22.03.2019 – 2 U 31/16, BeckRS 2019, 6087, Rn. 119 – *Improving Handovers*.
[2197] OLG Düsseldorf, Urt. v. 22.03.2019 – 2 U 31/16, BeckRS 2019, 6087, Rn. 118, 124 – *Improving Handovers*.
[2198] *Belbl*, Strategische Patentübertragungen von SEP, S. 133–134.
[2199] *Vetter*, GRUR 2019, 704, 706.
[2200] *Kellenter*, GRUR 2021, 246, 248; *L. Tochtermann*, GRUR 2020, 905, 911; *Vetter*, GRUR 2019, 704, 706.
[2201] *Kellenter*, GRUR 2021, 246, 247; *Leistner/Kleeberger*, GRUR 2022, 1261, 1264; *L. Tochtermann*, GRUR 2020, 905, 911–912.
[2202] Dazu: 3. Teil Kap. A. III. 4. b) (S. 141 ff.) und c) (S. 145 ff.).
[2203] *Leistner/Kleeberger*, GRUR 2022, 1261, 1264; *McGuire*, GRUR 2018, 128, 132–133.
[2204] *Kellenter*, GRUR 2021, 246, 247; *Leistner/Kleeberger*, GRUR 2022, 1261, 1262, 1264.
[2205] *McGuire*, GRUR 2018, 128, 135; *L. Tochtermann*, GRUR 2020, 905, 911.
[2206] *Leistner/Kleeberger*, GRUR 2020, 1241, 1247; *McGuire*, GRUR 2018, 128, 135; *Nikolic*, Licensing SEP, S. 68.

Art. 102 AEUV nichtig sei.[2207] Dies wird insbesondere gegen klagende NPE vorgebracht, da diese besonders häufig in der Stellung als Patenterwerber in Erscheinung treten und sodann versucht wird, ihre Aktivlegitimation aufgrund einer Nichtigkeit des Patentübergangs in Zweifel zu ziehen.[2208] Dieser Einwand kann in der Regel schon keinen Erfolg haben, weil mit der Eintragung ins Patentregister gemäß § 30 PatG von der Aktivlegitimation auszugehen ist.[2209] Darüber hinaus ist die Patentübertragung bei fehlender Weitergabe der FRAND-Verpflichtung auch nicht als kartellrechtswidrig einzustufen.[2210] Der Übertragungsakt ist an sich neutral und – abgesehen von Fällen des kollusiven Zusammenwirkens in Missbrauchsabsicht[2211] – nicht wettbewerbsbeschränkend.[2212] Erst aus auf den Übertragungsakt folgenden Handlungen des Erwerbers kann sich eine Missbräuchlichkeit ergeben, die sodann hinreichend im Rahmen des Art. 102 AEUV geahndet werden kann.[2213] Eine Nichtigkeit der Patentübertragung ergibt sich daraus nicht.[2214]

Zum Teil wird aber vertreten, dass ein Verletzer einem Patenterwerber, der die FRAND-Verpflichtung des Veräußerers nicht vertraglich übernimmt, eine drittschützende Wirkung von vertraglichen Rücksichtnahmepflichten des Erwerbers gegenüber dem Veräußerer aus dem Patentveräußerungsvertrag entgegenhalten könne.[2215] Die vertraglichen Rücksichtnahmepflichten des Erwerbers sollen sich demnach daraus ergeben, dass der Veräußerer bei Nicht-Übertragung der Verpflichtung seine Pflichten aus der FRAND-Erklärung verletzen würde.[2216] Dass sich aus einer Rücksichtnahmepflicht auf die schuldrechtlichen Verpflichtungen des Veräußerers aber eine derart weitreichende Beschränkung der eigenen Geschäftstätigkeit des Erwerbers hinsichtlich seiner Lizenzierungsmöglichkeiten des erworbenen Patents wie bei der Unterwerfung unter eine FRAND-Verpflichtung ergeben sollen, überzeugt angesichts der grundsätzlichen Relativität der

---

[2207] OLG Düsseldorf, Urt. v. 22.03.2019 – 2 U 31/16, BeckRS 2019, 6087, Rn. 121 – *Improving Handovers*; ähnlich unter Verweis auf Art. 101 Abs. 2 AEUV: *Leistner/Kleeberger*, GRUR 2020, 1241, 1246.

[2208] *Picht*, WuW 2018, 300, 308.

[2209] BGH, Urt. v. 07.05.2013 – X ZR 69/11, GRUR 2013, 713, Rn. 52-55 – *Fräsverfahren*; OLG Düsseldorf, Beschl. v. 09.05.2016 – 15 U 35/16, GRUR-RS 2016, 9322, Rn. 9-12; LG Düsseldorf, Urt. v. 24.04.2012 – 4b O 273/10, GRUR-RS 2012, 9682, Rn. 184 – *Zugriffsschwellenwert*; LG Mannheim, Urt. v. 27.11.2015 – 2 O 106/14, BeckRS 2015, 20077, Rn. 77 – *Stochastisches Rauschen*.

[2210] LG Düsseldorf, Urt. v. 24.04.2012 – 4b O 273/10, GRUR-RS 2012, 9682, Rn. 183-189 – *Zugriffsschwellenwert*; LG Mannheim, Urt. v. 27.02.2009 – 7 O 94/08, NJOZ 2009, 1458, 1463 – *UMTSfähiges Mobiltelefon I*; *Kellenter*, GRUR 2021, 246, 249; *L. Tochtermann*, GRUR 2020, 905, 912.

[2211] *Dornis*, GRUR 2020, 690, 698.

[2212] LG Düsseldorf, Urt. v. 24.04.2012 – 4b O 273/10, GRUR-RS 2012, 9682, Rn. 187-189 – *Zugriffsschwellenwert*; LG Mannheim, Urt. v. 27.02.2009 – 7 O 94/08, NJOZ 2009, 1458, 1463 – *UMTSfähiges Mobiltelefon I*; *Dornis*, GRUR 2020, 690, 698; *Kellenter*, GRUR 2021, 246, 249.

[2213] *Kellenter*, GRUR 2021, 246, 249; siehe dazu auch sogleich bei den Ausführungen zum Eintritt in die kartellrechtliche Pflichtenstellung.

[2214] LG Düsseldorf, Urt. v. 24.04.2012 – 4b O 273/10, GRUR-RS 2012, 9682, Rn. 183 – *Zugriffsschwellenwert*; *Kellenter*, GRUR 2021, 246, 249.

[2215] *Leistner/Kleeberger*, GRUR 2020, 1241, 1246–1247 (zu beurteilen wäre dies nach dem auf den Patentveräußerungsvertrag anwendbaren Recht, ebd., S. 1245 Fn. 43).

[2216] *Dies.*, GRUR 2020, 1241, 1246.

Schuldverhältnisse nicht. Es ist Sache des Veräußerers, seine Schadensersatzpflicht wegen Verletzung seiner Pflichten aus der FRAND-Erklärung gegenüber Lizenzsuchern durch eine Regelung des Übergangs der FRAND-Verpflichtung im Veräußerungsvertrag mit dem Erwerber abzuwenden. Eine automatische Übernahme der FRAND-Pflicht durch den Erwerber aus einer Rücksichtnahmepflicht auf den Veräußerer, deren drittschützende Wirkung zugunsten eines Lizenzsuchers zudem fraglich erscheint, besteht nicht.

Es bleibt also auf der schuldrechtlichen Ebene bei der gezeigten vertraglichen Verpflichtung des Veräußerers aus der FRAND-Erklärung, für einen Übergang der FRAND-Lizenzierungspflicht auf schuldrechtlichem Wege zu sorgen, und bei der sich aus einer Verletzung dieser Pflicht ergebenden Schadensersatzpflicht. Da dieser Schadensersatzanspruch den Wegfall der FRAND-Zugangsmöglichkeit für Lizenzsucher nicht gleichwertig kompensieren kann,[2217] ist zu konstatieren, dass eine zuverlässige Bindung des Rechtsnachfolgers an die FRAND-Pflichten des Veräußerers auf schuldrechtlichem Wege nicht zu erreichen ist.[2218]

3. Eintritt in die kartellrechtliche Pflichtenstellung

Als weiterer Ansatzpunkt kann das Kartellrecht dienen, was, wenn die mögliche Wettbewerbsbeschränkung sich in Deutschland auswirkt, gemäß Art. 6 Abs. 3 Rom II-VO nach deutschem Recht zu beurteilen ist.[2219] Der Erwerber eines Patents ist unabhängig von einem etwaigen vertraglichen Übergang oder Nichtübergang einer FRAND-Erklärung zur Einhaltung kartellrechtlicher Anforderungen verpflichtet.[2220] Einzige Voraussetzung, damit der Erwerber Adressat des Missbrauchsverbots aus Art. 102 AEUV bzw. § 19 GWB sein kann, ist, dass er als neuer SEP-Inhaber ebenfalls eine marktbeherrschende Stellung innehaben muss,[2221] was bei Erwerb eines Patents, das dem Veräußerer eine marktbeherrschende Stellung verliehen hat, regelmäßig der Fall sein wird.[2222]

Ist der Erwerber also Marktbeherrscher, so handelt er missbräuchlich im Sinne des Art. 102 AEUV bzw. § 19 GWB, wenn er nicht bereit ist, das erworbene SEP trotz der Tatsache,

---

[2217] *Leistner/Kleeberger*, GRUR 2020, 1241, 1247; *Nikolic*, Licensing SEP, S. 68.

[2218] *Nikolic*, Licensing SEP, S. 68–69.

[2219] *L. Tochtermann*, GRUR 2020, 905, 910.

[2220] OLG Karlsruhe, Urt. v. 23.03.2011 – 6 U 66/09, NJOZ 2011, 1080, 1086 – *FRAND-Grundsätze*; LG Düsseldorf, Urt. v. 24.04.2012 – 4b O 273/10, GRUR-RS 2012, 9682, Rn. 186-189 – *Zugriffsschwellenwert*; LG Mannheim, Urt. v. 27.02.2009 – 7 O 94/08, NJOZ 2009, 1458, 1463 – *UMTS-fähiges Mobiltelefon I*; *Barthelmeß/Gauß*, WuW 2010, 626, 635–636; Benkard PatG/*Grabinski/Zülch/P. Tochtermann*, § 139 PatG Rn. 192; *Kamlah/Rektorschek*, Mitt. 2021, 154–155.

[2221] *Hötte*, MMR 2011, 472, 473; *Leistner/Kleeberger*, GRUR 2020, 1241, 1244.

[2222] *Kamlah/Rektorschek*, Mitt. 2021, 154–155.

dass der Veräußerer dieses Patent unter Abgabe einer FRAND-Erklärung in einen De-iure-Standard eingebracht hat, zu FRAND-Bedingungen zu lizenzieren.[2223] Die Missbräuchlichkeit ergibt sich daraus, dass sich der Erwerber als Neuinhaber des SEP die Vorzüge der Standardisierung zu Nutze machen möchte, dabei aber unberücksichtigt lässt, dass diese Machtposition nur kartellrechtskonform entstehen konnte, weil die Standardisierung unter Einbezug von FRAND-Verpflichtungserklärungen der SEP-Inhaber erfolgt ist.[2224] Mit der Veräußerung des SEP ändert sich nur die Person des Patentinhabers, während die wettbewerbsrechtliche Relevanz die gleiche bleibt.[2225] Das Vertrauen des Rechtsverkehrs, das mit der FRAND-Erklärung begründet wurde,[2226] wird durch den Rechtsübergang am Patent nicht erschüttert.[2227] Der Neuinhaber würde seine marktbeherrschende Stellung daher missbrauchen, wenn er das Patent nicht wie ein SEP mit FRAND-Erklärung behandeln würde.[2228] Mit dem Erwerb obliegen ihm daher die Verhandlungspflichten der *Huawei/ZTE*-Roadmap.[2229]

Damit trifft den Erwerber unabhängig von einer etwaigen schuldrechtlichen Übertragungsvereinbarung eine gesetzliche Pflicht zur FRAND-Lizenzierung aus dem Kartellrecht.[2230] Die kartellrechtliche Pflichtenlage besteht auch unabhängig von einer etwaigen NPE-Eigenschaft des Erwerbers.[2231] Die Verpflichtung entsteht „originär"[2232] kraft Gesetz in der Person des Erwerbers, sodass es sich rechtstechnisch nicht um einen derivativen Übergang der Pflichtenstellung, sondern um einen selbsttätigen Eintritt in die Pflichtenstellung handelt.[2233] Im Moment der Vollendung der Patentübertragung erlischt somit die Lizenzierungspflicht des Veräußerers (der dazu mangels Berechtigung ohnehin nicht mehr fähig ist) und entsteht bei entsprechender marktbeherrschender Stellung in der Person des Erwerbers neu. Vergleichbar ist dies mit dem Eintritt des

---

[2223] LG Mannheim, Urt. v. 28.09.2018 – 7 O 165/16, BeckRS 2018, 31743, Rn. 61 – *FRAND-Angebote*; Benkard PatG/*Grabinski/Zülch/P. Tochtermann*, § 139 PatG Rn. 192; *Kellenter*, GRUR 2021, 246, 249; *Leistner/Kleeberger*, GRUR 2020, 1241, 1244–1245.

[2224] LG Mannheim, Urt. v. 28.09.2018 – 7 O 165/16, BeckRS 2018, 31743, Rn. 61 – *FRAND-Angebote*; *Belbl*, Strategische Patentübertragungen von SEP, S. 146–147; *Dornis*, GRUR 2020, 690, 695; *P. Tochtermann*, GRUR 2021, 377, 381–382.

[2225] *Leistner/Kleeberger*, GRUR 2020, 1241, 1244; *McGuire*, GRUR 2018, 128, 134–135.

[2226] EuGH, Urt. v. 16.07.2015 – C-170/13, GRUR 2015, 764, Rn. 53 – *Huawei/ZTE*.

[2227] *Leistner/Kleeberger*, GRUR 2020, 1241, 1244–1245.

[2228] LG Mannheim, Urt. v. 28.09.2018 – 7 O 165/16, BeckRS 2018, 31743, Rn. 61 – *FRAND-Angebote*; Benkard PatG/*Grabinski/Zülch/P. Tochtermann*, § 139 PatG Rn. 192; *Leistner/Kleeberger*, GRUR 2020, 1241, 1244.

[2229] *Dornis*, GRUR 2020, 690, 695–697; *Leistner/Kleeberger*, GRUR 2020, 1241, 1244.

[2230] *Belbl*, Strategische Patentübertragungen von SEP, S. 145–147; *Dornis*, GRUR 2020, 690, 695–696; *Hauck*, NJW 2015, 2767, 2770; *Kamlah/Rektorschek*, Mitt. 2021, 154–155; *Kellenter*, GRUR 2021, 246, 249; *McGuire*, GRUR 2018, 128, 134–135; *L. Tochtermann*, GRUR 2020, 905, 912; *P. Tochtermann*, GRUR 2021, 377, 381–382.

[2231] LG Düsseldorf, Urt. v. 31.03.2016 – 4a O 126/14, GRUR-RS 2016, 8040, Rn. 123 – *Hochfrequenzanteil*; *Kühnen*, Hdb. Patentverletzung, Kap. E Rn. 266.

[2232] *P. Tochtermann*, GRUR 2021, 377, 382.

[2233] *L. Tochtermann*, GRUR 2020, 905, 912, 914.

Erwerbers einer vermieteten Immobilie in ein bestehendes Mietverhältnis. Auch hier tritt der Erwerber per gesetzlicher Anordnung (§ 566 Abs. 1 BGB) in die Rechte und Pflichten des Mietvertrages ein, welcher aber nicht übergeht, sondern inhaltsgleich im Zeitpunkt des Eigentumsübergangs kraft Gesetz neu entsteht.[2234]

Ebenso wie beim Eintritt eines Immobilienerwerbers in einen Mietvertrag besteht die Pflichtenstellung des Erwerbers mit dem gleichen Inhalt wie zuvor gegenüber dem Veräußerer.[2235] Wie für den Mieter beim Eigentümerwechsel ändert sich für Lizenzsucher beim Patentinhaberwechsel aufgrund der wettbewerblich ansonsten gleichbleibenden Interessenlage und patentinhaberseitigen Machtposition außer der Person des Patentinhabers nichts. Nimmt man also an, dass ein Patentinhaber unter Diskriminierungsgesichtspunkten nicht nur dem Grunde sondern auch der Höhe und dem Inhalt nach an seine bisherige Lizenzierungspraxis gebunden ist,[2236] so gilt dies auch für den Rechtsnachfolger.[2237] Schließlich wirken bestehende Lizenzverträge gemäß § 15 Abs. 3 PatG fort, sodass die darin gewährten Bedingungen das am Markt praktizierte Lizenzmodell darstellen, von dem nicht ohne inhaltliche Rechtfertigung zum Nachteil eines Lizenzsuchers, der zufällig erst nach der Patentübertragung eine Lizenz nachsucht, abgewichen werden darf.[2238] Ein dies ermöglichender Wissenstransfer über die bereits erfolgten Lizenzierungen ist im Patentveräußerungsvertrag sicherzustellen.[2239]

Dieser kartellrechtliche Ansatz führt zu einer „untrennbaren kartellrechtlich determinierten Verknüpfung von SEP-Inhaberschaft und FRAND-Bindung"[2240] und damit zu einer „funktionsgerechten Beschränkung der Durchsetzbarkeit"[2241] eines eine marktbeherrschende Stellung vermittelnden SEP. Im Ergebnis lässt sich nach hier vertretener Ansicht so auf kartellrechtlichem Wege dogmatisch stimmig das gleiche Ergebnis erzielen, zu dem das OLG Düsseldorf in *Improving Handovers* über die hier abgelehnte dingliche Herleitung kommt.

[2234] BGH, Urt. v. 02.02.2006 – IX ZR 67/02, NJW 2006, 1800, Rn. 14; BGH, Urt. v. 12.10.2016 – XII ZR 9/15, NJW 2017, 254, Rn. 17.

[2235] *Dornis*, GRUR 2020, 690, 697.

[2236] Dazu: 3. Teil Kap. B. V. 1. b) bb) (S. 234 ff.).

[2237] OLG Düsseldorf, Urt. v. 22.03.2019 – 2 U 31/16, BeckRS 2019, 6087, Rn. 122 – *Improving Handovers*; *Kühnen*, Hdb. Patentverletzung, Kap. E Rn. 386; *Mes*, PatG, § 9 PatG Rn. 118; zustimmend, dass hier ein Gleichlauf bestehen muss, aber eine Bindung der Höhe und dem Inhalt nach grundsätzlich schon ablehnend: *L. Tochtermann*, GRUR 2020, 905, 912.

[2238] OLG Düsseldorf, Urt. v. 22.03.2019 – 2 U 31/16, BeckRS 2019, 6087, Rn. 122-124 – *Improving Handovers*; *Kühnen*, Hdb. Patentverletzung, Kap. E Rn. 386.

[2239] OLG Düsseldorf, Urt. v. 22.03.2019 – 2 U 31/16, BeckRS 2019, 6087, Rn. 125 – *Improving Handovers*; *Dornis*, GRUR 2020, 690, 697–698; *Kühnen*, Hdb. Patentverletzung, Kap. E Rn. 393; *L. Tochtermann*, GRUR 2020, 905, 914.

[2240] *Dornis*, GRUR 2020, 690, 696.

[2241] *Leistner/Kleeberger*, GRUR 2020, 1241, 1245.

VIII. FRAND-Verpflichtung bei Patenthinterhalt

Hält ein Patentinhaber bei der Bildung eines De-iure-Standards ein standardrelevantes Patent vorsätzlich zurück, um die Abgabe einer FRAND-Erklärung zu vermeiden, begeht er also einen Patenthinterhalt (*patent ambush*),[2242] so ist fraglich, ob ihn bei Einbindung des Patents in den Standard später dennoch eine FRAND-Verpflichtung treffen kann.[2243]

Der Speicherchip-Hersteller Rambus hatte sich, so der Vorwurf der EU-Kommission, in Bezug auf eine Standardtechnologie, die einem beispielsweise bei Arbeitsspeichern von Computern eingesetzten Chip zugrunde lag, in dieser Weise verhalten.[2244] In dem Verfahren, das letztlich nach einer Verpflichtungszusage von Rambus, seine Lizenzforderungen abzusenken, endete,[2245] befand die EU-Kommission, dass Rambus die von ihm zunächst erhobenen überhöhten Lizenzgebühren nur durchsetzen konnte, weil es zuvor die Standardessentialität seines Patents verborgen gehalten hatte.[2246] Wie die EU-Kommission feststellte, ist die auf diese Weise erfolgte Geltendmachung eines bei der Standardbildung vorsätzlich verborgenen SEP missbräuchlich im Sinne des Art. 102 AEUV.[2247]

Da im Zeitpunkt des täuschenden Vorgehens bei der Standardbildung noch keine marktbeherrschende Stellung bestand, sodass das Verbergen des SEP an sich nicht als Anknüpfungspunkt in Betracht kommt,[2248] liegt die zu ahndende missbräuchliche Handlung in dem Versuch, Lizenzbedingungen durchzusetzen, die bei Offenlegung des SEP im Zuge der Standardisierung so nicht hätten verlangt werden können.[2249]

Im Patentverletzungsprozess kann dem SEP-Inhaber dann der Einwand des Patenthinterhalts nach § 242 BGB i.V.m. Art. 102 AEUV bzw. §§ 19, 20 GWB entgegengehalten werden.[2250] Dafür muss der SEP-Inhaber Täter – ausreichend ist auch Mittäterschaft oder mittelbare Täterschaft – oder Teilnehmer des Patenthinterhalts sein.[2251] Hierfür muss der Patentinhaber während der

---

[2242] Zum zugrunde liegenden Sachverhalt: 1. Teil Kap. C. IV. (S. 27 f.)

[2243] Monografisch zum Thema Patenthinterhalt: *Brakhahn*, Manipulation eines Standardisierungsverfahrens durch Patenthinterhalt und Lockvogeltaktik; *Korp*, Patenthinterhalt.

[2244] Europäische Kommission, Entscheidung v. 09.12.2009 – COMP/38.636, WuW 2010, 719, Rn. 1-3, 16 – *Rambus*.

[2245] Europäische Kommission, Entscheidung v. 09.12.2009 – COMP/38.636, WuW 2010, 719, Rn. 49, 74-76 – *Rambus*; Immenga/Mestmäcker/*A. Fuchs*, Art. 102 AEUV Rn. 361.

[2246] Europäische Kommission, Entscheidung v. 09.12.2009 – COMP/38.636, WuW 2010, 719, Rn. 27-28 – *Rambus*; Bunte/*Bulst*, Art. 102 AEUV Rn. 373.

[2247] Europäische Kommission, Entscheidung v. 09.12.2009 – COMP/38.636, WuW 2010, 719, Rn. 28 – *Rambus*; *Podszun*, IIC 2019, 720, 726–727; Wiedemann/*Scholz*, § 22 Rn. 169.

[2248] Berg/Mäsch/*Berg*, Art. 102 AEUV Rn. 114.

[2249] Europäische Kommission, Entscheidung v. 09.12.2009 – COMP/38.636, WuW 2010, 719, Rn. 28 – *Rambus*.

[2250] *Kühnen*, Hdb. Patentverletzung, Kap. E Rn. 632.

[2251] BGH, Urt. v. 24.11.2020 – KZR 35/17, GRUR 2021, 585, Rn. 131 – *FRAND-Einwand II*; LG Mannheim, Urt. v. 10.03.2015 – 2 O 103/14, GRUR-RS 2015, 15918, Rn. 119-129; Schulte/*Rinken*, § 24 PatG Rn. 131.

Standardisierung Mitglied der SSO gewesen sein, welche diese vorgenommen hat, da er sonst nicht an die Offenlegungsverpflichtung im Standardisierungsprozess gebunden ist[2252] und das Sonderdelikt des Patenthinterhalts folglich nicht begehen kann.[2253] Voraussetzung ist außerdem, dass bei der Standardsetzung eine andere technische Lösung herangezogen werden hätte können, also ohne das täuschende Verhalten die realistische und nicht nur theoretische Möglichkeit bestanden hätte, dass der Standard mit einem anderen Inhalt zustande gekommen wäre.[2254]

Liegen die Voraussetzungen eines Patenthinterhalts vor, so folgt daraus, dass der Lizenzsucher so zu stellen ist, wie er stünde, wenn der Patentinhaber das SEP bei der Standardsetzung nicht verborgen hätte.[2255] Kann der Lizenzsucher nachweisen, dass im Falle der rechtzeitigen Offenlegung des SEP nicht nur eine alternative sondern überdies auch patentfreie Technik zum Standard geworden wäre oder die Standardisierung abgebrochen worden wäre und dadurch eine Situation eingetreten wäre, in der der Patentnutzer gar keine Lizenzgebühr hätte entrichten müssen, so kann er eine Freilizenz verlangen.[2256]

Außerhalb dieses in der Regel nicht anzunehmenden Falles ist davon auszugehen, dass der Patentinhaber, hätte er sein Patent rechtzeitig offengelegt, eine FRAND-Erklärung abgegeben hätte. Mithin kann der Lizenzsucher eine Lizenzierung zu FRAND-Bedingungen verlangen und es sind die gleichen Maßstäbe anzulegen wie bei einem SEP, für das regulär eine FRAND-Erklärung abgegeben wurde.[2257] Bei einem Patenthinterhalt richten sich die Voraussetzungen des kartellrechtlichen Zwangslizenzeinwands also regelmäßig nach den *Huawei/ZTE*-Kriterien. Das gleiche gilt ohne Weiteres, wenn der SEP-Inhaber später doch noch eine (den vorigen Verstoß

[2252] Europäische Kommission, Entscheidung v. 09.12.2009 – COMP/38.636, WuW 2010, 719, Rn. 41 – *Rambus*.

[2253] LG Mannheim, Urt. v. 10.03.2015 – 2 O 103/14, GRUR-RS 2015, 15918, Rn. 133-135.

[2254] Europäische Kommission, Entscheidung v. 09.12.2009 – COMP/38.636, WuW 2010, 719, Rn. 45-46 – *Rambus*; BGH, Urt. v. 24.11.2020 – KZR 35/17, GRUR 2021, 585, Rn. 133 – *FRAND-Einwand II*; OLG Karlsruhe, Urt. v. 25.11.2020 – 6 U 104/18, GRUR-RS 2020, 56869, Rn. 105 – *Steuerkanalsignalisierung I*; LG Mannheim, Urt. v. 28.09.2018 – 7 O 165/16, BeckRS 2018, 31743, Rn. 51 – *FRAND-Angebote*; *Schöler*, FS Straus (2009), 177, 193.

[2255] LG Düsseldorf, Urt. v. 07.06.2011 – 4b O 31/10, juris, Rn. 85; LG Düsseldorf, Urt. v. 31.03.2016 – 4a O 126/14, GRUR-RS 2016, 8040, Rn. 253 – *Hochfrequenzanteil*; *Melullis*, Mitt. 2016, 433, 434.

[2256] LG Düsseldorf, Urt. v. 31.03.2016 – 4a O 126/14, GRUR-RS 2016, 8040, Rn. 255 – *Hochfrequenzanteil*; *Kühnen*, Hdb. Patentverletzung, Kap. E Rn. 633.

[2257] LG Düsseldorf, Urt. v. 07.06.2011 – 4b O 31/10, juris, Rn. 85; LG Düsseldorf, Urt. v. 03.11.2015 – 4a O 144/14, BeckRS 2015, 19564, Rn. 113-114 – *Kommunikationsvorrichtung*; *Mes*, FS Hoffmann-Becking (2013), 821, 830–831; *Scharen*, Mitt. 2018, 369, 372; FK KartellR/*Weyer*, § 19 GWB Rn. 310.

heilende) FRAND-Erklärung abgibt.[2258] Der Einwand des Patenthinterhalts ermöglicht dem beklagten Verletzer dann keine über den Anspruch auf FRAND-Lizenzierung hinausgehende Einwendungsmöglichkeit.[2259]

Das Risiko, dass Patentinhaber angesichts der Gleichbehandlung eines zunächst verborgenen Patents mit einem SEP mit abgegebener FRAND-Erklärung versucht sein könnten, Patenthinterhalte zu begehen, da sie in der Regel gegenüber Lizenzsuchern nicht mehr befürchten müssen als eine FRAND-Lizenzierungspflicht, führt nicht zu einer anderen Beurteilung.[2260] Zum einen ist wettbewerbsrechtlich entscheidend, dass letztlich Zugang zu FRAND-Bedingungen ermöglicht wird. Eine darüberhinausgehende Beschränkung des Patentrechts wäre überschießend und hätte damit einen nicht vorgesehenen Sanktionscharakter.[2261] Zum anderen muss der Patentinhaber abseits des konkreten Patentverletzungsprozesses mit einer kartellbehördlichen Ahndung rechnen.[2262]

C.   SEP ohne FRAND-Erklärung – De-facto-Standards

Neben der Standardart der De-iure-Standards, die mittlerweile das Gros der Fälle ausmachen und denen sich Rechtsprechung und Literatur und auch diese Arbeit daher in der Hauptsache widmen, ist der Blick auch auf die Fallkonstellation der De-facto-Standards zu richten. Die wegweisenden Entscheidungen des BGH zur Zulässigkeit des kartellrechtlichen Zwangslizenzeinwands im Patentverletzungsprozess, nämlich *Standard-Spundfass*[2263] und *Orange-Book-Standard*[2264], wurden nach dem in dieser Arbeit zugrunde gelegten Begriffsverständnis[2265] in Fällen, bei denen es um De-facto-Standards ging, getroffen. Seitdem waren De-facto-Standards allerdings in der höchstrichterlichen Rechtsprechung – soweit ersichtlich – nicht mehr vertreten, was auch an der fortschreitenden Systematisierung der Standardbildung durch SSOs liegen dürfte.

Die bei De-facto-Standards zu erfüllenden Voraussetzungen des dem patentrechtlichen Unterlassungsanspruch entgegengehaltenen kartellrechtlichen Zwangslizenzeinwands legte der

---

[2258] LG Düsseldorf, Urt. v. 03.11.2015 – 4a O 93/14, BeckRS 2016, 4073, Rn. 123 – *Datenaufruf-Trägerdienst*; LG Düsseldorf, Urt. v. 31.03.2016 – 4a O 126/14, GRUR-RS 2016, 8040, Rn. 254 – *Hochfrequenzanteil*.

[2259] OLG Karlsruhe, Urt. v. 25.11.2020 – 6 U 104/18, GRUR-RS 2020, 56869, Rn. 106-107 – *Steuerkanalsignalisierung I*.

[2260] LG Düsseldorf, Urt. v. 07.06.2011 – 4b O 31/10, juris, Rn. 85.

[2261] OLG Karlsruhe, Urt. v. 25.11.2020 – 6 U 104/18, GRUR-RS 2020, 56869, Rn. 106-107 – *Steuerkanalsignalisierung I*; LG Düsseldorf, Urt. v. 07.06.2011 – 4b O 31/10, juris, Rn. 85; LG Düsseldorf, Urt. v. 03.11.2015 – 4a O 144/14, BeckRS 2015, 19564, Rn. 113-114 – *Kommunikationsvorrichtung*.

[2262] LG Düsseldorf, Urt. v. 07.06.2011 – 4b O 31/10, juris, Rn. 85; Schulte/*Rinken*, § 24 PatG Rn. 131.

[2263] BGH, Urt. v. 13.07.2004 – KZR 40/02, GRUR 2004, 966 – *Standard-Spundfass*.

[2264] BGH, Urt. v. 06.05.2009 – KZR 39/06, GRUR 2009, 694 – *Orange-Book-Standard*.

[2265] Dazu: 1. Teil Kap. B. II. (S. 20 f.).

BGH im *Orange-Book-Standard*-Urteil von 2009 fest.[2266] Das *Standard-Spundfass*-Urteil von 2004 hingegen betraf einen Schadensersatzanspruch[2267] und erlangte vor allem Bedeutung hinsichtlich des Nebeneinanders von patentrechtlicher und kartellrechtlicher Zwangslizenz,[2268] welches oben bereits erörtert wurde.[2269] Außerdem wurden die in *Standard-Spundfass* enthaltenen Vorgaben des BGH zu Diskriminierungsaspekten[2270] schon an entsprechender Stelle im Sachzusammenhang berücksichtigt.[2271] Im Folgenden wird daher das Urteil in der Sache *Orange-Book-Standard* im Mittelpunkt der Untersuchung des kartellrechtlichen Zwangslizenzeinwandes bei SEP ohne FRAND-Erklärung stehen.

I.   *Orange-Book-Standard*-Urteil des BGH

Die Entscheidung *Orange-Book-Standard* des BGH vom 06.05.2009[2272] wird im Folgenden vorgestellt, bevor anschließend auf die darin aufgestellten Kriterien im Einzelnen eingegangen und schließlich das Verhältnis zur *Huawei/ZTE*-Rechtsprechung des EuGH diskutiert wird.

1.   Einordnung der Sachverhaltskonstellation

Im Verfahren *Orange-Book-Standard* ging der Patentinhaber Philips gegen insgesamt acht zum Teil personell und gesellschaftsrechtlich sowie durch ausschließliche Lieferbeziehungen miteinander verwobene Beklagte vor.[2273] Philips warf den Beklagten die Verletzung eines Patents durch die Herstellung bzw. den Vertrieb von einfach und mehrfach beschreibbaren CDs (CD-R und CD-RW) vor.[2274]

Das Klagepatent betraf optisch lesbare Datenträger, die eine Aufzeichnung von Informationen auf einer auf dem Datenträger vorhandenen Spur in einer Weise ermöglichen, dass eine durchgängige Informationsspur besteht, die nicht durch ohne die Nutzung des Patents zum Auslesen des Datenträgers notwendige Positionsinformationen unterbrochen werden.[2275] Diese technische Lösung hatte sich für die Gestaltung von CD-R und CD-RW durchgesetzt und wurde im soge-

---

[2266] BGH, Urt. v. 06.05.2009 – KZR 39/06, GRUR 2009, 694, Rn. 29 – *Orange-Book-Standard*.
[2267] BGH, Urt. v. 13.07.2004 – KZR 40/02, GRUR 2004, 966, 969–970 – *Standard-Spundfass*.
[2268] BGH, Urt. v. 13.07.2004 – KZR 40/02, GRUR 2004, 966, 967 – *Standard-Spundfass*.
[2269] Siehe: 3. Teil Kap. A. I. 3. d) (S. 109 ff.).
[2270] BGH, Urt. v. 13.07.2004 – KZR 40/02, GRUR 2004, 966, 968–969 – *Standard-Spundfass*.
[2271] Siehe: 3. Teil Kap. B. V. 1. (S. 229 ff.).
[2272] BGH, Urt. v. 06.05.2009 – KZR 39/06, GRUR 2009, 694 – *Orange-Book-Standard*.
[2273] BGH, Urt. v. 06.05.2009 – KZR 39/06, GRUR 2009, 694 – *Orange-Book-Standard*.
[2274] BGH, Urt. v. 06.05.2009 – KZR 39/06, GRUR 2009, 694, Rn. 9-10 – *Orange-Book-Standard*; LG Mannheim, Urt. v. 12.09.2002 – 7 O 35/02, BeckRS 2009, 87787.
[2275] BGH, Urt. v. 06.05.2009 – KZR 39/06, GRUR 2009, 694, Rn. 10-12 – *Orange-Book-Standard*.

nannten *Orange Book*, welches zum Zwecke der branchenweiten Einheitlichkeit und Interoperabilität die Eigenschaften dieser Datenträger gleich einem Regelwerk beschrieb, festgehalten.[2276] Jede CD-R oder CD-RW, die von einem handelsüblichen Rekorder beschrieben oder ausgelesen werden kann und daher dem *Orange Book* entsprechen sollte, musste zwangsläufig das Klagepatent nutzen.[2277] Das *Orange Book* stellte somit einen De-facto-Standard dar, der sich am Markt etabliert hatte.[2278] Das Klagepatent war für diese Norm standardessentiell im Sinne einer Marktzutrittsvoraussetzung. Ein Standardisierungsprozess im Rahmen einer SSO, in dessen Zusammenhang Philips eine FRAND-Erklärung hätte abgeben können, hat nicht stattgefunden. Es ging in *Orange-Book-Standard* folglich um die Fallkonstellation eines SEP ohne FRAND-Erklärung.

2. Ausgangssituation und Verfahrensgang

Mit zwei der acht Beklagten bestand über vier Jahre lang ein Lizenzvertrag, der aber wirksam beendet wurde.[2279] Lizenzvertragsverhandlungen mit den anderen Beklagten auf Grundlage eines von Philips praktizierten Lizenzmodells scheiterten.[2280] Daraufhin klagte Philips auf Unterlassung, Auskunft, Feststellung der Schadensersatzpflicht und Herausgabe von patentverletzenden Gegenständen zwecks Vernichtung.[2281]

Während eine Patentverletzung der beiden Beklagten, mit denen ein Lizenzvertrag zuvor bestand, nach Beendigung des Vertrages nicht festgestellt werden konnte, obsiegte Philips gegenüber den übrigen Beklagten sowohl vor dem LG Mannheim[2282] als auch vor dem OLG Karlsruhe.[2283] Der kartellrechtliche Zwangslizenzeinwand wurde zurückgewiesen, weil Philips die Beklagten durch sein Lizenzmodell nicht diskriminiert habe und ein von den Beklagten abgegebenes Angebot habe ablehnen dürfen, ohne dadurch gegen Kartellrecht zu verstoßen.[2284]

Im parallel ausgetragenen Nichtigkeitsverfahren wurde das Klagepatent aufrechterhalten.[2285]

[2276] OLG Karlsruhe, Urt. v. 13.12.2006 – 6 U 174/02, GRUR-RR 2007, 177, 179; *Kellenter/Verhauwen*, GRUR 2018, 761, 762; *Schickedanz*, GRUR Int. 2011, 480, 484.

[2277] BGH, Urt. v. 06.05.2009 – KZR 39/06, GRUR 2009, 694, Rn. 20 – *Orange-Book-Standard*; OLG Karlsruhe, Urt. v. 13.12.2006 – 6 U 174/02, GRUR-RR 2007, 177, 179; Kamann/Ohlhoff/Völcker/*Raible*, 3. Teil § 30 Rn. 19.

[2278] Immenga/Mestmäcker/*A. Fuchs*, Art. 102 AEUV Rn. 363; Loewenheim/Meesen/Riesenkampff u.a./*Huttenlauch*, Art. 102 AEUV Rn. 268; *Kellenter/Verhauwen*, GRUR 2018, 761, 762; *Meier-Beck*, FS Tolksdorf (2014), 115, 117.

[2279] LG Mannheim, Urt. v. 12.09.2002 – 7 O 35/02, BeckRS 2009, 87787.

[2280] LG Mannheim, Urt. v. 12.09.2002 – 7 O 35/02, BeckRS 2009, 87787.

[2281] OLG Karlsruhe, Urt. v. 13.12.2006 – 6 U 174/02, GRUR-RR 2007, 177; LG Mannheim, Urt. v. 12.09.2002 – 7 O 35/02, BeckRS 2009, 87787.

[2282] LG Mannheim, Urt. v. 12.09.2002 – 7 O 35/02, BeckRS 2009, 87787.

[2283] OLG Karlsruhe, Urt. v. 13.12.2006 – 6 U 174/02, GRUR-RR 2007, 177–178.

[2284] OLG Karlsruhe, Urt. v. 13.12.2006 – 6 U 174/02, GRUR-RR 2007, 177, 179–180.

[2285] BGH, Urt. v. 03.04.2007 – X ZR 36/04, BeckRS 2007, 10348; BPatG, Urt. v. 04.12.2003 – 2 Ni 35/02 (EU), BeckRS 2012, 14299.

3. Entscheidung

Der BGH bestätigte die Urteile der Vorinstanzen, da auch er die Voraussetzungen eines kartellrechtlichen Zwangslizenzeinwandes mangels missbräuchlichen Verhaltens des Patentinhabers als nicht gegeben ansah.[2286] Neben der Entscheidung, dass der kartellrechtliche Zwangslizenzeinwand dem patentrechtlichen Unterlassungsanspruch grundsätzlich entgegen gehalten werden könne,[2287] definierte das Urteil die für einen Marktmachtmissbrauch zu erfüllenden Anforderungen.

a) Die *Orange-Book-Standard*-Kriterien

Laut BGH missbraucht ein marktmächtiger Patentinhaber seine marktbeherrschende Stellung durch die Geltendmachung des Unterlassungsanspruchs nur, wenn zwei Voraussetzungen kumulativ erfüllt sind, was der Patentverletzer darzulegen und zu beweisen habe.[2288]

Der BGH verlangte zum einen vom Patentverletzer, der sich auf den kartellrechtlichen Zwangslizenzeinwand berufen will, dass er dem Patentinhaber ein unbedingtes, ernsthaftes und annahmefähiges Lizenzvertragsangebot machen müsse, welches der Patentinhaber nicht ablehnen könne, ohne dadurch einen kartellrechtsrelevanten Machtmissbrauch zu begehen.[2289] Gebe der Verletzer ein Angebot zu üblichen Lizenzbedingungen ab, so komme eine kartellrechtskonforme Ablehnung des Angebots durch den Patentinhaber nur in Betracht, wenn dieser anstelle der von ihm abgelehnten Bedingungen seinerseits Alternativbedingungen, die mit seiner kartellrechtlichen Pflichtenstellung im Einklang stehen, anbiete.[2290]

Zum anderen setzte der BGH voraus, dass ein bereits patentnutzender Lizenzsucher schon vor Vertragsschluss den vertraglichen Pflichten durch die Vornahme von Erfüllungshandlungen vorgreife, die sich aus dem Lizenzvertrag mit dem Patentinhaber ergeben würden.[2291] Dies beinhalte vor allen Dingen die Zahlung von Lizenzgebühren oder die Leistung entsprechender Sicherheiten.[2292]

[2286] BGH, Urt. v. 06.05.2009 – KZR 39/06, GRUR 2009, 694, 8-9, 19 – *Orange-Book-Standard*.
[2287] BGH, Urt. v. 06.05.2009 – KZR 39/06, GRUR 2009, 694, Rn. 22-28 – *Orange-Book-Standard*; Details dazu siehe: 3. Teil Kap. A. I. 3. (S. 104 ff.).
[2288] BGH, Urt. v. 06.05.2009 – KZR 39/06, GRUR 2009, 694, Rn. 29, 38 – *Orange-Book-Standard*.
[2289] BGH, Urt. v. 06.05.2009 – KZR 39/06, GRUR 2009, 694, Rn. 29-30 – *Orange-Book-Standard*.
[2290] BGH, Urt. v. 06.05.2009 – KZR 39/06, GRUR 2009, 694, Rn. 31 – *Orange-Book-Standard*.
[2291] BGH, Urt. v. 06.05.2009 – KZR 39/06, GRUR 2009, 694, Rn. 29 – *Orange-Book-Standard*.
[2292] BGH, Urt. v. 06.05.2009 – KZR 39/06, GRUR 2009, 694, Rn. 29 – *Orange-Book-Standard*.

b) Initiativlast des Verletzers und fingiertes Vertragsverhältnis

Der BGH sah die Initiativlast im Fall *Orange-Book-Standard* beim Verletzer.[2293] Diesen treffe die Obliegenheit, das erste Angebot zu formulieren.[2294] Den Grund dafür sah der BGH darin, dass die marktbeherrschende Stellung den SEP-Inhaber nicht dazu verpflichte, von sich aus für eine Legitimierung der patentverletzenden Nutzung des Verletzers zu sorgen.[2295] Die in einem kartellrechtskonformen Angebot zum Ausdruck kommende Bereitschaft des Verletzers, einen Lizenzvertrag zu angemessenen und diskriminierungsfreien Bedingungen zu schließen, stellte für den BGH die Voraussetzung dar, dass in der Reaktion des Patentinhabers darauf ein Machtmissbrauch liegen könne.[2296] Dafür genüge die bloße Lizenzbereitschaft des Verletzers[2297] ohne Angebotsabgabe nicht,[2298] da der Lizenzierungsanspruch nur auf eine Nutzung zu kartellrechtskonformen Bedingungen gerichtet sei und es in der Verantwortung des diesen Anspruch stellenden Lizenzsuchers liege, die Grundlage dieses Verlangens zu definieren.[2299] Erst die Ablehnung eines Angebots, welches zu einer kartellrechtskonformen Vertragsgestaltung führen würde, ohne die Abgabe eines eigenen kartellrechtsgemäßen Gegenangebots stelle demnach das missbräuchliche Verhalten dar.[2300]

Darüber hinaus entstehe schon mit Aufnahme der Benutzung des Patents die Obliegenheit des Verletzers, die Lizenzgebührenzahlung zu tätigen oder sicherzustellen.[2301] Der BGH entnahm diese Obliegenheit der Vorstellung eines „fingierten Vertragsverhältnisses"[2302], in dem der Verletzer auf die Benutzungsrechte aus einem abzuschließenden Lizenzvertrag nicht bereits zugreifen dürfe, ohne auch die Pflichten, die sich aus einem solchen Vertrag ergeben würden, zu erfüllen.[2303] Gegenüber einem Verletzer, der neben den Vorteilen eines Vorgriffs auf eine zu erteilende

---

[2293] *McGuire*, Mitt. 2018, 297, 299; Kamann/Ohlhoff/Völcker/*Raible*, 3. Teil § 30 Rn. 24.

[2294] BGH, Urt. v. 06.05.2009 – KZR 39/06, GRUR 2009, 694, Rn. 29-30 – *Orange-Book-Standard*.

[2295] BGH, Urt. v. 06.05.2009 – KZR 39/06, GRUR 2009, 694, Rn. 30 – *Orange-Book-Standard*; OLG Karlsruhe, Urt. v. 26.05.2010 – 6 U 100/08, BeckRS 2012, 144515, Rn. 49 – *MP3-Standard*; Götting/Meyer/Vormbrock/*Allekotte/Blumenröder*, § 10 Rn. 69; *Kellenter/Verhauwen*, GRUR 2018, 761, 762.

[2296] BGH, Urt. v. 06.05.2009 – KZR 39/06, GRUR 2009, 694, Rn. 30 – *Orange-Book-Standard*.

[2297] So: *Europäische Kommission*, Pressemitteilung vom 21.12.2012 (IP/12/1448), https://ec.europa.eu/commission/presscorner/detail/de/IP_12_1448 (zuletzt abgerufen am 30.06.2023), S. 1.

[2298] KK KartellR/*Busche*, Art. 102 AEUV Rn. 190; Immenga/Mestmäcker/*A. Fuchs*, Art. 102 AEUV Rn. 363.

[2299] *Kühnen*, Hdb. Patentverletzung, Kap. E Rn. 345.

[2300] BGH, Urt. v. 06.05.2009 – KZR 39/06, GRUR 2009, 694, Rn. 30-31 – *Orange-Book-Standard*.

[2301] BGH, Urt. v. 06.05.2009 – KZR 39/06, GRUR 2009, 694, Rn. 29, 33 – *Orange-Book-Standard*.

[2302] *Hötte*, MMR 2009, 689.

[2303] BGH, Urt. v. 06.05.2009 – KZR 39/06, GRUR 2009, 694, Rn. 33-35 – *Orange-Book-Standard*; *Hötte*, MMR 2009, 689; *Kühnen*, Hdb. Patentverletzung, Kap. E Rn. 366.

Lizenz nicht auch die Nachteile tragen möchte, könne demnach keine missbräuchliche Durchsetzung des Unterlassungsanspruchs erfolgen.[2304] Durch dieses „Erfordernis eines ‚vertragstreuen' Handelns des Lizenzsuchers"[2305] werde ein „Gleichlauf"[2306] zwischen einem tatsächlichen Lizenznehmer des Patentinhabers und einem sich auf den kartellrechtlichen Lizenzierungsanspruch berufenden Lizenzsucher erzeugt. Zugleich werde damit dem Prinzip, dass der Schutzrechtsinhaber seinen Vergütungsanspruch grundsätzlich nicht erst nach geschehener Nutzung geltend machen muss, sondern die Zustimmung zur Nutzung von einer sichergestellten Vergütung abhängig machen kann,[2307] Rechnung getragen.[2308]

II. Die *Orange-Book-Standard*-Kriterien im Einzelnen

Vor dem Hintergrund dieser Wertungen des BGH werden im Folgenden die Anforderungen an die in der Entscheidung *Orange-Book-Standard* aufgestellten Kriterien untersucht. Dabei werden diese zunächst so dargestellt, wie sie in Bezug auf *Orange-Book-Standard* entwickelt bzw. vom BGH vorgegeben wurden, während mögliche Einflüsse der *Huawei/ZTE*-Entscheidung des EuGH sowie die Bedeutung der in deren Zusammenhang bereits dargestellten Erkenntnisse für die hier behandelte Fallkonstellation erst danach thematisiert werden.

1. Angebot des Verletzers

Das Angebot des Verletzers darf nicht nur ein bedingtes Angebot sein.[2309] Der BGH erwähnte beispielhaft, dass das Angebot nicht nur für den Fall der gerichtlichen Feststellung der Patentverletzung abgegeben werden dürfe, da der Patentinhaber sich auf ein solches Angebot auch in einer freien Lizenzvertragsverhandlung jenseits eines Verletzungsprozesses nicht einlassen müsste.[2310] Gleiches gilt aus eben diesem Grund auch für eine Bedingung hinsichtlich der Rechtsbeständigkeit des Patents[2311] oder anderer die Zahlungspflicht dem Grunde nach bestreitender Entgegenhaltungen des Verletzers (z.B. Erschöpfungssachverhalte).[2312] Neben der unbedingten Lizenzierung ist es dem Verletzer nichtsdestotrotz gestattet, etwa die Verletzung zu bestreiten und die

---

[2304] BGH, Urt. v. 06.05.2009 – KZR 39/06, GRUR 2009, 694, Rn. 33 – *Orange-Book-Standard*.
[2305] BGH, Urt. v. 06.05.2009 – KZR 39/06, GRUR 2009, 694, Rn. 35 – *Orange-Book-Standard*.
[2306] Haedicke/Timmann/*Bukow*, § 13 Rn. 266.
[2307] BGH, Urt. v. 05.07.2001 – I ZR 311/98, NJW 2002, 896, 899 – *Spiegel-CD-ROM*.
[2308] BGH, Urt. v. 06.05.2009 – KZR 39/06, GRUR 2009, 694, Rn. 34 – *Orange-Book-Standard*.
[2309] BGH, Urt. v. 06.05.2009 – KZR 39/06, GRUR 2009, 694, Rn. 32 – *Orange-Book-Standard*; OLG Karlsruhe, Beschl. v. 27.02.2012 – 6 U 136/11, GRUR 2012, 736, 738 – *GPRS-Zwangslizenz II*.
[2310] BGH, Urt. v. 06.05.2009 – KZR 39/06, GRUR 2009, 694, Rn. 32 – *Orange-Book-Standard*.
[2311] *Gärtner/Vormann*, Mitt. 2009, 440, 442; *Grabinski*, FS 50 Jahre BPatG (2011), 243, 250; *Jestaedt*, GRUR 2009, 801, 804–805.
[2312] OLG Karlsruhe, Beschl. v. 27.02.2012 – 6 U 136/11, GRUR 2012, 736, 738 – *GPRS-Zwangslizenz II*; *Kühnen*, Hdb. Patentverletzung, Kap. E Rn. 353.

Rechtsbeständigkeit anzugreifen.[2313] Selbiges darf nur nicht Bedingung des Lizenzvertrags-
angebots sein.[2314] Liegt der Verletzer mit seinem Bestreiten der Verletzung oder seinem Rechtsbestandsangriff richtig, so entfallen etwaige sich aus einem aus dem Angebot hervorgehenden
Lizenzvertrag ergebende Lizenzgebühren ohnehin.[2315]

Grundlage für den kartellrechtlichen Zwangslizenzeinwand kann nur ein ernsthaftes Angebot
des Verletzers sein.[2316] Das Angebot muss also von einer Lizenzbereitschaft getragen werden, die
den Verletzer als tatsächlich an einer Lizenzierung interessiert ausweist. Dafür muss der Verletzer
sowohl leistungswillig als auch leistungsfähig sein.[2317]

Ein annahmefähiges Angebot setzt außerdem voraus, dass es hinreichend konkret ausgestaltet
ist,[2318] also eine Regelungsdichte aufweist, die es ermöglicht, das Angebot zur Grundlage von
Vertragsverhandlungen und eines abzuschließenden Lizenzvertrages zu machen.[2319] Daher hat
sich das Angebot zu allen in der konkreten Situation und der betroffenen Branche für einen Lizenzvertragsschluss relevanten Aspekten zu verhalten.[2320] Die berechtigten Belange des Patentinhabers sind durch die Aufnahme entsprechender Regelungen zu berücksichtigen.[2321] Dafür bedarf es grundsätzlich der Angabe einer Lizenzgebühr und ihrer Berechnung ebenso wie der Aus-
formulierung sonstiger Lizenzbedingungen.[2322]

Unter Umständen kann der Verletzer den Anforderungen an ein konkretes, annahmefähiges
Angebot auch dadurch genügen, dass er die Bestimmung der Lizenzgebührenhöhe gemäß
§ 315 BGB in das billige Ermessen des Patentinhabers stellt.[2323] Diese Option steht dem Verletzer
dann offen, wenn er eine vom Patentinhaber geäußerte Lizenzgebührenforderung für in missbräuchlicher Weise überhöht hält oder wenn der Patentinhaber darauf beharrt, überhaupt nicht zu
einer Lizenzierung verpflichtet zu sein und daher eine Bezifferung einer Lizenzgebühr schon dem
Grunde nach verweigert.[2324] Der Verletzer muss nicht zur Sicherheit sein Angebot über dasjenige
anheben, was er selbst für angemessen hält, was ansonsten der Patentinhaber zum Hochtreiben

---

[2313] Haedicke/Timmann/*Bukow*, § 13 Rn. 274; *Rössel*, IPRB 2010, 150, 151.

[2314] OLG Karlsruhe, Beschl. v. 27.02.2012 – 6 U 136/11, GRUR 2012, 736, 738 – *GPRS-Zwangslizenz II*;
Haedicke/Timmann/*Bukow*, § 13 Rn. 274.

[2315] *Grabinski*, FS 50 Jahre BPatG (2011), 243, 250; *Kühnen*, Hdb. Patentverletzung, Kap. E Rn. 354.

[2316] *Kühnen*, Hdb. Patentverletzung, Kap. E Rn. 348.

[2317] *Ders.*, FS Tilmann (2003), 513, 523.

[2318] LG Düsseldorf, Urt. v. 30.11.2006 – 4b O 546/05, juris, Rn. 89 – *Videosignal-Codierung II*;
Schulte/*Rinken*, § 24 PatG Rn. 77.

[2319] OLG Düsseldorf, Urt. v. 08.10.2008 – U (Kart) 42/06, juris, Rn. 141, 144 – *Druckerpatrone II*.

[2320] OLG Karlsruhe, Beschl. v. 23.04.2015 – 6 U 44/15, GRUR-RR 2015, 326, Rn. 17 – *Mobiltelefone*;
Schulte/*Rinken*, § 24 PatG Rn. 77.

[2321] OLG Karlsruhe, Beschl. v. 23.01.2012 – 6 U 136/11, GRUR-RR 2012, 124, 125 – *GPRS-Zwangslizenz I*.

[2322] *Kühnen*, Hdb. Patentverletzung, Kap. E Rn. 349; Schulte/*Rinken*, § 24 PatG Rn. 77.

[2323] BGH, Urt. v. 06.05.2009 – KZR 39/06, GRUR 2009, 694, Rn. 39 – *Orange-Book-Standard*; OLG
Karlsruhe, Beschl. v. 27.02.2012 – 6 U 136/11, GRUR 2012, 736, 738 – *GPRS-Zwangslizenz II*.

[2324] BGH, Urt. v. 06.05.2009 – KZR 39/06, GRUR 2009, 694, Rn. 39 – *Orange-Book-Standard*.

der Lizenzgebühr nutzen könnte.[2325] Der Patentinhaber ist sodann in der Bestimmung der Lizenzgebühr im Rahmen der Billigkeit frei, wobei die Billigkeit in diesem Zusammenhang deckungsgleich mit dem kartellrechtlich Zulässigen ist.[2326] Da dies gerichtlich dann erst in einem Höheprozess vollumfänglich überprüft wird,[2327] entlastet diese Lösung zugleich auch den Patentverletzungsprozess.[2328]

Damit ein Angebot vorliegt, welches der Patentinhaber nicht ohne einen Verstoß gegen kartellrechtliche Pflichten ohne Gegenvorschlag ablehnen kann,[2329] muss das Angebot Lizenzbedingungen und – wenn nicht eine Bestimmung nach § 315 BGB erfolgt – Lizenzgebühren benennen, die eine ausbeutungs- und diskriminierungsfreie Lizenzierung darstellen.[2330] Auch wenn der BGH sich genaueren Ausführungen zum Inhalt eines solchen Angebots ausdrücklich enthielt,[2331] so machte er dennoch an mehreren Stellen deutlich, dass der Maßstab derjenige ist, was üblicherweise vereinbart würde[2332] und die Grenze darin liegt, was das Kartellrecht zulässt.[2333] In der heute üblichen Terminologie, welche der BGH im Jahr 2009 zwar nicht verwendete, aber sachlich umschrieb, muss der Verletzer also ein Angebot zu FRAND-Bedingungen unterbreiten.

2.   Vornahme von Erfüllungshandlungen

Ein im Vorgriff auf einen abzuschließenden Vertrag zu erbringendes vertragstreues Handeln bedeutet, dass der Verletzer seinem Angebot entsprechende Erfüllungshandlungen vorzunehmen hat, also insbesondere über seine Benutzungen abrechnen und die dafür zu zahlenden Lizenzgebühren bzw. entsprechende Sicherheiten leisten muss.[2334]

Der Verletzer muss mit diesen Erfüllungshandlungen in zeitlicher Hinsicht sowohl sämtliche bereits erfolgte Nutzungen abdecken als auch bei fortgesetzter Benutzung in regelmäßigen Abständen seinen durch in der jeweiligen Zwischenzeit erfolgte Nutzungen entstandenen Pflichten

---

[2325] BGH, Urt. v. 06.05.2009 – KZR 39/06, GRUR 2009, 694, Rn. 39 – *Orange-Book-Standard*; LG Düsseldorf, Beschl. v. 21.03.2013 – 4b O 104/12, GRUR Int. 2013, 547, Rn. 49; Haedicke/Timmann/*Bukow*, § 13 Rn. 263.

[2326] BGH, Urt. v. 06.05.2009 – KZR 39/06, GRUR 2009, 694, Rn. 39 – *Orange-Book-Standard*; *Jestaedt*, GRUR 2009, 801, 803.

[2327] OLG Karlsruhe, Beschl. v. 27.02.2012 – 6 U 136/11, GRUR 2012, 736, 738 – *GPRS-Zwangslizenz II*.

[2328] BGH, Urt. v. 06.05.2009 – KZR 39/06, GRUR 2009, 694, Rn. 39 – *Orange-Book-Standard*; LG Mannheim, Urt. v. 02.05.2012 – 2 O 240/11, BeckRS 2012, 11804, C. I. 4. b.; *McGuire*, Mitt. 2018, 297, 299; *Meier-Beck*, FS Tolksdorf (2014), 115, 126.

[2329] BGH, Urt. v. 06.05.2009 – KZR 39/06, GRUR 2009, 694, Rn. 29-31 – *Orange-Book-Standard*.

[2330] BGH, Urt. v. 06.05.2009 – KZR 39/06, GRUR 2009, 694, Rn. 30 – *Orange-Book-Standard*; OLG Karlsruhe, Urt. v. 13.12.2006 – 6 U 174/02, GRUR-RR 2007, 177, 180.

[2331] BGH, Urt. v. 06.05.2009 – KZR 39/06, GRUR 2009, 694, Rn. 31 – *Orange-Book-Standard*.

[2332] BGH, Urt. v. 06.05.2009 – KZR 39/06, GRUR 2009, 694, Rn. 30-32 – *Orange-Book-Standard*.

[2333] BGH, Urt. v. 06.05.2009 – KZR 39/06, GRUR 2009, 694, Rn. 37 – *Orange-Book-Standard*.

[2334] BGH, Urt. v. 06.05.2009 – KZR 39/06, GRUR 2009, 694, Rn. 29, 36 – *Orange-Book-Standard*.

des fingierten Vertrages gerecht werden.[2335] Für diese fortlaufende Pflichterfüllung ist eine grundsätzlich quartalsweise Vornahme anzusetzen.[2336] Wenn das Angebot Nutzungen in verschiedenen geographischen Gebieten (z.B. weltweit) oder konzernweit berücksichtigt, müssen sich die Erfüllungshandlungen in räumlicher und sachlicher Hinsicht auch auf diesen Umfang beziehen und sind nicht auf den Geltungsbereich des Klagepatents beschränkt, da sie über die bloße Vergütungssicherung für das Klagepatent hinaus das Angebot des Verletzers widerspiegeln müssen.[2337]

Da sowohl die Abrechnung als auch die Zahlung oder Sicherstellung von Lizenzgebühren an die lizenzpflichtige Nutzung anknüpfen, bestehen diese Obliegenheiten auch, wenn keine Schadensersatzpflicht (z.B. bei einer bloß mittelbaren Patentverletzung) besteht.[2338] Jedoch ist bei der Rechnungslegung hinsichtlich des Umfangs der vorzulegenden Informationen zwischen dem Zeitraum vor und nach dem Zugang des FRAND-Angebot des Verletzers zu unterscheiden: Für den Zeitraum vor dem Angebotszugang, in dem ein Schadensersatzanspruch des Patentinhabers uneingeschränkt nach allen Schadensberechnungsmethoden verfügbar ist, sind in üblicher Weise umfassend Auskünfte zu erteilen, während sich die Rechnungslegung nach Angebotszugang auf diejenigen Informationen beschränkt, die zur Abrechnung der FRAND-Lizenz nach dem Lizenzangebot notwendig sind.[2339]

Will der Verletzer die sich aus dem Angebot ergebenden Lizenzgebühren nicht an den Patentinhaber auszahlen, so hat er die Zahlung aber sicherzustellen.[2340] Dies hat laut BGH durch eine Hinterlegung analog § 372 S. 1 BGB unter Verzicht auf das Recht zur Rücknahme (§§ 376 Abs. 2 Nr. 1, 378 BGB) zu geschehen.[2341] Dadurch kann der Verletzer seiner Erfüllungsobliegenheit nachkommen und sich zugleich für den Fall absichern, dass eine Patentverletzung letztlich doch verneint wird.[2342] Die entsprechende Anwendbarkeit der Hinterlegungsvorschriften sah der BGH darin begründet, dass eine dem Gläubigerverzug im Sinne von §§ 293, 298 BGB entsprechende Situation bestehe, wenn der Patentinhaber zu einer Lizenzgewährung zu den angebotenen Bedingungen entgegen seiner kartellrechtlichen Pflichtenstellung

---

[2335] BGH, Urt. v. 06.05.2009 – KZR 39/06, GRUR 2009, 694, Rn. 33 – *Orange-Book-Standard*; Götting/Meyer/Vormbrock/*Allekotte/Blumenröder*, § 10 Rn. 70; *Kühnen*, Hdb. Patentverletzung, Kap. E Rn. 366.

[2336] LG Düsseldorf, Urt. v. 24.04.2012 – 4b O 273/10, GRUR-RS 2012, 9682, Rn. 217 – *Zugriffsschwellenwert*.

[2337] *Kühnen*, Hdb. Patentverletzung, Kap. E Rn. 368.

[2338] Haedicke/Timmann/*Bukow*, § 13 Rn. 288; *Kühnen*, Hdb. Patentverletzung, Kap. E Rn. 370.

[2339] *Kühnen*, Hdb. Patentverletzung, Kap. E Rn. 371.

[2340] BGH, Urt. v. 06.05.2009 – KZR 39/06, GRUR 2009, 694, Rn. 29 – *Orange-Book-Standard*.

[2341] BGH, Urt. v. 06.05.2009 – KZR 39/06, GRUR 2009, 694, Rn. 36 – *Orange-Book-Standard*; Schulte/*Rinken*, § 24 PatG Rn. 85.

[2342] BGH, Urt. v. 06.05.2009 – KZR 39/06, GRUR 2009, 694, Rn. 36 – *Orange-Book-Standard*; Haedicke/Timmann/*Bukow*, § 13 Rn. 263.

nicht bereit sei, sodass es zu keinem Lizenzvertragsschluss komme.[2343] Die hinterlegte Summe ist bei fortlaufender Nutzung der regelmäßigen Abrechnungsobliegenheit folgend aufzustocken. Die Einzelheiten zu Vornahme, Verfahren und Folgen einer Hinterlegung richten sich nach den §§ 372 ff. BGB und den jeweiligen landesrechtlichen Verfahrensvorschriften.[2344]

Ist die Bestimmung der Lizenzgebühr nach § 315 BGB in das billige Ermessen des Patentinhabers gestellt, muss der Verletzer einen „jedenfalls ausreichende[n] Betrag"[2345] zahlen oder hinterlegen.[2346] Ist dem Verletzer eine vom Patentinhaber geforderte Lizenzgebühr bekannt, kann es aus Verletzersicht daher sinnvoll sein, ebendiese zu hinterlegen, auch wenn er sie für überhöht hält.[2347] Das Verletzungsgericht hat, damit die vom BGH angestrebte Entlastung des Verletzungsprozesses[2348] erreicht werden kann, das Ausreichen der hinterlegten Summe nur im Rahmen einer Evidenzkontrolle zu überprüfen.[2349] Damit wird einerseits sichergestellt, dass die hinterlegte Summe jedenfalls genügt, aber andererseits durch diese Überprüfung auch einer unangemessenen Benachteiligung des Verletzers vorgebeugt, wenn der Patentinhaber offensichtlich überhöhte Lizenzgebührenforderungen in den Raum stellt, um den Verletzer mit der Hinterlegung der so in die Höhe getriebenen Summe zu überfordern.[2350]

III. Verhältnis von *Orange-Book-Standard* zu *Huawei/ZTE*

Dem 2009 zu einem SEP aus einem De-facto-Standard ergangenen *Orange-Book-Standard*-Urteil folgte 2015 die *Huawei/ZTE*-Entscheidung des EuGH, der allerdings ein SEP aus einem De-iure-Standard zugrunde lag. Da der BGH und der EuGH unterschiedliche Roadmaps für die Verhandlungsobliegenheiten der Parteien ausgaben, stellt sich die Frage, ob die in *Orange-Book-Standard* aufgestellten Kriterien nach der *Huawei/ZTE*-Entscheidung für die Fallkonstellation der SEP ohne FRAND-Erklärung weiterhin anwendbar sind oder ob auch in diesen Sachverhalten nach der *Huawei/ZTE*-Roadmap zu verfahren ist.

[2343] BGH, Urt. v. 06.05.2009 – KZR 39/06, GRUR 2009, 694, Rn. 36 – *Orange-Book-Standard*; *Bechtold/Bosch*, GWB, § 19 GWB Rn. 48.

[2344] Einzelheiten bei: Haedicke/Timmann/*Bukow*, § 13 Rn. 286-287; *Grabinski*, FS 50 Jahre BPatG (2011), 243, 252–254; *Kühnen*, Hdb. Patentverletzung, Kap. E Rn. 372.

[2345] BGH, Urt. v. 06.05.2009 – KZR 39/06, GRUR 2009, 694, Rn. 40 – *Orange-Book-Standard*.

[2346] Haedicke/Timmann/*Bukow*, § 13 Rn. 263, 279; Busse/Keukenschrijver/*McGuire*, § 24 PatG Rn. 116.

[2347] Pfaff/Osterrieth/*Axster/Osterrieth*, A. Rn. 353; *Körber*, Standardessentielle Patente, S. 152–153; *Kühnen*, Hdb. Patentverletzung, Kap. E Rn. 373.

[2348] BGH, Urt. v. 06.05.2009 – KZR 39/06, GRUR 2009, 694, Rn. 39 – *Orange-Book-Standard*.

[2349] LG Düsseldorf, Beschl. v. 21.03.2013 – 4b O 104/12, GRUR Int. 2013, 547, Rn. 48; *Grabinski*, FS 50 Jahre BPatG (2011), 243, 251; Schulte/*Rinken*, § 24 PatG Rn. 86.

[2350] LG Düsseldorf, Beschl. v. 21.03.2013 – 4b O 104/12, GRUR Int. 2013, 547, Rn. 47-48; *Kühnen*, Hdb. Patentverletzung, Kap. E Rn. 373.

Angesichts der diametral unterschiedlich gelagerten Initiativlast hinsichtlich der Formulierung des ersten Angebots[2351] ist die Beantwortung dieser Frage für die Beurteilung des Vorgehens des Patentinhabers bei der Durchsetzung eines SEP ohne FRAND-Erklärung entscheidend. Gilt *Orange-Book-Standard* unverändert fort, ist zunächst der Verletzer am Zug. Nimmt man an, dass *Huawei/ZTE* das *Orange-Book-Standard*-Urteil kassiert hat und nun auch für De-facto-Standards gilt, so muss der Patentinhaber einen Verletzungshinweis erteilen und bei geäußerter Lizenzbereitschaft des Verletzers ein FRAND-Angebot machen.

Spiegelbildlich ist dies für das verteidigungsweise Vorbringen des kartellrechtlichen Zwangslizenzeinwandes des Verletzers von Relevanz. Neben der unterschiedlichen Initiativ- und dementsprechenden Beweislast hat er beispielsweise nach *Huawei/ZTE* eine Sicherheit erst ab der Ablehnung seines Gegenangebots zu erbringen, während bei *Orange-Book-Standard* die Vornahme von Erfüllungshandlungen nicht an ein solches Ablehnungserfordernis geknüpft ist.

1.   Fortgeltung oder Abkehr

Zum Teil wird eine unterschiedliche Beurteilung von De-iure- und De-facto-Standards abgelehnt und für eine einheitliche Anwendung der *Huawei/ZTE*-Kriterien plädiert.[2352] Die Entscheidung des BGH in *Orange-Book-Standard* wird dabei als vom EuGH-Urteil überholt und damit auch bei SEP ohne FRAND-Erklärung nicht mehr anwendbar angesehen.[2353] Dies wird damit begründet, dass in beiden Fällen der Missbrauch einer marktbeherrschenden Stellung bei Inhaberschaft eines SEP die gleichen wettbewerbsbeschränkenden Folgen habe.[2354] Die kartellrechtliche Pflichtenstellung ergebe sich aus der marktbeherrschenden Stellung in gleicher Weise, unabhängig davon, auf welche Weise diese zustande gekommen sei.[2355] Außerdem sei auch bei SEP ohne FRAND-Erklärung der Patentinhaber besser in der Lage, das erste Angebot abzugeben, da die Informationsasymmetrie zwischen Patentinhaber und Verletzer in gleicher Weise bestehe.[2356]

Darüber hinaus wird auf die Ausgangslage der *Huawei/ZTE*-Entscheidung verwiesen: Das LG Düsseldorf legte dem EuGH das zum *Huawei/ZTE*-Urteil führende Verfahren vor, weil es eine Klärung der Diskrepanz zwischen der *Orange-Book-Standard*-Rechtsprechung und einer

---

[2351]   *A. Fuchs*, NZKart 2015, 429, 434; Busse/Keukenschrijver/*McGuire*, § 24 PatG Rn. 111.
[2352]   LG Düsseldorf, Urt. v. 11.05.2021 – 4b O 83/19, GRUR-RS 2021, 27668, Rn. 192 (obiter dictum in einem Fall, dem ohnehin ein SEP mit FRAND-Erklärung zugrunde lag); *A. Fuchs*, NZKart 2015, 429, 435; *ders.*, FS Büscher (2018), 621, 623; *Heinemann*, GRUR 2015, 855, 859; *Kranz*, Missbrauchsverbot und Standardisierung, S. 179–181; *Lubitz*, NZKart 2017, 618, 623; BeckOK PatR/*Wilhelmi*, § 24 PatG Rn. 113.
[2353]   *A. Fuchs*, NZKart 2015, 429, 436; Immenga/Mestmäcker/*ders.*, Art. 102 AEUV Rn. 371; *Heinemann*, GRUR 2015, 855, 859; *Kurtz*, ZGE 2017, 491, 497.
[2354]   *A. Fuchs*, NZKart 2015, 429, 435; *ders.*, FS Büscher (2018), 621, 623.
[2355]   LG Düsseldorf, Urt. v. 11.05.2021 – 4b O 83/19, GRUR-RS 2021, 27668, Rn. 192; Immenga/Mestmäcker/*A. Fuchs*, Art. 102 AEUV Rn. 371.
[2356]   Immenga/Mestmäcker/*A. Fuchs*, Art. 102 AEUV Rn. 371.

von der EU-Kommission geäußerten Rechtsansicht, nach der für den kartellrechtlichen Zwangs-lizenzeinwand die bloße Äußerung einer Lizenzbereitschaft auf Verletzerseite genüge,[2357] er-zielen wollte.[2358] Zudem wurden die Vorgaben des BGH zum Teil auch vor *Huawei/ZTE* schon als tendenziell zu patentinhaberfreundlich angesehen,[2359] wodurch manche die effektive Durch-setzung des Wettbewerbsrechts gefährdet sahen und *Orange-Book-Standard* daher für unions-rechtswidrig hielten.[2360] Dass der EuGH in Kenntnis der unterschiedlichen Lösungsmöglich-keiten des BGH und der EU-Kommission die Initiativlast beim Patentinhaber sah, sei eine Be-stätigung der patentnutzerfreundlicheren Ansicht der EU-Kommission und stelle eine Abkehr von *Orange-Book-Standard* dar.[2361]

Richtigerweise ist aber zwischen der Beurteilung von SEP mit und SEP ohne FRAND-Erklä-rung zu unterscheiden.[2362] Der maßgebliche Unterschied liegt im Sachverhalt.[2363] Zum einen hat sich ein De-facto-Standard tatsächlich im Wettbewerb behaupten müssen, sodass die Wettbe-werbsstellung in der Regel das Ergebnis eines Leistungswettbewerbs ist, während ein De-iure-Standard auf einer bloßen Vereinbarung im Rahmen eines Standardisierungsprozesses bei einer SSO basiert.[2364] Die höhere Schutzwürdigkeit eines Patentinhabers, dessen Patent den Rang eines SEP im Wettbewerb und nicht durch den bei De-iure-Standards zwangsläufigen Ausschluss von konkurrierenden technischen Lösungen erlangt hat, rechtfertigt eine unterschiedliche rechtliche Würdigung der beiden Standardtypen.[2365]

[2357] *Europäische Kommission*, Pressemitteilung vom 21.12.2012 (IP/12/1448), https://ec.europa.eu/com-mission/presscorner/detail/de/IP_12_1448 (zuletzt abgerufen am 30.06.2023), S. 1.

[2358] LG Düsseldorf, Beschl. v. 21.03.2013 – 4b O 104/12, GRUR Int. 2013, 547, Rn. 25-30; MüKo WettbR Bd. I/*Eilmansberger/Bien*, Art. 102 AEUV Rn. 774-776.

[2359] *A. Fuchs*, NZKart 2015, 429, 436; *Picht*, GRUR Int. 2014, 1, 14–15; *Ullrich*, IIC 2010, 337, 340, 344-345.

[2360] *De Bronett*, WuW 2009, 899, 902; *Körber*, Standardessentielle Patente, S. 160–168; *ders.*, NZKart 2013, 87; *ders.*, NZKart 2013, 239, 240; *Picht*, GRUR Int. 2014, 1, 15–16; *Walz*, GRUR Int. 2013, 718, 726–727.

[2361] Calliess/Ruffert/*Weiß*, Art. 102 AEUV Rn. 41.

[2362] OLG Karlsruhe, Beschl. v. 23.04.2015 – 6 U 44/15, GRUR-RR 2015, 326, Rn. 17 – *Mobiltelefone*; *LG München I*, Hinweise zur Handhabung des kartellrechtlichen Zwangslizenzeinwandes nach Huawei v. ZTE innerhalb des Münchner Verfahrens in Patentstreitsachen, https://www.justiz.bayern.de/me-dia/images/behoerden-und-gerichte/landgerichte/muenchen1/hinweise_frand_und_münchner_verfah-ren__stand_februar_2020_.pdf (zuletzt abgerufen am 30.06.2023), Ziffer I.; *Barthelmeß/Gauß*, WuW 2010, 626, 636; Haedicke/Timmann/*Bukow*, § 13 Rn. 313; *Buntscheck*, NZKart 2015, 521, 523–524; *Haslinde*, InTeR 2018, 2, 4; *Kellenter/Verhauwen*, GRUR 2018, 761, 763; Wiedemann/*Klawitter*, § 14 Rn. 411; *Kühnen*, Hdb. Patentverletzung, Kap. E Rn. 346, 426; Busse/Keukenschrijver/*McGuire*, § 24 PatG Rn. 111; *P. Tochtermann*, GRUR 2021, 377, 380; *Wüsthof*, EWS 2015, 287, 288.

[2363] GA *Wathelet,* Schlussanträge v. 20.11.2014 – C-170/13, BeckRS 2014, 82403, Rn. 48-49; MüKo WettbR Bd. I/*Eilmansberger/Bien*, Art. 102 AEUV Rn. 788.

[2364] *Buntscheck*, NZKart 2015, 521, 524; MüKo WettbR Bd. I/*Eilmansberger/Bien*, Art. 102 AEUV Rn. 788; Wiedemann/*Lübbert/Schöner*, § 23 Rn. 171.

[2365] *Buntscheck*, NZKart 2015, 521, 524; Wiedemann/*Lübbert/Schöner*, § 23 Rn. 171; *Maaßen*, GRUR-Prax 2014, 550; Busse/Keukenschrijver/*McGuire*, § 24 PatG Rn. 107.

Zum anderen hat der Patentinhaber bei einem De-iure-Standard anders als bei einem De-facto-Standard eine FRAND-Erklärung abgegeben, auf die der Verletzer vertrauen darf.[2366] Auch wenn die FRAND-Erklärung nach hier vertretener Ansicht eine marktbeherrschende Stellung nicht entbehrlich macht und die Anforderungen an den FRAND-Maßstab im Vergleich zum kartellrechtlichen Ausbeutungs- und Diskriminierungsverbot nicht erweitert,[2367] so bildet die durch die FRAND-Lizenzierungszusage des Patentinhabers geweckte Erwartung des Rechtsverkehrs die Grundlage für eine Verschiebung der Initiativlast hin zum SEP-Inhaber.[2368] Der EuGH knüpft die Obliegenheit des SEP-Inhabers, ein FRAND-Angebot abzugeben, ausdrücklich an die Abgabe einer FRAND-Erklärung.[2369] Die FRAND-Erklärung ist zudem die Grundlage für eine kartellrechtskonforme Vereinbarung des Standards und der Patentinhaber bindet sich um der Vorteile der Standardisierung willen an die FRAND-Lizenzierungspflicht.[2370] Daher ist es angemessen, in diesem Fall von ihm in einem höheren Maße eine proaktive und initiative Mitwirkung am tatsächlichen Zustandekommen einer FRAND-Lizenzierung zu verlangen und ihn somit an seinem Versprechen festzuhalten.[2371]

Somit ist es zwar richtig, dass ein marktbeherrschendes Unternehmen, unabhängig vom Grund für das Bestehen dieser Stellung, in der Verantwortung steht, Wettbewerbsbeeinträchtigungen zu vermeiden.[2372] Wie dies konkret zu gewährleisten ist und wann ein Missbrauch der marktbeherrschenden Stellung vorliegt, ist aber unter Berücksichtigung der Sachverhaltsumstände zu beurteilen.[2373] Die Frage, wann die für eine Einschränkung von Immaterialgüterrechten wegen Missbräuchlichkeit bei Vorliegen einer marktbeherrschenden Stellung zu verlangenden außergewöhnlichen Umstände bestehen, ist daher nicht unabhängig von der Entstehung des Standards zu beantworten.[2374] Zudem bewirkt die Durchsetzung eines SEP ohne FRAND-Erklärung

---

[2366] EuGH, Urt. v. 16.07.2015 – C-170/13, GRUR 2015, 764, Rn. 53 – *Huawei/ZTE*; OLG Düsseldorf, Urt. v. 23.12.2020 – 15 U 77/19, GRUR-RS 2020, 37066, Rn. 84 – *Decodieranordnung*; Hoeren/Sieber/Holznagel/*Beckmann/Müller*, Teil 10 Rn. 223; Busse/Keukenschrijver/*McGuire*, § 24 PatG Rn. 107, 111.

[2367] Siehe: 3. Teil Kap. A. III. 4. c) (S. 145 ff.).

[2368] Haedicke/Timmann/*Bukow*, § 13 Rn. 321-322; *Kellenter/Verhauwen*, GRUR 2018, 761, 763; Wiedemann/*Klawitter*, § 14 Rn. 411; *Kühnen*, Hdb. Patentverletzung, Kap. E Rn. 346, 426.

[2369] EuGH, Urt. v. 16.07.2015 – C-170/13, GRUR 2015, 764, Rn. 64 – *Huawei/ZTE*; *Buntscheck*, NZKart 2015, 521, 524; Benkard PatG/*Grabinski/Zülch/P. Tochtermann*, § 139 PatG Rn. 177.

[2370] MüKo WettbR Bd. I/*Eilmansberger/Bien*, Art. 102 AEUV Rn. 788; *Kühnen*, Hdb. Patentverletzung, Kap. E Rn. 383.

[2371] EuGH, Urt. v. 16.07.2015 – C-170/13, GRUR 2015, 764, Rn. 59, 63 – *Huawei/ZTE*; OLG Düsseldorf, Beschl. v. 13.01.2016 – 15 U 66/15, GRUR-RS 2016, 1680, Rn. 17; OLG Karlsruhe, Beschl. v. 23.04.2015 – 6 U 44/15, GRUR-RR 2015, 326, Rn. 17 – *Mobiltelefone*; *Buntscheck*, NZKart 2015, 521, 524; Wiedemann/*Lübbert/Schöner*, § 23 Rn. 171; *McGuire*, Mitt. 2018, 297, 300–301.

[2372] EuGH, Urt. v. 12.05.2022 – C-377/20, EuZW 2022, 749, Rn. 74 – *ENEL/AGCM*.

[2373] EuGH, Urt. v. 27.03.2012 – C-209/10, EuZW 2012, 540, Rn. 26 – *Post Danmark*; EuGH, Urt. v. 16.07.2015 – C-170/13, GRUR 2015, 764, Rn. 56, 70 – *Huawei/ZTE*.

[2374] *Kühnen*, Hdb. Patentverletzung, Kap. E Rn. 304.

zwar im Zweifel eine ebenso wettbewerbsrelevante Beschränkung der unmittelbaren Marktzu-
trittsmöglichkeiten wie die Durchsetzung eines SEP mit FRAND-Erklärung, allerdings hätte eine
Gleichbehandlung beider SEP-Arten den ebenfalls wettbewerbsschädlichen mittelbaren Effekt,
dass eine Investition in Patente, um deren tatsächliche Durchsetzung am Markt zu erreichen, im
Vergleich zur Teilnahme an einem Standardisierungsprozess einer SSO unattraktiver würde.[2375]

Auch ein vermeintlich gleichermaßen bestehendes Informationsgefälle rechtfertigt einen
Gleichlauf nicht. Zum einen besteht dieses bei De-facto-Standards häufig schon daher nicht, weil
die tatsächliche Durchsetzung am Markt häufig mit der Etablierung eines den Marktteilnehmern
bekannten gefestigten Lizenzmodells einhergeht.[2376] Zum anderen ist ein mögliches Informationsdefizit des Verletzers für den EuGH nur ein weiterer Begründungsstrang für die Initiativlast
des Patentinhabers bei SEP mit FRAND-Erklärung, wenn kein Standardlizenzvertrag veröffent-
lich ist.[2377] Die *Huawei/ZTE*-Roadmap gilt für SEP mit FRAND-Erklärung aber auch bei veröf-
fentlichtem Standardlizenzvertrag.[2378] Das Hauptaugenmerk des EuGH liegt auf der durch die
FRAND-Erklärung erzeugten Erwartungshaltung, die bei SEP mit FRAND-Erklärung unabhängig von einem möglichen Informationsdefizit oder der Veröffentlichung von Standardlizenzverträgen besteht.[2379] Das mögliche Informationsgefälle ist also für die Verteilung der
Initiativlast nicht letztentscheidend.

Ebenso lässt sich die Ausgangslage des *Huawei/ZTE*-Verfahrens nicht gegen eine Fortgeltung
von *Orange-Book-Standard* ins Feld führen. Der EuGH bezieht seine Entscheidung an zahlreichen Stellen ausdrücklich auf den ihm vorgelegten Fall eines SEP mit FRAND-Erklärung.[2380]
Dies ist gerade in Anbetracht der Tatsache, dass ihm die unterschiedlichen Beurteilungsmöglich-
keiten von Fällen im Zusammenhang mit SEP durch den BGH und die EU-Kommission bekannt
sind und das Urteil des EuGH auf den Schlussanträgen des Generalanwalts beruht, der ausdrücklich davon ausgeht, dass De-iure- und De-facto-Standards aufgrund gewichtiger Sachverhaltsun-
terschiede unterschiedlich zu beurteilen sind,[2381] nicht unerheblich. Jedenfalls lässt sich den Ausführungen des EuGH keine Aussage hinsichtlich einer Abkehr von *Orange-Book-Standard* für
SEP ohne FRAND-Erklärung entnehmen.[2382]

[2375] *Dornis*, GRUR 2020, 690, 698–699.

[2376] *Kellenter/Verhauwen*, GRUR 2018, 761, 762.

[2377] EuGH, Urt. v. 16.07.2015 – C-170/13, GRUR 2015, 764, Rn. 64 – *Huawei/ZTE*.

[2378] LG Düsseldorf, Urt. v. 09.11.2018 – 4a O 15/17, BeckRS 2018, 33825, Rn. 154-158 – *Dekodierungsvorrichtung*; *Kühnen*, Hdb. Patentverletzung, Kap. E Rn. 381, 431; *Weber*, IPRB 2019, 124; a.A.: *Kel-
lenter/Verhauwen*, GRUR 2018, 761, 765.

[2379] Hoeren/Sieber/Holznagel/*Beckmann/Müller*, Teil 10 Rn. 223; *Kühnen*, Hdb. Patentverletzung, Kap. E
Rn. 381, 431.

[2380] EuGH, Urt. v. 16.07.2015 – C-170/13, GRUR 2015, 764, Rn. 40, 44, 51, 53, 59, 63, 64, 71, 72, 76 –
Huawei/ZTE.

[2381] GA *Wathelet*, Schlussanträge v. 20.11.2014 – C-170/13, BeckRS 2014, 82403, Rn. 48–49.

[2382] *McGuire*, Mitt. 2018, 297.

Vielmehr ist in der Entscheidung des EuGH zu erkennen, dass er den Schutz des Patentinhabers auch bei SEP hoch ansetzt[2383] und neben der in der FRAND-Erklärung begründeten Initiativlast des Patentinhabers auch den Verletzer in die Pflicht nimmt und somit der Ansicht der EU-Kommission gerade nicht beitritt.[2384] Daher ist – während eine vermeintliche Unionsrechtswidrigkeit der *Orange-Book-Standard*-Kriterien auch vor *Huawei/ZTE* schon zu verneinen war, da eine Lizenznahme zu FRAND-Bedingungen für Lizenzsucher durch *Orange-Book-Standard* nicht unangemessen erschwert war[2385] – *Huawei/ZTE* geradezu eine Bestätigung der BGH-Ansicht, dass die Kartellrechtswidrigkeit der Durchsetzung eines SEP die Einhaltung bestimmter Verhaltensobliegenheiten erfordert.[2386]

In seiner jüngeren Rechtsprechung benennt der BGH sowohl die Kriterien nach *Orange-Book-Standard* als auch nach *Huawei/ZTE* als Möglichkeit für die Begründung einer Missbräuchlichkeit in einem Fall eines SEP mit FRAND-Erklärung.[2387] Daraus lässt sich schließen, dass der BGH seine Rechtsprechung aus *Orange-Book-Standard* weiterhin für anwendbar hält,[2388] wobei bei SEP mit FRAND-Erklärung die *Huawei/ZTE*-Kriterien mit für den Verletzer grundsätzlich günstigeren Anforderungen dazutreten.[2389] Auch vor *Huawei/ZTE* haben deutsche Instanzgerichte die *Orange-Book-Standard*-Kriterien auf SEP mit FRAND-Erklärung angewandt.[2390] In diese Richtung lässt sich dies auch nach *Huawei/ZTE* vertreten, sofern der kartellrechtliche Zwangslizenzeinwand bei SEP mit FRAND-Erklärung darüber hinaus schon bei Vorliegen der Voraussetzungen aus *Huawei/ZTE* gewährt wird und die Erfüllung der *Orange-Book-Standard*-Kriterien für den Verletzer nur erst recht als zusätzliche Option besteht, um sich durch ein nach *Huawei/ZTE*-Maßstäben überobligatorisches Verhalten des Einwands besonders sicher zu sein (*safe harbour*).[2391] Andersherum, also dass auch bei SEP ohne FRAND-Erklärung ebenfalls die für den Verletzer günstigeren Anforderungen der *Huawei/ZTE*-Kriterien genügen, sodass

---

[2383] EuGH, Urt. v. 16.07.2015 – C-170/13, GRUR 2015, 764, Rn. 57-59 – *Huawei/ZTE*.

[2384] KK KartellR/*Busche*, Art. 102 AEUV Rn. 190.

[2385] LG Düsseldorf, Urt. v. 07.06.2011 – 4b O 31/10, juris, Rn. 95; LG Düsseldorf, Urt. v. 04.08.2011 – 4b O 54/10, Mitt. 2012, 238, 243 – *MPEG-2-Standard XXIII*; *Jestaedt*, GRUR 2009, 801, 805; *Kellenter/Verhauwen*, GRUR 2018, 761, 763.

[2386] KK KartellR/*Busche*, Art. 102 AEUV Rn. 190; *McGuire*, Mitt. 2018, 297, 300.

[2387] BGH, Urt. v. 05.05.2020 – KZR 36/17, GRUR 2020, 961, Rn. 71-72 – *FRAND-Einwand I*; BGH, Urt. v. 24.11.2020 – KZR 35/17, GRUR 2021, 585, Rn. 53 – *FRAND-Einwand II*; Benkard PatG/*Grabinski/Zülch/P. Tochtermann*, § 139 PatG Rn. 177; FK KartellR/*Weyer*, § 19 GWB Rn. 327.

[2388] *Kamlah/Rektorschek*, Mitt. 2021, 307.

[2389] BGH, Urt. v. 05.05.2020 – KZR 36/17, GRUR 2020, 961, Rn. 72 – *FRAND-Einwand I*; BGH, Urt. v. 24.11.2020 – KZR 35/17, GRUR 2021, 585, Rn. 53 – *FRAND-Einwand II*; *Kamlah/Rektorschek*, Mitt. 2021, 307; *Kellenter*, WuW 2020, 485–486.

[2390] LG Düsseldorf, Urt. v. 07.06.2011 – 4b O 31/10, juris, Rn. 86-95; LG Düsseldorf, Urt. v. 11.12.2012 – 4a O 54/12, juris, Rn. 194; LG Mannheim, Urt. v. 18.02.2011 – 7 O 100/10, juris, Rn. 176 – *UMTS-fähiges Mobiltelefon II*.

[2391] MüKo WettbR Bd. I/*Eilmansberger/Bien*, Art. 102 AEUV Rn. 788.

Orange-Book-Standard letztlich auch bei SEP ohne FRAND-Erklärung doch nicht mehr maßgeblich wäre, um sich überhaupt auf den kartellrechtlichen Zwangslizenzeinwand berufen zu können, lässt sich dieser Schluss aber nicht ziehen. Bei De-facto-Standards bilden die *Orange-Book-Standard*-Kriterien nach wie vor die (Mindest-)Schwelle für den kartellrechtlichen Zwangslizenzeinwand.

2. Bedeutung der Untersuchungsergebnisse zu De-iure-Standards für De-facto-Standards

Auch wenn sich die jeweils anzuwendenden Kriterienkataloge also bei De-iure- und De-facto-Standards insbesondere hinsichtlich der Initiativlast unterscheiden, sind die im Kapitel zu De-iure-Standards[2392] gewonnenen Erkenntnisse für die Beurteilung von De-facto-Standards alles andere als unbedeutend. Da in beiden Sachverhaltskonstellationen Art. 102 AEUV bzw. die §§ 19, 20 GWB die Grundlage für den kartellrechtlichen Zwangslizenzeinwand bilden, ist der Maßstab dessen, was ausbeutungs- und diskriminierungsfrei ist, der gleiche.[2393] Die im Zusammenhang mit De-iure-Standards getätigten Ausführungen zur Frage, was FRAND ist, gelten also auch bei De-facto-Standards.

Die zum FRAND-Angebot und FRAND-Gegenangebot bei SEP mit FRAND-Erklärung genannten inhaltlichen und formalen Anforderungen sind ebenso auf das Angebot des Verletzers bei *Orange-Book-Standard* grundsätzlich übertragbar, sofern sich bestimmte Erfordernisse bei De-iure-Standards nicht gerade aus der Existenz der FRAND-Erklärung ergeben oder *Orange-Book-Standard* abweichende Anforderungen definiert. Dass beim Angebot nach *Orange-Book-Standard* Anforderungen wie die Ernsthaftigkeit und Leistungswilligkeit genannt werden, bewirkt keine abweichende Beurteilung, sondern ist der Situation geschuldet, dass das Verletzerangebot den Auftakt für die Erfüllung der Verhaltensobliegenheiten bildet. Bei *Huawei/ZTE* waren diese Attribute nicht im Rahmen des Angebots bzw. Gegenangebots gesondert zu nennen, da die Lizenzbereitschaft dort schon im Rahmen der Lizenzbereitschaftserklärung des Verletzers zu bekunden ist.

Auch für die weiteren Untersuchungsergebnisse (z.B. zum Zeitpunkt der Beurteilung, zur Verwertungskettenproblematik, zum Eintritt in die kartellrechtliche Pflichtenstellung durch den Rechtsnachfolger) gilt die Feststellung, dass die zu SEP mit FRAND-Erklärung erzielten Erkenntnisse auf SEP ohne FRAND-Erklärung mit der Maßgabe übertragbar sind, dass sich diese Schlussfolgerungen nicht gerade aus der Existenz einer FRAND-Erklärung ergeben oder *Orange-Book-Standard* etwas Abweichendes bestimmt.

[2392] 3. Teil Kap. B. (S. 152 ff.).
[2393] Haedicke/Timmann/*Bukow*, § 13 Rn. 264, 313, 373; *Kühnen*, Hdb. Patentverletzung, Kap. E Rn. 411; Schulte/*Rinken*, § 24 PatG Rn. 97.

D. Nicht-lizenzierte Patente

Ist für ein Patent kein Lizenzierungsmarkt eröffnet, weil der Patentinhaber noch keine Lizenzen erteilt hat und dieses auch nicht mittels einer FRAND-Erklärung versprochen hat, so sind an einen kartellrechtlichen Lizenzierungsanspruch und damit auch an den kartellrechtlichen Zwangslizenzeinwand hohe Anforderungen zu stellen.[2394] Diese bestehen unabhängig davon, ob das Patent standardessentiell ist oder nicht.[2395] Ein nicht-lizenziertes Patent weiterhin nicht zu lizenzieren ist ein grundsätzlich legitimes Recht des Inhabers eines Ausschließlichkeitsrechts.[2396] Mangels Erstlizenzierung kommt auch eine Diskriminierung von Lizenzsuchern nicht in Betracht, da allen Marktteilnehmern unterschiedslos eben keine Lizenz erteilt wird.

Im Folgenden werden die für diese Fallkonstellation relevanten Entscheidungen und die sich daraus ergebenden Voraussetzungen für den kartellrechtlichen Zwangslizenzeinwand zunächst nach europäischem Kartellrecht dargestellt. Anschließend ist zu klären, ob der kartellrechtliche Zwangslizenzeinwand für die Fallgruppe der nicht-lizenzierten Patente auch nach deutschem Kartellrecht unter den gleichen Voraussetzungen erhoben werden kann, da das GWB für Komplettverweigerungen mit § 19 Abs. 2 Nr. 4 GWB eine gesonderte Norm bereithält.

I. Beurteilung nach EU-Kartellrecht

Die Voraussetzungen, unter denen im Ausnahmefall eine Komplettverweigerung einer Lizenzierung aufgrund außergewöhnlicher Umstände einen kartellrechtswidrigen Missbrauch darstellen kann, wurden vom EuGH und EuG anhand des unionsrechtlichen Missbrauchsverbots gemäß Art. 102 AEUV (bzw. dessen Vorgängervorschriften) über mehrere Verfahren hinweg entwickelt.[2397] Sie werden oftmals nach der als letztes Urteil des EuGH in der Reihe der relevanten Urteile ergangenen Entscheidung als *IMS-Health*-Kriterien bezeichnet.

[2394] *Bechtold/Bosch/Brinker*, EU-KartR, Art. 102 AEUV Rn. 64; Wiedemann/*Scholz*, § 22 Rn. 167.

[2395] *Kellenter/Verhauwen*, GRUR 2018, 761, 762.

[2396] EuGH, Urt. v. 05.10.1988 – C-238/87, NJW 1990, 628, Rn. 8 – *Volvo*; EuGH, Urt. v. 06.04.1995 – C-241/91 P, C-242/91 P, GRUR Int. 1995, 490, Rn. 49 – *Magill*.

[2397] EuGH, Urt. v. 05.10.1988 – C-53/87, NJW 1990, 627 – *Renault*; EuGH, Urt. v. 05.10.1988 – C-238/87, NJW 1990, 628 – *Volvo*; EuGH, Urt. v. 06.04.1995 – C-241/91 P, C-242/91 P, GRUR Int. 1995, 490 – *Magill*; EuGH, Urt. v. 26.11.1998 – C-7/97, MMR 1999, 348 – *Bronner*; EuGH, Urt. v. 29.04.2004 – C-418/01, GRUR 2004, 524 – *IMS Health*; EuG, Urt. v. 17.09.2007 – T-201/04, BeckRS 2007, 70806 – *Microsoft I*; EuG, Urt. v. 27.06.2012 – T-167/08, BeckRS 2012, 81337 – *Microsoft II*.

1. Überblick über die Rechtsprechungsentwicklung

Im Folgenden wird gezeigt, wie sich die Anforderungen über die Verfahren hinweg heraus-kristallisierten, bevor sie anschließend von den einzelnen Entscheidungen losgelöst untersucht werden.

a) *Volvo* und *Renault*

In den EuGH-Entscheidungen *Volvo* und *Renault* vom 05.10.1988 ging es um Geschmacks-musterrechte an Kfz-Karosserieteilen.[2398] Der EuGH befand, dass der Inhaber eines solchen Schutzrechtes nicht missbräuchlich handele, wenn er Dritten eine Lizenz verweigere, die diesen erlauben würde, schutzrechtsnutzende Ersatzteile zu liefern, wenn keine weiteren Umstände da-zuträten.[2399] Eine Missbräuchlichkeit komme aber in Betracht, wenn durch das Verhalten des Schutzrechtsinhabers beispielsweise bestimmte Werkstätten willkürlich nicht mehr mit Ersatz-teilen beliefert würden oder bestimmte Ersatzteile aufgrund von Entscheidungen des Schutz-rechtsinhabers überhaupt nicht mehr verfügbar seien, obwohl ein entsprechender Bedarf am Markt bestehe.[2400]

b) *Magill*

Im *Magill*-Urteil vom 06.04.1995 entschied der EuGH über einen möglichen Missbrauch einer marktbeherrschenden Stellung von TV-Sendeanstalten in Irland, die sich weigerten, dem Unter-nehmen Magill TV Guide Ltd. ihre in Irland urheberrechtlich geschützten Programmvorschau-listen zur Verfügung zu stellen, sodass Magill keine senderübergreifende Programmzeitschrift erstellen konnte, die in Konkurrenz zu den einzelsenderbezogenen Programmzeitschriften der jeweiligen Sendeunternehmen gestanden hätte.[2401] Der EuGH urteilte unter Bezug auf *Volvo* und *Renault*, dass eine Lizenzverweigerung für sich genommen nicht missbräuchlich sei.[2402] Im konkreten Fall stellte er aber fest, dass erstens die senderübergreifende Programmzeitschrift ein neues Produkt gewesen wäre, nach dem eine Verbrauchernachfrage bestanden habe, dass zwei-tens die urheberrechtlich geschützten Informationen dafür unerlässlich gewesen seien, dass drit-tens die TV-Sendeunternehmen sich den abgeleiteten Markt für Programmzeitschriften vorbe-hielten und dadurch den Wettbewerb unterdrückten und viertens für die Lizenzverweigerung

---

[2398] EuGH, Urt. v. 05.10.1988 – C-53/87, NJW 1990, 627 – *Renault*; EuGH, Urt. v. 05.10.1988 – C-238/87, NJW 1990, 628 – *Volvo*.

[2399] EuGH, Urt. v. 05.10.1988 – C-238/87, NJW 1990, 628, Rn. 8 – *Volvo*.

[2400] EuGH, Urt. v. 05.10.1988 – C-53/87, NJW 1990, 627, Rn. 16 – *Renault*; EuGH, Urt. v. 05.10.1988 – C-238/87, NJW 1990, 628, Rn. 9 – *Volvo*.

[2401] EuGH, Urt. v. 06.04.1995 – C-241/91 P, C-242/91 P, GRUR Int. 1995, 490, Rn. 7-22 – *Magill*.

[2402] EuGH, Urt. v. 06.04.1995 – C-241/91 P, C-242/91 P, GRUR Int. 1995, 490, Rn. 49 – *Magill*.

keine Rechtfertigung bestanden habe.[2403] Somit sei ein Missbrauch durch die Lizenzverweigerung aufgrund des Vorliegens außergewöhnlicher Umstände gegeben.[2404]

c) *Bronner* und *Ladbroke*

Die Sache *Bronner*, in der es um den verweigerten Zugang zu einem Hauszustellungssystem für Tageszeitungen ging,[2405] betraf zwar kein Recht des geistigen Eigentums, ist in Bezug auf Lizenzverweigerungen aber dennoch zu betrachten, da der EuGH in diesem Urteil vom 26.11.1998 die *Magill*-Entscheidung fortschrieb.[2406] Er betonte die Bedeutung der Unerlässlichkeit des begehrten Zugangs für die wirtschaftliche Tätigkeit des Zugangspetenten und stellte fest, dass diese Voraussetzung in Bezug auf das Vertriebssystem für Zeitungen nicht gegeben war.[2407] Auf diesen Aspekt hatte zuvor auch das EuG im *Ladbroke*-Urteil vom 12.06.1997 abgestellt, als es die Verweigerung einer Lizenzerteilung bezüglich der Übertragung von Bild- und Tonmaterial gegenüber einem Pferdewettenanbieter nicht für missbräuchlich hielt, da die Bild- und Tonübertragung keine Vorbedingung für die Tätigkeit des Wettanbieters darstellte.[2408]

d) *IMS Health*

In seinem Urteil vom 29.04.2004 befasste der EuGH sich in *IMS Health* mit der möglicherweise missbräuchlichen Verweigerung einer Lizenzerteilung an einem urheberrechtlich geschützten Datenbankwerk.[2409] Das Unternehmen IMS Health hatte es abgelehnt, dem Unternehmen NDC Health die Nutzung einer von IMS Health entwickelten Bausteinstruktur zu gestatten, mit deren Hilfe in der Pharmabranche standardmäßig Daten über den Absatz von Arzneimitteln in verschiedenen Regionen (Bausteinen) gesammelt und aufbereitet wurden.[2410] Unter Anknüpfung an *Magill* befand der EuGH eine Lizenzverweigerung an einem Immaterialgüterrecht als missbräuchlich, wenn der verweigerte Zugang für den Zugangsbegehrenden unerlässlich ist, ein neues Produkt, nach dem eine Verbrauchernachfrage besteht, verhindert wird, die Verweigerung geeignet ist, den Wettbewerb auf einem abgeleiteten Markt auszuschließen und die Lizenzverweigerung nicht sachlich gerechtfertigt ist.[2411]

[2403] EuGH, Urt. v. 06.04.1995 – C-241/91 P, C-242/91 P, GRUR Int. 1995, 490, Rn. 50-57 – *Magill*.
[2404] EuGH, Urt. v. 06.04.1995 – C-241/91 P, C-242/91 P, GRUR Int. 1995, 490, Rn. 50, 57 – *Magill*.
[2405] EuGH, Urt. v. 26.11.1998 – C-7/97, MMR 1999, 348 – *Bronner*.
[2406] Bunte/*Bulst*, Art. 102 AEUV Rn. 272.
[2407] EuGH, Urt. v. 26.11.1998 – C-7/97, MMR 1999, 348, Rn. 41-46 – *Bronner*.
[2408] EuG, Urt. v. 12.06.1997 – T-504/93, GRUR Int. 1998, 301, Rn. 130-132 – *Ladbroke*.
[2409] EuGH, Urt. v. 29.04.2004 – C-418/01, GRUR 2004, 524 – *IMS Health*.
[2410] EuGH, Urt. v. 29.04.2004 – C-418/01, GRUR 2004, 524 – *IMS Health*.
[2411] EuGH, Urt. v. 29.04.2004 – C-418/01, GRUR 2004, 524, Rn. 38 – *IMS Health*.

Während diese Kriterien in der Sache *Magill* noch als zu berücksichtigende Umstände genannt wurden[2412] und daher noch unklar war, ob für einen Missbrauch immer alle diese Punkte erfüllt sein müssen,[2413] stellte *IMS Health* klar, dass die Voraussetzungen kumulativ erfüllt sein müssen.[2414]

e) *Microsoft I* und *Microsoft II*

Die Urteile des EuG vom 17.09.2007 und 27.06.2012 betrafen den Zugang zu Schnittstelleninformationen des Windows-Betriebssystem von Microsoft,[2415] wobei deren Schutzfähigkeit im Rahmen des Immaterialgüterrechts vom EuG offengelassen wurde und zugunsten von Microsoft die jedenfalls strengsten Zugangsregeln nach dem Recht des geistigen Eigentums angewendet wurden.[2416] Demnach prüfte das EuG die Zugangsverweigerung anhand der in *Magill* und *IMS Health* genannten Voraussetzungen und bejahte die Missbräuchlichkeit.[2417]

2. Essenz der Entscheidungen: Die *IMS-Health*-Kriterien

Die Urteile des EuGH und des EuG ergingen, wie gezeigt, also nicht zu patentrechtlichen Fällen. Da die Entscheidungen aber für die Einschränkung von sich aus Immaterialgüterrechten ergebenden Ausschließlichkeitsrechten im Falle einer möglicherweise missbräuchlichen Lizenzverweigerung insgesamt maßgeblich sind,[2418] sind die sich daraus ergebenden Voraussetzungen auch in Bezug auf das Patentrecht anwendbar.[2419] Die außergewöhnlichen Umstände, bei deren Vorliegen die Durchsetzung eines nicht-lizenzierten Patents missbräuchlich erfolgt, sind also nach den in *IMS Health* genannten Kriterien zu beurteilen.[2420]

Dabei sind die Unerlässlichkeit der Patentnutzung für die wirtschaftliche Tätigkeit des Lizenzsuchers, die Tatsache, dass das Auftreten eines neuen Produkts, nach dem eine Verbrauchernachfrage besteht, verhindert wird und die Eignung zum Ausschluss des Wettbewerbs auf einem

---

[2412] EuGH, Urt. v. 06.04.1995 – C-241/91 P, C-242/91 P, GRUR Int. 1995, 490, Rn. 57 – *Magill.*

[2413] Bunte/*Bulst*, Art. 102 AEUV Rn. 273.

[2414] EuGH, Urt. v. 29.04.2004 – C-418/01, GRUR 2004, 524, Rn. 38 – *IMS Health; Hoeren*, MMR 2004, 459; *Jaecks/Dörmer*, FS Säcker (2006), 97, 99; Schuster/Grützmacher/*C. Wolf*, Art. 102 AEUV Rn. 40.

[2415] EuG, Urt. v. 17.09.2007 – T-201/04, BeckRS 2007, 70806, Rn. 1-22 – *Microsoft I;* EuG, Urt. v. 27.06.2012 – T-167/08, BeckRS 2012, 81337, Rn. 20-21 – *Microsoft II.*

[2416] EuG, Urt. v. 17.09.2007 – T-201/04, BeckRS 2007, 70806, Rn. 283-289 – *Microsoft I.*

[2417] EuG, Urt. v. 17.09.2007 – T-201/04, BeckRS 2007, 70806, Rn. 332-333, 709, 712 – *Microsoft I;* EuG, Urt. v. 27.06.2012 – T-167/08, BeckRS 2012, 81337, Rn. 139 – *Microsoft II.*

[2418] *Heinemann*, GRUR 2006, 705, 710.

[2419] OLG Düsseldorf, Urt. v. 20.01.2011 – 2 U 92/10, WuW 2011, 401, 402; Götting/Meyer/Vormbrock/*Samer*, § 9 Rn. 132.

[2420] LG Düsseldorf, Urt. v. 30.11.2006 – 4b O 508/05, juris, Rn. 110-114 – *Videosignal-Codierung I.*

abgeleiteten Markt vom Lizenzsucher darzulegen und zu beweisen.[2421] Eine mögliche sachliche Rechtfertigung der Lizenzverweigerung fällt in die Darlegungs- und Beweislast des Patentinhabers.[2422]

a)   Unerlässlichkeit

Die Patentnutzung ist für den Lizenzsucher unerlässlich, wenn für die Ausübung der Tätigkeit des Lizenzsuchers statt der Nutzung ein tatsächlicher oder realistischer potentieller Ersatz auch bei gehöriger eigener Anstrengung nicht zur Verfügung steht.[2423] Dabei sind mögliche Alternativen in den Blick zu nehmen, wobei diese nicht identisch günstige Bedingungen gewährleisten müssen.[2424] Die Nutzung von Alternativen kann aus technischen, rechtlichen oder wirtschaftlichen Gründen unmöglich oder unzumutbar sein.[2425] Auch prohibitiv hohe Umstellungskosten sind in die Beurteilung der Möglichkeit einer rentablen Alternative einzubeziehen.[2426] Ist das betroffene Patent standardessentiell, sodass eine Umgehung nicht in Betracht kommt, so ist Unerlässlichkeit anzunehmen.[2427]

b)   Neues Produkt

Damit die Lizenzverweigerung missbräuchlich sein kann, muss es dem Lizenzsucher darum gehen, neue Erzeugnisse oder Dienstleistungen anzubieten, die vom Patentinhaber nicht bereits selbst angeboten werden und für die eine zumindest potentielle Nachfrage durch Verbraucher besteht.[2428] Die Neuheit eines Produkts ist dabei nicht nach patentrechtlichen Grundsätzen im Sinne des § 3 PatG oder § 139 Abs. 3 PatG zu bestimmen, sondern eine Frage des Kartellrechts.[2429] Demnach darf das Produkt, welches der Lizenzsucher anbietet oder anbieten möchte,

---

[2421] OLG Düsseldorf, Urt. v. 29.04.2016 – 15 U 47/15, GRUR-RS 2016, 11301, Rn. 92-93 (bzgl. Unentbehrlichkeit); FK KartellR/*Brand*, Art. 102 AEUV Rn. 434; Schulte/*Rinken*, § 24 PatG Rn. 58.

[2422] FK KartellR/*Brand*, Art. 102 AEUV Rn. 434; MüKo WettbR Bd. I/*M. Wolf*, Grundlagen Rn. 1236.

[2423] EuGH, Urt. v. 26.11.1998 – C-7/97, MMR 1999, 348, Rn. 41 – *Bronner*; EuGH, Urt. v. 25.03.2021 – C-165/19 P, BeckRS 2021, 5301, Rn. 49 – *Slovak Telekom*; OLG Düsseldorf, Urt. v. 20.01.2011 – 2 U 92/10, WuW 2011, 401, 403.

[2424] EuGH, Urt. v. 29.04.2004 – C-418/01, GRUR 2004, 524, Rn. 28 – *IMS Health*; *Kühnen*, FS Tilmann (2003), 513, 521; *Rombach*, FS Hirsch (2008), 311, 315.

[2425] EuGH, Urt. v. 29.04.2004 – C-418/01, GRUR 2004, 524, Rn. 28 – *IMS Health*.

[2426] EuGH, Urt. v. 29.04.2004 – C-418/01, GRUR 2004, 524, Rn. 29 – *IMS Health*.

[2427] *Kühnen*, FS Tilmann (2003), 513, 521; MüKo WettbR Bd. I/*M. Wolf*, Grundlagen Rn. 1229.

[2428] EuGH, Urt. v. 29.04.2004 – C-418/01, GRUR 2004, 524, Rn. 49 – *IMS Health*.

[2429] OLG Düsseldorf, Urt. v. 20.01.2011 – 2 U 92/10, WuW 2011, 401, 407; LG Düsseldorf, Urt. v. 11.06.2015 – 4a O 44/14, GRUR-RS 2015, 11313, Rn. 124 – *Tonerkartuschen*; *Kühnen*, Hdb. Patentverletzung, Kap. E Rn. 310.

seiner Beschaffenheit nach aus Sicht der Nachfrager nicht mit den vom Patentinhaber angebotenen Produkten austauschbar sein.[2430] Das Produkt ist also neu, wenn es eine Nachfrage bedient, die mangels Substituierbarkeit nicht durch die Produkte des Patentinhabers befriedigt wird.[2431]

Das EuG erweiterte die Voraussetzung des neuen Produkts unter Verweis auf Art. 102 Abs. 2 lit. b AEUV dadurch, dass es für das Vorliegen dieser Voraussetzung nicht nur auf die Verhinderung der Erzeugung oder des Absatzes eines eigenständigen neuen Produkts abstellte, sondern es genügen ließ, wenn durch die Lizenzverweigerung eine neue technische Entwicklung eingeschränkt wird.[2432] Dem ist zuzustimmen, da die Verhinderung eines neuen Produkts deshalb ein Kriterium für die Missbräuchlichkeit einer Lizenzverweigerung ist, da ein solcher Effekt zum Nachteil der Verbraucher gehen würde und dieser negative Einfluss auf den Produktwettbewerb den Eingriff in das Immaterialgüterrecht des Patentinhabers rechtfertigt.[2433] Dieser Effekt liegt aber nicht erst bei einem völlig anderen Produkt vor, sondern schon dann, wenn ein Produkt oder eine technische Weiterentwicklung Eigenschaften aufweist, die aus der Sicht der nachfragenden Verbraucher für die Beurteilung des einen oder des anderen Produkts als gleichermaßen bedarfsdeckend ausschlaggebend ist.[2434]

c) Eignung zum Ausschluss von Wettbewerb auf einem abgeleiteten Markt

Die Verweigerung der Lizenzierung muss geeignet sein, den Wettbewerb auf einem dem Lizenzvergabemarkt nachgelagerten Produktmarkt zu beeinträchtigen.[2435] Es müssen also zwei Marktstufen festgestellt werden, bei denen der Patentinhaber seine Stellung auf dem einen Markt dazu ausnutzen kann, den Wettbewerb auf dem abgeleiteten Markt zu verhindern, da ein Tätigwerden auf dem abgeleiteten Markt den Zugang zum Patent voraussetzt.[2436] Dabei ist nicht erforderlich, dass der Lizenzvergabemarkt tatsächlich besteht, sondern es genügt und ist bei nicht-lizenzierten Patenten geradezu charakteristisch, wenn dieser Markt nur potenziell oder hypothetisch besteht,

---

[2430] OLG Düsseldorf, Urt. v. 20.01.2011 – 2 U 92/10, WuW 2011, 401, 407.

[2431] OLG Düsseldorf, Urt. v. 20.01.2011 – 2 U 92/10, WuW 2011, 401, 407; LG Düsseldorf, Urt. v. 11.06.2015 – 4a O 44/14, GRUR-RS 2015, 11313, Rn. 124 – *Tonerkartuschen*; *Walz*, GRUR Int. 2013, 718, 721–722.

[2432] EuG, Urt. v. 17.09.2007 – T-201/04, BeckRS 2007, 70806, Rn. 647 – *Microsoft I*.

[2433] OLG Düsseldorf, Urt. v. 20.01.2011 – 2 U 92/10, WuW 2011, 401, 405–406; FK EU-Recht/*Brömmelmeyer*, Art. 102 AEUV Rn. 121; KK KartellR/*Busche*, Art. 102 AEUV Rn. 179; Wiedemann/*Scholz*, § 22 Rn. 112.

[2434] KK KartellR/*Busche*, Art. 102 AEUV Rn. 179; *Walz*, GRUR Int. 2013, 718, 722; FK KartellR/*Weyer*, § 19 GWB Rn. 316; MüKo WettbR Bd. I/*M. Wolf*, Grundlagen Rn. 1231.

[2435] EuGH, Urt. v. 29.04.2004 – C-418/01, GRUR 2004, 524, Rn. 38, 42-47 – *IMS Health*.

[2436] EuGH, Urt. v. 29.04.2004 – C-418/01, GRUR 2004, 524, Rn. 44-45 – *IMS Health*; EuG, Urt. v. 17.09.2007 – T-201/04, BeckRS 2007, 70806, Rn. 335 – *Microsoft I*; BGH, Beschl. v. 11.12.2012 – KVR 7/12, NJW 2013, 1095, Rn. 15 – *Fährhafen Puttgarden II*.

also ein Markt für die in Bezug auf die Herstellung patentnutzender Produkte essentielle Vor-leistung der Lizenzierung bestimmt werden kann.[2437] Zudem muss der Wettbewerb nicht bereits vollständig ausgeschaltet oder bereits feststellbar verzerrt sein, sondern es reicht eine Eignung zum Ausschluss jeglichen Wettbewerbs.[2438]

d)   Keine sachliche Rechtfertigung

Wenn die Voraussetzungen der Missbräuchlichkeit im Übrigen vorliegen, kann die Lizenzver-weigerung in die Missbräuchlichkeit ausschließender Weise sachlich gerechtfertigt sein.[2439] Ein nur im Ausnahmefall anzunehmender sachlicher Grund ist unter Abwägung aller Einzelfallum-stände und -interessen zu ermitteln.[2440] Einen sachlichen Grund kann es darstellen, wenn eine Lizenzierungspflicht zu erheblichen Innovationseinbußen auf dem relevanten Markt führen würde, was das Kartellrecht gerade nicht bezweckt.[2441] Die Inhaberschaft am Patent an sich kann hingegen keine sachliche Rechtfertigung darstellen.[2442]

3.   Anknüpfung an die Essential-Facilities-Doktrin und Verhältnis zu *Huawei/ZTE*

Mit den *IMS-Health*-Kriterien knüpft die Unionsrechtsprechung an die sogenannte Essential-Fa-cilities-Doktrin an, ohne dies ausdrücklich so zu benennen.[2443] Nach dieser aus dem US-ameri-kanischen Recht stammenden Doktrin ist die Verweigerung des Zugangs zu einer wesentlichen Einrichtung bei Unerlässlichkeit des Zugangs, Eignung zum Wettbewerbsausschluss auf einem nachgelagerten Markt und Fehlen einer sachlichen Rechtfertigung missbräuchlich.[2444] Wesentlich ist eine Einrichtung dabei, wenn ihre Nutzung zum Tätigwerden am Markt unbedingt erforderlich ist und ein Ersatz nicht besteht und auch nicht mit vertretbarem Aufwand errichtet werden

---

[2437] EuGH, Urt. v. 29.04.2004 – C-418/01, GRUR 2004, 524, Rn. 44 – *IMS Health*; GA *Tizzano,* Schluss-anträge v. 02.10.2003 – C-418/01, eur-lex 2003, Rn. 57; EuG, Urt. v. 17.09.2007 – T-201/04, BeckRS 2007, 70806, Rn. 335 – *Microsoft I*; *Walz*, GRUR Int. 2013, 718, 722–723.

[2438] EuG, Urt. v. 17.09.2007 – T-201/04, BeckRS 2007, 70806, Rn. 561 – *Microsoft I*; *Walz*, GRUR Int. 2013, 718, 723; MüKo WettbR Bd. I/*M. Wolf*, Grundlagen Rn. 1234.

[2439] EuGH, Urt. v. 29.04.2004 – C-418/01, GRUR 2004, 524, Rn. 51 – *IMS Health*; MüKo WettbR Bd. I/*M. Wolf*, Grundlagen Rn. 1236.

[2440] FK KartellR/*Brand*, Art. 102 AEUV Rn. 431; *Kühnen*, FS Tilmann (2003), 513, 522.

[2441] Bunte/*Bulst*, Art. 102 AEUV Rn. 282; MüKo WettbR Bd. I/*M. Wolf*, Grundlagen Rn. 1237.

[2442] EuG, Urt. v. 17.09.2007 – T-201/04, BeckRS 2007, 70806, Rn. 690 – *Microsoft I*; *Kühnen*, FS Tilmann (2003), 513, 522.

[2443] *Ehle*, EuZW 1999, 89; *Louven*, NZKart 2018, 217, 218.

[2444] *Bechtold/Bosch/Brinker*, EU-KartR, Art. 102 AEUV Rn. 69; *Louven*, K&R 2018, 230, 233; *Schweitzer*, GRUR 2019, 569, 576–577.

kann.[2445] Die Essential-Facilities-Doktrin bezieht sich in ihrem Ursprung aber nur auf physische Einrichtungen wie z.B. Häfen, Flughäfen oder Versorgungs- und Telekommunikationsnetze.[2446] Da solche Einrichtungen in der Regel nicht oder nur schwer duplizierbar sind und eine gleichzeitige Nutzung tatsächlich nicht oder nur im Rahmen der Kapazitätsgrenzen möglich ist, verschafft die Kontrolle über eine wesentliche Einrichtung dem Inhaber einen Hebel, Wettbewerber auf einem nachgelagerten Markt zu behindern (*leveraging*).[2447]

In der Anwendung der Doktrin auf Immaterialgüterrechte, bei denen eine gleichzeitige Nutzung tatsächlich möglich ist und eine Verhinderung dessen nur auf rechtlichem Wege durch die Ausübung eines Ausschließlichkeitsrechts erfolgen kann,[2448] hat der EuGH seit *Magill* das Kriterium der Verhinderung eines neuen Produkts eingeführt.[2449] Dieses nur in der Rechtsprechung zu Lizenzverweigerungen bei Rechten des geistigen Eigentums zu findende Kriterium[2450] ist zusätzlich zu den anderen Kriterien erforderlich zur Abgrenzung einer an sich erlaubten Ausübung des Rechts am geistigen Eigentum auf der einen Seite von einem kartellrechtswidrigen Missbrauch auf der anderen Seite.[2451]

In *Huawei/ZTE* knüpft der EuGH an diese Rechtsprechung nur in Bezug auf den hohen Stellenwert der Ausübung eines Ausschließlichkeitsrechts an, der dazu führt, dass die Ausübung nur unter außergewöhnlichen Umständen einen Missbrauch darstellen kann.[2452] Für die Frage, wann diese Missbräuchlichkeit vorliegt, grenzt der EuGH die Fallkonstellation eines SEP mit FRAND-Erklärung ausdrücklich von seiner bisherigen Rechtsprechung ab[2453] und entwirft dafür einen abweichenden Kriterienkatalog.[2454] Auch der Generalanwalt hatte schon deutlich gemacht, dass eine Situation, in der ein Lizenzierungsmarkt durch die FRAND-Erklärung grundsätzlich eröffnet ist, nicht mit einer vollständigen Lizenzverweigerung auf eine Stufe gestellt werden kann.[2455] Die aus der Essential-Facilities-Doktrin hervorgegangenen *IMS-Health*-Kriterien sind also nur für Fälle

---

2445 Pfaff/Osterrieth/*Axster/Osterrieth*, A. Rn. 343; *Bechtold/Bosch/Brinker*, EU-KartR, Art. 102 AEUV Rn. 69; Immenga/Mestmäcker/*A. Fuchs*, Art. 102 AEUV Rn. 334.

2446 Bunte/*Bulst*, Art. 102 AEUV Rn. 307; *Louven*, K&R 2018, 230, 233.

2447 KK KartellR/*Busche*, Art. 102 AEUV Rn. 174; Immenga/Mestmäcker/*A. Fuchs*, Art. 102 AEUV Rn. 331; *Schweitzer*, GRUR 2019, 569, 576–577.

2448 *Hao*, GRUR Int. 2020, 823, 833.

2449 EuGH, Urt. v. 06.04.1995 – C-241/91 P, C-242/91 P, GRUR Int. 1995, 490, Rn. 54 – *Magill*; EuGH, Urt. v. 29.04.2004 – C-418/01, GRUR 2004, 524, Rn. 38, 48-49 – *IMS Health*.

2450 EuG, Urt. v. 17.09.2007 – T-201/04, BeckRS 2007, 70806, Rn. 334 – *Microsoft I*.

2451 EuGH, Urt. v. 29.04.2004 – C-418/01, GRUR 2004, 524, Rn. 48-49 – *IMS Health*; *Busche*, GRUR 2021, 157, 161; Immenga/Mestmäcker/*A. Fuchs*, Art. 102 AEUV Rn. 337.

2452 EuGH, Urt. v. 16.07.2015 – C-170/13, GRUR 2015, 764, Rn. 46-47 – *Huawei/ZTE*.

2453 EuGH, Urt. v. 16.07.2015 – C-170/13, GRUR 2015, 764, Rn. 48-51 – *Huawei/ZTE*; *Podszun*, IIC 2019, 720, 728.

2454 EuGH, Urt. v. 16.07.2015 – C-170/13, GRUR 2015, 764, Rn. 61-68 – *Huawei/ZTE*.

2455 GA *Wathelet*, Schlussanträge v. 20.11.2014 – C-170/13, BeckRS 2014, 82403, Rn. 70.

der Komplettverweigerung maßgeblich.[2456] Sie gelten aufgrund der unterschiedlichen Sachverhaltskonstellationen auch nach der Entscheidung in *Huawei/ZTE* für nicht-lizenzierte Patente unverändert fort.

II. Handhabung nach deutschem Kartellrecht unter Berücksichtigung des § 19 Abs. 2 Nr. 4 GWB

Hinsichtlich der Komplettverweigerung einer Lizenzierung stellt sich im Gegensatz zur unproblematischen Anwendung von Art. 102 AEUV auf diese Konstellation im deutschen Recht die Frage, ob § 19 GWB, insbesondere das Regelbeispiel des § 19 Abs. 2 Nr. 4 GWB, welches Zugangs- und Lieferverweigerungen erfasst, hier in Betracht kommt.

1. Anwendbarkeit des § 19 Abs. 2 Nr. 4 GWB

Vor der 10. GWB-Novelle[2457] nannte der Wortlaut des § 19 Abs. 2 Nr. 4 GWB a.F. nur den Zugang zu Netzen und Infrastruktureinrichtungen als Regelungsgehalt dieser Missbrauchsvariante. Immaterialgüterrechte fielen nicht unter diese Begriffe.[2458] Dies ergab sich aus dem insofern recht eindeutigen Willen des Gesetzgebers: Dieser ersetzte den allgemeinen Begriff der wesentlichen Einrichtung, der zunächst im Gesetzesentwurf enthalten war,[2459] durch den auf physische Einrichtungen gerichteten Begriff der Infrastruktureinrichtung.[2460] Dies geschah auf Veranlassung des Bundesrates ausdrücklich, um Lizenzverweigerungen in Bezug auf Immaterialgüterrechte

---

[2456] LG Düsseldorf, Beschl. v. 21.03.2013 – 4b O 104/12, GRUR Int. 2013, 547, Rn. 51.

[2457] Gesetz zur Änderung des Gesetzes gegen Wettbewerbsbeschränkungen für ein fokussiertes, proaktives und digitales Wettbewerbsrecht 4.0 und anderer Bestimmungen (GWB-Digitalisierungsgesetz) v. 18.01.2021, BGBl. 2021 I S. 2.

[2458] So die ganz hM: LG Düsseldorf, Urt. v. 30.11.2006 – 4b O 546/05, juris, Rn. 96 – *Videosignal-Codierung II*; Loewenheim/Meesen/Riesenkampff u.a./*J.B. Nordemann*, 3. Teil Rn. 140; Paschke/Berlit/Meyer/Kröner/*Paschke*, Teil 2 Kap. 4 Abschn. 18 Rn. 36; Schulte/*Rinken*, § 24 PatG Rn. 59; FK KartellR/*Weyer*, § 19 GWB Rn. 334; BeckOK PatR/*Wilhelmi*, § 24 PatG Rn. 96; a.A.: *v. Bechtolsheim/Bruder*, WRP 2002, 55, 58–59.

[2459] BT-Drs. 13/9720, S. 14 (Die Regelbeispiele für den Missbrauch einer marktbeherrschenden Stellung fanden sich damals in § 19 Abs. 4 GWB und wurden erst durch spätere Gesetzesänderungen in Abs. 2 verschoben, wo sie auch heute zu finden sind.); 10. GWB-Novelle/*Brenner*, Kap. 1 Rn. 94.

[2460] BT-Drs. 13/10633, S. 14; 10. GWB-Novelle/*Brenner*, Kap. 1 Rn. 94; *Busche*, FS Tilmann (2003), 645, 652–653.

vom Anwendungsbereich dieser Norm auszuschließen.[2461] In der Folge dieser Nichtanwendbarkeit des § 19 Abs. 2 Nr. 4 GWB a.F. auf eine Lizenzverweigerung wurde diskutiert, ob ein Rückgriff auf § 19 Abs. 1 GWB oder § 19 Abs. 2 Nr. 1 GWB in diesem Fall möglich war.[2462]

Durch die 10. GWB-Novelle hat sich die Lage aber entscheidend geändert: Mit dem Bezug auf gewerbliche Leistungen insgesamt, der Einordnung der Verweigerung des Zugangs zu Netzen und Infrastruktureinrichtungen als Unterfall einer allgemeinen Lieferverweigerung und der beispielhaften Nennung von Datenzugängen wählt der Gesetzgeber nun eine „offenere[…] Formulierung"[2463]. Er nennt in der Gesetzesbegründung zudem die Lizenzverweigerung an Immaterialgüterrechten ausdrücklich als Anwendungsfall der Neufassung des § 19 Abs. 2 Nr. 4 GWB.[2464] Auch wenn eine ausdrücklichere Bezugnahme im Wortlaut der Norm für mehr Klarheit hätte sorgen können,[2465] ist der Fall der nicht-lizenzierten Patente nun als von diesem Regelbeispiel erfasst anzusehen.[2466] Auch eine Rückgriffsmöglichkeit auf § 19 Abs. 1 GWB bzw. § 19 Abs. 2 Nr. 1 GWB ist wie auch bei den anderen Fallgruppen aufgrund des exemplarischen, nicht-abschließenden Charakters der Regelbeispiele des § 19 Abs. 2 GWB nicht ausgeschlossen.[2467] Der kartellrechtliche Zwangslizenzeinwand kann bei den nicht-lizenzierten Patenten also – jedenfalls seit der Änderung durch die 10. GWB-Novelle – sowohl nach europäischem als auch nach deutschem Kartellrecht mit Verweis auf das Missbrauchsverbot erhoben werden.

2. Gleichlauf der Voraussetzungen mit dem Unionsrecht

Der Wortlaut des neugefassten § 19 Abs. 2 Nr. 4 GWB benennt die aus der Essential-Facilities-Doktrin hergeleiteten Voraussetzungen der Unerlässlichkeit, der Eignung zur Ausschaltung des Wettbewerbs und der fehlenden sachlichen Rechtfertigung.[2468] Das Kriterium der Verhinderung eines neuen Produkts wird von der Norm nicht genannt.

[2461] BT-Drs. 13/10633, S. 72 (Begründungsabschnitt zu Art. 1, 5 c.); *Bechtold/Bosch*, GWB, § 19 GWB Rn. 80; Hoeren/Sieber/Holznagel/*Beckmann/Müller*, Teil 10 Rn. 237; Loewenheim/Meesen/Riesenkampff u.a./*Huttenlauch*, Art. 102 AEUV Rn. 273.

[2462] Befürwortend: Hoeren/Sieber/Holznagel/*Beckmann/Müller*, Teil 10 Rn. 237; Paschke/Berlit/Meyer/Kröner/*Paschke*, Teil 2 Kap. 4 Abschn. 18 Rn. 36; *Rombach*, FS Hirsch (2008), 311, 317–318; FK KartellR/*Weyer*, § 19 GWB Rn. 334; BeckOK PatR/*Wilhelmi*, § 24 PatG Rn. 96; *Wirtz/Holzhäuser*, WRP 2004, 683, 691; Einen Rückgriff ablehnend: *Busche*, FS Tilmann (2003), 645, 654–655.

[2463] BT-Drs. 19/23492, S. 72.

[2464] BT-Drs. 19/23492, S. 72; 10. GWB-Novelle/*Brenner*, Kap. 1 99, 103; FK KartellR/*Weyer*, § 19 GWB Rn. 335.

[2465] *Steinberg/Wirtz*, WuW 2019, 606, 608.

[2466] *Schmauder*, Missbräuchliche Ausnutzung von FRAND-unterworfenen SEPs im US-Kartellrecht, S. 307–309.

[2467] MüKo WettbR Bd. II/*M. Wolf*, § 19 GWB Rn. 144.

[2468] *Steinberg/Wirtz*, WuW 2019, 606, 607; MüKo WettbR Bd. II/*M. Wolf*, § 19 GWB Rn. 146, 153-154, 158.

Der Grund dafür ist darin zu sehen, dass diese zusätzliche Voraussetzung nur bei Immaterial-güterrechten zum Tragen kommt, während die neugefasste Norm alle Lieferverweigerungen er-fassen muss. Die Norm soll aber „die verschiedenen auch durch die europäischen Gerichte ent-wickelten besonderen Konstellationen und Voraussetzungen etwa für die missbräuchliche Ver-weigerung des Zugangs zu Immaterialgüterrechten"[2469] abdecken. Zweck der Neuregelung war eine Anpassung an die unionsrechtliche Handhabung und die zu Art. 102 AEUV entwickelten Voraussetzungen.[2470] Die Gesetzesbegründung bezieht sich auch ausdrücklich auf das Urteil des EuG in *Microsoft I*,[2471] welches das Kriterium des neuen Produkts zwar durch den Einbezug von neuen technischen Entwicklungen erweiterte,[2472] aber dieses erweiterte Verständnis dennoch unter diese Voraussetzung subsumierte und sie damit beibehielt.[2473]

Nach dem dargestellten Willen des Gesetzgebers, dem der Wortlaut aufgrund seiner offen gehaltenen und im systematischen Zusammenhang mit der unionsgerichtlichen Rechtsprechung zu interpretierenden Formulierung nicht entgegensteht, sind Lizenzverweigerungen an Immaterialgüterrechten auch gemäß § 19 Abs. 2 Nr. 4 GWB nicht nach von den EuGH-Entschei-dungen abweichenden Kriterien zu beurteilen.[2474] Es besteht also ein Gleichlauf der Voraus-setzungen mit dem Unionsrecht, sodass die *IMS-Health*-Kriterien vollständig auch nach deut-schem Kartellrecht zur Anwendung kommen.

III.   Zusätzliche Anforderungen aus *Orange-Book-Standard*

Beim objektiven Vorliegen der Voraussetzungen nach *IMS-Health* darf man aber für die Beurtei-lung eines kartellrechtlichen Zwangslizenzeinwandes nicht stehen bleiben. Der Lizenzsucher hält dem Patentinhaber im Patentverletzungsprozess letztlich seinen Anspruch auf Lizenzierung ent-gegen. Ein solcher besteht aber in der Regel nur gegen ein angemessenes, der Nutzung entspre-chendes Entgelt.[2475] Daher hat der Lizenzsucher als derjenige, der sich auf diesen Anspruch be-ruft, dem Patentinhaber ein solches Entgelt anzubieten.[2476]

Auch der BGH benennt die Möglichkeit der Komplettverweigerung einer Lizenzierung als einen Anwendungsfall seiner ein solches Angebot vorsehenden *Orange-Book-Standard*-Recht-

---

[2469]   BT-Drs. 19/23492, S. 72.
[2470]   BT-Drs. 19/23492, S. 72; *Steinberg/Wirtz*, WuW 2019, 606, 607; MüKo WettbR Bd. II/*M. Wolf*, § 19 GWB Rn. 144-146.
[2471]   BT-Drs. 19/23492, S. 72.
[2472]   EuG, Urt. v. 17.09.2007 – T-201/04, BeckRS 2007, 70806, Rn. 647 – *Microsoft I*.
[2473]   EuG, Urt. v. 17.09.2007 – T-201/04, BeckRS 2007, 70806, Rn. 665 – *Microsoft I*.
[2474]   MüKo WettbR Bd. II/*M. Wolf*, § 19 GWB Rn. 146.
[2475]   BGH, Urt. v. 03.03.2009 – KZR 82/07, NJW-RR 2010, 392, Rn. 47 – *Reisestellenkarte*; *Bechtold/Bosch*, GWB, § 19 GWB Rn. 74; MüKo WettbR Bd. I/*M. Wolf*, Grundlagen Rn. 1240.
[2476]   *Kühnen*, Hdb. Patentverletzung, Kap. E Rn. 345, 347; Schulte/*Rinken*, § 24 PatG Rn. 76.

sprechung und hält unter anderem für diesen Fall die Möglichkeit bereit, die Ermittlung der Lizenzgebühr nach § 315 BGB ins billige Ermessen des Patentinhabers zu stellen.[2477] Benennt der Lizenzsucher eine übliche Lizenzgebühr und beharrt der Patentinhaber auf seiner Verweigerungshaltung, genügt der Lizenzsucher jedenfalls seiner Angebotsobliegenheit.[2478]

Dabei ist in der Entscheidung des BGH kein Ersetzen der in der unionsgerichtlichen Rechtsprechung entwickelten Kriterien für die Fallgruppe der nicht-lizenzierten Patente zu sehen. Die Kriterien des BGH ergeben sich lediglich aus der Obliegenheit des eine in der Regel entgeltliche Lizenzierung beanspruchenden Lizenzsuchers, das von ihm Begehrte initiativ zu benennen.[2479] Sie treten im Falle der nicht-lizenzierten Patente zu den vom EuGH und vom EuG entwickelten Missbräuchlichkeitsvoraussetzungen hinzu. Um sich also im Prozess erfolgreich auf den kartellrechtlichen Zwangslizenzeinwand berufen zu können, müssen neben den *IMS-Health*-Kriterien auch bei nicht-lizenzierten Patenten die *Orange-Book-Standard*-Kriterien erfüllt sein.[2480]

E.   Auslizenzierte standardfreie Patente

Der kartellrechtliche Zwangslizenzeinwand kann auch bei standardfreien Patenten ein Verteidigungsmittel darstellen, wenn sich eine marktbeherrschende Stellung des Patentinhabers auch ohne Standardessentialität aus der technischen oder wirtschaftlichen Überlegenheit der patentgeschützten Lehre ergibt.[2481] Wird für ein solches Patent bereits eine Lizenzierung praktiziert, so bedarf es für die Begründetheit des Einwands nicht der gleichen strengen Anforderungen an eine Lizenzierungspflicht wie bei einer Nichtlizenzierung[2482] – wenngleich das Vorliegen dieser Voraussetzungen jedenfalls ausreichend wäre.[2483]

Vielmehr ist der Patentinhaber, wenn er den Lizenzierungsmarkt einmal eröffnet hat, zu einer ausbeutungs- und diskriminierungsfreien Behandlung weiterer Lizenzinteressenten verpflichtet.[2484] Angesichts der in dieser Fallkonstellation bestehenden Unabhängigkeit des Patents und

---

[2477]   BGH, Urt. v. 06.05.2009 – KZR 39/06, GRUR 2009, 694, Rn. 39 – *Orange-Book-Standard*.

[2478]   BGH, Urt. v. 06.05.2009 – KZR 39/06, GRUR 2009, 694, Rn. 31 – *Orange-Book-Standard*; *Kühnen*, Hdb. Patentverletzung, Kap. E Rn. 347, 351.

[2479]   *Kühnen*, Hdb. Patentverletzung, Kap. E Rn. 345.

[2480]   *Kühnen*, Hdb. Patentverletzung, Kap. E Rn. 347; Schulte/*Rinken*, § 24 PatG Rn. 76.

[2481]   OLG Düsseldorf, Urt. v. 30.03.2017 – 15 U 66/15, GRUR 2017, 1219, Rn. 129 – *Mobiles Kommunikationssystem*; LG Düsseldorf, Urt. v. 18.06.2020 – 4b O 91/18, GRUR-RS 2020, 55053, Rn. 144; LG Düsseldorf, Urt. v. 02.07.2019 – 4a O 98/17, GRUR-RS 2019, 41061, Rn. 90; *Scharen*, Mitt. 2018, 369, 373.

[2482]   EuGH, Urt. v. 25.03.2021 – C-165/19 P, BeckRS 2021, 5301, Rn. 50-51 – *Slovak Telekom*; LG Düsseldorf, Urt. v. 30.11.2006 – 4b O 508/05, juris, Rn. 116-117 – *Videosignal-Codierung I*.

[2483]   *Kellenter/Verhauwen*, GRUR 2018, 761, 762; *Kühnen*, Hdb. Patentverletzung, Kap. E Rn. 312.

[2484]   BGH, Urt. v. 13.07.2004 – KZR 40/02, GRUR 2004, 966, 968 – *Standard-Spundfass*; LG Düsseldorf, Urt. v. 30.11.2006 – 4b O 508/05, juris, Rn. 117 – *Videosignal-Codierung I*; Haedicke/Timmann/*Bukow*, § 13 Rn. 247; *Kellenter/Verhauwen*, GRUR 2018, 761, 762; Schulte/*Rinken*, § 24 PatG Rn. 60.

der marktbeherrschenden Stellung von einer Standardisierung und dem Wesen des Patents als Ausschließlichkeitsrecht kommt dem Patentinhaber aber ein weiter Ermessensspielraum zu.[2485] Der FRAND-Korridor bei Lizenzierung und auch die Befugnis zur Ablehnung einer Lizenzierung einzelner Interessenten sind hier zugunsten des Patentinhabers also besonders weit anzulegen. Die sonst als Faktor zu berücksichtigende Standardisierung[2486] fehlt. Für die Rechtfertigung einer Ungleichbehandlung von Lizenzsuchern reicht in dieser Fallgruppe jeder sachliche Grund, wozu auch unternehmensstrategische Überlegungen zählen können.[2487]

Mit der gleichen Begründung wie bei den nicht-lizenzierten Patenten[2488] hat auch hier der Lizenzsucher, um den Lizenzierungsanspruch im Prozess als Verteidigungsmittel nutzen zu können, dem Patentinhaber ein Angebot zu machen und demnach die *Orange-Book-Standard*-Kriterien zu beachten.[2489] Diese den Lizenzsucher treffenden Obliegenheiten sind gerade nicht in der Standardessentialität oder Standardfreiheit eines Patents begründet, sondern in der Beanspruchung einer in der Regel entgeltlichen Leistung.

F. Zwischenfazit zur kartellrechtlichen Lösung von SEP-Fällen

Das primäre Ziel des Kartellrechts ist es, einen freien, unverfälschten und damit wirksamen Wettbewerb auf dem jeweiligen Markt, insbesondere im europäischen Binnenmarkt, zu gewährleisten.[2490] Dabei richten sich das Kartellrecht und das kartellrechtliche Missbrauchsverbot als wesentliches Instrument zur Förderung und Aufrechterhaltung von Wettbewerbsstrukturen nicht gegen Monopole an sich, sondern gegen den Missbrauch von durch eine marktbeherrschende Stellung ermöglichten Machtpositionen.[2491] Nach dem Leitbild eines Gleichgewichts von Angebot und Nachfrage, in dem die Akteure nur auf Grundlage von Mitteln des Leistungswettbewerbs miteinander in Konkurrenz treten,[2492] sorgt funktionierender Wettbewerb für eine effiziente Förderung von Innovationen, eine zweckmäßige Verwendung von Ressourcen und die Schaffung von Investitionsanreizen.[2493] Mittelbar dient der kartellrechtliche Wettbewerbsschutz

---

[2485] BGH, Urt. v. 13.07.2004 – KZR 40/02, GRUR 2004, 966, 968 – *Standard-Spundfass*; Götting/Meyer/Vormbrock/*Allekotte/Blumenröder*, § 10 Rn. 67; Haedicke/Timmann/*Bukow*, § 13 Rn. 247; *Kühnen*, Hdb. Patentverletzung, Kap. E Rn. 314.

[2486] BGH, Urt. v. 13.07.2004 – KZR 40/02, GRUR 2004, 966, 968–969 – *Standard-Spundfass*.

[2487] *Kühnen*, Hdb. Patentverletzung, Kap. E Rn. 314; Schulte/*Rinken*, § 24 PatG Rn. 62.

[2488] Siehe: 3. Teil Kap. D. III. (S. 307 f.).

[2489] *Kühnen*, Hdb. Patentverletzung, Kap. E Rn. 345, 347.

[2490] Immenga/Mestmäcker/*A. Fuchs*, Art. 102 AEUV Rn. 1, 126.

[2491] MüKo WettbR Bd. II/*M. Wolf*, § 19 GWB Rn. 3-5.

[2492] MüKo WettbR Bd. I/*Eilmansberger/Bien*, Art. 102 AEUV Rn. 3.

[2493] MüKo WettbR Bd. I/*Kerber/Schwalbe*, Grundlagen Rn. 34; FK KartellR/*Klein/Stühmeier*, AT B. Rn. 6.

damit auch dem allgemeinen Interesse an einem funktionierenden marktwirtschaftlichen System sowie im Speziellen auch der Steigerung der Verbraucherwohlfahrt.[2494]

Zwischen der Einhegung des Missbrauchs einer marktbeherrschenden Stellung im kartellrechtlichen Sinne und der Verhinderung des Missbrauchs eines durch Standardisierung geschaffenen Hold-up-Potentials besteht vor diesem Hintergrund ein Gleichlauf sowohl in der zugrunde liegenden Interessenlage und den betroffenen Grundrechtspositionen als auch der zu verhindernden missbräuchlichen Rechtsausübung. Kartell- und Patentrecht sind komplementäre Mittel zur Förderung von Innovation und interessengerechter und funktionsadäquater Teilhabe am und Zugang zum Markt.[2495] Die Ausübung des eigentumsrechtlich geschützten Patentrechts bleibt dem SEP-Inhaber zwar vorbehalten, er hat dabei aber die kartellrechtlichen Vorgaben zum Schutze des Wettbewerbs und der grundrechtlich ebenfalls geschützten Interessen der Lizenzsucher als Wettbewerbsteilnehmer zu beachten.[2496] Diese Einschränkung ist auch mit Blick auf die Belohnungs- und Anreizfunktion des Patentschutzes gerechtfertigt, da mit der Aufnahme eines Patents in einen Standard „gleichsam ein Vermarktungsautomatismus eintritt"[2497].

Der kartellrechtliche Zwangslizenzeinwand ist das Mittel dieser Einschränkung der Patentrechtsdurchsetzung im Patentverletzungsprozess und ist damit dem Grunde nach zur Einschränkung überschießender Durchsetzungsmacht aufseiten des SEP-Inhabers geeignet. Er wurde für genau diesen Fall im Spannungsfeld zwischen Patent- und Kartellrecht entwickelt. Darüber hinaus zeigt die ausdifferenzierte, fallgruppenspezifische und zugleich anpassungsfähige und hinreichend flexible Rechtsprechung zum kartellrechtlichen Zwangslizenzeinwand, dass dieser auch in der Umsetzung eine geeignete Möglichkeit darstellt, illegitimer Machtausübung auf SEP-Inhaberseite zu begegnen. Im Zusammenspiel zwischen den wechselseitigen Verhandlungsobliegenheiten der Parteien und einer wertenden Betrachtung nach FRAND-Gesichtspunkten kann eine ausgewogene Balance zwischen SEP-Inhabern und SEP-Nutzern gefunden werden, bei der legitime und den Patentschutzfunktionen entsprechende Verwertungsinteressen auf der einen und Zugangs- und Nutzungsmöglichkeiten auf der anderen Seite miteinander in Ausgleich gebracht werden.[2498]

Die FRAND-Rechtsprechung wirkt damit Wettbewerbsbeeinträchtigungen ebenso wie den negativen Auswirkungen eines *hold-up* entgegen. Durch einen Zugang zur Patentnutzung zu

---

[2494] *Bechtold/Bosch*, GWB, Einführung Rn. 54-55; MüKo WettbR Bd. I/*Eilmansberger/Bien*, Art. 102 AEUV Rn. 10; Immenga/Mestmäcker/*A. Fuchs*, Art. 102 AEUV Rn. 6; MüKo WettbR Bd. I/*Säcker*, Grundlagen Rn. 1, 3, 7.

[2495] BGH, Urt. v. 13.07.2004 – KZR 40/02, GRUR 2004, 966, 968 – *Standard-Spundfass*.

[2496] EuGH, Urt. v. 16.07.2015 – C-170/13, GRUR 2015, 764, Rn. 52-55 – *Huawei/ZTE*; BGH, Urt. v. 13.07.2004 – KZR 40/02, GRUR 2004, 966, 968 – *Standard-Spundfass*; LG Mannheim, Urt. v. 27.11.2015 – 2 O 106/14, BeckRS 2015, 20077, Rn. 162 – *Stochastisches Rauschen*.

[2497] LG München I, Urt. v. 30.10.2020 – 21 O 11384/19, juris, Rn. 301 – *Lizenzverhandlung*.

[2498] *Dornis*, WRP 2020, 540, 544; *Martinez*, GRUR Int. 2019, 633, 634; *Zhu/Kouskoutis*, GRUR 2019, 886, 887–888.

FRAND-Bedingungen wird verhindert, dass Patentnutzer durch Lock-in-Effekte und *sunk costs* vom Wohlwollen des SEP-Inhabers abhängig werden und überhöhte Lizenzgebühren hinnehmen müssen, da sie auf einen FRAND-konformen Zugang zur patentgeschützten Technologie vertrauen können.[2499] Indem die FRAND-Rechtsprechung mit den jeweiligen Verhandlungs-obliegenheiten, der erforderlichen Lizenzwilligkeit und dem Abbau von in den Lizenzverhand-lungen bestehenden Asymmetrien einen Ansatz verfolgt, der das Verhalten der Parteien vor und während der Lizenzverhandlungen in den Blick nimmt, eine gewisse Transparenz voraussetzt und auf einen Ausgleich von Disparitäten gerichtet ist, ermöglicht sie im Idealfall Lizenz-verhandlungen auf Augenhöhe. Auch dem Sonderproblem des Patenthinterhalts kann im Rahmen der FRAND-Rechtsprechung angemessen begegnet werden.

Die nicht zu leugnende Tatsache, dass Einzelheiten der FRAND-Rechtsprechung in Teilen umstritten sind und teils divergierende Lösungsmöglichkeiten nebeneinander bestehen,[2500] tut der generellen Eignung des kartellrechtlichen Zwangslizenzeinwands zur genannten Problemlösung keinen Abbruch.[2501] Die dadurch bestehenden Rechtsunsicherheiten sind das Ergebnis eines rich-terrechtlich geprägten, sich im Zusammenspiel – und zum Teil auch im Widerspruch – der Instanzgerichte, des BGH und des EuGH entwickelnden Rechtsinstituts. Dessen Evolution mag noch nicht abgeschlossen sein, sie ist aber weiter fortgeschritten, als man angesichts der vielen innerhalb der FRAND-Rechtsprechung diskussionswürdigen Themen annehmen könnte.[2502]

Nicht aus dem Blick zu verlieren ist dabei, dass zahlreiche Aspekte dieser immer noch recht jungen Rechtsprechung – erst 2009 entschied der BGH über die grundsätzliche Zulässigkeit eines Kartellrechtseinwands gegen den patentrechtlichen Unterlassungsanspruch,[2503] 2015 erreichte erstmals ein Verfahren den EuGH[2504] – auch durchaus schon als geklärt betrachtet werden können oder für sie zumindest ein handhabbarer Rahmen besteht.[2505] Nicht zuletzt bestehen manche Un-einheitlichkeiten in der Instanzrechtsprechung auch deswegen fort, weil höchstrichterliche Ent-scheidungen darüber auf nationaler Ebene oder durch den EuGH nicht selten durch außergericht-liche Vergleiche der Parteien und damit einhergehende Klagerücknahmen oder Erledigungen aus-bleiben.[2506] Dies ist aber keine Besonderheit des kartellrechtlichen Zwangslizenzeinwands, die

---

[2499] *Heim/Nikolic*, JIPITEC 10 (2019), 38, 52.

[2500] *Keßler/Palzer*, Mitt. 2022, 27, 29; *Picht*, GRUR 2019, 1097, 1100; Haedicke/Timmann/*Zigann*, § 15 Rn. 425.

[2501] Zu den Bestrebungen der EU-Kommission, Schwierigkeiten der FRAND-Lizenzgebührenermittlung auf tatsächlicher Ebene anzugehen, siehe: Schlussbemerkungen (S. 480 ff.).

[2502] *P. Tochtermann*, ZGE 2019, 362, 365.

[2503] BGH, Urt. v. 06.05.2009 – KZR 39/06, GRUR 2009, 694 – *Orange-Book-Standard*.

[2504] EuGH, Urt. v. 16.07.2015 – C-170/13, GRUR 2015, 764 – *Huawei/ZTE*.

[2505] Götting/Meyer/Vormbrock/*Allekotte/Blumenröder*, § 10 Rn. 72; *McGuire*, Mitt. 2018, 297, 301, 308; *Stierle*, GRUR 2019, 873, 879; *P. Tochtermann*, ZGE 2019, 362, 365.

[2506] *P. Tochtermann*, ZGE 2019, 362, 364–365; So z.B. bei: OLG Düsseldorf, Urt. v. 22.03.2019 – 2 U 31/16, BeckRS 2019, 6087 – *Improving Handovers* (Klagerücknahme im Stadium der Revision vor

auf dessen Ungeeignetheit schließen lassen könnte, sondern ein allgemeines Phänomen in wirtschaftsrechtlichen Bereichen, in denen die Prozessführung selbstverständlich auch kaufmännischen und unternehmensstrategischen Erwägungen unterliegt.

Ebenso steht die Voraussetzung des kartellrechtlichen Zwangslizenzeinwands, dass eine marktbeherrschende Stellung bestehen muss, der Geeignetheit zur Eindämmung überschießender Durchsetzungsmacht nicht entgegen. Im Zusammenhang mit Standards ist die Schwelle der marktbeherrschenden Stellung ein passendes Kriterium, um eine überschießende Durchsetzungsmacht zu diagnostizieren. Verschafft ein SEP keine solche Stellung, ist nicht von einem durch die Standardisierung erzeugten relevanten Hold-up-Potential des SEP-Inhabers auszugehen, während in den Fällen, in denen dieses Potential besteht, in aller Regel eine marktbeherrschende Stellung vorliegen wird.[2507]

Mit Blick auf Überschneidungsbereiche von SEP-Fällen mit weiteren Fallgestaltungen potentiell ungerechtfertigter Härten eines uneingeschränkten Unterlassungsanspruchs,[2508] bietet die FRAND-Rechtsprechung zumindest teilweise eine diese Konstellationen umfassende Lösung.[2509] Aufgrund des häufigen Zusammentreffens der Fallgestaltungen von komplexen Produkten und SEP wird gerade in der FRAND-Rechtsprechung das Problem der komplexen Produkte regelmäßig schon mitgedacht. Beispielsweise seien hier die Erforderlichkeit eines Verletzungshinweises bei De-iure-Standards durch den SEP-Inhaber aufgrund der Unübersichtlichkeit komplexer Standards sowie die Verwertungskettenproblematik bei über mehrere Marktstufen hinweg gefertigten, zusammengesetzten Endprodukten genannt. Die NPE-Eigenschaft eines SEP-Inhabers spielt währenddessen in der Regel keine Rolle in der rechtlichen Beurteilung beim kartellrechtlichen Zwangslizenzeinwand.[2510] Allerdings wird das, was manchen NPE insbesondere vorgeworfen wird, nämlich ihre Patentinhaberstellung im Rahmen von Lizenzverhandlungen rechtsmissbräuchlich einzusetzen, durch den kartellrechtlichen Zwangslizenzeinwand ohnehin adressiert. Eine darüberhinausgehende Berücksichtigung einer NPE-Eigenschaft ist in SEP-Fällen nicht veranlasst.[2511]

---

dem BGH); LG Düsseldorf, Beschl. v. 26.11.2020 – 4c O 17/19, GRUR-RS 2020, 32508 – *Telematikkontrolleinheit* (Erledigung des Verfahrens durch Vergleich vor einer Entscheidung durch den EuGH).

[2507] Siehe: 3. Teil Kap. A. III. 2. c) (S. 130 ff.).

[2508] Siehe: 1. Teil Kap. C. V. (S. 28 ff.).

[2509] Details dazu bleiben dem 5. Teil dieser Arbeit vorbehalten (S. 434 ff.), wo diese Faktoren, sofern sie als Kriterium des Unverhältnismäßigkeitseinwands nach § 139 Abs. 1 S. 3 PatG eine Rolle spielen, aufgegriffen werden.

[2510] U.K. Supreme Court, Urt. v. 26.08.2020 – [2020] UKSC 37, GRUR Int. 2021, 174, Rn. 89 – *Unwired Planet/Huawei*; OLG Düsseldorf, Urt. v. 22.03.2019 – 2 U 31/16, BeckRS 2019, 6087, Rn. 140 – *Improving Handovers*; *Dornis*, WRP 2020, 688, 693; *Kühnen*, Hdb. Patentverletzung, Kap. E Rn. 266.

[2511] Mitteilung der Kommission an das Europäische Parlament, den Rat und den Europäischen Wirtschafts- und Sozialausschuss vom 29.11.2017 über den Umgang der EU mit standardessenziellen Patenten, COM(2017) 712 final, S. 14; LG Düsseldorf, Urt. v. 24.04.2012 – 4b O 273/10, GRUR-RS 2012, 9682, Rn. 207 – *Zugriffsschwellenwert*; LG Düsseldorf, Urt. v. 31.03.2016 – 4a O 126/14, GRUR-RS 2016, 8040, Rn. 123 – *Hochfrequenzanteil*.

Dahingegen werden beeinträchtigte Drittinteressen im Rahmen der FRAND-Rechtsprechung allenfalls mittelbar über den Schutz des funktionierenden Wettbewerbs berücksichtigt. Im Übrigen sind sie aber nicht zentral ausschlaggebend für den kartellrechtlichen Zwangslizenzeinwand. Ebenso kann die Problematik des *injunction gap* durch den kartellrechtlichen Zwangslizenzeinwand, der ein Einwand im Patentverletzungsprozess ist, in dem der Rechtsbestand eines Patents nicht geprüft wird, systembedingt nur insofern einen Niederschlag finden, dass ein separater Rechtsbestandsangriff der FRAND-konformen Verhaltensweise des Lizenzsuchers nicht im Wege steht, sofern der Rechtsbestand nicht zur Bedingung der Lizenzbereitschaft gemacht wird.

Mit den genannten Einschränkungen im Überschneidungsbereich mit manchen der unter Umständen parallel einschlägigen Konstellationen ist insgesamt festzuhalten, dass der kartellrechtliche Zwangslizenzeinwand unerwünschte Härten eines ansonsten uneingeschränkten Unterlassungsanspruchs in SEP-Fällen hinreichend und zielgenau auszugleichen vermag.

4. Teil: Einschränkung des patentrechtlichen Unterlassungsanspruchs durch den Unverhältnismäßigkeitseinwand gemäß § 139 Abs. 1 S. 3 PatG

Um den Härten eines uneingeschränkten Unterlassungsanspruchs zu begegnen, kommt auch eine patentrechtsimmanente Beschränkung der Ausübung des Ausschließungsrechts des Patentinhabers in Betracht. Dem Patentverletzer könnte gestattet werden, sich unter Verweis auf eine aus den Folgen des Unterlassungsanspruchs ergebende unverhältnismäßige Härte gegen den Anspruch des Patentinhabers[2512] zu verteidigen. Mit dieser Begrenzung der patentinhaberlichen Befugnisse befasst sich der 4. Teil dieser Arbeit hinsichtlich der Grundlagen, Genese, Wirkungen und Kriterien eines solchen Unverhältnismäßigkeitseinwandes sowie dazu ergangener Rechtsprechung. Darauf aufbauend wird im 5. Teil untersucht, wie der Unverhältnismäßigkeitseinwand in SEP-Fällen zu handhaben ist.

Der Unverhältnismäßigkeitseinwand findet sich mittlerweile in § 139 Abs. 1 S. 3 PatG. Er hat durch das 2. PatMoG mit dessen Inkrafttreten am 18.08.2021 Eingang in das PatG gefunden,[2513] das in seinem § 139 Abs. 1 PatG nun wie folgt lautet:

> [1]Wer entgegen den §§ 9 bis 13 eine patentierte Erfindung benutzt, kann von dem Verletzten bei Wiederholungsgefahr auf Unterlassung in Anspruch genommen werden. [2]Der Anspruch besteht auch dann, wenn eine Zuwiderhandlung erstmalig droht. [3]Der Anspruch ist ausgeschlossen, soweit die Inanspruchnahme aufgrund der besonderen Umstände des Einzelfalls und der Gebote von Treu und Glauben für den Verletzer oder Dritte zu einer unverhältnismäßigen, durch das Ausschließlichkeitsrecht nicht gerechtfertigten Härte führen würde. [4]In diesem Fall ist dem Verletzten ein angemessener Ausgleich in Geld zu gewähren. [5]Der Schadensersatzanspruch nach Absatz 2 bleibt hiervon unberührt.

A. Rechtliche Grundlagen einer Einschränkung nach Unverhältnismäßigkeitsgesichtspunkten

Die Kodifizierung durch das 2. PatMoG stellt aber nicht die Geburtsstunde der Berücksichtigung von Unverhältnismäßigkeitserwägungen beim patentrechtlichen Unterlassungsanspruch dar. Der

---

[2512] Bzw. des an dem Patent in dieser Weise Berechtigten, insb. des ausschließlichen Lizenznehmers: *Ohly/Stierle*, GRUR 2021, 1229, 1231.

[2513] Zweites Gesetz zur Vereinfachung und Modernisierung des Patentrechts (2. PatMoG) v. 10.08.2021, BGBl. 2021 I S. 3490, 3493.

Gedanke einer solchen Limitierung einer nach einfachgesetzlichen Regelungen an sich bestehenden Rechtsposition wie dem Ausschließlichkeitsrecht des Patentinhabers findet sich auf mehreren Ebenen der Normenhierarchie.

I. Unionsrecht

Möglicherweise gab das Unionsrecht bereits vor der Kodifizierung des Unverhältnismäßigkeitseinwands im PatG die Einschränkbarkeit des patentrechtlichen Unterlassungsanspruchs vor oder machte zumindest Vorgaben für den Gesetzgeber für den Fall der Schaffung einer gesetzlichen Regelung. Dabei ist allerdings zwischen der Bindung des in das Patentrecht eingreifenden Staates an den Verhältnismäßigkeitsgrundsatz und einer unmittelbaren Wirkung zwischen Privaten zu unterscheiden.

1. Primärrecht

Der Grundsatz der Verhältnismäßigkeit ist allgemein für von der EU ergriffene Maßnahmen in Art. 5 Abs. 4 EUV niedergelegt, welcher die Bindung an diesen Grundsatz für die EU und ihre Organe statuiert.[2514] Er ist zugleich aber auch ein „allgemeiner Rechtsgrundsatz"[2515] des Unionsrechts, der als übergeordneter Maßstab an Gesetzgebungs-, Judikativ- und Exekutivakte der EU und der Mitgliedsstaaten angelegt wird.[2516] Seinen Ausdruck findet der Verhältnismäßigkeitsgrundsatz insbesondere in der europäischen Grundrechtecharta,[2517] die nach Art. 6 Abs. 1 EUV Bestandteil des Primärrechts ist.[2518] Art. 52 Abs. 1 S. 2 EUGRCh gebietet für staatliche Eingriffe einen angemessenen Ausgleich von miteinander kollidierenden Grundrechtspositionen unter Wahrung des Verhältnismäßigkeitsgrundsatzes.[2519]

Bezogen auf die Einschränkung des Ausschließlichkeitsrechts des Patentinhabers zugunsten einer gewerblichen Nutzung der patentgeschützten Lehre durch einen nicht durch eine Einwilligung des Patentinhabers oder sonstige Berechtigung legitimierten Patentnutzer sind hier bei der Kodifizierung eines Unverhältnismäßigkeitseinwands die Grundrechte auf Gewährleistung des geistigen Eigentums nach Art. 17 Abs. 2 EUGRCh[2520] sowie zu dessen Umsetzung das Recht auf

---

[2514] *Fischman Afori*, IIC 2014, 889, 896; *J.B. Nordemann*, ZGE 2019, 309, 311–312; *Sikorski*, IIC 2022, 31, 36; Streinz/*Streinz*, Art. 5 EUV Rn. 46.

[2515] Calliess/Ruffert/*Calliess*, Art. 5 EUV Rn. 45.

[2516] EuGH, Urt. v. 29.01.2008 – C-275/06, GRUR 2008, 241, Rn. 68 – *Promusicae*; Calliess/Ruffert/*Calliess*, Art. 5 EUV Rn. 45.

[2517] Vedder/Heintschel von Heinegg/*Vedder*, Art. 5 EUV Rn. 35.

[2518] Calliess/Ruffert/*Kingreen*, Art. 6 EUV Rn. 12.

[2519] EuGH, Urt. v. 27.03.2014 – C-314/12, GRUR 2014, 468, Rn. 46 – *UPC Telekabel*; *Fischman Afori*, IIC 2014, 889, 896; Calliess/Ruffert/*Kingreen*, Art. 52 EUGRCh Rn. 65; *Semenov*, JIPLP 14 (2019), 942, 948; *Sikorski*, IIC 2022, 31, 36; Calliess/Ruffert/*Weiß*, Art. 101 AEUV Rn. 227.

[2520] Streinz/*Streinz*, Art. 17 EUGRCh Rn. 25.

einen effektiven Rechtsschutz gemäß Art. 47 EUGRCh[2521] und die unternehmerische Freiheit des Patentnutzers gemäß Art. 16 EUGRCh[2522] miteinander in Einklang zu bringen. Das Eigentums- recht des Patentinhabers darf gemäß Art. 17 Abs. 2 EUGRCh i.V.m. Art. 17 Abs. 1 S. 2, 3 EUGRCh durch entschädigungspflichtige Entziehung oder allgemeinwohl- bezogene Nutzungsregelung beschränkt werden.[2523] Unter welche dieser beiden Kategorien ein Unverhältnismäßigkeitseinwand fällt, richtet sich nach seiner konkreten Ausgestaltung und Wirkung.[2524]

Die Einschränkbarkeit des Rechts des Patentinhabers ist bereits auf der Ebene des EU-Pri- märrechts zumindest allgemein angelegt.[2525] Eine genaue Ausgestaltung oder eine Pflicht zur aus- drücklichen gesetzgeberischen Normierung einer solchen Einschränkung im patentrechtlichen Unterlassungsanspruch sowie eine unmittelbare Wirkung unter Privaten lässt sich dem jedoch nicht entnehmen. Allerdings binden die Grundrechte auch die staatlichen Gerichte als Träger von Hoheitsgewalt, sodass sie nicht durch die Gewährung eines unverhältnismäßigen Rechtsbehelfs übermäßig in die Grundrechtsposition des Patentnutzers eingreifen dürfen.[2526] Mithin besteht eine mittelbare Einschränkung des Rechts des Patentinhabers nach Unverhältnismäßigkeitsgesichts- punkten durch die Bindung der mitgliedsstaatlichen Gerichte an Unionsgrundrechte auf der Ebene des Primärrechts.[2527]

2. Sekundärrecht

Im Sekundärrecht der EU ist vor allem die Durchsetzungsrichtlinie als mögliche Rechtsquelle für Einschränkungen nach Unverhältnismäßigkeitsgesichtspunkten im Recht des geistigen Eigen- tums zu beachten.[2528] Gegenstand der Durchsetzungsrichtlinie sind nach ihrem Art. 1 Maßnah- men, Verfahren und Rechtsbehelfe zur Durchsetzung der Rechte des geistigen Eigentums, wo- runter ausdrücklich auch gewerbliche Schutzrechte wie das Patentrecht fallen. Es soll gemäß

[2521] Streinz/*Streinz*, Art. 47 EUGRCh Rn. 7.

[2522] Streinz/*ders.*, Art. 16 EUGRCh Rn. 6.

[2523] Streinz/*ders.*, Art. 17 EUGRCh Rn. 20-21.

[2524] Zur Einordnung des § 139 Abs. 1 S. 3 PatG daher unter: 4. Teil Kap. D. VI. (S. 381 ff.).

[2525] *Stierle*, GRUR 2019, 873, 877.

[2526] EuGH, Urt. v. 29.01.2008 – C-275/06, GRUR 2008, 241, Rn. 68 – *Promusicae*; EuGH, Urt. v. 27.03.2014 – C-314/12, GRUR 2014, 468, Rn. 46 – *UPC Telekabel*; *Grabinski*, GRUR 2021, 200, 201; Benkard PatG/*Grabinski/Zülch/P. Tochtermann*, § 139 PatG Rn. 32a; *Schönbohm/Ackermann-Blome*, Mitt. 2020, 101, 103; *Stierle*, GRUR 2019, 873, 877; *Stierle/Hofmann*, GRUR Int. 2022, 1123, 1125– 1126.

[2527] *Stierle*, GRUR 2019, 873, 877; *Stierle/Hofmann*, GRUR Int. 2022, 1123, 1125–1126.

[2528] Richtlinie 2004/48/EG des Europäischen Parlaments und des Rates vom 29. April 2004 zur Durchset- zung der Rechte des geistigen Eigentums in der Fassung der Berichtigung vom 2. Juni 2004, ABl. 2004 L195 S. 16 (Ursprungsfassung in ABl. 2004 L157 S. 45).

Art. 2 Abs. 1 der Durchsetzungsrichtlinie eine Mindestharmonisierung für den Schutz vor Verletzungen des geistigen Eigentums geschaffen werden.[2529] Dafür schreibt Art. 3 Abs. 1 der Durchsetzungsrichtlinie den Mitgliedsstaaten die Schaffung von Rechtsbehelfen vor, die zum einen fair und gerecht, nicht unnötig kompliziert oder kostspielig sowie nicht unangemessen verzögernd sein dürfen, zum anderen nach Art. 3 Abs. 2 der Durchsetzungsrichtlinie wirksam, verhältnismäßig und abschreckend sein müssen.[2530]

Art. 3 Abs. 2 der Durchsetzungsrichtlinie könnte also ein Anknüpfungspunkt für Unverhältnismäßigkeitserwägungen beim Unterlassungsanspruch sein.[2531] Allerdings enthält Art. 11 der Durchsetzungsrichtlinie, der die Regelung von Unterlassungsanordnungen durch mitgliedsstaatliche Gerichte vorsieht, im Gegensatz zu den die Ansprüche auf Auskunfterteilung, Rückruf und Vernichtung betreffenden Art. 8 und Art. 10 der Durchsetzungsrichtlinie keine ausdrückliche Verhältnismäßigkeitsabwägung mit Blick auf die Verletzerinteressen.[2532] Daraus wird zum Teil geschlossen, dass Art. 11 eine abschließende Regelung darstellt. Art. 3 Abs. 2 sei nur Ausdruck einer allgemeinen Programmatik der Richtlinie und halte lediglich die Mitgliedsstaaten zur Schaffung eines insgesamt ausgewogenen Regelungssystems an.[2533]

Systematisch erscheint dieses Argument zunächst einleuchtend. Die unterschiedlichen Regelungen der Durchsetzungsrichtlinie sind aber in ihrem Kontext zu lesen. Zum einen zollt die ausdrückliche und mit Blick auf Art. 3 Abs. 2 der Durchsetzungsrichtlinie letztlich wiederholende und präzisierende Regelung eines Unverhältnismäßigkeitseinwandes in Art. 8 und Art. 10 der Durchsetzungsrichtlinie der Tatsache Tribut, dass die Auferlegung eines aktiven Tuns (z.B. Vernichtung, Rückruf) aufgrund der höheren Eingriffsintensität[2534] und der möglichen Betroffenheit Dritter[2535] die Gewähr erfordert, dass die Mitgliedsstaaten dafür eine besonders grundrechtsschonende Ermächtigungsgrundlage schaffen.[2536] Zum anderen folgt auch aus Art. 11 der Durchsetzungsrichtlinie keine automatische und stets unabwendbare Verurteilungspflicht bei Rechtsverletzung.[2537] Insofern sind die Erwägungsgründe 17 und 24 der Richtlinie in die Auslegung

---

[2529] *Grabinski*, GRUR 2021, 200, 202; Benkard PatG/*Grabinski/Zülch/P. Tochtermann*, § 139 PatG Rn. 32; *Ohly*, GRUR 2021, 304, 305.

[2530] *Ohly*, FS Ullrich (2009), 257–258; *Osterrieth*, GRUR 2009, 540, 545.

[2531] So z.B.: *Busche*, GRUR 2021, 157, 160–161; *Ohly*, GRUR Int. 2008, 787, 796–797; *Walz*, GRUR Int. 2013, 718, 727.

[2532] *Reetz/Pecnard/Fruscalzo u.a.*, GRUR Int. 2015, 210, 219; *Tilmann*, Mitt. 2020, 245, 246; *L. Tochtermann*, ZGE 2019, 257, 265; *dies.*, WRP 2019, 688, 689; *vom Feld/Hozuri*, FS Rojahn (2021), 209, 210.

[2533] *Hauck/K. Werner*, GRUR-Prax 2022, 335, 337; *Reetz/Pecnard/Fruscalzo u.a.*, GRUR Int. 2015, 210, 219; *Tilmann*, Mitt. 2020, 245–246; *L. Tochtermann*, ZGE 2019, 257, 265–266.

[2534] Benkard PatG/*Grabinski/Zülch/P. Tochtermann*, § 140a PatG Rn. 1-2.

[2535] *Leistner*, GRUR 2022, 1633, 1636.

[2536] Ebenso für die Ebene der verfassungsrechtlichen Anforderungen an den Vernichtungs- und Rückrufanspruch: *Heusch*, FS von Meibom (2010), 135, 138.

[2537] *Busche*, GRUR 2021, 157, 159–160; *Ohly*, GRUR 2021, 304, 305; *Sonnenberg*, Die Einschränkbarkeit des patentrechtlichen Unterlassungsanspruchs im Einzelfall, S. 82; *Stierle*, Mitt. 2020, 486, 493; *Strowel/Léonard*, JIPITEC 11 (2020), 3, 21.

einzubeziehen: So sollen nach Erwägungsgrund 17 alle Rechtsbehelfe der Durchsetzungsrichtlinie „in jedem Einzelfall [...] den spezifischen Merkmalen dieses Falles" gerecht werden und
Erwägungsgrund 24 schreibt mit Blick auf zukünftige Rechtsverletzungen verhindernde Rechtsbehelfe, also insbesondere den Unterlassungsanspruch, vor, dass Verbotsmaßnahmen „[j]e nach
Sachlage und sofern es die Umstände rechtfertigen" getroffen werden sollen.[2538] Die Berücksichtigung von Unverhältnismäßigkeitserwägungen stellt also einen in der Durchsetzungsrichtlinie
insgesamt verankerten Grundsatz dar, sodass das e-contrario-Argument aus Art. 8 und Art. 10
der Durchsetzungsrichtlinie nicht überzeugt.[2539]

Ein Argument für die Anwendung von Art. 3 Abs. 2 der Durchsetzungsrichtlinie auch auf
Unterlassungsansprüche kann man auch dem Leitfaden der EU-Kommission zur Durchsetzungs-
richtlinie aus dem Jahr 2017[2540] entnehmen. Darin geht die EU-Kommission unter Verweis auf
Art. 3 Abs. 2 und Erwägungsgrund 17 der Durchsetzungsrichtlinie davon aus, dass eine den Ver-
letzer in unverhältnismäßiger Weise treffende Unterlassungsanordnung nicht ergehen soll.[2541]
Die Beachtlichkeit von Unverhältnismäßigkeitserwägungen in Bezug auf den Unterlassungsanspruch betont die EU-Kommission auch in weiteren Verlautbarungen, etwa in ihrem sogenannten
Aktionsplan für geistiges Eigentum im Jahre 2020[2542] sowie in Bezug auf SEP in einer 2017 ergangenen Mitteilung über den Umgang mit standardessentiellen Patenten.[2543] Auch wenn diese
Äußerungen der EU-Kommission rechtlich nicht verbindlich sind, ergibt sich aus dem Grundsatz
der loyalen Zusammenarbeit nach Art. 4 Abs. 3 EUV ein Gebot für die mitgliedsstaatlichen Gerichte, solches *soft law* der EU zu berücksichtigen.[2544] Darüber hinaus ist die Durchsetzungsrichtlinie auch im Lichte des Primärrechts auszulegen, was insbesondere eine Beachtung der oben

---

[2538] *Ohly*, FS Ullrich (2009), 257, 265; *Strowel/Léonard*, JIPITEC 11 (2020), 3, 21.

[2539] *Leistner*, GRUR 2022, 1633, 1636; *Ohly*, GRUR 2021, 304, 305; *Osterrieth*, FS 80 Jahre Patentgerichtsbarkeit in Düsseldorf (2016), 415, 419–420.

[2540] Mitteilung der Kommission an das Europäische Parlament, den Rat und den Europäischen Wirtschafts-
und Sozialausschuss vom 29.11.2017 – Leitfaden zu bestimmten Aspekten der Richtlinie 2004/48/EG
des Europäischen Parlaments und des Rates zur Durchsetzung der Rechte des geistigen Eigentums,
COM(2017) 708 final.

[2541] Mitteilung der Kommission an das Europäische Parlament, den Rat und den Europäischen Wirtschafts-
und Sozialausschuss vom 29.11.2017 – Leitfaden zu bestimmten Aspekten der Richtlinie 2004/48/EG
des Europäischen Parlaments und des Rates zur Durchsetzung der Rechte des geistigen Eigentums,
COM(2017) 708 final, S. 11-13, 22-23; dazu auch: *Osterrieth*, GRUR 2018, 985, 989–990.

[2542] Mitteilung der Kommission an das Europäische Parlament, den Rat, den Europäischen Wirtschafts-
und Sozialausschuss und den Ausschuss der Regionen vom 25.11.2020 – Das Innovationspotenzial der
EU optimal nutzen – Aktionsplan für geistiges Eigentum zur Förderung von Erholung und Resilienz
der EU, COM(2020) 760 final, S. 19.

[2543] Mitteilung der Kommission an das Europäische Parlament, den Rat und den Europäischen Wirtschafts-
und Sozialausschuss vom 29.11.2017 über den Umgang der EU mit standardessenziellen Patenten,
COM(2017) 712 final, S. 12-13.

[2544] EuGH, Urt. v. 13.12.1989 – C-322/88, BeckRS 1989, 3589, Rn. 18-19 – *Grimaldi*; Streinz/*Schroeder*,
Art. 288 AEUV Rn. 130-133.

geschilderten Grundrechtsbelange und somit einen Ausgleich zwischen widerstreitenden Grundrechtspositionen erfordert.[2545]

Art. 3 Abs. 2 der Durchsetzungsrichtlinie gilt nach alldem also auch für den Unterlassungsanspruch.[2546] Daraus ergibt sich zwar nicht, dass der Gesetzgeber einen Unverhältnismäßigkeitseinwand zwingend im patentrechtlichen Unterlassungsanspruch gesetzlich regeln muss.[2547] Die Berücksichtigung von unverhältnismäßigen Auswirkungen im Einzelfall kann auch über andere Korrektive im jeweiligen mitgliedstaatlichen Rechtssystem, etwa eine richterliche Ausübungskontrolle nach § 242 BGB,[2548] erfolgen.[2549] Eine ausdrückliche gesetzgeberische Regelung ist aber jedenfalls auch nicht richtlinienwidrig.[2550]

Eine Regelungsobliegenheit ergibt sich darüber hinaus auch nicht aus Art. 12 der Durchsetzungsrichtlinie, der den Mitgliedstaaten erlaubt, bei unverschuldeten Verletzungen dem Verletzer zu ermöglichen, eine Inanspruchnahme durch Zahlung einer Abfindung abzuwenden. Art. 12 der Durchsetzungsrichtlinie hat rein fakultativen Charakter und zwingt die Mitgliedstaaten nicht zur Schaffung einer solchen Norm.[2551] Darüber hinaus stellt Art. 12 der Durchsetzungsrichtlinie auch keine abschließende Regelung der Einschränkbarkeit des Unterlassungsanspruchs dar, die eine Einschränkung des Unterlassungsanspruchs nach Unverhältnismäßigkeitskriterien außerhalb von Art. 12 erfasster Konstellationen ausschließen würde.[2552]

Angesichts der Maßgeblichkeit des Art. 3 Abs. 2 der Durchsetzungsrichtlinie auch für den Unterlassungsanspruch besteht auch bei fehlender Regelung im Rahmen einer unionsrechtskonformen Auslegung eine Pflicht der mitgliedstaatlichen Gerichte, Unverhältnismäßigkeitserwägungen im Einzelfall zu berücksichtigen.[2553] Dies ist keine Auslegung *contra legem*,[2554] da ein

---

[2545] *Ohly*, GRUR 2021, 304, 305.

[2546] *Heusch*, FS von Meibom (2010), 135, 142; *Hofmann*, WRP 2018, 1, 4; *Mylly*, IIC 2022, 1444, 1445; *Ohly*, GRUR Int. 2008, 787, 796–797; *Osterrieth*, FS 80 Jahre Patentgerichtsbarkeit in Düsseldorf (2016), 415, 419–420; *Schacht*, GRUR 2021, 440; *Sonnenberg*, Die Einschränkbarkeit des patentrechtlichen Unterlassungsanspruchs im Einzelfall, S. 91–92; *Uhrich*, ZGE 2009, 59, 88–89.

[2547] *Sonnenberg*, Die Einschränkbarkeit des patentrechtlichen Unterlassungsanspruchs im Einzelfall, S. 92–93; In Bezug auf Drittinteressen: *Grabinski*, GRUR 2021, 200, 202–203.

[2548] Dazu sogleich: 4. Teil Kap. A. IV. 1. (S. 325 f.).

[2549] *Heusch*, FS von Meibom (2010), 135, 142; *Mes*, FS Hoffmann-Becking (2013), 821, 826; *Sonnenberg*, Die Einschränkbarkeit des patentrechtlichen Unterlassungsanspruchs im Einzelfall, S. 92–93; *Stierle*, Mitt. 2020, 486, 494; *L. Tochtermann*, ZGE 2019, 257, 269–270.

[2550] *Hofmann*, GRUR 2020, 915, 921; *Leistner*, GRUR 2022, 1633, 1636.

[2551] *Sonnenberg*, Die Einschränkbarkeit des patentrechtlichen Unterlassungsanspruchs im Einzelfall, S. 83; *Stierle*, Mitt. 2020, 486, 493; *Uhrich*, ZGE 2009, 59, 89.

[2552] *Ohly*, Stockholm IP Law Review 5 (2022), 58, 60–61.

[2553] *Busche*, GRUR 2021, 157, 160; *Körber*, WRP 2013, 734, 737, 740; *Ohly*, GRUR 2021, 304, 305; *Osterrieth*, FS 80 Jahre Patentgerichtsbarkeit in Düsseldorf (2016), 415, 420; *Sonnenberg*, Die Einschränkbarkeit des patentrechtlichen Unterlassungsanspruchs im Einzelfall, S. 91–93; *Uhrich*, ZGE 2009, 59, 90–91.

[2554] *Ohly*, GRUR Int. 2008, 787, 797 Fn. 112; tendenziell a.A., aber letztlich offenlassend: *Uhrich*, ZGE 2009, 59, 91–92.

ohne Unverhältnismäßigkeitseinwand kodifizierter Unterlassungsanspruch stets im Gesamtgefüge des Zivilrechts auch auf Grundlage anderer Normen[2555] eingeschränkt werden kann und somit nicht nur auf die den Unterlassungsanspruch unmittelbar enthaltende Regelung geschaut werden muss.[2556] Ein an sich uneingeschränkt gewährter Unterlassungsanspruch wird durch eine solche Auslegung im Einzelfall nicht grundsätzlich infrage gestellt. Auch das Sekundärrecht der Union sieht also eine Einschränkbarkeit des Unterlassungsanspruchs bei Unverhältnismäßigkeit vor.

II.   Verfassungsrecht

Im deutschen Verfassungsrecht stellt sich die Lage ähnlich dar, wie im Primärrecht der EU. Auch im Grundgesetz ist der Verhältnismäßigkeitsgrundsatz über das Rechtsstaatsprinzip gemäß Art. 20 Abs. 3, 19 Abs. 4 GG als ein den Staat verpflichtender Grundgedanke verankert.[2557] Das nach Art. 14 GG geschützte geistige Eigentum[2558] und die Rechtsschutzgarantie aus Art. 19 Abs. 4, 20 Abs. 3 GG[2559] auf Patentinhaberseite sind bei staatlichen Eingriffen mit der nach Art. 12 GG verbrieften Berufsfreiheit des Patentnutzers[2560] in Ausgleich zu bringen.

Dabei steht der Eigentumsschutz einer Einschränkbarkeit des Patentrechts auch auf verfassungsrechtlicher Ebene nicht absolut entgegen, da nach Art. 14 Abs. 1 S. 2 GG Inhalt und Schranken des Eigentums gesetzlich ausgestaltet werden, nach Art. 14 Abs. 2 GG dem Eigentum eine Sozialbindung innewohnt und Art. 14 Abs. 3 GG allgemeinwohlbezogene und entschädigungspflichtige Enteignungsmaßnahmen bei Wahrung des Vorbehalts des Gesetzes erlaubt und die Eigentumsgewährleistung somit nicht schrankenlos besteht.[2561] Dabei kann nicht nur die Enteignung nach Abs. 3, sondern bei das Eigentumsrecht besonders intensiv beeinträchtigenden Maßnahmen auch eine Inhalts- und Schrankenbestimmung ausgleichspflichtig sein.[2562]

[2555]   Dazu: 4. Teil Kap. A. IV. (S. 324 ff.).

[2556]   Zur Ergänzungsfähigkeit und -bedürftigkeit des Patentgesetzes durch das BGB schon: RG, Urt. v. 24.01.1906 – I 314/05, RGZ 62, 320, 321.

[2557]   Benkard PatG/*Grabinski/Zülch/P. Tochtermann*, § 139 PatG Rn. 32a; Jarass/Pieroth GG/*Jarass*, Art. 20 GG Rn. 112; BeckOK PatR/*Pitz*, § 139 PatG Rn. 90d; Busse/Keukenschrijver/*G. Werner*, § 139 PatG Rn. 91.

[2558]   BVerfG, Beschl. v. 15.01.1974 – BvL 5/706/70; BvL 9/70, GRUR 1974, 142, 144; BVerfG, Beschl. v. 10.05.2000 – 1 BvR 1864/95, GRUR 2001, 43, 44 – *Klinische Versuche*; Jarass/Pieroth GG/*Jarass*, Art. 14 GG Rn. 8.

[2559]   Jarass/Pieroth GG/*Jarass*, Art. 20 GG Rn. 128-129.

[2560]   Jarass/Pieroth GG/*ders.*, Art. 12 GG Rn. 11-12.

[2561]   BVerfG, Beschl. v. 10.05.2000 – 1 BvR 1864/95, GRUR 2001, 43, 44 – *Klinische Versuche*; *Osterrieth*, FS 80 Jahre Patentgerichtsbarkeit in Düsseldorf (2016), 415, 417–418; *Papier*, ZGE 2016, 431, 432–434.

[2562]   BVerfG, Beschl. v. 14.07.1981 – 1 BvL 24/78, NJW 1982, 633, 634–635 – *Pflichtexemplare*; BVerfG, Beschl. v. 02.03.1999 – 1 BvL 7/91, NJW 1999, 2877, 2878–2879 – *Denkmalschutz*.

Wiederum hängt es von der konkreten Ausgestaltung ab, auf welcher Ebene der gegebenen Beschränkungsmöglichkeiten eine Einschränkung des Unterlassungsanspruchs wegen Unverhältnismäßigkeit einzustufen ist.[2563]

Qua Verfassung ergibt sich keine Pflicht des Gesetzgebers, eine das Recht des Patentinhabers nach Unverhältnismäßigkeitsgesichtspunkten einschränkende Regelung im patentrechtlichen Unterlassungsanspruch zu treffen.[2564] Da die staatlichen Gerichte den Verhältnismäßigkeitsgrundsatz aber wahren müssen und eine unverhältnismäßige Einschränkung der Rechte des Patentnutzers nicht entgegen ihrer Bindung an das Rechtsstaatsprinzip ausurteilen dürfen,[2565] ist eine Berücksichtigung von Unverhältnismäßigkeitserwägungen über diese mittelbare Drittwirkung der grundrechtlich geschützten Position des Patentnutzers jedoch auch ohne einen kodifizierten Unverhältnismäßigkeitseinwand möglich und nötig.[2566] Einfallstor für solche Grundrechtserwägungen stellen im Verhältnis zwischen den Parteien eines Patentverletzungsprozesses insbesondere die im weiteren Verlauf noch zu erörternden, allgemeine Rechtsgedanken verkörpernden zivilrechtlichen Generalklauseln dar.[2567]

III. Völkerrecht

Auf völkerrechtlicher Ebene ist eine Einschränkung des patentrechtlichen Unterlassungsanspruchs am TRIPS-Übereinkommen zu messen, welches als völkervertragsrechtliche Norm, die vom Bundesgesetzgeber durch das entsprechende Vertragsgesetz ins deutsche Recht überführt wurde,[2568] im Rang eines Bundesgesetzes steht.[2569] Andere Normen des deutschen Rechts sind im Rahmen der völkerrechtsfreundlichen Interpretation so auszulegen, dass den Regeln des TRIPS-Übereinkommens Geltung verschafft wird.[2570]

[2563] Siehe daher zur Einordnung des § 139 Abs. 1 S. 3 PatG: 4. Teil Kap. D. VI. (S. 381 ff.).

[2564] Ebenso: *Weideneder*, Der Unterlassungsanspruch nach § 139 Abs. 1 PatG, S. 123; Zum Spielraum des Gesetzgebers bzgl. der auszugleichenden Interessen: BVerfG, Beschl. v. 10.05.2000 – 1 BvR 1864/95, GRUR 2001, 43, 44 – *Klinische Versuche*; Die Verfassungswidrigkeit eines nicht einschränkbaren Unterlassungsanspruchs aber annehmend, aber auch auf die Möglichkeit der verfassungskonformen Auslegung durch die Gerichte verweisend: *Papier*, ZGE 2016, 431, 441–445.

[2565] Jarass/Pieroth GG/*Jarass*, Art. 1 GG Rn. 52-53; *Papier*, ZGE 2016, 431, 445.

[2566] *Osterrieth*, FS 80 Jahre Patentgerichtsbarkeit in Düsseldorf (2016), 415, 418; *Papier*, ZGE 2016, 431, 444–445; *Schönbohm/Ackermann-Blome*, GRUR Int. 2020, 578, 581.

[2567] Jarass/Pieroth GG/*Jarass*, Art. 1 GG Rn. 54; *Köhler*, GRUR 1996, 82; *Ohly*, GRUR 2021, 304, 307; *Osterrieth*, FS 80 Jahre Patentgerichtsbarkeit in Düsseldorf (2016), 415, 417; *Papier*, ZGE 2016, 431, 432, 444-445.

[2568] Gesetz zu dem Übereinkommen vom 15. April 1994 zur Errichtung der Welthandelsorganisation und zur Änderung anderer Gesetze vom 30. August 1994, BGBl. 1994 II S. 1438.

[2569] Jarass/Pieroth GG/*Jarass*, Art. 59 GG Rn. 19.

[2570] BGH, Urt. v. 02.05.2002 – I ZR 45/01, GRUR 2002, 1046, 1048 – *Faxkarte*.

Das TRIPS-Übereinkommen sieht gemäß Art. 1 Abs. 1 S. 2 TRIPS einen Mindestschutz vor.[2571] Art. 7 TRIPS und Art. 8 TRIPS legen in ihrem Zusammenspiel fest, dass geistiges Eigentum einen der Innovationsförderung dienenden Schutz erfahren soll, zugleich aber aus Gründen des Gemeinwohls oder bei missbräuchlichem Verhalten des Schutzrechtsinhabers eingeschränkt werden kann.[2572] Allerdings ergibt sich daraus nur ein nicht weiter bestimmter Rahmen, der darüber hinaus speziellere Vorschriften des TRIPS-Abkommens nicht relativieren soll und den nationalen Gesetzgebern einen weitreichenden Ermessensspielraum gibt.[2573] Eine Pflicht, einschränkende Regelungen zu erlassen, ergibt sich daraus für die Vertragsstaaten nicht.[2574]

Um dem Schutz geistigen Eigentums Wirkung zu verschaffen, ist dahingegen in Art. 41 TRIPS geregelt, dass die Vertragsstaaten wirksame und abschreckende Rechtsbehelfe zur effektiven Schutzrechtsdurchsetzung vorsehen müssen.[2575] Art. 42 S. 1 TRIPS garantiert den Inhabern eines Rechts des geistigen Eigentums die dafür erforderlichen zivilprozessualen Möglichkeiten.[2576] Art. 44 Abs. 1 S. 1 TRIPS sieht dafür vor, dass Gerichte Unterlassungsanordnungen zu diesem Zwecke erlassen können müssen.[2577] Von der Einschränkung einer solchen Anordnung aus Unverhältnismäßigkeitsgründen ist nicht die Rede.[2578]

Allerdings statuiert Art. 44 Abs. 1 S. 1 TRIPS lediglich eine Pflicht der Vertragsstaaten des TRIPS-Übereinkommens, die Gerichte mit der Kompetenz auszustatten, Unterlassungsverfügungen erlassen zu können.[2579] Daraus lässt sich nicht schließen, dass jede Verletzung eines Schutzrechts zwingend immer eine solche Unterlassungsanordnung nach sich ziehen muss.[2580] Das ergibt sich schon daraus, dass in den vom *Common Law* geprägten Vertragsstaaten des TRIPS der gerichtliche Ausspruch einer Unterlassungsanordnung seit jeher im Ermessen des Gerichts steht und das TRIPS diese Handhabung nach den Regeln der sogenannten *Equity* nicht abschaffen oder für völkerrechtswidrig erklären wollte.[2581] Art. 44 Abs. 1 S. 1 TRIPS sieht einen

[2571] Busche/Stoll/Wiebe/*Lüers*, Art. 1 TRIPS Rn. 14; *L. Tochtermann*, ZGE 2019, 257, 261.

[2572] Busche/Stoll/Wiebe/*Brand*, Art. 8 TRIPS Rn. 1; *Leistner*, GRUR 2022, 1633, 1634; *Mylly*, IIC 2022, 1444, 1448–1449; *Subramanian*, IIC 2008, 419, 447.

[2573] Busche/Stoll/Wiebe/*Brand*, Art. 8 TRIPS Rn. 2, 7; *Spina Alì*, IIC 2020, 411, 414–415.

[2574] Busche/Stoll/Wiebe/*Brand*, Art. 8 TRIPS Rn. 31; *Plagge*, Der patentrechtliche Unterlassungsanspruch, S. 155–156; *Schellhorn*, Der patentrechtliche Unterlassungsanspruch im Lichte des Verhältnismäßigkeitsgrundsatzes, S. 89–90.

[2575] *Dreier*, GRUR Int. 1996, 205, 210; *Haedicke*, GRUR Int. 1999, 497, 501–502; *vom Feld/Hozuri*, FS Rojahn (2021), 209, 210.

[2576] Busche/Stoll/Wiebe/*Vander/Steigüber*, Art. 42 TRIPS Rn. 2.

[2577] Busche/Stoll/Wiebe/*dies.*, Art. 44 TRIPS Rn. 2.

[2578] *L. Tochtermann*, ZGE 2019, 257, 261; *vom Feld/Hozuri*, FS Rojahn (2021), 209, 211.

[2579] *Busche*, GRUR 2021, 157, 159–160; *Heusch*, FS von Meibom (2010), 135, 143; *Ohly*, GRUR Int. 2008, 787, 797.

[2580] *Busche*, GRUR 2021, 157, 159–160; *Heusch*, FS von Meibom (2010), 135, 143; *Leistner*, GRUR 2022, 1633, 1634; *Ohly*, GRUR 2021, 304–305; *Stierle*, Das nicht-praktizierte Patent, S. 401; *Subramanian*, IIC 2008, 419, 446; Busche/Stoll/Wiebe/*Vander/Steigüber*, Art. 44 TRIPS Rn. 1.

[2581] *Ohly*, GRUR Int. 2008, 787, 797; *Osterrieth*, GRUR 2009, 540, 545; *Schellhorn*, Der patentrechtliche Unterlassungsanspruch im Lichte des Verhältnismäßigkeitsgrundsatzes, S. 98–99.

Unverhältnismäßigkeitseinwand also zwar nicht ausdrücklich vor, lässt den Vertragsstaaten aber den Spielraum, einen solchen bei der Gesetzgebung oder in der richterlichen Einzelfallentscheidung zu berücksichtigen, ohne dies aber zwingend vorzuschreiben.[2582] Eine Grenze für Unverhältnismäßigkeitserwägungen ergäbe sich erst dort, wo ein solcher Einwand den Patentschutz entgegen Art. 41 TRIPS aushöhlen würde.[2583]

Zum Teil wird darüber hinaus vorgebracht, dass sich die Völkerrechtswidrigkeit einer Einschränkung des Unterlassungsanspruchs nach Unverhältnismäßigkeitsgesichtspunkten aus einem Verstoß gegen Art. 30 TRIPS ergebe.[2584] Dieser erlaubt den Vertragsstaaten, begrenzte Ausnahmen vom Ausschließlichkeitsrecht des Patentinhabers vorzusehen, wobei die normale Verwertung des Patents gewährleistet sein muss und die berechtigten Interessen des Patentinhabers nicht unangemessen beeinträchtigt werden dürfen.[2585] Dabei sind auch Drittinteressen zu berücksichtigen.[2586] Ein allgemeiner Unverhältnismäßigkeitseinwand erfülle diese Voraussetzungen nicht, da eine begrenzte Ausnahme nur vorliege, wenn die Ausnahme hinsichtlich ihres Regelungsumfangs und ihrer Eingriffstiefe klar und eindeutig bestimmt sei.[2587]

Art. 30 TRIPS betrifft aber nicht Ausnahmen vom Unterlassungsanspruch als Einzelanspruch aus dem Patent, sondern Ausnahmen vom Ausschließlichkeitsrecht insgesamt.[2588] Es sind nur solche Ausnahmen an Art. 30 TRIPS zu messen, die eine Nutzung schon nicht als Verletzung qualifizieren, sodass der Patentinhaber bezüglich dieser Nutzung überhaupt keine Verletzungsansprüche hat.[2589] So ist es zum Beispiel bei Nutzungen, die im Rahmen eines Forschungsprivilegs vorgenommen werden.[2590] Art. 30 TRIPS bezieht sich unmittelbar auf Art. 28 TRIPS, der die Wirkungen des Patents definiert, macht also nur Vorgaben für solche Regelungen, die Ausnahmen von dieser Wirkung definieren.[2591] Ein Unverhältnismäßigkeitseinwand lässt die Wirkung des Patents an sich aber unangetastet und fällt somit nicht unter Art. 30 TRIPS.[2592] Darauf, ob Art. 30 TRIPS lediglich eine Ermächtigung des Gesetzgebers darstellt oder auch ohne gesetzliche Regelung die Gerichte der Vertragsstaaten zur Berücksichtigung von Unverhältnismäßigkeitserwägungen ermächtigt,[2593] kommt es daher nicht an.

[2582] *Ohly*, GRUR Int. 2008, 787, 797; *ders.*, GRUR 2021, 304–305.

[2583] *Ohly*, Stockholm IP Law Review 5 (2022), 58, 60; *Plagge*, Der patentrechtliche Unterlassungsanspruch, S. 162, 166.

[2584] *Tilmann*, Mitt. 2020, 245.

[2585] Busche/Stoll/Wiebe/*v. Saint-André/Taşdelen*, Art. 30 TRIPS Rn. 7.

[2586] Busche/Stoll/Wiebe/*dies.*, Art. 30 TRIPS Rn. 18, 21.

[2587] *Tilmann*, Mitt. 2020, 245; *L. Tochtermann*, ZGE 2019, 257, 262–263; *Würtenberger/Freischem*, GRUR 2020, 1278, 1280.

[2588] *Ohly*, GRUR 2021, 304–305; *Stierle*, Mitt. 2020, 486, 492.

[2589] *Plagge*, Der patentrechtliche Unterlassungsanspruch, S. 157–158; *Stierle*, Mitt. 2020, 486, 492.

[2590] Busche/Stoll/Wiebe/*v. Saint-André/Taşdelen*, Art. 30 TRIPS Rn. 29.

[2591] *Stierle*, Mitt. 2020, 486, 492.

[2592] *Ohly*, GRUR 2021, 304–305; *Schellhorn*, Der patentrechtliche Unterlassungsanspruch im Lichte des Verhältnismäßigkeitsgrundsatzes, S. 91–92; *Stierle*, Mitt. 2020, 486, 492.

[2593] BGH, Urt. v. 10.05.2016 – X ZR 114/13, GRUR 2016, 1031, Rn. 47-48 – *Wärmetauscher*.

Wenn Art. 30 TRIPS nicht maßgeblich ist, so könnte ein Unverhältnismäßigkeitseinwand an den strengeren Voraussetzungen des Art. 31 TRIPS zu messen sein, der zu Art. 30 TRIPS in einem Exklusivitätsverhältnis steht.[2594] Zum Teil wird dies befürwortet, um eine Umgehung der hohen Hürden des Art. 31 TRIPS durch nationale Gesetzgeber zu verhindern.[2595] Regelungsinhalt des Art. 31 TRIPS sind allerdings nur Zwangslizenzen.[2596] Ein Unverhältnismäßigkeitseinwand mag je nach Ausgestaltung den Patentinhaber zu einer gewissen Duldung einer Patentnutzung zwingen, stellt aber ein die Wirkung des Patents unberührt lassendes Instrument zur Korrektur unerwünschter Rechtsfolgen im Einzelfall dar.[2597] Da dies nicht Gegenstand von Art. 31 TRIPS ist, besteht auch keine Umgehungsgefahr und Art. 31 TRIPS ist für eine Einschränkung wegen Unverhältnismäßigkeit nicht einschlägig.[2598]

Alles in allem schreiben die Regelungen des TRIPS-Übereinkommens den Gesetzgebern und Gerichten der Vertragsstaaten die Schaffung eines Unverhältnismäßigkeitseinwands bzw. eine Anwendung eines solchen in völkerrechtskonformer Auslegung des nationalen Rechts also weder vor, noch stehen sie der Kodifizierung eines solchen Einwands entgegen, solange der Patentschutz dem Grunde nach aufrechterhalten wird.[2599]

IV. Rechtsgedanken des allgemeinen Zivilrechts

Auch auf der Ebene des einfachgesetzlichen Zivilrechts lohnt sich die Betrachtung von Regelungen, die bewirken, dass ein Rechtsinhaber in der Ausübung eines ihm formal zustehenden Rechts nicht schrankenlos befugt ist, und auf die ein ungeschriebener Unverhältnismäßigkeitseinwand möglicherweise gestützt werden konnte bzw. auf die eine Kodifizierung desselben aufbaut. Diese Arbeit beschränkt sich auf der Ebene des einfachen Rechts hier auf die Betrachtung von in allgemeinen zivilrechtlichen Vorschriften zum Ausdruck kommenden Rechtsgedanken, die als Grundlage einer Einschränkung des Unterlassungsanspruchs im Patentrecht herangezogen wurden. Die sicherlich darüber hinaus interessante Forschungsfrage, wie sich eine solche Einschränkung des patentrechtlichen Unterlassungsanspruchs in das einfachgesetzlich geregelte Recht insbesondere des geistigen Eigentums und Wettbewerbsschutzes allgemein einfügt sowie ein Vergleich mit Regelungen zum Beispiel des UrhG, des DesignG, des UWG oder des

---

[2594] Busche/Stoll/Wiebe/*Höhne*, Art. 31 TRIPS Rn. 5; Busche/Stoll/Wiebe/*v. Saint-André/Taşdelen*, Art. 30 TRIPS Rn. 6.

[2595] *Schellhorn*, Der patentrechtliche Unterlassungsanspruch im Lichte des Verhältnismäßigkeitsgrundsatzes, S. 93–95.

[2596] Busche/Stoll/Wiebe/*Höhne*, Art. 31 TRIPS Rn. 1; *Plagge*, Der patentrechtliche Unterlassungsanspruch, S. 158–160.

[2597] *Plagge*, Der patentrechtliche Unterlassungsanspruch, S. 159–160; *Stierle*, Das nicht-praktizierte Patent, S. 277.

[2598] *Ohly*, GRUR 2021, 304–305; *Stief*, PharmR 2023, 61, 66; *Stierle*, Mitt. 2020, 486, 492.

[2599] *Ohly*, GRUR 2021, 304–305.

GeschGehG mit Bezug zu Unverhältnismäßigkeitseinschränkungen können hier nicht Gegenstand der Untersuchung sein.[2600] Auf das Verhältnis des Unverhältnismäßigkeitseinwandes beim patentrechtlichen Unterlassungsanspruch zu Unverhältnismäßigkeitseinschränkungen bei anderen Ansprüchen des PatG wird im Kontext der Wirkung des Unverhältnismäßigkeitseinwands eingegangen.[2601]

1. Treu und Glauben, § 242 BGB

Aus § 242 BGB, der dem Wortlaut nach zunächst einmal nur den Schuldner einer Leistung zu einer mit den Grundsätzen von Treu und Glauben unter Rücksichtnahme auf die Verkehrssitte zu vereinbarenden Bewirkung dieser Leistung verpflichtet,[2602] wird der allgemeine zivilrechtliche Grundsatz einer Verpflichtung zu treugemäßem Verhalten im Rechtsverkehr geschlossen.[2603] So dient § 242 BGB als dem Rechtssystem innewohnende Schranke, an der sich die Geltendmachung eines Rechts messen lassen muss.[2604] Dabei wird nicht in Zweifel gezogen, dass das Recht an sich dem Rechtsinhaber zusteht, es wird nur in seiner Ausübung begrenzt.[2605] Dies ermöglicht eine einzelfallgerechte Beurteilung besonders gelagerter Fälle im Rahmen einer richterlichen Rechtsausübungskontrolle.[2606] Gerade die Wertungen höherrangiger Rechtsnormen wie des Unions- und Verfassungsrechts können auf diese Weise im konkreten Rechtsstreit Berücksichtigung finden und ihre Wirkung zwischen den Parteien entfalten.[2607] Den Gerichten ist so die Möglichkeit eröffnet, ihrer rechtsstaatlichen Bindung an diese Wertungen im Wege der unions- und verfassungsrechtskonformen Auslegung gerecht zu werden.[2608]

Liegt eine Treu und Glauben widersprechende und damit missbräuchliche Rechtsausübung vor, so ist die Durchsetzung eines formal bestehenden Rechts ganz oder teilweise zu versagen.[2609] Der Begriff von *Treu und Glauben* entzieht sich einer allgemeinen Definition und ist durch

---

[2600] Dazu: *Fitzner/Munsch*, Mitt. 2020, 250; Zum Urheberrecht: *Schellhorn*, Der patentrechtliche Unterlassungsanspruch im Lichte des Verhältnismäßigkeitsgrundsatzes, S. 183–188.

[2601] Siehe: 4. Teil Kap. D. VIII. (S. 384 f.).

[2602] Jauernig/*Mansel*, § 242 BGB Rn. 17.

[2603] MüKo BGB Bd. II/*Schubert*, § 242 BGB Rn. 2.

[2604] Jauernig/*Mansel*, § 242 BGB Rn. 7; *Osterrieth*, FS 80 Jahre Patentgerichtsbarkeit in Düsseldorf (2016), 415, 419.

[2605] *Hofmann*, Der Unterlassungsanspruch als Rechtsbehelf, S. 462–464; *ders.*, GRUR 2020, 915, 920; Jauernig/*Mansel*, § 242 BGB Rn. 32.

[2606] *Hofmann*, Der Unterlassungsanspruch als Rechtsbehelf, S. 460–461; MüKo BGB Bd. II/*Schubert*, § 242 BGB Rn. 17.

[2607] MüKo BGB Bd. II/*Schubert*, § 242 BGB Rn. 16.

[2608] MüKo BGB Bd. II/*dies.*, § 242 BGB Rn. 134.

[2609] Jauernig/*Mansel*, § 242 BGB Rn. 36; *Osterrieth*, FS 80 Jahre Patentgerichtsbarkeit in Düsseldorf (2016), 415, 419; Teilweise wird neben § 242 BGB auch ein Heranziehen des § 826 BGB erwogen: *Sonnenberg*, Die Einschränkbarkeit des patentrechtlichen Unterlassungsanspruchs im Einzelfall, S. 175–176.

wertende Betrachtungen im konkreten Einzelfall auszufüllen.[2610] In der Rechtsprechung haben sich dafür verschiedene Fallgruppen der missbräuchlichen Rechtsausübung entwickelt: Als eine dieser Fallgruppen ist die Konstellation anerkannt, dass mit der Durchsetzung eines Rechts dem jeweils anderen Teil ein unverhältnismäßiger Nachteil zugefügt wird.[2611] Bei mehreren zur Verfügung stehenden Mitteln zur Erreichung eines Zwecks kann der Gläubiger eines Anspruchs auf die mildeste Form der Einwirkung auf die Belange seines Gegenübers zu verweisen sein.[2612] Eine Einschränkung aus Unverhältnismäßigkeitsgesichtspunkten kann also auf § 242 BGB gestützt werden.[2613]

Als Einwand gegen den Unterlassungsanspruch hat § 242 BGB vor allem im Marken- und Lauterkeitsrecht Bedeutung erlangt.[2614] Dort dient er zum Beispiel dazu, die missbräuchliche Durchsetzung unangemessen hoher Lizenzgebühren mittels einer allein zur Erzeugung von Lizenzierungsdruck angemeldeten Marke zu verhindern[2615] oder einem Rechtsverletzer bei Unverhältnismäßigkeit einer sofortigen Unterlassung eine Frist zu gewähren, rechtsverletzende Erzeugnisse aufzubrauchen bzw. die Produktion derselben entsprechend umzustellen (Aufbrauch- bzw. Umstellungsfrist).[2616]

Der Einwand des § 242 BGB gilt aber auch im Patentrecht.[2617] Ruft die Durchsetzung des patentrechtlichen Unterlassungsanspruchs beim Patentverletzer Härten hervor, die in Abwägung der sich gegenüberstehenden Interessen nicht mehr gerechtfertigt erscheinen, so kann seine Geltendmachung unverhältnismäßig und damit treuwidrig i.S.d. § 242 BGB sein.[2618] Schon vor der Neuregelung des § 139 Abs. 1 PatG war ein Unverhältnismäßigkeitseinwand im Patentverletzungsprozess somit auf allgemeinzivilrechtlicher Grundlage möglich.[2619]

[2610] Jauernig/*Mansel*, § 242 BGB Rn. 3.

[2611] *Osterrieth*, FS 80 Jahre Patentgerichtsbarkeit in Düsseldorf (2016), 415, 419; MüKo BGB Bd. II/*Schubert*, § 242 BGB Rn. 577.

[2612] *Heusch*, FS von Meibom (2010), 135, 141; MüKo BGB Bd. II/*Schubert*, § 242 BGB Rn. 578.

[2613] *J.B. Nordemann*, ZGE 2019, 309, 311; *Osterrieth*, FS 80 Jahre Patentgerichtsbarkeit in Düsseldorf (2016), 415, 416; *L. Tochtermann*, ZGE 2019, 257, 269.

[2614] *Ohly*, GRUR Int. 2008, 787, 794–795; *Stierle*, GRUR 2019, 873, 881; *Uhrich*, ZGE 2009, 59, 82.

[2615] BGH, Urt. v. 23.11.2000 – I ZR 93/98, GRUR 2001, 242, 243–246 – *Classe E*; BGH, Urt. v. 23.10.2019 – I ZR 46/19, MMR 3, 178, Rn. 6-8 – *Da Vinci*; *Hofmann*, GRUR 2020, 915, 919; *Lüthge*, GRUR-Prax 2020, 22–23.

[2616] BGH, Urt. v. 19.02.1957 – I ZR 13/55, GRUR 1957, 488, 491 – *MHZ*; BGH, Urt. v. 16.11.1973 – I ZR 98/72, GRUR 1974, 474, 476 – *Großhandelshaus*; BGH, Urt. v. 18.12.1981 – I ZR 34/80, GRUR 1982, 425, 431 – *Brillen-Selbstabgabestellen*; BGH, Urt. v. 29.03.2007 – I ZR 122/04, GRUR 2007, 1079, Rn. 40 – *Bundesdruckerei*.

[2617] BGH, Urt. v. 10.05.2016 – X ZR 114/13, GRUR 2016, 1031, Rn. 41-50 – *Wärmetauscher*; *Nieder*, FS Rojahn (2021), 185, 186; *Osterrieth*, FS 80 Jahre Patentgerichtsbarkeit in Düsseldorf (2016), 415, 419.

[2618] *Fitzner/Munsch*, Mitt. 2020, 250, 255; *Hofmann*, GRUR 2020, 915, 919–920; *McGuire*, GRUR 2021, 775, 778; *Ohly*, GRUR 2021, 304, 305; *Papier*, ZGE 2016, 431, 445; *Stierle*, GRUR 2019, 873, 881–882.

[2619] *McGuire*, GRUR 2021, 775, 778; *Ohly*, GRUR Int. 2008, 787, 798; *ders.*, GRUR 2022, 303; *Stierle*, GRUR 2019, 873, 875.

2. Leistungsverweigerung bei Unverhältnismäßigkeit, § 275 Abs. 2 BGB

Als besondere Ausprägung der Treuwidrigkeit einer unverhältnismäßigen Rechtsdurchsetzung wird auch § 275 Abs. 2 BGB als Grundlage eines Unverhältnismäßigkeitseinwands herangezogen.[2620] Der Vorschrift nach steht dem Schuldner eines Anspruchs ein Leistungsverweigerungsrecht hinsichtlich einer Leistungserbringung zu, die einen Aufwand erfordert, der im Vergleich zum Nutzen für den Gläubiger in einem groben Missverhältnis steht.[2621] Dieses Leistungsverweigerungsrecht aus Unverhältnismäßigkeitsgründen ist auch auf den patentrechtlichen Unterlassungsanspruch grundsätzlich anwendbar.[2622]

Die Anwendung der Norm führt aber sowohl auf Tatbestandsebene als auch auf Rechtsfolgenebene zu einigen Schwierigkeiten: So fehlt es auch bei Vorliegen von in der Durchsetzung des Unterlassungsanspruchs begründeten erheblichen Härten auf der Tatbestandsseite des § 275 Abs. 2 BGB oftmals dennoch an einem groben Missverhältnis zwischen dem Aufwand, den der Patentverletzer zur Unterlassung der Patentverletzung erbringen muss, und dem Interesse des Patentinhabers an der Unterlassung.[2623] Das liegt nicht etwa am Ausnahmecharakter der Einschränkung nach § 275 Abs. 2 BGB, sondern an seiner Anknüpfung an den Leistungsaufwand des Schuldners auf der einen und das Leistungsinteresse des Gläubigers auf der anderen Seite.[2624] Während das Interesse des Patentinhabers an der Unterlassung der Patentverletzung in aller Regel als besonders gewichtiges Interesse einzustufen ist, kann der bloße Unterlassungsaufwand trotz enormer drohender Folgeschäden gering ausfallen.[2625] Die möglichen Folgeschäden, die aber gerade die besondere Härte ausmachen, mit der eine Unverhältnismäßigkeit begründet werden könnte, sind aufseiten des Leistungsaufwands jedoch nicht einzubeziehen.[2626] Zudem kann mit steigendem Unterlassungsaufwand das Interesse des Patentinhabers an der Unterlassung ebenfalls steigen.[2627]

Auf Rechtsfolgenseite ergibt sich das Problem, dass § 275 Abs. 2 BGB ein permanentes Leistungsverweigerungsrecht begründet, was in der Regel einer überschießenden Auflösung von

---

[2620] *Heusch*, FS von Meibom (2010), 135, 140–141; *Ohly*, GRUR Int. 2008, 787, 796; *Schacht*, GRUR 2021, 440.

[2621] Jauernig/*Stadler*, § 275 BGB Rn. 24-26.

[2622] *Ohly*, GRUR 2021, 304, 305; *Schacht*, GRUR 2021, 440.

[2623] *Uhrich*, ZGE 2009, 59, 86 (insb. Fn. 144).

[2624] Jauernig/*Stadler*, § 275 BGB Rn. 25.

[2625] *Nieder*, FS Rojahn (2021), 185, 191, der das Beispiel nennt, dass ein Hersteller und Vertreiber einzig und allein die Produktion und den Vertrieb einstellen muss.

[2626] MüKo BGB Bd. II/*Ernst*, § 275 BGB Rn. 99; *Nieder*, FS Rojahn (2021), 185, 191.

[2627] *Uhrich*, ZGE 2009, 59, 86 Fn. 144.

Härtefällen durch einen vollständigen, ersatzlosen und dauerhaften Ausschluss des Unterlassungsanspruchs gleichkäme.[2628] Dem Problem der Dauerhaftigkeit ließe sich aber mit der Rechtsfigur der vorübergehenden groben Unverhältnismäßigkeit begegnen.[2629] Eine Unterlassungsklage dürfte nur nicht endgültig abgewiesen werden, sondern wäre als derzeit unbegründet zu beurteilen, sodass zukünftige Änderungen der Sachlage weiterhin Gehör finden können.[2630] Alternativ käme ein Teilausschluss und damit eine teilweise endgültige Klageabweisung in zeitlicher Hinsicht auch unter Anknüpfung an das Wortlautelement *soweit* in § 275 Abs. 2 BGB in Betracht.[2631]

In konkreter Anwendung kommt § 275 Abs. 2 BGB wegen der Bezugspunkte für das Bestehen eines groben Missverhältnisses auf Tatbestandsseite also nur in Fällen in Betracht, in denen schon die Unterlassung selbst einen i.S.d. § 275 Abs. 2 BGB unverhältnismäßig hohen Aufwand darstellt.[2632] Darüber hinaus kann allenfalls der Rechtsgedanke der Einschränkbarkeit einer Leistungspflicht nach Unverhältnismäßigkeitsgesichtspunkten als Grundlage einer Kodifizierung eines Unverhältnismäßigkeitseinwandes neben dem und in Konkretisierung des Rechtsgedankens aus § 242 BGB herangezogen werden.[2633]

3.   Schikaneverbot, § 226 BGB

Zu beachten ist unter (seltenen) Umständen auch der Rechtsgedanke des allgemeinen Schikaneverbots aus § 226 BGB, nach dem eine Rechtsausübung unzulässig ist, wenn sie nur den Zweck haben kann, einen anderen zu schädigen.[2634] Das Schikaneverbot wird in der Literatur zu Recht aber nur mit aller Vorsicht für Fälle angedacht, in denen ein Patentinhaber ohne jedes schutzwürdige Eigeninteresse aus einem Patent gegen einen lizenzwilligen Verletzer vorgeht, der bereits ein angemessenes Lizenzangebot gemacht hat, und die Durchsetzung des Unterlassungsanspruchs nur noch der Erpressung einer unangemessenen Lizenzzahlung dient.[2635] Ein schikanöses Vorgehen eines Patentinhabers kann nicht ohne Weiteres angenommen werden und ist auch im vorgenannten Fall zweifelhaft, da jedes auch noch so niedrigrangige, nicht völlig unberechtigte objektiv erkennbare Interesse des Rechtsinhabers das Vorliegen einer Schikane ausschließt.[2636]

[2628] *Nieder*, FS Rojahn (2021), 185, 191; *Osterrieth*, FS 80 Jahre Patentgerichtsbarkeit in Düsseldorf (2016), 415, 419; *ders.*, FS Fezer (2016), 1035, 1036; *Stierle*, GRUR 2019, 873, 882.

[2629] Dazu: MüKo BGB Bd. II/*Ernst*, § 275 BGB Rn. 151.

[2630] *Nieder*, FS Rojahn (2021), 185, 191.

[2631] *Stierle*, GRUR 2020, 262, 264.

[2632] Etwa wenn ein Aus- und Einbau in einem komplexen Gesamtprodukt nötig wird: *Nieder*, FS Rojahn (2021), 185, 191.

[2633] So geschehen beim 2. PatMoG: BT-Drs. 19/25821, S. 52.

[2634] Jauernig/*Mansel*, § 226 BGB Rn. 1; *Osterrieth*, GRUR 2009, 540, 544.

[2635] *Osterrieth*, GRUR 2009, 540, 544; Den Aspekt des fehlenden schutzwürdigen Eigeninteresses unter §§ 242, 826 BGB aber auch im Zusammenhang mit § 226 BGB erwähnend: LG Mannheim, Urt. v. 27.02.2009 – 7 O 94/08, NJOZ 2009, 1458, 1460–1461 – *UMTS-fähiges Mobiltelefon I*.

[2636] MüKo BGB Bd. I/*Grothe*, § 226 BGB Rn. 4.

Der Anwendungsbereich des Schikaneverbots dürfte daher äußerst gering sein.[2637] § 226 BGB kann mit dieser hohen Hürde aber als Vergleichsmaßstab für einen nicht nur vorübergehenden, sondern endgültigen Ausschluss des Unterlassungsanspruchs aus Unverhältnismäßigkeitsgründen, der – wie gezeigt werden wird[2638] – so gut wie nie anzunehmen sein dürfte, dienen.[2639]

4. Geldentschädigung bei Unverhältnismäßigkeit der Naturalrestitution, § 251 Abs. 2 S. 1 BGB

Ebenfalls nur als Ausdruck eines allgemeinen Rechtsgedankens wurde die dem Schuldner eines Schadensersatzanspruchs bei Unverhältnismäßigkeit des Schadensausgleichs durch Herstellung der beschädigten Sache *in natura* durch § 251 Abs. 2 S. 1 BGB zugebilligte Möglichkeit herangezogen, den Gläubiger des Anspruchs in Geld zu entschädigen.[2640] Auch der BGH entnahm § 251 Abs. 2 S. 1 BGB vor der Schuldrechtsreform im Jahr 2002 einen allgemeinen Rechtsgedanken, der auch außerhalb des Schadensrechts etwa einem Anspruch aus § 1004 BGB entgegengehalten werden konnte, sodass statt der Durchsetzung des Anspruchs nur eine Geldentschädigung gefordert werden konnte.[2641] Seit der Schuldrechtsreform sieht der BGH die Regelung des § 275 Abs. 2 BGB als für diese Fallgestaltung vorrangig an.[2642] In der patentrechtlichen Diskussion um einen Unverhältnismäßigkeitseinwand wurde diese Entwicklung ebenfalls gesehen, sodass die Norm richtigerweise nur als allgemeine Wertung zur Begründung einer Ersetzung der Anspruchsdurchsetzung durch eine Entschädigungszahlung in Betracht gezogen wurde.[2643]

5. Duldungspflicht bei Einwirkungen auf Grundstücke, §§ 906 Abs. 2, 912 BGB

Auch die aus dem Immobiliarsachenrecht stammenden Regelungen des § 906 Abs. 2 BGB und des § 912 BGB enthalten den Rechtsgedanken, dass ein eigentlich bestehender Abwehranspruch aus Unverhältnismäßigkeitsgründen nicht durchgesetzt und durch eine Entschädigungszahlung zu ersetzen ist.[2644] Der Eigentümer eines Grundstücks hat demnach Einwirkungen durch Immissionen bzw. einen Überbau auf sein Grundstück unter in den genannten Normen ausgeführten

---

[2637] Jauernig/*Mansel*, § 226 BGB Rn. 4; *Uhrich*, ZGE 2009, 59, 82 Fn. 121.

[2638] Siehe: 4. Teil Kap. D. III. 1. (S. 371 ff.).

[2639] Busse/Keukenschrijver/*G. Werner*, § 139 PatG Rn. 91.

[2640] *Heusch*, FS von Meibom (2010), 135, 140; *Ohly*, GRUR Int. 2008, 787, 796; *Stierle*, GRUR 2019, 873, 881–882.

[2641] BGH, Urt. v. 21.06.1974 – V ZR 164/72, NJW 1974, 1552, 1553; BGH, Urt. v. 15.10.1999 – V ZR 77/99, NJW 2000, 512, 514.

[2642] BGH, Urt. v. 30.05.2008 – V ZR 184/07, NJW 2008, 3122, Rn. 17.

[2643] *Heusch*, FS von Meibom (2010), 135, 140; *Ohly*, GRUR Int. 2008, 787, 796.

[2644] Für § 912 BGB: BGH, Urt. v. 21.06.1974 – V ZR 164/72, NJW 1974, 1552, 1553.

Umständen zu dulden.[2645] Der diesen Regelungen zugrunde liegende Gedanke der Ersetzung eines Abwehranspruchs aus einer eigentumsrechtlichen Position durch einen Entschädigungsanspruch und der insbesondere im § 912 BGB zum Ausdruck kommende Gedanke des Erhalts im guten Glauben geschaffener wirtschaftlicher Werte[2646] wird ebenfalls teilweise auf die Unverhältnismäßigkeit der Durchsetzung eines patentrechtlichen Unterlassungsanspruchs übertragen.[2647]

Da es sich bei den genannten Normen um Vorschriften aus der Spezialmaterie des sachenrechtlichen Nachbar- und Grundstücksrechts handelt, die auf die Besonderheiten des – im Gegensatz zu geistiges Eigentum nutzenden Gegenständen – nicht beliebig duplizierbaren Grundeigentums zugeschnitten sind, ist die Heranziehung dieser Regelungen für Patentverletzungen mit Vorsicht zu genießen.[2648] Die Duldungspflicht des § 906 Abs. 2 BGB setzt beispielsweise eine Ortsüblichkeit der Benutzung, von der eine wesentliche Beeinträchtigung eines Grundstücks ausgeht, voraus.[2649] Die Üblichkeit der Nutzung eines bestimmten Patents ist gerade im Zusammenhang mit SEP durchaus denkbar, der geographische Aspekt der Ortsüblichkeit verliert hinsichtlich einer in der Regel zumindest bundesweiten Patentnutzung allerdings seine Bedeutung vollständig. Die Duldungspflicht des § 912 BGB besteht ihrerseits nur, wenn der Eigentümer des Grundstücks, auf das eingewirkt wird, nicht vor oder sofort nach der Grenzüberschreitung dem Überbau widersprochen hat.[2650] Geht der Patentinhaber in Reaktion auf die Patentverletzung sofort gegen den Verletzer vor, so wäre von einem Widerspruch in diesem Sinne auszugehen.

Auch wenn der Gedanke des Erhalts wirtschaftlicher Werte auch bei der Einschränkung des patentrechtlichen Unterlassungsanspruchs möglicherweise ein Argument in der Abwägung der widerstreitenden Interessen sein kann, ist angesichts dieser Schwierigkeiten in der Übertragung der Normvoraussetzungen und der Ausrichtung der Vorschriften auf immobiliarsachenrechtliche Sachverhalte eine allgemeine Übertragbarkeit der §§ 906 Abs. 2, 912 BGB auf das Patentrecht abzulehnen.[2651] Unabhängig davon gilt der Gedanke des § 912 Abs. 1 BGB, dass ein vorsätzlich oder grob fahrlässig Handelnder nicht schutzwürdig ist, und der im BGB auch an anderer Stelle (z.B. in § 599 BGB oder § 932 Abs. 2 BGB) zum Ausdruck kommt und insoweit nicht grundstücksspezifisch ist, als allgemeiner Rechtsgedanke des Zivilrechts auch hinsichtlich eines bösgläubigen Patentverletzers.[2652]

[2645] Jauernig/*Berger*, § 906 BGB Rn. 4-5; Jauernig/*ders.*, § 912 BGB Rn. 9.

[2646] MüKo BGB Bd. VIII/*Brückner*, § 912 BGB Rn. 2.

[2647] *Ohly*, GRUR Int. 2008, 787, 796; *Schacht*, GRUR 2021, 440, 441.

[2648] *Uhrich*, ZGE 2009, 59, 86.

[2649] Jauernig/*Berger*, § 906 BGB Rn. 4.

[2650] MüKo BGB Bd. VIII/*Brückner*, § 912 BGB Rn. 18.

[2651] *Uhrich*, ZGE 2009, 59, 86.

[2652] *Ohly*, GRUR Int. 2008, 787, 797; *Schacht*, GRUR 2021, 440, 441.

V. Einschränkung zulässig, Kodifizierung optional

Die genannten Herleitungsmöglichkeiten eines Unverhältnismäßigkeitseinwandes zeigen, dass auch ohne einen kodifizierten Unverhältnismäßigkeitseinwand die Berücksichtigung von Unverhältnismäßigkeitserwägungen zur Begrenzung des patentrechtlichen Unterlassungsanspruchs erfolgen konnte.[2653] In unionsrechts- und verfassungskonformer Auslegung des deutschen Rechts war die Durchsetzung des patentrechtlichen Unterlassungsanspruchs, wie gezeigt, auch vor dem 2. PatMoG bei gegebener Unverhältnismäßigkeit durch die Gerichte zu verwehren. Das Völkerrecht schrieb dies nicht vor, stand dem jedoch auch nicht entgegen. Auf einfachgesetzlicher Ebene war die Berücksichtigung eines Unverhältnismäßigkeitseinwandes auf § 242 BGB zu stützen, über den auch die verfassungs- und unionsrechtlichen Erwägungen Eingang in die Auslegung des einfachen Rechts finden können. Weitere Normen des BGB konnten ihrem Rechtsgedanken nach zumindest teilweise herangezogen werden.

Auf die untersuchten Rechtsgrundlagen kann sich auch die Kodifizierung eines Unverhältnismäßigkeitseinwandes stützen. Sie ist jedenfalls unions-, verfassungs- und völkerrechtskonform möglich. Eine Einordnung der tatsächlich ergangenen Neuregelung mit Blick auf die Einschränkung des unions- und verfassungsrechtlich garantierten Eigentumsgrundrechts des Patentinhabers und damit die Unions- und Verfassungskonformität der konkreten Formulierung des normierten Einwandes erfolgt im Zusammenhang mit der Untersuchung der Wirkungen des kodifizierten Unverhältnismäßigkeitseinwandes des § 139 Abs. 1 S. 3 PatG auf den Unterlassungsanspruch.[2654]

Zugleich besteht aus keiner der analysierten Rechtsgrundlagen eine Verpflichtung des Gesetzgebers, einen Unverhältnismäßigkeitseinwand ausdrücklich in § 139 Abs. 1 PatG zu etablieren. Eine Kodifizierung kann auf die geschilderten Rechtsgedanken aufbauen und muss sich an den Vorgaben des höherrangigen Rechts messen lassen, ihr Erlass ist aber optional.

B. Unverhältnismäßigkeitserwägungen in der Rechtsprechung vor dem 2. PatMoG

Nachdem die rechtliche Basis geklärt wurde, auf die der neue § 139 Abs. 1 S. 3 PatG aufbaut und auf deren Grundlage auch vor der Kodifizierung des Unverhältnismäßigkeitseinwands durch das 2. PatMoG bereits eine Einschränkung des Unterlassungsanspruchs nach Unverhältnismäßigkeitsgesichtspunkten möglich war, wird nun untersucht, inwiefern die Rechtsprechung in Deutschland vor dem 2. PatMoG solche Unverhältnismäßigkeitserwägungen berücksichtigte. Da

---

[2653] *Stierle*, GRUR 2019, 873, 874.
[2654] Siehe: 4. Teil Kap. D. VI. (S. 381 ff.).

die Neuregelung unter Bezugnahme der vorherigen Rechtsprechung erfolgte,[2655] ist ein Verständnis dieser Rechtsprechung für die Neufassung des Unterlassungsanspruchs auch nach Inkrafttreten des 2. PatMoG unerlässlich.

Chronologisch vorgehend beginnt dieses Kapitel mit der Betrachtung zweier BGH-Urteile aus dem Jahre 1959 und 1980, in denen eine Einschränkung des patentrechtlichen Unterlassungsanspruchs zumindest zur Sprache kam. Anschließend wird ein kurzer Blick auf eine US-amerikanische Entscheidung in der Sache *eBay/MercExchange*[2656] aus dem Jahr 2006 geworfen. Die Handhabung des Unterlassungsanspruchs in den USA ist zwar nicht Thema dieser Arbeit[2657] und bindet deutsche Gerichte nicht,[2658] das zu untersuchende Urteil des US Supreme Courts ist aber Ausgangspunkt zahlreicher Überlegungen zur Berücksichtigung von Unverhältnismäßigkeitserwägungen auch nach deutschem Recht gewesen[2659] und damit gewissermaßen der Startschuss einer zur Regelung des § 139 Abs. 1 S. 3 PatG führenden Entwicklung. Im Zentrum dieser Entwicklung und daher auch der Betrachtung in diesem Kapitel steht in Deutschland die 2016 ergangene *Wärmetauscher*-Entscheidung des BGH.[2660] Die Rechtsprechung der Instanzgerichte in den Jahren vor und nach diesem BGH-Urteil bis zum Inkrafttreten des 2. PatMoG wird zusammenfassend dargestellt.[2661]

I. Frühe Überlegungen des BGH zu Aufbrauchfristen

Während in angrenzenden Rechtsgebieten im Falle unverhältnismäßiger Härten durch die sofortige Durchsetzung eines Unterlassungsanspruchs eine Einschränkung dieses Anspruchs nach § 242 BGB durch die Einräumung von Aufbrauchfristen als zulässig erachtet wurde, fristete diese Problematik im Patentrecht lange ein Schattendasein.[2662]

[2655]   BT-Drs. 19/25821, S. 52-54.

[2656]   US Supreme Court, Urt. v. 15.05.2006 – 547 U.S. 388, GRUR Int. 2006, 782 – *eBay/MercExchange*.

[2657]   Eine umfassende Untersuchung findet sich bei *Schellhorn*, Der patentrechtliche Unterlassungsanspruch im Lichte des Verhältnismäßigkeitsgrundsatzes, S. 107–158.

[2658]   LG Mannheim, Urt. v. 27.02.2009 – 7 O 94/08, NJOZ 2009, 1458, 1460 – *UMTS-fähiges Mobiltelefon I*.

[2659]   Z.B.: *Ohly*, GRUR Int. 2008, 787–790; *Osterrieth*, GRUR 2009, 540, 542; *Uhrich*, ZGE 2009, 59, 64–74.

[2660]   BGH, Urt. v. 10.05.2016 – X ZR 114/13, GRUR 2016, 1031 – *Wärmetauscher*.

[2661]   Eine separate Darstellung der einzelnen Entscheidungen findet sich für weite Teile der Instanzrechtsprechung vor dem Wärmetauscher-Urteil bei *Schellhorn*, Der patentrechtliche Unterlassungsanspruch im Lichte des Verhältnismäßigkeitsgrundsatzes, S. 216–218; ausführlich zu jeder Einzelentscheidung nach dem Wärmetauscher-Urteil: *Plagge*, Der patentrechtliche Unterlassungsanspruch, S. 304–317.

[2662]   *Bodewig*, GRUR 2005, 632, 634.

1. *Autodachzelt*-Urteil des BGH

In einem Fall aus dem Jahre 1959 befasste sich der BGH in einem Streit um ein patentgeschütztes Zelt zur Montage auf Autodachgepäckträgern allerdings bereits mit der Möglichkeit einer solchen von ihm als Weiterbenutzungsrecht bezeichneten Fristgewährung.[2663] Dem lag zugrunde, dass es – wenn auch im einzelnen streitig – zwischen den Parteien zu Vereinbarungen gekommen war, die der BGH als Werklieferungsverträge über nicht vertretbare Sachen deutete und wonach der beklagte Patentverletzer für den Patentinhaber Dachgepäckträger und die dazugehörigen Auto-dachzelte herstellen sollte.[2664] Nachdem die Zusammenarbeit im Streit auseinanderging, wollte der spätere Patentverletzer die von ihm bereits getätigten Vorbereitungshandlungen und Materialbeschaffungskosten für weitere Autodachzelte durch einen eigenständigen Vertrieb der-selben amortisieren.[2665]

Der BGH sah für eine solche Weiterbenutzung weder eine Grundlage im Vertragsrecht noch nach den Grundsätzen der unzulässigen Rechtsausübung, der Arglist oder der Schadensmin-derung und verwies den Patentverletzer hinsichtlich der frustrierten Aufwendungen auf Aus-gleichsansprüche aus Kauf- und Werkvertragsrecht.[2666] Diese böten einen hinreichenden Schutz vor unbilligen Benachteiligungen, sodass eine Einschränkung der patentinhaberlichen Befugnisse dem Patentinhaber nicht zuzumuten sei.[2667]

Aus dieser Lösung ergibt sich sogleich der Grund, warum die *Autodachzelt*-Entscheidung für die Zulässigkeit einer Aufbrauchfrist im Patentrecht wenig fruchtbar gemacht werden kann: Der Fall war von einer vertraglichen Vorgeschichte geprägt und wurde letztlich nach vertragsrecht-lichen Erwägungen beurteilt.[2668]

2. *Heuwerbungsmaschine II*-Urteil des BGH

Ohne eine vertragsrechtliche Komponente, sondern klassisch deliktsrechtlich geprägt, stellte sich der Sachverhalt in einer BGH-Entscheidung aus dem Jahre 1980 dar: Der Inhaber eines Patents für eine Heuwerbungsmaschine zum Anhäufen, Verteilen und Lockern von Wiesengras in der Heuproduktion ging gegen eine Patentverletzung durch einen Mähdrescherhersteller vor, der in der Berufungsinstanz zwar zur Unterlassung verurteilt, dem aber eine Aufbrauchfrist bis zum

---

[2663] BGH, Urt. v. 03.02.1959 – I ZR 170/57, GRUR 1959, 528 – *Autodachzelt*.
[2664] BGH, Urt. v. 03.02.1959 – I ZR 170/57, GRUR 1959, 528, 531 – *Autodachzelt*.
[2665] BGH, Urt. v. 03.02.1959 – I ZR 170/57, GRUR 1959, 528, 529 – *Autodachzelt*.
[2666] BGH, Urt. v. 03.02.1959 – I ZR 170/57, GRUR 1959, 528, 531 – *Autodachzelt*.
[2667] BGH, Urt. v. 03.02.1959 – I ZR 170/57, GRUR 1959, 528, 531 – *Autodachzelt*.
[2668] *Bodewig*, GRUR 2005, 632, 634–635.

Ablauf des Patentschutzes eingeräumt worden war.[2669] Zum Ablauf der Schutzdauer war es bereits vor der Entscheidung des BGH gekommen.[2670]

Der BGH entschied wegen Erledigung also nicht mehr über den Unterlassungsanspruch und die gewährte Aufbrauchfrist.[2671] Er führte lediglich an, dass die Maßnahme der Einräumung einer Aufbrauchfrist die Wirkung des Unterlassungsurteils faktisch wieder aufgehoben habe, dies aber auf den Unterlassungsanspruch beschränkt sei und die Patentnutzung dadurch nicht rechtmäßig geworden sei, sodass ein Schadensersatzanspruch davon unberührt bliebe.[2672] Daraus lässt sich zwar lesen, dass der BGH eine Aufbrauchfrist im Patentrecht nicht grundsätzlich missbilligte.[2673] Ein Gutheißen lässt sich aus den gewählten Worten aber auch nicht gerade ableiten.

Letztlich blieb die Frage der Aufbrauchfrist sowohl in *Autodachzelt* als auch in *Heuwerbungsmaschine II* ungeklärt.[2674] Die Entscheidungen des BGH erzeugten demzufolge keine sonderlich große Welle und lösten keine maßgebliche Debatte um die Einschränkbarkeit des Unterlassungsanspruchs aus. Das Thema landete erst später wieder im Mittelpunkt der Aufmerksamkeit der patentrechtlichen Rechtsprechung und Literatur.

II. *eBay/MercExchange*-Urteil des US Supreme Courts

Die Diskussion um einen Unverhältnismäßigkeitseinwand im deutschen Patentrecht der jüngeren Vergangenheit und Gegenwart findet ihren Anlass unter anderem auch in der US-amerikanischen Rechtsprechung.[2675] Äquivalent zur vor dem 2. PatMoG uneingeschränkten Fassung des § 139 Abs. 1 PatG a.F. hatte sich in den USA eine Rechtsprechung verfestigt, die bei festgestellter Verletzung eines Patents in aller Regel (*general rule*) eine uneingeschränkte Unterlassungsverfügung (*permanent injunction*) vorsah.[2676] Mit seinem Urteil in der Sache

---

[2669] BGH, Urt. v. 02.12.1980 – X ZR 16/79, GRUR 1981, 259–260 – *Heuwerbungsmaschine II*.

[2670] BGH, Urt. v. 02.12.1980 – X ZR 16/79, GRUR 1981, 259 – *Heuwerbungsmaschine II*.

[2671] BGH, Urt. v. 02.12.1980 – X ZR 16/79, GRUR 1981, 259, 260 – *Heuwerbungsmaschine II*; *Bodewig*, GRUR 2005, 632, 634; *Eichmann*, GRUR 1981, 262, 263; *Kreye/Grunwald/J. Kamlah*, Mitt. 2016, 452.

[2672] BGH, Urt. v. 02.12.1980 – X ZR 16/79, GRUR 1981, 259, 260 – *Heuwerbungsmaschine II*.

[2673] So: *Eichmann*, GRUR 1981, 262, 263; *vom Feld/Hozuri*, FS Rojahn (2021), 209, 213.

[2674] BGH, Urt. v. 10.05.2016 – X ZR 114/13, GRUR 2016, 1031, Rn. 43 – *Wärmetauscher*; *Bodewig*, GRUR 2005, 632, 634.

[2675] *Hofmann*, ZGE 2019, 249; *McGuire*, GRUR 2021, 775, 776; *Ohly*, GRUR Int. 2008, 787–788; *ders.*, FS Ullrich (2009), 257, 262–263; *Osterrieth*, GRUR 2009, 540; *Stierle*, GRUR 2019, 873, 874; Busse/Keukenschrijver/*G. Werner*, § 139 PatG Rn. 91.

[2676] *Lundie-Smith/Moss*, GRUR Int. 2013, 400, 401; *Ohly*, GRUR Int. 2008, 787, 788; *Stierle*, ZGE 2019, 334, 337; *Subramanian*, IIC 2008, 419, 434; *Y. Tang/C. Tang*, GRUR Int. 2020, 474, 479.

eBay/MercExchange vom 15.05.2006 stellte sich der US Supreme Court dieser Rechtsprechung entgegen.[2677]

Nach den Rechtsgrundsätzen des angloamerikanischen Rechts stelle der Rechtsbehelf der Unterlassungsverfügung einen Rechtsbehelf der sogenannten *Equity* dar, bei der in Abgrenzung zu Rechtsbehelfen *in law* dem Gericht für den Erlass von Verfügungen immer ein Ermessensspielraum zustehe.[2678] Dies gelte für alle Unterlassungsverfügungen und damit auch im Patentrecht nach den Grundsätzen des sogenannten *four-factor tests*.[2679] Demnach könne eine uneingeschränkte Unterlassungsverfügung nur erlassen werden, wenn der Rechtsinhaber einen irreparablen Schaden erlitten habe, gesetzlich vorgeschriebene Rechtsbehelfe, wie zum Beispiel Schadensersatzansprüche in Geld, den Schaden nicht hinreichend ausgleichen könnten, eine Abwägung der Beeinträchtigungen von Rechtsinhaber und Rechtsverletzer den Erlass einer Unterlassungsverfügung rechtfertige und das öffentliche Interesse einer dauerhaften Unterlassungsverfügung nicht entgegenstehe.[2680]

Der US Supreme Court führte damit die Praxis des Erlasses patentrechtlicher Verfügungen wieder auf die für Unterlassungsverfügungen im US-Recht allgemein geltenden Prinzipien zurück.[2681] Er wollte damit vor allen Dingen einer missbräuchlichen Durchsetzung von Patenten mit zweifelhafter Patentqualität und geringer Schutzfähigkeit durch für untergeordnete Bauteile komplexer Produkte systematisch überhöhte Lizenzgebühren verlangende NPE entgegentreten,[2682] ohne dass eine Unterlassungsverfügung in zu weit gehender Weise kategorisch auszuschließen wäre.[2683] Der *four-factor test* soll aus einem missbräuchlichen Vorgehen resultierende unverhältnismäßige Härten verhindern und verlangt von den US-amerikanischen Patentgerichten eine Abwägung der entgegenstehenden Interessen in Gebrauch des nach den Grundsätzen der *Equity* für Unterlassungsverfügungen bestehenden gerichtlichen Ermessens.[2684]

[2677] US Supreme Court, Urt. v. 15.05.2006 – 547 U.S. 388, GRUR Int. 2006, 782 – *eBay/MercExchange*; *Ntouvas*, GRUR Int. 2006, 889, 890; *Ohly*, GRUR Int. 2008, 787, 788; *Subramanian*, IIC 2008, 419, 435.

[2678] US Supreme Court, Urt. v. 15.05.2006 – 547 U.S. 388, GRUR Int. 2006, 782, 783 – *eBay/MercExchange*.

[2679] US Supreme Court, Urt. v. 15.05.2006 – 547 U.S. 388, GRUR Int. 2006, 782, 783 – *eBay/MercExchange*.

[2680] US Supreme Court, Urt. v. 15.05.2006 – 547 U.S. 388, GRUR Int. 2006, 782, 783 – *eBay/MercExchange*.

[2681] *Hofmann*, WRP 2018, 1, 4; *Ohly*, GRUR Int. 2008, 787, 789; *Osterrieth*, GRUR 2009, 540, 542; *Stierle*, GRUR 2019, 873, 874.

[2682] US Supreme Court, Urt. v. 15.05.2006 – 547 U.S. 388, GRUR Int. 2006, 782, 784 – *eBay/MercExchange*; *Ohly*, GRUR Int. 2008, 787, 789; *Stierle*, GRUR 2019, 873, 875.

[2683] US Supreme Court, Urt. v. 15.05.2006 – 547 U.S. 388, GRUR Int. 2006, 782, 783 – *eBay/MercExchange*.

[2684] US Supreme Court, Urt. v. 15.05.2006 – 547 U.S. 388, GRUR Int. 2006, 782, 783 – *eBay/MercExchange*; *Ohly*, GRUR Int. 2008, 787, 789.

III. Unverhältnismäßigkeitserwägungen in der deutschen Instanzrechtsprechung vor dem *Wärmetauscher*-Urteil

Von deutschen Patentstreitgerichten sind Unverhältnismäßigkeitsgesichtspunkte hinsichtlich des Unterlassungsanspruchs vor der *Wärmetauscher*-Entscheidung des BGH im Jahr 2016 soweit ersichtlich nur in zwei Urteilen des LG Mannheim[2685] aus dem Jahr 2006 und 2009 sowie in zwei 2012 ergangenen Urteilen des LG Düsseldorf[2686] ausdrücklich aufgegriffen worden. In keiner der Entscheidungen wurde der klägerische Unterlassungsanspruch aufgrund dieser Überlegungen eingeschränkt.

1. Herleitung

Die Instanzgerichte erwogen zum Teil recht vage einen „Einwand des Rechtsmissbrauchs"[2687], bei dem „unter strengen Voraussetzungen"[2688] eine Verwirkung der Ausschließungsbefugnis anzunehmen sein könnte.[2689] Auch das Schikaneverbot gemäß § 226 BGB und der Rechtsgedanke des § 242 BGB fanden Erwähnung.[2690] Zwar könne eine Einschränkung des Unterlassungsanspruchs aufgrund der Bindung deutscher Gerichte an das nationale Recht nicht im Wege eines Rechtsvergleichs auf die aus dem angloamerikanischen Rechtsraum stammenden Grundsätze der *Equity* gestützt werden.[2691] Ein Ausschluss des Unterlassungsanspruchs könne sich aber grundsätzlich aus dem über die Generalklausel des § 242 BGB zu berücksichtigenden europarechtlichen Verhältnismäßigkeitsgrundsatz gemäß Art. 3 Abs. 2 und Erwägungsgrund 17 der Durchsetzungsrichtlinie ergeben.[2692]

[2685] LG Mannheim, Urt. v. 06.06.2006 – 2 O 242/05, juris, Rn. 80-81 – *Halbleiterbaugruppe*; LG Mannheim, Urt. v. 27.02.2009 – 7 O 94/08, NJOZ 2009, 1458, 1460–1461 – *UMTS-fähiges Mobiltelefon I*.

[2686] LG Düsseldorf, Urt. v. 24.04.2012 – 4b O 273/10, GRUR-RS 2012, 9682, Rn. 230-234 – *Zugriffsschwellenwert*; LG Düsseldorf, Urt. v. 24.04.2012 – 4b O 274/10, BeckRS 2012, 9376, VII. 1) a) (Parallelverfahren zur Sache 4b O 273/10).

[2687] LG Mannheim, Urt. v. 06.06.2006 – 2 O 242/05, juris, Rn. 80 – *Halbleiterbaugruppe*.

[2688] LG Mannheim, Urt. v. 06.06.2006 – 2 O 242/05, juris, Rn. 81 – *Halbleiterbaugruppe*.

[2689] LG Mannheim, Urt. v. 06.06.2006 – 2 O 242/05, juris, Rn. 80-81 – *Halbleiterbaugruppe*.

[2690] LG Mannheim, Urt. v. 27.02.2009 – 7 O 94/08, NJOZ 2009, 1458, 1460–1461 – *UMTS-fähiges Mobiltelefon I*.

[2691] LG Mannheim, Urt. v. 27.02.2009 – 7 O 94/08, NJOZ 2009, 1458, 1460 – *UMTS-fähiges Mobiltelefon I*.

[2692] LG Düsseldorf, Urt. v. 24.04.2012 – 4b O 273/10, GRUR-RS 2012, 9682, Rn. 231-232 – *Zugriffsschwellenwert*.

Aus der Sozialbindung des Eigentums gemäß Art 14 Abs. 2 BGB ergebe sich, dass die Rechte aus dem Patent nicht schrankenlos gewährt seien.[2693] Ein „Einwand der Unverhältnismäßigkeit"[2694] sei jedoch aufgrund der gesetzgeberischen Entscheidung, den § 139 Abs. 1 PatG a.F. nicht mit einem Verhältnismäßigkeitsvorbehalt auszustatten, und mit Blick auf die Bedeutung des Unterlassungsanspruchs für den Schutz des verfassungsrechtlich garantierten Eigentums des Patentinhabers nur in vom Gesetzgeber nicht vorhergesehenen atypischen Ausnahmefällen zu gewähren.[2695]

2. Kriterien zur Bestimmung der Unverhältnismäßigkeit

Als Anwendungsfall einer möglichen Einschränkung des Unterlassungsanspruchs wurde der Einbau patentverletzender Einzelkomponenten in ein komplexes Produkt thematisiert.[2696] Damit ein Missbräuchlichkeitseinwand durchgreifen könne, müsse eine solche Patentverletzung ohne Vorsatz oder grobe Fahrlässigkeit geschehen sein und die vom Unterlassungsverlangen betroffene Gesamtsache müsse einen besonders wertvollen Gegenstand darstellen, sodass es zu einer Vernichtung unverhältnismäßig großer wirtschaftlicher Werte durch die Durchsetzung des auf eine Einzelkomponente bezogenen Unterlassungsanspruchs komme.[2697] Der Unterlassungsanspruch könne sich dann darauf richten, dass die Gesamtsache umzubauen sei.[2698] Bei einem günstigen Massenprodukt wie z.B. einem DVD-Player sei dies aber, auch wenn die patentgeschützte Komponente nur Teil eines größeren technischen Endprodukts ist, nicht gegeben.[2699]

Nicht anknüpfen könne ein Unverhältnismäßigkeitseinwand an die bloße NPE-Eigenschaft eines Patentinhabers.[2700] Mangels Benutzungszwang im Patentrecht sei keine Unterscheidung zwischen das Patent selbst nutzenden und rein patentverwertend auftretenden Patentinhabern vorzunehmen.[2701] Die Durchsetzung eines Unterlassungsanspruchs zur Sicherung der Verwertungsmöglichkeiten durch Lizenzvergabe sei ein im Patentrecht schutzwürdiges Anliegen, für eine

---

[2693] LG Mannheim, Urt. v. 27.02.2009 – 7 O 94/08, NJOZ 2009, 1458, 1461 – *UMTS-fähiges Mobiltelefon I.*

[2694] LG Mannheim, Urt. v. 27.02.2009 – 7 O 94/08, NJOZ 2009, 1458, 1461 – *UMTS-fähiges Mobiltelefon I.*

[2695] LG Mannheim, Urt. v. 27.02.2009 – 7 O 94/08, NJOZ 2009, 1458, 1461 – *UMTS-fähiges Mobiltelefon I.*

[2696] LG Mannheim, Urt. v. 06.06.2006 – 2 O 242/05, juris, Rn. 80 – *Halbleiterbaugruppe.*

[2697] LG Mannheim, Urt. v. 06.06.2006 – 2 O 242/05, juris, Rn. 80 – *Halbleiterbaugruppe.*

[2698] LG Mannheim, Urt. v. 06.06.2006 – 2 O 242/05, juris, Rn. 80 – *Halbleiterbaugruppe.*

[2699] LG Mannheim, Urt. v. 06.06.2006 – 2 O 242/05, juris, Rn. 81 – *Halbleiterbaugruppe.*

[2700] LG Düsseldorf, Urt. v. 24.04.2012 – 4b O 273/10, GRUR-RS 2012, 9682, Rn. 233 – *Zugriffsschwellenwert*; LG Mannheim, Urt. v. 27.02.2009 – 7 O 94/08, NJOZ 2009, 1458, 1461 – *UMTS-fähiges Mobiltelefon I.*

[2701] LG Mannheim, Urt. v. 27.02.2009 – 7 O 94/08, NJOZ 2009, 1458, 1461 – *UMTS-fähiges Mobiltelefon I.*

NPE mit Blick auf lizenzvertragliche Verpflichtungen gegenüber bereits vorhandenen Lizenznehmern notwendig und als der Rechts- und Wirtschaftsordnung immanentes Vorgehen keine atypische Fallgestaltung.[2702] Lediglich im Rahmen einer Abwägung der Interessenlage bei Erlass einer einstweiligen Verfügung hatte das LG Düsseldorf bereits 1999 darauf hingewiesen, dass ein Verweis auf das Hauptsacheverfahren bei fehlender eigener Produktionstätigkeit eher in Betracht kommen könne als bei einem produzierenden Wettbewerbsunternehmen.[2703]

Mit Blick auf die mögliche Abhängigkeit eines Patentnutzers von der Benutzung eines SEP und seinem Vertrauen auf eine Lizenzierungsmöglichkeit verwies das LG Düsseldorf darauf, dass ein Ausschluss des Unterlassungsanspruchs aus Unverhältnismäßigkeitsgründen mangels Schutzbedürftigkeit verwehrt bleiben müsse, solange der Patentverletzer seinen kartellrechtlichen Obliegenheiten nicht genüge.[2704] Dass eine NPE ein SEP geltend mache, verändere diese Anforderungen nicht und führe daher auch im Rahmen von Unverhältnismäßigkeitserwägungen bei von NPE durchgesetzten SEP nicht zu einer abweichenden Beurteilung.[2705]

3.   Aufbrauchfristen

Neben den hier zusammengefassten ausdrücklich Unverhältnismäßigkeitsgesichtspunkte abwägenden Urteilen finden sich einige wenige weitere Entscheidungen aus der jüngeren Instanzrechtsprechung vor dem *Wärmetauscher*-Urteil des BGH, die sich zwar nicht explizit zu einem möglichen Unverhältnismäßigkeitseinwand äußern, aber entsprechende Gesichtspunkte für und wider eine Einschränkung des Unterlassungsanspruchs im Zusammenhang mit der Ablehnung der Einräumung einer beantragten Aufbrauchfrist benennen.[2706]

Zum Teil wurde eine Aufbrauchfrist schon mit Verweis auf nicht hinreichend substantiierten Vortrag der Beklagten hinsichtlich möglicher aus dem Unterlassungsausspruch folgender Härten eine Absage erteilt.[2707] Darüber hinaus wurde die Ablehnung aber auch mit der nur noch kurzen Restlaufzeit des jeweiligen Streitpatents begründet, sodass eine Aufbrauchfrist einer endgültigen

---

[2702] LG Mannheim, Urt. v. 27.02.2009 – 7 O 94/08, NJOZ 2009, 1458, 1461 – *UMTS-fähiges Mobiltelefon I.*

[2703] LG Düsseldorf, Urt. v. 08.07.1999 – 4 O 187/99, GRUR 2000, 692, 696–697 – *NMR-Kontrastmittel.*

[2704] LG Düsseldorf, Urt. v. 24.04.2012 – 4b O 273/10, GRUR-RS 2012, 9682, Rn. 233 – *Zugriffsschwellenwert.*

[2705] LG Düsseldorf, Urt. v. 24.04.2012 – 4b O 273/10, GRUR-RS 2012, 9682, Rn. 233, 207 – *Zugriffsschwellenwert.*

[2706] OLG Düsseldorf, Urt. v. 29.03.2012 – 2 U 137/10, BeckRS 2012, 8566; LG Düsseldorf, Urt. v. 15.03.2016 – 4b O 44/14, NJOZ 2016, 1128; LG Mannheim, Urt. v. 02.05.2012 – 2 O 240/11, BeckRS 2012, 11804; LG Mannheim, Urt. v. 02.05.2012 – 2 O 376/11, BeckRS 2012, 11805 (Parallelverfahren zur Sache 2 O 240/11).

[2707] LG Düsseldorf, Urt. v. 15.03.2016 – 4b O 44/14, NJOZ 2016, 1128, 1137; LG Mannheim, Urt. v. 02.05.2012 – 2 O 240/11, BeckRS 2012, 11804, D. 1.

Aufhebung der Unterlassungsverpflichtung gleichkäme.[2708] Auch die Beeinträchtigung des Patentinhabers durch fortgesetzt drohende Patentverletzungen, die verfügbaren alternativen Gestaltungsmöglichkeiten der angegriffenen Ausführungsform in patentfreier Weise sowie die (im konkreten Fall geringe) Bedeutung des patentverletzenden Produkts für die Geschäftstätigkeit des Unterlassungsverpflichteten wurden von den Instanzgerichten als Kriterien für eine Entscheidung über eine Einschränkung des Unterlassungsanspruchs benannt.[2709]

IV. *Wärmetauscher*-Urteil des BGH

In seinem unter dem Titel *Wärmetauscher* bekanntgewordenen Urteil vom 10.05.2016 legte der BGH schließlich dar, inwiefern er eine Einschränkung des Unterlassungsanspruchs in der Gesetzesfassung des § 139 Abs. 1 PatG a.F. durch Gewährung einer Aufbrauchfrist aus Unverhältnismäßigkeitsgründen für möglich hielt.[2710] Die Entscheidung *Wärmetauscher* hat ebenfalls für die Frage der Berücksichtigung von Unteransprüchen zur Auslegung des Hauptanspruchs eines Patents Bedeutung erlangt,[2711] was mangels Relevanz für die vorliegende Untersuchung in der folgenden Darstellung nicht weiter vertieft wird.

1. Sachverhalt und Verfahrensgang

In der Sache *Wärmetauscher* führte eine NPE ein von einem Einzelerfinder begonnenes, nach dessen Veräußerung des Patents an die NPE auf diese übergegangenes Verfahren fort.[2712] Beklagte waren der Automobilhersteller Daimler und einer seiner Zulieferer sowie dessen Muttergesellschaft.[2713] Streitgegenständlich war ein von dem Zulieferer hergestelltes und von Daimler in Pkw verbautes Heizsystem für Cabriositze, welches mittels eines beheizten Luftstroms Wärme auf den Nackenbereich der Fahrzeuginsassen abgibt und unter dem Namen *Airscarf* als Sonderausstattung der betroffenen Fahrzeuge erhältlich war.[2714]

Die Klägerin sah das von ihr erworbene, ein solches Heizsystem ihrer Ansicht nach schützende Patent verletzt und klagte auf Unterlassung, Rechnungslegung, Rückruf, Vernichtung, Urteilsveröffentlichung und Feststellung einer Schadensersatzpflicht, wovon sie vor dem

---

[2708] LG Mannheim, Urt. v. 02.05.2012 – 2 O 240/11, BeckRS 2012, 11804, D. 1.
[2709] OLG Düsseldorf, Urt. v. 29.03.2012 – 2 U 137/10, BeckRS 2012, 8566, II. 4. c).
[2710] BGH, Urt. v. 10.05.2016 – X ZR 114/13, GRUR 2016, 1031 – *Wärmetauscher*.
[2711] *Harmsen*, GRUR 2021, 222.
[2712] OLG Karlsruhe, Urt. v. 07.08.2013 – 6 U 12/12, GRUR-RS 2016, 15028, Rn. 2.
[2713] BGH, Urt. v. 10.05.2016 – X ZR 114/13, GRUR 2016, 1031 – *Wärmetauscher*; OLG Karlsruhe, Urt. v. 07.08.2013 – 6 U 12/12, GRUR-RS 2016, 15028, Rn. 7.
[2714] BGH, Urt. v. 10.05.2016 – X ZR 114/13, GRUR 2016, 1031 – *Wärmetauscher*; OLG Karlsruhe, Urt. v. 07.08.2013 – 6 U 12/12, GRUR-RS 2016, 15028, Rn. 7-8; *Kessler*, Mitt. 2020, 108, 110.

BGH noch die Ansprüche auf Unterlassung und Rechnungslegung sowie das Feststellungs-begehren weiterverfolgte.[2715] Der BGH hatte damit einen Fall zu beurteilen, in dem eine NPE auf Patentinhaberseite stand und die Unterlassung der Verletzung eines nicht standardessentiellen und keine marktbeherrschende Stellung vermittelnden Patents geltend machte, wobei die Patent-verletzung auf eine Einzelkomponente eines komplexen Gesamtprodukts zurückzuführen war.

Das LG Mannheim und das OLG Karlsruhe hatten in den Vorinstanzen bereits eine Patent-verletzung verneint, sodass es dort zu keiner Auseinandersetzung mit der Zulässigkeit einer Auf-brauchfrist kam.[2716] Diese war vor dem OLG Karlsruhe bereits hilfsweise beantragt worden.[2717] Die Beklagten begehrten, dass es ihnen im Falle einer Unterlassungsverurteilung erlaubt würde, Fahrzeuge, die bis zur Urteilsverkündung bereits bestellt wurden, bzw. Fahrzeugsitze, die bis zwei Monate nach der Urteilsverkündung hergestellt werden würden, mit dem betroffenen Heizsystem bis zu einer Maximalfrist von 18 Monaten nach der Urteilsverkündung noch auszu-liefern.[2718] In der Revision vor dem BGH bezogen die Beklagten die ebenfalls hilfsweise be-antragten Aufbrauchfristen sodann auf den Zeitpunkt der Verkündung des Revisionsurteils und verkürzten die beantragte Maximalfrist auf sieben Monate.[2719]

Im parallel geführten und vor Abschluss des erstinstanzlichen Verletzungsverfahrens be-endeten Nichtigkeitsverfahren wurde das Patent zunächst vom BPatG für nichtig erklärt.[2720] Der BGH hielt es in der Berufungsinstanz des Nichtigkeitsverfahrens aber in einem im Vergleich zur Ursprungsfassung eingeschränkten Umfang aufrecht.[2721]

2.   Entscheidung

Der BGH nahm entgegen der Beurteilung durch die Vorinstanzen eine Patentverletzung durch Daimler und seinen Zulieferer an und verurteilte beide unter Ablehnung der Einräumung einer Aufbrauchfrist in vollem Umfang wie von der Klägerin begehrt.[2722] Mangels Zurechenbarkeit der Patentverletzung wies er die Klage gegen die Muttergesellschaft des Zulieferers ab.[2723]

[2715] BGH, Urt. v. 10.05.2016 – X ZR 114/13, GRUR 2016, 1031, 1032 – *Wärmetauscher*.
[2716] OLG Karlsruhe, Urt. v. 07.08.2013 – 6 U 12/12, GRUR-RS 2016, 15028.
[2717] OLG Karlsruhe, Urt. v. 07.08.2013 – 6 U 12/12, GRUR-RS 2016, 15028, Rn. 16.
[2718] OLG Karlsruhe, Urt. v. 07.08.2013 – 6 U 12/12, GRUR-RS 2016, 15028, Rn. 16.
[2719] BGH, Urt. v. 10.05.2016 – X ZR 114/13, GRUR 2016, 1031, 1032 – *Wärmetauscher*.
[2720] BPatG, Urt. v. 02.04.2008 – 1 Ni 24/07, BeckRS 2008, 14072.
[2721] BGH, Urt. v. 16.11.2010 – X ZR 97/08, BeckRS 2011, 733.
[2722] BGH, Urt. v. 10.05.2016 – X ZR 114/13, GRUR 2016, 1031, Rn. 40, 55-56 – *Wärmetauscher*.
[2723] BGH, Urt. v. 10.05.2016 – X ZR 114/13, GRUR 2016, 1031, Rn. 58 – *Wärmetauscher*.

a) Zulässigkeit einer Aufbrauchfrist im Patentrecht

Auch wenn der BGH im konkreten Fall eine solche Frist nicht gewährte, so sah er in *Wärmetauscher* die Einräumung einer Aufbrauchfrist im Patentrecht grundsätzlich als zulässig an.[2724] Dies allerdings nur unter der Voraussetzung, dass „im Einzelfall [...] die sofortige Durchsetzung des Unterlassungsanspruchs des Patentinhabers auch unter Berücksichtigung seiner Interessen gegenüber dem Verletzer eine unverhältnismäßige, durch das Ausschließlichkeitsrecht nicht gerechtfertigte Härte darstellte und daher treuwidrig wäre"[2725]. Eine Aufbrauchfrist diene der Überbrückung des für Umstellungs- und Beseitigungsmaßnahmen benötigten Zeitraums.[2726] Als Rechtsgrundlage zog der BGH unter Verweis auf seine Rechtsprechung in Wettbewerbsstreitigkeiten[2727] die Gebote von Treu und Glauben nach § 242 BGB heran.[2728]

b) Einschränkung des Unterlassungsanspruchs nur als Ausnahme

Allerdings mahnte der BGH, dass eine Einschränkung des Unterlassungsanspruchs im Patentrecht nur unter engen Voraussetzungen möglich sei.[2729] Anders als im Markenrecht, wo ein an sich rechtmäßig hergestellter Gegenstand markenrechtswidrig gekennzeichnet werde, und anders als im Wettbewerbsrecht, wo der Anspruchsteller eines lauterkeitsrechtlichen Anspruchs durch unlautere Verhaltensweisen eines Wettbewerbers nur mittelbar beeinträchtigt werde, werde im Patentrecht in unmittelbarer Beeinträchtigung des Rechts des Patentinhabers ein für sich genommen schon patentverletzendes Erzeugnis hergestellt bzw. eine anderweitige der Wirkung des Patents entgegenstehende Nutzung der patentgeschützten Lehre begangen.[2730]

Daraus ergebe sich, dass die Unterlassungsverpflichtung im Patentrecht zwangsläufig eine durch die mit ihr einhergehende Produktions- oder Vertriebseinstellung hervorgerufene Härte begründe, die grundsätzlich hinzunehmen sei.[2731] Eine Einschränkung komme daher nur im Ausnahmefall bei über die normalen Folgen der Unterlassungsverpflichtung hinausgehenden Beeinträchtigungen in Betracht, die den Verletzer aufgrund besonderer Umstände derart benachteiligten, dass eine sofortige Unterlassungsanordnung unzumutbar erscheine.[2732]

[2724] BGH, Urt. v. 10.05.2016 – X ZR 114/13, GRUR 2016, 1031, Rn. 41, 45 – *Wärmetauscher*.
[2725] BGH, Urt. v. 10.05.2016 – X ZR 114/13, GRUR 2016, 1031, Rn. 41 – *Wärmetauscher*.
[2726] BGH, Urt. v. 10.05.2016 – X ZR 114/13, GRUR 2016, 1031, Rn. 41 – *Wärmetauscher*.
[2727] BGH, Urt. v. 18.12.1981 – I ZR 34/80, GRUR 1982, 425, 431 – *Brillen-Selbstabgabestellen*.
[2728] BGH, Urt. v. 10.05.2016 – X ZR 114/13, GRUR 2016, 1031, Rn. 42 – *Wärmetauscher*.
[2729] BGH, Urt. v. 10.05.2016 – X ZR 114/13, GRUR 2016, 1031, Rn. 45 – *Wärmetauscher*.
[2730] BGH, Urt. v. 10.05.2016 – X ZR 114/13, GRUR 2016, 1031, Rn. 45 – *Wärmetauscher*.
[2731] BGH, Urt. v. 10.05.2016 – X ZR 114/13, GRUR 2016, 1031, Rn. 45 – *Wärmetauscher*.
[2732] BGH, Urt. v. 10.05.2016 – X ZR 114/13, GRUR 2016, 1031, Rn. 45 – *Wärmetauscher*.

c) Einzelfallbezogene Interessenabwägung

Der Einräumung einer Aufbrauchfrist hat vor diesem Hintergrund eine die Unverhältnismäßigkeit der sofortigen unbedingten Unterlassungsverpflichtung begründende Abwägung der entgegenstehenden Interessen im Einzelfall zugrunde zu liegen.[2733] Für diese Abwägung seien dem TRIPS-Übereinkommen und der EU-Durchsetzungsrichtlinie jedenfalls keine vom nationalen Recht abweichenden Anhaltspunkte zu entnehmen.[2734]

Hinsichtlich der seiner Ansicht nach heranzuziehenden Kriterien stellte der BGH allerdings keinen allgemeingültigen Katalog auf,[2735] sondern ging nur auf die im von ihm zu entscheidenden Fall relevanten Punkte ein: Aus der Unterlassungsverpflichtung ergebe sich, selbst wenn diese dazu führe, dass Fahrzeuge nicht ausgeliefert werden könnten, im konkreten Fall keine ersichtliche Härte in Form bedeutsamer wirtschaftlicher Auswirkungen auf den Geschäftsbetrieb der Beklagten oder Teile desselben.[2736] Zwar sei die Patentverletzung auf ein Einzelbauteil eines komplexen Gesamtgegenstands zurückzuführen, dieses sei aber schon nicht funktionswesentlich für den Betrieb der Fahrzeuge, sondern nur Teil einer Sonderausstattung.[2737]

Außerdem wies der BGH auf die kurze Restlaufzeit des Patents und die Möglichkeit zur Lizenzierung hin und zog die Beachtung von Verschuldensgesichtspunkten in Betracht.[2738] Ein Vertrauensschutz aufgrund der eine Patentverletzung verneinenden vorangegangenen Instanzentscheidungen bestehe aber nicht.[2739] Insgesamt verneinte der BGH aus diesen Gründen daher für den *Wärmetauscher*-Fall eine Unverhältnismäßigkeit der sofortigen Unterlassungsanordnung.[2740]

V. Unverhältnismäßigkeitserwägungen in der deutschen Instanzrechtsprechung nach dem *Wärmetauscher*-Urteil

Im Zeitraum nach der *Wärmetauscher*-Entscheidung bis zum Inkrafttreten des 2. PatMoG fanden Unverhältnismäßigkeitserwägungen – ab 2020 teilweise auch schon unter dem Eindruck des Gesetzgebungsprozesses der Neuregelung[2741] – in der deutschen Instanzrechtsprechung vermehrt

---

[2733] BGH, Urt. v. 10.05.2016 – X ZR 114/13, GRUR 2016, 1031, Rn. 41-45 – *Wärmetauscher*.
[2734] BGH, Urt. v. 10.05.2016 – X ZR 114/13, GRUR 2016, 1031, Rn. 46-50 – *Wärmetauscher*.
[2735] *Plagge*, Der patentrechtliche Unterlassungsanspruch, S. 303, 320.
[2736] BGH, Urt. v. 10.05.2016 – X ZR 114/13, GRUR 2016, 1031, Rn. 52 – *Wärmetauscher*.
[2737] BGH, Urt. v. 10.05.2016 – X ZR 114/13, GRUR 2016, 1031, Rn. 52 – *Wärmetauscher*.
[2738] BGH, Urt. v. 10.05.2016 – X ZR 114/13, GRUR 2016, 1031, Rn. 52-53 – *Wärmetauscher*.
[2739] BGH, Urt. v. 10.05.2016 – X ZR 114/13, GRUR 2016, 1031, Rn. 53 – *Wärmetauscher*.
[2740] BGH, Urt. v. 10.05.2016 – X ZR 114/13, GRUR 2016, 1031, Rn. 52-53 – *Wärmetauscher*.
[2741] Zum Gesetzgebungsprozess siehe: 4. Teil Kap. C. (S. 349 ff.).

Beachtung: Ausführungen dazu lassen sich in diesem circa fünfjährigen Zeitraum in fünf Entscheidungen des LG Düsseldorf,[2742] einem Urteil des LG Mannheim[2743] und sieben Entscheidungen des LG München I[2744] finden. Zu einer Einschränkung des Unterlassungsanspruchs kam es auf Grundlage dieser Erwägungen allerdings in keinem Fall.

1. Herleitung

Die Instanzgerichte orientierten sich in ihren Entscheidungen weitgehend an den Vorgaben des *Wärmetauscher*-Urteils des BGH.[2745] Diese zogen die Gerichte sowohl dann heran, wenn sie über beantragte Aufbrauchfristen zu entscheiden hatten, als auch dann, wenn sie einen Unverhältnismäßigkeitseinwand in allgemeinerer Weise thematisierten.[2746] Letzteres ist auch folgerichtig, da der BGH seine Ausführungen wegen der von den Beklagten im von ihm zu entscheidenden Verfahren gestellten Anträge zwar auf Aufbrauchfristen bezog,[2747] diese letztlich aber nur eine Ausgestaltung der Einschränkung aus Unverhältnismäßigkeitsgründen darstellen. In der Sache erwog der BGH die Unverhältnismäßigkeit der sofortigen Unterlassungsverpflichtung.[2748] Die Gewährung einer Aufbrauchfrist als Folge dieser Abwägung subsumierte der BGH im Rahmen seiner

---

[2742] LG Düsseldorf, Urt. v. 09.03.2017 – 4a O 137/15, GRUR-RS 2017, 104657 – *Herzklappen I*; LG Düsseldorf, Urt. v. 09.03.2017 – 4a O 28/16, BeckRS 2017, 104662 – *Herzklappen II* (Parallelverfahren zur Sache 4a O 137/15); LG Düsseldorf, Urt. v. 11.07.2019 – 4c O 39/16, GRUR-RS 2019, 18224 – *Monoklonale Antikörper*; LG Düsseldorf, Urt. v. 05.09.2019 – 4c O 30/19, GRUR-RS 2019, 47915 – *Halterahmen für Steckverbinder*; LG Düsseldorf, Urt. v. 16.06.2020 – 4c O 43/19, GRUR-RS 2020, 52267 – *Flexibles Atemrohr*.

[2743] LG Mannheim, Urt. v. 18.08.2020 – 2 O 34/19, GRUR-RS 2020, 20358 – *Lizenz in Wertschöpfungskette*.

[2744] LG München I, Urt. v. 20.12.2018 – 7 O 10495/17, BeckRS 2018, 33489 – *Niederspannungs-Hüllkurvenverfolger I*; LG München I, Urt. v. 20.12.2018 – 7 O 10496/17, BeckRS 2018, 33572 – *Niederspannungs-Hüllkurvenverfolger II* (Parallelverfahren zur Sache 7 O 10495/17); LG München I, Urt. v. 13.06.2019 – 7 O 10261/18, GRUR-RS 2019, 11305 – *Steuerventil*; LG München I, Urt. v. 04.09.2020 – 21 O 8913/20, GRUR-RS 2020, 31319 – *Herzklappenprotheseneinführsystem*; LG München I, Urt. v. 10.09.2020 – 7 O 8818/19, GRUR-RS 2020, 22577 – *LTE-Standard*; LG München I, Urt. v. 30.09.2020 – 21 O 13026/19, juris – *Unterpixelwertinterpolation*; LG München I, Urt. v. 30.10.2020 – 21 O 11384/19, juris – *Lizenzverhandlung*.

[2745] LG Düsseldorf, Urt. v. 09.03.2017 – 4a O 137/15, GRUR-RS 2017, 104657, Rn. 128-129 – *Herzklappen I*; LG Düsseldorf, Urt. v. 16.06.2020 – 4c O 43/19, GRUR-RS 2020, 52267, Rn. 98-100 – *Flexibles Atemrohr*; LG München I, Urt. v. 20.12.2018 – 7 O 10495/17, BeckRS 2018, 33489, Rn. 332 – *Niederspannungs-Hüllkurvenverfolger I*.

[2746] LG Mannheim, Urt. v. 18.08.2020 – 2 O 34/19, GRUR-RS 2020, 20358, Rn. 113 – *Lizenz in Wertschöpfungskette*; LG München I, Urt. v. 13.06.2019 – 7 O 10261/18, GRUR-RS 2019, 11305, Rn. 61, 67 – *Steuerventil*; LG München I, Urt. v. 04.09.2020 – 21 O 8913/20, GRUR-RS 2020, 31319, Rn. 69-71 – *Herzklappenprotheseneinführsystem*.

[2747] BGH, Urt. v. 10.05.2016 – X ZR 114/13, GRUR 2016, 1031, Rn. 40-46 – *Wärmetauscher*.

[2748] BGH, Urt. v. 10.05.2016 – X ZR 114/13, GRUR 2016, 1031, Rn. 52-53 – *Wärmetauscher* (siehe dazu z.B. ausdrücklich der letzte Satz der Rn. 52).

Erwähnung der EU-Durchsetzungsrichtlinie auch selbst unter den Aspekt der Anforderung verhältnismäßiger Rechtsbehelfe des Art. 3 Abs. 2 der Durchsetzungsrichtlinie.[2749] Somit stellte das Urteil des BGH sowohl für konkret beantragte Aufbrauchfristen als auch für allgemeinere Unverhältnismäßigkeitserwägungen für die Instanzgerichte die maßgebliche Richtschnur dar.

Demzufolge stellten die Instanzgerichte auf die Gebote von Treu und Glauben gemäß § 242 BGB als Grundlage für die Berücksichtigung eines Unverhältnismäßigkeitseinwands ab.[2750] Die 21. Kammer des LG München I verwies daneben auch auf § 275 Abs. 2 BGB.[2751] Darüber hinaus leiteten manche Instanzgerichte Unverhältnismäßigkeitserwägungen zusätzlich über den verfassungsrechtlichen[2752] oder den unionsrechtlichen[2753] Verhältnismäßigkeitsgrundsatz ein, der über die Generalklausel des § 242 BGB Eingang in die Auslegung des einfachen Rechts finden kann.[2754]

2. Kriterien zur Bestimmung der Unverhältnismäßigkeit

Im Rahmen der vom BGH geforderten umfassenden Abwägung der Interessen im Einzelfall wurden in der Instanzrechtsprechung die vom BGH genannten Kriterien aber auch darüberhinausgehende Aspekte herangezogen. Da der BGH keinen abschließenden Kriterienkatalog aufstellte, sondern nur die im von ihm entschiedenen Fall relevanten Kriterien nannte,[2755] stand dies den Instanzgerichten auch frei.[2756]

[2749] BGH, Urt. v. 10.05.2016 – X ZR 114/13, GRUR 2016, 1031, Rn. 50 – *Wärmetauscher*.

[2750] LG Düsseldorf, Urt. v. 09.03.2017 – 4a O 137/15, GRUR-RS 2017, 104657, Rn. 128 – *Herzklappen I*; LG Düsseldorf, Urt. v. 16.06.2020 – 4c O 43/19, GRUR-RS 2020, 52267, Rn. 89 – *Flexibles Atemrohr*; LG München I, Urt. v. 13.06.2019 – 7 O 10261/18, GRUR-RS 2019, 11305, Rn. 59 – *Steuerventil*; LG München I, Urt. v. 04.09.2020 – 21 O 8913/20, GRUR-RS 2020, 31319, Rn. 70 – *Herzklappenprotheseneinführsystem*.

[2751] LG München I, Urt. v. 04.09.2020 – 21 O 8913/20, GRUR-RS 2020, 31319, Rn. 70 – *Herzklappenprotheseneinführsystem*; LG München I, Urt. v. 30.09.2020 – 21 O 13026/19, juris, Rn. 223 – *Unterpixelwertinterpolation*.

[2752] LG München I, Urt. v. 04.09.2020 – 21 O 8913/20, GRUR-RS 2020, 31319, Rn. 70 – *Herzklappenprotheseneinführsystem*.

[2753] LG Düsseldorf, Urt. v. 11.07.2019 – 4c O 39/16, GRUR-RS 2019, 18224, Rn. 55 – *Monoklonale Antikörper*; LG München I, Urt. v. 20.12.2018 – 7 O 10495/17, BeckRS 2018, 33489, Rn. 331 – *Niederspannungs-Hüllkurvenverfolger I*.

[2754] LG Düsseldorf, Urt. v. 11.07.2019 – 4c O 39/16, GRUR-RS 2019, 18224, Rn. 55 – *Monoklonale Antikörper*; LG München I, Urt. v. 04.09.2020 – 21 O 8913/20, GRUR-RS 2020, 31319, Rn. 70 – *Herzklappenprotheseneinführsystem*.

[2755] BGH, Urt. v. 10.05.2016 – X ZR 114/13, GRUR 2016, 1031, Rn. 51-53 – *Wärmetauscher*.

[2756] *Plagge*, Der patentrechtliche Unterlassungsanspruch, S. 303, 320.

a) Wirtschaftliche Härte, komplexe Produkte und baldiger Schutzdauerablauf

So verlangten die Instanzgerichte im Einklang mit dem BGH eine von den normalen Folgen einer Unterlassungsverpflichtung zulasten des Verletzers abweichende übermäßige wirtschaftliche Belastung des Verletzers.[2757] Dabei seien unter Umständen auch harte Einschnitte aufseiten des Verletzers wie Marktanteilsverluste und Reputationsschäden als übliche Folge der Unterlassungsanordnung hinzunehmen,[2758] da eine Fortsetzung patentverletzender Nutzungen grundsätzlich nicht schützenswert sei.[2759] Der Patentinhaber müsse sich grundsätzlich nicht unter Einbüßung seines Unterlassungsanspruchs auf Schadensersatzansprüche verweisen lassen.[2760] Finanziellen Risiken der Unterlassungsverpflichtung sei grundsätzlich im Rahmen der Festlegung der Höhe einer vollstreckungsrechtlichen Sicherheitsleistung zu begegnen.[2761] Um eine ausreichende Relevanz der wirtschaftlichen Auswirkungen geltend machen zu können, seien Darlegungen erforderlich, aus denen hervorgehe, dass die wirtschaftliche Existenz des Verletzers bei sofortiger Befolgung der Unterlassungsanordnung konkret bedroht wäre.[2762]

Außerdem bezogen die Instanzgerichte wie der BGH in *Wärmetauscher* in ihre Betrachtung mit ein, ob ein patentnutzender Gegenstand als Einzelbauteil einer komplexen Gesamtvorrichtung verbaut wurde und für diese funktionswesentlich ist, sodass ein Unterlassen der Patentnutzung die Gesamtvorrichtung insgesamt betreffen würde.[2763] Daneben falle eine kurze Restlaufzeit des Patents zugunsten der Interessen des Patentinhabers in die Waagschale, da dessen Recht aus dem Patent sonst ausgehöhlt würde.[2764]

[2757] LG Düsseldorf, Urt. v. 09.03.2017 – 4a O 137/15, GRUR-RS 2017, 104657, Rn. 129, 137 – *Herzklappen I*; LG München I, Urt. v. 04.09.2020 – 21 O 8913/20, GRUR-RS 2020, 31319, Rn. 72 – *Herzklappenprotheseneinführsystem*.

[2758] LG Düsseldorf, Urt. v. 11.07.2019 – 4c O 39/16, GRUR-RS 2019, 18224, Rn. 65-66 – *Monoklonale Antikörper*; LG München I, Urt. v. 20.12.2018 – 7 O 10495/17, BeckRS 2018, 33489, Rn. 336 – *Niederspannungs-Hüllkurvenverfolger I*.

[2759] LG Düsseldorf, Urt. v. 09.03.2017 – 4a O 137/15, GRUR-RS 2017, 104657, Rn. 137 – *Herzklappen I*.

[2760] LG München I, Urt. v. 20.12.2018 – 7 O 10495/17, BeckRS 2018, 33489, Rn. 336 – *Niederspannungs-Hüllkurvenverfolger I*; LG München I, Urt. v. 13.06.2019 – 7 O 10261/18, GRUR-RS 2019, 11305, Rn. 61 – *Steuerventil*.

[2761] LG Mannheim, Urt. v. 18.08.2020 – 2 O 34/19, GRUR-RS 2020, 20358, Rn. 113 – *Lizenz in Wertschöpfungskette*; LG München I, Urt. v. 10.09.2020 – 7 O 8818/19, GRUR-RS 2020, 22577, Rn. 102 – *LTE-Standard*.

[2762] LG Düsseldorf, Urt. v. 09.03.2017 – 4a O 137/15, GRUR-RS 2017, 104657, Rn. 138 – *Herzklappen I*; LG Düsseldorf, Urt. v. 05.09.2019 – 4c O 30/19, GRUR-RS 2019, 47915, Rn. 143 – *Halterahmen für Steckverbinder*.

[2763] LG Mannheim, Urt. v. 18.08.2020 – 2 O 34/19, GRUR-RS 2020, 20358, Rn. 113 – *Lizenz in Wertschöpfungskette*; LG München I, Urt. v. 04.09.2020 – 21 O 8913/20, GRUR-RS 2020, 31319, Rn. 72 – *Herzklappenprotheseneinführsystem*.

[2764] LG Düsseldorf, Urt. v. 16.06.2020 – 4c O 43/19, GRUR-RS 2020, 52267, Rn. 102 – *Flexibles Atemrohr*.

b) Verschulden und Verhalten der Parteien

Wie der BGH stellten die Instanzgerichte zudem in ihrer Abwägung auch darauf ab, ob dem Verletzer ein Verschulden zur Last zu legen ist bzw. welcher Grad des Verschuldens ihn trifft.[2765] Insbesondere wurde es als gegen eine Unverhältnismäßigkeit sprechend angesehen, wenn der Patentinhaber den Verletzer schon vor geraumer Zeit auf die Verletzung hingewiesen hatte, so-dass dem Verletzer schon hinlänglich bekannt war, dass eine Lizenznahme erforderlich ist und ansonsten eine Inanspruchnahme folgen könnte.[2766] In der Folge sei berücksichtigungsfähig, in-wiefern der Verletzer die Möglichkeit hatte, sich auf eine angemessene Lizenzierung einzulassen und so der Unterlassungsverpflichtung zu entgehen.[2767] Auch wenn in einem solchen Zeitraum bereits eine patentfreie Umgehungslösung hätte entwickelt werden können, könne der Verletzer kein schutzwürdiges Weiterbenutzungsinteresse geltend machen.[2768] Insgesamt sei das Verhalten des Patentinhabers und das Verhalten des Verletzers in der Abwägung zu berücksichtigen.[2769]

Das Vorgehen auf einer bestimmten Ebene einer Verwertungskette unter Verschonung von Marktteilnehmern auf anderen Marktstufen, mit denen der Patentinhaber selbst in vertraglichen Beziehungen steht oder stehen möchte, begründe regelmäßig kein eine Unverhältnismäßigkeit hervorrufendes Fehlverhalten des Patentinhabers, da es diesem freistehe, auf welcher Ebene er eine Patentverletzung geltend mache.[2770]

c) Drittinteressen

Die Berücksichtigung von betroffenen Dritt- oder Allgemeininteressen zur Einschränkung des Unterlassungsanspruchs schlossen die Instanzgerichte aus.[2771] Das Problem hatte sich dem BGH in *Wärmetauscher* nicht gestellt. Die Instanzgerichte – allen voran das LG Düsseldorf in seinen

---

[2765] LG Düsseldorf, Urt. v. 09.03.2017 – 4a O 137/15, GRUR-RS 2017, 104657, Rn. 130, 140 – *Herzklap-pen I*.

[2766] LG Mannheim, Urt. v. 18.08.2020 – 2 O 34/19, GRUR-RS 2020, 20358, Rn. 113 – *Lizenz in Wert-schöpfungskette*.

[2767] LG Düsseldorf, Urt. v. 09.03.2017 – 4a O 137/15, GRUR-RS 2017, 104657, Rn. 139 – *Herzklappen I*; LG München I, Urt. v. 04.09.2020 – 21 O 8913/20, GRUR-RS 2020, 31319, Rn. 72 – *Herzklappen-prosheseneinführsystem*.

[2768] LG München I, Urt. v. 13.06.2019 – 7 O 10261/18, GRUR-RS 2019, 11305, Rn. 67 – *Steuerventil*.

[2769] LG München I, Urt. v. 04.09.2020 – 21 O 8913/20, GRUR-RS 2020, 31319, Rn. 72 – *Herzklappen-prosheseneinführsystem*.

[2770] LG München I, Urt. v. 13.06.2019 – 7 O 10261/18, GRUR-RS 2019, 11305, Rn. 65 – *Steuerventil*.

[2771] LG Düsseldorf, Urt. v. 09.03.2017 – 4a O 137/15, GRUR-RS 2017, 104657, Rn. 131-135 – *Herzklap-pen I*; LG München I, Urt. v. 04.09.2020 – 21 O 8913/20, GRUR-RS 2020, 31319, Rn. 74 – *Herzklap-penprosheseneinführsystem*.

Herzklappen-Entscheidungen[2772] – lehnten es ab, Interessen Dritter als Kriterium in die Abwägung einzustellen, weil sie darin einen Widerspruch zur damaligen Gesetzeslage sahen: So enthielt § 139 Abs. 1 PatG a.F. keinen Unverhältnismäßigkeitseinwand, während die Ansprüche auf Vernichtung und Rückruf mit § 140a Abs. 4 PatG eine Regelung zum Ausschluss bei Unverhältnismäßigkeit enthielten, der explizit auch die Berücksichtigung von Drittinteressen vorsah.[2773] Zudem sei ein ausreichender Schutz Dritter über die patentrechtliche Zwangslizenz nach § 24 PatG gewährleistet.[2774] Diese sei vorrangig, da sie über ihre Anforderung des öffentlichen Interesses Drittinteressen umfasse und ihre weiteren Voraussetzungen, insbesondere die des erfolglosen Lizenzierungsbemühens des Verletzers, nicht unterlaufen werden dürften.[2775]

d) NPE-Eigenschaft

Ebenso nicht ausschlaggebend sei es, wenn der den Unterlassungsanspruch geltend machende Patentinhaber eine NPE ist, da der Patentschutz auch ohne eigene Benutzung jenseits der Lizenzvergabe gegeben sei.[2776] Im Falle eines selbstproduzierenden Wettbewerbsunternehmens auf Klägerseite aber könne die Tatsache, dass dieses seine eigenen Produkte schützen wolle, jedenfalls einen Aspekt darstellen, der gegen eine Unverhältnismäßigkeit der Inanspruchnahme spreche.[2777] Eine NPE-Eigenschaft wurde also nicht zulasten des Patentinhabers, eine patentpraktizierende Tätigkeit durchaus aber zugunsten des Patentinhabers gewertet. Abstrakter formuliert lässt sich festhalten, dass das (eigenwirtschaftliche) Interesse des Patentinhabers an der Unterlassung als berücksichtigungsfähiges Kriterium aufgefasst wurde.[2778]

e) Beurteilung in SEP-Fällen

In Bezug auf SEP wurden von manchen Spruchkörpern Feststellungen aus der Prüfung des kartellrechtlichen Zwangslizenzeinwandes mal mehr und mal weniger ausdrücklich auch für den Unverhältnismäßigkeitseinwand herangezogen: So führte die 7. Kammer des LG München I die

---

[2772] LG Düsseldorf, Urt. v. 09.03.2017 – 4a O 137/15, GRUR-RS 2017, 104657 – *Herzklappen I*; LG Düsseldorf, Urt. v. 09.03.2017 – 4a O 28/16, BeckRS 2017, 104662 – *Herzklappen II*.

[2773] LG Düsseldorf, Urt. v. 09.03.2017 – 4a O 137/15, GRUR-RS 2017, 104657, Rn. 132 – *Herzklappen I*.

[2774] LG Düsseldorf, Urt. v. 09.03.2017 – 4a O 137/15, GRUR-RS 2017, 104657, Rn. 133 – *Herzklappen I*; LG München I, Urt. v. 04.09.2020 – 21 O 8913/20, GRUR-RS 2020, 31319, Rn. 74 – *Herzklappenprotheseneinführsystem*.

[2775] LG Düsseldorf, Urt. v. 09.03.2017 – 4a O 137/15, GRUR-RS 2017, 104657, Rn. 134-135 – *Herzklappen I*.

[2776] LG Düsseldorf, Urt. v. 05.09.2019 – 4c O 30/19, GRUR-RS 2019, 47915, Rn. 142 – *Halterahmen für Steckverbinder*.

[2777] LG Düsseldorf, Urt. v. 09.03.2017 – 4a O 137/15, GRUR-RS 2017, 104657, Rn. 139 – *Herzklappen I*.

[2778] LG München I, Urt. v. 04.09.2020 – 21 O 8913/20, GRUR-RS 2020, 31319, Rn. 72 – *Herzklappenprotheseneinführsystem*.

im Rahmen ihrer Erörterung des kartellrechtlichen Zwangslizenzeinwands festgestellte Lizenzunwilligkeit des Verletzers als Anhaltspunkt gegen das Vorliegen einer Unverhältnismäßigkeit der Unterlassungsverpflichtung an.[2779] Auch beim Fehlen anderer Voraussetzungen des kartellrechtlichen Zwangslizenzeinwands verwies die 7. Kammer des LG München I hinsichtlich der Unverhältnismäßigkeit auf ihre im Rahmen der Erörterung des kartellrechtlichen Zwangslizenzeinwands getätigten Ausführungen.[2780]

Ein Verweis des LG Mannheim auf einen vom Patentinhaber hinsichtlich seines Patentportfolios erteilten Verletzungshinweis erfolgte etwas weniger eindeutig, deutete aber in die gleiche Richtung.[2781] Ausdrücklich auf die Anforderungen des kartellrechtlichen Zwangslizenzeinwands abstellend hatte sich das LG Düsseldorf schon vor der *Wärmetauscher*-Entscheidung geäußert.[2782] In seinen dem BGH-Urteil nachfolgenden Entscheidungen mit Bezug zu Unverhältnismäßigkeitsgesichtspunkten hatte es keine weitere Gelegenheit, dazu Stellung zu beziehen.

In den Urteilen der 21. Kammer des LG München I mit SEP-Bezug, in denen Unverhältnismäßigkeitserwägungen zu finden sind, wurden diese jedoch unabhängig von der Prüfung des kartellrechtlichen Zwangslizenzeinwands angeführt, jedoch ohnehin unter Verweis auf mangelnden Parteivortrag rasch verworfen.[2783]

VI. Zurückhaltende Anwendung

Die Rechtsprechung in Deutschland näherte sich dem Problem einer möglichen Unverhältnismäßigkeit der Durchsetzung des patentrechtlichen Unterlassungsanspruchs schon vor dem 2. PatMoG zunächst mit einiger Vorsicht nur vereinzelt, später dann in höherer Schlagzahl an. Ein erfolgreicher Unverhältnismäßigkeitseinwand ist bislang nicht zu verzeichnen. Die höchstrichterlichen Vorgaben in *Wärmetauscher* sind von einer eher engen Auslegung der Einschränkungsmöglichkeiten des Unterlassungsanspruchs geprägt.[2784] Entsprechend zurückhaltend urteilten die Instanzgerichte in ihren nachfolgenden Verfahren. Eindeutig ablehnend positionierten sie sich hinsichtlich der Berücksichtigung von Drittinteressen.

[2779] LG München I, Urt. v. 10.09.2020 – 7 O 8818/19, GRUR-RS 2020, 22577, Rn. 99 – *LTE-Standard*.

[2780] LG München I, Urt. v. 20.12.2018 – 7 O 10495/17, BeckRS 2018, 33489, Rn. 331 – *Niederspannungs-Hüllkurvenverfolger I* (Das Klagepatent war in diesem Verfahren nicht standardessentiell und es fehlte an der Voraussetzung eines neuen Produkts.).

[2781] LG Mannheim, Urt. v. 18.08.2020 – 2 O 34/19, GRUR-RS 2020, 20358, Rn. 113 – *Lizenz in Wertschöpfungskette*.

[2782] LG Düsseldorf, Urt. v. 24.04.2012 – 4b O 273/10, GRUR-RS 2012, 9682, Rn. 233 – *Zugriffsschwellenwert*.

[2783] LG München I, Urt. v. 30.09.2020 – 21 O 13026/19, juris, Rn. 222-227 – *Unterpixelwertinterpolation*; LG München I, Urt. v. 30.10.2020 – 21 O 11384/19, juris, Rn. 269 – *Lizenzverhandlung*.

[2784] *Gärtner*, GRUR 2016, 1037, 1038.

In der rechtlichen Herleitung haben sich die Grundsätze von Treu und Glauben nach § 242 BGB als Grundlage der Berücksichtigung von Unverhältnismäßigkeitserwägungen mehrheitlich herauskristallisiert. Über § 242 BGB können auch verfassungs- und unionsrechtliche Vorgaben und Wertungen Eingang in die gerichtliche Entscheidung finden. Zu den Wirkungen eines Unverhältnismäßigkeitseinwandes konnten die Gerichte sich aufgrund der jeweiligen Unbegründetheit des Einwandes in den beurteilten Fällen nicht äußern. Im Zentrum der Betrachtung – auch bedingt durch den Fokus der *Wärmetauscher*-Entscheidung darauf – stand aber die Einschränkung des Unterlassungsanspruchs durch die Gewährung einer Aufbrauchfrist. Auffällig häufig scheiterte eine grundsätzlich für möglich gehaltene Einschränkung an von den Gerichten moniertem fehlenden oder unsubstantiierten Sachvortrag der Patentverletzer hinsichtlich der sie angeblich treffenden wirtschaftlichen Härten.[2785]

Anders als in den USA, wo seit dem Urteil in der Sache *eBay/MercExchange* circa ein Viertel der Unterlassungsbegehren nicht mehr ohne Einschränkungen beschieden wurde,[2786] war die Verurteilung zur Unterlassung bei festgestellter Patentverletzung in Deutschland nach wie vor die stetige Folge einer festgestellten Patentverletzung. Gänzlich unberücksichtigt blieben Unverhältnismäßigkeitserwägungen, wie die Darstellung der ergangenen Urteile zeigt, aber auch nicht. Inspiriert durch Rechtsentwicklungen wie in den USA und eine wachsende Beschäftigung mit der Thematik in der Literatur ist der Unverhältnismäßigkeitseinwand spätestens seit der *Wärmetauscher*-Entscheidung des BGH in der deutschen Rechtsprechung angekommen.

C. Genese des Unverhältnismäßigkeitseinwands im 2. PatMoG

Trotz der wachsenden Bedeutung von Unverhältnismäßigkeitserwägungen in der Rechtsprechung nahm der Gesetzgeber eine nicht ausreichende Einhegung des funktionswidrigen und missbräuchlichen Einsatzes von Unterlassungsansprüchen in der Instanzrechtsprechung wahr.[2787] Dies schlug sich in der Reform des Patentrechts durch das 2. PatMoG nieder, durch das neben weiteren andere Aspekte des Patentrechts betreffenden Reformvorhaben die Einschränkungsmöglichkeit des Unterlassungsanspruchs nach Unverhältnismäßigkeitsgesichtspunkten in der

---

[2785] LG Düsseldorf, Urt. v. 09.03.2017 – 4a O 137/15, GRUR-RS 2017, 104657, Rn. 136, 138 – *Herzklappen I*; LG Düsseldorf, Urt. v. 11.07.2019 – 4c O 39/16, GRUR-RS 2019, 18224, Rn. 60 – *Monoklonale Antikörper*; LG Düsseldorf, Urt. v. 05.09.2019 – 4c O 30/19, GRUR-RS 2019, 47915, Rn. 143-144 – *Halterahmen für Steckverbinder*; LG München I, Urt. v. 04.09.2020 – 21 O 8913/20, GRUR-RS 2020, 31319, Rn. 73 – *Herzklappenprotheseneinführsystem*; LG München I, Urt. v. 30.09.2020 – 21 O 13026/19, juris, Rn. 226 – *Unterpixelwertinterpolation*; LG München I, Urt. v. 30.10.2020 – 21 O 11384/19, juris, Rn. 269 – *Lizenzverhandlung*.

[2786] *Cotter*, ZGE 2019, 293, 298; *Schönbohm/Ackermann-Blome*, GRUR Int. 2020, 578, 582; *Stierle*, ZGE 2019, 334, 338–339.

[2787] BT-Drs. 19/25821, S. 53.

Form eines ausdrücklich im Wortlaut des § 139 Abs. 1 PatG verankerten Unverhältnismäßigkeitseinwandes kodifiziert wurde.[2788]

Der letztlich Gesetz gewordene Wortlaut war dabei nicht bereits zu Anfang des Gesetzgebungsprozesses fixiert. Vielmehr hat er eine Entwicklung durchlaufen, die mit einem im Januar 2020 vom Bundesministerium der Justiz und für Verbraucherschutz (BMJV) veröffentlichten Diskussionsentwurf (DiskE)[2789] begann.[2790] Die Genese erstreckte sich über einen abgeänderten Referentenentwurf (RefE)[2791] und einen wiederum geänderten Regierungsentwurf (RegE)[2792] bis zu einer vom Ausschuss für Recht und Verbraucherschutz des Bundestages gefassten Version (Ausschussfassung),[2793] die schließlich Gesetz wurde.[2794]

Dieser Werdegang wird im Folgenden unter Hervorhebung der jeweiligen Änderungen, Ergänzungen und Streichungen und der jeweiligen Beweggründe dafür nachvollzogen. Für die weitere Untersuchung des Unverhältnismäßigkeitseinwands und seiner Auslegung bedarf es eines grundlegenden Verständnisses seines Entstehungsprozesses. Da für diese Arbeit aber nicht die Analyse im Mittelpunkt steht, ob es die schlussendliche Gesetzesfassung überhaupt oder in der ergangenen Form hätte geben sollen, sondern wie die Neuregelung in der Form, in der sie Gesetz geworden ist, anzuwenden ist, wird die Genese der Norm im Überblick dargestellt, ohne den Anspruch auf eine vollständige Wiedergabe der zahlreichen zu den einzelnen Entwürfen erhobenen kritischen und lobenden Stimmen zu erheben.[2795]

[2788] BT-Drs. 19/25821, S. 52.

[2789] *BMJV*, Diskussionsentwurf eines Zweiten Gesetzes zur Vereinfachung und Modernisierung des Patentrechts (DiskE), https://www.bmj.de/SharedDocs/Downloads/DE/Gesetzgebung/DiskE/DiskE_2_PatMoG.pdf?__blob=publicationFile&v=3 (zuletzt abgerufen am 30.06.2023).

[2790] In dessen Vorfeld hatte das BMJV im Jahr 2019 bereits vorbereitende Gespräche mit Fachkreisen geführt: *Stierle*, GRUR 2019, 873–874.

[2791] *BMJV*, Referentenentwurf eines Zweiten Gesetzes zur Vereinfachung und Modernisierung des Patentrechts (RefE), https://www.bmj.de/SharedDocs/Downloads/DE/Gesetzgebung/RefE/RefE_PatMog2.pdf?__blob=publicationFile&v=4 (zuletzt abgerufen am 30.06.2023).

[2792] Regierungsentwurf eines Zweiten Gesetzes zur Vereinfachung und Modernisierung des Patentrechts, BT-Drs. 19/25821.

[2793] Beschlussempfehlung und Bericht des Ausschusses für Recht und Verbraucherschutz zu dem Gesetzentwurf der Bundesregierung – Entwurf eines Zweiten Gesetzes zur Vereinfachung und Modernisierung des Patentrechts, BT-Drs. 19/30498.

[2794] Zweites Gesetz zur Vereinfachung und Modernisierung des Patentrechts (2. PatMoG) v. 10.08.2021, BGBl. 2021 I S. 3490.

[2795] Dazu (auch zu den vielfältigen Reaktionen von Wirtschafts- und Interessenverbänden und deren Stellungnahmen) ausführlich: *Weideneder*, Der Unterlassungsanspruch nach § 139 Abs. 1 PatG, S. 71–106; Die beim BMJV eingereichten Stellungnahmen zu den verschiedenen Entwürfen sind abrufbar unter: o.A., Zweites Gesetz zur Vereinfachung und Modernisierung des Patentrechts, https://www.bmj.de/SharedDocs/Gesetzgebungsverfahren/DE/2021_Patentrecht_Modernisierung_PatMoG_2.html (zuletzt abgerufen am 30.06.2023).

I. Diskussionsentwurf

Der DiskE wurde am 14.01.2020 veröffentlicht und sah vor, dem § 139 Abs. 1 PatG a.F. einen dritten Satz anzuhängen, der wie folgt lauten sollte:

> [3]Der Anspruch ist ausgeschlossen, soweit die Durchsetzung des Unterlassungsanspruchs unverhältnismäßig ist, weil sie aufgrund besonderer Umstände unter Beachtung des Interesses des Patentinhabers gegenüber dem Verletzer und der Gebote von Treu und Glauben eine durch das Ausschließlichkeitsrecht nicht gerechtfertigte Härte darstellt.[2796]

In der Begründung des DiskE stellte das BMJV seinen Entwurf in den Kontext „der fortschreitenden Digitalisierung und der zunehmenden technologischen Komplexität von Produkten"[2797] und verwies auf von ihm durchgeführte Konsultationen mit Vertretern aus Wirtschaft, Wissenschaft und Justiz.[2798] Zwar sei aus diesen Erörterungen hervorgegangen, dass eine Einschränkbarkeit auch ohne eine Ergänzung des Gesetzestextes bestehe, Teile der Wirtschaft hätten aber moniert, dass dies von den Instanzgerichten nicht hinreichend beachtet werde.[2799] Daher wurde eine Klarstellung der Regelung des Unterlassungsanspruchs als notwendig angesehen.[2800] Da der Unterlassungsanspruch aber grundsätzlich durchsetzungsstark sein müsse, bleibe die Einschränkungsmöglichkeit auf Ausnahmefälle beschränkt, in denen im Einzelfall die Nachteile einer Unterlassungsanordnung über das Ziel einer abschreckenden Wirkung hinausschießen würden.[2801]

Die Formulierung des nach dem DiskE vorgesehenen Wortlauts der Neuregelung ähnelt den Ausführungen des BGH in der *Wärmetauscher*-Entscheidung.[2802] Auf dieses Urteil berief sich der DiskE auch ausdrücklich.[2803] Ebenso wurde hervorgehoben, dass der Regelungsvorschlag im Einklang mit Art. 3 Abs. 2 der Durchsetzungsrichtlinie der EU und dem im GG über das Rechtsstaatsprinzip   verbürgten   Verhältnismäßigkeitsgrundsatz   stehe,   der   über   die

---

[2796] DiskE, S. 9.

[2797] DiskE, S. 30.

[2798] DiskE, S. 30.

[2799] DiskE, S. 30, 51 (Der DiskE nennt diesbzgl. beispielhaft die Automobilindustrie und Teile der Telekommunikationsbranche.).

[2800] DiskE, S. 30, 50.

[2801] DiskE, S. 32, 51.

[2802] BGH, Urt. v. 10.05.2016 – X ZR 114/13, GRUR 2016, 1031, Rn. 41 und 2. Leitsatz – *Wärmetauscher*; *Gärtner*, JIPLP 15 (2020), 228; *Harmsen*, GRUR 2021, 222, 223; *McGuire*, GRUR 2021, 775, 779.

[2803] DiskE, S. 32, 50.

§§ 242, 275 Abs. 2 BGB auch ohne eine Neuregelung bereits Eingang ins einfache Zivilrecht finden könne.[2804] Aufgrund der Vielfältigkeit der möglichen Fallgestaltungen und zu berücksichtigenden Gesichtspunkte sei der Entwurf bewusst als Generalklausel ohne im Gesetzestext benannte Kriterien oder Regelbeispiele ausgestaltet.[2805]

II.   Referentenentwurf

Unter dem Eindruck der zum DiskE beim BMJV eingegangenen Stellungnahmen zahlreicher Interessenvertreter und Beobachter[2806] sowie der Besprechung des DiskE in der rechtswissenschaftlichen Literatur[2807] hat das BMJV am 01.09.2020 einen geänderten RefE öffentlich zugänglich gemacht, der eine Ergänzung des § 139 Abs. 1 PatG a.F. um drei Sätze vorsah:

> [3]Der Anspruch ist ausgeschlossen, soweit die Erfüllung aufgrund der besonderen Umstände des Einzelfalles für den Verletzer oder Dritte zu unverhältnismäßigen, durch das Ausschließlichkeitsrecht nicht gerechtfertigten Nachteilen führen würde. [4]In diesem Fall kann der Verletzte einen Ausgleich in Geld verlangen, soweit dies angemessen erscheint. [5]Der Schadensersatzanspruch nach Absatz 2 bleibt hiervon unberührt.[2808]

Die Version des RefE des anzufügenden Satz 3 unterschied sich in zahlreichen Elementen vom Wortlaut der DiskE-Version. Der RefE fasste die Tatbestandselemente des Unverhältnismäßigkeitseinwandes in einen mit *soweit* eingeleiteten Nebensatz, während der DiskE den Einwand zwar auch mit *soweit* einleitete, die bei der Unverhältnismäßigkeit zu berücksichtigenden Aspekte aber in einen weiteren Nebensatz in Kausalkonstruktion (*weil*) auslagerte. Diese Umstellung an sich war isoliert betrachtet ohne Bedeutung für den Inhalt des Unverhältnismäßigkeitseinwands und scheint eine sprachliche Anpassung im Zusammenhang mit den weiteren Änderungen zu sein.[2809] Von diesen Änderungen fällt zuallererst ins Auge, dass der RefE nicht mehr an die *Durchsetzung des Unterlassungsanspruchs* anknüpfte, sondern an die *Erfüllung*.[2810] Es sollte betont werden, dass eine Einschränkung aus Unverhältnismäßigkeitsgründen unabhängig von einer tatsächlichen gerichtlichen Durchsetzung des Unterlassungsanspruchs, also auch

---

[2804]   DiskE, S. 32, 50.

[2805]   DiskE, S. 51.

[2806]   Siehe: o.A., Zweites Gesetz zur Vereinfachung und Modernisierung des Patentrechts, https://www.bmj.de/SharedDocs/Gesetzgebungsverfahren/DE/2021_Patentrecht_Modernisierung_PatMoG_2.html (zuletzt abgerufen am 30.06.2023).

[2807]   *Fitzner/Munsch*, Mitt. 2020, 250; *Gärtner*, JIPLP 15 (2020), 228; *Helwig*, IPRB 2020, 112; *Kessler*, Mitt. 2020, 108; *Schönbohm/Ackermann-Blome*, Mitt. 2020, 101; *dies.*, GRUR Int. 2020, 578; *Stierle*, GRUR 2020, 262; *Tilmann*, Mitt. 2020, 245.

[2808]   RefE, S. 10.

[2809]   *Stierle*, Mitt. 2020, 486, 488.

[2810]   *Helwig*, IPRB 2020, 262, 263; *McGuire*, Mitt. 2022, 49; *L. Tochtermann*, Mitt. 2021, 253.

außergerichtlich, gelte.[2811] Die ebenfalls geänderte Entwurfsbegründung betonte an dieser Stelle eine Ähnlichkeit zur Sachverhaltskonstellation beim Leistungsverweigerungsrecht des § 275 Abs. 2 BGB.[2812]

Des Weiteren wurde bei der Erwähnung der *besonderen Umstände* ergänzt, dass es auf die *besonderen Umstände des Einzelfalls* ankomme, was den Ausnahmecharakter stärker betonte.[2813] Im Kontrast dazu stand die Herabsetzung der Schwelle der den Einwand auslösenden Einwirkungen von einer *nicht gerechtfertigten Härte* auf *nicht gerechtfertigte Nachteile*.[2814] Die RefE-Begründung schweigt sich zu dieser Änderung und ihren Beweggründen allerdings aus.

Eine umfassende Änderung hat der Mittelteil des die Tatbestandsvoraussetzungen benennenden Nebensatzes erfahren. Hier wurde der Teil gestrichen, der die Einschränkbarkeit *unter Beachtung des Interesses des Patentinhabers gegenüber dem Verletzer und der Gebote von Treu und Glauben* zuließ.[2815] Die *Gebote von Treu und Glauben* fanden sich im RefE gar nicht mehr wieder. Als zu berücksichtigende Personen wurden neben dem *Verletzer* auch *Dritte* genannt.[2816] Das *Interesse des Patentinhabers* wurde nicht mehr explizit aufgeführt. Aus den Kreisen der Befürworter der Neuregelung wurde dies in Reaktion auf den DiskE so angeregt, um eine einseitige Konzentration auf die Interessen des Patentinhabers zu vermeiden und eine umfassende Abwägung aller in Betracht kommenden Interessen zu gewährleisten.[2817]

Die Berücksichtigung von Drittinteressen stellte eine geradezu diametrale Änderung im Vergleich zum Diskussionsentwurf dar.[2818] In diesem waren Drittinteressen laut DiskE-Begründung nur mittelbar relevant, wenn dem Verletzer aufgrund der Unterlassungsverpflichtung der Verlust von Marktanteilen drohte, weil seine Abnehmer auf andere Lieferanten ausweichen würden.[2819] Ebenso wie in der Begründung des DiskE referierte die Begründung des RefE dazu die *Herzklappen I*-Entscheidung des LG Düsseldorf, grenzte sich im RefE dazu aber ausdrücklich ab.[2820] Das Patentrecht erlaube die Berücksichtigung von Drittinteressen und dies entspreche auch der Sichtweise der Europäischen Kommission zur Durchsetzung von gewerblichen Schutzrechten.[2821] Ausdrücklich nannte die RefE-Begründung die Gefahr der Unterbrechung der Versorgung von

---

[2811] RefE, S. 60; *L. Tochtermann*, Mitt. 2021, 253.

[2812] RefE, S. 60.

[2813] *Würtenberger/Freischem*, GRUR 2020, 1278, 1280.

[2814] *Stierle*, Mitt. 2020, 486, 488; *Würtenberger/Freischem*, GRUR 2020, 1278, 1280.

[2815] *Stierle*, Mitt. 2020, 486, 488.

[2816] *Stierle*, Mitt. 2020, 486, 488–489; *Würtenberger/Freischem*, GRUR 2020, 1278, 1280.

[2817] *Stierle*, GRUR 2020, 262, 264.

[2818] *Ders.*, Mitt. 2020, 486, 488.

[2819] DiskE, S. 53.

[2820] RefE, S. 63-64.

[2821] RefE, S. 63-64; unter Verweis auf: Mitteilung der Kommission an das Europäische Parlament, den Rat und den Europäischen Wirtschafts- und Sozialausschuss vom 29.11.2017 – Leitfaden zu bestimmten Aspekten der Richtlinie 2004/48/EG des Europäischen Parlaments und des Rates zur Durchsetzung der Rechte des geistigen Eigentums, COM(2017) 708 final, S. 23.

Patienten mit lebenswichtigen patentnutzenden Produkten.[2822] Die im Zeitraum des Gesetzgebungsverfahrens das öffentliche Leben maßgeblich bestimmende Covid-19-Pandemie wurde in der Begründung nicht ausdrücklich genannt, mag aber ihren Einfluss auf das Umschwenken der Entwurfsverfasser gehabt haben.[2823]

Ebenfalls gänzlich neu war die Regelung eines Entschädigungsanspruchs des Patentinhabers bei Ausschluss des Unterlassungsanspruchs nach dem neuen Satz 4, den der RefE vorschlug.[2824] Dieser sollte ermöglichen, dass dem Patentinhaber im gleichen Urteil, in dem der Unterlassungsanspruch eingeschränkt werde, eine verschuldensunabhängige Entschädigung zugesprochen werden könne.[2825] Der verschuldensabhängige Schadensersatzanspruch sollte nach dem neu vorgeschlagenen Satz 5 der Regelung davon unberührt bleiben.[2826]

Der RefE sah außerdem eine der Ergänzung des § 139 PatG a.F. entsprechende Hinzufügung zum in § 24 GebrMG enthaltenen gebrauchsmusterrechtlichen Unterlassungsanspruch vor,[2827] um einen Gleichlauf dieser technischen Schutzrechte und ihrer Einschränkung aus Unverhältnismäßigkeitsgründen zu erreichen.[2828] Hinsichtlich anderer Schutzrechte sei neben der unberührt bleibenden Rechtsprechung zu § 242 BGB kein Tätigwerden nötig.[2829] In den nebenstrafrechtlichen Bestimmungen des § 142 PatG und des § 25 GebrMG ergänzte der RefE zudem einen persönlichen Strafausschließungsgrund für Verletzer für die Zeit eines Ausschlusses des Unterlassungsanspruchs,[2830] um eine Einschränkung des Unterlassungsanspruchs nicht durch die Strafbarkeit der weiteren – während der Ausnutzung beispielsweise einer Aufbrauchfrist der Natur der Sache nach vorsätzlichen[2831] – Patentnutzung zu konterkarieren.[2832] Die Rechtswidrigkeit der Patentverletzung bleibe insgesamt aber unberührt.[2833]

Insgesamt kann in der Version des RefE eine Entfernung von der Formulierung des BGH in der Sache *Wärmetauscher* und eine Ausweitung des Anwendungsbereichs des Unverhältnismäßigkeitseinwands sowie eine Absenkung seiner Hürden zugunsten des Verletzers im Vergleich

---

[2822] RefE, S. 64.
[2823] *Stierle*, JZ 2021, 71, 78.
[2824] *Ohly/Stierle*, GRUR 2021, 1229, 1233; *Stierle*, Mitt. 2020, 486, 489.
[2825] RefE, S. 64.
[2826] RefE, S. 64.
[2827] RefE, S. 14.
[2828] RefE, S. 35-36, 64.
[2829] RefE, S. 36, 64.
[2830] RefE, S. 10, 14; *McGuire/Bartke*, Mitt. 2022, 377, 380-381, 383.
[2831] *Stierle*, GRUR 2020, 262, 265.
[2832] RefE, S. 36, 65; *McGuire*, Mitt. 2022, 49, 57; *McGuire/Bartke*, Mitt. 2022, 377, 380–381.
[2833] RefE, S. 64-65.

zum DiskE gesehen werden[2834]. Auch der RefE wurde von den betroffenen Kreisen[2835] und der Literatur umfassend kommentiert.[2836]

III. Regierungsentwurf

Die Bundesregierung veröffentlichte am 28.10.2020 einen weiteren Entwurf, den sie, wie es in Art. 76 GG vorgesehen ist, nach Zuleitung an den Bundesrat[2837] am 13.01.2021 in den Bundestag einbrachte.[2838] Dieser im Vergleich zum RefE erneut geänderte RegE lautete:

> [3]Der Anspruch ist ausgeschlossen, soweit die Inanspruchnahme aufgrund der besonderen Umstände des Einzelfalls für den Verletzer oder Dritte zu einer unverhältnismäßigen, durch das Ausschließlichkeitsrecht nicht gerechtfertigten Härte führen würde. [4]In diesem Fall kann der Verletzte einen Ausgleich in Geld verlangen, soweit dies angemessen erscheint. [5]Der Schadensersatzanspruch nach Absatz 2 bleibt hiervon unberührt.[2839]

Der Anknüpfungspunkt des Unverhältnismäßigkeitseinwands wurde abermals geändert und bestand, nachdem im DiskE an die *Durchsetzung* und im RefE an die *Erfüllung* des Unterlassungsanspruchs angeknüpft werden sollte, nun in der Anknüpfung an die *Inanspruchnahme*.[2840] In der Gesetzesbegründung wurde eine Aussage, dass der Anspruchsausschluss auch außergerichtlich gelten sollte, wieder entfernt und es blieb nur noch bei dem Hinweis auf eine Parallele zur Sachverhaltskonstellation des § 275 Abs. 2 BGB.[2841] Ergänzt wurde die Anmerkung, dass eine Unverhältnismäßigkeitsprüfung durch die Rechtsprechung nur erforderlich sei, wenn der Verletzer durch seinen Vortrag dazu Anlass gebe.[2842] Ebenso wurde hinzugefügt, dass durch das einleitende Wort *soweit* den Gerichten die Möglichkeit einer Teilsuspendierung ausdrücklich eingeräumt sei.[2843] Der RegE orientiert sich also insgesamt wieder stärker an einer gerichtlichen Geltendmachung des Unterlassungsanspruchs, was dem Szenario entspricht, in welchem dem

---

[2834] *Würtenberger/Freischem*, GRUR 2020, 1278, 1279–1280.

[2835] Siehe: o.A., Zweites Gesetz zur Vereinfachung und Modernisierung des Patentrechts, https://www.bmj.de/SharedDocs/Gesetzgebungsverfahren/DE/2021_Patentrecht_Modernisierung_PatMoG_2.html (zuletzt abgerufen am 30.06.2023).

[2836] *Busche*, GRUR 2021, 157; *Gärtner/Plagge*, JIPLP 15 (2020), 937; *Helwig*, IPRB 2020, 262; *Nieder*, FS Rojahn (2021), 185; *Sendrowski*, Mitt. 2020, 533; *Stierle*, Mitt. 2020, 486; *Würtenberger/Freischem*, GRUR 2020, 1278.

[2837] BR-Drs. 683/20.

[2838] BT-Drs. 19/25821.

[2839] BT-Drs. 19/25821, S. 12.

[2840] *McGuire*, Mitt. 2022, 49; *L. Tochtermann*, Mitt. 2021, 253–254.

[2841] BT-Drs. 19/25821, S. 52.

[2842] BT-Drs. 19/25821, S. 55.

[2843] BT-Drs. 19/25821, S. 55.

Unverhältnismäßigkeitseinwand in der Praxis realistischerweise eine Bedeutung zukommen kann.

Um die im RefE abgesenkte Schwelle des Unverhältnismäßigkeitseinwandes wieder anzuheben, ersetzte der RegE die im RefE vorgesehenen *Nachteile* für den Verletzer oder Dritte durch die im DiskE bereits vorgesehene *Härte* und näherte sich damit der Formulierung der *Wärmetauscher*-Entscheidung wieder an.[2844] In der Begründung wurde diesbezüglich hinzugefügt, dass eine Einschränkung des Ausschließlichkeitsrechts des Patentinhabers nur in besonders gelagerten Ausnahmefällen in Betracht komme.[2845] Ein dauerhafter Ausschluss des Unterlassungsanspruchs sei – wie ergänzt wurde – auf besonders gelagerte extreme Fälle beschränkt.[2846] Außerdem wurden die Gebote von Treu und Glauben im RegE zwar weiterhin nicht im Wortlaut erwähnt, in der Begründung aber in Zusammenhang mit der Abwägung der Gesamtumstände zusätzlich angeführt.[2847]

Ebenfalls verschärft wurde die Begründung hinsichtlich der Drittinteressen, wo es nun hieß, dass bloße Nachteile für Dritte grundsätzlich eine normale Folge des Unterlassungsanspruchs sein könnten und daher für sich genommen keine Unverhältnismäßigkeit begründen würden.[2848] Um im Wege des Unverhältnismäßigkeitseinwands Beachtung zu finden, müssten Drittinteressen in Form einer Grundrechtsbeeinträchtigung Dritter betroffen sein, die eindeutig eine solche Härte darstellte, dass das Recht des Patentinhabers zurückzutreten habe.[2849]

Neben der Besprechung in der Literatur[2850] ist als Reaktion auf den RegE eine Stellungnahme des Bundesrates nach Art. 76 Abs. 2 GG zu verzeichnen.[2851] Der Bundesrat befürchtete, dass durch eine zu weite Fassung des Unverhältnismäßigkeitseinwandes die Verfahrensdauer vor den Verletzungsgerichten durch die Befassung mit Unverhältnismäßigkeitsgesichtspunkten verlängert werden könnte.[2852] Da der Wortlaut der Neuregelung kaum Anhaltspunkte für die Bestimmung einer Unverhältnismäßigkeit gebe, ein dauerhafter Ausschluss zumindest möglich sei und Treuwidrigkeitselemente im Wortlaut des RegE gänzlich fehlen würden, entferne sich der Gesetzesvorschlag von der vom Bundesrat befürworteten *Wärmetauscher*-Rechtsprechung und zwinge den Verletzungsgerichten über eine bloße Klarstellung der vorherigen Rechtslage hinaus eine eingehendere Prüfung auf, ohne ihnen dafür Orientierung bietende Kriterien oder Regelbeispiele an die Hand zu geben.[2853] Die Bundesregierung wies diese Kritik in einer Gegenäußerung

---

[2844] BT-Drs. 19/25821, S. 77; *Helwig*, IPRB 2020, 269.

[2845] BT-Drs. 19/25821, S. 53.

[2846] BT-Drs. 19/25821, S. 56.

[2847] BT-Drs. 19/25821, S. 53.

[2848] BT-Drs. 19/25821, S. 55.

[2849] BT-Drs. 19/25821, S. 55.

[2850] *McGuire*, GRUR 2021, 775; *Ohly*, GRUR 2021, 304; *Schacht*, GRUR 2021, 440; *L. Tochtermann*, Mitt. 2021, 253; *vom Feld/Hozuri*, FS Rojahn (2021), 209; *Zhu*, GRUR-Prax 2021, 193.

[2851] BT-Drs. 19/25821, S. 74-75.

[2852] BT-Drs. 19/25821, S. 75.

[2853] BT-Drs. 19/25821, S. 74-75.

zurück und betonte, dass der Unverhältnismäßigkeitseinwand nach dem von ihr eingebrachten Entwurf Ausnahmecharakter habe.[2854]

IV. Ausschussfassung und finales Gesetz

Der RegE wurde am 27.01.2021 erstmalig im Bundestag debattiert und anschließend in die Ausschussberatung überwiesen, die federführend der Ausschuss für Recht und Verbraucherschutz übernahm.[2855] Dieser verabschiedete nach einer Sachverständigenanhörung vom 24.02.2021[2856] am 09.06.2021 eine Beschlussempfehlung zur Annahme des Gesetzesentwurfs der Bundesregierung in einer abermals geänderten Fassung.[2857] Diese lautete:

> [3]Der Anspruch ist ausgeschlossen, soweit die Inanspruchnahme aufgrund der besonderen Umstände des Einzelfalls und der Gebote von Treu und Glauben für den Verletzer oder Dritte zu einer unverhältnismäßigen, durch das Ausschließlichkeitsrecht nicht gerechtfertigten Härte führen würde. [4]In diesem Fall ist dem Verletzten ein angemessener Ausgleich in Geld zu gewähren. [5]Der Schadensersatzanspruch nach Absatz 2 bleibt hiervon unberührt.[2858]

Der Ausschuss fügte die *Gebote von Treu und Glauben* wieder in den Wortlaut ein. Dadurch sollte klargestellt werden, dass der Unverhältnismäßigkeitseinwand eine Gesamtabwägung voraussetze, die auch die berechtigten Interessen des Patentinhabers mit einzubeziehen habe.[2859]

Außerdem wurde der Entschädigungsanspruch in Satz 4 so umformuliert, dass er bei Ausschluss des Unterlassungsanspruchs zwingend zu gewähren ist und nicht mehr hinsichtlich des ‚Ob' sondern nur noch der Höhe nach einer Angemessenheitsprüfung unterzogen wird.[2860] Die Höhe der Entschädigung sei nach Verhältnismäßigkeitserwägungen zu bestimmen, wobei zu berücksichtigen sei, dass das Ausschließlichkeitsrecht des Patentinhabers durch den Unverhältnismäßigkeitseinwand beschränkt werde.[2861] Außer bei mangelnder Schutzwürdigkeit eines beispielsweise rein missbräuchlich vorgehenden Patentinhabers sei als Entschädigung in der Regel mindestens eine fiktive angemessene Lizenzgebühr zu zahlen.[2862]

Die Ausschussfassung wurde am 10.06.2021 in 2. und 3. Lesung im Bundestag behandelt und in dieser Form als Gesetz angenommen.[2863] Der Bundesrat stellte in seiner erneuten Befassung

---

[2854] BT-Drs. 19/25821, S. 76-77.
[2855] BT-Plenarprotokoll 19/205, S. 25818D–25825A; BT-Drs. 19/30498, S. 41.
[2856] Ausschuss für Recht und Verbraucherschutz, Wortprotokoll der 132. Sitzung, Protokoll-Nr. 19/132.
[2857] BT-Drs. 19/30498.
[2858] BT-Drs. 19/30498, S. 12.
[2859] BT-Drs. 19/30498, S. 56; *Meckel*, GRUR-Prax 2021, 585, 586.
[2860] BT-Drs. 19/30498, S. 56; *Meckel*, GRUR-Prax 2021, 585, 587.
[2861] BT-Drs. 19/30498, S. 56.
[2862] BT-Drs. 19/30498, S. 56.
[2863] BT-Plenarprotokoll 19/233, S. 30122D–30124A; *Meckel*, GRUR-Prax 2021, 585.

mit der Neuregelung am 25.06.2021 keinen Antrag auf Anrufung eines Vermittlungsausschusses.[2864] Anschließend wurde das Gesetz am 10.08.2021 ausgefertigt und am 17.08.2021 verkündet.[2865] Die Neuregelung des § 139 Abs. 1 PatG trat nach Art. 13 Abs. 1 des 2. PatMoG am Folgetag, also am 18.08.2021, in Kraft.[2866]

D.   Wirkung von § 139 Abs. 1 S. 3-5 PatG

Nachdem der Unverhältnismäßigkeitseinwand bis zu seiner Gesetzwerdung einen veränderungsreichen Prozess der Kodifizierung durchlaufen hat, stellt sich die Frage, welche Wirkung der Neuregelung in Bezug auf die Ansprüche eines Patentinhabers zukommt. Dass die Antwort auf diese Frage in manchen der im Folgenden zu klärenden Aspekte nicht ohne Weiteres klar auf der Hand liegt, ist nicht zuletzt auf den häufigen Austausch zahlreicher Wortlaut- und Begründungselemente der Neuregelung zurückzuführen.[2867]

I.   Wirkungsebenen

Hinsichtlich der Rechtswirkungen des Unverhältnismäßigkeitseinwandes sind verschiedene Ebenen der rechtlichen Beurteilung auseinanderzuhalten, die zwar zusammenhängen, aber in der Diskussion um die Wirkung und Rechtsnatur des § 139 Abs. 1 S. 3 PatG und allgemein von Aufbrauchfristen häufig unglücklich miteinander vermischt werden: Auf einer ersten Wirkungsebene geht es um die Einordnung als materiell-rechtlicher oder rein prozessual oder vollstreckungsrechtlich bedeutsamer Einwand. Hinsichtlich der von dem Einwand umfassten Patentnutzung ist dann wiederum zu erörtern, ob diese durch den Einwand in einer Weise legitimiert wird, dass sie als rechtmäßig anzusehen ist oder ob sie rechtswidrig bleibt. Des Weiteren muss die Überlegung angestellt werden, ob der Einwand eine rechtshindernde, rechtsvernichtende oder rechtshemmende Wirkung hat. Von diesen Untersuchungsebenen zu trennen[2868] ist sodann die dogmatische Einordnung des Unverhältnismäßigkeitseinwands als Einwendung oder Einrede.[2869]

[2864]   BR-Plenarprotokoll 1006, S. 284, 336, TOP 34a; BR-Drs. 517/21.

[2865]   Zweites Gesetz zur Vereinfachung und Modernisierung des Patentrechts (2. PatMoG) v. 10.08.2021, BGBl. 2021 I S. 3490.

[2866]   Zweites Gesetz zur Vereinfachung und Modernisierung des Patentrechts (2. PatMoG) v. 10.08.2021, BGBl. 2021 I S. 3490, 3502.

[2867]   *McGuire*, Mitt. 2022, 49, 52.

[2868]   So auch: *Plagge*, Der patentrechtliche Unterlassungsanspruch, S. 335.

[2869]   Dazu: 4. Teil Kap. D. II. (S. 364 ff.).

1. Materiell-rechtliche Einschränkung

Auf einer ersten Einordnungsebene ist zunächst festzustellen, dass der Unverhältnismäßigkeitseinwand eine materiell-rechtliche Einschränkung des patentrechtlichen Unterlassungsanspruchs darstellt.[2870] Die Beschränkung des Unterlassungsbegehrens des Patentinhabers erfolgt nicht zur Wahrung prozessualer Belange, sondern auf der Grundlage sachlich-inhaltlicher Erwägungen.[2871] Der Unverhältnismäßigkeitseinwand ist im Patentverletzungsprozess also eine Frage der Begründetheit einer Klage auf Unterlassung und nicht der Zulässigkeit oder der Vollstreckbarkeit.[2872] Auch stellt er keine ins richterliche Ermessen gestellte Prozessmaßnahme dar, sondern ist bei Vorliegen seiner Voraussetzungen als materiell-rechtlich erforderliche Einschränkung des Unterlassungsanspruchs zuzugestehen.[2873]

Damit ist noch nichts darüber gesagt, ob der Unterlassungsanspruch seinem Inhalt nach gehindert oder vernichtet wird oder nur seine Durchsetzung (auf materiell-rechtlicher Grundlage) gehemmt wird. In jedem Fall aber kann eine materiell-rechtliche Beschränkung des Unterlassungsanspruchs sowohl bei gerichtlicher als auch bei außergerichtlicher Inanspruchnahme gelten.[2874] Der Gesetzgeber entschied sich für die Anknüpfung an die *Inanspruchnahme* und kehrte nicht zur Anknüpfung an die *Durchsetzung* wie noch im DiskE zurück, wobei selbst bei der Wahl des Wortes *Durchsetzung* der außergerichtliche Bereich nicht zwingend ausscheiden müsste. Von der im RefE gewählten Anknüpfung an die *Erfüllung* wich der Gesetzgeber deshalb ab, weil befürchtet wurde, dass sonst eine Vorverlagerung der Prüfung der Voraussetzungen des Unverhältnismäßigkeitseinwands auf den Zeitpunkt der Verletzungshandlung statt des Zeitpunkts der Inanspruchnahme durch den Patentinhaber stattfinden würde.[2875]

Eine Inanspruchnahme kann aber gerichtlich wie außergerichtlich erfolgen. Dem steht auch nicht entgegen, dass der Gesetzgeber einen im RefE enthaltenen ausdrücklichen Hinweis auf die außergerichtliche Geltung[2876] aus der Begründung wieder entfernte. Der Gesetzgeber rüttelt damit nicht am Charakter des § 139 Abs. 1 S. 3 PatG als materiell-rechtliche Ausübungsschranke, sondern fokussiert die Gesetzesbegründung lediglich auf den in der Praxis relevanten Fall der gerichtlichen Durchsetzung. Denn unbeschadet des Vorliegens einer Unverhältnismäßigkeit bei außergerichtlicher Inanspruchnahme wird der Einwand seine dem Verletzer günstigen Wirkungen kaum aufgrund der bloßen Strahlkraft der Existenz des Einwands entfalten, sondern

---

[2870] *Ohly*, GRUR 2021, 304, 305; *Ohly/Stierle*, GRUR 2021, 1229, 1233; *Schacht*, GRUR 2021, 440; zum Wettbewerbsrecht: *Köhler*, GRUR 1996, 82, 90; allgemein zu Aufbrauchfristen: *Berlit*, WRP 1998, 250–251; *Ulrich*, GRUR 1991, 26.

[2871] *Ulrich*, GRUR 1991, 26–27.

[2872] *Ohly*, GRUR 2021, 304, 305; *Ohly/Stierle*, GRUR 2021, 1229, 1233.

[2873] *Köhler*, GRUR 1996, 82, 90; *Stierle/Hofmann*, GRUR Int. 2022, 1123, 1127, 1129.

[2874] *Kühnen*, Hdb. Patentverletzung, Kap. D Rn. 573; *Ohly*, GRUR 2021, 304, 305.

[2875] *L. Tochtermann*, Mitt. 2021, 253–254; *Würtenberger/Freischem*, GRUR 2020, 1278, 1279.

[2876] RefE, S. 60.

in den relevanten pathologischen Fällen erst im Rahmen einer gerichtlichen Inanspruchnahme sichtbar werden.

2. Fortbestand der Rechtswidrigkeit

Für die wirtschaftliche Stellung des Patentinhabers, der sich mit dem Unverhältnismäßigkeitseinwand konfrontiert sieht, ist darüber hinaus die Frage bedeutsam, ob vom Unverhältnismäßigkeitseinwand gedeckte Benutzungshandlungen rechtmäßig oder rechtswidrig sind. Denn eine Legalisierung würde auch anderen Ansprüchen, insbesondere dem Schadensersatzanspruch, die Grundlage entziehen.

Schon in *Heuwerbungsmaschine II* hat der BGH bei der Kommentierung einer Aufbrauchfrist angenommen, dass die Aufbrauchfrist zwar den Unterlassungsanspruch einschränken möge, die Rechtswidrigkeit der Nutzung aber unberührt lasse.[2877] Auch der Gesetzgeber des 2. PatMoG lehnt eine Legalisierungswirkung ab.[2878] Dies kommt auch in § 139 Abs. 1 S. 5 PatG zum Ausdruck, der bestimmt, dass der Schadensersatzanspruch unberührt bleibt.[2879] Der Unverhältnismäßigkeitseinwand lässt die grundsätzliche Wirkung des Patents als Ausschließlichkeitsrecht bestehen.[2880] Ihm kommt gerade nicht die Wirkung zu, welche die patentrechtliche Zwangslizenz nach § 24 PatG mit sich bringt, dass nämlich dem Verletzer ein Nutzungsrecht mit allen Folgen einer solchen Lizenzierungswirkung eingeräumt wird.[2881] Die Patentnutzung bleibt trotz Unverhältnismäßigkeitseinwand also rechtswidrig.[2882]

3. Durchsetzungshindernis

Auf einer weiteren Ebene ist zu klären, ob der Unverhältnismäßigkeitseinwand den Unterlassungsanspruch in seiner Entstehung (teilweise) hindert,[2883] ihn (teilweise) vernichtet[2884] oder seine Durchsetzbarkeit hemmt.[2885] Insbesondere diese Frage wird oftmals mit der dogmatischen Einordnung als Einwendung oder Einrede derart vermengt, dass etwa einer Einordnung als Einwendung zugleich automatisch ein rechtsvernichtender Charakter entnommen wird oder die

---

[2877] BGH, Urt. v. 02.12.1980 – X ZR 16/79, GRUR 1981, 259, 260 – *Heuwerbungsmaschine II.*
[2878] BT-Drs. 19/25821, S. 55; *Zhu,* GRUR-Prax 2021, 193, 194.
[2879] *Stierle,* Mitt. 2020, 486, 489; *Wagner,* GRUR 2022, 294, 297–298.
[2880] *Ohly,* GRUR 2021, 304, 308; *Stierle,* Mitt. 2020, 486, 489.
[2881] BT-Drs. 19/25821, S. 55; Benkard PatG/*Grabinski/Zülch/P. Tochtermann,* § 139 PatG Rn. 32m; *Stierle,* Mitt. 2020, 486, 489.
[2882] *Kühnen,* Hdb. Patentverletzung, Kap. D Rn. 606; *Nieder,* FS Rojahn (2021), 185, 193; *Ohly,* GRUR 2021, 304, 308; *Ohly/Stierle,* GRUR 2021, 1229, 1232–1233; *Osterrieth,* FS Fezer (2016), 1035, 1046–1047; Busse/Keukenschrijver/*G. Werner,* § 139 PatG Rn. 92.
[2883] So: *Ann,* PatR, § 35 Rn. 16.
[2884] So: Samer/*Samer,* § 1 Rn. 102; *Sendrowski,* Mitt. 2020, 533, 534; *Stierle,* GRUR 2020, 262, 264.
[2885] So: *Kühnen,* Hdb. Patentverletzung, Kap. D Rn. 573

Attribute *rechtshindernd, rechtsvernichtend* oder *rechtshemmend* ohne weitere Untersuchung in der Diskussion um das Vorliegen einer Einwendung oder Einrede mitgenannt werden. Das mag auch daran liegen, dass die Einordnung des auf Richterrecht basierenden Unverhältnismäßigkeitseinwandes in die üblichen dogmatischen Kategorien der Gesetzgebungstechnik schwerfällt.[2886]

Zunächst ist abzulehnen und wird von den Vertretern dieser Ansicht auch nicht begründet, dass der Unterlassungsanspruch bei Unverhältnismäßigkeit schon in seiner Entstehung gehindert sein soll. Mit der unerlaubten Nutzung einer patentgeschützten Lehre gelangt der Unterlassungsanspruch zur Entstehung.[2887] § 139 Abs. 1 S. 3 PatG ändert dies nicht. Anders als die in Bezug auf die Ansprüche aus § 1004 Abs. 1 BGB bestehende rechtshindernde Einwendung aus § 1004 Abs. 2 BGB, die bei Bestehen einer Duldungspflicht die Rechtswidrigkeit der Eigentumsstörung ausschließt und daher das Vorliegen einer Anspruchsvoraussetzung vereitelt,[2888] hindert § 139 Abs. 1 S. 3 PatG, wie gezeigt, weder die Rechtswidrigkeit der Patentnutzung noch eine andere Entstehungsvoraussetzung. Die Frage ist also vielmehr, ob der Unterlassungsanspruch durch den Unverhältnismäßigkeitseinwand sodann (teilweise) vernichtet oder gehemmt wird.

Der Wortlaut des § 139 Abs. 1 S. 3 PatG (*Der Anspruch ist ausgeschlossen, soweit [....]*) entspricht der klassischen Formulierung bei rechtsvernichtender Wirkung wie sie auch bei der tatsächlichen Unmöglichkeit nach § 275 Abs. 1 BGB besteht.[2889] Allerdings führt diese Wirkung bei einem zeitlich begrenzten Teilausschluss wegen Unverhältnismäßigkeit, was der angestrebten Regelfolge des Unverhältnismäßigkeitseinwands entspricht,[2890] dazu, dass eine zeitlich und/oder sachlich begrenzte Teilvernichtung konstruiert werden muss, was im Anwendungsbereich dieser Teilvernichtung, also etwa während einer laufenden Aufbrauchfrist, aber einer vollständigen Vernichtung des Unterlassungsanspruchs gleichkommt, der sodann nach Ablauf der Aufbrauchfrist wieder aufleben müsste.[2891] Wenn aber ein eigentlich bestehender Anspruch wie hier nur für einen bestimmten Zeitraum in seiner Durchsetzung gehindert und ansonsten in seinem Bestand nicht angegriffen werden soll, so hält das Zivilrecht dafür die Rechtsfigur der Anspruchshemmung bereit.[2892]

Ein anspruchshemmendes Durchsetzungshindernis ist auch das, was der Gesetzgeber normieren wollte.[2893] Bei allen späteren Abweichungen in der Genese der Norm lehnt sich die Kodifizierung des Unverhältnismäßigkeitseinwandes an die *Wärmetauscher*-Rechtsprechung an.[2894]

[2886] *L. Tochtermann*, Mitt. 2021, 253, 257.

[2887] Benkard PatG/*Grabinski/Zülch/P. Tochtermann*, § 139 PatG Rn. 13.

[2888] BeckOK BGB/*Fritzsche*, § 1004 BGB Rn. 107.

[2889] *L. Tochtermann*, Mitt. 2021, 253, 254.

[2890] BT-Drs. 19/25821, S. 55–56.

[2891] *McGuire*, Mitt. 2022, 49, 52.

[2892] *L. Tochtermann*, Mitt. 2021, 253, 254.

[2893] *Dies.*, Mitt. 2021, 253, 256–257.

[2894] *Dies.*, Mitt. 2021, 253, 254.

Der BGH sieht darin die Einräumung einer Aufbrauchfrist als Einschränkung der „sofortige[n] Durchsetzung des Unterlassungsanspruchs"[2895] an. Der Gesetzgeber rekurriert auf diese Rechtsprechung[2896] und spricht im Zusammenhang mit dem grundsätzlich vorrangigen Interesse des Patentinhabers von dessen betroffenem Interesse „an der Durchsetzung seines Unterlassungsanspruchs"[2897]. Mit dem Rückgriff auf die zur Herleitung einer Aufbrauchfrist auf § 242 BGB abstellende *Wärmetauscher*-Entscheidung, dem Abstellen auf die Durchsetzung und der im DiskE bereits vorhandenen und in der endgültigen Gesetzesfassung wieder eingefügten ausdrücklichen Erwähnung der Gebote von Treu und Glauben im Gesetzeswortlaut macht der Gesetzgeber deutlich, dass er § 139 Abs. 1 S. 3 PatG als Konkretisierung der in § 242 BGB enthaltenen Ausübungsschranke sieht.[2898] Betrifft eine Einschränkung nach Treuwidrigkeitsgesichtspunkten aber nur die Ausübung eines Rechts, so bleibt es in seinem Bestand unangetastet und nur die Durchsetzung wird gehemmt.[2899] Der Unverhältnismäßigkeitseinwand kommt auch hinsichtlich der vorzunehmenden Interessenabwägung einer Anspruchshemmung wegen Unverhältnismäßigkeit, die aus dieser Abwägung hervorgeht, näher als einer Anspruchsvernichtung wegen Unmöglichkeit.[2900]

Wenn aber nun der gesetzgewordene Wortlaut einer Auslegung als Durchsetzungshindernis entgegenstehend würde, könnte der Wille des Gesetzgebers zur Schaffung eines Durchsetzungshindernisses ins Leere gehen oder aus der Wahl der Formulierung darauf geschlossen werden, dass doch eine Rechtsvernichtung gewollt war. Da der Gesetzgeber von Anfang an aber im Wortlaut des Einwands von einem Anspruchsausschluss spricht (*Der Anspruch ist ausgeschlossen, soweit [....]*) und damit aber eine Umsetzung der an die Durchsetzung anknüpfenden *Wärmetauscher*-Rechtsprechung bewirken wollte,[2901] ist Letzteres auszuschließen. Dass die Formulierung in einer an § 275 Abs. 1 BGB angelehnten Form gewählt wurde, entspringt eher dem Willen, eine Gleichförmigkeit der Gesetzesformulierung mit den Unverhältnismäßigkeitseinwänden in den §§ 140a-140d PatG (Ansprüche auf Rückruf, Vernichtung etc.) zu erzielen, wofür auch die letztendliche Wahl der Anknüpfung an die auch dort zu findende *Inanspruchnahme* spricht.[2902]

[2895] BGH, Urt. v. 10.05.2016 – X ZR 114/13, GRUR 2016, 1031, Rn. 41 – *Wärmetauscher*.

[2896] BT-Drs. 19/25821, S. 52.

[2897] BT-Drs. 19/25821, S. 53.

[2898] Schulte/*D. Voß*, § 139 PatG Rn. 77.

[2899] *K. Ehlers*, GRUR 1967, 77, 79; BeckOGK/*Kähler*, § 242 BGB Rn. 530; Schulte/*D. Voß*, § 139 PatG Rn. 77.

[2900] *L. Tochtermann*, Mitt. 2021, 253, 254–255.

[2901] DiskE, S. 32, 50.

[2902] *L. Tochtermann*, Mitt. 2021, 253, 255; bereits anlässlich des DiskE auf die Formulierung dieser anderen Normen des PatG als eine Möglichkeit der Anknüpfung verweisend: *Stierle*, GRUR 2020, 262, 264 Fn. 27.

Da die Ansprüche auf Vernichtung und Rückruf etwa aber zuvörderst auf die Beseitigung eines rechtsverletzenden Zustands gerichtet sind, auch Sanktionscharakter haben und mit vorgenommener Vernichtung bzw. erfolgtem Rückruf erfüllt sind,[2903] der Unterlassungsanspruch aber in die Zukunft gerichtet bis zum Ablauf des Patents die erneute Nutzung verbietet,[2904] muss ein Anspruchsausschluss etwa beim Vernichtungsanspruch nicht das gleiche bedeuten wie beim Unterlassungsanspruch. Ist ein Folgenbeseitigungsanspruch wegen Unverhältnismäßigkeit einzuschränken, so ist die (Teil-)Vernichtung des Anspruchs die passende Rechtswirkung, da eine bloß vorübergehende Hemmung, nach deren Ablauf dann dennoch die volle (!) Folgenbeseitigung geschuldet wird, wenig Sinn ergibt. Die Folgenbeseitigung soll, soweit sie unverhältnismäßig ist, nicht lediglich verschoben werden. Die Unterlassungsverpflichtung unter einen Aufschub zu stellen, ermöglicht aber die begrenzte Weiternutzung der patentgeschützten Lehre, der mit Ablauf der Hemmung ein Nutzungsverbot und damit die Wiederdurchsetzbarkeit des Unterlassungsanspruchs folgt,[2905] ohne die während der Hemmung vorgenommen Nutzungen zu entwerten. Beim Unterlassungsanspruch ist ein teilweiser Anspruchsausschluss also mit einer rechtshemmenden Wirkung zu erzielen.

Dass der Gesetzgeber dennoch nicht einfach eine Formulierung gewählt hat, die statt an § 275 Abs. 1 BGB an den mit rechtshemmender Wirkung ausgestatteten § 275 Abs. 2 BGB angelehnt ist, liegt neben der Gleichförmigkeit mit den Formulierungen anderer Unverhältnismäßigkeitseinwände im PatG daran, dass er – wie noch gezeigt werden wird[2906] – kein Leistungsverweigerungsrecht in Form einer Einrede, sondern eine Einwendung kodifiziert hat, was eine Formulierung in Anlehnung an § 275 Abs. 2 BGB konterkariert hätte, da dessen Formulierung einen Einredecharakter nahelegt.[2907] Eine wie hier anzunehmende rechtshemmende Einwendung entspricht schlicht nicht den klassischen Kategorien der Legistik, die meist rechtsvernichtende Einwendungen oder rechtshemmende Einreden kennt, und hätte daher besser anders als die bekannten Einwandsformulierungen gefasst werden sollen.[2908]

Die unglückliche Anlehnung an § 275 Abs. 1 BGB und die Unverhältnismäßigkeitseinwände in den §§ 140a-140d PatG zeigt die Schwierigkeit, die mit einer Kodifizierung einhergeht, die ein richterrechtliches „Rechtsinstitut in Gesetzesform [gießt], welches seiner Grundkonzeption nach [...] eigentlich außerhalb des geschriebenen Rechts steht"[2909]. Wenn aber die klassischen Kategorisierungen in diesem Zusammenhang aufgrund des geäußerten Willens des Gesetzgebers nicht einschlägig sind und der Wortlaut in Bezug auf den Unterlassungsanspruch, wie gezeigt, einer

---

[2903] Benkard PatG/*Grabinski/Zülch/P. Tochtermann*, § 140a PatG Rn. 1-2, 10, 17.

[2904] Benkard PatG/*dies.*, § 139 PatG Rn. 13, 34.

[2905] BeckOGK/*Kähler*, § 242 BGB Rn. 530.

[2906] Siehe: 4. Teil Kap. D. II. 1. (S. 365 ff.).

[2907] *L. Tochtermann*, Mitt. 2021, 253, 257.

[2908] *Dies.*, Mitt. 2021, 253, 257, die zustimmungswürdig vorschlägt zu formulieren: „Die Durchsetzung des Anspruchs ist gehemmt, soweit [...]".

[2909] *Dies.*, Mitt. 2021, 253, 257.

Rechtshemmung nicht entgegensteht, sondern im hiesigen Kontext anders als bei klassischen rechtsvernichtenden Einwendungen zu verstehen ist, dann sollte nicht mit Verweis auf das Verständnis eines solchen Wortlauts im herkömmlichen Kontext eine nicht beabsichtigte Rechtswirkung angenommen werden. Die Ermittlung des objektivierten Willens des Gesetzgebers anhand der Gesetzesmaterialien zur Auslegung der Bedeutung des Wortlauts, dessen Wortwahl im Kontext der Neuregelung anders als es auf den ersten Blick scheinen mag, nicht eindeutig ist und im Sinnzusammenhang Anlass zur Auslegung gibt, ist zulässig und geboten.[2910] Der Unverhältnismäßigkeitseinwand des § 139 Abs. 1 S. 3 PatG ist daher als ein eine Rechtshemmung herbeiführendes Durchsetzungshindernis zu verstehen.

II. Dogmatische Einordnung

Getrennt von all den vorgenannten Rechtswirkungen auf den verschiedenen Wirkungsebenen ist die dogmatische Einordnung des Unverhältnismäßigkeitseinwands zu betrachten.[2911] Dabei wird diese Einordnung des § 139 Abs. 1 S. 3 PatG als Einwendung oder Einrede häufig zwar von geringer Bedeutung sein. Denn der Verletzer wird, wenn eine Unverhältnismäßigkeit in Betracht kommt, regelmäßig schon vorsichtshalber ausdrücklich den Einwand der Unverhältnismäßigkeit erheben oder man wird seinen entsprechenden Sachvortrag als konkludente Einredeerhebung auffassen können.[2912] Dennoch ist die Einordnung nicht nur von akademischer Natur, sondern überall da prozessentscheidend, wo es einen Unterschied macht, ob eine Berücksichtigung von Amts wegen (Einwendung) oder erst auf ausdrückliche Erhebung einer Einrede erfolgt. Ist der beklagte Patentverletzer beispielsweise im Prozess säumig, entscheidet sich anhand der dogmatischen Einordnung, ob vom Kläger vorgetragene eine Unverhältnismäßigkeit begründende Umstände ohne eine ausdrückliche Erhebung eines diesbezüglichen Gegenrechts durch den Verletzer berücksichtigt werden können.[2913] Angeführt werden auch Fallgestaltungen, in denen der Verletzer den Unverhältnismäßigkeitseinwand bewusst nicht erheben will, etwa um dem Entschädigungsanspruch nach § 139 Abs. 1 S. 4 PatG zu entgehen oder weil ausschließlich Härten für Dritte bestehen.[2914]

[2910] BVerfG, Urt. v. 19.03.2013 – 2 BvR 2628/10, 2 BvR 2155/11, NJW 2013, 1058, Rn. 66.

[2911] *Plagge*, Der patentrechtliche Unterlassungsanspruch, S. 335.

[2912] *Schacht*, GRUR 2021, 440–441.

[2913] *Plagge*, Der patentrechtliche Unterlassungsanspruch, S. 335.

[2914] *McGuire*, Mitt. 2022, 49, 52–53; *Weideneder*, Mitt. 2023, 149, 151, 153; Zur Frage, ob bei diesen Fallgestaltungen allerdings im Ergebnis überhaupt ein Unterschied zwischen der Einordnung als Einwendung oder Einrede besteht, sogleich.

1. Von Amts wegen zu berücksichtigende Einwendung

Der Wortlaut des § 139 Abs. 1 S. 3 PatG entspricht erst einmal dem einer Einwendung, die von Amts wegen zu berücksichtigen ist.[2915] Wie bereits dargelegt, ist der Wortlaut bei der Kodifizierung von Richterrecht allerdings nicht des Urteils letzter Schluss, wenn es Hinweise darauf gibt, dass einem vermeintlich eindeutigen Wortlaut im konkreten Kontext eine andere Bedeutung zukommen könnte als gewöhnlich. Auch hinsichtlich der dogmatischen Einordnung sollte der in der Genese der Norm zum Ausdruck kommende Wille des Gesetzgebers beachtet werden.

Wie in Bezug auf die Rechtswirkung des Unverhältnismäßigkeitseinwands erfolgt auch hinsichtlich der dogmatischen Einordnung eine Anlehnung an die *Wärmetauscher*-Entscheidung des BGH.[2916] Damit und mit der schlussendlichen Aufnahme der Elemente von *Treu und Glauben* in den finalen Gesetzeswortlaut knüpft der Gesetzgeber an die richterrechtlichen Erörterungen von Aufbrauchfristen als Ausdruck einer Rechtsausübungskontrolle nach § 242 BGB an.[2917] Dies kam schon im eng an *Wärmetauscher* orientierten Wortlaut des DiskE zum Ausdruck und wurde auch im weiteren Verlauf nicht fallen gelassen: Der Gesetzgeber betont ausdrücklich, dass er mit den finalen Änderungen des Gesetzesentwurfs bewusst Formulierungen des *Wärmetauscher*-Urteils verwende und dass Abweichungen davon lediglich darin begründet sind, dass dieses einen konkreten Fall beurteilt habe, während eine gesetzliche Regelung abstrakt-generellen Charakter haben müsse.[2918] In der Gesetzesbegründung und der Begründung der Änderungen durch den Rechtsausschuss kommt die Anlehnung an den Maßstab von Treu und Glauben gemäß § 242 BGB sowohl hinsichtlich der Herleitung des Unverhältnismäßigkeitseinwands[2919] als auch hinsichtlich seines Inhalts und der zu berücksichtigenden Interessen[2920] sowie der beabsichtigten Rechtsfolgen[2921] zum Ausdruck.

Kommen die Grundsätze von Treu und Glauben nach § 242 BGB als Verteidigungsmittel gegen einen Anspruch zum Tragen, so verwirklicht sich das Treuwidrigkeitsverbot als einer Rechtsposition innewohnende Beschränkung, welche von Amts wegen zu berücksichtigen ist.[2922] Aufbrauchfristen basieren auf § 242 BGB[2923] und haben, auch wenn sich hierbei eine Durchsetzungshemmung des Rechts als dem Recht immanente Beschränkung der Rechtsausübung verwirklicht,

---

[2915] *Pitz/Kawada/Schwab*, Patent Litigation in Germany, Japan and the US, Part 3 Rn. 19.

[2916] BT-Drs. 19/25821, S. 52.

[2917] *Ohly/Stierle*, GRUR 2021, 1229, 1231; *Plagge*, Der patentrechtliche Unterlassungsanspruch, S. 337.

[2918] BT-Drs. 19/25821, S. 77.

[2919] BT-Drs. 19/25821, S. 52-53.

[2920] BT-Drs. 19/25821, S. 53-54; BT-Drs. 19/30498, S. 56.

[2921] BT-Drs. 19/25821, S. 55-56.

[2922] BGH, Urt. v. 12.07.1951 – III ZR 168/50, NJW 1951, 917; BGH, Beschl. v. 25.05.2011 – IV ZR 191/09, NJW 2011, 3149, Rn. 7; MüKo BGB Bd. II/*Schubert*, § 242 BGB Rn. 167.

[2923] BGH, Urt. v. 31.05.1960 – I ZR 16/59, GRUR 1960, 563, 567 – *Sektwerbung*; BGH, Urt. v. 10.05.1974 – I ZR 80/73, GRUR 1974, 735, 737 – *Pharmamedan*; *Bodewig*, GRUR 2005, 632, 635; Gloy/Loschelder/Danckwerts/*Loschelder*, § 91 Rn. 5; *J.B. Nordemann*, ZGE 2019, 309, 311; zum vor allem früher

Einwendungscharakter.[2924] Der den § 242 BGB konkretisierende[2925] und auf das richterrechtlich geprägte Institut der Aufbrauchfrist rekurrierende § 139 Abs. 1 S. 3 PatG ist daher ebenfalls als Einwendung zu beurteilen.[2926]

Dagegen und für die Qualifizierung als Einrede wird vorgebracht, dass die Einrede des § 275 Abs. 2 BGB die „Leitvorschrift"[2927] des Unverhältnismäßigkeitseinwands sei. Als Beleg wird die Erwähnung dieser Norm in der Gesetzesbegründung vorgebracht.[2928] Tatsächlich erwähnt die Gesetzesbegründung § 275 Abs. 2 BGB zum einen bei der Herleitung der Berücksichtigungsfähigkeit von Unverhältnismäßigkeitserwägungen „als allgemeiner Rechtsgedanke über § 242 und § 275 Absatz 2 BGB"[2929], also zusammen mit § 242 BGB. Zum anderen wird § 275 Abs. 2 BGB zu Beginn der Ausführungen der Gesetzesbegründung zu § 139 Abs. 1 PatG genannt, wo der Gesetzgeber die aus der Inanspruchnahme auf Unterlassung erwachsenden Härten mit der Situation unverhältnismäßig großer Nachteile nach § 275 Abs. 2 BGB vergleicht.[2930] Danach findet § 275 Abs. 2 BGB keine Erwähnung mehr, während, wie gezeigt, der Rückbezug auf *Wärmetauscher* und das Institut der Aufbrauchfristen die gesamte Gesetzesbegründung zu § 139 Abs. 1 PatG durchzieht. Auch im allgemeinen Teil der Gesetzesbegründung, der die wesentlichen Inhalte des Gesetzesvorhabens darstellt, wird § 275 Abs. 2 BGB mit keinem Wort erwähnt, aber auf die *Wärmetauscher*-Entscheidung Bezug genommen.[2931]

Dass der Gesetzgeber den Unverhältnismäßigkeitseinwand eher im Kontext von § 242 BGB und von Aufbrauchfristen sieht, wird auch dadurch deutlich, dass er sich bemüßigt sieht, im Kontext einer ausdrücklichen Ablehnung der Normierung eines Unverhältnismäßigkeitseinwandes bei anderen Schutzrechten zu betonen, dass durch diese Nichtnormierung bei den anderen Schutzrechten die dortige Rechtsprechung zu § 242 BGB unberührt bleibt.[2932] Verstünde der Gesetzgeber den Unverhältnismäßigkeitseinwand als eine Konkretisierung von § 275 Abs. 2 BGB, müsste er nicht befürchten, dass die Rechtsanwendung bei Schutzrechten außerhalb des Patent- und Gebrauchsmusterrechts aus der dortigen Nichtnormierung schließen könnte, dass es dort den allgemeinen Einwand nach § 242 BGB nicht geben könnte.

---

vertretenen Verständnis der Aufbrauchfrist als Vollstreckungsmaßnahme auf Grundlage des § 765a ZPO: *Pastor*, GRUR 1964, 245, 247–249.

[2924] *Nieder*, FS Rojahn (2021), 185, 194; *J.B. Nordemann*, ZGE 2019, 309, 312–313; *Osterrieth*, FS Fezer (2016), 1035, 1036; *Plagge*, Der patentrechtliche Unterlassungsanspruch, S. 337; *Ulrich*, GRUR 1991, 26, 27.

[2925] *Ohly/Stierle*, GRUR 2021, 1229, 1231.

[2926] *Harmsen*, GRUR 2021, 222, 225; *Nieder*, FS Rojahn (2021), 185, 194; *Ohly/Stierle*, GRUR 2021, 1229, 1230; *Plagge*, Der patentrechtliche Unterlassungsanspruch, S. 337–339; *Sendrowski*, Mitt. 2020, 533, 534; *Stierle*, GRUR 2020, 262, 264; *Stierle/Hofmann*, GRUR Int. 2022, 1123, 1127.

[2927] *Schacht*, GRUR 2021, 440; *Weideneder*, Mitt. 2023, 149, 151.

[2928] *McGuire*, Mitt. 2022, 49, 52; *Weideneder*, Mitt. 2023, 149, 151.

[2929] BT-Drs. 19/25821, S. 52.

[2930] BT-Drs. 19/25821, S. 52.

[2931] BT-Drs. 19/25821, S. 31.

[2932] BT-Drs. 19/25821, S. 31.

Gegen die Annahme von § 275 Abs. 2 BGB als Leitvorschrift spricht auch, dass diese im DiskE zu Beginn der Ausführungen der Entwurfsbegründung zu § 139 Abs. 1 PatG noch nicht genannt wurde, sondern nur einmal danach im genannten Herleitungskontext zusammen mit § 242 BGB.[2933] Im RefE fand § 275 Abs. 2 BGB auch zu Beginn der Ausführungen zu § 139 Abs. 1 PatG Eingang in die Begründung, als dort die Anknüpfung an die *Erfüllung* und das Abstellen bloß auf *Nachteile* anstatt auf *Härten* zwischenzeitlich eingebracht wurde und so eine vergleichbare Tatsachengrundlage mit der in § 275 Abs. 2 BGB relevanten zu unverhältnismäßigen Nachteilen führenden Leistung bestand.[2934] In der Gesetzesbegründung verblieb dann unter Anknüpfung an die *Inanspruchnahme* der Vergleich der Härtesituation beim Unverhältnismäßigkeitseinwand mit der Nachteilssituation bei § 275 Abs. 2 BGB.[2935]

Es ist nicht anzunehmen, dass der Gesetzgeber im DiskE noch von einer anderen Rechtsnatur des Unverhältnismäßigkeitseinwands ausgegangen ist als im RefE. Allgemein hat der RefE die Hürden für den Unverhältnismäßigkeitseinwand eher abgesenkt. Dem widerspräche die Einführung eines Einredeerfordernisses. Ein solches wäre allenfalls als Ausgleich der abgesenkten inhaltlichen Anforderungen denkbar, wäre bei dieser Funktion aber wohl in der Gesetzesbegründung ausdrücklich zur Sprache gekommen. Ein Leitnormcharakter des § 275 Abs. 2 BGB kann bei fehlender Einzelnennung zu Beginn des Gesetzesvorhabens und wenn die dogmatischen Wurzeln der Norm nicht im Laufe der Genese verändert werden sollten, nicht angenommen werden.

Dafür spricht auch, dass der Gesetzgeber ein Durchsetzungshindernis dennoch in den Wortlaut einer rechtsvernichtenden Einwendung eingekleidet hat. Bei aller in diesem Kontext, wie beschrieben, gebotenen Vorsicht in Bezug auf Wortlautargumente kann zumindest vermutet werden, dass der Gesetzgeber, hätte er eine rechtshemmende Einrede einführen wollen, den Wortlaut einer rechtshemmenden Einrede, der ihm im bekannten Baukasten der Gesetzgebung zur Verfügung stand, benutzt hätte. Aus der Tatsache, dass ein an die Durchsetzung des Anspruchs anknüpfendes und damit rechtshemmend wirkendes Gegenrecht wie eine rechtsvernichtende Einwendung formuliert wurde, kann geschlossen werden, dass, wenn schon die rechtsvernichtende Komponente nicht gewollt war, zumindest das die Rechtsnatur als Einwendung betreffende Element gewollt war, da man sonst gänzlich anders formuliert hätte. Dieses Argument setzt freilich voraus, dass man der hier vertretenen Ansicht einer Rechtshemmung folgt. Entscheidender für die dogmatische Einordnung ist aber ohnehin der bereits dargestellte in der Genese der Norm zum Ausdruck kommende Wille des Gesetzgebers, der einen Einwendungscharakter nahelegt.

Teilweise wird befürchtet, dass die Berücksichtigung von Amts wegen zu einer Situation führen könne, in welcher der Unverhältnismäßigkeitseinwand gegen den Willen des Verletzers vom Gericht auf Grundlage von klägerischem Vortrag für begründet gehalten werde, sodass auch

---

[2933] DiskE, S. 50.
[2934] RefE, S. 60.
[2935] BT-Drs. 19/25821, S. 52.

ein Verletzer, der keinen Nutzungswillen mehr habe, zur Entschädigungszahlung nach § 139 Abs. 1 S. 4 PatG verurteilt werde.[2936] Dies widerspreche mangels Interesse des Verletzers an der Einschränkung des Unterlassungsanspruchs dem Zweck des Einwands der Herbeiführung eines Interessenausgleichs.[2937] In ähnlicher Weise wird vor einer Einschränkung des Unterlassungsanspruchs allein auf Grundlage von entgegenstehenden Interessen Dritter aber ohne ein Interesse des Verletzers an der Einschränkung gewarnt, welche für die Dritten mangels Verpflichtung des Patentverletzers zur weiteren Patentnutzung ohne Vorteil bleibe und damit ein ungerechtfertigter Eingriff in das Recht des Patentinhabers sei.[2938]

Die Sorgen sind indes unbegründet. So wie eine Einschränkung nach § 242 BGB auch bei Annahme eines Einwendungscharakters nicht gegen den Willen des Verletzers vorzunehmen ist, wenn dieser an dem treuwidrigen Zustand festhalten möchte,[2939] so kann dem Verletzer der Unverhältnismäßigkeitseinwand nach § 139 Abs. 1 S. 3 PatG nicht aufgezwungen werden. Darüber hinaus ist nicht anzunehmen, dass eine Gesamtabwägung der Einzelfallumstände und der entgegenstehenden Interessen im Rahmen der Ermittlung einer Unverhältnismäßigkeit in den genannten Situationen zu einem Überwiegen der Verletzer- bzw. Drittinteressen kommen wird. Wenn der Verletzer lieber zur Unterlassung verurteilt werden möchte als eine Entschädigung für die Nutzung zu zahlen, dann wird die Unterlassungsverpflichtung für ihn kaum eine nicht gerechtfertigte Härte darstellen. Bringt die Einschränkung des Unterlassungsgebots Dritten ersichtlich keinen Vorteil, weil der Verletzer keine weitere Nutzung zugunsten der Dritten plant, so fehlt es an einem den Ausschlag gebenden Drittinteresse. Die genannten Fallgestaltungen begründen also kein Bedürfnis, den Unverhältnismäßigkeitseinwand als Einrede zu qualifizieren. Der Sinn und Zweck des § 139 Abs. 1 S. 3 PatG, einen Interessenausgleich zur Vermeidung unverhältnismäßiger Härten herbeizuführen, wird auch bei einer Einordnung als Einwendung erreicht.[2940]

2. Keine Abweichung vom Beibringungsgrundsatz

Es besteht entgegen anderslautender Befürchtungen[2941] auch kein Grund zur Annahme, dass die Einordnung als Einwendung statt als Einrede im Widerspruch zu der Vorstellung des Gesetzgebers steht, dass eine Prüfung der Unverhältnismäßigkeit nur bei entsprechend substantiiertem Vortrag dazu erfolgen soll.[2942] Auch die Gefahr einer Überlastung der Gerichte und damit einhergehend einer grundsätzlich verlängerten Verfahrensdauer durch die Erörterung von Unverhält-

---

[2936] *McGuire*, Mitt. 2022, 49, 52; *Stief*, PharmR 2023, 152, 156; *Weideneder*, Mitt. 2023, 149, 151.
[2937] *McGuire*, Mitt. 2022, 49, 52; *Weideneder*, Mitt. 2023, 149, 151.
[2938] *McGuire*, Mitt. 2022, 49, 52–53; *Weideneder*, Mitt. 2023, 149, 153.
[2939] BeckOGK/*Kähler*, § 242 BGB Rn. 560-561.
[2940] *Plagge*, Der patentrechtliche Unterlassungsanspruch, S. 338.
[2941] *Weideneder*, Mitt. 2023, 149, 151.
[2942] BT-Drs. 19/25821, S. 53, 55.

nismäßigkeitserwägungen, welche pauschal in Patentverletzungsprozesse eingebracht werden,[2943] wird – wenn man sie überhaupt annimmt[2944] – jedenfalls nicht durch den Einwendungscharakter verursacht oder verstärkt. Denn der Unverhältnismäßigkeitseinwand lässt auch bei Berücksichtigung von Amts wegen den im Zivilprozess geltenden Beibringungsgrundsatz (selbstverständlich) unberührt.[2945]

Zu einer umfassenden Prüfung im Verletzungsprozess kommt es demnach erst, wenn von den Parteien entsprechend substantiierter Sachvortrag in den Prozess eingebracht wurde.[2946] Dabei genügt nicht ein gelegentliches und oberflächliches Erwähnen einer nur möglichen oder wahrscheinlichen Härtesituation, sondern es bedarf detaillierten Vortrags über die eine Unverhältnismäßigkeit begründenden Umstände, die einer Beweiserhebung zugänglich sein müssen und zu einer Überzeugung des Gerichts über die Unverhältnismäßigkeit führen können.[2947] Ein pauschaler Vortrag von „Allgemeinplätze[n]"[2948] wird vom Gericht in der Regel ohne vertieften Einstieg in eine Abwägung und damit ohne Effektivitätsverluste der Rechtspflege abgewiesen werden können.[2949]

Der Beibringungsgrundsatz erfordert aufgrund der Berücksichtigung von Amts wegen zudem zwar keinen formellen Antrag hinsichtlich des Umfangs und der Dauer der Beschränkung des Unterlassungsanspruchs.[2950] Es müssen dem Gericht aber Tatsachen vorgetragen werden, die ihm die Beurteilung ermöglichen, in welchem Umfang eine Unterlassungsverurteilung den Verletzer belasten würde und demnach auch welche Erleichterung davon er benötigt, um dieser Härte zu entgehen.[2951] Dafür wird die Anregung einer Aufbrauch- oder Umstellungsfrist regelmäßig tunlich sein.[2952] Es ist dabei eine konkrete Frist zu benennen, innerhalb derer der Verletzer sich zu einem Aufbrauch bzw. einer Umstellung in der Lage sieht.[2953]

[2943] *McGuire*, GRUR 2021, 775, 783.

[2944] Das Risiko für beherrschbar haltend: *Ohly*, GRUR 2021, 304, 306; Mit Blick auf die Ersparnis aufwendiger Herleitungen aus allgemeinzivilrechtlichen Grundsätzen sogar eine Entlastung der Gerichte annehmend: *Stierle*, GRUR 2019, 873, 883.

[2945] *Nieder*, FS Rojahn (2021), 185, 194; *Plagge*, Der patentrechtliche Unterlassungsanspruch, S. 340; *Stierle/Hofmann*, GRUR Int. 2022, 1123, 1127.

[2946] BGH, Urt. v. 12.07.1951 – III ZR 168/50, NJW 1951, 917; BGH, Urt. v. 20.01.1961 – I ZR 110/59, GRUR 1961, 283 – *Mon Chéri II*; BGH, Urt. v. 11.03.1982 – I ZR 58/80, GRUR 1982, 420, 423 – *BBC/DDC*.

[2947] *Kühnen*, Hdb. Patentverletzung, Kap. D Rn. 575-576; *Nieder*, FS Rojahn (2021), 185, 194.

[2948] *Kühnen*, Hdb. Patentverletzung, Kap. D Rn. 576.

[2949] *Ohly*, GRUR 2021, 304, 306.

[2950] *Kühnen*, Hdb. Patentverletzung, Kap. D Rn. 576; *J.B. Nordemann*, ZGE 2019, 309, 312–313; *Osterrieth*, FS Fezer (2016), 1035, 1041, 1047; *Ulrich*, GRUR 1991, 26, 27.

[2951] *Kühnen*, Hdb. Patentverletzung, Kap. D Rn. 576; *Ulrich*, GRUR 1991, 26, 27.

[2952] *J.B. Nordemann*, ZGE 2019, 309, 313; *Osterrieth*, FS Fezer (2016), 1035, 1041, 1047.

[2953] BGH, Urt. v. 07.04.2022 – I ZR 143/19, GRUR 2022, 930, Rn. 59 – *Knuspermüsli II* (Dies kann auch noch in der Revisionsinstanz erfolgen, wenn die zu Grunde liegenden Tatsachen unstreitig sind oder von den Tatsacheninstanzen bereits festgestellt wurden.).

Neben dem Beibringungsgrundsatz sichern auch die allgemeinen Präklusionsvorschriften als Ausdruck des Beschleunigungsgrundsatzes die Handhabbarkeit der Einwendung des Unverhältnismäßigkeitseinwandes im Verletzungsprozess: Die zur Unverhältnismäßigkeit führenden Umstände sind so früh wie möglich in den Prozess einzubringen.[2954] Geschieht dies nicht, führt ein späteres Vorbringen aufgrund der vorzunehmenden umfassenden Abwägung und der dafür ggf. notwendigen Beweisaufnahme über die zugrunde liegenden Umstände regelmäßig zu einer Verzögerung des Rechtsstreits und damit zur Präklusion des verspätet vorgebrachten streitigen Vortrags gemäß § 296 ZPO. Im Zweifel ist ein Vorbringen schon in der Klageerwiderung tunlich.[2955]

3. Darlegungs- und Beweislast

Der nach dem Beibringungsgrundsatz erforderliche Vortrag hat in allererster Linie durch den Verletzer zu erfolgen, dem der Unverhältnismäßigkeitseinwand günstig ist und der daher die Darlegungs- und Beweislast trägt.[2956] Der Patentinhaber muss bei Geltendmachung des Unterlassungsanspruchs nicht zu dessen Verhältnismäßigkeit vortragen.[2957] Die Unverhältnismäßigkeit wird erst Thema des Prozesses, wenn der Verletzer dazu hinreichend vorgetragen hat.[2958] Erst dann muss sich der Patentinhaber dazu verhalten.[2959] Im Bestreitensfalle muss der Patentverletzer mit den Mitteln des Strengbeweises die der Unverhältnismäßigkeit zugrunde liegenden Umstände beweisen.[2960]

Die Darlegungs- und Beweislast des Verletzers erstreckt sich auf alle Umstände aus seiner Sphäre, insbesondere hinsichtlich der Folgen auf seinen Geschäftsbetrieb und der Gründe, warum dem Verletzer eine Abwendung der drohenden Härte mit eigenen Mitteln jenseits der Einschränkung des Unterlassungsanspruchs nicht möglich ist.[2961] Ebenso hat der Verletzer zu etwaig betroffenen Drittinteressen vorzutragen.[2962] Der Patentinhaber wird diese Umstände in aller Regel

---

[2954] *Harmsen*, GRUR 2021, 222, 225; *Schacht*, GRUR 2021, 440, 446.

[2955] *Harmsen*, GRUR 2021, 222, 225.

[2956] BT-Drs. 19/25821, S. 53; Benkard PatG/*Grabinski/Zülch/P. Tochtermann*, § 139 PatG Rn. 321; *Harmsen*, GRUR 2021, 222, 225; *Kühnen*, Hdb. Patentverletzung, Kap. D Rn. 576; *Nieder*, FS Rojahn (2021), 185, 197; *Ohly/Stierle*, GRUR 2021, 1229, 1231; *Rödiger*, IPRB 2021, 195, 196; *Schacht*, GRUR 2021, 440, 442; *Stierle/Hofmann*, GRUR Int. 2022, 1123, 1127.

[2957] BT-Drs. 19/25821, S. 53; *Kühnen*, Hdb. Patentverletzung, Kap. D Rn. 574; *Pitz/Kawada/Schwab*, Patent Litigation in Germany, Japan and the US, Part 3 Rn. 15.

[2958] BT-Drs. 19/25821, S. 55; *Meckel*, GRUR-Prax 2021, 585, 587; *P. Tochtermann*, ZGE 2019, 362, 368; Schulte/*D. Voß*, § 139 PatG Rn. 89.

[2959] BT-Drs. 19/25821, S. 53.

[2960] *Kühnen*, Hdb. Patentverletzung, Kap. D Rn. 575.

[2961] *Kühnen*, Hdb. Patentverletzung, Kap. D Rn. 578, 580, 599; *Schacht*, GRUR 2021, 440, 442–443; *Stief*, PharmR 2023, 152, 153.

[2962] *Schacht*, GRUR 2021, 440, 443.

in zulässiger Weise mit Nichtwissen gemäß § 138 Abs. 4 ZPO bestreiten dürfen, da sie regelmäßig außerhalb seiner Wahrnehmung und Kenntnis liegen.[2963] Hinsichtlich der Umstände, die in die Sphäre des Patentinhabers fallen, kommt diesem eine sekundäre Darlegungslast zu, sofern der Verletzer keinen Einblick in diese Tatsachen hat.[2964] Die Beweislast verbleibt aber auch diesbezüglich beim Verletzer.[2965]

III. Dauer und Reichweite der Einschränkung – Aufbrauch- und Umstellungsfristen

Der Gesetzgeber hat explizit darauf verzichtet, der Rechtsprechung Vorgaben hinsichtlich der konkreten Rechtsfolgen des § 139 Abs. 1 S. 3 PatG zu machen.[2966] Er nennt in der Gesetzesbegründung neben einem längerfristigen oder dauerhaften Ausschluss des Unterlassungsanspruchs aber die Möglichkeit einer Aufbrauch- oder Umstellungsfrist als Regelfall und verdeutlicht diese Möglichkeit des Teilausschlusses mit der Wahl des Wortes *soweit* im Gesetzeswortlaut.[2967] Anstelle oder begleitend zu einer derartigen Einschränkung des Unterlassungsanspruchs in zeitlicher Hinsicht kommen aber auch Beschränkungen der Reichweite des Unterlassungsanspruchs in Betracht, die diesen beispielsweise sachlich, also mit Blick auf bestimmte Verletzungsformen, geographisch, also mit Blick auf bestimmte Teilgebiete des Schutzbereichs oder unter Berücksichtigung verschiedener Gruppen von Abnehmern des patentverletzenden Produkts beschränken.[2968]

1. Temporär limitierte Beschränkung als Regelfall

Die Regelfolge eines erfolgreichen Unverhältnismäßigkeitseinwands dürfte aber die vorübergehende zeitliche Beschränkung der Durchsetzbarkeit in Form einer Aufbrauch- oder Umstellungsfrist sein.[2969] Eine Aufbrauchfrist, die das mildeste und daher zuvörderst in Betracht zu ziehende Mittel der Einschränkung des Ausschließlichkeitsrechts des Patentinhabers darstellt,[2970] ermöglicht dem Verletzer während ihrer Dauer einen bereits bestehenden Vorrat an

---

[2963] *Kühnen*, Hdb. Patentverletzung, Kap. D Rn. 578.
[2964] *Kühnen*, Hdb. Patentverletzung, Kap. D Rn. 579; *Ohly/Stierle*, GRUR 2021, 1229, 1231; *Stief*, PharmR 2023, 152, 153; *Stierle/Hofmann*, GRUR Int. 2022, 1123, 1127.
[2965] *Kühnen*, Hdb. Patentverletzung, Kap. D Rn. 579.
[2966] BT-Drs. 19/25821, S. 55.
[2967] BT-Drs. 19/25821, S. 55-56; Schulte/*D. Voß*, § 139 PatG Rn. 82.
[2968] *Kühnen*, Hdb. Patentverletzung, Kap. D Rn. 611; *McGuire*, Mitt. 2022, 49, 54; *Ohly/Stierle*, GRUR 2021, 1229, 1233; *Schönbohm/Ackermann-Blome*, Mitt. 2020, 101, 106.
[2969] BT-Drs. 19/25821, S. 56; *Ohly*, GRUR 2021, 304, 308; Im Einzelnen dazu: *Frey*, Die Aufbrauchfrist im Patentverletzungsprozess.
[2970] *Hofmann*, Der Unterlassungsanspruch als Rechtsbehelf, S. 472; *Kühnen*, Hdb. Patentverletzung, Kap. D Rn. 608, 612.

patentverletzenden Produkten noch zu vertreiben.[2971] Bei Verfahrenspatenten bezieht sich dies auf den Abverkauf bereits vorhandener unmittelbarer Verfahrenserzeugnisse gemäß § 9 S. 2 Nr. 3 PatG.[2972]

Eine Umstellungsfrist gewährt ihm über den reinen Abverkauf vorhandener Ausführungsformen hinaus während ihrer Dauer die Möglichkeit, in der Zeit, die zur Umstellung der Produktion auf eine patentfreie Alternative gebraucht wird,[2973] weiterhin patentverletzende Produkte bzw. bei Verfahrenspatenten unmittelbare Verfahrenserzeugnisse[2974] herzustellen und zu vertreiben.[2975] Auch eine Kombination von gleichzeitigen oder aufeinanderfolgenden Aufbrauch- und Umstellungsfristen ist möglich.[2976]

Die zeitliche Länge einer Aufbrauch- und Umstellungsfrist ist stark einzelfallabhängig.[2977] Sie bemisst sich danach, welcher Zeitraum im konkreten Fall für den Abverkauf des wesentlichen Teils des Vorrats oder die Umstellung nach den jeweiligen Marktumständen zu erwarten ist.[2978] Dabei sind Erfahrungswerte etwa aus dem Wettbewerbs- und Markenrecht, wo zuweilen ein Richtwert von drei bis sechs Monaten genannt wird,[2979] nur bedingt heranzuziehen und jedenfalls an die Besonderheiten der jeweiligen patentrechtlich bedingten Situation anzupassen, was eine kürzere Frist angesichts der Interessen des Patentinhabers rechtfertigen kann,[2980] bei technisch aufwendigen Umstellungsprozessen aber auch eine längere.[2981] Bei einer Einschränkung aufgrund von Drittinteressen ist einzubeziehen, wie lange eine Umstellung etwa der Behandlungsweise oder Medikamentierung der betroffenen Dritten dauert.[2982] Es muss in diesem Fall dem Patentverletzer nicht die Zeit für eine Neuentwicklung z.B. eines patentfreien Medikaments gewährt werden.[2983]

[2971] BT-Drs. 19/25821, S. 55; *J.B. Nordemann*, ZGE 2019, 309, 310; *Ohly/Stierle*, GRUR 2021, 1229, 1233; *Osterrieth*, GRUR 2022, 299; *Pastor*, GRUR 1964, 245; *Picht*, GRUR 2019, 1097, 1101; BeckOK PatR/*Pitz*, § 139 PatG Rn. 81–81a, 83; *Schellhorn*, IPRB 2017, 14.

[2972] *Bodewig*, GRUR 2005, 632, 635; *Osterrieth*, FS Fezer (2016), 1035, 1046.

[2973] BT-Drs. 19/25821, S. 55; *Ohly*, FS Ullrich (2009), 257, 267.

[2974] *Bodewig*, GRUR 2005, 632, 635; *Osterrieth*, FS Fezer (2016), 1035, 1046.

[2975] *Kühnen*, Hdb. Patentverletzung, Kap. D. Rn. 609; *J.B. Nordemann*, ZGE 2019, 309, 310–311; *Ohly/Stierle*, GRUR 2021, 1229, 1233; *Osterrieth*, FS Fezer (2016), 1035–1036; BeckOK PatR/*Pitz*, § 139 PatG Rn. 84; *Schellhorn*, IPRB 2017, 14.

[2976] *Kühnen*, Hdb. Patentverletzung, Kap. D Rn. 609.

[2977] *Ders.*, Hdb. Patentverletzung, Kap. D. Rn. 608-609.

[2978] *Kühnen*, Hdb. Patentverletzung, Kap. D. Rn. 608-609; *Osterrieth*, FS Fezer (2016), 1035, 1047.

[2979] *J.B. Nordemann*, ZGE 2019, 309, 314; *Osterrieth*, FS Fezer (2016), 1035, 1040; *Wünsche*, InTeR 2014, 247.

[2980] Vgl. die Abgrenzung zu diesen Rechtsgebieten in: BGH, Urt. v. 10.05.2016 – X ZR 114/13, GRUR 2016, 1031, Rn. 45 – *Wärmetauscher*.

[2981] *Osterrieth*, FS Fezer (2016), 1035, 1047.

[2982] Benkard PatG/*Grabinski/Zülch/P. Tochtermann*, § 139 PatG Rn. 32m; *Ohly*, GRUR 2021, 304, 308; *Ohly/Stierle*, GRUR 2021, 1229, 1233.

[2983] *Ohly*, GRUR 2021, 304, 308.

Nur wenn eine Aufbrauch- oder Umstellungsfrist keine Abhilfe hinsichtlich der ungerechtfertigten Härten für den Verletzer oder Dritte schaffen kann, ist an einen längerfristigen, also über einen Aufbrauch- oder Umstellungszeitraum hinausgehenden, oder gar dauerhaften Ausschluss zu denken.[2984] Ein dauerhafter Ausschluss kommt „nur in sehr wenigen besonders gelagerten extremen Fallkonstellationen in Betracht"[2985]. Es darf insbesondere keinen Weg geben, auf eine patentfreie Lösung auszuweichen und zugleich muss eine Lizenzierung der patentnutzenden Lösung versperrt sein.[2986] Zudem kommt ein dauerhafter Ausschluss in Betracht, wenn der Unterlassungsdurchsetzung ein schikanöser Charakter i.S.d. § 226 BGB zukommt.[2987] Die praktische Relevanz eines solchen dauerhaften Ausschlusses dürfte gegen Null gehen.[2988] Einem dauerhaften Ausschluss kann es höchstens gleichkommen, wenn ein Patent kurz vor Ablauf seiner Schutzdauer steht, sodass eine Aufbrauch- oder Umstellungsfrist auf einen solchen Ausschluss hinausläuft,[2989] wobei dies angesichts des grundsätzlich bis zur letzten Sekunde der Schutzdauer zu gewährenden Patentschutzes nur gerechtfertigt sein kann, wenn der Verletzer den Prozess nicht bis zu einem solchen Zeitpunkt, in dem der Schutzdauerablauf in Schlagdistanz einer Aufbrauchfrist gerät, verzögert hat.[2990]

2. Urteilsausspruch und Kostenfolge

Soweit der Unterlassungsanspruch in seiner Durchsetzung nach Überzeugung des Gerichts ausgeschlossen ist, ist die Klage des Patentinhabers als unbegründet abzuweisen, sodass bei einem uneingeschränkten Klageantrag im Falle einer Aufbrauch- oder Umstellungsfrist die Klage teilweise, im Falle eines dauerhaften Ausschlusses die Klage in vollem Umfang unbegründet ist.[2991] Als eine teilweise Klageabweisung der im Übrigen zuzusprechenden Klage ist die Gewährung einer Aufbrauchfrist also sowohl ein Minus zur vollständigen Stattgabe der Klage als auch ein Minus zur vollständigen Klageabweisung.[2992] Da dieses Minus bereits im Zeitpunkt der Entscheidung endgültig erfassbar, also insbesondere von seinem Umfang her prognostizierbar ist und nicht – wie etwa im Falle einer die Fälligkeit noch hindernden fehlenden Schlussrechnung bei Werkverträgen im Anwendungsbereich der VOB/B – von einer durch den Anspruchsgläubiger

---

[2984] BT-Drs. 19/25821, S. 56; Benkard PatG/*Grabinski/Zülch/P. Tochtermann*, § 139 PatG Rn. 32m; *Kühnen*, Hdb. Patentverletzung, Kap. D Rn. 610, 612; *Osterrieth*, GRUR 2022, 299–300; *Sikorski*, IIC 2022, 31, 58.

[2985] BT-Drs. 19/25821, S. 56.

[2986] *Kühnen*, Hdb. Patentverletzung, Kap. D. Rn. 612; *Ohly/Stierle*, GRUR 2021, 1229, 1233.

[2987] Busse/Keukenschrijver/*G. Werner*, § 139 PatG Rn. 91.

[2988] *Kühnen*, Hdb. Patentverletzung, Kap. D. Rn. 612.

[2989] *Ohly*, GRUR 2021, 304, 308.

[2990] *Ohly/Stierle*, GRUR 2021, 1229, 1233.

[2991] *Ohly/Stierle*, GRUR 2021, 1229, 1233; *Osterrieth*, FS Fezer (2016), 1035, 1040.

[2992] Gloy/Loschelder/Danckwerts/*Loschelder*, § 91 Rn. 11.

noch vorzunehmenden, von der zeitlichen Terminierung her ungewissen Handlung abhängt,[2993] bedarf es keiner vollständigen oder teilweisen Klageabweisung als *derzeit* unbegründet. Der abzuweisende Teil des Klageantrags wird vielmehr endgültig zurückgewiesen, während die Klage im Übrigen Erfolg hat.

Das Gericht hat in seinem Urteil Inhalt und Umfang der Einschränkung des Unterlassungsanspruchs präzise zu benennen.[2994] Dazu gehören bei einer Aufbrauch- oder Umstellungsfrist insbesondere der Fristbeginn, die Fristdauer und die aufzubrauchenden Gegenstände bzw. die umzustellenden Produktionsprozesse.[2995] In der Regel und insbesondere, wenn das ausurteilende Gericht sich dazu nicht verhält, ist der Fristbeginn mit Verkündung des Urteils und nicht erst bei Eintritt von dessen Rechtskraft anzunehmen, da das zusätzliche Abwarten des Eintritts der Rechtskraft dem Sinn und Zweck einer solchen Frist zuwiderläuft.[2996] Da die Gewährung einer Aufbrauchfrist trotz der ihr zugrunde liegenden Interessenabwägung kein in irgendeiner Weise privilegierter Ermessensakt ist, unterliegt sie als von Rechts wegen zuzusprechendes Durchsetzungshindernis der vollen nächstinstanzlichen Überprüfung.[2997]

Hinsichtlich der Kosten des Rechtsstreits führt eine teilweise Klageabweisung aufgrund der Gewährung einer Aufbrauch- oder Umstellungsfrist in der Regel, also wenn der Klageantrag auf eine uneingeschränkte Verurteilung lautet, zu einem teilweisen Obsiegen und teilweise Unterliegen beider Parteien i.S.d. § 92 ZPO.[2998] In aller Regel wird ein solches zeitlich begrenztes Durchsetzungshindernis aber als verhältnismäßig geringfügig zu beurteilen sein, sodass nach § 92 Abs. 2 Nr. 1 ZPO dem beklagten Patentverletzer dennoch die gesamten Kosten des Rechtsstreits auferlegt werden können.[2999]

IV. Entschädigungsanspruch gemäß § 139 Abs. 1 S. 4 PatG

Die Einschränkung des Ausschließlichkeitsrechts des Patentinhabers nach § 139 Abs. 1 S. 3 PatG zieht die zwingende Folge einer Entschädigungspflicht des Patentverletzers gemäß § 139 Abs. 1 S. 4 PatG nach sich.[3000] Dieser im RefE in die Neuregelung ein-

---

[2993] Vgl. hingegen die Parallele zur fehlenden Schlussrechnung beim kartellrechtlichen Zwangslizenzeinwand, bei dem eine Klageabweisung als derzeit unbegründet erfolgt: 3. Teil Kap. A. II. 1. (S. 117 f.) und 4. (S. 120).

[2994] Gloy/Loschelder/Danckwerts/*Loschelder*, § 91 Rn. 16.

[2995] Gloy/Loschelder/Danckwerts/*ders.*, § 91 Rn. 16.

[2996] OLG Karlsruhe, Urt. v. 10.04.1991 – 6 U 164/90, GRUR 1991, 619, 621 – *Erbenermittlung*.

[2997] *Stierle/Hofmann*, GRUR Int. 2022, 1123, 1127, 1129.

[2998] *J.B. Nordemann*, ZGE 2019, 309, 313.

[2999] *Köhler*, GRUR 1996, 82, 91; Gloy/Loschelder/Danckwerts/*Loschelder*, § 91 Rn. 12; *J.B. Nordemann*, ZGE 2019, 309, 313; *Osterrieth*, FS Fezer (2016), 1035, 1040; *Schacht*, GRUR 2021, 440, 442.

[3000] BT-Drs. 19/30498, S. 56.

gefügte und in der Ausschussfassung noch einmal umformulierte Ausgleichsanspruch des Patentinhabers hat neben dem Ausschluss des Unterlassungsanspruchs wegen Unverhältnismäßigkeit keine weiteren Voraussetzungen und ist daher insbesondere verschuldensunabhängig.[3001]

Er stellt eine Kompensation in Geld dar, die vom Gericht in der gleichen Entscheidung, in welcher der Unterlassungsanspruch beschränkt wird, dem Patentinhaber zuzusprechen ist.[3002] Eine solche Entschädigung ist vor dem Hintergrund der Anreiz- und Innovationsfunktion des Patentrechts und der grundrechtlich geschützten und oftmals durch erhebliche Investitionen erlangten Eigentumsposition des Patentinhabers, deren Beeinträchtigung durch einen Ausschluss des Unterlassungsanspruchs im Einzelfall möglichst gering zu halten ist, notwendig.[3003]

1. Ausgleichsanspruch *sui generis*

Als Mittel zum Ausgleich des (teilweisen) Ausschlusses des in die Zukunft gerichteten Unterlassungsanspruchs ist der Entschädigungsanspruch – wie auch § 139 Abs. 1 S. 5 PatG zeigt – vom Anspruch nach § 139 Abs. 2 PatG zu unterscheiden und ist selbst kein Schadensersatzanspruch.[3004]

Da mit dem Unverhältnismäßigkeitseinwand dem Patentverletzer durch einen Eingriff in das Recht des Patentrechtsinhabers ein Vorteil zuteilwird, ohne dass die davon erfassten Benutzungshandlungen als rechtmäßig anzusehen sind, liegt die Einordnung als bereicherungsrechtlicher Kondiktionsanspruch als Spezialfall des § 812 Abs. 1 S. 1 Alt. 2 BGB im Sinne eines § 951 Abs. 1 BGB ähnlichen Rechtsfortwirkungsanspruches nahe.[3005] Die abzuschöpfende Bereicherung entspräche dann dem Wert der Nutzungen, der in der Höhe einer entsprechenden Lizenzgebühr abzubilden wäre.[3006] Auch der Gesetzgeber sieht eine fiktive Lizenzgebühr als Richtschnur für die Bemessung des Entschädigungsanspruchs vor, hält aber auch Abweichungen

---

[3001] BT-Drs. 19/25821, S. 55; *Gärtner/Plagge*, JIPLP 15 (2020), 937, 938; Benkard PatG/*Grabinski/Zülch/P. Tochtermann*, § 139 PatG Rn. 32o; *Ohly*, GRUR 2022, 303, 306; *Ohly/Stierle*, GRUR 2021, 1229, 1233.

[3002] BT-Drs. 19/25821, S. 55; BT-Drs. 19/30498, S. 56.

[3003] *Stierle*, GRUR 2019, 873, 881; *ders.*, ZGE 2019, 334, 352; zur Notwendigkeit einer Kompensation bei Erteilung einer Aufbrauchfrist schon: *Köhler*, GRUR 1996, 82, 90–91; *Wünsche*, InTeR 2014, 247, 248.

[3004] *McGuire*, Mitt. 2022, 49, 54; *Ohly/Stierle*, GRUR 2021, 1229, 1233–1234; *Rödiger*, IPRB 2021, 195, 198; *Wagner*, GRUR 2022, 294, 296; Zu den Auswirkungen des Entschädigungsanspruchs auf den Schadensersatzanspruch nach § 139 Abs. 2 PatG siehe: 4. Teil Kap. D. VIII. (S. 384 f.).

[3005] *Ohly*, GRUR 2021, 304, 308; *ders.*, GRUR 2022, 303, 304.

[3006] *Ohly*, GRUR 2021, 304, 308; *ders.*, GRUR 2022, 303, 304; *Ohly/Stierle*, GRUR 2021, 1229, 1234.

nach unten und nach oben für möglich.[3007] Letzteres entspricht nicht der üblichen auf reine Vorteilsabschöpfung gerichteten Methodik des Bereicherungsrechts.[3008] Zudem zielt der Entschädigungsanspruch auf eine „Vermögensentschädigung"[3009], also den Verlustausgleich beim Patentinhaber ab und nicht in erster Linie auf die Abschöpfung einer ungerechtfertigten Bereicherung beim Verletzer.[3010] Eine Einordnung als bereicherungsrechtliche Eingriffskondiktion ist daher abzulehnen.[3011]

Der Entschädigungsanspruch ist als Ausgleichsanspruch *sui generis* zu qualifizieren.[3012] Er dient dem Ausgleich des (teilweisen) Wirkungsverlusts einer eigentlich bestehenden Eigentumsposition.[3013] Der Verletzer kann im Wirkungsumfang des Unverhältnismäßigkeitseinwandes zwar dem Unterlassungsgebot vorübergehend entgehen, nicht aber die legitime Rechtsstellung des Patentinhabers insgesamt negieren. Er hat der Patentwirkung nach wie vor Folge zu leisten, auch wenn dies nicht wie üblich durch Unterlassung, sondern aufgrund deren Ausschlusses durch Zahlung einer angemessenen Entschädigung erfolgt.[3014] Dass der Patentinhaber diese Umlenkung seiner Befugnisse von einer durchsetzbaren Ausschließung des Verletzers von der Nutzung zu einer bloß finanziellen Verpflichtung des Verletzers dulden muss und es insofern nicht mehr zu seiner Disposition steht, die Patentnutzungen des Verletzers zu unterbinden, wird durch den Entschädigungsanspruch ausgeglichen.[3015]

2. Entschädigungspflichtiger Benutzungszeitraum

Der Ausgleichsanspruch entschädigt für den in die Zukunft gerichteten (teilweise) ausgeschlossenen Unterlassungsanspruch und hat daher jedenfalls künftige Benutzungshandlungen abzudecken.[3016] Spiegelbildlich zum in die Zukunft gerichteten Ausschluss des Unterlassungsanspruchs ist der Entschädigungsanspruch ebenfalls sofort und in voller Höhe mit Ausurteilung des Anspruchsausschlusses fällig.[3017] Als künftige Benutzungshandlungen sind alle Benutzungshandlungen zu verstehen, die ab dem für die Prognoseentscheidung der Bemessung sowohl einer

---

[3007] BT-Drs. 19/30498, S. 56.
[3008] Benkard PatG/*Grabinski/Zülch/P. Tochtermann*, § 139 PatG Rn. 32o; *Ohly/Stierle*, GRUR 2021, 1229, 1234.
[3009] BT-Drs. 19/25821, S. 55.
[3010] *Ohly/Stierle*, GRUR 2021, 1229, 1234; *Osterrieth*, GRUR 2022, 299, 300; *Wagner*, GRUR 2022, 294, 296.
[3011] Benkard PatG/*Grabinski/Zülch/P. Tochtermann*, § 139 PatG Rn. 32o.
[3012] Benkard PatG/*Grabinski/Zülch/P. Tochtermann*, § 139 PatG Rn. 32o; *Hoffmann*, GRUR 2022, 286, 288; *McGuire*, Mitt. 2022, 49, 55; *Rödiger*, IPRB 2021, 195, 198.
[3013] *Rödiger*, IPRB 2021, 195, 198.
[3014] *Gärtner/Plagge*, JIPLP 15 (2020), 937, 938; *Ohly*, GRUR 2021, 304, 308.
[3015] *McGuire*, Mitt. 2022, 49, 55.
[3016] Benkard PatG/*Grabinski/Zülch/P. Tochtermann*, § 139 PatG Rn. 32o; *Ohly*, GRUR 2021, 304, 308; *Ohly/Stierle*, GRUR 2021, 1229, 1233–1234; *Stierle*, Mitt. 2020, 486, 490.
[3017] *Kühnen*, Hdb. Patentverletzung, Kap. D Rn. 625; *Ohly/Stierle*, GRUR 2021, 1229, 1234.

Aufbrauch- oder Umstellungsfrist als auch des Entschädigungsanspruchs maßgeblichen Zeitpunkt des Schlusses der letzten mündlichen Verhandlung vorgenommen werden.[3018]

Bis zu diesem Zeitpunkt bereits vorgenommene, also aus dieser Sicht vergangene Benutzungshandlungen sind nicht entschädigungspflichtig i.S.d. § 139 Abs. 1 S. 4 PatG.[3019] Da der Unverhältnismäßigkeitseinwand nicht auf die gerichtliche Geltendmachung beschränkt ist, sondern die Duldungspflicht des Patentinhabers qua Gesetz normiert, sobald eine Unverhältnismäßigkeit der Inanspruchnahme besteht, könnte man zwar annehmen, dass auch vergangene Benutzungshandlungen in die Berechnung der Entschädigung einzufließen haben, sofern bei ihrer Vornahme eine Unverhältnismäßigkeit rein tatsächlich schon bestand.[3020] Allerdings sind auch bei unbeschränkter Zuerkennung des Unterlassungsanspruchs bei fehlender Unverhältnismäßigkeit vergangene Benutzungshandlungen nicht von dem in die Zukunft gerichteten Unterlassungsanspruch erfasst, sondern nur vom Schadensersatzanspruch abgedeckt, obwohl die Unterlassungsverpflichtung des Patentverletzers auch vor der Verurteilung materiell bereits vorlag und nur noch nicht gerichtlich festgestellt war.[3021] Wird der Unterlassungsanspruch teilweise ausgeschlossen, ist der Patentinhaber hinsichtlich vergangener Nutzungshandlungen nicht durch einen zusätzlich auf vergangene Nutzungen gerichteten Entschädigungsanspruch besser zu stellen als bei einer vollen Zuerkennung des Unterlassungsanspruchs.[3022] Die Entschädigungspflicht kann also erst in dem Zeitpunkt beginnen, welcher der Bemessung der Einschränkung des Unterlassungsanspruchs zugrunde gelegt wird und auf dessen Tatsachengrundlage mithin ein gerichtlicher (Teil-)Ausschluss des Unterlassungsanspruchs erfolgt.[3023]

3. Anspruchshöhe

Der Entschädigungsanspruch ist ein nach Billigkeitskriterien zu bemessender Ausgleichsanspruch.[3024] Nach der letztlich Gesetz gewordenen Fassung ist er dem Grunde nach bei einem begründeten Unverhältnismäßigkeitseinwand zu gewähren, steht aber der Höhe nach unter dem Erfordernis der Angemessenheit.[3025] Ausgangspunkt ist der Wert des Unterlassungsanspruchs, an

---

[3018] *Kühnen*, Hdb. Patentverletzung, Kap. D Rn. 618; *McGuire*, Mitt. 2022, 49, 54.

[3019] *Kühnen*, Hdb. Patentverletzung, Kap. D Rn. 618; a.A.: *Hoffmann*, GRUR 2022, 286, 293 (Einbezug der vergangenen Nutzungen zu Abschreckungszwecken).

[3020] *Ohly*, GRUR 2022, 303, 308; *Ohly/Stierle*, GRUR 2021, 1229, 1234–1235.

[3021] Samer/*Samer*, § 2 Rn. 24.

[3022] Samer/*ders.*, § 2 Rn. 24.

[3023] *Kühnen*, Hdb. Patentverletzung, Kap. D Rn. 618; *Stief*, PharmR 2023, 152, 156.

[3024] *Kühnen*, Hdb. Patentverletzung, Kap. D Rn. 627–628, 633; *McGuire*, Mitt. 2022, 49, 55; *Osterrieth*, GRUR 2022, 299, 300.

[3025] BT-Drs. 19/30498, S. 56; *Ohly/Stierle*, GRUR 2021, 1229, 1234 (auch Reduzierung auf Null denkbar).

dessen Stelle der Entschädigungsanspruch tritt.[3026] Ist dieser Wert gerade aufgrund der Umstände, welche die Unverhältnismäßigkeit des Unterlassungsanspruchs bedingen, besonders hoch, so erlaubt die Bestimmung der Anspruchshöhe unter Billigkeitsgesichtspunkten eine Anpassung an einen angemessenen Wert, der eine Überkompensation des Patentinhabers vermeidet.[3027]

Als angemessene Entschädigung ist auch im Rahmen dieser Billigkeitsbetrachtung grundsätzlich eine nach der Methode der Lizenzanalogie zu bemessene fiktive Lizenzgebühr anzusehen.[3028] Handelt der Patentinhaber missbräuchlich unter Ausnutzung eines ungerechtfertigten Drohpotentials kann die Entschädigung auch geringer ausfallen.[3029] Im Rahmen der Billigkeit ist aber auch eine über eine angemessene Lizenz hinausgehende Summe möglich, wenn etwa dem Verletzer eine unzureichende Analyse des bestehenden Patentschutzes vor Benutzungsaufnahme vorgeworfen werden kann.[3030] Die bei der Bestimmung der Unverhältnismäßigkeit maßgeblichen Umstände können also auch die Billigkeitserwägungen beim Entschädigungsanspruch leiten.[3031] Auch die zur Bemessung der Vergütung für eine Zwangslizenz nach § 24 PatG entwickelten Grundsätze können Anhaltspunkte für lizenzmindernde und lizenzerhöhende Aspekte bieten.[3032] Ein grundsätzlicher Aufschlag bzw. eine immer vorzunehmende Vervielfachung (z.B. Verdopplung oder Verdreifachung) des Entschädigungsbetrags[3033] findet außerhalb spezieller Vorschriften des Sorten- und Pflanzenschutzes[3034] indes keine Grundlage in deutschen oder unionsrechtlichen das allgemeine Patentrecht betreffenden Regelungen des gewerblichen Rechtsschutzes.[3035]

[3026] *Hoffmann*, GRUR 2022, 286, 288; *Stierle*, GRUR 2019, 873, 881; *ders.*, Mitt. 2020, 486, 490; a.A., die den Entschädigungsanspruch im Bereicherungsrecht verortet: Wert der Nutzung: *Ohly*, GRUR 2022, 303, 304.

[3027] *Ohly/Stierle*, GRUR 2021, 1229, 1235; *Stief*, PharmR 2023, 152, 155.

[3028] BT-Drs. 19/30498, S. 56; *Ohly/Stierle*, GRUR 2021, 1229, 1235; *Osterrieth*, GRUR 2022, 299, 301 (Lizenzanalogie zumindest als „ersten Basiswert" annehmend); *Stierle*, GRUR 2019, 873, 881; *ders.*, Mitt. 2020, 486, 490; Schulte/*D. Voß*, § 139 PatG Rn. 83; a.A.: *Wagner*, GRUR 2022, 294, 296–299, der den Entschädigungsanspruch als aufopferungsähnlichen Anspruch ansieht und aus § 139 Abs. 1 S. 5 PatG schließt, dass der Ausgleichsbetrag lediglich einen niedrigen Zuschlag zum Schadensersatzanspruch darstellen könne.; a.A.: *Rödiger*, IPRB 2021, 195, 198, der den Anspruch anhand von Vertragsstrafen berechnen möchte, die der Verletzer gegenüber seinen Abnehmern bei Unterlassung zahlen müsste. Der gleiche Betrag sei nun an den Patentinhaber zu zahlen.

[3029] BT-Drs. 19/30498, S. 56; *Osterrieth*, GRUR 2022, 299, 301.

[3030] BT-Drs. 19/30498, S. 56 (wenn denn dann überhaupt (aus anderen Gründen) eine Unverhältnismäßigkeit der Inanspruchnahme festzustellen ist); *Osterrieth*, GRUR 2022, 299, 301–302; eine solche Erhöhung auch mit einer Abschreckungsfunktion begründend: *Hoffmann*, GRUR 2022, 286, 288–289.

[3031] *Osterrieth*, GRUR 2022, 299, 300.

[3032] Dazu: *Hoffmann*, GRUR 2022, 286, 290.

[3033] *Ders.*, GRUR 2022, 286, 290–292.

[3034] Dazu: *ders.*, GRUR 2022, 286, 291.

[3035] *Ohly*, GRUR 2022, 303, 306; *Ohly/Stierle*, GRUR 2021, 1229, 1235; *Wagner*, GRUR 2022, 294, 295.

Allerdings darf nicht aus den Augen verloren werden, dass § 139 Abs. 1 S. 4 PatG durch die gleichzeitige Ausurteilung mit dem Unterlassungsanspruch und seiner Beschränkung gerade verhindern soll, dass der Patentinhaber einen vollständigen Höheprozess führen muss.[3036] Würde man den Rechtsstreit um den Unterlassungsanspruch über den Entschädigungsanspruch mit einem vollständigen inzidenten Höheprozess anfüttern, so ginge die damit verbundene Verzögerung des Rechtsstreits auf Kosten des Patentinhabers, dessen Unterlassungsanspruch während des Prozesses wirkungslos bleibt und anschließend auch noch durch eine Aufbrauchfrist ausgeschlossen sein soll.[3037] Es ist demnach zur Ermittlung der grundsätzlich zu bestimmenden fiktiven Lizenzgebühr analog § 287 ZPO eine Schätzung zulässig, für die auch der am auf den zu versagenden Teil des Unterlassungsanspruchs bezogene Streitwert des Verfahrens in Kombination mit den vom Verletzer vorzutragenden künftig noch notwendigen Aufbrauchhandlungen herangezogen werden kann.[3038]

4. Antragserfordernis

Auch wenn der Entschädigungsanspruch zwingende Folge des Unverhältnismäßigkeitseinwands ist, so bedarf es dennoch eines dahingehenden Klageantrags, der nicht als Minus im Unterlassungsantrag enthalten ist.[3039] Ohne einen solchen Antrag kann das Gericht die Entschädigung gemäß § 308 ZPO nicht zusprechen.[3040] Der Klageantrag ist in der Regel als Hilfsantrag für den Fall, dass der Unterlassungsantrag nicht in vollem Umfang zugesprochen wird, zu stellen.[3041] Macht der Patentinhaber den Unterlassungsanspruch nicht (mehr) geltend, sondern beantragt nur (noch) die Entschädigungszahlung, hat das Gericht die Unverhältnismäßigkeit der Inanspruchnahme durch den Unterlassungsanspruch als Voraussetzung des Entschädigungsanspruchs zu prüfen.[3042] Der Klageantrag auf Entschädigung ist weder exakt zu beziffern noch auf eine bloße Feststellung der Ausgleichspflicht zu richten, sondern als Leistungsantrag auf Entschädigungszahlung, deren genaue Höhe ins Ermessen des Gerichts gestellt wird, zu stellen.[3043]

[3036] BT-Drs. 19/25821, S. 55; *Kühnen*, Hdb. Patentverletzung, Kap. D Rn. 628; *Stief*, PharmR 2023, 152, 155–156.

[3037] *Kühnen*, Hdb. Patentverletzung, Kap. D Rn. 628.

[3038] *Kühnen*, Hdb. Patentverletzung, Kap. D Rn. 628-633 (dort auch Details zur Berechnung; Zum Umgang mit künftigen Abweichungen von der gezwungenermaßen mit Unwägbarkeiten verbundenen Prognoseentscheidung des Gerichts: Kap. D Rn. 635-649); Direkte Anwendbarkeit des § 287 ZPO: *Hoffmann*, GRUR 2022, 286, 292; *Stief*, PharmR 2023, 152, 155–156.

[3039] *Kühnen*, Hdb. Patentverletzung, Kap. D Rn. 613; *Ohly*, GRUR 2022, 303, 308; *Stief*, PharmR 2023, 152, 157; a.A.: Schulte/*D. Voß*, § 139 PatG Rn. 84.

[3040] *Kühnen*, Hdb. Patentverletzung, Kap. D Rn. 613.

[3041] *Ohly*, GRUR 2021, 304, 309; *Stierle*, Mitt. 2020, 486, 490.

[3042] *Kühnen*, Hdb. Patentverletzung, Kap. D Rn. 613.

[3043] *Kühnen*, Hdb. Patentverletzung, Kap. D Rn. 621-624; zur Unzulänglichkeit eines bloßen Feststellungstenors: *Rödiger*, IPRB 2021, 195, 198–199; für Feststellungs- statt Leistungsantrag: Benkard PatG/*Grabinski/Zülch/P. Tochtermann*, § 139 PatG Rn. 32o.

V. Regel-Ausnahme-Verhältnis

Es besteht Konsens, dass die Durchsetzbarkeit des patentrechtlichen Unterlassungsanspruchs die Regel und seine Einschränkung die Ausnahme darstellen muss.[3044] Der Gesetzeswortlaut des § 139 Abs. 1 S. 3 PatG lässt den exzeptionellen Charakter des Unverhältnismäßigkeitseinwandes und die Besonderheit seiner einschränkenden Wirkung durch die Abstellung auf *besondere Umstände des Einzelfalles*, die *Gebote von Treu und Glauben* und eine *nicht gerechtfertigte Härte* anklingen. Die zur Auslegung dieser Wortlautelemente heranzuziehende[3045] Gesetzesbegründung hält dieses Regel-Ausnahme-Verhältnis ausdrücklich fest.[3046] Es zeigt sich auch in der bereits beschriebenen Darlegungs- und Beweislastverteilung und der bei Einschlägigkeit des Unverhältnismäßigkeitseinwands regelmäßig nur zeitlich limitierten Einschränkungswirkung im Rahmen einer Aufbrauch- oder Umstellungsfrist. Die grundrechtlich geschützte Ausschließungsbefugnis des Patentinhabers bleibt auch nach Inkrafttreten der Neuregelung grundsätzlich vorrangig und bedarf bei ihrer Durchsetzung keiner (vorauseilenden) Darlegung der Verhältnismäßigkeit[3047]

Diese Konzeption einer regelmäßigen Durchsetzbarkeit des Unterlassungsanspruchs, die nur im Ausnahmefall und dann auch nur möglichst geringfügig einzuschränken ist, also auf Tatbestands- wie auf Rechtsfolgenebene von der grundsätzlichen Unterlassungsverpflichtung des Patentverletzers ausgeht, deren Suspendierung nur ausnahmsweise zu dulden ist, sollte auch begrifflich zum Ausdruck gebracht werden. Deshalb benutzt diese Arbeit den Begriff des *Unverhältnismäßigkeitseinwands*.[3048] Auch wenn die Verwender der in aller Regel synonym gebrauchten Bezeichnungen eines *Verhältnismäßigkeitsvorbehalts*, *Unverhältnismäßigkeitsvorbehalts* oder *Verhältnismäßigkeitseinwands* in der Sache vom gleichen Regel-Ausnahme-Verhältnis ausgehen,[3049] erscheint die Begrifflichkeit des *Unverhältnismäßigkeitseinwands[3050]* am präzisesten:

[3044] EuGH, Urt. v. 16.07.2015 – C-170/13, GRUR 2015, 764, Rn. 46-47, 57-58 – *Huawei/ZTE*; BGH, Urt. v. 10.05.2016 – X ZR 114/13, GRUR 2016, 1031, Rn. 45 – *Wärmetauscher*; *Busche*, GRUR 2021, 157, 160; *Heusch*, FS von Meibom (2010), 135, 144; *Kühnen*, Hdb. Patentverletzung, Kap. D Rn. 574; *Meier-Beck*, GRUR 2017, 1065, 1071; *Ohly*, GRUR 2021, 304; *Osterrieth*, GRUR 2018, 985, 991; *Picht*, GRUR 2019, 1097, 1101; *Scharen*, Mitt. 2018, 369, 370; *Stierle/Hofmann*, GRUR Int. 2022, 1123, 1127; *Uhrich*, ZGE 2009, 59, 92; Schulte/*D. Voß*, § 139 PatG Rn. 76.

[3045] BVerfG, Urt. v. 19.03.2013 – 2 BvR 2628/10, 2 BvR 2155/11, NJW 2013, 1058, Rn. 66.

[3046] BT-Drs. 19/25821, S. 31, 52-53, 55-56.

[3047] BT-Drs. 19/25821, S. 53; *Kühnen*, Hdb. Patentverletzung, Kap. D Rn. 574.

[3048] So auch die Instanzrspr. nach Inkrafttreten des 2. PatMoG: LG Düsseldorf, Urt. v. 30.06.2022 – 4b O 7/22, GRUR-RS 2022, 17713, Rn. 87-88 – *Schiebedach*; LG Düsseldorf, Urt. v. 07.07.2022 – 4c O 18/21, GRUR-RS 2022, 26676, Rn. 39 – *Sofosbuvir*; LG München I, Urt. v. 17.05.2023 – 7 O 2693/22, GRUR-RS 2023, 29781, Rn. 31, 99 – *Nachweis von Analyten I*; Details zur Rspr. nach Inkrafttreten des 2. PatMoG siehe: 4. Teil Kap. F. (S. 416 ff.).

[3049] *Stierle*, GRUR 2019, 873, 875 weist z.B. explizit auf den untechnischen Gebrauch des Begriffes des Verhältnismäßigkeitsvorbehalts hin.

[3050] Oder in der Genitivverknüpfung „Einwand der Unverhältnismäßigkeit": *Ohly*, GRUR 2022, 303, 304.

Dem durch die Neuregelung nicht angezweifelten Grundsatz der Durchsetzbarkeit wird die *Unverhältnismäßigkeit* entgegengehalten.[3051] Gegenstand des *Einwands* ist also die *Unverhältnismäßigkeit* und nicht die *Verhältnismäßigkeit*, weswegen der Begriff des *Verhältnismäßigkeitseinwands* ausscheidet. Ein *Vorbehalt* kann indes fälschlicherweise im Sinne einer echten Bedingung, also einer vom rechtssuchenden Patentinhaber darzulegenden Tatbestandsvoraussetzung verstanden werden.[3052] Der Unterlassungsanspruch ist aber nach dem beschriebenen Regel-Ausnahme-Verhältnis nicht nur zu gewähren, *wenn* seine Durchsetzung verhältnismäßig oder nicht unverhältnismäßig ist. Er ist vielmehr prinzipiell zu gewähren und nur einzuschränken, *falls* der *Einwand* greift, dass die Durchsetzung ausnahmsweise *unverhältnismäßig* ist. Hierin besteht ein maßgeblicher konzeptioneller Unterschied zum angloamerikanischen Verständnis nach Equity-Grundsätzen, wonach eine Unterlassungsanordnung die Verhältnismäßigkeit positiv zur Voraussetzung hat, also unter *Verhältnismäßigkeitsvorbehalt* steht.[3053]

VI. Unions- und verfassungskonforme Einschränkung des Eigentumsrechts

Es wurde bereits unabhängig vom konkreten Wortlaut der Neuregelung allgemein gezeigt, dass eine Einschränkung des Unterlassungsanspruchs nach Unverhältnismäßigkeitsgesichtspunkten mit dem Unions- und Verfassungsrecht vereinbar ist.[3054] Auf die bei den rechtlichen Grundlagen einer Unverhältnismäßigkeitseinschränkung getätigten Ausführungen zur Eigentumsgewährleistung nach Art. 14 GG und Art. 17 EUGRCh und deren jeweiliger Einschränkbarkeit aufbauend ist festzustellen, dass der Unverhältnismäßigkeitseinwand auch in seiner konkreten Gestalt nach § 139 Abs. 1 S. 3 PatG unions- und verfassungskonform ausgestaltet worden ist.[3055]

Unzweifelhaft stellt jede Beschränkung des Unterlassungsanspruchs einen Eingriff in das grundrechtlich geschützte Recht des geistigen Eigentums des Patentinhabers selbst dar.[3056] Von dessen grundsätzlich vorrangigem Durchsetzungsinteresse geht auch der Gesetzgeber aus.[3057] Der Unverhältnismäßigkeitseinwand greift in diese Rechtsposition aber in verhältnismäßiger Weise ein.[3058] Um den legitimen Zweck der Vermeidung nicht gerechtfertigter Härten zu fördern,

---

[3051] So auch: *Weideneder*, Der Unterlassungsanspruch nach § 139 Abs. 1 PatG, S. 221–222.

[3052] *Dies.*, Der Unterlassungsanspruch nach § 139 Abs. 1 PatG, S. 221.

[3053] Dazu: 4. Teil Kap. B. II. (S. 334 f.).

[3054] Siehe: 4. Teil Kap. A. I. (S. 315 ff.) und II. (S. 320 f.).

[3055] So auch: *Plagge*, Der patentrechtliche Unterlassungsanspruch, S. 383–384.

[3056] *Kühnen*, Hdb. Patentverletzung, Kap. D Rn. 574; *McGuire*, GRUR 2021, 775, 776; *Papier*, ZGE 2016, 431, 433.

[3057] BT-Drs. 19/25821, S. 53.

[3058] Zum Übermaßverbot bei Inhalts- und Schrankenbestimmungen und den Voraussetzungen: Jarass/Pieroth GG/*Jarass*, Art. 14 GG Rn. 36-48; auf unionsrechtlicher Ebene: Jarass EUGRCh/*ders.*, Art. 17 EUGRCh Rn. 34-38.

schränkt § 139 Abs. 1 S. 3 PatG in erforderlich milder und angemessener Weise das Ausschließlichkeitsrecht des Patentinhabers ein.[3059] Denn die Einschränkung erfolgt nur im absoluten Ausnahmefall in Form einer Durchsetzungshemmung, welche die Rechtswidrigkeit der Nutzung unberührt lässt und in der Regel, wenn sie überhaupt zugesprochen wird, zeitlich und/oder inhaltlich begrenzt bzw. in jedem Fall möglichst minimalinvasiv erfolgen soll.[3060] Eine Geldentschädigung zur Eingriffsfolgenmilderung folgt auf dem Fuße.

Hinsichtlich der Eingriffsform ist § 139 Abs. 1 S. 3 PatG als Inhalts- und Schrankenbestimmung i.S.d. Art. 14 Abs. 1 S. 2 GG bzw. als Nutzungsregelung i.S.d. Art. 17 Abs. 2, 1 S. 3 EUGRCh zu klassifizieren.[3061] Der Unverhältnismäßigkeitseinwand definiert in abstrakt-genereller Weise den Inhalt des Eigentums des Patentinhabers und dessen daraus erwachsende Befugnisse.[3062] Dabei dient die Regelung dem Ausgleich privater Interessen,[3063] nämlich der Interessen des Patentinhabers und der des Patentverletzers oder Dritter.

Eine (Teil-)Enteignung liegt daher nicht vor.[3064] Eine solche würde voraussetzen, dass eine eigentumsrechtlich relevante Rechtsposition ganz oder teilweise zur Erfüllung bestimmter öffentlicher Aufgaben entzogen würde.[3065] An diesem Aspekt der Güterbeschaffung nach der Art einer Rechtsübertragung[3066] fehlt es bei der in der Regel zeitweisen Durchsetzungshemmung ohne Lizenzierungswirkung durch den Unverhältnismäßigkeitseinwand des § 139 Abs. 1 S. 3 PatG. Auch wenn der Unverhältnismäßigkeitseinwand mittelbar auch Allgemeininteressen wie die Funktionsfähigkeit des Patentsystems oder den Erhalt wirtschaftlicher Werte berühren kann, steht der Ausgleich privater Interessen im Vordergrund. Zudem geht es beim Unverhältnismäßigkeitseinwand nicht um einen enteignungstypischen Zugriff der öffentlichen Gewalt auf eine Eigentumsposition.[3067] Die Regelung zielt vielmehr auf die Abwehr einer aus der im konkreten Falle nicht erwünschten Durchsetzung eines Eigentumsrechts ab.[3068]

[3059] Hierzu und zum Folgenden: *Plagge*, Der patentrechtliche Unterlassungsanspruch, S. 383–384.

[3060] Allgemein zu Begrenzungen der Durchsetzbarkeit: *Hofmann*, GRUR 2020, 915, 920; *Stierle*, GRUR 2019, 873, 881.

[3061] *Plagge*, Der patentrechtliche Unterlassungsanspruch, S. 383; allgemein eine Einschränkung des Unterlassungsanspruchs nach Unverhältnismäßigkeitsgesichtspunkten als Inhalts- und Schrankenbestimmung einordnend: *Papier*, ZGE 2016, 431, 432–434.

[3062] Vgl. BVerfG, Beschl. v. 12.06.1979 – 1 BvL 19/76, NJW 1980, 985, 987; BVerfG, Beschl. v. 12.03.1986 – 1 BvL 81/79, NJW 1986, 2188, 2189.

[3063] BVerfG, Urt. v. 23.11.1999 – 1 BvF 1/94, NJW 2000, 413, 414.

[3064] A.A.: *Kessler*, Mitt. 2020, 108, 111.

[3065] BVerfG, Beschl. v. 07.12.2004 – 1 BvR 1804/03, NJW 2005, 879, 880; BVerfG, Urt. v. 06.12.2016 – 1 BvR 2821/11 u.a., NJW 2017, 217, Rn. 245.

[3066] BVerfG, Beschl. v. 21.07.2010 – 1 BvL 8/07, BeckRS 2010, 51462; BVerfG, Urt. v. 06.12.2016 – 1 BvR 2821/11 u.a., NJW 2017, 217, Rn. 243-254; Jarass EUGRCh/*Jarass*, Art. 17 EUGRCh Rn. 19.

[3067] BVerfG, Beschl. v. 17.11.1966 – 1 BvL 10/61, NJW 1967, 548, 550; Jarass/Pieroth GG/*Jarass*, Art. 14 GG Rn. 81.

[3068] BVerfG, Beschl. v. 17.11.1966 – 1 BvL 10/61, NJW 1967, 548, 550; Jarass/Pieroth GG/*Jarass*, Art. 14 GG Rn. 81.

Da es sich bei dieser Inhalts- und Schrankenbestimmung bzw. Nutzungsregelung aufgrund der Bedeutung des Unterlassungsanspruchs für die Rechtsstellung des Patentinhabers nichtsdestotrotz um einen besonders intensiven Eigentumseingriff handelt, ist die Regelung entgegen der grundsätzlichen Entschädigungsfreiheit von Inhalts- und Schrankenbestimmungen[3069] bzw. Nutzungsregelungen[3070] ausgleichspflichtig.[3071] Wenn ein anderweitiger gleichgeeigneter Ausgleich wie hier nicht ersichtlich ist und insbesondere wenn wie im Falle des § 139 Abs. 1 S. 3 PatG einer dem Patentinhaber gegenüberstehenden Partei eine Nutzung zu wirtschaftlichen Zwecken ermöglicht wird, ist ein Ausgleich in Geld erforderlich.[3072] Dieser Anforderung wird der Entschädigungsanspruch nach § 139 Abs. 1 S. 4 PatG gerecht.

VII. Deklaratorisch oder konstitutiv

Die Wirkung des § 139 Abs. 1 S. 3-5 PatG wird vom Gesetzgeber ausdrücklich als „gesetzgeberische Klarstellung"[3073] eingestuft. Dieser deklaratorische Charakter wird damit begründet, dass die Einschränkung des Unterlassungsanspruchs nach Unverhältnismäßigkeitsgesichtspunkten auch vor der Neuregelung schon möglich gewesen sei und lediglich die *Wärmetauscher*-Rechtsprechung des BGH in Gesetzesform überführt werde, um eine stärkere Berücksichtigung der auch schon vorbestehenden Einschränkungsmöglichkeiten durch die Instanzgerichte zu bewirken.[3074] Eine solche Klarstellung wurde teilweise als überflüssig beurteilt,[3075] andere Stimmen sahen ihre Legitimation in der einer Kodifizierung innewohnenden bekräftigenden Wirkung und der damit verbundenen Stärkung der Rechtsanwendungsklarheit.[3076]

Während die Nähe zur *Wärmetauscher*-Entscheidung im DiskE schon aus dem Wortlaut des Entwurfs noch deutlich zu erkennen war, so ging jedenfalls bereits der RefE wie auch die später gesetzgewordene Fassung über eine bloße Klarstellung hinaus.[3077] Die nun vorgesehene Berück-

---

[3069] BVerfG, Urt. v. 06.12.2016 – 1 BvR 2821/11 u.a., NJW 2017, 217, Rn. 260.

[3070] Streinz/*Streinz*, Art. 17 EUGRCh Rn. 21.

[3071] BVerfG, Beschl. v. 14.07.1981 – 1 BvL 24/78, NJW 1982, 633, 634–635 – *Pflichtexemplare*; BVerfG, Beschl. v. 02.03.1999 – 1 BvL 7/91, NJW 1999, 2877, 2878–2879 – *Denkmalschutz*; Jarass EUGRCh/*Jarass*, Art. 17 EUGRCh Rn. 41.

[3072] BGH, Urt. v. 07.07.2000 – V ZR 435/98, MMR 2000, 689, 694; *Ann*, PatR, § 3 Rn. 23, 26; Jarass/Pieroth GG/*Jarass*, Art. 14 GG Rn. 49.

[3073] BT-Drs. 19/25821, S. 52.

[3074] BT-Drs. 19/25821, S. 52-53.

[3075] *Fitzner/Munsch*, Mitt. 2020, 250, 255; *Harmsen*, GRUR 2021, 222, 223; *Nieder*, FS Rojahn (2021), 185, 195; *Würtenberger/Freischem*, GRUR 2020, 1278, 1279.

[3076] *Ohly*, GRUR 2021, 304, 306; *Rödiger*, IPRB 2021, 195, 199; *Schönbohm/Ackermann-Blome*, Mitt. 2020, 101, 106; *Stierle*, GRUR 2019, 873, 883; *Stierle/Hofmann*, GRUR Int. 2022, 1123, 1126.

[3077] *Busche*, GRUR 2021, 157, 160–161; *Harmsen*, GRUR 2021, 222, 223; *Helwig*, IPRB 2020, 262, 265; *McGuire*, GRUR 2021, 775; *Stierle*, Mitt. 2020, 486, 488.

sichtigung von Drittinteressen entspricht eben nicht der vorherigen Spruchpraxis der Instanz-gerichte,[3078] was der Gesetzgeber auch selbst anerkennt.[3079] Zudem ist mit dem 2. PatMoG auch der Entschädigungsanspruch des § 139 Abs. 1 S. 4 PatG als „innovatives Konzept"[3080] zur Kompensation einer Beschränkung der patentinhaberlichen Befugnisse eingeführt worden.[3081] Auch wenn die Einschränkung des Unterlassungsanspruchs aus Gründen der Unverhältnismäßig-keit schon vor dem 2. PatMoG möglich war, so geht die Neuregelung daher über eine bloß deklaratorische Übernahme der bestehenden Rechtsprechung ins Gesetz hinaus und hat insofern einen nicht nur klarstellenden, sondern hinsichtlich dieser innovativen Aspekte der Norm einen konstitutiven Charakter für die Gewährung und die Rechtsfolgen des Unverhältnismäßigkeits-einwands beim patentrechtlichen Unterlassungsanspruch.[3082]

VIII. Verhältnis zu den Ansprüchen auf Schadensersatz, Vernichtung und Rückruf

Ausweislich des § 139 Abs. 1 S. 5 PatG bleibt der patentrechtliche Schadensersatzanspruch aus § 139 Abs. 2 PatG von § 139 Abs. 1 S. 3-4 PatG unberührt.[3083] Da der Ausschluss des Unterlas-sungsanspruchs die Rechtswidrigkeit der Benutzung nicht aufhebt, bleibt der Patentverletzer zum Ersatz des durch die Patentverletzung entstandenen Schadens verpflichtet.[3084] Dabei gelten die allgemeinen Regeln des patentrechtlichen Schadensersatzanspruchs, also insbesondere auch alle in § 139 Abs. 2 PatG enthaltene Methoden der Schadensberechnung.[3085]

Die Zuerkennung eines Entschädigungsanspruchs nach § 139 Abs. 1 S. 4 PatG lässt den Schadensersatzanspruch nicht dem Grunde nach entfallen, führt aber auch nicht zu einer zusätz-lichen Vergütung des Patentinhabers.[3086] Verlangt werden kann mit dem Schadensersatzanspruch der Höhe nach nur ein etwaiger „weitergehende[r]"[3087] Schaden.[3088] Der Entschädigungsanspruch wird also auf den Schadensersatzanspruch angerechnet.[3089] Dass eine kumulative Gewährung

---

[3078] Dazu: 4. Teil Kap. B. V. 2. c) (S. 346 f.).

[3079] BT-Drs. 19/25821, S. 54-55.

[3080] *Ohly/Stierle*, GRUR 2021, 1229, 1233.

[3081] *Osterrieth*, GRUR 2022, 299.

[3082] *Ohly/Stierle*, GRUR 2021, 1229, 1232; *Osterrieth*, GRUR 2022, 299.

[3083] BT-Drs. 19/25821, S. 55.

[3084] BT-Drs. 19/25821, S. 55; *Kühnen*, Hdb. Patentverletzung, Kap. D Rn. 606; *Nieder*, FS Rojahn (2021), 185, 193; *Stierle*, GRUR 2019, 873, 881; *Tilmann*, Mitt. 2020, 245, 249.

[3085] *Osterrieth*, GRUR 2022, 299, 302.

[3086] *Kühnen*, Hdb. Patentverletzung, Kap. D Rn. 619; *Ohly*, GRUR 2021, 304, 308–309.

[3087] BT-Drs. 19/25821, S. 55.

[3088] *Ohly/Stierle*, GRUR 2021, 1229, 1236; *Stierle*, GRUR 2019, 873, 881.

[3089] *Ohly*, GRUR 2021, 304, 308–309; *ders.*, GRUR 2022, 303, 308; *Osterrieth*, GRUR 2022, 299, 302; *Stierle*, GRUR 2019, 873, 881; gegen eine Anrechnung: *Rödiger*, IPRB 2021, 195, 198; *Würtenber-ger/Freischem*, GRUR 2020, 1278, 1281.

beider Ansprüche in uneingeschränkter Höhe ausscheidet, ergibt sich aus den allgemeinen Grundsätzen der Anspruchsgrundlagenkonkurrenz sowie der Differenzhypothese und dem Bereicherungsverbot im Schadensrecht.[3090]

Wie der Schadensersatzanspruch bleiben auch weitere Ansprüche, die an eine rechtswidrige Patentnutzung anknüpfen, insbesondere die Ansprüche auf Vernichtung und Rückruf aus § 140a PatG, von § 139 Abs. 1 S. 3 PatG unberührt. Sie können aufgrund eigenständiger Ausschlüsse aus Gründen der Unverhältnismäßigkeit, wie etwa nach § 140a Abs. 4 PatG, eingeschränkt werden.[3091] Dieser Ausnahmetatbestand war schon vor dem 2. PatMoG Bestandteil des § 140a PatG und stellt wie § 139 Abs. 1 S. 3 PatG auf die Umstände des Einzelfalls ab.[3092] Nach § 140a Abs. 4 S. 2 PatG sind hierbei berechtigte Interessen Dritter zu berücksichtigen, was angesichts der Tatsache, dass Vernichtung und Rückruf unmittelbar in das (Mit-)Eigentum oder den (Mit-)Besitz Dritter eingreifen können, naheliegend ist.[3093]

Ein vollständiger Gleichlauf besteht zwischen § 139 Abs. 1 S. 3 PatG und § 140a Abs. 4 PatG aber nicht: Angesichts der hohen Eingriffsintensität des Auferlegens einer aktiven Vernichtung bzw. eines Rückrufs[3094] im Vergleich zum Unterlassen ist der Unverhältnismäßigkeitseinwand in § 140a Abs. 4 PatG trotz des Ausnahmecharakters weniger zurückhaltend formuliert als § 139 Abs. 1 S. 3 PatG. Demnach ist die Hürde des Unverhältnismäßigkeitseinwandes bei Vernichtung und Rückruf niedriger anzusetzen als beim Unterlassungsanspruch, sodass auch bei fehlender Unverhältnismäßigkeit mit Bezug auf den Unterlassungsanspruch die Ansprüche auf Vernichtung und Rückruf gemäß § 140a Abs. 4 PatG ausgeschlossen sein können.[3095]

Ist allerdings schon der Unterlassungsanspruch wegen Unverhältnismäßigkeit ausgeschlossen, so müssen in diesem Umfang zwangsläufig auch die Ansprüche auf Vernichtung und Rückruf als unverhältnismäßig ausscheiden.[3096] Andernfalls würde der Ausschluss des Unterlassungsanspruchs bei fortbestehender Verpflichtung zu Vernichtung und Rückruf leerlaufen.[3097]

[3090] *Ohly*, GRUR 2021, 304, 308–309; *Ohly/Stierle*, GRUR 2021, 1229, 1236; *Stierle*, Mitt. 2020, 486, 490–491.

[3091] Benkard PatG/*Grabinski/Zülch/P. Tochtermann*, § 140a PatG Rn. 8, 15.

[3092] Benkard PatG/*dies.*, § 140a PatG Rn. 1-2, 8a.

[3093] Benkard PatG/*dies.*, § 140a PatG Rn. 6-6a, 8a.

[3094] Benkard PatG/*Grabinski/Zülch/P. Tochtermann*, § 140a PatG Rn. 1-2; *Heusch*, FS von Meibom (2010), 135, 138.

[3095] *Kühnen*, Hdb. Patentverletzung, Kap. D Rn. 607.

[3096] *Kühnen*, Hdb. Patentverletzung, Kap. D Rn. 607, 984, 1026; *Nieder*, FS Rojahn (2021), 185, 194.

[3097] *Kühnen*, Hdb. Patentverletzung, Kap. D Rn. 607; *Nieder*, FS Rojahn (2021), 185, 194.

E. Kriterien zur Bestimmung der Unverhältnismäßigkeit

Wann der Unverhältnismäßigkeitseinwand des § 139 Abs. 1 S. 3 PatG die Durchsetzung des Unterlassungsanspruchs hemmt, hängt davon ab, nach welchen Kriterien man seine Einschlägigkeit auf Tatbestandsebene bemisst. Der Gesetzgeber wählte bei der Schaffung der Neuregelung bewusst eine Generalklausel, deren Ausfüllung Rechtsprechung und Wissenschaft überlassen bleibt.[3098] Er führte aber in der Gesetzesbegründung beispielhaft selbst einige der im Folgenden darzustellenden Aspekte auf, die in die Bestimmung der Unverhältnismäßigkeit einfließen können.[3099] Größtenteils wurden diese Kriterien auch schon von der Instanzrechtsprechung vor dem 2. PatMoG zumindest genannt.[3100] Zeitpunkt für die Beurteilung der Unverhältnismäßigkeit im Patentverletzungsprozess ist der Schluss der letzten mündlichen Tatsachenverhandlung.[3101]

I. Tatbestandsvoraussetzungen und Gesamtabwägung

Als Tatbestandsvoraussetzungen normiert § 139 Abs. 1 S. 3 PatG, dass eine Inanspruchnahme aus dem patentrechtlichen Unterlassungsanspruch vorliegen muss, die für den Verletzer oder Dritte zu einer unverhältnismäßigen, durch das Ausschließlichkeitsrecht nicht gerechtfertigten Härte führt. Dass die Inanspruchnahme im Ausnahmefall zu einer solchen Härte führt, muss sich aus den Umständen des Einzelfalls und unter Berücksichtigung der Gebote von Treu und Glauben ergeben.[3102]

Diesen einzelnen Elementen des Normtextes (Inanspruchnahme, nicht gerechtfertigte Härte für den Verletzer oder Dritte, Einzelfallbetrachtung, Treu und Glauben) können zwar jeweils Anhaltspunkte für die zu berücksichtigenden Abwägungskriterien entnommen werden und es bedarf stets der Betrachtung aller dieser Elemente, sodass diese als kumulative Voraussetzungen bezeichnet werden können.[3103] Letztlich handelt es sich aber um ausfüllungsbedürftige und in ihrer Ausfüllung stark einzelfallabhängige und in Wechselwirkung miteinander stehende unbestimmte Rechtsbegriffe, die über Anhaltspunkte und Gewichtungsfragen hinaus kaum als jeweils einzeln und – gleichsam wie bei einer Check-Liste – nacheinander zu prüfende Tatbestandsmerkmale dienen können.[3104] § 139 Abs. 1 S. 3 PatG erfordert daher eine einheitliche und ganzheitliche Prüfung der Unverhältnismäßigkeit im Rahmen einer umfassenden Gesamtabwägung.[3105]

[3098] BT-Drs. 19/25821, S. 53.
[3099] BT-Drs. 19/25821, S. 53-55.
[3100] Siehe: 4. Teil Kap. B. III. 2. (S. 337 f.) und 4. Teil Kap. B. V. 2. (S. 344 ff.).
[3101] *Schacht*, GRUR 2021, 440, 442.
[3102] BT-Drs. 19/25821, S. 52-53.
[3103] *Kühnen*, Hdb. Patentverletzung, Kap. D Rn. 574.
[3104] *Ohly*, GRUR Int. 2008, 787, 797.
[3105] BT-Drs. 19/25821, S. 53; *Kühnen*, Hdb. Patentverletzung, Kap. D Rn. 590; *Ohly/Stierle*, GRUR 2021, 1229, 1231.

Die darin zu berücksichtigenden Kriterien müssen die gesamten Umstände des jeweiligen Einzelfalls abdecken.[3106] Jeder Kriterienkatalog, der notwendigerweise abstrakt zur Typisierung der zu berücksichtigenden Umstände aufgestellt wird, kann somit nur ein Versuch sein, die zu beachtenden Aspekte möglichst weitreichend zu umfassen. Gleichzeitig kann ein solcher Katalog nicht abschließend sein und lässt folglich Raum für einzelfallspezifische Ergänzungen und Besonderheiten.[3107] Die in die Gesamtabwägung einzustellenden Kriterien stehen dabei in einem beweglichen System der Wechselwirkung zueinander.[3108] Die Einschlägigkeit eines Kriteriums kann durch andere Abwägungspunkte aufgewogen werden. Das Vorliegen mehrerer Anhaltspunkte in jeweils geringem Umfang kann in der Addition zu einem Ausschlagen der Abwägung in eine bestimmte Richtung führen. Ein Einzelaspekt von großem Gewicht kann das Fehlen oder das Entgegenstehen anderer Gesichtspunkte ausgleichen.[3109] Die erforderliche Gesamtabwägung steht über die Gebote von Treu und Glauben der Bewertung und Gewichtung nach den Wertungen der unions- und verfassungsrechtlich verbrieften Grundrechte offen.[3110] Schematische Lösungen unter Abstellen auf eine abstrakte Typizität eines Sachverhalts ohne sorgfältige Berücksichtigung aller jeweiligen Einzelfallumstände sind nicht zulässig.[3111]

Bildlich gesprochen ist bei der Prüfung des Unverhältnismäßigkeitseinwands eine Waage aufzustellen, auf der sodann die einschlägigen Kriterien je nach ihrer Eindeutigkeit und Gewichtung im Einzelfall und abhängig davon, ob sie die Entscheidung zugunsten der Durchsetzbarkeit des Unterlassungsanspruchs oder zu dessen Hemmung beeinflussen, gleichsam wie Gewichte auf den Waagschalen jeweils aufseiten des Patentinhabers und aufseiten des Patentverletzers platziert werden. Dabei startet die Waage nicht im exakten Gleichgewicht: In der Abwägung der entgegenstehenden Belange entspricht es der Grundwertung des Gesetzgebers, dass dem Interesse des Patentinhabers an der Durchsetzung des Unterlassungsanspruchs grundsätzlich Vorrang zu gewähren ist.[3112] Es bedarf also, um den Ausnahmefall des Durchgreifens des Unverhältnismäßigkeitseinwandes zu begründen, erheblicher vom Patentverletzer darzulegender und zu beweisender Gründe, die zweifelsfrei für eine Einschränkung sprechen.[3113] Die Waage muss zugunsten des Patentverletzers umschwenken.

[3106] BT-Drs. 19/25821, S. 53; *Rödiger*, IPRB 2021, 195, 196.

[3107] BT-Drs. 19/25821, S. 53; *Schacht*, GRUR 2021, 440, 442.

[3108] BT-Drs. 19/25821, S. 53; *Heusch*, FS von Meibom (2010), 135, 147–148; *Ohly/Stierle*, GRUR 2021, 1229, 1231.

[3109] *Ohly*, Stockholm IP Law Review 5 (2022), 58, 63.

[3110] *Ohly*, GRUR 2021, 304, 307; *Ohly/Stierle*, GRUR 2021, 1229, 1231.

[3111] *Ohly/Stierle*, GRUR 2021, 1229, 1231; *Schacht*, GRUR 2021, 440, 442; Busse/Keukenschrijver/*G. Werner*, § 139 PatG Rn. 91.

[3112] BT-Drs. 19/25821, S. 53; *Kühnen*, Hdb. Patentverletzung, Kap. D Rn. 574; *J.B. Nordemann*, ZGE 2019, 309, 322 (zum Lauterkeits-, Marken- und Urheberrecht).

[3113] BT-Drs. 19/25821, S. 53; *Kühnen*, Hdb. Patentverletzung, Kap. D Rn. 575-576.

II. Nicht in die Gesamtabwägung einzustellende Aspekte

Mit der Berücksichtigung aller Einzelfallumstände ist nicht gemeint, dass die gesamte Entscheidung über einen Unterlassungsantrag im Patentverletzungsprozess im Wege einer Art Billigkeitsentscheidung ohne Beachtung der übrigen materiellen Vorgaben des Patentrechts und der jeweiligen prozessualen Möglichkeiten ergehen soll.

1. Keine Berücksichtigung von Unsicherheiten über das Bestehen des Anspruchs

Der Unverhältnismäßigkeitseinwand bietet keinen Raum für die Berücksichtigung von Zweifeln hinsichtlich des grundsätzlichen Bestehens des Unterlassungsanspruchs.[3114] Stehen also beispielsweise die Patentverletzung durch die angegriffene Ausführungsform, die Aktivlegitimation des Klägers, der Umfang einer Lizenzierung, eine etwaige Erschöpfungswirkung oder andere Gesichtspunkte in Streit, die sich darauf beziehen, ob der Unterlassungsanspruch grundsätzlich zuzusprechen ist, und besteht daher die Möglichkeit, dass eine gerichtliche Entscheidung in der nächsten Instanz aus diesen Gründen wieder aufgehoben wird, so gebietet die auf diese Punkte bezogene Unsicherheit keine Anwendung des Unverhältnismäßigkeitsvorbehalts.[3115]

Die Ausnahmeregelung des Unverhältnismäßigkeitseinwands setzt voraus, dass der Anspruch dem Grunde nach besteht. Sie greift erst dann als Korrektiv ein.[3116] Die in Bezug auf das Vorliegen einer rechtswidrigen Benutzung der patentgeschützten Lehre möglichen Unsicherheiten sind auf einer dem Unverhältnismäßigkeitseinwand vorgelagerten Stufe einzusortieren. Sie gründen nicht in einer übermäßigen, Treu und Glauben widersprechenden Ausübung des Ausschließlichkeitsrechts des Patentinhabers, sondern ergeben sich aus Unklarheiten und Problemen bei der Feststellung von Tatsachen und deren rechtlicher Bewertung.[3117] Sie sind damit Teil des üblichen (Prozess-)Risikos eines Wirtschaftsteilnehmers, das auch beinhaltet, dass ein Rechtsstreit in einer höheren Instanz möglicherweise anders entschieden wird als in vorherigen Instanzen.[3118] Diesen Unwägbarkeiten kann durch die beiderseitige Gewähr rechtlichen Gehörs, durch die Regeln der Darlegungs- und Beweislastverteilung, durch die vorhandenen Korrekturmöglichkeiten im Instanzenzug sowie mit Hilfe des vollstreckungsrechtlichen Arsenals an Maßnahmen zur Interessenwahrung[3119] hinreichend und abschließend begegnet werden.[3120]

[3114] *Kühnen*, Hdb. Patentverletzung, Kap. D Rn. 583-584; Busse/Keukenschrijver/*G. Werner*, § 139 PatG Rn. 91.
[3115] *Kühnen*, Hdb. Patentverletzung, Kap. D Rn. 583-584.
[3116] *Ders.*, Hdb. Patentverletzung, Kap. D Rn. 585.
[3117] *Ders.*, Hdb. Patentverletzung, Kap. D Rn. 584.
[3118] Busse/Keukenschrijver/*G. Werner*, § 139 PatG Rn. 91.
[3119] Dazu: 2. Teil Kap. E. (S. 81 ff.).
[3120] *Kühnen*, Hdb. Patentverletzung, Kap. D Rn. 584.

2. Keine Rechtsbestandsprognose

Ebenfalls nicht in die Gesamtabwägung über die Unverhältnismäßigkeit einzustellen ist die Rechtsbestandsprognose hinsichtlich des Streitpatents sowie die damit zusammenhängenden Unsicherheiten über eine mögliche spätere Vernichtung des Schutzrechts.[3121] Auch bei diesem Aspekt geht es letztlich um die sachliche Berechtigung des Patentinhabers, überhaupt – und nicht nur in ggf. unverhältnismäßiger Weise im konkreten Einzelfall und nur in Bezug auf den Unterlassungsanspruch – aus einem (gültigen) Patent vorzugehen.[3122]

Wie im 2. Teil gezeigt,[3123] ergibt sich die Problematik des *injunction gap* aus dem Trennungssystem und nicht der Ausübung des Unterlassungsanspruchs. Die Lösung ist demnach in einer hinreichenden Synchronisierung von Rechtsbestands- und Verletzungsverfahren zu suchen, wofür eine Einschränkung der Durchsetzbarkeit des Unterlassungsanspruchs nicht der richtige Ansatzpunkt ist. Vielmehr besteht ein Vorrang der Aussetzung nach § 148 ZPO.[3124] Im Rahmen der darin vorgesehenen Ermessensausübung und im einstweiligen Rechtsschutz in der Abwägung, ob ein Verfügungsgrund vorliegt, lassen sich die dem Verletzer durch eine Verurteilung aus einem später vernichteten Patent drohenden Härten berücksichtigen.[3125] Im Übrigen greifen auch hier bei einer Verurteilung die vollstreckungsrechtlichen Abwehrmöglichkeiten als Sicherheitsnetz.[3126]

Es besteht auch keine Veranlassung, die Rechtsbestandsprognose, wenn sie negativ ausfällt, also eine Vernichtung wahrscheinlich erscheint, ausnahmsweise doch in die Abwägung der Unverhältnismäßigkeit einzubeziehen, wenn die Abwägung der entgegenstehenden Interessen im Übrigen zu einem Patt führen würde, welches dann durch die Rechtsbestandsprognose entschieden werden könnte.[3127] Zum einen erscheint es nicht legitim, ein grundsätzlich nicht heranzuziehendes Kriterium in einem besonders komplizierten, weil im Ergebnis engen Abwägungsvorgang dann doch zur Entscheidung zu berufen. Erst wenn alle zu berücksichtigenden Kriterien in die Abwägung eingestellt wurden, kann überhaupt von einem Patt die Rede sein. Einen nur in diesem Fall spielbaren Trumpf kann die Rechtsbestandsprognose nicht darstellen. Zum anderen kann ein Gericht den in einer solchen Situation zwangsläufig vorhandenen, ins Gewicht fallenden Interessen des Verletzers im Wege der Ausübung des Aussetzungsermessens gerecht werden. Darüber hinaus stellt ein vollständiges Unentschieden der entgegenstehenden Interessen im Sinne

---

[3121] *Kühnen*, Hdb. Patentverletzung, Kap. D Rn. 583-585; *McGuire*, Mitt. 2022, 49, 53–54; BeckOK PatR/*Pitz*, § 139 PatG Rn. 90h; Busse/Keukenschrijver/*G. Werner*, § 139 PatG Rn. 91; a.A.: *Stief*, PharmR 2023, 61, 66.

[3122] *Kühnen*, Hdb. Patentverletzung, Kap. D Rn. 584; *McGuire*, Mitt. 2022, 49, 53–54.

[3123] Siehe: 2. Teil Kap. D. IV. (S. 79 f.).

[3124] *McGuire*, Mitt. 2022, 49, 54; BeckOK PatR/*Pitz*, § 139 PatG Rn. 90h; *P. Tochtermann*, ZGE 2019, 362, 366; Busse/Keukenschrijver/*G. Werner*, § 139 PatG Rn. 91.

[3125] *Kühnen*, Hdb. Patentverletzung, Kap. D Rn. 584.

[3126] *Ders.*, Hdb. Patentverletzung, Kap. D Rn. 584.

[3127] *McGuire*, Mitt. 2022, 49, 53; so aber: *Ohly/Stierle*, GRUR 2021, 1229, 1231.

eines Patts nicht nur eine schon tatsächlich vermutlich relativ seltene Lage dar, sondern ist im Rahmen des Unverhältnismäßigkeitseinwands vor allen Dingen eine Konstellation, die keiner Auflösung auf der Interessenebene bedarf. Wenn der Verletzer eine Einschränkung des grundsätzlich zuzusprechenden Unterlassungsanspruchs verlangt, müssen seine Interessen die grundsätzlich vorrangigen Interessen des Patentinhabers überwiegen, was der Verletzer darlegen und beweisen muss. Bei einem Patt der Interessenlage als Ergebnis der Gesamtabwägung ist ihm dies offenbar nicht gelungen (non liquet) und es bleibt bei der gesetzgeberischen Grundwertung eines durchsetzbaren Unterlassungsanspruchs.[3128]

3. Keine rein personenbezogene Anknüpfung – Die NPE-Eigenschaft

Keinen die Unverhältnismäßigkeit per se begründenden Umstand kann außerdem die NPE-Eigenschaft eines Patentinhabers darstellen.[3129] Eine solche rein personenbezogene Anknüpfung hat zu unterbleiben, da einer NPE nicht weniger Rechte aus dem Patent zustehen als produzierenden Patentinhabern.[3130] Das Patentrecht kennt keinen Benutzungszwang, der die Durchsetzung des Ausschließlichkeitsrechts an eine eigene oder lizenzierte Nutzung knüpfen würde.[3131] Auch der Gesetzgeber geht davon aus, dass die NPE-Eigenschaft an sich nicht zulasten des Patentinhabers berücksichtigt werden kann und verweist insbesondere auf die legitimen Schutz- und Verwertungsinteressen von Einzelerfindern, Universitäten und kleinen oder mittelständischen Unternehmen, die selbst nicht produzierend tätig werden und sich unter Umständen einer Patentverwertungsgesellschaft bedienen, um ihre Rechte zu wahren.[3132]

Jenseits einer mithin nicht zulässigen Anknüpfung spezifisch an eine Eigenschaft der das Patentrecht geltend machenden Person kann die Nicht-Praktizierung eines Patents[3133] aber mit Blick auf ein möglicherweise missbräuchliches Verhalten bei der Durchsetzung von Unterlassungsansprüchen durch eine NPE oder im Rahmen der Betrachtung der Interessen des Patentinhabers an der Unterlassungsverpflichtung berücksichtigt werden[3134] – was bei den jeweiligen Kriterien

---

[3128] *McGuire*, Mitt. 2022, 49, 53.

[3129] *Kühnen*, Hdb. Patentverletzung, Kap. D Rn. 592; *Stierle*, GRUR 2019, 873, 875.

[3130] *Kessler*, Mitt. 2011, 489, 491; *Kühnen*, Hdb. Patentverletzung, Kap. D Rn. 592; *McGuire*, GRUR 2021, 775, 780; *v. Meibom/Nack*, FS Straus (2009), 495, 498–499.

[3131] *Ann*, FS Straus (2009), 355, 361; *Harmsen*, GRUR 2021, 222, 226; *Heusch*, FS von Meibom (2010), 135, 144; *Kessler*, Mitt. 2011, 489, 491; *Stierle*, GRUR 2019, 873, 875; *vom Feld/Hozuri*, FS Rojahn (2021), 209, 218.

[3132] BT-Drs. 19/25821, S. 53.

[3133] Diese unter Umständen als patentfunktionswidrig ansehend: *Stierle*, Das nicht-praktizierte Patent, S. 251–257; *ders.*, GRUR 2019, 873, 875–876.

[3134] BT-Drs. 19/25821, S. 53; *Kühnen*, Hdb. Patentverletzung, Kap. D Rn. 593; Eine ähnliche Differenzierung zwischen der NPE-Eigenschaft an sich und der möglicherweise missbräuchlichen Rechtsdurchsetzung im Einzelfall findet sich in einem urheberrechtlichen Fall bei: EuGH, Urt. v. 17.06.2021 – C-597/19, GRUR 2021, 1067, Rn. 96 – *Mircom/Telenet*.

im Folgenden näher betrachtet werden wird. Dann erfolgt die Beachtung der Inanspruchnahme des Verletzers durch eine NPE aber gerade nicht personenbezogen, sondern verhaltens- und – hinsichtlich des Interesses an der Patentdurchsetzung – objektbezogen unter dem notwendigen Einbezug der jeweiligen Umstände des Einzelfalls.

III. Objektbezogene Kriterien

Auch wenn eine einzelfallbezogene Gesamtabwägung nicht schematisch erfolgen darf und die Grenzen zwischen dem ein oder anderen Abwägungskriterium fließend sind, so lassen sich die zu berücksichtigenden Faktoren dennoch in gewisser Weise kategorisieren. Daher erfolgt die Betrachtung hier in einer Sortierung nach objekt- und verhaltensbezogenen Kriterien sowie der zu berücksichtigenden Drittinteressen. In Abgrenzung zu den verhaltensbezogenen Kriterien, bei denen es um subjektive, in der Beurteilung der Handlungen oder Nichthandlungen der Parteien gründende Elemente der Gesamtabwägung geht, fallen unter die objektbezogenen Kriterien diejenigen Aspekte, die auf das Patent bzw. die Patentnutzung sowie deren Untersagung und ihre Folgen selbst gerichtete objektive Elemente der Interessenabwägung darstellen.

1. Wirtschaftliche Härten der Unterlassungsverpflichtung

Ein sich aus der Untersagung der Patentnutzung und ihrer Folgen ergebender objektiver Faktor, der als Baustein einer Gesamtbetrachtung zu einer Einschränkung des Unterlassungsanspruchs führen kann, ist die wirtschaftliche Härte, die sich aus einer sofort geltenden Unterlassungsverfügung für den Patentverletzer ergibt.[3135] Allerdings kann es dabei nur um solche Auswirkungen gehen, die über die normalen Folgen einer Unterlassungsverpflichtung hinausgehen.[3136] Es folgt schon aus dem Gesetzeswortlaut des § 139 Abs. 1 S. 3 PatG, dass eine wirtschaftlich harte Auswirkung allein noch nicht zu einer Unverhältnismäßigkeit führt, sondern vielmehr zusätzlich besondere Umstände vorliegen müssen, die bewirken, dass die Härte nicht mehr durch das Ausschließlichkeitsrecht des Patentinhabers gerechtfertigt ist.[3137]

Dafür ist es zumindest von Bedeutung, welches Interesse der Patentverletzer an der Nutzung der patentgeschützten Lehre vorweisen kann: Ein besonderes Interesse kann sich unter Umständen daraus speisen, dass dem Verletzer durch die Unterlassung außergewöhnliche Schäden deshalb entstehen würden, weil er aufgrund von getätigten Investitionen bei Aufgabe der Nutzung hohe, unwiederbringliche Verluste (*sunk costs*) erleiden würde.[3138] Durch solche Kosten oder

---

[3135] BT-Drs. 19/25821, S. 54.
[3136] *Harmsen*, GRUR 2021, 222, 225; *Kühnen*, Hdb. Patentverletzung, Kap. D Rn. 600; *Ohly*, GRUR 2021, 304, 306; *Ohly/Stierle*, GRUR 2021, 1229, 1231; Schulte/*D. Voß*, § 139 PatG Rn. 81.
[3137] *Kühnen*, Hdb. Patentverletzung, Kap. D Rn. 600.
[3138] BT-Drs. 19/25821, S. 54; Benkard PatG/*Grabinski/Zülch/P. Tochtermann*, § 139 PatG Rn. 32i; *Ohly/Stierle*, GRUR 2021, 1229, 1231.

wenn eine Umgehungsmöglichkeit aufgrund der Marktgegebenheiten tatsächlich oder faktisch nicht besteht, kann es zu einem die Patentnutzung für den Verletzer unbedingt notwendig machenden Lock-in-Effekt kommen.[3139]

Aus *sunk costs* und *lock-in* lässt sich aber nicht zwingend ein Schluss auf eine besondere, nicht mehr gerechtfertigte Härte ziehen: Als normale Folgen der Unterlassungsverpflichtung können Umsatz- und Gewinneinbußen, drohende Vertragsstrafen oder Schadensersatzpflichten gegenüber Dritten allein nicht ausschlaggebend sein.[3140] Ebenso wenig genügt die Verauslagung auch hoher Forschungs- und Entwicklungskosten sowie Kosten der Markterschließung und Produktzulassung für sich genommen, um eine Unverhältnismäßigkeit anzunehmen.[3141] Sämtliche notwendige Auswirkungen der aus der Schutzrechtsbeachtung folgenden Einstellung einer patentverletzenden Produktion bzw. eines solchen Vertriebs und damit verbundene Kosten und Verluste sowie Beeinträchtigungen von Marktanteilen und Unternehmensimage fallen in den Risikobereich des patentverletzenden Wirtschaftsteilnehmers und sind als übliche Wirkung der Unterlassungsverpflichtung hinzunehmen.[3142] Dies gilt auch, wenn die Folgen potentiell die wirtschaftliche Existenz des Verletzers erheblich gefährden oder vernichten können.[3143]

Eine Einschränkung des bei Patentverletzung grundsätzlich zuzusprechenden patentrechtlichen Unterlassungsanspruchs verlangt über die wirtschaftlichen Einbußen hinaus, dass der Verletzer durch die Unterlassungsanordnung in besonderer Weise derart getroffen wird, dass er anders als andere Verletzer mehr erleidet als nur den durch die reine Nutzungsunterlassung verursachten Eingriff.[3144] Die sich aus einer sofortigen Unterlassung der Patentnutzung ergebenden Schäden für den Verletzer müssen, um ihre Rechtfertigung durch das Ausschließlichkeitsrecht des Patentinhabers zu verlieren, außergewöhnlich sein und damit „völlig außer Verhältnis zu dem Wert des verletzen Patentes"[3145] stehen.[3146] Dabei ist zu beachten, dass auch eine insgesamt als volkswirtschaftlich ineffizient zu beurteilende Durchsetzung eines Patents bei einem nicht völlig aus der Reihe fallenden Missverhältnis zwischen Patentwert und durch die sofortige Unterlassung verursachten Schaden sowie fehlenden weiteren Anhaltspunkten für eine Unverhältnismäßigkeit

---

[3139] MüKo WettbR Bd. I/*Kerber/Schwalbe*, Grundlagen Rn. 382.

[3140] *Harmsen*, GRUR 2021, 222, 225.

[3141] *Kühnen*, Hdb. Patentverletzung, Kap. D Rn. 600 Fn. 914.

[3142] BGH, Urt. v. 10.05.2016 – X ZR 114/13, GRUR 2016, 1031, Rn. 45 – *Wärmetauscher*; LG Düsseldorf, Urt. v. 11.07.2019 – 4c O 39/16, GRUR-RS 2019, 18224, Rn. 65-66 – *Monoklonale Antikörper*; *Ohly*, GRUR 2021, 304, 306; Schulte/*D. Voß*, § 139 PatG Rn. 81.

[3143] *Kühnen*, Hdb. Patentverletzung, Kap. D Rn. 600; Schulte/*D. Voß*, § 139 PatG Rn. 81.

[3144] BGH, Urt. v. 10.05.2016 – X ZR 114/13, GRUR 2016, 1031, Rn. 45 – *Wärmetauscher*; *Kühnen*, Hdb. Patentverletzung, Kap. D Rn. 600.

[3145] BT-Drs. 19/25821, S. 54.

[3146] *Ohly/Stierle*, GRUR 2021, 1229, 1231; *Osterrieth*, FS 80 Jahre Patentgerichtsbarkeit in Düsseldorf (2016), 415, 426; *Papier*, ZGE 2016, 431, 433.

vom Ausschließlichkeitsrecht des Patentinhabers gedeckt ist.[3147] Das Kriterium der wirtschaftlichen Härte ist also im Lichte auch des Interesses des Patentinhabers zu beurteilen und wird absehbar folglich nur in Kombination mit anderen härtebegründenden Kriterien eine Rolle spielen – insbesondere bei Betroffenheit von aus patentnutzenden Einzelkomponenten zusammengesetzten komplexen Produkten.[3148]

2. Komplexe Produkte

Erfolgt eine Patentnutzung in der Weise, dass eine untergeordnete Einzelkomponente eines aus vielen Komponenten zusammengesetzten und damit komplexen Produkts patentverletzend ist, so kann es unverhältnismäßig sein, vom Verletzer die sofortige Unterlassung der Herstellung und des Vertriebs des Gesamtprodukts zu verlangen, wenn dies völlig außer Verhältnis zu Wert und Bedeutung der patentverletzenden Einzelkomponente steht.[3149] Ein komplexes Gesamtprodukt soll diesem Gedanken nach nicht wegen eines unbedeutenden Kleinteils als Ganzes aus dem Verkehr gezogen werden müssen.[3150] Denn daraus kann sich eine unverhältnismäßige Schädigung des Verletzers insbesondere aus Produktionsunterbrechungen und dem für eine Produktumgestaltung notwendigen Aufwand ergeben.[3151] Verstärkt wird die Härte für den Verletzer, wenn dadurch gerade die in den patentfreien Teil des Gesamtgegenstands investierten Ressourcen zu *sunk costs* werden.[3152]

Damit die Betroffenheit eines komplexen Produkts als Faktor für das Vorliegen einer Unverhältnismäßigkeit ins Gewicht fallen kann, muss also das streitgegenständliche Patent durch eine wertmäßig untergeordnete Einzelkomponente eines komplexen Gesamtprodukts verletzt werden.[3153] Als ins Verhältnis zur Einzelkomponente zu setzende Gesamtprodukt ist jeweils das vom in Anspruch genommenen Verletzer hergestellte oder vertriebene Produkt zu betrachten.[3154] Eine wertmäßig untergeordnete Einzelkomponente eines komplexen Gegenstandes setzt zunächst voraus, dass es sich bei dem Gesamtprodukt nicht um einen Gegenstand handelt, der nur aus einigen wenigen Bauteilen in überschaubarer Weise zusammengesetzt ist.[3155] Liegt ein komplexes Produkt demnach vor, muss die Einzelkomponente in wirtschaftlicher Hinsicht deutlich hinter

---

[3147] *Plagge*, Der patentrechtliche Unterlassungsanspruch, S. 344–345.
[3148] *Harmsen*, GRUR 2021, 222, 225; *Osterrieth*, GRUR 2018, 985, 994.
[3149] BT-Drs. 19/25821, S. 54; *Ohly/Stierle*, GRUR 2021, 1229, 1231; *Osterrieth*, FS Fezer (2016), 1035, 1044; *Sikorski*, IIC 2022, 31, 55–56.
[3150] *Osterrieth*, GRUR 2009, 540, 544.
[3151] BT-Drs. 19/25821, S. 54; *Schönbohm/Ackermann-Blome*, Mitt. 2020, 101, 104; *Stierle/Hofmann*, GRUR Int. 2022, 1123, 1128.
[3152] *Kühnen*, Hdb. Patentverletzung, Kap. D Rn. 601.
[3153] *Harmsen*, GRUR 2021, 222, 223–224; *Schönbohm/Ackermann-Blome*, Mitt. 2020, 101, 104.
[3154] Benkard PatG/*Grabinski/Zülch/P. Tochtermann*, § 139 PatG Rn. 32g; *McGuire*, GRUR 2021, 775, 782; *Plagge*, Der patentrechtliche Unterlassungsanspruch, S. 345–346.
[3155] *Harmsen*, GRUR 2021, 222, 224; *Ohly*, GRUR Int. 2008, 787, 791.

der wirtschaftlichen Bedeutung des komplexen Gesamtprodukts zurückfallen.[3156] Dabei sind der (hypothetische) Nettoverkaufspreis der Einzelkomponente und der Nettoverkaufspreis des angegriffenen Gesamtprodukts miteinander ins Verhältnis zu setzen.[3157] Als wertmäßig untergeordnet kann eine Einzelkomponente angesehen werden, wenn der Wert des Gesamtprodukts mindestens das Zwanzigfache des Werts der Komponente beträgt.[3158]

Das *Wärmetauscher*-Urteil und die darauf Bezug nehmende Gesetzesbegründung des 2. PatMoG lässt sich zudem so interpretieren, dass die Einzelkomponente funktionswesentlich für das Gesamtprodukt sein, also „die generelle Einsatzfähigkeit und Nutzbarkeit"[3159] des Gesamtprodukts berühren müsse, um für eine Unverhältnismäßigkeit sprechen zu können.[3160] Ist die jeweilige Komponente aber nicht funktionswesentliches Element des Gesamtprodukts oder eines seiner wesentlichen Bauteile, so sei eine unverhältnismäßige wirtschaftliche Schädigung des Verletzers aufgrund der Nutzbarkeit des Gesamtprodukts auch ohne die Einzelkomponente nicht zu erwarten.[3161]

Das Abstellen auf die Funktionswesentlichkeit als maßgebender Faktor ist allerdings nicht unproblematisch, kommt doch gerade in der Funktionswesentlichkeit einer Komponente der besondere Wert einer darin umgesetzten Erfindung zum Ausdruck, sodass dies gegen eine Unverhältnismäßigkeit der Unterlassungsverpflichtung sprechen müsste.[3162] Auf die Funktionswesentlichkeit im Sinne einer zwingenden Voraussetzung kann es nach der zustimmungswürdigen herrschenden Ansicht in der Literatur nicht ankommen.[3163] Behält man im Blick, dass die Problematik bei komplexen Produkten sich gerade daraus und dann ergibt, wenn die auf eine Einzelkomponente gerichtete Nutzungsuntersagung als Kollateralschaden das Gesamtprodukt mit vom Markt nimmt,[3164] so muss man für die Ermittlung, ob dies in einer die Unverhältnismäßigkeit der Untersagung begründenden Form der Fall ist, richtigerweise auf die Separierbarkeit der Einzelkomponente vom Gesamtprodukt abstellen.[3165] Ist eine Komponente

---

[3156] *Harmsen*, GRUR 2021, 222, 224; *Ohly*, GRUR Int. 2008, 787, 791; *Osterrieth*, GRUR 2018, 985, 992; *Sikorski*, IIC 2022, 31, 55–56.

[3157] *Harmsen*, GRUR 2021, 222, 224; *Schickedanz*, GRUR Int. 2009, 901, 903.

[3158] *Harmsen*, GRUR 2021, 222, 224.

[3159] BGH, Urt. v. 10.05.2016 – X ZR 114/13, GRUR 2016, 1031, Rn. 52 – *Wärmetauscher*.

[3160] BGH, Urt. v. 10.05.2016 – X ZR 114/13, GRUR 2016, 1031, Rn. 52 – *Wärmetauscher*; BT-Drs. 19/25821, S. 54.

[3161] BGH, Urt. v. 10.05.2016 – X ZR 114/13, GRUR 2016, 1031, Rn. 52 – *Wärmetauscher*; BT-Drs. 19/25821, S. 54.

[3162] LG München I, Urt. v. 10.09.2020 – 7 O 8818/19, GRUR-RS 2020, 22577, Rn. 100-101 – *LTE-Standard*; *Stierle*, GRUR 2019, 873, 877.

[3163] *Hofmann*, ZGE 2019, 249, 255; *Ohly*, GRUR 2021, 304, 306–307; *Ohly/Stierle*, GRUR 2021, 1229, 1231; *Stierle*, GRUR 2019, 873, 877; *ders.*, GRUR 2020, 262, 265–266.

[3164] *Osterrieth*, GRUR 2009, 540, 544.

[3165] *Kühnen*, Hdb. Patentverletzung, Kap. D Rn. 601; *Kreye/Grunwald/J. Kamlah*, Mitt. 2016, 452; *Schellhorn*, IPRB 2017, 14, 16; *P. Tochtermann*, ZGE 2019, 362, 367.

nicht separierbar, so trifft das Unterlassungsbegehren sowohl bei funktionswesentlichen als auch bei funktionsunwesentlichen Teilen das komplexe Gesamtprodukt.[3166]

Eine Komponente ist nicht separierbar, wenn sie sich „technisch und/oder wirtschaftlich nicht (jedenfalls nicht innerhalb des laufenden Rechtsstreits) von dem patentfreien Rest"[3167] lösen lässt.[3168] Dabei kann sich eine fehlende (kurzfristige) Separierbarkeit daraus ergeben, dass die Herausnahme des patentgeschützten Teils technisch unmöglich oder mit erheblichen technischen Komplikationen verbunden ist (fehlende technische Separierbarkeit), die Trennung nur unter unzumutbaren wirtschaftlichen Aufwendungen erfolgen kann (fehlende wirtschaftliche Separierbarkeit), aber auch aus einem nach einer Änderung für den Gesamtgegenstand (erneut) zu absolvierenden behördlichen Zulassungsverfahren (fehlende rechtliche Separierbarkeit).[3169]

In der Gesetzesbegründung des 2. PatMoG klingt dies zumindest auch an, wenn dort eine Unverhältnismäßigkeit bei hohen Umgestaltungskosten oder langwierigen Zulassungsverfahren für möglich gehalten wird.[3170] Solche Kosten ergeben sich gerade bei einer kurzfristig fehlenden Separierbarkeit, die unverhältnismäßig hohe Umstellungskosten verursacht.[3171] Auch die kurze Erwähnung der Funktionswesentlichkeit in der Entscheidung *Wärmetauscher* in Form einer Negativabgrenzung, dass diese im konkreten Fall nicht bestanden habe, kann in diese Richtung gelesen werden, wenn man unterstellt, dass der BGH die Eigenschaft der betroffenen Komponente als „Sonderausstattungsmerkmal"[3172] und „schon kein funktionswesentliches Bauteil"[3173] erwähnte, um auszudrücken, dass seiner Meinung nach im Fall *Wärmetauscher* die Nutzungsuntersagung hinsichtlich der Einzelkomponente (Nackenheizung) nicht das Gesamtprodukt (Auto) mitbetroffen habe.[3174]

Gänzlich unbedeutend ist die Frage nach der Funktionswesentlichkeit im Kontext der Separierbarkeit auch nicht: Zwar kann ein funktionsunwesentliches Element eines Produkts sowohl separierbar sein, sodass der Einbau in ein komplexes Produkt nicht für eine Unverhältnismäßigkeit spricht, als auch (z.B. technisch) nicht separierbar sein, sodass auch ohne Funktionswesentlichkeit eine Unverhältnismäßigkeit in Betracht kommt. Ist die Einzelkomponente aber funktionswesentlich, so kann diese Tatsache für sich bereits zum Fehlen der Separierbarkeit führen. Eine Separierbarkeit ist nämlich ebenfalls abzulehnen, wenn eine Herausnahme der patent-

---

[3166] *Ohly/Stierle*, GRUR 2021, 1229, 1231.
[3167] *Kühnen*, Hdb. Patentverletzung, Kap. D Rn. 601.
[3168] Benkard PatG/*Grabinski/Zülch/P. Tochtermann*, § 139 PatG Rn. 32j; *P. Tochtermann*, ZGE 2019, 362, 367.
[3169] *Harmsen*, GRUR 2021, 222, 224; *Kühnen*, Hdb. Patentverletzung, Kap. D Rn. 601; *Ohly/Stierle*, GRUR 2021, 1229, 1231.
[3170] BT-Drs. 19/25821, S. 54.
[3171] *Hofmann*, ZGE 2019, 249, 255; *Stierle*, GRUR 2020, 262, 266.
[3172] BGH, Urt. v. 10.05.2016 – X ZR 114/13, GRUR 2016, 1031, Rn. 52 – *Wärmetauscher*.
[3173] BGH, Urt. v. 10.05.2016 – X ZR 114/13, GRUR 2016, 1031, Rn. 52 – *Wärmetauscher*.
[3174] *Busche*, GRUR 2021, 157, 160 Fn. 25; *Kreye/Grunwald/J. Kamlah*, Mitt. 2016, 452.

verletzenden Komponente aus dem Gesamtprodukt zwar mit wirtschaftlich vertretbarem Aufwand und technisch sowie rechtlich möglich ist, der patentfreie Rest aber aus Sicht des Abnehmerkreises sodann ein anderes Produkt darstellt.[3175] Der Hersteller eines *connected car* muss sich für die Beurteilung der Separierbarkeit bei angenommener absoluter Verkehrswesentlichkeit der verbauten Telekommunikationsfunktionen nicht darauf verweisen lassen, er könne ja immer noch ein fahrtüchtiges Auto herstellen und verkaufen, wenn der relevante Abnehmerkreis darin kein Substitut für ein vernetztes Fahrzeug sieht und das Kfz daher keine Abnehmer mehr findet.[3176] Es macht keinen Unterschied, ob die Entfernung der Einzelkomponente aus technischen, wirtschaftlichen oder zulassungsrechtlichen Gründen dazu führen würde, dass das Gesamtprodukt nicht mehr marktfähig ist oder ob sich dies daraus ergibt, dass es für ein Produkt ohne die betroffene Einzelkomponente schlicht keinen relevanten Markt gibt. In beiden Fällen trifft die Unterlassungsanordnung hinsichtlich der Einzelkomponente in ihrer tatsächlichen Folge automatisch auch das Gesamtprodukt und es fehlt daher an der Separierbarkeit. Neben einer technischen, wirtschaftlichen und rechtlichen Separierbarkeit kann es in diesem Fall also auch auf eine funktionale Separierbarkeit ankommen.

3. Interesse des Patentinhabers an der Unterlassungsverpflichtung zum Schutz eigener oder lizenzierter Patentnutzung

Als weiterer auf das Patent selbst und seine Nutzung bezogener Faktor ist das Interesse des Patentinhabers an der Unterlassungsverpflichtung zu betrachten.[3177] Im Gesetzeswortlaut des § 139 Abs. 1 S. 3 PatG kommt dies durch die Benennung des patentrechtlichen Ausschließlichkeitsrechts als Rechtfertigungskomponente etwaiger üblicher Härten und durch die Inbezugnahme der Gebote von Treu und Glauben zum Ausdruck.[3178] Zwar ist das Interesse des Patentinhabers an der Ausübung seines Ausschließlichkeitsrechts dem Grunde nach allein wegen der eigentumsgrundrechtlichen Bedeutung stets als gewichtiges Interesse in die Abwägung einzubeziehen.[3179] Es kann aber im Einzelfall ausnahmsweise ein im Vergleich zum Durchschnittsfall geringeres oder auch höheres Interesse an einer sofortigen Durchsetzung der Unterlassungspflicht bestehen.

[3175] In diese Richtung auch: *Harmsen*, GRUR 2021, 222, 224.
[3176] LG München I, Urt. v. 10.09.2020 – 7 O 8818/19, GRUR-RS 2020, 22577, Rn. 101 – *LTE-Standard*; *Plagge*, Der patentrechtliche Unterlassungsanspruch, S. 348.
[3177] BT-Drs. 19/25821, S. 53.
[3178] BT-Drs. 19/30498, S. 56; Benkard PatG/*Grabinski/Zülch/P. Tochtermann*, § 139 PatG Rn. 32f; Samer/*Samer*, § 1 Rn. 128.
[3179] *Kühnen*, Hdb. Patentverletzung, Kap. D Rn. 574; *McGuire*, GRUR 2021, 775–776.

Eine Gewichtung des Interesses an der sofortigen Durchsetzung kann sich daraus ergeben, inwiefern der Patentinhaber auf die Ausschließungswirkung des Unterlassungsanspruchs angewiesen ist.[3180] Geht es dem Patentinhaber um den Schutz einer eigenen Marktposition, also ist er selbst erfindend, produzierend oder Produkte am Markt anbietend tätig und steht er womöglich sogar in direkter Konkurrenz zu dem patentverletzenden Nutzer der geschützten technischen Lehre, so ist das patentinhaberliche Interesse an der Unterlassungsverpflichtung als hoch einzustufen.[3181] Das gleiche gilt, wenn dieses Interesse bei Lizenznehmern des Patentinhabers besteht. Diese wollen im Falle der ausschließlichen Lizenz deren Exklusivität gewahrt sehen.[3182] Im Falle der einfachen Lizenz haben sie jedenfalls ein Interesse an gleichen Marktbedingungen für alle Patentnutzer, die aber durch den Kostenvorteil eines das Patent rechtswidrig benutzenden und die Lizenzgebühren sparenden Marktteilnehmers untergraben würden.[3183] Denn die Wahrung der Interessen der Lizenznehmer berührt unmittelbar auch das Interesse des Patentinhabers an der Durchsetzung, wenn dieser sonst gegen seine vertraglichen Pflichten aus der Lizenzvereinbarung verstößt oder auf die Lizenzzahlungen seiner Lizenznehmer angewiesen ist.[3184]

Ein geringfügigeres Interesse an der Durchsetzung eines Patents könnte dann gegeben sein, wenn der Patentinhaber weder eine eigene Marktposition noch seine Lizenznehmer schützt, sondern primär auf die Monetarisierung seiner formalen Rechtsposition aus einem nicht-praktizierten Patent bedacht ist.[3185] Wie gezeigt, ist dafür die bloße Eigenschaft als NPE nicht ausreichend.[3186] Schützt aber eine NPE mit ihrem Vorgehen keine eigene oder lizenzierte Produktion, sondern ist sie ihrem Geschäftszweck nach gerade darauf ausgerichtet, durch die Geltendmachung des Unterlassungsanspruchs Patentnutzer um der Erzielung von Lizenzeinnahmen willen zum Abschluss von Lizenzvereinbarungen zu bringen, so wird ihr schutzwürdiges Interesse teilweise als auf dieses monetäre Interesse herabgesetzt angesehen.[3187] Dieser Ansicht zufolge fällt das Durchsetzungsinteresse hinsichtlich des Unterlassungsanspruchs weniger ins Gewicht, da das rein

---

[3180] *Kühnen*, Hdb. Patentverletzung, Kap. D Rn. 604.

[3181] BT-Drs. 19/25821, S. 53; *Ohly/Stierle*, GRUR 2021, 1229, 1231; *Osterrieth*, FS 80 Jahre Patentgerichtsbarkeit in Düsseldorf (2016), 415, 426; *Sikorski*, IIC 2022, 31, 56; *Stierle/Hofmann*, GRUR Int. 2022, 1123, 1128; *Y. Tang/C. Tang*, GRUR Int. 2020, 474, 480.

[3182] *Ohly/Stierle*, GRUR 2021, 1229, 1231.

[3183] *Hoffmann*, GRUR 2022, 286; *Kühnen*, Hdb. Patentverletzung, Kap. D Rn. 592, 604; *Stierle/Hofmann*, GRUR Int. 2022, 1123, 1128.

[3184] *Kühnen*, Hdb. Patentverletzung, Kap. D Rn. 604; *McGuire*, GRUR 2021, 775, 780–781; *Sikorski*, IIC 2022, 31, 56.

[3185] BT-Drs. 19/25821, S. 53; *Heusch*, FS von Meibom (2010), 135, 144–145; *Osterrieth*, FS 80 Jahre Patentgerichtsbarkeit in Düsseldorf (2016), 415, 426; *Stierle*, ZGE 2019, 334, 348–350.

[3186] Siehe: 4. Teil Kap. E. II. 3. (S. 390 f.).

[3187] *Kühnen*, Hdb. Patentverletzung, Kap. D Rn. 593; *Ohly/Stierle*, GRUR 2021, 1229, 1231; *Y. Tang/C. Tang*, GRUR Int. 2020, 474, 480; *Stierle/Hofmann*, GRUR Int. 2022, 1123, 1128.

finanzielle Interesse eines solchen reinen Patentverwerters durch den Entschädigungsanspruch nach § 139 Abs. 1 S. 4 PatG gewahrt werden kann.[3188]

4. Geringe Restschutzdauer

Die Ausschließungsbefugnis des Patentinhabers verblasst nicht, wenn der Ablauf der Schutz-dauer des Patents unmittelbar bevorsteht. Im Gegenteil kann ein besonderes Interesse an der sofortigen Durchsetzbarkeit bestehen, um den Patentschutz überhaupt noch wahrnehmen zu kön-nen.[3189] Dies ist auch gerechtfertigt, da ein Patent während seiner gesamten, ohnehin begrenzten Schutzdauer schutzwürdig ist. Die Gewährung einer Aufbrauchfrist kann bei einer kurzen Rest-schutzdauer auf einen endgültigen Ausschluss des Patentschutzes mit Blick auf den Unterlas-sungsanspruch hinauslaufen.[3190] Dies käme einer Verkürzung der Schutzdauer gleich, die durch den Unverhältnismäßigkeitseinwand nicht beabsichtigt ist.[3191] Zugleich kann das Interesse des Verletzers, von der Inanspruchnahme verschont zu bleiben, gegen Ende der Schutzdauer verringert sein, wenn die Beeinträchtigung der verletzerseitigen Geschäftätigkeit durch das Ver-botsrecht aufgrund der kurzfristig ablaufenden Schutzdauer gering ausfällt.[3192]

IV. Verhaltensbezogene Kriterien

Neben den auf einer objektbezogenen Ebene anzuordnenden Kriterien sind auch auf das Ver-halten bezogene subjektive Elemente in der Gesamtabwägung zu berücksichtigen.[3193]

1. Verhalten des Patentverletzers

Der Einbezug des Verletzerverhaltens als abwägungsrelevantes Kriterium ergibt sich neben der Tatsache, dass auch subjektive Aspekte zu den Umständen des jeweiligen Einzelfalls gehören, daraus, dass eine etwaige Härte durch den patentrechtlichen Unterlassungsanspruch nach Treu

---

[3188] *Kühnen*, Hdb. Patentverletzung, Kap. D Rn. 593; *Ohly*, FS Ullrich (2009), 257, 267; *Osterrieth*, GRUR 2009, 540, 544.

[3189] LG Mannheim, Urt. v. 02.05.2012 – 2 O 240/11, BeckRS 2012, 11804, D. 1.; LG Düsseldorf, Urt. v. 16.06.2020 – 4c O 43/19, GRUR-RS 2020, 52267, Rn. 102 – *Flexibles Atemrohr*.

[3190] LG Mannheim, Urt. v. 02.05.2012 – 2 O 240/11, BeckRS 2012, 11804, D. 1.; LG Düsseldorf, Urt. v. 16.06.2020 – 4c O 43/19, GRUR-RS 2020, 52267, Rn. 102 – *Flexibles Atemrohr*; *Picht/Contreras*, GRUR Int. 2023, 435, 445–446.

[3191] *Plagge*, Der patentrechtliche Unterlassungsanspruch, S. 348.

[3192] BGH, Urt. v. 10.05.2016 – X ZR 114/13, GRUR 2016, 1031, Rn. 52 – *Wärmetauscher*; *Picht/Contre-ras*, GRUR Int. 2023, 435, 445.

[3193] BGH, Urt. v. 10.05.2016 – X ZR 114/13, GRUR 2016, 1031, Rn. 53 – *Wärmetauscher*; BT-Drs. 19/25821, S. 54; *Ohly/Stierle*, GRUR 2021, 1229, 1232.

und Glauben von vorneherein nicht ungerechtfertigt ist, wenn sie für den Verletzer in zumutbarer Weise vermeidbar ist.[3194]

a) Vorwerfbarkeit des Verhaltens – Verschulden des Patentverletzers

Aufseiten des Patentverletzers ist die Frage, inwiefern die patentverletzende Nutzung auf einem vorwerfbaren Verhalten des Verletzers beruht, also der Grad des Verschuldens an der Patentverletzung, als Kriterium in die Gesamtabwägung einzustellen.[3195] Dies erscheint zunächst systemwidrig, ist doch der Unterlassungsanspruch anders als der Schadensersatzanspruch verschuldensunabhängig.[3196] Allerdings wird das Verschulden oder ein bestimmter Verschuldensgrad durch die Berücksichtigung als Abwägungskriterium nicht zur Voraussetzung für den Unterlassungsanspruch des Patentinhabers gemacht, die dieser darlegen und beweisen müsste. Das Verschulden spielt lediglich für den Einwand der Unverhältnismäßigkeit, also für ein Verteidigungsmittel des Verletzers, als ein Faktor auf subjektiver Ebene in der Beurteilung der Unverhältnismäßigkeit eine Rolle.[3197] Die Darlegungs- und Beweislast für ein fehlendes Verschulden liegt beim Verletzer.[3198] Der Verschuldensgrad ist für eine einzelfallgerechte und an Treu und Glauben orientierte Betrachtung, ob eine etwaige Härte den Verletzer in Abwägung der entgegenstehenden Interessen unverhältnismäßig trifft, nicht außen vor zu lassen.[3199]

Erfolgt die Patentverletzung vorsätzlich oder grob fahrlässig, so ist der Verletzer in der Regel nicht schutzbedürftig und kann sich nicht darauf berufen, dass es Treu und Glauben entspräche, ihn dennoch mit der so erfolgten Patentverletzung davonkommen zu lassen und den Unverhältnismäßigkeitseinwand zu gewähren.[3200] Einfache Fahrlässigkeit wird bei einer Patentverletzung aufgrund der weitreichenden Recherchepflichten von Gewerbetreibenden vor Aufnahme einer

---

[3194] *Kühnen*, Hdb. Patentverletzung, Kap. D Rn. 595, 597
[3195] BT-Drs. 19/25821, S. 54; *Ann*, PatR, § 35 Rn. 17; *Bodewig*, GRUR 2005, 632, 635; *Kühnen*, Hdb. Patentverletzung, Kap. D Rn. 603; *Nieder*, FS Rojahn (2021), 185, 193; *Ohly*, GRUR Int. 2008, 787, 797; *Osterrieth*, GRUR 2018, 985, 993; *Sonnenberg*, Die Einschränkbarkeit des patentrechtlichen Unterlassungsanspruchs im Einzelfall, S. 178–179; *Stief*, PharmR 2023, 152, 153; Schulte/*D. Voß*, § 139 PatG Rn. 79.
[3196] *Mes*, PatG, § 139 PatG Rn. 76.
[3197] *Osterrieth*, GRUR 2018, 985, 993; *Sonnenberg*, Die Einschränkbarkeit des patentrechtlichen Unterlassungsanspruchs im Einzelfall, S. 182–183.
[3198] *Kühnen*, Hdb. Patentverletzung, Kap. D Rn. 576, 599; *Osterrieth*, GRUR 2018, 985, 993; *Schacht*, GRUR 2021, 440, 442–443.
[3199] *Hofmann*, WRP 2018, 1, 6; *Osterrieth*, GRUR 2018, 985, 993.
[3200] BT-Drs. 19/25821, S. 54; Benkard PatG/*Grabinski/Zülch/P. Tochtermann*, § 139 PatG Rn. 32h; *Kühnen*, Hdb. Patentverletzung, Kap. D Rn. 594, 603; *Ohly*, GRUR Int. 2008, 787, 797; *Osterrieth*, FS Fezer (2016), 1035, 1037–1038; *Stierle/Hofmann*, GRUR Int. 2022, 1123, 1129.

Nutzungshandlung regelmäßig zu bejahen sein,[3201] sodass diese bei wertender Betrachtung grundsätzlich nicht gegen eine Unverhältnismäßigkeit spricht.[3202] Welcher Grad des Verschuldens anzunehmen ist, ergibt sich insbesondere aus den vor Aufnahme der Nutzung vorgenommenen Maßnahmen.[3203] In Grenzbereichen muss der Verletzer in Betracht ziehen und geht es zu seinen Lasten, wenn ein von ihm als gerade noch zulässig beurteiltes Verhalten davon abweichend als unzulässig beurteilt wird.[3204]

b)   Vorverhalten vor der Verletzung

Mit Blick auf das vor einer Patentverletzung erfolgte Vorverhalten ist vor allem relevant, ob der Verletzer eine der verkehrsüblichen Sorgfalt entsprechende Freedom-to-operate-Analyse vorgenommen, also untersucht hat, ob die von ihm geplante gewerbliche Handlung Schutzrechte Dritter verletzt.[3205] Ist die Patentlage rund um das vom Verletzer hergestellte oder vertriebene Produkt von einer solchen Unübersichtlichkeit geprägt, dass es nahezu ausgeschlossen ist, die Schutzrechtslage mit wirtschaftlich zumutbaren Mitteln mit belastbarer Sicherheit zu erfassen, kann selbst eine sorgfältige Patentrecherche noch fehlerbehaftet sein.[3206] Einem Sorgfaltsverstoß steht eine solche Komplexität nicht grundsätzlich entgegen.[3207] Je komplexer die Schutzrechtslage aber ist, desto geringfügiger wird ein einzelner Fehler bei einer ansonsten sorgfaltsgemäßen Freedom-to-operate-Analyse ins Gewicht fallen.[3208] Hierfür und erst recht, wenn der Verletzer aus der Unübersichtlichkeit sogar eine völlige Verschuldensfreiheit ableiten will, sind an den

---

[3201]   BGH, Urt. v. 14.01.1958 – I ZR 171/56, GRUR 1958, 288, 290 – *Dia-Rähmchen I*; BGH, Urt. v. 15.12.2015 – X ZR 30/14, GRUR 2016, 257, Rn. 114-117 – *Glasfasern II*; BGH, Urt. v. 05.05.2020 – KZR 36/17, GRUR 2020, 961, Rn. 109 – *FRAND-Einwand I*; *Mes*, PatG, § 139 PatG Rn. 109.

[3202]   *Hofmann*, WRP 2018, 1, 6; *Osterrieth*, GRUR 2018, 985, 993–994; zum Lauterkeitsrecht ebenso nach Fahrlässigkeitsgrad differenzierend: BGH, Urt. v. 31.05.1960 – I ZR 16/59, GRUR 1960, 563, 567 – *Sektwerbung*.

[3203]   BT-Drs. 19/25821, S. 54.

[3204]   BGH, Urt. v. 07.04.2022 – I ZR 143/19, GRUR 2022, 930, Rn. 68 – *Knuspermüsli II*; *Osterrieth*, GRUR 2018, 985, 993.

[3205]   BT-Drs. 19/25821, S. 54; Benkard PatG/*Grabinski/Zülch/P. Tochtermann*, § 139 PatG Rn. 32g; *Ohly*, GRUR 2021, 304, 307; *Ohly/Stierle*, GRUR 2021, 1229, 1232; *Osterrieth*, GRUR 2018, 985, 993; *P. Tochtermann*, ZGE 2019, 362, 365.

[3206]   *Ohly/Stierle*, GRUR 2021, 1229, 1232; *Osterrieth*, GRUR 2018, 985, 993; *v. Rospatt/Klopschinski*, FS 80 Jahre Patentgerichtsbarkeit in Düsseldorf (2016), 449, 454–455; *Schickedanz*, GRUR Int. 2009, 901, 904; *Schönbohm/Ackermann-Blome*, Mitt. 2020, 101, 104.

[3207]   BGH, Urt. v. 05.05.2020 – KZR 36/17, GRUR 2020, 961, Rn. 109 – *FRAND-Einwand I*; *Schacht*, GRUR 2021, 440, 444; *D. Voß/Fehre*, FS 80 Jahre Patentgerichtsbarkeit in Düsseldorf (2016), 559, 566.

[3208]   *Ohly/Stierle*, GRUR 2021, 1229, 1232; *Osterrieth*, GRUR 2018, 985, 993; *Stierle*, GRUR 2020, 262, 266–267.

Vortrag des Verletzers aber über die Darlegung der bloßen Komplexität hinaus strenge Anforderungen zu stellen, die je nach Bezug des Patentverletzers zu dem patentverletzenden Produkt (eigene Herstellung, Bezug von einem Zulieferer) unterschiedlich zu bemessen sein können.[3209]

c) Verhalten bei nachträglicher Kenntnis der Verletzung

Erhält der Verletzer nach der Aufnahme einer Nutzungshandlung Kenntnis von einer durch diese Nutzung begangenen Patentverletzung, so hat er ihm zumutbare und vor Ablauf der Patentschutzdauer umsetzbare Maßnahmen zur Abwendung von ihm durch eine Inanspruchnahme auf Unterlassung drohenden Härten zu treffen.[3210] Dass er dem nachgekommen ist, hat der Verletzer darzulegen und zu beweisen.[3211]

Vor allem ist hierbei zu verlangen, dass der Verletzer hinreichende Lizenzierungsbemühungen zeigt.[3212] Die erforderlichen Lizenzierungsbemühungen sind mit denen im Rahmen des § 24 PatG verlangten Bemühungen[3213] vergleichbar.[3214] Besteht eine annehmbare Lizenzierungsmöglichkeit, hat der Verletzer diese grundsätzlich zu ergreifen.[3215] Voraussetzung dafür, dass dem Verletzer abverlangt wird, seine Lizenzwilligkeit durch entsprechende Bemühungen zu manifestieren, ist aber, dass der Patentinhaber seinerseits lizenzbereit ist und eine Lizenzierung zu objektiv rechtmäßigen und subjektiv zumutbaren Bedingungen für den Verletzer erreichbar ist.[3216] Der Verletzer hat keinen Anspruch auf eine Lizenzierung nach Art einer Meistbegünstigung im Vergleich zu anderen Lizenznehmern, sondern kann nur solche Konditionen zurückweisen, die gegen geltendes Recht, insb. Kartellrecht, verstoßen oder für ihn in seiner konkreten Wettbewerbssituation nicht tragbar sind.[3217] Will der Verletzer mit Blick auf die Lizenzierungsbemühungen nach Kenntnis von der Verletzung sichergehen, seiner Lizenzwilligkeit hinreichend Ausdruck zu verleihen, kann ihm dies jedenfalls und unabhängig von einer etwaigen kartellrechtlichen Pflichtenlage oder dem Vorliegen eines SEP durch ein Lizenzangebot, welches die Vorgaben der *Orange-Book-Standard*-Rechtsprechung befolgt, gelingen.[3218]

[3209] Hierzu ausführlich: *Schacht*, GRUR 2021, 440, 443–444.

[3210] *Kühnen*, Hdb. Patentverletzung, Kap. D Rn. 595, 597; Busse/Keukenschrijver/*G. Werner*, § 139 PatG Rn. 92.

[3211] *Kühnen*, Hdb. Patentverletzung, Kap. D Rn. 599.

[3212] BT-Drs. 19/25821, S. 54; *McGuire*, GRUR 2021, 775, 780; *Osterrieth*, GRUR 2018, 985, 991; *Schacht*, GRUR 2021, 440, 444–445; *P. Tochtermann*, GRUR 2021, 377, 382; Busse/Keukenschrijver/*G. Werner*, § 139 PatG Rn. 92.

[3213] Siehe: 2. Teil Kap. A. II. 1. b) (S. 45 ff.).

[3214] LG Düsseldorf, Urt. v. 07.07.2022 – 4c O 18/21, GRUR-RS 2022, 26676, Rn. 55-57 – *Sofosbuvir*; *Picht/Contreras*, GRUR Int. 2023, 435, 447.

[3215] BGH, Urt. v. 10.05.2016 – X ZR 114/13, GRUR 2016, 1031, Rn. 53 – *Wärmetauscher*; *McGuire*, Mitt. 2022, 49, 53.

[3216] *Kühnen*, Hdb. Patentverletzung, Kap. D Rn. 596.

[3217] *Ders.*, Hdb. Patentverletzung, Kap. D Rn. 596.

[3218] *Harmsen*, GRUR 2021, 222, 225; *Schacht*, GRUR 2021, 440, 445.

Darüber hinaus muss der Verletzer unter Umständen ein schadensabwendendes Verhalten in der Hinsicht an den Tag legen, dass Umstellungsbemühungen zu entfalten sind.[3219] Die weitere Patentnutzung muss also durch die Umstellung der Produktion des Verletzers möglichst (bald) vermieden werden.[3220] Dabei kann der Verletzer selbst eine patentfreie Variante seines Produkts entwickeln oder Lösungen Dritter lizenzieren.[3221] Umstellungsbemühungen sind allerdings nur dann zu verlangen, wenn eine Patentumgehung technisch überhaupt möglich ist und als wirkliche und nicht nur theoretische Handlungsoption zur Verfügung steht.[3222] Hierfür ist bei nahendem Schutzrechtsablauf auch von Belang, ob die entstehenden Umstellungskosten innerhalb der restlichen Schutzdauer realistischerweise noch amortisiert werden können.[3223]

In zeitlicher Hinsicht muss der Verletzer „alsbald"[3224] nach Kenntniserlangung tätig werden.[3225] Grundsätzlich kann er nicht erst eine Verurteilung im Patentverletzungsprozess abwarten und eine Aufbrauch- oder Umstellungsfrist unter dem Gesichtspunkt anregen, dass er nach Urteilsverkündung mit Lizenzierungs- oder Umstellungsbemühungen erst beginnen wolle.[3226] Vielmehr hat der Verletzer Abwendungsbemühungen möglichst schon vorprozessual zu beginnen.[3227] Zur Unterstreichung der Ernsthaftigkeit der verletzerseitigen Bemühungen, die Beeinträchtigung des Schutzrechts des Patentinhabers möglichst gering zu halten, kann der Verletzer mit Geltendmachung des Unverhältnismäßigkeitseinwands eine Sicherheitsleistung für den Entschädigungsanspruch aus § 139 Abs. 1 S. 4 PatG hinterlegen.[3228] Zwingende Voraussetzung des Unverhältnismäßigkeitseinwands ist dies jedoch nicht.[3229]

Auch auf ihm günstige eine Patentverletzung ablehnende Instanzurteile kann der Verletzer nicht ohne Weiteres vertrauen.[3230] Mit Blick auf das erforderliche Bemühen des Verletzers können sich aber Unsicherheiten hinsichtlich der Patentverletzung – die für sich genommen kein Abwägungskriterium sind – auf die Bewertung des Verletzerverhaltens auswirken.[3231] Je größer die Unsicherheiten, ob die angegriffene Ausführungsform patentverletzend ist oder nicht, und je umfangreicher im Verhältnis dazu die für eine Umstellungsmaßnahme erforderlichen Investitionen, desto eher kann eine sofortige Vornahme einer Umstellung unzumutbar sein.[3232] Das Risiko

---

[3219] *McGuire*, GRUR 2021, 775, 780; *Schacht*, GRUR 2021, 440, 444; Busse/Keukenschrijver/*G. Werner*, § 139 PatG Rn. 92.
[3220] Busse/Keukenschrijver/*G. Werner*, § 139 PatG Rn. 92.
[3221] *Kühnen*, Hdb. Patentverletzung, Kap. D Rn. 597; *McGuire*, GRUR 2021, 775, 780–781.
[3222] *Kühnen*, Hdb. Patentverletzung, Kap. D Rn. 597 Fn. 913; *Osterrieth*, GRUR 2018, 985, 994.
[3223] *Kühnen*, Hdb. Patentverletzung, Kap. D Rn. 598.
[3224] *Ders.*, Hdb. Patentverletzung, Kap. D Rn. 598.
[3225] *Schacht*, GRUR 2021, 440, 444.
[3226] *Kessler*, Mitt. 2020, 108, 110–111; Busse/Keukenschrijver/*G. Werner*, § 139 PatG Rn. 92.
[3227] *Rödiger*, IPRB 2021, 195, 196.
[3228] *Rödiger*, IPRB 2021, 195, 196; *Schacht*, GRUR 2021, 440, 446.
[3229] *Stief*, PharmR 2023, 152, 157–158.
[3230] BGH, Urt. v. 10.05.2016 – X ZR 114/13, GRUR 2016, 1031, Rn. 53 – *Wärmetauscher*.
[3231] *Harmsen*, GRUR 2021, 222, 225; *Ohly/Stierle*, GRUR 2021, 1229, 1232.
[3232] *Kühnen*, Hdb. Patentverletzung, Kap. D Rn. 598; *Osterrieth*, GRUR 2018, 985, 994.

einer Fehleinschätzung der für oder gegen eine Verletzung sprechenden Argumente trägt indes der Verletzer, dessen Umstellungsbemühungen bei einer abweichenden gerichtlichen Beurteilung des Verletzungssachverhalts dann möglicherweise als unzureichend angesehen werden.

2.   Verhalten des Patentinhabers

Aufseiten des Patentinhabers spielt mit Blick auf das Verhalten vor allen Dingen eine Durchsetzung des Unterlassungsanspruchs eine Rolle, die sich aufgrund eines unbegründeten Zuwartens des Patentinhabers trotz Kenntnis von der Patentverletzung als treuwidrig erweist, weil der Patentinhaber mit der Inanspruchnahme des Verletzers bewusst abwartet, bis dieser erhebliche Investitionen getätigt hat.[3233] Durch dieses Vorgehen erhöht sich nämlich die Wahrscheinlichkeit, dass sich ein Verletzer zur Vermeidung von *sunk costs* auf unangemessene Lizenzbedingungen einlässt.[3234] Ein Patentinhaber, der einen Verletzer sehenden Auges in eine Lock-in-Situation laufen lässt, ist in seiner Schutzwürdigkeit maßgeblich herabgesetzt.[3235] Erlangt der Verletzer Kenntnis von der Verletzung und davon, dass der Patentinhaber trotz Wissens um den Verletzungssachverhalt von einer zügigen Durchsetzung absieht, schafft der Patentinhaber mit zunehmendem Zeitablauf einen dem Verwirkungsgedanken entsprechenden Vertrauenstatbestand[3236].

Ist der Patentinhaber eine NPE, deren primäre Aufgabe darin besteht, die von ihr gehaltenen Patente zu verwerten und dafür gegen unlizenzierte Nutzungen vorzugehen, ist umso mehr zu erwarten, dass eine Inanspruchnahme unverzüglich nach Kenntnis des Verletzungssachverhalts erfolgt. Auch kommt bei einer NPE der bei einem produzierenden Patentinhaber möglicherweise triftige Grund für eine zeitliche Verzögerung, dass vor einem Angriff aus einem Patent betriebswirtschaftlich und unternehmensstrategisch abzuwägen sein kann, ob vom Verletzer die Gefahr eines Gegenangriffs aus anderen Patenten auf die Produktion des Patentinhabers ausgehen kann oder eine Zusammenarbeit mit dem Verletzer in anderen Bereichen nicht gefährdet werden soll, kaum in Betracht. Bei NPE ist daher auf der Verhaltensebene ein besonderes Augenmerk darauf zu legen, ob mit Hilfe einer bewusst verschleppten Geltendmachung des Unterlassungsanspruchs in treuwidriger Weise überhöhte Lizenzforderungen durchgesetzt werden sollen.[3237]

[3233] BT-Drs. 19/25821, S. 54; Benkard PatG/*Grabinski/Zülch/P. Tochtermann*, § 139 PatG Rn. 32f; *Kühnen*, Hdb. Patentverletzung, Kap. D Rn. 594; *Melullis*, Mitt. 2016, 433, 440; *Ohly*, GRUR 2021, 304, 307; *Ohly/Stierle*, GRUR 2021, 1229, 1232; *Picht/Contreras*, GRUR Int. 2023, 435, 446.
[3234] *McGuire*, GRUR 2021, 775, 777.
[3235] *Kühnen*, Hdb. Patentverletzung, Kap. D Rn. 594; *Osterrieth*, FS Fezer (2016), 1035, 1045; *Sikorski*, IIC 2022, 31, 56–57.
[3236] *Ohly/Stierle*, GRUR 2021, 1229, 1232; *Osterrieth*, FS Fezer (2016), 1035, 1038.
[3237] BT-Drs. 19/25821, S. 53.

V. Drittinteressen

Entgegen der zuvor wohl herrschenden Meinung[3238] sind Drittinteressen seit Inkrafttreten des 2. PatMoG für die Beschränkung des patentrechtlichen Unterlassungsanspruchs nach Unverhältnismäßigkeitsgesichtspunkten ausweislich der Entscheidung des Gesetzgebers für eine Aufnahme der Interessen Dritter in den Wortlaut des § 139 Abs. 1 S. 3 PatG nun zu berücksichtigen.[3239] Drittinteressen bilden dabei einen eigenständigen Faktor in der Gesamtabwägung und fallen nicht erst dann ins Gewicht, wenn sich die Beeinträchtigung der Belange Dritter auch auf die Verletzerinteressen auswirkt.[3240]

1. Berücksichtigungsfähige Interessen

Wie bei den Auswirkungen auf den Verletzer gilt auch für Dritte, dass diese die üblichen Folgen einer Unterlassungsanordnung hinzunehmen haben.[3241] Daraus leitet die Gesetzesbegründung das im Wortlaut der Norm strenggenommen nicht ausreichend ausgedrückte[3242] aber im Ergebnis zustimmungswürdige Ergebnis ab, dass die jeweiligen Dritten auf Grundrechtsebene betroffen sein müssen.[3243] Dabei muss für eine Einschränkung des Unterlassungsanspruchs die Betroffenheit sich dergestalt auswirken, dass das grundsätzlich auch gegenüber Drittinteressen vorrangige Ausschließlichkeitsrecht des Patentinhabers ausnahmsweise zurücktreten muss.[3244]

Entscheidende Bedeutung kommt bei einer solchen grundsätzlichen Berücksichtigungsfähigkeit von Interessen Dritter zu, wer Dritter im Sinne des § 139 Abs. 1 S. 3 PatG sein kann und damit einhergehend, welche Interessen eine ausreichende Grundrechtsrelevanz entfalten. Dabei ist nicht aus dem Blick zu verlieren, dass die Berücksichtigungsfähigkeit als relevanter Dritter bzw. relevantes Drittinteresse noch keine Aussage darüber trifft, ob das Drittinteresse in der Gesamtabwägung zu einer Suspendierung der Durchsetzbarkeit des Unterlassungsanspruchs führt.[3245] Je intensiver (qualitativ) und je weitreichender (quantitativ) Dritte von einer sofortigen

---

[3238] LG Düsseldorf, Urt. v. 09.03.2017 – 4a O 137/15, GRUR-RS 2017, 104657, Rn. 131-135 – *Herzklappen I*; LG München I, Urt. v. 04.09.2020 – 21 O 8913/20, GRUR-RS 2020, 31319, Rn. 74 – *Herzklappenprotheseneinführsystem*; DiskE, S. 53; *Busche*, GRUR 2021, 157, 160; *Grabinski*, GRUR 2021, 200, 202–203; *Harmsen*, GRUR 2021, 222, 226; *Kessler*, Mitt. 2020, 108, 111–112; *Nieder*, FS Rojahn (2021), 185, 193; Götting/Meyer/Vormbrock/*Samer*, § 12 Rn. 27; *Würtenberger/Freischem*, GRUR 2020, 1278, 1280.

[3239] BT-Drs. 19/25821, S. 54-55; anders noch: DiskE, S. 53.

[3240] *Kühnen*, Hdb. Patentverletzung, Kap. D Rn. 602.

[3241] BT-Drs. 19/25821, S. 55; *Ohly/Stierle*, GRUR 2021, 1229, 1232; *Plagge*, GRUR-Prax 2022, 599–600; *Schnetzer*, Mitt. 2023, 102, 109.

[3242] *Plagge*, Der patentrechtliche Unterlassungsanspruch, S. 359; *Würtenberger/Freischem*, GRUR 2020, 1278, 1280.

[3243] BT-Drs. 19/25821, S. 55; *Helwig*, IPRB 2020, 262, 264; *Plagge*, GRUR-Prax 2022, 599, 600.

[3244] BT-Drs. 19/25821, S. 55; *Plagge*, GRUR-Prax 2022, 599, 600.

[3245] *Schacht*, GRUR 2021, 440, 445–446.

Unterlassung betroffen sind, desto eher kommt eine Einschränkung des Ausschließlichkeitsrechts in Betracht.[3246] Angesichts der potentiell unendlichen Vielzahl an vorstellbaren Drittinteressen und Konstellationen mit Grundrechtsbetroffenheit Dritter kann im Folgenden nur in nicht abschließender Weise auf die meistdiskutierten Themen mit Bezug zu Drittinteressen eingegangen werden.[3247]

a) Gesundheitswesen und Infrastruktur

Relativ unproblematisch unter die zu berücksichtigenden Drittinteressen zu subsumieren sind die Interessen von Patienten, die beispielsweise auf bestimmte Medizinprodukte unbedingt angewiesen sind.[3248] Das Recht auf Leben und körperliche Unversehrtheit aus Art. 2 Abs. 2 S. 1 GG[3249] bzw. Artt. 2, 3 EUGRCh[3250] streitet bei patentnutzenden Produkten, bei deren sofortiger Nutzungsuntersagung Dritte einer Lebens- oder erheblichen Gesundheitsgefahr ausgesetzt würden, für eine zeitweise Einschränkung des Unterlassungsanspruchs.[3251] Eine Aufbrauch- und Umstellungsfrist kann hier dazu dienen, Medikationen auf Alternativarzneien umzustellen, Therapieformen gesundheitsschonend auszuschleichen oder zu Ende zu bringen oder zeitlich dringende Behandlungen mit bewährten und eingeübten Mitteln kurzfristig noch vornehmen zu können.[3252]

Ebenso als relevantes Drittinteresse sind die Interessen von Nutzern wichtiger Infrastrukturen anzuerkennen.[3253] Dabei muss es aber um eine Einschränkung von grundlegender Natur und intensiver Auswirkung gehen, die eine nicht nur subjektiv empfundene Unannehmlichkeit, sondern eine unausweichbare, objektiv erhebliche Härte hervorruft. Eine solche kann bei einer massiven Störung eines Kommunikationsnetzes oder einer vergleichbaren Infrastruktur anzunehmen sein.[3254]

[3246] *Plagge*, Der patentrechtliche Unterlassungsanspruch, S. 362, 364.

[3247] Weitere Aspekte aus der Sicht des US-Rechts z.B. bzgl. Nachhaltigkeit und Klimaschutz siehe: *Picht/Contreras*, GRUR Int. 2023, 435, 438, 448.

[3248] BT-Drs. 19/25821, S. 55; Benkard PatG/*Grabinski/Zülch/P. Tochtermann*, § 139 PatG Rn. 32k; *Ohly/Stierle*, GRUR 2021, 1229, 1232; *Stierle*, Mitt. 2020, 486, 489.

[3249] Jarass/Pieroth GG/*Jarass*, Art. 2 GG Rn. 97, 99.

[3250] Calliess/Ruffert/*Calliess*, Art. 2 EUGRCh Rn. 1, 5; Calliess/Ruffert/*ders.*, Art. 3 EUGRCh Rn. 1, 7.

[3251] *Stierle*, GRUR 2020, 262, 266.

[3252] *Kühnen*, Hdb. Patentverletzung, Kap. D Rn. 588.

[3253] BT-Drs. 19/25821, S. 55; *Stierle/Hofmann*, GRUR Int. 2022, 1123, 1132; Benkard PatG/*Grabinski/Zülch/P. Tochtermann*, § 139 PatG Rn. 32k.

[3254] *Ohly/Stierle*, GRUR 2021, 1229, 1232.

b) Arbeitsplätze und staatliche Interessen

Nicht als Dritte im Sinne des Unverhältnismäßigkeitseinwands zu verstehen sind Arbeitnehmende des Verletzers, auch wenn der Verletzer anbringt, dass im Falle einer Unterlassungspflicht eine zwangsläufige Produktionseinstellung zur Vernichtung von Arbeitsplätzen und damit zu betriebsbedingten Entlassungen führen würde.[3255] Zum einen würde dies zu einer Bevorzugung von Großunternehmen gegenüber kleineren Wirtschaftsteilnehmern führen, da eine Entlassungswelle bei einem Großunternehmen typischerweise größere Dimensionen annehmen kann als bei Kleinunternehmen und dies als quantitatives Element der Bemessung der Drittinteressen dann stärker ins Gewicht fallen könnte.[3256] Zum anderen sind die Arbeitnehmenden des Verletzers keine außerhalb der Sonderbeziehung zwischen Patentinhaber und Verletzer stehenden Dritten, sondern der Verantwortungssphäre des Verletzers, der sich seiner Arbeitnehmenden im Rahmen einer arbeitsteiligen Gestaltung seines Geschäftsbetriebs bedient, zuzuordnen.[3257]

Ebenfalls kein schutzfähiger Dritter im Sinne des § 139 Abs. 1 S. 3 PatG ist der Staat. Eine Beeinträchtigung staatlicher Einrichtungen und Dienste, auch wenn diese einem Interesse der öffentlichen Wohlfahrt, der Funktionsfähigkeit staatlicher Stellen oder der Sicherheit des Bundes dienen, ist für sich genommen nicht berücksichtigungsfähig.[3258] Dies ergibt sich aus dem Erfordernis der Grundrechtsrelevanz des betroffenen Drittinteresses.[3259] Der Staat ist aber als Grundrechtsadressat selbst nicht Grundrechtsträger.[3260] Dem Staat stehen zur Wahrung der genannten Belange damit nur die Befugnisse aus § 13 PatG zu.[3261]

c) Drittinteressen zugunsten des Patentinhabers

Unter Umständen können Drittinteressen aber auch zugunsten der Durchsetzbarkeit des Unterlassungsanspruchs zu berücksichtigen sein.[3262] Zwar benennt der Wortlaut des Unverhältnismäßigkeitseinwands nur solche nicht gerechtfertigten Härten für Dritte, die durch die Inanspruchnahme entstehen.[3263] Aber auch etwaige durch eine Suspendierung der Durchsetzbarkeit des Unterlassungsanspruchs betroffene erhebliche Drittinteressen sind im Rahmen der Berücksichtigung sämtlicher Einzelfallumstände nicht vom Einbezug in die Gesamtabwägung ausgeschlossen.[3264]

[3255] *Ohly*, GRUR 2021, 304, 306; *Plagge*, Der patentrechtliche Unterlassungsanspruch, S. 361; *Sendrowski*, Mitt. 2020, 533, 535.
[3256] *Ann*, GRUR Int. 2018, 1114, 1116; Samer/*Samer*, § 1 Rn. 159.
[3257] *Sendrowski*, Mitt. 2020, 533, 535; Samer/*Samer*, § 1 Rn. 159.
[3258] *Plagge*, Der patentrechtliche Unterlassungsanspruch, S. 361–362.
[3259] BT-Drs. 19/25821, S. 55.
[3260] Jarass/Pieroth GG/*Jarass*, Art. 1 GG Rn. 32-35.
[3261] *Plagge*, Der patentrechtliche Unterlassungsanspruch, S. 362.
[3262] *McGuire*, GRUR 2021, 775, 781; *Schacht*, GRUR 2021, 440, 446.
[3263] *Stierle/Hofmann*, GRUR Int. 2022, 1123, 1128 Fn. 84.
[3264] *McGuire*, GRUR 2021, 775, 781; *Plagge*, Der patentrechtliche Unterlassungsanspruch, S. 365.

Denkbar wären etwa die Interessen von Patienten, die auf zukünftige Forschungs- und Entwicklungstätigkeiten des Patentinhabers angewiesen sind, wenn durch die Begrenzung des Ausschließlichkeitsrechts des Patentinhabers dessen Investitionsbereitschaft in künftige Innovationen gedämpft wird.[3265] Ebenso beachtenswert können die Interessen anderer, aufgrund einer Lizenznahme rechtmäßig am Markt tätiger Akteure an einem unverfälschten Wettbewerb auf dem Produktmarkt sein.[3266] Allerdings muss eine konkrete Gefährdung der jeweiligen (ggf. künftigen) Patienten- oder Wettbewerberinteressen absehbar sein. Bloß mögliche oder allgemeine Auswirkungen einer Einschränkung des Unterlassungsanspruchs dürften in der Regel nicht genügen.

d)   Einzelinteressen

Unklar ist, ob Drittinteressen bei § 139 Abs. 1 S. 3 PatG immer einen Bezug zu Allgemeininteressen haben müssen bzw. eine bestimmte kritische Mindestanzahl an Personen oder eine Personengruppe als Ganzes betroffen sein muss, um eine Berücksichtigungsfähigkeit zu begründen oder ob auch das Interesse eines einzelnen Dritten ausreichen kann.[3267] Der Gebrauch der Pluralbezeichnung *Dritte* im Wortlaut des Unverhältnismäßigkeitseinwands ist dafür nicht aussagekräftig, da damit auch dritte Personen als Einzelpersonen gemeint sein können.[3268] Auch ein systematischer Vergleich mit dem ebenfalls Drittinteressen umfassenden § 140a Abs. 4 PatG, der auch Einzelinteressen umfasst,[3269] ist aufgrund der Tatsache, dass ein patentverletzendes Produkt dort zwangsläufig auch von einem einzelnen besitzenden Dritten zurückgerufen werden können muss und aufgrund des Folgenbeseitigungs- und Sanktionscharakters der Ansprüche auf Vernichtung und Rückruf[3270] nicht zielführend.[3271] Die von der Gesetzesbegründung angeführten Fälle mit Drittbezug im Gesundheitswesen oder bei beeinträchtigter Infrastruktur betreffen typischerweise eine Vielzahl von Personen.[3272]

Andererseits nennt der Gesetzgeber auch die Beachtung der Rechte aller Beteiligten als maßgeblich und nimmt Bezug auf die Grundrechte betroffener Dritter.[3273] Grundrechte sind aber insbesondere individualschützende Abwehrrechte jedes Einzelnen.[3274] Insbesondere beim Rechtsgut Leben treten quantitative Aspekte aufgrund der Menschenwürdegarantie jedes Einzelnen zurück

---

[3265] *Schacht*, GRUR 2021, 440, 446.

[3266] *Kühnen*, Hdb. Patentverletzung, Kap. D Rn. 604; *Schacht*, GRUR 2021, 440, 444; *Stierle/Hofmann*, GRUR Int. 2022, 1123, 1128.

[3267] *McGuire*, GRUR 2021, 775, 781.

[3268] *Plagge*, GRUR-Prax 2022, 599, 600.

[3269] Benkard PatG/*Grabinski/Zülch/P. Tochtermann*, § 140a PatG Rn. 8a.

[3270] Benkard PatG/*dies.*, § 140a PatG Rn. 1.

[3271] *Plagge*, Der patentrechtliche Unterlassungsanspruch, S. 360; *L. Tochtermann*, Mitt. 2021, 253, 255.

[3272] BT-Drs. 19/25821, S. 55.

[3273] BT-Drs. 19/25821, S. 55.

[3274] Jarass/Pieroth GG/*Jarass*, Art. 1 GG Rn. 31.

bzw. dürfen nicht zur Aufopferung einzelner oder weniger Personen führen.[3275] Es ist auch vom Sinn und Zweck des Einbezugs von Drittinteressen her, ungerechtfertigte Härten für Dritte zu verhindern, nicht ersichtlich, warum eine solche Härte nicht auch bei einem Einzelnen bestehen soll und ein Einzelinteresse nicht in die Gesamtabwägung einfließen soll. Schließlich ist auch der Verletzer, dessen Interessen unzweifelhaft in der Abwägung zu berücksichtigen sind und mit dem die Interessen Dritter in § 139 Abs. 1 S. 3 PatG in einem Atemzug genannt sind, im Zweifel eine einzelne natürliche oder juristische Person.

Einzelinteressen können also Drittinteressen im Sinne des § 139 Abs. 1 S. 3 PatG sein.[3276] Allerdings gilt auch hierbei, dass die Gewichtung des für sich genommen berücksichtigungs-fähigen Drittinteresses im Einzelfall unterschiedlich ausfallen kann: Ist die quantitative Betroffenheit von Dritten bei einem Einzelinteresse auf das Minimum reduziert oder darf beim Rechtsgut Leben nicht zum Nachteil des Einzelnen gereichen, kommt es auf qualitative Aspekte beim Eingriff in die Sphäre des Dritten an.[3277] Liegt beim Rechtsgut Leben unabhängig von der verbleibenden Lebensdauer bei bestehender konkreter Lebensgefahr auch in qualitativer Hinsicht immer ein Maximaleingriff in das Recht des Dritten vor,[3278] so wiegt ein Eingriff in andere Rechtsgüter mitunter in der Gesamtabwägung mit den Interessen des Patentinhabers weniger schwer.

Ein Fall, in dem ein einzelner Dritter durch eine sofortige Unterlassungspflicht in seiner wirtschaftlichen Betätigungsfreiheit eingeschränkt wird, kann also anders gewichtet werden als ein Fall, in dem beispielsweise ein einzelner Dritter von einer bestimmten Medikation abhängt, sodass die Unterlassungsanordnung dessen Leben ernstlich in Gefahr bringen würde. Der Betroffenheit nur eines Einzelnen kann aber auch im letzteren Fall auf der Rechtsfolgenseite durch eine entsprechende sachliche Beschränkung der Einschränkung des Unterlassungsanspruchs Rechnung getragen werden.[3279]

2.   Verwertungskette

Wenn Einzelne Dritte im Sinne des § 139 Abs. 1 S. 3 PatG sein können, schließt sich die Frage an, ob ein solcher einzelner Dritter ein Zulieferer oder Abnehmer in einer Verwertungskette sein kann, was dem Grunde nach zu bejahen ist.[3280] Allerdings bedeutet dies nicht, dass stets, wenn ein Zulieferer sich in seinem Verhältnis zum Patentinhaber auf den Verhältnismäßigkeitseinwand berufen kann, dies auch dem Abnehmer möglich ist und andersherum oder dass eine irgendwo in

---

[3275] BVerfG, Urt. v. 15.02.2006 – 1 BvR 357/05, NJW 2006, 751, Rn. 123-139.
[3276] *Ohly/Stierle*, GRUR 2021, 1229, 1232; *Plagge*, GRUR-Prax 2022, 599, 600.
[3277] *Plagge*, Der patentrechtliche Unterlassungsanspruch, S. 364.
[3278] BVerfG, Urt. v. 15.02.2006 – 1 BvR 357/05, NJW 2006, 751, Rn. 132.
[3279] *Ohly/Stierle*, GRUR 2021, 1229, 1233; *Schönbohm/Ackermann-Blome*, Mitt. 2020, 101, 106.
[3280] *Ohly*, GRUR 2021, 304, 309; *Ohly/Stierle*, GRUR 2021, 1229, 1232.

der Lieferkette vorhandene nicht gerechtfertigte Härte für jeden Beteiligten der Lieferkette eine ebenfalls ausschlaggebende Härte für einen Dritten darstellt.[3281] Es muss auch hier beachtet werden, dass ein betroffenes Drittinteresse nur einen Abwägungsaspekt in einer komplexen Gesamtabwägung darstellt und bedarf daher einer differenzierten Betrachtung, die zwischen der Berücksichtigung der Interessen anderer Glieder der Verwertungskette als Dritte und einem Berufen eines Kettenglieds auf den Unverhältnismäßigkeitseinwand eines auf einer anderen Marktstufe stehenden Glieds der gleichen Verwertungskette unterscheiden muss.

Ausgangspunkt dieser Betrachtung ist der Grundsatz, dass die Voraussetzungen des Unverhältnismäßigkeitseinwands für jeden Verletzer gesondert vorliegen müssen, also stets im Verhältnis Patentinhaber-Verletzer selbstständig zu prüfen ist, ob dem jeweiligen Verletzer der Einwand des § 139 Abs. 1 S. 3 PatG zusteht.[3282] Einen drittwirkenden Automatismus entlang der Verwertungskette gibt es nicht.[3283] Ein begründeter Unverhältnismäßigkeitseinwand eines Zulieferers führt, wie gezeigt, nicht zur Rechtmäßigkeit der im Rahmen einer Aufbrauch- oder Umstellungsfrist erfolgenden Nutzungen.[3284] Auf Erschöpfung kann sich ein Abnehmer auf einer dem Zulieferer nachfolgenden Marktstufe also nicht berufen.[3285]

Darüber hinaus besteht beim Unverhältnismäßigkeitseinwand auch keine Veranlassung, einem Abnehmer (z.B. einem OEM), dem ein eigener Unverhältnismäßigkeitseinwand nicht zusteht, zu gestatten, sich auf einen vom Zulieferer abgeleiteten, in dessen Verhältnis zum Patentinhaber bestehenden Unverhältnismäßigkeitseinwand zu berufen. Zwar ist nicht zu leugnen, dass eine einem Zulieferer gewährte Aufbrauch- oder Umstellungsfrist dadurch geschmälert werden kann, dass Unternehmen auf nachgelagerten Marktstufen die Produkte des Zulieferers wegen der Patentverletzung nicht mehr abnehmen könnten, wenn sie ohne die Möglichkeit eines automatischen abgeleiteten Unverhältnismäßigkeitseinwandes das Prozessrisiko eingehen müssen, dass ihnen selbst ein eigener Unverhältnismäßigkeitseinwand in ihrem Verhältnis zum Patentinhaber möglicherweise nicht gewährt wird.[3286] Anders als beim kartellrechtlichen Zwangslizenzeinwand, bei dem nach dem hier vertretenen License-to-all-Ansatz auf jeder Stufe einer Verwertungskette ein kartellrechtlicher Lizenzierungsanspruch gegen den (gleichen) Patentinhaber be-

[3281] *Plagge*, Der patentrechtliche Unterlassungsanspruch, S. 372–373.

[3282] BT-Drs. 19/25821, S. 56; *McGuire*, Mitt. 2022, 49, 56; *Ohly*, GRUR 2021, 304, 309; *Ohly/Stierle*, GRUR 2021, 1229, 1237; *Stierle*, Mitt. 2020, 486, 491; *Stierle/Hofmann*, GRUR Int. 2022, 1123, 1133; a.A. wohl: *Meckel*, GRUR-Prax 2021, 585, 586–587.

[3283] *McGuire*, GRUR 2021, 775, 781–782; *Ohly/Stierle*, GRUR 2021, 1229, 1237; *Plagge*, Der patentrechtliche Unterlassungsanspruch, S. 375; a.A.: *Nieder*, FS Rojahn (2021), 185, 194.

[3284] Siehe: 4. Teil Kap. D. I. 2. (S. 360).

[3285] Benkard PatG/*Grabinski/Zülch/P. Tochtermann*, § 139 PatG Rn. 32m-32n; *Ohly*, GRUR 2021, 304, 309 (auch eine analoge Anwendung des § 100 S. 3 UrhG kommt nicht in Betracht); *Plagge*, GRUR-Prax 2022, 599, 601; *Stierle*, Mitt. 2020, 486, 491; *Zhu*, GRUR-Prax 2021, 193, 194.

[3286] *Nieder*, FS Rojahn (2021), 185, 194; *Ohly*, GRUR 2021, 304, 309; *Ohly/Stierle*, GRUR 2021, 1229, 1237; *Zhu*, GRUR-Prax 2021, 193, 194.

steht und daher die Geltendmachung eines vom Zulieferer abgeleiteten Einwands auch bei fehlendem eigenen Zwangslizenzeinwand möglich sein muss, um diesen Anspruch nicht zu untergraben, existiert beim Unverhältnismäßigkeitseinwand aber kein solcher Anspruch des Verletzers.[3287] Die Einschränkung aus Unverhältnismäßigkeitsgründen ist eine stets auf das konkrete Parteienverhältnis bezogene Härtefallregelung, die nur als reines Verteidigungsmittel von einem konkreten Verletzer gegenüber dem mit dem Unterlassungsanspruch angreifenden Patentinhaber geltend gemacht werden kann.[3288] Gerade die Aufnahme von Drittinteressen in den Wortlaut des § 139 Abs. 1 S. 3 PatG zeigt, dass die Interessen von außerhalb des Verhältnis Patentinhaber-Verletzer stehenden Personen nur über dieses Kriterium im Rahmen des jeweils eigenen Unverhältnismäßigkeitseinwands mit eigenständiger Gesamtabwägung Berücksichtigung finden können und nicht über einen abgeleiteten Unverhältnismäßigkeitseinwand.

Auch entlang einer Verwertungskette kann sich also jeder Beteiligte dieser Kette nur auf einen eigenen Unverhältnismäßigkeitseinwand berufen.[3289] Das bedeutet nicht, dass eine im Rahmen einer Verwertungskette auf anderer Stufe bestehende Unverhältnismäßigkeit dafür ohne Belang wäre: Im Rahmen des jeweils eigenen Unverhältnismäßigkeitseinwands eines Glieds der Kette können die Interessen von Zulieferern oder Abnehmern schließlich als Drittinteressen berücksichtigt werden.[3290] So ist eine Einschränkung des Unterlassungsanspruchs gegenüber dem Zulieferer bei nicht gerechtfertigten Härten gegenüber dem Abnehmer und andersherum auf diesem Wege denkbar. Allerdings ist in der Gesamtabwägung zu bedenken, dass hier jeweils in der Regel mit der Berufsfreiheit und ähnlichen Belangen zwar Grundrechte betroffen sind, aber die Auswirkungen in der Regel rein wirtschaftlicher Natur sind und ihnen häufig nicht der Stellenwert zukommt, der bei Gefährdungen von Leben und Gesundheit in anderen Fällen betroffener Drittinteressen mit Blick auf den Menschenwürdegehalt dieser Grundrechte eher anzunehmen ist.[3291]

Außerdem ist zu berücksichtigen, dass Zulieferer und Abnehmer in einer Verwertungskette in aller Regel auch selbst Patentverletzer sind, sodass ihre Schutzwürdigkeit als Dritte im Vergleich zu nicht patentverletzenden Patienten oder Nutzern einer kritischen Infrastruktur herabgesetzt sein kann.[3292] Hinzutreten kann, dass bei Vorgehen des Patentinhabers auf einer bestimmten Marktstufe die Marktteilnehmer auf anderen Ebenen der Verwertungskette davon Kenntnis erlangen können, sodass ihre weiteren Patentnutzungen unter Umständen vorsätzlich oder grob

---

3287 In anderem Zusammenhang diesen Unterschied ebenfalls hervorhebend: *Weideneder*, Der Unterlassungsanspruch nach § 139 Abs. 1 PatG, S. 214–215.

3288 *McGuire*, Mitt. 2022, 49, 56, die zur Einbeziehung von Dritten zivilprozessuale Mittel aufzeigt; *Ohly/Stierle*, GRUR 2021, 1229, 1237; *Stierle*, Mitt. 2020, 486, 491.

3289 *Ohly*, GRUR 2021, 304, 309; *Plagge*, GRUR-Prax 2022, 599, 601; *Stierle*, Mitt. 2020, 486, 491.

3290 Benkard PatG/*Grabinski/Zülch/P. Tochtermann*, § 139 PatG Rn. 32n; *Ohly*, GRUR 2021, 304, 309; *Ohly/Stierle*, GRUR 2021, 1229, 1237; *Stierle/Hofmann*, GRUR Int. 2022, 1123, 1133.

3291 *Plagge*, Der patentrechtliche Unterlassungsanspruch, S. 361; Wirtschaftliche Interessen des Zulieferers in der Regel für ausreichend haltend: *Ohly*, GRUR 2021, 304, 309.

3292 *McGuire*, GRUR 2021, 775, 781; *Schnetzer*, Mitt. 2023, 102, 109.

fahrlässig erfolgen.[3293] Aus der grundsätzlichen Relativität der Betrachtung der Unverhältnismäßigkeit ergibt sich auch, dass die Komplexität eines Produkts auf einer nachgelagerten Marktstufe nicht über den Umweg der Drittinteressen auf einer Ebene vorgebracht werden kann, auf der noch kein komplexes Produkt, sondern ein simples Einzelbauteil vorliegt.[3294]

Trotz der grundsätzlichen Einordnung von Zulieferern und Abnehmern als Dritte im Verhältnis zum jeweils anderen zeigen die genannten Einschränkungen, dass der Unverhältnismäßigkeitseinwand in der Verwertungskette auch bei Vorliegen der Voraussetzungen auf einer Marktstufe für die anderen Verwertungsebenen kein Selbstläufer ist.[3295] Natürlich können aber die gleichen Erwägungen (wie z.B. ein treuwidriges Verhalten des Patentinhabers oder eine schwerwiegende Betroffenheit von Patienten als sowohl für den Zulieferer als auch für den Abnehmer betroffene Dritte) auf verschiedenen Ebenen der Verwertungskette jeweils den Ausschlag in der jeweils eigenständigen Gesamtabwägung geben.[3296] Einer Indizwirkung der Begründetheit des Einwands auf der einen Ebene für die Begründetheit auf einer nachgelagerten Ebene bedarf es dafür jedoch nicht und eine solche widerspräche auch dem einzelfallbezogenen Abwägungscharakter des § 139 Abs. 1 S. 3 PatG.[3297]

3. Rechtsnachfolge

Ein weiteres Dreipersonenverhältnis, bei dem die Rolle des Unverhältnismäßigkeitseinwandes und der zu berücksichtigenden Drittinteressen zu klären ist, entsteht, wenn die Person des Patentinhabers oder des Patentverletzers aufgrund eines Rechtsübergangs wechselt.

a) Rechtsnachfolge auf Patentinhaberseite

Bei einer Rechtsnachfolge auf Patentinhaberseite gelten im laufenden Erkenntnisverfahren hinsichtlich der prozessualen Situation einer gesetzlichen Prozessstandschaft bzw. eines Parteiwechsels die allgemeinen Regeln des § 265 ZPO.[3298] Ändern sich durch die Rechtsnachfolge für die Unverhältnismäßigkeit maßgebliche Umstände, etwa weil der Patenterwerber eine NPE ist, deren Interesse an der Unterlassungsanordnung unter Umständen reduziert sein kann,[3299] so sind

---

[3293] *Plagge*, Der patentrechtliche Unterlassungsanspruch, S. 374–375.

[3294] *McGuire*, GRUR 2021, 775, 781–782.

[3295] *Ohly*, GRUR 2021, 304, 309; *Plagge*, Der patentrechtliche Unterlassungsanspruch, S. 375.

[3296] Benkard PatG/*Grabinski/Zülch/P. Tochtermann*, § 139 PatG Rn. 32n; *Ohly*, GRUR 2021, 304, 309; *Ohly/Stierle*, GRUR 2021, 1229, 1237; *Stierle*, Mitt. 2020, 486, 491.

[3297] *Plagge*, Der patentrechtliche Unterlassungsanspruch, S. 375; Für eine Indizwirkung aber: *Ohly/Stierle*, GRUR 2021, 1229, 1237.

[3298] *Kühnen*, Hdb. Patentverletzung, Kap. D Rn. 270.

[3299] Ohne dass sich der Inhaberwechsel in dieser Weise ausgewirkt bzw. dies Berücksichtigung gefunden hat, so geschehen in: BGH, Urt. v. 10.05.2016 – X ZR 114/13, GRUR 2016, 1031 – *Wärmetauscher*;

die neuen Umstände im Zeitpunkt des Schlusses der letzten mündlichen Verhandlung[3300] der Entscheidung über die Unverhältnismäßigkeit zugrunde zu legen bzw. ist eine bereits getroffene erstinstanzliche Entscheidung bei Durchgreifen der veränderten Umstände entsprechend abzuändern.[3301]

Nach Eintritt der Rechtskraft verbleibt für eine Berücksichtigung veränderter Umstände zugunsten des Verletzers eine Vollstreckungsabwehrklage gemäß § 767 ZPO,[3302] während bei Änderung der Umstände zugunsten des Patentinhabers diesem keine Möglichkeit der Verschärfung des Unterlassungsanspruchs zur Verfügung steht.[3303] Da die Einräumung einer Aufbrauch- oder Umstellungsfrist eine teilweise Klageabweisung darstellt und eine Klageabweisung auch dem Rechtsnachfolger im Wege der Rechtskrafterstreckung gemäß § 325 Abs. 1 ZPO entgegengehalten werden kann,[3304] muss ein Patenterwerber, der das Patent während einer solchen Aufbrauch- oder Umstellungsfrist erwirbt (und in die Patentrolle eingetragen wird) diese Einschränkung des Unterlassungsanspruchs gegen sich gelten lassen.

Der Patenterwerber und der Patentveräußerer sind zwar vor bzw. nach dem Rechtsübergang solange bzw. sobald sie nicht Patentinhaber sind Dritte und es können, wie gezeigt,[3305] auch die durch die Suspendierung der Durchsetzbarkeit betroffenen Interessen Dritter berücksichtigt werden. Den Erwerber trifft aber nur die normale Folge einer Rechtskrafterstreckung, wenn er ein mit einer Einschränkung des Unterlassungsanspruchs belastetes Patent erwirbt. Er hat sich, wenn der Veräußerer ihm dies nicht offengelegt hat, beim Veräußerer schadlos zu halten. Den Veräußerer treffen keine ersichtlichen außergewöhnlichen Härten, zumal er die Vermeidung einer Schadensersatzpflicht gegenüber dem Erwerber durch Offenlegung abwenden kann und für einen möglicherweise durch eine laufende Aufbrauchfrist geminderten Veräußerungswert des Patents durch den Anspruch aus § 139 Abs. 1 S. 4 PatG entschädigt wird.

b)   Rechtsnachfolge auf Verletzerseite

Veräußert ein Verletzer den Betrieb oder Betriebsteil, in dem die Patentverletzung zu verorten ist, folgt der Unverhältnismäßigkeitseinwand dem Schicksal der Unterlassungsschuld bei Rechtsübergang auf Verletzerseite und geht nicht mit dem Rechtsübergang auf den Erwerber über,

---

dazu die Vorinstanz zum Sachverhalt: OLG Karlsruhe, Urt. v. 07.08.2013 – 6 U 12/12, GRUR-RS 2016, 15028, Rn. 2.

[3300] *Schacht*, GRUR 2021, 440, 442.

[3301] *Kühnen*, Hdb. Patentverletzung, Kap. D Rn. 640-642.

[3302] OLG Düsseldorf, Beschl. v. 25.11.2019 – 2 W 15/19, GRUR-RS 2019, 39470, Rn. 6-7 – *Bakterienkultivierung II*.

[3303] *Kühnen*, Hdb. Patentverletzung, Kap. D Rn. 645-649.

[3304] BGH, Urt. v. 19.02.2013 – X ZR 70/12, GRUR 2013, 1269, Rn. 11 – *Wundverband*; *Kühnen*, Hdb. Patentverletzung, Kap. D Rn. 305.

[3305] Siehe: 4. Teil Kap. E. V. 1. c) (S. 406 f.).

indem etwa der Erwerber im Wege der Rechtskrafterstreckung nach § 325 Abs. 1 ZPO in eine laufende Aufbrauch- oder Umstellungsfrist eintreten würde.[3306] Die für den Unterlassungsanspruch vorausgesetzte Erstbegehungs- oder Wiederholungsgefahr ist nämlich höchstpersönlicher Natur und wird nicht auf einen Rechtsnachfolger des Verletzers übertragen.[3307] Wenn aber der Unterlassungsanspruch vom Patentinhaber deshalb nur gegen den Rechtsnachfolger des Verletzers geltend gemacht werden kann, wenn der Rechtsnachfolger selbst eine Erstbegehungs- oder Wiederholungsgefahr begründet und damit eine neue Unterlassungsschuld des Rechtsnachfolgers entsteht,[3308] dann kann eine vormals gegenüber dem Rechtsvorgänger wirkende Einschränkung des Unterlassungsanspruchs (also der alten Unterlassungsschuld) wiederum nicht automatisch auch zugunsten des Rechtsnachfolgers gelten.[3309]

Angesichts der Abhängigkeit der im Rahmen des Unverhältnismäßigkeitseinwandes vorzunehmenden Gesamtabwägung von den konkreten Umständen des Einzelfalls im jeweiligen Verhältnis zwischen Patentinhaber und Patentverletzer ist bei einer Rechtsnachfolge auf Verletzerseite vielmehr eine eigenständige Interessenabwägung vorzunehmen.[3310] Beim Veräußerer erledigt sich die möglicherweise vormals in seiner Person bestehende Härte in aller Regel mit der Veräußerung, sodass diese nach dem Rechtsübergang auch nicht als Drittinteresse zugunsten des Erwerbers dienen kann. Etwaige Abweichungen der Beschaffenheit des veräußerten Betriebs(teils) von zwischen dem Veräußerer und dem Erwerber getroffenen Abreden und daraus resultierende Schadensersatzansprüche betreffen auch hier nur das Innenverhältnis von Rechtsvorgänger und Rechtsnachfolger.

4. Verhältnis zu § 24 PatG

Neben der Frage, welche Interessen als Drittinteressen berücksichtigungsfähig sind, ist das Verhältnis der Einschränkung des Unterlassungsanspruchs aufgrund von Drittinteressen nach § 139 Abs. 1 S. 3 PatG zur patentrechtlichen Zwangslizenz gemäß § 24 PatG von entscheidender Bedeutung für die Rolle, die Drittinteressen beim Unverhältnismäßigkeitseinwand spielen. Schließlich war vor dem 2. PatMoG der Einbezug von Drittinteressen in Unverhältnismäßigkeitserwägungen gerade wegen der Existenz von § 24 PatG abgelehnt worden.[3311] Dieser schütze

---

[3306] *Zhu*, GRUR-Prax 2021, 193, 194–195.
[3307] BGH, Urt. v. 16.03.2006 – I ZR 92/03, GRUR 2006, 879, Rn. 17 – *Flüssiggastank*; BGH, Urt. v. 26.04.2007 – I ZR 34/05, GRUR 2007, 995, Rn. 11 – *Schuldnachfolge*; *Kühnen*, Hdb. Patentverletzung, Kap. D Rn. 525; a.A.: *Mels/Franzen*, GRUR 2008, 968.
[3308] *Kühnen*, Hdb. Patentverletzung, Kap. D Rn. 525, 527.
[3309] *Plagge*, GRUR-Prax 2022, 599, 601; *Zhu*, GRUR-Prax 2021, 193, 195.
[3310] *Plagge*, Der patentrechtliche Unterlassungsanspruch, S. 377–378; *Zhu*, GRUR-Prax 2021, 193, 195.
[3311] LG Düsseldorf, Urt. v. 09.03.2017 – 4a O 137/15, GRUR-RS 2017, 104657, Rn. 131-135 – *Herzklappen I*; DiskE, S. 53.

Dritte wegen der Maßgeblichkeit des öffentlichen Interesses für die patentrechtliche Zwangslizenz bereits ausreichend und könne nicht in seinen Voraussetzungen, insbesondere dem Erfordernis eines erfolglosen Bemühens um eine Lizenz, unterlaufen werden.[3312]

Der Gesetzgeber entschied sich für eine Berücksichtigungsfähigkeit von Drittinteressen und begründete dies in Abgrenzung zur vorherigen, die Berücksichtigungsfähigkeit ablehnenden Instanzrechtsprechung damit, dass der normierte Unverhältnismäßigkeitseinwand ein von § 24 PatG zu unterscheidendes Rechtsinstitut mit anderer Rechtswirkung sei.[3313] Anders als § 24 PatG gewähre der Unverhältnismäßigkeitseinwand kein Benutzungsrecht, sondern nur einen Ausschluss im Einzelfall, was als milderer Eingriff in die Rechte des Patentinhabers eine differenzierte Entscheidung in Anbetracht von betroffenen Drittinteressen ermögliche.[3314]

Allein aus dieser gesetzgeberischen Entscheidung für die grundlegende Berücksichtigungsfähigkeit von Drittinteressen und gegen die Annahme von § 24 PatG als dafür spezialgesetzlich abschließende Regelung[3315] ergibt sich allerdings kein völlig voneinander unabhängiges Nebeneinander der beiden Rechtsinstitute nach freier Wahl des Patentverletzers.[3316] Die Gesetzesbegründung leitet aus der Unterschiedlichkeit der beiden Normen nur ab, dass Drittinteressen im Rahmen der Abwägung von Unverhältnismäßigkeitsgesichtspunkten berücksichtigt werden können und nicht nur § 24 PatG diese erfasst,[3317] ohne zu regeln, inwiefern Wertungen des § 24 PatG beim Unverhältnismäßigkeitseinwand eine Rolle spielen.

Die patentrechtliche Zwangslizenz gemäß § 24 PatG enthält die ebenfalls vom Gesetzgeber vorgegebene Grundentscheidung darüber, unter welchen Voraussetzungen die Nutzung eines Patents nach den Maßgaben des Patentrechts ausnahmsweise gegen den Willen des Patentinhabers aus übergeordnetem Interesse dauerhaft rechtmäßig erfolgen darf. Diese Entscheidung darf nach wie vor nicht dadurch unterlaufen werden, dass dem Verletzer, dem nach § 24 PatG kein Benutzungsrecht gewährt wird, die gleichen nach § 24 PatG begehrten und versagten Nutzungshandlungen über § 139 Abs. 1 S. 3 PatG faktisch ermöglicht werden.[3318] Daraus ergibt sich, dass auf Rechtsfolgenseite jedenfalls ein dauerhafter Ausschluss des Unterlassungsanspruchs aufgrund von Drittinteressen im Rahmen des Unverhältnismäßigkeitseinwands bei Fehlen der Voraussetzungen des § 24 PatG nicht in Betracht kommt.[3319] Auch der Gesetzgeber betont, dass

---

[3312] LG Düsseldorf, Urt. v. 09.03.2017 – 4a O 137/15, GRUR-RS 2017, 104657, Rn. 131-135 – *Herzklappen I*; DiskE, S. 53.

[3313] BT-Drs. 19/25821, S. 54-55; *Schnetzer*, Mitt. 2023, 102, 104; *Stief*, PharmR 2023, 61, 63–64.

[3314] BT-Drs. 19/25821, S. 55; *Ohly*, GRUR 2021, 304, 307; *Schönbohm/Ackermann-Blome*, Mitt. 2020, 101, 107; *Stierle*, GRUR 2019, 873, 879; *ders.*, GRUR 2020, 262, 266.

[3315] Benkard PatG/*Grabinski/Zülch/P. Tochtermann*, § 139 PatG Rn. 32k; *Ohly/Stierle*, GRUR 2021, 1229, 1232; *Plagge*, GRUR-Prax 2022, 599, 600; *Schnetzer*, Mitt. 2023, 102, 104.

[3316] *Kühnen*, Hdb. Patentverletzung, Kap. D Rn. 588-589.

[3317] BT-Drs. 19/25821, S. 55.

[3318] *Kühnen*, Hdb. Patentverletzung, Kap. D Rn. 588.

[3319] Benkard PatG/*Grabinski/Zülch/P. Tochtermann*, § 139 PatG Rn. 32k; *Kühnen*, Hdb. Patentverletzung, Kap. D Rn. 588; *vom Feld/Hozuri*, FS Rojahn (2021), 209, 219; a.A.: *Schnetzer*, Mitt. 2023, 102, 106.

der Unverhältnismäßigkeitseinwand zur Berücksichtigung von Drittinteressen nur eine unter der Rechtswirkung des § 24 PatG liegende Beschränkung des Unterlassungsanspruchs in Form einer zeitlich limitierten Einschränkung durch eine Aufbrauch- oder Umstellungsfrist ermöglichen soll.[3320]

Eine zeitlich beschränkte Benutzungsmöglichkeit kann allerdings ausweislich des § 24 Abs. 6 S. 2 und 3 PatG auch im Rahmen der patentrechtlichen Zwangslizenz gewährt werden.[3321] Hier ist aber die Entscheidung des Gesetzgebers im 2. PatMoG zu respektieren, Aufbrauch- oder Umstellungsfristen aufgrund von Drittinteressen im Rahmen des Unverhältnismäßigkeitseinwands neben dem Institut der patentrechtlichen Zwangslizenz zu ermöglichen, sodass hier § 139 Abs. 1 S. 3 PatG zu einer solchen vorübergehenden Hemmung des Unterlassungsanspruchs führen kann.[3322] Dennoch sind § 24 PatG und das Zwangslizenzverfahren auch in dieser Konstellation nicht ohne Bedeutung für den Unverhältnismäßigkeitseinwand. In dessen erforderlicher Gesamtabwägung stellen Drittinteressen schließlich nicht den einzigen oder einen immer durchschlagenden Faktor dar.[3323]

Es ist daher im Wege der Bewertung des Verletzerverhaltens, zu dem auch das Bemühen um eine Lizenzierung gehört,[3324] neben den Bemühungen um den Abschluss einer vertraglichen Lizenz zu berücksichtigen, ob der Verletzer eine Zwangslizenzierung nach § 24 PatG angestrengt hat, wenn diese ihm aufgrund des Vorliegens der Voraussetzungen zugänglich und im Übrigen zumutbar gewesen wäre.[3325] Eine Unzumutbarkeit kann sich ergeben, wenn die Voraussetzungen der Zwangslizenz zwar vorliegen, diese aber zur Wahrung des Drittinteresses nicht rechtzeitig erlangt werden kann, wobei zu berücksichtigen ist, dass § 85 PatG die Möglichkeit einer Benutzungsgestattung im Wege der einstweiligen Verfügung im Zwangslizenzverfahren eröffnet.[3326] Gerade weil der Verletzer über die patentrechtliche Zwangslizenz anders als über den Unverhältnismäßigkeitseinwand eine umfassende Benutzungsgestattung erlangen kann, hat er diese Abwendungsmöglichkeit einer durch den Unterlassungsanspruch des Patentinhabers verursachten Härte zu ergreifen.

Dem könnte entgegengehalten werden, dass bei Betrachtung des Verletzerverhaltens ein möglicherweise unzureichendes Bemühen in der Person des Verletzers festzustellen sein könnte, die Härten eines uneingeschränkten Unterlassungsanspruchs aber die beeinträchtigten Dritten treffen.[3327] Das ändert aber nichts daran, dass im Rahmen der Gesamtabwägung das verletzerseitige

---

[3320] BT-Drs. 19/25821, S. 55; *vom Feld/Hozuri*, FS Rojahn (2021), 209, 219.
[3321] Siehe: 2. Teil Kap. A. I. 1. (S. 41 f.).
[3322] *Kühnen*, Hdb. Patentverletzung, Kap. D Rn. 588.
[3323] BT-Drs. 19/25821, S. 55.
[3324] Siehe: 4. Teil Kap. E. IV. 1. c) (S. 401 ff.).
[3325] *Kühnen*, Hdb. Patentverletzung, Kap. D Rn. 589; *Plagge*, Der patentrechtliche Unterlassungsanspruch, S. 467.
[3326] Siehe: 2. Teil Kap. A. I. 1. (S. 41 f.).
[3327] *Stierle/Hofmann*, GRUR Int. 2022, 1123, 1131.

Bemühen um eine Zwangslizenz und dessen etwaiges Fehlen zu berücksichtigen sind.[3328] Letztlich sind Dritte, die auf ein bestimmtes Produkt, z.B. ein Medikament, angewiesen sind, immer dem Verhalten des Produzenten dieses Produktes ausgesetzt. Dies ist beispielsweise auch der Fall, wenn der Produzent aufgrund unzureichender Schaffung von Produktionskapazitäten Lieferengpässe verursacht oder unzureichende Qualitätssicherungsmaßnahmen des Produzenten zu einer behördlichen Untersagung des Produktvertriebs führen (z.B. bei verunreinigten Chargen von Medikamenten). Eine unzureichende Entfaltung von Überwachungsmaßnahmen hinsichtlich der Nutzung fremden geistigen Eigentums (fehlende Freedom-to-operate-Recherche) oder das Ausbleiben von Abhilfemaßnahmen (Lizenzierungsbemühungen) können ebenso zulasten der Dritten gehen, ohne dass dies zum Nachteil des Patentinhabers gereichen kann. Die Beeinträchtigung der Dritten durch Fehlverhalten des Verletzers stellt keine Besonderheit der sofortigen Durchsetzung eines Unterlassungsanspruchs dar. Selbst bei Gewähr einer Aufbrauch- oder Umstellungsfrist wären die Drittinteressen in gleicher Weise durch ein Fehlverhalten des Verletzers beeinträchtigt, wenn der Verletzer trotz dieser Frist keine Umstellungsmaßnahmen einleiten würde, sodass mit Ablauf der Frist die Dritten vor der gleichen Problematik stünden, wie wenn es dieses Durchsetzungshindernis nie gegeben hätte.[3329]

Die patentrechtliche Zwangslizenz gemäß § 24 PatG ist mit Blick auf beeinträchtigte Drittinteressen also aufgrund der insoweit eindeutigen gesetzgeberischen Entscheidung zwar nicht *lex specialis* zu § 139 Abs. 1 S. 3 PatG.[3330] Ihre Wertungen und Voraussetzungen begrenzen aber den auf Drittinteressen gestützten Unverhältnismäßigkeitseinwand auf Rechtsfolgenseite auf die Gewähr von Aufbrauch- oder Umstellungsfristen. Ein fehlendes Bemühen um eine erfolgversprechende patentrechtliche Zwangslizenz kann zudem im Wege der Gesamtschau über die Betrachtung des Verletzerverhaltens zu einer Versagung des Unverhältnismäßigkeitseinwandes führen, wenn nicht die Schwere der Betroffenheit der Drittinteressen diesen Aspekt überwiegt.

F. Rechtsprechung zu § 139 Abs. 1 S. 3 PatG seit dessen Inkrafttreten

Wie der Unverhältnismäßigkeitseinwand nach seiner Kodifizierung interpretiert und gehandhabt wird, zeigt sich neben und im Zusammenspiel mit Impulsen und Analysen aus der Wissenschaft vor allem in der Umsetzung durch die Patentstreitgerichte. Im Folgenden werden daher erste Entscheidungen der Instanzgerichte seit Inkrafttreten der Neuregelung dargestellt.[3331] Um hier bereits

---

[3328] *Kühnen*, Hdb. Patentverletzung, Kap. D Rn. 589.
[3329] *Ders.*, Hdb. Patentverletzung, Kap. D Rn. 589.
[3330] *Schnetzer*, Mitt. 2023, 102, 106; *Stierle/Hofmann*, GRUR Int. 2022, 1123, 1134; Zum Lex-specialis-Grundsatz als Konkurrenzregel im Einzelen: 5. Teil Kap. A. II. 1. (S. 436 ff.).
[3331] Dabei konnten bis einschließlich Juni 2023 veröffentlichte Entscheidungen berücksichtigt werden.

die Weichen der Untersuchung in Richtung der dem 5. Teil vorbehaltenen Analyse des Unverhältnismäßigkeitseinwands in SEP-Fällen zu stellen, erfolgen die Zusammenfassungen der Entscheidungen hier bereits sortiert nach Fällen ohne und Fällen mit SEP-Bezug. Innerhalb dieser Gruppen werden die Entscheidungen in chronologischer Reihenfolge dargestellt.

I. Fälle ohne SEP-Bezug

Bei den Fällen ohne SEP-Bezug hatten – soweit ersichtlich – bislang das LG Düsseldorf und das LG München I Gelegenheit zur Auseinandersetzung mit dem gesetzgewordenen Unverhältnismäßigkeitseinwand.

1. LG Düsseldorf, Urt. v. 30.06.2022 – 4b O 7/22 – *Schiebedach*

Der erste bekannte Fall des LG Düsseldorf mit Bezug zum neuen § 139 Abs. 1 S. 3 PatG könnte dem Fall *Wärmetauscher* kaum ähnlicher sein: Wie bei der Entscheidung des BGH ging es vor dem LG Düsseldorf um ein patentgeschütztes Sonderausstattungsmerkmal eines Pkw. Das Patent betraf in diesem Fall ein öffnungsfähiges Panoramaglasdach, welches zum Einbau in zwei Fahrzeugmodelle des Herstellers BMW vorgesehen war.[3332] Beklagte waren die vertretungsberechtigten Geschäftsführer eines auf Abdeck- und Sonnenschutzsysteme spezialisierten Automobilzulieferers.[3333] Die Beklagten beriefen sich zu ihrer Verteidigung unter anderem auf eine Unverhältnismäßigkeit der Inanspruchnahme auf Unterlassung.[3334] Das Gericht lehnte einen Anspruchsausschluss nach § 139 Abs. 1 S. 3 PatG jedoch ab.[3335]

Das LG Düsseldorf schrieb der Kodifizierung des Unverhältnismäßigkeitseinwands unter Berufung auf die Gesetzesbegründung einen klarstellenden Charakter zu und betonte die Inbezugnahme der *Wärmetauscher*-Entscheidung sowie den Ausnahmecharakter und die Einzelfallbezogenheit des Einwands.[3336] In seiner Gesamtabwägung bezog das Gericht die Interessen des Patentinhabers und der Beklagten ebenso wie die Drittinteressen des durch die Beklagten vertretenen Automobilzulieferers sowie dessen Muttergesellschaft und die Interessen des Abnehmers BMW in seine Entscheidung ein.[3337] Damit berücksichtigte es die Interessen jeweils

---

[3332] LG Düsseldorf, Urt. v. 30.06.2022 – 4b O 7/22, GRUR-RS 2022, 17713, Rn. 3, 11 – *Schiebedach*.
[3333] LG Düsseldorf, Urt. v. 30.06.2022 – 4b O 7/22, GRUR-RS 2022, 17713, Rn. 5-10 – *Schiebedach*.
[3334] LG Düsseldorf, Urt. v. 30.06.2022 – 4b O 7/22, GRUR-RS 2022, 17713, Rn. 34-37 – *Schiebedach*; Auf die Wiedergabe des genauen Beklagtenvorbringens wird hier verzichtet, da die vorgebrachten Umstände des Einzelfalls in den sogleich folgenden Ausführungen zur hierauf Bezug nehmenden gerichtlichen Entscheidung hinreichend zum Ausdruck kommen. So wird auch im Folgenden bei der Darstellung der weiteren Instanzurteile verfahren.
[3335] LG Düsseldorf, Urt. v. 30.06.2022 – 4b O 7/22, GRUR-RS 2022, 17713, Rn. 84 – *Schiebedach*.
[3336] LG Düsseldorf, Urt. v. 30.06.2022 – 4b O 7/22, GRUR-RS 2022, 17713, Rn. 86-87 – *Schiebedach*.
[3337] LG Düsseldorf, Urt. v. 30.06.2022 – 4b O 7/22, GRUR-RS 2022, 17713, Rn. 88 – *Schiebedach*.

einzelner Dritter als Drittinteressen.[3338] Von den Beklagten verteidigungsweise geäußerte Zweifel an einer inländischen Verletzung des Patents und an dessen Rechtsbestand wurden vom Gericht – richtigerweise – nicht im Rahmen des § 139 Abs. 1 S. 3 PatG sondern separat behandelt.[3339]

Mit Blick auf eine etwaige Unverhältnismäßigkeit sah das LG Düsseldorf die durch die Unterlassungsanordnung hinsichtlich des Panoramaglasdachs drohenden wirtschaftlichen Nachteile der Beklagten und des Automobilherstellers BMW als normale Folgen einer Patentverletzung an.[3340] Deshalb schrieb das Gericht auch der Tatsache, dass die Schiebedächer auf die Konstruktion der Fahrzeuge von BMW abgestimmt waren und der Patentinhaber solche Fahrzeugdächer mangels Abstimmung mit BMW nicht selbst anbot,[3341] keine durchgreifende Bedeutung zu.[3342] Aufgrund des kurz bevorstehenden Patentablaufs etwa zwei Monate nach Urteilsverkündung sei ein wirtschaftlich erheblicher Schaden oder eine zwangsläufige Stilllegung von Produktionsprozessen ohnehin nicht zu befürchten, während die kurze Restlaufdauer des Patents zugleich gegen die Gewähr einer Aufbrauchfrist spreche, da der Unterlassungsanspruch sonst leerlaufen würde.[3343]

Dem Patentinhaber, der zunächst gegen die Muttergesellschaft vorgegangen war, sei auch kein Verzögern der Inanspruchnahme vorzuwerfen, da er die Einzelheiten des Herstellungsprozesses innerhalb der Unternehmensgruppe aufseiten der Patentverletzer nicht habe kennen können und ein Vorgehen gegen die Beklagten auch im Anschluss an das Vorgehen gegen die Muttergesellschaft nicht gegenstandslos geworden sei.[3344] Vielmehr sei den Beklagten eine Verzögerung von Lizenzverhandlungen vorzuwerfen.[3345] Eine Lizenzierungsmöglichkeit habe dabei bestanden und müsse auch nicht nur als Möglichkeit zur Einzellizenzierung bezüglich des Klagepatents bestehen.[3346] Der Vortrag der Beklagten sei hinsichtlich einer etwaigen Unzumutbarkeit des vom Patentinhaber geforderten Lizenzbetrags unzureichend, sodass daraus ein Schluss auf eine Unverhältnismäßigkeit ebenfalls nicht gezogen werden könne.[3347]

[3338] *Plagge*, GRUR-Prax 2022, 599, 600.

[3339] LG Düsseldorf, Urt. v. 30.06.2022 – 4b O 7/22, GRUR-RS 2022, 17713, Rn. 53-82, 116-122 – *Schiebedach*.

[3340] LG Düsseldorf, Urt. v. 30.06.2022 – 4b O 7/22, GRUR-RS 2022, 17713, Rn. 88, 91 – *Schiebedach*.

[3341] LG Düsseldorf, Urt. v. 30.06.2022 – 4b O 7/22, GRUR-RS 2022, 17713, Rn. 35 – *Schiebedach*.

[3342] LG Düsseldorf, Urt. v. 30.06.2022 – 4b O 7/22, GRUR-RS 2022, 17713, Rn. 91 – *Schiebedach*.

[3343] LG Düsseldorf, Urt. v. 30.06.2022 – 4b O 7/22, GRUR-RS 2022, 17713, Rn. 92, 94 – *Schiebedach*.

[3344] LG Düsseldorf, Urt. v. 30.06.2022 – 4b O 7/22, GRUR-RS 2022, 17713, Rn. 89-90 – *Schiebedach*.

[3345] LG Düsseldorf, Urt. v. 30.06.2022 – 4b O 7/22, GRUR-RS 2022, 17713, Rn. 93 – *Schiebedach*.

[3346] LG Düsseldorf, Urt. v. 30.06.2022 – 4b O 7/22, GRUR-RS 2022, 17713, Rn. 94 – *Schiebedach*.

[3347] LG Düsseldorf, Urt. v. 30.06.2022 – 4b O 7/22, GRUR-RS 2022, 17713, Rn. 94 – *Schiebedach*.

In einem weiteren Verfahren vor dem LG Düsseldorf mit Automobilbezug, bei dem es um eine in einem Elektroauto verbaute Batterie ging[3348] und in dem die Beklagten den Unverhältnismäßigkeitseinwand erhoben,[3349] kam es zu keiner Entscheidung über diesen Einwand, da das Gericht schon eine Patentverletzung verneinte und die Klage daher abwies.[3350] Die Beklagten hatten auf ein aus ihrer Sicht bestehendes grobes Missverhältnis zwischen dem Wert des Patents und den drohenden Schäden in Höhe von angegebenen drei Millionen Euro monatlich und eine vermeintliche NPE-Eigenschaft des Patentinhabers verwiesen.[3351] Beides hatte die das Patentrecht innehabende Gesellschaft bestritten und dabei den Wert des Patents sowie die produzierende und forschende Tätigkeit ihrer Eigentümer, aus deren Fusion sie hervorgegangen war und von denen ein Eigentümer ebenfalls als Patentinhaber eingetragen war,[3352] betont.[3353]

2.   LG Düsseldorf, Urt. v. 07.07.2022 – 4c O 18/21 – *Sofosbuvir*

In einem weiteren Verfahren hatte das LG Düsseldorf über die Verletzungsfolgen einer an sich unstreitigen Verletzung eines Patents über eine ursprünglich in Krebsmedikamenten eingesetzte chemische Verbindung durch Hepatitis-C-Medikamente mit dem Wirkstoff Sofosbuvir zu entscheiden.[3354] Ebenfalls unstreitig waren diese Hepatitis-C-Medikamente für bestimmte Patientengruppen innerhalb der Gesamtheit der an Hepatitis-C erkrankten Personen die einzigen am Markt verfügbaren tauglichen Medikamente.[3355] Die Beklagten hatten erst etwa ein Jahr nach der gegen sie gerichteten Klageerhebung im Verletzungsverfahren ein Zwangslizenzverfahren nach §§ 24, 81 PatG vor dem BPatG eingeleitet und darin keinen Antrag auf einstweilige Verfügung nach § 85 PatG gestellt.[3356] Im Verletzungsverfahren hielten sie dem Unterlassungsanspruch den

---

[3348] LG Düsseldorf, Urt. v. 31.01.2023 – 4c O 53/21, GRUR-RS 2023, 2317, Rn. 2-8 – *Lithium-Sekundärbatterie*.

[3349] LG Düsseldorf, Urt. v. 31.01.2023 – 4c O 53/21, GRUR-RS 2023, 2317, Rn. 33 – *Lithium-Sekundärbatterie*.

[3350] LG Düsseldorf, Urt. v. 31.01.2023 – 4c O 53/21, GRUR-RS 2023, 2317, Rn. 36-37 – *Lithium-Sekundärbatterie*.

[3351] LG Düsseldorf, Urt. v. 31.01.2023 – 4c O 53/21, GRUR-RS 2023, 2317, Rn. 33 – *Lithium-Sekundärbatterie*.

[3352] LG Düsseldorf, Urt. v. 31.01.2023 – 4c O 53/21, GRUR-RS 2023, 2317, Rn. 1, 5 – *Lithium-Sekundärbatterie*.

[3353] LG Düsseldorf, Urt. v. 31.01.2023 – 4c O 53/21, GRUR-RS 2023, 2317, Rn. 21 – *Lithium-Sekundärbatterie*.

[3354] LG Düsseldorf, Urt. v. 07.07.2022 – 4c O 18/21, GRUR-RS 2022, 26676, Rn. 2, 7-8, 27-36 – *Sofosbuvir*.

[3355] LG Düsseldorf, Urt. v. 07.07.2022 – 4c O 18/21, GRUR-RS 2022, 26676, Rn. 12-14 – *Sofosbuvir*.

[3356] LG Düsseldorf, Urt. v. 07.07.2022 – 4c O 18/21, GRUR-RS 2022, 26676, Rn. 150 – *Sofosbuvir*.

Unverhältnismäßigkeitseinwand entgegen.[3357] Das LG Düsseldorf hielt diesen aber nicht für begründet.[3358]

Das Gericht sah § 139 Abs. 1 S. 3 PatG auch hinsichtlich der Berücksichtigung von Drittinteressen als Klarstellung an, die am Verhältnis der Einschränkung des Unterlassungsanspruchs nach Unverhältnismäßigkeitsgesichtspunkten zur patentrechtlichen Zwangslizenz gemäß § 24 PatG nichts geändert habe.[3359] Unter ausdrücklichem Verweis auf die im Fall von betroffenen Drittinteressen auf § 24 PatG verweisende *Herzklappen*-Rechtsprechung[3360] betrachtete das Gericht die patentrechtliche Zwangslizenz nach wie vor als *lex specialis*, dessen Voraussetzungen nicht unterlaufen werden dürfen und deren Beurteilung insbesondere nicht den Verletzungsgerichten, sondern dem im Zwangslizenzverfahren zuständigen und technisch fachkundig besetzten BPatG obliege.[3361] Im Rahmen von § 139 Abs. 1 S. 3 PatG seien Drittinteressen daher nur ausnahmsweise und „allenfalls subsidiär nach Durchführung eines Zwangslizenzverfahrens in Betracht"[3362] zu ziehen. Der Patentinhaber fungiere in einer Drittinteressen berührenden Konstellation als „Sachwalter der Drittinteressen"[3363], dem die Durchführung eines Zwangslizenzverfahrens zuzumuten sei und dessen eine Unterlassungsverpflichtung nach sich ziehendes patentverletzendes Verhalten überhaupt erst zur Gefährdung der Interessen Dritter geführt habe.[3364]

Das LG Düsseldorf verneinte einen vollständigen oder teilweisen Ausschluss des Unterlassungsanspruchs aber auch für den Fall, dass der Unverhältnismäßigkeitseinwand nicht hinter der patentrechtlichen Zwangslizenz zurücktreten müsse.[3365] Jedenfalls könne ein Verletzer sich nämlich nicht auf Drittinteressen berufen, wenn er die Abhängigkeitssituation Dritter von einem bestimmten Medikament selbst herbeigeführt habe, indem er sich nicht ausreichend um eine Lizenzierung oder eine Umgehungslösung bemüht habe.[3366] Während dem Patentinhaber vorliegend kein Fehlverhalten vorgeworfen werden könne, seien den Verletzern hier solche fehlenden zumutbaren Lizenzierungsbemühungen, welche mit Lizenzierungsbemühungen im Sinne des § 24 PatG vergleichbar seien, vorzuwerfen.[3367] Insbesondere sei es den Verletzern möglich und zumutbar gewesen, die Härten für betroffene Dritte durch einen rechtzeitigen Antrag auf Erlass einer einstweiligen Verfügung im Zwangslizenzverfahren abzuwenden.[3368] Dieses Fehlverhalten

---

[3357] LG Düsseldorf, Urt. v. 07.07.2022 – 4c O 18/21, GRUR-RS 2022, 26676, Rn. 21-22 – *Sofosbuvir*.
[3358] LG Düsseldorf, Urt. v. 07.07.2022 – 4c O 18/21, GRUR-RS 2022, 26676, Rn. 39 – *Sofosbuvir*.
[3359] LG Düsseldorf, Urt. v. 07.07.2022 – 4c O 18/21, GRUR-RS 2022, 26676, Rn. 41-43 – *Sofosbuvir*.
[3360] LG Düsseldorf, Urt. v. 09.03.2017 – 4a O 137/15, GRUR-RS 2017, 104657 – *Herzklappen I*.
[3361] LG Düsseldorf, Urt. v. 07.07.2022 – 4c O 18/21, GRUR-RS 2022, 26676, Rn. 42-45 – *Sofosbuvir*.
[3362] LG Düsseldorf, Urt. v. 07.07.2022 – 4c O 18/21, GRUR-RS 2022, 26676, Rn. 42 – *Sofosbuvir*.
[3363] LG Düsseldorf, Urt. v. 07.07.2022 – 4c O 18/21, GRUR-RS 2022, 26676, Rn. 46 – *Sofosbuvir*.
[3364] LG Düsseldorf, Urt. v. 07.07.2022 – 4c O 18/21, GRUR-RS 2022, 26676, Rn. 46 – *Sofosbuvir*.
[3365] LG Düsseldorf, Urt. v. 07.07.2022 – 4c O 18/21, GRUR-RS 2022, 26676, Rn. 47-48 – *Sofosbuvir*.
[3366] LG Düsseldorf, Urt. v. 07.07.2022 – 4c O 18/21, GRUR-RS 2022, 26676, Rn. 50 – *Sofosbuvir*.
[3367] LG Düsseldorf, Urt. v. 07.07.2022 – 4c O 18/21, GRUR-RS 2022, 26676, Rn. 52-58 – *Sofosbuvir*.
[3368] LG Düsseldorf, Urt. v. 07.07.2022 – 4c O 18/21, GRUR-RS 2022, 26676, Rn. 59, 150 – *Sofosbuvir*.

der Verletzer sei auch bei unzweifelhaft bestehenden harten Einschnitten für betroffene Dritte nicht unberücksichtigt zu lassen.[3369]

3. LG Düsseldorf, Urt. v. 21.09.2022 – 4b O 23/22 – *Katheter-Umstellung*

Ein weiterer Fall mit einer möglichen Betroffenheit von Drittinteressen lag dem LG Düsseldorf im Rahmen eines Antrags auf Erlass einer einstweiligen Verfügung auf Unterlassung einer Patentverletzung durch Produktion und Vertrieb eines in patentnutzender Weise beschichteten Harnkatheters vor.[3370] Den von den Verfügungsbeklagten erhobenen Unverhältnismäßigkeitseinwand wies das Gericht zurück.[3371] Es lehnte schon eine relevante Härte durch einen Eingriff in die körperliche Unversehrtheit der die Katheter verwendenden Patienten nach Art. 2 Abs. 2 S. 1 PatG ab.[3372] Der bei einem Wechsel des Kathetermodells in einer Übergangsphase erhöhte pflegerische Aufwand für Ärzte, Therapeuten und Pflegepersonal sei ebenso wie eine möglicherweise erforderliche Umgewöhnung in der Handhabung durch die Patienten selbst zwar als Unannehmlichkeit anzuerkennen, stelle aber keine über die normalen Folgen der Unterlassungsanordnung hinausgehende besondere Härte dar.[3373] Eine Überlastungssituation der betroffenen Personen bei einer sofortigen und gleichzeitigen Umstellung zahlreicher Patienten, die in der Folge zu einer Gesundheitsgefährdung durch Fehlanwendungen führen könnte, sei nicht ausreichend vorgetragen.[3374]

Dass in Folge des vom Patentinhaber angestrebten Eilrechtsschutzes die Entwicklung einer Umgehungslösung in der Kürze der Zeit nicht möglich sei, sei durch die Verletzer als normaler Umstand des einstweiligen Rechtsschutzes hinzunehmen.[3375] Ein etwaiger Vertrauensverlust zulasten der Verletzer unter den Abnehmern von Gesundheitsprodukten und der Verlust von Marktanteilen, was jeweils ohnehin nicht ausreichend vorgetragen worden sei, seien ebenfalls übliche

---

[3369] LG Düsseldorf, Urt. v. 07.07.2022 – 4c O 18/21, GRUR-RS 2022, 26676, Rn. 59 – *Sofosbuvir*.

[3370] LG Düsseldorf, Urt. v. 21.09.2022 – 4b O 23/22, GRUR-RS 2022, 32773, Rn. 1-7 – *Katheter-Umstellung*.

[3371] LG Düsseldorf, Urt. v. 21.09.2022 – 4b O 23/22, GRUR-RS 2022, 32773, Rn. 19, 87 – *Katheter-Umstellung*.

[3372] LG Düsseldorf, Urt. v. 21.09.2022 – 4b O 23/22, GRUR-RS 2022, 32773, Rn. 90 – *Katheter-Umstellung*.

[3373] LG Düsseldorf, Urt. v. 21.09.2022 – 4b O 23/22, GRUR-RS 2022, 32773, Rn. 91 – *Katheter-Umstellung*; *Gärtner/Oppermann*, MPR 2023, 96, 97–98.

[3374] LG Düsseldorf, Urt. v. 21.09.2022 – 4b O 23/22, GRUR-RS 2022, 32773, Rn. 92 – *Katheter-Umstellung*.

[3375] LG Düsseldorf, Urt. v. 21.09.2022 – 4b O 23/22, GRUR-RS 2022, 32773, Rn. 94 – *Katheter-Umstellung*.

Folgen der Unterlassungspflicht.[3376] Zudem stehe den Verletzern eine Lizenznahme am streit-gegenständlichen Patent zur Vermeidung dieser Nachteile offen.[3377]

4. LG München I, Urt. v. 25.11.2022 – 21 O 12142/21 – Funkkommunikationseinrichtung

Vor dem LG München I wurde ein Fall verhandelt, bei dem es um ein Patent ging, mit dessen Hilfe gewährleistet werden sollte, dass bei Defekt einer Funkkommunikationseinrichtung (z.B. eines Mobiltelefons) eine Übertragung der auf dem defekten Gerät noch vorhandenen Daten auf ein neues Gerät durch einen Techniker derart verschlüsselt stattfindet, dass die Daten auch vor dem Zugriff des die Übertragung vornehmenden Technikers geschützt sind.[3378] Der beklagte Smartphonehersteller erhob den Unverhältnismäßigkeitseinwand,[3379] welchen das Gericht aber für unbegründet hielt.[3380]

Das LG München I betonte den Ausnahmecharakter des § 139 Abs. 1 S. 3 PatG und die er-forderliche Gesamtabwägung aller Umstände des Einzelfalls.[3381] Dabei sei eine NPE-Eigenschaft des Patentinhabers für sich genommen nicht ausschlaggebend, liege im konkreten Fall aber ohnehin nicht vor.[3382] Das Fehlen von Lizenzierungsbemühungen aufseiten des Verletzers spreche jedoch gegen eine Unverhältnismäßigkeit.[3383] Auch dass die Nutzung des streitgegen-ständlichen Patents in einem komplexen Produkt erfolge, könne ohne Darlegung konkreter unzu-mutbarer wirtschaftlicher Härten pauschal keine Unverhältnismäßigkeit begründen.[3384] Überdies führe auch eine Gesamtbetrachtung in Addition der einzelnen verteidigungsweise vorgebrachten Argumente zu keiner abweichenden Beurteilung.[3385]

[3376] LG Düsseldorf, Urt. v. 21.09.2022 – 4b O 23/22, GRUR-RS 2022, 32773, Rn. 95 – *Katheter-Umstellung*.
[3377] LG Düsseldorf, Urt. v. 21.09.2022 – 4b O 23/22, GRUR-RS 2022, 32773, Rn. 96 – *Katheter-Umstellung*.
[3378] LG München I, Urt. v. 25.11.2022 – 21 O 12142/21, GRUR-RS 2022, 42030, Rn. 21-26 – *Funkkommunikationseinrichtung*.
[3379] LG München I, Urt. v. 25.11.2022 – 21 O 12142/21, GRUR-RS 2022, 42030, Rn. 7, 14 – *Funkkommunikationseinrichtung*.
[3380] LG München I, Urt. v. 25.11.2022 – 21 O 12142/21, GRUR-RS 2022, 42030, Rn. 82 – *Funkkommunikationseinrichtung*.
[3381] LG München I, Urt. v. 25.11.2022 – 21 O 12142/21, GRUR-RS 2022, 42030, Rn. 87-89 – *Funkkommunikationseinrichtung*.
[3382] LG München I, Urt. v. 25.11.2022 – 21 O 12142/21, GRUR-RS 2022, 42030, Rn. 91-93 – *Funkkommunikationseinrichtung*.
[3383] LG München I, Urt. v. 25.11.2022 – 21 O 12142/21, GRUR-RS 2022, 42030, Rn. 94-96 – *Funkkommunikationseinrichtung*.
[3384] LG München I, Urt. v. 25.11.2022 – 21 O 12142/21, GRUR-RS 2022, 42030, Rn. 96-97 – *Funkkommunikationseinrichtung*.
[3385] LG München I, Urt. v. 25.11.2022 – 21 O 12142/21, GRUR-RS 2022, 42030, Rn. 98 – *Funkkommunikationseinrichtung*.

5.　　LG München I, Urt. v. 17.05.2023 – 7 O 2693/22 – *Nachweis von Analyten I* und LG München I, Urt. v. 17.05.2023 – 7 O 5812/22 – *Nachweis von Analyten II*

Das LG München I war zudem in zwei Parallelverfahren, von denen eines gegen eine amerikanische Muttergesellschaft einer Unternehmensgruppe[3386] und ein anderes gegen deren deutsche Tochtergesellschaft[3387] geführt wurde, zur Entscheidung über den von den jeweiligen Beklagten erhobenen Unverhältnismäßigkeitseinwand[3388] berufen. Den Beklagten wurde die mittelbare Verletzung (§ 10 PatG) eines Patents zur Identifikation einzelner molekularer Bestandteile in einer biologischen Probe durch das Anbieten eines Gerätes zur Untersuchung von Proben auf das Vorhandensein bestimmter Analyten (hier: Ribonukleinsäuren) vorgeworfen.[3389] Das Gericht verneinte ein Durchgreifen des Unverhältnismäßigkeitseinwands.[3390]

Das LG München I konnte zur pauschalen Behauptung der Beklagten, das Klagepatent betreffe nur einen kleinen Teil eines komplexen Produkts, keinen hinreichenden dies stützenden Sachvortrag zu den konkreten Begebenheiten der Patentnutzung und ihren Auswirkungen erkennen, sodass die Beklagten hiermit schon auf der Darlegungsebene scheiterten.[3391] Werden Forschungs- und Entwicklungskosten als vergebliche Aufwendungen ins Feld geführt, so seien diese zudem angesichts der territorial begrenzten Erstreckung der Unterlassungsanordnung nur auf das Gebiet der Bundesrepublik Deutschland auch auf diesen Umfang herunterzubrechen.[3392]

Das LG München I kam außerdem zu dem Schluss, dass das Interesse des Patentinhabers an einer Unterlassungsanordnung nicht mangels eigener Produktionstätigkeit herabgesetzt sei, wenn das Patent von einer Forschungseinrichtung gehalten werde, die Dritten Lizenzen zur Patentnutzung erteilt, um diesen die Produktion patentnutzender Produkte zu ermöglichen und aus den Lizenzeinnahmen neue Forschungsgelder zu generieren.[3393] Die Verletzer hätten zudem keine

---

[3386]　LG München I, Urt. v. 17.05.2023 – 7 O 2693/22, GRUR-RS 2023, 29781 – *Nachweis von Analyten I*.

[3387]　LG München I, Urt. v. 17.05.2023 – 7 O 5812/22, GRUR-RS 2023, 29783 – *Nachweis von Analyten II* (Da die beiden Entscheidungen nahezu wortgleich lauten, wird im Folgenden auf eine beleghafte Nennung dieses Parallelverfahrens in den Fußnoten verzichtet.).

[3388]　LG München I, Urt. v. 17.05.2023 – 7 O 2693/22, GRUR-RS 2023, 29781, Rn. 27 – *Nachweis von Analyten I*.

[3389]　LG München I, Urt. v. 17.05.2023 – 7 O 2693/22, GRUR-RS 2023, 29781, Rn. 1-11 – *Nachweis von Analyten I*.

[3390]　LG München I, Urt. v. 17.05.2023 – 7 O 2693/22, GRUR-RS 2023, 29781, Rn. 99 – *Nachweis von Analyten I*.

[3391]　LG München I, Urt. v. 17.05.2023 – 7 O 2693/22, GRUR-RS 2023, 29781, Rn. 100-106 – *Nachweis von Analyten I*.

[3392]　LG München I, Urt. v. 17.05.2023 – 7 O 2693/22, GRUR-RS 2023, 29781, Rn. 105 – *Nachweis von Analyten I*.

[3393]　LG München I, Urt. v. 17.05.2023 – 7 O 2693/22, GRUR-RS 2023, 29781, Rn. 107-108 – *Nachweis von Analyten I*.

Lizenzbereitschaft gezeigt.[3394] Des Weiteren schloss sich das LG München I der Ansicht des LG Düsseldorf in der Sache *Sofosbuvir* an, dass durch etwaig betroffene Drittinteressen ohne jegliches Bemühen des Verletzers um eine patentrechtliche Zwangslizenz keine Unverhältnismäßigkeit begründet werden könne.[3395]

II.   Fälle mit SEP-Bezug

Bei den Fällen mit SEP-Bezug ergingen abgesehen von je einem Urteil des OLG Karlsruhe und des LG Mannheim die meisten der auffindbaren Entscheidungen durch das LG München I. Anders als bei den Fällen ohne SEP-Bezug hatte das LG Düsseldorf – soweit ersichtlich – seit dem Inkrafttreten des 2. PatMoG in SEP-Fällen noch keine Gelegenheit, den Unverhältnismäßigkeitseinwand zu behandeln. In einer früheren Entscheidung zu Unverhältnismäßigkeitseinschränkungen des Unterlassungsanspruchs hatte es eine Beschränkung abgelehnt, solange der Patentverletzer seine kartellrechtlichen Obliegenheiten nicht erfüllt.[3396]

1.   OLG Karlsruhe, Urt. v. 02.02.2022 – 6 U 149/20
   – *Steuerkanalsignalisierung II*

Vor dem OLG Karlsruhe trafen der Patentinhaber eines zum LTE-Standard gehörenden SEP zur Steuerkanalsignalisierung in einem Kommunikationssystem mit einem mobilen Endgerät und ein Hersteller von Mobiltelefonen aufeinander.[3397] Nachdem das LG Mannheim als Eingangsinstanz die Klage des Patentinhabers – ohne Bezug zum Unverhältnismäßigkeitseinwand und vor Inkrafttreten des § 139 Abs. 1 S. 3 PatG – wegen eines aus seiner Sicht begründeten kartellrechtlichen Zwangslizenzeinwands abgewiesen hatte,[3398] war die Berufung vor dem OLG Karlsruhe, das den kartellrechtlichen Zwangslizenzeinwand ablehnte, erfolgreich.[3399] Ein Einwand der Unverhältnismäßigkeit wurde vom Verletzer nicht erhoben.[3400]

[3394] LG München I, Urt. v. 17.05.2023 – 7 O 2693/22, GRUR-RS 2023, 29781, Rn. 109 – *Nachweis von Analyten I.*

[3395] LG München I, Urt. v. 17.05.2023 – 7 O 2693/22, GRUR-RS 2023, 29781, Rn. 110 – *Nachweis von Analyten I.*

[3396] LG Düsseldorf, Urt. v. 24.04.2012 – 4b O 273/10, GRUR-RS 2012, 9682, Rn. 233 – *Zugriffsschwellenwert.*

[3397] OLG Karlsruhe, Urt. v. 02.02.2022 – 6 U 149/20, GRUR-RS 2022, 9468, Rn. 2, 7-8 – *Steuerkanalsignalisierung II.*

[3398] LG Mannheim, Urt. v. 21.08.2020 – 2 O 136/18, GRUR-RS 2020, 26457.

[3399] OLG Karlsruhe, Urt. v. 02.02.2022 – 6 U 149/20, GRUR-RS 2022, 9468, Rn. 94-95 – *Steuerkanalsignalisierung II.*

[3400] *Plagge*, GRUR-Prax 2022, 437.

Nach detaillierten Ausführungen zum kartellrechtlichen Zwangslizenzeinwand und dessen Ablehnung wegen fehlender Lizenzwilligkeit des Verletzers[3401] kam das OLG Karlsruhe auf den Unverhältnismäßigkeitseinwand zu sprechen, wobei es lediglich in einem Satz feststellte, dass dafür „Anhaltspunkte [...] weder vorgetragen noch ersichtlich"[3402] seien. Daraus kann – bei aller Vorsicht ob der nur kurzen Erwähnung – geschlossen werden, dass das Gericht eine Prüfung des Unverhältnismäßigkeitseinwands von Amts wegen auch ohne ausdrückliche Geltendmachung des Einwands grundsätzlich für geboten hält.[3403]

2. LG München I, Urt. v. 25.05.2022 – 7 O 14091/19
– *Sprachsignalcodierer II*

Das LG München I hatte über eine Klage gegen einen Anbieter UMTS- und LTE-fähiger Mobiltelefone zu entscheiden, die sich auf ein SEP aus dem zum UMTS- und LTE-Standard gehörenden EVS-Standard (Enhanced Voice Services) stützte.[3404] Der Verletzer hielt der Inanspruchnahme sowohl den Unverhältnismäßigkeitseinwand als auch den kartellrechtlichen Zwangslizenzeinwand entgegen.[3405] Letzteren lehnte das Gericht mangels Lizenzwilligkeit des Verletzers ab.[3406] Den Unverhältnismäßigkeitseinwand hielt es ebenfalls nicht für begründet.[3407]

Das LG München I unterstrich die Bedeutung eines durchsetzungsstarken Unterlassungsanspruchs für die Gewährleistung der berechtigten Interessen des Patentinhabers und stellte klar, dass eine Einschränkung nur im Ausnahmefall bei jenseits der üblichen Folgen einer Unterlassungspflicht liegenden besonderen Härten in Betracht komme.[3408] Der Unverhältnismäßigkeitseinwand sei nicht von Amts wegen zu berücksichtigen.[3409] Im vorliegenden Fall seien besondere Härten schon nach dem Beklagtenvortrag nicht ersichtlich, da demnach die angegriffenen Mobiltelefone aufgrund einer zwischenzeitlich vom Verletzer gefundenen Umgehungslösung von

---

[3401] OLG Karlsruhe, Urt. v. 02.02.2022 – 6 U 149/20, GRUR-RS 2022, 9468, Rn. 142-205 – *Steuerkanalsignalisierung II*.

[3402] OLG Karlsruhe, Urt. v. 02.02.2022 – 6 U 149/20, GRUR-RS 2022, 9468, Rn. 206 – *Steuerkanalsignalisierung II*.

[3403] *Plagge*, GRUR-Prax 2022, 437.

[3404] LG München I, Urt. v. 25.05.2022 – 7 O 14091/19, GRUR-RS 2022, 13480, Rn. 1-2, 6-8 – *Sprachsignalcodierer II*.

[3405] LG München I, Urt. v. 25.05.2022 – 7 O 14091/19, GRUR-RS 2022, 13480, Rn. 19-20 – *Sprachsignalcodierer II*.

[3406] LG München I, Urt. v. 25.05.2022 – 7 O 14091/19, GRUR-RS 2022, 13480, Rn. 91 – *Sprachsignalcodierer II*.

[3407] LG München I, Urt. v. 25.05.2022 – 7 O 14091/19, GRUR-RS 2022, 13480, Rn. 73 – *Sprachsignalcodierer II*.

[3408] LG München I, Urt. v. 25.05.2022 – 7 O 14091/19, GRUR-RS 2022, 13480, Rn. 74-76 – *Sprachsignalcodierer II*.

[3409] LG München I, Urt. v. 25.05.2022 – 7 O 14091/19, GRUR-RS 2022, 13480, Rn. 75 – *Sprachsignalcodierer II*.

diesem mittlerweile in Deutschland nicht mehr unter Nutzung des EVS-Standards verkauft würden, sodass keine besonders einschneidenden Folgen zu befürchten seien.[3410]

3. LG Mannheim, Urt. v. 05.07.2022 – 2 O 75/21 – *LTE-Mobilfunkstandard*

Vor dem LG Mannheim stritten ein patentinhabendes Mobilfunkunternehmen und die beklagten Vertreiber von Mobiltelefonen um die Verletzung eines SEP aus dem LTE-Mobilfunkstandard durch von den Beklagten angebotene und vertriebene LTE- und 5G-fähige Mobiltelefone.[3411] Der von den Beklagten erhobene kartellrechtliche Zwangslizenzeinwand wurde vom Gericht mangels Lizenzwilligkeit der Beklagten zurückgewiesen.[3412] Der geltendgemachte Unverhältnismäßigkeitseinwand scheiterte ebenfalls.[3413]

Das LG Mannheim stellte fest, dass die hinsichtlich des Ausnahmefalls der Unverhältnismäßigkeit darlegungs- und beweisbelasteten Verletzer eine unverhältnismäßige Härte nicht dargelegt hätten.[3414] Dass die Standardessentialität des Patents dazu führe, dass die patentgeschützte Funktion nur einen kleinen Teil eines Standards und der den Standard nutzenden Geräte ausmache, stelle bei SEP den Normalfall dar.[3415] Der auf Ausnahmefälle abzielende Unverhältnismäßigkeitseinwand könne daher nicht unter Verweis auf die bloße Standardessentialität und ihre normalen Umstände und Folgen einschlägig sein.[3416] Auch aus der häufig fehlenden Umgehungsmöglichkeit eines SEP ergebe sich keine Schutzwürdigkeit von Verletzern, da diese eine FRAND-Lizenz vom Patentinhaber verlangen könnten und bei kartellrechtswidriger Nichtlizenzierung dies dem Unterlassungsanspruch des SEP-Inhabers entgegenhalten könnten.[3417]

Das Gericht sah in der Inanspruchnahme durch den nicht selbst Mobiltelefone produzierenden SEP-Inhaber auch kein reines Druckmittel zur Erpressung überhöhter Lizenzgebühren.[3418]

[3410] LG München I, Urt. v. 25.05.2022 – 7 O 14091/19, GRUR-RS 2022, 13480, Rn. 78-79 – *Sprachsignalcodierer II.*

[3411] LG Mannheim, Urt. v. 05.07.2022 – 2 O 75/21, GRUR-RS 2022, 29741, Rn. 2-4, 8-10 – *LTE-Mobilfunkstandard.*

[3412] LG Mannheim, Urt. v. 05.07.2022 – 2 O 75/21, GRUR-RS 2022, 29741, Rn. 33, 116-117 – *LTE-Mobilfunkstandard.*

[3413] LG Mannheim, Urt. v. 05.07.2022 – 2 O 75/21, GRUR-RS 2022, 29741, Rn. 26, 32, 99 – *LTE-Mobilfunkstandard.*

[3414] LG Mannheim, Urt. v. 05.07.2022 – 2 O 75/21, GRUR-RS 2022, 29741, Rn. 100-102 – *LTE-Mobilfunkstandard.*

[3415] LG Mannheim, Urt. v. 05.07.2022 – 2 O 75/21, GRUR-RS 2022, 29741, Rn. 103-104 – *LTE-Mobilfunkstandard.*

[3416] LG Mannheim, Urt. v. 05.07.2022 – 2 O 75/21, GRUR-RS 2022, 29741, Rn. 104 – *LTE-Mobilfunkstandard.*

[3417] LG Mannheim, Urt. v. 05.07.2022 – 2 O 75/21, GRUR-RS 2022, 29741, Rn. 104 – *LTE-Mobilfunkstandard.*

[3418] LG Mannheim, Urt. v. 05.07.2022 – 2 O 75/21, GRUR-RS 2022, 29741, Rn. 105 – *LTE-Mobilfunkstandard.*

Während eine NPE-Eigenschaft allein ohnehin nicht zu einem Anspruchsausschluss führe, sei vorliegend anzunehmen, dass der SEP-Inhaber aufgrund seiner eigenen Entwicklung von Schutzrechten und der Lizenzierung seiner Marke auf dem Markt für Mobiltelefone ein berechtigtes Interesse an einem Ausschluss rechtswidriger Patentnutzungen auf diesem Markt habe.[3419] Ein behauptetes Missverhältnis zwischen den aus dem Patent generierbaren Gewinnen auf Patentinhaberseite und den durch die Unterlassung drohenden Schäden auf Verletzerseite sei nicht substantiiert worden.[3420] Auch bei Betrachtung aller Umstände im Gesamten überwögen die Interessen der Beklagten oder Dritter die Interessen des SEP-Inhabers an der Durchsetzung des Unterlassungsanspruchs nicht.[3421]

4. LG München I, Urt. v. 05.08.2022 – 21 O 8879/21 – *keepawake-message*, LG München I, Urt. v. 05.08.2022 – 21 O 8890/21 – *Tonhöhenschätzung* und LG München I, Urt. v. 05.08.2022 – 21 O 11522/21 – *Pitch-Lag-Schätzung*

Im Verfahren *keepawake-message* urteilte das LG München I über die Verletzung eines SEP aus dem LTE-Standard, welches der Optimierung der Datenübertragung bei Kapazitätsschwankungen in drahtlosen Netzen dient, durch die beklagten Anbieter von LTE-kompatiblen Mobiltelefonen.[3422] Die Verletzer waren mit dem kartellrechtlichen Zwangslizenzeinwand wegen fehlender Lizenzwilligkeit nicht durchgedrungen.[3423] Auch der geltendgemachte Unverhältnismäßigkeitseinwand blieb ihnen versagt.[3424]

Das LG München I hielt fest, dass zum einen eine etwaige NPE-Eigenschaft keinen Anspruchsausschluss begründen könne und zum anderen ohnehin eine, wenn auch indirekte, Aktivität des Patentinhabers auf dem Markt für Mobiltelefone durch dessen Tätigkeit als Markenlizenzgeber vorgelegen habe.[3425] Dem SEP-Inhaber könne auch nicht entgegengehalten

[3419] LG Mannheim, Urt. v. 05.07.2022 – 2 O 75/21, GRUR-RS 2022, 29741, Rn. 105 – *LTE-Mobilfunkstandard*.

[3420] LG Mannheim, Urt. v. 05.07.2022 – 2 O 75/21, GRUR-RS 2022, 29741, Rn. 106 – *LTE-Mobilfunkstandard*.

[3421] LG Mannheim, Urt. v. 05.07.2022 – 2 O 75/21, GRUR-RS 2022, 29741, Rn. 107 – *LTE-Mobilfunkstandard*.

[3422] LG München I, Urt. v. 05.08.2022 – 21 O 8879/21, GRUR-RS 2022, 34498, Rn. 5-6, 17-23 – *keepawake-message*.

[3423] LG München I, Urt. v. 05.08.2022 – 21 O 8879/21, GRUR-RS 2022, 34498, Rn. 10, 101 – *keepawake-message*.

[3424] LG München I, Urt. v. 05.08.2022 – 21 O 8879/21, GRUR-RS 2022, 34498, Rn. 8, 10, 77 – *keepawake-message*.

[3425] LG München I, Urt. v. 05.08.2022 – 21 O 8879/21, GRUR-RS 2022, 34498, Rn. 86-87 – *keepawake-message*.

werden, dass er weniger an der eigentlichen Unterlassung denn an dem Abschluss eines Lizenz-vertrages zur Erzielung einer Vergütung interessiert sei, da er aus seiner FRAND-Erklärung und dem Kartellrecht gerade zur Lizenzierung und deren zielgerichteten Zustandekommen verpflich-tet ist, sodass es ihm nicht zum Nachteil gereichen könne, wenn er diesen Verpflichtungen nach-komme.[3426] Eine Pflicht, mit der gerichtlichen Inanspruchnahme bis zum Abschluss von Lizenz-verhandlungen zu warten, bestehe nicht und würde dem Regel-Ausnahme-Verhältnis des § 139 Abs. 1 S. 3 PatG zuwiderlaufen.[3427]

Das LG München I entschied zudem, dass dem Umstand, dass ein SEP nur einen kleinen Teil eines komplexen Produkts betreffe und die Standardessentialität mangels Verzichtbarkeit einer standardessentiellen Komponente zwangsläufig zu einem Erstrecken einer Unterlassungspflicht auf das Gesamtprodukt führe, keine Unverhältnismäßigkeit entnommen werden könne.[3428] Eine Unverhältnismäßigkeit komme jedenfalls bei der Geltendmachung von SEP insoweit grundsätz-lich nicht in Betracht.[3429] Der Nutzer eines SEP habe einen FRAND-Lizenzierungsanspruch ge-gen den Patentinhaber und könne daher etwaige Härten durch eine Lizenznahme zu FRAND-Bedingungen abwenden.[3430] Das Gericht verwies auf seine Prüfung des kartellrechtlichen Zwangslizenzeinwandes und deren Ergebnis, dass die Verletzer sich einer solchen Lizenzierungs-möglichkeit verschlossen hätten und diese Lizenzunwilligkeit gegen eine Unverhältnismäßigkeit spreche.[3431] Dem stünde eine Herleitung des FRAND-Einwands und des Unverhältnismäßigkeits-einwands aus unterschiedlichen dogmatischen Grundlagen nicht entgegen.[3432] Die gerichtliche Inanspruchnahme eines lizenzunwilligen Verletzers sei notwendig und nicht unverhältnis-mäßig.[3433] Verhält sich der SEP-Inhaber kartellrechtskonform, so könne der Unverhältnismäßig-keitseinwand dem Verletzer bei Fehlen weiterer Umstände keine zusätzliche Verteidigungs-möglichkeit eröffnen.[3434]

[3426] LG München I, Urt. v. 05.08.2022 – 21 O 8879/21, GRUR-RS 2022, 34498, Rn. 88 – *keepawake-message*.

[3427] LG München I, Urt. v. 05.08.2022 – 21 O 8879/21, GRUR-RS 2022, 34498, Rn. 88 – *keepawake-message*.

[3428] LG München I, Urt. v. 05.08.2022 – 21 O 8879/21, GRUR-RS 2022, 34498, Rn. 78, 89 – *keepawake-message*.

[3429] LG München I, Urt. v. 05.08.2022 – 21 O 8879/21, GRUR-RS 2022, 34498, Rn. 90 – *keepawake-message*.

[3430] LG München I, Urt. v. 05.08.2022 – 21 O 8879/21, GRUR-RS 2022, 34498, Rn. 90, 92 – *keepawake-message*.

[3431] LG München I, Urt. v. 05.08.2022 – 21 O 8879/21, GRUR-RS 2022, 34498, Rn. 90 – *keepawake-message*.

[3432] LG München I, Urt. v. 05.08.2022 – 21 O 8879/21, GRUR-RS 2022, 34498, Rn. 90 – *keepawake-message*.

[3433] LG München I, Urt. v. 05.08.2022 – 21 O 8879/21, GRUR-RS 2022, 34498, Rn. 90 – *keepawake-message*.

[3434] LG München I, Urt. v. 05.08.2022 – 21 O 8879/21, GRUR-RS 2022, 34498, Rn. 91 – *keepawake-message*.

In den Verfahren *Tonhöhenschätzung*[3435] und *Pitch-Lag-Schätzung*[3436] ging es um für die Qualität eines Sprachsignals relevante SEP des LTE-Standards. Die jeweiligen Ausführungen zum Unverhältnismäßigkeitseinwand[3437] entsprechen denen in der Entscheidung *keepawake-message*.

5. LG München I, Urt. v. 19.04.2023 – 21 O 1890/22 – *Tonalitätsschätzung* und LG München I, Urt. v. 19.04.2023 – 21 O 1910/22 – *Rahmenlöschung*

Das LG München I hatte des Weiteren in der Sache *Tonalitätsschätzung* über ein gegenüber dem Hersteller und Vertreiber von Mobiltelefonen geltendgemachtes SEP für die Schallaktivitätserkennung aus dem in den LTE-Standard inkorporierten EVS-Standard zu entscheiden.[3438] Das SEP aus dem Verfahren *Rahmenlöschung* entsprang ebenfalls dem EVS-Standard und diente der Begrenzung qualitätsmindernder Auswirkungen eines teilweisen Datenverlusts bei der paketbasierten Übermittlung von Sprachsignalen.[3439] Den kartellrechtlichen Zwangslizenzeinwand wies das Gericht jeweils wegen Lizenzunwilligkeit der Verletzer ab.[3440] Auch den ebenfalls geltendgemachten Unverhältnismäßigkeitseinwand sah es nicht als begründet an.[3441]

Die Ausführungen beider Entscheidungen zu § 139 Abs. 1 S. 3 PatG[3442] folgten nahezu inhaltsgleich der Argumentation aus dem Urteil *keepawake-message*, auf welches das Gericht auch ausdrücklich als ständige Kammerrechtsprechung verwies.[3443] Ergänzend wurde festgehalten, dass auch nichts anderes gelte, wenn sich aus der Nichtannahme einer Unverhältnismäßigkeit

---

[3435] LG München I, Urt. v. 05.08.2022 – 21 O 8890/21, GRUR-RS 2022, 34499 – *Tonhöhenschätzung*.
[3436] LG München I, Urt. v. 05.08.2022 – 21 O 11522/21, GRUR-RS 2022, 26267 – *Pitch-Lag-Schätzung*.
[3437] LG München I, Urt. v. 05.08.2022 – 21 O 8890/21, GRUR-RS 2022, 34499, Rn. 85-101 – *Tonhöhenschätzung*; LG München I, Urt. v. 05.08.2022 – 21 O 11522/21, GRUR-RS 2022, 26267, Rn. 84-100 – *Pitch-Lag-Schätzung*.
[3438] LG München I, Urt. v. 19.04.2023 – 21 O 1890/22, GRUR-RS 2023, 24247, Rn. 6-8, 20-24 – *Tonalitätsschätzung*.
[3439] LG München I, Urt. v. 19.04.2023 – 21 O 1910/22, GRUR-RS 2023, 18036, Rn. 10, 22-32 – *Rahmenlöschung*.
[3440] LG München I, Urt. v. 19.04.2023 – 21 O 1890/22, GRUR-RS 2023, 24247, Rn. 13, 129 – *Tonalitätsschätzung*; LG München I, Urt. v. 19.04.2023 – 21 O 1910/22, GRUR-RS 2023, 18036, Rn. 15, 159 – *Rahmenlöschung*.
[3441] LG München I, Urt. v. 19.04.2023 – 21 O 1890/22, GRUR-RS 2023, 24247, Rn. 107, 122 – *Tonalitätsschätzung*; LG München I, Urt. v. 19.04.2023 – 21 O 1910/22, GRUR-RS 2023, 18036, Rn. 15, 138 – *Rahmenlöschung*.
[3442] LG München I, Urt. v. 19.04.2023 – 21 O 1890/22, GRUR-RS 2023, 24247, Rn. 107-118 – *Tonalitätsschätzung*; LG München I, Urt. v. 19.04.2023 – 21 O 1910/22, GRUR-RS 2023, 18036, Rn. 138-148 – *Rahmenlöschung*.
[3443] LG München I, Urt. v. 19.04.2023 – 21 O 1890/22, GRUR-RS 2023, 24247, Rn. 113 – *Tonalitätsschätzung*; LG München I, Urt. v. 19.04.2023 – 21 O 1910/22, GRUR-RS 2023, 18036, Rn. 144 – *Rahmenlöschung*.

bei Lizenzunwilligkeit des Verletzers ergebe, dass dem Unverhältnismäßigkeitseinwand neben dem FRAND-Einwand kein Anwendungsbereich verbliebe, wenn keine weiteren die Unverhältnismäßigkeit begründenden Umstände hinzuträten.[3444]

III. Sorgfältige Abwägung im Gesamtkontext verletzerseitiger Verteidigungsmöglichkeiten

Das Ziel des Gesetzgebers, die Instanzgerichte zu einer häufigeren Betrachtung von Unverhältnismäßigkeitsgesichtspunkten beim patentrechtlichen Unterlassungsanspruch anzuregen,[3445] kann angesichts der dargestellten Entscheidungen durchaus als erreicht eingestuft werden. Daran ändert auch die Tatsache nichts, dass in keiner der Entscheidungen dem Unverhältnismäßigkeitseinwand stattgegeben wurde. Die Gerichte haben jeweils eine sorgfältige Abwägung der vorgetragenen Gesichtspunkte vorgenommen und diese in den Kontext der jeweiligen Umstände des Einzelfalls gesetzt. Dabei haben sie auch berücksichtigt, welche anderen Möglichkeiten, wie die patentrechtliche Zwangslizenz oder der kartellrechtliche Zwangslizenzeinwand bzw. eine FRAND-Lizenznahme dem Verletzer zur Verfügung gestanden hätten. Nicht selten scheiterte der Unverhältnismäßigkeitseinwand auch an fehlendem oder unsubstantiiertem Vortrag des Verletzers zu den oftmals nur pauschal vorgebrachten Härten für den Verletzer.[3446]

Insgesamt zeichnet sich eine relativ einheitliche Rechtsprechung der Instanzgerichte auch an den verschiedenen Patentgerichtsorten ab. Die Gerichte betonen den Ausnahmecharakter des Unverhältnismäßigkeitseinwands und verweisen unter Berufung auf die Gesetzesbegründung auf Kontinuitäten zum *Wärmetauscher*-Urteil und der Instanzrechtsprechung vor dem 2. PatMoG.[3447] Das bloße Vorliegen einer NPE-Eigenschaft auf Patentinhaberseite oder eines komplexen Produktes auf Verletzerseite kann die Gerichte für sich genommen zu Recht nicht von einer Unverhältnismäßigkeit überzeugen.[3448] Der fehlenden Lizenzbereitschaft des Verletzers wird großes Gewicht beigemessen.[3449] Eine abwendbare Härte, deren zumutbare Abwendung der Verletzer

---

[3444] LG München I, Urt. v. 19.04.2023 – 21 O 1890/22, GRUR-RS 2023, 24247, Rn. 116-117 – *Tonalitätsschätzung*.

[3445] BT-Drs. 19/25821, S. 52-53.

[3446] Z.B.: LG Düsseldorf, Urt. v. 30.06.2022 – 4b O 7/22, GRUR-RS 2022, 17713, Rn. 94 – *Schiebedach*; LG Mannheim, Urt. v. 05.07.2022 – 2 O 75/21, GRUR-RS 2022, 29741, Rn. 106 – *LTE-Mobilfunkstandard*.

[3447] Z.B.: LG Düsseldorf, Urt. v. 30.06.2022 – 4b O 7/22, GRUR-RS 2022, 17713, Rn. 86-87 – *Schiebedach*; LG Düsseldorf, Urt. v. 07.07.2022 – 4c O 18/21, GRUR-RS 2022, 26676, Rn. 40-42 – *Sofosbuvir*; LG München I, Urt. v. 05.08.2022 – 21 O 8879/21, GRUR-RS 2022, 34498, Rn. 82-84 – *keepawake-message*.

[3448] Z.B.: LG München I, Urt. v. 05.08.2022 – 21 O 8879/21, GRUR-RS 2022, 34498, Rn. 86-89 – *keepawake-message*.

[3449] Z.B.: LG München I, Urt. v. 05.08.2022 – 21 O 8879/21, GRUR-RS 2022, 34498, Rn. 90 – *keepawakemessage*.

unterlässt, stellt nach diesem zustimmungswürdigen Verständnis keine ungerechtfertigte Härte dar.

Auch der Einbezug von Drittinteressen erfolgt einheitlich und unter maßgeblichem Verweis auf ein notwendiges Bemühen um eine patentrechtliche Zwangslizenz nach § 24 PatG.[3450] Dabei stehen zum Teil Argumentationsstränge, die eine negative Sperrwirkung des § 24 PatG als Spezialgesetz zugrunde legen, neben solchen, die auf das unterlassene Bemühen um eine Zwangslizenzierung als Verhaltenskomponente abstellen.[3451] Nach hier vertretener Ansicht[3452] sollte aufgrund der gesetzgeberischen Entscheidung für ein Nebeneinander von patentrechtlicher Zwangslizenz und Unverhältnismäßigkeitseinwand von einer ein Ausschließlichkeitsverhältnis postulierenden Lex-specialis-Argumentation abgerückt werden. Die Annahme eines den § 139 Abs. 1 S. 3 PatG gänzlich sperrenden *lex specialis* würde bei Nichtvorliegen der Voraussetzungen des § 24 PatG ein Aufgreifen von Drittinteressen im Rahmen des Unverhältnismäßigkeitseinwands zur Vermeidung eines Unterlaufens der Voraussetzungen der patentrechtlichen Zwangslizenz verbieten,[3453] was auch die Instanzgerichte augenscheinlich nicht mehr annehmen, wenn sie nach einem erfolglosen Zwangslizenzverfahren, also wenn die Voraussetzungen des § 24 PatG offenbar nicht vorlagen, die Einräumung einer Aufbrauchfrist nach § 139 Abs. 1 S. 3 PatG subsidiär für möglich halten.[3454] In die gleiche Richtung deutet die Berücksichtigung der Interessen von nicht am konkreten Prozess beteiligten Dritten in der Entscheidung *Schiebedach*, in der ein Bemühen um eine patentrechtliche Zwangslizenz mangels öffentlichem Interesse aussichtslos gewesen wäre und das entscheidende Gericht folgerichtig ein solches Bemühen oder eine Vorrangigkeit von § 24 PatG nicht einmal anspricht.[3455] Dogmatisch trennschärfer wäre es also, § 24 PatG nicht mehr als Spezialgesetz zu bezeichnen, sondern dessen Wertungen und das Bemühen um den Eintritt seiner Rechtswirkungen, wenn diese erzielt werden können, in der Abwägung zum Unverhältnismäßigkeitseinwand zu berücksichtigen. Das Ergebnis bliebe jedenfalls das gleiche.

Die bisher zu § 139 Abs. 1 S. 3 PatG ergangene Rechtsprechung wendet den Unverhältnismäßigkeitseinwand und den kartellrechtlichen Zwangslizenzeinwand dem Grunde nach nebeneinander an.[3456] In der Abwägung zum Unverhältnismäßigkeitseinwand geht sie auf die Besonderheiten von SEP-Fällen mit Blick auf die oftmals vorliegende Komplexität von Produkten

---

[3450] LG Düsseldorf, Urt. v. 07.07.2022 – 4c O 18/21, GRUR-RS 2022, 26676, Rn. 42-45 – *Sofosbuvir*; LG München I, Urt. v. 17.05.2023 – 7 O 2693/22, GRUR-RS 2023, 29781, Rn. 110 – *Nachweis von Analyten I*.

[3451] LG Düsseldorf, Urt. v. 07.07.2022 – 4c O 18/21, GRUR-RS 2022, 26676, Rn. 42-59 – *Sofosbuvir*; *Picht/Contreras*, GRUR Int. 2023, 435, 448.

[3452] Dazu: 4. Teil Kap. E. V. 4. (S. 413 ff.).

[3453] Zumindest im Falle einer von den Gerichten beschriebenen negativen Spezialität. Zum Lex-specialis-Grundsatz als Konkurrenzregel im Einzelnen: 5. Teil Kap. A. II. 1. (S. 436 ff.).

[3454] LG Düsseldorf, Urt. v. 07.07.2022 – 4c O 18/21, GRUR-RS 2022, 26676, Rn. 42-45 – *Sofosbuvir*.

[3455] LG Düsseldorf, Urt. v. 30.06.2022 – 4b O 7/22, GRUR-RS 2022, 17713, Rn. 88 – *Schiebedach*.

[3456] *Plagge*, GRUR-Prax 2022, 437.

und die bestehende Lizenzierungsmöglichkeit nach kartellrechtlichen Gesichtspunkten ein. Gerade in Bezug auf eine Lizenzunwilligkeit des Verletzers wird auf den kartellrechtlichen Zwangslizenzeinwand und seine Voraussetzungen explizit verwiesen. Der Unverhältnismäßigkeitseinwand wird zudem bei Lizenzunwilligkeit bislang im Gleichlauf mit dem kartellrechtlichen Zwangslizenzeinwand abgelehnt.[3457]

Auch vor der Kodifizierung des Unverhältnismäßigkeitseinwands fand sich diese Mischung aus einem Nebeneinander und der gleichzeitig maßgeblichen Beeinflussung der Interessenabwägung durch die Vorgaben und das Ergebnis des kartellrechtlichen Zwangslizenzeinwandes.[3458] Der im Übrigen prägenden Entscheidung *Wärmetauscher* ließen sich mangels SEP-Eigenschaft des dort streitgegenständlichen Patents zwar keine Anhaltspunkte zur Rolle von Unverhältnismäßigkeitsgesichtspunkten speziell in SEP-Fällen entnehmen. Auch in der Gesetzesbegründung des 2. PatMoG zu § 139 Abs. 1 S. 3 PatG wurden SEP und die FRAND-Rechtsprechung nicht erwähnt.[3459] Die Fälle aus der Rechtsprechung vor und nach dem Inkrafttreten des 2. PatMoG zeigen aber, dass SEP-Fälle (vermeintliche) Härten erzeugen können, die sie immer wieder zum Gegenstand von Unverhältnismäßigkeitsabwägungen werden lassen.[3460]

Eine Uneinheitlichkeit der bisherigen Instanzrechtsprechung seit dem 2. PatMoG ergibt sich bei der dogmatischen Einordnung des § 139 Abs. 1 S. 3 PatG als von Amts wegen zu berücksichtigende Einwendung oder als zu erhebende Einrede: In der Entscheidung *Sprachsignalcodierer II* hielt die 7. Kammer des LG München I – ohne dass es in dem konkreten Fall darauf angekommen wäre – fest, dass der Unverhältnismäßigkeitseinwand nicht von Amts wegen zu berücksichtigen sei.[3461] In späteren Entscheidungen der Kammer[3462] und in allen anderen instanzgerichtlichen Urteilen fand die dogmatische Einordnung keine Erwähnung. Da der Unverhältnismäßigkeitseinwand jeweils von den Verletzern erhoben worden war, gab es dafür auch keinen Anlass. Lediglich das OLG Karlsruhe befasste sich – allerdings nur in einem Satz – ohne einen erhobenen Einwand mit dem Unverhältnismäßigkeitseinwand und deutete damit an, dass es diesen als Einwendung betrachtet.[3463] Nach hier vertretener Ansicht[3464] handelt es sich bei § 139 Abs. 1 S. 3 PatG um eine von Amts wegen zu berücksichtigende Einwendung, sodass die Gerichte Recht daran tun,

---

[3457] Hierzu und zum Vorstehenden siehe: 4. Teil Kap. F. II. (S. 424 ff.).

[3458] Siehe: 4. Teil Kap. B. III. 2. (S. 337 f.) und 4. Teil Kap. B. V. 2. e) (S. 347 f.).

[3459] *Vom Feld/Hozuri*, FS Rojahn (2021), 209, 219; *Picht/Contreras*, GRUR Int. 2023, 435, 441; *Stierle/Hofmann*, GRUR Int. 2022, 1123, 1136.

[3460] *McGuire*, GRUR 2021, 775, 779.

[3461] LG München I, Urt. v. 25.05.2022 – 7 O 14091/19, GRUR-RS 2022, 13480, Rn. 75 – *Sprachsignalcodierer II*; so auch vor dem 2. PatMoG die 21. Kammer: LG München I, Urt. v. 04.09.2020 – 21 O 8913/20, GRUR-RS 2020, 31319, Rn. 70 – *Herzklappenprotheseneinführsystem*.

[3462] LG München I, Urt. v. 17.05.2023 – 7 O 2693/22, GRUR-RS 2023, 29781 – *Nachweis von Analyten I*; LG München I, Urt. v. 17.05.2023 – 7 O 5812/22, GRUR-RS 2023, 29783 – *Nachweis von Analyten II*.

[3463] OLG Karlsruhe, Urt. v. 02.02.2022 – 6 U 149/20, GRUR-RS 2022, 9468, Rn. 206 – *Steuerkanalsignalisierung II*.

[3464] Dazu: 4. Teil Kap. D. II. 1. (S. 365 ff.).

unabhängig von einer ausdrücklichen Geltendmachung in die Gesamtabwägung des Unverhältnismäßigkeitseinwands einzusteigen. Auch dann sind sie aufgrund des Beibringungsgrundsatzes allerdings auf hinreichend substantiierten Sachvortrag der Parteien und insbesondere des darlegungs- und beweisbelasteten Verletzers angewiesen.[3465]

[3465] Siehe: 4. Teil Kap. D. II. 2. (S. 368 ff.) und 3. (S. 370 f.).

5. Teil: Der Unverhältnismäßigkeitseinwand des § 139 Abs. 1 S. 3 PatG in SEP-Fällen

SEP und die bei ihrer Durchsetzung durch einen marktbeherrschenden Patentinhaber potentiell bestehenden im 1. Teil dieser Arbeit beschriebenen Probleme wären mangels ausreichender patent- und prozessrechtsimmanenter Lösungen außerhalb von Unverhältnismäßigkeitserwägungen (2. Teil) ohne die Existenz der FRAND-Rechtsprechung zum kartellrechtlichen Zwangslizenzeinwand (3. Teil) prädestiniert für die Anwendung des im 4. Teil vorgestellten patentrechtlichen Unverhältnismäßigkeitseinwandes.[3466] Tatsächlich entstammen viele der Fälle, die den Ruf nach einer Kodifizierung eines Unverhältnismäßigkeitseinwandes – sei es zu Recht oder zu Unrecht – haben laut werden lassen, aus dem FRAND-Kosmos.[3467] Der Unverhältnismäßigkeitseinwand ist mit seiner einzelfallbezogenen Gesamtabwägung zum Ausgleich ungerechtfertigter Härten als „Sicherheitsventil"[3468] von seiner Grundstruktur her auch zur Eindämmung von Härten aus den bei SEP bestehenden Besonderheiten geeignet.

Allerdings hängt seine tatsächliche Bedeutung maßgeblich davon ab, wie der Unverhältnismäßigkeitseinwand in SEP-Fällen ausgelegt wird, also insbesondere welches Verhältnis des Unverhältnismäßigkeitseinwands zum kartellrechtlichen Zwangslizenzeinwand angenommen wird und was sich daraus für die Anwendung des § 139 Abs. 1 S. 3 PatG auf SEP-Fälle ergibt.[3469] Die Tatsache, dass auch vor dem 2. PatMoG eine Einschränkung des Unterlassungsanspruchs nach Unverhältnismäßigkeitsgesichtspunkten möglich war[3470] und dennoch die sich aus der Durchsetzung von SEP ergebenden Probleme aber bislang in erster Linie mit den Mitteln des Kartellrechts angegangen wurden, deutet daraufhin, dass auch der kodifizierte Unverhältnismäßigkeitseinwand in SEP-Fällen nicht völlig losgelöst vom kartellrechtlichen Zwangslizenzeinwand und dessen Wertungen steht.

A.   Verhältnis zum kartellrechtlichen Zwangslizenzeinwand

Zunächst ist ganz grundlegend das Verhältnis der beiden Einwände zueinander zu klären, insbesondere, ob der eine Einwand vom anderen womöglich verdrängt wird und damit in SEP-Fällen keinen eigenen oder nur einen eingeschränkten Anwendungsbereich hat. Eine solche Verdrängung könnte sich zum einen aus einem Vorrang höherrangigen Rechts ergeben, zum anderen

---

[3466] *Ohly*, GRUR 2021, 304, 307.
[3467] *McGuire*, GRUR 2021, 775, 779.
[3468] *Ohly*, GRUR 2021, 304, 309.
[3469] *Ohly/Stierle*, GRUR 2021, 1229, 1236; *Stierle*, Mitt. 2020, 486, 489.
[3470] Siehe: 4. Teil Kap. A. (S. 314 ff.) und B. (S. 331 ff.).

aus einer die Anwendung der allgemeineren Regelung sperrenden Spezialität. Nimmt man dem Grunde nach ein Nebeneinander an, so ist anschließend zu untersuchen, ob dieses in Form einer völlig voneinander unabhängigen Koexistenz besteht oder ob Wechselwirkungen anzunehmen sind.

I.   Normenhierarchie

Man könnte annehmen, der unabhängig von der genauen Herleitung über einen Dolo-agit-Einwand oder direkt über einen Kartellrechtsverstoß[3471] letztlich auf dem kartellrechtlichen Missbrauchsverbot gemäß Art. 102 AEUV bzw. §§ 19, 20 GWB[3472] fußende kartellrechtliche Zwangslizenzeinwand verdränge bei Anwendbarkeit des Unionskartellrechts[3473] den Unverhältnismäßigkeitseinwand des § 139 Abs. 1 S. 3 PatG aus Gründen der Normenhierarchie. Schließlich handelt es sich bei Art. 102 AEUV um EU-Primärrecht und bei § 139 Abs. 1 S. 3 PatG um einfaches nationales Recht.[3474] Treffen das Unionsrecht und mitgliedsstaatliches Recht aufeinander, so besteht ein Anwendungsvorrang des Unionsrechts, der zwar die Gültigkeit des mitgliedsstaatlichen Rechts nicht berührt, aber seine Unanwendbarkeit im Kollisionsfall determiniert.[3475]

Eine solche Betrachtung greift aber zu kurz: Der Unverhältnismäßigkeitseinwand basiert seinerseits auf dem auch unionsprimärrechtlich verbrieften Verhältnismäßigkeitsgrundsatz und dem Verbot des unverhältnismäßigen Eingriffs in unionsgrundrechtlich und damit auch auf Ebene des EU-Primärrechts geschützte Rechtspositionen.[3476] Der kartellrechtliche Zwangslizenzeinwand und der Unverhältnismäßigkeitseinwand stehen sich also hinsichtlich der Normenhierarchie gleichrangig auf der Ebene des EU-Primärrechts gegenüber.[3477] Daran ändert auch die formale Verkörperung eines unionsprimärrechtlich bestehenden Unverhältnismäßigkeitsverbots in einem mitgliedsstaatlichen Gesetz, durch welches dieser Grundsatz in die Anwendung des nationalen Rechts einfließen kann, nichts. Da zwischen dem unionsprimärrechtlichen Unverhältnismäßigkeitsverbot und dem im deutschen PatG kodifizierten Unverhältnismäßigkeitseinwand kein Konflikt, sondern ein Gleichlauf besteht, ist § 139 Abs. 1 S. 3 PatG als die konkretere Norm ein und desselben Gedankens unmittelbar anzuwenden.[3478] Ein Ausschluss des § 139 Abs. 1 S. 3 PatG aufgrund des Anwendungsvorrangs des Unionsrechts ist daher nicht anzunehmen.[3479]

[3471]   Siehe: 3. Teil Kap. A. I. 1. (S. 97 ff.).
[3472]   Siehe: 3. Teil Kap. A. I. 2. a) (S. 99 ff.).
[3473]   Siehe: 3. Teil Kap. A. I. 2. a) bb) (S. 101 f.).
[3474]   *Stierle/Hofmann*, GRUR Int. 2022, 1123, 1136; *Ohly/Stierle*, GRUR 2021, 1229, 1236.
[3475]   Calliess/Ruffert/*Ruffert*, Art. 1 AEUV Rn. 18.
[3476]   *Stierle/Hofmann*, GRUR Int. 2022, 1123, 1136; Siehe: 4. Teil Kap. A. I. 1. (S. 315 f.).
[3477]   *Stierle/Hofmann*, GRUR Int. 2022, 1123, 1136.
[3478]   *Reimer*, Juristische Methodenlehre, S. 102–103.
[3479]   *Picht/Contreras*, GRUR Int. 2023, 435, 441.

Eine gegenteilige Beurteilung würde auch zu dem völlig widersinnigen und sachlich nicht gerechtfertigten Ergebnis führen, dass es von der Zwischenstaatlichkeit des Sachverhalts als Anwendungsvoraussetzung für das Unionskartellrecht abhängen würde, wie das Verhältnis zwischen kartellrechtlichem Zwangslizenzeinwand und Unverhältnismäßigkeitseinwand zu beurteilen ist. Eine solche Aufspaltung kann zwar Folge des Anwendungsvorrangs des Unionsrechts sein, wenn unionsrechtliche Normen einen Sachverhalt bei Zwischenstaatlichkeit anders beurteilen als die nationale Entsprechung. Die kartellrechtlichen Vorgaben zum kartellrechtlichen Zwangslizenzeinwand lassen sich aber sowohl aus dem Missbrauchsverbot des Art. 102 AEUV als auch aus dem Missbrauchsverbot der §§ 19, 20 GWB gleichermaßen ableiten und werden in der Praxis zu Recht nicht unterschieden. Das 2. PatMoG hat daran nichts geändert. Ein unterschiedliches Verhältnis des Unverhältnismäßigkeitseinwands zu einem auf deutschem Kartellrecht beruhenden kartellrechtlichen Zwangslizenzeinwand und einem auf europäischem Kartellrecht beruhenden kartellrechtlichen Zwangslizenzeinwand ist nicht angezeigt. Das Verhältnis der beiden Einwände entscheidet sich vielmehr an der Frage der Spezialität – dazu sogleich – und nicht aufgrund einer Kollision mit Unionsrecht.

Auch bei mangels Zwischenstaatlichkeit auf nationaler Ebene anzusiedelnden Fällen sind die beiden Einwände als gleichrangig einzuordnen. Sowohl die §§ 19, 20 GWB als auch § 139 Abs. 1 S. 3 PatG stellen einfaches Bundesrecht dar. Auch hinsichtlich der diesen Normen zugrunde liegenden Interessen und Rechtsgüter auf nationaler Ebene besteht Gleichrangigkeit. Schließlich begegnen sich mit dem nach Art. 14 GG geschützten geistigen Eigentum sowie der Rechtsschutzgarantie aus Art. 19 Abs. 4, 20 Abs. 3 GG auf Patentinhaberseite und der nach Art. 12 GG verbrieften Berufsfreiheit des Patentnutzers sowie dem im Rechtsstaatsprinzip verankerten Verhältnismäßigkeitsgrundsatz gemäß Art. 20 Abs. 3, 19 Abs. 4 GG jeweils Verfassungsgüter.

II.   Spezialität oder Nebeneinander

Das Verhältnis zwischen dem Unverhältnismäßigkeitseinwand und dem kartellrechtlichen Zwangslizenzeinwand könnte aber von der Spezialität des einen Einwands gegenüber dem anderen geprägt sein. Bevor dies in beide Richtungen untersucht wird, bedarf es eines Blicks in die juristische Methodenlehre zur Konkurrenz von Rechtsnormen nach dem Lex-specialis-Grundsatz.

1.   Der Lex-specialis-Grundsatz als Konkurrenzregel

Treffen zwei sich überschneidende gleichrangige Regelungen aufeinander, so gilt die Regel des Vorrangs der spezielleren Norm vor der allgemeineren Regelung (*lex specialis derogat legi generali*).[3480] Die speziellere Norm verdrängt die allgemeinere Norm in dem Sinne, dass die allgemeinere Norm unangewendet bleibt, wenn – bei positiver Spezialität (auch: Subsidiarität) – die Voraussetzungen der spezielleren Norm vollständig erfüllt sind oder – bei negativer Spezialität (auch: Ausschließlichkeit) – der Regelungsbereich der spezielleren Norm eröffnet ist, unabhängig davon, ob die Voraussetzungen der Spezialnorm insgesamt erfüllt sind oder nicht.[3481] Die letztere Art der Spezialität, aus der sich eine Sperrwirkung des Spezialgesetzes im Falle seiner grundsätzlichen Anwendbarkeit ergibt,[3482] ist in den meisten Fällen gemeint, wenn im Zusammenhang mit Normenkonkurrenzen eine Norm als *lex specialis* bezeichnet wird. Von einer Spezialität im Sinne einer Verdrängung (alternative/konsumtive Konkurrenz) abzugrenzen ist ein Rangverhältnis im Sinne einer Prüfungsreihenfolge zweier nebeneinander anwendbarer Vorschriften (kumulative Konkurrenz).[3483] Dabei gilt, dass bei einem Nebeneinander zweier Normen die konkretere der allgemeineren in ihrer Anwendung vorgeht, die allgemeinere Norm aber unabhängig vom Ausgang ihrer Prüfung nicht verdrängt.[3484]

Spezialität kann in der Form einer sprachlich-logischen Spezialität vorliegen, bei der eine Norm alle Voraussetzungen einer weiteren Norm enthält, darüber hinaus aber eine oder mehrere weitere Voraussetzungen statuiert.[3485] Sie kann aber auch durch eine sachlich-inhaltliche Überschneidung in einer konkreten Anwendungssituation zweier Regelungen entstehen.[3486] In beiden Fällen kann eine Anwendung der allgemeineren Norm trotz Eröffnung des Regelungsbereichs einer mit Sperrwirkung versehenen Spezialvorschrift deren besondere Voraussetzungen tatsächlich oder potentiell unterlaufen.[3487] Grundlegende Prämisse dafür ist aber, dass die beiden Normen, deren Konkurrenz untersucht wird, überhaupt den gleichen Gegenstand haben und diesen in unvereinbarer Weise einer abweichenden Lösung zuführen.[3488]

Treffen zwei Regelungen aus unterschiedlichen Rechtsbereichen aufeinander, die unterschiedliche, aber nicht aus sich heraus unvereinbare Zwecke verfolgen, so ist grundsätzlich von einer parallelen Anwendbarkeit auszugehen, um den unterschiedlichen Regelungszielen der Rechtsgebiete gerecht zu werden und von einem Rechtsgebiet nicht oder nicht vollständig aufgegriffene für das andere Rechtsgebiet aber relevante Aspekte nicht außen vor zu lassen.[3489] Etwaigen Konflikten durch konfligierende Rechtsfolgen oder Wertungswidersprüche ist durch

---

[3480] *Engisch*, Einführung in das jur. Denken, S. 226; *Wienbracke*, Juristische Methodenlehre, Rn. 63-64; *Wank*, Juristische Methodenlehre, § 5 Rn. 172.

[3481] *Reimer*, Juristische Methodenlehre, S. 109-110; *Wank*, Juristische Methodenlehre, § 16 Rn. 177-178.

[3482] *Reimer*, Juristische Methodenlehre, S. 110.

[3483] *Wank*, Juristische Methodenlehre, § 5 Rn. 154.

[3484] *Reimer*, Juristische Methodenlehre, S. 109; *Zippelius*, Juristische Methodenlehre, S. 31.

[3485] *Reimer*, Juristische Methodenlehre, S. 108; *Wank*, Juristische Methodenlehre, § 5 Rn. 172; *Zippelius*, Juristische Methodenlehre, S. 31-32.

[3486] *Wienbracke*, Juristische Methodenlehre, Rn. 68; *Zippelius*, Juristische Methodenlehre, S. 32.

[3487] *Wienbracke*, Juristische Methodenlehre, Rn. 64.

[3488] *Reimer*, Juristische Methodenlehre, S. 108.

[3489] *Ders.*, Juristische Methodenlehre, S. 112.

eine harmonisierende Auslegung der Normen zu begegnen.[3490] Das Prinzip der Einheitlichkeit der Rechtsordnung gebietet es, bei Zusammentreffen mehrerer anwendbarer Rechtssätze ein wertungsmäßig einheitliches Gesamtergebnis zu erzielen.[3491]

2. Keine Spezialität des Unverhältnismäßigkeitseinwandes

Während in der noch recht jungen Diskussion um das Verhältnis des Unverhältnismäßigkeitseinwandes zum kartellrechtlichen Zwangslizenzeinwand hinsichtlich der Normenkonkurrenz in der Regel eine mögliche Spezialität des Kartellrechtseinwands untersucht wird,[3492] lohnt sich zunächst ein Blick aus der anderen Richtung, nämlich der des Patentrechts. Schließlich wurde, als der kartellrechtliche Zwangslizenzeinwand noch in den Kinderschuhen steckte, damals aus Sicht des Patentrechts genau andersherum untersucht, ob nicht der kartellrechtliche Zwangslizenzeinwand zum einen aufgrund der Annahme eines in sich geschlossenen, nicht den Wertungen des Kartellrechts zugänglichen Patentrechts oder zum anderen aufgrund einer mit Sperrwirkung versehenen negativen Spezialität der patentrechtlichen Zwangslizenz nach § 24 PatG im Patentverletzungsprozess unzulässig ist.[3493] Die Möglichkeit eines Einsatzes des kartellrechtlichen Zwangslizenzeinwands als Verteidigungsmittel im Patentverletzungsprozess wurde schließlich durch den BGH in zustimmungswürdiger Ablehnung einer Ausschließlichkeit der patentrechtlichen Regelungen bejaht.[3494]

An dieser Beurteilung hat sich durch die Kodifizierung des Unverhältnismäßigkeitseinwands in § 139 Abs. 1 S. 3 PatG auch nichts geändert. Dies wird – soweit ersichtlich – auch nicht vertreten. Vereinzelt wird zwar eine Art positive Spezialität des § 139 Abs. 1 S. 3 PatG angedeutet, nach der es erst auf den kartellrechtlichen Zwangslizenzeinwand ankäme, wenn die Voraussetzungen des Unverhältnismäßigkeitseinwands nicht erfüllt seien, da dieser als patentrechtsimmanente Schranke dem patentrechtsexternen Kartellrecht vorgehe.[3495] Jedoch wird dies in den Kontext der Erörterung einer Prüfungsreihenfolge gesetzt, im Übrigen ein Nebeneinander der beiden Einwände angenommen und zugleich – was bei Annahme einer dem Kartellrecht vorhergehenden Prüfung des Patentrechts allerdings widersprüchlich ist – der kartellrechtliche Zwangslizenzeinwand als spezieller bezeichnet.[3496] Eine wirkliche Spezialität des Unverhältnismäßigkeitseinwandes im Sinne des Lex-specialis-Grundsatzes scheint damit also nicht gemeint zu sein.

[3490] *Reimer*, Juristische Methodenlehre, S. 112-113; *Wank*, Juristische Methodenlehre, § 5 Rn. 193.

[3491] *Puppe*, Kleine Schule des jur. Denkens, S. 154–155; *Wank*, Juristische Methodenlehre, § 5 Rn. 185.

[3492] Bspw. bei: *Ohly*, GRUR 2021, 304, 307–308; *Picht/Contreras*, GRUR Int. 2023, 435, 441.

[3493] Siehe: 3. Teil Kap. A. I. 3. a) (S. 105 ff.) und d) (S. 109 ff.).

[3494] BGH, Urt. v. 13.07.2004 – KZR 40/02, GRUR 2004, 966, 967 – *Standard-Spundfass*; BGH, Urt. v. 06.05.2009 – KZR 39/06, GRUR 2009, 694, Rn. 22-28 – *Orange-Book-Standard*.

[3495] *Schacht*, GRUR 2021, 440, 442.

[3496] *Ders.*, GRUR 2021, 440, 442, 445.

Die Frage der Prüfungsreihenfolge bei Annahme eines Nebeneinanders der beiden Einwände wird indes separat zu klären sein.[3497]

Eine Sperrwirkung des § 139 Abs. 1 S. 3 PatG ist weder in der Form einer positiven noch einer negativen Spezialität anzunehmen. So ist er im Vergleich zum kartellrechtlichen Missbrauchsverbot schon die allgemeinere Norm und der kartellrechtliche Zwangslizenzeinwand in seinem Anwendungsbereich spezifischer zugeschnitten,[3498] ohne dass dies schon eine Entscheidung darüber darstellen muss, ob der kartellrechtliche Zwangslizenzeinwand nun methodisch gesehen spezieller im Sinne einer konsumtiven Konkurrenz oder konkreter im Sinne einer Prüfungsreihenfolge bei kumulativer Konkurrenz ist. Überdies ergibt sich kein allgemeiner Vorrang einer patentrechtlichen Norm gegenüber einer kartellrechtlichen,[3499] da beide Rechtsgebiete keine unvereinbaren Zwecksetzungen verfolgen, sondern sich, wie gezeigt, in der Wettbewerbs- und Innovationsförderung als komplementär darstellen.[3500]

3. Keine Spezialität des kartellrechtlichen Zwangslizenzeinwands

Als allgemeiner ausgestaltete Norm könnte der Unverhältnismäßigkeitseinwand aber von einem spezielleren kartellrechtlichen Zwangslizenzeinwand verdrängt werden. Dafür müsste der Kartellrechtseinwand als Ausdruck des kartellrechtlichen Missbrauchsverbots im Patentverletzungsprozess *lex specialis* zum Unverhältnismäßigkeitseinwand gemäß § 139 Abs. 1 S. 3 PatG sein, der das Verbot des unverhältnismäßigen Eingriffs in die Grundrechte des Verletzers und ggf. Dritter konkretisiert.

a) Eröffnung des Regelungsbereichs bei marktbeherrschender Stellung

Mindestvoraussetzung für eine Spezialität ist, dass die potentiell speziellere Norm überhaupt anwendbar ist, also ihr Regelungsbereich eröffnet ist. Während dies beim Unverhältnismäßigkeitseinwand als potentiell speziellerer Norm keiner Erörterung bedurfte, weil § 139 Abs. 1 S. 3 PatG hinsichtlich der Anwendbarkeit jedem entgegengehalten werden kann, der einen patentrechtlichen Unterlassungsanspruch geltend macht, und alles Weitere eine Frage der Erfüllung der Voraussetzungen des Unverhältnismäßigkeitseinwands und des hinreichenden Sachvortrags des Verletzers ist, muss beim kartellrechtlichen Zwangslizenzeinwand als potentiell speziellerer Norm zunächst der Regelungsbereich dieses Einwands bestimmt werden. Denn eine Inanspruchnahme durch den patentrechtlichen Unterlassungsanspruch ist nicht stets anhand der Kriterien des Kartellrechts zu bemessen.

[3497] Dazu: 5. Teil Kap. A. IV. (S. 455 f.).
[3498] *Ohly*, GRUR 2021, 304, 307–308; *Stierle/Hofmann*, GRUR Int. 2022, 1123, 1136.
[3499] *Stierle/Hofmann*, GRUR Int. 2022, 1123, 1136.
[3500] Siehe: 3. Teil Kap. A. I. 3. a) (S. 105 ff.).

Häufig wird als Konkurrenzbereich zwischen Unverhältnismäßigkeitseinwand und Kartellrechtseinwand auf das Vorhandensein eines SEP oder eines SEP mit FRAND-Erklärung abgestellt.[3501] Dies scheint der oft auf die in der Diskussion um die Kodifizierung des Unverhältnismäßigkeitseinwands gehandelten Fallgruppen einer möglichen Unverhältnismäßigkeit fokussierten Betrachtung zu entspringen, von denen eine der Fallgruppen eben SEP waren. Zudem korreliert das Vorliegen eines SEP häufig mit der Anwendbarkeit des kartellrechtlichen Zwangslizenzeinwands oder ist die Standardessentialität auch kausal für die Eröffnung des Anwendungsbereichs.[3502] Es würde daher zu weit gehen, aus der Besprechung von SEP bzw. SEP mit FRAND-Erklärung als möglichen Konkurrenzfall die Intention der jeweiligen Verfasser:innen abzuleiten, die Eigenschaft als SEP oder SEP mit FRAND-Erklärung als Voraussetzung für die Eröffnung des Regelungsbereichs des kartellrechtlichen Zwangslizenzeinwands abzuleiten.

Der Regelungsbereich des kartellrechtlichen Zwangslizenzeinwandes ist vielmehr dann eröffnet, wenn der Patentinhaber Normadressat des kartellrechtlichen Missbrauchsverbots ist, also wenn er eine marktbeherrschende Stellung im Sinne des Art. 102 AEUV bzw. §§ 19, 20 GWB innehat.[3503] Dies ist bei Standardessentialität eines Patents häufig, aber nicht zwangsläufig der Fall und kann andersherum aber auch bei einem standardfreien Patent vorliegen.[3504] Aus der Tatsache an sich, dass der kartellrechtliche Zwangslizenzeinwand eine marktbeherrschende Stellung verlangt und der Unverhältnismäßigkeitseinwand nicht, kann also jedenfalls noch nicht auf ein Nebeneinander der beiden Einwände geschlossen werden.[3505] Die Frage ist gerade, ob der kartellrechtliche Zwangslizenzeinwand im Falle seiner Anwendbarkeit, also bei Vorliegen der Grundvoraussetzung einer marktbeherrschenden Stellung, den Unverhältnismäßigkeitseinwand verdrängt.[3506]

Dies gilt nach hier vertretener Ansicht ebenfalls bei Abgabe einer FRAND-Erklärung, sofern diese nur eine kartellrechtliche Pflichtenstellung wiederholt,[3507] sodass es grundsätzlich ebenfalls einer marktbeherrschenden Stellung für den Eintritt der aus dem kartellrechtlichen Missbrauchsverbot abgeleiteten Pflichtenstellung bedarf. Nimmt man an, dass eine FRAND-Erklärung auch

---

[3501] *Ohly*, GRUR 2021, 304, 307; *Ohly/Stierle*, GRUR 2021, 1229, 1236; *Stierle/Hofmann*, GRUR Int. 2022, 1123, 1135; *Schacht*, GRUR 2021, 440, 444–445.

[3502] Siehe zur marktbeherrschenden Stellung bei SEP: 3. Teil Kap. A. III. 2. c) (S. 130 ff.).

[3503] Siehe: 3. Teil Kap. A. III. 2. (S. 126 ff.).

[3504] Siehe: 3. Teil Kap. A. III. 2. c) (S. 130 ff.) und 3. Teil Kap. E. (S. 308 f.).

[3505] So teilweise aber: *Ohly/Stierle*, GRUR 2021, 1229, 1236, deren Argumentation allerdings nicht auf diesen Aspekt beschränkt ist.

[3506] Daher zu Recht die Frage der Spezialität (hier bzgl. SEP mit FRAND-Erklärung) unter der Voraussetzung einer durch das SEP vermittelten Marktbeherrschung behandelnd: *Kühnen*, Hdb. Patentverletzung, Kap. D Rn. 587; ebenso: Samer/*Samer*, § 1 Rn. 106.

[3507] Dazu: 3. Teil Kap. A. III. 4. c) (S. 145 ff.).

ohne marktbeherrschende Stellung eine solche Pflichtenstellung auf vertragsrechtlicher Grundlage herbeiführen kann,[3508] so wäre das Bestehen einer solchen Verpflichtung als Eröffnung des Regelungsbereichs eines solchen vertraglichen FRAND-Einwands zu sehen.

Daraus ergibt sich ohne Weiteres, dass bei Nichtbestehen einer marktbeherrschenden Stellung oder einer vertraglichen FRAND-Verpflichtung eine Verdrängung des Unverhältnismäßigkeitseinwands durch den FRAND-Einwand mangels Eröffnung seines Regelungsbereichs schon gar nicht in Betracht kommt.[3509] Der Unverhältnismäßigkeitseinwand ist dann mangels Normenkonkurrenz selbstverständlich anwendbar.

Als Anwendungsfall für eine solche Konstellation wird die Situation einer sogenannten *over-declaration* genannt, also wenn ein Patent von einem Patentinhaber in einen De-iure-Standard unter Abgabe einer FRAND-Erklärung als standardessentiell eingebracht wird, sich aber herausstellt, dass es tatsächlich gar nicht standardessentiell ist.[3510] Es handelt sich dann also um ein für die Nutzung des Standards nicht benötigtes und mithin standardfreies Patent. Dieses erlangt auch nicht unbedingt nur durch die formale Aufnahme in den Standard eine marktbeherrschende Stellung aufgrund einer durch die schiere Verbreitung erwachsenen technischen oder wirtschaftlichen Überlegenheit. Einer Inanspruchnahme aus einem solchen keine marktbeherrschende Stellung vermittelnden Patent kann ein kartellrechtlicher Einwand und bei Nichtannahme einer vertraglichen FRAND-Verpflichtung auch kein vertragsrechtlicher FRAND-Einwand entgegengehalten werden.[3511] Der Unverhältnismäßigkeitseinwand steht dem Verletzer aber offen.[3512] Inwiefern das fälschlicherweise vorgenommene Einbringen des Patents in den Standard in der Abwägung des Unverhältnismäßigkeitseinwands eine Rolle spielt, ist eine separate Frage, auf die später noch zurückzukommen sein wird.[3513]

Ebenso verhält es sich in einem weiteren teilweise benannten Fall: Wird ein SEP mit FRAND-Erklärung veräußert, ohne dass der Patenterwerber selbst eine FRAND-Erklärung abgibt und nimmt man nicht an, dass die FRAND-Erklärung aufgrund einer gleichsam dinglichen Wirkung mit der Patentübertragung übergeht, sondern sich eine entsprechende FRAND-Verpflichtung des Erwerbers originär (nur) aus dem Kartellrecht ergibt, so bedarf es für das Entstehen dieser Pflichtenstellung mit dem Patenterwerb einer marktbeherrschenden Stellung in der Person des

---

[3508] Dazu: 3. Teil Kap. A. III. 4. b) (S. 141 ff.) und c) (S. 145 ff.).

[3509] In diese Richtung auch: *Picht/Contreras*, GRUR Int. 2023, 435, 442 (Anwendbarkeit des § 139 Abs. 1 S. 3 PatG „evident for settings which belong to the broader realm of FRAND but which do not actually subject the patentee to a (competition law-based) FRAND licensing obligation").

[3510] *Ohly*, GRUR 2021, 304, 308; *Ohly/Stierle*, GRUR 2021, 1229, 1236; *Stierle/Hofmann*, GRUR Int. 2022, 1123, 1136.

[3511] *Stierle/Hofmann*, GRUR Int. 2022, 1123, 1136; *Weideneder*, Der Unterlassungsanspruch nach § 139 Abs. 1 PatG, S. 218–219.

[3512] *Ohly*, GRUR 2021, 304, 308; *Ohly/Stierle*, GRUR 2021, 1229, 1236; *Picht/Contreras*, GRUR Int. 2023, 435, 442; *Stierle/Hofmann*, GRUR Int. 2022, 1123, 1136.

[3513] Siehe: 5. Teil Kap. A. III. 2. (S. 453 f.).

Erwerbers.[3514] Liegt diese nicht vor, kann ihm ein kartellrechtlicher Zwangslizenzeinwand nicht entgegengehalten werden und der Anwendung des § 139 Abs. 1 S. 3 PatG steht mangels Eröffnung des Regelungsbereichs des Kartellrechtseinwands von vorneherein nichts entgegen.[3515]

b)   Nebeneinander statt Sperrwirkung

Ist der Regelungsbereich des kartellrechtlichen Zwangslizenzeinwands durch das Vorliegen einer marktbeherrschenden Stellung des Patentinhabers hingegen eröffnet, so besteht eine Normenkonkurrenz zum patentrechtlichen Unverhältnismäßigkeitseinwand, deren Charakter als entweder konsumtive oder kumulative Konkurrenz es zu klären gilt.

aa)   Konsumtive Konkurrenz

Zum Teil wird eine negative Spezialität des kartellrechtlichen Zwangslizenzeinwands angenommen, sodass § 139 Abs. 1 S. 3 PatG bei Anwendbarkeit des Kartellrechtseinwands insoweit infolge einer konsumtiv verstandenen Konkurrenz als gesperrt angesehen wird.[3516] Sofern bereits Regelungen existent seien, die für eine bestimmte Fallkonstellation einen Interessenausgleich bereithalten, sei der Unverhältnismäßigkeitseinwand nicht anwendbar.[3517] Diejenigen Umstände, die eine solche Spezialvorschrift bereits reflektiere, könnten bei Nichtvorliegen der Voraussetzungen dieser Vorschrift nicht zur Begründung eines allgemeinen Unverhältnismäßigkeitseinwandes herangezogen werden.[3518] Dies sei im Bereich der FRAND-Rechtsprechung bei marktbeherrschender Stellung des Patentinhabers der Fall. Insbesondere die EuGH-Rechtsprechung aus *Huawei/ZTE* sei hier als ausgleichendes und ausdifferenziertes System von Verhaltensobliegenheiten zu berücksichtigen und regele eine etwaige Hinderung der Durchsetzbarkeit des Unterlassungsanspruchs insoweit abschließend.[3519]

[3514] Dazu: 3. Teil Kap. B. VII. (S. 271 ff.).

[3515] *Picht/Contreras*, GRUR Int. 2023, 435, 442; *Stierle/Hofmann*, GRUR Int. 2022, 1123, 1136; i.E. ebenso: *Ohly*, GRUR 2021, 304, 308; *Ohly/Stierle*, GRUR 2021, 1229, 1236.

[3516] *Kühnen*, Hdb. Patentverletzung, Kap. D Rn. 586-587 (allerdings unter Beschränkung der Reichweite der Spezialität und Eröffnung der Möglichkeit einer weitergehenden Gesamtabwägung); *McGuire*, GRUR 2021, 775, 779; Samer/*Samer*, § 1 Rn. 106; *Weideneder*, Der Unterlassungsanspruch nach § 139 Abs. 1 PatG, S. 218–219; In diesem Kontext teilweise genannt, aber den Kartellrechtseinwand als zusätzlichen und zugleich spezielleren, aber nachrangig zu prüfenden Einwand benennend: *Schacht*, GRUR 2021, 440, 442, 444–445.

[3517] *Kühnen*, Hdb. Patentverletzung, Kap. D Rn. 586; *McGuire*, GRUR 2021, 775, 779; *Weideneder*, Der Unterlassungsanspruch nach § 139 Abs. 1 PatG, S. 218–219.

[3518] *Kühnen*, Hdb. Patentverletzung, Kap. D Rn. 586.

[3519] *Kühnen*, Hdb. Patentverletzung, Kap. D Rn. 587; *McGuire*, GRUR 2021, 775, 779.

Allerdings wird von manchen Vertretern dieser Ansicht eine Einschränkung der Reichweite dieser Verdrängungswirkung angenommen, sodass eine Anwendung des Unverhältnismäßigkeitseinwands neben dem kartellrechtlichen Zwangslizenzeinwand möglich sei, wenn Umstände zusätzlich einzubeziehen seien, die vom kartellrechtlichen Zwangslizenzeinwand nicht adressiert würden, weil sich der zu beurteilende Sachverhalt nicht in Umständen erschöpfe, die vom in der FRAND-Rechtsprechung vorgegebenen Regelungsregime abgedeckt seien.[3520] Lediglich das identische Heranziehen desselben einen kartellrechtlichen Zwangslizenzeinwand nicht rechtfertigenden Sachverhalts, sei zur Begründung des Unverhältnismäßigkeitseinwands unzulässig.[3521] Indem die Bedeutung des FRAND-Regelungsregimes für die Gesamtabwägung erwogen wird,[3522] wird eine vollständige, alle Umstände einer möglichen Unverhältnismäßigkeit umfassenden Sperrung des diese Abwägung enthaltenden § 139 Abs. 1 S. 3 PatG bei Vorliegen einer marktbeherrschenden Stellung[3523] gerade nicht angenommen.

bb) Kumulative Konkurrenz

Andere gehen generell von einer kumulativen Konkurrenz und damit einer parallelen Anwendbarkeit des Unverhältnismäßigkeitseinwands neben dem kartellrechtlichen Zwangslizenzeinwand aus.[3524] So handhabt es auch die Instanzrechtsprechung sowohl vor[3525] als auch nach[3526]

[3520] *Kühnen*, Hdb. Patentverletzung, Kap. D Rn. 586; Dahingegen auch bei hinzutretenden Umständen wie z.B. Drittinteressen eine Sperrwirkung annehmend: *Weideneder*, Der Unterlassungsanspruch nach § 139 Abs. 1 PatG, S. 219.

[3521] *Kühnen*, Hdb. Patentverletzung, Kap. D Rn. 586.

[3522] *Ders.*, Hdb. Patentverletzung, Kap. D Rn. 587.

[3523] So aber: *Weideneder*, Der Unterlassungsanspruch nach § 139 Abs. 1 PatG, S. 219.

[3524] *Ohly*, GRUR 2021, 304, 307; *Ohly/Stierle*, GRUR 2021, 1229, 1236; *Picht*, GRUR 2019, 1097, 1101; *Picht/Contreras*, GRUR Int. 2023, 435, 441–442; *Pitz/Kawada/Schwab*, Patent Litigation in Germany, Japan and the US, Part 3 Rn. 19; *Plagge*, Der patentrechtliche Unterlassungsanspruch, S. 454–455; *Stierle/Hofmann*, GRUR Int. 2022, 1123, 1136; letztlich auch: *Schacht*, GRUR 2021, 440, 444–445; ein kumulatives Verständnis zeigt auch die EU-Kommission: Mitteilung der Kommission an das Europäische Parlament, den Rat und den Europäischen Wirtschafts- und Sozialausschuss vom 29.11.2017 über den Umgang der EU mit standardessenziellen Patenten, COM(2017) 712 final, S. 11-14.

[3525] LG Düsseldorf, Urt. v. 24.04.2012 – 4b O 273/10, GRUR-RS 2012, 9682 – *Zugriffsschwellenwert*; LG Mannheim, Urt. v. 18.08.2020 – 2 O 34/19, GRUR-RS 2020, 20358 – *Lizenz in Wertschöpfungskette*; LG München I, Urt. v. 20.12.2018 – 7 O 10495/17, BeckRS 2018, 33489 – *Niederspannungs-Hüllkurvenverfolger I*; LG München I, Urt. v. 10.09.2020 – 7 O 8818/19, GRUR-RS 2020, 22577 – *LTE-Standard*; LG München I, Urt. v. 30.09.2020 – 21 O 13026/19, juris – *Unterpixelwertinterpolation*; LG München I, Urt. v. 30.10.2020 – 21 O 11384/19, juris – *Lizenzverhandlung*.

[3526] OLG Karlsruhe, Urt. v. 02.02.2022 – 6 U 149/20, GRUR-RS 2022, 9468 – *Steuerkanalsignalisierung II*; LG Mannheim, Urt. v. 05.07.2022 – 2 O 75/21, GRUR-RS 2022, 29741 – *LTE-Mobilfunkstandard*; LG München I, Urt. v. 25.05.2022 – 7 O 14091/19, GRUR-RS 2022, 13480 – *Sprachsignalcodierer II*; LG München I, Urt. v. 05.08.2022 – 21 O 8879/21, GRUR-RS 2022, 34498 – *keepawakemessage*; LG München I, Urt. v. 05.08.2022 – 21 O 8890/21, GRUR-RS 2022, 34499 – *Tonhöhenschätzung*; LG München I, Urt. v. 05.08.2022 – 21 O 11522/21, GRUR-RS 2022, 26267 – *Pitch-Lag-*

dem Inkrafttreten des 2. PatMoG. Dem ist zuzustimmen. Der kartellrechtliche Zwangslizenzeinwand stellt im Verhältnis zu § 139 Abs. 1 S. 3 PatG kein *lex specialis* im Sinne der juristischen Methodenlehre dar.[3527] Nach deren oben erläuterten Regeln der Normenkonkurrenz zum Lex-specialis-Grundsatz[3528] droht die Anwendung des Unverhältnismäßigkeitseinwands auch gegenüber marktbeherrschenden Patentinhabern nicht per se die Voraussetzungen des kartellrechtlichen Zwangslizenzeinwands zu unterlaufen.[3529] Zwar ist dieser konkreter ausgestaltet als der Unverhältnismäßigkeitseinwand.[3530] Eine sprachlich-logische Spezialität ist mangels ausreichender Deckungsgleichheit der Tatbestandsvoraussetzungen aber nicht anzunehmen.[3531] Eine allenfalls anzunehmende sachlich-inhaltliche Überschneidung der beiden Einwände in Fällen marktbeherrschender Patentinhaber auf Anspruchsinhaberseite insbesondere bei SEP führt nicht zu einer miteinander unvereinbaren abweichenden Regelung desselben Gegenstands.[3532] Das Patent- und Kartellrecht stehen als hier aufeinandertreffende Rechtsbereiche nicht in einem Unvereinbarkeitsverhältnis zueinander. Eine Berücksichtigung von Wertungen des Kartellrechts zur Herstellung von Widerspruchsfreiheit zwischen den beiden Einwänden lässt sich durch Auslegung erreichen.[3533]

Im Einzelnen ergibt sich dieses auf dogmatischer Ebene also anzunehmende Nebeneinander der Einwände aus folgenden Erwägungen: Das kartellrechtliche Missbrauchsverbot und der Unverhältnismäßigkeitseinwand stellen zwar beide ausfüllungsbedürftige Generalklauseln dar,[3534] die Voraussetzungen des Kartellrechtseinwands sind aber andere als die des Unverhältnismäßigkeitseinwands.[3535] Je nach Lizenzierungsverhalten des Patentinhabers und je nach Art des Standards sind die Regelungsregime der Rechtsprechung aus *Huawei/ZTE*, *Orange-Book-Standard* bzw. *IMS Health* anzuwenden. Der Unverhältnismäßigkeitseinwand stellt hingegen auf eine im Rahmen einer umfassenden Gesamtabwägung aller Umstände des Einzelfalls zu ermittelnde nicht mehr durch das Ausschließlichkeitsrecht gerechtfertigte Härte für den Verletzer oder Dritte ab.

Damit enthält der kartellrechtliche Zwangslizenzeinwand nicht alle Voraussetzungen des Unverhältnismäßigkeitseinwands sowie zusätzlich eine oder mehrere weitere, welche bei Anwendung des Unverhältnismäßigkeitseinwands neben dem Kartellrechtseinwand unterlaufen werden

---

Schätzung; LG München I, Urt. v. 19.04.2023 – 21 O 1890/22, GRUR-RS 2023, 24247 – *Tonalitätsschätzung*; LG München I, Urt. v. 19.04.2023 – 21 O 1910/22, GRUR-RS 2023, 18036 – *Rahmenlöschung*.

[3527] *Ohly/Stierle*, GRUR 2021, 1229, 1236.
[3528] Siehe: 5. Teil Kap. A. II. 1. (S. 436 ff.).
[3529] *Stierle/Hofmann*, GRUR Int. 2022, 1123, 1136.
[3530] *Ohly*, GRUR 2021, 304, 307–308; *Stierle/Hofmann*, GRUR Int. 2022, 1123, 1136.
[3531] *Ohly*, GRUR 2021, 304, 307–308; *Picht/Contreras*, GRUR Int. 2023, 435, 441.
[3532] So auch: *Picht/Contreras*, GRUR Int. 2023, 435, 441–442.
[3533] *Ohly/Stierle*, GRUR 2021, 1229, 1236; *Stierle/Hofmann*, GRUR Int. 2022, 1123, 1136.
[3534] *Ohly*, GRUR 2021, 304, 307.
[3535] *Ohly/Stierle*, GRUR 2021, 1229, 1236; *Osterrieth*, GRUR 2018, 985, 994; *Plagge*, Der patentrechtliche Unterlassungsanspruch, S. 454; *Schacht*, GRUR 2021, 440, 444–445.

könnten, wodurch der Kartellrechtseinwand potentiell ohne eigenen Anwendungsbereich bliebe. Auch wenn man einen sachlich-inhaltlichen Überschneidungsbereich auf der Ebene der möglicherweise für beide Einwände maßgeblichen Umstände im Rahmen einer gewissen Schnittmenge annehmen kann, so ist dies eine Überschneidung hinsichtlich der bei beiden Regelungen ggf. einzubeziehenden Sachverhaltsumstände, nicht aber der jeweiligen Voraussetzungen auf der Normebene, also der Tatbestandsvoraussetzungen der beiden Einwände. Der kartellrechtliche Zwangslizenzeinwand „stellt genuin keine Verhältnismäßigkeitsprüfung dar"[3536] und deckt beim Unverhältnismäßigkeitseinwand zu berücksichtigende Faktoren nicht zwangsläufig mit ab.[3537] Ein Einwand der Unverhältnismäßigkeit, der eine solche Prüfung vornimmt, behandelt damit schon auf Tatbestandsebene nicht denselben Gegenstand wie der kartellrechtliche Zwangslizenzeinwand.

Diese Unterschiedlichkeit ergibt sich auch aus der Herleitung der beiden Einwände und schlägt sich in der ihnen zugrunde liegenden Zwecksetzung nieder.[3538] Der FRAND-Einwand ist kartellrechtlich (und bei Annahme einer vertragsrechtlichen Dimension der FRAND-Erklärung in dieser Fallgruppe auch vertraglich) begründet und leitet sich entweder direkt aus dem Kartellrechtsverstoß oder über einen Dolo-agit-Einwand in Verbindung mit dem Kartellrechtsverstoß her.[3539] Er ist Ausdruck eines kartellrechtlichen Lizenzierungsanspruchs in der Form eines Verteidigungsmittels im Patentverletzungsprozess. Der kartellrechtliche Zwangslizenzeinwand dient der Verhinderung von unzulässigen Wettbewerbsbeeinträchtigungen durch eine kartellrechtswidrige Durchsetzung des Unterlassungsanspruchs eines marktbeherrschenden Patentrechtsinhabers.[3540] Nicht jede Inanspruchnahme auf Unterlassung, die keine missbräuchliche Ausnutzung von Marktmacht darstellt, also kartellrechtskonform ist, ist aber automatisch auch verhältnismäßig.[3541]

Dem Unverhältnismäßigkeitseinwand liegt kein auch aktiv einklagbarer Lizenzierungsanspruch zugrunde, sondern er dient allein der Abwendung nicht funktionsadäquater Wirkungen des Unterlassungsanspruchs in Härtefällen.[3542] Er ist damit ein Instrument der reinen Ausübungskontrolle des Rechts des Patentinhabers zur Verhinderung von übermäßigen Einschränkungen von grundrechtlich verbürgten Rechtspositionen des Verletzers oder Dritter. Dass beide Einwände ein Durchsetzungshindernis des Unterlassungsanspruchs darstellen und in der Herleitung auf § 242 BGB zurückgeführt werden können, darf nicht darüber hinwegtäuschen, dass die jeweils der uneingeschränkten Ausübung des Patentrechts entgegenstehende Missbräuchlichkeit

---

[3536] *Osterrieth*, GRUR 2018, 985, 994.
[3537] *Picht/Contreras*, GRUR Int. 2023, 435, 441–442.
[3538] *Picht/Contreras*, GRUR Int. 2023, 435, 441; *Plagge*, Der patentrechtliche Unterlassungsanspruch, S. 454; *Stierle/Hofmann*, GRUR Int. 2022, 1123, 1136.
[3539] Siehe: 3. Teil Kap. A. I. 1. (S. 97 ff.).
[3540] Siehe: 3. Teil Kap. A. I. 2. a) (S. 99 ff.) und 3. Teil Kap. A. IV. (S. 148 ff.).
[3541] *Ohly/Stierle*, GRUR 2021, 1229, 1236.
[3542] *Picht/Contreras*, GRUR Int. 2023, 435, 441.

auch bei marktbeherrschenden Patentinhabern nicht deckungsgleich ist und die beiden Durchsetzungshindernisse durch die genannten unterschiedlichen Zwecksetzungen motiviert sind.

Dabei liegt kein Fall vor, bei dem angesichts des Aufeinandertreffens zweier Normen aus unterschiedlichen Rechtsgebieten mit voneinander abweichender Zwecksetzung eine aus sich heraus bestehende Unvereinbarkeit der beiden Regelungsziele vorliegt, aus dem eine abschließende Behandlung durch ein Rechtsgebiet geschlussfolgert werden könnte. Vielmehr verlangt eine rechtsgebietsübergreifende Betrachtung hier eine parallele Anwendbarkeit des Unverhältnismäßigkeitseinwands, um den unterschiedlichen dogmatischen Grundlagen und Regelungszielen der beiden Einwände gerecht werden zu können.[3543] Auch mit Blick auf unions- und verfassungsrechtliche Anforderungen der Berücksichtigung von Unverhältnismäßigkeitsgesichtspunkten durch die Judikative[3544] und der in einer Unverhältnismäßigkeitsabwägung zu berücksichtigenden Interessen[3545] ermöglicht ein Nebeneinander der beiden Einwände im Vergleich zu einer (teilweisen) Ausschlusswirkung des kartellrechtlichen Zwangslizenzeinwands eine ausdifferenziertere und damit grundrechtssensiblere Lösung.

Zudem führen die beiden Einwände auch nicht zu einer Unvereinbarkeit auf der Rechtsfolgenseite.[3546] Angesichts des unterschiedlichen Regelungszwecks haben die beiden Einwände zwar partiell voneinander abweichende Rechtsfolgen.[3547] Der kartellrechtliche Zwangslizenzeinwand schließt bei kartellrechtswidriger Patentrechtsdurchsetzung den Unterlassungsanspruch bis auf Weiteres und außerhalb einer Schadensersatzpflicht entschädigungslos aus und führt zu einer Klageabweisung als derzeit unbegründet,[3548] während der Unverhältnismäßigkeitseinwand im Regelfall nur eine Aufbrauch- oder Umstellungsfrist und nur im absoluten Ausnahmefall einen – dann aber endgültigen – Totalausschluss gewährt,[3549] zugleich aber einen Geldentschädigungsanspruch auslöst.[3550] Außerdem bleibt der Schadensersatzanspruch vom Unverhältnismäßigkeitseinwand unberührt, wohingegen ein begründeter kartellrechtlicher Zwangslizenzeinwand eben wegen des ihm zugrunde liegenden Lizenzierungsanspruchs zu einer Deckelung des Schadensersatzanspruchs auf eine FRAND-Lizenzgebühr nach der dann alleinig anzuwendenden Berechnungsmethode der Lizenzanalogie führt.[3551] Diese abweichenden Rechtsfolgen sind aber

---

[3543] *Picht/Contreras*, GRUR Int. 2023, 435, 441.

[3544] Siehe: 4. Teil Kap. A. I. (S. 315 ff.) und II. (S. 320 f.).

[3545] *Picht/Contreras*, GRUR Int. 2023, 435, 442.

[3546] *Dies.*, GRUR Int. 2023, 435, 442.

[3547] *Plagge*, Der patentrechtliche Unterlassungsanspruch, S. 454–455; *Stierle/Hofmann*, GRUR Int. 2022, 1123, 1136.

[3548] Siehe: 3. Teil Kap. A. II. 4. (S. 120).

[3549] Siehe: 4. Teil Kap. D. III. (S. 371 ff.).

[3550] Siehe: 4. Teil Kap. D. IV. (S. 374 ff.).

[3551] BGH, Urt. v. 05.05.2020 – KZR 36/17, GRUR 2020, 961, Rn. 111 – *FRAND-Einwand I*; OLG Düsseldorf, Urt. v. 30.03.2017 – 15 U 66/15, GRUR 2017, 1219, Rn. 238, 246 – *Mobiles Kommunikationssystem*; OLG Karlsruhe, Urt. v. 30.10.2019 – 6 U 183/16, GRUR 2020, 166, Rn. 138 – *Datenpaketverarbeitung*

zum einen einander gar nicht so unähnlich, schränken sie doch in erster Linie den patentrecht-lichen Unterlassungsanspruch – nach hier vertretener Ansicht jeweils in der Form einer rechts-hemmenden Einwendung[3552] – ein.[3553] Zum anderen sind die dennoch bestehenden Ab-weichungen gerade Ausdruck der voneinander abweichenden Anknüpfungspunkte und Regelungsziele der beiden Einwände und führen damit nicht ein und denselben Gegenstand einer Lösung zu, die mit der Lösung des anderen Einwands nicht in Einklang zu bringen wäre.

Ein solcher Einklang kann vielmehr erzielt werden: Greift der kartellrechtliche Zwangslizenz-einwand nicht durch, so werden sein Regelungsregime und seine Zwecksetzung bei Vorliegen einer Unverhältnismäßigkeit nach dem Maßstab des § 139 Abs. 1 S. 3 PatG[3554] nicht durch die im Vergleich zu einer Klageabweisung als derzeit unbegründet weniger eingriffsintensiven Gewähr einer Aufbrauch- oder Umstellungsfrist untergraben, welche zwar kartellrechtlich nicht vorgesehen, aber auch nicht insgesamt präjudiziert ist und unter Umständen aus Unverhältnis-mäßigkeitsgründen geboten sein kann.[3555] Greift der kartellrechtliche Zwangslizenzeinwand hin-gegen durch, sodass die Klage des Patentinhabers ohnehin als derzeit unbegründet abgewiesen wird, so könnte man annehmen, dass die Regelfolge des Unverhältnismäßigkeitseinwands, also eine Aufbrauch- oder Umstellungsfrist, in diesem Falle sinnlos und damit mit der Rechtsfolge des Kartellrechtseinwands in dieser Fallkonstellation unvereinbar ist, weil eine Aufbrauch- oder Umstellungsfrist nur neben einer Verurteilung im Übrigen ihren Zweck entfalten kann. Wie noch zu zeigen sein wird,[3556] löst sich dieser vermeintliche Widerspruch schon auf der Tatbestands-ebene des Unverhältnismäßigkeitseinwands auf,[3557] sodass es zu dieser Konstellation gar nicht kommen kann und auch insofern keine unvereinbaren oder angleichungsbedürftigen Rechts-folgen bestehen.

III.   Wertungsparallelität im Nebeneinander

Während der kartellrechtliche Zwangslizenzeinwand und § 139 Abs. 1 S. 3 PatG dogmatisch gesehen also nebeneinander stehen, schließt dies eine wechselseitige Beeinflussung der Ausle-gung der jeweiligen Einwände nicht aus. Eine solche kann vielmehr geboten sein. Angesichts des durch die FRAND-Rechtsprechung etablierten und konkretisierten „ausgeklügelte[n] System[s]

[3552] Siehe: 3. Teil Kap. A. II. 1. (S. 117 f.) und 3. (S. 119), sowie: 4. Teil Kap. D. I. (S. 358 ff.) und II. (S. 364 ff.).

[3553] *Stierle/Hofmann*, GRUR Int. 2022, 1123, 1135–1136.

[3554] Inwiefern das Vorliegen der Unverhältnismäßigkeit durch kartellrechtliche Wertungen beeinflusst wird, wenn der Patentinhaber Normadressat des kartellrechtlichen Missbrauchsverbots ist, sogleich: 5. Teil Kap. A. III. 1. (S. 448 ff.).

[3555] *Picht/Contreras*, GRUR Int. 2023, 435, 441–442; *Stierle/Hofmann*, GRUR Int. 2022, 1123, 1136.

[3556] Siehe: 5. Teil Kap. B. I. (S. 456 ff.).

[3557] *Picht/Contreras*, GRUR Int. 2023, 435, 442; *Stierle/Hofmann*, GRUR Int. 2022, 1123, 1136.

wechselseitiger Pflichten"[3558] beim kartellrechtlichen Zwangslizenzeinwand kommt dabei eine Übertragung der Wertungen dieses FRAND-basierten Ausgleichsprozederes auf den allgemeiner ausgestalteten Unverhältnismäßigkeitseinwand in Betracht. Voraussetzung für die Berücksichtigung kartellrechtlicher Wertungen in der Gesamtabwägung unter Unverhältnismäßigkeitsgesichtspunkten ist aber, dass der Regelungsbereich des kartellrechtlichen Zwangslizenzeinwands eröffnet ist, der Patentinhaber also überhaupt Normadressat des kartellrechtlichen Missbrauchsverbots ist.

1. Wertungsparallelität bei eröffnetem Regelungsbereich der FRAND-Rechtsprechung

Ist der Regelungsbereich, auf den sich die FRAND-Rechtsprechung bezieht, eröffnet, also hat der Patentinhaber eine marktbeherrschende Stellung inne, so sind diejenigen Umstände, die im Rahmen des kartellrechtlichen Zwangslizenzeinwands einer Wertung unterzogen werden, im Rahmen des Unverhältnismäßigkeitseinwands nicht anders zu werten.[3559] Soweit die FRAND-Rechtsprechung Wertungen trifft – was hinsichtlich der Kriterien zur Bestimmung der Unverhältnismäßigkeit noch genauer zu untersuchen sein wird[3560] – ergibt sich dies aus dem Gebot der Einheitlichkeit der Rechtsordnung und der Vermeidung von Wertungswidersprüchen. Das Anliegen der Vertreter einer Spezialität des kartellrechtlichen Zwangslizenzeinwands, dass bereits von der FRAND-Rechtsprechung reflektierte Umstände nicht unter dem Deckmantel der Unverhältnismäßigkeit zu einem Anspruchsausschluss führen dürfen,[3561] ist richtig. Eine einzelfallbezogene Abwägung aller Sachverhaltsumstände kann nicht ignorieren, wenn der zu beurteilende Sachverhalt auch und vor allem durch kartellrechtliche Pflichten geprägt ist.[3562] Die Existenz einer kartellrechtlich indizierten Lizenzierungsmöglichkeit für den Verletzer ist ein maßgebliches Charakteristikum von FRAND-Konstellationen.[3563] Gleichzeitig müssen hinzutretende und nicht vom Kartellrecht evaluierte Aspekte ebenfalls Eingang in die Abwägung unter Unverhältnismäßigkeitsgesichtspunkten finden können.[3564]

Die in § 139 Abs. 1 S. 3 PatG vorzunehmende Gesamtabwägung ist für eine solche Berücksichtigung kartellrechtlicher Wertungen auch offen.[3565] Während eine diese Gesamtabwägung

---

[3558] *Kühnen*, Hdb. Patentverletzung, Kap. D Rn. 587.

[3559] *Ohly*, GRUR 2021, 304, 307; *Stierle/Hofmann*, GRUR Int. 2022, 1123, 1136.

[3560] Siehe: 5. Teil Kap. B. II. 2. (S. 460 ff.).

[3561] *Kühnen*, Hdb. Patentverletzung, Kap. D Rn. 586-587.

[3562] *Ohly/Stierle*, GRUR 2021, 1229, 1236; *Stierle/Hofmann*, GRUR Int. 2022, 1123, 1136; so auch: *Kühnen*, Hdb. Patentverletzung, Kap. D Rn. 587.

[3563] *Picht*, GRUR 2019, 1097, 1102.

[3564] *Ohly/Stierle*, GRUR 2021, 1229, 1236; *Picht/Contreras*, GRUR Int. 2023, 435, 441; *Stierle/Hofmann*, GRUR Int. 2022, 1123, 1136; so auch: *Kühnen*, Hdb. Patentverletzung, Kap. D Rn. 586.

[3565] *Ohly*, GRUR 2021, 304, 307.

ausschließende Spezialität des Kartellrechts schon methodisch nicht in Betracht kommt, besteht dafür aufgrund dieser Aufnahmefähigkeit des Unverhältnismäßigkeitseinwands hinsichtlich der Wertungen des kartellrechtlichen Missbrauchsverbots auch vom Ergebnis her kein Bedürfnis. Was im Rahmen der FRAND-Rechtsprechung zulasten oder zugunsten einer der Parteien gewertet wird, ist im Zuge von Unverhältnismäßigkeitserwägungen nicht anders zu beurteilen.[3566] Zwischen dem kartellrechtlichen Zwangslizenzeinwand und dem Unverhältnismäßigkeitseinwand ist insofern eine Wertungsparallelität anzunehmen.[3567] Der Unverhältnismäßigkeitseinwand ist im Lichte der FRAND-Rechtsprechung auszulegen.

Nicht nur der Unverhältnismäßigkeitseinwand als wertungsaufnehmende Norm, sondern auch die FRAND-Rechtsprechung als wertungsvorgebende Regelung ist für eine solche Auslegung des Unverhältnismäßigkeitseinwands geeignet. Der im Rahmen des kartellrechtlichen Zwangslizenzeinwands vorgenommene Ausgleich zwischen den Interessen des Patentinhabers und den Funktionen des Patentschutzes auf der einen Seite und den Zugangs- und Nutzungsinteressen des Patentnutzers sowie dem Allgemeininteresse am Schutz eines freien Leistungswettbewerbs auf der anderen Seite ist auch für den Unverhältnismäßigkeitseinwand valide.[3568] Die Konkretisierung, die dieser Ausgleich durch die Rechtsprechung insbesondere in *Huawei/ZTE* und *Orange-Book-Standard* erfahren hat, stellt eine Prozeduralisierung des erforderlichen Verhaltens treugemäß handelnder Parteien durch die Statuierung wechselseitiger Verhandlungsobliegenheiten dar.[3569] Das Verständnis von FRAND als Konzept eines ausgleichenden Prozesses basiert auf dem Abbau von Machtgefällen und Informationsasymmetrien in der Verhandlungssituation[3570] durch beiderseitige Mitwirkungspflichten,[3571] die Beachtung von Branchenüblichkeiten[3572] und der Herstellung von Transparenz.[3573] In der Erfüllung der Verhandlungsobliegenheiten spiegelt sich die für einen wirksamen Interessenausgleich nach dem Verständnis der

---

[3566] *Ohly*, GRUR 2021, 304, 307; *Ohly/Stierle*, GRUR 2021, 1229, 1236; *Plagge*, Der patentrechtliche Unterlassungsanspruch, S. 455.

[3567] *Stierle/Hofmann*, GRUR Int. 2022, 1123, 1136.

[3568] *Ohly*, GRUR 2021, 304, 307; *Stierle/Hofmann*, GRUR Int. 2022, 1123, 1136; a.A. wohl: *Schacht*, GRUR 2021, 440, 444–445.

[3569] England and Wales High Court, Urt. v. 05.04.2017 – [2017] EWHC 711 (Pat), Rn. 162; Erdmann/Rojahn/*Mager/Heyers*, Kap. 6 Rn. 1860; *Ohly/Stierle*, GRUR 2021, 1229, 1236; BeckOK PatR/*Wilhelmi*, § 24 PatG Rn. 113.

[3570] *Ehlenz*, NZKart 2020, 470, 471; *Heim/Nikolic*, JIPITEC 10 (2019), 38, 55.

[3571] BGH, Urt. v. 05.05.2020 – KZR 36/17, GRUR 2020, 961, Rn. 81 – *FRAND-Einwand I*; LG Düsseldorf, Urt. v. 21.12.2021 – 4c O 42/20, GRUR-RS 2021, 50360, Rn. 153 – *Bildrekonstruierung*.

[3572] LG Düsseldorf, Urt. v. 21.12.2021 – 4c O 42/20, GRUR-RS 2021, 50360, Rn. 228 – *Bildrekonstruierung*; *Heim/Nikolic*, JIPITEC 10 (2019), 38, 55.

[3573] OLG Düsseldorf, Beschl. v. 25.04.2018 – 2 W 8/18, BeckRS 2018, 7036, Rn. 19 – *Akteneinsicht im FRAND-Verfahren*; *Arya*, GRUR Int. 2020, 365, 379; Haedicke/Timmann/*Bukow*, § 13 Rn. 381.

FRAND-Rechtsprechung notwendige Lizenzbereitschaft von Patentverletzer und Patentinhaber.[3574] Die FRAND-Rechtsprechung prägt damit insbesondere Verhaltensanforderungen an die Parteien.[3575] Das Verletzer- und Verletztenverhalten ist vor dem Hintergrund, dass eine in zumutbarer Weise abwendbare Härte keine ungerechtfertigte Härte im Sinne des Unverhältnismäßigkeitseinwands darstellt,[3576] auch für die Auslegung des § 139 Abs. 1 S. 3 PatG mitunter von maßgeblicher Relevanz.[3577]

Dass sich die Auflösung eines durch eine Disparität in der Machtstellung bedingten Hold-up-Potentials des Inhabers einer rechtlichen oder tatsächlichen Machtposition durch einen Zugang zu FRAND-Bedingungen in geeigneter Weise auch über das für den kartellrechtlichen Zwangslizenzeinwand maßgebliche Aufeinandertreffen von Patent- und Kartellrecht hinaus bewerkstelligen lässt, hat der (europäische) Gesetzgeber bereits in zahlreichen Normierungen erkannt.[3578] So müssen digitale Plattformen, die eine sogenannte Gatekeeper-Funktion einnehmen, Drittunternehmen, die Online-Suchmaschinen anbieten, etwa Zugang zu Ranking-, Anfrage-, Klick- und Ansichtsdaten zu FRAND-Bedingungen ermöglichen.[3579] Gleiches soll für die Bereitstellung von Nutzungsdaten durch einen zur Datenherausgabe gegenüber einem Dritten verpflichteten Dateninhaber gelten.[3580] Auch für Verpflichtungszusagen über den Zugang oder die Ko-Investition in Telekommunikationsnetze von Unternehmen mit beträchtlicher Marktmacht im Sinne des TKG sieht § 18 Abs. 2, 3 Nr. 2a TKG FRAND-Anforderungen vor.[3581] Eine FRAND-Lizenzierung kann auch Teil einer Verpflichtungszusage oder einer durch die EU-Kommission aufzuerlegenden Abhilfemaßnahme zum Ausgleich einer wettbewerbsverzerrenden Wirkung einer aus einem Drittstaat stammenden Subvention sein.[3582] Weitere FRAND-basierte oder FRAND-ähnliche Regelungssysteme finden sich beispielsweise im Bereich von Zugriffsmöglich-

---

[3574] BGH, Urt. v. 24.11.2020 – KZR 35/17, GRUR 2021, 585, Rn. 59 – *FRAND-Einwand II*; OLG Karlsruhe, Urt. v. 02.02.2022 – 6 U 149/20, GRUR-RS 2022, 9468, Rn. 148-149 – *Steuerkanalsignalisierung II*; *Habich*, WuW 2021, 282, 284; Schulte/*Rinken*, § 24 PatG Rn. 110.

[3575] LG Mannheim, Urt. v. 04.03.2016 – 7 O 96/14, GRUR-RS 2016, 6527, Rn. 65; *Habich*, WuW 2021, 282; *Leistner/Kleeberger*, GRUR 2020, 1241, 1242; *P. Tochtermann*, GRUR 2022, 1121.

[3576] Siehe: 4. Teil Kap. E. IV. 1. (S. 398 ff.).

[3577] *Kühnen*, Hdb. Patentverletzung, Kap. D Rn. 587; *Plagge*, Der patentrechtliche Unterlassungsanspruch, S. 455–456.

[3578] *Heim/Nikolic*, JIPITEC 10 (2019), 38, 45, 52, 55; *Matos/Torres-Sarmiento*, GRUR Int. 2022, 516, 524–527; *Picht/H. Richter*, GRUR Int. 2022, 395, 397–398; *H. Richter/Slowinski*, IIC 2019, 4.

[3579] Siehe Art. 6 Abs. 11, 12 Digital Markets Act. Dazu: *Hacker*, GRUR 2022, 1278, 1280, 1283; *Herbers*, RDi 2022, 252, 256–257; *Kraul/Schmidt*, CCZ 2023, 177, 185–186; *Podszun/Bongartz/Kirk*, NJW 2022, 3249, 3252; *Schweitzer*, ZEuP 2021, 503, 511.

[3580] Siehe Art. 8 Abs. 1 Data Act. Dazu: *Bomhard/Merkle*, RDi 2022, 168, 171; *Habich*, IIC 2022, 1343, 1348, 1352; *Hartmann/McGuire/Schulte-Nölke*, RDi 2023, 49, 52; *Hennemann/Steinrötter*, NJW 2022, 1481, 1484–1485; *Staudenmayer*, EuZW 2022, 1037, 1041.

[3581] *Louven*, N&R 2020, 265, 268; Säcker/Körber/*Offenbächer*, § 18 TKG Rn. 42-44, 62.

[3582] Siehe Art. 7 Abs. 4 d) Drittstaatensubventionsverordnung. Dazu: *Weiß*, EuZW 2022, 507, 511; *Zöttl/P. Werner*, NZKart 2022, 475, 485–486.

keiten auf Reparatur- und Instandhaltungsinformationen im Rahmen der Regulierung der Typengenehmigung von Kraftfahrzeugen[3583] sowie in zahlreichen anderen Bereichen, in denen bestimmte Nutzungsformen und wirtschaftliche Tätigkeiten davon abhängig sind, von aufgrund von rechtlichen oder tatsächlichen Begebenheiten monopolisierten Inhalten oder Zugangsmöglichkeiten Gebrauch machen zu können.[3584]

Aus diesem Aufgreifen des FRAND-Konzepts in verschiedenen Regelungsbereichen, die alle auf den Ausgleich von Exklusivitäts- und Zugangsinteressen gerichtet sind, lässt sich schließen, dass der Gesetzgeber die Wertungen des FRAND-Konzepts als für solche Situationen grundsätzlich geeignet und sinnvoll ansieht.[3585] Auch dieser Blick über den Tellerrand des Aufeinandertreffens von Patent- und Kartellrecht bestätigt daher die Annahme einer Übertragbarkeit von FRAND-Wertungen auf außerhalb des spezifischen Patentkartellrechts des kartellrechtlichen Zwangslizenzeinwands liegende Regelungen, mithin auch auf den im Rahmen des Unverhältnismäßigkeitseinwands vorzunehmenden Interessenausgleich.

Eine solche aufgrund der vorstehenden Erwägungen gebotene Auslegung des § 139 Abs. 1 S. 3 PatG im Lichte der FRAND-Rechtsprechung wird in aller Regel zum gleichen Ergebnis kommen wie die Ansicht, die den kartellrechtlichen Zwangslizenzeinwand als *lex specialis* mit eingeschränkter Reichweite der Verdrängungswirkung annimmt.[3586] Dennoch wird mit dieser Auslegung nicht vom grundlegendenden Nebeneinander der beiden Einwände abgewichen. Erfasst man den Unverhältnismäßigkeitseinwand bildlich gesprochen als Waage, auf der die verschiedenen Interessen zu platzieren und zu gewichten sind, so würde eine Annahme einer negativen Spezialität des Kartellrechtseinwands auch bei eingeschränkter Reichweite der Verdrängungswirkung bedeuten, im Rahmen dieser Reichweite, die Waage des Unverhältnismäßigkeitseinwands erst gar nicht zur Hand nehmen zu dürfen. Ein Nebeneinander unter Annahme einer zwischen den Einwänden bestehenden Wertungsparallelität bedeutet, die Waage aufzustellen, aber bestimmte Gewichte bereits voreingestellt zu haben, um dann weitere Umstände des Einzelfalls auf beiden Seiten der Waage ergänzen zu können.

[3583] Dazu: *Kerber/Gill*, JIPITEC 10 (2019), 244; *Picht*, IIC 2020, 940, 961–963.

[3584] Zu diesen Regelungen aus Bereichen wie dem Teilen von Forschungsergebnissen, der Konnektivität und Interoperabilität von elektronischen Telekommunikationsnetzwerken, dem Betrieb von Zahlungsdiensten, den Diensten von Ratingagenturen sowie bestimmten Instrumenten zur Bewertung von Finanzinstrumenten oder Investmentfonds: *Heim/Nikolic*, JIPITEC 10 (2019), 38, 46–53; Zum FRANDT-Prinzip bei Clearingdienstleistungen im Wertpapierhandel: BeckOK Wertpapierhandelsrecht/*Hörauf*, Art. 36 VO (EU) 648/2012 Rn. 1-3 (Das zusätzliche 'T' bei 'FRANDT' steht für Transparenz und bezieht sich auf umfangreiche Veröffentlichungspflichten.); Die Einführung eines FRAND-basierten Lizenzierungssystems für Arzneimittelrabattverträge im Bereich von sogenannten Second Medical Use Patenten vorschlagend: *Leistner/Perino*, PharmR 2020, 743; *Perino*, Second medical use Patente, S. 430-432, 462-463.

[3585] *Heim/Nikolic*, JIPITEC 10 (2019), 38, 45, 55.

[3586] *Ohly/Stierle*, GRUR 2021, 1229, 1236; *Picht/Contreras*, GRUR Int. 2023, 435, 442.

Dieses Bild verdeutlicht auch die Problematik, die eine Spezialität mit eingeschränkter Reichweite hervorbringt: Will diese Ansicht noch nicht von der FRAND-Rechtsprechung berücksichtigte Aspekte in die Abwägung einbeziehen, muss sie die Waage aufstellen und dann aber auch die von der FRAND-Rechtsprechung bereits reflektierten Gesichtspunkte mitabwägen, für die sie die Abwägung unter Unverhältnismäßigkeitsgesichtspunkten aber eigentlich als vom kartellrechtlichen Zwangslizenzeinwand verdrängt ansieht. Methodisch stringenter ist es, von vorneherein diese Umstände als im Rahmen des Unverhältnismäßigkeitseinwands berücksichtigungsfähig anzusehen und den Wertungen des kartellrechtlichen Zwangslizenzeinwands durch eine entsprechende Auslegung des parallel anwendbaren Unverhältnismäßigkeitseinwands gerecht zu werden.

Die Annahme einer Spezialität würde schließlich zu problematischen Abgrenzungsproblemen führen, welche Umstände einer Abwägung im Rahmen des Unverhältnismäßigkeitseinwands noch offenstehen und welche nicht. Zwar ist auch bei einem Nebeneinander mit Wertungsparallelität zu eruieren, inwieweit diese Wertungsparallelität besteht.[3587] Ein Nebeneinander ermöglicht im Rahmen der dann für alle Umstände offenen Gesamtabwägung aber einen fließenderen Übergang von solchen Umständen, die von der FRAND-Rechtsprechung bereits vollumfänglich erfasst sind, über Umstände, die möglicherweise von der FRAND-Rechtsprechung berührt, aber nicht zwingend abschließend bewertet sind, zu vom Kartellrecht überhaupt nicht berücksichtigten Aspekten. Dies ermöglicht eine nuanciertere Gewichtung im Rahmen der Gesamtabwägung als bei einer Alles-oder-nichts-Entscheidung bei Annahme von Spezialität bezüglich bestimmter Faktoren.[3588]

Die Notwendigkeit, aber auch Möglichkeit der Auslegung des Unverhältnismäßigkeitseinwands im Lichte der FRAND-Rechtsprechung ist neben den erörterten und dieses Ergebnis bereits für sich tragenden dogmatischen Gründen[3589] daher ein weiteres Argument für die Annahme eines Nebeneinanders der beiden Einwände. Sie zeigt auch, dass jedenfalls eine vollumfängliche negative Spezialität ohne Einschränkung der Reichweite der Verdrängungswirkung zu abzulehnenden Ergebnissen führt. Dieser Ansicht nach wäre innerhalb des Regelungsbereichs des kartellrechtlichen Zwangslizenzeinwands der Unverhältnismäßigkeitseinwand auch hinsichtlich der Berücksichtigung von nicht von der FRAND-Rechtsprechung reflektierten Umständen, wie z.B. Drittinteressen, gesperrt.[3590] Begründet wird dies mit der Sorge, ein Verletzer könne sich seiner Sache mit Blick auf den Unverhältnismäßigkeitseinwand begründender Drittinteressen derart sicher sein, dass er sämtliche Anforderungen der FRAND-Rechtsprechung ignorieren

---

[3587] Dazu: 5. Teil Kap. B. II. 2. (S. 460 ff.).
[3588] *Picht/Contreras*, GRUR Int. 2023, 435, 442.
[3589] Dazu: 5. Teil Kap. A. II. (S. 436 ff.).
[3590] *Weideneder*, Der Unterlassungsanspruch nach § 139 Abs. 1 PatG, S. 219.

könnte und diese damit unterlaufen würden.[3591] Ein solches Aussitzen der FRAND-Obliegenheiten durch den Verletzer wäre angesichts der anzunehmenden Wertungsparallelität allerdings eine gefährliche Wette des Verletzers. Eine solch offensichtliche Lizenzunwilligkeit lässt ihn auch des Unverhältnismäßigkeitseinwands verlustig werden.[3592] Ein Unterlaufen der Voraussetzungen zu Lizenzbemühungen des Verletzers durch die Gerichte ist auch bei für Dritte harten Unterlassungsanordnungen angesichts der bisherigen Rechtsprechung nicht zu erwarten.[3593]

2. Keine Wertungsparallelität ohne marktbeherrschende Stellung

Während der Unverhältnismäßigkeitseinwand außerhalb des Regelungsbereichs des kartellrechtlichen Zwangslizenzeinwands mangels Normkonkurrenz ohne Weiteres anwendbar ist,[3594] fehlt es in solchen Fällen an der Grundlage für die Annahme einer Wertungsparallelität. Ist der kartellrechtliche Zwangslizenzeinwand mangels marktbeherrschender Stellung schon gar nicht anwendbar, so ergeben sich aus ihm auch keine übertragbaren Wertungen. Das Bestehen der kartellrechtlichen Verhaltenspflichten ist von der marktbeherrschenden Stellung des Patentinhabers abhängig.[3595] Eine Bindung an FRAND-Pflichten in Fällen der *overdeclaration* eines eigentlich nicht standardessentiellen Patents oder bei einer Rechtsnachfolge in ein SEP mit FRAND-Erklärung, wenn in der Person des Erwerbers mit dem Erwerb ausnahmsweise nicht die Entstehung einer marktbeherrschenden Stellung einhergehen sollte,[3596] kommt nicht in Betracht.[3597]

Diese Erkenntnis schließt nicht aus, dass das jeweilige Vorverhalten des Patentinhabers im Rahmen der Gesamtabwägung des Unverhältnismäßigkeitseinwands Berücksichtigung finden kann. Hierbei kommt es dann aber nicht auf eine Bewertung des Vorverhaltens vor dem Hintergrund des FRAND-Regimes an, sondern auf eine an allgemeinen Sorgfalts- und Treumäßigkeitserfordernissen orientierte Bewertung des Verhaltens. Inwiefern dies in den genannten Fällen für eine Unverhältnismäßigkeit sprechen kann, ist stark einzelfallabhängig. Im Falle der *overdeclaration* wird eine leicht fahrlässige oder unverschuldete falsche Einbringung des Patents in den Standard anders zu bewerten sein als eine vorsätzliche oder grob fahrlässige Einschleusung des Patents. Bei der Rechtsnachfolge in ein SEP mit FRAND-Erklärung wird ein dem Veräußerer eine marktbeherrschende Stellung vermittelndes SEP nach der hier vertretenen kartellrechtlichen Lösung des Übergangs von FRAND-Pflichten regelmäßig auch den Erwerber in eine solche

---

[3591] *Weideneder.*, Der Unterlassungsanspruch nach § 139 Abs. 1 PatG, S. 219.

[3592] *Plagge*, Der patentrechtliche Unterlassungsanspruch, S. 455–456.

[3593] Vgl. in Bezug auf Lizenzierungsbemühungen nach § 24 PatG: LG Düsseldorf, Urt. v. 07.07.2022 – 4c O 18/21, GRUR-RS 2022, 26676, Rn. 59 – *Sofosbuvir*.

[3594] Siehe: 5. Teil Kap. A. II. 3. a) (S. 439 ff.).

[3595] *Kühnen*, Hdb. Patentverletzung, Kap. E Rn. 272, 281.

[3596] Für eine FRAND-Bindung in diesen Fällen: *Ohly*, GRUR 2021, 304, 308; *Ohly/Stierle*, GRUR 2021, 1229, 1236.

[3597] So auch: *Plagge*, Der patentrechtliche Unterlassungsanspruch, S. 457 (in Bezug auf overdeclaration) .

Stellung bringen.[3598] Sollte dies ausnahmsweise einmal nicht der Fall sein, mag die Kenntnis des Erwerbers von der FRAND-Verpflichtung des Rechtsvorgängers Eingang in die Gesamtabwägung des Unverhältnismäßigkeitseinwands finden.[3599] Es können in einem solchen Sonderfall dann aber auch Umstände gegeben sein, vor denen es gerechtfertigt scheint, dass der Erwerber die im Kartellrecht wurzelnde FRAND-Verpflichtung mangels eigener Normadressatenschaft nicht aufrechterhalten will.

IV.   Prüfungsreihenfolge

Bei paralleler Anwendbarkeit des kartellrechtlichen Zwangslizenzeinwands und des Unverhältnismäßigkeitseinwands gemäß § 139 Abs. 1 S. 3 PatG ist für das Verhältnis der beiden Einwände zueinander schließlich noch die Prüfungsreihenfolge zu klären. Dabei geht es nicht um eine Frage des Nebeneinanders oder der Ausschließlichkeit, sondern schlicht um eine sinnvolle Anordnung der beiden durchsetzungshemmenden Einwendungen, um überflüssige Inzidentprüfungen oder Verweise auf spätere Prüfungen zu vermeiden. Nicht aus dem Auge zu verlieren ist bei einer Erörterung der Prüfungsreihenfolge auch, dass beide Einwände im gleichen Zeitpunkt, nämlich dem Schluss der letzten mündlichen Tatsachenverhandlungen zu beurteilen sind.[3600] Die Festlegung einer Prüfungsreihenfolge meint damit nicht ein zeitliches Nacheinander der beiden Einwände, sondern adressiert lediglich eine Aufbaufrage.

Zum Teil wird vertreten, der Unverhältnismäßigkeitseinwand des § 139 Abs. 1 S. 3 PatG sei als patentrechtsimmanente Regelung vor dem kartellrechtlichen Zwangslizenzeinwand zu prüfen, auf den der Verletzer sich zusätzlich berufen könne.[3601] Diese Reihenfolge beherzigen bisher auch die meisten instanzgerichtlichen Urteile seit Inkrafttreten des 2. PatMoG.[3602] Hier zeigt sich aber zugleich das Problem dieses Aufbaus: Sofern eine Unverhältnismäßigkeit nicht schon an mangelndem Verletzervortrag scheitert, verweisen die Gerichte in ihren im Urteil zuerst angeführten Ausführungen zu § 139 Abs. 1 S. 3 PatG häufig gleich mehrfach in entscheidenden

---

[3598] Siehe: 3. Teil Kap. B. VII. 3. (S. 276 ff.).

[3599] *Ohly/Stierle*, GRUR 2021, 1229, 1236.

[3600] Siehe: 3. Teil Kap. B. III. 2. (S. 170 ff.) und 4. Teil Kap. E. (S. 386).

[3601] *Schacht*, GRUR 2021, 440, 442, 444-445.

[3602] LG Mannheim, Urt. v. 05.07.2022 – 2 O 75/21, GRUR-RS 2022, 29741, Rn. 99-107, 116-128 – *LTE-Mobilfunkstandard*; LG München I, Urt. v. 25.05.2022 – 7 O 14091/19, GRUR-RS 2022, 13480, Rn. 73-79, 91-157 – *Sprachsignalcodierer II*; LG München I, Urt. v. 05.08.2022 – 21 O 8879/21, GRUR-RS 2022, 34498, Rn. 77-94, 101-156 – *keepawake-message*; LG München I, Urt. v. 05.08.2022 – 21 O 8890/21, GRUR-RS 2022, 34499, Rn. 85-102, 109-162 – *Tonhöhenschätzung*; LG München I, Urt. v. 05.08.2022 – 21 O 11522/21, GRUR-RS 2022, 26267, Rn. 84-101, 108-171 – *Pitch-Lag-Schätzung*; LG München I, Urt. v. 19.04.2023 – 21 O 1890/22, GRUR-RS 2023, 24247, Rn. 107-118, 129-220 – *Tonalitätsschätzung*; LG München I, Urt. v. 19.04.2023 – 21 O 1910/22, GRUR-RS 2023, 18036, Rn. 138-148, 159-249 – *Rahmenlöschung*; anders nur: OLG Karlsruhe, Urt. v. 02.02.2022 – 6 U 149/20, GRUR-RS 2022, 9468, Rn. 142-205, 206 – *Steuerkanalsignalisierung II*.

Punkten auf die im Urteilstext erst später niedergeschriebenen Erwägungen zum kartellrechtlichen Zwangslizenzeinwand.[3603] Der Sache nach setzen sie in diesen Fällen also die Prüfung der Voraussetzungen des kartellrechtlichen Zwangslizenzeinwands für die Bewertung des Vorliegens der Unverhältnismäßigkeitsvoraussetzungen des § 139 Abs. 1 S. 3 PatG doch voraus. Dem sollte auch die Darstellung im Urteil folgen.

Nach allgemeinen Regeln der Rechtsanwendung sollte ein konkreter zugeschnittener Einwand vor einem allgemeiner gehaltenen, abstrakteren Einwand geprüft werden, sodass der kartellrechtliche Zwangslizenzeinwand vor § 139 Abs. 1 S. 3 PatG zu prüfen ist.[3604] Das gleiche ergibt sich daraus, dass ein erfolgreicher kartellrechtlicher Zwangslizenzeinwand in der Regel eine weiterreichende Einschränkung der Ausübung des Unterlassungsanspruchs darstellt als die Einräumung einer Aufbrauch- oder Umstellungsfrist im Rahmen eines erfolgreichen Unverhältnismäßigkeitseinwands.[3605] Ist der kartellrechtliche Zwangslizenzeinwand gegeben, kommt es daher auf den Unverhältnismäßigkeitseinwand gar nicht mehr an.[3606] Auch der Charakter des Unverhältnismäßigkeitseinwands als nur mangels anderer Abwendungsmöglichkeiten *ultima ratio* eingreifende Ausnahmevorschrift würde durch diese Anordnung betont.[3607] Die hier angenommene Wertungsparallelität lässt eine vorangehende Prüfung der wertungsvorgebenden Norm vor der wertungsaufnehmenden Norm zudem sinnvoll erscheinen. Ansonsten lässt sich ohne einen inzidenten oder verweisenden Rückgriff auf die Prüfung des kartellrechtlichen Zwangslizenzeinwands auch nicht beurteilen, welche Umstände von Erwägungen des Kartellrechts im konkreten Fall bereits erfasst wurden und welche möglicherweise hinzutretende Umstände darstellen.

B. Auslegung im Lichte der FRAND-Rechtsprechung

Die vorstehend hergeleitete Wertungsparallelität im Nebeneinander der beiden Einwände als abstrakte Auslegungsvorgabe bedarf einer Ausfüllung durch eine konkretisierende Betrachtung der möglichen Einflussnahmen des kartellrechtlichen Regelungsregimes auf die Beurteilung der Unverhältnismäßigkeit, um deren Auslegung im Lichte der FRAND-Rechtsprechung mit Leben zu füllen und im Einzelnen handhabbar zu machen. Dabei ist auf einer ersten Stufe zu unterscheiden, ob der kartellrechtliche Zwangslizenzeinwand begründet ist oder nicht.[3608] Ist er nicht begründet, so stellt sich die Frage, unter welchen Umständen dem Patentverletzer eine Verteidigungsmöglichkeit dennoch über den Unverhältnismäßigkeitseinwand zur Verfügung steht,[3609]

[3603] Bspw.: LG München I, Urt. v. 05.08.2022 – 21 O 8879/21, GRUR-RS 2022, 34498, Rn. 88, 90 – *keepawake-message*.

[3604] *Stierle/Hofmann*, GRUR Int. 2022, 1123, 1136.

[3605] *Dies.*, GRUR Int. 2022, 1123, 1136.

[3606] Dazu sogleich: 5. Teil Kap. B. I. (S. 456 ff.).

[3607] *Weideneder*, Der Unterlassungsanspruch nach § 139 Abs. 1 PatG, S. 216.

[3608] *Picht/Contreras*, GRUR Int. 2023, 435, 442.

[3609] *Ohly*, GRUR 2021, 304, 307.

insbesondere welche Bedeutung den allgemeinen Kriterien zur Bestimmung der Unverhältnismäßigkeit[3610] im Kontext bzw. vor dem Hintergrund der FRAND-Rechtsprechung jeweils zukommt.

I. Der Unverhältnismäßigkeitseinwand bei begründetem kartellrechtlichem Zwangslizenzeinwand

Ist der kartellrechtliche Zwangslizenzeinwand begründet, so steht fest, dass der Patentinhaber seine marktbeherrschende Stellung, die ihm ein von ihm gehaltenes Patent verleiht, durch eine Verletzung seiner kartellrechtlichen Pflichten missbraucht hat. Diese Kartellrechtswidrigkeit der Inanspruchnahme des Verletzers durch den patentrechtlichen Unterlassungsanspruch lässt bei Annahme einer Wertungsparallelität auf den ersten Blick vermuten, dass diese auch zur Unverhältnismäßigkeit der Inanspruchnahme im Sinne des § 139 Abs. 1 S. 3 PatG führt.[3611] Während nicht jede kartellrechtskonforme Inanspruchnahme automatisch auch verhältnismäßig sein muss,[3612] könnte man annehmen, dass jedenfalls unverhältnismäßig ist, was kartellrechtswidrig ist. Dann wäre bei begründetem kartellrechtlichem Zwangslizenzeinwand auch immer ein Durchgreifen des Unverhältnismäßigkeitseinwands anzunehmen.

Eine solche Betrachtung übersieht aber einen entscheidenden Punkt, den es bei der Prüfung der Voraussetzungen des § 139 Abs. 1 S. 3 PatG zu berücksichtigen gilt: Im gleichen Moment, in dem auf tatsächlicher Ebene feststeht, dass ein kartellrechtlicher Zwangslizenzeinwand begründet ist, also dessen Voraussetzungen vorliegen, entfällt jegliche mögliche, nicht mehr durch das Ausschließlichkeitsrecht gerechtfertigte Härte, die zu einer Unverhältnismäßigkeit der sofortigen Inanspruchnahme führen könnte.[3613] Es kommt bei Erfolg des kartellrechtlichen Zwangslizenzeinwands vielmehr gar nicht mehr zu einer Unterlassungsanordnung, deren Abfederung es durch Anwendung des Unverhältnismäßigkeitseinwands möglicherweise bedürfte.[3614] Zwar stehen die beiden Einwände auch bei begründetem kartellrechtlichem Zwangslizenzeinwand methodisch gesehen nebeneinander, das Vorliegen der Voraussetzungen des kartellrechtlichen Zwangslizenzeinwands entzieht dem Unverhältnismäßigkeitseinwand jedoch in diesem Fall automatisch die tatsächliche Grundlage für dessen Einschlägigkeit. Wo keine Härte durch einen durchsetzbaren Unterlassungsanspruch, da auch keine Abwendung einer solchen Härte.

[3610] Siehe: 4. Teil Kap. E. (S. 386 ff.).

[3611] In diese Richtung, allerdings im Kontext der grundsätzlichen Herleitung von Wertungsparallelität und eines kumulativen Nebeneinanders der beiden Einwände: *Ohly/Stierle*, GRUR 2021, 1229, 1236.

[3612] *Dies.*, GRUR 2021, 1229, 1236.

[3613] *Picht/Contreras*, GRUR Int. 2023, 435, 442.

[3614] *Stierle/Hofmann*, GRUR Int. 2022, 1123, 1136; *vom Feld/Hozuri*, FS Rojahn (2021), 209, 219–220.

Diese Erkenntnis ist auch nicht nur akademischer Natur, etwa weil es auf ein Durchgreifen des Unverhältnismäßigkeitseinwands bei Abweisung der Unterlassungsklage des Patentinhabers bei begründetem Kartellrechtseinwand ohnehin nicht mehr ankäme.[3615] Schließlich würde ein begründeter Unverhältnismäßigkeitseinwand im Gegensatz zum kartellrechtlichen Zwangslizenzeinwand zugleich zu einem Entstehen des Entschädigungsanspruchs des Patentinhabers nach § 139 Abs. 1 S. 4 PatG führen.[3616] Es macht also einen Unterschied, ob nur der insofern das Recht des Patentinhabers weitergehend beschneidende kartellrechtliche Zwangslizenzeinwand[3617] begründet ist oder auch der patentrechtliche Unverhältnismäßigkeitseinwand, der dem Patentinhaber immerhin noch den Entschädigungsanspruch belässt.

Dieser Unterschied zeigt auch, warum die sich allein schon bei stringenter Prüfung der Tatbestandsvoraussetzungen des § 139 Abs. 1 S. 3 PatG ergebende Unbegründetheit des Unverhältnismäßigkeitseinwands bei begründetem Kartellrechtseinwand auch wertungsmäßig und vom Ergebnis her stimmig ist: Auf den ersten Blick könnte man annehmen, dass es ein widersprüchliches Ergebnis wäre, wenn man einem Verletzer, der kartellrechtlich sozusagen alles richtig gemacht hat, sodass ihm der kartellrechtliche Zwangslizenzeinwand zur Verfügung steht, den Unverhältnismäßigkeitseinwand versagt. Die Betrachtung der Wirkung der beiden Einwände zeigt jedoch, dass der sich FRAND-konform verhaltende Verletzer mit der Klageabweisung als derzeit unbegründet infolge des kartellrechtlichen Zwangslizenzeinwands besser dasteht als bei (zusätzlicher) Gewährung eines Unverhältnismäßigkeitseinwands und gleichzeitigem Entstehen des Kompensationsanspruchs des § 139 Abs. 1 S. 4 PatG. Gleichzeitig wäre es vielmehr widersprüchlich, dem kartellrechtswidrig handelnden Patentinhaber wegen eines gleichzeitigen Durchgreifens des Unverhältnismäßigkeitseinwands die Vorteile des Entschädigungsanspruchs zukommen zu lassen.

Durch diese Schlussfolgerung vom Vorliegen der Voraussetzungen des kartellrechtlichen Zwangslizenzeinwands auf den Unverhältnismäßigkeitseinwand wird auch nicht in unzulässiger Weise von der anzunehmenden Gleichzeitigkeit der Beurteilung der beiden Einwände im Zeitpunkt der letzten mündlichen Verhandlung abgewichen. Diese wird, wie gezeigt, auch nicht bei Annahme einer bestimmten Prüfungsreihenfolge infrage gestellt.[3618] Vielmehr manifestiert sich hier die in diesem Zeitpunkt vorzunehmende Prüfung einer möglichen unverhältnismäßigen Härte und des Nichtbestehens einer anderweitigen Abwendungsmöglichkeit als Voraussetzungen des Unverhältnismäßigkeitseinwands. Man könnte den kartellrechtlichen Zwangslizenzeinwand in der Konstellation seines Durchgreifens damit als eine Art negatives Tatbestandsmerkmal des Unverhältnismäßigkeitseinwands bezeichnen. Wenn der kartellrechtliche Zwangslizenzeinwand

---

[3615] So aber: *Weideneder*, Der Unterlassungsanspruch nach § 139 Abs. 1 PatG, S. 216.
[3616] *Stierle/Hofmann*, GRUR Int. 2022, 1123, 1136.
[3617] *Dies.*, GRUR Int. 2022, 1123, 1136.
[3618] Siehe: 5. Teil Kap. A. IV. (S. 454 f.).

begründet ist, ist der Unverhältnismäßigkeitseinwand gemäß § 139 Abs. 1 S. 3 PatG mangels nicht anders abwendbarer Härte also unbegründet.

II. Der Unverhältnismäßigkeitseinwand bei unbegründetem kartellrechtlichem Zwangslizenzeinwand

Offener ist die Beurteilung des Unverhältnismäßigkeitseinwands, wenn der kartellrechtliche Zwangslizenzeinwand unbegründet ist, obwohl sein Regelungsbereich eröffnet ist, wenn also zwar eine marktbeherrschende Stellung des Patentinhabers besteht, er diese aber nach dem Maßstab der FRAND-Rechtsprechung nicht missbraucht hat.

1. Vorgeprägte Gesamtabwägung – Die FRAND-Rechtsprechung auf der Waage der Unverhältnismäßigkeit

Ist der kartellrechtliche Zwangslizenzeinwand unbegründet, so hindert er die Unterlassungsverurteilung nicht und es kann eine nicht gerechtfertigte durch den Unverhältnismäßigkeitseinwand abzuwendende Härte bestehen. Ergebnis der anzunehmenden Wertungsparallelität ist aber, dass der Unverhältnismäßigkeitseinwand in den allermeisten Fällen, in denen der kartellrechtliche Zwangslizenzeinwand scheitert, ebenfalls nicht durchgreifen wird.[3619] Ist der zu beurteilende Einzelfall nur von solchen Umständen geprägt, die von der FRAND-Rechtsprechung erfasst sind, so bietet § 139 Abs. 1 S. 3 PatG keine über den Kartellrechtseinwand hinausgehende Verteidigungsmöglichkeit des Verletzers.[3620] Die im Rahmen des Unverhältnismäßigkeitseinwands vorzunehmende Gesamtabwägung fällt dann schlicht ebenfalls zugunsten des Patentinhabers aus.

Damit überhaupt die Chance besteht, dass der Unverhältnismäßigkeitseinwand zugunsten des Verletzers entschieden wird, obwohl ihm der kartellrechtliche Zwangslizenzeinwand nicht zusteht, müssen von der FRAND-Rechtsprechung im konkreten Fall nicht berücksichtigte Faktoren hinzutreten.[3621] Aber auch ein Hinzutreten solcher Aspekte bedeutet bei Weitem keinen Automatismus hinsichtlich des Durchgreifens des Unverhältnismäßigkeitseinwands. Zum einen können hinzutretende Umstände nicht nur zugunsten des Verletzers wirken, sondern sind auch solche zusätzlichen Umstände zu berücksichtigen, die zu seinen Lasten gehen.[3622]

[3619] *Picht/Contreras*, GRUR Int. 2023, 435, 442; *Plagge*, Der patentrechtliche Unterlassungsanspruch, S. 456; *Stierle/Hofmann*, GRUR Int. 2022, 1123, 1136.

[3620] LG München I, Urt. v. 05.08.2022 – 21 O 8879/21, GRUR-RS 2022, 34498, Rn. 90-91 – *keepawakemessage*; LG München I, Urt. v. 19.04.2023 – 21 O 1890/22, GRUR-RS 2023, 24247, Rn. 116-117 – *Tonalitätsschätzung*; *Kühnen*, Hdb. Patentverletzung, Kap. D Rn. 586-587; *Ohly*, Stockholm IP Law Review 5 (2022), 58, 64; *Ohly/Stierle*, GRUR 2021, 1229, 1236.

[3621] *Ohly/Stierle*, GRUR 2021, 1229, 1236; *Stierle/Hofmann*, GRUR Int. 2022, 1123, 1136.

[3622] *Stierle/Hofmann*, GRUR Int. 2022, 1123, 1136.

Zum anderen ist zu beachten, dass die Wertungen der FRAND-Rechtsprechung in der Gesamtabwägung schwer wiegen, da das kartellrechtskonforme Verhalten des Patentinhabers und das dem gegenüberstehende FRAND-widrige Verhalten des Verletzers im Rahmen des Unverhältnismäßigkeitseinwands nicht abweichend zugunsten oder zulasten der jeweiligen Parteien zu beurteilen ist.[3623] Die Wertungen der FRAND-Rechtsprechung geben der Gesamtabwägung also eine gewisse, nicht zu unterschätzende Vorprägung.[3624] Während der Unverhältnismäßigkeitseinwand schon von sich aus an hohe Voraussetzungen geknüpft ist und nur im Ausnahmefall zum Tragen kommt, erhöht sich die Wahrscheinlichkeit seines Scheiterns, wenn bereits Umstände feststehen, die gegen eine Einschränkung des Unterlassungsanspruchs sprechen.[3625] Hinzutretende Umstände müssen diese Vorgaben erst einmal aufwiegen, um schließlich die Waage der Unverhältnismäßigkeit in eine dem Verletzer günstige Richtung umschwenken lassen zu können.

Diese Vorprägung der Gesamtabwägung gilt sowohl im Hauptsacheverfahren als auch im Verfahren des einstweiligen Rechtsschutzes. Der Unverhältnismäßigkeitseinwand steht dem Verletzer grundsätzlich auch dort zur Verfügung.[3626] In SEP-Fällen ist eine einstweilige Verfügung allerdings ohnehin selten.[3627] Dies beruht aber nicht darauf, dass der kartellrechtliche Zwangslizenzeinwand im Verfügungsverfahren besonders oft erfolgreich wäre, sondern resultiert aus den Besonderheiten des einstweiligen Rechtsschutzes: Einer einstweiligen Verfügung steht – von Fragen des Rechtsbestands des Verfügungspatents einmal abgesehen[3628] – bei SEP häufig eine mangelnde Dringlichkeit oder die Tatsache entgegen, dass im eilbedürftigen Verfügungsverfahren die komplexen Zusammenhänge der FRAND-Anforderungen nicht hinreichend erfasst werden können, um eine Vorwegnahme der Hauptsache durch Erlass einer Unterlassungsverfügung im Rahmen einer Interessenabwägung zu rechtfertigen.[3629] Wenn dem so ist, wird ein abschließendes Befinden über den Unverhältnismäßigkeitseinwand in SEP-Fällen in der Regel ebenfalls problematisch sein und daher auch diesbezüglich eine Verfügung nicht aufgrund des

---

[3623] *Kühnen*, Hdb. Patentverletzung, Kap. D Rn. 587; *McGuire*, GRUR 2021, 775, 780; *P. Tochtermann*, ZGE 2019, 362, 365.

[3624] *Picht*, GRUR 2019, 1097, 1101; *Plagge*, Der patentrechtliche Unterlassungsanspruch, S. 455.

[3625] *Picht*, GRUR 2019, 1097, 1101–1102.

[3626] LG Düsseldorf, Urt. v. 05.09.2019 – 4c O 30/19, GRUR-RS 2019, 47915, Rn. 141-144 – *Halterahmen für Steckverbinder*; LG München I, Urt. v. 04.09.2020 – 21 O 8913/20, GRUR-RS 2020, 31319, Rn. 70-76 – *Herzklappenprotheseneinführsystem*; *Berlit*, WRP 1998, 250, 251–252; *Harmsen*, GRUR 2021, 222, 225–226 (der aber auch zu bedenken gibt, dass die Bejahung der Eilbedürftigkeit häufig zugleich einem Aufschub der sofortigen Unterlassungsverpflichtung entgegenstehen dürfte); *Ulrich*, GRUR 1991, 26, 29–30; Busse/Keukenschrijver/*G. Werner*, § 139 PatG Rn. 93; a.A. bzgl. einer Aufbrauchfrist im Allgemeinen: OLG Düsseldorf, Beschl. v. 10.10.1985 – 2 U 114/85, GRUR 1986, 197.

[3627] *Kühnen*, Hdb. Patentverletzung, Kap. E Rn. 529.

[3628] Dazu: 2. Teil Kap. D. III. (S. 74 ff.).

[3629] OLG Düsseldorf, Beschl. v. 29.06.2017 – 15 U 41/17, GRUR-RS 2017, 120339, Rn. 19-38; OLG Düsseldorf, Beschl. v. 18.07.2017 – 2 U 23/17, BeckRS 2017, 118314, Rn. 3-7, 13-19; Schulte/*Rinken*, § 24 PatG Rn. 133; Details dazu bei: *Kühnen*, Hdb. Patentverletzung, Rn. 529-533.

§ 139 Abs. 1 S. 3 PatG, sondern wegen der besonderen Anforderungen des einstweiligen Rechtsschutzes[3630] häufig abzulehnen sein.

Dem Verfügungsverfahren war eine Interessenabwägung auch vor der Einführung des § 139 Abs. 1 S. 3 PatG bereits immanent[3631] – mit dem Ergebnis, dass der Erlass einer einstweiligen Verfügung in SEP-Fällen hinsichtlich des kartellrechtlichen Zwangslizenzeinwands nur in Betracht kam und kommt, wenn der Kartellrechtseinwand absolut eindeutig unbegründet ist.[3632] In diesem seltenen Fall wird auch der Einbezug weiterer Umstände im Rahmen des Unverhältnismäßigkeitseinwands diese eindeutige Wertung zulasten des Verletzers in aller Regel nicht umkehren können, sodass der Unverhältnismäßigkeitseinwand dem Verfügungserlass dann nicht entgegenstehen würde.

2. Die Kriterien zur Bestimmung der Unverhältnismäßigkeit im FRAND-Kontext

Um beurteilen zu können, welche Umstände im Rahmen des Unverhältnismäßigkeitseinwandes möglicherweise trotz eines erfolglosen kartellrechtlichen Zwangslizenzeinwands zu einem begründeten Unverhältnismäßigkeitseinwand führen können, wenn sie in der Gesamtabwägung die gegen den Verletzer sprechende Wertung der FRAND-Rechtsprechung ausnahmsweise überstimmen können, müssen die einzelnen Kriterien zur Bestimmung der Unverhältnismäßigkeit nach § 139 Abs. 1 S. 3 PatG darauf abgeklopft werden, inwiefern sie durch die FRAND-Rechtsprechung bereits einer Wertung unterzogen werden oder ob sie als hinzutretende Faktoren einzuordnen sind. Denkbar ist auch, dass manche Aspekte im Rahmen des kartellrechtlichen Zwangslizenzeinwands nur teilweise bzw. in bestimmten Konstellationen adressiert werden und darüber hinaus einer weitergehenden Berücksichtigung offenstehen.

Die Reichweite der Wertungsparallelität ist jeweils am konkreten Sachverhalt und dessen Bewertung im Rahmen des FRAND-Regimes zu beurteilen, sodass hier aufgrund der starken Einzelfallabhängigkeit der Natur der Sache nach nur eine typisierende Einschätzung der jeweiligen Kriterien und ihrer Bedeutung sowie möglichen Vorprägung im FRAND-Kontext abgegeben werden kann. Wie immer im Kontext des Unverhältnismäßigkeitseinwands ist ein solcher Kriterienkatalog nicht abschließend, sondern offen für weitere Umstände des Einzelfalls sowie Wechselwirkungen zwischen verschiedenen Abwägungsfaktoren.[3633]

[3630] Zu dessen Besonderheiten im Patentrecht: *Kühnen*, Hdb. Patentverletzung, Kap. G Rn. 44-46.

[3631] *McGuire*, GRUR 2021, 775, 782–783.

[3632] *Kühnen*, Hdb. Patentverletzung, Kap. E Rn. 534.

[3633] BT-Drs. 19/25821, S. 53.

a) Wirtschaftliche Härten der Unterlassungsverpflichtung

Auch in SEP-Fällen sind die normalen Folgen einer Unterlassungsverpflichtung hinzunehmen und ist das Interesse des Patentinhabers an einer Unterlassungsanordnung grundsätzlich als vorrangig zu werten.[3634] Andererseits erzeugt Standardisierung in besonders hohem Maße die Gefahr einer Abhängigkeit von der Nutzung bestimmter Patente, sodass Sunk-Cost- und Lock-in-Effekte in SEP-Fällen mehr als in anderen Bereichen geeignet sind, wirtschaftliche Härten von großem Ausmaß auf der Verletzerseite hervorzubringen.[3635] Das bedeutet nicht, dass diese Härten ohne Weiteres außer Verhältnis zum Wert des Patents stehen, dessen Durchsetzung begehrt wird. Gerade einem SEP kann aufgrund seiner Schlüsselfunktion ein besonders hoher Wert zukommen.

Das FRAND-Regime ist auf einen Ausgleich der widerstreitenden Interessen gerichtet. Durch die Anforderungen der Ausbeutungs- und Diskriminierungsfreiheit[3636] beugt das Kartellrecht wirtschaftlichen Überlastungen und Benachteiligungen des Patentnutzers vor. Allerdings betrifft dies die wirtschaftlichen Härten einer ausbeutenden oder diskriminierenden Lizenzierung. Die Wirkungen einer sofortigen Unterlassungsverpflichtung werden vom FRAND-Regime nicht bewertet.[3637] Dass der Verletzer bei einem unbegründeten kartellrechtlichen Zwangslizenzeinwand unter Umständen die Möglichkeit hat verstreichen lassen, das SEP zu FRAND-Bedingungen zu lizenzieren, und eine etwaige Härte mithin für ihn vermeidbar war, ist ein Aspekt, der unter das Kriterium des Verhaltens des Verletzers fällt und nicht bei der Beurteilung des objektbezogenen Parameters der wirtschaftlichen Härte zu berücksichtigen ist. Eine völlig außer Verhältnis stehende wirtschaftliche Härte für den Verletzer ist – so sie denn vorliegt – also als hinzutretender von der FRAND-Rechtsprechung nicht reflektierter Umstand zu beurteilen, der im Rahmen des Unverhältnismäßigkeitseinwands auch im FRAND-Kontext zugunsten des Verletzers in die Waagschale fallen kann.[3638]

b) Komplexe Produkte

Auch das Kriterium der Betroffenheit eines komplexen Produktes wird zuweilen als hinzutretender Umstand benannt.[3639] Allerdings ist es bei SEP geradezu typisch, dass ein bestimmtes SEP

[3634] *Picht/Contreras*, GRUR Int. 2023, 435, 445.

[3635] Vgl. LG Mannheim, Urt. v. 18.08.2020 – 2 O 34/19, GRUR-RS 2020, 20358 – *Lizenz in Wertschöpfungskette* (Festsetzung einer Sicherheitsleistung von 7 Milliarden Euro); *Picht*, GRUR 2019, 1097, 1102; Siehe auch: 1. Teil Kap. C. II. (S. 24 f.).

[3636] Dazu: 3. Teil Kap. B. V. (S. 227 ff.).

[3637] *Osterrieth*, GRUR 2018, 985, 994.

[3638] So auch: *Picht/Contreras*, GRUR Int. 2023, 435, 442.

[3639] *Ohly/Stierle*, GRUR 2021, 1229, 1236; *Stierle/Hofmann*, GRUR Int. 2022, 1123, 1136.

als Teil eines umfassenden Standards nur eine Teilfunktion eines komplexen Endprodukts betrifft.[3640] Standardessentialität beinhaltet dabei qua definitionem, dass mangels gangbarer Umgehungslösung und aufgrund der Anforderungen an die Konnektivität und Interoperabilität von Einzelkomponenten eine Separierbarkeit vom Gesamtprodukt nicht anzunehmen ist.[3641] Diese fehlende Separierbarkeit kann technisch begründet sein, aber auch auf funktionaler Ebene bestehen, wenn das Endprodukt ohne die Nutzung eines SEP faktisch ein anderes oder schlicht nicht marktfähiges Produkt darstellt, das keinen relevanten Abnehmerkreis mehr findet.[3642] Die Nutzungsuntersagung hinsichtlich eines solchen SEP trifft daher bei fehlender Separierbarkeit immer das gesamte standardnutzende Produkt. Wenn die Verhinderung des Gesamtprodukts bei Standardessentialität eines Klagepatents aber die normale Folge der Inanspruchnahme auf Unterlassung ist, so kann darin keine außergewöhnliche nicht durch das Ausschließlichkeitsrecht gerechtfertigte Härte bestehen.[3643] Andernfalls würde der Unterlassungsanspruch aufgrund der Standardessentialität des Patents eingeschränkt. Die SEP-Eigenschaft ist aber an sich kein Grund, einen Unterlassungsanspruch zu versagen.[3644]

Die Komplexität von Standards und standardnutzenden Produkten wird angesichts der Tatsache, dass Komplexität bei Standards den Normalfall darstellt, auch von der FRAND-Rechtsprechung bereits mitgedacht. Dies zeigt sich beispielsweise am Erfordernis des Verletzungshinweises bei SEP mit FRAND-Erklärung,[3645] dessen Notwendigkeit der EuGH explizit daraus ableitet, dass einem standardnutzenden Verletzer die Verletzung eines bestimmten SEP gerade aufgrund der Komplexität der Schutzrechtssituation nicht zwingend bewusst sein muss.[3646] Auch den besonderen Umständen hinsichtlich der bei SEP-nutzenden komplexen Produkten regelmäßig anzutreffenden Verwertungsketten wird innerhalb des FRAND-Regimes Rechnung getragen.[3647]

Soweit das durch eine Einzelkomponente eines komplexen Produkts verwirklichte Patent standardessentiell ist, ist daher davon auszugehen, dass die FRAND-Rechtsprechung diesen Faktor bereits berücksichtigt und zu lösen weiß.[3648] Ist der Kartellrechtseinwand unbegründet,

---

[3640] LG Mannheim, Urt. v. 05.07.2022 – 2 O 75/21, GRUR-RS 2022, 29741, Rn. 103 – *LTE-Mobilfunkstandard*.
[3641] LG Mannheim, Urt. v. 05.07.2022 – 2 O 75/21, GRUR-RS 2022, 29741, Rn. 104 – *LTE-Mobilfunkstandard*.
[3642] Siehe: 4. Teil Kap. E. III. 2. (S. 393 ff.).
[3643] LG Mannheim, Urt. v. 05.07.2022 – 2 O 75/21, GRUR-RS 2022, 29741, Rn. 104 – *LTE-Mobilfunkstandard*.
[3644] EuGH, Urt. v. 16.07.2015 – C-170/13, GRUR 2015, 764, Rn. 46, 52 – *Huawei/ZTE*.
[3645] Dazu: 3. Teil Kap. B. IV. 1. (S. 175 ff.).
[3646] EuGH, Urt. v. 16.07.2015 – C-170/13, GRUR 2015, 764, Rn. 61-62 – *Huawei/ZTE*.
[3647] Auch wenn im Einzelnen umstritten ist, auf welchem Wege dies zu erfolgen hat. Siehe dazu: 3. Teil Kap. B. VI. (S. 263 ff.).
[3648] *Osterrieth*, GRUR 2018, 985, 994; *Picht/Contreras*, GRUR Int. 2023, 435, 445; in diese Richtung auch: LG München I, Urt. v. 05.08.2022 – 21 O 8879/21, GRUR-RS 2022, 34498, Rn. 89-90 – *keepawakemessage*.

kann sich der Verletzer sodann nicht mit bloßem Verweis auf die Komplexität eines Produkts erfolgreich auf den Unverhältnismäßigkeitseinwand berufen.[3649] Etwas anders kann nur gelten, wenn das in Rede stehende eine marktbeherrschende Stellung vermittelnde Patent standardfrei ist, der kartellrechtliche Zwangslizenzeinwand aber mangels Missbräuchlichkeit nicht gegeben ist.[3650] In diesem Fall ist die Komplexität des Produkts nicht zwingend Bestandteil der Erwägungen zum Kartellrechtseinwand wie dies bei einem SEP der Fall ist.

c) Interesse des Patentinhabers an der Unterlassungsverpflichtung zum Schutz eigener oder lizenzierter Patentnutzung

Während eine NPE-Eigenschaft an sich für den Unverhältnismäßigkeitseinwand kein Kriterium darstellt[3651] und Vorwürfe hinsichtlich eines rechtsmissbräuchlichen Vorgehens gegenüber einer NPE unter dem Gesichtspunkt des Verhaltens des Patentinhabers zu berücksichtigen sind,[3652] kann im allgemeinen Kontext das Interesse des Patentinhabers an der Unterlassungsverpflichtung angesichts einer eigenen Patentnutzung oder des Schutzes von Lizenznehmern erhöht oder mangels einer solchen Nutzung von einem Interesse am Ausschluss des Patentverletzers vom Markt auf das monetäre Interesse an einer Lizenzierung abgesenkt sein.[3653]

Zwar spielt die NPE-Eigenschaft an sich auch im Rahmen der FRAND-Rechtsprechung keine besondere Rolle, die Interessenlage hinsichtlich des Ausschlusses eines Patentverletzers vom Markt ist aber von Grund auf schon eine andere: Unabhängig davon, ob der Patentinhaber selbst am jeweiligen Markt mit eigenen Produkten vertreten ist, er auf diesem Markt die Interessen von Lizenznehmern zu schützen hat oder als reiner Patentverwerter auftritt, kann er den Zugang zur Patentnutzung letztlich nicht verhindern, sofern er sich einem lizenzwilligen die kartellrechtlichen Vorgaben erfüllenden Patentnutzer gegenübersieht.[3654] Sogar wenn es um einen direkten Wettbewerber eines selbst produzierenden Patentinhabers auf dem gleichen Produktmarkt geht, hat dieser, sofern er seine kartellrechtlichen Obliegenheiten erfüllt und der Patentinhaber Marktbeherrscher ist, einen kartellrechtlichen Lizenzierungsanspruch gegen den Patentinhaber. Wenn der Patentinhaber aber seinen kartellrechtlichen Pflichten der Ermöglichung einer Lizenzierung statt eines Abzielens auf den Ausschluss des Verletzers vom Markt nachkommt, kann ihm dies im Rahmen des Unverhältnismäßigkeitseinwands nicht entgegengehalten werden.[3655]

[3649] *Picht/Contreras*, GRUR Int. 2023, 435, 445.
[3650] Dazu: 3. Teil Kap. E. (S. 308 f.).
[3651] Siehe: 4. Teil Kap. E. II. 3. (S. 390 f.).
[3652] Siehe: 4. Teil Kap. E. IV. 2. (S. 403).
[3653] Siehe: 4. Teil Kap. E. III. 3. (S. 396 ff.).
[3654] *Körber*, WRP 2013, 734, 740; *Picht/Contreras*, GRUR Int. 2023, 435, 446.
[3655] LG München I, Urt. v. 05.08.2022 – 21 O 8879/21, GRUR-RS 2022, 34498, Rn. 88 – *keepawake-message*.

Damit ist im FRAND-Kontext der Einsatz des Unterlassungsanspruchs zur Durchsetzung der FRAND-Lizenznahme anstatt mit der Zwecksetzung des tatsächlichen, dauerhaften Ausschlusses von der Nutzung der technischen Lehre der Normalfall und geradezu Voraussetzung dafür, dass das FRAND-Prozedere von den Parteien beachtet wird.[3656] Dies liegt aber nicht im Geschäftsmodell des Patentinhabers, sondern in seiner kartellrechtlichen Pflichtenstellung als marktbeherrschendes Unternehmen begründet. Das Interesse eines marktbeherrschenden Patentinhabers an der Ausübung seines Ausschließlichkeitsrechts ist aber nicht per se verringert.[3657] Er benötigt den Unterlassungsanspruch, welcher als Gegenstück zum Lizenzierungsanspruch des Lizenzsuchers fungiert, vielmehr zwangsläufig, um gegen einen lizenzunwilligen Verletzer vorzugehen, gegen den der Patentinhaber ansonsten keine Handhabe etwa in Form eines Anspruchs auf Lizenznahme hat.[3658]

Die FRAND-Rechtsprechung berücksichtigt dieses Aufeinandertreffen des Ausschließungs- und Verwertungsinteresses des Patentinhabers mit dem Zugangsinteresse des Patentnutzers, in dem einem lizenzunwilligen Verletzer der Zugang verweigert, einem lizenzwilligen Nutzer der Zugang zu FRAND-Bedingungen aber gestattet werden muss. Als hinzutretendes Kriterium für die Unverhältnismäßigkeit nach § 139 Abs. 1 S. 3 PatG scheidet ein erhöhtes oder vermindertes Interesse des Patentinhabers an der Unterlassungsverpflichtung im FRAND-Kontext aufgrund dieser vor dem Hintergrund der kartellrechtlichen Pflichtenlage vorgenommenen Bewertung, zu der sich eine Beurteilung im Zuge von Unverhältnismäßigkeitserwägungen nicht in Widerspruch setzen darf, daher aus.[3659]

d)   Geringe Restschutzdauer

Das Kriterium der geringen Restschutzdauer des Patents vermag im Rahmen des Unverhältnismäßigkeitseinwands vor allem zugunsten des Patentinhabers Wirkung entfalten, für den bei baldigem Schutzrechtsablauf auch ein kurzfristiger Ausschluss des Unterlassungsanspruchs einem endgültigen Versagen seines Ausschließlichkeitsrechts gleichkommen kann.[3660] In der FRAND-Rechtsprechung ist ein baldiger Schutzrechtsablauf lediglich in dem Sinne Thema, dass das FRAND-Regime eine Verzögerungstaktik des Verletzers sanktioniert, die darauf gerichtet

---

[3656] U.K. Supreme Court, Urt. v. 26.08.2020 – [2020] UKSC 37, GRUR Int. 2021, 174, Rn. 164-167 – *Unwired Planet/Huawei*; *Ohly*, GRUR 2021, 304, 307; *Picht*, GRUR 2019, 1097, 1102; *Picht/Contreras*, GRUR Int. 2023, 435, 446.

[3657] EuGH, Urt. v. 05.10.1988 – C-238/87, NJW 1990, 628, Rn. 8 – *Volvo*; EuGH, Urt. v. 16.07.2015 – C-170/13, GRUR 2015, 764, Rn. 46 – *Huawei/ZTE*.

[3658] BGH, Urt. v. 05.05.2020 – KZR 36/17, GRUR 2020, 961, Rn. 70 – *FRAND-Einwand I*.

[3659] LG München I, Urt. v. 05.08.2022 – 21 O 8879/21, GRUR-RS 2022, 34498, Rn. 88 – *keepawakemessage*; *Picht/Contreras*, GRUR Int. 2023, 435, 446 bezeichnen es als „less relevant"; a.A.: *Stierle/Hofmann*, GRUR Int. 2022, 1123, 1136 (bloßes Monetarisierungsinteresse als nicht im Rahmen der FRAND-Rechtsprechung berücksichtigter Faktor).

[3660] Siehe: 4. Teil Kap. E. III. 4. (S. 398).

ist, eine Lizenznahme angesichts des baldigen Ablaufs des Patentschutzes zu umgehen. Diese Erwägung hat ihren Schwerpunkt aber in erster Linie in der Beurteilung des Verhaltens des Patentverletzers vor dem Hintergrund der konkreten Sachverhaltsumstände. Die kurze Restschutzdauer als objektbezogener Faktor selbst ist grundsätzlich nicht als vorweggenommen zu betrachten und kann damit im Rahmen des Unverhältnismäßigkeitseinwands als hinzutretender Umstand berücksichtigt werden.

Da ein baldiger Schutzdauerablauf allerdings für eine sofortige Unterlassungsverpflichtung spricht, kann der Verletzer aus diesem Kriterium faktisch kein zusätzliches Verteidigungsmittel im Vergleich zu dem versagten Kartellrechtseinwand herleiten. Zugunsten des Patentinhabers kann das Kriterium aber einbezogen werden. Dabei ist aber zu beachten, dass im Standardisierungskontext ein Patentinhaber gelegentlich nicht nur ein SEP, sondern ein ganzes Portfolio an standardbezogenen Patenten hält oder sein Patent im Pool mit anderen SEP-Inhabern geltend macht und dies auch FRAND sein kann.[3661] Der anstehende Schutzdauerablauf hinsichtlich eines einzelnen SEP aus einem solchen Portfolio bzw. Pool bei Fortbestand anderer für die Standardnutzung durch den Verletzer relevanter Patente daraus kann dann für die Interessenlage zwischen den Parteien insgesamt weniger bedeutsam sein.[3662] In diesem Falle würde das Kriterium der geringen Restschutzdauer auch nicht entscheidend zugunsten des Patentinhabers streiten, sondern schlicht für die Abwägung weder in die eine noch in die andere Richtung eine Rolle spielen.[3663]

Insoweit kann in solchen Fällen eine gewisse Beeinflussung jedenfalls der Interessenlage beim Unverhältnismäßigkeitseinwand mit Blick auf ein in Kürze ablaufendes Patent als ein Patent von vielen Patenten, die zwischen den Parteien im Streit stehen, durch den FRAND-Kontext angenommen werden. Allerdings darf dabei nicht aus dem Auge verloren werden, dass der Patentinhaber unter Umständen zur Durchsetzung einer als FRAND zu betrachtenden Portfolio- bzw. Poollizenzierung auf die Durchsetzung auch einzelner SEP angewiesen sein kann und eine konkret beantragte Aufbrauch- oder Umstellungsfrist sich im Rahmen eines bestimmten Prozessrechtsverhältnisses auf ein konkretes Klagepatent bezieht. Dessen Schutz darf grundsätzlich nicht am Ende der Patentschutzdauer unterlaufen werden, auch wenn dem Patentinhaber noch weitere Patente zur Verfügung stehen, aus denen er dem Verletzer die Herstellung eines mehrere Patente verletzenden Produkts untersagen könnte. Eine geringere den Patentinhaber begünstigende Gewichtung des Kriteriums der kurzen Restschutzdauer kann daher nur in Betracht kommen, wenn es dem Patentinhaber zumutbar ist, sich auf seine anderen Schutzrechte verweisen zu lassen, weil er seine wirtschaftlichen Interessen mit deren Hilfe gleichwertig wahren kann. Dies ist nicht anzunehmen, wenn das betroffene SEP mit kurzer Restschutzdauer von zentraler Bedeutung für den

---

[3661] Siehe: 3. Teil Kap. B. V. 1. c) cc) (S. 239 f.) und 3. Teil Kap. B. V. 2. c) bb) (S. 247 ff.).
[3662] *Picht/Contreras*, GRUR Int. 2023, 435, 446.
[3663] *Dies.*, GRUR Int. 2023, 435, 446.

Standard oder in der Rechtsdurchsetzung (etwa durch einen geklärten Rechtsbestand oder vergangene Verletzungsprozesse bezüglich des gleichen Standards) besonders erprobt ist und dies hinsichtlich der anderen Patente aus dem Portfolio bzw. Pool nicht der Fall ist.

e) Verhalten des Patentverletzers

Im Rahmen des § 139 Abs. 1 S. 3 PatG ist das Verhalten des Patentverletzers sowohl hinsichtlich seines Vorverhaltens vor der Nutzungsaufnahme (ausreichende Freedom-to-operate-Analyse) und seines infolgedessen bei der Verletzung anzunehmenden Verschuldensgrades als auch bezüglich seiner bei Kenntniserlangung von der Verletzung ergriffenen Maßnahmen zur Abwendung von Härten, also insbesondere der Vornahme erforderlicher Lizenzierungs- und Umstellungsbemühungen, relevant.[3664] Das Verhalten von Patentinhaber und Verletzer ist zugleich ein prägendes Element der FRAND-Rechtsprechung.[3665] Sowohl das Prozedere nach *Huawei/ZTE* als auch die Anforderungen aus *Orange-Book-Standard* sehen Verhaltensanforderungen vor, anhand derer die Kartellrechtskonformität der Durchsetzung des Unterlassungsanspruchs beurteilt wird.[3666] Ein lizenzwilliger Verletzer kann eine Lizenzierung auf kartellrechtlicher Grundlage beanspruchen und dies dem Patentinhaber im Rahmen des Patentverletzungsprozesses als kartellrechtlichen Zwangslizenzeinwand entgegenhalten.[3667] Die FRAND-Rechtsprechung reflektiert das Verhalten des Patentverletzers also hinsichtlich der Beurteilung der Lizenzierungsbemühungen vollumfänglich.[3668] Wer lizenzunwillig im Sinne der FRAND-Rechtsprechung ist, der ist es auch im Sinne des Unverhältnismäßigkeitseinwands.[3669] Im FRAND-Kontext ist der Maßstab für das Verhalten der Parteien im Rahmen des § 139 Abs. 1 S. 3 PatG der gleiche wie beim kartellrechtlichen Zwangslizenzeinwand.[3670]

Zum Teil wird erwogen, es könne zu differenzieren sein, ob ein Verletzer seine Obliegenheiten nur geringfügig verletzt habe oder ob er als eindeutig lizenzunwillig anzusehen sei.[3671] Auch wenn die Gesamtabwägung im Rahmen des Unverhältnismäßigkeitseinwands solchen

---

[3664] Siehe: 4. Teil Kap. E. IV. 1. (S. 398 ff.).
[3665] *Ohly/Stierle*, GRUR 2021, 1229, 1236.
[3666] *Kühnen*, Hdb. Patentverletzung, Kap. D Rn. 587.
[3667] LG Mannheim, Urt. v. 05.07.2022 – 2 O 75/21, GRUR-RS 2022, 29741, Rn. 104 – *LTE-Mobilfunkstandard*; *Picht*, GRUR 2019, 1097, 1102.
[3668] *Kühnen*, Hdb. Patentverletzung, Kap. D Rn. 586-587.
[3669] LG München I, Urt. v. 05.08.2022 – 21 O 8879/21, GRUR-RS 2022, 34498, Rn. 90 – *keepawakemessage*; *Plagge*, Der patentrechtliche Unterlassungsanspruch, S. 455.
[3670] *Ohly/Stierle*, GRUR 2021, 1229, 1236; *Picht/Contreras*, GRUR Int. 2023, 435, 447.
[3671] *Picht/Contreras*, GRUR Int. 2023, 435, 442, die sich allerdings letztlich für einen einheitlichen Maßstab aussprechen (S. 447); *Plagge*, Der patentrechtliche Unterlassungsanspruch, S. 456, der aber anmerkt, dass Fälle nur geringfügiger Obliegenheitsverletzungen selten vorliegen werden und in der Regel ein Gleichlauf in der Beurteilung der Lizenzwilligkeit bestehen wird.

Differenzierungen grundsätzlich offensteht, sind sie im Kontext der Lizenzunwilligkeit nicht vorzunehmen und für sich genommen auch in der Regel nicht zielführend. Letzteres liegt darin begründet, dass ein bei unbegründetem kartellrechtlichem Zwangslizenzeinwand zwangsläufig festgestellter Verstoß des Verletzers gegen seine Verhandlungsobliegenheiten im Zuge des Unverhältnismäßigkeitseinwands in jedem Fall gegen eine Einschränkung des Unterlassungsanspruchs spricht. Ob ein geringfügiger Verstoß nur in geringem Maße gegen diese Einschränkung spricht und ein schwerwiegender Verstoß in großem Maße dagegen spricht, kann erst dann eine Rolle spielen, wenn weitere außerhalb des Verhaltens liegende Faktoren hinzutreten, die für eine Einschränkung sprechen. Nur dann kann es für die Abwägung überhaupt eine Rolle spielen, ob ein leichter Verstoß aufzuwiegen ist oder ein schwerwiegender. Dies nämlich in der Hinsicht, welches Gewicht die für eine Einschränkung sprechenden Faktoren haben müssen.

Darüber hinaus ist eine solche Differenzierung aber auch dem Grunde nach schon nicht vorzunehmen. Der Grund hierfür liegt in der Herleitung der Relevanz von Lizenzierungsbemühungen für den Unverhältnismäßigkeitseinwand. Diese sind daher zu verlangen, dass eine nicht durch das Ausschließlichkeitsrecht gerechtfertigte Härte nach den Geboten von Treu und Glauben dort nicht bestehen kann, wo der Verletzer die Härte selbst abwenden kann.[3672] Es besteht für ihn aber im Rahmen seines kartellrechtlichen Lizenzierungsanspruchs eine ausreichende Abwendungsmöglichkeit jeglicher Härten, wenn er sich nur an seine Verhandlungsobliegenheiten hält.[3673] Tut er dies nicht, kann er sich nicht auf eine ungerechtfertigte Härte berufen. Das FRAND-Regime ermöglicht eine die jeweiligen Umstände des Einzelfalls berücksichtigende Beurteilung des Verletzerverhaltens und wägt seine Lizenzierungsbemühungen in Abhängigkeit von der jeweiligen Lizenzierungssituation und dem Verhalten und der Reaktionen des Patentinhabers ab. Bei einem unbegründeten kartellrechtlichen Zwangslizenzeinwand ist das Ergebnis dieser Wertung, dass die Abwendung der Unterlassungsverurteilung dem Verletzer möglich gewesen wäre, ihm aber aufgrund seines Verhaltens zu verwehren ist.[3674] Dies gilt unabhängig davon, ob ein Verstoß gegen die Verhandlungsobliegenheiten als geringfügig oder schwerwiegend einzustufen ist. Die Abwendungsmöglichkeit bestand in beiden Fällen. Ihr Nichtergreifen ist dem Verletzer auch im Rahmen des Unverhältnismäßigkeitseinwands anzulasten und stellt stets einen Umstand dar, der in besonderem Maße gegen eine Einschränkung des Unterlassungsanspruchs spricht.[3675]

[3672] *Kühnen*, Hdb. Patentverletzung, Kap. D Rn. 595-597.
[3673] LG Mannheim, Urt. v. 05.07.2022 – 2 O 75/21, GRUR-RS 2022, 29741, Rn. 104 – *LTE-Mobilfunkstandard*; LG München I, Urt. v. 05.08.2022 – 21 O 8879/21, GRUR-RS 2022, 34498, Rn. 90 – *keepawake-message*; *Picht*, GRUR 2019, 1097, 1102; *Plagge*, Der patentrechtliche Unterlassungsanspruch, S. 455.
[3674] *Kühnen*, Hdb. Patentverletzung, Kap. D Rn. 587; Schulte/*D. Voß*, § 139 PatG Rn. 79.
[3675] LG München I, Urt. v. 05.08.2022 – 21 O 8879/21, GRUR-RS 2022, 34498, Rn. 90 – *keepawake-message*; *Kühnen*, Hdb. Patentverletzung, Kap. D Rn. 587; *Picht/Contreras*, GRUR Int. 2023, 435, 447; Schulte/*D. Voß*, § 139 PatG Rn. 79.

Hinsichtlich der weiteren Aspekte, die im Rahmen des Verletzerverhaltens außerhalb von Lizenzierungsbemühungen zu berücksichtigen sind, macht die FRAND-Rechtsprechung hingegen weniger Vorgaben. Allerdings spielen diese Aspekte im FRAND-Kontext aus tatsächlichen Gründen häufig eine geringe Rolle. So sind zumutbare Umstellungsbemühungen im Standardisierungskontext in der Regel nicht vorhanden,[3676] sodass diese vom Verletzer auch nicht ergriffen werden müssen.[3677] Die Abwendung von Härten wird im FRAND-Kontext regelmäßig nur durch eine Lizenzierung bzw. entsprechende Lizenzierungsbemühungen zu erreichen sein.

Zulasten des Verletzers können eine unterlassene oder fehlerhafte Aufklärung der Schutzrechtssituation vor Nutzungsaufnahme und insbesondere eine vorsätzliche oder grob fahrlässige Patentverletzung als hinzutretender Faktor im Rahmen des Unverhältnismäßigkeitseinwands berücksichtigt werden.[3678] Allerdings ist hinsichtlich der Sorgfaltsanforderungen die Erkenntnis des EuGH zu beachten, dass bei SEP aufgrund der unübersichtlichen Schutzrechtssituation eine Klärung der Rechte Dritter besonders schwierig ist.[3679] In der Regel wird bei einer Standardnutzung also nur eine leichte Fahrlässigkeit anzunehmen sein und eine vorgenommene Freedom-to-operate-Analyse nicht deswegen als unzureichend zu beurteilen sein, weil das betreffende SEP nicht gefunden wurde, sofern die Analyse für sich genommen *lege artis* erfolgte. Ist dem Verletzer darüber hinaus aber ein Sorgfaltsverstoß vorzuwerfen, so ist dieser im Rahmen des § 139 Abs. 1 S. 3 PatG auch in FRAND-Fällen berücksichtigungsfähig und spricht dann erst recht gegen eine Einschränkung des Unterlassungsanspruchs.[3680]

## f)	Verhalten des Patentinhabers

Für das Verhalten des Patentinhabers im Rahmen eines laufenden Verhandlungsprozesses zwischen Patentinhaber und Patentverletzer gilt das zum Verhalten des Verletzers Gesagte spiegelbildlich, sodass auch hier die FRAND-Rechtsprechung eine grundsätzlich abschließende Bewertung vornimmt, die auf den Unverhältnismäßigkeitseinwand zu übertragen ist. Bei Einhaltung der patentinhaberseitigen Verhandlungsobliegenheiten mit dem Ergebnis, dass der kartellrechtliche Zwangslizenzeinwand unbegründet ist, ist dieses Verhalten im Rahmen des § 139 Abs. 1 S. 3 PatG nicht anders zu bewerten.[3681] Die Inanspruchnahme mit dem Unterlassungsanspruch begründet dann keine Unverhältnismäßigkeit auf Grundlage des Verhaltens des Patentinhabers.[3682]

[3676]	*Ohly/Stierle*, GRUR 2021, 1229, 1236.
[3677]	*Kühnen*, GRUR 2009, 288, Kap. D Rn. 597 Fn. 913.
[3678]	*Picht/Contreras*, GRUR Int. 2023, 435, 447; *Stierle/Hofmann*, GRUR Int. 2022, 1123, 1136.
[3679]	EuGH, Urt. v. 16.07.2015 – C-170/13, GRUR 2015, 764, Rn. 62 – *Huawei/ZTE*; *Picht/Contreras*, GRUR Int. 2023, 435, 447.
[3680]	*Stierle/Hofmann*, GRUR Int. 2022, 1123, 1136.
[3681]	*P. Tochtermann*, ZGE 2019, 362, 365.
[3682]	*Ohly*, GRUR 2021, 304, 307.

In zweierlei Hinsicht kann es aber zu Situationen kommen, in denen ein Verhalten des Patentinhabers durch die FRAND-Rechtsprechung im konkreten Fall noch nicht bewertet wurde, sodass es als hinzutretender Faktor im Rahmen des Unverhältnismäßigkeitseinwandes Eingang in die Gesamtabwägung finden kann: Die erste Konstellation betrifft das Verhalten des Patentinhabers vor Einleitung von Lizenzverhandlungen, wenn eine Benachrichtigung des Verletzers in Form eines Verletzungshinweises, einer Berechtigungsanfrage oder einer Abmahnung treuwidrig unter Kenntnis von der Verletzung verzögert wird, um den Verletzer in eine Lock-in-Situation laufen zu lassen in der Hoffnung, dann überhöhte Lizenzgebühren durchsetzen zu können.[3683] Angesichts der Tatsache, dass die FRAND-Pflichten der Parteien im Prozess nachgeholt werden können,[3684] ein Verletzungshinweis im Sinne von *Huawei/ZTE* beispielsweise auch erst durch Klageerhebung erfolgen kann[3685] und die FRAND-Rechtsprechung somit keine Regelung darüber trifft, welche Zeitspanne zwischen Kenntnis der Verletzung und Einleitung des FRAND-Prozederes liegen muss, kann eine treuwidrige Verzögerung des Patentinhabers vor Inkenntnissetzung des Verletzers im Rahmen der Unverhältnismäßigkeit zu seinen Lasten berücksichtigt werden.[3686]

Während ein solches Verhalten, welches ebenso wie das Verheimlichen eines SEP im Rahmen eines Standardisierungsprozesses eines De-iure-Standards oftmals auch als Patenthinterhalt bezeichnet wird, von der FRAND-Rechtsprechung nicht erfasst ist, besteht hinsichtlich des Verheimlichens im Standardisierungsprozess die Möglichkeit einer kartellrechtlichen Sanktionierung.[3687] Einer für eine Einschränkung des Unterlassungsanspruchs sprechenden parallelen Wertung eines solchen Patenthinterhalts in der Standardsetzung bei § 139 Abs. 1 S. 3 PatG[3688] bedarf es aufgrund des dann begründeten kartellrechtlichen Einwands schon gar nicht mehr.

Die zweite Konstellation einer möglicherweise von der FRAND-Rechtsprechung nicht erfassten Verhaltensweise des Patentinhabers betrifft eine Situation, in welcher der kartellrechtliche Zwangslizenzeinwand aufgrund der Lizenzunwilligkeit des Verletzers zurückgewiesen wird, der Patentinhaber aber trotz Abgabe einer FRAND-Erklärung ein FRAND-widriges Angebot gegenüber dem Verletzer abgegeben hat.[3689] Für diesen Fall wird vertreten, dass das Angebot des Patentinhabers im konkreten Fall keiner kartellrechtlichen Wertung im Rahmen der *Huawei/ZTE*-Kriterien mehr unterzogen wurde, weil die Prüfung des FRAND-Prozederes bereits vorher beendet war, sodass eine FRAND-Widrigkeit des patentinhaberseitigen Angebots im Rahmen des

---

[3683] Siehe: 4. Teil Kap. E. IV. 2. (S. 403).
[3684] Siehe: 3. Teil Kap. B. III. 2. (S. 170 ff.).
[3685] Siehe: 3. Teil Kap. B. IV. 1. b) (S. 177 f.).
[3686] *Picht/Contreras*, GRUR Int. 2023, 435, 447.
[3687] Siehe: 3. Teil Kap. B. VIII. (S. 279 ff.).
[3688] *Picht/Contreras*, GRUR Int. 2023, 435, 449.
[3689] *Dies.*, GRUR Int. 2023, 435, 441-442, 446-447.

Verhältnismäßigkeitseinwandes trotz des erfolglosen FRAND-Einwands zulasten des Patent-inhabers ins Gewicht fallen kann.[3690] Hier wirke sich die Abgabe einer FRAND-Erklärung im Rahmen des Unverhältnismäßigkeitseinwands aus.[3691]

Dem ist nur in dem Sinne eingeschränkt zuzustimmen, dass eine Berücksichtigung der FRAND-Widrigkeit des Angebots des Patentinhabers im Rahmen des Unverhältnismäßigkeits-einwands nur bei offensichtlicher FRAND-Widrigkeit dieses Angebots als hinzutretender Faktor einzubeziehen ist. Richtig ist, dass die FRAND-Erklärung zu einer Verortung der Initiativlast hinsichtlich der Abgabe eines FRAND-Angebots aufseiten des SEP-Inhabers führt und der durch die FRAND-Erklärung geschaffene Vertrauenstatbestand im Verhältnis zwischen Patentinhaber und Verletzer eine gewichtige Rolle spielt. Dies findet bei SEP mit FRAND-Erklärung aber grundsätzlich bereits im Pflichtenprogramm nach *Huawei/ZTE* Niederschlag. Endet die Prüfung bereits auf der zweiten Ebene der *Huawei/ZTE*-Roadmap, weil der Verletzer nach einem erteilten Verletzungshinweis nicht lizenzbereit ist, so kommt es auf die FRAND-Konformität des patent-inhaberseitigen Angebots nicht mehr an. Grundsätzlich versperrt dann die Tatsache, dass das FRAND-Angebot generell Teil der kartellrechtlichen Verhandlungsobliegenheiten ist, nicht eine hinzutretende Berücksichtigung im Unverhältnismäßigkeitseinwand, weil es darauf ankommt, ob eine zu übertragende Bewertung im konkreten Fall auch vorgenommen wurde.

Zu beachten ist in diesem Kontext aber auch, dass die Pflicht des Patentinhabers zur Abgabe eines tatsächlich im Einzelnen FRAND-konformen Angebots nach der hier vertretenen Ansicht einer konsekutiven Beurteilung der *Huawei/ZTE*-Kriterien[3692] erst entsteht, wenn die Lizenz-bereitschaft des Verletzers positiv festgestellt werden kann. Insofern trifft das FRAND-Regime hier also doch eine Vorentscheidung: Denn wenn der SEP-Inhaber kartellrechtlich nicht zur Ab-gabe eines im Einzelnen FRAND-konformen Angebots verpflichtet ist, kann ihm die überobliga-torische Abgabe eines – wenn auch im Einzelnen nicht FRAND-konformen – Angebots nicht im Rahmen des Unverhältnismäßigkeitseinwands zur Last gelegt werden. Die fehlende FRAND-Konformität im Einzelnen beinhaltet mangels kartellrechtlicher Pflicht zu einem solchen Angebot auch schlicht kein Fehlverhalten des Patentinhabers. Sie ist also beim Unverhältnismäßigkeits-einwand nicht zusätzlich zu Rate zu ziehen.

Lediglich wenn das abgegebene Angebot Ausdruck einer partout fehlenden Bereitschaft zur Lizenzierung ist, weil es als offensichtlich FRAND-widrig zu bewerten ist, kann dies einen Ver-stoß gegen die grundlegende, während der gesamten Lizenzverhandlungen bestehende Pflicht des Patentinhabers, auf eine FRAND-Lizenzierung hinzuwirken, darstellen, weil ein offensichtlich

---

[3690] *Picht/Contreras*, GRUR Int. 2023, 435, 446–447.

[3691] *Picht/Contreras*, GRUR Int. 2023, 435, 447; allgemein zur Berücksichtigung der Abgabe einer FRAND-Erklärung als Vorverhalten des Patentinhabers unabhängig von einer vertraglichen Dimension der FRAND-Erklärung: *Ohly*, GRUR 2021, 304, 307.

[3692] Siehe: 3. Teil Kap. B. IV. 2. a) bb) (S. 186 ff.) und cc) (S. 190 ff.).

FRAND-widriges Angebot selbst bei vorliegender Lizenzwilligkeit des Verletzers keine Verhandlungsgrundlage für ein Zustandekommen eines FRAND-Lizenzvertrages bildet. Kommt diese offensichtliche FRAND-Widrigkeit mangels Lizenzwilligkeit des Verletzers im Rahmen des Kartellrechtseinwands nicht zur Geltung, so kann sie trotz unbegründetem kartellrechtlichen Zwangslizenzeinwand bei § 139 Abs. 1 S. 3 PatG als hinzutretender Faktor zulasten des Patentinhabers berücksichtigt werden. Darüber hinaus ist aber eine Prüfung der FRAND-Konformität des Angebots im Einzelnen im Rahmen des Unverhältnismäßigkeitseinwandes nicht nötig, wenn es darauf mangels Lizenzwilligkeit des Verletzers im Zuge des kartellrechtlichen Zwangslizenzeinwandes schon nicht ankam.

Dies gilt sowohl, wenn die Lizenzbereitschaft des Verletzers ohne jeden Blick auf das Angebot des Patentinhabers und ein etwaiges Gegenangebot des Verletzers verneint wurde, als auch zumindest theoretisch dann, wenn zur Beurteilung dieser allgemeinen Lizenzbereitschaft das Gegenangebot, in dem begrenzten Rahmen wie es auch bei einer konsekutiven Beurteilung angezeigt ist,[3693] einbezogen wurde. Zwar ist dann zur Ermittlung, ob ein Anlass für ein (jedenfalls nicht offensichtlich FRAND-widriges) Gegenangebot bestand, zu prüfen, ob ein nicht offensichtlich FRAND-widriges Angebot des Patentinhabers vorlag.[3694] Dieses wird aber nicht mit Blick auf das Verhalten des Patentinhabers bewertet, sondern nur zum Zwecke der Bewertung des Verletzerverhaltens im Laufe der Verhandlungen und dessen Ausdruck einer ernsthaften, fortbestehenden Lizenzbereitschaft des Verletzers. Auch dann ist also eine Wertung durch die FRAND-Rechtsprechung hinsichtlich des offensichtlich FRAND-widrigen Patentinhaberverhaltens noch nicht vorgenommen worden und kann eine offensichtliche FRAND-Widrigkeit des Angebots des Patentinhabers im Rahmen des § 139 Abs. 1 S. 3 PatG zu dessen Lasten gehen. Faktisch wird aber dann, wenn, wie im hier untersuchten Fall eines erfolglosen FRAND-Einwands, trotz dieser Prüfung am Ende das Ergebnis einer Lizenzunwilligkeit des Verletzers steht, das Angebot des SEP-Inhabers in der Praxis schon nicht offensichtlich FRAND-widrig gewesen sein. Relevant wird eine offensichtliche FRAND-Widrigkeit beim Unverhältnismäßigkeitseinwand also in der Regel nur, wenn die Lizenzbereitschaft des Verletzers von vorneherein schon ohne jeden Einbezug des Angebots und des Gegenangebots fehlt.

Die Beschränkung einer zusätzlichen Berücksichtigung der FRAND-Widrigkeit eines im Rahmen des Kartellrechtseinwands nicht auf seine FRAND-Konformität geprüften Angebots des Patentinhabers auf Fälle einer offensichtlichen FRAND-Widrigkeit ist nicht nur bei Annahme der hier vertretenen Konsekutivität der Verhandlungsobliegenheiten nach *Huawei/ZTE* anzunehmen. Auch die Ansicht, welche die Lizenzbereitschaft des Verletzers im Rahmen einer Gesamtbewertung des Verhaltens des Verletzers unter Einbezug der tatsächlichen FRAND-Konformität des verletzerseitigen Gegenangebots im Einzelnen ermitteln möchte,[3695] untersucht das Angebot des

---

[3693] Siehe: 3. Teil Kap. B. IV. 2. a) cc) (3) (S. 197 ff.).
[3694] Siehe: 3. Teil Kap. B. IV. 2. a) cc) (3) (S. 197 ff.).
[3695] Siehe: 3. Teil Kap. B. IV. 2. a) aa) (S. 181 ff.).

Patentinhabers in Bezug auf eine offensichtliche FRAND-Widrigkeit nur zur Beurteilung, ob es eines (nach dieser Ansicht im Einzelnen tatsächlich FRAND-konformen) Gegenangebots des Verletzers bedarf. Erst recht nimmt diese das Gegenangebot vor dem Angebot auf seine tatsächliche FRAND-Konformität prüfende Ansicht, die höhere Anforderungen an die Lizenzwilligkeit des Verletzers stellt, bei Ablehnung dieser Lizenzwilligkeit mangels FRAND-Konformität des Gegenangebots keine Erforderlichkeit eines im Einzelnen FRAND-konformen Angebots des Patentinhabers an. Auch hier gilt sodann, dass, wenn das FRAND-Regime eine tatsächliche FRAND-Konformität des Angebots des Patentinhabers nicht verlangt, dies bei § 139 Abs. 1 S. 3 PatG ebenfalls keine Auswirkung haben und allenfalls eine offensichtliche FRAND-Widrigkeit im Rahmen des Unverhältnismäßigkeitseinwands als noch nicht reflektierter Umstand hinzutreten kann.

g)   Drittinteressen

Die FRAND-Rechtsprechung ist auf die Verhinderung eines Marktmachtmissbrauchs gerichtet und setzt ein öffentliches Interesse für die Gewähr eines kartellrechtlichen Zwangslizenzeinwands nicht voraus.[3696] Vom Schutz des funktionierenden Wettbewerbs, den das kartellrechtliche Missbrauchsverbot gewährleisten soll, profitieren Dritte nur mittelbar.[3697] Der Drittschutz wird aber nicht zu einem Kriterium der Kartellrechtskonformität nach FRAND-Grundsätzen gemacht.[3698] Auch bei vergleichsweisem Einbezug von Drittlizenzverträgen in die Bestimmung dessen, was FRAND ist, erfolgt dies lediglich zur Festlegung eines Maßstabs für eine Ausbeutungs- und Diskriminierungsfreiheit gegenüber dem jeweiligen Lizenzsucher.[3699]

Daraus ergibt sich, dass mangels Vorbewertung durch die FRAND-Rechtsprechung eine Berücksichtigung von Drittinteressen als hinzutretender Faktor in der Gesamtabwägung des § 139 Abs. 1 S. 3 PatG möglich ist.[3700] Insbesondere bei beeinträchtigten Drittinteressen aus den Bereichen des Gesundheitswesens und der kritischen Infrastruktur kommt eine Abwägung von Drittinteressen zugunsten einer Einschränkung des Unterlassungsanspruchs neben einem unbegründeten kartellrechtlichen Zwangslizenzeinwand in Betracht.[3701]

[3696] BGH, Urt. v. 13.07.2004 – KZR 40/02, GRUR 2004, 966, 967 – *Standard-Spundfass*; *McGuire*, Mitt. 2018, 297, 298.

[3697] *Schellhorn*, Der patentrechtliche Unterlassungsanspruch im Lichte des Verhältnismäßigkeitsgrundsatzes, S. 305–306.

[3698] *Picht/Contreras*, GRUR Int. 2023, 435, 448.

[3699] Siehe: 3. Teil Kap. B. V. 1. b) (S. 233 ff.) und 3. Teil Kap. B. V. 2. b) (S. 244 f.).

[3700] *Ohly/Stierle*, GRUR 2021, 1229, 1236; *Picht/Contreras*, GRUR Int. 2023, 435, 441, 448-449; *Plagge*, Der patentrechtliche Unterlassungsanspruch, S. 455.

[3701] *Ohly/Stierle*, GRUR 2021, 1229, 1236; *Picht/Contreras*, GRUR Int. 2023, 435, 441, 448-449.

Eine Ausnahme davon stellen lediglich die Interessen von Zulieferern und Abnehmern in einer Verwertungskette dar,[3702] sofern diese – wie hier vertreten – überhaupt als Drittinteressen einbezogen und das nötige Gewicht erlangen können.[3703] Die Verwertungskettenproblematik wird von der FRAND-Rechtsprechung adressiert.[3704] Im Rahmen des kartellrechtlichen Zwangslizenzeinwandes finden die Interessen von Zulieferern und Abnehmern insbesondere bei der hier vertretenen Lösung über einen License-to-all-Ansatz Berücksichtigung, bei dem jedem Glied einer Verwertungskette ein eigener Lizenzierungsanspruch zugesprochen wird und eine Berufung auf einen abgeleiteten Kartellrechtseinwand möglich ist.[3705] Aber auch bei einer Beurteilung nach dem Access-to-all-Prinzip wird eine Bewertung der jeweiligen Interessen Dritter innerhalb der Verwertungskette vorgenommen, auch wenn hierbei das Ergebnis der Bewertung ist, dass Zulieferer lediglich auf sogenannte Have-made-Rechte verwiesen werden.[3706] Da das FRAND-Regime also eine Berücksichtigung der Zulieferer- und Abnehmerinteressen innerhalb einer Verwertungskette bereits vorsieht, können diese in SEP-Fällen nicht neben einem unbegründeten kartellrechtlichen Zwangslizenzeinwand als zusätzlicher Faktor für eine Einschränkung des Unterlassungsanspruchs durch den Unverhältnismäßigkeitseinwand herangezogen werden.

3. Der Entschädigungsanspruch gemäß § 139 Abs. 1 S. 4 PatG in SEP-Fällen

Kommt es trotz eines erfolglosen kartellrechtlichen Zwangslizenzeinwands dazu, dass der Unverhältnismäßigkeitseinwands aufgrund zugunsten des Verletzers hinzutretender und die gegen den Verletzer sprechenden Wertungen des unbegründeten Kartellrechtseinwands aufwiegenden Umstände zu gewähren ist, so hat der Patentinhaber den Anspruch auf Entschädigung gemäß § 139 Abs. 1 S. 4 PatG. Es gilt dann zu klären, wie dieser Anspruch im FRAND-Kontext zu bemessen ist. Grundsätzlich wird hinsichtlich der Höhe des Entschädigungsanspruchs auf eine fiktive angemessene Lizenz abgestellt, wobei Ab- und Zuschläge nach Billigkeitsgesichtspunkten möglich sind.[3707]

Auch wenn der kartellrechtliche Zwangslizenzeinwand unbegründet ist, besteht die grundsätzliche Pflicht des Marktbeherrschers, Zugang zu seinem Patent zu FRAND-Bedingungen zu ermöglichen. Als im Rahmen der Methode der Lizenzanalogie angemessene fiktive Lizenzgebühr ist also eine FRAND-Lizenz anzusehen.[3708] Darüber hinaus ergibt sich aus der kartellrechtlichen

---

[3702] Drittinteressen auch eher außerhalb von Verwertungsketten als berücksichtigungsfähig ansehend: *Picht/Contreras*, GRUR Int. 2023, 435, 441.
[3703] Siehe: 4. Teil Kap. E. V. 2. (S. 408 ff.).
[3704] Siehe: 3. Teil Kap. B. VI. (S. 263 ff.).
[3705] Siehe: 3. Teil Kap. B. VI. 2. (S. 265 f.) und 3. (S. 267 ff.).
[3706] Siehe: 3. Teil Kap. B. VI. 1. (S. 264 f.).
[3707] Siehe: 4. Teil Kap. D. IV. 3. (S. 377 ff.).
[3708] *Ohly*, GRUR 2022, 303, 307; *Picht/Contreras*, GRUR Int. 2023, 435, 443–444.

Pflichtenstellung des marktbeherrschenden SEP-Inhabers, dass im FRAND-Kontext grundsätzlich keine Ab- oder Zuschläge nach Billigkeitsgesichtspunkten vorzunehmen sind.[3709] Zumindest dürfte durch diese, wenn sie vorgenommen würden, die Entschädigungssumme den Korridor einer FRAND-konformen Lizenzgebühr nicht verlassen. Denn solche Ab- oder Zuschläge im Einzelfall würden einem Patentnutzer einen Marktzugang gewähren, der vom Zugang anderer eine FRAND-Lizenz nehmender Marktteilnehmer abweicht. Dies würde den Wettbewerb dieser Unternehmen untereinander durch unterschiedlich hohe, von diesen beim jeweiligen Produktabsatz einzupreisende Lizenzierungskosten verzerren. Eine Diskriminierung von Marktteilnehmern darf aber auch nicht über den Umweg des Entschädigungsanspruchs nach § 139 Abs. 1 S. 4 PatG eintreten. Hat der Patentinhaber eine FRAND-Erklärung abgegeben, spricht der dadurch geschaffene Vertrauenstatbestand ebenfalls für eine Kalkulation der Entschädigungshöhe nach FRAND-Grundsätzen.[3710]

Da der Zweck des Entschädigungsanspruchs, dem Patentinhaber eine unmittelbare und leicht zugängliche Kompensation für den (vorübergehenden) Verlust der Durchsetzbarkeit seines Unterlassungsanspruchs zu verschaffen, mit der Durchführung eines vollständigen Höheprozesses nicht vereinbar ist, hat im allgemeinen Kontext in der Regel eine Schätzung nach § 287 ZPO zu erfolgen.[3711] Auch im FRAND-Kontext, in dem die Bestimmung einer FRAND-Gebühr voraussetzungsreich und schwierig sein kann,[3712] muss dem erkennenden Gericht daher ein gewisser Spielraum zustehen, das FRAND-Niveau im Rahmen des § 139 Abs. 1 S. 4 PatG annäherungsweise zu bestimmen.[3713]

Davon abweichende weitergehende Schadensersatzansprüche bleiben auch in SEP-Fällen gemäß § 139 Abs. 1 S. 5 PatG vom Unverhältnismäßigkeitseinwand unberührt.[3714] Eine mögliche Begrenzung auch des Schadensersatzanspruchs auf eine FRAND-Lizenz oder das Fehlen einer solchen Begrenzung richtet sich allein nach den im Rahmen der FRAND-Rechtsprechung geltenden Vorgaben.[3715]

[3709] *Picht/Contreras*, GRUR Int. 2023, 435, 443–444 („default compensation instead of a mere starting point which is then adjusted up- or downwards").

[3710] *Ohly*, GRUR 2022, 303, 307; *Picht/Contreras*, GRUR Int. 2023, 435, 443–444.

[3711] Siehe: 4. Teil Kap. D. IV. 3. (S. 377 ff.).

[3712] Siehe: 3. Teil Kap. B. V. 3. (S. 255 ff.).

[3713] *Picht/Contreras*, GRUR Int. 2023, 435, 444.

[3714] *Dies.*, GRUR Int. 2023, 435, 444.

[3715] Dazu: BGH, Urt. v. 05.05.2020 – KZR 36/17, GRUR 2020, 961, Rn. 111 – *FRAND-Einwand I*; OLG Düsseldorf, Urt. v. 30.03.2017 – 15 U 66/15, GRUR 2017, 1219, Rn. 238, 246 – *Mobiles Kommunikationssystem*; OLG Karlsruhe, Urt. v. 30.10.2019 – 6 U 183/16, GRUR 2020, 166, Rn. 138 – *Datenpaketverarbeitung*.

III. Bewertung der neueren Instanzrechtsprechung mit SEP-Bezug

Vor dem Hintergrund der im 5. Teil erzielten Erkenntnisse kann die bislang zu § 139 Abs. 1 S. 3 PatG ergangene Instanzrechtsprechung mit SEP-Bezug[3716] einer Bewertung mit Blick auf die Auslegung des Unverhältnismäßigkeitseinwands in SEP-Fällen unterzogen werden. Die Gerichte wenden den Unverhältnismäßigkeitseinwand zurecht neben dem kartellrechtlichen Zwangslizenzeinwand an. In bisher keinem Fall war in einer Konstellation über den Unverhältnismäßigkeitseinwand zu entscheiden, in welcher der kartellrechtliche Zwangslizenzeinwand für begründet gehalten wurde. Die vorhandenen Entscheidungen mit SEP-Bezug stammen also allesamt aus der Fallgruppe des Unverhältnismäßigkeitseinwands bei unbegründetem kartellrechtlichem Zwangslizenzeinwand. Der Unverhältnismäßigkeitseinwand war im Gleichlauf mit dem Kartellrechtseinwand jedoch in keinem der Fälle erfolgreich. Anders als in der US-amerikanischen Rechtsprechungstendenz nach *ebay/MercExchange*[3717] bleibt die gerichtliche Durchsetzbarkeit des Unterlassungsanspruchs auch in der Instanzrechtsprechung nach dem 2. PatMoG der Regelfall.

Die Gerichte haben bei entsprechendem Parteivortrag die Kriterien des Unverhältnismäßigkeitseinwands jeweils im Einzelnen mit Blick auf eine mögliche Einschränkung des Unterlassungsanspruchs bewertet. Dabei haben Sie die Besonderheit des Standardisierungskontexts berücksichtigt und an passenden Stellen auf Wertungen der FRAND-Rechtsprechung verwiesen.[3718] Insbesondere die Lizenzierungsmöglichkeit zu FRAND-Bedingungen und die in den von den Gerichten entschiedenen Fällen vorliegende Lizenzunwilligkeit des Verletzers wogen hier parallel zur Bewertung beim kartellrechtlichen Zwangslizenzeinwand zurecht schwer zulasten des Verletzers.[3719] Mit Ausnahme der von den Gerichten praktizierten Prüfungsreihenfolge,[3720] die aber nicht zu einer anderen inhaltlichen Beurteilung des Unverhältnismäßigkeitseinwands in SEP-Fällen führte, entspricht die bisherige instanzgerichtliche Praxis nach dem Inkrafttreten des 2. PatMoG hinsichtlich der von den Gerichten aufgrund des ihnen vorliegenden Fallmaterials behandelten Konstellationen und Kriterien dem in dieser Arbeit vertretenen Verständnis des Unverhältnismäßigkeitseinwands im FRAND-Kontext.

[3716] Siehe: 4. Teil Kap. F. II. (S. 424 ff.).

[3717] Rechtsvergleichend zum US-Recht: *Picht/Contreras*, GRUR Int. 2023, 435, 437–441.

[3718] Bspw.: LG Mannheim, Urt. v. 05.07.2022 – 2 O 75/21, GRUR-RS 2022, 29741, Rn. 103-104 – *LTE-Mobilfunkstandard*; LG München I, Urt. v. 05.08.2022 – 21 O 8879/21, GRUR-RS 2022, 34498, Rn. 88-91 – *keepawake-message*.

[3719] LG Mannheim, Urt. v. 05.07.2022 – 2 O 75/21, GRUR-RS 2022, 29741, Rn. 104 – *LTE-Mobilfunkstandard*; LG München I, Urt. v. 05.08.2022 – 21 O 8879/21, GRUR-RS 2022, 34498, Rn. 90 – *keepawake-message*.

[3720] Dazu: 5. Teil Kap. A. IV. (S. 454 f.).

Die jeweilige Ablehnung einer (temporären) Einschränkung des Unterlassungsanspruchs nach § 139 Abs. 1 S. 3 PatG war in den bislang beurteilten SEP-Fällen daher angesichts der Sachverhaltsumstände und des Parteivortrags – soweit diese Umstände ersichtlich sind – richtig. Den Gerichten lag demnach schlicht noch kein Fall mit SEP-Bezug vor, in dem eine Einschränkung nach Unverhältnismäßigkeitsgesichtspunkten sachgerecht gewesen und vom Verletzervortrag getragen worden wäre. Bei unbegründetem kartellrechtlichen Zwangslizenzeinwand wird eine Unverhältnismäßigkeitseinschränkung aufgrund der anzunehmenden Wertungsparallelität zum Kartellrechtseinwand und der damit einhergehenden Vorprägung der Gesamtabwägung hinsichtlich vieler der maßgeblichen Kriterien auch nur in äußersten Ausnahmefällen zu erreichen sein. Durch die generelle Möglichkeit der FRAND-Lizenzierung ist für die Ausnahmenorm des § 139 Abs. 1 S. 3 PatG im SEP-Kontext im Ergebnis noch weniger Raum als außerhalb des FRAND-beeinflussten Bereichs. Denkbar ist eine Begründetheit des Unverhältnismäßigkeitseinwands trotz unbegründetem kartellrechtlichen Zwangslizenzeinwands daher vor allem bei Hinzutreten erheblicher Drittinteressen, wobei hinsichtlich dieser wiederum das Bemühen des Verletzers um eine mögliche patentrechtliche Zwangslizenz in die Abwägung mit einzustellen ist.

C.   Eignung des Unverhältnismäßigkeitseinwands zur Bewältigung von SEP-Fällen

Dass der Unverhältnismäßigkeitseinwand des § 139 Abs. 1 S. 3 PatG in seiner Anwendung neben dem kartellrechtlichen Zwangslizenzeinwand nur in seltenen Fällen eine über den Kartellrechtseinwand hinausgehende Verteidigungsmöglichkeit des Verletzers ermöglicht, lässt keineswegs seine Eignung entfallen, durch Standardisierungssachverhalte verursachten Härten eines uneingeschränkten Unterlassungsanspruchs zu begegnen. Der Unverhältnismäßigkeitseinwand ist hierbei im Kontext der in dieser Arbeit beleuchteten patent- und kartellrechtlichen Lösungen zu sehen. Dass dem Unverhältnismäßigkeitseinwand gegenüber einem marktbeherrschenden Patentinhaber nur eine verhältnismäßig geringe Bedeutung zuteilwird, liegt dabei vor allem an den in der unionsrechtlichen und deutschen Rechtsprechung herausgearbeiteten Verteidigungsmöglichkeiten auf Grundlage des kartellrechtlichen Missbrauchsverbots. Wie im 3. Teil gezeigt, hegen diese eine etwaige überschießende Durchsetzungsmacht des SEP-Inhabers effektiv und einzelfallbezogen ein.[3721] Der einem Unverhältnismäßigkeitseinwand innewohnende Interessenausgleich kann größtenteils durch die FRAND-Verpflichtungen des SEP-Inhabers erreicht werden. Dies gilt jedenfalls, wenn der FRAND-Angebotspflicht des Patentinhabers und den damit verbundenen Transparenzpflichten das nach hier vertretener Ansicht notwendige Gewicht

---

[3721] Siehe: 3. Teil Kap. F. (S. 309 ff.).

beigemessen wird und die Anforderungen an die Lizenzwilligkeit des Verletzers nicht zu hoch angesetzt werden.[3722]

Wo das FRAND-Regime allerdings keine Lösung anbieten kann, weil es bestimmte Sachverhaltsumstände nicht berücksichtigt, füllt § 139 Abs. 1 S. 3 PatG die Lücke zur Abwendung nicht gerechtfertigter Härten. Die gebotene Wertungsparallelität zur FRAND-Rechtsprechung durch eine Auslegung des Unverhältnismäßigkeitseinwands im Lichte der kartellrechtlichen Bewertung verhindert dabei Widersprüche zwischen der patent- und der kartellrechtlichen Beurteilung des jeweiligen Sachverhalts. Sie trägt für die notwendige Berücksichtigung sowohl der patentinhaber- als auch der verletzerseitigen Interessen an der Durchsetzung bzw. Abwendung des Unterlassungsanspruchs Sorge. Das so verstandene Zusammenspiel der beiden Einwände ermöglicht eine lückenlose und einheitliche Erfassung der in Betracht kommenden Härten in oftmals durch das Zusammentreffen zahlreicher im Rahmen eines Interessenausgleichs zu berücksichtigender Faktoren geprägten Sachverhalten. Dabei bietet der Unverhältnismäßigkeitseinwand keinesfalls ein „Schlupfloch"[3723] zur Umgehung der FRAND-Pflichtenlage.

Auch über den kartellrechtlichen Zwangslizenzeinwand und den Unverhältnismäßigkeitseinwand hinaus ist das Gesamtgefüge der Lösungen zu betrachten, die die Rechtsordnung zur Einschränkung überschießender Durchsetzungsmacht des Patentinhabers vorhält. Zwar sind viele der herkömmlichen patent- und prozessrechtsimmanenten Mittel wie die patentrechtliche Zwangslizenz gemäß § 24 PatG, die Lizenzbereitschaftserklärung nach § 23 PatG und die Benutzungsanordnung nach § 13 PatG nicht auf SEP-spezifische Sachverhalte und Probleme zugeschnitten. Im Überschneidungsbereich von SEP und anderen Problemsachverhalten, die Motivation zur Kodifizierung des Unverhältnismäßigkeitseinwands boten, sind sie jedoch Teil des Arsenals der Einschränkungsmöglichkeiten der patentinhaberseitigen Ausschließungsbefugnis. Auch die vollstreckungsrechtlichen Möglichkeiten, insbesondere der Schutz vor den Folgen den Verletzer hart treffender Vollstreckungsmaßnahmen durch die Festlegung hoher Sicherheitsleistungen, können auch in SEP-Fällen die Durchsetzungsmacht des Patentinhabers zumindest auf dieser Ebene limitieren.

Aspekte, die sowohl beim kartellrechtlichen Zwangslizenzeinwand als auch beim Unverhältnismäßigkeitseinwand keine Rolle spielen (sollten), weil sie ihre Ursache nicht in der Durchsetzung des Unterlassungsanspruchs selbst haben, sondern durch den Aufbau des Patentrechts systembedingt bestehen, sind wiederum nicht im Rahmen einer Einschränkung der Durchsetzbarkeit des Unterlassungsanspruchs zu berücksichtigen. So ist die Antwort auf die Problematik des *injunction gap* in einer verbesserten Synchronisierung von Verletzungs- und Rechtsbestandsverfahren zu suchen und der Rechtsbestand daher kein Kriterium des Unverhältnismäßigkeitsein-

---

[3722] Siehe: 3. Teil Kap. B. IV. 2. a) bb) (S. 186 ff.) und cc) (S. 190 ff.).
[3723] *Ohly/Stierle*, GRUR 2021, 1229, 1241.

wands. Während diese patent- und prozessrechtsimmanenten Lösungen außerhalb von Verhältnismäßigkeitserwägungen für sich genommen SEP-Sachverhalte nicht ausreichend abdecken, besteht mit diesen sowie dem auf SEP-Fälle zugeschnittenen kartellrechtlichen Zwangslizenzeinwand unter sinnvoller Ergänzung durch den Unverhältnismäßigkeitseinwand eine Fülle an Regelungen, die eine missbräuchliche Durchsetzung von SEP zulasten legitimer Interessen von Patentnutzern und Dritten verhindern sollen und können.

Das bei SEP ohne Zweifel vorhandene Potential eines Missbrauchs von durch die Standardisierung verliehener nicht durch die Innovationskraft des Patents an sich legitimierter und insofern überschießender Durchsetzungsmacht ist angesichts der vorhandenen Pfeile im Köcher des Patentverletzers zur Abwendung von nicht durch das Ausschließlichkeitsrecht gerechtfertigter Härten für den Verletzer oder Dritte als unter Kontrolle zu bezeichnen. Einem funktionswidrigen Vorgehen von SEP-Inhabern mit Hilfe des patentrechtlichen Unterlassungsanspruchs als Druckmittel zur Erzielung überhöhter Lizenzgebühren kann in hinreichendem Maße Einhalt geboten werden.

Dies gilt auch für von Standardisierung besonders betroffene Technologiebereiche wie die Telekommunikationsindustrie und das IoT im Allgemeinen sowie die Bereiche der *connected cars* und der Industrie 4.0 im Speziellen. Auch wenn die Auseinandersetzung mit Schutzrechten insbesondere aus dem Telekommunikationsbereich und deren Vergütung für manche der hierbei auftretenden Akteure eine im Rahmen der Digitalisierung und Vernetzung ihrer Produkte neu entstehende oder erweiterte Belastung darstellen kann, ist auch in diesen Fällen eine weiterreichende Einschränkung der Rechtsposition von SEP-Inhabern nicht angezeigt. Dass sich dynamisch verändernde Geschäftsmodelle eine teilweise Verschiebung der Wertschöpfung klassischer Produkthersteller hin zu digitalen Fähigkeiten und Funktionen ihrer Produkte mit sich bringen und dadurch der Ressource des geistigen Eigentums eine größere Bedeutung zukommt, spiegelt sich in der Vergütungspflicht gegenüber den Inhabern dieser Ressource wider. Diese zu zahlende Vergütung ist ein preisbildender Faktor, den ein Produkthersteller in seine Kalkulation wie viele andere Marktbedingungen einzustellen hat. Dass jeder interessierte Lizenzaspirant Zugang zu einer patentgeschützten Lehre zu fairen, angemessenen und diskriminierungsfreien Bedingungen hat, wird durch den FRAND-Lizenzierungsanspruch gewährleistet. Wo dennoch Härten auftreten, die davon nicht erfasst sind, schützt darüber hinaus § 139 Abs. 1 S. 3 PatG, wenn diese Härten unverhältnismäßig sind.

Auch wenn der Unverhältnismäßigkeitseinwand in den bisher entschiedenen Fällen nicht erfolgreich war, ist nicht anzunehmen, dass er seiner Ausgleichsfunktion generell und im Speziellen in SEP-Fällen nicht genügt. Zum einen ist davon auszugehen, dass Patentverletzer mit zunehmender Ausdifferenzierung der zum Unverhältnismäßigkeitseinwand ergehenden Rechtsprechung und etwaigen obergerichtlichen oder höchstrichterlichen Entscheidungen über Auslegungsfragen mehr und mehr einen Leitfaden zu Rechtsfragen im Umfeld des § 139 Abs. 1 S. 3 PatG an die Hand bekommen, welche Voraussetzungen sie erfüllen müssen, um bei geeigneten Sachverhaltskonstellationen einen begründeten Unverhältnismäßig-keitseinwand erstreiten zu können. Zum anderen braucht es auf der Tatsachenebene ebensolcher und durch entsprechenden Tatsachenvortrag des Verletzers getragener Sachverhalte, die objektiv feststellbar und subjektiv unabwendbar Härtefälle darstellen, für welche die Norm des § 139 Abs. 1 S. 3 PatG geschaffen wurde.

Schlussbemerkungen

Die Untersuchung hat gezeigt, dass die FRAND-Rechtsprechung zum kartellrechtlichen Zwangslizenzeinwand eine umfassende Berücksichtigung der in Ausgleich zu bringenden Interessen der Patentinhaber und -verletzer gewährleistet. Der Unverhältnismäßigkeitseinwand in seiner in § 139 Abs. 1 S. 3 PatG kodifizierten Form ermöglicht eine sinn- und maßvolle Ergänzung dessen. Er steht methodisch in kumulativer Normenkonkurrenz neben dem kartellrechtlichen Zwangslizenzeinwand. Aus diesem ergeben sich für die Auslegung des § 139 Abs. 1 S. 3 PatG aber insofern maßgebliche Implikationen, dass diese die Wertungen der FRAND-Rechtsprechung zur Vermeidung von Wertungswidersprüchen respektieren muss. Es besteht also eine die vorzunehmende Gesamtabwägung des Unverhältnismäßigkeitseinwands vorprägende Wertungsparallelität zwischen dem patentrechtlichen Unverhältnismäßigkeitseinwand und dem kartellrechtlichen Zwangslizenzeinwand. Der Unverhältnismäßigkeitseinwand ist im Lichte der FRAND-Rechtsprechung auszulegen.

Ist der kartellrechtliche Zwangslizenzeinwand erfolgreich, entfällt jegliche durch eine Unterlassungsverurteilung drohende und potentiell unverhältnismäßige Härte mangels Anordnung einer Unterlassungspflicht. Ist der kartellrechtliche Zwangslizenzeinwand jedoch unbegründet, kann es zu nicht durch das Ausschließlichkeitsrecht gerechtfertigten Härten einer sofortigen Unterlassungsverpflichtung kommen. Allerdings ergibt sich aus der anzunehmenden Wertungsparallelität, dass der Unverhältnismäßigkeitseinwand dem Patentverletzer nur dann eine über den kartellrechtlichen Zwangslizenzeinwand hinausgehende Einschränkungsmöglichkeit des Unterlassungsanspruchs gewährt, wenn von der FRAND-Rechtsprechung im konkreten Fall nicht reflektierte, die Unverhältnismäßigkeit begründende Umstände hinzutreten. Diese können für und gegen eine Einschränkung des Unterlassungsanspruchs sprechen und müssen, um den Erfolg des Unverhältnismäßigkeitseinwands zu begründen, im Einzelfall die vorprägenden Wertungen der FRAND-Rechtsprechung überwiegen, um die Gesamtabwägung zugunsten des Verletzers zu entscheiden.

Dieses die Arbeitshypothese der vorliegenden Untersuchung stützende Ergebnis führt dazu, dass dem Unverhältnismäßigkeitseinwand in SEP-Fällen in der Regel nur eine Ergänzungsfunktion für nicht von der FRAND-Rechtsprechung abgedeckte Härtefälle zukommt. Da dieses Zusammenspiel der beiden Regelungen geeignet ist, erdenkliche unverhältnismäßige Härten in SEP-Fällen auszugleichen und einen Missbrauch patentinhaberseitiger überschießender Durchsetzungsmacht durch einen funktionswidrigen Einsatz des Unterlassungsanspruchs zu verhindern, ist dieses Ergebnis auch sachgerecht. Die Rechtslage *de lege lata* gewährleistet mit Blick auf Unverhältnismäßigkeitserwägungen in SEP-Fällen somit einen funktionsadäquaten Patentschutz unter Berücksichtigung der dem Verhältnis von Patentinhaber und Patentverletzer sowie etwaiger einzubeziehender Dritter zugrunde liegenden Interessenlage.

Eine weitergehende Einschränkung des Ausschließlichkeitsrechts des Patentinhabers nach Unverhältnismäßigkeitsgesichtspunkten in SEP-Fällen, welche nach hier vertretener Ansicht nicht angezeigt ist, ist im bestehenden patent- und kartellrechtlich geprägten Gesamtgefüge nicht durch Auslegung des bestehenden § 139 Abs. 1 S. 3 PatG zu erreichen, ohne sich in Widerspruch zu grundlegenden Wertungen des Patent- und Kartellrechts zu setzen. Eine großzügigere Anwendung des Unverhältnismäßigkeitseinwands würde daher eine entsprechende rechtspolitisch motivierte Legislativentscheidung voraussetzen, das Eigentumsrecht des Patentinhabers durch eine ausdrücklich kodifizierte niedrigere Eingriffsschwelle des Unverhältnismäßigkeitseinwands stärker einzuschränken. Würde der Gesetzgeber dies tun – etwa durch die gesetzliche Festlegung von Benutzungsvorgaben zur Einschränkung der Durchsetzungsrechte von NPE oder einen ausdrücklichen Ausschluss einer Pflicht zur vorherigen Bemühung um eine patentrechtliche Zwangslizenz bei betroffenen Drittinteressen – wären sowohl die Anreiz- und Belohnungsfunktion des Patentrechts als auch das grundrechtlich geschützte Eigentumsrecht des Patentinhabers zu beachten. Es müsste jedenfalls eine entsprechende Ausgleichsregelung, wie sie § 139 Abs. 1 S. 4 PatG darstellt, vorgesehen bzw. aufrechterhalten werden.

Ein Tätigwerden des Gesetzgebers auf unionsrechtlicher Ebene zeichnet sich zwar nicht hinsichtlich eines Unverhältnismäßigkeitseinwands bei SEP, aber in Bezug auf die regulative Erfassung von SEP im Allgemeinen ab. So hat die EU-Kommission am 27.04.2023 neben weiteren Verordnungsvorschlägen unter anderem zu einer unionsweiten Zwangslizenz an Patenten, Gebrauchsmustern und ergänzenden Schutzzertifikaten im Falle der Aktivierung eines EU-Krisenmechanismus[3724] einen Vorschlag für eine EU-Verordnung zur Regulierung bestimmter Aspekte im Zusammenhang mit SEP veröffentlicht.[3725] Dieser adressiert vor allem mögliche in FRAND-Lizenzverhandlungen bestehende Defizite tatsächlicher Natur, die in der fehlenden Verfügbarkeit von Informationen über SEP, über ihre tatsächliche Standardessentialität und über ihre Lizenzierung liegen. Der Verordnungsentwurf, der sich gemäß Art. 1 Abs. 2 des Entwurfs allein auf SEP mit FRAND-Erklärung bezieht, sieht daher weitgehende Transparenzpflichten für SEP-Inhaber, die Einrichtung eines verpflichtenden SEP-Registers und einer SEP-Datenbank sowie die Gründung eines EU-Kompetenzzentrums zur Verwaltung dieses Registers und dieser Datenbank sowie zur stichprobenartigen Überprüfung der Standardessentialität von in Standards eingebrachter SEP und der Ermittlung von Gesamtlizenzgebühren für einen Standard vor.[3726] Registriert ein SEP-Inhaber sein SEP nicht rechtzeitig, soll er gemäß Art. 24 des Entwurfs bis zur Nachholung der Registrierung an der gerichtlichen Durchsetzung seines Patents gehindert

---

[3724] Vorschlag für eine Verordnung des Europäischen Parlaments und des Rates über die Vergabe von Zwangslizenzen für das Krisenmanagement sowie zur Änderung der Verordnung (EG) Nr. 816/2006, COM(2023) 224 final.

[3725] Vorschlag für eine Verordnung des Europäischen Parlaments und des Rates über standardessenzielle Patente und zur Änderung der Verordnung (EU) 2017/1001, COM(2023) 232 final.

[3726] Dazu im Einzelnen: *Burger/Kalbfus*, GRUR-Prax 2023, 285; *Weiden*, GRUR 2023, 874, 875.

sein.[3727] Zudem ist ein grundsätzlich obligatorisches Streitbeilegungsverfahren zur Ermittlung von FRAND-Lizenzbedingungen vor Beschreiten des Rechtsweges zur Durchsetzung des SEP vorgesehen.[3728]

Die kartellrechtliche Erfassung von SEP-Fällen ist ausweislich des Art. 1 Abs. 7 des Entwurfs nicht Gegenstand der geplanten Verordnung. Dennoch wären die Vorgaben einer solchen Verordnung, insbesondere das vorgeschaltete Streitbeilegungsverfahren und das Verhalten der Parteien darin, für die Beurteilung der FRAND-Obliegenheiten im Rahmen des in einem Patentverletzungsprozess zur Entscheidung stehenden kartellrechtlichen Zwangslizenzeinwands zu beachten.[3729] Die genauen Auswirkungen auf die FRAND-Rechtsprechung und auf weitere Instrumente zur Einschränkung des Ausschließlichkeitsrechts des Patentinhabers wie zum Beispiel den Unverhältnismäßigkeitseinwand nach § 139 Abs. 1 S. 3 PatG in SEP-Fällen lassen sich indes erst beurteilen, wenn feststeht, mit welchem Inhalt die Verordnung nach Durchlaufen des weiteren Gesetzgebungsprozesses tatsächlich erlassen wird und die Umsetzung der darin enthaltenen Vorhaben (Kompetenzzentrum, Register, Datenbank etc.) Konturen annimmt.

Während also auf europäischer Ebene bereits an veränderten Rahmenbedingungen für die Durchsetzung von SEP gearbeitet wird und auch der Umgang des neuen Einheitlichen Patentgerichts mit der FRAND-Thematik und Unverhältnismäßigkeitserwägungen die internationale Patentrechtslandschaft prägen wird, bilden sich in der deutschen Instanzrechtsprechung die ersten Muster zur Interpretation des § 139 Abs. 1 S. 3 PatG heraus. Die von den Gerichten bislang vorgenommene Prüfung des Unverhältnismäßigkeitseinwands in SEP-Fällen als neben dem kartellrechtlichen Zwangslizenzeinwand stehende Verteidigungsmöglichkeit, die aber aufgrund der anzunehmenden Wertungsparallelität nicht über den Kartellrechtseinwand hinausreicht, wenn nicht gewichtige, von der FRAND-Rechtsprechung nicht reflektierte Umstände hinzutreten, ist vor dem Hintergrund der vorliegenden Untersuchung zu begrüßen.

Die Musik spielt im Standardisierungskontext also nach wie vor bei der Beurteilung des kartellrechtlichen Zwangslizenzeinwands. Die Untersuchung des Unverhältnismäßigkeitseinwands im Lichte der FRAND-Rechtsprechung hat gezeigt, dass der Unverhältnismäßigkeitseinwand in SEP-Fällen in aller Regel im Schatten dieser FRAND-Rechtsprechung steht.

[3727] *Burger/Kalbfus*, GRUR-Prax 2023, 285, 286.

[3728] *Dies.*, GRUR-Prax 2023, 285, 287–288.

[3729] *Dies.*, GRUR-Prax 2023, 285, 288.

Anhang

Fig. 1, zu 3. Teil Kap. B. IV. 2. a) cc) (3) (S. 197 ff.): Einbezug des Gegenangebots bzw. seiner Nichtabgabe zur Bewertung der Lizenzbereitschaft, wenn kein Gegenangebot abgegeben wurde:

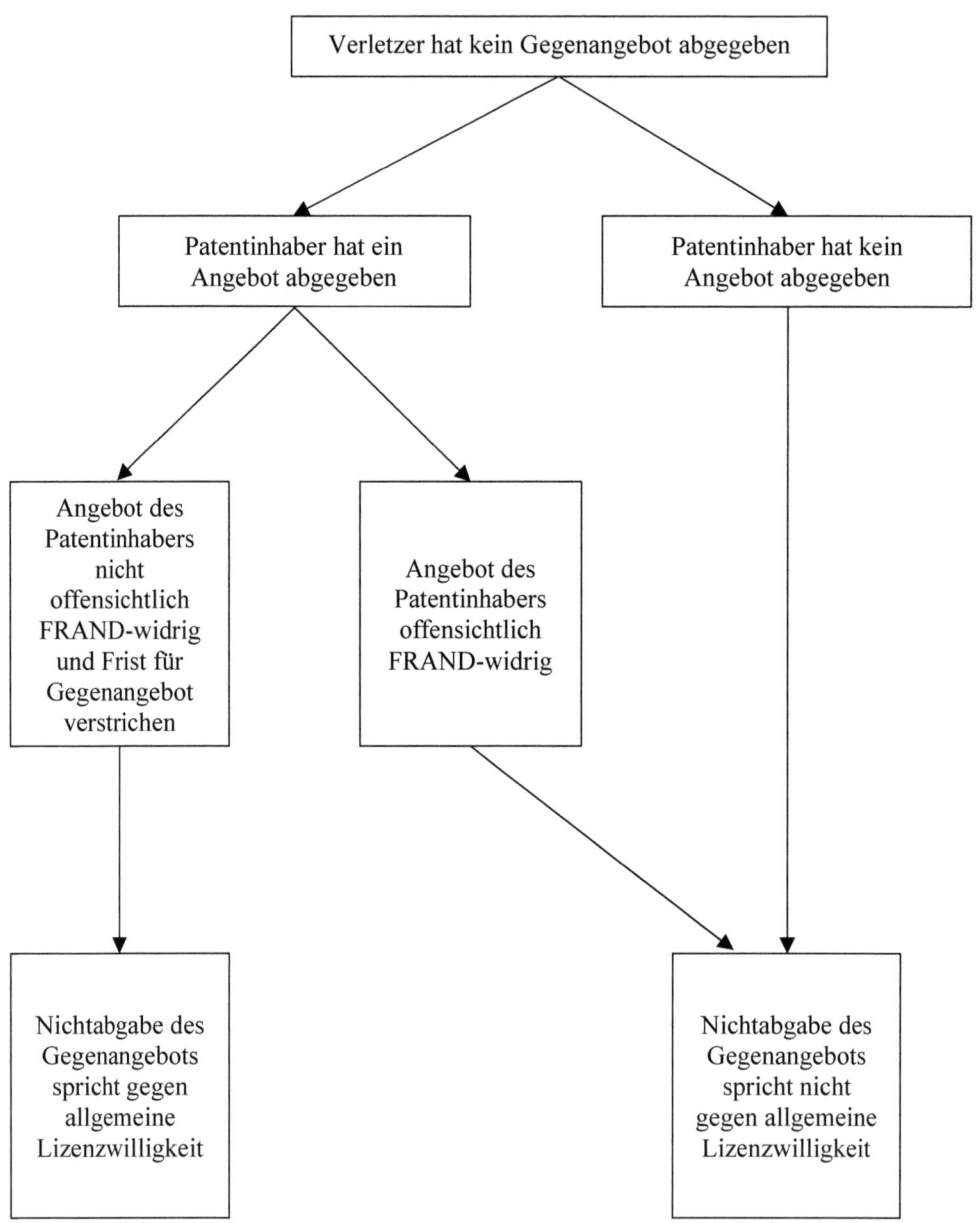

Fig. 2, zu 3. Teil Kap. B. IV. 2. a) cc) (3) (S. 197 ff.): Einbezug des Gegenangebots zur Bewertung der Lizenzbereitschaft, wenn ein Gegenangebot abgegeben wurde:

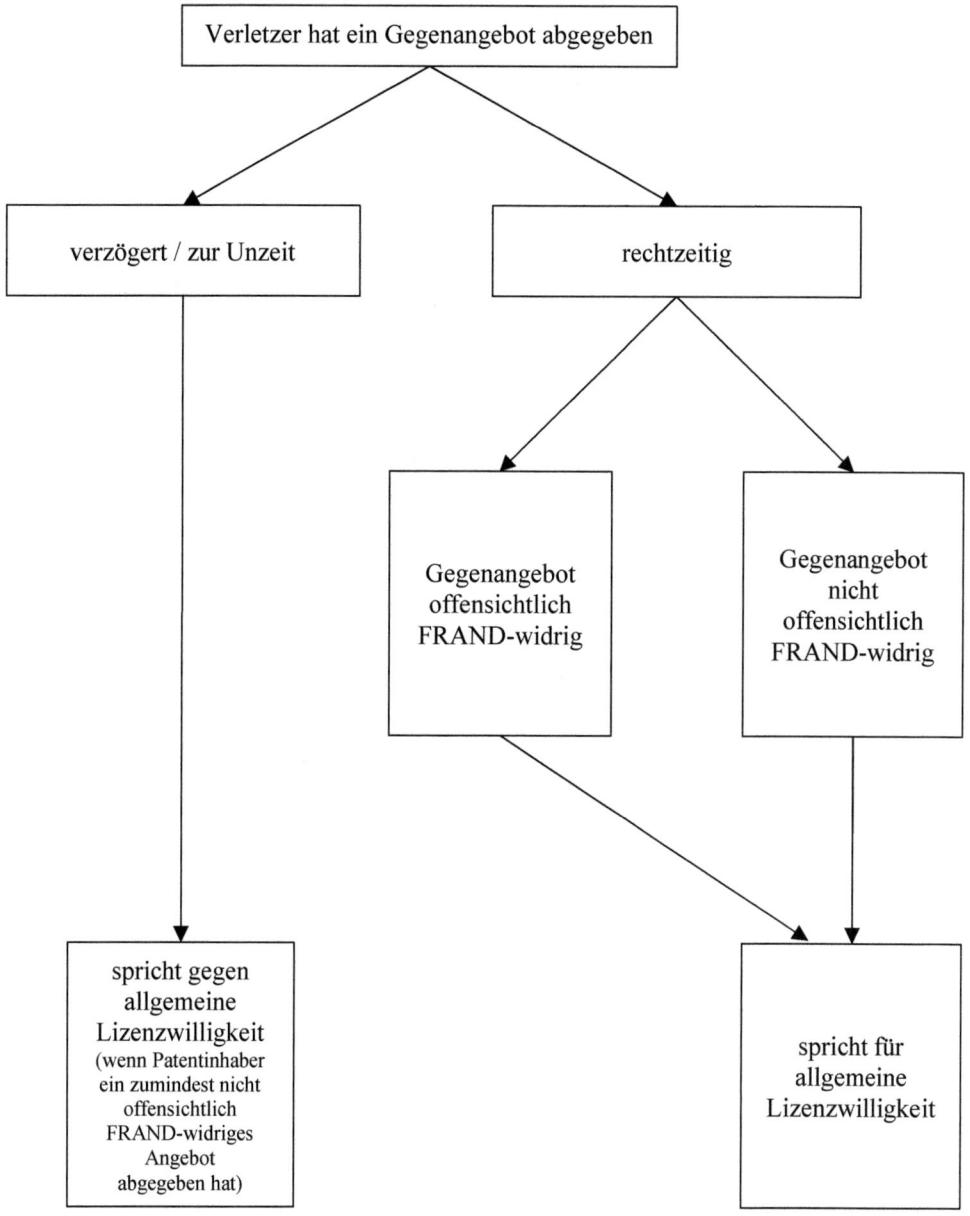

Literaturverzeichnis

Allekotte, Bernd, (Zwangs-)Vollstreckungsrechtliche Stolperfallen in Patentverletzungsstreitigkeiten, GRUR-Prax 2014, 119–121.

Angwenyi, Vincent/Barani, Marie, Smokescreen Strategies: What Lies Behind the Hold-up Argument?, GRUR Int. 2018, 204–216.

Ann, Christoph, Patent Trolls – Menace or Myth?, in: Prinz zu Waldeck und Pyrmont, Wolrad/Adelman, Martin J./Brauneis, Robert u.a. (Hrsg.), Patents and Technological Progress in a Globalized World – Liber Amicorum Joseph Straus, Berlin 2009, S. 355–364 (zit. *Ann*, FS Straus (2009)).

Ann, Christoph, Patentwert und Patentnichtigkeit – Wieviel Rechtssicherheit dürfen Patentinhaber beanspruchen?, Mitt. 2016, 245-252.

Ann, Christoph, Patentqualität – Was ist das, und warum ist Patentqualität auch für Anmelder wichtig?, GRUR Int. 2018, 1114–1117.

Ann, Christoph, Patentrecht – Lehrbuch zum deutschen und europäischen Patentrecht und Gebrauchsmusterrecht, 8. Aufl., München 2022 (zit. *Ann*, PatR).

Ann, Christoph/Friedl, Gunther, Bemessungsgrundlagen für FRAND-konforme SEP-Lizenzentgelte – Warum der Blick auf Kosten wichtig ist!, Mitt. 2021, 145–153.

Arnold, Richard, SEPs, FRAND and Mandatory Global Arbitration, GRUR 2021, 123–127.

Arya, Sunil, The Value of Standardized Technology to Connected Cars, GRUR Int. 2020, 365–379.

Augenstein, Christof, Analoge Anwendung von Geheimhaltungsvorschriften im Hauptsacheverfahren, in: Kühnen, Thomas (Hrsg.), 80 Jahre Patentgerichtsbarkeit in Düsseldorf – Festschrift zum 80-jährigen Bestehen des Patentgerichtsstandortes Düsseldorf am 1. Oktober 2016, Köln 2016, S. 25–36 (zit. *Augenstein*, FS 80 Jahre Patentgerichtsbarkeit in Düsseldorf (2016)).

Bacher, Klaus, Patentverletzungsstreit und Nichtigkeitsverfahren, in: Büscher, Wolfgang/Erdmann, Willi/Fuchs, Andreas u.a. (Hrsg.), Rechtsdurchsetzung – Rechtsverwirklichung durch materielles Recht und Verfahrensrecht – Festschrift für Hans-Jürgen Ahrens zum 70. Geburtstag, Köln 2016, S. 333–339 (zit. *Bacher*, FS Ahrens (2016)).

Bacher, Klaus, Die Rechtsprechung des BGH in Patentsachen im Jahr 2020, GRUR 2021, 1341–1350.

Bacher, Klaus, Die Zwangslizenz nach § 24 PatG, in: Lunze, Anja/Hohagen, Gisbert/Kamlah, Dietrich u.a. (Hrsg.), Die Internationale Durchsetzung von Schutzrechten – Festschrift für Sabine Rojahn zum 70. Geburtstag, München 2021, S. 133–139 (zit. *Bacher*, FS Rojahn (2021)).

Bartenbach, Kurt, Patentlizenz- und Know-how-Vertrag, 7. Aufl., Köln 2013 (zit. *Bartenbach*, Patentlizenz- u. Know-how-Vertrag).

Barthelmeß, Stephan/Gauß, Nicolas, Die Lizenzierung standardessentieller Patente im Kontext branchenweit vereinbarter Standards unter dem Aspekt des Art. 101 AEUV, WuW 2010, 626–636.

Baumann, Antje, Einschaltung von Schiedsgerichten zur Bestimmung der FRAND-Konditionen, GRUR 2018, 145–153.

Bechtold, Rainer/Bosch, Wolfgang, Gesetz gegen Wettbewerbsbeschränkungen – Kommentar, 10. Aufl., München 2021 (zit. *Bechtold/Bosch*, GWB).

Bechtold, Rainer/Bosch, Wolfgang/Brinker, Ingo, EU-Kartellrecht – Kommentar, 4. Aufl., München 2023 (zit. *Bechtold/Bosch/Brinker*, EU-KartR).

Bechtolsheim, Sebastian Freiherr von/Bruder, Florian, Die Essential Facilities Doktrin und §19 (4) Nr. 4 GWB, WRP 2002, 55–63.

Beck-Online Großkommentar, hrsg. v. *Gsell, Beate/Krüger, Wolfgang/Lorenz, Stephan/Reymann, Christoph*, Stand: 01.05.2023, München 2023 (zit. BeckOGK/*Bearbeiter*).

Beck'scher Online-Kommentar BGB, hrsg. v. *Hau, Wolfgang/Poseck, Roman*, 66. Ed. (Stand: 01.05.2023), München 2023 (zit. BeckOK BGB/*Bearbeiter*).

Beck'scher Online-Kommentar Kartellrecht, hrsg. v. *Bacher, Klaus/Hempel, Rolf/Wagner-von Papp, Florian*, 8. Ed. (Stand: 01.04.2023), München 2023 (zit. BeckOK KartellR/*Bearbeiter*).

Beck'scher Online-Kommentar Patentrecht, hrsg. v. *Fitzner, Uwe/Kubis, Sebastian/Bodewig, Theo*, 28. Ed. (Stand: 15.04.2023), München 2023 (zit. BeckOK PatR/*Bearbeiter*).

Beck'scher Online-Kommentar Wertpapierhandelsrecht, hrsg. v. *Seibt, Christoph/Buck-Heeb, Petra/Harnos, Rafael*, 8. Ed. (Stand: 01.06.2023), München 2023 (zit. BeckOK Wertpapierhandelsrecht/*Bearbeiter*).

Beier, Friedrich-Karl, Ausschließlichkeit, gesetzliche Lizenzen und Zwangslizenzen im Patent- und Musterrecht, GRUR 1998, 185–195.

Belbl, Nina, Strategische Patentübertragungen von standardessentiellen Patenten (SEPs) – Patent Privateering, Hürth 2022 (zit. *Belbl*, Strategische Patentübertragungen von SEP).

Benkard, Georg (Begr.), Europäisches Patentübereinkommen – Kommentar, hrsg. v. *Beckedorf, Ingo/Ehlers, Jochen*, 4. Aufl., München 2023 (zit. Benkard EPÜ/*Bearbeiter*).

Benkard, Georg (Begr.), Patentgesetz, Gebrauchsmustergesetz, Patentkostengesetz – Kommentar, hrsg. v. *Bacher, Klaus,* 12. Aufl., München 2023 (zit. Benkard PatG/*Bearbeiter*).

Berg, Werner/Mäsch, Gerald (Hrsg.), Deutsches und europäisches Kartellrecht – Kommentar, 4. Aufl., Köln, Hürth 2022 (zit. Berg/Mäsch/*Bearbeiter*).

Berlit, Wolfgang, Zur Frage der Einräumung einer Aufbrauchsfrist im Wettbewerbsrecht, Markenrecht und Urheberrecht, WRP 1998, 250–256.

Beyer, Robert, Patentlizenzverträge und die Rom I-Verordnung – Leitlinien zum mangels Rechtswahl anwendbaren Recht, GRUR 2021, 1008–1017.

Beyerlein, Thorsten, Neues zu Arzneimittelpatenten im europäischen und deutschen Recht, PharmR 2007, 271–276.

Block, Jonas, Achtzehn Monate nach EuGH „Huawei/ZTE" – Die Rechtsprechung der deutschen Instanzgerichte, GRUR 2017, 121–127.

Block, Jonas, Art. 101 AEUV als Einwand im Patentverletzungsprozess – Eine Übersicht für die Praxis, Mitt. 2017, 97–104.

Block, Jonas, FRAND-Lizenzierung & Transaktionskosten – Individuelle Lizenzverträge durch Smart Contracts auf der Basis der Blockchain-Technologie, Hürth 2021 (zit. *Block*, FRAND-Lizenzierung & Transaktionskosten).

Block, Jonas/Rätz, Benjamin, Das FRAND-Angebot – Versuch einer internationalen Definition, GRUR 2019, 797–801.

Bodewig, Theo, Praktische Probleme bei der Abwicklung der Rechtsfolgen einer Patentverletzung – Unterlassung, Beseitigung, Auskunft, GRUR 2005, 632–639.

Böhler, Roland, Einstweilige Verfügungen in Patentsachen, GRUR 2011, 965–971.

Bohusch, Sonja, Konkretisierung der Verhaltensregeln für FRAND-Verhandlungen: BGH stärkt die Rechtsstellung der SEP-Inhaber und erhöht die Anforderungen an die Lizenzbereitschaft der Implementierer – Anmerkung zu BGH, Urt. v. 05.05.2020 – KZR 36/17, jurisPR-WettbR 2020, Nr. 8, Anm. 3.

Bomhard, David/Merkle, Marieke, Der Entwurf eines EU Data Acts – Neue Spielregeln für die Data Economy, RDi 2022, 168–176.

Borghetti, Jean-Sébastien/Nikolic, Igor/Petit, Nicolas, FRAND licensing levels under EU law, European Competition Journal 17 (2021), 205–268.

Brakhahn, Doris, Manipulation eines Standardisierungsverfahrens durch Patenthinterhalt und Lockvogeltaktik – Eine Untersuchung gegenwärtiger nationaler und europäischer Lösungsansätze mit Bezügen zum US-amerikanischen Recht sowie Überlegungen zu einem patentrechtlichen Lösungsansatz, Frankfurt a.M. 2014 (zit. *Brakhahn*, Manipulation eines Standardisierungsverfahrens durch Patenthinterhalt und Lockvogeltaktik).

Brambrink, Antje, Kartellrechtliche Anforderungen an den SEP-Inhaber bei (komplexen) Wertschöpfungsketten – Anmerkung zu LG Düsseldorf, Beschl. v. 26.11.2020 – 4c O 17/19, GRUR-Prax 2021, 81.

Bräutigam, Peter/Kraul, Torsten (Hrsg.), Internet of Things – Rechtshandbuch, München 2021 (zit. Bräutigam/Kraul/*Bearbeiter*).

Brunner, Florian, «FRAND»-Obliegenheiten bei standardessentiellen Patenten aus vertrags- und kartellrechtlicher Perspektive, sic! 2019, 1–22.

Bühling, Jochen, Patentrechte und COVID-19 – Blütezeit oder Quarantäne?, in: Lunze, Anja/Hohagen, Gisbert/Kamlah, Dietrich u.a. (Hrsg.), Die Internationale Durchsetzung von Schutzrechten – Festschrift für Sabine Rojahn zum 70. Geburtstag, München 2021, S. 141–155 (zit. *Bühling*, FS Rojahn (2021)).

Buhrow, Astrid/Nordemann, Jan Bernd, Grenzen ausschließlicher Rechte geistigen Eigentums durch Kartellrecht, GRUR Int. 2005, 407–419.

Bunte, Hermann-Josef (Hrsg.), Kartellrecht – Kommentar, Bd. II – Europäisches Kartellrecht, 14. Aufl., Köln 2021 (zit. Bunte/*Bearbeiter*).

Buntscheck, Martin, Die Durchsetzung standardessentieller Patente als Missbrauch einer marktbeherrschenden Stellung, NZKart 2015, 521–525.

Burger, Benedikt/Kalbfus, Björn, Revolution aus Brüssel – was bringt der Kommissionsvorschlag für die Lizenzierung standardessenzieller Patente?, GRUR-Prax 2023, 285-288.

Buriánek, Vera, Anforderungen an den Rechtsbestand des Verfügungspatents im einstweiligen Verfügungsverfahren wegen Patentverletzung – Aktuelle Rechtsprechung, GRUR-Prax 2020, 122–125.

Burrichter, Arwed, Der qualifizierte Hinweis nach § 83 Abs. 1 PatG und seine Bedeutung für den Verletzungsprozess – Teil 1, in: Kühnen, Thomas (Hrsg.), 80 Jahre Patentgerichtsbarkeit in Düsseldorf – Festschrift zum 80-jährigen Bestehen des Patentgerichtsstandortes Düsseldorf am 1. Oktober 2016, Köln 2016, S. 79–89 (zit. *Burrichter*, FS 80 Jahre Patentgerichtsbarkeit in Düsseldorf (2016)).

Busche, Jan, Marktmachtmissbrauch durch Ausübung von Immaterialgüterrechten, in: Keller, Erhard/Plassmann, Clemens/v. Falck, Andreas (Hrsg.), Festschrift für Winfried Tilmann zum 65. Geburtstag, Köln 2003, S. 645–656 (zit. *Busche*, FS Tilmann (2003)).

Busche, Jan, Vom Wert des Patents oder: Ist der Patentschutz absolut?, GRUR 2021, 157–161.

Busche, Jan/Stoll, Peter-Tobias/Wiebe, Andreas (Hrsg.), TRIPs – Internationales und europäisches Recht des geistigen Eigentums. Kommentar, 2. Aufl., Köln 2013 (zit. Busche/Stoll/Wiebe/*Bearbeiter*).

Büscher, Wolfgang/Dittmer, Stefan/Schiwy, Peter (Hrsg.), Gewerblicher Rechtsschutz, Urheberrecht, Medienrecht – Kommentar, 3. Aufl., Köln 2015 (zit. Büscher/Dittmer/Schiwy/*Bearbeiter*).

Busse, Rudolf/Keukenschrijver, Alfred (Hrsg.), Patentgesetz – Kommentar, 9. Aufl., Berlin, Boston 2020 (zit. Busse/Keukenschrijver/*Bearbeiter*).

Calliess, Christian/Ruffert, Matthias (Hrsg.), EUV/AEUV – Das Verfassungsrecht der Europäischen Union mit Europäischer Grundrechtecharta – Kommentar, 6. Aufl., München 2022 (zit. Calliess/Ruffert/*Bearbeiter*).

Caron, Christophe, L'efficacité des licences dites „FRAND" (ou l'indispensable conciliation entre la normalisation et le droit des brevets d'invention grâce à la stipulation pour autrui), CCE 2013, n° 7-8, 7-14.

Cepl, Philipp Moritz/Voß, Ulrike (Hrsg.), Prozesskommentar Gewerblicher Rechtsschutz und Urheberrecht – ZPO mit spezieller Berücksichtigung des Patent-, Gebrauchsmuster-, Marken-, Design-, Geschäftsgeheimnisschutz-, Lauterkeits- und Urheberrechts sowie des UKlaG, 3. Aufl., München 2022 (zit. Cepl/Voß/*Bearbeiter*).

Chakraborty, Martin, Der qualifizierte Hinweis nach § 83 Abs. 1 PatG und seine Bedeutung für den Verletzungsprozess – Teil 2, in: Kühnen, Thomas (Hrsg.), 80 Jahre Patentgerichtsbarkeit in Düsseldorf – Festschrift zum 80-jährigen Bestehen des Patentgerichtsstandortes Düsseldorf am 1. Oktober 2016, Köln 2016, S. 101–111 (zit. *Chakraborty*, FS 80 Jahre Patentgerichtsbarkeit in Düsseldorf (2016)).

Conde Gallego, Beatriz/Drexl, Josef, IoT Connectivity Standards: How Adaptive is the Current SEP Regulatory Framework?, IIC 2019, 135–156.

Contreras, Jorge L./Gaessler, Fabian/Helmers, Christian/Love, Brian J., Litigation of Standards-Essential Patents in Europe: A Comparative Analysis, Berkeley Tech. L.J. 32 (2017), 1457–1487.

Cordes, Christoph/Gelhausen, Olaf, Zwischen „Orange-Book-Standard" und „Samsung" – Was bringt die EuGH-Entscheidung „Huawei Technologies/ZTE u.a." (C-170/13) für Patentverletzungsprozesse, die auf standardessentielle Patente gestützt werden?, Mitt. 2015, 426–433.

Cotter, Thomas F., On the Economics of Injunctions in Patent Cases, ZGE 2019, 293–308.

Czettritz, Peter von, Anmerkung zu EuGH, Urt. v. 28.04.2022 – C-44/21, PharmR 2022, 501–503.

Czychowski, Christian, What Is the Significance of a FRAND License Declaration for Standard Essential Patents with Regard to their Transferability? – News from Germany, GRUR Int. 2021, 421-426.

Dahm, Miriam Katharina, Anmerkung zu EuGH, Urt. v. 16.07.2015 – C-170/13, MMR 2015, 602–603.

Dahm, Miriam Katharina, Anmerkung zu EuGH, Urt. v. 16.07.2015 – C-170/13, K&R 2015, 647–648.

De Bronett, Georg-Klaus, Gemeinschaftsrechtliche Anmerkungen zum „Orange-Book-Standard"-Urteil des BGH, WuW 2009, 899–908.

De Castro, Ignacio/Wollgast, Heike/Accornero, Chiara, Drafting Effective Mediation and Arbitration Clauses and Submission Agreements for Intellectual Property Disputes, GRUR Int. 2018, 645–653.

Deichfuß, Hermann, Die Prüfung des Rechtsbestands des Patents im einstweiligen Rechtsschutz – Anmerkungen zum Vorlagebeschluss des LG München I „Rechtsbestand im Verfügungsverfahren", GRUR 2022, 33–39.

Deichfuß, Hermann, Nochmals: Die Prüfung des Rechtsbestands des Patents im einstweiligen Rechtsschutz – Besprechung zu EuGH „Phoenix Contact/Harting", GRUR 2022, 800–803.

Díaz-Marta, Vicente Zafrilla, UK Courts' Determination of Global FRAND Rates: There Is a Will but Is There a Way? – UKSC Judgment in Unwired Planet v Huawei, Huawei v Conversant, and ZTE v Conversant, GRUR Int. 2021, 153–158.

Die 10. GWB-Novelle – Das neue Kartellrecht, hrsg. v. *Bien, Florian/Käseberg, Thorsten/Klumpe, Gerhard/Körber, Torsten/Ost, Konrad,* München 2021 (zit. 10. GWB-Novelle/*Bearbeiter*).

Dijkman, Léon E., Does the Injunction Gap Violate Implementers' Fair Trial Rights Under the ECHR?, GRUR Int. 2021, 215–227.

Dijkman, Léon E., Does the injunction Gap Violate Implementer's Fair Trial Rights Under the Charter?, GRUR 2022, 857–864.

Dobler, Christian/Sattler, Sven, Das Spannungsfeld von Wettbewerb, geistigem Eigentum und Standardisierung – Problemaufriss, Konfliktfelder und Lösungsansätze, in: Studienvereinigung Kartellrecht e.V. (Hrsg.), Kartellrecht in Theorie und Praxis – Festschrift für Cornelis Canenbley zum 70. Geburtstag, München 2012, S. 138–154 (zit. *Dobler/Sattler,* FS Canenbley (2012)).

Dorn, Stephan, Anforderungen an die Durchsetzung standardessentieller Patente, GRUR-Prax 2017, 497–499.

Dornis, Tim W., Das standardessentielle Patent und die FRAND-Lizenz (Teil 1), WRP 2020, 540–548.

Dornis, Tim W., Das standardessentielle Patent und die FRAND-Lizenz (Teil 2), WRP 2020, 688–696.

Dornis, Tim W., Standardessenzielles Patent, FRAND-Bindung und Rechtsübergang, GRUR 2020, 690–699.

Dornis, Tim W., Anmerkung zu BGH, Urt. v. 05.05.2020 - KZR 36/17, WuB 2021, 411–412.

Dreier, Thomas, TRIPS und die Durchsetzung von Rechten des geistigen Eigentums, GRUR Int. 1996, 205–218.

Drexl, Josef, Zur Anwendung des kartellrechtlichen Diskriminierungsverbots bei Immaterialgüterrechten: Die Entscheidung des BGH in „Elektronischer Programmführer", in: Büscher, Wolfgang/Erdmann, Willi/Haedicke, Maximilian u.a. (Hrsg.), Festschrift für Joachim Bornkamm zum 65. Geburtstag, München 2014, 131-147 (zit. *Drexl,* FS Bornkamm (2014)).

Eckel, Philipp, Anspruch auf Lizenzeinräumung aus FRAND-Erklärungen bei standardessentiellen Patenten – Teil 2, NZKart 2017, 469–475.

Eggert, H. G., Lizenzbereitschaft – ein untauglicher Kompromiß, GRUR 1972, 231–233.

Ehle, Dirk, Anmerkung zu EuGH, Urt. v. 26.11.1998 – C-7/97, EuZW 1999, 89–90.

Ehlenz, Christian, FRAND-Lizenz nach Sisvel/Haier – was wissen wir und wohin geht die Reise, NZKart 2020, 470–472.

Ehlers, Kurt, Die Aufbrauchsfrist und ihre Rechtsgrundlage, GRUR 1967, 77-82.

Ehlgen, Bolko, Anmerkung zu OLG München, Urt. v. 12.12.2019 – 6 U 5042/19, GRUR 2020, 383–384.

Eichmann, Anmerkung zu BGH, Urt. v. 02.12.1980 – X ZR 16/79, GRUR 1981, 262–263.

Emmerich, Volker, Wettbewerbsrecht: Zwangslizenzeinwand – Anmerkung zu BGH, Urt. v. 06.05.2009 – KZR 39/06, JuS 2010, 77–79.

Engels, Rainer/Wismeth, Erwin, Bedarf das Duale System einer stärkeren personellen und sachlichen Verschränkung?, GRUR 2021, 177–181.

Engisch, Karl, Einführung in das juristische Denken, 12. Aufl., Stuttgart 2018 (zit. *Engisch*, Einführung in das jur. Denken).

Erdmann, Willi/Rojahn, Sabine/Sosnitza, Olaf (Hrsg.), Gewerblicher Rechtsschutz – Handbuch des Fachanwalts, 3. Aufl., Köln 2018 (zit. Erdmann/Rojahn/Sosnitza/*Bearbeiter*).

Fangmann, Henning, Geoblocking ist tot, es lebe Geoblocking?! – Zur Zulässigkeit territorialer Beschränkungen im Filmbereich, ZUM 2021, 220–229.

Feller, Claudia, Die FRAND-Verpflichtungserklärung gegenüber Standardisierungsorganisationen, Köln 2019 (zit. *Feller*, FRAND-Verpflichtungserklärung).

Fischman Afori, Orit, Proportionality – A New Mega Standard in European Copyright Law, IIC 2014, 889–914.

Fitzner, Uwe/Munsch, Michael, Der patentrechtliche Unterlassungsanspruch – Ein Teil einer Familie im deutschen Rechtssystem?, Mitt. 2020, 250–255.

Fock, Soenke, Anspruch auf patentrechtliche Zwangslizenz bei Arzneimitteln – Anmerkung zu BGH, Urt. v. 11.07.2017 – X ZB 2/17, IPRB 2017, 242–244.

Fock, Soenke/Bartenbach, Kurt, Zur Aussetzung nach § 148 ZPO bei Patentverletzungsverfahren, Mitt. 2010, 155–161.

Fock, Soenke/Meyer zu Riemsloh, Jasper, FRAND-Streitigkeiten – Rechtsprechungsupdate, IPRB 2020, 205–209.

Foss-Solbrekk, Katarina, The Divisional Game: Using Procedural Rights to Impede Generic/Biosimilar Market Entry, IIC 2022, 1007–1037.

Frankfurter Kommentar zu EUV, GRC und AEUV, hrsg. v. *Pechstein, Matthias/Nowak, Carsten/Häde, Ulrich,* Bd. III – Art. 101-215 AEUV, Tübingen 2017 (zit. FK EU-Recht/*Bearbeiter*).

Frankfurter Kommentar zum Kartellrecht, hrsg. v. *Jaeger, Wolfgang/Kokott, Juliane/Pohlmann, Petra/Schroeder, Dirk,* 105. EL (Stand: Mai 2023), Köln 2022 (zit. FK KartellR/*Bearbeiter*).

Frey, Anton, Die Aufbrauchfrist im Patentverletzungsprozess, Baden-Baden 2021.

Fröhlich, Michael, Standards und Patente – Die ETSI IPR Policy, GRUR 2008, 205–218.

Fuchs, Andreas, Kartellrechtliche Schranken für patentrechtliche Unterlassungsklagen bei FRAND-Lizenzerklärungen für standardessentielle Patente – Perspektiven nach dem Urteil des EuGH im Fall „Huawei Technologies / ZTE", NZKart 2015, 429–436.

Fuchs, Andreas, FRAND-Lizenzerklärungen im Spannungsfeld von Patent-, Zivil- und Kartellrecht, in: Büscher, Wolfgang/Erdmann, Willi/Fuchs, Andreas u.a. (Hrsg.), Rechtsdurchsetzung – Rechtsverwirklichung durch materielles Recht und Verfahrensrecht – Festschrift für Hans-Jürgen Ahrens zum 70. Geburtstag, Köln 2016, S. 79–100 (zit. *Fuchs,* FS Ahrens (2016)).

Fuchs, Andreas, Die patentrechtliche Zwangslizenz – Neue Perspektiven nach der Entscheidung des Bundesgerichtshofs im Fall „Raltegravir"?, in: Ahrens, Hans-Jürgen/Bornkamm, Joachim/Fezer, Karl-Heinz u.a. (Hrsg.), Festschrift für Wolfgang Büscher, Köln 2018, S. 621–637 (zit. *Fuchs,* FS Büscher (2018)).

Fuchs, Andreas/Weitbrecht, Andreas (Hrsg.), Handbuch Private Kartellrechtsdurchsetzung, München 2019 (zit. Fuchs/Weitbrecht/*Bearbeiter*).

Fuchs, Sebastian, Das Patentrecht und die Covid-19 Pandemie – Ein Blick auf Zwangslizenzen und Benutzungsanordnungen, IPRB 2020, 116–120.

Gajeck, Niclas A., Justizgewährung und rechtliches Gehör im patentrechtlichen Eilverfahren (Teil 2), GRUR-Prax 2021, 95–97.

Gajeck, Niclas A., Einstweilige Einstellung der Zwangsvollstreckung auf Basis des FRAND-Einwands, GRUR-Prax 2022, 685–687.

Gärtner, Anette, Anmerkung zu BGH, Urt. v. 10.05.2016 – X ZR 114/13, GRUR 2016, 1037–1038.

Gärtner, Anette, Still some way to go: Federal Ministry of Justice proposes to modernize German Patents Act, JIPLP 15 (2020), 228–229.

Gärtner, Anette/Oppermann, Luise Antonie, Keine Unverhältnismäßigkeit bei Unannehmlichkeiten für Patienten – Anmerkung zu LG Düsseldorf, Urt. v. 21.9.2022 – 4 b O 23 /22, MPR 2023, 63 (Katheter-Umstellung), MPR 2023, 96–99.

Gärtner, Anette/Plagge, Michael, Try again: Ministry revises German Patents Act Modernization Bill, JIPLP 15 (2020), 937–940.

Gärtner, Anette/Vormann, Thorsten, Der kartellrechtliche Zwangslizenzeinwand im Patentverletzungsstreit – „Orange Book-Standard" und seine Folgen für die Praxis, Mitt. 2009, 440–444.

Gesmann-Nuissl, Dagmar, Rechtsprechungsreport „Innovations- und Technikrecht", InTeR 2020, 154–183.

Gesmann-Nuissl, Dagmar, Rechtsprechungsreport „Innovations- und Technikrecht", InTeR 2022, 112-140.

Gloy, Wolfgang/Loschelder, Michael/Danckwerts, Rolf (Hrsg.), Handbuch des Wettbewerbsrechts, 5. Aufl., München 2019 (zit. Gloy/Loschelder/Danckwerts/*Bearbeiter*).

Goddar, Heinz, Patent System Solutions for AI and IoT Inventions, GRUR 2021, 196–199.

Götting, Horst-Peter, Kartellrechtlicher Anspruch auf Einräumung einer Patentlizenz – Standard-Spundfaß – Anmerkung zu BGH, Urt. v. 13.07.2004 – KZR 40/02, LMK 2004, 226–228.

Götting, Horst-Peter/Meyer, Justus/Vormbrock, Ulf (Hrsg.), Gewerblicher Rechtsschutz und Wettbewerbsrecht – Praxishandbuch, 2. Aufl., Baden-Baden 2020 (zit. Götting/Meyer/Vormbrock/*Bearbeiter*).

Grabinski, Klaus, „Standard-Spundfass", „Orange-Book-Standard" und die Folgen – Zum kartellrechtlichen Zwangslizenzeinwand im Patentverletzungsverfahren, in: Bender, Achim/Schülke, Klaus/Winterfeldt, Volker (Hrsg.), 50 Jahre Bundespatentgericht – Festschrift zum 50-jährigen Bestehen des Bundespatentgerichts am 1. Juli 2011, Köln 2011, S. 243–254 (zit. *Grabinski*, FS 50 Jahre BPatG (2011)).

Grabinski, Klaus, Injunctive Relief and Proportionality in Case of a Public Interest in the Use of a Patent – Different Ways – Same Result, GRUR 2021, 200-203.

Grabitz, Eberhard/Hilf, Meinhard/Nettesheim, Martin (Hrsg.), Das Recht der Europäischen Union – Kommentar, 79. Aufl., München 2023 (zit. Grabitz/Hilf/Nettesheim/*Bearbeiter*).

Greinert, Markus/Karnath, Susann, Ermittlung einer fremdüblichen Lizenzrate auf Grundlage der FRAND-Grundsätze, ISR 2018, 138–143.

Groß, Michael, Der Lizenzvertrag, 12. Aufl., Frankfurt a.M. 2020.

Grunwald, Marc, Kosten für eine Ausweichtechnik als Vollstreckungsschaden?, Mitt. 2013, 530–536.

Grunwald, Marc, Bestätigung einstweiliger Verfügung im Streit um Anti-Anti-Suit Injunction – Anmerkung zu OLG München, Urt. v. 12.12.2019 – 6 U 5042/19, GRUR-Prax 2020, 47.

Gschwindt, Daniela, Temporary Relief of Pay-for-Delay: The ECJ as Specifically Different Antidepressant, GRUR Int. 2021, 250–256.

Haase, Martin S., Aufhebung des Patentschutzes für Corona-Impfstoffe, InTeR 2021, 121.

Haase, Martin S., Einschränkungen des Patentschutzes für Arzneimittel in besonderen Notsituationen – Auf der Suche nach geeigneten rechtlichen Kriterien zur grundrechtskonformen Abwägung der kollidierenden Interessen, InTeR 2021, 154–158.

Habich, Erik, Die Suche nach dem gerechten Interessenausgleich zwischen Safe-Harbour und Missbrauchsverbot in FRAND/SEP-Lizenzverhandlungen, WuW 2021, 282–288.

Habich, Erik, FRAND Access to Data: Perspectives from the FRAND Licensing of Standard-Essential Patents for the Data Act Proposal and the Digital Markets Act, IIC 2022, 1343–1373.

Hacker, Philipp, KI und DMA – Zugang, Transparenz und Fairness für KI-Modelle in der digitalen Wirtschaft, GRUR 2022, 1278–1285.

Haedicke, Maximilian, Schutzrechtsverletzende Importe in die USA, das Verfahren nach „Section 337" und TRIPS – Zum Gebot der effektiven Rechtsdurchsetzung im internationalen Immaterialgüterrecht, GRUR Int. 1999, 497–503.

Haedicke, Maximilian, Lehren aus der Huawei v. Unwired Planet-Entscheidung für das deutsche Patentrecht, GRUR Int. 2017, 661-669.

Haedicke, Maximilian, Vorlagepflichten und Schutz vertraulicher Informationen im Patentverletzungsprozess, Mitt. 2018, 249–255.

Haedicke, Maximilian/Timmann, Henrik (Hrsg.), Handbuch des Patentrechts, 2. Aufl., München 2020 (zit. Haedicke/Timmann/*Bearbeiter*).

Haft, Klaus, Technische Standardisierung im Lichte von Art. 101 AEUV und dessen Bedeutung für den Patentverletzungsprozess, in: Kühnen, Thomas (Hrsg.), 80 Jahre Patentgerichtsbarkeit in Düsseldorf – Festschrift zum 80-jährigen Bestehen des Patentgerichtsstandortes Düsseldorf am 1. Oktober 2016, Köln 2016, S. 157–173 (zit. *Haft*, FS 80 Jahre Patentgerichtsbarkeit in Düsseldorf (2016)).

Hao, Yuan, Through the Anti-Monopoly Lens: What Constitutes 'Unfairly High Patent Pricing' in China?, GRUR Int. 2020, 823–846.

Harmsen, Christian, Zu den Voraussetzungen der Aufbrauchfrist im Patentrecht, GRUR 2021, 222-226.

Hartmann, Bernd J./McGuire, Mary-Rose/Schulte-Nölke, Hans, Datenzugang bei smarten Produkten nach dem Entwurf für ein Datengesetz (Data Act) – Rechtliche Rahmenbedingungen für die Vertragsgestaltung, RDi 2023, 49–59.

Haslinde, Thorsten, Patente im Automatisierten Fahren – InTeRview mit Thorsten Haslinde, InTeR 2018, 2-4.

Hauck, Ronny, Das Phänomen „Patent Privateering" – Auswirkungen und wettbewerbsrechtliche Zulässigkeit strategischer Patentübertragungen, WRP 2013, 1446–1454.

Hauck, Ronny, „Erzwungene" Lizenzverträge – Kartellrechtliche Grenzen der Durchsetzung standardessenzieller Patente, NJW 2015, 2767-2770.

Hauck, Ronny, Kartellrechtlicher Zwangslizenzeinwand nach „Huawei/ZTE" – Anmerkung zu LG Düsseldorf, Urt. v. 03.11.2015 – 4a O 144/14, GRUR-Prax 2016, 58.

Hauck, Ronny, Hält doppelt wirklich besser? – Der Rechtsbestand eines Verfügungspatents und die Vorgaben des europäischen Rechts, GRUR-Prax 2021, 127–129.

Hauck, Ronny/Kamlah, Dietrich, Was ist „FRAND"? – Inhaltliche Fragen zu kartellrechtlichen Zwangslizenzen nach Huawei/ZTE, GRUR Int. 2016, 420-426.

Hauck, Ronny/Werner, Konstantin, Die Durchsetzung von Patenten nach der „Phoenix Contact/HARTING"-Entscheidung des EuGH, GRUR-Prax 2022, 335–337.

Heide, Nils, Bedeutung chinesischer Patente im Digitalisierungswettbewerb – Neue Verletzungsrisiken im Global Village?, InTeR 2021, 194–202.

Heim, Mathew/Nikolic, Igor, A FRAND Regime for Dominant Digital Platforms, JIPITEC 10 (2019), 38–55.

Heinemann, Andreas, Immaterialgüterschutz in der Wettbewerbsordnung – Eine grundlagenorientierte Untersuchung zum Kartellrecht des geistigen Eigentums, Tübingen 2002 (zit. *Heinemann*, Immaterialgüterschutz in der Wettbewerbsordnung).

Heinemann, Andreas, Kartellrechtliche Zwangslizenzen im Patentrecht – Die Spundfass-Entscheidung des BGH vom 13. Juli 2004, ZWeR 2005, 198-205.

Heinemann, Andreas, Gefährdung von Rechten des geistigen Eigentums durch Kartellrecht? – Der Fall „Microsoft" und die Rechtsprechung des EuGH, GRUR 2006, 705–713.

Heinemann, Andreas, Missbräuchlichkeit bei Verweigerung eines Lizenzvertrags – Orange-Book-Standard – Anmerkung zu BGH, Urt. v. 06.05.2009 – KZR 39/06, LMK 2009, 286659.

Heinemann, Andreas, Standardessenzielle Patente in Normenorganisationen – Kartellrechtliche Vorgaben für die Einlösung von Lizenzierungsversprechen, GRUR 2015, 855–859.

Heinemann, Andreas, Mißbräuchliche Einschränkung des Marktes für Fernsehprogrammführer durch Rundfunkanstalten, WuW 2021, 446–448.

Heinze, Christian, Der Rechtsbestand des Patents im einstweiligen Verfügungsverfahren nach EuGH „Phoenix Contact", GRUR 2022, 1795-1800.

Heitkamp, Sara Isabell, FRAND-Bedingungen bei SEP – Die Lizenzbereitschaftserklärung und das Problem der Bestimmung einer angemessenen Lizenzgebühr, Berlin 2020 (zit. *Heitkamp*, FRAND-Bedingungen bei SEP).

Heitto, Jonas, ETSI: FRAND Undertakings and Transfer of Patents, CRi 2013, 188–190.

Heitto, Jonas, China: Supreme People's Court Confirmed Setting of Global FRAND Terms by Chinese Courts, CRi 2021, 190–192.

Helwig, Hans-Martin, Die Schwächung des patentrechtlichen Unterlassungsanspruchs zugunsten der Hersteller komplexer Produkte – Notwendigkeit oder lediglich „want have" der Automobilindustrie?, IPRB 2019, 34–37.

Helwig, Hans-Martin, Anmerkung zu der im Regierungsentwurf des 2. PatMoG geplanten Änderung des § 139 PatG, IPRB 2020, 269.

Helwig, Hans-Martin, Das zweite Gesetz zur Vereinfachung und Modernisierung des Patentrechts – Überblick über den Diskussionsentwurf, IPRB 2020, 112–116.

Helwig, Hans-Martin, Der Referentenentwurf des Zweiten Gesetzes zur Vereinfachung und Modernisierung des Patentrechts – Streit um den Unterlassungsanspruch, IPRB 2020, 262–265.

Helwig, Hans-Martin, Auswirkungen des Infektionsschutzgesetzes auf das Patentrecht, IPRB 2022, 11–15.

Hemler, Caroline, Anmerkung zu EuGH, Urt. v. 19.04.2018 – C-525/16, EuZW 2018, 544-545.

Henn, Günter/Pahlow, Louis (Hrsg.), Patentvertragsrecht – Grundprinzipien - Vertragsformen - Rechtsgestaltung, 6. Aufl., Heidelberg 2016 (zit. Patentvertragsrecht/*Bearbeiter*).

Hennemann, Moritz/Steinrötter, Björn, Data Act – Fundament des neuen EU-Datenwirtschaftsrechts?, NJW 2022, 1481–1486.

Herbers, Björn, Der Digital Markets Act (DMA) kommt – neue Dos and Don'ts für Gatekeeper in der Digitalwirtschaft, RDi 2022, 252–259.

Herr, Jochen/Rinkel, Christina, Münchner Hinweise zur Handhabung des Zwangslizenzeinwandes, GRUR-Prax 2020, 93–96.

Herrlinger, Justus, Anmerkung zu OLG Karlsruhe, Beschl. v. 27.02.2012 – 6 U 136/11, GRUR 2012, 740–741.

Hess, Felix, Ein Blick über den TellerRAND: Die Bereitschaft „to accept whatever terms are FRAND" in Deutschland und England, NZKart 2022, 437–442.

Hessel, Tobias J./Schellhorn, Maximilian, Die Rückabwicklung des vorläufig vollstreckten Unterlassungstitels im Patentrecht, GRUR 2017, 672–677.

Heusch, Clemens-August, Der patentrechtliche Unterlassungsanspruch, in: Harmsen, Christian/Jüngst, Oliver Jan/Rödiger, Felix (Hrsg.), Festschrift für Wolfgang von Meibom zum 65. Geburtstag, Köln 2010, S. 135–148 (zit. *Heusch*, FS von Meibom (2010)).

Hilty, Reto M./Slowinski, Peter R., Standardessentielle Patente – Perspektiven außerhalb des Kartellrechts, GRUR Int. 2015, 781–792.

Hinojal, Eugenia/Mohsler, Gabriele, Die Suche nach dem richtigen Gleichgewicht zwischen Transparenz und Schutz der Vertraulichkeit innerhalb des FRAND-Rahmens, GRUR 2019, 674–682.

Hoeren, Thomas, Anmerkung zu EuGH, Urt. v. 29.04.2004 – C-418/01, MMR 2004, 459–460.

Hoeren, Thomas/Sieber, Ulrich/Holznagel, Bernd (Hrsg.), Handbuch Multimedia-Recht – Rechtsfragen des elektronischen Geschäftsverkehrs, 59. EL (Stand: Juni 2023), München 2023 (zit. Hoeren/Sieber/Holznagel/*Bearbeiter*).

Hoffmann, Fabian, Der Ausgleichsanspruch im Patentrecht – Die leistungsgerechte Monetarisierung eines Drohpotenzials, GRUR 2022, 286–293.

Hofmann, Franz, Der Unterlassungsanspruch als Rechtsbehelf, Tübingen 2017.

Hofmann, Franz, Proceduralisierung der Haftungsvoraussetzungen im Medienrecht – Vorbild für die Intermediärshaftung im Allgemeinen?, ZUM 2017, 102–109.

Hofmann, Franz, „Equity" im deutschen Lauterkeitsrecht? – Der „Unterlassungsanspruch" nach der Geschäftsgeheimnis-RL, WRP 2018, 1–7.

Hofmann, Franz, Enforcing Patents Smoothly: From Automatic Injunctions to Proportionate Remedies – Balancing interests via remedies in Intellectual Property Law, ZGE 2019, 249–256.

Hofmann, Franz, Funktionswidriger Einsatz subjektiver Rechte – Ungeschriebene Grenzen von Patent-, Urheber- und Designrechten, GRUR 2020, 915–923.

Hofmann, Franz, Ist der Kampf von „Urheberrechtstrollen" gegen rechtswidriges Filesharing erlaubt? – Zugleich Besprechung von EuGH „Mircom", GRUR 2021, 1142–1145.

Holtorf, Marc L./Traumann, Julia, BPatG-Entscheidung zur patentrechtlichen Zwangslizenz rechtmäßig – Anmerkung zu BGH, Urt. v. 11.07.2017 – X ZB 2/17, GRUR-Prax 2017, 437.

Holtorf, Marc L./Traumann, Julia, Einstweilige Benutzungserlaubnis an europäischem Patent erteilt – Anmerkung zu BPatG, Urt. v. 31.08.2016 – 3 LiQ 1/16 (EP), GRUR-Prax 2017, 105.

Holtorf, Marc L./Traumann, Julia, Neuer Fokus auf der patentrechtlichen Zwangslizenz: Was folgt aus der jüngeren Rechtsprechung von BPatG und BGH?, GRUR-Prax 2018, 295–297.

Holtorf, Marc L./Traumann, Julia, BPatG-Entscheidung zur patentrechtlichen Zwangslizenz bestätigt – Anmerkung zu BGH, Urt. v. 04.06.2019 – X ZB 2/19, GRUR-Prax 2019, 416.

Holzapfel, Henrik, Das öffentliche Interesse bei Zwangslizenzen gem. § 24 Abs. 2 PatG, Mitt. 2004, 391–396.

Hoppe, Daniel/Donle, Christian, Die Rechtsprechung der deutschen Instanzgerichte zum Patent- und Gebrauchsmusterrecht seit dem Jahr 2017, GRUR-RR 2018, 393–404.

Hoppe, Daniel/Donle, Christian, Die Rechtsprechung der deutschen Instanzgerichte zum Patent- und Gebrauchsmusterrecht seit dem Jahr 2019, GRUR-RR 2020, 465–476.

Hoppe, Daniel/Donle, Christian/Holtz, Christian, Die Rechtsprechung der deutschen Instanzgerichte zum Patent- und Gebrauchsmusterrecht seit dem Jahr 2020, GRUR-RR 2021, 409–420.

Horstkotte, Christian/Wingerter, Eugen, Anmerkung zu EuGH, Urt. v. 19.04.2018 – C-525/16, IWRZ 2018, 270.

Hötte, Daniel Antonius, Anmerkung zu BGH, Urt. v. 06.05.2009 – KZR 39/06, MMR 2009, 689–690.

Hötte, Daniel Antonius, Anmerkung zu OLG Karlsruhe, Urt. v. 23.03.2011 – 6 U 66/09, MMR 2011, 472–474.

Hufnagel, Frank-Erich, Der Anspruch auf Erteilung einer Lizenz an standardessenziellen Patenten in der Lieferkette und dessen Berücksichtigung im Patentverletzungsprozess, in: Klose, Tobias/Klusmann, Martin/Thomas, Stefan (Hrsg.), Das Unternehmen in der Wettbewerbsordnung – Festschrift für Gerhard Wiedemann zum 70. Geburtstag, München 2020, 907-915 (zit. *Hufnagel*, FS Wiedemann (2020)).

Husemann, Stephan, Aktuelle Rechtsprechung zur einstweiligen Verfügung in Marken- und Patentsachen, Mitt. 2022, 317–320.

Hüttermann, Aloys, Patente – Papiertiger oder wirkliche Tiger?, Mitt. 2016, 101–104.

Hüttermann, Aloys, Does the UPC allow for confidentiality orders in FRAND proceedings?, GRUR Int. 2019, 1148–1150.

Immenga, Ullrich/Mestmäcker, Ernst-Joachim (Begr.), Wettbewerbsrecht, hrsg. v. *Körber, Torsten/Schweitzer, Heike/Zimmer, Daniel*, Bd. I – Kommentar zum Europäischen Kartellrecht, 6. Aufl., München 2019 (zit. Immenga/Mestmäcker/*Bearbeiter*).

Jacob, Robin, Injunctions in Patent Cases, Mitt. 2020, 97–101.

Jaecks, Jörg/Dörmer, Thomas, Der wettbewerbsrechtliche Anspruch auf Lizenzerteilung, die eigenmächtige Nutzung von Immaterialgüterrechten und die prozessualen Folgen, in: Boesche, Katharina Vera/Füller, Jens/Wolf, Maik (Hrsg.), Variationen im Recht – Festbeigabe für Franz Jürgen Säcker zum 65. Geburtstag, Berlin 2006, 97-115 (zit. *Jaecks/Dörmer*, FS Säcker (2006)).

Jarass, Hans D. (Hrsg.), Charta der Grundrechte der Europäischen Union – Kommentar, 4. Aufl., München 2021 (zit. Jarass EUGRCh/*Bearbeiter*).

Jarass, Hans D./Pieroth, Bodo (Hrsg.), Grundgesetz für die Bundesrepublik Deutschland – Kommentar, 17. Aufl., München 2022 (zit. Jarass/Pieroth GG/*Bearbeiter*).

Jauernig, Othmar (Begr.), Bürgerliches Gesetzbuch. Kommentar, hrsg. v. *Stürner, Rolf,* 18. Aufl., München 2021 (zit. Jauernig/*Bearbeiter*).

Jestaedt, Dirk, Der Lizenzerteilungsanspruch nach der BGH-Entscheidung „Orange-Book-Standard", GRUR 2009, 801–805.

Kaess, Thomas, Die Schutzfähigkeit technischer Schutzrechte im Verletzungsverfahren, GRUR 2009, 276–281.

Kamann, Hans-Georg/Ohlhoff, Stefan/Völcker, Sven (Hrsg.), Kartellverfahren und Kartellprozess – Handbuch, München 2017 (zit. Kamann/Ohlhoff/Völcker/*Bearbeiter*).

Kamlah, Dietrich/Rektorschek, Jan Phillip, Besprechung der Entscheidung FRAND-Einwand II des Bundesgerichtshofs vom 24.11.2020 (KZR 35/17), Mitt. 2021, 154–156.

Kamlah, Dietrich/Rektorschek, Jan Phillip, Recent German FRAND case law – Open questions, Mitt. 2021, 307–314.

Kellenter, Wolfgang, Der FRAND-Einwand im Patentverletzungsprozess, in: Bergermann, Michael/Rother, Gereon/Verhauwen, Axel (Hrsg.), Festschrift für Peter Mes zum 65. Geburtstag, München 2009, S. 199–222 (zit. *Kellenter*, FS Mes (2009)).

Kellenter, Wolfgang, Der FRAND-Einwand im Patentverletzungsprozess nach der EuGH-Entscheidung Huawei/ZTE, in: Kühnen, Thomas (Hrsg.), 80 Jahre Patentgerichtsbarkeit in Düsseldorf – Festschrift zum 80-jährigen Bestehen des Patentgerichtsstandortes Düsseldorf am 1. Oktober 2016, Köln 2016, S. 255–280 (zit. *Kellenter*, FS 80 Jahre Patentgerichtsbarkeit in Düsseldorf (2016)).

Kellenter, Wolfgang, Anmerkung zu BGH, Urt. v. 05.05.2020 - KZR 36/17, WuW 2020, 485–487.

Kellenter, Wolfgang, Dingliche Wirkung einer FRAND-Erklärung?, GRUR 2021, 246–249.

Kellenter, Wolfgang/Verhauwen, Axel, Systematik und Anwendung des kartellrechtlichen Zwangslizenzeinwands nach „Huawei/ZTE" und „Orange-Book", GRUR 2018, 761–771.

Kerber, Wolfgang/Gill, Daniel, Access to Data in Connected Cars and the Recent Reform of the Motor Vehicle Type Approval Regulation, JIPITEC 10 (2019), 244–256.

Keßler, Nora/Palzer, Christoph, Anmerkung zu BGH, Urt. v. 05.05.2020 – KZR 36/17, WRP 2020, 1205–1207.

Keßler, Nora/Palzer, Christoph, Anmerkung zu OLG München, Urt. v. 12.12.2019 – 6 U 5042/19, Mitt. 2020, 169–171.

Keßler, Nora/Palzer, Christoph, Anmerkung zu LG Düsseldorf, Urt. v. 15.07.2021 – 4c O 73/20, Mitt. 2022, 27–29.

Keßler, Nora/Palzer, Christoph, Die (vermeintliche) deutsche Gerichtspraxis der patentrechtlichen Unterlassungsverfügung auf dem Prüfstand des EuGH – Luxemburg locuta, causa finita?, EuZW 2022, 562–566.

Kessler, Tobias, Das Märchen vom bösen Patenttroll, Mitt. 2011, 489–493.

Kessler, Tobias, Diebe sind Täter und keine Opfer – Der patentrechtliche Unterlassungsanspruch des § 139 I PatG bedarf keiner Verhältnismäßigkeitsprüfung, Mitt. 2020, 108–113.

Kessler, Tobias/Niethammer, René/Seelig, Patrick, Motive und Beweggründe von Patentverletzungsklägern, Mitt. 2018, 16-20.

Keukenschrijver, Alfred, Sortenschutz – Deutsches und europäisches Sortenschutzrecht, Kommentar, 2. Aufl., Köln 2017 (zit. *Keukenschrijver*, SortSch).

Keussen, Christof, Das Trennungsprinzip im Patentrecht – Ein Auslaufmodell?, GRUR 2021, 257-261.

Kiefer, Miriam/Walesch, Benedikt, Anti[x]-Suit-Injunctions in a nutshell – Ein Beitrag zum Verständnis eines jungen Begleitphänomens in SEP-Streitigkeiten, Mitt. 2022, 97–106.

Kiparski, Gerd/Sassenberg, Thomas, Internet of Things – Aktuelle Entwicklungen und Branchenbesonderheiten bei Connected Cars, eHealth und Co – Immer mehr konkrete Anwendungsfälle auch jenseits der Automobilindustrie, CR 2018, 596–603.

Kleindienst, Jan-Martin, Die Bestimmung angemessener Gebühren für FRAND-Lizenzen an standardessentiellen Patenten – Eine Analyse und Bewertung der Rechtslage in Deutschland und den USA, Köln 2016 (zit. *Kleindienst*, Bestimmung angemessener Gebühren für FRAND-Lizenzen an SEP).

Klepsch, Sabine/Büttner, Tilmann, Zum Aussetzungsmaßstab außerhalb des Unterlassungsanspruchs, in: Kühnen, Thomas (Hrsg.), 80 Jahre Patentgerichtsbarkeit in Düsseldorf – Festschrift zum 80-jährigen Bestehen des Patentgerichtsstandortes Düsseldorf am 1. Oktober 2016, Köln 2016, S. 281–291 (zit. *Klepsch/Büttner*, FS 80 Jahre Patentgerichtsbarkeit in Düsseldorf (2016)).

Koenig, Christian/Neumann, Andreas, Standardisierung – Ein Tatbestand des Kartellrechts?, WuW 2009, 382–394.

Köhler, Helmut, Die Begrenzung wettbewerbsrechtlicher Ansprüche durch den Grundsatz der Verhältnismäßigkeit, GRUR 1996, 82–92.

Köllner, Malte/Sergheraert, Eric/Hanganu, Mihnea, 95 Thesen zur Aussetzung, Mitt. 2018, 8–16.

Köllner, Malte/Weber, Paul, Trolls and their consequences – An evolving IP ecosystem, Mitt. 2014, 106–114.

Kölner Kommentar zum Kartellrecht, hrsg. v. *Busche, Jan/Röhling, Andreas,* Bd. III – Europäisches Kartellrecht – Art. 101-106 AEUV, Gruppenfreistellungsverordnungen, Köln 2016 (zit. KK KartellR/*Bearbeiter*).

Körber, Torsten, Kartellrechtlicher Zwangslizenzeinwand und standardessentielle Patente, NZKart 2013, 87–98.

Körber, Torsten, Machtmissbrauch durch Erhebung patentrechtlicher Unterlassungsklagen? – Eine Analyse unter besonderer Berücksichtigung standardessentieller Patente, WRP 2013, 734–742.

Körber, Torsten, Missbräuchliche Patentunterlassungsklagen vor dem Aus?, NZKart 2013, 239–241.

Körber, Torsten, Standardessentielle Patente, FRAND-Verpflichtungen und Kartellrecht – Eine Analyse unter besonderer Berücksichtigung der deutschen Orange-Book-Standard-Rechtsprechung, Baden-Baden 2013 (zit. *Körber,* Standardessentielle Patente).

Körber, Torsten, Orange-Book-Standard Revisited – Zugleich Anmerkung zu EuGH, 16.07.2015 – C-170/13 – Huawei Technologies/ZTE u. a., WRP 2015, 1167–1172.

Körber, Torsten, Nokia ante portas – die „Patentkriege" erreichen Autohersteller und Industrie 4.0, NZKart 2020, 493–494.

Körner, Eberhard, Anordnung und Aufhebung der Geheimhaltung von Patenten nach § 30a PatG als Enteignungsmaßnahmen, GRUR 1970, 387–391.

Korp, Katharina Dorothea, Der Patenthinterhalt : Missbrauch essentieller Patente im Rahmen der Standardisierung, Bonn 2014 (zit. *Korp,* Patenthinterhalt).

Kranz, Jonas, Missbrauchsverbot und Standardisierung – Eine rechtsökonomische Untersuchung zur kartellrechtlichen Zwangslizenz und zum Zwangslizenzeinwand, Berlin 2021 (zit. *Kranz,* Missbrauchsverbot und Standardisierung).

Kraul, Torsten/Schmidt, Jens Peter, Plattformregulierung 2.0 – Digital Services Act und Digital Markets Act als Herausforderung für die Compliance-Organisation, CCZ 2023, 177–190.

Krauß, Jan B., Aktuelles aus dem Bereich Biotechnologie – Die Zwangslizenz für Patente betreffend die Herstellung von pharmazeutischen Erzeugnissen für die Ausfuhr in Länder mit Problemen im Bereich der öffentlichen Gesundheit, Mitt. 2007, 250–253.

Kreye, Boris/Grunwald, Marc/Kamlah, Jochen, Anmerkung zu BGH, Urt. v. 10.05.2016 – X ZR 114/13, Mitt. 2016, 452–453.

Kühne, Armin/Nack, Ralph (Hrsg.), Rechtshandbuch Connected Cars, München 2022 (zit. Kühne/Nack/*Bearbeiter*).

Kühnen, Thomas, Der kartellrechtliche Zwangslizenzeinwand und seine Berücksichtigung im Patentverletzungsprozess, in: Keller, Erhard/Plassmann, Clemens/v. Falck, Andreas (Hrsg.), Festschrift für Winfried Tilmann zum 65. Geburtstag, Köln 2003, S. 513–525 (zit. *Kühnen*, FS Tilmann (2003)).

Kühnen, Thomas, Das Erlöschen des Patentschutzes während des Verletzungsprozesses – Materiell-rechtliche und verfahrensrechtliche Folgen, GRUR 2009, 288–293.

Kühnen, Thomas, Verspätete Lizenzierungsbemühungen bei standardessentiellen Patenten mit FRAND-Erklärung, in: ders. (Hrsg.), 80 Jahre Patentgerichtsbarkeit in Düsseldorf – Festschrift zum 80-jährigen Bestehen des Patentgerichtsstandortes Düsseldorf am 1. Oktober 2016, Köln 2016, S. 311–327 (zit. *Kühnen*, FS 80 Jahre Patentgerichtsbarkeit in Düsseldorf (2016)).

Kühnen, Thomas, FRAND-Lizenz in der Verwertungskette, GRUR 2019, 665–673.

Kühnen, Thomas, Zivilprozessualer Geheimnisschutz in Patentstreitverfahren – Zugleich Entgegnung auf Zhu/Popp (GRUR 2020, 338), GRUR 2020, 576–578.

Kühnen, Thomas, Anmerkung zu LG München I, Beschl. v. 19.01.2021 - 21 O 16782/20, GRUR 2021, 468–470.

Kühnen, Thomas, Handbuch der Patentverletzung, 15. Aufl., Köln, Hürth 2023 (zit. *Kühnen*, Hdb. Patentverletzung).

Kühnen, Thomas/Claessen, Rolf, Die Durchsetzung von Patenten in der EU – Standortbestimmung vor Einführung des europäischen Patentgerichts, GRUR 2013, 592–597.

Kühnen, Thomas/Grunwald, Marc, Vorbereitung und Durchführung eines Patentverletzungsverfahrens: Vollstreckung von erfolgreich erstrittenen Urteilen und Beschlüssen (Teil 3), GRUR-Prax 2018, 569–571.

Kurtz, Constantin, SEP mit FRAND-Erklärung – Aktuelle Fragen nach Huawei/ZTE, ZGE 2017, 491–513.

Kurtz, Constantin/Straub, Wolfgang, Die Bestimmung des FRAND-Lizenzsatzes für SEP, GRUR 2018, 136–144.

Lehment, Henrik/Eßer, Dania, Nicht-technische Verteidigungen im Patentverletzungsprozess: Aktivlegitimation und Prozesskostensicherheit, GRUR-Prax 2019, 429–431.

Leistner, Matthias, Unterlassungsverfügung im Einheitspatentsystem – Ermessensspielraum oder gebundene Entscheidung?, GRUR 2022, 1633–1644.

Leistner, Matthias/Kleeberger, Lukas, Die Drittwirkung von FRAND-Erklärungen aus kartellrechtlicher und vertragsrechtlicher Sicht, GRUR 2020, 1241–1247.

Leistner, Matthias/Kleeberger, Lukas, FRAND-Erklärungen ohne Rechtswahl am Beispiel der Standardisierungsorganisationen ITU/ISO/IEC – Ein praxisrelevantes dogmatisches Problem im internationalen Privatrecht, GRUR 2022, 1261–1269.

Leistner, Matthias/Perino, Gianna, Second medical use Patente und Arzneimittelrabattverträge – Ein ganzheitlicher Lösungsvorschlag auf kartellrechtlichem Wege, PharmR 2020, 743–749.

Leitzen, Mario/Kleinevoss, Tim, Renaissance der patentrechtlichen Zwangslizenz? – Die Neuregelung des § 24 Abs. 2 PatG, Mitt. 2005, 198–205.

Lenz, Christofer/Kieser, Timo, Schutz vor Milzbrandangriffen durch Angriffe auf den Patentschutz?, NJW 2002, 401–403.

Lenz, Christoph, Anmerkungen zum „Olanzapin"-Urteil des OLG Düsseldorf – mitnichten ein Paradigmenwechsel in der Patentrechtsprechung, GRUR 2008, 1042–1047.

Leßmann, Herbert/Würtenberger, Gert, Deutsches und europäisches Sortenschutzrecht – Handbuch, 2. Aufl., Baden-Baden 2009 (zit. *Leßmann/Würtenberger*, SortSchR).

Leupold, Andreas/Wiebe, Andreas/Glossner, Silke (Hrsg.), IT-Recht – Recht, Wirtschaft und Technik der digitalen Transformation, 4. Aufl., München 2021 (zit. Leupold/Wiebe/Glossner/*Bearbeiter*).

Loest, Thomas/Bartlik, Martin, Standards und Europäisches Wettbewerbsrecht, ZWeR 2008, 41–57.

Loewenheim, Ulrich/Meessen, Karl Matthias/Riesenkampff, Alexander/Kersting, Christian/Meyer-Lindemann, Hans Jürgen (Hrsg.), Kartellrecht – Kommentar zum deutschen und europäischen Recht, 4. Aufl., München 2020 (zit. Loewenheim/Meesen/Riesenkampff u.a./*Bearbeiter*).

Loth, Hans-Friedrich (Hrsg.), Gebrauchsmustergesetz – Kommentar, 2. Aufl., München 2017 (zit. Loth/*Bearbeiter*).

Louven, Sebastian, Datenmacht und Zugang zu Daten, NZKart 2018, 217–222.

Louven, Sebastian, Datenzugangsverhältnis, FRAND und Wettbewerbsrecht, K&R 2018, 230–236.

Louven, Sebastian, Verpflichtungszusagen im neuen TKG, N&R 2020, 265–271.

Lubitz, Markus, Zwangslizenzierung bei standardessenziellen Patenten (SEP) im Lichte von Sisvel/Haier, NZKart 2017, 618–623.

Lundie-Smith, Robert/Moss, Gary, Bard v Gore: to injunct, or not to injunct, what is the question? – Is it right to reward an infringer for successfully exploiting a patent?, GRUR Int. 2013, 400-408.

Lundqvist, Björn, Competition and Data Pools, EuCML 2018, 146–154.

Lunze, Anja/Rektorschek, Jan Phillip, Auswirkungen von COVID-19 – Einschränkungen der Patentinhaber im Bereich versorgungsrelevanter Produkte: Zwangslizenzen, Enteignung und Entschädigungsansprüche, PharmR 2021, 629–636.

Lüthge, Benedikt J., „Markentrolle" – Geschäftsmodell, rechtliche Bewertung und Fallbeispiele, GRUR-Prax 2020, 22–24.

Maaßen, Stefan, Normung, Standardisierung und Immaterialgüterrechte, Köln, Berlin, München 2006.

Maaßen, Stefan, Schlussanträge zur Durchsetzung standardessentieller Patente (SEP) – Anmerkung zu GA Wathelet, Schlussanträge v. 20.11.2014 – C-170/13, GRUR-Prax 2014, 550.

Maltzahn, Falk Freiherr von, Die Aussetzung im Patentverletzungsprozeß nach § 148 ZPO bei erhobener Patentnichtigkeitsklage, GRUR 1985, 163–173.

Martinez, Juan, FRAND as Access to All versus License to All, GRUR Int. 2019, 633–640.

Marx, Nina Franziska, Gib mal loud – Parteivortrag „im grünen Bereich", GRUR 2021, 288–294.

Matos, Tarcila/Torres-Sarmiento, Carolina, FRAND for Dominant Digital Platforms: Enhancing the Way Essential Inputs are Accessed, Transferred and Shared, GRUR Int. 2022, 516–527.

Maume, Philipp, Der kartellrechtliche Zwangslizenzeinwand im Patentverletzungsprozess, Köln 2010.

Maume, Philipp/Tapia, Claudia, Der Zwangslizenzeinwand ein Jahr nach Orange Book Standard – Mehr Fragen als Antworten, GRUR Int. 2010, 923–930.

McGuire, Mary-Rose, Die FRAND-Erklärung – Anwendbares Recht, Rechtsnatur und Bindungswirkung am Beispiel eines ETSI-Standards, GRUR 2018, 128–135.

McGuire, Mary-Rose, Wer bestimmt, was FRAND ist? – Über Rahmenbedingungen, Maßstab und Zuständigkeit für die Beurteilung der FRAND-Konformität, Mitt. 2018, 297–308.

McGuire, Mary-Rose, Stellungnahme zum 2. PatModG: Ergänzung des § 139 I PatG durch einen Verhältnismäßigkeitsvorbehalt?, GRUR 2021, 775–783.

McGuire, Mary-Rose, Zweites Patentrechtsmodernisierungsgesetz – Offene (prozessuale) Fragen, Mitt. 2022, 49–58.

McGuire, Mary-Rose/Bartke, Lukas, Funktion und Relevanz des Straftatbestands der Patentverletzung nach § 142 PatG, Mitt. 2022, 377–386.

Meckel, Moritz, Das „Zweite Gesetz zur Vereinfachung und Modernisierung des Patentrechts" aus Sicht des Prozessanwalts, GRUR-Prax 2021, 585-587.

Meibom, Wolfgang von/Nack, Ralph, Patents without Injunctions? – Trolls, Hold-ups, Ambushes, and Other Patent Warfare, in: Prinz zu Waldeck und Pyrmont, Wolrad/Adelman, Martin J./Brauneis, Robert u.a. (Hrsg.), Patents and Technological Progress in a Globalized World – Liber Amicorum Joseph Straus, Berlin 2009, S. 495–517 (zit. *v. Meibom/Nack*, FS Straus (2009)).

Meibom, Wolfgang von/Pitz, Johann, Anti-Suit-Injunctions – Neue Angriffs- und Verteidigungsmittel in multinationalen Streitigkeiten um standard-essenzielle Patente?, in: Lunze, Anja/Hohagen, Gisbert/Kamlah, Dietrich u.a. (Hrsg.), Die Internationale Durchsetzung von Schutzrechten – Festschrift für Sabine Rojahn zum 70. Geburtstag, München 2021, S. 305–315 (zit. *v. Meibom/Pitz*, FS Rojahn (2021)).

Meier-Beck, Peter, Orange Book Standard revisited, in: Dencker, Friedrich/Galke, Gregor/Voßkuhle, Andreas (Hrsg.), Festschrift für Klaus Tolksdorf zum 65. Geburtstag, Köln 2014, S. 115–127 (zit. *Meier-Beck*, FS Tolksdorf (2014)).

Meier-Beck, Peter, Bifurkation und Trennung – Überlegungen zum Übereinkommen über ein Einheitliches Patentgericht und zur Zukunft des Trennungsprinzips in Deutschland, GRUR 2015, 929-936.

Meier-Beck, Peter, Die Rechtsprechung des BGH in Patentsachen im Jahr 2016, GRUR 2017, 1065–1073.

Meier-Beck, Peter, Grundlinien der neueren Rechtsprechung des Kartellsenats des Bundesgerichtshofs, WuW 2021, 686–695.

Meier-Beck, Peter, Standardessentielle Patente als Infrastruktureinrichtung, in: Joost, Detlev/Oetker, Hartmut/Paschke, Marian (Hrsg.), Selbstverantwortete Freiheit und Recht – Festschrift für Franz Jürgen Säcker zum 80. Geburtstag, München 2021, S. 275–291 (zit. *Meier-Beck*, FS Säcker (2021)).

Meier-Beck, Peter, Die Prüfung der Rechtsbeständigkeit des Patents im Verfahren des einstweiligen Rechtsschutzes wegen Patentverletzung, GRUR 2023, 603–608.

Mels, Philipp/Franzen, Jan Helmut, Rechtsnachfolge in die gesetzliche Unterlassungsschuld des Wettbewerbsrechts – Zugleich eine kritische Stellungnahme zur „Schuldnachfolge"-Entscheidung des BGH, GRUR 2008, 968–974.

Melullis, Klaus-Jürgen, Zu Notwendigkeit und Sinnhaftigkeit von Beschränkungen des Patentrechts, Mitt. 2016, 433–441.

Melullis, Klaus-Jürgen, Zur Einräumung von Zwangslizenzen im Patentrecht, GRUR 2021, 294–298.

Merveldt, Moritz Graf von, Der Ausschluss kartellrechtlicher Einwendungen im Patentverletzungsverfahren, WuW 2004, 19–25.

Mes, Peter, Anmerkung zu BGH, Urt.v. 16.12.2010 – Xa ZR 66/10, GRUR 2011, 368.

Mes, Peter, Ist etwas faul im Staate D.? Gedanken zum patentrechtlichen Unterlassungsanspruch, in: Krieger, Gerd/Lutter, Marcus/Schmidt, Karsten (Hrsg.), Festschrift für Michael Hoffmann-Becking zum 70. Geburtstag, München 2013, 821-833 (zit. *Mes*, FS Hoffmann-Becking (2013)).

Mes, Peter, Patentgesetz Gebrauchsmustergesetz – Kommentar, 5. Aufl., München 2020 (zit. *Mes*, PatG).

Metzger, Axel/Zech, Herbert (Hrsg.), Sortenschutzrecht – SortG, GSortV, PatG, EPÜ – Kommentar, München 2016 (zit. Metzger/Zech/*Bearbeiter*).

Metzger, Axel/Zech, Herbert, COVID-19 als Herausforderung für das Patentrecht und die Innovationsförderung, GRUR 2020, 561-569.

Meurer, Ludwig, Prozessuale Fragen der Zwangslizenz, GRUR 1936, 18–24.

Meyer, Peter, Marktbeherrschung im technischen Standard, in: Kühnen, Thomas (Hrsg.), 80 Jahre Patentgerichtsbarkeit in Düsseldorf – Festschrift zum 80-jährigen Bestehen des Patentgerichtsstandortes Düsseldorf am 1. Oktober 2016, Köln 2016, S. 377–391 (zit. *Meyer*, FS 80 Jahre Patentgerichtsbarkeit in Düsseldorf (2016)).

Mitterer, Katharina/Wiedemann, Markus/Zwissler, Thomas, BB-Gesetzgebungs- und Rechtsprechungsreport zu Industrie 4.0 und Digitalisierung, BB 2017, 3–13.

Müller, Tilman, Der kartellrechtliche Zwangslizenzeinwand im Patentverletzungsverfahren – Drei Jahre nach der BGH-Entscheidung „Orange-Book-Standard", GRUR 2012, 686–691.

Müller-Stoy, Tilman, EuGH zum FRAND-Einwand im Patentverletzungsprozess („Huawei Technologies") – Anmerkung zu EuGH, Urt. v. 16.07.2015 – C-170/13, jurisPR-WettbR 2015, Nr. 9, Anm. 1.

Müller-Stoy, Tilman, Pflichten des SEP-Inhabers und des Patentbenutzers – Anmerkung zu OLG Karlsruhe, Urt. v. 30.10.2019 – 6 U 183/16, jurisPR-WettbR 2020, Nr. 2, Anm. 4.

Müller-Stoy, Tilman, Missbrauch der Marktmacht und Lizenzwilligkeit bei SEP – Anmerkung zu BGH, Urt. v. 24.11.2020 – KZR 35/17, jurisPR-WettbR 2021, Nr. 3, Anm. 2.

Müller-Stoy, Tilman/Giedke, Anna/Große-Ophoff, Julian, Aktuelle Vernichtungsquoten im deutschen Patentnichtigkeitsverfahren, GRUR 2022, 142–153.

Münchener Kommentar zum Bürgerlichen Gesetzbuch, hrsg. v. *Säcker, Franz Jürgen/Rixecker, Roland/Oetker, Hartmut/Limperg, Bettina,* Bd. I – Allgemeiner Teil, §§ 1-240, AllgPersönlR, ProstG, AGG, 9. Aufl., München 2021 (zit. MüKo BGB Bd. I/*Bearbeiter*).

Münchener Kommentar zum Bürgerlichen Gesetzbuch, hrsg. v. *Säcker, Franz Jürgen/Rixecker, Roland/Oetker, Hartmut/Limperg, Bettina,* Band II – Schuldrecht – Allgemeiner Teil I, 9. Aufl., München 2022 (zit. MüKo BGB Bd. II/*Bearbeiter*).

Münchener Kommentar zum Bürgerlichen Gesetzbuch, hrsg. v. *Säcker, Franz Jürgen/Rixecker, Roland/Oetker, Hartmut/Limperg, Bettina,* Band III – Schuldrecht – Allgemeiner Teil II, 9. Aufl., München 2022 (zit. MüKo BGB Bd. III/*Bearbeiter*).

Münchener Kommentar zum Bürgerlichen Gesetzbuch, hrsg. v. *Säcker, Franz Jürgen/Rixecker, Roland/Oetker, Hartmut/Limperg, Bettina,* Bd. VIII – Sachenrecht, §§ 854-1296, WEG, ErbbauRG, 8. Aufl., München 2020 (zit. MüKo BGB Bd. VIII/*Bearbeiter*).

Münchener Kommentar zum Bürgerlichen Gesetzbuch, hrsg. v. *Säcker, Franz Jürgen/Rixecker, Roland/Oetker, Hartmut/Limperg, Bettina,* Bd. XIII – Internationales Privatrecht II, IntWR, Art. 50-253 EGBGB, 8. Aufl., München 2021 (zit. MüKo BGB Bd. XIII/*Bearbeiter*).

Münchener Kommentar zum Wettbewerbsrecht, hrsg. v. *Säcker, Franz Jürgen/Bien, Florian/Meier-Beck, Peter/Montag, Frank,* Bd. I – Europäisches Wettbewerbsrecht, 3. Aufl., München 2020 (zit. MüKo WettbR Bd. I/*Bearbeiter*).

Münchener Kommentar zum Wettbewerbsrecht, hrsg. v. *Säcker, Franz Jürgen/Meier-Beck, Peter*, Bd. II – Deutsches Wettbewerbsrecht, 4. Aufl., München 2022 (zit. MüKo WettbR Bd. II/*Bearbeiter*).

Münchener Kommentar zur Zivilprozessordnung – Mit Gerichtsverfassungsgesetz und Nebengesetzen, hrsg. v. *Krüger, Wolfgang/Rauscher, Thomas*, Bd. I – §§ 1-354, 6. Aufl., München 2020 (zit. MüKo ZPO Bd. 1/*Bearbeiter*).

Münchener Kommentar zur Zivilprozessordnung – Mit Gerichtsverfassungsgesetz und Nebengesetzen, hrsg. v. *Krüger, Wolfgang/Rauscher, Thomas*, Bd. II – §§ 355-945b ZPO, 6. Aufl., München 2020 (zit. MüKo ZPO Bd. 2/*Bearbeiter*).

Musielak, Hans-Joachim/Voit, Wolfgang (Hrsg.), Zivilprozessordnung – Mit Gerichtsverfassungsgesetz – Kommentar, 20. Aufl., München 2023 (zit. Musielak/Voit/*Bearbeiter*).

Musmann, Thomas, Anmerkung zu LG München I, Urt. v. 27.10.2022 – 7 O 10295/22, GRUR 2023, 155-157.

Mylly, Ulla-Maija, Proportionality of Trade Secret Remedies in European Union – In Comparison with Patent Law Enforcement, IIC 2022, 1444–1476.

Nägele, Thomas/Jacobs, Sven, Zwangslizenzen im Patentrecht – unter besonderer Berücksichtigung des kartellrechtlichen Zwangslizenzeinwands im Patentverletzungsprozess, WRP 2009, 1062-1075.

Nestler, Anke/Ordosch, Michael, Angemessene Lizenzierung nach FRAND, GRUR-Prax 2012, 372–374.

Nieder, Michael, Zwangslizenzklage – Neues Verteidigungsmittel im Patentverletzungsprozeß?, Mitt. 2001, 400–402.

Nieder, Michael, Oberlandesgerichtliche Unterlassungsurteile und Bereicherungsausgleich nach § 717 III ZPO im Patentrecht, GRUR 2013, 32–35.

Nieder, Michael, SEP-Lizenzen – Ein Fall für die Gesamtgläubigerschaft?, GRUR 2018, 666-670.

Nieder, Michael, Der Unterlassungsanspruch – Regelfolge der Patentverletzung? Oder: Der gestutzte Unterlassungskläger, in: Lunze, Anja/Hohagen, Gisbert/Kamlah, Dietrich u.a. (Hrsg.), Die Internationale Durchsetzung von Schutzrechten – Festschrift für Sabine Rojahn zum 70. Geburtstag, München 2021, S. 185–198 (zit. *Nieder,* FS Rojahn (2021)).

Nielen, Michael/Zorr, Ulrike, Aktuelle Entwicklungen rund um den FRAND-Einwand, GRUR-Prax 2020, 73–75.

Nikolic, Igor, Are patent assertion entities a threat to Europe?, JIPLP 14 (2019), 477–486.

Nikolic, Igor, Licensing Standard Essential Patents – FRAND and the Internet of Things, Oxford 2021 (zit. *Nikolic*, Licensing SEP).

Nordemann, Jan Bernd, Die Aufbrauchfrist im deutschen Wettbewerbs-, Marken- und Urheberrecht, ZGE 2019, 309–323.

Ntouvas, Ioannis, Unterlassungsanspruch bei Patentverletzung: neue Erkenntnisse des US Supreme Court, GRUR Int. 2006, 889–893.

Ohly, Ansgar, „Patenttrolle" oder: Der patentrechtliche Unterlassungsanspruch unter Verhältnismäßigkeitsvorbehalt? – Aktuelle Entwicklungen im US-Patentrecht und ihre Bedeutung für das deutsche und europäische Patentsystem, GRUR Int. 2008, 787–798.

Ohly, Ansgar, Three principles of European IP enforcement law: Effectiveness, proportionality, dissuasiveness, in: Drexl, Josef/Godt, Christine/Hilty, Reto M. u.a. (Hrsg.), Technology and competition – Contributions in honour of Hanns Ullrich, Brüssel 2009, S. 257–274 (zit. *Ohly*, FS Ullrich (2009)).

Ohly, Ansgar, Acht Thesen zur Verhältnismäßigkeit im Patentrecht, GRUR 2021, 304–309.

Ohly, Ansgar, Der Ausgleichsanspruch gemäß § 139 I 4 PatG als Rechtsfortwirkungsanspruch, GRUR 2022, 303–309.

Ohly, Ansgar, Injunctions in the UPC and the principle of proportionality, Stockholm IP Law Review 5 (2022), 58–65.

Ohly, Ansgar/Stierle, Martin, Unverhältnismäßigkeit, Injunction Gap und Geheimnisschutz im Prozess – Das Zweite Patentrechtsmodernisierungsgesetz im Überblick, GRUR 2021, 1229–1241.

Oppenländer, Karl Heinrich, Die Wirkungen des Patentwesens im Innovationsprozeß, GRUR 1977, 362–370.

Osterrieth, Christian, Patent-Trolls in Europa – Braucht das Patentrecht neue Grenzen?, GRUR 2009, 540–545.

Osterrieth, Christian, Der Verhältnismäßigkeitsgrundsatz im Patentrecht, in: Kühnen, Thomas (Hrsg.), 80 Jahre Patentgerichtsbarkeit in Düsseldorf – Festschrift zum 80-jährigen Bestehen des Patentgerichtsstandortes Düsseldorf am 1. Oktober 2016, Köln 2016, S. 415–428 (zit. *Osterrieth*, FS 80 Jahre Patentgerichtsbarkeit in Düsseldorf (2016)).

Osterrieth, Christian, Die Aufbrauchfrist im Patentrecht, in: Büscher, Wolfgang/Glöckner, Jochen/Nordemann, Axel u.a. (Hrsg.), Marktkommunikation zwischen Geistigem Eigentum und Verbraucherschutz – Festschrift für Karl-Heinz Fezer zum 70. Geburtstag, München 2016, S. 1035–1047 (zit. *Osterrieth*, FS Fezer (2016)).

Osterrieth, Christian, Technischer Fortschritt – eine Herausforderung für das Patentrecht? – Zum Gebot der Verhältnismäßigkeit beim patentrechtlichen Unterlassungsanspruch, GRUR 2018, 985–995.

Osterrieth, Christian, Kriterien der Angemessenheit des Ausgleichs nach § 139 I 4 PatG, GRUR 2022, 299–302.

Palzer, Christoph, Patentrechtsdurchsetzung als Machtmissbrauch – Der Zwangslizenzeinwand aus unionsrechtlicher Sicht, EuZW 2015, 702–706.

Papastefanou, Stefan, Smart Grids and Machine Learning in Chinese and Western Intellectual Property Law – The Key Role of Machine Learning in Integrating Sustainable Energy into Smart Grids and the Corresponding Approaches to Asset Protection in Intellectual Property Law, IIC 2021, 989-1019.

Papier, Hans-Jürgen, Verfassungsrechtliche Anforderungen an den Patentschutz, ZGE 2016, 431–446.

Paschke, Marian/Berlit, Wolfgang/Meyer, Claus/Kröner, Lars (Hrsg.), Hamburger Kommentar Gesamtes Medienrecht, 4. Aufl., Baden-Baden 2021 (zit. Paschke/Berlit/Meyer/Kröner/*Bearbeiter*).

Pastor, Wilhelm L., Die Aufbrauchsfrist bei Unterlassungsverurteilungen, GRUR 1964, 245–250.

Perino, Gianna, Second medical use Patente und ihre Bedeutung für die Marktteilnahme von Generikaherstellern im Arzneimittelrabattvertragssystem, Baden-Baden 2020 (zit. *Perino*, Second medical use Patente).

Pfaff, Dieter/Osterrieth, Christian (Hrsg.), Lizenzverträge – Formularkommentar, 4. Aufl., München 2018 (zit. Pfaff/Osterrieth/*Bearbeiter*).

Pfanner, Klaus, Die Zwangslizenzierung von Patenten: Überblick und neuere Entwicklungen, GRUR Int. 1985, 357–372.

Pichlmaier, Tobias, Die Bedeutung der Patenterteilung für die Bestandsprognose im einstweiligen Rechtsschutz – Eine Erwiderung auf die Anmerkung von Kühnen (GRUR 2021, 468), GRUR 2021, 557–561.

Pichlmaier, Tobias, Patentbestand und Patentverletzung – einfach unzertrennlich, Mitt. 2022, 241–248.

Picht, Peter Georg, Standardsetzung und Patentmissbrauch – Schlagkraft und Entwicklungsbedarf des europäischen Kartellrechts, GRUR Int. 2014, 1–17.

Picht, Peter Georg, „FRAND wars 2.0" – Rechtsprechung im Anschluss an die Huawei/ZTE-Entscheidung des EuGH (Teil 1), WuW 2018, 234–241.

Picht, Peter Georg, „FRAND wars 2.0" – Rechtsprechung im Anschluss an die Huawei/ZTE-Entscheidung des EuGH (Teil 2), WuW 2018, 300–309.

Picht, Peter Georg, FRAND Injunctions: an overview on recent EU case law, ZGE 2019, 324–333.

Picht, Peter Georg, Neues SEP/FRAND-Recht vom englischen Court of Appeal: Unwired Planet/Huawei und Conversant/Huawei & ZTE , Mitt. 2019, 146–151.

Picht, Peter Georg, Schiedsverfahren in SEP/FRAND-Streitigkeiten – Überblick und Kernprobleme, GRUR 2019, 11–25.

Picht, Peter Georg, The Future of FRAND Injunction, GRUR 2019, 1097–1103.

Picht, Peter Georg, Anmerkung zu BGH, Urt. v. 05.05.2020 – KZR 36/17, GRUR 2020, 972–974.

Picht, Peter Georg, Towards an Access Regime for Mobility Data, IIC 2020, 940–976.

Picht, Peter Georg, Geheimnisschutz in SEP/FRAND-Verfahren, das GeschGehG und die Patentrechtsreform, ZGE 2021, 133–164.

Picht, Peter Georg/Contreras, Jorge L., Proportionality Defenses in FRAND Cases: a Comparative Assessment of the Revised German Patent Injunction Rules and U.S. Case Law, GRUR Int. 2023, 435–450.

Picht, Peter Georg/Richter, Heiko, EU Digital Regulation 2022: Data Desiderata, GRUR Int. 2022, 395-402.

Pitz, Johann/Kawada, Atsushi/Schwab, Jeffrey A., Patent Litigation in Germany, Japan and the United States – A Practitioner's Guide, 2. Aufl., München 2022 (zit. *Pitz/Kawada/Schwab*, Patent Litigation in Germany, Japan and the US).

Plagge, Michael, Der patentrechtliche Unterlassungsanspruch – Historie, Reichweite und Reform, Baden-Baden 2022 (zit. *Plagge*, Der patentrechtliche Unterlassungsanspruch).

Plagge, Michael, Der patentrechtliche Unverhältnismäßigkeitseinwand – Drittinteressen und Drittwirkung, GRUR-Prax 2022, 599–602.

Plagge, Michael, Voraussetzungen des patentrechtlichen Unverhältnismäßigkeitseinwands – Anmerkung zu LG München I, Urt. v. 25.05.2022 – 7 O 14091/19, GRUR-Prax 2022, 437.

Podszun, Rupprecht, Standard Essential Patents and Antitrust Law in the Age of Standardisation and the Internet of Things: Shifting Paradigms, IIC 2019, 720–745.

Podszun, Rupprecht/Bongartz, Philipp/Kirk, Alexander, Digital Markets Act – Neue Regeln für Fairness in der Plattformökonomie, NJW 2022, 3249–3254.

Puppe, Ingeborg, Kleine Schule des juristischen Denkens, 5. Aufl., Göttingen 2023 (zit. *Puppe*, Kleine Schule des jur. Denkens).

Pusceddu, Piergiuseppe, Hic sunt dracones? – Mapping the Legal Framework of China's Innovation Policy: Standardization and IPRs, IIC 2020, 559–593.

Rantasaari, Krista, Abuse Of Patent Enforcement In Europe – How Can Start-ups And Growth Companies Fight Back?, JIPITEC 11 (2020), 358–377.

Rastemborski, Philipp, Anmerkung zu BGH, Urt. v. 05.05.2020 – KZR 36/17, Mitt. 2020, 420–423.

Rastemborski, Philipp, FRAND-Einwand: Zur Lizenzwilligkeit bei Gegenangebot nach § 315 BGB – Anmerkung zu OLG Karlsruhe, Beschl. v. 12.02.2021 - 6 U 130/20, GRUR-Prax 2021, 315.

Rätz, Benjamin, Verhaltenspflichten bei der Verletzung standardessentieller Patente – Anmerkung zu BGH, Urt. v. 24.11.2020 – KZR 35/17, GRUR-Prax 2021, 174.

Reetz, Alexander/Pecnard, Camille/Fruscalzo, Riccardo/Van der Velden, Ruud/Marfé, Mark, Die Befugnisse der nationalen Gerichte unter dem EPÜ und des Einheitlichen Patentgerichts (EPG) nach Art. 63 (1) EPGÜ zum Erlass von Unterlassungsverfügungen – Eine rechtsvergleichende Untersuchung, GRUR Int. 2015, 210–219.

Reimann, Thomas W./Hahn, Tobias, Orange-Book – Ratgeber oder Buch mit sieben Siegeln?, in: Harmsen, Christian/Jüngst, Oliver Jan/Rödiger, Felix (Hrsg.), Festschrift für Wolfgang von Meibom zum 65. Geburtstag, Köln 2010, S. 373–394 (zit. *Reimann/Hahn*, FS von Meibom (2010)).

Reimann, Thomas W./Kreye, Boris, Weiteres zur Aussetzung des Patentverletzungsverfahrens, in: Keller, Erhard/Plassmann, Clemens/v. Falck, Andreas (Hrsg.), Festschrift für Winfried Tilmann zum 65. Geburtstag, Köln 2003, S. 587–597 (zit. *Reimann/Kreye*, FS Tilmann (2003)).

Reimer, Franz, Juristische Methodenlehre, 2. Aufl., Baden-Baden 2020 (zit. *Reimer*, Juristische Methodenlehre).

Reinelt, Manfred, Die Unverbindliche Lizenzinteresseerklärung, GRUR 1986, 504–507.

Rektorschek, Jan Phillip, Folgen auf die „Smartphone-Wars" nun die „Smart-Factory-Wars"? – Patentrechtliche Aspekte der Industrie 4.0 und Robotik, IPRB 2016, 38–41.

Rektorschek, Jan Phillip, Industrie 4.0 und künstliche Intelligenz – Risiko oder Chance für den gewerblichen Rechtsschutz?, Mitt. 2017, 438-443.

Richter, Carsten, Art. 31 TRIPS – die Mutter der staatlichen Benutzungsanordnung und ihre internationale Familie, Mitt. 2021, 97–101.

Richter, Carsten, Die staatliche Benutzungsanordnung in Zeiten der Corona-Pandemie, Mitt. 2021, 1–4.

Richter, Heiko/Slowinski, Peter R., The Data Sharing Economy: On the Emergence of New Intermediaries, IIC 2019, 4–29.

Rödiger, Felix, Das zweite Patentrechtsmodernisierungsgesetz (PatMoG) – Ein Blick auf die anstehenden Änderungen des Patentgesetzes und ihre praktische Bedeutung, IPRB 2021, 195–200.

Rogge, Rüdiger, Zur Aussetzung in Patentverletzungsprozessen, GRUR Int. 1996, 386-390.

Röhricht, Volker/Westphalen, Friedrich Graf von/Haas, Ulrich (Hrsg.), Handelsgesetzbuch – Kommentar, 5. Aufl., Köln 2019 (zit. Röhricht/v. Westphalen/Haas/*Bearbeiter*).

Rombach, Patricia, Die kartellrechtliche Zwangslizenz im Patentverletzungsprozess, in: Müller, Gerda/Osterloh, Eilert/Stein, Torsten (Hrsg.), Festschrift für Günther Hirsch zum 65. Geburtstag, München 2008, 311-322 (zit. *Rombach*, FS Hirsch (2008)).

Rospatt, Max von/Klopschinski, Simon, Das Verschulden im Patentrecht: Überlegungen zur Berechtigung eines branchenspezifischen Sorgfaltsmaßstabes, in: Kühnen, Thomas (Hrsg.), 80 Jahre Patentgerichtsbarkeit in Düsseldorf – Festschrift zum 80-jährigen Bestehen des Patentgerichtsstandortes Düsseldorf am 1. Oktober 2016, Köln 2016, S. 449–467 (zit. *v. Rospatt/Klopschinski*, FS 80 Jahre Patentgerichtsbarkeit in Düsseldorf (2016)).

Rössel, Markus, Zwangslizenzeinwand gegen Patentklage – Anmerkung zu BGH, Urt. v. 06.05.2009 – KZR 39/06, IPRB 2010, 150–151.

Rüting, Kai, Zwangslizenzeinwand nur bei außergewöhnlichen Umständen – Anmerkung zu OLG Düsseldorf, Urt. v. 06.06.2013 – 2 U 60/11, GRUR-Prax 2013, 382.

Sabellek, André, Transparenz ist unverzichtbar – Zur Bedeutung von Vergleichslizenzen in FRAND-Verhandlungen – Zugleich Besprechung von EWHC „InterDigital v. Lenovo", GRUR 2023, 945–950.

Säcker, Franz Jürgen/Körber, Torsten (Hrsg.), TKG, TTDSG – Kommentar, 4. Aufl., Frankfurt a.M. 2023 (zit. Säcker/Körber/*Bearbeiter*).

Sadrak, Katarzyna, Huawei-Lizenzverhandlungsrahmen in der Rechtsprechung des OLG Düsseldorf in der Sache Sisvel v. Haier, IPRB 2018, 105–109.

Sakowski, Paetrick, Anmerkung zu BGH, Urt. v. 11.07.2017 – X ZB 2/17, Mitt. 2017, 409–410.

Samer, Michael (Hrsg.), Das neue Patentrecht – Praxishandbuch zur Reform des PatG, Baden-Baden 2022 (zit. Samer/*Bearbeiter*).

Sassenberg, Thomas/Faber, Tobias (Hrsg.), Rechtshandbuch Industrie 4.0 und Internet of Things – Praxisfragen und Perspektiven der digitalen Zukunft, 2. Aufl., München 2020 (zit. Sassenberg/Faber/*Bearbeiter*).

Schacht, Hubertus, Unverhältnismäßigkeit und Verletzerverhalten, GRUR 2021, 440–446.

Scharen, Uwe, Zur Praxis der gerichtlichen Geltendmachung des Verlangens nach Unterlassung von Patentverletzungen, Mitt. 2018, 369–380.

Scheffler, Dietrich, Die (ungenutzten) Möglichkeiten des Rechtsinstituts der Zwangslizenz, GRUR 2003, 97–105.

Schellhorn, Maximilian, Die Aufbrauchfrist als Schranke des patentrechtlichen Unterlassungsanspruchs – Praktische Implikationen der BGH-Entscheidung „Wärmetauscher", IPRB 2017, 14–17.

Schellhorn, Maximilian, Der patentrechtliche Unterlassungsanspruch im Lichte des Verhältnismäßigkeitsgrundsatzes, Hürth 2020.

Schickedanz, Willi, Patentverletzung durch Einsatz von geschützten Bauteilen in komplexen Vorrichtungen und die Rolle der Patent-Trolle, GRUR Int. 2009, 901–907.

Schickedanz, Willi, Die Ermittlung von Verletzungen normbildender Patente durch indirekte Schlüsse statt durch Merkmal-für-Merkmal-Subsumtion?, GRUR Int. 2011, 480–487.

Schmauder, Simon, Missbräuchliche Ausnutzung von FRAND-unterworfenen SEPs im US-Kartellrecht – Eine rechtsvergleichende Untersuchung unter Berücksichtigung vertragsrechtlicher Haftungsfragen, Berlin 2022 (zit. *Schmauder*, Missbräuchliche Ausnutzung von FRAND-unterworfenen SEPs im US-Kartellrecht).

Schmid-Petersen, Frauke, Patentstreit zwischen Nokia und Daimler geht zum EuGH, IPRB 2021, 2–3.

Schmidt, Oliver Jürgen, Mittel des Patentgesetzes für die Benutzung von Erfindungen während einer Epidemie, Mitt. 2022, 320–324.

Schmitz, Barbara/Rammos, Thanos, (Keine) neue Ethik für das Internet der Dinge?, InTeR 2016, 4-10.

Schnetzer, Karsten, Verhältnismäßigkeit und Schutz Dritter gem. § 139 Abs. 1 Satz 3 PatG – zum Urteil des LG Düsseldorf vom 7.7.2022 – 4 c O 18/21 – Sofosbuvir, Mitt. 2023, 102–110.

Schöler, Karolina, Patents and Standards: The Antitrust Objection as a Defense in Patent Infringement Proceedings, in: Prinz zu Waldeck und Pyrmont, Wolrad/Adelman, Martin J./Brauneis, Robert u.a. (Hrsg.), Patents and Technological Progress in a Globalized World – Liber Amicorum Joseph Straus, Berlin 2009, S. 177–194 (zit. *Schöler*, FS Straus (2009)).

Schönbohm, Julia/Ackermann-Blome, Natalie, Products, Patents, Proportionality – How German Patent Law Responds to 21st Century Challenges, GRUR Int. 2020, 578–584.

Schönbohm, Julia/Ackermann-Blome, Natalie, Zur Modernisierung des Patentgesetzes: Ursache, Wirkung und Abhilfe? – Eine erste Analyse des Diskussionsentwurfs des BMJV, Mitt. 2020, 101–108.

Schüll, Gottfried, Patentverwerter – gleichberechtigte Marktteilnehmer? – Vom Sinn und Unsinn einer Klassengesellschaft im Patentwesen, in: Kühnen, Thomas (Hrsg.), 80 Jahre Patentgerichtsbarkeit in Düsseldorf – Festschrift zum 80-jährigen Bestehen des Patentgerichtsstandortes Düsseldorf am 1. Oktober 2016, Köln 2016, S. 489–495 (zit. *Schüll*, FS 80 Jahre Patentgerichtsbarkeit in Düsseldorf (2016)).

Schulte, Hans, Die Erfindung als Eigentum, GRUR 1985, 772–778.

Schulte, Rainer (Hrsg.), Patentgesetz mit Europäischem Patentübereinkommen – Kommentar, 11. Aufl., Hürth 2022 (zit. Schulte/*Bearbeiter*).

Schulze, Reiner/Dörner, Heinrich/Ebert, Ina/Fries, Martin/Friesen, Siegfried/Himmen, Andreas Alexander/Hoeren, Thomas/Kemper, Rainer/Saenger, Ingo/Scheuch, Alexander/Schreiber, Christoph/Schulte-Nölke, Hans/Staudinger, Ansgar/Wiese, Volker (Hrsg.), Bürgerliches Gesetzbuch – Handkommentar, 11. Aufl., Baden-Baden 2022 (zit. Schulze/Dörner/Ebert u.a./*Bearbeiter*).

Schuster, Fabian/Grützmacher, Malte (Hrsg.), IT-Recht – Kommentar, Köln 2020 (zit. Schuster/Grützmacher/*Bearbeiter*).

Schwarze, Jürgen/Becker, Ulrich/Hatje, Armin/Schoo, Johann (Hrsg.), EU-Kommentar, 4. Aufl., Baden-Baden, Wien, Basel 2019 (zit. Schwarze/Becker/Hatje/Schoo/*Bearbeiter*).

Schweitzer, Heike, Datenzugang in der Datenökonomie: Eckpfeiler einer neuen Informationsordnung, GRUR 2019, 569–580.

Schweitzer, Heike, The Art to Make Gatekeeper Positions Contestable and the Challenge to Know What Is Fair – A Discussion of the Digital Markets Act Proposal, ZEuP 2021, 503–544.

Semenov, Vadym, Between exclusivity and flexibility: proportionality and permanent injunctions in German, English, and US patent disputes, JIPLP 14 (2019), 942–948.

Sendrowski, Heiko, Pecca fortiter – Zur geplanten Einführung der erzwungenen Patentlizenz, Mitt. 2020, 533–536.

Sergheraert, Eric/Marques, David, The rise of NPE litigation outside of the US and Germany as its hotspot, Mitt. 2019, 9–14.

Sikorski, Rafał, Towards a More Orderly Application of Proportionality to Patent Injunctions in the European Union, IIC 2022, 31-61.

Singer, Romuald/Singer, Margarete/Stauder, Dieter/Luginbühl, Stefan (Hrsg.), Europäisches Patentübereinkommen – Kommentar, 9. Aufl., Hürth 2023 (zit. Singer/Stauder/Luginbühl/*Bearbeiter*).

Slotwinski, Jean Pascal, Der strategische Einsatz von Patenten als möglicher Missbrauch aus patent-, lauterkeits-, zivil- und kartellrechtlicher Perspektive, Berlin 2022 (zit. *Slotwinski*, Der strategische Einsatz von Patenten).

Slowinski, Peter R., Comment on the German Federal Supreme Court Decision "Raltegravir", IIC 2018, 125–130.

Sonnenberg, Marcus, Die Einschränkbarkeit des patentrechtlichen Unterlassungsanspruchs im Einzelfall, Wiesbaden 2014.

Sonntag, Matthias/Kalbfus, Björn, Standardessenzielle Patente und das „Internet of Things": Die Sicht der EU-Kommission, GRUR-Prax 2018, 42–44.

Spina Alì, Gabriele, Intellectual Property and Human Rights: A Taxonomy of Their Interactions, IIC 2020, 411–445.

Staudenmayer, Dirk, Privatrechtsregeln für Datenzugangsrechte – Der Verordnungsvorschlag der Europäischen Kommission zum Datengesetz, EuZW 2022, 1037-1043.

Stechern, David, Internet of things – Von Smartphones und Smart Homes, IPRB 2021, 76–80.

Stefanaki, Eleftheria/Makris, Spyros, Das Vertragsrecht der ETSI FRAND-Erklärung, Mitt. 2022, 147–157.

Steinberg, Philipp Marc/Wirtz, Markus, Der Referentenentwurf zur 10. GWB-Novelle – Ein Dialog zwischen dem BMWi und der anwaltlichen Praxis (Teil 1), WuW 2019, 606–612.

Stief, Marco, Zulässigkeit von Nichtangriffsklauseln und Pay-for-Delay Vereinbarungen in Vergleichen und Lizenzverträgen, PharmR 2021, 573–581.

Stief, Marco, Der patentrechtliche Verhältnismäßigkeitsgrundsatz im Bereich Arzneimittel und Medizinprodukte – Teil 1 – Einführung, die Berücksichtigung von Drittinteressen und kritische Auseinandersetzung mit der SOFOSBUVIR Entscheidung, PharmR 2023, 61–67.

Stief, Marco, Der patentrechtliche Verhältnismäßigkeitsgrundsatz im Bereich Arzneimittel und Medizinprodukte – Teil 2 – Weitere abwägungsrelevante Faktoren, Ausgleichsanspruch und prozessuale Erwägungen, PharmR 2023, 152–159.

Stief, Marco/Meyer, Christian, Originator vs. Generika – Pharmapatente im Spannungsfeld des einstweiligen Verfügungsverfahrens, PharmR 2022, 425–434.

Stierle, Martin, Anmerkung zu BPatG, Urt. v. 31.08.2016 – 3 LiQ 1/16 (EP), GRUR 2017, 383–384.

Stierle, Martin, Das nicht-praktizierte Patent, Tübingen 2018.

Stierle, Martin, Der quasi-automatische Unterlassungsanspruch im deutschen Patentrecht – Ein Beitrag im Lichte der Reformdiskussion des § 139 I PatG, GRUR 2019, 873–885.

Stierle, Martin, Patent Injunctions – Identifying Common Elements, ZGE 2019, 334–361.

Stierle, Martin, Diskussionsentwurf eines Zweiten Gesetzes zur Vereinfachung und Modernisierung des Patentrechts – Ein erster Schritt in die richtige Richtung, GRUR 2020, 262–267.

Stierle, Martin, Neues von der patentrechtlichen Zwangslizenz – Ein Überblick anlässlich BGH „Alirocumab", GRUR 2020, 30–34.

Stierle, Martin, Zum Verhältnismäßigkeitsvorbehalt im patentrechtlichen Unterlassungsrecht, Mitt. 2020, 486–495.

Stierle, Martin, Ausschließlichkeit in der (Corona-)Krise – Über Alternativen und Zugangslösungen im pandemierelevanten Innovationsermöglichungsrecht, JZ 2021, 71–80.

Stierle, Martin, Anmerkung zu EuGH, Urt. v. 28.04.2022 – C-44/21, Mitt. 2022, 277-279.

Stierle, Martin, Unterlassung und Verhältnismäßigkeit – das 2. PatMoG als Neuanfang, GRUR 2022, 273–274.

Stierle, Martin/Hofmann, Franz, The Latest Amendment to the German Law on Patent Injunctions: The New Statutory Disproportionality Exception and Third-Party Interests, GRUR Int. 2022, 1123–1137.

Straus, Joseph, Das Regime des European Telecommunications Standards Institute – ETSI – Grundsätze, anwendbares Recht und die Wirkung der ETSI gegenüber abgegebenen Erklärungen, GRUR Int. 2011, 469–480.

Streinz, Rudolf (Hrsg.), EUV/AEUV – Kommentar, 3. Aufl., München 2018 (zit. Streinz/*Bearbeiter*).

Strowel, Alain/Léonard, Amandine, Cutting Back Patent Over-Enforcement – How to Address Abusive Practices Within the EU Enforcement Framework, JIPITEC 11 (2020), 3-25.

Subramanian, Sujitha, Different Rules for Different Owners – Does a Non-Competing Patentee Have a Right to Exclude? A Study of Post-eBay Cases, IIC 2008, 419–451.

Tang, Yaojia/Tang, Chunhui, Injunctive Relief under Anti-monopoly Law for the Holders of SEPs, GRUR Int. 2020, 474–488.

Tapia, Claudia, Industrial Property Rights, Technical Standards and Licensing Practices (FRAND) in the Telecommunications Industry, Köln 2010 (zit. *Tapia*, IPRs, Technical Standards and Licensing Practices (FRAND) in the Telecommunications Industry).

Tilmann, Winfried, Erwiderung: Zu einem Unverhältnismäßigkeitsverbot im Patentrecht, Mitt. 2020, 245–250.

Tochtermann, Lea, Injunctions in European Patent Law, ZGE 2019, 257–278.

Tochtermann, Lea, Zur „Unverhältnismäßigkeit" einer Rechtsfolge nach dem neuen GeschGehG – Versuch einer Maßstabsbildung, WRP 2019, 688–691.

Tochtermann, Lea, Das Schicksal der ETSI FRAND-Erklärung bei Übertragung des SEP, GRUR 2020, 905–914.

Tochtermann, Lea, Bedenken hinsichtlich der Rechtsnatur und der Rechtswirkungen des geplanten § 139 Abs. 1 S. 3 PatG-E, Mitt. 2021, 253–257.

Tochtermann, Lea, The fate of the ETSI FRAND declaration in the transfer of SEPs, JIPLP 16 (2021), 150–163.

Tochtermann, Peter, A judge's practical perspective on the proportionality of injunctions in patent infringement disputes, ZGE 2019, 362–371.

Tochtermann, Peter, Vertrags- und kartellrechtliche Verhandlungspflichten und das Monopol des Patents – A marriage of true minds?, GRUR 2021, 377–382.

Tochtermann, Peter, Überlegungen zum Kriterium der Lizenzwilligkeit im Kontext der Verletzung standardessenzieller Patente – Besprechung von OLG Düsseldorf „Signalsynthese II", GRUR 2022, 1121–1125.

Treacy, Pat/Hunt, Matthew, Litigating a 'FRAND' patent licence: the Unwired Planet v. Huawei judgment, GRUR Int. 2018, 91–96.

Trimble, Marketa, Injunctive Relief, Equity, and Misuse of Rights in U.S. Patent Law, GRUR Int. 2012, 514–522.

Tsilikas, Haris, Emerging Patterns in the Judicial Determination of FRAND Rates: Comparable Agreements and the Top-Down Approach for FRAND Royalties Determination, GRUR Int. 2020, 885–892.

Uhrich, Ralf, Entwaffnung der „Patenttrolle"? – Zur Einschränkbarkeit des patentrechtlichen Unterlassungsanspruchs im anglo-amerikanischen und deutschen Recht, ZGE 2009, 59–93.

Ullrich, Hanns, Patente, Wettbewerb und technische Normen: Rechts- und ordnungspolitische Fragestellungen, GRUR 2007, 817–830.

Ullrich, Hanns, Patents and Standards – A Comment on the German Federal Supreme Court Decision Orange Book Standard, IIC 2010, 337–351.

Ulrich, Gustav-Adolf, Die Aufbrauchsfrist in Verfahren der einstweiligen Verfügung, GRUR 1991, 26–31.

Vedder, Christoph/Heintschel von Heinegg, Wolff (Hrsg.), Europäisches Unionsrecht – Handkommentar, 2. Aufl., Baden-Baden 2018 (zit. Vedder/Heintschel von Heinegg/*Bearbeiter*).

Verbruggen, Johann/Lőrincz, Anna, Patente und technische Normen, GRUR Int. 2002, 815–829.

Verhauwen, Axel/Gerstein, Joachim, Zur Pflicht der Lizenzierung standardessentieller Patente in der Liefer- und Verwertungskette: Selektionsrecht des SEP-Inhabers vs. FRAND-Jedermannsrecht, GRUR-Prax 2020, 362–364.

Vetter, Sven, Übergang der FRAND-Verpflichtung mit dem Patenterwerb – Besprechung von OLG Düsseldorf „Improving Handovers", GRUR 2019, 704–707.

Vom Feld, Ina/Hozuri, Behyad, Aufbrauchfrist und Verhältnismäßigkeit im Rahmen des patentrechtlichen Unterlassungsanspruchs, in: Lunze, Anja/Hohagen, Gisbert/Kamlah, Dietrich u.a. (Hrsg.), Die Internationale Durchsetzung von Schutzrechten – Festschrift für Sabine Rojahn zum 70. Geburtstag, München 2021, S. 209–220 (zit. *vom Feld/Hozuri*, FS Rojahn (2021)).

vom Stein, Werner, Die vorläufige Durchsetzung patentrechtlicher Unterlassungsansprüche nach Erlaß eines OLG-Urteils, GRUR 1970, 157–163.

Von der Groeben, Hans/Schwarze, Jürgen/Hatje, Armin (Hrsg.), Europäisches Unionsrecht – Kommentar, 7. Aufl., Baden-Baden 2015 (zit. von der Groeben/Schwarze/Hatje/*Bearbeiter*).

Von der Osten, Horst, Geheimhaltungsbedürftige Patentanmeldungen Privater, GRUR 1958, 465–474.

Vorozhevich, Arina, Marktregulierung durch die russische Wettbewerbsbehörde, WiRO 2019, 142–147.

Vorwerk, Volkert, Die „angemessene Vergütung" in § 14 Patentgesetz, GRUR 1973, 63–67.

Voß, Daniela/Fehre, Andrea, Die Anwendung des kartellrechtlichen Missbrauchsverbots auf die Ansprüche auf Schadensersatz, Auskunft und Rechnungslegung bei standardessentiellen Patenten, in: Kühnen, Thomas (Hrsg.), 80 Jahre Patentgerichtsbarkeit in Düsseldorf – Festschrift zum 80-jährigen Bestehen des Patentgerichtsstandortes Düsseldorf am 1. Oktober 2016, Köln 2016, S. 559–572 (zit. *Voß/Fehre*, FS 80 Jahre Patentgerichtsbarkeit in Düsseldorf (2016)).

Voß, Ulrike, Vollstreckungsschutz im Patentverletzungsverfahren nach § 712 ZPO, in: Kühnen, Thomas (Hrsg.), 80 Jahre Patentgerichtsbarkeit in Düsseldorf – Festschrift zum 80-jährigen Bestehen des Patentgerichtsstandortes Düsseldorf am 1. Oktober 2016, Köln 2016, S. 573–596 (zit. *Voß*, FS 80 Jahre Patentgerichtsbarkeit in Düsseldorf (2016)).

Wagner, Gerhard, Die Aufopferung des patentrechtlichen Unterlassungsanspruchs, GRUR 2022, 294-299.

Wahl, Jörg/Foerstl, Uli, Anmerkung zu BGH, Urt. v. 05.05.2020 – KZR 36/17, GRUR Int. 2021, 99–101.

Walz, Axel, Patentverletzungsklagen im Lichte des Kartellrechts – In Sachen Europäische Kommission gegen Orange-Book, GRUR Int. 2013, 718–731.

Wank, Rolf, Juristische Methodenlehre – Eine Anleitung für Wissenschaft und Praxis, München 2020 (zit. *Wank*, Juristische Methodenlehre).

Weber, Christopher, Gegenangebot der alleinverklagten Tochter nicht FRAND-gemäß – Anmerkung zu LG Düsseldorf, Urt. v. 09.11.2018 – 4a O 15/17, IPRB 2019, 124–125.

Weber, Klaus (Hrsg.), Rechtswörterbuch, 30. Ed. (Stand: 01.04.2023), München 2023 (zit. Rechtswörterbuch/*Bearbeiter*).

Wehler, Marina/Rastemborski, Philipp, Anmerkung zu OLG Karlsruhe, Urt. v. 02.02.2022 – 6 U 149/20, Mitt. 2022, 514-516.

Weiden, Henrike, Aktuelle Berichte – Juni 2023, GRUR 2023, 874-876.

Weideneder, Nicole, Der Unterlassungsanspruch nach § 139 Abs. 1 PatG – Eine Analyse des Unverhältnismäßigkeitseinwands nach § 139 Abs. 1 S. 3 PatG nF, Hürth 2023 (zit. *Weideneder*, Der Unterlassungsanspruch nach § 139 Abs. 1 PatG).

Weideneder, Nicole, Dogmatische Einordnung des § 139 Abs. 1 S. 3 PatG – von Amts wegen zu berücksichtigende Einwendung oder zu erhebende Einrede?, Mitt. 2023, 149–153.

Weiß, Wolfgang, Die Kommissionsaufsicht über Subventionen aus Drittstaaten von Amts wegen im Vergleich zur Beihilfenaufsicht, EuZW 2022, 507–513.

Weisser, Johannes, Patentrechtliche und kartellrechtliche Zwangslizenz – Unterschiede und Gemeinsamkeiten - „Isentress", GWR 2017, 134–136.

Weisser, Ralf/Färber, Claus, Rechtliche Rahmenbedingungen bei Connected Car – Überblick über die Rechtsprobleme der automobilen Zukunft, MMR 2015, 506–512.

Werner, Georg/Wuttke, Tobias, Zehn Jahre Münchner Verfahren in Patentstreitsachen, GRUR-Prax 2020, 1–3.

Westermeyer, Nadine/Müller-Stoy, Tilman, Prüfung des „hinreichend gesicherten Rechtsbestands" des Patents im Verfügungsverfahren nach EuGH „Phoenix Contact" – eine Renaissance?, Mitt. 2023, 257–261.

Wiedemann, Gerhard (Hrsg.), Handbuch des Kartellrechts, 4. Aufl., München 2020 (zit. Wiedemann/*Bearbeiter*).

Wienbracke, Mike, Juristische Methodenlehre, 2. Aufl., Heidelberg 2020 (zit. *Wienbracke*, Juristische Methodenlehre).

WIPO, World Intellectual Property Report 2017: Intangible capital in global value chains, Genf 2017 (zit. *WIPO*, World IP Report 2017).

WIPO, World Intellectual Property Report 2022: The direction of innovation, Genf 2022 (zit. *WIPO*, World IP Report 2022).

Wirtz, Markus/Holzhäuser, Michael, Die kartellrechtliche Zwangslizenz, WRP 2004, 683–694.

Wündisch, Sebastian/Bauer, Stephan, Patent-Cross-Lizenzverträge – Terra incognita?, GRUR Int. 2010, 641–649.

Wündisch, Sebastian/Gaul, Camillo, Patentrechtliches eV-Verfahren und Art. 50 TRIPS, GRUR-Prax 2021, 466–469.

Wünsche, Kai E., Aufbrauchfrist im Immaterialgüter- und Wettbewerbsrecht – Neue Überlegungen zur Aufbrauchfrist im Immaterialgüter- und Wettbewerbsrecht, InTeR 2014, 247–251.

Würtenberger, Gert/Freischem, Stephan, Stellungnahme der Vereinigung für gewerblichen Rechtsschutz und Urheberrecht e. V. (GRUR) zum Referentenentwurf eines Zweiten Gesetzes zur Vereinfachung und Modernisierung des Patentrechts, GRUR 2020, 1278–1282.

Wurzer, Alexander J./Grünewald, Theo, Aktuelles aus der IP-Ökonomie: Industrie 4.0, Mitt. 2017, 205-211.

Wüsthof, Lucas, Anmerkung zu EuGH, Urt. v. 16.07.2015 – C-170/13, EWS 2015, 287–289.

Wuttke, Tobias, Aktuelles aus dem Bereich der „Patent Litigation" – Ein Überblick über die aktuelle instanzgerichtliche Rechtsprechung, Mitt. 2018, 107–115.

Wuttke, Tobias, Aktuelles aus dem Bereich der „Patent Litigation" – Ein Überblick über die aktuelle instanzgerichtliche Rechtsprechung, Mitt. 2020, 495–502.

Wuttke, Tobias, Anmerkung zu LG Mannheim, Urt. v. 18.08.2020 – 2 0 34/19, Mitt. 2020, 553–555.

Wuttke, Tobias, Anmerkung zu LG München I, Urt. v. 10.09.2020 – 7 O 8818/19, Mitt. 2020, 555–556.

Wuttke, Tobias, Anmerkung zu LG München I, Beschl. v. 19.01.2021 – 21 O 16782/20, Mitt. 2021, 78–79.

Zhu, Sascha S., Der Quasi-Verletzer im Patentrecht: Zivil- und strafrechtliche Folgeprobleme des geplanten Verhältnismäßigkeitsvorbehalts in § 139 PatG, GRUR-Prax 2021, 193–196.

Zhu, Sascha S./Kouskoutis, Marcel, Der patentrechtliche Unterlassungsanspruch und die Verhältnismäßigkeit – Die vollstreckungsrechtliche Lösung über die Anpassung des § 712 ZPO im Patentgesetz, GRUR 2019, 886–891.

Zhu, Sascha S./Popp, Andreas, Zivilprozessualer Geheimnisschutz in Patentstreitverfahren – Mit (oder ohne) Türöffner-Antrag zum Confidentiality Club, GRUR 2020, 338–345.

Zippelius, Reinhold, Juristische Methodenlehre, 12. Aufl., München 2021 (zit. *Zippelius*, Juristische Methodenlehre).

Zöttl, Johannes/Werner, Philipp, Vive l'Industriepolitik – M&A unter der neuen Drittstaatensubventionsverordnung, NZKart 2022, 475–486.